해사 법규

이상일
정대율
최정환
단호정

박영사

발간에 부쳐

1912년 타이타닉호 침몰 사건은 전 세계적으로 해상 인명 안전의 중요성을 일깨우며 해상인명안전협약(SOLAS)의 제정 계기가 되었습니다. 이후 1967년, 토리캐년호 유조선의 좌초 사고는 해양환경보호를 위한 MARPOL 협약과 해기사를 위한 STCW 협약의 제정을 촉발하며, 국제 해운 및 해양 안전 체계 구축의 중요한 전환점이 되었습니다. 이러한 국제협약들은 국내 법령인 선박안전법, 해양환경관리법, 선박직원법, 선원법, 해사안전법의 기초가 되었으며, 국내외 선박과 선원의 안전을 도모하는 데 중요한 역할을 해왔습니다.

최근 해운·조선 산업은 빠르게 변화하며 전 세계적으로 그 중요성이 다시금 부각되고 있습니다. 이러한 환경 속에서 선박 운항과 관련된 법률적 지식을 갖추는 일은 해양 분야에서 일하는 모든 이들에게 필수적인 과제가 되고 있습니다. 그러나 법규의 특성상 전문적인 지식 없이는 접근이 어려워, 체계적인 교육과 실무에 기반한 학습 자료의 필요성이 절실히 대두되고 있습니다.

그동안 해사법규는 주로 해양 법률 전문가나 실무자들에게만 국한되어 논의되거나 교육되었습니다. 하지만 조선·해운 관련 업무를 수행하는 학생과 실무자 모두가 법규의 기초적 이해를 갖추는 일이 중요해졌습니다. 특히, 선박과 관련된 사고와 분쟁은 해운산업 전반에 걸쳐 큰 영향을 미치며, 이를 예방하고 대처하기 위해서는 정확한 법규 이해가 필수적입니다.

이 교재는 해사법규에 대한 기초 지식을 체계적으로 전달하고, 해사 분야에서의 법적 사고 능력을 키우기 위한 목적으로 집필되었습니다. 해양 분야의 특수성과 법규 해석의 실무적 응용을 강조하면서도, 학생과 실무자 모두 쉽게 이해할 수 있도록 구성하였습니다.

본 교재는 해사법규를 처음 접하는 학생들뿐만 아니라, 조선소, 선급, 해운사, 중공업 등 다양한 분야에서 근무하며 법규의 기초를 배우고자 하는 분들에게도 유용한 학습 자료가 될 수 있도록 기획되었습니다.

이 책은 해사법규의 기초와 실무를 연결하는 첫걸음을 제시하는 데 중점을 두었습니다. 초기 발간에 있어 부족한 부분이 있을 수 있겠으나, 지속적으로 내용을 보완하고 개정하여 독자 여러분의 기대에 부응할 수 있도록 노력하겠습니다.

해사법규에 관심 있는 모든 분들께 본 교재가 많은 도움이 되기를 바라며, 이를 발간하는 데 도움을 주신 박영사 안상준 대표님과 장유나 차장님을 비롯한 많은 분 및 이송이 및 나라치치 박사과정생의 도움에 진심으로 감사의 말씀을 드립니다.

마지막으로, 본서를 이용하시는 독자 여러분의 기탄없는 비판과 충고를 기다리겠습니다.

목 차

제1편 총 론

제1장 법령체계 및 입법절차

제2장 해사법규 총론

제2편 선박관련 해사법규

제1장 선박법

제2장 국제선박등록법

제3장 비상사태등에 대비하기 위한 해운 및 항만 기능 유지에 관한 법률

제4장 선박직원법

제5장 선원법

제6장 해사안전기본법

제7장 해상교통안전법

제8장 선박안전법

제9장 해양환경관리법

제10장 해운법

제11장 해양사고의 조사 및 심판에 관한 법률

제12장 도선법

제13장 선박의 입항 및 출항 등에 관한 법률

제3편 수산 및 어업관련 법규

제1장 어선법

제2장 수산업법

제3장 배타적 경제수역에서의 외국인어업 등에 대한 주권적 권리의 행사에 관한 법률

제4장 어선안전조업 및 어선원의 안전·보건증진 등에 관한 법률

제5장 수산자원관리법

제6장 어선 출입항신고 관리 규칙

제 1 편

총 론

제1장 법령체계 및 입법절차

제2장 해사법규 총론

제1장 법령체계 및 입법절차[1)]

제1절 법의 체계

인류에게 혈족이 있는 것처럼 법에도 혈족처럼 계통이 있다. 법은 국가 또는 민족의 생활에 밀착하여 발달하여 왔기 때문에, 그 국가의 문화 또는 민족성에 따라 각각 나름의 특색이 있다. 즉 독일과 같이 이론을 중시하는 국가에서는 이론적 측면이 발달하고, 영미와 같이 현실적 실행을 중시하는 국가에서는 실제에 적합한 법이 발달하였다. 오늘날 법계는 대체로 대륙법계와 영미법계로 분류한다. 대륙법계는 프랑스, 독일을 중심으로 한 유럽대륙 여러 나라의 법 집단을 포함한 것으로 한국, 중국, 일본도 이 법계에 속한다.[2)] 한편 영미법계는 영국과 미국 및 그 밖에 영국법의 영향을 받은 과거 식민지의 법 집단으로 이루어진 법계를 말한다.[3)]

대륙법계는 로마법계와 게르만법계를 근간으로 하고 성문법을 중심으로 하며 이론적인 면이 우수하다. 반면, 영미법계는 판례법과 같은 불문법을 중심으로 실제적인 면을 중시하고 있다. 최근에는 대륙법계와 영미법이 공존하는 과정으로 영미법계에서도 성문법이 점차로 늘어가는 추세이며, 한국법도 부분적으로 영미법계의 영향을 받고 있다. 법은 불문법주의에서 성문법주의로 발전해왔으며 현 시대는

---

1) 이 책을 주로 참고할 필요가 있는 분들 중에 상당수가 기본적인 법지식이 없는 상태에서 접하는 경우가 많기 때문에 법에 대한 기초지식을 제1편 총론에 간단하게 서술한다.

2) 우리나라는 대륙법계로 분류되는데, 독일법을 받아들인 일본으로부터 광복하면서 그대로 계수하여 사용하는 것에 기인한다. 현재는 법 이론에 있어서는 영미법과 대륙법의 영향을 동시에 받고 있으나, 기본적인 법체계는 대륙법계로 분류되고 있다.

3) 황근수, 「법학의 이해」, (파주: 한국학술정보(주), 2010), 38－39쪽.

불문법과 성문법이 공존하는 시대에 접어들었다.4)

법원(法源, source of law)은 일반적으로 법규범의 원천인 법의 존재형식을 의미하고, 법의 체계는 법원을 바탕으로 법 상호 간의 관계와 구성을 의미한다. 일반적으로 법원이라고 말하면 실제로는 재판과정에서 재판관이 재판을 진행할 때 어떤 준칙에 따를 것인가와 관련이 있다.5)

법원은 표현형식에 따라 성문법과 불문법으로 나누어진다. 성문법에는 헌법·법률·명령·자치법규·조약 등의 제정법이 있으며, 불문법에는 관습법·판례법·조리 등이 존재한다.

제2절 우리나라 법체계

우리나라는 성문법주의(成文法主義)를 채택하고 있으며, 법체계는 헌법을 정점으로 하여 법률·명령(대통령령·총리령 및 부령) 및 행정규칙 및 자치법규로 구성되어 있다.

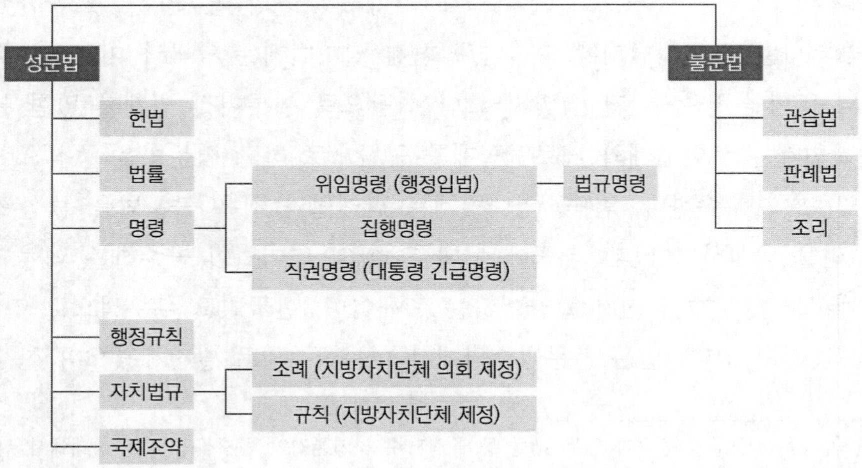

〈그림 1〉 우리나라의 법체계

4) 홍성찬, 「법학원론」(제6판), (서울: 박영사, 2015), 33쪽.

5) 홍완식 외, 「법학개론」, (고양: 피앤씨미디어, 2015), 20쪽.

Ⅰ. 헌 법

헌법(Constitution)은 국가의 이념, 조직 및 작용에 관한 국가의 근본법으로서 국가의 최상위 규범이다. 헌법은 국가의 통치 질서를 규범화한 정치적인 법이므로, 개인의 기본권과 국가의 통치 권력의 상호관계를 주요 내용으로 하고 있다.

Ⅱ. 법 률

법률(Act)은 넓은 의미에서는 법 일반을 말하기도 하지만, 좁은 의미에서 볼 때 헌법상의 법률, 즉 국회에서 제정한 형식적 의미의 성문법을 뜻한다. 법률은 헌법이념을 구현하기 위해 헌법의 하위법으로 헌법에 위배될 수 없으며, 입법권은 삼권분립의 원칙상 국회의 고유 권한이다. 법률의 제정은 국회에서 법률안의 제출 · 심의 · 의결 · 공포 등의 4단계를 거치며, 법률안의 제출은 국회의원 10인 이상과 정부가 할 수 있다.

Ⅲ. 조약(헌법 제6조 제1항)

헌법에 의하여 체결 · 공포된 조약과 일반적으로 승인된 국제법규는 국내법과 같은 효력을 가진다.

Ⅳ. 법규명령

명령은 행정기관이 법률에 의해 제정하는 위임입법으로서 법률의 위임에 의하거나 법률을 집행하기 위한 시행명령이다. 명령은 국회의 의결을 거치지 않고 행정기관이 제정하는 입법으로 행정입법이라 한다. 명령은 국회에서 제정된 것이 아니고 행정기관이 제정한 것이기 때문에 법률의 하위에 있다. 행정입법은 법규의 성질을 갖는 법규명령과 법규의 성질을 가지지 않는 행정규칙으로 구분한다. 법규명령에는 시행령과 시행규칙이 있으며, 시행령은 실정법상 대통령령으로 시행규칙은 총리령, 부령으로 불린다. 시행령(Enforcement Decree): 대통령은 헌법 제75조에 따라 법률에서 구체적으로 범위를 정하여 위임받은 사항과 법률을 집행하기 위하여 필요한 사항에 관하여 대통령령(Presidential Decree)을 발할 수 있다. 시행규칙(Enforcement Rule): 국무총리 또는 행정각부의 장은 헌법 제95조에 따라 소관 사무에 관하여 법률이나 대통령령의 위임 또는 직권으로 총리령(Ordinance of the Prime Minister) · 부령(Ordinance of the Ministry)을 발할 수 있다.

Ⅴ. 국회규칙 등

1. 국회규칙(헌법 제64조 제1항)

국회는 법률에 저촉되지 아니하는 범위 안에서 의사와 내부규율에 관한 규칙을 제정할 수 있다.

2. 대법원규칙(헌법 제108조)

대법원은 법률에 저촉되지 아니하는 범위 안에서 소송에 관한 절차, 법원의 내부규율과 사무 처리에 관한 규칙을 제정할 수 있다.

3. 헌법재판소규칙(헌법 제113조 제2항)

헌법재판소는 법률에 저촉되지 아니하는 범위 안에서 심판에 관한 절차, 내부규율과 사무처리에 관한 규칙을 제정할 수 있다.

4. 중앙선거관리위원회규칙(헌법 제114조 제6항)

중앙선거관리위원회는 법령의 범위 안에서 선거관리 · 국민투표관리 또는 정당사무에 관한 규칙을 제정할 수 있으며, 법률에 저촉되지 아니하는 범위 안에서 내부규율에 관한 규칙을 제정할 수 있다.

5. 대통령 긴급명령 · 긴급재정경제명령(헌법 제76조 제1항 · 제2항)

대통령은 내우 · 외환 · 천재 · 지변 또는 중대한 재정 · 경제상의 위기에 있어서 국가의 안전보장 또는 공공의 안녕질서를 유지하기 위하여 긴급한 조치가 필요하고 국회의 집회를 기다릴 여유가 없을 때에 한하여 최소한으로 필요한 재정 · 경제상의 처분을 하거나 이에 관하여 법률의 효력을 가지는 명령을 발할 수 있다.

6. 행정규칙

행정규칙은 상급행정기관 또는 상급자가 하급행정기관 또는 하급자에 대하여 법률의 수권 없이 그의 권한의 범위 내에서 발하는 일반적 · 추상적인 규율을 말한다.[6] 일반적 · 추상적 성질을 가진다는 점에서는 법규명령과 같으나, 행정조직 내부에서만 구속력을 가지는 점에서는 서로 구분된다. 즉 법규명령은 직접 국민의 자유와 권리를 규율하는 법규의 성질을 갖고 행정규칙은 행정내부의 통제를 위한 것으로 직접 국민의 자유와 권리에는 영향을 주지 않는 것으로 이해하고 있다.[7]

행정규칙은 법률, 법규명령 외에 '무방비로 노출된 법의 제3의 범주'에 해당한다.[8] 현대국가에서는 의회입법원칙의 예외로서 행정입법이 중추적인 역할을 수행하고 있음은 부인할 수 없는 사실이고, 위임입법의 증가와 동시에 행정실무에서는 행정규칙의 비중이 증가하고 있다. 즉 일반적으로 법질서에서는 법률, 법규명령, 행정규칙이라는 규율의 세 단계가 존재하는데, 법률은 규범과 규율의 일부분만을 충족할 뿐이고, 숫자상으로는 법규범의 두 번째 층으로서 법규명령이 법률보다 더 많은 수를 점하고 있다.[9]

행정규칙은 지침, 지시, 고시, 훈령, 예규나 그밖에 이와 유사한 이름의 행정부에 의한 법 정립 과정에서 발생된 산물로써, 행정의 조직과 기능이 적절하게 작동할 수 있도록 행정기관의 행동을 광범위하게 조종하고 있다. 이는 특히 법률 규정이 없거나 개개의 결정에 있어서 기준이 결여되어 있는 분야에서 두드러진다.

7. 자치법규(헌법 제117조 제1항)

지방자치단체는 주민의 복리에 관한 사무를 처리하고 재산을 관리하며, 법령의 범위 안에서 자치에 관한 규정을 제정할 수 있다.

---

6) 김남진 · 김연태, 앞의 책, 172쪽.

7) 박윤흔, 「최신행정법강의(상)」, (서울: 박영사, 2004), 234쪽.

8) R. Wahl, "Verwaltungsvorschriften: Die ungesicherte dritte Kategorie des Rechts" *FG 50 Jahre BVerwG*(2003), S. 571 ff.(이세정, 「선진법치주의 실현을 위한 행정규칙 정비방안」, (서울: 한국법제연구원, 2011), 25쪽, 재인용).

9) Vgl. H. Schneider, *Gesetzgebung*, 3. Aufl.(Heidelberg, 2002), Rn.231.(이세정, 앞의 책, 26쪽 재인용)

제3절　법규 상호 간의 위계

Ⅰ. 분　류

현행 법규는 그 상하관계를 고려하여 5개 군(群)으로 분류 가능하다.

아래 <표 1>에서 1군은 헌법, 2군은 법률, 3군, 4군은 행정입법 중에서 법규성을 가지고 있는 법규명령에 해당되며, 5군은 법규성이 없는 행정규칙에 해당된다. 법규명령과 행정규칙의 엄격한 구분은 불가능하지만 실정법상으로는 위와 같이 분리하고 있다. 법규성의 유무는 국민의 권리 · 의무에 직접적 영향을 미치는 재판의 근거가 되는지 여부를 결정한다.

Ⅱ. 법규의 상 · 하법 관계

선박안전법의 예를 들어보기로 한다. 선박안전법은 법률이고, 선박안전법 시행령은 대통령령이고, 선박안전법 시행규칙은 해양수산부령으로 구성된다. 가스연료 추진선박기준과 같은 고시는 행정규칙에 해당된다.

〈표 1〉 현행 법규의 상하관계

[1군]	헌　법	
[2군]	법률, 대통령 긴급명령, 대통령 긴급재정경제명령	조약*1
[3군]	대통령령	국회규칙, 대법원규칙, 헌법재판소규칙 등*2
[4군]	총리령 · 부령*3	
[5군]	행정규칙(훈령 · 예규 · 지침 · 고시 등)	조례 · 규칙*4 감사원규칙 등

가) *1 조약 중 일부는 [3군]의 대통령령, [4군]의 총리령 · 부령과 같은 효력을 갖는다.
나) *2 중앙선거관리위원회 규칙 중 일부는 [5군]에 속하는 것이 있다.
다) *3 총리령 · 부령 중 일부는 [3군]의 대통령령과 같은 효력을 갖는다.
라) *4 규칙 중 일부는 조례의 위임을 받아 제정하기 때문에 조례보다 하위에 놓이게 된다.

〈그림 2〉 행정입법의 분류

제4절 헌법 및 법률 개정 절차

I. 헌법 개정 절차[10)]

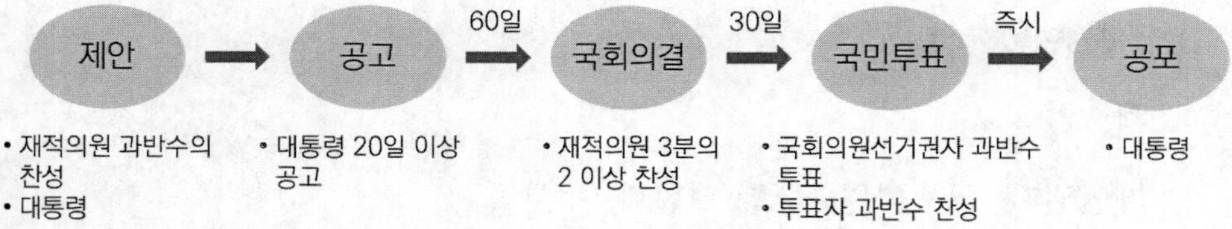

〈그림 3〉 헌법 개정 절차

10) 국회(http://www.assembly.go.kr)

1. 제　안

헌법개정안 제안권자는 국회의원, 대통령이 될 수 있으며, 국회의원은 재적의원 과반수의 찬성으로 제안할 수 있다. 대통령은 국무회의의 심의를 거쳐 제안할 수 있다.

2. 공　고

제안된 헌법 개정안의 내용을 국민에게 알리는 절차로서 대통령이 20일 이상 공고한다.

3. 국회의결

공고된 날로부터 60일 이내 의결, 재적의원 3분의 2 이상의 찬성으로 표결은 기명투표에 의한다. 공고된 헌법개정안에 대하여 수정하여 의결할 수 없다.

4. 국민투표

국회에서 의결한 후 30일 이내에 국민투표 회부하며 국회의원 선거권자 과반수의 투표와 투표자 과반수의 찬성으로 확정된다.

5. 공　포

대통령이 즉시 공포한다.

Ⅱ. 국회입법 절차

1. 제　안

1) 제안권자: 국회의원, 국회 위원회, 정부

2) 국회의원: 10인 이상의 찬성

3) 국회의 위원회도 그 소관에 속하는 사항에 관하여 법률안 제안

4) 정 부: 국무회의 심의를 거쳐 대통령이 서명하고, 국무총리－관계 국무위원이 부서하여 법률안을 국회에 제출

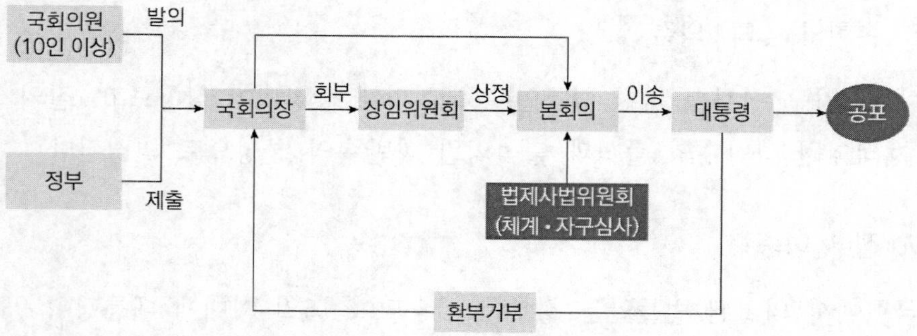

〈그림 4〉 법률 개정 절차

2. 회 부

국회의장은 법률안이 제출되면 이를 인쇄하여 의원에게 배부하고 본회의에 보고한 후(폐회 · 휴회 등으로 보고할 수 없을 때에는 생략), 소관 상임위원회에 회부하여 심사하게 한다.

3. 상임위원회 심사

위원회는 회부된 법률안에 대하여 위원회 상정 → 제안자 취지 설명 → 전문위원 검토보고 → 대체토론 → 소위원회심사보고 → 축조심사 → 찬반토론 →의결(표결)의 순서로 심사한다.

4. 법제사법위원회 체계 · 자구 심사

위원회의 심사를 마친 법률안은 법제사법위원회에 회부되어 체계 · 자구심사를 거치게 된다.

5. 전원위원회 심사

위원회의 심사를 거치거나 위원회가 제안하는 의안 중 정부조직에 관한 법률안, 조세 또는 국민에게 부담을 주는 법률안 등 주요 의안에 대해서는 당해 안건의 본회의 상정 전이나 상정 후 재적의원 4분의 1 이상의 요구가 있으면 의원 전원으로 구성되는 전원위원회의 심사를 거친다.

6. 본회의 심의 · 의결

체계 · 자구 심사를 거친 법률안은 본회의에 상정되어 심사보고, 질의 · 토론을 거쳐 재적의원 과반수의 출석과 출석의원 과반수의 찬성으로 의결된다.

7. 정부 이송

국회에서 의결된 법률안은 정부에 이송되어 15일 이내에 대통령이 공포한다.

8. 대통령의 거부권 행사

법률안에 이의가 있을 때에는 대통령은 정부 이송 후 15일 이내에 이의서를 붙여 국회로 환부하고, 그 재의를 요구할 수 있다. 재의 요구된 법률안에 대하여 국회가 재적의원 과반수의 출석과 출석의원 3분의 2 이상의 찬성으로 전과 같은 의결을 하면 그 법률안은 법률로서 확정된다.

정부 이송 후 15일 이내에 대통령이 공포하지 않거나 재의요구를 하지 않은 경우 그 법률안은 법률로서 확정된다.

9. 공 포

대통령은 법률안이 정부에 이송된 지 15일 이내에 공포하여야 한다. 제8항의 내용과 같이 법률로 확정된 후 5일 이내에 대통령이 이를 공포하지 않을 경우 국회의장이 공포한다. 법률은 특별한 규정이 없으면 공포한 날로부터 20일을 경과함으로써 효력을 발생한다.

Ⅲ. 법령개정 절차[11)]

1. 법률: (① ~ ⑭)

1) 입법계획의 수립

입법계획제도는 입법 추진시기를 검토 · 조정하여 정부제출 법률안이 정기국회 등 특정시기에 집중되지 않도록 하는 한편, 국정과제의 효율적인 추진과 국내

---

11) 출처: 법제처 이상희 법제관

외의 여건변화에 신속하게 대응하기 위한 법적 기반이 적기에 마련될 수 있도록 정부차원에서 입법계획을 관리하는 제도이다. 법제처장은 매년 정부입법계획 수립 지침을 마련하여 전년도 10월 31일까지 중앙행정기관의 장에게 통보하면, 각 중앙행정기관의 장은 해당 연도의 입법수요를 파악하여 법령안별로 입법의 필요성, 주요내용, 추진일정, 입법에 따라 예상되는 문제점 등을 포함한 입법계획을 수립하여 전년도 11월 30일까지 법제처에 제출하여야 한다. 제출된 입법계획에 대하여 법제처장은 정부 전체 차원에서 입법추진일정과 중복·상충되는 사항 등을 조정한 후 매년 1월 중에 국무회의에 보고 및 그 내용을 관보에 고시하고 인터넷 등을 이용하여 국민에게 알려야 한다.

2) 법령안의 입안

어떤 정책을 결정한 후에 그 정책의 시행과 관련하여 입법이 필요하다고 판단되면, 정책의 주무부처인 중앙행정기관이 그 소관 사항에 대하여 법령안을 입안한다. 일반적으로 정책결정과정에서 전문연구기관에 의한 조사·연구, 정책추진팀 또는 협의체의 구성 등을 통하여 정책의 내용에 관하여 심도 있는 논의를 하게 되는데, 법령안의 작성은 이러한 정책결정과정에서 검토·정리한 결과를 객관적인 언어로 구체화·규범화하는 과정이다.

3) 관계 기관과의 협의

법령안 주관기관이 법령안을 입안하면 그 법령안에 대하여 발생할 수 있는 이견을 사전에 조정하기 위하여 그 내용과 관련이 있는 관계 기관과의 협의과정을 거치게 된다. 관계 기관과의 협의 기간은 10일 이상이 되어야 하지만, 법령안을 긴급하게 추진하여야 할 사유가 발생하는 등 특별한 사정이 있는 경우에는 법제처장과 협의하여 10일 미만으로 단축할 수 있다.

4) 사전 영향평가

행정기관이 법령을 제정·개정하려는 경우 법령에 내재하는 부패유발요인, 성평등에 미칠 영향, 지역인재 고용에 미치는 영향, 개인정보 침해요인, 정책과 제도의 집행·평가에 적합한 통계의 구비 여부, 자치분권 원칙에 대한 적합성 등을 체계적으로 분석·평가하여 그에 대한 사전정비 및 종합적인 개선 대책을 강구하는 과정이다. 사전 영향평가는 개별법에 근거를 두고 있으며, 「부패방지 및 국민권익위원회의 설치와 운영에 관한 법률」에 따른 부패영향평가, 「성별영향평가법」에 따른 성별영향평가, 「지방대학 및 지역균형인재 육성에 관한 법률」에 따른 지역균형인재 고용영향평가, 「개인정보 보호법」에 따른 개인정보 침해요인 평가, 「통계법」에 따른 통계기반정책평가, 「지방자치법 시행령」에 따른 자치분권 사전협의가 있다.

5) 입법예고

입법예고제도는 모든 법령을 제정·개정 또는 폐지하고자 할 때에 법령안의 내용을 국민에게 미리 예고하여 국민의 다양한 의견을 수렴하여 입법에 반영함으로써 입법과정에 대한 국민의 참여기회를 확대하고 입법내용의 민주화를 도모하며 법령의 실효성을 높여 국가정책을 효율적으로 수행하기 위한 제도이다. 입법예고는 법령안의 주요내용, 의견제출기관, 의견제출기간, 홈페이지 주소 등을 명시하여 관보 및 통합입법예고시스템(http://opinion.lawmaking.go.kr)에 공고하고, 그 밖에 신문·방송·인터넷 등의 매체를 이용하고 있다. 입법예고기간은 40일 이상으로 하여야 하고, 입법내용이 국민의 권리·의무 또는 일상생활과 관련이 없는 경우, 입법내용의 성질 기타 사유로 예고의 필요가 없거나 곤란하다고 판단되는 등의 경우에는 법제처장과 협의하여 예고를 생략하거나 예고기간을 단축할 수 있다.

6) 규제심사

법령안 주관기관의 장은 규제를 신설 또는 강화하는 내용의 법령을 제정하거나 개정하려는 경우에는 법제처에 법령안 심사를 요청하기 전에 규제영향분석서, 자체 심사의견 등을 첨부하여 규제개혁위원회에 규제심사를 받아야 한다.

7) 법제처 심사

법제처는 국무회의에 상정될 법령안·조약안과 총리령안 및 부령안의 심사와 그 밖에 법제에 관한 사무를 전문적으로 관장하기 위하여 정부수립 시부터 설치된 국무총리소속 중앙행정기관으로 정부입법의 총괄·조정, 법령심사, 법령해석, 법령정비, 자치입법 지원, 법령정보서비스 제공 등 정부 내에서 법제업무의 총괄·조정기능을 수행하고 있다. 법령안 주관기관의 장이 법령안 원안을 확정하면 법제처에 법령안 심사를 의뢰하게 되는데, 법제처에서는 법령안의 자구·체계 등의 형식적 사항뿐만 아니라 헌법이념 및 상위법과의 위반여부, 다른 법령과의 중복·충돌여부, 입법내용의 적법성 등 실질적인 사항에 대하여도 심사를 하여 원안을 수정·보완하게 된다. 이 과정에서 보다 충실하고 공정한 심사를 위하여 법률안과 중요 하위법령안에 대하여는 처장 또는 차장이 주재하고 국장·법제심의관 및 법제관 등이 참여하는 법령안합동심사회의를 거치게 된다. 법제처의 법령심사제도는 국민의 자유와 권리에 밀접한 관련이 있고 국가운영에 기틀이 되는 법률이나 그 하위법령이 공포·시행되기 전에 헌법과 상위규범에 위반되거나 부적정한 내용의 규범이 되지 않도록 사전에 심사·조정하는 사전적 규범통제제도로서의 역할을 수행하고 있다.

8) 차관회의·국무회의 심의

법률안과 대통령령안에 대한 법제처의 심사가 완료되면 그 법령안은 차관회의 및 국무회의의 심의를 거치게 된다. 차관회의는 국무회의에 상정될 의안의 중요사항을 사전에 심의하는 기능을 수행하고 있는데, 긴급한 경우에는 차관회의를 생략하고 바로 국무회의에 상정하여 심의할 수 있다.

9) 대통령 재가 및 국무총리와 관계 국무위원의 부서

국무회의의 심의를 마친 법령안(법률안·대통령령안)은 국무총리 및 관계 국무위원이 부서하고, 대통령이 재가한다.

10) 국회 제출

대통령의 재가를 받은 법률안은 법제처에서 지체 없이 대통령 명의로 국회에 제출한다.

11) 국회 심의·의결

국회에 제출된 정부제출 법률안은 국회의장이 본회의에 보고한 후 소관 상임위원회에 회부된다. 소관 상임위원회에서는 전체회의 또는 소위원회를 구성하여 법률안을 심사하며, 필요한 경우에는 공청회를 개최하여 이해관계인의 의견을 듣고 심사를 하기도 한다. 소관 상임위원회 전체회의의 의결을 거친 법률안은 다시 법률안의 자구와 체계 심사를 위하여 법제사법위원회에 회부된다. 법제사법위원회에서 자구·체계가 정리된 법률안은 다시 국회 본회의에 회부된다.

12) 공포안 정부 이송

국회 본회의를 통과한 법률안은 공포를 위하여 정부에 이송된다.

13) 국무회의 상정

법률안이 정부에 이송되어 오면 법제처는 국무회의 상정 안건의 작성요령에 따라 법률공포안을 작성하여 국무회의에 상정한다. 국무회의의 심의를 마치면 국무총리 및 관계 국무위원이 부서하고, 대통령이 재가한다. 다만, 대통령은 국회에서 이송되어 온 법률안에 이의가 있을 때에는 이송되어 온 후 15일 이내에 이의서를 붙여 국회로 환부하고 재의를 요구할 수 있다. 재의요구된 법률안은 국회에서 재의에 부친 결과 재적의원 과반수의 출석과 출석의원 3분의 2 이상의 찬성으로 전과 같은 의결을 하면 법률로 확정되고, 대통령은 확정된 법률이 정부로 이송된 후 지체 없이 공포하여야 한다.

14) 공 포

법률안이 국회에서 정부로 이송되어 국무회의의 심의를 거쳐 대통령의 재가를 받거나, 대통령령안이 국무회의의 심의를 거쳐 대통령의 재가를 받은 경우에는 그 법률안 및 대통령령안은 법제처에서 공포번호를 부여한 후 행정안전부에 공포를 위한 관보게재 의뢰를 하여 공포하게 된다. 법률안 및 대통령령안은 관보에 게재되어 공포됨으로써 각각 법률 및 대통령령으로서 성립하게 된다.

2. 대통령령: (② ~ ⑨) → ⑭

3. 총리령 및 부령: (② ~ ⑦) → ⑭ ※ 총리령 및 부령은 법제처 심사가 완료된 후 소관 부처에서 해당 부령의 공포번호를 부여하고(총리령의 경우에는 국무총리의 결재를 받고, 법제처에서 공포번호를 부여한다) 행정안전부에 공포를 위한 관보게재

의뢰를 하여 공포하게 된다.

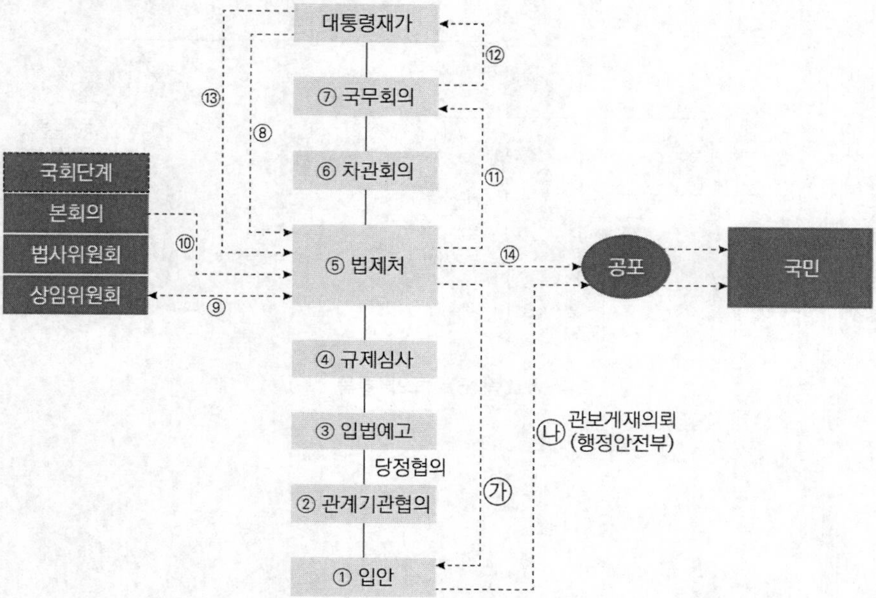

〈그림 5〉 법령의 제·개정 절차 개요

제5절 법의 분류

법은 구속력이 있느냐의 여부에 따라 자연법과 실정법으로 나눌 수 있고, 법의 분류는 그 목적과 대상에 의해서 법의 종류를 설명하는 것이 일반적이다. 실정법은 국내법과 국제법으로 크게 구분된다. 국내법은 공법, 사법, 사회법으로 분류할 수 있다. 해사법규도 공법, 사법, 사회법으로 분류되며 해상법은 사인 간의 법률관계를 다루고 있으므로 사법, 선원법은 사회법으로 분류하는 것이 적합할 것이다. 그 외의 선박법, 해사안전법, 선박안전법, 선박직원법 등 대부분의 해사법규는 공법인 행정법으로 보는 것이 타당하다.

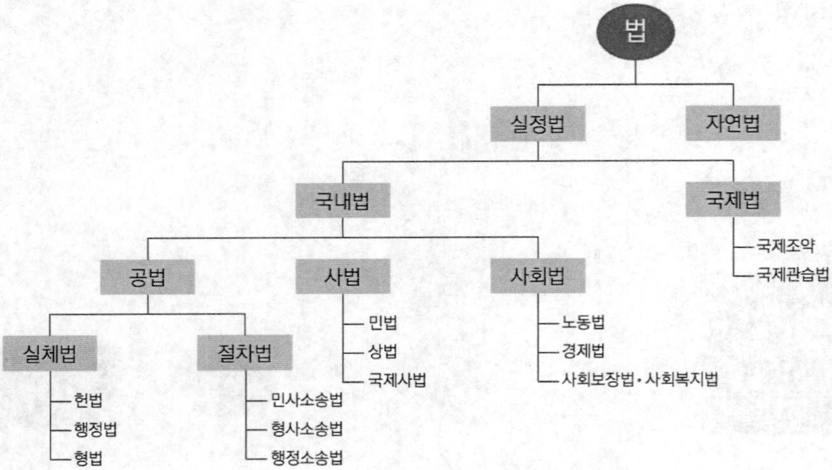
법
실정법
자연법
국내법
국제법
국제조약
국제관습법
공법
사법
사회법
실체법
절차법
민법
상법
국제사법
노동법
경제법
사회보장법·사회복지법
헌법
행정법
형법
민사소송법
형사소송법
행정소송법

〈그림 6〉 법의 분류

제2장 해사법규 총론

제1절 개 념

해사법규란 바다를 활동영역으로 선박을 중심으로 형성되는 항행활동에 직접 관계가 있는 법규 전체를 말한다. 즉 해사법규란 선박을 중심으로 해상항행에 직접관계가 있는 법규 모두를 총괄하는 의미이다.[1] 우리나라 경우의 해사법규는 해사사법과 해사공법을 통틀어 지칭하는 경우가 많지만, 영미법계에서는 해사법은 해상법을 의미하는 경우가 많다.[2]

해사법은 헌법, 민법, 형법 등처럼 학문적으로 독립된 분야는 아니다. 해사법은 공법과 사법, 국내법과 국제법이 공존하고 있으므로, 즉 모든 성질의 법률이 해사법에 포함되어 있으므로 해사법 고유의 법리는 존재하지 않는다. 그러나 해사생활에 관계된 법규를 통틀어 해사법이라고 한다면 그 자체가 의미가 있다.

우리나라의 해사법은 일본으로부터 광복하면서 일본의 해사법을 계수하여 발전하여 왔으며, 현재는 많은 국제해사협약을 수용하면서 발전해 나가고 있다.

해사법에는 해사사법인 해상법이 있으며, 해사공법에는 선원법, 선박법, 해사안전기본법, 해상교통안전법, 선박안전법, 해양환경관리법, 선박직원법, 해양사고의 조사 및 심판에 관한 법률, 항로표지법 등이 있다. 이미 위에서 서술한 바와 같이 해사법규는 독립적인 법리를 가지고 있지는 않다. 대부분의 해사법은 행정주체인 행정기관이 행정객체인 국민의 권리·의무를 제한하는 행정법적 성격을 가지고 있다. 특히, 국제협약을 국내법으로 수용하는 경우에는 행정법의 체계 및 법리에

1) 이윤철 외, 「해사법규」, (부산: 다솜출판사, 2013), 1쪽.

2) 영미법계에서는 해사법을 가리켜 'admiralty law'와 'maritime law'가 사용된다.

따라 정확하게 국내법화할 필요성이 있다.

제2절 해사법규의 분류

Ⅰ. 해사국제법과 해사국내법

국제법인가 국내법인가의 여부에 따라 해사국제법과 해사국내법으로 구분된다. 해사국제법은 주로 국제해사기구, 국제노동기구 등의 국제전문기구에 의하여 채택되는 국제조약이나 국제관습법으로 구성된다. 해사국내법은 해사에 관한 국내법규의 모두를 총칭하는 개념이다.[3)]

Ⅱ. 해사사법과 해사공법

사법(私法)인가 공법(公法)인가의 여부에 따라 해사사법과 해사공법으로 구분된다.[4)] 해사사법은 실질적 의미에서의 해상법과 해상보험법을 말한다. 해사공법은 해사에 관한 공법관계의 법을 말하며, 이는 다시 선원관련법, 선박관련법, 해상안전관련법, 해양환경관련법 등으로 분류할 수 있다. 선원관련법에는 선원법, 선박직원법, 한국해양수산연수원법 등이 포함되며, 선박관련법에는 선박법, 선박등기법, 국제선박등록법 등이 포함된다. 해상안전관련법에는 선박안전법, 어선법, 해양사고의 조사 및 심판에 관한 법률, 수난구호법, 항로표지법, 수로업무법 등이 포함된다. 해상교통관련법에는 해사안전기본법, 해상교통안전법 및 선박의 입항 및 출항에 관한 법률 등이 포함된다. 그리고 해양환경관련법에는 해양환경관리법, 유류오염손해배상보장법, 선박평형수관리법 등이 포함된다.

업무의 유형에 따라 해양관리관련법,[5)] 해양개발 및 해양환경보존관련법,[6)] 해

---

3) 전영우, 「국내해사법규」, (부산: 동원문화사, 2018), 1쪽.

4) 해사법규에는 공법과 사법의 영역이 공존하는 법률(예컨대, 선원법)도 존재하고, 공법에 사법 영역에 해당하는 규정이 편입되어 입법되는 사례도 발생하기 때문에 반드시 공법과 사법으로 구분되지 않는 경우도 있음에 유의하여야 한다.

5) 영해 및 접속수역법, 배타적 경제수역 및 배타적 경제수역에서의 외국인 어업 등에 대한 주권적 권리

운행정관련법,[7] 항만행정관련법,[8] 수산행정관련법,[9] 해양레저관련법,[10] 출입국·관세·검역관련법[11] 등으로 구별할 수도 있다.

Ⅲ. 해상법

해상법(海商法)은 실질적 의미로 기업법인 상법의 일부분으로서 해상기업에 특유한 법률관계를 규율하는 법규의 총체라고 할 수 있다. 상법전(商法典) 제5편 740조 이하에는 「해상」에 관한 규정을 두고 있다.

실질적 의의의 해상법의 핵심적인 내용이 형식적 의의의 해상법에 규정되어 있지만, 양자가 반드시 일치하는 것은 아니다. 특별법령·관습법·조약 등의 형식으로 존재하는 실질적 의의의 해상법도 있다. 항해에 관한 법규를 총칭하여 해법 또는 해사법(Seerecht, maritime law or law of Admiralty, dr oit maritime)이라고 하는데, 해상법은 이러한 해법의 일부분을 구성하는 것이다. 해상법은 "해상기업활동(海商企業活動)" 주체의 이익조정을 위한 것으로 주로 해사사법에 관한 것이다. 해상기업에 관한 법은 육상기업(陸上企業)에 앞서 발달하여, 상법의 기원(起源)이 되는 것으로서 이미 고대 함무라비법전에서도 찾아 볼 수 있다.

이것이 중세에 이르러 지중해·대서양 및 북해의 해항도시를 중심으로 발달하였고, 근세에 들어와서는 프랑스·독일을 중심으로 하여 종합적인 법전이 편찬되고, 또 영국에 있어서도 판례에 의한 해상법이 형성되었다. 우리나라의 해상법은 이 가운데서 독일법계에 속한다. 해상법(海商法)은 주로 해상기업활동에 있어서의 개별주체 상호 간의 이익조정을 목적으로 하는 사법법규가 중심이 되었으나, 사법법규의 실현을 보장하기 위한 약간의 공법적 규정도 포함하게 된다.

의 행사에 관한 법률 등.

6) 해양개발기본법, 연안관리법, 해양과학조사법, 습지보전법, 공유수면 관리 및 매립에 관한 법률 등.

7) 해운법, 선박투자회사법, 항만운송사업법, 선주상호보험조합법, 한국해운조합법 등.

8) 항만법, 어항법, 마리나항만의 조성 및 관리 등에 관한 법률, 한국컨테이너부두공단법 및 신항만건설촉진법 등.

9) 수산업법, 수산자원보호법, 기르는 어업 육성법, 내수면 어업법, 수산품질관리법, 수산업협동조합법, 어장관리법 및 어업협정체결에 따른 어업인 등의 지원 및 수산업발전특별법 등.

10) 수상레저안전법, 유선 및 도선 사업법, 낚시 관리 및 육성법 등.

11) 출입국관리법, 밀항단속법, 관세법, 검역법 등.

상법은 “상행위 기타 영리를 목적으로 항해에 사용되는 선박”이라고 하여(상법 제740조), 상행위 이외의 행위를 목적으로 하는 선박(예컨대, 어선)도 포함하게 되었다. 또한 선박법 제29조는 국·공유선(國·公有船)을 제외한 모든 항행선에 해상법(상법 제5편 해상)의 규정을 준용한다고 하여 해상법의 적용범위를 비영리선(非營利船)에까지 확장하고 있다. 해상기업은 광대하고 위험한 해양을 무대로 한 고가(高價)인 선박에 의하여 행하여지는 데 그 특수성이 있다.

따라서 해상법도 선박소유자의 유한책임(상법 제769~776조), 선장(船長)의 광범위한 권한 및 의무(제745~755조), 공동해손(共同海損)(제865~875조), 해난구조(제882~895조) 등의 특수한 제도에 관한 규정을 두고 있다. 또 해상기업은 그 성질상, 활동 범위가 국제적이기 때문에 해상법도 국제적·통일적 성격을 띠고, 많은 국제통일조약이나 국제적인 보통거래약관의 성립을 볼 수 있다.

2007년 8월 3일 상법 일부규정에 대한 개정으로 해상법의 개정이 있었고, 2008년 8월 4일부터 시행되었다. 개정 이유는 해상운송계약 관련 법체계를 국제무역 실무에 맞게 재정비하고, 전자선하증권제도 및 해상화물운송장제도 등 새로운 무역환경에 부합하는 제도를 마련하는 한편, 해운강국으로서 세계적인 지위에 걸맞는 해상법제를 마련하기 위하여 선박소유자의 책임한도와 운송물의 포장·선적단위당 책임한도를 국제기준에 맞게 상향조정하는 등 「상법」 제5편 해상 부분을 전면적으로 개선·보완하려는 것이었다.

제3절 연 혁[12)]

해사법규의 연혁은 많은 부분이 해상법을 중심으로 발달하여 왔다. 선원에 관한 사항, 형벌에 관한 사항, 해난사고 등 해사공법적인 부분도 발달되는 과정속에서 발견할 수 있다.

---

12) 박용섭, 「해상법론」, (서울: 형설출판사, 1998), 28－36쪽; 임동철, 「해상법·국제운송법연구」, (부산: 효성출판사, 1996), 274－280쪽 참조.

Ⅰ. 고 대

기원전 1,800년경에 제정된 세계 최고(最古)의 법전인 함무라비법전에 선박충돌, 선박임대차, 감항능력담보, 수상운송인의 책임, 구조료의 액, 선장의 급료, 모험대차 등에 관한 해사법규 관련 규정이 포함되어 있는데, 이는 고대 수메르의 관습을 근원으로 완성되었다고 한다.[13)]

실질적으로 후세에 큰 영향을 미친 것으로는 로오드해법(Rhodian Sea Code: Lex Rhodia de jactu)을 들 수 있다. 로오드는 그리스의 식민지로서 당시 동지중해의 상업중심지였다. 이 법에는 공동해손의 기본원리인 투하권(right of jettison)을 인정하고 있으며, 구조된 선박의 소유자와 운송물의 소유자는 투하의 소유자에게 비율배상하는 공동해손의 의무를 지고, 금전의 차주(借主)는 선박이 멸실하면, 화주(貨主)에 대하여 차금을 반환할 의무, 즉 모험대차(bottomry)의 채무를 면제하는 것을 포함하고 있다. 로오드해법은 서기 533년경에 제정된 로마의 「유스티니아누스 디게스트」(Digest of Justinian)에 공동해손의 하나인 투하에 관한 기본원칙이 로오드해법에서 유래한다는 데 근거를 두고 있다.

로마시대의 해상법은 독자적으로 발전하지 못하고 그리스법에서 부분적으로 유래한 것으로 보이며, 유스티니아누스 디게스트와 유스티아누스 법전 등에 산재되어 있다.

이처럼 유럽에서는 10세기까지 약간의 해법이 존재하여 지중해연안 제국과 그 식민지 사이에 세계적 관습법으로 시행되고 있었다.

1. 함무라비법전

가장 오래된 해상법은 함무라비법전(Hammurabi Gesetz, BC 1800년경)이다. 함무라비법전은 세계 최고의 성문법으로 전문 282조로 이루어진 검은 현무암 기둥에 설형문자로 새겨진 것이다. 성경에 등장하는 인물인 아브라함과 동시대의 고대 바빌로니아 제국[14)]의 6대 왕인 함무라비시대에 함무라비법전이 공포되었다. 이 법

13) 田中誠二,「海商法詳論」, (東京: 勁草書房, 1970), 3面.

14) 고대 바빌로니아 제국은 오늘날 이라크의 남부 지역에서 발흥하여 인류 문명사에 큰 영향을 주었다. 심지어 성경의 구약과 신약의 마지막 책 요한계시록에 이르기까지 바빌론이라는 언급이 여러 가지 의미로 반복해서 나타나기도 한다. 메소포타미아는 인류 문명의 요람으로 이 문명의 법들은 함무라

전 안에 해사에 관한 약간의 규정이 존재하며 오늘날 해사법의 기원을 이루고 있다. 이 법전은 선박임대차, 선박상실 및 해난에 관한 형벌 등을 정하고 있다. 이 법전은 1,000년 후 아시리아 제국 시대까지 '함무라비 정의의 법'으로써 고대 법학자가 이를 존중하여 연구하였다고 알려지고 있다.[15)]

2. 로오드해법

로오드해법(Lex Rhodia, Naval laws and statues of the Rodians)은 지중해 연안의 여러 국가들에게 가장 큰 영향력을 미쳤던 해상법 가운데, 오늘날 기록물로 남아 있는 가장 오래된 해상법이다. 기원전 4세기에서 기원전 3세기까지 로오드는 해사 분야에서 있어서 최전성기에 있었는데, 그 지식과 경험은 이집트로부터 페니키아, 키프로스, 로오드로 이어졌다고 전해진다.[16)]

로오드해법은 오늘날 단편적 부분만이 전해져 오고 있으므로 다른 부분은 역사적으로 소실되었다고 생각할 수밖에 없다. 일부 전해지는 두 개의 단편적인 부분이 있는데, 첫째 단편적 부분은 21개조이며, 두 번째 단편적 부분은 51개조이다. 전자는 선주 및 승조원의 임금, 여객, 선내의 의식, 역할의 선서, 임금 및 이자, 선장과 해원 또는 상인과의 관계, 선복 등에 관해 규정하고 있다. 후자는 절도 · 싸움 · 분쟁 및 파업, 악천후에 선박의 경감, 난선 · 태만 · 손해 · 용선계약서, 선박의 용선, 체선료, 정박 · 충돌, 화물의 오손, 해상사망 및 그 외 많은 해사사항 분야에 걸쳐서 규정하고 있다. 특히 현재에도 중요시되고 있는 선장의 투하권(right of jet－tison)을 인정하고 있으며 공동해손의 기본적 원리로 자리잡게 되었다. 선박의 멸실 시 차금의 반환의무, 즉 모험대차(bottomry)에 채무면제를 포함하는 원리 등은 해법사에 있어서 가장 근원적인 위치를 가지고 있다고 평가받는다.[17)]

비법을 거쳐 그리스 · 로마법에 영향을 끼쳤고, 후대의 게르만법을 거쳐 오늘날 대륙법의 모태가 되었다. 메소포타미아 세계는 종교가 삶의 전 영역에 영향을 미쳤던 시대이다. 고대 바빌로니아가 인류 문명사에 남긴 큰 기여가 바로 함무라비 법이다; 한상수, 「함무라비법전 －인류 법문화의 원형－」, (김해: 인제대학교 출판부, 2008), 13－100쪽. 김진권 위의 책에서 재인용.

15) 한상수, 위의 책, 13－100쪽.

16) John William Willcock, Ocean, river and shore Part I(London: Ulan Press 2012), pp.23－30; 김진권 위의 책 재인용.

17) Alexander Justice, A General Treaties of the Dominion of the sea － 3rd edition－, (London: T. page, W. and F. Mount, 1724), p.77. 김진권 위의 책 재인용.

3. 로마해법

그리스는 독자적으로 해상법을 발전시켰던 것과 달리 로마시대에는 해상법을 발전시키지 못하였다. 로마법은 관습법, 로오드해법, 유스티니아누스법전 및 테오도시우스법전 등에 의해 해상교통 활동을 광범위하게 규제하였다. 이들 해법에서 선원의 활동 등이 경찰적 측면에서 규제된 것은 주목할 만하다. 로마의 법률가들은 이러한 규정의 존치이유에 대하여 항세는 공공의 이익에 관한 사항이며, 해양사고의 심각성을 최대의 이유라고 언급하였다.[18] 로마해법 중에 현재에 영향을 미치는 해상법리는 첫째, 해사계약(foenus nauticum)제도, 둘째, 선주의 수령책임(receptum nautarum), 셋째, 투하에 관한 로오드해법 규정이다.

Ⅱ. 중 세

로마제국 시기에 이룩한 대자본적 해상기업경영은 모두 파괴되고, 중세 해운은 소자본적이며 모험적인 조합형식으로 출발하여 지중해, 대서양 및 북해 등 유럽지역의 주요거점에 주요 항구도시가 발달하기 시작하였다. 이를 바탕으로 중세의 해법은 중세 초기에서부터 15세기경에 걸쳐 각 항구도시의 해사관습법으로서 발달하여 집성편찬된 것이다. 특히 이 시기에 발달한 해사법으로서 이른바 중세의 3대 해법으로 불리는 다음의 해법이 있다.

1. 콘솔라토 델 마레(Consolato del mare)

이 해법에 관한 정설은 없으나 13~14세기경 지중해연안에서 시행된 해사에 관한 관습법의 집성인 동시에 스페인의 바르셀로나에서 해사판례에 적용된 법규의 제목으로 알려져 있다. 선장 및 선원의 권리와 의무 및 운송계약 등 당시 해사에 관한 사항을 망라하고 있으며, 향후 프랑스, 스페인, 네덜란드 및 독일에 큰 영향을 미쳤다. 아울러 영국의 해사법원과 유럽대륙의 해사법원의 모델이 되었다.

---

18) S.Crisafulli－Buscemi, op. cit., p.10; 김진권 재인용.

2. 오레롱해법(Rules of Orelon)

로오드해법은 단편적으로 밖에 알 수 없는데 반하여 오레롱해법은 해사법 중에서 완전한 구성을 하고 있는 가장 오래된 해법이라는 데서 큰 의의가 있다. 오레롱[19]해법은 보르도에서 피안디해안까지 그리고 브리타니코해 및 스코비아를 포함하는 광범위한 프랑스 해안선에 걸쳐 대서양 및 발트해의 해상관습을 모아서 수록한 것인데, 그 후 널리 보급되어 유럽 대부분의 지역에 걸쳐서 사용되었다.

시대가 흐름에 따라 오레롱해법은 영국판례에서 통상 언급되고 있는 "Nasval laws of Orelon"이라는 제목으로 명명하게 된다. 오레롱해법은 그 당시에 알려져 있던 해사법의 거의 전부를 망라하며 47개조로 구성된 상인의 행위, 선장 및 해원 · 신용 · 판결 · 항해 · 난파선 · 적하 및 양하, 화물의 보존, 식민지 그 외 많은 사항에 관해서 규정했다.[20] 오레롱해법은 근대 해상법의 기본이 되는 일반원칙을 많이 포함하고 있으며, 중세 비스비해법, 한자동맹의 해법 등에 영향을 미치게 된다. 특히 영국에서는 오레롱해법이 16세기경까지 해사법의 중요한 법원을 이룬다.

3. 비스비해법(Waterrecht von Wisby)

비스비해법(The laws of Wisby)은 15세기경 유럽 북해연안 고트란드섬의 비스비항을 중심으로 오레롱해법과 한자동맹의 해사관습법을 계수하여 발전한 해법이라고 전해진다. 이 점에 관해서 Alexander는 "발트해 고트란드섬의 부강한 위스비 시민은 오레롱해법의 기초와 비스비시에서 그 명칭을 얻은바 조례 및 규칙(Ordinance and Regulations)을 만들었다."고 저술하고 있다.[21] 비스비해법은 북해연안의 해법 발전에 크게 영향을 미치게 되었다.

4. 한자시 해법

유럽에서 봉건제도의 붕괴가 계속된 12세기 및 13세기의 새로운 화폐경제 및

---

19) 현재 프랑스에 있는 Bordaux 북쪽의 Charente 강 하구에 있는 작은 섬 위에 있는 도시였다. 오레롱해법이 채용되었을 때 그 위치는 Province de Guyenne에 있는 것이라고 기록되어 있다.

20) Americal Pilots' Association, Responsibilities and qualification of pilots under state laws (Washington: American Pilots' Association 1937), p.116; 김진권, 위의 책에서 재인용.

21) Alexander, op.cit., p.118.

상인시대와 관련해서 한자동맹, 즉 무역연맹(league trade)이 주축을 이루는 해상상업이 번영하였다. 당시 세상을 지배하는 법전으로는 바르셀로나의 관습법은 물론이고 크라니의 법령집, 마르세유의 법령집, 토르톨라의 관습법이 있었는데 이들은 오레롱 및 비스비의 각 해법의 장문에 비교하면 짧은 편이었다.[22)]

한자동맹은 약 70개의 도시로 이루어져 있었으며 그중 주요한 도시는 뤼베크, 단치히, 브룬스비크 및 함부르크가 해당된다. 이들 도시는 동맹 안에서 특별한 상업상 특권을 가질 목적으로 무역상의 동맹을 조직하였다. 동맹협정과 조례는 한자 도시들만이 아니라 해외 여러 나라에서도 무역을 촉진할 목적으로 통일적으로 작용했다. 한자 도시들 중에서 뤼베크는 가장 지배적인 지위에 있었으며 프리드리히 1세는 1161년에 그곳을 자유도시로 조직하고 한자 도시들의 수도로 삼았다. 1597년 뤼베크에서 한자 도시들의 해법이 처음으로 독일어로 만들어졌으며, 이 법은 전문 60개조로 이루어졌다.

5. 기동 드 라 메르

16세기 후반에 프랑스에서 편집된 기동 드 라 메르(Guidon de la mer, Guidon pour ceux que font marchabdise et que mettent a al mer)는 로마법의 이론을 기초로 북유럽과 지중해 해법을 모아 편찬한 해법이다. 루앙에서 상인을 위해 개인이 집대성한 법례집으로 주로 해상보험계약에 관한 것인데 해사계약, 해상에 관한 문제를 거의 다루고 있으며 후에 루이스의 해사조례 제정에서 크게 참고가 된 것이다.[23)]

6. 해법흑서(The Black Book of the Admiralty)

해법흑서는 Black Book이라고 불리우며, 영국의 해사법, 판례, 칙령 및 절차법, 왕 또는 해사재판소의 명령 등을 모아 기록한 해법으로 영국 해법의 근간을 이루고 있다.

---

22) 김진권, 위의 책, 9쪽.
23) 김진권, 위의 책, 10쪽.

Ⅲ. 근 세

근세는 중앙집권국가의 성립과 더불어 대륙법계 여러 나라에서는 상법에 관한 법전이 편찬되어 중세의 많은 지방적 관습법은 거의 자취를 감추게 되었다. 근대의 입법으로서 근대상법에 영향을 준 해법은 다음과 같다.

1. 프랑스의 해사칙령(Ordonnance de la marine)

이 법은 1681년 프랑스의 루이 14세 때 제정된 것으로 근세 중앙집권국가의 성립으로 해사법도 국가법의 체계에 들어가게 되었으며, 이러한 배경으로 창조된 통일적·자족적인 해사법전이다. 16세기 말에 루앙(Reuen)에서 북구·지중해 계통의 해사법을 편찬한 기동 드 라 메르를 기초로 콘솔라토 델 마레 등의 장점을 수용하여 제정하였다. 5개편 713개 조문으로 이루어진 통일적이고 자족적인 대법전으로 공·사법에 걸쳐 재판관할까지도 포함하고 있으며, 제1편 해사재판관 및 관할권, 제2편 선원 및 선박, 제3편 해사계약, 제4편 항만·해안·정박장소와 경찰, 제5편 해사어업으로 이루어져 있다.

2. 나폴레옹 상법전(1807년 프랑스 상법전, Code de commerce)

1807년 프랑스 상법전은 프랑스 대혁명과 나폴레옹이 왕위에 오른 후에 루이 14세의 해사칙령을 대신하는 새로운 법체계를 만드는 과정에서 해사칙령 가운데 사법적 규정만을 수록한 것이다. 즉 해사칙령에 이르기까지 공사법적 규정이 통합되어 있었으나 로마 법체계의 원칙을 적용하여 공법과 사법으로 분리하면서 해사법 규정은 해상법 및 해상보험법이라는 이름을 붙여서 상법전의 한 부분으로 편찬되었다. 이와 같은 공·사법의 분리는 근세 후기에 세계 각국의 법체계에 영향을 미치게 되었다.

3. 독일상법(Handelsrecht)

1897년에 제정된 독일상법은 프랑스의 해사칙령과 함께 각국의 해사입법에 큰 영향을 미쳤다. 이들 두 상법의 제정을 계기로, 대륙법계 여러 나라에서는 해사에 관한 공법과 사법을 원칙적으로 구분하는 경향이 생겨 해사사법에 관한 규정만을 상법전 속에 수록하게 되었다.

4. 영국 상선법(Merchant Shipping Act)

영미의 해법은 해사법원에 의한 판례법을 중심으로 독자적인 발전을 하였다. 특히 영국에서는 1854년에 해사관계의 여러 공·사법을 망라한 상선법을 제정하였다. 영국의 상선법 제정은 판례법 구조와의 조화 속에서 이루어졌다.

그로부터 40년 후인 1894년에 영국은 그동안 입법된 해법의 증보·개정 부분을 전면적으로 정리·통합하여 1894년에 상선법을 제정하게 되었다. 이 상선법이 현행 영국 해법(1995년 상선법)의 기본이 되었다.

영국의 상선법은 공법적인 행정적 법규뿐만 아니라 선박소유권·선박저당권·선원고용계약·선주책임 등에 관한 사법적 규정을 포함하고 있는 공·사 양법에 걸친 방대한 법전이다.

5. 미 국

미국의 해법은 영국 기타의 유럽 각국의 관습법을 계수하여 발달한 관습법이 그 중심을 이루고 있었다. 1879년부터 미국 독자의 관습법과 판례이론이 발달하기 시작하였다. 미국 해법은 연방법과 연방의 통일적 관습법이 각 주의 입법에 비하여 현저하게 발달하고 있다.

연방법으로서는 1893년의 하터법(Harter Act)이 있는데, 이 법은 선하증권에 관한 통일조약의 모체가 된 법이다.[24] 그 후 미국은 1936년에 영국법과 유사한 해상물건운송법을 제정함으로써 이 법은 화물의 선적 전 및 선적 후의 법률관계에만 적용되고 있다.

---

24) 1893년 미국에서 운송인의 면책을 제한하기 위해 제정된 법률이다. 해상운송의 역사를 살펴볼 때 운송인들은 자신들의 권리를 보호하기 위하여 선하증권에 면책약관을 삽입해왔는데, 이를 견제하기 위하여 제정되었다. 미국의 하터(Harter) 의원이 1893년 자국 화주들의 권익을 보호하기 위하여 의회에 제출하여 제정되었으므로 그의 이름을 붙였다. 전통적인 책임주의를 벗어나 운송인에게 상업과실과 항해과실을 구별하는 과실책임주의를 채택하였다. 이에 따라 상업과실에 해당되는 화물의 선적·적부·보관·주의 및 인도에 관한 과실의 경우에는 운송인의 책임으로 하고, 항해와 선박의 취급에 관한 항해과실에 관해서는 운송인의 면책으로 규정하여 국제적으로 사용되고 있다.

Ⅳ. 현 대(20세기 이후)

1. 해사법의 국제적 통일화

해사법은 연혁적으로 해상거래를 중심으로 발달하여 왔으므로 당초부터 세계적 관습, 즉 보편적 해사법(General maritime law)으로 발생하여 그 자체가 통일적 내용의 것이었다. 해법은 해상활동을 법적으로 규제하므로, 그 성질상 다분히 공통된 내용의 기준을 필요로 한다.

근대 국가에서 해법을 성문법으로 제정한 후로는 그 내용이 동일하지 아니하였으므로 각국 간에 법제의 대립과 충돌이 일어났다. 그러나 19세기 후반의 국제무역의 발전과 항해기술의 진보는 각국 법의 통일을 요구함에 이르러 해법에 관한 국제적 통일운동을 환기시켰다. 즉 과학의 급속한 발달로 인한 조선기술의 향상, 선박운항기술의 향상, 운송방식의 개선 및 해상안전과 해양환경보호를 위한 전 세계적 공감대의 형성, 해상근로자의 보호를 위한 입법활동의 전개 등을 배경으로 하여 해사법 통일의 필요성은 증대되었다고 할 수 있다.

그리하여 이 시기를 시작으로 해사법에 관한 통일에 관심을 기울여 다수의 국제협약이나 국제적 약관이 성립하게 되었으며, 그 중심적 역할은 국제해법회(Comité, Comite Maritime International: CMI), 국제법위원회(Internatinal Law Commission), 국제해사기구 및 국제노동기구 등이 수행하였다.

2. 국제해사협약의 분류

국제적 해사법의 통일성이 강조되면서 각 분야별로 주도하는 기관이 나뉘게 되었다. 우선 해상법분야에서는 국제해법회가, 선박안전과 해양오염방지 및 관련 해상법분야에서는 국제해사기구, 해상운송법분야에서는 국제해법회 및 유엔무역개발회의(UNCTAD)가, 해상노동법분야에서는 국제노동기구 그리고 해양법분야에서는 UN과 국제법위원회가 주도하고 있다.

제 2 편

선박관련 해사법규

제1장 선박법

제2장 국제선박등록법

제3장 비상사태등에 대비하기 위한 해운 및 항만 기능 유지에 관한 법률

제4장 선박직원법

제5장 선원법

제6장 해사안전기본법

제7장 해상교통안전법

제8장 선박안전법

제9장 해양환경관리법

제10장 해운법

제11장 해양사고의 조사 및 심판에 관한 법률

제12장 도선법

제13장 선박의 입항 및 출항 등에 관한 법률

제1장 선박법

제1절 총 칙

Ⅰ. 선박법의 목적 및 법령 체계

1. 목 적

> **법 제1조(목적)** 이 법은 선박의 국적에 관한 사항과 선박톤수의 측정 및 등록에 관한 사항을 규정함으로써 해사(海事)에 관한 제도를 적정하게 운영하고 해상(海上) 질서를 유지하여, 국가의 권익을 보호하고 국민경제의 향상에 이바지함을 목적으로 한다.

선박법은 선박에게 국적을 부여함으로써 공해상을 항행하거나 외국항에 기항함에 있어 우리나라 선박으로서의 국제법상 외교적 보호를 받기 위한 목적이 있다. 또한 선박법은 해사에 관한 제도의 적정한 운영과 해상질서의 유지를 확보하기 위하여 국가권익을 보호하고 국민경제의 향상에 기여함을 목적으로 하고 있다.

주요한 내용으로는 선박의 국적에 관한 사항, 선박의 톤수 측정에 관한 사항, 선박의 공시에 관한 사항 및 기타 선박의 항행에 관한 행정상의 감독 사항 등을 규정하고 있다.

2. 법령체계

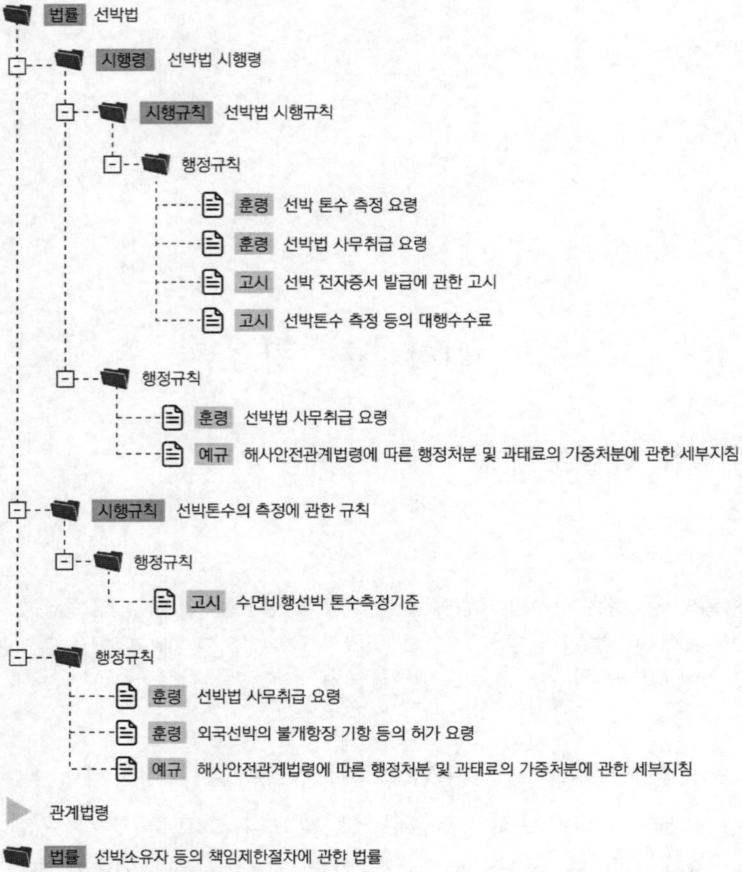

〈그림 7〉 선박법의 법령체계도

Ⅱ. 선 박

1. 선박의 사전적 정의[1)]

조지 라자라토스(George Lazaratos)는 "오랫동안 입법가들이나 법률가들은 상식적으로 선박을 이해하는 데 만족하였다."라는 평가에서도 알 수 있듯이, 선박에

1) 최정환 · 이상일, "상업용 무인선박의 법적 검토 및 쟁점사항에 관한 연구", 「해사법연구」, 제28권 제3호, 한국해사법학회(2016), 244－245쪽.

대한 일반적인 구조와 용도는 누구나 보편타당하게 이해할 수 있는 수준으로 선박에 대한 일반적인 정의가 필요하지 않았다.[2)]

Black's Law Dictionary에서는 Ship이란 "항해에 사용되는 모든 종류의 배(vessel)"라고 정의하고 있으며,[3)] Vessel이란 "수상에서 항해하는 선박(Ship)으로, Ship의 사전적 의미보다 포괄적인 개념"이라고 정의하였다.[4)] 또한 Bill Tetley는 Ship과 Vessel의 법적 정의에 따라 국제해사협약의 적용범위가 다르다고 하였다.[5)] 하지만 해운산업에서는 Ship과 Vessel의 용어를 혼용하여 사용하고 있으며, 실제 국제해사협약상의 적용범위의 구분은 Ship과 Vessel에 따른 사전적 의미가 아닌 선박의 용도 및 목적에 따라 달라지므로 구분의 실익이 없다. 무엇보다 기술의 발달과 해운산업의 성장으로 인해 새로운 개념의 선박들이 등장하고 있으므로 선박의 본질적 의미는 변하지 않지만, 선박의 범주는 확대되어야 할 것이다.

2. 사회통념상의 선박의 의미[6)]

통상 해사법에서 말하는 선박이라 함은 사회통념상의 선박을 말하는데, 여기서 사회통념상의 선박이란 추진능력에 상관없이 수밀부유능력을 가지고 있는 배를 말한다. 즉, 사회통념상 수상에서 사람과 재화를 실어 나를 수 있는 일정한 해

---

2) 박경현, "선박의 정의와 법적성질", 「해양한국」, 제245권, 한국해사문제연구소(1994), 82쪽; 김진권·진호현, "해양플랜트의 선박성에 관한 법적고찰", 「해사법연구」, 제28권 제1호, 한국해사법학회(2016. 3), 127쪽.

3) "A vessel of any kind employed in navigation. In a more restricted and more technical sense, a three−masted vessel navigated with sails. The term "ship" or "shipping," when used in tills Code, includes steam−boats, sailing vessels, canal−boats, barges, and every structure adapted to be navigated from place to place for the transportation of merchandise or persons "; Black's Law Dictionary Free Online Legal Dictionary 2nd Ed, (http://thelawdictionary.org/ship−n, 검색일자: 2016년 9월 22일)

4) "A ship, brig, sloop, or other craft used in navigation. The word is more comprehensive than "ship." The word "vessel" includes every description of water−craft or other artificial contrivances used, or capable of being used, as a means of transportation on water", Black's Law Dictionary Free Online Legal Dictionary 2nd Ed, (http://thelawdictionary.org/vessel, 검색일자: 2016년 9월 22일); 앞의 논문, 128쪽.

5) Bill Tetley, International Maritime and Admiralty Law, 1st ed, (Canada: Éditions Yvon Blais, 2002), p.35; Van Hooydonk, Ibid, p.406.

6) 최정환·이상일, "상업용 무인선박의 법적 검토 및 쟁점사항에 관한 연구", 「해사법연구」, 제28권 제3호, 한국해사법학회(2016), 244−245쪽.

상구조물을 말하는 것이다.[7)]

사회통념상의 선박은 조선공학적 또는 항해학적 정의와 반드시 일치하는 것은 아니므로 사회통념상 수상 또는 수중에서 해양활동이라는 일정한 기능을 수행할 수 있는 능력을 가진 해상구조물이라고 보는 것이 타당하다.[8)] 이러한 사회통념적 선박의 의미를 종합해 보면 부유성 및 수밀성, 다른 물건을 실어 나를 수 있는 적재성, 수면을 항해할 수 있는 이동성을 적절히 갖추었다면 사회통념상의 선박으로 볼 수 있을 것이다.[9)]

3. 선박법상의 선박

종래에는 선박법상 특별한 규정이 없었으나 1998년 개정 선박법에는 다음과 같은 선박의 정의 규정을 두고 있다.

> "선박이란 수상 또는 수중에서 항행용으로 사용되거나 사용할 수 있는 배 종류를 말한다." (법 제1조의2 제1항).

그러므로 선박은 물에 뜨는 것과, 잠수하여 스스로 항해하거나, 스스로 항해할 수 없으나 다른 선박에 의하여 항해용으로 사용될 수 있는 배의 종류를 말한다. 따라서 잠수함, 부선, 해저조망부선 등은 모두 선박에 해당한다.

> "소형선박"이란 다음 각 호의 어느 하나에 해당하는 선박을 말한다(법 제1조의2 제2항).
> 1. 총톤수 20톤 미만인 기선 및 범선
> 2. 총톤수 100톤 미만인 부선

1) 선박의 추진 기준 분류

법 제1조의2에서 기선, 범선 및 부선으로 분류하고 있다.

---

7) 이윤철 · 김진권 · 홍성화, 「신해사법규」, (부산: 다솜출판사, 2014), 28쪽; 임동철, "선박의 정의에 관한 약간의 고찰", 「해사법연구」, 제18권 제2호, 한국해사법학회(1996), 21쪽; 김진권 · 진호현, 앞의 논문, 128쪽.

8) 박용섭, 「해상법」, (서울: 형설출판사, 1998), 60쪽.

9) 김진권 · 진호현, 앞의 논문, 129쪽.

① 이 법에서 "선박"이란 수상 또는 수중에서 항행용으로 사용하거나 사용할 수 있는 배 종류를 말하며 그 구분은 다음 각 호와 같다.

1. 기선: 기관(機關)을 사용하여 추진하는 선박[선체(船體) 밖에 기관을 붙인 선박으로서 그 기관을 선체로부터 분리할 수 있는 선박 및 기관과 돛을 모두 사용하는 경우로서 주로 기관을 사용하는 선박을 포함한다]과 수면비행선박(표면효과 작용을 이용하여 수면에 근접하여 비행하는 선박을 말한다)
2. 범선: 돛을 사용하여 추진하는 선박(기관과 돛을 모두 사용하는 경우로서 주로 돛을 사용하는 것을 포함한다)
3. 부선: 자력항행능력(自力航行能力)이 없어 다른 선박에 의하여 끌리거나 밀려서 항행되는 선박

(1) 기 선

기관(機關)을 사용하여 추진하는 선박으로 기관은 디젤기관, 가솔린기관, 전기추진 및 원자력 추진을 포함한다. 자율운항선박 및 친환경 선박이 등장하면서 기관의 종류는 다양하지만 선박을 추진할 수 있는 기관이면 족하다. 선외기와 같이 기관을 선체로부터 분리할 수 있는 선박도 포함되고 추가적으로 기관과 돛을 모두 사용하는 경우로서 주로 기관을 사용하는 선박을 기선에 포함시키고 있다. 또한 표면효과 작용을 이용하여 수면에 근접하여 비행하는 수면비행선박도 기선에 포함하고 있다.

(2) 범 선

돛을 사용하여 추진하는 선박을 말한다. 기관과 돛을 모두 사용하는 경우에는 주로 돛을 사용하는 것을 범선에 포함한다.

(3) 부 선

자력항행능력(自力航行能力)이 없어 다른 선박에 의하여 끌리거나 밀려서 항행되는 선박으로, '기선과 결합되어 밀려서 항해되는 압항부선(pusher barge)'과 '잠수하여 해저를 조망할 수 있는 시설을 설치한 선박으로서 자력으로 항행할 수 없는 구조물인 해저조망부선'으로 분류하여 압항부선만을 선박법상 선박으로 규정하였으나, 1999년 4월 개정 시 부선으로 통일하였다.

2) 등기 기준 분류

(1) 등기선

등기선이라 함은 한국선박으로서 선박국적 취득과 소유권을 보호받기 위하여 관할법원에 등기한 선박을 말한다(법 제8조). 선박은 일반적 동산과 다르게 선박등기법에 따라 선박의 등기를 하도록 규정하고 있다. 선박의 등기는 등기할 선박의 선적항을 관할하는 지방법원, 그 지원 또는 등기소를 관할 등기소로 하고 있다(선박등기법 제4조).

(2) 부등기선

선박 등기를 하지 않아도 되는 선박을 말한다.

3) 등록 기준 분류

한국선박의 소유자는 선적항을 관할하는 해양수산관청에 당해 선박의 등록을 신청해야 한다. 선박등기법(제2조)에 따라 등기를 해야 하는 선박은 등기 후에 선박 등록을 신청하여야 한다(법 제8조 제1항).[10] 등록한 선박을 등록선이라 하고 등록하지 않은 선박을 비등록선이라 한다. 등록선의 경우 국적증서를 발급받음으로써 국적선의 지위를 누릴 수 있는 실익이 있다.

4) 항해선과 내수선

선박의 항해구역과 관련한 선박의 구별로서 선박안전법상 호수, 강을 제외한 연해구역 이상을 항해하는 선박을 항해선(sea going vessel, 해상법이 적용되는 선박)이라 하고 호수, 강, 평수구역을 항해하는 것을 내수선이라 한다.

내수선은 원칙적으로 해상법의 적용을 받지 아니한다. 그러나 항해선은 비영리선이라 할지라도 해상법이 적용된다(법 제29조, 상법 제741조 제1항). 그러므로 영리를 목적으로 하지 않을지라도 항행에 이용되는 실습선, 레저용 선박 및 학술 탐사선 등은 해상법이 적용된다. 다만, 국유 또는 공유선박은 선박법 단서 조항에 의해 해상법의 준용을 받을 수 없도록 하고 있다.[11]

---

10) 우리나라, 일본 및 프랑스는 등기와 등록의 이원주의를 채택하고 있으나, 영국, 미국 및 네덜란드는 등록 일원주의, 이탈리아, 벨기에, 독일 등은 등기 일원주의를 택하고 있다.

Ⅲ. 선박법의 적용범위

1. 원 칙

선박법은 한국선박에만 적용된다. 외국선박에 대하여는 대한민국 국기 게양, 불개항장에의 기항 및 국내 각 항간에서의 연안운송이 원칙적으로 금지되고 있으므로, 이 범위에서는 외국선박에도 한정적으로 적용된다.

2. 일부 적용제외 선박

선박법 제26조에 일부 적용제외 선박에 대하여는 아래 각 호를 적용하지 않도록 규정하고 있다. 한국선박일지라도 해군에 소속된 함정과 경찰용 선박에 대하여는 선박법을 적용하지 아니한다. 이에 관해서 종전의 선박법에서는 아무런 명문 규정을 두지 않았으나 1999년 4월 개정 시 명문으로 규정함으로써 선박법의 적용과 해석에 있어서 명확성을 기하고 있음을 알 수 있다.

제26조(일부 적용 제외 선박) 다음 각 호의 어느 하나에 해당하는 선박에 대하여는 제7조(선박톤수 측정신청), 제8조(등기등록), 제8조의2(소형선박 소유권 변동의 효력), 제8조의3(압류등록), 제9조부터 제11조까지(임시선박국적증서의 발급신청, 국기 게양과 항행, 국기게양과 표시), 제13조(국제톤수증서 등), 제18조(등록사항의 변경) 및 제22조(말소등록)를 적용하지 아니한다. 다만, 제6호에 해당하는 선박에 대하여는 제8조, 제18조 및 제22조를 적용하지 아니한다.

1. 군함, 경찰용 선박
2. 총톤수 5톤 미만인 범선 중 기관을 설치하지 아니한 범선
3. 총톤수 20톤 미만인 부선
4. 총톤수 20톤 이상인 부선 중 선박계류용·저장용 등으로 사용하기 위하여 수상에 고정하여 설치하는 부선. 다만, 「공유수면 관리 및 매립에 관한 법률」 제8조에 따른 점용 또는 사용 허가나 「하천법」 제33조에 따른 점용허가를 받은 수상호텔, 수상식당 또는 수상공연장 등 부유식 수상구조물형 부선은 제외한다.
5. 노와 상앗대만으로 운전하는 선박
6. 「어선법」 제2조 제1호 각 목의 어선
7. 「건설기계관리법」 제3조에 따라 건설기계로 등록된 준설선(浚渫船)
8. 「수상레저안전법」 제2조 제4호에 따른 동력수상레저기구 중 「수상레저기구의 등록 및 검사에 관한 법률」 제6조에 따라 수상레저기구로 등록된 수상오토바이·모터보트·고무보트 및 세일링요트

11) 이윤철, 앞의 책, 29쪽.

3. 상법의 준용

상행위를 목적으로 하지 아니하더라도 항행용으로 사용되는 선박에 관하여는 「상법」 제5편 해상(海商)에 관한 규정을 준용한다. 다만, 국유 또는 공유의 선박에 관하여는 그러하지 아니한다라고 규정함으로써 항행용 선박에 대하여는 해상법을 준용하도록 하고 있다.

제2절 선박국적

Ⅰ. 선박국적 제도

1. 개 념[12)]

선적국이란 선박국적을 보유한 국가를 의미하며,[13)] 선적항이 소재하는 나라를 말한다. 여기서 선박국적(nationality of ships)이란 그 선박이 어느 나라에 귀속하는가를 나타내는 뜻한다. 선박국적은 선박과 국가 간의 관계를 나타내는 것이며 선박이 국적을 가지는 것은 선박이 그 고유의 특성을 가지는 것과 더불어 인격자 유사성[14)]의 증표이기도 하다. 또한 선박에 국적을 부여하여 국기를 게양할 수 있는 특권을 부여하는 권한은 주권국가의 고유권한이며, 주권국가의 국기를 게양한 선박에 공해상에서 그 국가의 관할이 미치도록 한 것은 국제관습법 중의 하나이다.

또한 선박국적은 국제법과 행정법상의 관할권행사 기준이 되며, 공해상에서는 선적국법의 적용근거이기도 하다. 그리고 선박국적은 교전, 위법 또는 경제문

12) 전영우, 「국내해사법규」, (부산: 동원문화사, 2018), 166－167쪽.

13) 통상 기국과 선적국은 동일한 의미로 사용되나 엄밀히 말하면 선적국은 실제로 선박이 게양하고 있는 국기의 소속국이 아닐 수 있다. 왜냐하면 이중등록의 경우가 있을 수 있기 때문이다. 가국과 나국에 이중등록된 선박의 기국의 국기를 게양하고 있으면 가국은 선적국인 동시에 기국이지만 나국은 선적국이지만 기국은 아니다.

14) 선박은 사람의 성명에 해당하는 명칭, 사람의 국적에 해당하는 국적, 사람의 주소에 해당하는 선적항과 선박의 적량 등에 의하여 그 개성을 명백히 하는 점에서 인격자로서 가지는 것과 유사한 특성을 가진다[임동철, “선박의 국적에 관한 고찰”, 「입법조사월보」, 제106호, 국회도서관 입법조사국(1977. 12), 30쪽].

제로서 선박을 포획하거나 나포할 것인가 아니면 해적으로 취급할 것인가를 결정하는 표준이 되기도 한다. 더욱이 해사관련 행정법 적용에 있어서 자국선 우선주의의 기초인 국기차별의 기준이 되기도 한다. 특히 해상운송과 관련하여 보면 선박국적은 적법한 수송을 보장하는 필수적 요소이다.

국제사법에서는 해상과 관련된 사항에 대하여 일반적으로 선적국법을 적용하도록 규정하고 있으며, 다른 일정한 사항에 대해서도 선적국법에 의한다고 규정하고 있으므로 준거법 결정을 위하여 선박국적을 확정할 필요가 있다.

2. 연혁 및 입법주의

1) 항해조례

선박국적이라는 용어가 사용된 것은 1368년 영국왕 에드워드 3세가 포도주에 대한 영국선박의 우선선적권을 인정하는 법률을 공포하면서부터라고 한다. 그 후에도 이와 유사한 법령 및 항해조례가 종종 공포되었는데 이들 법령에서 영국선박을 명시함으로써 선박의 국적이라는 개념이 발전하기 시작하였다는 것이다.[15)]

이러한 항해조례 중 선박국적문제와 관련된 가장 전형적인 조례는 1651년에 크롬웰(Oliver Cromwell)에 의하여 공포된 영국의 항해조례(Navigation Act)라고 할 수 있다.

영국의 항해조례는 중상주의 아래 극단적인 자국주의를 취하며 선박의 소유, 건조지 및 승무원의 3가지 조건이 영국과 영국사람이라는 것을 영국 국적의 선박의 요건으로 하였다. 이 요건을 충족한 선박에 한하여 영국 국기를 게양할 수 있게 하고 영국 선박만이 영국의 연안무역 및 영국과 영국 식민지간의 무역에서 화물을 수용할 수 있도록 하였다.

2) 국제협약상 선박국적

1982년 UN해양법협약상 모든 국가는 선박에 대한 국적의 허용, 선박의 등록 및 자국기를 게양할 권리에 관한 조건을 정하여야 하며, 선박은 그 국기를 게양할 수 있는 국가의 국적을 갖는다. 또한 국가와 선박 사이에는 "진정한 연계(Genuine

15) 최재수, "선박국적제도의 변질과정에서 본 세계해운의 구조적 변화", 「한국해운학회지」, 제9호, 한국해운학회(1989), 16쪽.

link)”[16]가 있어야 하며, 국기게양권을 허가한 국가는 그 선박에 대하여 증명서를 발급하여야 한다(동 협약 제91조).

그리고 국가의 국기를 게양하도록 허가한 선박에 대하여 행정적 · 기술적 · 사회적 사항에 관하여 자국의 관할권과 통제를 효과적으로 행사하여야 하며(동 협약 제94조 제1항), 국제규범의 적용이 배제된 선박을 제외하고서 국기 게양선박에 대하여 선명과 세부사항을 포함하는 선박등록부를 보관하여야 하고, 선박에 관련된 행정적 · 기술적 · 사회적 사항과 관련하여 자국기를 게양한 선박, 그 선박의 선장, 사관과 부원에 대한 관할권을 자국의 국내법에 따라 행사하여야 한다고 규정하고 있다(동 협약 제94조 제2항).

선박의 국적을 결정함에 있어 1958년 공해협약 제5조는 ‘진정한 연계‘와 ‘유효한 관할권의 통제’를 한 조문에 포함시킴으로써 유효한 관할권과 통제가 마치 ‘진정한 연계’의 요소로서 이해될 수 있다는 논란이 될 수 있었다. 1982년 유엔해양법협약에서는 제91조에 선박의 국적에 관하여 따로 규정하고, 동 협약 제94조에 기국의 의무로서 유효한 관할권과 통제를 구체적으로 규정함으로써 해석상의 논란을 제거하고자 하였다.[17]

3) 선박국적에 대한 입법주의

선박은 국제법상 반드시 한 국가의 국적을 가져야 하며 이중국적을 가지지 못한다.[18] 어떠한 요건을 갖춘 선박에 대하여 자국의 국적을 부여할 것인지에 대한 국적 부여권은 각 국가의 주권에 속한다. 따라서 각 국가별 선박의 국적 부여에 관한 조건은 상이하다. 과거에는 선박에게 국적을 부여하는 기준을 선박의 건조지, 선박의 소유권 및 선박 선원의 국적 등의 세 가지 요건을 기본으로 하였으

16) 진정한 연계와 관련한 학자 간의 주장은 편의치적선의 찬반 국가로 나누어 대립되었으며, 결국 그 기준에 있어 기국의 선박에 대한 행정적 · 기술적 · 사회적 문제에 관한 유효한 관할권과 통제(effective jurisdiction and control)에서 구하고자 하였다. 하지만 이를 보다 구체적으로 밝히려 하지 않았고 또한 그것은 모호하고 정의내리기 어려운 문제로 인식되어 제문제에 대한 국가의 권리와 항해의 안전에 관한 권리라고 이해되기도 하였다. 이에 상세한 내용은, 임동철, “선박국적에 관한 연구”, 한국해양대학 논문집 제12집, 한국해양대학교(1997), 272－273쪽; 김정건 · 주동금, “편의치적선에 관한 국제법상의 규제”, 연세행정논총 제14집, 연세대학교(1988), 162－165쪽.

17) 주동금, “선박국적과 편의치적 문제”, 「국제법학회논총」, 제38권 제2호, 국제법학회(1993), 267쪽.

18) 1958년 공해협약 제6조; 1982 유엔해양법협약 제92조; 1986년 유엔선박등록조건협약 제4조.

나, 오늘날에는 자국 건조를 주장하는 국가는 거의 없으며 주로 선박의 소유권을 기본으로 하고 필요에 따라 자국민인 선원의 전부 또는 일부를 추가한다. 선박국적 결정의 기준에 대해 소유권주의와 선주·해원주의가 대립하고 있다.

3. 선박국적 관련 주요 해운 정책[19)]

1) 제2차 세계대전 이전

(1) 해운자유의 개념

“해운자유”의 개념은 1609년 크로티우스의 『해양자유론(Mare Liberum)』에서 제기된 것으로 그 주요 내용은 항해 및 통상은 누구에게나 자유라는 것을 담고 있다.

(2) 영국 항해법과 선박국적

1651년 영국 올리버 크롬웰의 공화제 정부에 의하여 제정된 영국 항해법(항해조례, The Act of Navigation)은 영국의 해운주도권 강화와 이를 통한 무역확대를 도모했던 대표적인 해운·무역 보호입법이다.

이 법안은 영국의 식민지 무역의 이권을 지키고, 급성장하는 네덜란드 해양무역으로부터 영국의 산업을 보호할 목적이 있었다. 그 조건은 다음과 같다.

가. 오직 잉글랜드 혹은 식민지 배만 영국 식민지로 상품을 옮길 수 있다.
나. 잉글랜드인(식민지 주민 포함) 선원이 최소한 1/2 이상을 차지해야 한다.
다. 담배, 설탕 및 직물은 오직 잉글랜드로만 팔 수 있다.
라. 식민지로 향하는 모든 상품은 잉글랜드를 거쳐야 하며 수입관세를 내야한다.

영국은 거주지가 아닌 국적을 중시했기 때문에 잉글랜드 식민지의 주민들은 식민지 간의 무역을 할 수 있었다. 또한 잉글랜드령 아시아와 아프리카의 물품은 브리튼 제도와 아메리카의 식민지밖에 보낼 수 없었다. 반대로, 서인도 제도와 아메리카의 식민지에서 외국선박으로 외국에 수출할 유럽 국가의 수출품은 잉글랜드 배로 운송하거나 생산국 배로 운송을 해야 했다.

---

19) 한국해양수산개발원, “해운기업의 법인세제 개선 및 선박톤세제 도입방안 연구”, 「해양한국」, 2003권 1호, 해양수산부(2002).

2) 제2차 세계대전 이후: 무역자유화 및 경제의 글로벌화 확산

(1) 편의치적제도의 활성화

세계 제1·2차 대전 이후 국제무역의 자유화가 강조되면서 해운산업은 기존의 식민지 무역이라는 틀에서 벗어나 보다 넓고 자유로운 체계로 그 경영체계를 변화시킬 필요가 발생하였고 이에 따라 세계 주요 선사들은 조세회피, 운항·선원관련 비용절감, 자유로운 투자 및 금융상의 이익 등을 목적으로 편의치적국으로 자사 선대를 편의치적하는 경향이 강하게 나타나게 된다. 편의치적은 1900년대 초반 미국을 중심으로 확장되었으나 1900년대 후반부터 일본, 홍콩, 유럽 등 주요국들의 이용이 크게 증가하면서 보편적인 제도로 확립되었으며 편의치적은 여러 이점[20]을 가지고 있어 세계 주요선사의 비용절감 및 경영능력 확대의 기회로 활용되었다.

(2) 제2선적제도의 도입

제2선적제도는 1980년대 후반 유럽을 중심으로 도입된 제도로 자국의 선원법령과 노조의 간섭을 받지 않는 자치령 등에 등록제도를 도입하여 이에 등록된 선박에 대해서는 외국선원 고용을 자율화하고 기존 선원근로법의 적용을 배제함으로써 편의치적제도에 대응하고자 도입한 제도이다.

제2선적제도는 영국의 맨섬등록제도, 네덜란드의 안틸레스등록제도 등의 역외등록제도와 노르웨이의 NIS제도, 덴마크의 DIS제도 등의 국제선박등록제도, 그리고 독일의 선박부가등록제도 등 여러 국가가 다양한 형태로 도입한 바 있다.

이렇게 제2선적제도는 국가마다 상이하나 궁극적으로 자국선대의 확대를 목적으로 하고 있으며 그 주요내용은 모두 선원고용의 융통성 강화, 세제감면 등이다.

---

20) ① 선박의 건조지, 수리지, 교역 대상 등에 대한 제한이 없으며 거래내역, 이익, 회계결과 등을 편의치적국에 보고할 필요가 없음, ② 제3국 선원공급에 대한 자유재량권을 인정하여 비용 측면에서의 이익을 창출할 수 있음, ③ 저과세 부과로 조세 도피처로 활용될 수 있음, ④ 저당권 실행의 자유로운 보장과 투자재원 확보의 용이 등 금융상의 이점을 향유할 수 있음, ⑤ 자본의 도피가 용이함 등의 장점이 있다.

〈표 2〉 선박국적에 대한 입법주의와 채택국 현황

구 분	채 택 국
• 선박 소유권의 전부가 자국민에게 속하고 선원의 전부가 자국민일 것으로 요구	• 중국, 러시아, 이라크, 멕시코 등
• 선박 소유권의 전부가 자국민에게 속하는 선박을 자국선박으로 인정	• 일본, 스페인, 칠레, 예멘, 가나, 포르투갈 등
• 선박 소유권의 전부가 자국민에게 속하고 동시에 선원의 전부가 자국민인 선박을 자국선박으로 인정	• 모로코, 인도, 필리핀, 세네갈, 프랑스, 가봉, 폴란드, 이탈리아 등
• 선박 소유권의 일부가 자국민에게 속하고 선원의 일부가 자국민일 것을 요구	• 그리스, 노르웨이, 네덜란드, 덴마크, 독일, 미국, 영국, 브라질, 이집트, 태국 등
• 선박 소유권의 일부가 자국민에게 속할 것을 요구	• 한국, 오스트리아, 스위스, 튀르키예, 대만, 뉴질랜드, 불가리아 등
• 선박이 타국에 등록되어 있지 않고, 선박 소유자가 자국 등록을 희망하는 경우	• 파나마, 라이베리아, 키프로스, 바하마, 온두라스, 버뮤다 등

Ⅱ. 한국선박의 요건 및 특권과 의무

1. 한국선박의 적용 요건

우리나라는 선박국적의 부여요건으로서 소유권 요건만을 규정하고 있는 바, 개인인 경우에는 국민의 소유로 하고, 상사법인인 경우에는 외국자본의 참여를 허용하고 있다. 선박법 제2조에 한국선박의 요건을 규정하고 있다.

제2조(한국선박) 다음 각 호의 선박을 대한민국 선박(이하 "한국선박"이라 한다)으로 한다.
1. 국유 또는 공유의 선박
2. 대한민국 국민이 소유하는 선박
3. 대한민국의 법률에 따라 설립된 상사법인(商事法人)[21]이 소유하는 선박
4. 대한민국에 주된 사무소를 둔 제3호 외의 법인으로서 그 대표자(공동대표인 경우에는 그 전원)가 대한민국 국민인 경우에 그 법인이 소유하는 선박

21) "대한민국의 법률에 의하여 설립된 상사법인"이라 함은 상법에서 규정하는 회사로서 그 회사는 본점 소재지에서 설립등기를 함으로써 성립되므로 그 본점은 반드시 국내에 설치되어야 한다. 종전에는 "대한민국의 법률에 의하여 설립된 상사법인으로서 출자의 과반수와 이사회의 의결권의 5분의 3 이상이 대한민국 국민에 속하는 법인이 소유하는 선박. 이 경우 그 법인의 대표이사는 대한민국국민이어야 한다"라고 규정하고 있었다.

〈심화학습〉 선박의 소유 및 용선

선주가 선박의 이용자를 위하여 선박의 전부 또는 일부를 빌려주는 것으로 일반적으로 선박을 빌려주는 것을 총칭하며 항해용선(航海傭船, Voyage charter), 기간용선(期間傭船, Time charter), 나용선(裸傭船, Bare Boat Charter) 등으로 다음과 같이 구분한다.[22) 23)]

① 나용선(裸傭船, Bare Boat Charter, BBC)
용선선박의 관리 및 운항에 관한 모든 사항을 용선자가 해결할 책임을 지게 되는 형태로 용선자가 벌거벗은 상태의 선박을 빌려서 선박의 관리권을 가지고 선장과 선원을 고용하여 운항하는 형태의 용선이다.

② 기간용선(期間傭船, Time charter)
선주가 선장 및 선원을 승선시키고 감항상태(堪航狀態)를 유지하기 위해 충분한 주의를 기울인 선박을 일정한 기간을 정하여 빌리는 형태의 용선으로 흔히 정기용선(定期傭船)이라고 한다.

③ 항해용선(航海傭船, Voyage charter, Trip charter)
하주(荷主)가 해상운송사업자(해운회사)에게 어느 항(港)으로부터 다른 항(港)으로 화물수송을 의뢰하는 형태로 이루어지는 용선으로 일정한 항해를 기준으로 이루어진다.

④ 국적취득조건부나용선(國籍取得條件附裸傭船, Bare Boat Charter Hire Purchase, BBC/ HP)
용선기간이 끝난 후에는 용선자가 속한 국가의 국적을 취득하는 조건으로 한 나용선(裸傭船)이다. 선박의 건조에는 막대한 자본이 투여되는 경우가 많기 때문에 일시에 선박건조자금을 조달하기 어려운 경우에 일반적으로 이루어지며, 용선기간을 장기로 하고 용선료에 선박대금을 포함시켜 용선하여 운항한 후, 용선기간 만료 시에 소유권을 이전받는 것이 특징이다. 우리나라의 경우 주로 해외 금융제공자가 편의치적국에 설립한 Paper Company를 통해 등록한 선박을 연불구매하되, 표면상으로는 나용선계약을 체결하여 선박대금을 용선료 명목으로 지불하고 대금 완납 후에 선박의 소유권을 이전받는 경우가 일반적이다. 1970년대에는 중고선 도입에 자주 이용되어 왔으나, 1984년 해운산업합리화조치의 일환으로 중고선 도입이 규제되면서 신조선 확보방법으로 이용되고 있다. 해운법에서는 "소유권을 이전받기로 약정하고 임차한 선박"이라 표현하기도 하여 국적선박에 준하는 대우를 하고 있다.

---

22) 해운실무용어사전, 해양수산부 http://www.mof.go.kr/USR/dictionary/m_65/lst.jsp
23) 해운물류 큰사전, 한국해사문제연구소, 2002.

2. 한국선박의 특권

한국선박의 특권은 국기게양권과 불개항장의 기항권 및 연안무역권이 있다. 한국선박이 아니면 한국 국기를 게양할 수 없으며 한국선박이 아니면 불개항장[24]에 기항하거나 국내 각 항구 간에서 여객 또는 화물의 운송을 할 수 없다. 외국선박이 불개항장에의 기항을 위하여 허가신청을 통하여 입항할 수 있다.

한국선박의 경우에도 외항선이 불개항장에 출입하려면 세관장의 허가를 받아야 한다. 이는 밀수 등을 방지하기 위해서도 필요한 절차이다.

한국선박이 아니면서 국적을 사칭할 목적으로 대한민국 국기를 게양하거나 한국선박의 선박국적증서 또는 임시선박국적증서로 항행한 선박의 선장은 처벌할 수 있도록 하고 있다.

제5조(국기의 게양) ① 한국선박이 아니면 대한민국 국기를 게양할 수 없다.
② 제1항에도 불구하고 대한민국의 항만에 출입하거나 머무는 한국선박 외의 선박은 선박의 마스트나 그 밖에 외부에서 눈에 잘 띄는 곳에 대한민국 국기를 게양할 수 있다.

제6조(불개항장에의 기항과 국내 각 항간에서의 운송금지) 한국선박이 아니면 불개항장(不開港場)에 기항(寄港)하거나, 국내 각 항간(港間)에서 여객 또는 화물의 운송을 할 수 없다. 다만, 법률 또는 조약에 다른 규정이 있거나, 해양사고 또는 포획(捕獲)을 피하려는 경우 또는 해양수산부장관의 허가를 받은 경우에는 그러하지 아니하다.

제32조(벌칙) ① 한국선박이 아니면서 국적을 사칭할 목적으로 대한민국 국기를 게양하거나 한국선박의 선박국적증서 또는 임시선박국적증서로 항행한 선박의 선장은 5년 이하의 징역 또는 5천만원 이하의 벌금에 처한다. 다만, 선박의 포획을 피하기 위하여 대한민국 국기를 게양한 경우에는 그러하지 아니하다.
② 한국선박이 국적을 사칭할 목적으로 대한민국 국기 외의 기장(旗章)을 게양한 경우에도 제1항과 같다.
③ 제1항과 제2항의 경우에 죄질이 중(重)한 것은 해당 선박을 몰수할 수 있다.

선박법 시행규칙 제2조(외국선박의 불개항장에의 기항 등의 허가신청) 「선박법」(이하 "법"이

24) 불개항장이란 관세법상 외국과의 무역이 허용되지 않는 항구이다. 개항장은 '선박의 입항 및 출항에 관한 법률' 제2조 제1호에 '무역항'이란 항만법 제2조 제2호에 따른 항만을 말한다고 규정하고 있다. 항만법 제2조 2호에 '무역항'이란 국민경제와 공공의 이해(利害)에 밀접한 관계가 있고, 주로 외항선이 입항·출항하는 항만으로서 제3조 제1항에 따라 대통령령으로 정하는 항만을 말한다.

라 한다) 제6조 단서에 따라 불개항장에 기항(寄港)하거나 국내 각 항간(港間)에서 여객 또는 화물을 운송하기 위하여 허가를 받으려는 자는 별지 제1호서식의 불개항장 기항 등 허가신청서(전자문서를 포함한다)를 해당 불개항장 또는 여객의 승선지나 화물의 선적지를 관할하는 지방해양수산청장에게 제출하여야 한다. 이 경우 허가신청인은 「선박의 입항 및 출항 등에 관한 법률」 제50조 제1항에 따른 항만운영정보시스템을 이용하여 허가신청서를 제출할 수 있다.

3. 한국선박의 의무

한국선박의 소유자는 등기와 등록의무, 국기게양과 표시의무가 있다.

1) 등기와 등록의무

제8조(등기와 등록) ① 한국선박의 소유자는 선적항을 관할하는 지방해양수산청장에게 해양수산부령으로 정하는 바에 따라 선박을 취득한 날부터 60일 이내에 그 선박의 등록을 신청하여야 한다. 이 경우 **「선박등기법」 제2조**에 해당하는 선박은 선박의 등기를 한 후에 선박의 등록을 신청하여야 한다.
② 지방해양수산청장은 제1항의 등록신청을 받으면 이를 선박원부(船舶原簿)에 등록하고 신청인에게 선박국적증서를 발급하여야 한다.
③ 선박국적증서의 발급에 필요한 사항은 해양수산부령으로 정한다.
④ 선박의 등기에 관하여는 따로 법률로 정한다.

(1) 선박의 공시

선박에게 국적을 부여하고 국기게양권을 허가하는 구체적인 방법은 등록이다. 대부분의 해운국은 선박의 국적증명과 소유권, 저당권, 임차권의 소재를 분명하게 하기 위하여 이를 공시하고 있다. 선박의 공시제도에는 공법상의 관계를 공시하는 등록제도와 사법상의 관계를 공시하는 등기제도가 있고, 우리나라는 이를 구별하는 이원주의를 취하고 있다.

(2) 선박의 등기

선박의 등기란 선박등기부에 선박의 명칭 등 일정한 사항을 기재하는 것을 말한다. 선박의 등기는 그 소유상태를 공시함을 목적으로 하며 선박의 사법적 권리관계를 공시하기 위한 제도이므로 법원에 등기를 하여야 한다. 한국선박의 소유자는 총톤수 20톤 이상의 기선과 범선 및 총톤수 100톤 이상의 부선 등은 소유권에 관한 신규등기를 해야 한다.

(3) 선박의 등록

선박의 등록은 공법상 규제를 위하여 해운관청에 하는 것으로서 등록 후 선박국적증서를 발급받음으로써 국적을 취득하게 된다. 지방해양항만청장이 선박등록 신청을 받아 선박원부에 선박에 관한 표시사항과 소유자를 기재하게 되며, 선박국적증서를 발급하게 된다. 군함, 경찰용 선박, 총톤수 20톤 미만의 선박과 단주 또는 노도만으로 운전하는 선박 등을 제외한 한국선박의 소유자는 선박의 등기를 한 다음 선적항을 관할하는 지방청에 비치된 선박원부에 등록하여야 한다.

(4) 선박소유권의 이전

가. 등기등록선

선박은 동산이기 때문에 동산의 물권변동의 원칙에 따라서 선박을 인도함으로써 소유권을 변경할 수 있다. 그러나 선박은 해상의 이동성과 해상거래의 위험성 때문에 당사자의 합의가 있으면 선박의 점유이전이 없어도 권리이전의 효력이 발생한다. 그러나 등기하고 선박국적증서에 기재해야만 제3자에 대하여 대항력이 생긴다(상법 제743조). 그러므로 선박양도를 제3자에게 대항하기 위해서는 이전등기와 아울러 선박국적증서에 기재를 마쳐야 한다. 선박은 선박국적증서를 항상 선내에 갖추어 두어야 하며 선박국적증서상의 국적과 게양하는 국기가 뜻하는 국적이 다른 경우에는 국적증서상의 국적이 국적을 결정한다.

나. 부등기 비등록선

부등기 비등록선의 권리이전은 당사자의 합의만으로 그 효력을 발생할 수 없고 동산매매와 같이 매수인이 그 선박을 인도받지 않으면 소유권을 취득하지 못한다. 따라서 매수인은 선박등기의 절차를 밟을 필요가 없다.

(5) 소형선박

가. 소형선박 소유권 변동의 효력

소형선박 소유권의 득실변경(得失變更)은 등록을 하여야 그 효력이 생긴다(법

제8조의2).

나. 압류등록

소형선박 등록관청은 「민사집행법」에 따라 법원에서 압류등록을 위촉하거나 「국세징수법」 또는 「지방세징수법」에 따라 행정관청에서 압류등록을 위촉하는 경우에는 해당 소형선박의 등록원부에 대통령령으로 정하는 바[25]에 따라 압류등록을 하고 선박소유자에게 통지하여야 한다(법 제8조의3).

2) 국기게양과 표시의무

국기게양은 권리이자 의무이기도 하다. 한국선박은 해양수산부령으로 정하는 바에 따라 대한민국 국기를 게양하고, 그 "명칭, 선적항, 흘수(吃水)의 치수"와 그 밖에 해양수산부령으로 정하는 사항을 표시하여야 한다. 선박의 명칭은 자유재량으로 맡기는 것이 일반적이고, 다만 명칭을 잘 보이는 곳에 표시하도록 하고 있으며, 선명의 변경 시에는 지체없이 수정하도록 하고 있다. 또한 선명이 동일한 경우에 식별하기 위하여 선박번호와 호출부호 등이 있다.

제10조(국기 게양과 항행) 한국선박은 선박국적증서 또는 임시선박국적증서를 선박 안에 갖추어 두지 아니하고는 대한민국 국기를 게양하거나 항행할 수 없다. 다만, 선박을 시험 운전하는 경우 등 대통령령으로 정하는 경우에는 그러하지 아니하다.

제11조(국기 게양과 표시) 한국선박은 해양수산부령으로 정하는 바에 따라 대한민국 국기를 게양하고 그 명칭, 선적항, 흘수(吃水)의 치수와 그 밖에 해양수산부령으로 정하는 사항을 표시하여야 한다.

시행규칙 제16조(국기의 게양) 한국선박은 다음 각 호의 어느 하나에 해당하는 경우에는 법 제11조에 따라 선박의 뒷부분에 대한민국국기를 게양하여야 한다. 다만, 국내항 간을 운항하는 총톤수 50톤 미만이거나 최대속력이 25노트 이상인 선박은 조타실이나 상갑판 위쪽에 있는 선실 등 구조물의 바깥벽 양 측면의 잘 보이는 곳에 부착할 수 있다.
1. 대한민국의 등대 또는 해안망루(海岸望樓)로부터 요구가 있는 경우
2. 외국항을 출입하는 경우
3. 해군 또는 해양경찰청 소속의 선박이나 항공기로부터 요구가 있는 경우

25) 시행령 제2조의2(소형선박의 압류등록) 지방해양수산청장(지방해양수산청 해양수산사무소장을 포함하며, 이하 "지방청장"이라 한다)은 법 제8조의3에 따라 소형선박에 대한 압류등록을 위촉받았을 때에는 선박원부(船舶原簿)에 압류등록을 하고, 지체 없이 선박소유자에게 통지하여야 한다.

4. 그 밖에 지방청장이 요구한 경우

시행규칙 제17조(선박의 표시사항과 표시방법) ① 법 제11조에 따라 한국선박에 표시하여야 할 사항과 그 표시방법은 다음 각 호와 같다. 다만, 소형선박은 제3호의 사항을 표시하지 아니할 수 있다.

1. 선박의 명칭: 선수양현(船首兩舷)의 외부 및 선미(船尾) 외부의 잘 보이는 곳에 각각 10센티미터 이상의 한글(아라비아숫자를 포함한다)로 표시
2. 선적항: 선미 외부의 잘 보이는 곳에 10센티미터 이상의 한글로 표시
3. 흘수의 치수: 선수와 선미의 외부 양 측면에 선저(船底)로부터 최대흘수선(最大吃水線) 이상에 이르기까지 20센티미터마다 10센티미터의 아라비아숫자로 표시. 이 경우 숫자의 하단은 그 숫자가 표시하는 흘수선과 일치해야 한다.

② 제1항에 따른 방법으로 선박의 명칭 등을 표시하기 곤란한 선박의 경우에는 해당 선박의 선적항을 관할하는 지방청장이 적절하다고 인정하는 방법으로 선박의 명칭 등을 표시할 수 있다.

③ 선적항을 관할하는 지방청장은 필요하다고 인정하는 경우에는 제1항에도 불구하고 선박의 명칭 등을 표시할 장소를 따로 지정하거나 표시 장소를 변경하게 할 수 있다.

④ 선박에의 표시는 잘 보이고 오래가는 방법으로 하여야 하며 표시한 사항이 변경되었을 때에는 지체 없이 그 표시를 고쳐야 한다.

Ⅲ. 선박의 톤수

1. 선적항

선박법상 선적항이란 선박소유자가 선박 등기등록을 하고 선박국적증서를 발급받으며, 선적항에서 선박의 총톤수의 측정을 신청하도록 되어 있다.

선적항은 등록항[26]과 본거항[27]으로 사용될 수 있다.

---

26) 등록항이란 선박소유자가 선박의 등기 · 등록을 하고 선박국적증서의 발급을 받는 곳을 말한다. 선박법상 선적항은 시 · 읍 · 면의 명칭에 의하여 표시하되 그 시 · 읍 · 면은 선박이 항행할 수 있는 수면에 접한 곳이어야 한다(시행령 제2조). 선적항은 원칙적으로 그 선박소유자의 주소지에 정한다. 다만, 예외적인 사항에 대해서는 선박이 주로 정박하는 곳이나 선박소유자의 사업장이 있는 곳으로 선적항을 정할 수 있다(시행령 제2조 제3항). 이러한 의미의 선적항은 행정감독의 편의를 위한 것으로 민사소송법의 관할 기준이 된다(민사소송법 제10조 제1항); 이호정, 「국제사법」, (서울: 경문사, 1988), 291쪽; 정병석, "해상법 분야에서의 국제사법적 고려", 「법조」 제536호, 법조협회(2001), 177쪽.

27) 본거항은 선박이 상시 발항 또는 귀항하는 항해기지로서 해운기업경영의 중심이 되는 항을 말한다. 선박은 통상 본거항, 즉 활동의 근거지 역할을 하는 항에서 선박 관련 상당한 업무를 보기 때문에 선적항의 의미를 본거항으로 보는 견해도 있다. 다만, 본거항을 선적항으로 본다는 것은 본거항을 식별하기가 곤란한 경우도 있으며, 또한 선박이 용선되는 경우에 있어서는 본거항이 변경되어 선적항이

시행령 제2조(선적항) ① 「선박법」(이하 "법"이라 한다) 제7조 제1항에 따른 선적항(船籍港)은 시·읍·면의 명칭에 따른다.
② 선적항으로 할 시·읍·면은 선박이 항행할 수 있는 수면에 접한 곳으로 한정한다.
③ 선적항은 선박소유자의 주소지에 정한다. 다만, 다음 각 호의 어느 하나에 해당하는 경우에는 선박소유자의 주소지가 아닌 시·읍·면에 정할 수 있다.
1. 국내에 주소가 없는 선박소유자가 국내에 선적항을 정하려는 경우
2. 선박소유자의 주소지가 선박이 항행할 수 있는 수면에 접한 시·읍·면이 아닌 경우
3. 「제주특별자치도 설치 및 국제자유도시 조성을 위한 특별법」 제443조 제1항에 따라 선박등록특구로 지정된 개항을 같은 조 제2항에 따라 선적항으로 정하려는 경우
4. 그 밖에 소유자의 주소지 외의 시·읍·면을 선적항으로 정하여야 할 부득이한 사유가 있는 경우

2. 선박의 톤수

선박의 톤수라 함은 선박의 크기 또는 활용공간을 나타내기 위하여 사용되는 지표를 말하는 것으로 사용 목적에 따라 중량의 개념에 따른 중량톤수, 용적에 따른 용적톤수로 분류할 수 있다.

톤수 측정은 배의 크기에 따라 적정한 항구세를 부과하기 위한 공정한 자료의 필요성에서 유래되었으며, 13세기 유럽에서 술을 운반하던 배들에 대하여 항구세를 부과할 때 그 배가 실을 수 있는 술통의 갯수를 기초로 삼았다고 한다.

그 당시 나무항아리 혹은 술통을 의미하는 'tun'을 붙여 단위로 사용하였고, 상인들이 배의 매매와 용선에 그 척도를 사용하면서 이의 적용은 점차 다른 화물에까지 확장되었다. 초기의 항구세는 현물 술통으로 지불되었으며, 배의 용량은 tunnage라 불리게 되었다.

「1969년 선박톤수측정에 관한 국제협약」[28]이 시행되기 전까지 선박 내의 밀폐된 모든 공간의 용적을 합하여 100ft³ 또는 2.83㎥을 1총톤수(Gross tonnage)으로 하며 각종 수수료와 세금(고정 자산세, 등록세, 수수료, 계선 안벽 사용료, 수로 안내료, 예선료, 보험료 등) 산정의 기초로 사용하였다.

모호해지는 결과를 초래한다; 이호정 앞의 책, 291쪽.

28) 우리나라는 1980년 1월에 이 협약을 수락하고, 1982년 7월 18일에 발효하여 이 협약의 원칙에 따라 선박법 등에 적용하였다.

현재 선박의 톤수는 아래와 같이 용적톤(국제총톤수, 총톤수, 순톤수)과 중량톤(재화중량톤수)으로 구분하고 있으며, 선박이 운하통과 시 선박의 수익능력을 톤수로 기준하는 SCNT(Suez Canal Net Ton) 또는 PCNT(Panama Canal Net Ton) 등이 사용되고 있다.

제3조(선박톤수) ① 이 법에서 사용하는 선박톤수의 종류는 다음 각 호와 같다.
1. 국제총톤수: 「1969년 선박톤수측정에 관한 국제협약」(이하 "협약"이라 한다) 및 협약의 부속서(附屬書)에 따라 주로 국제항해에 종사하는 선박에 대하여 그 크기를 나타내기 위하여 사용되는 지표를 말한다.
2. 총톤수: 우리나라의 해사에 관한 법령을 적용할 때 선박의 크기를 나타내기 위하여 사용되는 지표를 말한다.
3. 순톤수: 협약 및 협약의 부속서에 따라 여객 또는 화물의 운송용으로 제공되는 선박 안에 있는 장소의 크기를 나타내기 위하여 사용되는 지표를 말한다.
4. 재화중량톤수: 항행의 안전을 확보할 수 있는 한도에서 선박의 여객 및 화물 등의 최대적재량을 나타내기 위하여 사용되는 지표를 말한다.

② 제1항 각 호의 선박톤수의 측정기준은 **해양수산부령**으로 정한다.

1) **국제총톤수**(ITC Gross Tonnage)

「1969년 선박톤수측정에 관한 국제협약」및 협약의 부속서의 규정에 따라 주로 국제항해에 종사하는 선박에 대하여 그 크기를 나타내기 위하여 사용되는 지표를 말한다.

국제총톤수는 폐위장소의 합계용적에서 제외장소의 합계용적을 뺀 값(V)에 계수를 곱하여 산정한다. 다음 산식에 의하여 얻은 값에 용적톤을 붙인 것으로 한다.

$$T = (0.2 + 0.02 Log_{10} V) \times V$$

2) **총톤수**(Gross tonnage)

우리나라의 해사에 관한 법령의 적용에 있어서 선박의 크기를 나타내기 위하여 사용되는 지표(指標)를 말하며, 선박의 크기를 부피로 나타내는 용적톤수의 한 종류이다. 이는 선박국적증서에 기재되고 등록세, 도선료, 선박검사료 등의 산정기준이 된다. 이 톤수는 국내 총톤수라고도 부르기도 한다.

총톤수는 국제총톤수에 다음 산식에 의하여 산정된 계수를 곱하여 얻은 값에 용적톤을 붙인 것으로 한다. 4,000톤 미만에서는 국제총톤수가 총톤수보다 크게 된다.

$$총톤수 = (0.6 + \frac{T}{10,000}) \times (1 + \frac{30 - T}{180}) \times T$$

단, $(0.6 + \frac{T}{10,000})$ 의 값이 1 이상이면 그 값을 1로 하고

$(1 + \frac{30 - T}{180}) \times T$ 의 값이 1 미만일 때에는 그 값을 1로 한다.

예를 들어 국제 총톤수(T)가 5,000톤인 경우

$$총톤수 = (0.6 + \frac{5,000}{10,000}) \times (1 + \frac{30 - 5,000}{180}) \times 5,000 = 5,000$$

예를 들어 국제 총톤수(T)가 4,000톤인 경우

$$총톤수 = (0.6 + \frac{4,000}{10,000}) \times (1 + \frac{30 - 4000}{180}) \times 4,000 = 4,000$$

예를 들어 국제 총톤수(T)가 3,999톤으로 4,000톤 미만인 경우

$$총톤수 = (0.6 + \frac{3,999}{10,000}) \times (1 + \frac{30 - 3,999}{180}) \times 3,999$$

$$= (0.9999) \times (1) \times 3,999$$

$$= 3,998$$

즉, 국제 총톤수(T)가 3,999톤(4,000톤 미만)인 경우 총톤수(국내 총톤수)는 3,998톤이 된다.

3) 순톤수(Net tonnage)[29)]

협약 및 협약의 부속서 규정에 따라 여객이나 화물의 운송용으로 제공되는

---

29) 총톤수에서 기관실, 선원실, 밸러스트탱크 등과 같이 선박의 운항에 필요한 공간을 제외한 것으로 여객이나 화물의 운송용으로 제공되는 선박 안의 장소의 크기를 나타내기 위하여 사용되는 지표를 말한다.

순톤수(NT) = K2Vc [4d/3D]2 + K3 [N1 + N2/10]

◦계수 $[4d/3D]^2$는 단위보다 더 큰 값을 취하여서는 안됨.

◦K2Vc $[4d/3D]^2$는 0.25 GT 미만이어서는 안됨.

◦NT는 0.3 GT 미만이어서는 안됨.

◦V_c: 입방미터로 표시한 화물구역의 총 체적

◦K_2: 0.2 + $0.02 \times \log_{10} V_c$

◦K_3: 1.25 [(GT + 10,000)/10,000]

선박 안 장소의 크기를 나타내기 위하여 사용되는 지표를 말하며, 주로 톤세 산정의 기초가 된다.

4) 재화중량톤수(載貨重量噸數, Deadweight ton, D. W. 또는 D/W)

(1) 경하배수톤수(Light Weight)

사람, 화물, 연료, 윤활유, 평형수, 탱크 안의 청수 및 보일러수, 소모품과 여객 및 선원의 휴대품을 적재하지 않은 때의 선박의 배수량으로서 선박 자체의 중량을 의미한다.

(2) 재화중량톤수(Dead Weight Tonnage)

항행의 안전을 확보할 수 있는 한도 내에서 선박의 여객 및 화물 등의 최대 적재량을 나타내기 위하여 사용되는 지표를 말한다.

(3) 만재배수톤수

만재 상태에서의 선박 배수용적과 해수의 밀도를 곱한 값(Displacement Weight)으로서 만재 상태의 선박 중량에 해당한다.

* 만재배수톤수 = 경하배수톤수 + 재화중량톤수
* 총톤수·순톤수는 용적톤수로서 과거 $100ft^3$($2.83m^3$)을 1Ton으로 하였으나 국제총톤수는 (0.2 + 0.02×log10V)×V (V는 선박의 폐위장소의 합계용적)로 산정한다.

3. 선박의 톤수 측정

선박톤수의 측정기준은 해양수산부령(선박톤수의 측정에 관한 규칙)으로 정하고

◦D: 형심

◦d: 형흘수

◦N_1: 8 berths 이하인 침실의 여객수

◦N_2: 기타 여객수

◦N_1 + N_2: 선박여객증서에 표시된 수송이 허가된 총여객수, 이 값이 13 미만인 경우에는 N_1과 N_2는 제로(0)이어야 함.

있다. 선박톤수 측정의 신청은 법 제7조에 규정하고 있다.

제7조(선박톤수 측정의 신청) ① 한국선박의 소유자는 대한민국에 선적항(船籍港)을 정하고 그 선적항 또는 선박의 소재지를 관할하는 지방해양수산청장(지방해양수산청 해양수산사무소장을 포함한다. 이하 "지방해양수산청장"이라 한다)에게 선박의 총톤수의 측정을 신청하여야 한다.
② 선적항을 관할하는 지방해양수산청장은 선박의 소재지를 관할하는 지방해양수산청장에게 선박톤수를 측정하게 할 수 있다.
③ 외국에서 취득한 선박을 외국 각 항간에서 항행시키는 경우 선박소유자는 대한민국 영사에게 그 선박톤수의 측정을 신청할 수 있다.
④ 선박톤수의 측정을 위한 신청에 필요한 사항은 해양수산부령으로 정한다(시행규칙 제3조 및 제7조).

4. 선박톤수측정 등의 대행

1) 톤수측정 업무의 대행 기관과 대상선박 및 대행범위

가. 한국해양교통안전공단: 선급법인에 대행하게 하는 선박외의 선박
나. 선급법인: 선급법인에 선급의 등록을 하였거나 등록을 하고자 하는 선박

2) 업무대행의 범위

가. 선박톤수의 측정
나. 국제총톤수·순톤수의 측정, 국제톤수증서 또는 국제톤수 확인서의 발급

3) 수수료

대행기관이 업무를 대행하는 경우에는 대행기관이 정하는 수수료를 대행기관에 납부하여야 한다. 대행기관은 수수료 기준을 정하여 해양수산부장관의 승인을 얻어야 하며 기준 변경 시에도 그러하여야 한다. 그러므로 대행기관이 수수료를 징수한 경우 그 수입은 해당 대행기관의 수입으로 한다.

제29조의2(선박톤수 측정 등의 대행) ① 해양수산부장관 또는 지방해양수산청장은 「한국해양교통안전공단법」에 따라 설립된 한국해양교통안전공단(이하 "공단"이라 한다) 및 「선박안전법」 제60조 제2항에 따른 선급법인(船級法人)(이하 "선급법인"이라 한다)으로 하여금 다음 각 호의 업무를 대행하게 할 수 있다.

1. 제7조에 따른 선박톤수의 측정
2. 제13조에 따른 국제총톤수·순톤수의 측정, 국제톤수증서 또는 국제톤수확인서의 발급

② 해양수산부장관이 제1항에 따라 공단 및 선급법인(이하 "대행기관"이라 한다)으로 하여금 그 업무를 대행하게 하는 선박은 다음 각 호의 구분에 따른다.

1. 공단: 선급법인에 대행하게 하는 선박 외의 선박
2. 선급법인: 선급법인에 선급의 등록을 하였거나 등록을 하려는 선박

③ 대행기관은 제1항에 따른 대행 업무에 관하여 해양수산부령으로 정하는 바에 따라 해양수산부장관에게 보고하여야 한다.

④ 해양수산부장관은 제3항에 따라 대행기관이 보고한 대행 업무에 관하여 그 처리 내용을 확인하고 이 법 또는 이 법에 따른 명령을 위반한 사실이 발견된 때에는 필요한 조치를 하여야 한다.

⑤ 제1항에 따른 업무대행에 필요한 사항은 대통령령으로 정한다.

제30조(수수료) ① 이 법에 따라 허가, 인가, 등록, 톤수의 측정 또는 증서의 발급 등을 받으려는 자는 해양수산부령으로 정하는 바에 따라 수수료를 내야 한다. 다만, 제29조의2에 따라 대행기관이 업무를 대행하는 경우에는 대행기관이 정하는 수수료를 해당 대행기관에 내야 한다.

② 대행기관은 제1항 단서에 따른 수수료를 정하려는 때에는 해양수산부령으로 정하는 절차에 따라 그 요율 등을 정하여 미리 해양수산부장관의 승인을 받아야 한다. 승인을 받은 사항을 변경할 때에도 또한 같다.

③ 제1항 단서에 따라 대행기관이 수수료를 징수한 경우 그 수입은 해당 대행기관의 수입으로 한다.

5. 국제톤수 증서

1) 개 념

국제톤수증서란 한국선박 소유자의 신청에 의하여 해양수산부장관으로부터 길이 24미터 이상의 한국선박에 대해 국제총톤수 및 순톤수를 기재하여 발급하는 증서를 말하고 있다.

제13조(국제톤수증서 등) ① 길이 24미터 이상인 한국선박의 소유자[그 선박이 공유(共有)로 되어 있는 경우에는 선박관리인, 그 선박이 대여된 경우에는 선박임차인을 말한다. 이하 이 조에서 같다]는 해양수산부장관으로부터 국제톤수증서(국제총톤수 및 순톤수를 적은 증서를 말한다. 이하 같다)를 발급받아 이를 선박 안에 갖추어 두지 아니하고는 그 선박을 국제항

해에 종사하게 하여서는 아니 된다.
② 해양수산부장관은 제1항에 따라 국제톤수증서의 발급신청을 받으면 해당 선박에 대하여 국제총톤수 및 순톤수를 측정한 후 그 신청인에게 국제톤수증서를 발급하여야 한다.
③ 삭제
④ 한국선박이 다음 각 호의 어느 하나에 해당하게 된 때에는 선박소유자는 그 사실을 안 날부터 30일 이내에 선적항을 관할하는 지방해양수산청장에게 신고하여야 한다.
1. 제22조 제1항 각 호에 해당하게 된 때
2. 국제항해에 종사하지 아니하게 된 때
3. 선박의 길이가 24미터 미만으로 된 때

제22조(말소등록) ① 한국선박이 다음 각 호의 어느 하나에 해당하게 된 때에는 선박소유자는 그 사실을 안 날부터 30일 이내에 선적항을 관할하는 지방해양수산청장에게 말소등록의 신청을 하여야 한다.
1. 선박이 멸실·침몰 또는 해체된 때
2. 선박이 대한민국 국적을 상실한 때
3. 선박이 제26조 각 호에 규정된 선박으로 된 때
4. 선박의 존재 여부가 90일간 분명하지 아니한 때

⑤ 길이 24미터 미만인 한국선박의 소유자가 그 선박을 국제항해에 종사하게 하려는 경우에는 해양수산부장관으로부터 국제톤수확인서[국제총톤수 및 순톤수를 적은 서면(書面)을 말한다. 이하 같다]를 발급받을 수 있다.
⑥ 국제톤수확인서에 관하여는 제2항 및 제4항을 준용한다. 이 경우 "국제톤수증서"는 "국제톤수확인서"로, "길이가 24미터 미만"은 "길이가 24미터 이상"으로 본다.
⑦ 국제톤수증서와 국제톤수확인서의 발급에 필요한 사항은 해양수산부령으로 정한다.

Ⅳ. 선박국적증서 등

1. 선박국적증서 등

1) 의 의

선박국적증서란 그 선박이 한국국적을 갖고 있다는 것과 그 선박의 동일성을 증명하는 공문서를 말한다. 관할 관청이 법원에 등기된 선박소유자의 신청에 따라 선박원부에 등록한 후 선박국적증서를 발급한다. 한국선박은 선박국적증서(또는 임시선박국적 증서)를 신청 교부받아 이를 선박 내에 비치하지 아니하고는 대한민국 국기를 게양하거나 항행할 수가 없다. 선원법에 의하여 선장은 이를 선내에 비치하여야 한다.

선 박 국 적 증 서

제 05 - 973 호

소유자	성명 (대표자명)	총장	주민등록번호	000000-0000000
	주소	부산 영도구 동삼동 1번지		
	상호	한국해양대학교		
선박번호		BSR-050948	총톤수	6,686.00 톤
IMO 번호		9300960		
호출부호		DSON4		
선박의 종류		기선		
선박의 명칭		한바다호		
선적항		부산시		
선질		강		
범선의 범장				
기관의 종류와 수		디젤엔진 1기		
추진기의 종류와 수		나선 1개		
조선지		경남 진해시		
조선자		에스티엑스조선(주)		
진수일		2005 년 04 월 20 일		
주요치수	길이	106.70 미터		
	너비	17.80 미터		
	깊이	10.85 미터		
비고		신규등록(신조)		

용적		
폐위장소의 합계용적	23,273.150	세제곱미터
상갑판아래의 용적	14,387.960	세제곱미터
상갑판위의 용적	8,885.190	세제곱미터
선수루의 용적	1,463.926	세제곱미터
선교루의 용적		세제곱미터
선미루의 용적		세제곱미터
갑판실의 용적	7,416.264	세제곱미터
기타장소의 용적		세제곱미터
제외장소의 합계용적		세제곱미터
선수루의 용적		세제곱미터
선교루의 용적		세제곱미터
선미루의 용적		세제곱미터
갑판실의 용적		세제곱미터
기타장소의 용적		세제곱미터

위의 사항은 정확하며 이 선박은 대한민국의 국적을 가지고 있음을 증명합니다.

2005 년 12 월 02 일

대한민국 부산지방해양수산청장

〈그림 8〉 선박국적증서(국문)

CERTIFICATE OF VESSEL'S NATIONALITY

Cert. No 2013-88

| Owners | Name(Company) : KOREA MARITIME AND OCEAN UNIVERSITY
Address : 727 TAEJONG-RO, BUSAN, KOREA |

Official Number BSR-050948

IMO Number _____

Signal Letters _____

Kind of Vessel MOTOR VESSEL

Name of Vessel HANBADA

Port of Registry BUSAN

Material of Hull STEEL

Riggings(if a Sailing Vessel) _____

Type and Number of Engines DIESEL ONE

Kind and Number of Propellers SCREW ONE

Where Built KOREA

Name of Builders
STX SHIPBUILDING CO., LTD.

Date of Launch 20th. Apr. 2005

| Main
Dimensions | Length 106.70 metres
Breadth 17.80 metres
Depth 10.85 metres |

Gross Tonnage 6,686.00 tons

Total Capacity of Enclosed Spaces
 23,273.150 cubic metres

Under the Upper Deck
 14,387.960 cubic metres

Closed-in Spaces above the Upper
Deck 8,885.190 cubic metres

Forecastle 1,463.926 cubic metres

Bridge _____ cubic metres

Poop _____ cubic metres

Deck House 7,416.264 cubic metres

Other Spaces _____ cubic metres

Total Capacity of Exempted Spaces
 _____ cubic metres

Forecastle _____ cubic metres

Bridge _____ cubic metres

Poop _____ cubic metres

Deck Houses _____ cubic metres

Other Spaces _____ cubic metres

It is hereby certified that the above described particulars are exact in all respect, and the above mentioned vessel is of Korean Nationality

The 30th day of Aug. 2013

REPUBLIC OF KOREA

It is hereby certified that the above is a true translation of "Certificate of Vessel's Nationality" of the above mentioned vessel.

The 30th day of Aug. 2013

(Signature) Seo BG

(Official Position) Busan Regional Maritime Affairs Office Republic of Korea

〈그림 9〉 선박국적증서(영문)

2) 발 급

선박국적증서의 발급은 한국선박의 소유자가 선적항을 관할하는 지방해양수산청장에게 해양수산부령[30]으로 정하는 바에 따라 선박을 취득한 날로부터 60일 이내에 그 선박의 등록을 신청하여야 한다. 이 경우 선박등기법 제2조[31]에 해당하는 선박은 선박의 등기를 한 후에 선박을 등록하여야 한다. 지방해양수산청장은 등록신청을 받으면 이를 선박원부에 등록하고 선박국적증서를 발급하도록 규정하고 있다(법 제7조).

3) 국기 게양 면제

선박이 선박국적증서 또는 임시선박국적증서를 선박 안에 갖추어 두지 아니하고 대한민국 국기를 게양할 수 있는 경우는 다음 각 호의 어느 하나에 해당하는 경우로 한다.

① 국경일, 그 밖에 국가적 행사가 있는 날. 다만, 외국의 국가적 행사일에는 그 나라의 항구에 정박하는 때로 한정한다.

② ①의 경우 외에 축의(祝意) 또는 조의(弔意)를 표할 경우

③ 부선의 경우

④ 그 밖에 정당한 사유가 있는 경우

4) 선박국적증서 등의 비치 면제

선박이 선박국적증서 또는 임시선박국적증서를 선박 안에 갖추어 두지 아니하고 항행할 수 있는 경우는 다음 각 호의 어느 하나에 해당하는 경우로 한다.

---

30) 시행규칙 제10조(선박의 등록신청) ① 법 제8조 제1항에 따라 선박의 등록을 신청하려는 자는 별지 제6호서식의 선박등록신청서(전자문서로 된 신청서를 포함한다)에 다음 각 호의 서류를 첨부하여 해당 선박의 선적항을 관할하는 지방청장에게 제출하여야 한다.

1. 선박 총톤수 측정증명서[공단 또는 선급법인(이하 "대행기관"이라 한다)으로부터 선박 총톤수 측정증명서를 발급받은 경우로 한정한다]
2. 선박등기부 등본(「선박등기법」 제2조에 따른 선박등기 대상 선박으로 한정한다)

② 제1항에 따른 신청서 제출 시 지방청장은 「전자정부법」 제36조 제1항에 따라 행정정보의 공동이용을 통하여 법인 등기사항증명서(법인인 경우만 해당한다)를 확인하여야 한다.

31) 선박등기법 제2조(적용 범위) 이 법은 총톤수 20톤 이상의 기선(機船)과 범선(帆船) 및 총톤수 100톤 이상의 부선(艀船)에 대하여 적용한다. 다만, 「선박법」 제26조 제4호 본문에 따른 부선에 대하여는 적용하지 아니한다.

① 시험운전을 하려는 경우
② 총톤수의 측정을 받으려는 경우
③ 부선의 경우
④ 그 밖에 정당한 사유가 있는 경우

2. 임시선박국적 증서

제9조(임시선박국적증서의 발급신청) ① 국내에서 선박을 취득한 자가 그 취득지를 관할하는 지방해양수산청장의 관할구역에 선적항을 정하지 아니할 경우에는 그 취득지를 관할하는 지방해양수산청장에게 임시선박국적증서(臨時船舶國籍證書)의 발급을 신청할 수 있다.
② 외국에서 선박을 취득한 자는 지방해양수산청장 또는 그 취득지를 관할하는 대한민국 영사에게 임시선박국적증서의 발급을 신청할 수 있다.
③ 제2항에도 불구하고 외국에서 선박을 취득한 자가 지방해양수산청장 또는 해당 선박의 취득지를 관할하는 대한민국 영사에게 임시선박국적증서의 발급을 신청할 수 없는 경우에는 선박의 취득지에서 출항한 후 최초로 기항하는 곳을 관할하는 대한민국 영사에게 임시선박국적증서의 발급을 신청할 수 있다.
④ 임시선박국적증서의 발급에 필요한 사항은 해양수산부령으로 정한다.

1) 의 의

선박국적증서를 교부받기 곤란한 경우 그 선박이 한국국적을 갖고 있음과 선박의 개성을 일시적으로 증명하는 공문서이다. 그 교부에 일정한 제약이 있는 점이 선박국적증서와 다르다.

2) 신 청

(1) 선박을 국내에서 취득한 경우

국내에서 선박을 취득한 자가 그 취득지를 관할하는 지방해양항만청장의 관할구역에 선적항을 정하지 아니할 경우에는 그 취득지를 관할하는 지방해양항만청장에게 임시선박국적증서(臨時船舶國籍證書)의 발급을 신청할 수 있다.

(2) 선박을 외국에서 취득한 경우

지방해양항만청장 또는 그 취득지를 관할하는 대한민국 영사에게 임시선박국적증서의 발급을 신청할 수 있다. 위 선박을 외국에서 취득한 경우임에도 불구하고 외국에서 선박을 취득한 자가 지방해양항만청장 또는 해당 선박의 취득지를 관할하는 대한민국 영사에게 임시선박국적증서의 발급을 신청할 수 없는 경우에는 선박의 취득지에서 출항한 후 최초로 기항하는 곳을 관할하는 대한민국 영사에게 임시선박국적증서의 발급을 신청할 수 있다.

(3) 효 력

임시선박국적증서의 효력은 선박국적증서와 동일하다. 즉, 이를 발급받으면 국기를 게양하고 선박의 항행에 사용할 수 있으며, 선박 안에 갖추어 두어야 하며, 또 임시증서는 톤수증명서로서의 역할을 한다. 임시선박국적증서의 발급에 필요한 사항은 해양수산부령으로 정한다.

제2장 국제선박등록법

제1절 총 칙

Ⅰ. 목적 및 법령체계도

1. 목 적

제1조(목적) 이 법은 국제선박의 등록과 국제선박에 대한 지원 등에 관한 사항을 규정함으로써 해운산업(海運産業)의 국제경쟁력을 높이고 국민경제의 발전에 이바지함을 목적으로 한다.

해운산업은 국제경쟁에 노출되어 전통적으로 경쟁력 우위를 선점하기 위하여 국제분업이 활발하게 전개되어 왔다. 즉 국제경쟁력의 확보는 해운산업의 사활을 좌우하고 국적상선대의 증강에 많은 영향을 미친다고 할 것이다.[1)]

외항상선의 경우 임금수준이 상대적으로 낮은 외국인 선원의 고용에 상당한 제한이 있으며, 선박의 취득 및 유지와 관련된 세금도 선진해운국에 비하여 상대적으로 과중하여 해운산업의 경쟁력이 떨어지는 어려움이 있었다.

이에 따라 우리나라 국적선대의 국제적 경쟁력을 강화하기 위하여 선진해운국에서 시행하고 있는 국제선박등록제도를 도입하여 외국인 선원의 고용범위를 확대하고 조세부담을 완화하여 주는 등의 정책적인 지원을 함으로써 경쟁력을 확보하고 해외에 국적을 이동하는 것을 방지하기 위하여 국제선박등록법을 도입하였다.

또한 해양수산부장관은 비상사태에 대비하여 국제선박과 선원의 효율적 활용

---

1) 이윤철 외,「해사법규 신강」, (부산: 다솜출판사, 2017), 57쪽.

을 위하여 필요하다고 인정하면 일정한 기준에 해당하는 선박을 관계 중앙행정기관의 장과 협의하여 국가필수선박으로 지정할 수 있도록 하고 있다.

2. 법령체계도

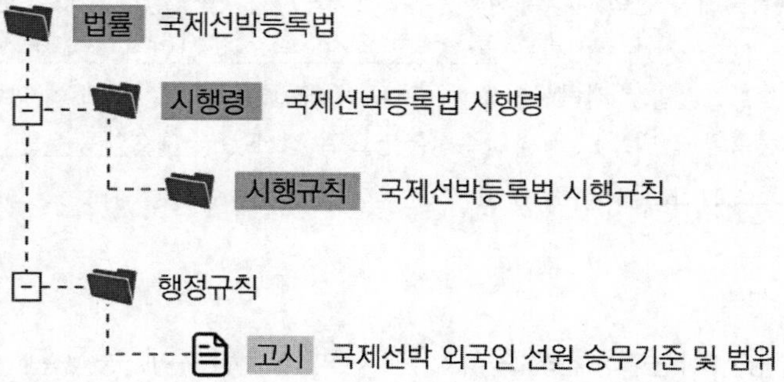

〈그림 10〉 국제선박등록법 법령체계도

Ⅱ. 용어의 정의

1. "국제선박"이란 국제항행(國際航行)을 하는 상선(商船)으로서 제4조에 따라 국제선박등록부에 등록된 선박을 말한다.
2. "선원"이란 임금을 받을 목적으로 국제선박에서 근로하기 위하여 고용된 사람을 말한다.
3. "외항운송사업자"란 「해운법」 제4조 제1항에 따라 외항 정기 여객운송사업 또는 외항 부정기 여객운송사업의 면허를 받은 자와 같은 법 제24조 제2항에 따라 외항 정기 화물운송사업 또는 외항 부정기 화물운송사업을 등록한 자를 말한다.

Ⅲ. 국제선박의 등록 및 운항

1. 등록대상

제3조(등록대상 선박) ① 국제선박으로 등록할 수 있는 선박은 다음 각 호의 어느 하나에 해당하는 선박으로 한다. 다만, 국유·공유 선박과 「어선법」 제2조 제1호에 따른 어선은 제외한다.

1. 대한민국 국민이 소유한 선박
2. 대한민국 법률에 따라 설립된 상사(商事) 법인이 소유한 선박
3. 대한민국에 주된 사무소를 둔 제2호 외의 법인으로서 그 대표자(공동대표인 경우에는 그 전원을 말한다)가 대한민국 국민인 경우에 그 법인이 소유한 선박

4. 외항운송사업자 또는 「해운법」 제33조에 따라 선박대여업을 등록한 자가 대한민국의 국적 취득을 조건으로 임차(賃借)한 외국선박 중 외항운송사업자가 운항하는 선박

② 제1항에 따라 국제선박으로 등록할 수 있는 선박의 규모, 선령(船齡), 그 밖에 필요한 사항은 대통령령으로 정한다.

시행령 제2조(등록대상 선박) 「국제선박등록법」(이하 "법"이라 한다) 제3조 제2항에 따라 국제선박으로 등록할 수 있는 선박은 국제총톤수 500톤 이상이면서 선령(船齡)이 20년 이하인 선박으로 한다. 다만, 「선박안전법」에 따른 선급법인이나 그 밖에 해양수산부령으로 정하는 선급에 등록한 선박으로서 해양수산부령으로 정하는 국제협약증서를 갖춘 선박은 선령기준을 적용하지 아니한다.

1) 국제항해 선박

국제항해에 종사하는 상선으로서 국제선박등록원부에 등록된 선박으로 한정하고 있다. 다만, 국·공유 선박과 「어선법」에 따른 어선은 제외하고 있다. 국제항해에 종사하지 않는 국내항 간을 운항하는 상선은 적용대상에 제외하고 있다. 국제항해로 한정한 것은 외항해운산업이 본질적으로 국제경쟁에 노출된 산업적 특성을 가지고 있고, 해운환경의 변화로 경쟁력 확보에 극심한 어려움을 겪고 있기 때문이다. 편의치적으로 국적선이 해외로 이적하는 것을 방지하고자 하는 목적도 가지고 있다.

2) 한국선박

국·공유 선박 및 어선법에 따른 어선을 제외한 대한민국 선박으로 규정하고 있다. 한국법률에 의해 설립된 상사법인이 소유하는 선박 또는 한국에 주된 사무소를 둔 상사법인 이외의 법인으로서 그 대표자가 대한민국 국민인 경우에 그 법인이 소유하는 선박으로 정의하고 있다.

3) 국적취득조건부 선체용선

외항운송사업자 또는 해운법 제33조에 따라 선박대여업을 등록한 자가 대한민국 국적 취득을 조건으로 임차한 외국 선박 중 외항운송사업자가 운항하는 선박도 등록대상 선박이다. 여기에서 국적취득조건부 선체용선이라 함은 용선기간이 만료된 경우에 용선자가 속한 국적을 취득하는 조건으로 선체용선계약이다. 선박

의 건조에는 막대한 자본이 투입되는 경우가 많기 때문에 일시에 건조자금 확보가 어려운 경우에 일반적으로 이루어지는 경우가 많다.

4) 등록선박의 제한

시행령 제2조에 따라 「국제선박등록법」 제3조 제2항에 따라 국제선박으로 등록할 수 있는 선박은 국제총톤수 500톤 이상이면서 선령(船齡)이 20년 이하인 선박으로 한다. 다만, 「선박안전법」에 따른 선급법인이나 그 밖에 해양수산부령으로 정하는 선급에 등록한 선박으로서 해양수산부령으로 정하는 국제협약증서를 갖춘 선박은 선령기준을 적용하지 아니한다.

위와 같이 등록선박을 선박의 규모와 선령으로 제한하는 것은 국제선박등록제도의 설립취지 및 그 실효성을 확보하기 위함이며 또한 감항성이 결여된 노후선박의 등록을 사전에 막기 위한 목적을 포함하고 있다.

2. 등록절차

제4조(등록절차) ① 국제선박으로 등록하려는 등록대상 선박의 소유자, 외항운송사업자 또는 선박대여업자(이하 "선박소유자등"이라 한다)는 해양수산부령으로 정하는 바에 따라 해양수산부장관에게 등록을 신청하여야 한다. 이 경우 선박소유자등은 국제선박으로 등록하기 전에 「선박법」 제8조 제1항 및 제2항에 따라 그 선박을 선박원부(船舶原簿)에 등록하고 선박국적증서를 발급받아야 한다.
② 해양수산부장관은 제1항에 따른 국제선박의 등록신청을 받은 경우에는 그 선박이 제3조에 따른 국제선박의 등록대상이 되는 선박인지를 확인한 후, 등록대상인 경우 지체 없이 이를 국제선박등록부에 등록하고 신청인에게 국제선박등록증을 발급하여야 한다.
③ 제2항에 따라 등록된 국제선박의 선박소유자등은 그 등록사항이 변경된 경우에는 그 사실이 발생한 날부터 1개월 이내에 해양수산부령으로 정하는 바에 따라 해양수산부장관에게 변경등록을 신청하여야 한다.

우리나라 국제선박등록제도는 부가등록제도를 취하고 있다. 국제선박으로 등록하더라도 선박의 기존 국적에 전혀 영향을 주지 않는다는 것인데, 우리나라 선박소유자의 경우에 국적취득요건을 갖추어 선박원부에 등록하고 선박국적증서를 발급받은 후 원한다면 국제선박등록을 다시 하도록 규정하고 있는 것이다. 국적취득조건부 선체용선의 경우에도, 국제선박으로 등록된다 하더라도 기존의 국적은 그대로 유지한 채 우리나라 국제선박등록법의 적용대상이 된다. 이는 외국의 부가 등록제를 수용한 것으로, 기존의 선박국적취득요건을 그대로 유지한 채 외항국적선 또는 국적취득조건부 선체용선을 보유하고 있는 해운회사의 입장을 고려하여 경쟁력 강화를 위한 지원조치만을 규정하고자 하는 취지이다.[2)]

우리나라만의 제도인 국적취득조건부 선체용선은 일단 선박이 외국국적으로 등록되어 있어 추가적으로 본 법에 의해 국제선박으로 등록하게 되면 국제협약상 금지되어 있는 이중등록의 문제가 발생하게 된다. 다시 말하면, 사전에 외국국적을 말소한 다음에 국제선박으로 등록하게 된다면 아무런 문제가 없지만 그렇지 않을 경우 이중등록의 문제가 발생하게 된다. 또한 선박소유자의 입장에서, 등기에 관한 규정이 없는 본 법에 의해 우리나라 국제선박으로 등록할 경우에 재산권이 확실히 보장되지 못하므로 이를 말소하지 않을 것으로 보이기 때문에 부가등록 형태를 취한 것으로 판단된다.[3)]

3. 등록효과

제9조(국제선박에 대한 지원) ① 정부는 국제선박에 대하여 관계 법령에서 정하는 바에 따라 조세의 감면이나 그 밖에 필요한 지원을 할 수 있다.
② 정부는 국제선박에 승무하는 한국인 선원을 안정적으로 고용하기 위하여 선원능력개발 지원사업 등 노사가 합의한 사업에 대하여 예산의 범위에서 필요한 지원을 할 수 있다.

제4조의2(국제선박의 운항) 제4조에 따라 등록한 국제선박은 국내항과 외국항 간 또는 외국항 간에만 운항하여야 한다. 다만, 「해운법」 제25조에 따라 예외적으로 국내항 간 운항이 인정된 경우에는 그러하지 아니하다.

국제선박에 등록된 선박에 대한 지원은 법 제9조 제1항과 제2항에서 지원에 대한 내용을 규정하고 있다. 이는 국제선박등록제도의 실효성을 확보하기 위하여 편의치적국 또는 선진국들의 제2선적제도(선박법에서 상술함)와 경쟁할 수 있을 정도의 지원이 있어야 경쟁력이 있다고 판단하여 제정되었다.

또한 제4조의2에 따라 등록된 국제선박은 국내항과 외국항 간 또는 외국항 간에만 운항하여야 한다고 규정하고 있다. 다만, 해운법 제25조에 따라 예외적으로 국내항 간 운항하는 경우는 국제선박으로 인정하지 아니하고 있다.

---

2) 이윤철 외, 「해사법규신강」, (부산: 다솜출판사, 2023), 62쪽.
3) 앞의 책, 62쪽.

Ⅳ. 외국인 선원의 승선 등

1. 외국인 선원의 승선

1) 승선자격

우리나라 선원법상 보통선원의 경우 외국인이라 하더라도 우리나라 선박소유자와 선원근로계약을 체결한 경우 선원수첩을 발급받을 수 있도록 규정하고 있으므로[4] 외국인 선원 승선이 허용된다고 판단된다.[5] 그러나 해기사의 경우 선박직원법상 우리나라에서 시행하는 자격시험에 합격하여 정부가 발급한 해기사면허를 소지하여야 하므로 외국인 해기사의 승선은 어렵다고 할 것이다.[6]

이 법은 선박소유자 등이 국제선박에 「선원의 훈련·자격증명 및 당직근무의 기준에 관한 국제협약」(이하 "국제협약"이라 한다)에 따라 해양수산부장관이 인정하는 자격증명서를 가진 외국인 선원을 승무(乘務)하게 할 수 있다(법 제5조 제1항).

2) 외국인 선원 승무기준 및 범위

동법 제5조 제1항에 따라, 외국인 선원을 승무하게 하는 경우 그 승무의 기준 및 범위는 선원을 구성원으로 하는 노동조합의 연합단체(이하 "선원노동조합연합단체"라 한다), 선박소유자 등이 설립한 외항운송사업 관련 협회(이하 "외항운송사업자협회"라 한다) 등 이해당사자와 관계 중앙행정기관의 장의 의견을 들어 해양수산부장관이 정한다(동법 제5조 제2항).

국제선박에 승선하는 외국인 선원의 승무기준은 해양수산부장관의 고시인 '국제선박 외국인 선원 승무기준 및 범위' 제3조에 다음과 같이 규정하고 있다.

1. 국가필수선박은 척당 한국인 선원을 선장·기관장을 포함하여 11명 이상 두어야 하며, 나머지 선원은 외국인 선원으로 승무하게 할 수 있다.
2. 지정국제선박은 척당 한국인 선원을 선장·기관장을 포함하여 8명 이상 두어야 하며, 나머지 선원은 외국인 선원으로 승무하게 할 수 있다. 단, 선원노동조합연합단체와 외항운

4) 외국인이 대한민국 선박에 고용되어 선원수첩을 발급받고자 하는 경우에는 미리 그의 본국 정부(우리나라에 주재하는 그의 본국 영사를 포함한다)로부터 그가 승선에 적합하다는 사실의 확인을 받아야 한다(시행령 제8조 제2항).

5) 이윤철 외, 앞의 책, 64쪽.

6) 앞의 책, 64쪽.

송사업 관련 협회 등 이해당사자가 합의하는 경우 선원의 승무기준 및 범위를 조정할 수 있다.

3. 일반국제선박에는 선장·기관장을 제외한 선원 전체를 외국인 선원으로 승무하게 할 수 있다. 단, 선원노동조합연합단체와 외항운송사업 관련 협회 등 이해당사자가 합의하는 경우 선원의 승무기준 및 범위를 조정할 수 있다.

② 「비상사태 등에 대비하기 위한 해운 및 항만 기능 유지에 관한 법률 시행령」 제16조 제1항의 계산식에서 "「국제선박등록법」 제5조 제2항에 따른 외국인 선원의 승무 기준에 따른 외국인 선원의 수"와 "제9조 제1항에 따른 국제필수선박에 대한 외국인 선원 승선 제한 기준 수"는 각각 동일선박을 기준으로 「선박안전법」 제8조 제3항에 따른 최대 승선인원의 선원 수에서 제1항 제1호 및 제2호에서 정한 한국인 선원 수를 뺀 나머지로 한다.

③ 제1항의 기준을 충족시킬 수 없는 합리적인 사유가 있는 경우에는 선원노동조합연합단체와 외항운송사업 관련 협회 등 이해당사자가 합의하여 외국인 선원의 승무 기준 및 범위의 적용을 한시적으로 유예할 수 있다.

그러나 외국인 선원의 승선범위 확대에 따른 한국선원의 고용기회 상실이라는 문제 때문에 외국인 선원의 승선을 일정한 범위로 제한하는 것이 과연 유효한 것인가는 의문이 제기되고 있다. 한국선원의 고용기회를 확보하기 위하여 한국인 선원의 승선 숫자를 정하는 것이 더 유효한 것이 아니냐는 의견이 나오는 등 논란이 되고 있다. 특히, 해기사의 부족 현상이 전 세계적으로 심각한 문제로 대두되고 있는 시점에 사용자와 노동조합 등의 합리적인 해결책 마련이 시급하다.

2. 외국인 선원의 근로계약

선원노동조합연합단체와 외항운송사업자협회가 국제선박에 승무하는 외국인 선원에 대하여 적용되는 단체협약의 체결에 관한 권한을 가진다(법 제6조 제1항). 선박소유자 등이 국제선박에 승무하게 하기 위하여 외국인 선원을 고용하는 경우에는 제1항에 따라 체결된 단체협약에 따라 그 외국인 선원과 근로계약을 체결하여야 한다(법 제6조 제2항).[7] 동법 제3항에 따르면 선박소유자 등은 단체협약을 체결하면 체결한 날부터 15일 이내에 해양수산부장관에게 신고하도록 규정하고 있다.

---

7) 외국인선원의 근로조건을 정한 단체협약이나 선원근로계약의 내용 중 선원법에 하회하고 있는 항목들은 노동조합 및 노동관계조정법 제33조, 선원법 제26조 및 제122조에 따라 무효가 된다는 점에서 법률적 문제가 제기된다[전영우, "외국인선원 근로조건에 관한 일고찰", 「해사법연구」, 제25권 제2호, 한국해사법학회(2013. 7), 11쪽].

제3장 비상사태등에 대비하기 위한 해운 및 항만 기능 유지에 관한 법률

제1절 총 칙

Ⅰ. 목적 및 법령체계도

1. 목 적

제1조(목적) 이 법은 전시·사변 또는 이에 준하는 비상사태 및 해운·항만 기능에 중대한 장애가 발생한 경우에 해운·항만 기능을 유지하여 국민경제에 긴요한 물자와 군수물자를 원활하게 수송하고 국민생활의 안정 및 국가안전보장의 유지에 이바지함을 목적으로 한다.

이 법은 국내 전국 무역항에서 비상사태에 대비한 국민경제의 긴요한 물자 및 군수품의 안정적인 해상운송과 항만운용 기능의 유지를 위한 비상대응체계가 구축하기 위한 것이다.

우리나라는 지정학적으로 바다를 통한 교역만이 가능한 국가로서 과거부터 주변국들과의 문물 교류 통로로써 바다를 이용해오고 있다. 우리나라는 무역의존도가 매우 높은 나라로 수·출입 화물의 99.7%가 해상을 통해 운송되고 있으며 하루만이라도 물류가 멈춘다면 그 피해는 상상할 수 없을 정도로 해운·항만물류 산업은 국가 기간산업으로서의 중요한 역할을 담당하고 있다. 그러나 해운·항만 물류 산업이 국가경제에 깊숙이 관여하고 있음에도 불구하고 지금까지 전시(戰時) 외의 체계적인 비상 대비 시스템이 매우 미흡한 상황이다. 한진해운의 파산으로 인하여 물자수송에 차질을 빚음에도 즉각적인 대응에 나서지 못해 국·내외 화주들의 피해가 확산되면서 국내 산업뿐만 아니라 국가 신인도 하락 등 유·무형의 피해 및 많은 중소기업과 소상공인들에게 상당한 피해가 발생하면서 물류산업이 국민 생활에 미치는 영향에 대한 국가적인 인식이 바뀌고 비상 대비 체계 수립의 필요성에 대한 국민적 공감대가 형성되는 계기가 되었다. 우리나라 정부에서는 "비상사태 시 해운 및 항만 기능 유지를 위한 제도"를 마련하고자 미국, 일본과 같이 비상사태를 대비해 국가가 직접 국가필수상선대를 보유·운영하고 비상시 물자수송에 동원되는 민간 외항선인 국가필수국제선박의 체계적 관리와 안정적 항만 운영을 위한 항만운영협약제도 등을 담은 "비상사태등에 대비하기 위한 해운 및 항만기능 유지에 관한 법률(안)"을 제정하였다. 해운·항만 비상대응 체계는 전시(戰時), 해운업체의 도산, 필수항만운영업체의 휴업 등으로 해운·항만 기능에 장애가 발생할 경우에도 최소한의 해운·항만 기능을 유지하는 체계이다. 시행령에 따르면 해수부 장관이 비상사태에 대비한 해운·항만 기능 유지와 관련해 5년마다 수립하는 기본계획에 따라 연도별 시행계획을 전년도 12월 말까지 수립, 비상대응 체계가 종합적이고 체계적으로 관리되도록 했다. 국가필수선박에 중소선사 등 다양한 선사의 참여를 유도하기 위해 지정 규모를 국제 총톤수 2만t 이상의 국적 외항선에서 1만t 이상으로 완화했다. 이와 함께 비상시 항만 기능을 유지하기 위해 항만업체와 국가 간 항만운영 협약을 체결하는 업종을 항만하역업, 예선업, 선박연료공급업, 줄잡이업, 화물고정업, 도선업으로 정하고, 협약 규모는 전국 등록업체 수의 10% 이내(도선사는 20% 이내) 규모에서 최대 3년간 협약을 체결해 운영하도록 규정했다. 국가필수선박과 항만운영협약업체가 해수부 장관의 국가 전략물자 수송 명령이나 항만업무 종사 명령을 이행하는 과정에서 발생하는 물건의 훼손 등에 대해서는 물건의 교환가액과 수리비를 보상하도록 하고, 인명사고 시에는 '의사상자 등 예우 및 지원에 관한 법률'에 준하는 손실 보상의 기준을 마련했다.

2. 법령체계도

- 법률 비상사태등에 대비하기 위한 해운 및 항만 기능 유지에 관한 법률
  - 시행령 비상사태등에 대비하기 위한 해운 및 항만 기능 유지에 관한 법률 시행령
    - 시행규칙 비상사태등에 대비하기 위한 해운 및 항만 기능 유지에 관한 법률 시행규칙
    - 행정규칙
      - 예규 항만운영관련법령에 따른 행정처분 및 과태료의 가중처분에 관한 세부지침
      - 예규 해양수산부 소관 법령의 행정처분 및 과태료의 가중처분에 관한 세부지침
      - 고시 2024년도 의사자 유족에 대한 보상금
      - 고시 국가필수선박 손실보상기준 고시
      - 고시 국가필수선박 업무처리에 관한 규정
      - 고시 국제선박 외국인 선원 승무기준 및 범위
  - 행정규칙
    - 예규 항만운영관련법령에 따른 행정처분 및 과태료의 가중처분에 관한 세부지침

〈그림 11〉 비상사태등에 대비하기 위한 해운 및 항만 기능 유지에 관한 법령체계도

Ⅱ. 용어의 정의

1. "비상사태등"이란 전시·사변 또는 이에 준하는 비상사태 및 해운업체의 파산 등 해운 및 항만 기능에 중대한 장애가 발생하여 수출입 화물의 수송이 정지되거나, 항만에서의 선박 입항 및 출항이 불가능하여 국민 경제에 심각한 피해가 예상되는 경우로 다음 각 목의 경우를 말한다.
   가. 「비상대비에 관한 법률」에 따른 비상사태
   나. 「항만법」 제4조에 따른 항만정책심의회가 심의하여 정한 경우
   다. 그 밖에 해운 및 항만 기능에 대통령령으로 정하는 중대한 장애가 발생한 경우
2. "국가필수선박"이란 비상사태등이 발생하는 경우 국민경제에 긴요한 물자와 군수물자를 수송하기 위하여 제5조 제1항에 따라 지정된 선박을 말한다.
3. "항만운영협약"이란 비상사태등이 발생하는 경우 선박의 입항·출항 및 화물의 하역 등 항만 기능을 유지하기 위하여 해양수산부장관이 제10조 제1항에 따라 같은 항 각 호의 자와 체결한 협약을 말한다.

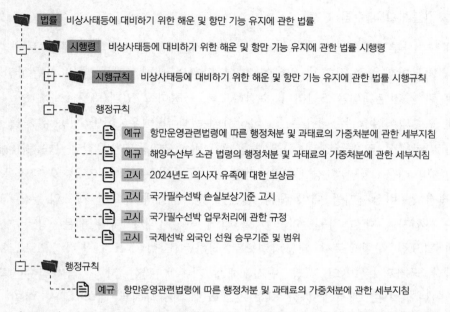

Ⅲ. 해운 · 항만 기능 유지

1. 기본계획의 수립

해양수산부장관은 국가필수선박의 지정 및 항만운영협약의 체결 등에 관한 정책의 기본방향을 설정하기 위하여 10년 단위의 비상사태등 대비 해운항만기능 유지에 관한 기본계획을 5년마다 수립하도록 규정하고 있다(법 제4조 제1항). 기본계획에 포함되어야 하는 내용은 ① 비상사태등 대비 해운 · 항만 기능 유지를 위한 정부의 기본구상 및 중 · 장기 정책 방향, ② 비상사태등 대비 장래 물동량(物動量)의 수급 및 해운 · 항만 환경에 관한 전망, ③ 국가필수선박의 지정 및 항만운영협약의 체결 등 비상사태등 대비 해운 · 항만 기능 유지에 필요한 제도의 운영 및 참여하는 사업자에 대한 지원방안, ④ 그 밖에 비상사태등 대비 해운 · 항만 기능의 유지에 필요한 사항으로서 대통령령으로 정하는 사항이다. 대통령령으로 정하는 사항이란 국가필수선박의 지정 · 변경 · 해제 기준에 관한 사항, 국가필수선박 및 항만운영협약 제도 개선에 관한 사항, 그 밖에 비상사태등 대비 해운 · 항만 기능 유지에 관한 사항으로서 해양수산부장관이 필요하다고 인정하는 사항이다.

해양수산부장관은 기본계획을 수립하는 경우에는 관계 중앙행정기관의 장과 미리 협의하여야 하며(법 제4조 제3항), 기본계획을 시행하기 위하여 연도별 시행계획을 매년 작성하도록 하고 있다(법 제4조 제5항).

2. 국가필수선박의 지정 및 운영

1) 지정기준

국가필수선박의 지정은 비상사태에 대비하여 선박과 선원을 효율적으로 활용하기 위하여 필요하다고 인정하면 국제선박등록법상의 국제선박 또는 공공기관의 운영에 관한 법률에 따른 공공기관이 소유한 선박 중에서 선박의 규모, 선령 및 수송화물의 종류 등에 대한 대통령령의 기준에 해당하는 선박의 소유자 등의 신청을 받아 국가필수선박으로 지정할 수 있도록 하고 있다(법 제5조 제1항).

시행령에서 정하는 기준은 ① 국제총톤수 1만톤 이상이면서 선령(船齡)이 20년 미만인 선박. 다만, 「국제선박등록법 시행령」에 따른 국제협약증서를 갖춘 선박은 선령기준을 적용하지 아니한다는 제2조 단서에 해당하는 선박은 선령 기준을 적용하지 않는다. ② 군수품, 양곡(糧穀), 원유, 액화가스, 석탄 또는 제철(製鐵) 원료 등 국민경제 또는 국가안보에 중대한 영향을 미치는 물자를 운송하는 선박이다.

해양수산부장관은 국가필수선박을 지정할 때 대한민국 국적을 가진 화주(貨主)와 다년도 운송계약을 체결한 선박을 우선하여 국가필수선박으로 지정할 수 있다. 국가필수선박은 정부의 1회계연도를 단위로 하여 지정하며 특별한 사정이 없으면 지정받은 국가필수선박을 우선하여 다음 회계연도에도 국가필수선박으로 지정하도록 규정하고 있다.

해양수산부장관은 국가필수선박을 지정할 경우 비상사태등에 대비한 필요 최소한의 범위에서 지정하여야 하며, 목표 지정척수를 달성하도록 노력하도록 규정하고 있다(법 제5조 제2항).

2) 국가 필수선박의 의무

제5조(국가필수선박의 지정 및 운영)

③ 해양수산부장관은 비상사태등이 발생하는 경우 제1항에 따라 국가필수선박으로 지정된 국가필수선박의 소유자, 외항운송사업자(「해운법」 제4조 제1항에 따라 외항 정기 여객운송사업 또는 외항 부정기 여객운송사업의 면허를 받은 자와 같은 법 제24조 제2항에 따라 외항 정기 화물운송사업 또는 외항 부정기 화물운송사업을 등록한 자) 또는 선박대여업자(「해운법」 제33조 제1항에 따라 선박대여업을 등록한 자를 말하며, 소유자 · 외항운송사업자 · 선박대여업자를 이하 "선박소유자등"이라 한다)에 대하여 국가필수선박의 소집 및 해양수산부장관이 지정한 화물의 수송을 명할 수 있다.

④ 선박소유자등은 제3항에 따른 해양수산부장관의 소집 및 수송 명령이 있을 경우 정당한 사유가 없으면 지체 없이 그 명령에 따라야 한다.

⑤ 누구든지 정당한 사유 없이 제3항에 따른 선박소유자등의 명령 수행을 방해해서는 아니 된다.

⑥ 해양수산부장관은 선박소유자등에 대하여 대통령령으로 정하는 바에 따라 외국인 선원의 국가필수선박에의 승선제한을 명할 수 있다.

⑦ 제1항부터 제6항까지에서 규정한 사항 외에 국가필수선박의 지정절차, 외국인 선원의 승선제한 기준 등에 관하여 필요한 사항은 대통령령으로 정한다.

3) 국가의 지원

해양수산부장관, 항만시설운영자 및 임대계약자, 항만공사는 선박소유자 등이 납부하여야 하는 항만시설 사용료의 전부 또는 일부를 면제할 수 있도록 하여 국

가필수선박을 지원하도록 하고 있다.[1)]

3. 항만운영협약의 체결 및 운영

제10조(항만운영협약의 체결 및 운영) ① 해양수산부장관은 비상사태등에 대비하여 선박의 입항·출항 및 화물의 하역 등 항만 기능의 유지를 위하여 필요하다고 인정하면 다음 각 호의 어느 하나에 해당하는 자로서 대통령령으로 정하는 자격을 갖춘 자와 항만별·분야별로 항만운영협약을 체결할 수 있다. 이 경우 해양수산부장관은 관계 중앙행정기관의 장과 미리 협의하여야 한다.

1. 「선박의 입항 및 출항 등에 관한 법률」 제24조 제1항에 따라 예선업의 등록을 한 자
2. 「항만운송사업법」 제3조 제1호 및 제4조 제1항에 따라 항만하역사업의 등록을 한 자
3. 「항만운송사업법」 제26조의3 제1항에 따라 항만운송관련사업의 등록을 한 자

1) 항만운영협약의 체결

해양수산부장관은 비상사태등에 대비하여 선박의 입항·출항 및 화물의 하역 등 항만 기능의 유지를 위하여 필요하다고 인정하면 자격을 갖춘 자와 항만별·분야별로 항만운영협약을 체결할 수 있으며, 이 경우 관계 중앙행정기관의 장과 미리 협의하여야 한다(법 제10조 제1항). 자격을 갖춘 자는 예선업의 등록을 한 자, 항만하역사업의 등록을 한 자 및 항만운송관련사업의 등록을 한 자로 규정하고 있다.

2) 항만운영협약 체결업체의 의무

제10조(항만운영협약의 체결 및 운영)

② 해양수산부장관은 비상사태등이 발생하는 경우 항만의 기능 유지를 위하여 필요하면 제1항에 따라 항만운영협약을 체결한 자(이하 "협약체결업체"라 한다)에게 그 자가 등록한 업무에 종사하도록 명할 수 있다.

③ 협약체결업체는 제2항에 따른 해양수산부장관의 업무종사 명령이 있을 경우 정당한 사

1) 시행령 제11조(국가필수선박 및 협약체결업체에 대한 지원) ① 법 제9조에 따라 전부 또는 일부 면제할 수 있는 항만시설 사용료는 「항만법 시행령」 제46조 제1항 제1호 및 「항만공사법 시행령」 제13조 제1항 제1호 가목에 따른 선박료로 한다.
② 법 제12조에 따라 전부 또는 일부 면제할 수 있는 항만시설 사용료는 「항만법 시행령」 제46조 제1항 제1호 및 제4호에 따른 선박료 및 항만시설 전용 사용료, 「항만공사법 시행령」 제13조 제1항 제1호 가목 및 라목에 따른 선박료 및 전용 사용료와 같은 항 제2호에 따른 임대료로 한다.
③ 제1항 및 제2항에서 규정한 사항 외에 국가필수선박 및 협약체결업체의 지원에 관해 필요한 사항은 해양수산부장관이 정한다.

유가 없으면 지체 없이 그 명령에 따라야 한다.
④ 누구든지 정당한 사유 없이 제3항에 따른 협약체결업체의 명령 수행을 방해해서는 아니 된다.
⑤ 제1항부터 제4항까지에서 규정한 사항 외에 항만운영협약의 체결 절차 및 방법 등에 관하여 필요한 사항은 대통령령으로 정한다.

3) 항만운영협약 해약 및 국가의 지원

해양수산부장관은 협약체결업체와 다음에 해당할 경우 항만운영협약을 해약할 수 있도록 규정하고 있으며, 지원은 해약된 날부터 중단된다.

① 거짓이나 그 밖의 부정한 방법으로 항만운영협약을 체결한 경우, ② 등록이 취소된 경우, ③ 협약체결업체가 항만운영협약의 해약을 요청하는 경우, ④ 자격을 갖추지 못하는 경우, ⑤ 정당한 사유 없이 업무종사 명령에 따르지 아니한 경우, ⑥ 그 밖에 항만시설의 멸실(滅失) 등으로 항만운영협약의 유지가 불필요하다고 인정되는 경우

협약체결업체에 대한 지원은 법 제12조에 따라 해양수산부장관, 항만시설운영자 및 임대계약자, 항만공사는 협약체결업체가 납부하여야 하는 항만시설 사용료의 전부 또는 일부를 면제할 수 있도록 지원규정을 두고 있다.

Ⅳ. 손실보상

1. 의 의

국가필수선박 지정 및 운영에 따른 손실 및 항만운영협약에 따른 체결업자의 손실은 적법한 행정작용에 의하여 손실이 발생하는 경우이고 이러한 손실을 보상하는 것을 손실보상제도라고 한다.

행정작용에 의하여 타인이 입은 손해를 전보하는 제도에는, 위법한 행정작용에 의하여 타인의 이익이 침해된 경우에 있어서의 구제수단인 손해배상제도와 적법한 행정작용에 의하여 타인의 이익이 침해된 경우에 있어서의 구제수단인 손실보상제도가 있다.[2)]

2) 김남진 · 김연태, 「행정법 I」 제27판, (파주: 법문사, 2023), 643쪽. 헌법 제23조 제3항에 "공공필요에 의한 재산권의 수용 · 사용 또는 제한 및 그에 대한 보상은 법률로서 하도, 정당한 보상을 지급하여야

2. 보상 대상

제13조(손실보상) ① 해양수산부장관은 다음 각 호의 어느 하나에 해당하는 손실을 입은 자에게 정당한 보상을 하여야 한다.
1. 제5조 제3항에 따른 소집 및 수송 명령의 수행으로 인한 손실
2. 제5조 제6항에 따른 외국인 선원의 승선제한 명령에 따라 선박소유자등의 임금 부담으로 인하여 발생한 손실
3. 제10조 제2항에 따른 업무종사 명령의 수행으로 인한 손실

② 제1항에 따른 손실보상의 기준 및 절차 등에 필요한 사항은 대통령령으로 정한다.

해양수산부장관은 법 제5조 제3항에 따른 비상사태등이 발생하는 경우에 따른 소집 및 수송명령의 수행으로 인한 손실, 외국인 선원의 승선제한 명령에 따라 선박소유자 등이 임금부담으로 인하여 발생한 손실, 업무종사 명령의 수행으로 인한 손실 등은 적법한 행정작용으로 인한 손실이 발생한 것이므로 손실보상을 하도록 규정하고 있다.

3. 보상기준

1) 명령의 수행으로 인한 손실보상의 기준

손실보상의 금액기준은 그 손실의 종류별로 다음과 같은 기준을 적용한다(동법 시행령 제15조).

① 물건의 멸실·훼손으로 인한 손실의 경우에

– 훼손된 물건을 수리할 수 있는 경우: 수리비에 상당하는 금액을 보상

– 물건이 멸실되거나 훼손된 물건을 수리할 수 없는 경우: 손실을 입은 당시의 해당 물건의 교환가액

② 물건의 멸실·훼손으로 인한 손실 외의 재산상 손실

– 소집 및 수송 명령 또는 업무종사 명령의 수행은 상당한 인과관계가 있는 범위에서 보상할 것

③ 사망 또는 부상

– 사망의 경우에는 「의사상자 등 예우 및 지원에 관한 법률 시행령」에 따라

한다"라고 규정하고 있다. 헌법 제23조 제3항은 일반적으로 공법상의 손실보상에 관한 근거규정으로 이해되고 있다.

보건복지부장관이 결정하여 고시한 금액을 보상

– 부상의 경우에는 「의사상자 등 예우 및 지원에 관한 법률 시행령」 제2조 및 별표 1에 따른 등급에 따른 금액을 보상

④ 손실보상금의 지급순위 기준은 「의사상자 등 예우 및 지원에 관한 법률」을 준용한다.

2) 외국인 선원의 승선제한에 따른 손실보상의 기준

손실보상금의 지급지준은 다음 계산식에 따라 지급한다.

손실보상금 = (A－B)×(C－D)

A: 「국제선박등록법」 제5조 제2항에 따른 외국인 선원의 승무 기준에 따른 외국인 선원의 수

B: 제9조 제1항에 따른 국제필수선박에 대한 외국인 선원 승선 제한 기준 수

C: 국가필수선박에 승선하는 한국인 선원의 연간 평균임금

D: 국제선박에 승선하는 외국인 선원의 연간 평균임금

고려하여야 할 사항은 ① 선원법에 따른 직원 및 부원의 직종과 직급, 선박법에 따라 등록한 선박의 용도별로 구분하여 산정할 것, ② 국가필수선박의 연간 운항일수가 320일 이상인 경우에는 연간 보상금액의 전액을 지급하고, 320일 미만인 경우에는 320일을 기준으로 실제 운항일수에 비례하여 지급하도록 규정하고 있다(동법 시행령 제16조).

제4장 선박직원법

제1절 총 칙

Ⅰ. 목적 및 법령체계도

1. 목 적

법 제1조(목적) 이 법은 선박직원으로서 선박에 승무(乘務)할 사람의 자격을 정함으로써 선박 항행의 안전을 도모함을 목적으로 한다.

선박직원법은 국제해사기구(IMO)에서 채택하여 발효된 STCW협약의 규정에 따라 우리나라 선원들이 적절한 교육훈련을 받고 해기사면허를 소지한 자격을 갖추고 선박에서 승무함으로써 선박 항행의 안전을 도모함을 목적으로 하고 있다.

2. 법령체계도

- 법률 선박직원법 [시행 2024. 1. 26.] [법률 제19573호, 2023. 7. 25., 타법개정]
  - 시행령 선박직원법 시행령 [시행 2024. 1. 26.] [대통령령 제34152호, 2024. 1. 16., 타법개정]
    - 시행규칙 선박직원법 시행규칙 [시행 2023. 10. 30.] [해양수산부령 제629호, 2023. 10. 30., 일부개정]
      - 행정규칙
        - 고시 지정교육기관기준 [시행 2024. 5. 17.] [고시 제2024-54호, 2024. 5. 17., 일부개정]
        - 고시 해기품질기준 [시행 2016. 12. 30.] [고시 제2016-233호, 2016. 12. 30., 일부개정]
    - 행정규칙
      - 훈령 선원업무 처리지침 [시행 2022. 2. 4.] [훈령 제2022-21호, 2022. 2. 4., 타법개정]
      - 고시 상선해기사 승선실습프로그램 [시행 2016. 12. 30.] [고시 제2016-230호, 2016. 12. 30., 일부개정]
      - 고시 어선해기사 승선실습프로그램 [시행 2016. 12. 30.] [고시 제2016-231호, 2016. 12. 30., 일부개정]
      - 고시 해기사시험과목 내용별 출제비율 [시행 2017. 1. 1.] [고시 제2016-199호, 2016. 12. 23., 일부개정]
      - 고시 훈련기록부에 관한 규정 [시행 2016. 6. 21.] [고시 제2016-75호, 2016. 6. 21., 일부개정]
  - 행정규칙
    - 고시 현장승선실습 운영지침 [시행 2023. 9. 19.] [고시 제2023-143호, 2023. 9. 19., 일부개정]
    - 고시 현장승선실습 표준협약서 [시행 2020. 8. 19.] [고시 제2020-128호, 2020. 8. 19., 제정]

〈그림 12〉 선박직원법 법령체계도

3. 적용범위

법 제3조(적용 범위) ① 이 법은 한국선박 및 그 선박소유자, 한국선박에 승무하는 선박직원에 대하여 적용한다. 다만, 이 법에 특별한 규정이 있는 경우에는 외국선박 및 그 선박소유자, 외국선박에 승무하는 선박직원에 대하여도 적용한다.

② 이 법에서 선박소유자에 관한 규정은 선박을 공유하여 선박관리인을 둔 경우에는 선박관리인에게 적용하고, 선박임대차의 경우에는 선박차용인에게 적용한다.

③ 국내의 조선소에서 건조 또는 개조되는 선박을 진수(進水) 시부터 인도 시까지 시운전하는 경우에는 제11조 및 제13조부터 제15조까지의 규정만 적용한다.

1) 한국선박에 적용

여기서 선박과 한국선박에 대하여 아래와 같이 정의하고 있다.

따라서 선박직원법은 한국선박으로서 다음의 ①부터 ⑤까지에 해당하는 선박에 적용한다.

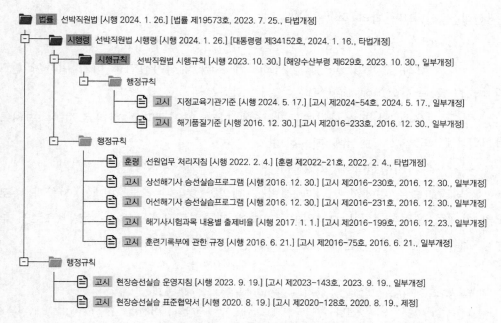

먼저 ① 총톤수 5톤 이상인 선박으로서 선박안전법에서 규정하고 있는 선박

과 어선법에서 규정하고 있는 어선에 적용한다.

다만 총톤수 5톤 미만 선박 중 다음과 같이 여객 또는 승객을 태우고 운항하는 선박은 선박직원법의 적용을 받는다.

– ② 여객 정원이 13명 이상인 선박, 즉 여객선에 적용한다.

– ③「낚시 관리 및 육성법」제25조에 따라 낚시어선업을 하기 위하여 신고된 어선, 즉 낚시어선에 적용한다.

– ④「유선 및 도선사업법」제3조에 따라 영업구역을 바다로 하여 면허를 받거나 신고된 유선·도선에 적용한다.

– ⑤ 수면비행선박에 적용한다.

선박직원법은 위에서 언급한 선박을 제외한 총톤수 5톤 미만인 선박과 주로 노와 삿대로 운전하는 선박, 그리고 그 밖에 대통령령으로 정하는 선박[1]으로서 부선과 계류된 선박 중 총톤수 500톤 미만인 선박에 적용하지 않는다.

법 제2조(정의) 이 법에서 사용하는 용어의 뜻은 다음 각 호와 같다.

1. "선박"이란「선박안전법」제2조 제1호[2]에 따른 선박과「어선법」제2조 제1호[3]에 따른 어선을 말한다. 다만, 다음 각 목의 어느 하나에 해당하는 선박은 제외한다.
   가. 총톤수 5톤 미만의 선박. 다만, 총톤수 5톤 미만의 선박이라 하더라도 다음의 어느 하나에 해당하는 선박에 대하여는 이 법을 적용한다.
   1) 여객 정원이 13명 이상인 선박

---

1) 선박직원법 시행령 제3조(선박의 범위)「선박직원법」(이하 "법"이라 한다) 제2조 제1호 다목에서 "대통령령으로 정하는 선박"이란 다음 각 호의 어느 하나에 해당하는 선박을 말한다.
   1.「선박법」제1조의2 제1항 제3호에 따른 부선
   2. 계류된 선박 중 총톤수 500톤 미만인 선박

2) 선박안전법 제2조(정의)
   1. "선박"이라 함은 수상(水上) 또는 수중(水中)에서 항해용으로 사용하거나 사용될 수 있는 것(선외기를 장착한 것을 포함한다)과 이동식 시추선·수상호텔 등 해양수산부령이 정하는 부유식 해상구조물을 말한다.

3) 어선법 제2조(정의)
   1. "어선"이란 다음 각 목의 어느 하나에 해당하는 선박을 말한다.
   가. 어업(「양식산업발전법」에 따른 양식업을 포함한다. 이하 같다), 어획물운반업 또는 수산물가공업(이하 "수산업"이라 한다)에 종사하는 선박
   나. 수산업에 관한 시험·조사·지도·단속 또는 교습에 종사하는 선박
   다. 제8조 제1항에 따른 건조허가를 받아 건조 중이거나 건조한 선박
   라. 제13조 제1항에 따라 어선의 등록을 한 선박

2) 「낚시 관리 및 육성법」 제25조에 따라 낚시어선업을 하기 위하여 신고된 어선
3) 「유선 및 도선사업법」 제3조에 따라 영업구역을 바다로 하여 면허를 받거나 신고된 유선·도선
4) 수면비행선박
나. 주로 노와 삿대로 운전하는 선박
다. 그 밖에 대통령령으로 정하는 선박
1의2. "한국선박"이란 선박 중 다음 각 목의 어느 하나에 해당하는 선박을 말한다.
가. 국유 또는 공유의 선박
나. 대한민국 국민이 소유하는 선박
다. 대한민국의 법률에 따라 설립된 상사법인(商事法人)이 소유한 선박
라. 대한민국에 주된 사무소를 둔 다목의 상사법인 외의 법인으로서 그 대표자(공동대표자인 경우에는 그 전원)가 대한민국 국민인 경우 그 법인이 소유하는 선박
2. "외국선박"이란 한국선박 외의 선박을 말한다.

2) 시운전 선박에 적용

국내의 조선소에서 건조 또는 개조되는 선박을 진수 시부터 인도 시까지 시운전하는 경우에는 법 제11조 및 제13조부터 제15조까지의 규정만 적용한다. 즉 신조선 또는 개조선은 아직 선박국적증서와 선급검사증서 등을 발급받지 않아 정상적으로 운항할 수 있는 선박이라 할 수 없을 것이나, 시운전 중 선박의 안전운항을 위해 최소한의 선박직원이 승무할 필요성이 있다. 따라서 시운전 선박에 의한 해양사고 방지를 위하여 시운전하는 선박도 이 법의 적용을 받도록 하였다.[4] 이에 따라 선박직원의 최저승무기준에서 "항행구역이 연안수역(어선의 경우에는 제한수역을 말한다)인 시운전선박의 승무기준"을 규정하였다.[5]

3) 인적 범위

선박직원법은 한국선박의 소유자와 한국선박에 승무하는 선박직원에 대하여 적용한다. 현재 한국선박에는 외국인 해기사가 승무자격증을 발급받아 승무하고 있다. 따라서 선박직원법은 한국선박에 승무하고 있는 선박직원에 대하여 내국인 및 외국인을 불문하고 적용하게 된다.

---

4) 선박직원법[법률 제12538호, 2014. 3. 24., 일부개정] 제정·개정이유 참조.
부산해심 재결 제2010-078호(2010. 12. 14.) 참조.
5) 선박직원법 시행령 [별표 3] 선박직원의 최저승무기준 제8호 참조.

4) 외국선박의 일부 적용

선박직원법은, 이 법에서 특별히 규정하고 있는 경우에는, 외국선박 및 그 선박소유자, 외국선박에 승무하는 선박직원에 대하여도 적용한다(법 제3조 제1항).

5) 선박소유자

선박소유자에 관한 규정은 선박 공유의 경우에는 선박 관리인에게, 선박 임대차의 경우에는 선박 차용인에게 적용한다.

6) 준용규정(법 제25조)

법 제25조(준용규정) ① 한국선박을 소유할 수 있는 자가 차용(借用)한 외국선박의 선박직원에 관하여는 이 법을 준용한다.
② 제4조에 따른 면허를 받은 해기사가 외국선박에 승무하는 경우에는 제9조, 제14조, 제15조 및 제22조와 각 해당 조문에 해당하는 벌칙 또는 과태료의 규정을 준용한다.

(1) 국적취득조건부 선체용선 선박에 대한 준용

한국선박을 소유할 수 있는 자가 차용(借用)한 외국선박, 즉 국적취득조건부 선체용선을 한 선박에 승무하는 선박직원에 관하여 선박직원법을 준용한다.[6] 선박은 유엔해양법협약상 기국주의에 따라 기국의 법령을 적용받게 되며, STCW협약도 당사국인 기국에서 발급한 해기사면허 및 승무자격증과 교육훈련 증명서 등에 대하여 효력을 갖는다. 다만, 국적취득조건부 선체용선을 한 선박은 대부분 편의치적선이고, 편의치적선의 해당 기국에서 기국주의를 취하지 않는다면, 해당 선박에는 적용할 법령의 공백이 생길 우려가 있으므로 이 선박들에 승무하는 선박직원에게 우리나라 선박직원법을 준용하도록 규정하였다고 본다.[7]

---

6) 선박직원법은 외국선박 중 국적취득조건부 선체용선 선박에 한정하여 준용하므로 단순나용선한 외국선박에는 적용하지 않는다.

7) 국적취득부 선체용선 선박은 원칙적으로 외국선박에 해당하므로 이 준용규정을 선박직원법의 전반에 걸쳐서 적용하게 될 경우 유엔해양법협약의 기국주의와 STCW협약상 기국의 권리와 충돌하는 문제가 발생하게 된다. 특히 국적취득부 선체용선 선박에 승무하는 선박직원에 소지한 항만국통제절차상 해당 기국에서 발급한 해기사면허나 승무자격증 등만이 점검대상이 되므로 우리나라 정부에서 이 선박들에 승무하는 선박직원에게 발급한 해기사면허나 승무자격증은 아무런 국제법적 효용이 없고 행정력만 낭비되는 결과가 초래된다. 따라서 이 준용규정은 우리나라가 비준한 이들 국제규범의 요건이 반하지 않는 범위와 입법취지 및 행정상 필요에 적합하도록 운용되어야 할 것이다. 즉, 국제규범

(2) 우리나라에서 발급한 해기사면허로 외국선박에 승무하는 선박직원

법 제4조(면허의 직종 및 등급)에 따른 우리나라에서 발급한 해기사면허를 소지한 사람이 외국선박에서 선박직원으로 승무하는 경우에는 제9조(면허취소 등), 제14조(해기사의 승무범위), 제15조(면허증 등의 선내비치) 및 제22조(면허증 등의 부당사용 금지)의 규정과 이 규정들을 위반한 경우에 대한 벌칙 또는 과태료의 규정을 준용한다.

내국인이 선박직원법에 따른 해기사면허(원면허)를 취득하고 외국선박에서 선박직원으로 승무하기 위해서는 해당 외국선박의 기국이 발급한 승무자격증을 소지하고 이를 행사하게 된다. 만약 해당 내국인(국적 해기사)이 외국선박에서 선박직원으로 승무 중 직무상 과실로 해양사고를 발생시켜 인명(人命) 또는 재산에 위험을 초래한 경우에는 법 제9조 제1항 제4호에 해당하게 되므로 해양수산부장관은 원면허를 발급한 주관청으로서 해기사면허(원면허)에 대하여 취소하거나 1년 이내의 기간을 정하여 업무정지를 명하거나 견책(譴責)을 할 수 있다는 것이다. 그리고 해당 외국선박의 기국이 발급한 승무자격증은 원면허에 하자가 생기면 효력을 잃게 된다. STCW협약 및 STCW－F협약에 따라 다른 당사국이 발급한 해기사 자격을 인정하기로 협정을 체결한 국가(이하 “체약국”이라 한다)의 해기사 자격을 가진 사람에 대하여 해양수산부장관으로부터 인정을 받아 승무자격증을 발급을 받은 사람은 해당 체약국에서 해기사 자격을 잃은 때에는 그때부터 승무자격증의 효력을 잃게 된다고 규정하고 있다.[8] 이 규정은 속인주의적 규정으로 국적해기사가 외국선박에 승무하는 경우에 이 규정들의 준수의무와 이 규정들을 위반한 경우 선박직원법의 규정에 따라 처벌을 할 수 있도록 하고 있다.

4. 용어의 정의

앞서 설명하였던 선박, 한국선박 및 외국선박을 제외하고 다음의 용어에 대해 설명한다.

에 따라 기국이 관할권을 가지는 각종 증명서의 발급에 관한 규정을 제외하고, 선박직원의 최저승무기준과 같이 STCW협약에서 규정하지 않은 분야에 대해서만 준용하도록 하여야 할 것이다.

8) 선박직원법 제10조의2 제1항 및 제4항 참조.

법 제2조(정의) 이 법에서 사용하는 용어의 뜻은 다음 각 호와 같다.
2. "외국선박"이란 한국선박 외의 선박을 말한다.
3. "선박직원"이란 해기사(제10조의2에 따라 승무자격인정을 받은 외국의 해기사를 포함한다)로서 선박에서 선장·항해사·기관장·기관사·전자기관사·통신장·통신사·운항장 및 운항사의 직무를 수행하는 사람을 말한다.
4. "해기사"(海技士)란 제4조에 따른 면허를 받은 사람을 말한다.
4의2. "해기사 실습생"이란 해기사 면허를 취득할 목적으로 선박에 승선하여 실습하는 사람을 말한다.
4의3. "지정교육기관"이란 해양수산부령으로 정하는 바에 따라 해양수산부장관의 지정을 받아 선원이 되고자 하는 자 또는 선원에게 교육을 실시하는 대학·전문대학 또는 고등학교(이들에 준하는 각종 학교를 포함한다), 해양경비안전교육원, 「한국해양수산연수원법」에 따른 한국해양수산연수원과 그 밖의 교육기관을 말한다.
5. "자동화선박"이란 대통령령으로 정하는 자동운항설비를 갖춘 선박을 말한다.
6. "승무경력"이란 선박에 승선하여 복무한 경력을 말한다.

1) 선박직원 및 해기사

'해기사'란 법 제4조(면허의 직종 및 등급)에 따른 면허를 받은 사람을 말하고, '선박직원'이란 해기사면허(승무자격증 포함)를 소지한 사람, 즉 해기사가 선박에 승선하여 선장·항해사·기관장·기관사·전자기관사·통신장·통신사·운항장 및 운항사의 직무를 수행하는 사람을 말한다.

따라서 유효한 1급 항해사면허를 소지한 사람은 원양수역을 항행구역으로 하는 총톤수 1,600톤 이상의 선박에서 선장으로 승무할 자격이 있을 뿐 해당 선박의 선장이 아니며, 선박직원에 해당하지 않는다. 선박직원이 되기 위해서는 선박소유자와의 선원근로계약 체결 시 선박에서 선장으로 직무하기로 하고, 선박에 승선하여 선장의 직무를 수행하여야 한다. 통상적으로 선박소유자는 선원과 근로계약을 체결한 후 선원법 제44조에 따라 선박명부를 작성하여 해양항만관청의 공인을 받는다.

2) 자동화선박

자동화선박에 대한 정의는 STCW협약의 1995년 전면개정에서 운항사제도가 도입되면서 이를 국내법에 수용하였으며, 이에 자동화선박은 제1종, 제2종 및 제3종으로 구분하고 있다(시행령 별표 1).

3) 승무경력

'승무경력'이란 선박에 승선하여 복무한 경력을 말하며, 해기사면허의 취득을 위한 요건에 해당한다. 승무경력은 원칙적으로 선박에 승선한 날부터 하선한 날까지의 기간으로 산정되며, 지방해양항만관청, 한국해양수산연수원장 또는 한국선원복지고용센터 이사장이 전산자료를 근거로 발급하고 있다.

(1) 지정교육기관의 실습기간 중 승무경력 인정

지정교육기관에서 교육과정 중 실습을 이수한 사람에 대하여는 1년의 범위에서 다음 각 호의 구분에 따른 실습기간을 합산하여 해당 승무경력기간에 산입한다.

1. 선박직원법 시행령 별표 1의3에 따라 받으려는 면허에 요구되는 승무경력이 인정되는 규모 이상의 선박(실습선을 포함한다)에서 10일 이상 계속하여 실습을 한 경우: 해당 실습기간

2. 기관 운전에 관한 훈련을 실시할 수 있는 시설을 갖추었다고 해양수산부장관이 인정하는 조선소 등의 육상실습장에서 계속하여 실습을 한 경우: 6개월 이내의 실습기간

3. 해양수산부장관이 인정하는 선박모의조종장비 또는 선박기관모의조종장비를 이용하여 실습을 한 경우: 2개월 이내의 실습기간

시행령 제2조(정의) 이 영에서 사용하는 용어의 정의는 다음과 같다.

1. "연안수역"이라 함은 다음 각목의 해역을 말한다.
   가. 「선박안전법 시행령」 제2조 제1항 제3호 가목에 따른 평수구역
   나. 「선박안전법 시행령」 제2조 제1항 제3호 나목에 따른 연해구역
   다. 제주도 남단 20마일의 지점으로부터 북위 29도40분과 동경 122도의 교차점에 이르는 선 이북의 해역
2. "원양수역"이라 함은 모든 해역을 말한다.

2의2. "무제한수역"이란 「원양산업발전법」 제2조 제10호에 따른 해외수역을 말한다.

2의3. "제한수역"이란 제2호의2에 따른 무제한수역 외의 수역을 말한다.

3. "상선"이라 함은 제4호의 규정에 의한 어선이 아닌 선박을 말한다.
4. "어선"이란 「어선법」 제2조 제1호에 따른 어선(국내항과 외국항간을 또는 외국항간을 운항하면서 어획물운반업에 종사하는 선박을 제외한다)을 말한다.
5. "소형선박"이라 함은 총톤수 25톤미만의 선박을 말한다.

6. “함정”이라 함은 군용 선박 및 경찰용 선박을 말한다.
7. 삭제 <2020. 8. 11.>
8. “졸업예정자”라 함은 지정교육기관에서 관계법령의 규정에 의한 수업연한의 최종학년에 재학중인 자를 말한다.
9. “이수예정자”라 함은 지정교육기관에 설치한 전교육과정 · 학년별 또는 과정별 교육기간의 100분의 80 이상을 이수한 자를 말한다.
10. “주기관(主機關) 추진력”이란 선박의 모든 주 기관의 총 최대연속정격출력을 말한다.

4) 연안수역 및 원양수역과 제한수역 및 무제한수역

선박직원법상 선박직원의 최저승무기준은 어선 외 선박의 항행구역을 연안수역과 원양수역으로, 어선의 항행구역을 제한수역과 무제한수역으로 각각 구분하여 규정하고 있다.

(1) 연안수역 및 원양수역

연안수역은 선박안전법상 평수구역 및 연해구역과 일부 근해구역의 해역이 이에 해당하며, 다음 각목의 해역을 말한다.

가. 선박안전법시행령 제2조 제2호의 규정에 의한 평수구역

나. 선박안전법시행령 제20조 제2호의 규정에 의한 연해구역

다. 제주도 남단 20마일의 점으로부터 북위 29도40분과 동경 122도의 교차점에 이르는 선 이북의 해역

그리고 원양수역은 연안수역을 포함한 모든 해역을 말하며, 선박안전법상 원양구역과 동일하다.

(2) 무제한 수역과 제한 수역

「어선 선원의 훈련 · 자격증명 및 당직근무의 기준에 관한 국제협약」(STCW－F 협약)에서 어선에 승무하는 선박직원의 승무경력 산정 및 어선의 선박직원 승무기준 등의 기준이 되는 어선의 규모는 어선의 길이를 기준으로, 어선의 항행구역은 일반 선박과 구분되는 무제한수역 또는 제한수역으로 구분하여 정하도록 함에 따라, 이를 반영하여 어선의 선박직원 승무기준을 제한수역과 무제한수역을 항행하는 어선으로 구분하고, 길이가 24미터 미만의 어선, 24미터 이상 45미터 미만인

어선, 45미터 이상인 어선 등을 구분하여 정하였다.[9] 이에 따라 '무제한수역'과 '제한수역'에 대하여 다음과 같이 정의하였다.

'무제한수역'이란 「원양산업발전법」 제2조 제10호에 따른 해외수역을 말하고, '제한수역'이란 무제한수역 외의 수역을 말한다고 규정하였다. 즉 무제한수역은 원양수역과 동일하며, 제한수역은 연안수역과 유사하다.

5) 상선과 어선

어선의 정의는 STCW－F협약에 따른 어선에 승무하는 선박직원의 승무경력 산정 및 어선의 선박직원 승무기준 등의 규정과 함께 신설되었고, 어선이 아닌 선박을 상선을 정의하였다.

6) 소형선박

소형선박은 2005년 9월 30일 선박이 대형화하는 추세에 맞추어 소형선박의 기준톤수를 총톤수 30톤에서 25톤으로 하향 조정하였으며, 3년이 경과한 2008년 10월 1일 시행 예정이었다. 즉 총톤수 25톤 이상 30톤 미만의 선박은 기존 소형선박조종사면허를 소지한 선장만 승무하면 되었으나, 개정 규정에 따라 선장(6급 항해사면허) 및 기관장(6급 기관사면허)이 승무하여야 했다. 그러나 시행일자(2008. 10. 1.)가 다가오자 대부분 상위면허를 취득하지 못하여 무자격자에 의해 운항하는 문제점이 발생되었다. 이에 '개정 규정의 시행(208. 10. 1.) 당시 총톤수 30톤 미만의 소형선박에 해당하는 선박에 대하여는 개정 규정에 따른 소형선박으로 본다.'라고 하였다.

따라서 현행 선박직원법상 소형선박은 총톤수 25톤 미만의 선박을 말하나, 2008년 10월 1일 당시 건조되어 운항하고 있던 선박의 경우에는 총톤수 30톤 미만의 선박이 소형선박에 해당한다.

9) 선박직원법 시행령 [2015. 3. 24., 일부개정, 시행 2015. 3. 25.] 제정 · 개정이유.

제2절 해기사의 자격과 면허 등

Ⅰ. 해기사의 면허

1. 면허의 직종 및 등급

1) 면허의 직종 및 등급(법 제4조)

선박직원이 되려는 사람은 해양수산부장관의 해기사 면허를 받아야 한다.

(1) 면허의 직종과 등급

해기사면허는 항해사, 기관사, 전자기관사, 통신사, 운항사, 수면비행선박 조종사 및 소형선박 조종사 등 7개 직종으로 구분하고 있다.

그리고 각 직종별로 항해사 및 기관사는 1급에서 6급, 통신사는 1급에서 4급(전파전자급과 전파통신급), 운항사는 1급에서 4급, 수면비행선박 조종사는 중형과 소형으로 등급을 나누고 있으며, 동일 직종별 면허의 상하 등급은 1급이 상위 등급이고, 6급이 하위 등급에 해당한다.

(2) 운항사

운항사는 대통령령으로 정하는 전문분야별로 해당 등급과 같은 등급의 항해사(한정면허의 경우에는 상선에 한정된 면허만 해당한다) 또는 기관사로 본다. 대통령령에서 운항사면허의 전문분야는 항해전문과 기관전문으로 구분하고 있다.

(3) 소형선박 조종사

소형선박 조종사는 6급 항해사 또는 6급 기관사의 하위등급의 해기사로 본다.

2) 한정면허 (시행령 제4조)

해기사면허는 직종과 등급으로 구분하고 있으며, 해양수산부장관은 다음의 경우 대통령령으로 정하는 바에 따라 선박의 종류, 항행구역 등에 따라 한정면허를 할 수 있다.

(1) 상선면허와 어선면허

1급부터 6급까지의 항해사면허. 다만, 항해선(「선원법」 제2조 제8호에 따른 항해선을 말한다. 이하 같다)에 승무하는 경우에 한정한다.

(2) 5급 이하 기관사면허의 한정

① 5급·6급의 기관사면허(시행령 제16조 제5항 또는 제6항[10]에 따라 취득하는 면허로 한정한다) 즉 한국해양수산연수원 및 평생교육시설에서 이수한 5급 이하 기관사면허와 해양경찰교육원 및 해군교육사령부에서 이수한 5급 기관사면허에 대하여는 상선 또는 어선 교육과정에 따라 한정한다.

② 6급의 기관사면허(다음의 어느 하나에 해당하는 승무경력으로 취득하는 기관사면허로 한정한다)

– 주기관 추진력이 500킬로와트 이상인 선박에서 1년 이상 승선한 승무경력

– 주기관 추진력이 150킬로와트 이상 500킬로와트 미만인 선박에서 2년 이상 승선한 승무경력

③ 다만, 위와 같이 발급받은 상선면허 또는 어선면허는 해당 한정면허를 소지한 사람이 해당 선박에서 실제 승무하는 1년의 기간 동안 유효하며, 그 이후에는 선박의 종류별 승무 제한이 없는 면허를 받은 것으로 보고 해당 한정면허를 소지한 사람은 해양수산부령으로 정하는 바에 따라 면허증 기재사항의 변경을 신청해야 한다.

---

10) 선박직원법 시행령 제16조(지정교육기관의 교육과정 이수자 등에 대한 특례)

⑤ 다음 각 호의 어느 하나에 해당하는 지정교육기관에서 해양수산부장관이 인정하는 5급 이하의 해기사 양성교육과정을 이수한 사람은 별표 1의3에도 불구하고 해당 교육과정과 같은 직종 5급 이하의 항해사 또는 기관사의 면허취득 및 시험응시를 위한 승무경력이 있는 것으로 본다.

1. 한국해양수산연수원

2. 「평생교육법」 제30조 제1항에 따른 학교 부설 평생교육시설

⑥ 다음 각 호의 어느 하나에 해당하는 지정교육기관에서 해양수산부장관이 인정하는 5급의 해기사 양성교육과정을 이수한 사람은 별표 1의3에도 불구하고 해당 교육과정과 같은 직종 5급의 항해사 또는 기관사의 면허취득 및 시험응시를 위한 승무경력이 있는 것으로 본다.

1. 해양경찰교육원

2. 해군교육사령부

(3) 특수한 선박 또는 항행구역에 따른 면허의 한정

다음과 같이 특수한 용도로 사용되는 선박이나 호수 및 하천 등 특정수역을 항행하는 선박에 대하여 면허를 한정할 수 있다.

가. 5급·6급의 항해사면허 또는 기관사면허에 대하여 해저자원굴착선·해양자원탐사선·준설선 등 특수한 용도에 사용되는 선박으로 한정하여 승무하도록 하는 특수선박면허

나. 5급·6급의 항해사면허 또는 기관사면허에 대하여 호수·하천 또는 국제통신이 필요하지 아니하는 국내항 등 특정 수역만을 운항하는 선박으로 한정하여 승무하도록 하는 특정수역면허

(4) 6급의 항해사면허 또는 기관사면허에 대하여 「수상레저안전법」에 따른 동력수상레저기구 중 총톤수 55톤 미만의 모터보트 또는 동력요트에 한정하여 승무하도록 하는 모터보트·동력요트면허

(5) 전자기관사면허에 대하여 이동식 시추선에 한정하여 승무하도록 하는 이동식 시추선면허

(6) 수상레저안전법에 의한 동력수상레저기구조종면허 소지자에게 교부되는 소형선박조종사면허

가. 요트에 한하여 승무토록 한정하는 요트면허

나. 일반 동력수상레저기구에 한하여 승무토록 한정하는 요트를 제외한 동력수상레저기구면허

(7) 수면비행선박 조종사면허에 대하여 표면효과(WIG: Wing In Ground Effect)가 발생하는 높이(수면비행선박 주 날개의 종방향 평균폭을 말한다) 이하에서만 운항하는 선박으로 한정하여 승무하도록 하는 표면효과전용선면허

(8) 소형 수면비행선박 조종사면허에 대하여 자가운전 등 비사업용으로 한정하여 승무하도록 하는 비사업용조종사면허

2. 면허의 요건 등

1) 해기사면허의 요건(법 제5조)

해양수산부장관은 다음 각 호의 요건을 갖춘 사람에 대하여 해기사 면허증(이하 "면허증"이라 한다)을 발급한다. 다만, 발급일을 기준으로 제6조 각 호의 결격사유에 해당하지 아니하여야 한다.

(1) 해기사시험에 합격하고, 그날로부터 3년이 경과하지 아니할 것

(2) 등급별 면허의 승무경력 또는 「수상레저안전법」에 따른 조종면허 등 승무경력으로 볼 수 있는 대통령령으로 정하는 자격·경력[11]이 있을 것

(3) 선원법에 의하여 승무에 적당하다는 건강상태가 확인될 것

(4) 등급별 면허에 필요한 교육·훈련을 이수할 것

(5) 통신사 면허의 경우에는 「전파법」 제70조에 따른 무선종사자의 자격이 있을 것

2) 결격사유(법 제6조)

해양수산부장관은 다음 각 호의 어느 하나에 해당하는 사람에 대하여 해기사 면허를 발급하여서는 아니 된다. 즉 다음에 해당하는 사람은 해기사가 될 수 없다.

(1) 18세 미만인 사람

(2) 면허가 취소된 날부터 2년(「수산업법」 제68조 제1항에 따라 면허가 취소된 경우에는 1년)이 지나지 아니한 사람

3) 자료의 보관 및 이용(법 제5조의2)

해양수산부장관은 해양수산부령으로 정하는 바에 따라 면허의 발급·갱신·취소 등에 관한 자료를 유지·관리하고 「선원의 훈련·자격증명 및 당직근무의 기준에 관한 국제협약」 또는 「어선 선원의 훈련·자격증명 및 당직근무의 기준에 관한 국제협약」의 당사국 및 선박소유자가 그 자료를 이용할 수 있도록 통보 등 필요한 조치를 하여야 한다.

---

11) 시행령 제5조의2(면허를 위한 승무경력) 법 제5조의 규정에 의한 직종 및 등급별 면허를 위한 승무경력(외국선박의 승무경력을 포함한다. 이하 같다)은 별표1의3과 같다.

4) 부정행위자에 대한 제재(법 제5조의3)

해양수산부장관은 해기사 시험에서 부정한 행위를 한 응시자에 대하여는 해당 시험을 정지시키거나 합격결정을 취소하고, 그 정황에 따라 처분을 한 날부터 2년 이내의 기간을 정하여 이 법에 따른 시험의 응시자격을 정지할 수 있다.

부정한 행위의 유형 등에 대하여는 법 시행령 제19조에서 정하고 있다.

3. 면허증의 발급 및 비치 등

1) 면허증의 발급(법 제5조)

(1) 해양수산부장관은 면허의 요건을 충족한 사람에 대하여 해양수산부령으로 정하는 바에 따라 해기사 면허증을 발급하여야 한다.

(2) 해기사는 다음 각 호의 어느 하나에 해당할 때에는 해양수산부령으로 정하는 바에 따라 면허증의 재발급 또는 기재사항의 변경을 신청할 수 있다.

① 면허증을 잃어버렸을 때

② 면허증이 헐어 못쓰게 되었을 때

③ 면허증의 기재사항이 변경되었을 때

2) 면허증의 선내비치 의무(법 제15조)

해기사가 선박직원으로 승무를 하는 때에는 그 선박 안에 면허증을 비치해야 한다.

4. 면허의 갱신(법 제7조)

1) 면허의 유효기간 등

면허의 유효기간은 5년이다. 면허의 갱신을 받지 아니하고 면허의 유효기간이 지나면 면허의 유효기간이 끝나는 날의 다음 날부터 면허의 효력이 정지된다.

2) 신청기간

(1) 면허를 받은 사람으로서 그 면허의 효력을 계속 유지시키려는 사람이 면허의 갱신을 신청하려는 경우: 면허의 유효기간 만료일 1년 이전부터 유효기간 만료일 전까지 하여야 한다. 다만, 면허의 유효기간 만료일 1년 이전부터 유효기간

만료일 전까지의 기간에 장기승선 또는 해외체류 등으로 우리나라 이외의 지역에 체재할 것으로 예상되는 경우에는 면허의 유효기간 만료일 1년 전에 면허의 갱신을 신청할 수 있다.

(2) 면허의 유효기간이 지나서 면허의 효력이 정지된 경우: 면허의 효력을 되살리려는 사람은 면허갱신교육을 받아야 하며, 면허갱신교육을 이수한 날(교육기간이 종료된 날)부터 1년 이내에 면허의 갱신을 신청하여야 한다.

3) 면허의 갱신요건(법 제7조 제3항)

(1) 면허 갱신 신청일 전부터 5년 이내에 선박직원으로 1년 이상 승무한 경력이 있거나 대통령령으로 정하는 바에 따라 이와 동등한 수준 이상의 능력이 있다고 인정되는 경우

시행령 제20조(면허의 갱신) 법 제7조 제3항 제1호에서 "대통령령으로 정하는 바에 따라 이와 동등한 수준 이상의 능력이 있다고 인정되는 경우"란 다음 각 호의 어느 하나에 해당하는 경우를 말한다.

1. 면허 갱신 신청일 전날부터 5년 이내에 외국선박 또는 함정에서 선박직원 또는 그 면허에 적합한 직무로 1년 이상 승무한 경력이 있는 경우
2. 면허 갱신 신청일 전날부터 5년 이내에 선박(함정을 포함한다)에서 선박직원이 아닌 자격으로 2년 이상 승무한 경력이 있는 경우
3. 면허 갱신 신청일 전날부터 6개월 이내에 외국선박(어선을 제외한다) 또는 함정에서 선박직원 또는 그 면허에 적합한 직무로 3개월 이상 승무한 경력이 있는 경우(면허 갱신 신청일을 기준으로 면허의 유효기간이 지나지 아니하는 경우에 한정한다)
4. 다음 각 목의 어느 하나에 해당하는 직무에 3년 이상 종사한 경력이 있는 경우

가. 「도선법」 제2조 제2호에 따른 도선사
나. 「선박안전법」 제76조에 따른 선박검사관 또는 같은 법 제77조 제1항에 따른 선박검사원
다. 「해양사고의 조사 및 심판에 관한 법률」 제9조의2에 따른 심판관, 같은 법 제16조에 따른 수석조사관 또는 조사관
라. 「해운법」 제22조에 따른 운항관리자
마. 「해상교통안전법」 제60조 제2항에 따른 해사안전감독관
바. 지정교육기관에서 선박의 운항 또는 기관의 운전에 관한 교육을 담당하는 전임교원
사. 그 밖에 가목부터 바목까지의 규정에 따른 사람이 종사하는 직무와 유사한 직무로서 해양수산부장관이 지정하는 직무에 종사하는 사람

(2) 면허의 유효기간이 지나지 아니하고 면허 갱신 신청일 직전 6개월 이내에 선박직원으로 3개월 이상 승무한 경력이 있는 경우. 다만, 「어선법」 제2조 제1호에 따른 어선에 승무한 경력은 제외한다.

(3) 면허갱신교육을 받은 경우

4) 갱신면허의 유효기간(시행규칙 제18조 제5항)

갱신되는 면허의 유효기간은 다음 각 호의 구분에 따른다. 다만, 동력수상레저기구조종면허를 가지고 있는 사람이 소형선박 조종사면허를 갱신하는 경우 그 면허의 유효기간은 해당 동력수상레저기구조종면허의 유효기간으로 하되, 그 유효기간은 5년을 초과할 수 없다.

(1) 종전 면허의 유효기간 만료일 6개월 이전부터 유효기간 만료일 전까지 갱신을 신청한 경우: 종전 면허의 유효기간 만료일부터 5년

(2) 제1호 외의 경우: 갱신되는 날부터 5년

5) 면허갱신 신청절차 등(시행규칙 제18조)

(1) 법 제7조 제2항에 따라 면허를 갱신하려는 사람은 별지 제11호서식의 해기사면허증 갱신 신청서에 다음 각 호의 서류를 첨부하여 지방해양수산청장에게 제출해야 한다.

① 면허증. 다만, 선박에 승무 중인 사람은 승무 중임을 증명하는 서류를 말한다.

② 해기사면허의갱신요건을 갖추었음을 증명하는 서류(법 제7조 제3항 제1호, 제1호의2 또는 제2호의 규정에 해당함을 증명하는 서류). 다만, 지방해양수산청장이 선원수첩 또는 행정정보의 공동이용 등으로 교육이수 상황 또는 승무경력을 직접 확인할 수 있는 경우에는 해당 서류를 제출하지 아니할 수 있다.

③ 영 별표 1의3 제3호에 따른 자격을 증명하는 서류(통신사면허를 갱신하고자 하는 사람에 한정한다)

④ 「선원법」 제87조에 따른 건강진단서. 다만, 다음 각 목의 구분에 따른 서류로 갈음할 수 있다.

가. 선박에 승무 중인 사람: 선박소유자가 발급한 신청인이 승무 중임을 증명하는 서류

나.「선원법 시행규칙」제53조에 따른 건강진단을 받고 그 유효기간 내에 있는 사람: 선원수첩

다. 소형선박 조종사면허를 갱신하려는 사람:「국민건강보험법」제52조에 따른 건강검진 결과통보서 및 색각검사 결과

라. 선박직원으로 승무하지 않는 사람:「국민건강보험법」제52조에 따른 건강검진 결과통보서 및 색각검사 결과

⑤ 사진 1매(최근 6월 이내에 촬영한 가로 3.5센티미터, 세로 4.5센티미터의 것)

(2)「수상레저안전법」에 따른 동력수상레저기구조종면허 소지자는 별지 제11호서식의 해기사면허증 갱신신청서에 제14조 제3항 각 호의 서류[12)]를 첨부하여 지방해양수산청장에게 제출하여야 한다.

(3) 면허갱신 신청서를 받은 지방해양수산청장은「전자정부법」제36조 제1항에 따른 행정정보의 공동이용을 통하여 선원승선신고사실확인서를 확인하여야 한다. 다만, 신청인이 확인에 동의하지 아니하는 경우에는 신청인이 직접 해당 서류를 첨부하여야 한다.

5. 외국의 해기사 자격을 가진 사람에 대한 특례

STCW협약에서는 주관청으로 하여금 협약의 체약국이 발급한 해기사면허증과 선장 및 해기사에게 발급하는 탱커기초교육 및 탱커직무교육 적임증명서에 대하여 승무자격증을 발급하도록 규정하고 있다.[13)]

우리나라는 외국인 해기사를 국제항해에 종사하는 한국선박의 선박직원으로 승무시키도록 함으로써 다음과 같이 규정하였다.

(1)「선원의 훈련 · 자격증명 및 당직근무의 기준에 관한 국제협약」또는「어

12) ③「수상레저안전법」에 따른 동력수상레저기구조종면허 소지자는 별지 제7호서식의 해기사면허증 발급(재발급) 신청서에 다음 각 호의 서류를 첨부하여 지방해양수산청장에게 제출하여야 한다.
1. 동력수상레저기구조종면허증 사본 1매
2. 사진 1매(최근 6개월 이내에 촬영한 가로 3.5센티미터, 세로 4.5센티미터의 것).

13) STCW협약 규정(Regulation) 제 I /2조 증명서와 승무자격증
1. 해기사면허증은 일체의 필요한 증빙서류의 진위성 및 유효기간을 검증한 후 주관청에 의해서만 발급될 수 있다.
2. 규정 제 V/1－1조와 제 V/1－2조에 따라서 선장과 해기사에게 발급되는 증서는 주관청에 의해서만 발급될 수 있다.

선 선원의 훈련·자격증명 및 당직근무의 기준에 관한 국제협약」에 따라 다른 당사국이 발급한 해기사 자격을 인정하기로 협정을 체결한 국가(이하 "체약국"이라 한다)의 해기사 자격을 가진 사람으로서 해양수산부장관의 인정을 받은 사람은 제4조 제1항에도 불구하고 국제항해에 종사하는 한국선박의 선박직원이 될 수 있다.

(2) 해양수산부장관은 제1항에 따른 인정을 받으려는 사람이 제11조에 따른 승무기준에 맞는 자격을 가졌다고 인정하면 해당 체약국의 해기사 면허증에 승무할 수 있는 것으로 되어 있는 선박 및 그 선박에서 수행할 수 있는 직무의 범위에서 선박직원으로서 승무할 수 있는 선박 및 그 선박에서의 직무 범위를 정하여 이를 인정(이하 "승무자격인정"이라 한다)하고, 승무자격증을 발급할 수 있다.

(3) 승무자격인정의 신청 및 승무자격증의 발급에 필요한 사항은 대통령령으로 정한다.

(4) 승무자격인정의 유효기간은 5년으로 한다. 다만, 해당 체약국에서 해기사 자격을 잃은 때에는 그때부터 효력을 잃는다.

(5) 승무자격인정 및 승무자격증에 대하여는 제5조 제4항, 제5조의2, 제6조, 제9조 및 제10조를 각각 준용한다. 이 경우 "해기사"는 "승무자격인정을 받은 사람"으로, "면허"는 "승무자격인정"으로, "면허증"은 "승무자격증"으로 본다.

6. 면허의 실효·정지·취소

1) 면허의 실효

(1) 상급자격의 면허를 받은 때의 그 하급자격의 면허. 다만, 한정되지 아니한 면허를 받은 자가 그 상급자격의 한정된 면허를 받은 때에는 그러하지 아니하다.

(2) 소형선박조종사가 6급 항해사 또는 6급 기관사 중 하나의 면허를 받으면 소형선박조종사 면허는 상실되지 아니한다.

(3) 「전파법」 제70조에 따른 무선종사자의 자격을 잃었을 때의 통신사 면허

2) 면허의 정지

면허 갱신을 받지 아니하고 면허의 유효기간이 지나면 면허의 유효기간이 끝나는 날의 다음 날부터 면허의 효력이 정지된다.

3) **면허의 취소**(법 제9조)

(1) 해양수산부장관은 해기사가 다음 각 호의 어느 하나에 해당할 경우에는 면허를 취소하거나 1년 이내의 기간을 정하여 업무정지를 명하거나 견책(譴責)을 할 수 있다. 다만, 해당 사유와 관련된 해양사고에 대하여 해양안전심판원이 심판을 시작하였을 때에는 그러하지 아니하다.

① 승무기준[14]을 위반하여 승무한 때

② 선박직원으로 승무하는 때에 면허증 또는 승무자격증을 제출하지 않거나 이를 선박 안에 비치하지 아니한 때[15]

③ 면허증 또는 승무자격증을 다른 사람에게 대여하거나 부당하게 행사한 때[16]

④ 선박직원으로 직무를 수행함에 있어 비행이 있거나 인명 또는 재산에 위험을 초래하거나 해양환경보전에 장해를 미치는 행위를 한 때

⑤ 업무의 정지처분을 받고 통지를 받은 날로부터 30일 이내에 면허증을 제출하지 아니한 때

⑥ 업무정지 기간 중에 승무한 때

⑦「수상레저안전법」 제17조 제1항에 따라 동력수상레저기구 조종면허가 취소되거나 그 효력이 정지된 경우(이 법 시행령 제4조 제1항 제3호의2 및 제4호에 따른 한정면허를 발급받은 경우로 한정한다)

(2) 해양수산부장관은 해기사가 다음 각 호의 어느 하나에 해당하는 경우에는 그 면허를 취소하여야 한다.

① 거짓이나 그 밖의 부정한 방법으로 면허를 받은 경우

② 선상 근무 중 다른 선원을 대상으로「형법」 제250조, 제252조부터 제255조까지, 제257조, 제258조, 제258조의2, 제259조부터 제262조까지, 제289조부터 제292조까지, 제297조, 제297조의2, 제298조부터 제301조까지, 제301조의2, 제302조부터 제305조까지, 제305조의2, 제305조의3에 규정된 죄를 범하여 징역 이

---

14) 법 제14조(해기사의 승무 범위) 선박직원으로 승무하는 해기사는 제13조에 따라 허가를 받은 경우를 제외하고는 제11조에 따른 승무기준에 따라 승무하여야 한다.

15) 법 제15조(면허증 등의 비치) 해기사가 선박직원으로 승무할 때에는 면허증이나 승무자격증을 선장에게 제출하여야 하며, 선장은 이를 선박에 갖추어 두어야 한다.

16) 법 제22조(면허증 등의 부당사용 금지) ① 해기사 또는 제10조의2에 따라 승무자격인정을 받은 사람은 면허증이나 승무자격증을 다른 사람에게 대여하거나 부당하게 사용하여서는 아니 된다.

상의 형을 선고받고 그 형이 확정된 경우

③ 선상 근무 중 다른 선원을 대상으로「성폭력범죄의 처벌 등에 관한 특례법」제10조, 제14조, 제14조의3, 제15조(제14조 및 제14조의3의 미수범으로 한정한다)에 규정된 죄를 범하여 징역 이상의 형을 선고받고 그 형이 확정된 경우

「형법」제38조에도 불구하고 위 ②항 및 ③항(제9조 제2항 제2호 및 제3호)에 해당하는 죄와 다른 죄의 경합범(競合犯)에 대하여 징역형을 선고하는 경우에는 이를 분리하여 선고하여야 한다(법 제6조의2).

(3) 해양수산부장관은 해기사가「해상교통안전법」제42조 제1호 또는 제2호에 해당하여 해양경찰청장이 요청하는 경우에는 다음 각 호에 따라 처분하여야 한다. 다만, 해당 사유와 관련된 해양사고에 대하여 해양안전심판원이 심판을 시작하였을 때에는 그러하지 아니한다.

① 혈중알코올농도가 0.03퍼센트 이상 0.08퍼센트 미만인 경우

가. 1차 위반: 업무정지 6개월

나. 2차 위반 또는 사람을 죽게 하거나 다치게 한 경우: 면허취소

② 혈중알코올농도가 0.08퍼센트 이상인 경우: 면허취소

③ 측정요구에 따르지 아니한 경우: 면허취소

(4) 해양수산부장관은 해기사가「국제항해선박 등에 대한 해적행위 피해예방에 관한 법률」제11조의2 제1항 또는 제2항의 조치를 이행하지 아니하여 벌금 이상의 형을 선고받고 그 형이 확정된 경우에는 면허를 취소하여야 한다.

(5) 해양수산부장관은 제1항부터 제4항까지의 규정에 따라 면허취소, 업무정지처분 또는 견책을 할 때에는 해양수산부령으로 정하는 바에 따라 그 처분 내용을 해당 해기사에게 통지하여야 한다. 이 경우 해양수산부장관은 그 해기사가 선박직원으로 승무 중일 때에는 선박소유자에게도 통지하여야 한다.

(6) 면허의 취소 또는 업무의 정지처분의 통지를 받은 해기사는 그 통지를 받은 날로부터 30일 이내에 면허증을 해양수산부장관에게 제출해야 하며, 업무의 정지처분이 종료한 때에는 면허증을 그 해기사에게 반환해야 한다.

(7) 업무정지기간은 해양수산부장관이 면허증을 제출받은 날부터 기산(起算)한다.

(8) 행정처분의 세부 기준은 그 위반행위의 유형과 위반의 정도 등을 고려하

여 해양수산부령으로 정한다(행정처분의 기준은 시행규칙 별표 2 참조).

4) 청 문

해양수산부장관은 면허를 취소하려면 청문을 하여야 한다(법 제10조).

Ⅱ. 해기사 시험

1. 해기사 시험의 응시요건

법 제5조(면허의 요건) ① 해양수산부장관은 다음 각 호의 요건을 갖춘 사람이 해기사 면허증(이하 "면허증"이라 한다) 발급일을 기준으로 제6조 각 호의 결격사유에 해당하지 아니하는 경우 면허를 한다.

1. 해양수산부장관이 시행하는 해기사 시험에 합격하고, 그 합격한 날부터 3년이 지나지 아니할 것
2. 등급별 면허의 승무경력 또는 「수상레저안전법」에 따른 조종면허 등 승무경력으로 볼 수 있는 것으로서 대통령령으로 정하는 자격·경력이 있을 것
3. 「선원법」에 따라 승무에 적당한 건강상태가 확인될 것
4. 등급별 면허에 필요한 교육·훈련을 이수할 것
5. 통신사 면허의 경우에는 「전파법」 제70조에 따른 무선종사자의 자격이 있을 것

해기사시험의 응시요건에 대하여는 별도로 규정하고 있지 않다. 다만, 해기사 시험에 합격하고, 그 합격한 날로부터 3년 이내의 기간에 법 제5조 제1항에서 규정하고 있는 면허의 요건을 충족하여야 해기사 면허증을 발급받을 수 있다. 따라서 해기사 시험에 응시하고자 하는 사람은 해기사 면허시험에 합격한 후 3년 이내에 등급별 면허에 필요한 승무경력을 갖추고, 교육훈련을 이수하며, 건강상태 확인증명서를 제출할 수 있는지 여부를 사전에 확인할 필요가 있다.

2. 시험의 시행(시행령 제10조, 시행규칙 제9조)

시험은 해양수산부장관이 해양수산부령이 정하는 바에 의하여 정기시험·임시시험 및 상시시험으로 구분하여 시행한다.

(1) 정기시험: 「한국해양수산연수원법」에 따라 설립된 한국해양수산연수원(이하 "연수원"이라 한다)의 장(이하 "연수원장"이라 한다)은 정기시험의 직종별 등급·시험

일시 · 시험장소 그 밖에 필요한 사항을 매년 1월 10일까지 관보 및 주요 일간지에 게재하여 이를 공고(정보통신망을 통한 공고를 포함한다)한다.

(2) 임시시험: 임시시험은 연수원장이 필요하다고 인정하는 때에 수시로 시행하며, 그 직종별 등급 · 시험일시 · 시험장소 그 밖에 필요한 사항은 시험시행 7일 전까지 연수원 홈페이지에 이를 공고한다.

(3) 상시시험: 연수원장은 상시시험을 시행하려는 경우 그 직종별 등급 · 시험일시 · 시험장소 그 밖에 필요한 사항을 시험시행 15일 전까지 연수원 홈페이지에 공고한다.

3. 시험과목 등

1) 시험과목(시행령 제11조)

(1) 시험과목은 시행령 [별표 2]와 같이 하고, 과목 내용별 출제비율은 해양수산부장관이 정하여 고시한다.

(2) 해양수산부장관은 한국해양수산연수원 양성과정 등에서 5급 및 6급의 기관사면허를 상선면허 및 어선면허로 한정하여 한정면허시험에 응시하는 자에 대하여는 승무하고자 하는 선박의 특성에 적합한 다른 과목으로 변경할 수 있다. 해양수산부장관은 시험과목의 내용을 세부적으로 구분하여 정할 수 있다.

(3) 해양수산부장관은 「국가기술자격법」 등 다른 법령에 의한 자격을 가진 자가 시험에 응시하는 경우에는 면허를 받은 자가 「국가기술자격법」 등 다른 법령에 의한 자격시험에 응시하는 경우에 그 법령의 규정에 의하여 필기시험의 면제를 받는 과목과 같은 필기시험의 해당 과목을 면제할 수 있다.

2) 시험방법

① 항해사 · 기관사 및 운항사의 시험은 필기시험과 면접시험으로 구분한다. 면접시험은 필기시험에 합격한 자 또는 필기시험이 면제된 자에 대하여 실시한다. 다만, 필기시험과 면접시험을 함께 실시하는 경우에는 그러하지 아니하다.

② 통신사의 시험은 면접시험으로 한다.

③ 소형선박조종사의 시험은 필기시험 · 면접시험 또는 실기시험으로 한다.

④ 전자기관사 및 수면비행선박 조종사의 시험은 필기시험으로 한다.

3) 필기시험 또는 면접시험의 면제

(1) 2급항해사 · 2급기관사 또는 2급운항사 이상의 시험 중 필기시험에 합격하고 면접시험에 불합격된 자가 그 필기시험에 합격한 날부터 4년 이내에 같은 직종 같은 등급의 시험에 응시하는 경우에는 필기시험을 면제한다.

(2) 3급항해사 이하, 3급기관사 이하 또는 3급운항사 이하의 면허를 가진 자가 시행령 [별표 1의3]의 규정에 의한 승무경력의 2배 이상의 승무경력이 있고 필기시험 면제교육을 이수한 경우에는 1등급 상위 면허시험 중 필기시험을 면제한다.

(3) 필기시험과목 중 2과목 이상 합격자에 대한 혜택

시험의 합격기준에 미달된 자로서 필기시험과목 중 60점 이상 취득한 과목이 2과목 이상인 자가 2년 내에 같은 직종, 같은 등급의 시험에 응시하는 경우에는 이미 60점 이상 취득한 과목에 대한 필기시험을 면제한다. 다만, 해당 필기시험을 면제받은 사람이 응시원서에 그 과목 면제를 포기한다는 뜻을 기재하고 모든 과목을 다시 응시하는 경우에는 그러하지 아니하다.

(4) 6급 해기사 및 소형선박 조종사에 대한 혜택

6급 항해사 · 6급 기관사 또는 소형선박 조종사의 면허를 받고자 하는 자가 시행령 [별표 1의3]의 규정에 의한 승무경력의 2배 이상의 승무경력이 있는 경우에는 해양수산부령이 정하는 바에 의하여 시행령 [별표 2]의 규정에 의한 시험과목의 전부 또는 일부를 면제할 수 있다.

① 일부 면제되는 필기시험과목은 아래와 같다.

가. 6급 항해사: 항해, 운용 및 전문

나. 6급 기관사: 기관(1) · 기관(2) 및 기관(3)

다. 소형선박 조종사: 항해, 운용 및 기관

따라서 6급 항해사와 소형선박 조종사는 법규 1개 과목만, 6급 기관사는 직무일반 1개 과목만 필시시험에 합격하면 된다.

② 필기시험과목을 전부 면제받는 경우에는 면접시험에 합격하여야 한다.

(5) 면접시험 면제

3급항해사 이하, 3급기관사 이하 및 3급운항사 이하의 면허시험 중 필기시험에 합격한 자에 대하여는 면접시험을 면제한다. 다만, 해양수산부장관이 정하는 바에 따라 영어에 의한 의사소통능력의 평가를 위한 면접시험을 시행할 수 있다.

(6) 전파전자급 또는 전파통신급 4급 통신사면허의 면접시험 면제

항해사 또는 운항사면허를 가지고 전파전자급 또는 전파통신급 4급 통신사면허를 받고자 하는 자가 해양수산부령이 정하는 교육과정(면접시험면제교육)을 이수한 경우에는 면접시험을 면제한다.

(7) 해기사시험의 특례

① 다음의 해기사면허 상실자 또는 취소자가 동일 직종·동일 등급의 해기사면허를 위한 시험에 응시하는 경우에는 면접시험만을 실시한다.

가. 종전 법률에 의하여 해기사면허의 유효기간 만료 전에 면허의 갱신을 하지 아니하여 해기사면허의 효력이 상실된 자

나. 법적 요건의 위반으로 해기사면허가 취소된 날부터 5년(병역법에 의한 병역의무를 마치기 위하여 징집 또는 소집된 경우에는 그 기간을 뺀다)이 경과되지 아니한 자

② 위 제1항에 의한 면접시험에 합격한 자는 시행령 [별표 1의3]의 규정에 의한 면허를 위한 승무경력이 있는 것으로 본다.

4) 시험과목

기관사, 전자기관사, 소형선박 조종사 및 운항사의 시험과목은 다음과 같다.

(1) 기관사

시험과목	과목내용	시험응시대상 면허등급
기관(1)	내연기관	6급 기관사 이상
	외연기관	6급 기관사 이상
	추진장치 및 동력전달장치	6급 기관사 이상
	연료 및 윤활제	6급 기관사 이상
기관(2)	유체기계 및 환경오염방지기기	6급 기관사 이상
	냉동공학 및 공기조화장치	6급 기관사 이상

기계공작법	5급 기관사 이상
		3급 기관사 이하
	열역학 및 열전달	3급 기관사 이상
	기계역학 및 유체역학	3급 기관사 이상
	재료역학 및 금속재료학	3급 기관사 이상
	조선학(5급 기관사의 경우에는 선체구조에 한정한다)	5급 기관사 이상
		2급 기관사 이하
	설계제도	5급 기관사 이상
		3급 기관사 이하
기관(3)	전기공학 및 전기기기	6급 기관사 이상
	전자공학 및 전자회로	6급 기관사 이상
	공업계측 및 전기·전자계측	3급 기관사 이상
	제어공학 및 제어기기	3급 기관사 이상
직무일반	당직근무 및 직무일반	3급 기관사 이하
	선박에 의한 환경오염 방지	3급 기관사 이하
	응급의료	3급 기관사 이하
	비상조치 및 손상제어	6급 기관사 이상
	방화 및 소화 방법	3급 기관사 이하
	해사관계 법령	3급 기관사 이하
	기관관리	2급 기관사 이상
	승무원관리 및 훈련	3급 기관사 이상
	해사관련 국제협약	3급 기관사 이상
	기관영어	5급 기관사(국내항을 운항하는 선박에 승무하는 경우에 한정한다)
영어	기관영어	5급 기관사 이상(국내항을 운항하는 선박에 승무하는 5급 기관사를 제외한다)
	해사영어	3급 기관사 이상

비고

1. 면접시험(영어 과목은 제외한다)은 과목내용과 관련한 실무적 지식과 이해도를 평가한다.

2. 영어 과목의 면접시험은 영어를 통한 의사소통 능력을 평가하되, 과목 내용의 세부 항목과 시험 응시대상 면허등급에 관한 세부 사항은 해양수산부장관이 정하여 고시한다.

3. 전자기관사의 면허를 가진 사람이 3급 기관사 이하의 면허를 얻기 위한 시험에 응시하는 경우에는 기관(3), 직무일반 및 영어 과목의 시험을 면제한다.

(2) 전자기관사

시험과목	과목내용
전자기관(1)	전기공학

	전자기기 전자공학 및 전자회로 공업계측 및 전기 · 전자계측 제어공학 및 제어기기
전자기관(2)	선박자동화 및 선내컴퓨터 네트워크 시스템 전자 분사제어 시스템 전자항해 시스템 무선통신 시스템 갑판기기와 하역기기 제어 시스템 전력변환 시스템
직무일반	당직근무 및 직무일반 선박에 의한 환경오염 방지 응급의료 비상조치 및 손상제어 방화 및 소화 방법 해사관계 법령 승무원관리 및 훈련 해사관련 국제협약
영어	기관영어 해사영어

비고

3급 기관사 또는 3급 운항사(기관전문) 이상의 면허를 가진 사람(3급 기관사 이상 또는 기관전문 3급 운항사 이상의 시험에 합격한 사람을 포함한다)이 전자기관사 시험에 응시하는 경우에는 직무일반 및 영어 과목의 시험을 면제한다.

(3) 소형선박 조종사

가. 소형선박 조종사의 필기시험 및 면접시험

시험과목	과목내용
항해	항해계기 항법 해도 및 항로표지 기상 및 해상 항해계획
운용	선체 · 설비 및 속구 구명설비 및 통신장비 선박조종 일반 황천 시의 조종 비상제어 및 해난방지

기관	내연기관 및 추진장치 보조기기 및 전기장치 기관고장 시의 대책 연료유 수급
법규	「해사안전기본법」 및 「해상교통안전법」 「선박의 입항 및 출항 등에 관한 법률」 「해양환경관리법」

나. 소형선박 조종사의 실기시험

시험과목	과목내용
소형선박의 취급	출항의 준비 및 점검 출항 준비작업 및 계류 결삭(結索) 방위측정
기본조종	안전 확인 발진 · 직진 · 정지 후진 변침(變針) · 선회 및 연속선회
응용조종	인명구조 피항(避航) 이안(移岸) 및 착안(着岸)

(4) 운항사

시험과목	과목내용	시험응시대상면허등급	
		항해전문	기관전문
1. 항해	1. 항해계기	4급 운항사이상	4급 운항사이상
	2. 항로표지	3급 운항사이하	4급 운항사이상
	3. 해도(수로표지를 말한다)	3급 운항사이하	4급 운항사이상
	4. 조선 및 해류	3급 운항사이하	4급 운항사이상
	5. 지문항법	4급 운항사이상	4급 운항사이상
	6. 천문항법	4급 운항사이상	4급 운항사이상
	7. 전파 및 레이다 항법	4급 운항사이상	4급 운항사이상
	8. 항해계획	4급 운항사이상	4급 운항사이상
2. 운용	1. 선박의 구조 및 설비	2급 운항사이하	4급 운항사이상
	2. 선박의 이동 및 조종	4급 운항사이상	4급 운항사이상
	3. 선박의 복원성	4급 운항사이상	4급 운항사이상
	4. 기상 및 해상	4급 운항사이상	4급 운항사이상
	5. 비상조치 및 손상제어	4급 운항사이상	4급 운항사이상
	6. 선내의료	3급 운항사이하	4급 운항사이상
	7. 수색 및 구조	4급 운항사이상	4급 운항사이상

	8. 승무원의 관리 및 훈련	3급 운항사이상	3급 운항사이상
3. 전문	1. 화물의 취급 및 적하	4급 운항사이상	4급 운항사이상
	2. 선박법	3급 운항사이하	4급 운항사이상
	3. 해운실무(보험편을 포함한다)	3급 운항사이상	–
	4. 해사관련 국제협약(상선의 경우에 한한다)	4급 운항사이상	4급 운항사이상
	5. 상법(해상편에 한한다)	3급 운항사이상	–
4. 기관(1)	1. 내연기관	4급 운항사이상	4급 운항사이상
	2. 외연기관	4급 운항사이상	4급 운항사이상
	3. 추진장치 및 동력전달장치	4급 운항사이상	4급 운항사이상
	4. 연료 및 윤활제	4급 운항사이상	4급 운항사이상
5. 기관(2)	1. 유체기계 및 환경오염방지기기	4급 운항사이상	4급 운항사이상
	2. 냉동공학 및 공기조화장치	4급 운항사이상	4급 운항사이상
	3. 기계공작법	4급 운항사이상	3급 운항사이하
	4. 열역학 및 열전달	–	3급 운항사이상
	5. 기계역학 및 유체역학	–	3급 운항사이상
	6. 재료역학 및 금속재료학	–	3급 운항사이상
	7. 조선학	4급 운항사이상	2급 운항사이하
	8. 설계제도	4급 운항사이상	3급 운항사이하
6. 기관(3)	1. 전기공학 및 전기기기	4급 운항사이상	4급 운항사이상
	2. 전자공학 및 전자회로	4급 운항사이상	4급 운항사이상
	3. 공업계측 및 전기 · 전자계측	–	3급 운항사이상
	4. 제어공학 및 제어기기	–	3급 운항사이상
	5. 선박자동화 시스템	4급 운항사이상	4급 운항사이상
7. 법규 및 직무일반	1. 「해사안전기본법」, 「해상교통안전법」 및 선박의 이항 및 출항 등에 관한 법률	4급 운항사이상	4급 운항사이상
	2. 국제해상충돌예방규칙	4급 운항사이상	4급 운항사이상
	3. 선박안전법	4급 운항사이상	4급 운항사이상
	4. 「해양환경관리법」	4급 운항사이상	4급 운항사이상
	5. 선원법 및 선박직원법	4급 운항사이상	4급 운항사이상
	6. 자동화선박의 운항당직에 관한 사항	4급 운항사이상	4급 운항사이상
	7. 자동화선박의 직무일반	4급 운항사이상	4급 운항사이상
	8. 기관관리	4급 운항사이상	2급 운항사이상
8. 영어	1. 국제해사기구의 표준해사통신 영어	4급 운항사이상	4급 운항사이상
	2. 해사영어	3급 운항사이상	–
	3. 기관영어	4급 운항사이상	4급 운항사이상

비고

1. 항해사의 면허를 가진 자(항해사시험에 합격한 자를 포함한다)가 운항사시험에 응시하는 경우에는 시험문제의 출제는 4급 기관사의 수준으로 하고, 항해 · 운용 및 전문의 시험과목을 면제한다.

2. 기관사의 면허를 가진 자(기관사시험에 합격한 자를 포함한다)가 운항사시험에 응시하는 경우에는 시험문제의 출제는 4급 항해사의 수준으로 하고, 기관(1) · 기관(2) 및 기관(3)의 시험과목을 면제한다.

3. 운항사의 면허를 가진 자가 1등급 상위의 동일전문분야의 운항사시험에 응시하는 경우 항해전문

은 기관(1) · 기관(2) 및 기관(3)의 시험과목을 면제하고, 기관전문은 항해 · 운용 및 전문의 시험과목을 면제한다.

5) 해기사시험과목 내용별 출제비율

(1) 기관사

시험과목	과 목 내 용	1급	2급	3급	4급	5급	5급 (국내항 한정)	6급
1. 기관(1)	1. 내연기관	40	40	44	44	60	60	64
	2. 외연기관	16	16	16	16	8	×	8
	3. 추진장치 및 동력전달장치	24	24	20	20	20	20	16
	4. 연료 및 윤활제	20	20	20	20	12	20	12
	합 계(%)	100	100	100	100	100	100	100
2. 기관(2)	1. 유체기계 및 환경오염방지기기	20	24	20	40	40	48	80
	2. 냉동공학 및 공기조화장치	20	20	20	20	20	28	20
	3. 기계공작법	×	×	12	20	20	24	×
	4. 열역학 및 열전달	20	16	12	×	×	×	×
	5. 기계역학 및 유체역학	20	16	12	×	×	×	×
	6. 재료역학 및 금속재료학	20	16	8	×	×	×	×
	7. 조선학(5급기관사의 경우는 선체구조에 한한다)	×	8	8	12	12	×	×
	8. 설계제도	×	×	8	8	8	×	×
	합 계(%)	100	100	100	100	100	100	100
3. 기관(3)	1. 전기공학 및 전기기기	24	28	32	72	92	100	92
	2. 전자공학 및 전자회로	28	28	28	28	8	×	8
	3. 공업계측 및 전기 · 전자계측	24	20	20	×	×	×	×
	4. 제어공학 및 제어기기	24	24	20	×	×	×	×
	합 계(%)	100	100	100	100	100	100	100
4. 직무일반	1. 당직근무 및 직무일반	×	×	20	20	24	20	24
	2. 선박에 의한 환경오염방지	×	×	16	20	16	20	20
	3. 응급의료	×	×	8	12	12	×	8
	4. 비상조치 및 손상제어	16	12	12	16	12	16	16
	5. 방화 및 소화요령	×	×	12	16	12	12	16
	6. 해사관계법령	×	×	12	16	24	16	16

	7. 기관관리	32	36	×	×	×	×	×
	8. 승무원관리 및 훈련	24	24	8	×	×	×	×
	9. 해사관련 국제협약	28	28	12	×	×	×	×
	10. 기관영어	×	×	×	×	×	16	×
	합 계(%)	100	100	100	100	100	100	100
5. 영어	1. 기관영어	40	40	40	100	100	×	×
	2. 해사영어	60	60	60	×	×	×	×
	합 계(%)	100	100	100	100	100	×	×

(2) 전자기관사

시험과목	과 목 내 용	출제비율
1. 전자기관(1)	1. 전기공학	32
	2. 전자기기	12
	3. 전자공학 및 전자회로	16
	4. 공업계측 및 전기·전자계측	20
	5. 제어공학 및 제어기기	20
	합 계(%)	100
2. 전자기관(2)	1. 선박자동화 및 선내 컴퓨터네트워크 시스템	36
	2. 전자분사제어 시스템	16
	3. 전자항해 시스템	8
	4. 무선통신 시스템	8
	5. 갑판기기와 하역기기 제어 시스템	12
	6. 전력 변환 시스템	20
	합 계(%)	100
3. 직무일반	1. 당직근무 및 직무일반	20
	2. 선박에 의한 환경오염방지	16
	3. 응급의료	8
	4. 비상조치 및 손상제어	12
	5. 방화 및 소화요령	12
	6. 해사관계법령	12
	7. 승무원관리 및 훈련	8

	8. 해사관련 국제협약	12
	합 계(%)	100
4. 영 어	1. 기관영어	40
	2. 해사영어	60
	합 계(%)	100

(3) 운항사

시험과목	과 목 내 용	항해전문				기관전문			
		1급	2급	3급	4급	1급	2급	3급	4급
1. 항해	1. 항해계기	20	20	16	12	12	12	12	12
	2. 항로표지	×	×	12	12	12	12	12	12
	3. 해도(수로도지)	×	×	8	16	16	16	16	16
	4. 조석 및 해류	×	×	8	8	8	8	8	8
	5. 지문항법	12	16	20	20	20	20	20	20
	6. 천문항법	8	16	12	8	8	8	8	8
	7. 전파 및 레이더항법	36	32	20	20	20	20	20	20
	8. 항해계획	24	16	4	4	4	4	4	4
	합 계(%)	100	100	100	100	100	100	100	100
2. 운용	1. 선박의 구조 및 설비	×	12	12	20	20	20	20	20
	2. 선박의 이동 및 조종	28	20	20	24	24	24	24	24
	3. 선박의 복원성	16	20	16	16	12	12	12	16
	4. 기상 및 해상	20	16	16	16	16	16	16	16
	5. 비상조치 및 손상제어	12	12	12	8	8	8	8	8
	6. 선내의료	×	×	8	8	8	8	8	8
	7. 수색 및 구조	12	8	8	8	8	8	8	8
	8. 승무원의 관리 및 훈련	12	12	8	×	4	4	4	×
	합 계(%)	100	100	100	100	100	100	100	100
3. 전문	1. 화물의 취급 및 적하	28	32	28	60	60	60	60	60
	2. 선박법	×	×	20	24	24	24	24	24
	3. 해운실무(보험편을 포함한다)	28	28	24	×	×	×	×	×
	4. 해사관련 국제협약(상선의 경우에 한한다)	28	20	24	16	16	16	16	16
	5. 상법(해상편에 한한다)	16	20	8	×	×	×	×	×
	합 계(%)	100	100	100	100	100	100	100	100
4. 기관(1)	1. 내연기관	44	44	44	44	40	40	44	44

	2. 외연기관	16	16	16	16	16	16	16	16
	3. 추진장치 및 동력전달장치	20	20	20	20	24	24	20	20
	4. 연료 및 윤활제	20	20	20	20	20	20	20	20
	합 계(%)	100	100	100	100	100	100	100	100
5. 기관(2)	1. 유체기계 및 환경오염방지 기기	40	40	40	40	20	24	20	40
	2. 냉동공학 및 공기조화장치	20	20	20	20	20	20	20	20
	3. 기계공작법	20	20	20	20	×	×	12	20
	4. 열역학 및 열전달	×	×	×	×	20	16	12	×
	5. 기계역학 및 유체역학	×	×	×	×	20	16	12	×
	6. 재료역학 및 금속재료학	×	×	×	×	20	16	8	×
	7. 조선학	12	12	12	12	×	8	8	12
	8. 설계제도	8	8	8	8	×	×	8	8
	합 계(%)	100	100	100	100	100	100	100	100
6. 기관(3)	1. 전기공학 및 전기기기	52	52	52	52	16	16	20	52
	2. 전자공학 및 전자회로	28	28	28	28	28	28	28	28
	3. 공업계측 및 전기·전자계측	×	×	×	×	16	16	16	×
	4. 제어공학 및 제어기기	×	×	×	×	16	16	16	×
	5. 선박자동화시스템	20	20	20	20	24	24	20	20
	합 계(%)	100	100	100	100	100	100	100	100
7. 법규 및 직무일반	1. 해상교통안전법, 선박의 입항 및 출항 등에 관한 법률	28	28	28	28	28	28	28	28
	2. 국제해상충돌예방규칙	12	12	12	12	12	12	12	12
	3. 선박안전법	12	12	12	12	12	12	12	12
	4. 해양환경관리법	4	4	4	4	4	4	12	12
	5. 선원법 및 선박직원법	8	8	8	8	8	8	8	8
	6. 자동화선박의 운항당직에 관한 사항	16	16	16	16	16	16	16	16
	7. 자동화선박의 직무일반	12	12	12	12	12	12	12	12
	8. 기관관리	8	8	8	8	8	8	×	×
	합 계(%)	100	100	100	100	100	100	100	100
8. 영어	1. 국제해사기구의 표준해사통신영어	40	40	40	72	40	40	40	40
	2. 해사영어	32	32	32	×	×	×	×	×
	3. 기관영어	28	28	28	28	60	60	60	60
	합 계(%)	100	100	100	100	100	100	100	100

4. 시험의 합격기준

(1) 필기시험은 1과목 100점을 만점으로 하여 매 과목 40점(항해사의 법규과목은 60점) 이상, 전과목 평균 60점 이상 득점한 자를 합격자로 한다.

(2) 시행령 제11조 제2항·제4항, 제13조 제3항·제4항, 제14조 제3항, 제15조 제4항의 규정에 의하여 시험과목의 일부를 면제받는 경우라도 면제받지 아니한 시험과목에 대하여 제1항의 규정을 적용한다.

(3) 면접시험의 합격기준은 위원마다 100점을 만점으로 하여 평균 60점 이상으로 한다.

(4) 실기시험의 합격기준은 시험과목당 100점을 만점으로 하여 60점 이상으로 한다.

5. 부정행위자에 대한 제재

해양수산부장관은 해기사 시험에서 부정한 행위를 한 응시자에 대하여는 해당 시험을 정지시키거나 합격결정을 취소하고, 그 정황에 따라 처분을 한 날부터 2년 이내의 기간을 정하여 이 법에 따른 시험의 응시자격을 정지할 수 있다(법 제5조의3).

(2) 부정한 행위의 유형 등

① 다른 응시자와 시험과 관련된 대화를 하는 행위

② 답안지를 교환하는 행위

③ 다른 응시자의 답안지 또는 문제지를 엿보고 자신의 답안지를 작성하는 행위

④ 다른 응시자를 위하여 답안을 알려주거나 엿보게 하는 행위

⑤ 시험문제 내용과 관련된 물건을 휴대하여 사용하거나 이를 주고받는 행위

⑥ 시험장 내외의 사람으로부터 도움을 받고 답안지를 작성하는 행위

⑦ 사전에 시험문제를 알고 시험을 치르는 행위

⑧ 다른 응시자와 성명 또는 응시번호를 바꾸어 제출하는 행위

⑨ 대리시험을 치르거나 치르게 하는 행위

⑩ 응시자가 시험시간 중에 통신기기 및 전자기기[휴대용 전화기, 휴대용 개인정보단말기(PDA), 휴대용 멀티미디어 재생장치(PMP), 휴대용 컴퓨터, 휴대용 카세트, 디지털 카메라, 음성파일 변환기(MP3 Player), 휴대용 게임기, 전자사전, 카메라펜, 시각표시 외의 기능이 부착된 시계]를 사용하여 답안지를 작성하거나 다른 응시자를 위하여 답안을 송신하는 행위

⑪ 그 밖에 부정 또는 불공정한 방법으로 시험을 치르는 행위

(3) 부정행위자의 해기사시험 응시자격 정지 등

① 해양수산부장관은 해기사시험에서 부정행위를 한 응시자에 대하여 시험의 응시자격을 정지하는 경우에는 그 부정한 행위의 유형, 내용, 정도, 동기 및 결과 등을 종합적으로 고려하여야 한다.

② 해양수산부장관은 해기사시험에서 부정행위를 한 응시자에 대하여 시험을 정지하는 경우에는 즉시 수험행위를 중지시키고, 부정행위자로부터 그 사실을 확인하여 서명 또는 날인된 확인서를 받아야 한다. 다만, 부정행위자가 확인 또는 서명·날인을 거부하는 경우에는 해당 시험을 감독하는 사람이 작성한 확인서로 갈음할 수 있다.

③ 해양수산부장관은 해기사시험에서 부정행위를 한 응시자에 대하여 합격결정 취소 및 응시자격 정지를 하는 경우에는 그 이유를 붙여 해당 응시자에게 서면으로 알려야 한다.

Ⅲ. 승무경력

1. 승무경력기간의 계산(시행령 제7조 및 제8조)

승무경력기간은 승선한 날로부터 하선한 날까지의 기간으로 하되, 승선한 날로부터 기산한다. 그리고 1월에 미달되는 승무경력기간은 합산하여 30일을 1월로 하고, 1년에 미달되는 승무경력기간은 합산하여 12월을 1년으로 한다.

다른 직무로 승무한 기간이 있는 경우에는 시행령 [별표 1의3]에 의한 직무별 기간의 비례에 따라 이를 환산하여 서로 합산할 수 있다.

2. 승무경력의 증명

승무경력은 다음 각 호의 어느 하나에 해당하는 서류에 의하여 증명되어야 한다.

(1) 선원수첩

(2) 선원수첩을 가진 자가 이를 잃어버렸거나 헐어 못쓰게 된 경우에는 선원수첩을 교부한 지방해양수산청장, 지방해양수산청 해양수산사무소장, 한국해양수산연수원장 또는 한국선원복지고용센터 이사장이 증명하는 서류

(3) 선원수첩을 가지지 아니한 자가 승무할 수 있는 선박에 승무한 경력의 증명방법은 해양수산부장관이 정하는 바에 의한다.

3. 훈련기록부

지정교육기관의 해기사양성 교과과정 이수자(이수예정자를 포함한다)로서 신규로 다음의 해기사 면허를 받고자 하는 자는 지정교육기관의 장 또는 선박소유자가 증명하는 훈련기록부로서 승무경력을 증명하여야 한다.

이 승무경력에는 승선실습을 포함하며, 승선실습은 항해분야 및 운항분야의 경우 1년 이상, 기관분야의 경우 6월 이상의 경력을 요한다. 다만, 하위 등급의 면허를 소지한 자가 상위 등급의 면허를 신규로 취득하는 경우에는 훈련기록부의 제출을 면제한다.

가. 3급 항해사 또는 4급 항해사(어선면허를 제외한다)

나. 3급 기관사 또는 4급 기관사

다. 3급 운항사 또는 4급 운항사

참고로 지정교육기관의 해기사양성 교과과정 이수자(이수예정자를 포함한다)로서 면허를 받고자 하는 자는 훈련기록부와 함께 소속기관의 장 또는 대표자가 해기사양성 교육과정을 이수(이수예정)하였다는 것을 증명하는 서류를 제출하여야 한다.

4. 해기사 면허를 위한 승무경력

1) 직종 및 등급별 면허를 위한 승무경력(시행령 제5조의2, 별표 1의3)

해기사 면허를 취득하기 위해서는 직종 및 등급별 해기사 면허를 위한 승무

경력(외국선박의 승무경력을 포함한다. 이하 같다)을 갖추어야 하며, 이에 대한 상세한 기준은 시행령 [별표 1의3]과 같다.

(1) 기관사면허를 위한 승무경력

받으려는 면허	승무경력			
	자격	선박	직무	기간
1급 기관사	2급 기관사 또는 2급 운항사	연안수역 또는 원양수역(어선의 경우에는 무제한수역)을 항행구역으로 하는 선박 중 주기관 추진력이 3천킬로와트 이상의 선박	기관장, 운항장, 1등 기관사 또는 1등 운항사	1년
			기관장, 운항장, 1등 기관사 및 1등 운항사를 제외한 선박직원	2년
		연안수역 또는 원양수역(어선의 경우에는 무제한수역)을 항행구역으로 하는 선박 중 주기관 추진력이 1천 500킬로와트 이상 3천킬로와트 미만의 선박	기관장 또는 1등 기관사	2년
			기관장 및 1등 기관사를 제외한 선박직원	3년
		주기관 추진력이 3천킬로와트 이상의 함정	기관장	1년
2급 기관사	3급 기관사 또는 3급 운항사	연안수역 또는 원양수역(어선의 경우에는 무제한수역)을 항행구역으로 하는 선박 중 주기관 추진력이 1천 500킬로와트 이상의 선박	선박직원	1년
		연안수역 또는 원양수역(어선의 경우에는 무제한수역)을 항행구역으로 하는 선박 중 주기관 추진력이 750킬로와트 이상 1천 500킬로와트 미만의 선박	기관장 또는 1등 기관사	2년
			기관장 및 1등 기관사를 제외한 선박직원	3년
		주기관 추진력이 1천 500킬로와트 이상의 함정	기관장	1년
			기관의 운전	2년
3급 기관사	4급 기관사 또는 4급 운항사	연안수역 또는 원양수역(어선의 경우에는 제한수역 또는 무제한수역)을 항행구역으로 하는 선박 중 주기관 추진력이 750킬로와트 이상의 선박	선박직원	1년
		연안수역 또는 원양수역(어선의 경우에는 제한수역 또는 무제한수역)을 항행구역으로 하는 선박 중 주기관 추진력이 350킬로와트 이상 750킬로와트 미만의 선박	기관장 또는 1등 기관사	2년
			기관장 및 1등 기관사를 제외한 선박직원	3년

<table>
<tr><td rowspan="4"></td><td rowspan="2">4급 기관사</td><td rowspan="2">주기관 추진력이 750킬로와트 이상의 함정</td><td>기관장</td><td>1년</td></tr>
<tr><td>기관의 운전</td><td>2년</td></tr>
<tr><td rowspan="2"></td><td>연안수역 또는 원양수역(어선의 경우에는 제한수역 또는 무제한수역)을 항행구역으로 하는 선박 중 주기관 추진력이 750킬로와트 이상의 선박</td><td rowspan="2">기관의 운전</td><td rowspan="2">4년</td></tr>
<tr><td>주기관 추진력이 750킬로와트 이상의 함정</td></tr>
<tr><td rowspan="4">4급 기관사</td><td rowspan="3">5급 기관사</td><td>주기관 추진력이 350킬로와트 이상의 선박</td><td>선박직원</td><td>1년</td></tr>
<tr><td>주기관 추진력이 350킬로와트 미만의 선박</td><td>선박직원</td><td>2년</td></tr>
<tr><td>주기관 추진력이 350킬로와트 이상의 함정</td><td>기관의 운전</td><td>1년</td></tr>
<tr><td></td><td>주기관 추진력이 350킬로와트 이상의 선박 또는 함정</td><td>기관의 운전</td><td>3년
6개월</td></tr>
<tr><td rowspan="3">5급 기관사</td><td rowspan="2">6급 기관사</td><td>주기관 추진력이 150킬로와트 이상의 선박</td><td>선박직원</td><td>1년</td></tr>
<tr><td>주기관 추진력이 150킬로와트 이상의 함정</td><td>기관의 운전</td><td>1년</td></tr>
<tr><td></td><td>주기관 추진력이 350킬로와트 이상의 선박 또는 함정</td><td>기관의 운전</td><td>3년</td></tr>
<tr><td>6급 기관사</td><td></td><td>주기관 추진력이 150킬로와트 이상의 선박 또는 함정</td><td>기관의 운전</td><td>2년</td></tr>
</table>

비고

1. 5급 기관사부터 3급 기관사까지의 면허를 위한 승무경력에는 6개월 이상의 기관당직근무(실습을 포함한다)경력을 포함하여야 한다.

2. 기관사 면허를 받기 위한 위의 승무경력에는 최소한 다음의 승무경력을 포함하여야 한다.

<table>
<tr><td rowspan="2">받으려는 면허</td><td colspan="2">승무경력</td></tr>
<tr><td>선박(주기관 추진력)</td><td>승무경력(실습을 포함한다)</td></tr>
<tr><td>1급기관사</td><td>3천킬로와트 이상</td><td>6개월 이상</td></tr>
<tr><td>2급기관사</td><td>1천500킬로와트 이상</td><td>6개월 이상</td></tr>
<tr><td>3급기관사</td><td>750킬로와트 이상</td><td>6개월 이상</td></tr>
<tr><td>4급기관사</td><td>350킬로와트 이상</td><td>6개월 이상</td></tr>
<tr><td>5급기관사</td><td>350킬로와트 이상</td><td>3개월 이상</td></tr>
</table>

3. 제4조 제1항 제1호 다목에 따른 6급의 기관사면허를 다음 각 목의 구분에 따른 승무경력으로 취

득하는 경우에는 해당 목에서 정하는 어선면허 또는 상선면허를 발급해야 한다.

가. 주기관 추진력이 500킬로와트 이상인 어선에서 기관의 운전 직무를 수행하는 사람으로서 1년 이상 승선하거나 주기관 추진력이 150킬로와트 이상 500킬로와트 미만인 어선에서 기관의 운전 직무를 수행하는 사람으로서 2년 이상 승선한 승무경력: 어선면허

나. 주기관 추진력이 500킬로와트 이상인 상선에서 기관의 운전 직무를 수행하는 사람으로서 1년 이상 승선하거나 주기관 추진력이 150킬로와트 이상 500킬로와트 미만인 상선에서 기관의 운전 직무를 수행하는 사람으로서 2년 이상 승선한 승무경력: 상선면허

4. 자격란 중 운항사는 기관전문의 운항사를 말한다.

5. 주기관 추진력 500킬로와트 이상의 선박에서 1년 이상 기관의 운전 직무를 수행한 승무경력을 가진 사람은 6급기관사 면허를 취득할 수 있고, 이 사람이 6급기관사 면허를 취득한 후 5급기관사 면허를 취득하고자 하는 경우에는 주기관 추진력 150킬로와트 이상의 선박에서 기관의 운전 직무를 수행한 승무경력을 포함하여 총 승무경력이 3년 이상이어야 한다.

(2) 전자기관사면허를 위한 승무경력

받으려는 면허	승무경력			
	자격	선박	직무	기간
전자 기관사	4급 기관사 이상의 기관사 또는 4급 운항사 이상의 운항사	연안수역 또는 원양수역(어선의 경우에는 제한수역 또는 무제한수역을 말한다)을 항행구역으로 하는 선박 중 주기관 추진력이 750킬로와트 이상의 선박	기관부 선박직원	1년
		연안수역 또는 원양수역(어선의 경우에는 제한수역 또는 무제한수역을 말한다)을 항행구역으로 하는 선박 중 주기관 추진력이 350킬로와트 이상 750킬로와트 미만의 선박	기관장 또는 1등 기관사	1년
			기관장 및 1등 기관사를 제외한 기관부 선박직원	2년
	4급 기관사 이상의 기관사	주기관 추진력이 750킬로와트 이상의 함정	기관장	2년
	5급 기관사	연안수역 또는 원양수역(어선의 경우에는 제한수역 또는 무제한수역을 말한다)을 항행구역으로 하는 선박 중 주기관 추진력이 750킬로와트 이상의 선박	기관부 선박직원	2년
		연안수역 또는 원양수역을 항행구역으로 하는 선박 중 주기관 추진력이 350킬로와트 이상 750킬로와트 미만의 선박	기관장 또는 1등 기관사	2년
			기관장 및 1등 기관사를 제외한 기관부 선박직원	3년
		연안수역 또는 원양수역(어선의 경우에는 제한수역 또는 무제한수역을 말한다)을 항행구역으로 하는	기관의 운전	4년

		선박 중 주기관 추진력이 750킬로와트 이상의 선박	기관의 운전	4년
		주기관 추진력이 750킬로와트 이상의 함정		
전자기관사(제4조 제1항 제3호의3에 따른 이동식 시추선 면허에 한정한다)	「국가기술자격법」에 따른 전기기사 이상 또는 전자기기 기능장·전자기사	연안수역 또는 원양수역을 항행구역으로 하는 이동식 시추선	선박의 전기 또는 전자 업무	1년
	「국가기술자격법」에 따른 전기기능사 이상 또는 전자기기 기능사·전자산업기사 이상	연안수역 또는 원양수역을 항행구역으로 하는 이동식 시추선	선박의 전기 또는 전자 업무	2년
		연안수역 또는 원양수역을 항행구역으로 하는 이동식 시추선	선박의 전기 또는 전자 업무	2년 6개월

(3) 운항사면허를 위한 승무경력

받고자 하는 면허	승무경력			
	자격	선박	직무	기간
1급 운항사	2급 운항사, 1급 항해사 또는1급 기관사	연안수역 또는 원양수역을 항행구역으로 하는 총톤수 1천600톤 이상의 자동화선박	선장·운항장 또는 1등 운항사	1년
			선박직원	2년
		연안수역 또는 원양수역을 항행구역으로 하는 총톤수 1천600톤 이상의 상선	선장·기관장·1등 항해사 또는 1등 기관사	2년
			선박직원	3년
		배수톤수 1천600톤 이상의 함정	함장 또는 부장	2년
2급 운항사	3급 운항사, 2급 항해사 또는 2급 기관사	연안수역 또는 원양 수역을 항행구역으로 하는 총톤수 1천600톤 이상의 자동화선박	선장·운항장 또는 1등 운항사	1년
			선박직원	2년
		연안수역 또는 원양수역을 항행구역으로 하는 총톤수 500톤 이상의 상선	선장·기관장·1등 항해사 또는 1등 기관사	2년
			선박직원	3년

		배수톤수 500톤 이상의 함정	함장 또는 부장	2년
			함정의 운항	3년
3급 운항사	4급 운항사, 3급 항해사 또는 3급 기관사	연안수역 또는 원양수역을 항행구역으로 하는 총톤수 1천600톤 이상의 자동화선박	선박직원	1년
		연안수역 또는 원양수역을 항행구역으로 하는 총톤수 500톤 이상의 상선	선장 · 기관장 · 1등항해사 또는 1등 기관사	1년
			선박직원	2년
		배수톤수 500톤 이상의 함정	함장 또는 부장	1년
			함정의 운항	2년
4급 운항사	4급항해사 또는 4급기관사			

비고

1. 받고자 하는 면허가 항해전문의 운항사인 경우의 자격은 항해사 또는 항해전문의 운항사에 한하며, 받고자 하는 면허가 기관전문의 운항사인 경우의 자격은 기관사 또는 기관전문의 운항사에 한한다.
2. 운항사면허를 취득하기 위해서는 위 표에 따른 승무경력에 등급별로 각각 다음 각 목의 어느 하나에 해당하는 항해당직근무경력 또는 기관당직근무경력이 있어야 한다. 이 경우 항해당직근무경력 또는 기관당직근무경력을 산정할 때에는 위 표에 따른 승무경력기간에 포함되지 아니한 기간 동안 행한 항해당직근무경력 또는 기관당직근무경력을 합산한다.

가. 1급 항해전문의 운항사는 24월 이상의 항해당직근무와 6월 이상의 기관당직근무

나. 1급 기관전문의 운항사는 24월 이상의 기관당직근무와 6월 이상의 항해당직근무

다. 2급 항해전문의 운항사는 12월 이상의 항해당직근무와 6월 이상의 기관당직근무

라. 2급 기관전문의 운항사는 12월 이상의 기관당직근무와 6월 이상의 항해당직근무

마. 3급 운항사 또는 4급 운항사는 6월 이상의 항해당직근무(실습을 포함한다)와 6월 이상의 기관당직근무(실습을 포함한다)

2) 승무경력의 특례

(1) 모터보트 · 동력요트면허와 관련한 승무경력의 특례(시행령 제14조의3)

시행령 제4조 제1항 제4호의 요트면허 또는 동력수상레저기구면허를 4년 이상 보유(법 제9조 제1항에 따른 업무정지기간은 제외한다)한 사람은 같은 항 제3호의2의 모터보트 · 동력요트면허를 위한 승무경력이 있는 것으로 본다.

(2) 소형선박 조종사면허와 관련한 승무경력의 특례(시행령 제14조의4)

시행령 제12조 제3항 및 제6항에 따라 필기시험 및 실기시험을 모두 합격한 자와 「수상레저안전법」에 따른 동력수상레저기구조종면허를 소지한 자는 별표 1

의3 제4호에 따른 소형선박 조종사면허를 위한 승무경력이 있는 것으로 본다.

3) 지정교육기관의 교육과정 이수자 등에 대한 특례(시행령 제16조)

(1) 지정교육기관에서 해양수산부장관이 인정하는 교육과정을 이수한 사람(이수예정자를 포함한다. 이하 같다)에 대하여는 [별표 1의3]에 따른 승무경력기간을 계산함에 있어 교육과정 중의 실습기간을 뺀 교육기간을 다음 각 호의 방법에 의하여 산출한 기간의 범위 내에서 선박의 운항, 기관의 운전, 전자기관의 운전 또는 무선통신의 담당의 직무로 승무한 경력에 산입한다.

① 지정교육기관중 대학·전문대학 또는 고등학교의 지정 받은 학과[「선원의 훈련·자격증명 및 당직근무의 기준에 관한 국제협약」 또는 「어선 선원의 훈련·자격증명 및 당직근무의 기준에 관한 국제협약」(이하 "국제협약"이라 한다)을 비준한 외국의 지정교육기관의 해당 학과를 포함한다]를 2년 이상 이수한 자로서 상선교육과정을 이수한 자는 상선면허를 위한 승무경력 2년, 어선교육과정을 이수한 자는 어선면허를 위한 승무경력 2년

② 지정교육기관 외의 대학·전문대학 또는 고등학교(해양수산부장관이 인정하는 외국의 대학·전문대학 또는 고등학교를 포함한다)를 졸업하고 지정교육기관으로 지정받은 한국해양수산연수원에서 해양수산부장관이 인정하는 3급 또는 4급의 해기사 양성교육과정을 이수한 자 중 상선해기사 양성교육과정을 이수한 자는 상선면허를 위한 승무경력 2년, 어선해기사 양성교육과정을 이수한 자는 어선면허를 위한 승무경력 2년

③ [별표 1의3]의 규정에 의한 승무경력이 1년 이상인 자가 소정의 교육과정을 이수한 경우에는 그 교육기간

(2) 지정교육기관에서 교육과정 중 실습을 이수한 사람에 대하여 [별표 1의3]에 따른 면허를 위한 승무경력을 계산할 때에는 1년의 범위에서 다음 각 호의 구분에 따른 실습기간을 합산하여 해당 승무경력기간에 산입한다.

① [별표 1의3]에 따라 받으려는 면허에 요구되는 승무경력이 인정되는 규모 이상의 선박(실습선을 포함한다)에서 10일 이상 계속하여 실습을 한 경우: 해당 실습기간

② 기관 운전에 관한 훈련을 실시할 수 있는 시설을 갖추었다고 해양수산부

장관이 인정하는 조선소 등의 육상실습장에서 계속하여 실습을 한 경우: 6개월 이내의 실습기간

③ 해양수산부장관이 인정하는 선박모의조종장비 또는 선박기관모의조종장비를 이용하여 실습을 한 경우: 2개월 이내의 실습기간

(3) 지정교육기관중 대학·전문대학 또는 고등학교의 지정받은 학과를 졸업한 자(졸업예정자를 포함한다) 또는 지정교육기관에서 해양수산부장관이 인정하는 교육과정을 이수한 자의 승무경력이 3년 이상인 경우에는 [별표 1의3]의 규정에 불구하고 다음 각호의 1에 해당하는 동일직종의 면허(운항사과정의 경우에는 전문분야별로 항해사면허 또는 기관사면허를 포함한다)를 받기 위한 승무경력이 있는 것으로 본다.

① 대학 또는 전문대학을 졸업한 자는 3급 항해사, 3급 기관사, 전자기관사 또는 3급 운항사

② 고등학교를 졸업한 자는 4급 항해사, 4급 기관사, 전자기관사 또는 4급 운항사

③ 1년 이상의 통신에 의한 교육과정을 이수한 자는 4급 항해사·4급 기관사 또는 4급 운항사

(4) 지정교육기관중 제16조의2의 규정에 의한 해기품질평가 결과 적정하다고 인정되는 대학·전문대학 또는 고등학교의 지정학과를 졸업한 자(졸업예정자를 포함한다) 및 해양수산부장관이 정하여 고시하는 승선실습 프로그램을 이수한 자에 대하여는 해양수산부장관이 정하는 바에 따라 필기시험을 면제할 수 있다.

(5) 다음 각 호의 어느 하나에 해당하는 지정교육기관에서 해양수산부장관이 인정하는 5급 이하의 해기사 양성교육과정을 이수한 사람은 [별표 1의3]에도 불구하고 해당 교육과정과 같은 직종 5급 이하의 항해사 또는 기관사의 면허취득 및 시험응시를 위한 승무경력이 있는 것으로 본다.

① 한국해양수산연수원

② 「평생교육법」 제30조 제1항에 따른 학교 부설 평생교육시설

(6) 다음 각 호의 어느 하나에 해당하는 지정교육기관에서 해양수산부장관이 인정하는 5급의 해기사 양성교육과정을 이수한 사람은 [별표 1의3]에도 불구하고 해당 교육과정과 같은 직종 5급의 항해사 또는 기관사의 면허취득 및 시험응시를 위한 승무경력이 있는 것으로 본다.

① 해양경찰교육원

② 해군교육사령부

(7) 지정교육기관 중 제16조의2에 따른 해기품질평가 결과 적정하다고 인정되는 대학·전문대학 또는 고등학교의 지정학과를 졸업한 자(졸업예정자를 포함한다)가 해양수산부장관이 정하여 고시하는 승선실습 프로그램을 이수한 경우에는 해당 교육과정과 같은 직종 5급의 항해사 또는 기관사의 면허취득을 위한 승무경력이 있는 것으로 본다.

제3절 선박직원

Ⅰ. 선박직원의 직무와 승무기준

1. 선박직원의 직무

선박직원이란 용어의 정의에서 기술한 바와 같이 해기사(승무자격인정을 받은 외국의 해기사를 포함한다)로서 선박에서 선장·항해사·기관장·기관사·전자기관사·통신장·통신사·운항장 및 운항사의 직무를 수행하는 사람을 말한다. 각 선박직원의 승선 중 직무에 살펴보면 다음과 같다.

(1) 선장은 선박의 운항관리에 대하여 책임을 진다. 다만, 사망·질병 또는 부상 등 부득이한 사유로 선장이 직무를 수행할 수 없을 때에는 자동화선박에서는 항해를 전문으로 하는 1등 운항사가 그 직무를 대행하고, 그 밖의 선박에서는 1등 항해사가 그 직무를 대행한다.

(2) 항해사는 갑판부에서 항해당직을 수행한다.

(3) 기관장은 선박의 기계적 추진, 기계와 전기설비의 운전 및 보수관리에 대하여 책임을 진다. 다만, 사망·질병 또는 부상 등 부득이한 사유로 기관장이 직무를 수행할 수 없을 때에는 자동화선박에서는 기관을 전문으로 하는 1등 운항사가 그 직무를 대행하고, 그 밖의 선박에서는 1등 기관사가 그 직무를 대행한다.

(4) 기관사는 기관부에서 기관당직을 수행한다.

(5) 전자기관사는 항해장비 및 갑판기기를 포함한 선박의 전기·전자 및 자동

제어 설비 · 시스템의 유지 · 점검 · 보수관리 · 수리 등의 업무를 수행한다.

(6) 통신장과 통신사는 선박통신에 대하여 책임을 진다.

(7) 운항장과 운항사는 자동화선박에서 운항당직(항해 · 기관 및 전자장비 등에 대한 통합당직을 말한다)을 수행한다.

2. 선박직원의 승무기준

선박소유자는 선박의 항행구역, 크기, 용도 및 추진기관의 출력과 그 밖에 선박 항행의 안전에 관한 사항을 고려하여 대통령령으로 정하는 선박직원의 승무기준(이하 "승무기준"이라 한다)에 맞는 해기사(제10조의2에 따라 승무자격인정을 받은 사람을 포함한다. 이하 이 장에서 같다)를 승무시켜야 한다.

1) 선박직원의 최저승무기준

선박직원의 최저승무기준은 법 제11조 제1항과 동법 시행령 제22조 제1항 및 [별표 3]에서 규정하고 있다.

(1) 소형선박을 제외한 선박의 기관부의 승무기준

가. 어선 외의 선박

선박의 항행구역		주기관 추진력	선박직원	승무자격
연안수역	평수구역	750킬로와트 미만	기관장	6급 기관사
		750킬로와트 이상 3천킬로와트 미만	기관장	5급 기관사
		3천킬로와트 이상	기관장 1등 기관사	4급 기관사 5급 기관사
	평수구역을 제외한 연안수역	750킬로와트 미만	기관장	6급 기관사
		750킬로와트 이상 1천500킬로와트 미만	기관장 1등 기관사	5급 기관사 6급 기관사
		1천500킬로와트 이상 3천킬로와트 미만	기관장 1등 기관사	4급 기관사 5급 기관사
		3천킬로와트 이상	기관장 1등 기관사	3급 기관사 4급 기관사
원양수역		750킬로와트 미만	기관장 1등 기관사	4급 기관사 6급 기관사
		750킬로와트 이상 1천500킬로와트 미만	기관장	4급 기관사

		1등 기관사	5급 기관사
	1천500킬로와트 이상 3천킬로와트 미만	기관장 1등 기관사 2등 기관사	3급 기관사 4급 기관사 5급 기관사
	3천킬로와트 이상 6천킬로와트 미만	기관장 1등 기관사 2등 기관사 3등 기관사	2급 기관사 3급 기관사 4급 기관사 5급 기관사
	6천킬로와트 이상	기관장 1등 기관사 2등 기관사 3등 기관사	1급 기관사 2급 기관사 3급 기관사 4급 기관사

비고

1. 기관의 운전에 관한 직무를 행하는 사람 중 전자기관사의 면허증을 가진 사람, 「국가기술자격법」에 따른 전기기사 또는 전기기능사 이상의 자격증을 가진 사람 또는 전자기사 또는 전자기기에 관한 전자기기기능사 이상의 자격증을 가진 사람이 있는 경우에는 3등 기관사가 승무하지 아니할 수 있다.

2. 영해만을 항행하는 예선 또는 연안여객선으로서 선박의 통상적인 항행시간(최근 6개월간 각 항차당 항행시간이 가장 긴 순서부터 차례로 6회를 합산하여 산술평균한 시간)이 10시간(연안여객선은 6시간) 미만인 경우에는 1등 기관사가 승무하지 아니할 수 있다.

3. 「해양폐기물 및 해양오염퇴적물 관리법」 제7조 제2항에 따라 근해구역에 지정된 해양폐기물 배출해역을 한정하여 운항하는 폐기물 폐기물운반선(선박검사증서상 항행구역이 해양폐기물 배출해역으로 지정된 선박을 말한다)은 연안수역의 승무기준을 적용한다.

4. 부선·로프 등으로 결합하여 운항하는 예선의 항행구역이 평수구역을 제외한 연안수역으로서 해당 예선의 크기가 총톤수 200톤 미만이고, 주기관 추진력이 750킬로와트 이상인 경우에는 1등 기관사가 승무하지 아니할 수 있다.

5. 해양수산부령으로 정하는 기관안전교육을 이수한 6급 항해사 이상의 항해사는 연안수역을 항행구역으로 하는 「수상레저안전법」에 따른 동력요트 중 승객이 13명 미만으로서 총톤수 55톤 미만이고, 주기관 추진력이 750킬로와트 미만인 동력요트에서 기관장의 직무를 할 수 있다.

나. 어선

어선의 항행구역	주기관 추진력	선박직원	승무자격
제한수역	750킬로와트 미만	기관장	6급 기관사
	750킬로와트 이상 1천500킬로와트 미만	기관장	5급 기관사(총톤수 200톤 미만은 6급 기관사)
		1등 기관사	6급 기관사
	1천500킬로와트 이상 3천킬로와트 미만	기관장	4급 기관사(총톤수 500톤 미만은 5급 기관사)
		1등 기관사	6급 기관사
	3천킬로와트 이상	기관장	3급 기관사

		1등 기관사	5급 기관사
무제한수역	750킬로와트 미만	기관장	5급 기관사(총톤수 200톤 미만은 6급 기관사)
		1등 기관사	6급 기관사
	750킬로와트 이상 1천500킬로와트 미만	기관장	5급 기관사
		1등 기관사	6급 기관사
	1천500킬로와트 이상 3천킬로와트 미만	기관장	3급 기관사(총톤수 500톤 미만은 5급 기관사)
		1등 기관사	4급 기관사(총톤수 500톤 미만은 6급 기관사)
		2등 기관사	5급 기관사
	3천킬로와트 이상	기관장	2급 기관사
		1등 기관사	3급 기관사
		2등 기관사	4급 기관사
		3등 기관사	5급 기관사

비고

1. 총톤수 200톤 미만의 어선에 대해서는 위 표에도 불구하고 1등 기관사가 승무하지 아니할 수 있다.
2. 총톤수 200톤 이상 500톤 미만의 어선에 대해서는 위 표에도 불구하고 2등 항해사가 승무하지 아니할 수 있다.
3. 기관의 운전에 관한 직무를 행하는 사람 중 전자기관사의 면허증을 가진 사람, 「국가기술자격법」에 따른 전기기사 또는 전기기능사 이상의 자격을 가진 사람 또는 전자기사 또는 전자기기에 관한 전자기기기능사 이상의 자격증을 가진 사람이 있는 경우에는 3등 기관사가 승무하지 아니할 수 있다.

(2) 소형선박의 승무기준

선박의 항행구역	선박의 구분	선박직원	승무자격
연안수역	여객선	선장 기관장	6급 항해사 소형선박 조종사
	여객선외의 선박	선장 및 기관장	소형선박 조종사
원양수역	여객선	선장 기관장	6급 항해사 6급 기관사
	여객선 및 어선외의 선박	선장 기관장	6급 항해사 소형선박 조종사
	어선	선장 및 기관장	소형선박 조종사

비고

1. 6급 항해사 이상의 항해사가 소형선박의 기관과정교육을 이수할 경우 또는 6급 기관사 이상의 기관사가 소형선박의 항해과정교육을 이수할 경우에는 연안수역의 여객선외의 선박 또는 원양수역의 어선에서 선장 및 기관장의 직무를 행할 수 있다.
2. 원양수역에서의 어선의 항행구역은 「수산업법」 제40조에 따라 허가받은 어업의 조업구역으로 한다.
3. 부선·로프 등으로 결합하여 운항하는 예선의 경우에는 6급 이상의 항해사면허를 가지고 소형선

박의 기관과정교육을 이수한 자가 선장 및 기관장의 직무로 승무하여야 한다.

4. 항만법 제2조 제4호의 규정에 의한 항만구역내만을 운항하는 통선은 여객선외의 선박의 승무기준을 적용한다.

(3) 시운전선박의 승무기준

시운전선박의 승무기준은 시운전 선박에 의한 해양사고 방지를 위하여 시운전하는 선박도 이 법의 적용을 받도록 명시하였고,[17] 이에 따라 국내의 조선소에서 건조 또는 개조되는 선박을 진수(進水) 시부터 인도 시까지 시운전하는 경우 해당 시운전선박에 일정한 자격을 갖춘 선박직원이 승무하도록 시운전선박의 선박직원 승무기준을 마련하였다. 다만, 항행구역이 연안수역(어선의 경우에는 제한수역을 말한다)에 대해서만 승무기준을 정하였다.

가. 어선 외의 선박

갑판부의 승무기준			기관부의 승무기준		
선박의 크기 (총톤수)	선박직원	승무자격	주기관 추진력	선박직원	승무자격
500톤 미만	선장 1등 항해사	4급 항해사 5급 항해사	1천500킬로와트 미만	기관장 1등 기관사	4급 기관사 5급 기관사
500톤 이상 3천톤 미만	선장 1등 항해사	3급 항해사 4급 항해사	1천500킬로와트 이상	기관장 1등 기관사	3급 기관사 4급 기관사
3천톤 이상 6천톤 미만	선장 1등 항해사 2등 항해사	2급 항해사 3급 항해사 4급 항해사			
6천톤 이상	선장 1등 항해사 2등 항해사 3등 항해사	1급 항해사 2급 항해사 3급 항해사 4급 항해사			

17) 선박직원법 제3조(적용 범위) ③ 국내의 조선소에서 건조 또는 개조되는 선박을 진수(進水) 시부터 인도 시까지 시운전하는 경우에는 제11조 및 제13조부터 제15조까지의 규정만 적용한다(2014. 3. 14. 개정, 2015. 3. 25. 시행).

나. 어선

갑판부의 승무기준			기관부의 승무기준		
어선의 길이	선박직원	승무자격	주기관 추진력	선박직원	승무자격
45미터 미만	선장 1등 항해사	5급 항해사 6급 항해사	1천500킬로와트 미만	기관장 1등 기관사	4급 기관사 5급 기관사
45미터 이상 60미터 미만	선장 1등 항해사	4급 항해사 5급 항해사	1천500킬로와트 이상	기관장 1등 기관사	3급 기관사 4급 기관사
60미터 이상 100미터 미만	선장 1등 항해사	2급 항해사 3급 항해사			
100미터 이상	선장 1등 항해사 2등 항해사	2급 항해사 3급 항해사 4급 항해사			

(4) 자동화선박의 승무기준

자동화선박이란 시행령 제3조의2 제1항 및 [별표 1]에 규정된 자동화설비를 갖춘 선박을 말하며, 자동화선박의 승무기준은 아래와 같다. 다만, 자동화선박 중 「선원법」 제119조에 따른 취업규칙에 다음 각 호의 사항이 명시되지 아니한 선박에 대하여는 자동화선박으로 보지 않으므로 일반 선박과 동일하게 선박직원의 최저승무기준(별표 3 제1호 내지 제3호의 승무기준)을 적용한다.

가. 정박중 선박설비의 점검 · 정비 및 하역 등에 대한 육상지원체제에 관한 사항

나. 자동화선박의 승무자격이 있는 운항사의 확보에 관한 사항

선박의 항행 구역	선박		선박직원	승무자격	
	크기(총톤수 또는 주기관추진력)	유형		여객선	여객선외의 선박
연안 수역	3천톤 이상	제2종 또는 제3종	선장 운항장 2등 항해사 3등 항해사 통신장	2급 운항사(항해전문) 3급 운항사(기관전문) 4급 운항사(기관전문) 4급 운항사(항해전문) 별표 3의2의 규정에 의한 통신사	3급 운항사(항해전문) 3급 운항사(기관전문) 4급 운항사(기관전문) 4급 운항사(항해전문) 별표 3의2의 규정에 의한 통신사
원양 수역	3천톤이상 6천톤 미만 또는 3천킬로와트 이	제1종	선장 기관장 1등 항해사	1급 항해사 2급 기관사 2급 항해사 또는	2급 항해사 2급 기관사 3급 항해사 또는

	상 6천킬로와트 미만			2급 운항사(항해전문)	3급 운항사(항해전문)
			1등 기관사	3급 기관사 또는 3급 운항사(기관전문)	3급 기관사 또는 3급 운항사(기관전문)
			2등 항해사	3급 항해사 또는 3급 운항사(항해전문)	4급 항해사 또는 4급 운항사(항해전문)
			2등 기관사	4급 기관사 또는 4급 운항사(기관전문)	4급 기관사 또는 4급 운항사(기관전문)
			3등 운항사	4급 운항사(항해전문 또는 기관전문)	4급 운항사(항해전문 또는 기관전문)
			통신장	별표 3의2의 규정에 의한 통신사	별표 3의2의 규정에 의한 통신사
		제2종	선장	1급 항해사	2급 항해사
			기관장	2급 기관사	2급 기관사
			1등 항해사	2급 항해사 또는 2급 운항사(항해전문)	3급 항해사 또는 3급 운항사(항해전문)
			1등 기관사	3급 기관사 또는 3급 운항사(기관전문)	3급 기관사 또는 3급 운항사(기관전문)
			2등 운항사 (2명)	4급 운항사(항해전문 1명, 기관전문 1명)	4급 운항사(항해전문 1명, 기관전문 1명)
			통신장	별표 3의2의 규정에 의한 통신사	별표 3의2의 규정에 의한 통신사
		제3종	선장	1급 운항사(항해전문)	2급 운항사(항해전문)
			운항장	1급 운항사(기관전문)	2급 운항사(기관전문)
			1등 운항사 (2명)	2급 운항사(항해전문 1명, 기관전문 1명)	3급 운항사(항해전문 1명, 기관전문 1명)
			2등 운항사 (3명)	3급 운항사(항해전문 2명, 기관전문 1명)	4급 운항사(항해전문 2명, 기관전문 1명)
			3등 운항사 (3명)	4급 운항사(항해전문 1명, 기관전문 2명)	4급 운항사(항해전문 1명, 기관전문 2명)
	6천톤 이상 또는 6천킬로와트 이상	제1종	선장	1급 항해사	1급 항해사
			기관장	1급 기관사	1급 기관사
			1등 항해사	2급 항해사 또는 2급 운항사(항해전문)	2급 항해사 또는 2급 운항사(항해전문)
			1등 기관사	2급 기관사 또는 2급 운항사(기관전문)	2급 기관사 또는 2급 운항사(기관전문)
			2등 항해사	3급 항해사 또는 3급 운항사(항해전문)	3급 항해사 또는 3급 운항사(항해전문)
			2등 기관사	3급 기관사 또는 3급 운항사(기관전문)	3급 기관사 또는 3급 운항사(기관전문)
			3등 운항사	3급 운항사(항해전문 또는 기관전문)	3급 운항사(항해전문 또는 기관전문)
			통신장	별표 3의2의 규정에 의한 통신사	별표 3의2의 규정에 의한 통신사

		제2종	선장	1급 항해사	1급 항해사
			기관장	1급 기관사	1급 기관사
			1등 항해사	2급 항해사 또는 2급 운항사(항해전문)	2급 항해사 또는 2급 운항사(항해전문)
			1등 기관사	2급 기관사 또는 2급 운항사(기관전문)	2급 기관사 또는 2급 운항사(기관전문)
			2등 운항사 (2명)	3급 운항사(항해전문 1명, 기관전문 1명)	3급 운항사(항해전문 1명, 기관전문 1명)
			통신장	별표 3의2의 규정에 의한 통신사	별표 3의2의 규정에 의한 통신사
		제3종	선장	1급 운항사(항해전문)	1급 운항사(항해전문)
			운항장	1급 운항사(기관전문)	1급 운항사(기관전문)
			1등 운항사 (2명)	2급 운항사(항해전문 1명, 기관전문 1명)	2급 운항사(항해전문 1명, 기관전문 1명)
			2등 운항사 (3명)	3급 운항사(항해전문 2명, 기관전문 1명)	3급 운항사(항해전문 2명, 기관전문 1명)
			3등 운항사 (3명)	4급 운항사(항해전문 1명, 기관전문 2명)	4급 운항사(항해전문 1명, 기관전문 2명)

비 고

1. 선장 · 운항장 · 1등 운항사 · 2등 운항사 또는 3등 운항사의 직무를 수행할 운항사가 없는 경우에는 같은 등급의 항해사 및 기관사를 각각 승무시켜야 한다.

2. 총톤수 3천톤 미만의 자동화선박은 갑판부 · 기관부 및 통신부의 승무기준을 적용한다.

3. 선박직원의 승무자격은 항해사와 운항사의 경우에는 총톤수를 기준으로 하며, 기관사의 경우에는 주기관 추진력을 기준으로 한다.

(5) 원양수역에서의 상급선박직원의 직무수행을 위한 승무경력

원양수역을 항행구역으로 하는 선박(연안수역을 항행구역으로 하는 선박 중 국제항해에 종사하는 상선을 포함한다)에서 선장 · 1등 항해사 · 기관장 · 1등 기관사 · 운항장 · 1등 운항사 또는 통신장의 직무를 행하고자 하는 자는 시행령 [별표 4]의 규정에 의한 승무경력이 있고, 원양선 직무교육과정을 이수하여야 한다.

1. 선장 및 1등 항해사(어선 외의 선박)

선박의 크기 (총톤수)	승무할 직무	선박직원으로 승무한 경력
500톤 이상 3천톤 미만	선장	3년(선장 또는 1등 항해사로 1년 이상 승무한 경력이 있는 사람은 2년) 이상
3천톤 이상	선장	3년(선장 또는 1등 항해사로 1년 이상 승무한 경력이 있는 사람은 2년) 이상
	1등 항해사	1년 이상

1의2. 선장 및 1등 항해사(어선)

어선의 길이	승무할 직무	선박직원으로 승무한 경력
24미터 이상 60미터 미만	선장	1년 이상
60미터 이상 80미터 미만	선장	2년(선장 또는 1등 항해사로 1년 이상 승무한 경력이 있는 사람은 1년) 이상
	1등 항해사	1년 이상
80미터 이상	선장	3년(선장 또는 1등 항해사로 1년 이상 승무한 경력이 있는 사람은 2년) 이상
	1등 항해사	1년 이상

비고

어선의 "길이"란 「선박안전법」 제27조 제1항 제2호에 따라 해양수산부령으로 정하는 방법으로 측정한 어선의 길이를 말한다.

2. 기관장 · 1등 기관사

선박의 크기 (주기관 추진력)	승무할 직무	선박직원으로 승무한 경력
750킬로와트 미만	기관장	1년 이상
750킬로와트 이상 3천킬로와트 미만	기관장	2년 이상(1등 기관사로 1년 이상 승무한 경력이 포함되어야 한다)
	1등 기관사	1년 이상
3천킬로와트 이상	기관장	3년(1등 기관사로 1년 이상 승무한 경력이 있는 사람은 2년) 이상
	1등 기관사	1년 이상

비고: 주기관 추진력이 750킬로와트 이상 3천 킬로와트 미만인 무제한수역을 항행구역으로 하는 어선에 1등 기관사로 승선할 경우 직무수행을 위한 승무경력을 적용하지 아니한다.

3. 통신장(전파통신급에 한함)

선박의 크기(총톤수)	승무할 직무	선박직원으로 승무한 경력
1만톤 이상 2만톤 미만	통신장	1년 이상
2만톤 이상	통신장	2년 이상

4. 자동화선박의 선장 · 운항장 · 1등 운항사

선박의 크기(총톤수)	승무할 직무	선박직원으로 승무한 경력
3천톤 이상의 자동화선박	선장	3년 이상[선장 · 1등 항해사 또는 1등 운항사(항해전문)으로 1년 이상 승무한 경력이 포함되어야 한다]
	운항장	3년 이상[운항장 · 1등 운항사(기관전문) · 기관장 · 1등

		기관사로 1년 이상 승무한 경력이 포함되어야 한다]
	1등 운항사	1년6월 이상[2등 운항사·2등 항해사·2등 기관사 이상의 직무로 1년 이상 승무한 경력이 포함되어야 한다]

비고
운항사의 선박직원으로 승무한 경력은 승무한 직무와 전문분야가 같아야 한다.

5. 수면비행선박의 선장·1등 항해사

선박의 종류	승무할 직무	선박직원으로 승무한 경력
소형 수면비행선박	선장	1년 이상
중형 수면비행선박	선장	2년 이상
	1등 항해사	1년 이상

비고
선박직원으로 승무한 경력은 수면비행선박에서의 승무경력을 말한다.

(6) 승무를 위한 추가적 교육요건

① 연안수역(어선의 경우에는 제한수역을 말한다)을 항행구역으로 하는 선박에서 선장·기관장·운항장 또는 통신장의 직무를 행하고자 하는 자는 연안선 직무교육과정을 이수하여야 한다.

② 항해사 또는 기관사가 운항사 면허를 받고 최초로 운항사의 직무를 행하고자 하는 자 중 해양수산부장관이 인정하는 교육과정을 이수하지 아니한 자는 해양수산부령이 정하는 교육과정을 이수하여야 한다.

③ 운항사가 자동화선박 외의 선박에 항해사 또는 기관사로 승무하는 경우에는 당해 운항사가 부여받은 전문분야와 동일한 직종의 직무로 승무하여야 한다.

④ 해양수산부장관은 필요하다고 인정하는 경우에는 여객선 및 「선원법 시행령」 제21조 제2항의 규정에 의한 위험물 적재선박(위험물 적재부선과 예선이 결합하여 운항하는 위험물 운반선을 포함한다)에 승무하는 선박직원의 승무기준을 해양수산부장관이 정하여 고시하는 바에 의하여 제1항의 규정에 의한 승무기준보다 강화하거나 필요한 교육을 이수하게 할 수 있다.

⑤ 「선박안전법」 제29조에 따라 무선설비를 갖추어야 하는 선박 중 다음 각 호의 선박 외의 선박에서 선장·항해사·운항장 또는 운항사로 승무하고자 하는 자는 당해 직무와 관련한 면허 외에 4급 이상의 통신사면허를 갖추어야 한다. 이

경우 세계해상조난 및 안전제도 관련설비를 갖춘 선박에 승무하고자 하는 자는 전파전자급의 통신사면허를 갖추어야 하며, 그 밖의 선박에 승무하고자 하는 자는 전파통신급 또는 전파전자급의 통신사면허를 갖추어야 한다.

가. 「전파법 시행령」 제116조에 따라 무선종사자가 아닌 자가 무선설비를 운용할 수 있는 선박

나. 어선 및 소형선박

⑥ 기관사 또는 운항사(기관전문 운항사에 한정한다)가 전자기관사 면허를 받고 최초로 전자기관사의 직무를 수행하려는 경우에는 해양수산부령으로 정하는 교육과정을 이수하여야 한다.

2) 승무기준의 특례

(1) 결원이 있는 경우의 승무기준의 특례(법 제12조)

① 다음 각 호의 어느 하나에 해당하는 경우에는 제11조(승무기준)를 적용하지 아니한다. 이 경우 선박소유자는 지체 없이 그 결원을 보충하여야 한다.

가. 외국의 각 항(港) 간을 항행하는 선박으로서 선박직원에 결원이 생겼으나 보충하기 곤란한 경우

나. 본국항과 외국항 간을 항행하는 선박이 국외에서 선박직원에 결원이 생기고 본국항까지 항행하는 경우

다. 위 가호 및 나호의 경우 외에 선박이 항행 중 선박직원에 결원이 생겼으나 보충하기 곤란한 경우

② 선박소유자는 제1항 각 호의 어느 하나에 해당하는 경우에는 지체 없이 그 사실과 결원보충계획을 해양수산부장관에게 통보하여야 한다.

③ 해양수산부장관은 제2항에 따른 통보를 받은 경우에 필요하다고 인정하면 선박소유자에게 그 결원을 지체 없이 보충할 것을 명할 수 있다.

(2) 허가에 의한 승무기준의 특례(법 제13조, 시행령 제23조, 시행규칙 제23조)

① 선박소유자는 선박이 다음 각 호의 어느 하나에 해당하는 경우에 해양수산부장관의 허가를 받았을 때에는 제11조(승무기준)에도 불구하고 그 허가된 해기사를 그 직무의 선박직원으로 승무시킬 수 있다.

가. 다른 선박에 예인(曳引)되어 항행하는 경우

나. 배가 선거(船渠)에 들어가거나 수리·계류 또는 그 밖의 사유로 항행에 사용되지 아니하는 경우

다. 그 밖에 해양수산부령으로 정하는 경우

가) 선박의 구조나 설비가 특수한 경우

나) 특정한 항로나 수역만을 항행하는 경우

다) 외국의 영토에 기지를 두고 연안항해를 하는 경우

라) 외국선박의 경우

마) 항행예정시간이 4시간 이내인 국내항간을 긴급히 항행할 필요가 있다고 인정되는 경우

② 해양수산부장관은 해기사의 수급(需給)상 부득이하여 대통령령으로 정하는 경우에는 6개월 범위에서 제11조에 따른 승무기준 중 등급을 완화하여 승무를 허가할 수 있다.

가. 국민경제 또는 국가안보에 중대한 영향을 미치는 물자를 긴급히 수송하는 경우로서 관계기관의 장의 요청이 있는 경우

나. 긴급히 도서민을 수송하는 경우

다. 그 밖에 해양수산부장관이 해기사의 수급상 부득이하다고 인정하는 경우

② 해양수산부장관이 승무기준의 완화에 관한 허가를 함에 있어서는 승무하고자 하는 자의 면허의 등급 및 승무경력 등을 참작하여 선박항행의 안전을 확보할 수 있도록 하여야 한다. 이 경우 선장 또는 기관장에 대한 승무기준 완화에 관한 허가는 불가항력의 경우에 한하여 이를 할 수 있다.

Ⅱ. 해기사의 교육과 지정교육기관에 대한 평가

1. 해기사의 면허취득교육 등과 보수교육

해기사 면허를 취득하기 위해서는 등급별 면허에 필요한 교육·훈련을 이수하여야 한다(법 제5조 제1항 제4호). 즉 해기사가 되기 위한 사람은 면허취득교육, 해기사 면허를 취득한 후 면허의 효력을 계속 유지하거나 면허의 유효기간이 지나서 면허의 효력이 정지된 경우 면허의 효력을 되살리려는 사람은 면허갱신교육 등을

이수하여야 한다.

또한 해양수산부장관은 해기사의 자질 향상, 기술 향상 및 「선원의 훈련·자격증명 및 당직근무의 기준에 관한 국제협약」 또는 「어선 선원의 훈련·자격증명 및 당직근무의 기준에 관한 국제협약」의 이행을 위하여 필요하다고 인정하면 해양수산부령으로 정하는 바에 따라 해기사에게 보수교육(補修教育)을 받게 할 수 있다(법 제16조). 즉 유조선, 케미컬 탱커 및 액화가스 탱커, 여객선 또는 자동화 선박에 승무하고자 하는 해기사를 위한 교육, 해기사의 자질향상을 위하여 일정 상급 해기사에게 부과되는 교육 등 여러 가지 교육제도를 두고 있다.

시행규칙 [별표 1]에서는 교육과정별 교육대상자·교육내용 및 교육기간에 대하여 다음과 같이 규정하고 있다.

■ 선박직원법 시행규칙 [별표 1]

교육과정별 교육대상자·교육내용 및 교육기간(제2조 제1항 관련)

교육과정	교육대상자		교육내용	교육기간
면허취득 교육	영 제5조 제1항 제1호에 해당하는 사람	3급 항해사, 3급 기관사 또는 전자기관사의 면허를 받으려는 사람(항해선인 상선에 승무하는 경우로 한정한다)	선박의 운항, 기관의 운전 또는 전자기관 관리	10일 교육과 6개월 원격교육
		3급 항해사 또는 3급 기관사의 면허를 받으려는 사람(항해선이 아닌 상선에 승무하거나 항해선인 어선에 승무하는 경우로 한정한다)		5일
		1급 통신사부터 3급 통신사(전파통신급 또는 전파전자급)의 면허를 받으려는 사람	통신직무	10일
		4급 항해사 또는 4급 기관사의 면허를 받으려는 사람(항해선인 상선에 승무하는 경우로 한정한다)	선박의 운항 또는 기관의 운전	5일 교육과 4개월 원격교육
		4급 항해사 또는 4급 기관사의 면허를 받으려는 사람(항해선이 아닌 상선에 승무하거나 항해선인 어선에 승무하는 경우로 한정한다)		3일
		4급 통신사(전파통신급 또는 전파전자급)의 면허를 받으려는 사람	통신직무	5일
		5급 항해사 또는 5급 기관사의 면허를 받으려는 사람(항해선인 상선에 승무하는 경우로 한정한다)	선박의 운항 또는 기관의 운전	3일 교육과 2개월 원격교육
		5급 항해사 또는 5급 기관사의 면허를 받으려는 사람(항해선이 아닌 상선에 승무하거나 항해선인 어선에 승무하는 경우로 한정한다)		3일

		6급 항해사 또는 6급 기관사의 면허를 받으려는 사람(항해선인 상선에 승무하는 경우로 한정한다)	선박의 운항 또는 기관의 운전	2일 교육과 1개월 원격교육
		6급 항해사 또는 6급 기관사의 면허를 받으려는 사람(항해선인 어선에 승무하는 경우로 한정한다)		2일
	영 제5조 제1항 제2호에 해당하는 사람	승무경력 없이 필기시험 및 실기시험으로 소형선박 조종사면허를 받으려는 사람	선박의 운항 및 기관의 운전	3일
	영 제5조 제1항 제3호에 해당하는 사람	필기시험과목 전부를 면제받아 6급 항해사면허, 6급 기관사면허 또는 소형선박 조종사면허를 받으려는 사람	선박의 운항 또는 기관의 운전	3일
		필기시험과목 일부를 면제받아 6급 항해사면허, 6급 기관사면허 또는 소형선박 조종사면허를 받으려는 사람	선박의 운항 또는 기관의 운전	2일
	영 제5조 제1항 제4호에 해당하는 사람	3급 항해사 이상, 3급 기관사 이상, 3급 운항사 이상의 면허를 받으려는 사람	선박의 운항관리 또는 기관의 운전	10일
		4급 항해사 이하, 4급 기관사 이하, 4급 운항사의 면허 또는 통신사의 면허를 받으려는 사람	선박의 운항관리 또는 기관의 운전	5일
	영 제5조 제1항 제5호에 해당하는 사람	2급 이하의 항해사 면허를 받으려는 사람	선박의 운항	10일
	영 제5조 제1항 제6호에 해당하는 사람	소형 수면비행선박 조종사면허(한정면허를 포함한다)를 받으려는 사람	수면비행선박 모의조종훈련	35시간
			수면비행선박 실선 실습훈련	60시간
		중형 수면비행선박 조종사면허(한정면허를 포함한다)를 받으려는 사람	수면비행선박 모의조종훈련	50시간
			수면비행선박 실선 실습훈련	100시간
	영 제15조 제2항에 해당하는 사람	상선면허를 가지고 동급 이하의 어선면허를 받으려는 사람 또는 어선면허를 가지고 동급 이하의 상선면허를 받으려는 사람	선박의 운항 및 영어	7일
면허갱신 교육	법 제7조 제3항 제2호에 따라 교육을 이	3급 항해사 이상, 3급 기관사 이상, 3급 운항사 이상, 중형 수면비행선박 조종사면허를 갱신하려는 사람	선박의 운항관리 또는 기관의 운전	3일
		4급 항해사 이하, 4급 기관사 이하, 4급 운항	선박의 운항관	2일

		수하고 면허를 갱신하려는 사람	사, 소형 수면비행선박 조종사면허를 갱신하려는 사람	리 또는 기관의 운전	
			통신사, 소형선박조종사면허를 갱신하려는 사람	통신직무 또는 소형선박의 운항관리	1일
보수교육	기술교육	운항사 교육	영 제22조 제4항에 따라 운항사 면허를 받고 최초로 운항사의 직무를 행하려는 사람	선박의 운항관리	10일
		레이더시뮬레이션 교육	1급 항해사부터 6급 항해사까지의 면허, 1급 운항사(항해전문)부터 4급 운항사(항해전문)까지의 면허 또는 소형선박 조종사면허를 가지고 레이더가 설치된 항해선에 최초로 승무하려는 사람	레이더관측·레이더기초지식 및 레이더항법	5일
			통신사면허를 소지하고 통신사 이상의 직무를 수행한 사람 중 1급 항해사부터 6급 항해사까지의 면허, 1급 운항사(항해전문)부터 4급 운항사(항해전문)까지의 면허 또는 소형선박 조종사면허를 가지고 레이더가 설치된 항해선에 최초로 승무하려는 사람	레이더 정보·분석	2일
		리더십 및 팀워크 교육	최초로 내항여객선 또는 항해선인 상선에 항해사, 기관사, 운항사 또는 전자기관사로 승무하려는 사람	선내 조직의 구성원으로 인적자원의 효과적인 관리와 운용에 관한 교육	3일
		고전압 운용교육	1,000볼트 초과 고전압을 발전, 배전 또는 변압하는 설비를 갖춘 항해선에 기관사, 운항사(기관전문) 또는 전자기관사로 승무하려는 사람	고전압 설비의 개요 및 작업안전에 관한 교육	1일
		전자해도장치교육	1급 항해사부터 6급 항해사까지의 면허 또는 1급 운항사(항해전문)부터 4급 운항사(항해전문)까지의 면허를 가지고 전자해도장치(ECDIS)가 설치된 여객선 또는 항해선인 상선에 최초로 승무하려는 사람	전자해도장치에 관한 지식과 활용 능력 배양	3일
		자동충돌예방교육	1급 항해사부터 6급 항해사까지의 면허 또는 1급 운항사(항해전문)부터 4급 운항사(항해전문)까지의 면허를 가지고 자동충돌예방장치가 설치된 항해선인 상선에 최초로 승무하려는 사람	자동충돌예방장치에 관한 지식과 시뮬레이션 훈련	3일
	안전 및 해양오염방지 교육	탱커기초 교육	「선원법 시행령」 제43조 제1항에 따른 기초안전교육을 이수하고, 최초로 유조선이나 케미컬탱커에서 항해사, 기관사, 운항사로 승무하려는 사람(「선원법 시행규칙」 별표 2에 따른 탱커교육 이수자는 제외한다)	화물의 특성·독성·위험, 위험통제, 인명보호, 오염방지절차	3일
		액화가스 탱커기초	최초로 액화가스탱커에 항해사, 기관사 또는 운항사로 승무하려는 사람(「선원법 시행규칙」	화물의 특성·독성·위험, 위	3일

		교육	별표 2에 따른 탱커교육 이수자는 제외한다)	험통제, 인명보호, 오염방지절차	
		해양오염방지 교육	항해선에 해양오염방지관리인으로 승무하려는 사람 또는 해양오염방지관리인의 자격을 유지하려는 사람	해양환경오염방지에 관한 교육	3일(유지하려는 경우 2일)
		극지해역 운항선박 기초교육	극지해역을 운항하는 선박에 선장 또는 항해사로 승무하려는 사람	극지해역에서 선박의 운항에 관한 교육	4일
		가스연료 추진선박 기초교육	가스 또는 저인화점 연료를 사용하는 선박의 안전에 대한 국제기준(이하 "가스연료추진선박 국제기준"이라 한다)이 적용되는 선박에 항해사, 통신장으로 승무하려는 사람 또는 해당 선박에 선장, 기관장, 기관사, 운항장, 운항사, 전자기관사로 승무하기 위해 가스연료추진선박 직무교육을 이수하려는 사람(「선원법 시행규칙」 제42조 제3항에 따른 액화가스탱커 승무자격증을 보유한 사람은 제외한다)	가스 및 저인화점 연료를 사용하는 선박의 운항관리에 관한 교육	2일
	직무교육	유조선 직무교육	탱커기초교육을 이수하고, 유조선에 선장, 1등 항해사, 기관장, 1등 기관사, 운항장 또는 1등 운항사로 승무하려는 사람	안전규칙, 실무지침, 유조선 구조, 화물의 특성, 설비 보수관리, 비상절차	5일
		액화가스 탱커 직무교육	액화가스탱커기초교육을 이수하고, 액화가스탱커에 선장, 1등 항해사, 기관장, 1등 기관사, 운항장 또는 1등 운항사로 승무하려는 사람	안전규칙, 실무지침, 화학·물리학, 오염방지절차, 화물취급설비, 선내작업절차, 비상절차	5일
		케미컬 탱커 직무교육	탱커기초교육을 이수하고, 케미컬탱커에 선장, 1등 항해사, 기관장, 1등 기관사, 운항장 또는 1등 운항사로 승무하려는 사람	안전규칙, 실무지침, 화물 특성, 선내 작업절차, 설비보수관리, 비상절차	5일
		원양선 직무교육	영 제22조 제2항에 따라 원양수역(어선의 경우에는 무제한수역)을 항행구역으로 하는 선박에 선장, 1등 항해사, 기관장, 1등 기관사, 운항장, 1등 운항사 또는 통신장으로 승무하려는 사람[「선원의 훈련·자격증명 및 당직근무의 기준에 관한 국제협약」(이하 "국제협약"이라 한다) 제2장 제2조 또는 제3장 제2조에 따른 교육을 이수한 사람으로 한정한다]	선박의 운항관리, 기관의 운전 또는 통신직무	5일(어선 또는 통신장의 경우에는 3일)

	영 제22조 제2항에 따라 원양수역(어선의 경우에는 무제한수역)을 항행구역으로 하는 선박에 선장, 1등 항해사, 기관장, 1등 기관사, 운항장, 1등 운항사 또는 통신장으로 승무하려는 사람(국제협약 제2장 제2조 또는 제3장 제2조에 따른 교육을 이수하지 않은 사람으로 한정한다)	선박의 운항관리, 기관의 운전 또는 통신 직무	5일 교육과 3개월 원격교육(어선 또는 통신장의 경우에는 3일)
연안선 직무교육	영 제22조 제3항에 따라 연안수역(어선의 경우에는 제한수역)을 항행구역으로 하는 총톤수 5톤 이상(어선의 경우에는 30톤 이상)선박에 선장, 기관장, 운항장 또는 통신장(200톤 이상 선박인 경우로 한정한다)으로 승무하려는 사람(국제협약 제2장 제3조 또는 제3장 제3조에 따른 교육을 이수한 사람으로 한정한다)	선박의 운항관리, 기관의 운전 또는 통신 직무	3일(어선 또는 통신장의 경우에는 2일, 30톤 미만 상선의 경우에는 1일)
	영 제22조 제3항에 따라 연안수역(어선의 경우에는 제한수역)을 항행구역으로 하는 총톤수 5톤 이상(어선의 경우에는 30톤 이상)선박에 선장, 기관장, 운항장 또는 통신장(200톤 이상 선박인 경우로 한정한다)으로 승무하려는 사람(국제협약 제2장 제3조 또는 제3장 제3조에 따른 교육을 이수하지 않은 사람으로 한정한다)	선박의 운항관리, 기관의 운전 또는 통신 직무	3일 교육과 1개월 원격교육(어선 또는 통신장의 경우에는 2일, 30톤 미만 상선의 경우에는 1일)
예인선 직무교육	최초로 예인선에 선장, 운항장, 항해사 또는 운항사로 승무하려는 사람	선박운항 관리를 위한 모의운항시뮬레이션	2일
여객선 직무교육	영 제22조 제3항에 따라 연안수역을 항행구역으로 하는 여객선에 선박직원으로 승무하려는 사람	선내 인적 자원의 효율적인 관리와 운용에 관한 교육	3일
리더십 및 관리기술 직무교육	내항여객선 또는 항해선인 상선에 선장, 1등 항해사, 기관장, 1등 기관사, 운항장 또는 1등 운항사로 승무하려는 사람	선내 조직의 관리자로 인적 자원의 효과적인 관리와 운용에 관한 교육	3일
고전압 직무교육	1,000볼트 초과 고전압을 발전, 배전 또는 변압하는 설비를 갖춘 항해선에 기관장, 1등 기관사, 운항장(기관전문) 또는 1등 운항사(기관전문)로 승무하려는 사람	고전압 설비의 안전관리 및 운용에 관한 교육	3일
극지해역 운항선박 직무교육	극지해역 운항선박 기초교육을 이수하고, 극지해역 또는 이와 유사하게 얼음으로 덮인 해역에서 선장 또는 항해사로 2개월 이상의 승무경력이 있는 사람 중에서 극지해역을 운항하는 선박에 선장 또는 1등 항해사로 승무하려는 사람	극지해역에서 선박의 운항 관리에 관한 교육	4일

	가스연료 추진선박 직무교육	가스연료추진선박 국제기준이 적용되는 선박에 선장, 기관장, 기관사, 운항장, 운항사, 전자기관사로 승무하려는 사람으로서, 가스연료추진선박 기초교육을 이수했거나 「선원법 시행규칙」 제42조 제3항에 따른 액화가스탱커 승무자격증을 보유한 사람(「선원법 시행규칙」 제42조의2 제2항 제2호 나목에 해당하는 기준을 충족하는 사람은 제외한다)	가스 및 저인화점 연료를 사용하는 선박의 운항관리에 관한 교육	3일
필기시험 면제교육	영 제13조 제 2 항 에 따라 필기시험을 면제받으려는 사람	2급 항해사면허, 2급 기관사면허, 2급 운항사면허를 받으려는 사람	필기시험 관련 과목	20일
		3급 항해사면허, 3급 기관사면허, 3급 운항사면허를 받으려는 사람	필기시험 관련 과목	15일
		4급 또는 5급 항해사면허, 4급 또는 5급 기관사면허를 받으려는 사람	필기시험 관련 과목	10일
면접시험 면제교육	영 제13조 제6항에 따라 면접시험을 면제받으려는 사람		면접시험 관련 과목	1일
소형선박 직무교육	영 별표 3 제4호에 따라 소형선박의 선장 및 기관장의 직무를 겸직하려는 사람		소형선박의 운항 또는 소형선박의 기관운전	3일

비고

1. 2개 이상의 교육과정을 통합하여 1개의 교육과정을 운영하는 경우에는 중복되는 과목에 해당하는 교육기간을 단축할 수 있다.
2. 삭제 <2016. 5. 16.>
3. 원양선 직무교육을 이수한 경우에는 해당 직종의 연안선 직무교육을 이수한 것으로 본다.

3의2. 운항사 면허갱신 교육대상자의 경우 항해전공은 선박의 운항관리에 해당하는 면허갱신교육을 이수하여야 하고, 기관전공은 기관의 운전에 해당하는 면허갱신교육을 이수하여야 한다.

4. 삭제 <2016. 5. 16.>
5. 수면비행선박 모의조종훈련은 수면비행선박 실선 실습훈련으로 대체하여 이수할 수 있다.
6. 표면효과전용선면허를 받으려는 사람은 위 표에 따른 교육과정 외에 35시간의 수면비행선박 운항관리 교육과정을 추가로 이수하여야 한다. 이 경우 수면비행선박 실선 실습훈련 교육기간을 2분의 1 이내의 범위에서 단축할 수 있다.
7. 비사업용조종사 면허를 받으려는 경우 또는 소형 수면비행선박 조종사면허를 소지한 사람가 중형 수면비행선박 조종사면허를 받으려는 경우에는 2분의 1이내의 범위에서 교육기간을 단축할 수 있다.
8. 국제협약에서 정한 교육과정 중 해양수산부장관이 위 표에서 정하는 교육과정과 동일하다고 인정하는 교육과정을 동 협약 당사국에서 이수한 경우에는 위 표에서 정하는 교육과정을 이수한 것으로 본다.
9. 삭제 <2016. 5. 16.>
10. 위 표에서 "원격교육"이란 통신, 인터넷 등으로 교육과정을 운영하는 것을 말한다.
11. 위 표에서 "항해선"이란 「선원법」 제2조 제8호에 따른 선박을 말한다.

11의2. 위 표에서 "항해선인 상선"이란 항해선 중에서 어선을 제외한 선박을 말한다.

12. 위 표에서 “내항여객선”이란 「해운법」 제3조 제1호 또는 제2호에 따른 내항 정기 여객운송사업 또는 내항 부정기 여객운송사업에 종사하는 같은 법 제2조 제1호의2에 따른 여객선을 말한다.
13. 「해양환경관리법」에 따른 선박의 해양오염방지관리인 과정을 이수한 경우에는 위 표의 해양오염방지교육을 이수한 것으로 본다.
14. 통신사의 원양선 직무교육, 연안선 직무교육 또는 면허에 필요한 교육과정을 이수한 경우에는 면접시험 면제교육을 이수한 것으로 본다.
15. 통신장으로 1년 이상 승무한 경력이 있는 경우에는 원양선 직무교육(통신 직무 교육으로 한정한다)을 이수한 것으로 본다.
16. 리더십 및 팀워크 교육 또는 리더십 및 관리기술 직무교육을 이수한 사람은 여객선 직무교육을 이수한 것으로 본다.
17. 위 표에서 “극지해역”이란 해양수산부장관이 정하여 고시하는 남극해역 및 북극해역을 말한다.

2. 지정교육기관 등에 대한 평가(시행령 제16조의2)

(1) 해양수산부장관은 다음 각 호의 어느 하나에 해당하는 기관에 대하여 국제협약에서 정하는 해기사양성교육·시험 또는 면허관리에 관한 품질평가(이하 “해기품질평가”라 한다)를 실시하여야 한다.18)

① 지정교육기관

② 시행령 제24조에 따라 시험 또는 면허의 관리에 관한 업무를 위임 또는 위탁받은 기관

(2) 해기품질평가는 5년마다 실시하여야 하며, 해기품질평가의 실시방법, 실시결과의 사후관리에 관하여 필요한 사항은 해양수산부령으로 정하고 있다. 해양수산부장관은 「해기품질기준(해양수산부고시 제2016－233호, 2016. 12. 30. 시행)」을 제정하여 시행하고 있다.

제4절 보칙 및 벌칙

Ⅰ. 보 칙

1. 외국선박의 감독(법 제17조)

(1) 해양수산부장관은 소속 공무원으로 하여금 대한민국 영해 안에 있는 외

18) 국제해사기구(IMO)는 ‘STCW 78협약에 대한 1995년 개정’ 시 해기품질평가 제도를 도입하였다.

국선박에 승무하는 선박직원에 대하여 다음 각 호의 사항을 검사하거나 심사하게 할 수 있다.

①「선원의 훈련·자격증명 및 당직근무의 기준에 관한 국제협약」 또는「어선 선원의 훈련·자격증명 및 당직근무의 기준에 관한 국제협약」에 적합한 면허증 또는 증서를 가지고 있는지 여부

②「선원의 훈련·자격증명 및 당직근무의 기준에 관한 국제협약」 또는「어선 선원의 훈련·자격증명 및 당직근무의 기준에 관한 국제협약」에서 정한 수준의 지식과 능력을 갖추고 있는지 여부

(2) 해양수산부장관은 제1항에 따른 검사 또는 심사를 한 결과 그 선박직원이 제1항 각 호의 요건을 충족하지 못한다고 인정할 때에는 그 외국선박의 선장에게 그 요건을 충족하는 선박직원을 승무시키도록 문서로 통보하여야 한다. 이 경우 해양수산부장관은 대한민국에 있는 해당 국가의 영사(해당 선박이 소속된 선적국가의 영사를 말하며, 영사가 없는 경우에는 가장 가까운 곳의 외교관 또는 해운당국을 말한다)에게 그 선장으로 하여금 적합한 선박직원을 승무시키게 하는 데에 필요한 조치를 하도록 문서로 통보하여야 한다.

(3) 해양수산부장관은 제2항 전단에 따른 통보를 받은 그 외국선박의 선장이 제1항 각 호의 요건을 충족하는 선박직원을 승무시키지 아니한 경우에 항행을 계속하는 것이 인명 또는 재산에 위험을 초래하거나 해양환경보전에 장해가 될 염려가 있다고 인정할 때에는 그 외국선박에 대하여 항행정지를 명하거나 그 항행을 정지시킬 수 있다.

(4) 해양수산부장관은 제3항에 따른 위험과 장해가 없어졌다고 인정할 때에는 지체 없이 항행을 하게 하여야 한다.

(5) 제1항에 따른 검사 및 심사의 방법과 검사 및 심사를 하는 소속 공무원의 자격에 관하여는「선박안전법」 제68조 및 제76조에 따른다.

2. 해기사 실습생의 승선실습

1) 해기사의 승선실습(법 제21조)

(1) 해기사 실습생의 승선실습은 지정교육기관의 실습선에서 행하는 승선 실습과 상선 또는 어선에서 행하는 승선실습(이하 "현장승선실습"이라 한다)으로 구분한다.

(2) 선박소유자는 현장승선실습을 원하는 해기사 실습생이 있는 경우 해양수산부장관이 정하여 고시하는 현장승선실습 운영지침에 따라 현장승선실습을 실시하여야 한다.

(3) 중앙행정기관의 장은 제2항에 따라 현장승선실습을 실시하는 선박소유자에게 예산의 범위에서 현장승선실습에 필요한 경비의 일부를 지원할 수 있다.

(4) 제3항에 따른 경비는 현장승선실습을 위탁하는 지정교육기관을 통하여 지원한다.

2) 현장승선실습 계약 체결 등(법 제21조의2)

(1) 법 제21조 제2항에 따라 현장승선실습을 실시하는 선박소유자는 현장승선실습을 실시하기 전에 해양수산부장관이 정하여 고시하는 현장승선실습 표준협약서를 사용하여 해기사 실습생과 현장승선실습 계약을 체결하여야 한다.

(2) 해기사 실습생의 보호 또는 현장승선실습의 내실화를 위하여 필요한 경우에 지정교육기관의 장은 현장승선실습 계약 체결에 참여할 수 있다.

(3) 현장승선실습을 실시하는 선박소유자는 제1항에 따라 체결한 현장승선실습 계약사항을 준수하여야 한다.

(4) 제1항에 따른 현장승선실습 계약에는 다음 각 호의 사항이 포함되어야 한다.

① 선박소유자 및 해기사 실습생의 권리 · 의무

② 현장승선실습수당

③ 현장승선실습 내용 및 방법

④ 현장승선실습 기간 및 시간

⑤ 현장승선실습결과의 평가

⑥ 해기사 실습생의 복리후생 등에 관한 사항

(5) 선박소유자가 현장승선실습 업무를 담당하도록 지정한 선박직원은 법 제21조 제2항에 따른 현장승선실습 운영지침에 따라 현장승선실습 교육을 실시하여야 한다.

3) 지정교육기관의 현장승선실습 관리 등(법 제21조의3)

(1) 지정교육기관의 장은 해당 기관의 해기사 실습생의 보호와 현장승선실습의 내실화를 위하여 법 제21조 제2항에 따른 현장승선실습 운영지침에 따라 현장승선실습을 받을 해기사 실습생(이하 이 조에서 "현장승선실습생"이라 한다)을 추천하고 현장승선실습생의 안전 등을 관리하여야 한다.

(2) 법 제21조의2 제1항 및 제2항에 따른 계약 체결에 참여한 지정교육기관의 장은 현장승선실습을 실시하기 전에 현장승선실습운영계획을 수립하여 현장승선실습을 실시하는 현장승선실습생 등에게 설명회 등을 통하여 알리고, 현장승선실습생을 대상으로 해당 기관의 현장승선실습 선박에서 선박의 환경, 실습 여건, 안전사고 예방 등에 대하여 사전교육을 실시하여야 한다.

(3) 지정교육기관의 장은 해당 기관의 현장승선실습생이 승선하고 있는 선박소유자의 선박 등에 대하여 현장승선실습생의 안전과 권리 보장 등에 대한 실태점검을 실시하고 해양수산부장관에게 그 결과를 제출하여야 한다. 이 경우 선박소유자는 실태점검을 위한 자료 제출, 지정교육기관 관계자의 현장승선실습 선박의 승선 등에 협조하여야 한다.

(4) 법 제21조 제2항에 따른 현장승선실습 운영지침에는 다음 각 호의 사항이 포함되어야 한다.

① 현장승선실습생의 선발절차, 현장승선실습생의 건강상태 및 적성 · 인성 검사 결과 등의 제공 및 활용에 관한 사항

② 현장승선실습 사전교육 실시 시기, 기간 및 교육 내용 등에 관한 사항

③ 현장승선실습에 필요한 운영계획 수립, 학생 및 교원 등을 대상으로 하는 운영 설명회 개최 등에 관한 사항

④ 실태점검 대상, 점검주기 및 항목 등에 관한 사항

⑤ 실태점검 결과의 제출 및 조치 방법에 관한 사항

⑥ 현장승선실습생 사고예방을 위한 통계 작성 · 관리, 현장승선실습생에 대한 지도 · 관리, 예방교육 실시 및 책임교수 지정 등에 관한 사항

⑦ 지정교육기관과 선박소유자 등이 참여하는 협의체 구성 및 운영 등에 관한 사항

Ⅱ. 벌칙 등

1. 벌 칙

1) 1년 이하의 징역 또는 1천만원 이하의 벌금(법 제27조)

다음 각 호의 어느 하나에 해당하는 자는 1년 이하의 징역 또는 1천만원 이하의 벌금에 처한다.

(1) 거짓이나 그 밖의 부정한 방법으로 제4조에 따른 면허 또는 제10조의2에 따른 승무자격인정을 받은 사람

(2) 제4조에 따른 면허 또는 제10조의2에 따른 승무자격인정을 받지 아니하고 선박직원으로 승무한 사람과 그를 승무시킨 자. 다만, 승무 중에 면허 또는 승무자격인정의 유효기간이 만료된 사람은 제외한다.

(3) 승무경력을 거짓으로 증명하여 준 자

(4) 제9조(제10조의2 제5항에 따라 준용되는 경우를 포함한다) 또는 「해양사고의 조사 및 심판에 관한 법률」에 따라 업무정지처분 중에 있는 사람을 선박직원으로 선박에 승무시킨 자

(5) 제11조 제1항을 위반하여 해기사(제10조의2에 따라 승무자격인정을 받은 사람을 포함한다)를 승무시킨 자

(6) 제12조 제3항(결원보충) 또는 제17조 제3항(출항정지)에 따른 명령을 위반한 자

(7) 제22조 제1항을 위반하여 면허증이나 승무자격증을 다른 사람에게 대여하거나 부당하게 사용한 사람

(8) 제22조 제2항을 위반하여 면허증이나 승무자격증의 대여 또는 부당한 사용을 알선한 사람

2) 300만 원 이하의 벌금(법 제28조)

다음 각 호의 어느 하나에 해당하는 사람은 300만 원 이하의 벌금에 처한다.

(1) 제9조(제10조의2 제5항에 따라 준용되는 경우를 포함한다) 또는 「해양사고의 조사 및 심판에 관한 법률」에 따른 업무정지처분을 위반하여 선박직원으로 승무한 사람

(2) 제14조(해기사 승무범위)를 위반한 사람

3) 100만 원 이하의 벌금(법 제29조)

제21조 제2항을 위반하여 해기사 실습생의 현장승선실습을 거부하거나 현장승선실습 운영지침을 따르지 아니한 선박소유자는 100만 원 이하의 벌금에 처한다.

4) 양벌규정(법 제30조)

법인의 대표자나 법인 또는 개인의 대리인, 사용인, 그 밖의 종업원이 그 법인 또는 개인의 업무에 관하여 제27조 제4호 · 제5호 또는 제29조 제1호의 위반행위를 하면 그 행위자를 벌하는 외에 그 법인 또는 개인에게도 해당 조문의 벌금형을 과(科)한다. 다만, 법인 또는 개인이 그 위반행위를 방지하기 위하여 해당 업무에 관하여 상당한 주의와 감독을 게을리하지 아니한 경우에는 그러하지 아니하다.

5) 과태료(법 제31조)

(1) 다음 각 호의 어느 하나에 해당하는 자에게는 500만원 이하의 과태료를 부과한다.

1. 제21조의2 제1항을 위반하여 현장승선실습 계약을 체결하지 아니하거나 현장승선실습 계약을 체결할 때 현장승선실습 표준협약서를 사용하지 아니한 선박소유자

2. 제21조의2 제3항을 위반하여 현장승선실습 계약사항을 준수하지 아니한 선박소유자

(2) 다음 각 호의 어느 하나에 해당하는 자에게는 300만원 이하의 과태료를 부과한다.

가. 선박직원의 면허 또는 승무자격인정의 유효기간이 승무 중에 만료되었음에도 불구하고 그 선박직원을 계속 승무시킨 자

나. 제17조 제1항에 따른 검사 또는 심사를 거부 · 방해하거나 기피한 자

(3) 다음 각 호의 어느 하나에 해당하는 자에게는 100만원 이하의 과태료를 부과한다.

가. 제12조 제2항(결원통보)에 따른 통보를 하지 아니한 자

나. 제15조를 위반하여 면허증 또는 승무자격증을 갖추어 두지 아니한 사람

(4) 제1항부터 제3항까지의 규정에 따른 과태료는 대통령령으로 정하는 바에 따라 해양수산부장관이 부과·징수한다.

■ 선박직원법 시행령 [별표 5]

과태료의 부과기준(제26조 관련)

1. 일반기준

가. 부과권자는 다음의 어느 하나에 해당하는 경우에는 제2호에 따른 과태료 금액의 2분의 1의 범위에서 그 금액을 감경할 수 있다. 다만, 과태료를 체납하고 있는 위반행위자의 경우에는 그러하지 아니하다.

1) 위반행위자가 「질서위반행위규제법 시행령」 제2조의2 제1항 각 호의 어느 하나에 해당하는 경우

2) 위반행위가 사소한 부주의나 오류로 인한 것으로 인정되는 경우

3) 위반행위자의 법 위반상태를 시정하거나 해소하기 위한 노력이 인정되는 경우

4) 그 밖에 위반행위의 정도, 위반행위의 동기와 결과 등을 고려하여 감경할 필요가 있다고 인정되는 경우

나. 부과권자는 다음의 어느 하나에 해당하는 경우에는 제2호에 따른 과태료 금액의 2분의 1의 범위에서 그 금액을 가중할 수 있다.

1) 위반의 내용·정도가 중대하여 선박 항행의 안전에 미치는 피해가 크다고 인정되는 경우

2) 법 위반상태의 기간이 6개월 이상인 경우

3) 그 밖에 위반행위의 정도, 위반행위의 동기와 결과 등을 고려하여 가중할 필요가 있다고 인정되는 경우

2. 개별기준

(단위: 만원)

위반행위	근거 법조문	과태료 금액
가. 선박직원의 면허 또는 승무자격인정의 유효기간이 승무 중에 만료되었음에도 불구하고 그 선박직원을 계속 승무시킨 경우	법 제31조 제2항 제1호	150
나. 법 제12조 제2항에 따른 통보를 하지 않은 경우	법 제31조 제3항 제1호	50
다. 법 제15조를 위반하여 면허증 또는 승무자격증을 선박에 갖추어 두지 않은 경우	법 제31조 제3항 제2호	50
라. 법 제17조 제1항에 따른 검사 또는 심사를 거부·방해하거나 기피한 경우	법 제31조 제2항 제2호	150
마. 법 제21조의2 제1항을 위반하여 현장승선실습 계약을 체결하지 않거나 현장승선실습 계약을 체결할 때 현장승선실습 표준협약서를 사용하지 않은 경우	법 제31조 제1항 제1호	360
바. 법 제21조의2 제3항을 위반하여 현장승선실습 계약사항을 준수하지 않은 경우	법 제31조 제1항 제2호	250

2. 행정처분의 기준(시행규칙 제20조)

(1) 법 제9조 제7항에 따른 해기사행정처분의 기준은 별표 2와 같다.

(2) 지방해양수산청장은 법 제9조 제1항부터 제3항까지의 규정에 따라 행정처분을 한 때에는 그 처분의 내용을 별지 제12호서식에 따라 지체 없이 처분대상자에게 통지하여야 한다.

(3) 해양경찰청장은 「수상레저안전법」에 따라 동력수상레저기구조종면허에 대하여 행정처분을 받은 사람이 영 제4조 제1항 제3호의2 및 제4호에 따른 한정면허를 가지고 있는 경우에는 그 행정처분의 사실을 관할 지방해양수산청장에게 통보해야 하며, 통보를 받은 지방해양수산청장은 그 한정면허를 가지고 있는 사람에 대하여 동력수상레저기구조종면허에 대한 행정처분의 내용과 동일한 내용의 행정처분을 해야 한다.

■ 선박직원법 시행규칙 [별표 2]

행정처분의 기준(제20조 제1항 관련)

1. 일반기준

가. 위반행위가 둘 이상인 경우로서 그에 해당하는 각각의 처분기준이 다른 경우에는 그 중 무거운 처분기준에 따른다. 다만, 둘 이상의 처분기준이 모두 업무정지인 경우에는 각 처분기준을 합산한 기간을 넘지 아니하는 범위에서 무거운 정지처분기간에 각각의 정지처분기준의 2분의 1 범위까지 가중할 수 있되, 그 가중한 기간을 합산한 기간은 1년을 초과할 수 없다.

나. 위반사항의 횟수에 따른 처분의 기준은 해당 위반행위가 있는 날 이전 최근 1년간 같은 위반행위로 인하여 처분을 받은 경우에 적용한다.

다. 처분권자는 위반행위의 동기 · 내용 · 회수 및 위반의 정도 등 아래에 해당하는 사유를 고려하여 그 처분을 감경할 수 있다. 이 경우 그 처분이 업무정지인 경우에는 그 처분기준의 2분의 1 범위에서 감경할 수 있고, 면허취소인 경우(법 제9조 제2항에 해당하는 경우에는 제외한다)에는 1년의 업무정지 처분으로 감경할 수 있다.

1) 위반행위가 고의나 중대한 과실이 아닌 사소한 부주의나 오류로 인한 것으로 인정되는 경우

2) 위반의 내용 · 정도가 경미하여 인명 또는 재산에 미치는 피해가 적다고 인정되는 경우

3) 위반 행위자가 처음 해당 위반행위를 한 경우로서 3년 이상 해기사 직무를 모범적으로 해 온 사실이 인정된 경우

4) 위반 행위자가 해당 위반행위로 인하여 검사로부터 기소유예 처분을 받거나 법원으로부터 선고유예의 판결을 받은 경우

2. 개별기준

위반사항	근거법령	행정처분		
		1차 위반	2차 위반	3차 위반
가. 법 제14조를 위반하여 승무한 때	법 제9조 제1항 제1호	경고	업무정지 1개월	업무정지 3개월
나. 법 제15조를 위반하여 선박직원으로 승무하는 때에 면허증 또는 승무자격증을 제출하지 아니하거나 이를 선박 안에 비치하지 아니한 때	법 제9조 제1항 제2호	경고	업무정지 15일	업무정지 1개월
다. 법 제22조를 위반하여 면허증 또는 승무자격증을 다른 사람에게 대여하거나 부당하게 행사한 때	법 제9조 제1항 제3호	업무정지 6개월	업무정지 1년	면허 취소
라. 선박직원으로서 직무를 수행할 때 비행(非行)이 있거나 인명(人命) 또는 재산에 위험을 초래하거나 해양환경보전에 장해가 되는 행위를 한 때	법 제9조 제1항 제4호	업무정지 3개월	업무정지 1년	면허 취소
마. 법 제9조 제5항 전단을 위반하여 업무정지처분의 통지를 받은 날부터 30일 이내에 해기사면허증을 지방해양수산청장에게 제출하지 아니한 때	법 제9조 제1항 제5호	업무정지 1개월	업무정지 2개월	업무정지 4개월
바. 업무정지기간 중에 승무한 때	법 제9조 제1항 제6호	면허 취소	–	–
사.「해사안전법」 제42조 제1호 또는 제2호에 해당하여 해양경찰청장의 요청이 있는 경우	법 제9조 제3항			
1) 혈중알코올농도가 0.03퍼센트 이상 0.08퍼센트 미만인 경우				–
가) 사람을 죽게 하거나 다치게 한 경우		면허취소	–	–
나) 그 외의 경우		업무정지 6개월	면허취소	–
2) 혈중알코올농도가 0.08퍼센트 이상인 경우		면허취소	–	–
3) 측정요구에 따르지 않은 경우		면허취소	–	–
아. 거짓이나 그 밖의 부정한 방법으로 면허를 받은 때	법 제9조 제2항	면허 취소	–	–

제5장 선원법

제1절 총 칙

Ⅰ. 목적 및 법령체계도

1. 목적 및 성격

법 제1조(목적) 이 법은 선원의 직무, 복무, 근로조건의 기준, 직업안정, 복지 및 교육훈련에 관한 사항 등을 정함으로써 선내(船內) 질서를 유지하고, 선원의 기본적 생활을 보장·향상시키며 선원의 자질 향상을 도모함을 목적으로 한다.

선원법은 사회법적 성격을 가졌음에도 불구하고 제1조에서 선내질서를 유지하고, 선원의 기본적 생활을 보장 및 향상시키는 것을 입법목적으로 규정하고 있다. 제2장의 선장의 직무와 권한, 제3장 선내 질서의 유지와 같은 근로기준법에서 볼 수 없는 특별한 규정을 두고 있다.

육상에서는 일반적으로 근로조건을 정하는 일반법으로서 근로기준법이 있으며, 해양노동의 특수성을 감안하여 선원에게는 원칙적으로 선원법이 적용되고 이 법은 노동법적 성격을 지닌다. 선원법은 선원의 근로조건 이외에 근로기준법에서 찾아 볼 수 없는 성질을 가진 선장의 직무 및 권한, 선내질서의 유지, 선원의 직업안전 및 교육훈련 등에 관한 사항을 규정하고 있다. 이와 같이 선원법은 해상노동법으로서의 성격 이외에 해상교통안전법으로서의 성격도 가진다.[1)]

즉, 선원법은 해양교통안전법의 성격 및 해상노동보호법의 성격을 모두 지니

1) 김철수, “선원법과 근로기준법의 연구”, 「사회과학논총」, 제2호, 한국해양대학교(1994), 107쪽.

는 것으로서 절충설로 파악한다.[2)]

2. 선원법의 법원 및 지위

1) 선원법의 개념

형식적 의미의 선원법은 1962. 1. 10. 법률 963호로 제정되어 시행된 법률을 말한다. 선원법은 그 후 타법 개정을 포함하여 52차례에 걸쳐 개정되었고, 가장 최근의 개정은 2024. 7. 24. 법률 20127호가 개정되어 2024. 7. 24. 시행된 것이다.

실질적 의미의 선원법은 해양노동에 관한 법규를 말한다. 즉, 근로자로서 선원에 관하여 통일적이고 체계적으로 개별적 근로관계, 생활관계를 규율하는 법규로서 그 명칭과 형식을 묻지 아니한다. 이는 선원의 근로관계 및 노동관계에 관하여 노동권의 보장이라는 입장에서 규제하는 선원보호뿐만 아니라, 선원의 생존권 보장과 노동의 재생산 확보를 목적으로 하는 권리장전으로서 성격을 아울러 가지고 있다.[3)] 여기에는 근로기준법, 고용보험법, 선박직원법, 선박안전법, 어선법, 어재법, 민법, 상법, 해사노동협약 등이 포함된다.

2) 선원법의 제정

1899년 일본 선원법은 1914년 조선선원령(제령 9호)과 시행규칙에 따라 한국에 적용되었다.[4)] 1913년 일본 선원법을 기반으로 조선 선원령과 시행규칙이 제정되었고, 해방 후 일부 개정 및 보완하여 시행되었다. 1960년대에 들어 국내 해사법규가 정비되면서 선원법이 정식으로 제정되었다.[5)]

1962년 1월 10일 법률 제963호로 선원법이 제정되었으며, 이는 일본의 1947년 선원법을 참고한 것이다. 선원법의 목적은 선원의 직무와 규율을 확립하여 선내 질서를 유지하고 근무 조건을 정해 선원의 기본적인 생활을 보장하는 데 있다.

---

2) 김경열, 「선원법 해설」, (파주: 도서출판 한길, 2004), 권창영, 「선원법 해설」 제3판, (파주: 법문사, 2022), 30쪽 재인용.

3) 집단적 노동관계를 제외하는 견해가 일반적이다. 신태호, 선원법. 동법 시행령 해설(상), 월간법제, 1962년 10월호, 권영성, 앞의 책 7쪽 재인용.

4) 이원재, “한국노동법의 전개과정에 관한 일고찰 －일제하와 미국정기를 중심으로－”, 「서울대 법학석사학위논문」, 서울대학교(1987), 24쪽; 우리 선원의 역사, 64－65쪽.

5) 이윤철 외, 「해사법규 신강」, (부산: 다솜출판사, 2017), 74쪽.

제정 이후 여러 차례 개정되었으며, 특히 2017년에는 MLC협약을 반영하여 선박 소유자의 책임과 선원에 대한 보상을 강화하는 규정이 추가되었다.

3) 선원법의 법원

선원법의 법원(法源, Rechtsquellen)은 법의 존재형식 또는 법의 인식근거를 말한다. 선원법의 법원은 실질적 의미의 선원법의 법원을 의미한다.

(1) 헌 법

헌법 제32조는 국민의 근로의 권리,[6] 국가의 근로자 고용 증진과 적정 임금 보장 노력 의무, 최저임금제 시행 의무(제1항), 국민의 근로 의무(제2항), 근로 조건의 기준은 인간의 존엄성을 보장하도록 법률로 정할 의무(제3항), 여성의 근로 특별 보호 및 부당한 차별 금지(제4항), 연소자의 근로 특별 보호(제5항)를 규정하고 있다. 제33조는 근로자의 단결권, 단체교섭권, 단체행동권을 보장하고 있다. 제34조 제2항은 국가의 재해 예방과 그 위험으로부터 국민을 보호하기 위한 노력 의무를 규정하고 있다. 즉, 헌법에서는 근로의 권리와 의무, 근로 조건, 부당한 차별 금지 등을 규정하고 있어, 선원법에서도 이러한 선언적 의미의 헌법에 따라 이를 규정하여야 할 것이다.

(2) 법 령

실질적 의미의 선원법, 동법 시행령 및 시행규칙이 해당된다. 후술하는 선원법의 법령체계도에 따른 행정규칙도 포함된다고 할 수 있다.

(3) 국제조약

헌법 제6조 제1항에 '헌법에 따라 체결·공포된 조약은 국내법과 같은 효력을 가진다.'라고 규정하여 우리나라가 비준 및 공포한 ILO, IMO의 협약들이 이에 해

---

6) 헌법 제15조의 직업의 자유 또는 헌법 제32조의 근로의 권리, 사회국가원리 등에 근거하여 실업방지 및 부당한 해고로부터 근로자를 보호하여야 할 국가의 의무를 도출할 수는 있을 것이나, 국가에 대한 직접적인 직장존속보장청구권을 근로자에게 인정할 헌법상의 근거는 없다. 헌재 2002. 11. 28. 선고 2001헌바50 결정, 권창영, 앞의 책, 7쪽 재인용.

당한다고 할 수 있다.

ILO에서 2006년 채택한 통합해사노동협약(2006 MLC)은 전 세계 선복량의 33% 이상을 구성하는 30개국 이상의 회원국이 비준서를 등록한 날로부터 12개월 후 발효하며, 발효일 이후에는 특정 국가가 비준서를 등록한 날부터 12개월 후에 해당 국가에 대하여 협약이 발효된다고 규정하고 있다. 2013년 발효되었고, 우리나라에서는 2014년 비준하여 2015년 발효되었다.

MLC 협약은 본문 16개 조문과 규정(regulation), 코드 A(기준, standards, 강행규정)와 코드 B(지침, Guidelines, 임의규정)로 구성되어 있다. MLC 협약의 상당부분을 우리나라의 선원법은 수용하고 있다.

4) 선원법과 타법과의 관계

선원법은 선원의 노동법적인 내용에 대하여 근로기준법과 연관성이 있으며, 선원의 교육 및 훈련에 대하여 국민 평생 직업능력 개발법과의 관련성, 선원과 고용보험법, 선원의 산업안전보건법 적용여부 등 이외에도 산업재해보상보험법, 최저임금법, 임금채권보장법, 직업안전법, 외국인근로자의 고용 등에 관한 법률, 중대재해처벌법 등 많은 법과의 연관성이 있다. 특히, 이 중에서 근로기준법의 특별법이라는 논란에 대하여 검토해보기로 한다.

(1) 선원법과 근로기준법

선원법 제2조 제2호는 선원이란 선박에서 근로를 제공하기 위하여 고용된 사람을 말한다고 규정하고 있고, 근로기준법 제2조 제1항 제1호의 근로자란 직업의 종류와 관계없이 임금을 목적으로 사업이나 사업장에 근로를 제공하는 사람을 말한다고 규정하고 있으므로 선원은 근로자임이 명백하다.[7] 선원법 제5조 제1항은 근로기준법의 일부 조항만 선원의 근로관계에 관하여 적용한다고 규정하고 있다. 따라서 선원법 제5조 제1항에서 열거하고 있는 각 규정을 제외한 나머지 근로기

7) 하나의 사업장에 일반근로자와 선원이 병존하는 경우 선원에게는 선원법이, 일반근로자에게는 근로기준법이 적용되나, 상시 근로자 수를 산정할 때에는 선원을 포함하여 계산하여야 한다. 예컨대, 사업장에 상시적으로 선원 4명과 일반근로자 2명이 근무하는 경우, 위 사업장은 상시 5인 이상의 근로자를 사용하는 사업장에 해당하므로, 일반근로자 2명에 대하여는 근로기준법이 전면적으로 적용된다(권창영, 앞의 책, 32쪽 참조).

준법 규정이 선원의 근로관계에 적용되는지 여부가 문제가 되고 있다.[8)]

가. 근로기준법의 특별법설

선원법은 해양의 특수성을 감안하여 근로기준법과 별도로 제정된 해양노동법에 해당하므로, 입법기술상 선원근로관계에 관한 사항만 선원법에 규정하고 나머지 사항은 근로기준법을 준용하는 방식을 취하지 않는 한, 근로기준법에 규정된 사항으로서 해양노동의 성질에 반하지 않는 것은 선원법에도 규정하는 것이 바람직하다.

선원법에 흠결이 있는 경우나 선원에 대하여 근로기준법의 규정을 수용하지 않는 경우, 선원에 대한 일반적인 법적용이 어렵게 된다. 만약, 선원법이 근로기준법의 특별법이라고 한다면, 선원법에 규정되지 아니한 사항에 대하여는 선원근로관계의 성질에 반하지 않는 한 근로기준법에 적용 또는 준용된다고 보아야 할 것이다.[9)] 선원법 제5조 제1항은 근로기준법의 일부 조항만 선원의 근로관계에 관하여 적용한다고 규정함으로써 제5조 제1항에서 열거하고 있는 각 규정을 제외한 나머지 근로기준법 규정이 선원의 근로관계에 적용되는 것이 어렵게 규정하고 있다.

나. 근로기준법의 자매법설

구 선원법(1984. 8. 7. 개정 전 법률)은 제128조에서 "선원의 근로에 관하여 본법에 규정된 것을 제외하고는 근로기준법을 준용한다"고 규정하였으나, 선원법이 개정되면서 삭제되었다. 위와 같이 개정한 것은 제5조 제1항에서 적용하는 근로기준법의 조문 이외에는 적용을 배제하고자 하는 것으로 판단된다. 이로써 근로기준법과 선원법이 자매법의 성격을 가지는 것으로 판단된다.[10)]

다. 소 결

1984년 선원법 개정 시 근로기준법 준용규정을 삭제한 것은 나머지 근로기준법 규정의 적용을 의도적으로 입법자가 배제하고자 하는 것으로 판단되며, 근로기

---

8) 일본 노동기준법 116조 1항은 "1조 내지 11조 2항, 117조 내지 119조 및 121조의 규정을 제외하고, 이 법률은 선원법 1조 1항에서 규정하는 선원에 대하여는 적용하지 아니한다."라고 규정하고 있으나 우리나라의 근로기준법이나 선원법에는 명문으로 선원에 대하여 근로기준법의 적용을 배제하는 규정은 존재하지 아니한다(권창영, 앞의 책, 32쪽 참조).

9) 조귀연, "선원법과 근로기준법의 관계", 「해양한국」, 206호, 한국해사문제연구소(1990. 11.) 76쪽.

10) 권창영, 앞의 책, 33쪽.

준법은 강행규정이고 이를 위반하는 경우 형사처벌 또는 과태료가 부과되는 공법으로 유추적용을 허용하지 않는 점과 선원근로관계는 해양노동의 특수성이 있으므로 육상근로자와 같이 근로기준법을 적용 및 준용하기에 적합하지 않은 점 등을 고려하여 자매법설이 타당한 것으로 판단된다.[11]

입법론적으로 해석상 논란을 피하기 위하여 제5조 제1항에 규정한 것을 제외하고는 근로기준법을 적용하지 아니한다고 규정하거나, 근로기준법 조항을 인용하고 있는 제5조 제1항을 모두 삭제하고, 해당 내용을 선원법에서 자세히 규정하는 것이 바람직한 것으로 판단된다.[12]

5) 외국의 선원법[13]

(1) 영 국

영국은 상선법(Merchant Shipping Act 1995) 제3편에서 선장과 해원에 관하여 규정하고, 제5편에서 어선에 관하여 규정하고 있다. 해사노동협약의 규정을 실행하기 위하여 2014년 상선규칙(2014 No. 1613, The Merchant Shipping(Maritime Labour Convention) (Minimum Requirements for seafarers etc.) Regulations 2014)을 시행하고 있다.[14]

(2) 독 일

상법에서 분리되어 1872. 12. 27. 제정된 선원령(Seemannsordnung; RGBI, S. 409)에서 유래된 1902. 6. 2. 선원령(RGBI. s.175)은 1957. 7. 26. 제정되어 1958. 4. 1.부터 시행된 선원법(Seemannsgesetz; BGBI. Ⅱ S.713)으로 발전하였고, 해양노동법이 2013년 4. 20. 제정되어 시행되고 있다.[15]

(3) 일 본

일본은 1899년 법률 제47호로 선원법을 제정하였다. 그 후 1937년 선원법을 거쳐, 1947. 9. 1. 법률 제100호로 제정된 1947년 선원법은 현재까지 시행되고 있

11) 권창영, 앞의 책 33쪽.
12) 권창영, 앞의 책, 33-34쪽.
13) 권창영, 앞의 책, 10쪽.
14) http://www.legilslation.gov.uk/uksi/2014/1613 참조.
15) Lindemann. S.119.

는데, 2021. 6. 16. 법률 제75호로 개정되었다.

3. 법령체계도

- 법률 선원법
  - 시행령 선원법 시행령
    - 시행규칙 선원법 시행규칙
      - 법률
        - 고시 선내 의약품 등의 비치 기준
        - 고시 체불선박소유자 명단 공개 및 체불자료 제공 관련 업무 처리 규정
    - 행정규칙
      - 훈령 선원업무 처리지침
      - 예규 통상임금 및 승선평균 임금의 산정지침
      - 예규 해양수산부 소관 법령의 행정처분 및 과태료의 가중처분에 관한 세부지침
      - 고시 2006 해사노동협약 사무처리 규정 고시
      - 고시 선원의 송환비용 및 재해보상관련 고시
      - 고시 선원임금채권 보장을 위한 기금의 운영 및 관리에 관한 규정
      - 고시 외국인선원 관리지침
      - 고시 체불선박소유자 명단 공개 및 체불자료 제공 관련 업무 처리 규정
      - 고시 해외취업선원 재해보상에 관한 규정
  - 시행령 선원근로감독관규정
    - 시행규칙 선원근로감독관직무규칙
    - 행정규칙
      - 훈령 선원근로감독관 직무취급요령
  - 시행령 선원노동위원회규정
  - 시행규칙 선원의 안전 및 위생에 관한 규칙
  - 행정규칙
    - 훈령 선원업무 처리지침
    - 고시 2024년 선원 최저임금 고시

〈그림 13〉 선원법 법령체계도

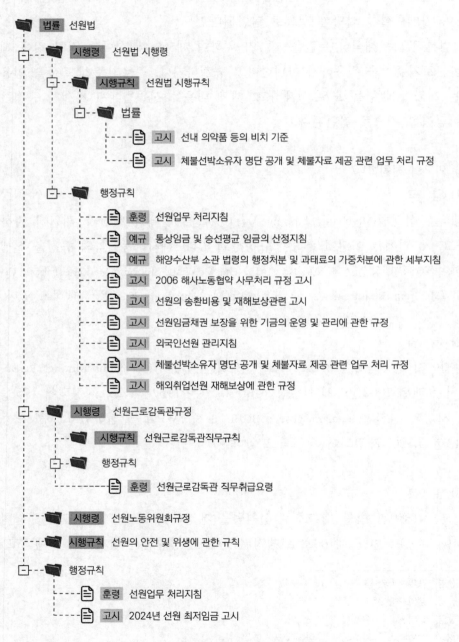

4. 적용범위

제3조(적용 범위) ① 이 법은 특별한 규정이 있는 경우를 제외하고는 「선박법」에 따른 대한민국 선박(「어선법」에 따른 어선을 포함한다), 대한민국 국적을 취득할 것을 조건으로 용선(傭船)한 외국선박 및 국내 항과 국내 항 사이만을 항해하는 외국선박에 승무하는 선원과 그 선박의 선박소유자에 대하여 적용한다. 다만, 다음 각 호의 어느 하나에 해당하는 선박에 승무하는 선원과 그 선박의 선박소유자에게는 이 법을 적용하지 아니한다.

1. 총톤수 5톤 미만의 선박으로서 항해선이 아닌 선박
2. 호수, 강 또는 항내(港內)만을 항행하는 선박(「선박의 입항 및 출항 등에 관한 법률」 제24조에 따른 예선은 제외한다)
3. 총톤수 20톤 미만인 어선으로서 해양수산부령(근해구역 이내에서만 취항)으로 정하는 선박
4. 「선박법」 제1조의2 제1항 제3호에 따른 부선(艀船). 다만, 「해운법」 제24조 제1항 또는 제2항에 따라 해상화물운송사업을 하기 위하여 등록한 부선은 제외한다.

② 실습선원에 대하여도 해양수산부령으로 정하는 바에 따라 이 법 중 선원에 관한 규정을 적용한다.

선원법 시행규칙

제3조(실습선원의 적용범위) ① 법 제3조 제2항에 따라 선원이 될 목적으로 실습을 위하여 승선하는 사람에 대하여는 다음 각 호의 규정을 적용한다.

1. 법 제22조 및 제25조에 따른 해원의 징계 및 쟁의행위의 제한에 관한 규정

1의2. 법 제25조의2부터 제25조의4까지의 규정에 따른 강제 근로의 금지, 선내 괴롭힘의 금지 및 선내 괴롭힘 발생 시 조치에 관한 규정

2. 법 제38조, 제42조의2부터 제42조의4까지 및 제44조부터 제51조까지의 규정에 따른 송환, 유기구제 보험 또는 공제의 가입, 선원명부, 선원수첩, 선원신분증명서 및 승무경력증명서에 관한 규정
3. 법 제76조(제2항을 제외한다) · 제77조 및 제87조에 따른 선내급식 · 선내급식비 및 건강진단서에 관한 규정
4. 법 제9장(법 제90조부터 제93조까지)에 따른 소년선원과 여자선원에 관한 규정
5. 법 제10장(법 제94조부터 제106조까지 및 제106조의2)에 따른 재해보상에 관한 규정
6. 법 제116조에 따른 교육훈련에 관한 규정

② 제1항 제5호의 규정을 적용함에 있어서 실습선원의 통상임금 및 승선평균임금은 그 실습선원이 실습을 마치고 승무하게 될 직급에 해당되는 선원의 통상임금 및 승선평균임금의 100분의 70으로 한다.

1) 선박의 범위

(1) 통상규정

선원법은 해상근로의 특수성에 따라 그러한 근로에 종사하는 선원 및 선박소유자에 적용하는 법이므로, 특수성이 인정되지 않는 법 제3조 제1항의 적용 제외 선박에는 적용되지 않고, 근로기준법이 적용된다.

(2) 특별규정

선원법 제157조에 선원법 또는 이 법에 따른 명령은 해군함정 · 경찰용 선박, 기타 해양수산부장관이 따로 정하는 선박을 제외하고는 국가나 지방자치단체에 대하여도 적용하도록 규정하고 있다. 따라서 국가나 지자체가 소유하는 선박에 대해서도 위의 통상규정에서 제외하는 것 이외에는 선원법이 적용된다. 그러므로 해양수산부장관이 따로 정하지 않는 한 해군함정 · 경찰용선박을 제외한 국가 소유의 선박에 대해서는 선원법 적용이 배제되지 아니한다.

위와 같이 선원법은 상시 근로자의 수를 기준으로 법령의 적용 범위를 규정하고 있는 근로기준법과는 달리, 선박의 국적, 총톤수, 선박의 종류, 항행구역 등을 기준으로 적용범위를 규정하고 있다. 추가적으로, 승무하는 선원, 선박소유자를 적용대상으로 규정하고 있다.

따라서 선원법의 적용 범위를 판단하기 위해서는 선박의 범위, 선박의 국적, 총톤수, 선박의 종류, 승무선원, 선박소유자에 대한 개념을 획정하는 것이 중요하다.

2) 선원의 범위

> **제2조(정의)** 이 법에서 사용하는 용어의 뜻은 다음과 같다.
> 1. "선원"이란 이 법이 적용되는 선박에서 근로를 제공하기 위하여 고용된 사람을 말한다. 다만, 대통령령으로 정하는 사람은 제외한다.

선원법상 "선원"이란 이 법이 적용되는 선박[16)]에서 근로를 제공하기 위하여

16) 대통령이 정하는 선박이란, 대한민국 국적을 취득할 것을 조건으로 용선한 외국선박과 국내항 사이만을 항행하는 외국선박을 말한다.

고용된 사람을 말한다.[17] 다만, 대통령령으로 정하는 사람[18]은 제외한다(선원법 제2조 제1호). 선원은 선장 및 해원과 예비원으로 구성되며, 이때 예비원은 선원으로 고용되어 승선을 대기 중인 자를 말하며, 선박소유자는 자신이 고용하고 있는 총 승선선원의 10%에 해당하는 예비원을 확보할 의무가 있다. 또한 선원이 될 목적으로 실습을 위하여 승선하는 사람에 대해서도 해양수산부령으로 정하는 바[19]에 따라 이 법 중 선원에 관한 규정을 적용한다.

선원법은 대한민국 선박 또는 대한민국 국적을 취득할 것을 조건으로 용선한 외국선박 및 국내항과 국내항 사이만을 항행하는 외국선박에 승무하는 선원과 그 선박의 소유자에게 적용하도록 규정하고 있다. 이는 선원이 승무하는 것과 밀접한 관련이 있다. 또한 선박안전법 제2조 제1호 단서에 따른 임시승선자에 대하여 선원이 아닌 사람으로 정의하고 있다.

미국의 Jones법상 선원은 상병보상 및 선박소유자의 감항능력주의 의무위반 책임을 청구할 수 있는데, Jones법상 선원의 범위가 불명확하게 규정되어 논란이 되었다. 연방대법원의 McDermott Internatioanal, Inc. v. Wilander 판결의 판시 내용을 구체화한 1959년 연방 제5항소법원의 Offshore Co. v. Robinson 판결은

17) 선원법은 선원을 '선박에서 근로를 제공하기 위하여 고용된 사람'으로 정의하였는데 이는 해사노동협약에서 규정하는 '고용되거나 종사하거나 일하는 사람'에 비하여 좁게 규정된 면이 있다. 이렇게 좁게 규정됨으로써 고용관계 없이 일하는 사람이 선원에서 제외되어 있다. 정부에서 제안된 초안에는 해사노동협약에서 규정하는 정의와 동일하였으나 국회의 검토과정에서 좁게 조정되었다. 이는 입법상의 오류로 사료된다. 해사노동협약의 정의에 맞게 정비하여야 할 것이다(선원의 정의에 대한 자세한 내용에 대해서는 전영우, "해사노동협약상 전문 및 본문의 주요 내용에 관한 연구",「해사법연구」 제23권 제3호, 한국해사법학회(2014. 11.), 241－245쪽을 참조).

18) 법 제2조 제1항에서 "대통령령으로 정하는 사람"이란 1.「선박안전법」 제77조 제1항에 따른 선박검사원, 2. 선박의 수리를 위하여 선박에 승선하는 기술자 및 작업원, 3.「도선법」 제2조 제2호에 따른 도선사, 4.「항만운송사업법」 제2조 제2항에 따른 항만운송사업 또는 같은 조 제4항에 따른 항만운송관련사업을 위하여 고용하는 근로자, 5. 선원이 될 목적으로 실습을 위하여 선박에 승선하는 사람, 6. 선박에서의 공연(公演) 등을 위하여 일시적으로 승선하는 연예인, 7. 제1호부터 제6호까지의 어느 하나에 준하는 사람으로서 선박소유자 단체 및 선원 단체의 대표자와 협의를 거쳐 해양수산부장관이 정하여 고시하는 사람을 말한다.

19) 선내질서의 유지에 관한 규정, 송환 · 송환보험가입 · 선원명부 · 선원수첩 · 선원신분증명서 및 승무경력증명서에 관한 규정, 선내급식 · 선내급식비 및 건강진단서에 관한 규정, 소년선원과 여자선원에 관한 규정, 재해보상에 관한 규정, 교육훈련에 관한 규정을 적용하며 실습선원의 재해보상에 관한 규정을 적용함에 있어서 실습선원의 통상임금과 승선평균임금은 그 실습선원이 실습을 마치고 승무하게 될 직급에 해당되는 선원의 통상임금과 승선평균임금의 100분의 70으로 한다.

"Jones법상 선원이 되기 위하여는 첫째, 상해를 입은 해양근로자가 영속적으로 선박에 소속되거나 그 근로의 상당 부분을 선박에서 수행하여야 하고, 둘째, 해양근로자가 수행한 업무가 선박 운항 중 또는 정박 중에 선박을 운항하거나 선박의 기능 수행에 기여하였어야 한다."라고 판시하여 선원의 판정기준을 확립하였다.[20] 즉, 판정기준의 요건으로 항행조직에 편입, 선박의 운항이나 선박기능 수행에 기여 및 항행 중인 선박이라는 요건에 만족하여야 한다. 항행 중인 선박은 사람이나 화물을 수송하는 전통적인 선박뿐만 아니라, 정박 중이거나 수리 중이더라도 항행 중이라는 입장을 취하고 있기도 하다.[21] 그러나 퇴역한 선박이거나 시운전 중인 선박은 항행 중인 선박으로 볼 수 없다고 하고 있다.

하지만, 시운전 중 사고가 발생할 경우 선박으로 취급되지 않고 선박직원법과 선원법이 적용되지 않고 항해당직인원이 운항선박보다 적은 인원이 승선하여 해양사고 개연성이 증폭되기도 하였다. 이에 선박직원법의 일부 적용 범위를 개정하기도 하였다.[22]

3) 선박소유자의 범위

제2조(정의) 이 법에서 사용하는 용어의 뜻은 다음과 같다.

2. "선박소유자"란 선주, 선주로부터 선박의 운항에 대한 책임을 위탁받고 이 법에 따른 선박소유자의 권리 및 책임과 의무를 인수하기로 동의한 선박관리업자, 대리인, 선체용선자(船體傭船者) 등을 말한다.

선원법상 선박소유자의 개념을 정리하기에 앞서 근로기준법상의 '사용자' 개념에 대하여 확인하고자 한다. 근로기준법 제2조 제1항 제2호의 '사용자'란 사업주[23] 또는 사업 경영 담당자,[24] 그 밖에 근로자에 관한 사항에 대하여 사업주를

---

20) 권창영, 앞의 책, 67쪽.

21) Doucet v. Wheless Co., 467 F.2d 336(%th Cir. 1972).

22) 선박직원법 제3조 제3항

23) 사업주란 사업 또는 사업장의 경영주체를 말한다. 경영주체란 개인사업체에서는 개인, 회사 기타 법인체에서는 법인을 뜻한다. 사기업의 기업주뿐만 아니라, 국가·지자체·국영기업체 등도 사업주가 될 수 있고, 영리사업인지 비영리사업인지 불분명할지라도 사업주에 해당한다[노동법실무연구회, 「근로기준법 주해 I」 제2판, (서울: 박영사, 2020), 159쪽].

24) 사업경영담당자란 사업주가 아니면서도 사업경영 일반에 관하여 책임을 지는 자로서 사업주로부터 사업경영의 전부 또는 일부에 대하여 포괄적인 위임을 받고 대외적으로 사업을 대표하거나 대리하는

위하여 행위하는 자[25]로 규정하고 있다. 대법원 판결에 따르면 '어떤 근로자에 대하여 누가 사용자인가를 판단할 때에도 계약의 형식이나 관련 법규의 내용에 관계없이 실질적인 근로관계를 기준으로 하여야 하고, 이때에도 근로기준법상 근로자 판단 요소들을 종합적으로 판단하여야 한다'[26]고 판결하였다.

선원법이 규정하고 있는 내용이 선원의 직무 및 복무, 근로조건의 기준, 직업안정 및 교육·훈련에 관한 사항으로서 선박의 소유권과는 관계없이 선박의 운영 및 그에 따른 부수적인 것들인 점에 비추어 보면, 선원법상의 소유자[27]는 선박을 실체법적으로 소유하는 자(owner of the ship)를 말하는 것이 아니라 선박의 소유와는 관계없이 실질적으로 그 선박을 운영하면서 선원을 고용하고 임금을 지급하거나 지급하기로 한 자(shipowner)를 말한다.[28]

국제해사노동협약 제2조 제2항에서 '선박소유자'란 선박의 소유자 또는 선박의 소유자로부터 선박의 운항에 대한 책임을 위탁받았고 다른 조직 또는 사람이 선박소유자를 대리하여 의무나 책임의 일부를 완수하였는지 여부와 무관하게, 그 책임을 수탁할 때 이 협약에 따라서 선박소유자에게 부과된 의무와 책임을 인수하기로 동의한 관리자, 대리인 또는 선체용선자와 같은 다른 조직 또는 사람을 말한다. 여기서 선박소유자(shipowner)는 선박의 소유자(Owner of the ship)와는 다른 개념이다. 선박의 소유자란 선박에 대한 소유권을 가진 선박등기부 상의 소유권자를

자를 말한다(대법원 1988. 11. 22. 선고 88도1162 판결, 대법원 1997. 11. 11. 선고 97도813 판결 등). 통상 주식회사의 대표이사, 합명회사나 합자회사의 업무집행사원, 유한회사의 이사, 회생회사의 관리인, 상법상의 지배인, 민법상 미성년자나 피한정후견인·피성년후견인이 사업주인 경우 그 법정대리인 또는 후견인 등이 이에 해당한다. 명목이 아니라 실질을 기준으로 판단하여야 한다[노동법실무연구회, 「근로기준법 주해 I」, (서울: 박영사, 2020), 160쪽].

25) 근로자의 인사·급여·후생·노무관리 등 근로조건의 결정 또는 업무상 명령이나 지휘·감독을 하는 등의 사항에 대하여 사업주로부터 일정한 권한과 책임을 부여받은 자를 말하고, 여기에 해당하는지 여부를 가리기 위하여 그가 근로자에 관한 어떤 사항에 대하여 사업주로부터 일정한 권한과 책임을 부여받고 있었는지의 여부를 심리하여야 한다(대법원 1989. 11. 14. 선고 88누9624 판결).

26) 대법원 2006. 12. 7. 선고 2006도300 판결.

27) 1984년 선원법 개정 당시 근로기준법에 따라 '선원의 사용자'라는 용어를 도입하는 것이 옳다는 견해도 있었으나 국제해운의 관행에 따라 선박소유자(shipowner)란 용어를 그대로 사용하기로 했었다.(서병기, 개정선원법해설, 한국해사문제연구소, 1987. 23쪽.); 선원업무처리지침 3조 4호는 '사용자'라 함은 선원을 고용하는 선박소유자 및 선원법 112조에 따른 선원관리사업자 등을 말한다고 규정하고 있다.

28) 광주고법 2000. 12. 1. 선고 2000나1739 판결; 부산고법 2013. 4. 17. 선고 2012나1634 판결; 인천지법 2001. 6. 27. 선고 2000가합15780 판결 등 참조.

제한적으로 의미하는 개념이나 선박소유자란 선박의 소유자를 포함하여 선박관리인, 대리인 또는 선체용선자 등을 폭넓게 포함하는 개념이다.[29)]

선원관리사업자로서 선원의 인사관리업무를 수탁하여 이를 대행하는 선원관리사업을 영위하는 자는 선박소유자의 인사관리업무의 담당자로서 수탁한 업무에 관하여는 이 법의 적용에 있어서 선박소유자로 본다고 규정하고 있다(법 제112조 제3항). 선박소유자에 대한 규정을 적용하기 위해서는 '선원을 고용하고 임금을 지급하는 자'라는 것이 필수적인 요건이 된다고 할 수 있다. 비록 선원관리사업을 영위하는 자라도 수탁한 업무의 내용과 범위에 따라서 달리 해석될 수 있다.

4) 용어의 정의

2조(정의) 이 법에서 사용하는 용어의 뜻은 다음과 같다.

3. "선장"이란 해원(海員)을 지휘·감독하며 선박의 운항관리에 관하여 책임을 지는 선원을 말한다.
4. "해원"이란 선박에서 근무하는 선장이 아닌 선원을 말한다.
5. "직원"이란 「선박직원법」 제2조 제3호에 따른 항해사, 기관장, 기관사, 전자기관사, 통신장, 통신사, 운항장 및 운항사와 그 밖에 대통령령[30)]으로 정하는 해원을 말한다.
6. "부원"(部員)이란 직원이 아닌 해원을 말한다.

6의2. "유능부원"이란 갑판부 또는 기관부의 항해당직을 담당하는 부원 중 해양수산부령으로 정하는 자격요건을 갖춘 부원을 말한다.

7. "예비원"이란 선박에서 근무하는 선원으로서 현재 승무(乘務) 중이 아닌 선원을 말한다.
8. "항해선"이란 내해, 「항만법」 제2조 제4호에 따른 항만구역 내의 수역 또는 이에 근접한 수역 등으로서 해양수산부령[31)]으로 정하는 수역만을 항해하는 선박 외의 선박을 말한다.
9. "선원근로계약"이란 선원은 승선(乘船)하여 선박소유자에게 근로를 제공하고 선박소유자는 근로에 대하여 임금을 지급하는 것을 목적으로 체결된 계약을 말한다.
10. "임금"이란 선박소유자가 근로의 대가로 선원에게 임금, 봉급, 그 밖에 어떠한 명칭으로든 지급하는 모든 금전을 말한다.
11. "통상임금"이란 선원에게 정기적·일률적으로 일정한 근로 또는 총근로에 대하여 지급하기로 정하여진 시간급금액, 일급금액, 주급금액, 월급금액 또는 도급금액(都給金額)을

---

29) 전영우, 「해사노동협약론」, (부산: 동원문화사, 2021), 17쪽.

30) 선원법 시행령 제3조(기타 직원의 범위) 법 제2조 제5호에서 "대통령령으로 정하는 해원"이란 다음 각 호의 사람을 말한다. 1. 어로장, 2. 사무장, 3. 의사, 4. 제1호 내지 제3호의 자와 동등이상의 대우를 받는 해원으로서 해양수산부령이 정하는 자

31) 선원법 시행규칙 제1조의3(항해선의 항해수역) 법 제2조 제8호에서 "해양수산부령으로 정하는 수역"이란 「영해 및 접속수역법」 제1조에 따른 영해 내의 수역을 말한다.

말한다.

12. "승선평균임금"이란 산정하여야 할 사유가 발생한 날 이전 승선기간(3개월을 초과하는 경우에는 최근 3개월로 한다)에 그 선원에게 지급된 임금 총액을 그 승선기간의 총일수로 나눈 금액을 말한다. 다만, 이 금액이 통상임금보다 적은 경우에는 통상임금을 승선평균임금으로 본다.
13. "월 고정급"이란 어선소유자가 어선원에게 매월 일정한 금액을 임금으로 지급하는 것을 말한다.
14. "생산수당"이란 어선소유자가 어선원에게 지급하는 임금으로 월 고정급 외에 단체협약, 취업규칙 또는 선원근로계약에서 정하는 바에 따라 어획금액이나 어획량을 기준으로 지급하는 금액을 말한다.
15. "비율급"(比率給)이란 어선소유자가 어선원에게 지급하는 임금으로서, 어획금액에서 대통령령으로 정하는 공동경비를 뺀 나머지 금액을 단체협약, 취업규칙 또는 선원근로계약에서 정하는 분배방법에 따라 배정한 금액을 말한다.
16. "근로시간"이란 선박을 위하여 선원이 근로하도록 요구되는 시간을 말한다.
17. "휴식시간"이란 근로시간 외의 시간(근로 중 잠시 쉬는 시간은 제외한다)을 말한다.
18. "해양항만관청"이란 해양수산부장관 및 대통령령으로 정하는 해양수산부 소속 기관의 장을 말한다.
19. "선원신분증명서"란 국제노동기구의 「2003년 선원신분증명서에 관한 협약 제185호」에 따라 발급하는 선원의 신분을 증명하기 위한 문서를 말한다.
20. "선원수첩"이란 선원의 승무경력, 자격증명, 근로계약 등의 내용을 수록한 문서를 말한다.
21. "해사노동적합증서"란 선원의 근로기준 및 생활 기준에 대한 검사 결과 이 법과 「2006 해사노동협약」(이하 "해사노동협약"이라 한다)에 따른 인증기준에 적합하다는 것을 증명하는 문서를 말한다.
22. "해사노동적합선언서"란 해사노동협약을 이행하는 국내기준을 수록하고 그 기준을 준수하기 위하여 선박소유자가 채택한 조치사항이 이 법과 해사노동협약의 인증기준에 적합하다는 것을 승인하는 문서를 말한다.
23. "실습선원"이란 「선박직원법」 제2조 제4호의2의 해기사 실습생을 포함하여 선원이 될 목적으로 선박에 승선하여 실습하는 사람을 말한다.

5) 다른 법률과의 관계

제5조(다른 법률과의 관계) ① 선원의 근로관계에 관하여는 「근로기준법」 제2조 제1항 제1호부터 제3호[32]까지, 제3조부터 제6조까지, 제8조부터 제10조까지, 제40조, 제68조, 제74조,

---

32) 근로기준법 제2조(정의) ① 이 법에서 사용하는 용어의 뜻은 다음과 같다.
1. "근로자"란 직업의 종류와 관계없이 임금을 목적으로 사업이나 사업장에 근로를 제공하는 사람을 말한다.
2. "사용자"란 사업주 또는 사업 경영 담당자, 그 밖에 근로자에 관한 사항에 대하여 사업주를 위하여 행위하는 자를 말한다.

제74조의2, 제107조(제8조 및 제9조 또는 제40조를 위반한 경우로 한정한다), 제110조(제10조와 제74조를 위반한 경우로 한정한다) 및 제114조(제6조를 위반한 경우로 한정한다)를 적용한다.
② 선원의 교육훈련에 관하여는 「국민 평생 직업능력 개발법」을 적용하지 아니한다.

선원법의 적용을 받는 선원에게도 다음과 같은 근로기준법의 규정[33]이 적용된다.

① 근로조건의 대등결정과 준수[34]
② 균등처우[35](외국인 국적선 승선 문제)
③ 폭행의 금지[36]
④ 중간착취의 배제[37]
⑤ 공민권 행사의 보장(선상 투표)[38]
⑥ 취업을 방해하는 명부 등 작성금지[39]

---

3. "근로"란 정신노동과 육체노동을 말한다.

33) 제5조(다른 법률과의 관계) ① 선원의 근로관계에 관하여는 「근로기준법」 제2조 제1항 제1호부터 제3호까지, 제3조부터 제6조까지, 제8조부터 제10조까지, 제40조, 제68조, 제74조, 제74조의2, 제107조(제8조 및 제9조 또는 제40조를 위반한 경우로 한정한다), 제110조(제10조와 제74조를 위반한 경우로 한정한다) 및 제114조(제6조를 위반한 경우로 한정한다)를 적용한다.
② 선원의 교육훈련에 관하여는 「국민 평생 직업능력 개발법」을 적용하지 아니한다.

34) 제3조(근로조건의 기준) 이 법에서 정하는 근로조건은 최저기준이므로 근로 관계 당사자는 이 기준을 이유로 근로조건을 낮출 수 없다.
제4조(근로조건의 결정) 근로조건은 근로자와 사용자가 동등한 지위에서 자유의사에 따라 결정하여야 한다.
제5조(근로조건의 준수) 근로자와 사용자는 각자가 단체협약, 취업규칙과 근로계약을 지키고 성실하게 이행할 의무가 있다.

35) 제6조(균등한 처우) 사용자는 근로자에 대하여 남녀의 성(性)을 이유로 차별적 대우를 하지 못하고, 국적·신앙 또는 사회적 신분을 이유로 근로조건에 대한 차별적 처우를 하지 못한다.

36) 제8조(폭행의 금지) 사용자는 사고의 발생이나 그 밖의 어떠한 이유로도 근로자에게 폭행을 하지 못한다.

37) 제9조(중간착취의 배제) 누구든지 법률에 따르지 아니하고는 영리로 다른 사람의 취업에 개입하거나 중간인으로서 이익을 취득하지 못한다.

38) 제10조(공민권 행사의 보장) 사용자는 근로자가 근로시간 중에 선거권, 그 밖의 공민권(公民權) 행사 또는 공(公)의 직무를 집행하기 위하여 필요한 시간을 청구하면 거부하지 못한다. 다만, 그 권리 행사나 공(公)의 직무를 수행하는 데에 지장이 없으면 청구한 시간을 변경할 수 있다.

39) 제40조(취업 방해의 금지) 누구든지 근로자의 취업을 방해할 목적으로 비밀 기호 또는 명부를 작성·사용하거나 통신을 하여서는 아니 된다.

⑦ 금품청산

⑧ 근로자, 사용자 및 근로의 정의

6) 선원노동위원회

(1) 노동위원회 제도의 의의

노동위원회는 노동조합법에 따라 노동쟁의를 조정하고 부당노동행위 구제신청 사건을 심판하며, 근로기준법이나 기간제법 등에 따라 부당해고 구제신청 사건이나 차별 시정신청 사건을 심판하고, 그 밖에도 관계 법령에 따라 다양한 권한을 수행하는 독립적 합의제 행정기관이다.[40)]

(2) 노동위원회의 특징[41)]

첫째, 노동위원회는 독립의 전문적 행정위원회이다.

둘째, 노동위원회는 노동자, 사용자 및 공익을 대표하는 3자로 구성된다.

셋째, 노동위원회의 권한에는 권리분쟁에 대한 준사법적(심판적) 권한과 이익분쟁에 대한 조정적 권한이 병존하고 있고, 또 이밖에 중앙노동위원회에는 입법적 권한(규칙제정권)도 인정되고 있다.

넷째, 제도 전체의 구조로서 중앙노동위원회와 지방노동위원회 및 특별 노동위원회의 2층 구조가 채택되고 있으며, 중앙노동위원회는 노동위원회 규칙을 제정하고 업무처리의 기본방침에 관하여 지시하며 재심의 권한을 가진다. 이는 사건처리에 관하여 재심을 통한 공정성 및 신중성을 기하기 위한 것이고, 다른 한편으로는 효율적인 업무 통합을 기하기 위한 것이라고 볼 수 있다.

(3) 선원노동위원회

(1) 노동위원회는 중앙노동위원회, 지방노동위원회 및 특별노동위원회로 구분되어 있다.

(2) 「노동위원회법」 제2조 제3항에 따른 특별노동위원회로서 해양수산부장관 소속으로 선원노동위원회가 설치되어 있다(법 제4조 제1항).

(3) "선원노동위원회"의 설치와 그 명칭, 위치, 관할구역, 소관 사무, 위원의

---

40) 임종률, 「노동법 제20판」, (서울: 박영사, 2022), 681쪽.

41) 앞의 책, 681쪽.

위촉, 그 밖에 선원노동위원회의 운영에 필요한 사항은 이 법 및「노동위원회법」에서 규정한 사항을 제외하고는 대통령령(선원노동위원회규정)으로 정한다(법 제4조 제2항).

(4) 선원노동위원회의 명칭과 위치는 지방해양수산청의 관할구역에 의한다. 다만, 해양수산부장관이 필요하다고 인정하는 때에는 다른 지방해양수산청의 관할 구역도 관할하게 할 수 있다(선원노동위원회규정 제3조).

(5) 선원노동위원회는 손해배상청구를 위한 근로조건 위반 여부 인정, 선원근로계약해지나 해지의 예고에서 천재지변이나 그 밖의 부득이한 사유로 사업을 계속할 수 없는 경우의 판단, 정당한 사유 없는 선원근로계약 해지 등의 구제신청 판단, 부상 또는 질병 등 임금지급과 관련하여 승무 선원의 부상이나 질병이 선원의 고의로 인한 것인지 여부에 대한 판단, 퇴직금제도에 갈음하는 제도 승인, 요양비용 지급과 관련한 선원의 부상이나 질병의 고의성 판단, 유족보상 지급과 관련한 선원 사망의 고의성 판단, 재해보상에 관한 해양수산관청의 처분에 대한 심사 또는 중재 판단, 선박소유자 또는 선장의 법령위반사실에 대한 선원의 신고수리 등의 업무를 행한다.[42]

제2절 선장의 직무와 권한 및 선내 질서 유지

I. 의 의

선원법 제2장은 선장의 직무와 권한에 대하여 규정하고 있고, 제3장은 선내 질서의 유지에 관한 규정을 두고 있다. 이는 선박의 고립성 및 공동 생활의 특수한 상황에서 선박공동체의 책임자인 선장에게 공법상의 일정한 권한과 의무를 부여하여 선내의 질서를 유지하기 위한 것으로서, 선원법상 근로자의 권익을 보호하는 것과는 별도로 선박의 안전을 도모하여 해상교통안전법적인 성격을 가지도록 하고 있다.[43]

42) 권창영, 앞의 책, 172－173쪽.
43) 이윤철 외, 88쪽.

이와 같이 공법적 성질을 가지는 선원법의 규정은 노동법적 시각에서 볼 때 육상근로자보다 더 보호를 받아야 할 선원이 공법 준수 등 부담을 안고 있는 것을 알 수 있다. 선원법의 이중적 성격으로 인하여 침해되는 선원의 이익이 있다면 사회·정책적인 배려를 강구해야만 할 것이다.

선원법은 선박운항의 안전과 배 안에서의 질서를 유지하기 위하여, 필요한 권한과 의무를 선장에게 부여하고, 동시에 해원(선장을 제외한 그 밖의 선원)에게는 일정한 의무를 부과하고 있다. 이는 선원법에 부여한 공법상의 권한과 의무이다.[44] 선원법상 선장은 선박 안에서 근로를 제공하기 위하여 고용된 사람에 한정하므로 선박소유자로서 스스로 선장이 된 동시선장은 선원법상의 선장이 아니다.[45]

선박소유자는 선장에게 최고의 신임을 부여하고 법령에 따라 폭넓은 권한이 주어지기 때문에 선장은 최고 수준의 신의성실과 주의의무로 그 직무를 수행하여야 한다.[46] 감항능력 주의의무나 직항의무를 위반한 경우에 상법에서는 손해배상책임만을 부담하는 것에 반하여, 선원법은 선장에게 형사책임을 지운다는 점에서 선원법상 선장의 직무는 공법상 의무의 성격이 강조된다.

Ⅱ. 선장의 직무와 권한

1. 지휘명령권

선장은 해원을 지휘·감독하며 배 안에 있는 자에 대하여 선장의 직무를 수행하기 위하여 필요한 명령을 할 수 있다(법 제6조). 선원법상 선장의 해원에 대한 지휘·감독권은 선장이 선박소유자의 대리인으로 행사하는 사법상 지휘감독권과는 구별되는 것으로, 인명·선박·적하의 안전 및 공공의 안전을 위하여 선원법이 선

44) 전영우, 앞의 책, 61쪽.

45) 서울지법 남부지원 1997. 5. 23. 선고96가합5217 판결. 권창영 변호사는 선원법 제2장, 제3장에서 규율하는 것은 항행의 안전과 선내 질서 유지라는 공법상 목적을 달성하기 위한 것이므로, 선장이 반드시 근로자일 필요는 없다고 주장한다. R v. Litchfield(1998) Crim LR 507에서는 1988년 상선법 31조(It shall be the duty of the owner of a ship to which this section applies to take all reasonable steps to secure that the ship is operated in a safe manner)에 의하여 선주선장에게도 형사책임을 인정하였다.

46) Stumore v. Breen(1886), 12 App. cas.698, 707(Aspinall/moore. p.235).

장에게 부여한 공법상 권한이다.[47] 즉, 이 지휘명령권은 선원법에 규정된 직무뿐만 아니라 상법, 선박안전법, 형사소송법, 가족관계의 등록 등에 관한 법률 등에 규정하는 것을 모두 포함하는 것으로 공법적인 것에 한하고 사법적인 필요에 따라 명령권을 행사할 수 없다.

누구든지 선장의 전문적인 판단을 방해하거나 간섭하여서는 아니 되므로,[48] 선박소유자라 할지라도 선장의 공법상 명령에 복종하여야 한다. 동법 제22조(해원의 징계), 제23조(위험물 등에 대한 조치) 및 제24조(행정기관에 대한 원조 요청) 등은 지휘명령권을 근거로 필요한 조치를 할 수 있도록 규정하고 있다.

2. 출항 전 검사·보고 의무

선장은 출항 전에 다음의 사항에 대하여 검사 또는 점검을 하여야 한다(법 제7조).[49]

3. 항로에 의한 항해

선장은 항해의 준비가 끝나면 지체 없이 출항하여야 하며, 부득이한 사유가 있는 경우를 제외하고는 미리 정하여진 항로를 따라 도착항까지 항해하여야 한다(법

---

47) 권창영, 앞의 책, 189쪽.

48) 해상교통안전법 제45조 제1항 누구든지 선박의 안전을 위한 선장의 전문적인 판단을 방해하거나 간섭하여서는 아니 된다; 선박안전법 제31조 누구든지 선박의 안전을 위한 선장의 전문적인 판단을 방해하거나 간섭하여서는 아니 된다.

49) 제7조(출항 전의 검사·보고의무 등) ① 선장은 해양수산부령으로 정하는 바에 따라 출항 전에 다음 각 호의 사항에 대하여 검사 또는 점검(이하 "검사등"이라 한다)을 하여야 한다.

1. 선박이 항해에 견딜 수 있는지 여부
2. 선박에 화물이 실려 있는 상태
3. 항해에 적합한 장비, 인원, 식료품, 연료 등의 구비 및 상태
4. 그 밖에 선박의 안전운항을 위하여 해양수산부령으로 정하는 사항

> 법 제7조 제1항 제4호에서 "해양수산부령으로 정하는 사항"이란 다음 각 호의 사항을 말한다.
> 1. 항로 및 항해계획의 적정성
> 2. 선박의 항해와 관련한 기상 및 해상 정보
> 3. 법 제15조에 따른 비상배치표 및 비상시에 조치하여야 할 해원의 임무 숙지상태
> 4. 그 밖에 선장이 선박의 안전운항을 위하여 필요하다고 인정하는 사항

② 선장은 제1항에 따른 검사 등의 결과를 선박소유자 등에게 보고하여야 한다.

③ 선장은 제1항에 따른 검사 등의 결과, 문제가 있다고 인정하는 경우 지체 없이 선박소유자에게 적절한 조치를 요청하여야 한다.

④ 제3항에 따른 조치를 요청받은 선박소유자는 선박과 선박의 안전운항에 필요한 조치를 하여야 한다.

제8조)고 규정하고 있는데, 전단을 '출항의무', 후단을 '항로불변경의무'라 한다.[50] 항해는 안전하고 신속하게 하는 것이 지상명령이므로, 지체 없이 출항하도록 하는 것은 항해가 지연되거나 위험에 빠질 우려가 증대하는 것을 방지하기 위한 것이고, 미리 정하여진 항로를 변경하지 못하도록 하는 것은 필요 없이 우회하여 항행하여 연착되거나 위험에 조우하는 것을 방지하기 위한 것이다.[51]

출항의무는 항해의 준비가 끝난 때에는 지체 없이 출항할 의무이다. 항로불변경의무는 선장이 부득이한 사유가 있는 경우를 제외하고는 미리 정하여진 항로를 따라 도착항까지 항해할 의무이다. 선장은 선박소유자의 근로자로서 선임계약에 따라 항로불변경의무를 부담하지만,[52] 선원법은 공법상 의무로서 항로불변경의무를 규정하고 있다.

선장이 선원법 제8조를 위반하여 미리 정하여진 항로를 변경하였을 때에는 1년 이하의 징역 또는 1천만원 이하의 벌금에 처하도록 하고 있다(법 제162조 제2호).

4. 선장의 직접지휘의무

선장은 다음의 어느 하나에 해당하는 때에는 선박의 조종을 직접 지휘하여야 한다(법 제9조 제1항). ① 항구를 출입할 때, ② 좁은 수로를 지나갈 때, ③ 선박의 충돌·침몰 등 해양사고가 빈발하는 해역을 통과할 때, ④ 그 밖에 선박에 위험이 발생할 우려가 있는 때로서[53] 해양수산부령으로 정하는 때로 규정하고 있다. 선장은 직접 선박을 지휘하여야 하며 그 경우에는 국제충돌예방규칙에 따른 주의의무를 다하여야 한다.[54] 여기서 해양수산부령으로 정하는 때는 ㉠ 안개, 강설(降雪) 또는 폭풍우 등으로 시계(視界)가 현저히 제한되어 선박의 충돌 또는 좌초의 우려가 있는 때, ㉡ 조류(潮流), 해류 또는 강한 바람 등의 영향으로 선박의 침로(針路: 선수 방향) 유지가 어려운 때, ㉢ 선박이 항해 중 어선군(漁船群)을 만나거나 운항

---

50) 일본 구 상법에 규정되어 있다가 1949년 상법 개정 시 선원법으로 이전되었다; 권창영, 앞의 책, 217쪽.

51) 이수철, "선장의 지위와 책임", 「재판자료 (상)」 52집, 법원행정처(1991), 155쪽.

52) Whistler v. Kawasaki[2001] 1 AC 638.

53) 항해 중에 한하지 않고 정박 중에도 일어나므로, 정박 중이라도 태풍의 내습, 저기압의 통과, 근방 및 본선의 화재, 해일, 이상한 큰 파도와 고조의 내습 등과 같이 본선에 위험을 미칠 염려가 있을 때에는 선장은 빨리 귀선하여 직접 본선을 지휘하여야 한다. 박경현, 선원법상의 선장의 지위(3), 22쪽.

54) 대법원 1977. 9. 13. 선고 77도951 판결.

중인 항로의 통행량이 크게 증가하는 때, ㉣ 선박의 안전항해에 필요한 설비 등의 고장으로 정상적인 선박 운항이 곤란하게 된 때 등을 말한다(동법 시행규칙 제4조의2).

이러한 선장의 직접지휘의무는 선박이 위험한 지역을 항행할 때 선박의 총책임자이고 항행에 관한 최고의 지식·경험을 갖고 있는 선장으로 하여금 직접 선박을 조종하도록 한 것으로, 직무를 대행할 수 없도록 하고 있다.[55] 선장은 동법 제1항에 해당하는 때를 제외하고는 동법 제60조 제3항에 따라 휴식을 취하는 시간에 1등항해사 등 대통령령으로 정하는 직원에게 선박의 조종을 지휘하게 할 수 있다(동법 제9조 제2항).

5. 재선의무

선장은 화물을 싣거나 여객이 타기 시작할 때부터 화물을 모두 부리거나 여객이 다 내릴 때까지 선박을 떠나서는 아니 된다(법 제10조). 선장의 재선의무는 선내에 있는 것을 의미하는 것이 아니고, 선내에서 선박지휘자로서 직무를 수행하는 것을 의미한다. 그러므로 선내 어느 장소에 있더라도 그 직무를 행할 수 있어야 한다.[56]

다만, 예외적으로 기상 이상 등 특히 선박을 떠나서는 아니 되는 사유가 있는 경우를 제외하고는 선장이 자신의 직무를 대행할 사람을 직원 중에서 지정한 경우에는 그러하지 아니하다(법 제10조 단서). 선장에게 화물을 싣거나 여객이 타기 시작할 때부터 화물을 모두 부리고 여객이 다 내릴 때까지 절대적인 재선 의무를 부과하는 것은 불가능하므로 선원법은 예외를 인정하고 있다. 재선의무에 관한 규정은 선장이 주휴일, 축제일 등 휴일을 사용하거나 일시적으로 선박을 떠나는 경우에도 적용되므로, 선장은 직무대행자를 지정한 이후에 이선하여야 한다.[57] 선장이 법 제10조를 위반하여 선박을 떠났을 때는 1년 이하의 징역 또는 1천만원 이하의 벌금에 처한다(법 164조 제4호).[58]

---

55) 이수철, 앞의 논문, 157쪽.

56) 권창영, 앞의 책, 229쪽.

57) 1956. 8. 13. 員基 238호.

58) 울산지법 2013. 11. 8. 선고 2013고정470 판결; 포항지원 2012. 6. 13. 선고 2012고정202 판결.

6. 선박 위험 시의 조치의무

선장은 선박에 급박한 위험이 있을 때에는 인명, 선박 및 화물을 구조하는 데 필요한 조치[59]를 다하여야 한다(법 제11조 제1항). 선장은 제1항에 따른 인명구조 조치를 다하기 전에 선박을 떠나서는 아니 된다(법 제11조 제2항). 해사관습법상 선장은 최후에 선박을 떠나야 한다는 것이 인정되어 왔다.[60] 즉, 해사관습법상 선장의 최후 퇴선 의무를 입법화한 것으로 볼 수 있다. 제1항 및 제2항은 해원에게도 준용한다(법 제11조 제3항). 2014년 발생한 세월호 사고에 대하여 선장의 권한과 책임을 보다 분명히 하고 선박위험 시나 충돌 시 등에 인명구조 조치를 다하지 아니한 선장 등에 대한 처벌을 강화하고자 법을 개정하였다. 제2항과 제3항은 선장은 인명구조 조치를 다하기 전에는 선박을 떠나서는 아니 되도록 하면서 해원에게도 이를 준용하도록 신설하였다.

7. 선박 충돌 시의 조치의무

선박이 서로 충돌하였을 때에는 각 선박의 선장은 서로 인명과 선박을 구조하는 데 필요한 조치를 다하여야 하며 선박의 명칭·소유자·선적항·출항항 및 도착항을 상대방에게 통보하여야 한다. 다만, 자기가 지휘하는 선박에 급박한 위험이 있을 때에는 그러하지 아니하다(법 제12조).

법 제12조 전단은 선박의 상호구조의무를 규정하고 있으며, 주로 항해 중에 발생하는 것으로, 그 대상 선박은 사람이 승선하고 있는 것이고, 이미 파손되어 있

59) 필요한 조치에 관한 구체적인 규정은 없으나. 미국 상선직원지침서(Willam B. Hayler, Merchant Marine Officer's Handbook, Cornell Maritime Press, 5 Sub de. 2009.)에는 위기 시 선장의 책임을 5가지로 나열하고 있다. ① 선박에서 최후로 떠나는 자가 돼라(Last man to leave the vessel), ② 선박과 화물을 구하기 위하여 최대한 노력하라(bound to use all reasonable efforts to save ship and cargo), ③ 선원이 돌아올 수 있도록 책임을 져라(makes provision for return of crew), ④ 선주 및 보험자에게 즉시 연락하라(communicate promptly with owners and underwrites), ⑤ 합법적으로 해제될 때까지 계속 책임을 져라(remain tin charge until lawfully suspended).

60) Central America호 선장 William Leis Hemdon은 1857. 9. 12. 선박과 수장되었고, Titanic호 선장 Edward Smith도 1912. 4. 15. 선박과 수장되었다. Alix John, The Night-Hawk: a Romance of the '60s, Frederick A. Stokes Company(New York, 1901), 249쪽에서는 이와 관련된 해사관습을 "for if anything goes wrong a woman may be saved where a captain goes down with his ship."이라고 표현하고 있다; 권창영, 앞의 책, 234에서 재인용.

는 선박은 동법 제13조(조난선박 등의 조치)에 따른 조치를 취하면 된다. 동법 제12조에 따른 구조의무 대상은 인명과 선박에 한정되고 화물은 포함되지 않는다. 화물을 제외한 이유는 다른 선박의 화물구조의무까지도 벌칙으로 강제할 필요가 없기 때문이다.[61)]

동법 제12조 후단의 통보의무는 충돌선박의 특징 등을 서로 확실하게 알려서, 해양사고심판이나 민사재판 등으로 책임 추궁 시 지장이 없도록 하고, 행정관청이 사후조치를 강구할 때 편의를 제공하도록 하는 것이다.[62)]

구조의무와 통지의무는 선장 본인이 지휘하는 선박에 급박한 위험이 있는 경우에는 면제가 되는데, 이러한 경우 구조 및 통지의무를 부담하게 하는 것은 불합리하기 때문이다.

8. 조난선박 등의 구조의무

1) 의 의

선장은 다른 선박 또는 항공기의 조난을 알았을 때에 인명을 구조하는 데 필요한 조치를 다하여야 한다. 다만, 자기가 지휘하는 선박에 급박한 위험이 있는 경우 등 해양수산부령으로 정하는 경우에는 그러하지 아니하다(법 제13조). 해양수산부령으로 정하는 경우는 ① 조난장소에 도착한 다른 선박으로부터 구조의 필요가 없다는 통보를 받은 경우, ② 조난장소에 접근하였으나 부득이한 사유로 인하여 구조할 수 없거나 구조할 필요가 없다고 판단되는 경우, ③ 부득이한 사유로 조난장소까지 갈 수 없거나 기타 구조가 적당하지 아니하다고 판단되는 경우, ④ 선장이 지휘하는 선박에 급박한 위험이 있는 경우 등이다. 제1항 제2호부터 제4호까지의 규정에 따라 구조를 하지 아니하는 경우에는 조난선박 또는 조난항공기에 가까이 있는 선박에 그 뜻을 통보하여야 하되, 다른 선박에 의한 조난 구조가 행하여지지 아니할 것으로 판단되는 경우에는 해양경찰관서의 장에 통보하여야 한다(시행규칙 제5조 제2항).

선원법에 조난에 대한 규정은 없지만, '수상에서의 수색 · 구조 등에 관한 법률'상 '조난사고'와 같은 의미로 보아야 한다.[63)] 구조의무의 대상은 인명뿐이어서

---

61) 권창영, 앞의 책, 238쪽.

62) 박경현, 선원법상 선장의 지위(3), 26쪽.

63) 권창영, 앞의 책, 239쪽에 의하면, 조난사고란 (1) 사람의 익수 · 추락 · 고립 · 표류 등의 사고, (2) 선박등의 침몰 · 좌초 · 전복 · 충돌 · 화재 · 기관고장 및 추락 등의 사고로 인하여 사람의 생명 · 신체 또

재산에 대한 구조의무는 없다. 인명구조자에 대하여는 구조료 청구권이 인정되지 아니한다.[64)]

2) 관련 규정

해상조난자 또는 난민을 발견하면 적극적으로 지원을 해야 한다.[65)] 유엔해양법협약 제98조 제1항은 자국의 국기를 게양한 선박의 선장에게 선박·선원 또는 승객에 대한 중대한 위험이 없는 한 바다에서 발견된 실종위험이 있는 사람에 대한 지원제공, 지원이 필요하다고 합리적으로 판단되는 경우 전속 항진하여 조난자를 구할 의무, 선박충돌 후 상대선박 선원 승객에 대한 구조의무를 규정하고 있다. 문리적 해석으로 볼 때 동조는 선장에게 직접적인 구조의무를 부과하는 것이 아닌 당사국에게 관련의무를 부과하는 것으로 볼 수 있다.[66)] 이는 기국이 이러한 의무를 국내법으로 제대로 입법하지 않는다면 실제 구조행위를 행하는 선장 및 선원이 적극적으로 행동하지 않을 수 있기 때문이다. 따라서 동조는 기국의 의무인 동시에 선장의 의무로도 이해될 수 있다.[67)] 제1차 해양법회의의 산물로서 1958년 공해에 관한 제네바협약(Geneva Convention on the High Seas, 1958, 이하 "제네바협약"이라 한다) 제12조 제1항은 1982년 채택된 UNCLOS 제98조에 그대로 수용되었다. 제1차 해양법회의 초안을 작성한 국제법위원회는 기국에게 지원제공의무를 부과한 초안 제36조에 대한 주석에서, 당해 조항은 선장의 지원제공의무를 규정한 국제법을 그대로 수용한 것이라고 하면서 그 예로 1910년 해난구조에 관한 규정통일협약(Convention for the Unification of Certain Rules of Law respecting Assistance and Salvage at Sea, 이하 "1910 Salvage협약"이라 한다) 및 1948년 해상인명안전협약(International Convention for the Safety of Life at Sea, 1948)을 언급하였다.[68)] 그러므로

는 선박등의 안전이 위험에 처한 상태를 말한다(법 제2조 제4호).

64) 상법 제882조.

65) 난민법 제2조 제1호.

66) 유엔해양법협약 제98조 1항.

67) Richard Barnes, "Refugee Law at Sea" International and Comparative Law Quarterly, Vol.53 Issue 1(2004. 1.), p.50; Kyriaki Noussia, "The Rescue of Migrants and Refugees at Sea: Legal Rights and Obligations", Ocean Year Book Vol. 31 Issue1(2017. 1.), p.159.

68) Center for Oceans Law and Policy, United Nations Convention on the Law of the Sea 1982 A Commentary, Vol.III.(USA: University of Virginia, 1995), p.172; International Law Commission,

UNCLOS 제98조 제1항은 기국이 당해 의무를 실무적으로 이행하기 위해 선장에게 부담하는 의무로 이해함이 타당하다. UNCLOS에서 규정하고 있는 기국의 해상조난자 구조의무의 지리적 범위와 관련해서는 제58조에 따라 배타적 경제수역에서도 적용되며, 제18조 제2항에 따라 '… 불가항력이나 조난으로 인하여 필요한 경우 또는 위험하거나 조난상태에 있는 인명 선박을 구조하기 위한 경우에는 통항에 포함된다.'라는 사실을 감안할 때 제98조의 의무는 연안국의 영해에도 적용된다고 볼 수 있다.[69]

또한 UNCLOS 제98조 제2항은 모든 연안국은 해상안전에 관한 적절하고도 실효적인 수색·구조기관의 설치·운영 및 유지를 촉진시키고 필요한 경우 이를 위하여 지역협정을 통하여 인접국과 서로 협력하도록 규정하고 있다.[70] 이는 국가차원에서 전문적인 수색 및 구조 기구를 설립하여 연안국의 관할수역(내수, 영해 및 배타적 경제수역 포함)에서의 적극적인 수색 및 구조행위를 통해 인명피해를 최소화하기 위함이다.

2004년에 개정되어 2006년에 발효된 SOLAS협약 제5장 제33조는 선장의 해상조난자 지원제공의무를 언급하고 있다. 선장은 국적이나 처해 있는 상황에 관계없이 해상조난자를 구조하기 위해 전속력으로 항해해야 한다. 만약 조난신호를 수신한 선박의 선장이 수색 및 구조업무를 수행하지 못했을 경우 구조에 임하지 못한 사유를 반드시 항해일지에 기재하도록 하고 있다.[71] SOLAS 협약은 UNCLOS와 달리 해상조난자 지원제공의무 및 가까운 연안국의 수색 및 구조기관에 연락하여야 할 의무를 기국이 아닌 선장에게 요구하고 있다.[72]

SAR협약(International Convention on Maritime Search and Rescue, 1979, "SAR협약")은 해상조난자의 구조를 위하여 국제적인 해상수색 및 구조계획을 확립하고, 당사국의 수색 및 구조기구 간의 협력을 촉진하기 위해 채택되었다. 동 협약은 SOLAS

"Articles concerning the Law of the Sea with Commentaries in Yearbook of the International Law Commission", Vol.II, 1956, p.281.

69) 유엔해양법협약 제58조 및 제18조 제2항.

70) 유엔해양법협약 제98조 제2항.

71) SOLAS협약 제5장 제33조.

72) UN High Commissioner for Refugees (UNHCR), "Rescue at Sea. A Guide to Principles and Practice as Applied to Refugees and Migrants", January 2015.(https://www.refworld.org/docid/54b365554.html, 검색일자: 2020년 1월 30일), p.10.

협약의 제5장 제7조의 규정과 마찬가지로 UNCLOS 제98조 제2항을 보충하는 역할을 하고 있다. 국제해사기구는 전 세계 해양을 총 13개의 수색 및 구조수역으로 구분하여 당사국이 직접 자국의 수역을 결정하도록 하여 적극적인 수색 및 구조를 행하도록 하고 있다.[73)]

9. 기상 이상 등의 통보의무

바다에서 고립되어 독립적으로 항해하며 위험공동체인 선박은 선박 상호 간에 협력하여 항해의 위험을 제거해야 한다. 선원법상 선박의 선장은 폭풍우 등 기상 이상이 있거나 떠돌아다니는 얼음덩이, 떠다니거나 가라앉은 물건 등 선박의 항해에 위험을 줄 우려가 있는 것과 마주쳤을 때에 그 사실을 가까이 있는 선박의 선장과 해양경찰관서의 장에게 통보[74)]하여야 한다. 다만, 폭풍우 등 기상 이상의 경우 기상기관 또는 해양경찰관서(대한민국 영해 밖에 있는 선박의 경우에는 가장 가까운 국가의 해상보안기관을 말한다)의 장이 예보(豫報)한 경우에는 그러하지 아니하다(법 제

73) IMO, "International Convention on Maritime Search and Rescue (SAR)", (http://www.imo.org/en/About/Conventions/ListOfConventions/Pages/International-Convention-on-Maritime-Search-and-Rescue-(SAR).aspx,검색일자: 2020년 1월 30일).

74) 선장이 통보하여야 할 사항

■ 선원법 시행규칙 [별표 1]

선장이 통보하여야 할 사항(제6조 제2항 관련)

이상한 기상의 종류	통보하여야 할 사항
1. 열대성 폭풍우 또는 기타 풍속이 매초 24.5미터 이상의 바람을 동반한 폭풍우	가. 일시 및 위치 나. 3시간동안의 기압변화의 상황 다. 풍향(진방위에 의한다)·풍력 및 풍속 라. 파도의 진행방향(진방위에 의한다)·주기·파장 기타 해면의 상태 마. 선박의 침로(진방위에 의한다) 및 속력
2. 배의 상부구조물에 얼음을 얼게 하는 강풍	가. 일시 및 위치 나. 기온 다. 표면 물온도 라. 풍향·풍력 및 풍속
3. 표류물 또는 통상 표류해역 외에 있는 유빙 또는 빙산	가. 일시 및 위치 나. 형상·표류방향(진방위에 의한다) 및 표류속도
4. 침몰물	가. 일시 및 위치 나. 형상 및 깊이
5. 기타 선박의 항행에 위험을 줄 염려가 있는 이상한 기상	가. 일시 및 위치 나. 개요

14조 제1항, 제2항).[75)]

해양수산부령으로 정하는 선박이란 무선전신 또는 무선전화의 설비를 갖춘 선박을 지칭한다(선원법 시행규칙 제6조).

10. 비상배치표 및 훈련 등의 의무

선원법은 선박의 항해 안전을 확보하기 위하여 비상배치표 작성 및 게시, 및 훈련의 실시의무를 선장에게 부과하고 있다.

1) 비상배치표의 게시 및 훈련 실시 적용 선박

적용 대상 선박은 ① 총톤수 500톤 이상의 선박. 다만, 평수구역[76)]을 항행구역으로 하는 선박을 제외, ②「선박안전법」 제2조 제10호에 따른 여객선[77)](이하 "여객선"이라 한다)(법 제15조 제1항)이다.

2) 비상시에 대비한 훈련

선박의 선장은 선박에 있는 사람에게 소방훈련, 구명정훈련 등 비상시에 대비한 훈련을 실시하여야 한다. 이 경우 해원은 비상배치표에 명시된 임무대로 훈련에 임하여야 한다(법 제15조 제1항 후단).

여객선의 선장은 탑승한 모든 여객에 대하여 비상시에 대비할 수 있도록 비상신호와 집합장소의 위치, 구명기구의 비치 장소를 선내에 명시하고, 피난요령 등을 선내의 보기 쉬운 곳에 걸어두며, 구명기구의 사용법, 피난절차, 그 밖에 비상시에 대비하기 위하여 여객이 알고 있어야 할 필요한 사항을 주지시켜야 한다(법 제15조 제2항).

선장은 비상시에 대비한 훈련을 실시할 경우에 해원의 휴식시간에 지장이 없도록 해야 한다(법 제15조 제3항). 비상신호의 방법, 비상시 여객주지사항의 안내시기 등에 관하여는 해양수산부령[78)]으로 정하도록 규정하고 있다(법 제15조 제4항).

---

75) 이상기상 등의 통보의무는 SOLAS 부속규칙 V장 2규칙, 3규칙에 근거하고 있다.

76) 선박안전법 시행령 제2조 제1항 3호 (가)목에 따른 평수구역을 말한다.

77) 여객선이라 함은 13인 이상의 여객을 운송할 수 있는 선박으로 정의됨(선박안전법 제2조 10호).

78) 선원법 시행규칙 제7조(선내비상훈련)

② 법 제15조 제1항에 따른 소방훈련·구명정훈련 등 비상시에 대비한 훈련은 매월 1회 선장이 지정

3) 선내 비상훈련사항의 기록

선장은 선내 비상훈련시마다 훈련내용을 항해일지에 기록하고, 훈련 실시 상황을 동영상 또는 사진으로 촬영하여 보존하여야 한다(시행규칙 제8조).

11. 항해의 안전확보 및 선내 순시 의무

선원법은 항해 안전확보를 위한 선장의 의무를 제7조 내지 제15조에 구체적으로 규정하고 있다. 그 외에 항해당직, 선박의 화재예방, 그밖에 항해안전을 위하여 선장이 지켜야 할 사항을 규정하고 있다.

1) 항해의 안전확보의무

항해당직의 실시, 선박의 화재예방, 그밖에 항해안전을 위하여 선장이 지켜야 할 사항은 다음 각 호[79]와 같다(시행규칙 제10조).

하는 일시에 실시하되, 여객선의 경우에는 10일(국내항과 외국항을 운항하는 여객선은 7일)마다 실시하여야 한다.

④ 선장은 당해선박의 해원 4분의 1 이상이 교체된 때에는 출항후 24시간이내에 선내비상훈련을 실시하여야 한다.

⑤ 선장은 구명정훈련시에 구명정을 순차적으로 사용하여야 하며, 가능한 한 2월에 한번씩 구명정을 바다에 띄워 놓고 훈련을 실시하여야 한다.

⑥ 법 제15조 제2항에 따른 비상신호의 방법은 기적 또는 싸이렌에 의한 연속 7회의 단음과 계속 1회의 장음으로 한다.

⑦ 법 제15조 제2항에 따라 여객선의 선장은 다음 각 호의 사항을 안내방송 또는 동영상 방영 등의 방법으로 선박의 출항 후 1시간(국제항해에 종사하는 여객선의 경우에는 4시간) 이내에 여객에게 안내하여야 한다.

1. 승·하선 질서의 유지 등 여객안전을 위하여 필요한 사항
2. 여객선의 구명설비, 소화기 등의 사용법
3. 비상시 여객 행동요령
4. 항해시간, 기상정보 및 입출항 예정시간
5. 그 밖에 여객이 비상시에 대비하여 알아야 할 사항

79) 시행규칙 제10조 각 호

1. 「국제 해상충돌 방지규칙」의 준수
2. 「해상에서의 인명안전을 위한 국제협약」의 준수
3. 모든 항해장치의 정기적 점검과 그 기록의 유지
4. 선원 거주설비의 정기적 점검과 그 기록의 유지

2) 선내 순시 의무

선장 또는 선장이 지정하는 자는 1일 1회 선내를 순시하여 구명기구 · 대피통로, 그밖에 안전에 관하여 필요한 사항을 검사 · 정비하고 그 사실을 항해일지에 기록하여야 한다. 다만, 동일 목적지를 1일 2회 이상 운항하는 선박의 경우에는 운항 시마다 실시하고 기록하여야 한다(시행규칙 제9조 제1항).

선장 또는 선장이 지정하는 사람은 다음 각 호의 사항[80]을 매월 1회 이상 점검하고, 기록을 유지 · 관리하여야 한다(시행규칙 제9조 2항).

12. 사망자 발생 시 인도의무 등

선장은 항해 중 선박에 있는 사람이 사망한 경우에 다음 기항 예정 항만 또는 가까운 항만으로 이동하여 시신이 유가족 등에게 인도될 수 있도록 조치하여야 한다. 다만, 다음 기항 예정 항만 또는 가까운 항만이 시신의 반입을 금지하는 경우 시신을 반입할 수 있는 항만으로 이동하여야 한다(법 제17조 제1항).

선박에 있는 사람이 전염병으로 사망하여 선내 감염이 우려되거나, 기항 예정 항만에서 시신 인도가 지속적으로 거부되는 등 해양수산부령으로 정하는 사유[81]가 있는 때에는 해양수산부령으로 정하는 바에 따라 시신에 대한 조치를 할 수 있다(법 제17조 제2항).

---

80) 시행규칙 제9조 제2항
1. 선내 식량과 식수의 보유량
2. 식량과 식수의 선내 저장 및 취급에 사용하는 장소와 설비의 위생 및 작동 상태
3. 선내에서 식사를 준비하고 제공하는 취사실과 그 밖의 취사 설비의 위생 및 작동 상태
4. 선원 거주설비의 위생 및 수리 상태

81) 시행규칙 제11조(시신에 대한 조치)
1. 선박에 있는 사람이 전염병으로 사망하여 선내 감염이 우려되는 경우: 시신 인도방법을 질병관리청장과 협의하여 조치
2. 기항 예정 항만에서 시신 인도가 지속적으로 거부되는 경우: 국내항으로의 시신 인도방법을 유가족과 협의하여 조치
3. 법 제13조에 따라 구조된 사람이 선박에서 사망한 경우: 다음 각 목의 구분에 따른 조치
   가. 사망한 사람이 대한민국 국민인 경우: 시신 인도방법을 관할 해양경찰서장과 협의하여 조치
   나. 사망한 사람이 외국인인 경우: 시신 인도방법을 외교부장관과 협의하여 조치

13. 유류품의 처리 의무

선장은 선박에 있는 사람이 사망하거나 행방불명된 경우에 법령에 특별한 규정이 있는 경우[82]를 제외하고는 해양수산부령으로 정하는 바에 따라 선박에 있는 유류품(遺留品)에 대하여 보관이나 그 밖에 필요한 조치를 하여야 한다(법 제18조).

시행규칙 제12조 제1항에 따르면, 선장은 선박에 있는 사람이 사망 또는 행방불명된 경우에 지체 없이 그 선박에 승선 중인 사망 또는 행방불명된 사람의 친족 또는 친지를 참여시켜 그 유류품을 조사하여 유류품 목록을 작성하되, 친족 또는 친지가 없는 경우에는 그 선박에 승선한 다른 2명을 참여시켜야 한다고 규정하고 있다. 유류품 목록에는 다음 각 호의 사항[83]을 기재하여 선장과 참여인이 기명 및 날인하여야 한다(시행규칙 제12조 제2항). 선장은 제1항에 따른 유류품 및 그 목록을 사망 또는 행방불명된 사람의 유족 또는 가족에게 인도 또는 교부하여야 한다고 규정하고 있다(시행규칙 제12조 제3항).

14. 재외국민의 소환 의무

헌법 제2조 제2항[84]에 규정된 국가의 기본의무인 재외국민[85] 보호를 위하여 선원법은 선장에게 공법상 의무의 하나로서 재외국민 송환의무를 규정하고 있다.[86] 선장은 외국에 주재하는 대한민국의 영사가 법령에서 정하는 바에 따라 대한민국 국민의 송환을 명하였을 때에 정당한 사유[87] 없이 거부하지 못한다(법 제

---

82) 상법 제824조에 여객이 사망한 때에는 선장은 그 상속인에게 가장 이익이 되는 방법으로 사망자가 휴대한 수하물을 처분하여야 한다고 규정되어 있음.

83) 시행규칙 제12조 제2항 각 호
1. 사망 또는 행방불명된 사람의 성명 · 주소
2. 사망 또는 행방불명이 된 일시 및 위치
3. 유류품의 품명과 수량
4. 유류품의 조사 및 목록을 작성한 일자
5. 기타의 처분을 한 경우에는 그 사유 및 처분내용

84) 국가는 법률이 정하는 바에 의하여 재외국민을 보호할 의무를 진다.

85) 우리나라 국적을 보유하고 국외에 체류하고 있는 사람을 말한다(재외국민보호를위한 영사업무 지침 제2조 제1호).

86) 권창영, 앞의 책, 250쪽.

87) 권창영 앞의 책에 따르면, 거부의 정당성이 인정되는 것으로는 송환대상자가 전염병에 걸려서 승무원에게 전염시킬 우려가 있는 경우와 선실의 여유가 없는 경우 등을 들 수 있다. 귀국자가 송환비상환

19조 제1항).

외국에 있는 한국인으로서 개인적으로 구조를 요하는 자, 국가의 위신을 손상시키는 자 또는 외국으로부터 강제퇴거명령을 받은 자[88] 등은 대한민국으로 송환하여야 한다.

제1항에 따른 송환에 든 비용의 부담과 송환에 필요한 사항은 대통령령으로 정한다.

15. 서류의 비치의무

선장은 선박에 선박의 국적을 증명하고 선원의 관할권 및 승무정원 등을 확인하기 위하여 서류를 비치하도록 의무 규정하고 있다. 선장이 ① 선박국적증서, ② 선원명부, ③ 항해일지, ④ 화물에 관한 서류, ⑤ 그 밖에 해양수산부령[89]으로 정하는 서류를 갖추도록 하고 있다(법 제20조). 또한 선장은 해양수산부령으로 정하는 서식[90]에 따라 선원명부 및 항해일지 등을 기록·보관하여야 한다(법 제20조 제2항).

선박국적증서란 그 선박이 대한민국 국적을 가지고 있음과 그 선박의 동일성을 증명하는 공문서이다(선박법 제9조). 선원명부는 선박에 승선하는 선원의 명부이다. 선박소유자는 선박별로 선원명부를 작성하여 선박과 육상사무소에 갖추어 두어야 한다(선원법 제44조 제1항). 항해일지는 해양교통의 단속과 선원의 보호 등 행정상의 감독을 목적으로 하는 공용항해일지를 의미한다. 화물에 관한 서류는 일반적으로 적하목록, 운송계약서, 선하증권, 화물수출면장 등이 있다.

서약서 제출을 거부한다고 하여도 이는 선장의 송환명령거부의 정당한 사유는 되지 못한다. 왜냐하면 이 서약서는 당해 귀국자가 송환에 든 비용을 귀국 후 비용을 귀국 후 신속히 상환한다는 뜻의 문서인데 선박소유자가 송환비를 상환받을 권리는 서약서의 효력이 아니고, 선박소유자는 당해 귀국자로부터 송환비를 상환받을 수 없는 경우에는 대한민국에게 그 상환청구를 할 수 있으므로, 서약서를 제출하지 않는 것이 송환명령거부의 정당한 사유라고 할 수 없기 때문이다.

88) '송환자'라 함은 밀항단속법 위반 또는 이에 준하는 행위로 당해국에서 소정의 처분을 받고 집단적 또는 개별적으로 강제송환되는 자(강제송환자) 및 퇴거명령에 의하여 자가비용으로 송환되는 자(자비송환자)를 말한다(밀항사범처리규칙 제2조 제3호); 권창영 앞의 책, 251쪽.

89) 시행규칙 제13조 1. 선박검사증서(선박안전법상 정기검사 등에 합격한 선박에 대하여 항행구역, 최대승선인원 및 만재흘수선의 위치 등을 수록하여 발급하는 문서이다) 2. 항행하는 해역의 해도, 3. 기관일지, 4. 속구목록, 5. 선박의 승무정원증서, 7. 「2006 해사노동협약」 내용이 포함된 도서(항해선이 아닌 선박과 어선은 제외한다)

90) 선원법 시행규칙 제14조 제1호 별지 1호 서식(선원명부), 제2호 별지 제2호 서식(항해일지), 제3호 별지 제4호 서식(속구목록).

16. 선박 운항에 관한 보고의무

선장이 선박 운항 중 발생한 사고 등에 관하여 해양항만관청에 보고하도록 하고 있다(법 제21조). ① 선박의 충돌 · 침몰 · 멸실 · 화재 · 좌초, 기관의 손상 및 그 밖의 해양사고가 발생한 경우, ② 항해 중 다른 선박의 조난을 안 경우(무선통신으로 알게 된 경우는 제외한다), ③ 인명이나 선박의 구조에 종사한 경우, ④ 선박에 있는 사람이 사망하거나 행방불명된 경우, ⑤ 미리 정하여진 항로를 변경한 경우, ⑥ 선박이 억류되거나 포획된 경우, ⑦ 그 밖에 선박에서 중대한 사고가 일어난 경우에 해양수산부령에 따라 지체 없이 그 사실을 해양항만관청에 보고하여야 한다. 그 밖에 선박에 관하여 중대한 사고란 연료 부족에 의한 표류 등을 의미한다. 선내에서의 범죄행위나 쟁의행위 등은 선박 또는 항행에 영향을 미치지 아니하는 한 보고의무는 없다.[91]

보고의무자는 선장이고, 부득이한 사유가 있는 경우에는 대리인으로 하여금 보고를 하게 할 수 있으며, 선장 또는 그 대리인이 보고를 할 수 없는 경우에는 선박소유자가 보고하여야 한다(시행규칙 제15조 제2항). 보고방법으로서, 지방해양항만관청에 항해일지를 제시하여야 한다(시행규칙 제15조 제3항).

Ⅲ. 선내 질서의 유지

1. 해원의 징계

징계란 해원의 선내질서 위반행위에 대하여 선내 질서 유지를 위해 선장에 의해 과해지는 공법상 제재를 의미한다.[92] 선원법 제22조의 징계와 선원법 제32조[93]의 선박소유자에 의한 기업경영 질서유지를 위한 선원의 징벌은 사법상 제재라는 점에서 이중징계라 볼 수 없다.[94]

---

91) 박경현, “선원법상 선장의 지위(綜)”, 12쪽.

92) 권창영, 앞의 책, 258쪽; 부산고법 2021. 12. 22. 선고 2021나54289 판결에서 선장의 해원징계권은 항해의 위험을 극복하고 선내 질서를 유지하기 위하여 선장에게 부여된 권한으로서 선원법 제32조에서 정하고 있는 선박소유자의 징계권과는 구별된다.

93) 선원근로계약의 해지 등의 제한.

94) 노정 33750－6554, 1991. 10. 4. 선원행정사례집, 21쪽.

1) 징계절차

선장은 해원이 다음에 해당하는 경우에 5명 이상의 해원(해원수가 10명 이내인 경우에는 3명)[95]으로 구성된 징계위원회의 의결을 거쳐 징계할 수 있다고 규정하고 있다(법 제22조 제3항). 징계할 수 있는 경우는 ① 상급자의 직무상 명령에 따르지 아니하였을 경우[96], ② 선장의 허가 없이 선박을 떠났을 경우, ③ 선장의 허가 없이 흉기나 「마약류 불법거래 방지에 관한 특례법」 제2조 제1항에 따른 마약류를 선박에 들여왔을 경우, ④ 선내에서 싸움, 폭행, 음주, 소란행위를 하거나 고의로 시설물을 파손하였을 경우, ⑤ 직무를 게을리하거나 다른 해원의 직무수행을 방해하였을 경우, ⑥ 정당한 사유 없이 선장이 지정한 시간까지 선박에 승선하지 아니하였을 경우, ⑦ 그 밖에 선내 질서를 어지럽히는 행위로서 단체협약, 취업규칙 또는 선원근로계약에서 금지하는 행위를 하였을 경우[97]이다.

2) 징계의 종류 및 절차

징계의 종류는 훈계, 상륙금지 및 하선으로 하며 상륙금지는 정박 중에 10일 이내로 한다(법 제22조 제2항). 제22조 제1항에 따르면 징계사유가 발생할 경우 징계할 수 있다고 규정하여 결정재량이 인정되고 있다. 징계 종류 중 어느 것을 선택하는가에 대하여도 재량을 인정하고 있다.

하선의 징계는 제3항[98]에 별도로 규정하여 한정적으로 제한하여 재량을 제한하고 있음을 알 수 있다.

하선 징계로 인하여 하선자는 선내근로를 제공할 수 없으므로 근로의 대상으

95) 선원이 3명 미만인 경우에 대하여 선원법은 징계절차에서 징계위원회를 거칠 것을 규정하고 있지 않으므로 이는 단체협약, 취업규칙 등으로 정하여야 할 사안으로 판단하고 있다.

96) 선원이 2009. 12. 16. 선장 및 1등항해사의 당직명령을 거부하고 상륙하여 피고의 사무실로 찾아와 사장과 상호 폭력을 가한 것은 '상급자의 직무상 명령에 따르지 아니한 경우'나 '선장의 허가 없이 선박을 떠난 경우'의 징계사유에 해당한다고 판결하고 있다(부산고법 2011. 9. 28. 선고 2011나1163 판결).

97) 선원이 2009. 12. 12. 포항 신항 8부두 출항 시 선박소유자의 사장과 심한 언쟁으로 몸싸움을 하였다는 것은 선상생활 중 위계질서 문란행위에 해당하지 아니한다고 판결하였다(부산고법 2011. 9. 28. 선고 2011나1163 판결).

98) 하선의 징계는 해원이 폭력행위 등으로 선내질서를 어지럽히거나 고의로 선박 운항에 현저한 지장을 준 행위가 명백한 경우에만 하여야 한다. 이 경우 선장은 지체 없이 선박소유자에게 하선의 징계를 한 사실을 알려야 한다고 규정하고 있다.

로 임금청구권을 취득할 수 없고, 송환비용의 일부 또는 전부를 부담하여야 한다(법 제38조 제2항 제2호). 운전 미숙은 폭력행위 또는 고의로 인한 행위가 아니므로, 하선 징계 사유에 해당하지 아니한다.[99]

선원법 시행규칙 제16조(징계위원회)에 따르면 ① 법 제22조 제4항에 따른 징계위원회는 기관장·운항장·1등항해사·1등기관사·1등운항사·통신장·징계대상자의 소속 부원 중 최상위 직책을 가진 사람의 순위로 구성하되, 이들에 의한 징계위원회의 구성이 불가능한 경우에는 선장이 정하는 사람으로 구성한다. ② 징계위원회는 선장의 요구에 의하여 소집된다. ③ 징계위원회는 징계대상 해원을 출석시켜 진술할 기회[100]를 주어야 하며, 필요한 경우에는 다른 해원을 출석시켜 그의 진술을 들을 수 있다. ④ 징계위원회가 해원에 대한 징계사항을 심사한 때에는 징계위원회 위원이 날인한 징계심사 서류 및 회의록을 작성하여야 한다.

2. 위험물 등에 대한 조치

선원법 제23조는 선장에게 대인강제권과 대물강제권을 부여하여 선장의 명령권 실효성을 확보하고 있다.[101] ① 흉기, 폭발하거나 불붙기 쉬운 물건, 「화학물질관리법」에 따른 인체급성유해성물질, 인체만성유해성물질, 생태유해성물질과 그 밖의 위험한 물건을 가지고 승선한 사람은 즉시 선장에게 신고하여야 한다. ② 선장은 제1항에 따른 물건에 대하여 보관·폐기 등 필요한 조치를 할 수 있다.[102] ③ 선장은 해원이나 그 밖에 선박에 있는 사람이 인명이나 선박에 위해(危害)를 줄 우려가 있는 행위를 하려고 할 때에는 그 위해를 방지하는 데 필요한 조치를 할 수 있다.[103] 선내의 질서 유지와 안전을 위하여 재선자·선박·적하에 위해

99) 창원지법 2014. 8. 27. 선고 2013나9738 판결.

100) 징계 대상 해원에게 징계위원회에 출석하여 진술할 기회를 부여하도록 되어 있음에도 불구하고 징계위원회 출석 및 진술 기회를 부여하지 않은 채 대상 해원에게 하선의 징계권 행사는 징계사유가 인정되는지 여부와 관계없이 절차의 하자에 반하여 무효이다(부산고법 2021. 12. 22. 선고 2021나54289 판결).

101) 권창영, 앞의 책, 262쪽.

102) 대물강제권으로 비례의 원칙이 적용된다. 물건 중 일부의 보관이나 폐기로 위험성을 제거할 수 있는 경우에는 물건 전체에 대하여 강제권을 행사할 수 없고, 위험물의 보관으로도 위험을 방지할 수 있는 경우에는 폐기할 수 없다고 판단된다(권창영, 256쪽).

103) 대인강제권에 대한 규정으로 Queen Elizabeth호 사건으로 Hook v. Cunard Steamship Co.[1953] 1 Llotd's Rep. p.413.

를 가한 자에 대하여는 특별한 제재조치를 규정할 필요가 있다. 그러므로 선장의 강제권 행사를 통하여 재선자의 신체의 자유와 재산권은 일정한 범위 내에서 제한된다.[104)]

3. 행정기관에 대한 원조요청

선장은 해원이나 그 밖에 선박에 있는 사람의 행위가 인명이나 선박에 위해를 미치거나 선내 질서를 매우 어지럽게 할 때에는 관계 행정기관의 장에게 선내 질서의 유지 등을 위하여 필요한 원조를 요청할 수 있다(법 제24조 제1항). 해원의 행위가 인명 및 선박에 해를 끼치는 경우 선장은 행정기관에 원조를 요청할 수도 있고 강제권을 행사할 수도 있는데, 양자의 관계가 문제된다.[105)] 선장으로부터 제1항에 따른 원조 요청을 받은 관계 행정기관의 장은 이에 협조하여야 한다(법 제24조 제2항). 선장의 원조요청을 받은 행정기관의 장은 협조할 의무를 지는데, 정당한 사유 없이 이에 응하지 아니하는 경우에는 특별한 사정이 없는 한 직무유기죄에 해당한다.[106)]

4. 쟁의행위의 제한

선원법은 선박의 특수성을 감안하여 선원으로 하여금 동맹파업, 태업, 감속, 직장폐쇄 등 업무의 정상한 운영을 저해하는 쟁의행위를 다음 경우에 한하여 할 수 없도록 규정하고 있다.[107)] ① 선박이 외국의 항구에 있는 경우, ② 여객선이 승객을 태우고 항행 중인 경우, ③ 위험물운송을 전용으로 하는 선박이 항행 중인

---

104) Hill, Maritime Law 4th Ed. Lloyd's of London Press Ltd, 1994. p.489.

105) 선장이 강제권을 행사하지 아니하고 원조요청으로도 위해를 충분히 방지할 수 있는 경우에는 먼저 원조요청을 하는 것이 타당하고, 위해행위가 긴급하여 원조요청을 할 수 없거나 실효성이 없다고 판단되는 경우 강제권을 행사하여야 한다(권창영, 267쪽).

106) 송윤근, 「추조설명 실무·판례 선원법 해설」, (연합출판사, 1975), 46쪽.

107) 쟁의행위 제한에 대하여 선원의 헌법 제33조에서 보장한 근로자의 기본적인 권리를 지나치게 침해한다는 지적이 있으며, 이 규정을 아예 폐지하여야 한다는 주장도 있다. 선원도 근로자에 해당하므로 헌법과 노조법이 정하는 바에 따라 노동3권을 가진다. 해사노동협약 본문 제3조에서는 단결권, 단체교섭권, 강제노동금지, 아동노동철폐 및 차별금지 등을 선원의 기본권으로 규정하고 있다. 하지만 해상노동의 특수성을 고려할 때 일부의 규정은 정비될 필요가 있으나, 그 폐지는 해상안전을 저해하는 등의 문제가 있어 이에 대해서는 해상안전확보와 선원의 기본권 간의 적절한 균형을 이루는 정비를 하는 것이 바람직할 것이다.

경우로서 위험물의 종류별로 해양수산부령이 정하는 경우,[108] ④ 제9조의 규정에 의하여 선장 등이 선박의 조종을 직접 지휘하여 항행 중인 경우, ⑤ 어선이 어장에서 어구를 내릴 때부터 냉동처리 등을 마칠 때까지의 일련의 어획작업 중인 경우, ⑥ 그 밖에 선원근로관계에 관한 쟁의행위로 인하여 인명이나 선박의 안전에 현저한 위해를 줄 우려가 있는 경우이다. 상기의 경우의 제한은 대부분의 경우에 제한되는 것을 알 수 있다. 선원의 헌법적 권리인 노동3권을 보장하기 위하여 합리적으로 개선되어야 할 것이다.

이를 위반하여 쟁의행위를 한 사람은 다음 각 호의 구분에 따라 처벌한다.

① 쟁의행위를 지휘하거나 지도적 임무에 종사한 사람: 3년 이하의 징역, ② 쟁의행위 모의에 적극적으로 참여하거나 선동한 사람: 1년 이하의 징역 또는 1천만원 이하의 벌금.

5. 강제근로[109]의 금지

선박소유자 및 선원은 폭행, 협박, 감금, 그 밖의 정신상 또는 신체상의 자유를 부당하게 구속하는 수단으로써 선원의 자유의사에 어긋나는 근로를 강요하지 못한다(법 제25조의2). 이는 경제적 · 사회적으로 우위에 있는 선박소유자나 선원이 그 힘의 우위를 이용하여 선원의 자유의사에 반하는 근로를 강요하지 못하도록 함으로써, 전근대적인 노사관계를 극복하고 근로자의 인격 존중과 실현을 도모하기 위한 것으로[110] 근로기준법 제7조와 동일한 내용이다.

헌법 제12조 제1항 2문 후단은 법률과 적법한 절차에 의하지 않은 강제노역을 금지하고 있으며, 이를 구체화하여 선원법의 기본 원칙으로 규정하고 있다. 이

---

108) 제17조(쟁의행위의 제한) 법 제25조 제3호에서 "위험물의 종류별로 해양수산부령으로 정하는 경우"란 「위험물 선박운송 및 저장규칙」 제3조에 규정된 위험물중 다음 각 호의 어느 하나에 해당하는 위험물을 적재하고 항행 중인 경우를 말한다. 다만, 제1호 내지 제3호의 경우에는 당해 위험물을 적재하지 아니하고 항행 중인 경우를 포함한다.

1. 고압가스 2. 인화성액체류 3. 방사성물질 4. 화약류 5. 산화성물질류 6. 부식성물질 7. 유해성물질

109) 강제근로란 단순히 노동착취나 열악한 근로조건만을 뜻하는 것이 아니며, 그 판단은 다음의 11개 지표로써 개별 사안에 맞게 해석된다. 즉, 국제노동기구는 육체적 · 성적 폭력, 이동의 자유제한, 공갈협박, 사기, 격리, 부채상환 인신구속, 임금압류 · 미지급, 신분증 압류, 근로 및 생활 조건 열악, 과도한 시간외 근로, 의사에 반하는 근로 등의 지표를 제시하고 있다.

110) 김유성 I, 42쪽.

는 근로자의 인간의 존엄성과 행복추구권, 직업 선택의 자유와 근로의 권리를 보호하기 위한 것이다. 또한, 근로기준법 제4조의 근로조건 자기결정 원칙과 대등결정 원칙을 재확인하고, 선원의 근로가 강제되지 않도록 하여 자유로운 의사에 기초한 근로관계를 형성하려는 정책적 의도를 반영하고 있다.[111]

근로기준법의 경우 강제 근로의 금지 주체는 사용자이나 선원법은 선박소유자뿐만 아니라 선원에게도 확대되어 있다.

6. 선내괴롭힘의 금지

선내괴롭힘 등 인권침해 문제가 지속적으로 발생하는 것은 선원의 승선기피 원인 중 하나로 손꼽힌다. 한편, 선원을 포함한 근로자의 인권존중을 도모하기 위해 국내·외의 여러 법에서 이를 명시적으로 규정하고 있다.

1) 헌 법

헌법 제10조에 따르면, 모든 국민이 인간으로서의 존엄과 가치를 가지며, 행복을 추구할 권리를 가지고, 국가는 개인이 가지는 불가침의 기본적 인권을 확인하고 이를 보장할 의무를 가진다.

2) 근로기준법

근로기준법에 모든 근로자가 안전하고 존엄성 있는 근로환경에서 일할 권리를 가지며, 이를 침해하는 괴롭힘 행위가 발생하지 않도록 예방하고 제재하기 위한 법적 근거를 제공하였다. 근로기준법에 따라, 사용자(고용자)가 사고의 발생이나 그 밖의 어떠한 이유로든 근로자에게 폭행을 하는 것은 금지되어 있다(제8조). 또한, 사용자 또는 근로자는 직장에서의 지위 또는 관계 등의 우위를 이용하여 업무상 적정범위를 넘어 다른 근로자에게 신체적·정신적 고통을 주거나 근무환경을 악화시키는 행위 즉, "직장 내 괴롭힘"을 하여서는 아니 된다고 규정되어 있다(제76조의2).

3) 산업안전보건법

산업안전보건법 제4조 제1항은 정부가 「근로기준법」 제76조의2에 따른 직장

111) 권창영, 268쪽.

내 괴롭힘 예방을 위한 조치기준 마련, 지도 및 지원에 대하여 성실히 이행할 책무를 진다고 규정하고 있다.

4) ILO(국제노동기구) Convention

ILO는 "폭력과 괴롭힘"이라는 용어에 대해, 그것의 발생이 일회성이든 반복적이든, 신체적 · 정신적 · 성적 · 경제적 피해를 목표로 하거나, 초래하거나, 초래할 개연성이 있는 용납할 수 없는 일련의 행위나 관행, 혹은 위협을 뜻한다고 정의하고 있다. ILO의 권고[112]에 따라 선원법은 선원들이 해상에서 겪을 수 있는 다양한 문제를 고려하여 근로환경을 보호하고 괴롭힘 방지를 위한 특별한 규정을 두고 있다.

5) 선원법상 선내 괴롭힘 금지규정

선원의 선내 괴롭힘의 금지 및 선내 괴롭힘 발생 시 조치 규정 등을 신설하였다(2024. 1. 25. 시행). 선원은 특수한 근로환경에서 일하기 때문에 별도의 보호 규정이 필요하다.

선박소유자 또는 선원은 선내에서의 지위 또는 관계 등의 우위를 이용하여 업무상 적정범위를 넘어 다른 선원에게 신체적 · 정신적 고통을 주거나 근무환경을 악화시키는 행위(이하 "선내 괴롭힘"이라 한다)를 하여서는 아니 된다(법 제25조의3). 선내 괴롭힘이 발생 시에 조치사항으로 ① 누구든지 선내 괴롭힘 발생 사실을 알게 된 경우 그 사실을 선박소유자에게 신고할 수 있다. ② 선박소유자는 제1항에 따른 신고를 접수하거나 선내 괴롭힘 발생 사실을 인지한 경우에는 지체 없이 당사자 등을 대상으로 그 사실 확인을 위하여 객관적으로 조사를 실시하여야 한다. 다만, 해당 선박이 조업 중, 항해 중 또는 외국 항만에 있는 경우에는 피해를 입은 선원 또는 피해를 입었다고 주장하는 선원(이하 "피해선원등"이라 한다)의 의견을 들어 다음 기항 예정 항만 또는 국내 항만 입항 시 조사를 실시할 수 있다. ③ 선박소유자는 제2항에 따른 조사 기간 동안 선내 괴롭힘과 관련하여 피해선원등을 보

112) 2019년에 채택된 ILO협약 190호(폭력과 괴롭힘 근절을 위한 협약)는 폭력과 괴롭힘을 근절하기 위한 최초의 국제 협약이다. 이 협약은 모든 근로자와 관련된 모든 형태의 폭력과 괴롭힘을 근절하기 위한 조치를 규정하고 있다. 협약 190호는 근로자가 일터에서 폭력과 괴롭힘으로부터 보호받을 권리를 명시하고, 회원국들이 이러한 문제를 해결하기 위해 법적 · 정책적 조치를 취할 것을 요구한다. 이는 특히 성폭력, 성희롱, 심리적 괴롭힘 등 다양한 형태의 괴롭힘을 포함하고 있다.

호하기 위하여 필요한 경우 해당 피해선원등에 대하여 근무장소의 변경, 유급휴가 명령 등 적절한 조치를 하여야 한다. 이 경우 선박소유자는 피해선원등의 의사에 반하는 조치를 하여서는 아니 된다. ④ 선박소유자는 제2항에 따른 조사 결과 선내 괴롭힘 발생 사실이 확인된 때에는 피해선원이 요청하면 근무장소의 변경, 배치전환, 유급휴가 명령 등 적절한 조치를 하여야 한다. ⑤ 선박소유자는 제2항에 따른 조사 결과 선내 괴롭힘 발생 사실이 확인된 때에는 지체 없이 행위자에 대하여 징계, 근무장소의 변경 등 필요한 조치를 하여야 한다. 이 경우 선박소유자는 징계 등의 조치를 하기 전에 그 조치에 대하여 피해선원의 의견을 들어야 한다. ⑥ 선박소유자는 선내 괴롭힘 발생 사실을 신고한 선원 및 피해선원등에게 해고나 그 밖의 불리한 처우를 하여서는 아니 된다. ⑦ 제2항에 따라 선내 괴롭힘 발생 사실을 조사한 사람, 조사 내용을 보고받은 사람 및 그 밖에 조사 과정에 참여한 사람은 해당 조사 과정에서 알게 된 비밀을 피해선원등의 의사에 반하여 다른 사람에게 누설하여서는 아니 된다. 다만, 조사와 관련된 내용을 선박소유자에게 보고하거나 관계 기관의 요청에 따라 필요한 정보를 제공하는 경우는 제외한다.

또한, 선박소유자는 선내 괴롭힘의 예방 및 발생 시 조치 등에 관한 사항이 포함된 취업규칙을 작성하여 해양항만관청에 신고하여야 한다(법 제119조).

제3절 선원근로계약

Ⅰ. 정의 및 연혁

1. 정 의

선원근로계약이란 "선원이 승선하여 선박소유자에게 근로를 제공하고 선박소유자는 이에 대하여 임금을 지급할 목적으로 체결된 계약"을 말한다(법 제2조 9호).[113)]

---

113) 해사노동협약상 "선원근로계약(seafarers' employment agreement)"은 고용계약과 승선계약을 포함한다. 선원과 선박소유자가 체결하는 계약은 그 회사와 계약을 체결하는 고용계약(Contract of employment)의 형태와 특정선박의 승선을 위한 승선계약(Articles of agreement)의 형태가 있을 수 있다(동 협약 제2조 제2항 사호). 협약은 이들 형태 모두를 선원근로계약으로 규정한다. 이는 다

2. 연 혁

1962년에 제정된 우리나라 선원법은 회사와 체결하는 고용계약과 특정선박에 승선할 때 체결되는 승선계약의 형태를 규정하였다. 이 당시는 회사가 선원을 특정선박에 승선 발령할 때 승선계약을 체결하고, 승선공인을 신청할 때 승선계약사항을 보고하였다. 당시는 승선공인이 이루어질 때 선원근로계약이 성립한다고 보는 일본의 학설[114]을 따랐다.

1984년에 선원법을 전면 개정하면서 선원근로계약은 특정계약과 불특정계약만을 체결하도록 그 형태를 제한하였다. 특정계약은 기간, 선박, 항로 등을 특정하는 약정이 있는 계약이고, 불특정계약은 기간 등을 제한하지 않는 종신고용을 하는 계약을 말한다.[115]

1990년에 개정된 선원법은 선원근로계약의 형태를 제한하지 않는 입법이 이루어졌고, 그 후 변경 없이 현행 선원법에 계수되어 있다.[116] 이는 1990년도부터 국적선에 외국인선원이 승무하기 시작한 상황을 반영한 것으로 이해된다. 현행 선원법은 선원근로계약의 형태를 제한하지 않으므로 종전 선원법에서 규정하는 형태의 계약뿐만 아니라 그 밖의 형태로도 체결될 수 있다는 것을 뜻한다. 즉, 기간제 계약, 무기간제 계약, 선박을 특정하는 계약, 항차나 항로를 특정하는 계약 등 다양한 형태로 체결될 수 있다.[117]

양한 국가의 선원근로계약 형태를 해사노동협약에 수용하기 위하여 가장 일반적으로 사용되는 고용계약과 승선계약을 포함하는 것으로 규정한 것이다.

114) 일본의 승선공인에 대한 학설은 인가설(법률행위를 보충하여 효력을 완성시키는 행정행위인 인가 또는 공증의 설질을 지닌다는 설)과 증명설(공인은 관청이 근로계약의 효과를 발생시키려는 의사표시는 아니고, 이미 성립된 계약의 적법성에 대한 판단의 표시에 지나지 않는다고 보는 설)로 나누어져 있다[이에 대해서는 유명윤, “선원법의 문제점과 개선방향에 관한 연구”, 「한국해양대학교 박사학위 청구논문」, 한국해양대학교(1996), 42쪽 이하 참조].

115) 서병기, 「개정 선원법해설」, (서울: 재단법인 한국해사문제연구소, 1987), 24쪽 이하.

116) “선원근로계약”이란 선원은 승선하여 선박소유자에게 근로를 제공하고 선박소유자는 근로에 대하여 임금을 지급하는 것을 목적으로 체결된 계약을 말한다(선원법 제2조 제9호). 제27조(근로조건의 명시 등) ① 선박소유자는 선원근로계약을 체결할 때 선원에 대하여 임금, 근로시간 및 그 밖의 근로조건을 구체적으로 밝혀야 한다. 선원근로계약을 변경하는 경우에도 또한 같다.

117) 동지, 권창영, “선원의 근로관계”, 「사법논집」, 제33집, 법원도서관(2001. 12.), 472쪽; 김동인, 「선원법」, (서울: 법률문화원, 2007), 338쪽.

Ⅱ. 선원근로계약의 성립 등

1. 선원근로계약의 형식과 성립

선원근로계약은 일정한 양식을 요하지 않고, 반드시 문서로 되어 있어야 하는 것은 아니다. 그러나 나중의 다툼을 방지하기 위하여 보통 문서로 체결한다. 계약은 선원과 선박소유자가 그러한 취지에 합의하면 성립한다.

그러나 2011년 개정 선원법은 선원근로계약서 작성 및 선원에게 주어야 할 의무를 신설하고 있다.

선원근로계약관계는 선원근로계약, 취업규칙, 단체협약 등에 의하여 규율된다.

2. 계약의 효력

계약은 성립 시부터 효력을 가지나, 따로 그 효력발생에 관하여 예를 들면 "본 계약은 승선 시부터 효력을 가진다."와 같은 조건을 붙인 경우에는 그 조건을 만족시켜야 효력을 가지게 된다. 미성년자가 선원이 되기 위하여는 법정대리인의 동의가 있어야 한다.

3. 일부무효

선원법에서 정한 임금, 근로시간 기타의 근로조건에 미달되는 근로계약은 그 부분에 한하여 무효가 되며, 무효가 된 부분은 선원법의 기준을 적용한다(일부 무효의 법리, 법 제26조).

4. 근로조건의 명시 등

① 선박소유자는 선원근로계약을 체결할 때 선원에 대하여 임금, 근로시간 및 그 밖의 근로조건을 구체적으로 밝혀야 한다. 선원근로계약을 변경하는 경우에도 또한 같다.

② 선박소유자는 선원근로계약을 체결할 때, 선원이 원하는 경우에는 선원근로계약의 내용에 대하여 검토하고 자문을 받을 수 있는 기회를 주어야 한다. 선원근로계약을 변경하는 경우에도 또한 같다(법 제27조 제2항). 선원이 근로계약의 내용을 제대로 이해하지 못한 채 선원근로계약을 체결하는 것을 방지하고자, 선원이

원하는 경우에 검토할 수 있는 기회와 자문을 받을 수 있는 기회를 부여하도록 하였다.

Ⅲ. 선원근로계약의 체결과 선원보호

1. 근로조건의 위반

선원은 선원근로계약에 명시된 근로조건이 사실과 다른 경우에는 선원근로계약을 해지하고, 근로조건 위반에 따른 손해배상을 선박소유자에게 청구할 수 있다(법 제28조 제1항). 제1항에 따라 손해배상을 청구하려는 선원은 선원노동위원회에 신청하여 근로조건 위반 여부에 대하여 선원노동위원회의 인정을 받을 수 있다.

1) 선원근로계약의 해지권

선원근로계약에 명시된 근로조건이 사실과 다른 경우 선원은 근로계약을 해지할 수 있다. 근로기준법 제19조 제1항은 "즉시 해지할 수 있다"고 규정하고 있고, 이에 따라 판례[118]는 즉시해지권은 근로자가 원하지 않는 근로를 강제당하는 폐단을 신속히 정리하려는 것이므로, 근로계약 체결 후 상당 기간이 경과한 후에는 즉시해지권을 행사할 수 없다는 입장을 취하고 있다. 그러나 선원법은 즉시 해지해야 한다는 제한이 없으므로, 선원은 언제든지 선원근로계약을 해지할 수 있다고 본다.[119]

2) 손해배상청구권

손해배상청구권은 근로계약상 채무불이행으로 인한 손해배상청구권을 확인하는 의미이고, 계약상 채무불이행으로 인한 손해배상채권은 원래의 채권과 그 동일성을 유지하면서 그 내용만 변경된 것이다.[120] 근로기준법 제19조 제2항은 명시된 근로조건이 사실과 다른 경우 근로자가 채무불이행으로 인한 손해배상을 노동위

---

118) 대법원 1997. 10. 10. 선고 97누5732 판결.

119) A(광양훼리 주식회사)에서 선원근로계약의 정당성을 인정한 판례(부산지법 2012. 12. 26. 선고 2012가합7857 판결).

120) 대법원 1997. 10. 10. 선고 97누5732 판결.

원회에 청구할 수 있다고 규정하고 있으나, 선원법은 이러한 규정이 없으므로 법원에 손해배상을 청구하여야 한다.[121]

2. 위약금[122] 등의 예정 금지

선박소유자는 선원근로계약의 불이행에 대한 위약금이나 손해배상액을 미리 정하는 계약을 체결하지 못한다(법 제29조). 예정금지 규정을 둔 입법취지는 선원이 선원근로계약을 불이행한 경우 반대급부인 임금을 지급받지 못하는 것에 추가하여 위약금이나 손해배상을 지급하도록 예정되어 있다면 그 근로계약의 구속에서 쉽사리 벗어날 수 없으므로, 이러한 위약금이나 손해배상액 예정의 약정을 금지함으로써 선원이 퇴직 자유를 제한받아 부당하게 근로의 계속을 강요당하는 것을 방지하고, 선원의 직장 선택 자유를 보장하는 데 있다.[123]

3. 강제저축 등의 금지

선박소유자는 선원근로계약에 부수하여 강제저축 또는 저축금 관리를 약정하는 계약을 체결하지 못한다(법 제30조). 선박소유자가 선원에게 임금의 일정액을 강제로 저축하게 하고 그 반환을 어렵게 하면, 선원은 의사에 반해 구속될 우려가 있다. 또한, 저축금이 선박소유자의 경영 자금으로 유용되면, 경영이 악화될 경우 반환이 어려워질 수 있다.[124]

4. 상계의 금지

종래 선박소유자는 상계금액이 통상임금의 3분의 1을 초과하지 아니하는 경우에는 상계가 가능하였으나, 2019년 1월 15일 개정에서는 선박소유자로 하여금 선원에 대한 전차금(前借金)이나 그 밖에 근로할 것을 조건으로 하는 전대(前貸)채권과 임금을 상계(相計)하지 못하도록 금지하였다(법 제31조). 근로기준법 제21조의

121) 권창영, 앞의 책, 341쪽.

122) 위약금이란 계약불이행의 경우 선원이 선박소유자에게 일정액을 지불하는 금액이고, 손해배상액의 예정이란 선원의 계약불이행의 경우 선원이 선박소유자에게 실제 손해의 발생 여부 및 손해의 액수에 관계없이 일정액을 지불할 것을 미리 약정하는 것이다.

123) 대법원 2004. 4. 28. 선고 2001다53875 판결.

124) 노동법실무연구회,「근로기준법 주해 II」 제2판, (서울: 박영사, 2020), 67쪽.

경우에도 사용자로 하여금 전차금(前借金)이나 그 밖에 근로할 것을 조건으로 하는 전대(前貸)채권과 임금을 상계하지 못하도록 전면 금지하고 있다. 종래의 선원법에서 상계를 금지하지 아니하고 제한만을 하였던 것은 특히 어선선원의 경우에 선박소유자로부터 차금이 가능하도록 하기 위한 것이었다.

선박소유자가 근로자 내지 근로자가 될 자에게 미리 일정 금액을 대여하고, 이후 근로자가 근로 제공에 따라 취득하게 되는 임금채권을 대여금 반환채권과 상계하는 것을 금지하는 것이다. 이 규정은 근로자의 퇴직의 자유를 보호함으로써 전근대적인 인신구속성 근로계약의 폐단을 방지하고 근로계약을 담보로 하는 고리대금업을 금지하려는 데 있다.[125)]

5. 선원근로계약서의 작성 및 신고

선원과 선원근로계약을 체결한 선박소유자는 해양수산부령으로 정하는 사항[126)]을 적은 선원근로계약서 2부를 작성하여 1부는 보관하고 1부는 선원에게 주어야 하며, 그 선원이 승선하기 전 또는 승선을 위하여 출국하기 전에 해양항만관청에 신고하여야 한다(법 제43조 제1항). 위의 경우 같은 내용의 선원근로계약이 여러 번 반복하여 체결되는 경우에 미리 선원근로계약의 내용에 대하여 신고하였을 때에는 계약체결을 증명하는 서류를 제출함으로써 신고를 갈음할 수 있다. 선박소유자가 취업규칙을 작성하여 신고한 경우에는 그 취업규칙에 따라 작성한 선원근로계약은 위 제1항에 따라 신고한 것으로 본다.

---

125) 노동법실무연구회, 「근로기준법 주해 II」 제2판, (서울: 박영사, 2020), 63쪽.

126) 1. 선원의 국적, 성명, 생년월일 및 출생지, 2. 선박소유자의 성명(법인의 경우에는 대표자의 성명을 말한다) 및 주소(법인의 경우에는 주사무소의 소재지를 말한다), 3. 선원근로계약이 체결된 장소 및 날짜, 4. 선원의 직무에 관한 사항, 5. 임금에 관한 사항, 6. 유급휴가 일수에 관한 사항, 7. 선원근로계약의 종료에 관한 사항, 8. 선박소유자가 그 비용을 부담하는 건강보호 및 사회보장 등에 관한 사항, 9. 선원의 송환비용에 관한 사항, 10. 선원의 근로조건에 관한 사항, 11. 단체협약에 관한 규정이 필요한 경우에는 해당 단체협약에 관한 사항.

Ⅳ. 선원근로계약에 의한 선원의 의무

1. 기본적 의무

선원근로계약에 의한 선원의 기본적 의무는 "근로의 제공"이며, 선원은 사용자의 동의 없이 그 의무를 다른 사람에게 양도할 수 없다.

2. 부수적인 의무

1) 성실의 의무

선원은 최선을 다하여 선박소유자와 그의 경영이익을 위하여 노력하고, 이러한 이익에 해가 되는 어떠한 일도 하지 않아야 한다. 이러한 의무들은 조사에 협력할 의무, 진실을 알릴 의무, 안전에 주의할 의무, 겸업을 하지 않을 의무, 비밀을 유지할 의무 등이 있다.

2) 복종의 의무

해원은 선내에서 그 상급자의 정당 직무상 명령에 복종하여야 하며, 선박소유자의 지시나 명령에 따라야 한다.

Ⅴ. 선원근로계약에 의한 선박소유자의 의무

1. 기본적 의무

근로계약에 의한 선박소유자의 주된 의무는 임금을 지급하는 것이다. 여기서 임금이라는 것은 선박소유자가 선원에게 근로의 대가로 지급하는 모든 금품을 말한다. 따라서 선박소유자가 선원에게 지급하는 것이어야 하므로 손님으로부터 받는 팁은 임금이 아니다. 또 근로의 대가로 지급되는 것이어야 하므로 경조금이나 위문금 같은 임의적·은혜적 지급금이나 복지후생시설의 제공, 급식비나 작업복비, 여비, 특수작업비 등은 임금에 포함되지 않는다.

임금지급에 있어서의 기본원칙은 통화에 의한 지급, 직접지급, 전액지급, 정기지급을 들 수 있다. 따라서 물건의 지급이나, 선원 본인이 아닌 자에 대한 지급, 임의적인 임금의 공제 혹은 불특정한 시기에 지급하는 것 등은 모두 원칙적으로 금지된다.

2. 부수적인 의무

선박소유자는 선원에게 임금만을 지급하면 끝나는 것은 아니고, 선원이 안전하고 쾌적하게 일하고 생활할 수 있도록 작업환경과 거주환경을 개선하고 필요한 안전시설이나 안전용구들을 제공하여야 한다. 또한 선박소유자는 재해와 관련하여 보상할 의무, 근로자의 사생활을 보호할 의무, 경력증명에 필요한 서류를 보관하여 선원의 요청이 있는 때에 협력할 의무, 각종 책임보험(선원재해보험, 송환보험, 임금채권보장보험 등)과 사회보험(국민건강보험, 고용보험, 국민연금보험)에 가입하고 직업교육과 복지증진에 노력할 의무 등을 진다.

Ⅵ. 선원근로계약의 종료

1. 근로관계의 종료사유

개인주의적 자본주의 질서하에서 사용자는 기업의 합리적인 경영을 위하여 근로계약의 체결이나 해지를 자유로이 할 수 있는 것이 원칙이다. 그러나 그중에서 사용자의 계약해지 자유는 근로자의 입장에서 보면 대부분 직장상실을 의미하고 이는 생계의 곤란과 직결된다. 따라서 근로기준법은 근로자의 해지권은 자유에 맡기되 사용자의 해지권은 엄격히 제한하여, 반드시 정당한 이유가 있는 경우에만 이를 인정하는 태도를 취하고 있다.

일반적으로 근로관계는, ① 근로계약의 해제, ② 근로계약의 해지(해고, 임의퇴직, 합의해약), ③ 계약기간의 만료에 의하여 종료되며, 그 밖에도 ④ 근로자의 사망, ⑤ 사업의 완료, ⑥ 정년, ⑦ 휴직기간의 만료, ⑧ 근로자의 상병 등으로 인한 근로의 불능, ⑨ 영업양도 및 사용자의 파산 등에 의하여 종료한다. 그러나, 선원의 경우는 이러한 일반적인 종료사유 이외에 선박소유권의 단순승계, 즉 선박의 매도 또는 증여에 의하여서도 선원근로계약이 종료한다.

2. 일반근로자의 해고와 해고의 제한

1) 근로기준법 제23조 제1항의 취지

근로기준법 제23조 제1항은 해고의 일반적 제한으로서 "사용자는 근로자에 대하여 정당한 이유 없이 해고, 휴직, 정직, 전직, 감봉, 그 밖의 징벌(懲罰)(이하 "부당해고등"이라 한다)을 하지 못한다"고 규정하여, 민법의 해고자유의 원칙을 부인하고 사용자의 해고는 반드시 정당한 이유가 있는 때에 한하여 효력을 가지도록 하고 있다.

그런데 정당한 이유의 내용과 범위에 대하여 근로기준법에서 법정하고 있는 경우는, '경영상 이유에 의한 고용조정'(제24조)에 한하므로 나머지의 경우에는 법원의 판단에 맡겨져 있다.

2) '정당한 이유'의 내용

(1) 근로자 일신상의 사유

근로자가 근로를 제공하기 위하여 필요한 정신적, 육체적 또는 기타의 적격성이 현저하게 저해되어 업무를 충분히 감당할 수 없게 된 경우를 말한다(적성의 결여나 성격상의 결함으로 인한 흠이 있는 근로의 제공, 근로제공을 위한 자격의 상실, 근로를 곤란하게 하는 질병, 지속적인 술 혹은 마약의 복용, 경쟁기업주와의 인척관계, 근로자의 정년).

(2) 근로자 행태상의 사유

근로자가 자신에게 책임 있는 사유로 근로계약상의 의무위반행위를 한 경우를 비롯하여, 다른 동료 근로자와의 관계나 기타 경영 내외적 관계에서 발생하는 사유를 말한다(근로의 제공 거부, 열악한 근로의 제공, 근무태만, 무단결근과 상습적인 지각, 업무 중의 음주, 사용자나 상사에 대한 모욕행위 혹은 지시의 불복종, 안전보건 혹은 위생수칙의 위반, 작업규칙의 위반, 성명, 연령 또는 중요한 학력이나 경력을 사칭하고 신뢰관계를 중대하게 위반한 경우, 업무상의 비밀 누설, 뇌물수수, 경쟁기업의 경영, 근로자의 업무 외의 비행사실이나 형사범죄행위 등).

(3) 긴박한 경영상의 필요(근로기준법 제24조)

긴박한 경영상의 필요라 함은 경영위기 때문에 부득이하게 인원을 축소하지 않으면 안 되는 사정을 의미한다. 그러나 이것이 정당한 해고사유가 되기 위해서는, 첫째, 근로자를 해고하지 않으면 안 되는 구체적인 경영상의 필요가 있어야 하고, 둘째, 그와 같은 경영상의 필요가 긴박한 정도에 이르러 더 이상 근로관계의 존속을 기대할 수 없어야 하며, 셋째, 해고될 근로자를 선발함에 있어 공평한 기준에 의하여야 한다. 또한 이 경우 노동조합 또는 근로자 과반수를 대표하는 자와 성실하게 협의하지 않으면 안 된다.

근로기준법 제24조에는 경영상 이유에 의한 해고의 제한 규정을 두고 있으나, 선원법에는 이러한 규정이 없다. 그러나 선원에게도 이러한 이유에 의한 해고가 금지되는 것은 아니다.

3) 그 밖의 해고 및 해고시기의 제한

현행 「노동조합 및 노동관계조정법」 제81조 제1호는 근로자의 노동조합 결성과 가입, 정당한 조합업무의 수행, 정당한 쟁의행위에의 참가, 부당노동행위의 신고 또는 증거제출 등을 이유로 한 근로자의 해고를 부당노동행위로 인정하여 해고를 금지하고 있다. 또 근로기준법 제6조는 차별적 대우를 금지하고 있는바, 결혼을 이유로 한 해고나 국적, 신앙 또는 사회적 신분 등을 이유로 한 해고를 무효로 하고 있다. 단체협약이나 취업규칙에 이러한 것을 퇴직사유로 정한 경우에도 이는 법 위반이 되어 무효가 된다. 한편, 근로기준법 제104조 2항은 사용자가 근로관계법을 위반하였음을 고용노동부장관이나 근로감독관에게 통고한 것을 이유로 근로자를 해고나 그 밖에 불리한 처우를 하지 못하도록 규정하고 있다.

근로기준법 제23조 제2항은 “사용자는 근로자가 업무상 부상 또는 질병의 요양을 위하여 휴업한 기간과 그 후 30일 동안 또는 산전(産前)·산후(産後)의 여성이 이 법에 따라 휴업한 기간과 그 후 30일 동안은 해고하지 못한다. 다만, 사용자가 제84조에 따라 일시보상을 하였을 경우 또는 사업을 계속할 수 없게 된 경우에는 그러하지 아니하다.”라고 규정하여 시기적으로 해고하여서는 안 되는 기간을 정하고 있다. 그러나 동 단서에 의하여 사용자가 법 제84조에 규정된 일시보상을 지급하였을 경우, 또는 천재·사변, 기타 부득이한 사유로 인하여 사업 계속이 불가능한 때에는 해고금지기간에도 해고할 수 있다.

4) 해고의 예고

사용자가 근로자를 해고(경영상 이유에 의한 해고를 포함한다)하고자 할 때는 적어도 30일 전에 그 예고를 하여야 하며, 30일 전에 예고를 하지 아니한 때에는 30일분 이상의 통상임금을 지급하여야 한다(근로기준법 제26조).

3. 선원근로계약의 해지

근로기준법은 근로자의 계약해지에 관하여는 아무런 법적 제한을 두고 있지 않으나, 사용자의 근로계약 해지는 이와는 달리 동법 제23조 제1항에서 정당한 사유를 요건으로 하여 엄격하게 제한하고 있다. 선원법도 선박소유자의 계약해지, 휴직, 정직, 감봉 및 그 밖의 징계를 법 제32조 제1항에서 같은 방법으로 제한하고 있다.

그러나 양법이 모두 같은 것은 아니다. 즉, 근로기준법은 정당한 해고 사유를 법정하지 않은 채 법원의 판단에 맡기고 있는 데 반하여, 선원법은 이를 일부 규정하고 있다.

1) 선원에 의한 근로계약의 해지

(1) 해지할 수 있는 경우

선원근로계약에 명시된 근로조건이 사실과 다른 경우(법 제28조 제1항)와 선박소유자가 변경된 경우, 옛 선박소유자와 체결한 선원근로계약은 종료된다(법 제36조).

(2) 해지의 제한

근로기준법은 근로자 측에서 근로계약을 해지하는 데 아무런 제한을 두고 있지 아니하다. 그러나 선원법의 경우는 해상노동의 특수성 때문에 여러 가지 제한 규정을 두고 있는데, 이를 살펴보면 다음과 같다.

가. 계약해지의 예고

선원법 제33조 제2항은 “선원은 선원근로계약을 해지하려면 30일의 범위에서 단체협약, 취업규칙 또는 선원근로계약으로 정한 예고기간을 두고 선박소유자에게 알려야 한다."라고 규정하여 선원의 계약해지 예고기간을 법정하고 있다. 이는 근로기준법이 사용자에게만 예고의 의무를 지우는 것과 다르다.

그러나, 이러한 예고기간이 만료하면 언제든지 계약이 종료되는 것이 아니고, 다음에 설명할 선원법 제35조 제1항에 의하여, 항행 중과 그 후 일정한 기간 내에는 해지의 효과가 발생하지 않는다.

나. 해지 효력의 중지

선원법 제35조 제1항은 "선원근로계약이 선박의 항해 중에 종료할 경우에는 그 계약은 선박이 다음 항구에 입항하여 그 항구에서 부릴 화물을 모두 부리거나 내릴 여객이 다 내릴 때까지 존속하는 것으로 본다."라고 규정하고 있다. 여기서 '선원근로계약이 선박의 항해 중에 종료할 경우'는, 앞의 제33조 제2항 및 제36조에 의한 예고기간이 항행 중 및 그 후 일정한 기간 내에 만료되는 경우와 제28조 제1항[127]의 사유가 같은 기간 내에 발생하거나 알려지게 되는 경우 등을 말한다.

한편, 동법 제35조 제2항은 "선박소유자는 승선·하선 교대에 적당하지 아니한 항구에서 선원근로계약이 종료할 경우에는 30일을 넘지 아니하는 범위 안에서 승선·하선 교대에 적당한 항구에 도착하여 그 항구에서 부릴 화물을 모두 부리거나 내릴 여객이 다 내릴 때까지 선원근로계약을 존속시킬 수 있다."라고 규정하여, 선박소유자가 계약의 효력을 연장시킬 수 있도록 하고 있다.

2) 선박소유자의 근로계약 해지

선원법 제36조 후단은 선원이 승선하고 있는 당해 선박이 매도 또는 양도와 같이 단순승계되어 그 소유권이 타인에게 이전되는 경우를 말한다. 이때, 옛 소유자와의 선원근로계약은 종료되고 새로운 소유자와 동일 조건의 근로계약이 체결되는 것으로 하되, 이렇게 하여 체결이 의제된 선원근로계약을 신소유자가 72시간 이상의 예고기간을 두고 해지할 수 있다. 그러나 이 경우에도 선박소유자가 선원근로계약을 해지하려면 정당한 사유가 있어야 할 것이다. 왜나하면 제36조는 제34조 제1항의 정당한 사유 없는 해지 제한 규정을 배제하지 않기 때문이다.[128]

---

127) 제28조(근로조건의 위반) ① 선원은 선원근로계약에 명시된 근로조건이 사실과 다른 경우에는 선원근로계약을 해지하고, 근로조건 위반에 따른 손해배상을 선박소유자에게 청구할 수 있다.

128) 자세한 내용에 대해서는 전영우, "선원근로계약의 특정승계규정에 관한 일고찰", 「해사법연구」, 제20권 제1호, 한국해사법학회(2008. 3), 283쪽 이하를 참조.

한편 법 제33조 제1항 각 호에 예시된 다음의 사유로도 법문상 선박소유자가 선원을 해고할 수 있는 것으로 유추할 수 있는데, 이들은 다음과 같다. ① 선박소유자가 천재지변, 선박의 침몰, 멸실 그 밖의 부득이한 사유로 사업을 계속할 수 없는 때로서 선원노동위원회의 인정을 받은 경우, ② 선원이 정당한 사유 없이 하선한 경우, ③ 선원이 제22조 제3항의 규정에 의하여 하선징계를 받은 경우이며, 선박소유자가 선원을 해고할 수 있는 기타의 사유 및 예고기간은 근로기준법 및 동 판례에 의하여 인정되는 것과 동일한 것으로 볼 수 있다.

Ⅶ. 선원근로계약의 종료와 선원의 보호

1. 정당한 사유 없는 해지 등의 구제신청

선박소유자가 선원에 대하여 정당한 사유 없이 선원근로계약을 해지하거나 휴직, 정직, 감봉 또는 그 밖의 징벌을 하였을 경우에는 그 선원은 선원노동위원회에 그 구제를 신청할 수 있다(법 제34조 제1항). 위 제1항에 따른 구제신청, 심사절차 등에 관하여는「노동조합 및 노동관계조정법」제82조부터 제86조(제85조 제5항은 제외한다)까지의 규정[129]을 준용한다(동조 제2항).

---

129) 제82조(구제신청) ① 사용자의 부당노동행위로 인하여 그 권리를 침해당한 근로자 또는 노동조합은 노동위원회에 그 구제를 신청할 수 있다.
② 제1항의 규정에 의한 구제의 신청은 부당노동행위가 있은 날(계속하는 행위는 그 종료일)부터 3월 이내에 이를 행하여야 한다.
제83조(조사등) ① 노동위원회는 제82조의 규정에 의한 구제신청을 받은 때에는 지체없이 필요한 조사와 관계 당사자의 심문을 하여야 한다.
② 노동위원회는 제1항의 규정에 의한 심문을 할 때에는 관계 당사자의 신청에 의하거나 그 직권으로 증인을 출석하게 하여 필요한 사항을 질문할 수 있다.
③ 노동위원회는 제1항의 규정에 의한 심문을 함에 있어서는 관계 당사자에 대하여 증거의 제출과 증인에 대한 반대심문을 할 수 있는 충분한 기회를 주어야 한다.
④ 제1항의 규정에 의한 노동위원회의 조사와 심문에 관한 절차는 중앙노동위원회가 따로 정하는 바에 의한다.
제85조(구제명령의 확정) ① 지방노동위원회 또는 특별노동위원회의 구제명령 또는 기각결정에 불복이 있는 관계 당사자는 그 명령서 또는 결정서의 송달을 받은 날부터 10일 이내에 중앙노동위원회에 그 재심을 신청할 수 있다.
② 제1항의 규정에 의한 중앙노동위원회의 재심판정에 대하여 관계 당사자는 그 재심판정서의 송달을 받은 날부터 15일 이내에 행정소송법이 정하는 바에 의하여 소를 제기할 수 있다.
③ 제1항 및 제2항에 규정된 기간 내에 재심을 신청하지 아니하거나 행정소송을 제기하지 아니한 때

2. 실업수당의 지급(법 제37조)

선박소유자는 다음 경우에 실업수당을 지급하여야 한다. 이때, 그 금액은 통상임금 2개월분에 상당하는 금액으로 한다.

① 선박소유자가 선원에게 책임을 돌릴 사유가 없음에도 불구하고 선원근로계약을 해지한 경우

② 선원근로계약으로 정한 근로조건이 사실과 달라 선원이 근로계약을 해지한 경우

③ 선박이 침몰, 멸실 또는 그 밖의 부득이한 사유로 사업을 계속할 수 없어 선원근로계약을 해지한 경우

3. 송환책임 및 송환비용의 부담(법 제38조)

1) 송 환

선박소유자는 자신의 비용으로 선원을 선원의 거주지 또는 선원근로계약의 체결지 중 선원이 원하는 곳까지 지체 없이 송환해야 한다. 이때의 비용은 교통비, 숙박비, 식비 및 선원의 개인 휴대품 30킬로그램에 대한 수하물 운임(항공기를 탑승하는 경우에는 항공운임)과 상병으로 인한 의료관리 등에 소요되는 비용을 말한다.

선원이 정당한 사유 없이 임의로 하선한 경우, 선원이 하선징계를 받고 하선한 경우 및 단체협약, 취업규칙 또는 선원근로계약으로 정하는 사유에 해당하는 경우에는 나중에 그 비용을 선원에게 청구할 수 있다. 다만, 이 경우에도 선원이 6개월 이상 승선한 경우에는 송환에 든 비용의 100분의 50에 상당하는 금액 이상을 청구할 수 없다. 또한, 선박소유자는 선원근로계약을 체결할 때 선원에게 송환비용을 미리 내도록 요구하여서는 아니 된다.

에는 그 구제명령·기각결정 또는 재심판정은 확정된다.

④ 제3항의 규정에 의하여 기각결정 또는 재심판정이 확정된 때에는 관계 당사자는 이에 따라야 한다.

⑤ 사용자가 제2항의 규정에 의하여 행정소송을 제기한 경우에 관할법원은 중앙노동위원회의 신청에 의하여 결정으로써, 판결이 확정될 때까지 중앙노동위원회의 구제명령의 전부 또는 일부를 이행하도록 명할 수 있으며, 당사자의 신청에 의하여 또는 직권으로 그 결정을 취소할 수 있다.

제86조(구제명령등의 효력) 노동위원회의 구제명령·기각결정 또는 재심판정은 제85조의 규정에 의한 중앙노동위원회에의 재심신청이나 행정소송의 제기에 의하여 그 효력이 정지되지 아니한다.

2) 송환수당

송환비를 청구할 수 있는 사유 이외의 사유로 선원이 송환되는 경우에는, 당해 송환기간 일수에 해당하는 통상임금을 송환수당으로 지급하여야 한다. 송환을 갈음하여 그 비용을 지급하는 경우에도 또한 같다.

3) 선원 송환을 위한 조치 등

① 해양수산부장관은 선박소유자가 송환 의무를 이행하지 아니하여 선원이 송환을 요청하는 경우에는 그 선원을 송환하여야 한다. 이 경우 송환에 든 비용은 그 선박소유자에게 구상(求償)할 수 있다.

② 해양수산부장관은 외국선박에 승선하는 외국인 선원이 국내에 유기(遺棄)되어 해당 선원이 송환을 요청하는 경우에는 해당 선원을 자기나라로 송환할 수 있다. 이 경우 송환에 든 비용은 해당 외국선박의 기국(旗國)에 구상할 수 있다.

③ 해양수산부장관은 위 ① 또는 ②에 따른 송환조치에 든 비용을 선원에게 부담시켜서는 아니 된다.

④ 해양수산부장관은 위 ① 또는 ②에 따른 송환조치에 든 비용이 변제(辨濟)될 때까지 해당 선박의 출항정지를 명하거나 출항을 정지시킬 수 있다.

4) 유기구제보험 등의 가입 등

(1) 유기구제보험 가입

선박소유자(국제항해에 종사하는 선박소유자)는 다음 각 호의 어느 하나에 해당하는 사유로 유기된 선원을 구제하기 위하여 대통령령으로 정하는 보험 또는 공제[130](이하 "유기구제보험 등"이라 한다)에 가입하여야 한다. ① 선박소유자가 선원을

130) 1.「선주상호보험조합법」 제2조에 따른 선주상호보험조합(이하 "선주상호보험조합"이라 한다)이 운영하는 손해보험, 2.「보험업법」 제2조 제6호 및 제8호에 따른 보험회사 및 외국보험회사가 법 제42조의2 제2항에 따른 선원의 유기 구제비용(이하 "유기 구제비용"이라 한다) 보장을 목적으로 운영하는「보험업법」 제2조 제1호 나목에 따른 손해보험, 3. 선박소유자 단체가 유기 구제비용 보장을 목적으로「한국해운조합법」 제6조,「수산업협동조합법」 제60조 또는「원양산업발전법」 제28조에 따른 정관에 따라 소속업체 등으로부터 부담금을 징수하여 운영하는 공제, 4.「민법」 제32조에 따라 주무관청의 허가를 받아 설립된 사단법인이 유기 구제비용 보장을 목적으로 같은 법 제40조에 따른 정관에 따라 소속업체 등으로부터 부담금을 징수하여 운영하는 공제, 5. 국제적인 공제 업무를 운영하는 자의 공제로서 유기 구제비용을 보증할 능력이 있다고 해양수산부장관이 인정하여 고

송환하지 아니하거나 송환에 필요한 비용을 선원에게 지급하지 아니한 경우, ② 선박소유자가 임금을 2개월 이상 지급하지 아니하고 선원과의 연락을 두절하는 등 근로관계를 일방적으로 단절한 경우, ③ 선박소유자가 이 법 또는 선원근로계약에 따라 선원에게 제공하여야 하는 식료품, 물, 생존을 위하여 필요한 연료 및 의료지원 등 선상생활에 필요한 재화나 서비스를 제공하지 아니한 경우이다(법 제42조의2 제1항).

(2) 유기구제보험 등의 보장범위(법 제42조의2 제2항)

① 송환비용

② 송환수당

③ 법 제42조의2 제1항 제3호에 따른 식료품, 물, 생존을 위하여 필요한 연료 및 의료지원 등 선상생활에 필요한 재화나 서비스를 제공하는 데 드는 비용

(3) 직접청구권

유기구제보험 등에 가입하는 선박소유자는 선원이 유기구제보험 등을 운영하는 사업자(이하 "유기구제보험사업자 등"이라 한다)에게 보험금을 직접 청구할 수 있도록 선원을 피보험자로 지정하여야 한다(법 제42조의2 제3항). 그런데 이 규정은 선원을 피보험자로 지정하도록 규정하고 있어, 선박소유자를 피보험자로 하는 선주상호보험 등의 특성과 조화되지 않으므로 문구를 "유기구제보험 등에 가입하는 선박소유자는 선원이 유기구제보험사업자 등에 대하여 보험금을 직접 청구할 수 있도록 계약을 체결하여야 한다."로 개정할 필요가 있다.[131]

(4) 유기구제보험사업자 등

선원 또는 선원이 지정한 대통령령으로 정하는 대리인(이하 "지정대리인"이라 한다)[132]이 유기 구제비용을 청구하는 경우에는 「민법」 제469조에도 불구하고 선박

시하는 공제.

131) 자세한 내용에 대해서는 전영우, "선원 유기 및 재해보상을 위한 재정보증제도의 국내수용에 관한 연구", 「해사법연구」, 제26권 제2호, 한국해사법학회(2014.7), 257쪽 이하 참조.

132) 1. 선원의 가족(「민법」 제779조에 따른 가족을 말한다) 2. 「변호사법」에 따른 변호사, 3. 「공인노무사법」에 따른 공인노무사.

소유자를 대신하여 대통령령으로 정하는 기간(유기 구제비용의 청구를 받은 날부터 10일) 내에 유기 구제비용을 지급하여야 한다(법 제42조의2 제4항).

(5) 유기사실인정

① 유기구제비용을 청구하려는 선원 또는 지정대리인은 해양수산부령으로 정하는 바[133]에 따라 지방해양항만관청에 유기사실인정을 신청할 수 있다. 이 유기사실인정 신청제도는 그러한 사실을 인정받음으로써 선원이 선원유기 구제비용의 신속한 청구와 수령이 가능하도록 하기 위하여 도입된 것이다.

② 위 제1항에 따른 신청을 받은 지방해양항만관청은 유기사실인정의 여부를 결정하여 해양수산부령으로 정하는 바에 따라 신청인에게 통지하여야 한다.

(6) 다른 급여와의 관계

선박소유자는 선원이 「민법」이나 그 밖의 법령에 따라 유기 구제비용에 대한 보상을 받으면 보상받은 금액의 범위에서 선원에 대하여 유기 구제비용의 보상에 대한 책임을 지지 아니한다. 이 규정은 중복보상을 금지하기 위한 규정이다.

(7) 유기구제보험 등의 해지 제한 등

① 유기구제보험사업자등은 법률 또는 보험계약에 따라 유기구제보험 등의 계약기간이 끝나기 전에 보험계약을 해지하려는 경우, 해양수산부장관에게 유기구제보험 등의 해지예정일 30일 전까지 계약이 해지된다는 사실을 통지하지 아니하면 해당 유기구제보험 등을 해지할 수 없다.

② 유기구제보험사업자등은 선박소유자가 다음 각 호의 어느 하나에 해당하면

---

133) 제19조의2(유기사실인정) ① 영 제5조의3 제1항에 따른 유기사실인정(이하 "유기사실인정"이라 한다)을 신청하려는 선원 또는 법 제42조의2 제4항에 따른 지정대리인은 별지 제6호서식의 유기사실인정 신청서에 법 제42조의2 제1항 각 호의 어느 하나에 해당한다는 사실을 적거나 해당 사실을 증명하는 서류(해당 사실의 기재나 증명이 가능한 경우로 한정한다)를 첨부하여 지방해양항만관청에 제출하여야 한다.
② 동일 사업 또는 사업장에서 유기된 선원이 2명 이상인 경우로서 그 중 1명의 선원이 제1항에 따른 유기사실인정 신청서를 제출한 경우에는 다른 유기된 선원은 이를 제출하지 아니할 수 있다.
③ 유기사실인정의 신청을 받은 지방해양항만관청은 유기사실인정의 여부를 결정한 때에는 지체 없이 별지 제6호의2서식의 유기사실인정(불인정) 통지서에 따라 신청인에게 그 내용을 통지하여야 한다.

그 사실을 해양수산부령으로 정하는 기간 내에 해양수산부장관에게 알려야 한다.

1. 자기와 유기구제보험 등의 계약을 체결한 경우

2. 자기와 유기구제보험 등의 계약을 체결한 후 계약기간이 끝나기 전에 위 가)의 사전통지절차를 거친 후 그 계약을 해지한 경우

3. 자기와 유기구제보험 등의 계약을 체결한 자가 그 계약기간이 끝난 후 자기와 다시 계약을 체결하지 아니한 경우

③ 해양수산부장관은 위 1. 또는 2.에 따른 통지를 받으면 그 사실을 지체 없이 해당 유기구제보험 등의 피보험자인 선원에게 알려야 한다.

4. 금품청산(선원법 제5조, 근로기준법 제36조)

선박소유자는 선원이 사망 또는 퇴직한 경우에 그 지급사유가 발생한 때로부터 14일 이내에 임금·보상금, 기타 일체의 금품을 지급해야 한다. 다만, 특별한 사정이 있을 경우에는 당사자 사이의 합의에 의하여 기일을 연장할 수 있다.

5. 퇴직금

1) 지급일수

퇴직금은 계속근로연수 1년 이상인 경우 그 근속연수 1년에 대하여 승선평균임금 30일분 이상의 금액을 지급한다.[134]

단수가 있는 때는 6월 미만은 반년으로, 6월 이상은 1년으로 계산한다. 다만, 퇴직금을 미리 정산하기 위한 계속근로연수의 계산에 있어서 1년 미만의 단수가 있는 경우에는 이를 산입하지 아니한다. 그럼에도 불구하고, 계속근로기간의 계산에 관하여 단체협약이나 취업규칙에서 달리 정한 경우에는 그에 따른다.

선박소유자는 계속근로기간이 6월 이상 1년 미만인 선원으로서 선원근로계약이 만료되거나 선원의 책임 없는 사유로 선원근로계약이 해지되어 퇴직하는 선원에게 승선평균임금의 20일분에 상당하는 금액을 퇴직금으로 지급하여야 한다.

---

134) 다만, 이와 같은 수준을 밑돌지 아니하는 범위에서 선원노동위원회의 승인을 받아 단체협약이나 선원근로계약에 의하여 퇴직금제도를 갈음하는 제도를 시행하는 경우에는 그러하지 아니하다.

2) 중간정산

선박소유자는 선원의 요구가 있는 경우에는 선원이 퇴직하기 전에 당해 선원이 계속근로한 기간에 대한 퇴직금을 미리 정산하여 지급할 수 있다. 이 경우 미리 정산한 후의 퇴직금 산정을 위한 계속근로연수의 계산은 정산 시점부터 새로이 기산한다.

그러나 근로자퇴직급여 보장법의 관련 규정(법 제2조 제1호, 제3조, 선원법 제5조)에 따라 선원에게도 일정한 경우 외에는 중간정산이 금지된다고 보아야 한다.[135)]

---

135) 근로자퇴직급여보장법 제8조(퇴직금제도의 설정 등) ② 제1항에도 불구하고 사용자는 주택구입 등 대통령령으로 정하는 사유로 근로자가 요구하는 경우에는 근로자가 퇴직하기 전에 해당 근로자의 계속근로기간에 대한 퇴직금을 미리 정산하여 지급할 수 있다. 이 경우 미리 정산하여 지급한 후의 퇴직금 산정을 위한 계속근로기간은 정산시점부터 새로 계산한다.
동 시행령 제3조(퇴직금의 중간정산 사유) ① 법 제8조 제2항 전단에서 "주택구입 등 대통령령으로 정하는 사유"란 다음 각 호의 경우를 말한다.
1. 무주택자인 근로자가 본인 명의로 주택을 구입하는 경우
2. 무주택자인 근로자가 주거를 목적으로 「민법」 제303조에 따른 전세금 또는 「주택임대차보호법」 제3조의2에 따른 보증금을 부담하는 경우. 이 경우 근로자가 하나의 사업에 근로하는 동안 1회로 한정한다.
3. 근로자가 6개월 이상 요양을 필요로 하는 다음 각 목의 어느 하나에 해당하는 사람의 질병이나 부상에 대한 의료비를 해당 근로자가 본인 연간 임금총액의 1천분의 125를 초과하여 부담하는 경우
가. 근로자 본인
나. 근로자의 배우자
다. 근로자 또는 그 배우자의 부양가족
4. 퇴직금 중간정산을 신청하는 날부터 거꾸로 계산하여 5년 이내에 근로자가 「채무자 회생 및 파산에 관한 법률」에 따라 파산선고를 받은 경우.
5. 퇴직금 중간정산을 신청하는 날부터 거꾸로 계산하여 5년 이내에 근로자가 「채무자 회생 및 파산에 관한 법률」에 따라 개인회생절차개시 결정을 받은 경우
6. 사용자가 기존의 정년을 연장하거나 보장하는 조건으로 단체협약 및 취업규칙 등을 통하여 일정나이, 근속시점 또는 임금액을 기준으로 임금을 줄이는 제도를 시행하는 경우
6의2. 사용자가 근로자와의 합의에 따라 소정근로시간을 1일 1시간 또는 1주 5시간 이상 단축함으로써 단축된 소정근로시간에 따라 근로자가 3개월 이상 계속 근로하기로 한 경우
6의3. 법률 제15513호 근로기준법 일부개정법률의 시행에 따른 근로시간의 단축으로 근로자의 퇴직금이 감소되는 경우
7. 재난으로 피해를 입은 경우로서 고용노동부장관이 정하여 고시하는 사유에 해당하는 경우

Ⅷ. 선원명부의 공인, 선원수첩 및 선원신분증명서

1. 선원명부 및 승하선의 공인

1) 의 의

선원법상 선박소유자는 선원의 승하선 교대가 있을 때마다 선박에 비치한 선원명부에 그 사실과 승선 선원의 성명을 기재하여 해양항만관청의 공인을 받도록 하고 있으며, 선박소유자는 선원명부의 공인을 받는 때에 승선 또는 하선하는 선원의 선원수첩 또는 신원보증서를 선원명부와 함께 해양항만관청에 제출하여 선원수첩 또는 신원보증서에 승하선공인을 받도록 하고 있다.

공인제도는 국가가 선원의 승선 및 하선이나 직무의 변경, 계약의 갱신 등에 간섭하는 것이나, 그 현대적 의의는 선원근로계약의 내용을 선원에게 알려서 선원을 부당한 신분적 구속이나 가혹한 근로에서 면하게 하고 선원의 근로조건이 적법한지 여부, 안전항해에 지장이 없는지 여부, 선원의 승선 및 하선, 직무변경, 계약갱신 등이 적법하게 이루어지고 있는지 여부를 심사하여 선원근로보호의 실효를 기대하기 위한 것이다.[136]

공인의무는 공법상 의무이다.[137] 공인신청이 사인의 공법행위로서 쌍방적 행위에 해당함은 명백하나, 공인의 법적 성질에 관하여 선박권력부여설, 인가설, 증명설, 사실행위설의 견해대립이 있다.[138] 공인이 선원근로계약에 관하여는 신고제도를 규정하고 있을 뿐, 선원근로계약의 성립이나 효력에 하등의 영향이 없는 점 등에 비추어 확인설이 타당하다.[139]

2) 공인의 당사자

공인신청자는 선박소유자, 선장(법 제44조 제2항, 제3항), 선박관리사업자(법 제112조 제3항, 시행령 제38조 제1항 제2호, 제3호) 등이다. 그러므로 선원법 적용 범위에서 제외되는 외항화물운송업자가 선체용선한 외국 선박에 대한민국 선원을 고용

---

136) 유명윤, 43－44쪽.

137) Schelp/Fettback, Seemannsgesetz Kommentar, Carl Heymanns Verlag KG(1961), S.107.

138) 신태호(상) 六② D.

139) 선원법 중 개정법률안 심사보고서, 농림해양수산위원회, (2001. 2.), 7쪽; 황석갑, “해상법에서 선장의 해원선임권에 관한 입법론적 고찰”, 「선원선박」 4호, (1988. 4.) 23쪽.

하여 대한민국 선원이 위 선박에 승선하더라도 선체용선자는 승선 및 하선공인을 신청할 의무가 없다.[140] 선원법은 해양수산관청을 공인기관으로 규정하고 있고(법 제44조 제3항), 해양수산관청은 해양수산부장관, 지방해양수산청장 및 해양수산사무소장을 말하는데(법 제2조 제18호), 공인의 관할청은 그중 지방해양수산청장이다.

3) 선원명부의 공인

① 선박소유자는 해양수산부령으로 정하는 바[141]에 따라 선박별로 선원명부를 작성하여 선박과 육상사무소에 갖추어 두어야 한다(법 제44조 제1항).

② 선박소유자는 선원의 근로조건 또는 선박의 운항 형태에 따라서 해양수산부령으로 정하는 바에 따라 선원의 승선·하선 교대가 있을 때마다 선박에 갖추어 둔 선원명부에 그 사실과 승선 선원의 성명을 적어야 한다. 다만, 선박소유자가 선원명부에 교대 관련 사항을 적을 수 없을 때에는 선장이 선박소유자를 갈음하여 적어야 한다(법 제44조 제2항).

③ 선박소유자는 승선·하선 교대가 있을 때, 선원 중 항해구역이 근해구역 안인 선박의 선원으로서 대통령령으로 정하는 사람[142]을 제외한 선원의 선원명부에 대하여 해양항만관청의 공인(인터넷을 통한 공인을 포함한다. 이하 같다)을 받아야 한다. 이 경우, 선박소유자는 선장에게 자신을 갈음하여 공인을 신청하게 할 수 있다(법 제44조 제3항).

4) 승·하선의 공인 및 확인

선박소유자나 선장은 제44조 제3항에 따라 선원명부의 공인을 받을 때 해양수산부령으로 정하는 바에 따라 승선하거나 하선하는 선원의 선원수첩이나 신원보증서를 선원명부와 함께 해양항만관청에 제출하여 선원수첩이나 신원보증서에 승선·하선 공인을 받아야 한다. 다만, 선박소유자나 선장이 고의로 선원명부의 공인을 받지 아니하거나 행방불명 등 해양수산부령으로 정하는 사유로 선원명부의

140) 선원 91540-151, 1996. 11. 15.

141) 선원명부: 별지 제1호서식. 다만, 선원명부의 공인면제자인 경우에는 별지 제1호의2서식에 의한다.

142) 1.「수산업법」 제41조 제1항에 따른 근해어업에 사용하는 어선에 승무하는 부원, 2.「수산업법」 제41조 제2항에 따른 연안어업에 사용하는 어선에 승무하는 부원, 3. 평수구역 안을 운항하는 부선에 승무하는 선원, 4. 국가 또는 지방자치단체의 공무원으로서 관공선에 승무하는 선원.

공인을 받을 수 없을 때에는 하선하려는 선원이 직접 선원수첩이나 신원보증서에 하선 공인을 받을 수 있다고 규정하고 있다. 어로계약기간이 만료된 선원이 종전의 선박에 재승선하기를 원하여 재어로계약을 체결한 경우 하선 및 승선공인을 하지 아니하고 승선계약 변경 공인을 받으면 족하다.[143]

승선공인신청의 심사는 선원명부의 공인과 하선공인이 형식심사에 그치는 것과 달리 실질심사를 포함한다(시행규칙 제26조 1항).

지방해양수산관청은 선박소유자 또는 선장으로부터 승선공인신청을 받은 때에 ① 선원근로계약이 항해의 안전 또는 선원의 근로관계에 관한 법령에 위반되는지 여부, ② 선박소유자가 선원법령에서 정한 재해보상 및 유기구제를 위한 보험 또는 공제에 가입하였는지 여부, ③ 선원근로계약 당사자의 합의 여부, ④ 선원법 제56조에 따른 임금채권보장 보험, 공제, 기금에 가입하였는지 여부, ⑤ 선원법 제87조 1항에 따른 건강진단서, ⑥ 구인 및 구직등록 여부, ⑦ 선원법 제57의 규정에 의한 선원의 교육 및 훈련에 관한 사항, ⑧ 선원수첩 또는 출입국관리법에 의한 입국사증 발급여부 확인 후 공인하도록 규정하고 있다.

선원이 외국에서 하선공인을 받지 아니하고 귀국한 때에 선박소유자 또는 선원관리사업자는 20일 이내에 지방해양항만관청에 신고하고 선원수첩의 공인을 받아야 한다(시행규칙 제30조).

2. 선원수첩

1) 의 의

선원수첩은 선원의 승무 경력, 자격 증명, 고용 계약 등을 기록한 문서로, 선원의 신분 증명서 역할을 한다. 이는 선원의 고용 계약 관계, 건강 증명, 교육 훈련, 자격 및 면허 관계, 승선 이력, 예비 선원 근무 관계 및 유급 휴가 관계 등을 포함한다. 따라서 선원수첩은 선원의 보호 및 감독을 목적으로 해양항만관청이 해상 노동의 실태를 파악하는 데 중요한 서류이다.

국제항해에 종사하는 선원에게 선원수첩은 여권과 같은 기능도 한다. 1958년 국제노동기구 해사총회에서는 '해원의 신분증명에 관한 협약(제108호)'이 채택되었다. 이 협약은 선원의 신분을 국제적으로 인정받도록 하는 중요한 문서로 작

143) 노정 33750－3864, 1989. 7. 7.

용한다.[144)]

2) 선원수첩발급 및 소지 의무

(1) 발급 및 소지의무

선원이 되려는 사람은 따라 해양항만관청으로부터 선원수첩을 발급받아야 한다. 다만, 선박소유자로부터 신원보증서를 받음으로써 선원수첩의 발급을 갈음할 수 있다(법 제45조 제1항). 선원은 승선하고 있는 동안에는 제1항에 따른 선원수첩이나 신원보증서를 선장에게 제출하여 선장이 보관하게 하여야 하고, 승선을 위하여 여행하거나 선박을 떠날 때에는 선원 자신이 지녀야 한다(법 제45조 제2항). 승선하고 있는 동안에 선원수첩을 선장이 보관하는 것은 선원수첩의 분실 및 훼손 또는 선원의 선박 이탈과 이중고용 등을 방지하기 위한 것이라고 판단된다.

① 선원이 되려는 사람은 대통령령으로 정하는 바에 따라 해양항만관청으로부터 선원수첩을 발급받아야 한다. 다만, 대통령령으로 정하는 선원[145)]의 경우에는 해양수산부령으로 정하는 바에 따라 선박소유자로부터 신원보증서를 받음으로써 선원수첩의 발급을 갈음할 수 있다. ② 선원은 승선하고 있는 동안에는 선원수첩이나 신원보증서를 선장에게 제출하여 선장이 보관하게 하여야 하고, 승선을 위하여 여행하거나 선박을 떠날 때에는 선원 자신이 지녀야 한다. ③ 선박소유자나 선장은 선원명부의 공인을 받을 때에는 해양수산부령으로 정하는 바에 따라 승선하거나 하선하는 선원의 선원수첩이나 신원보증서를 선원명부와 함께 해양항만관청에 제출하여 선원수첩이나 신원보증서에 승선 · 하선 공인을 받아야 한다. 다만, 선박소유자나 선장이 고의로 선원명부의 공인을 받지 아니하거나 행방불명 등 해양수산부령으로 정하는 사유로 선원명부의 공인을 받을 수 없을 때에는 하선하려는 선원이 직접 선원수첩이나 신원보증서에 하선 공인을 받을 수 있다. ④ 위 ③

144) Bauer, P. (2008). The Maritime Labour Convention: An Adequate Guarantee of Seafarer Rights, or an Impediment to True Reforms?. Chicago Journal of International Law, 8, 12.

145) 1. 외국 영토에 기항하지 아니하고 어로작업에 종사하는 선박에 승무하는 부원. 다만, 당직부원의 직무에 종사하는 자와 해양수산부령이 정하는 자(구명정 조정사인 부원, 의료관리자, 원양어선에 승무하는 부원)를 제외한다. 2. 국내항 사이만을 운항하는 여객선에 승무하는 부원으로서 해양수산부령이 정하는 자(사무원 · 매점원 및 안내원등으로 승무하는 자), 3. 평수구역 안을 운항하는 부선에 승무하는 선원, 4. 외국인 선원.

에도 불구하고 인터넷을 통하여 승선·하선 공인을 받은 경우 해양항만관청은 선원수첩이나 신원보증서에 대한 공인을 면제할 수 있다. ⑤ 해양수산부장관은 선원의 취업실태나 선원수첩 소지 여부를 파악하거나 그 밖에 필요하다고 인정하는 경우에는 선원수첩을 검사할 수 있다.

3) 선원수첩의 발급 제한

해양항만관청은 다음 각 호의 어느 하나에 해당하는 사람에게 선원수첩을 발급하지 아니할 수 있다.

가. 신원이 분명하지 아니한 사람

나. 「병역법」 제76조 제1항 각 호의 어느 하나에 해당하는 사람

다. 수사기관으로부터 수사 중인 사람으로 통보된 사람

해양항만관청은 선원수첩을 발급할 때 필요하다고 인정하면 해양수산부령으로 정하는 바에 따라 승선선박 또는 승선구역을 한정하거나 유효기간을 정하여 발급할 수 있다.

4) 선원수첩의 실효

다음 각 호의 어느 하나에 해당하는 선원수첩은 그 효력을 상실한다.

가. 선원수첩을 발급한 날 또는 하선한 날부터 5년(군 복무기간 등 해양수산부장관이 인정하는 기간은 제외한다) 이내에 승선하지 아니한 선원의 선원수첩

나. 사망한 선원의 선원수첩

다. 선원수첩을 재발급한 경우 종전의 선원수첩

5) 선원수첩 등의 재발급

선원수첩이나 선원신분증명서를 발급받은 사람은 선원수첩이나 선원신분증명서를 잃어버린 경우, 헐어서 못쓰게 된 경우, 그 밖에 해양수산부령으로 정하는 경우에는 재발급받을 수 있다.

6) 선원수첩 등의 대여 및 부당사용 금지

선원은 선원수첩 또는 선원신분증명서를 부당하게 사용하거나 다른 사람에게

빌려주어서는 아니 된다.

3. 선원신분증명서

1) 의 의

선원신분증명서란 국제노동기구의 '2003년 선원신분증명서에 관한 협약 제185호'의 규정에 따라 선원의 신분을 증명하기 위한 문서를 말한다. 이는 2001년 미국에서 발생한 9.11테러 사건 이후 미국의 제안으로 선원의 신분을 생체인식정보를 수록한 선원신분증명서에 의하여 확인하도록 하는 '2003년 선원신분증명서에 관한 협약 제185호'가 2003년 6월 국제노동기구 총회에서 채택됨에 따라 이를 국내법에 수용하기 위하여 규정하였다.

2) 발 급

① 외국 항을 출입하는 선박에 승선할 선원(대한민국 국민인 선원만 해당한다)은 대통령령으로 정하는 바에 따라 해양항만관청으로부터 선원신분증명서를 발급받아야 한다.

② 위 ①에도 불구하고 국적선박, 국적취득조건부 나용선 및 국내항간 종사하는 외국선박에 승선하는 외국인으로서 영주권을 가진 사람과 외국선박에 승선하는 대한민국 국민인 선원은 대통령령으로 정하는 바에 따라 선원신분증명서를 발급받을 수 있다.

③ 선원신분증명서의 유효기간은 발급일부터 10년으로 한다.

④ 선원신분증명서의 발급 제한 및 실효에 관하여는 제46조 제1항 및 제47조를 준용한다. 이 경우 "선원수첩"은 "선원신분증명서"로 본다.

⑤ 선원은 선장이 안전유지에 필요하여 선원의 서면 동의를 받아 보관하는 경우 외에는 선원신분증명서를 지녀야 한다.

⑥ 해양수산부장관은 선원신분증명서의 제작 · 보관 · 발급과정, 데이터베이스 및 정보화시스템 등과 관련하여 개인정보의 보호수준 및 보안장비의 상태 등에 관한 평가기준을 마련하여 5년마다 평가하여야 한다.

⑦ 선원신분증명서의 규격, 수록내용 및 발급 절차 등에 필요한 사항은 대통령령으로 정한다.

4. 승무경력증명서

선원이 다른 직장에 취업하려고 할 때에 승무경력증명서는 경력 산정에 도움이 되는 자료가 된다. 선박소유자나 선장은 선원으로부터 승무경력에 관한 증명서의 발급 요청을 받으면 즉시 발급하여야 한다(법 제51조). 승무경력에 관한 증명서를 발급함에 있어서는 본인이 요구한 사항만을 기재하여야 하며, 본인에게 불리한 기호나 표시를 하거나 허위사실을 기재하여서는 안 된다.

제4절 근로조건의 기준

Ⅰ. 임 금

1. 임금의 정의

1) 임 금

(1) 의 의

임금은 선원법이 보호하는 근로조건 중 가장 필수적이고 중요한 보호대상이다. 근로기준법 제2조 제1항 1호는 선원법 제5조의 적용범위에 포함되는 것으로 규정하고 있고, 이 조항에서 근로자를 '임금을 목적으로 사업장에 근로를 제공하는 자'로 정의하고 있다. 임금은 근로의 핵심 이유로서도 큰 의미를 가지며, 헌법 제32조 제1항은 "모든 국민은 근로의 권리를 가진다. 국가는 사회적 및 경제적 방법으로 근로자의 고용의 증진과 적정 임금의 보장에 노력하여야 하며, 법률이 정하는 바에 의하여 최저임금제를 시행하여야 한다."라고 규정하고 있다. 제3항은 "근로조건의 기준은 인간의 존엄성을 보장하도록 법률로 정한다."라고 규정한 것에서 알 수 있는 것처럼 헌법은 적정 임금 보장의 노력 의무와 법률이 정한 바에 따른 최저임금제 시행 의무를 국가에 지우고 있으며 인간 존엄성 보장을 위하여 임금을 포함한 근로조건의 법정주의를 밝히고 있다.[146)]

근로기준법 제2조 제1항 제5호에 따르면, "임금"이란 사용자가 근로의 대가

146) 노동법실무연구회, 「근로기준법 주해 I」 제2판, (서울: 박영사, 2020), 221쪽.

로 근로자에게 임금, 봉급, 그 밖에 어떠한 명칭으로든지 지급하는 모든 금품을 말한다. 선원법상 “임금”은 선박소유자가 근로의 대가로 선원에게 임금, 봉급, 그 밖에 어떠한 명칭으로든 지급하는 모든 금전을 말한다(법 제2조 제10호). 선원법은 일체의 금품이 아니고 일체의 금전으로 규정함으로써 현물 급여를 지양하고 ‘현금’, 즉 통용 화폐임을 분명히 밝히고 있다.

(2) 선원법상 임금의 정의

가. 근로의 대가

임금은 ‘근로의 대가’로 지급되는 금전이다. 따라서 근로에 대한 대가가 아니라 선박소유자가 소속 선원들의 복리 후생을 위해 지급하는 금전이나 복리시설 이용 혜택은 원칙적으로 임금이라 말할 수 없다.[147] 실비변상적 성질을 갖는 것도 임금에 해당하지 않는다.[148]

나. 금 전

근로기준법상 임금은 사용자가 근로자에게 근로의 대상으로 지급하는 일체의 ‘금품’을 의미하지만, 선원법에서는 물품을 제외한 일체의 ‘금전’만을 임금이라고 규정하고 있다. 이는 선원이 선박 내에서 승무하는 동안 일체의 숙식을 선박소유자가 부담하기 때문에 일반근로자들처럼 물품을 임금에 포함하게 되면 선박소유자가 숙식에 필요한 모든 생활비까지 임금에 포함시키는 불합리한 결과가 초래되므로, 물품을 임금에서 제외한 것이다.[149]

다. 선내 급식

선내 급식은 선박소유자가 근로의 대상으로 지급하는 것인지, 아니면 선박의 운항에 필요한 비품의 일종으로 볼 것인지 문제된다. 선원법은 선박소유자에게 승무 중인 선원을 위하여 적당한 양과 질의 식료품과 물을 선박에 공급하고, 조리와 급식에 필요한 설비를 갖추도록 의무를 부과하고 있다(법 제76조 제1항). 선장에게 선내 급식을 관리하게 하고(제77조 제1항), 선내급식비를 금전으로 지급하는 것이 아니고 현물급식을 행하도록 한 것은 선내 급식이 근로의 대가라기보다는 선박 항

147) 노동법실무연구회, 「근로기준법 주해 Ⅰ」 제2판, (서울: 박영사, 2020), 244쪽.

148) 대법원 1971. 10. 22. 선고 71다1982 판결.

149) 조귀연, “선원법과 근로기준법과의 관계”, 「해양한국」 206호, 한국해사문제연구소(1990. 11.), 77쪽.

해의 특성상 선원의 건강 유지를 위하여 선박소유자에게 의무를 부과한 것이고 선박 운항에 필요한 비용으로 보기 때문이라고 판단하고 있다.[150)]

(2) 법적 성격

임금은 유상·쌍무 계약인 선원근로계약에 기초하여 선원이 노무를 제공한 데 대한 대가이다. 그 대가가 구체적·현실적 근로의 대가(노동대가설)[151)]인지 아니면 노동력을 선박소유자의 지배 아래 둔 것에 대한 대가, 즉 노동력 제공에 대한 대가(노동력대가설)[152)]인지 여부가 문제된다. 양자의 차이는 기본급 외에 상여금, 각종 수당, 복리후생비, 은혜적·임의적으로 지급되는 금전이 임금에 해당하는지 여부를 밝히는 데 사고의 단초를 제공하고, 쟁의행위가 있었을 때 임금이 공제되어야 하는지, 공제된다면 모든 임금이 공제되어야 하는지 등에서 드러난다.[153)]

임금이분설은 임금이 구체적 근로와 직접 관련되는 교환적 임금 부분과 그렇지 않은 보장적 임금 부분으로 구성된다고 보는 견해이다.[154)] 판례상 과거에는 임금이분설에 따라 임금을 파악하기도 하였으나,[155)] 대법원 1995. 12. 21. 선고 94다26721 전원합의체 판결과 견해를 바꾸어 임금이분설을 폐기하고 노동대가설에 따라 임금을 파악하고 있다. 즉, 판례는 현실적 근로의 제공이 있어야 임금청구권이 발생한다고 하면서, 선원 측의 원인으로 근로가 이루어지지 않은 경우에는 임금청구권이 생기지 않는다고 판단하고 있다.[156)]

---

150) 부산지법 2006. 9. 14. 선고 2006나880 판결; 민경태, "개정 선원법상 선원의 임금제도", 해양한국 206호(1990. 11.) 82－83쪽.

151) 근로계약을 근로와 임금이 교환계약으로 보고 근로제공의 대가로 임금이 지급된다는 견해로, 선원이 구체적으로 근로를 제공할 때 비로소 임금청구권이 생긴다고 본다(권창영, 위의 책, 500쪽).

152) 임금을 근로의 대가로 보지 않고, 선박소유자에게 자신의 노동력을 일정시간 동안 처분할 것을 맡긴 것에 대한 대가로 보는 견해이다. 이 견해는 근로가 종속노동이라는 점에서 출발한다. 선원의 근로는 선박소유자의 지휘 및 감독을 받아 이루어지기 때문에, 선원근로계약은 근로 그 자체의 제공을 약속한 것이 아니라 일정한 조건 아래 노동력의 처분 권한을 선박소유자에게 주는 계약으로 파악하는 것이 옳다고 한다(권창영, 위의 책, 500쪽).

153) 권창영, 위의 책, 499－500쪽.

154) 이 견해에 따르면 근로계약은 기업이 근로자의 지위를 취득하기 위하여 사용자와 근로자 사이에 맺어진 계약(일종의 신분적 계약)이라고 하는 고정적 부분과 근로자의 근로제공에 대하여 사용자가 그 대가로 임금을 지급하기로 하는 계약(단순한 채무계약)이라고 하는 변동적 부분으로 이루어진다(권창영, 위의 책, 500쪽).

155) 대법원 1992. 3. 27. 선고 91다36307 판결.

2. 임금지급 원칙

1) 직접 및 전액 통화지급 원칙

임금은 통화(通貨)로 직접 선원에게 그 전액을 지급하여야 한다. 다만, 법령이나 단체협약에 특별한 규정이 있는 경우에는 임금의 일부를 공제하거나 통화 외의 것으로 지급할 수 있다(법 제52조 제1항).

(1) 직접 지급의 원칙

이는 확실하게 선원 본인이 임금을 직접 수령하고 그의 자유로운 처분에 맡기고 나아가 선원의 생활을 보호하고자 하는 데 그 취지가 있다. 선원이 제3자에게 임금 수령을 위임하거나 대리하게 하는 법률행위는 무효이다. 선박소유자가 임금을 선원의 친권자, 그 밖의 법정대리인에게 지급하는 것 또한 직접 지급의 원칙에 위반된다.157)

(2) 전액 지급의 원칙

이 원칙은 선박소유자가 임금채권을 수동채권으로 하고 자신의 선원에 대한 채권을 자동채권으로 하여 상계하거나, 임금채권의 일부를 부당하게 공제한 후 나머지를 지급하는 행위를 금지하는 취지이다.158) 선박소유자가 선원에게 지급하여야 할 임금을 임의로 공제하면 임금을 유일한 생계 수단으로 살아가는 선원은 생활고를 겪게 되고 나아가 인신구속을 강요받게 될 우려가 있기 때문이다.159)

(3) 예 외

선박소유자는 위 제1항에도 불구하고 선원이 청구하거나 법령이나 단체협약에 특별한 규정이 있는 경우에는 임금의 전부 또는 일부를 그가 지정하는 가족이나 그 밖의 사람에게 통화로 지급하거나 금융회사 등에 예금하는 등의 방법으로 지급하여야 한다(법 제5조 제3항). 또한, 승무 중인 선원이 청구하면 선장에게 임금

---

156) 대법원 2002. 8. 23. 선고 2000다60890 판결.

157) 노동법실무연구회, 「근로기준법 주해 III」 제2판, (서울: 박영사, 2020), 82쪽.

158) 노동법실무연구회, 「근로기준법 주해 III」 제2판, (서울: 박영사, 2020), 86쪽.

159) 대법원 1976. 9. 28. 선고 75다1768 판결; 대법원 1999. 7. 13. 선고 99도2168 판결.

의 일부를 상륙하는 기항지(寄港地)에서 통용되는 통화로 직접 선원에게 지급하게 하여야 한다(법 제52조 제4항).

2) 월 1회 이상 정기적 지급 및 일할계산

임금은 매월 1회 이상 일정한 날짜를 정하여 지급하여야 한다(제52조 제2항)[160]. 다만, 임시로 지급하는 임금, 수당, 그 밖에 이에 준하는 것 등 대통령령으로 정하는 것[161]에 대하여는 그러하지 아니하다. 지급시기와 관련하여 취업규칙에 반드시 임금 지급 시기를 명시하도록 하고 있다(법 제119조 제1항 1호). 임금을 일할계산(日割計算)하는 경우에는 30일을 1개월로 본다(법 제52조 제5항).

3) 기일 전 지급

선박소유자는 원칙적으로 선원법 제52조에 따라 일정한 날짜에 임금 전액을 지급하여야 하지만, 예외적으로 선원 보호를 위하여 선원에게 비상한 상황이 발생한 경우 임금을 지급하도록 하고 있다. 이는 선원이 급박한 경비 지출 필요에 대응할 수 있도록 법규로 인정한 선지급 제도로서 법정 가불제도라고 볼 수 있다.[162] 선박소유자는 선원이나 그 가족의 출산, 질병, 재해, 그 밖에 대통령령으로 정하는 비상(非常)한 경우[163]의 비용에 충당하기 위하여 선원이 임금 지급을 청구

160) 이 원칙은 임금 지급 간격이 지나치게 넓어지거나 임금 지급이 부정기적으로 행해짐으로써 선원의 생활이 불안정해지지 않도록 하기 위한 것이다(근로기준법 주해 III 제2판, 98쪽).

161) 시행령 제17조(임금의 지급) ① 법 제52조 제2항 단서에서 "임시로 지급하는 임금, 수당, 그 밖에 이에 준하는 것 등 대통령령으로 정하는 것"이란 다음 각 호의 어느 하나에 해당하는 것을 말한다.
1. 1개월을 초과하는 일정기간의 계속 근무에 대하여 지급되는 근속수당
2. 1개월을 초과하는 기간에 걸친 사유에 의하여 산정되는 장려금·능률수당 또는 상여금
3. 그 밖에 부정기적으로 지급되는 각종 수당
② 선박소유자는 법 제52조에 따라 임금을 지급하는 경우에는 다음 각 호의 사항이 포함된 급여명세서를 선원에게 주어야 한다.
1. 임금의 금액에 관한 사항
2. 임금의 구성항목에 관한 사항
3. 적용환율에 관한 사항

162) 노동법실무연구회, 「근로기준법 주해 III」 제2판, (서울: 박영사, 2020), 118쪽.

163) 제17조의2(기일 전 지급) 법 제53조에서 "대통령령으로 정하는 비상(非常)한 경우"란 선원이나 그 가족이 다음 각 호의 어느 하나에 해당하게 되는 경우를 말한다.
1. 혼인 또는 사망한 경우
2. 해양수산부장관이 정하는 부득이한 사유로 7일 이상 하선하게 되는 경우

하는 경우에는 임금 지급일 전이라도 이미 제공한 근로에 대한 임금을 지급하여야 한다(법 제53조). 선박소유자는 선원이 이미 제공한 근로에 대한 임금만 지급할 의무가 있지만, 단체협약이나 취업규칙으로 아직 제공하지 않은 근로의 대가를 비상시 지급할 수 있도록 정할 수 있다.[164]

4) 승무 중인 선원의 부상 또는 질병 중의 임금

선박소유자는 승무 중인 선원이 부상이나 질병으로 직무에 종사하지 못하는 경우에도 선원이 승무하고 있는 기간에는 어선원 외의 선원에게는 직무에 종사하는 경우의 임금을, 어선원에게는 통상임금을 지급하여야 한다. 다만, 선원노동위원회가 그 부상이나 질병이 선원의 고의로 인한 것으로 인정한 경우에는 그러하지 아니하다(법 제54조). 선원이 부상 또는 질병으로 인하여 직무에 종사하지 못하는 경우에는 근로의 대가인 임금을 청구할 수 없으나, 해양노동의 특수성으로 인하여 선원은 선장의 허가 없이 하선할 수 없으므로 선내에 구속된다(재선의무). 이 경우 선원이 근로를 제공하지 않더라도 임금을 지급하는 것이 선원 생활보호상 필요하므로, 이와 같은 정책적 입장에서 선원법은 선박소유자가 승무 중인 상병선원에게 임금 또는 통상임금을 지급하도록 규정하고 있으며, 선원의 부상 또는 질병은 직무상 원인으로 발생한 것에 한정하지 않고 직무 외 원인으로 발생한 것도 포함함으로써 무과실책임을 선박소유자에게 지우고 있다.

5) 임금대장

선박소유자는 임금대장을 갖추어 두고, 임금을 지급할 때마다 임금 계산의 기초가 되는 사항 등 대통령령으로 정하는 사항[165]을 적어야 한다(법 제58조).

3. 임금의 종류

1) 통상임금

선원에게 정기적·일률적으로 일정한 근로 또는 총 근로에 대하여 지급하기

164) 노동법실무연구회, 「근로기준법 주해 III」 제2판, (서울: 박영사, 2020), 119쪽.

165) 1. 선원의 성명·주민등록번호·고용연월일 및 직책, 2. 임금 및 가족수당 계산의 기초가 되는 사항, 3. 근로일수 및 근로시간수, 4. 시간외근로 및 휴일근로를 시킨 경우에는 그 시간수, 5. 임금의 내역별 금액, 6. 법 제52조 제1항 단서에 따라 임금의 일부를 공제한 경우에는 그 사유 및 금액.

로 정하여진 시간급금액, 일급금액, 주급금액, 월급금액 또는 도급금액(都給金額)을 말한다(법 제2조 제11호).

임금이 통상임금에 속하는지 여부는 그 임금이 소정근로의 대가로 근로자에게 지급되는 금전으로서 정기적 · 일률적 · 고정적으로 지급되는 것인지를 기준으로 객관적 성질에 따라 판단하여야 하고, 임금의 명칭이나 지급주기의 장단 등 형식적 기준에 의해 정할 것이 아니다.166) 소정근로의 대가란 근로에 관하여 사용자와 근로자가 지급하기로 약정한 금액을 말한다. 소정근로시간을 초과하여 근로를 제공하거나 제공하기로 정한 근로 외의 근로를 소정근로의 대가라 할 수 없으므로 통상임금에 속하지 아니한다고 판단하였다.

정기성을 갖추어야 한다는 것은 임금이 일정한 간격을 두고 계속적으로 지급되어야 함을 의미한다. 일률성이란 일률적으로 지급되는 성질을 갖추어야 하는데, '일률적'으로 지급되는 것에는 '모든 근로자'에게 지급되는 것뿐만 아니라 '일정한 조건 또는 기준에 달한 모든 근로자'에게 지급되는 것을 포함한다.

고정성이란 고정적으로 지급되어야 함을 의미하며, '근로자가 제공한 근로에 대하여 업적, 성과 기타의 추가적인 조건과 관계없이 당연히 지급될 것이 확정되어 있는 성질'을 말하고, '고정적인 임금'은 임금의 명칭 여하를 불문하고 임의의 날에 소정근로시간을 근무한 근로자가 그 다음 날 퇴직한다 하더라도 그 하루의 근로에 대한 대가로 당연하고도 확정적으로 지급받게 되는 최소한의 임금이라고 정의할 수 있다. 고정성이란 또한 지급 여부나 지급액이 사전에 확정된 것이라 할 수 있다.167)

통상임금은 근로조건의 기준을 마련하기 위하여 법이 정한 도구 개념이므로, 사용자와 근로자가 통상임금의 의미나 범위 등에 관하여 단체협약 등에 의해 따로 합의할 수 있는 성질의 것이 아니다. 따라서 성질상 근로기준법상 통상임금에 속하는 임금을 통상임금에서 노사 간에 합의하였다 하더라도 그 합의는 효력이 없다.168)

선박소유자가 선원들에게 계속 승무일수와는 무관하게 매월 정기적으로 작업 및 유급휴가수당 명목의 일정 금원을 지급하였고, 위 금원과는 별도로 야간근로

---

166) 대법원 2013. 12. 18. 선고 2012다89399 전원합의체 판결.
167) 대법원 2014. 5. 29. 선고 2012다115786 판결.
168) 인천지법 2011. 11. 17. 선고 2009가합23036 판결.

수당과 시간외 근로수당을 지급해온 경우, 위 근로수당(작업 및 유급휴가수당)은 실질적으로 근로의 대가로서 정기적이고 일률적으로 지급되는 고정적인 임금에 해당한다.[169]

식대로 1개월에 2회씩 총 30만원씩을, 교통비로 매월 급여에 포함하여 4만원씩을 고정적으로 지급해 온 경우 통상임금에 해당한다.[170] 심지어 개인연금보조금은 비록 직접 근로자들에게 현실로 지급되는 것이 아니고 그 지급의 효과가 즉시 발생하는 것은 아니라 하더라도 근로의 대가로 매월 납부해왔다면 임금에 해당한다.[171]

2) 승선평균임금

산정하여야 할 사유가 발생한 날 이전 승선기간(3개월을 초과하는 경우에는 최근 3개월로 한다)에 그 선원에게 지급된 임금 총액을 그 승선기간의 총일수로 나눈 금액을 말한다. 다만, 이 금액이 통상임금보다 적은 경우에는 통상임금을 승선평균임금으로 본다(법 제2조 12호). '이전 승선시간'이란 함은 최종 승선선박의 승선기간을 말한다.

근로기준법상 평균임금은 이를 산정하여야 할 사유가 발생한 날 이전 3개월 동안에 그 근로자에게 지급된 임금의 총액을 그 기간의 총일수로 나눈 금액을 의미하는 데 반하여(근로기준법 제2조 제6호), 선원법상 승선평균임금은 승선기간을 기준으로 한다. 이는 최근 3월간의 평균임금으로 퇴직금 등을 산정하게 되면 선박소유자의 전선명령, 하선명령, 승선기간의 단축 등에 의하여 그 액수가 크게 변동되므로 이를 방지하기 위한 것이다.[172]

3) 퇴직금

(1) 법적 근거

선박소유자는 계속근로기간이 1년 이상인 선원이 퇴직하는 경우에는 계속근로기간 1년에 대하여 승선평균임금의 30일분에 상당하는 금액을 퇴직금으로 지급

169) 인천지법 2011. 11. 17. 선고 2009가합23036 판결.
170) 인천지법 2011. 11. 17. 선고 2009가합23036 판결.
171) 대법원 2021. 8. 19. 선고 2017다56226판결.
172) 조귀연, "선원법과 근로기준법과의 관계", 「해양한국」 206호, 한국해사문제연구소(1990), 77－78쪽.

하는 제도를 마련하여야 한다. 다만, 이와 같은 수준을 밑돌지 아니하는 범위에서 선원노동위원회의 승인을 받아 단체협약이나 선원근로계약에 의하여 퇴직금 제도를 갈음하는 제도를 시행하는 경우에는 그러하지 아니한다(법 제55조 제1항).

선원은 근로를 제공하는 대가로 임금을 받는다. 선원근로관계가 종료되면 생활이 어려워지고, 이를 고려하여 선원이 퇴직한 후 다시 직장을 구할 때까지 생활할 수 있도록 하는 한편, 은퇴 후에도 생활이 보장될 수 있도록 여러 가지 제도적 장치를 마련하고 있는데 선원법 제55조가 규정하는 퇴직금 제도가 대표적이다.[173]

선박소유자는 퇴직금 제도를 시행할 때 선원이 요구하면 선원이 퇴직하기 전에 그 선원의 계속근로기간에 대한 퇴직금을 미리 정산하여 지급할 수 있다. 이 경우 미리 정산한 후의 퇴직금 산정을 위한 계속근로기간은 정산 시점부터 새로 계산한다(법 제55조 제2항).

퇴직금을 산정할 경우 계속근로기간이 1년 이상인 선원의 계속근로기간을 계산할 때 1년 미만의 기간에 대하여는 6개월 미만은 6개월로 보고, 6개월 이상은 1년으로 본다. 다만, 제2항에 따라 퇴직금을 미리 정산하기 위한 계속근로기간을 계산할 때 1년 미만의 기간은 제외한다(법 제55조 제3항). 위 제3항에도 불구하고 계속근로기간의 계산에 관하여 단체협약이나 취업규칙에서 달리 정한 경우에는 그에 따른다(제4항).

선박소유자는 계속근로기간이 6개월 이상 1년 미만인 선원으로서 선원근로계약의 기간이 끝나거나 선원에게 책임이 없는 사유로 선원근로계약이 해지되어 퇴직하는 선원에게 승선평균임금의 20일분에 상당하는 금액을 퇴직금으로 지급하여야 한다(법 제55조 제5항).

선박소유자는 선원이 사망 또는 퇴직한 경우에 그 지급 사유가 발생한 때부터 14일 이내에 임금, 보상금, 수당, 그 밖에 일체의 금품을 지급하여야 한다. 다만, 특별한 사정이 있을 경우에는 당사자 사이의 합의에 의하여 기일을 연장할 수 있다(법 제55조의2).

퇴직이란 선원의 임의퇴직뿐만 아니라 선원근로계약의 종료에 의한 자연퇴직, 선박소유자나 선원의 선원근로계약의 해지에 의한 퇴직 또는 징계에 의한 퇴직 등을 모두 포함하므로 선박소유자는 퇴직의 원인을 묻지 않고 항상 퇴직금을

173) 권창영, 앞의 책, 548쪽.

지급하여야 한다. 선박소유자는 선원이 퇴직한 경우에 퇴직금을 지급할 것에 미리 대비하여 적립금, 그 관리 방법, 퇴직금의 지급요건, 지급액의 계산 방법, 지급기일 등 기타 필요한 규정을 취업규칙이나 단체협약 등에 포함시켜서 시행하여야 한다.[174)]

(2) 퇴직금의 법적 성격

가. 공로보상설

지점을 차려주거나 주종의 정의에 기하여 은혜적으로 지급되던 연혁에 비추어 오늘날에도 퇴직금은 사용자가 그 정의에 의하여 근로자의 재직연한, 재직 중 직책의 경중, 기업에 공한 정도, 근속에 따른 공적 등을 고려하여 감사의 표시로 지급하는 은혜적인 증여라고 하는 견해이다.[175)]

나. 임금후불설

임금이 노동력의 가치 이하로 지급되고 있기 때문에 그 미지급분을 퇴직 시에 일괄하여 정산하는 것이 퇴직금이라는 견해이다.[176)] 즉, 임금이 근로자가 소유하는 노동력의 제공에 대한 대가라고 하지만 현실적으로 볼 때 그러한 노동력의 가치에 상당하는 임금이 지급되지 못하기 때문에 이러한 미불임금의 축적이 퇴직금의 재원이 되는 것이며, 따라서 근로자는 이를 당연히 수취할 권리가 있다. 최근의 성과급과 기업을 비교하며 이직하는 것을 감안하면 임금후불설은 비판을 받을 수 있다.

다. 생활보장설

퇴직금은 퇴직 후 생활을 보장하는 수단이라고 보는 견해이다. 생활보장설은 퇴직금이 근로자의 실업 중, 퇴직 후의 생활을 보장하는 것으로서 어디까지나 최저생활을 보장하는 임금에 대한 요구로서 획득한 것이라 주장한다.[177)] 특히, 실업 및 노령보험 등 사회보장제도가 제대로 실시되지 못하고 있는 상황에서 정년 및 중도퇴직자 등에게 퇴직금이 생활보장을 위한 가장 중요한 수단이 되기 때문에,

---

174) 이윤철외, 132쪽.

175) 정진경, "직위해제 후 퇴직한 자의 퇴직금 정산: 평균임금산정방식과 퇴직사유에 따른 퇴직금액규정의 효력을 중심으로", 「사법연구자료」 제22집, (1995), 395쪽; 권창영, 위의 책, 552쪽 재인용.

176) Allert de Roode, "Pension as Wage", Yhe American, Juno, 1913, 287쪽; 이철원, "퇴직금제도에 관한 연구", 「노동법의 제문제 –가산 김치선 박사 회갑기념논문집–」, (서울: 박영사, 1983), 242쪽; 권창영, 552쪽.

177) 김치선, 「노동법강의」, (서울: 박영사, 1988), 270쪽.

기업이 가지는 사회적 책임의 일환으로 퇴직하는 근로자에게 생활보장을 위하여 퇴직금을 지급하여야 한다고 주장한다.[178]

라. 판 례

판례는 퇴직금이 임금의 성격을 가진다는 입장을 취하고 있다.[179] 즉, 퇴직금은 사회보장적 성격과 공로보상적인 성격이 포함되어 있지만 사용자와 근로자의 관계에서는 근로의 대가인 임금의 성질을 갖는 것으로 보아, 사용자가 근로자에게 지급하는 퇴직금은 근로자의 근로 제공에 대한 미지급임금이 축적된 것이 그 재원이 된 것으로, 본질적으로는 후불적 임금의 성질을 가진다고 한다.[180] 퇴직금 채권의 발생 시기에 관하여 판례는 퇴직 시에 비로소 발생하는 불확정 기한부 채권으로 보고 있다.[181]

4) 최저임금

최저임금법 제3조 제2항에 따르면 선원법의 적용을 받는 선원과 선원을 사용하는 선박의 소유자는 최저임금법의 적용을 받지 아니한다고 규정하고 있다. 그러나 해양수산부장관은 필요하다고 인정하면 선원의 임금 최저액을 정할 수 있다. 이 경우 해양수산부장관은 해양수산부령으로 정하는 자문을 하여야 한다(법 제59조, 시행규칙 제38조의2).

외국인 선원에 대한 차별적 최저임금의 효력이 어디까지 미치는가의 문제가 제기되고 있다.

외국의 사례에서 선원의 임금지급에 대하여 자국민과 외국인을 달리 대우하는 것은 국제해운계의 일반 거래 관행이다. 유럽연합 공동선박등록제도에 따르면 회원국 국민이 아닌 개발도상국 저임금선원의 승선을 허용하고 있으며, 이 경우 선원 거주국의 노동조합과 단체협약을 체결하고 그에 근거하여 개별 선원근로계약을 체결하고 있다. 일본의 경우에도 마루십제도를 활용하여 자국 선원과 외국인 선원의 근로조건에서 다른 처우를 하고 있다.[182]

---

178) 권창영, 553쪽.
179) 대법원 1976. 9. 28. 선고 75다1798 판결.
180) 대법원 1975. 7. 22. 선고 74다1840 판결.
181) 대법원 1991. 6. 28. 선고 90다14560 판결.
182) 권창영, 앞의 책, 547쪽.

우리나라의 경우 선원법이 적용되는 국적선과 준국적선에 승선한 외국인에 대하여 생활의 근거가 외국인 선원의 본국이든 대한민국이든 상관없이 선원법이 제한 없이 적용되므로, 선원법에 정한 최저기준에 미달하는 근로조건을 규정한 선원근로계약이나 단체협약은 강행규정 위반으로 무효이다.[183] 또한, 한국어 지식의 결여, 승무경력이나 숙련도에 따른 직무능력 저하 등 합리적 이유 없이 외국인 선원의 최저임금을 내국인 선원보다 낮게 측정하는 규정은, 국적을 이유로 근로조건에 대한 차별적 처우를 금지하는 강행규정인 근로기준법 제6조, 선원법 제5조 제1항에 위반되어 무효라고 보아야 한다.[184] 해양수산부장관의 고시에서 국민과 외국인에 대하여 최저임금을 달리 정할 수 있도록 규정함으로써 법률규정 형식상 근로기준법 및 선원법상 균등처우의 원칙에 반한다는 시비를 불러일으킬 수 있다. 선원법이 규정하여 위임하지 않은 내용을 고시에서 비로소 정하는 것이라서 상위법에 어긋나기 때문에 위법하다 할 수 있다.[185] 하지만 제3국의 선원을 사용하는 상당한 이유는 임금의 차이에서 고용하는 것을 고려한다면, 노사의 협의를 거쳐 국적 선원과 외국인 선원 모두에게 적용될 수 있는 최저임금, 예를 들어 ILO에서 공표한 유능부원의 최저 기본임금을 반영하여 재설정하도록 하는 것이 바람직하다는 견해도 있다.[186]

5) 임금채권보장보험 등의 가입

(1) 의 의

선박소유자(선박소유자 단체를 포함한다)는 「채무자 회생 및 파산에 관한 법률」에 따른 파산의 선고 또는 회생절차 개시의 결정(이하 "파산선고등" 또는 지방해양항만관청의 도산등사실인정의 사유로 퇴직한 선원이 받지 못할 임금 및 퇴직금(이하 "체불임금"이

---

183) 신승한 · 전영우, "선원법상 선원근로계약의 준거법 선택에 관한 연구 －비거주선원의 근로계약을 중심으로－", 「해사법연구」 30권 3호, 한국해사법학회(2018. 11), 85－86쪽; 대법원 2016. 12. 29. 선고 2013두5821 판결은 국적선에 승선한 외국인 어선원에 대하여 선원최저임금고시상 최저임금이 적용된다고 판시하였다.

184) 전윤구, "외국인 선원취업제도의 실태와 급여차별", 「노동법학」 66호, 한국노동법학회(2018), 205쪽.

185) 전윤구, 앞의 책, 205쪽.

186) 전영우, "선원최저임금제도 개선에 관한 연구", 「해사법연구」 25권 1호, 한국해사법학회(2013), 91쪽.

라 한다)의 지급을 보장하기 위하여 대통령령으로 정하는[187] 보험 또는 공제에 가입하거나 기금을 조성하여야 한다. 다만, 다른 법률에 따라 선원의 체불임금 지급을 보장하기 위한 기금의 적용을 받는 선박소유자는 그러하지 아니하다.

(2) 임금채권의 보장보장 내용

위 (1)에 따른 보험, 공제 또는 기금은 적어도 다음 각 호의 모두에 해당하는 체불임금의 지급을 보장하여야 한다. 근로자퇴직급여 보장법의 경우 임금의 최종 3개월분, 퇴직금의 최종 3년분으로 되어 있으나 선원법은 그보다 더 두텁게 선원을 보호하고 있다. 이는 해사노동협약 제1차 개정규정을 이행하기 위하여 도입된 것이다.

① 제52조에 따른 임금의 최종 4개월분

② 제55조에 따른 퇴직금의 최종 4년분

(3) 대지급 및 대위권

위 (1)에 따른 보험업자, 공제업자 또는 기금운영자는 그 퇴직한 선원 또는 지정대리인이 체불임금을 청구하는 경우에는 「민법」 제469조에도 불구하고 선박소유자를 대신하여 체불임금을 지급한다. 선원 또는 지정대리인에게 체불임금을 대신 지급한 보험업자, 공제업자 또는 기금운영자는 그 지급한 금액의 한도에서 해당 선박소유자에 대한 선원의 체불임금 청구권을 대위(代位)한다. 제152조의2 제2항에 따른 우선변제권은 위 대위되는 권리에 존속한다. 선주상호보험조합 · 보험업자 · 공제업자 및 기금운영자가 선원의 체불임금 청구권을 대위하는 경우에는 청구권의 행사 및 확보 등에 관하여 필요한 조치를 할 수 있다.

---

187) 1. 선주상호보험조합이 운영하는 손해보험, 2. 「보험업법」 제2조 제6호 및 제8호에 따른 보험회사 및 외국보험회사가 선원의 임금채권 보장을 목적으로 운영하는 같은 법 제2조 제4호에 따른 손해보험, 3. 선박소유자 단체가 선원의 임금채권 보장을 목적으로 「한국해운조합법」 제6조, 「수산업협동조합법」 제60조 또는 「원양산업발전법」 제28조에 따른 정관에 따라 소속업체 등으로부터 부담금을 징수하여 운영하는 공제, 4. 선박소유자 단체가 선원의 임금채권 보장을 목적으로 「한국해운조합법」 제10조, 「수산업협동조합법」 제17조 또는 「원양산업발전법」 제28조에 따른 정관에 따라 소속업체 등으로부터 부담금을 징수하여 운영하는 기금, 5. 「민법」 제32조에 따라 주무관청의 허가를 받아 설립된 사단법인이 선원의 임금채권 보장을 목적으로 같은 법 제40조에 따른 정관에 따라 소속업체 등으로부터 부담금을 징수하여 운영하는 공제 또는 기금.

(4) 체불임금의 청구와 지급 등

가. 체불임금의 청구와 지급 절차(시행령 제18조의4)

① 체불임금을 지급받으려는 선원은 해당 선박소유자에 대하여 파산선고등이 있거나 도산등사실인정이 있은 날부터 2년 이내에 선주상호보험조합·보험업자·공제업자 또는 기금운영자에게 체불임금을 청구하여야 한다.

② 선주상호보험조합·보험업자·공제업자 또는 기금운영자가 제1항의 규정에 따라 체불임금의 청구를 받았을 때에는 특별한 사유가 없는 한 체불임금을 청구받은 날부터 7일 이내에 체불임금을 지급하여야 한다.

③ 제1항 및 제2항의 규정에 의한 체불임금의 청구와 지급에 관하여 그 밖에 필요한 사항은 해양수산부령으로 정한다.

나. 체불임금 지급사유의 확인 등(시행령 제18조의5)

① 체불임금을 청구하는 경우에는 다음 각 호의 사항에 관하여 지방해양항만관청의 확인을 받아 함께 제출하여야 한다.

1. 파산선고등 또는 도산등사실인정이 있은 날 및 그 신청일
2. 퇴직일
3. 최종 4개월분의 임금 및 최종 4년분의 퇴직금 중 미지급액

6) 임금채권 등의 우선변제(법 제152조의2)

(1) 저당권 등에 우선하지 않는 채권

다음 각 호의 어느 하나에 해당하는 채권은 선박소유자의 총재산에 대하여 질권(質權)·저당권 또는 「동산·채권 등의 담보에 관한 법률」에 따른 담보권에 따라 담보된 채권 외에는 조세·공과금 및 다른 채권에 우선하여 변제되어야 한다. 다만, 질권·저당권 또는 「동산·채권 등의 담보에 관한 법률」에 따른 담보권에 우선하는 조세·공과금에 대해서는 그러하지 아니하다.

1. 제52조에 따른 임금
2. 제55조에 따른 퇴직금
3. 제94조부터 제102조까지의 규정에 따른 요양비용, 보상 또는 장례비
4. 그 밖에 선원의 근로관계로 인한 채권

(2) 최우선변제권

위 (1)에도 불구하고 다음 각 호의 어느 하나에 해당하는 채권은 선박소유자의 총재산에 대하여 질권·저당권 또는 「동산·채권 등의 담보에 관한 법률」에 따른 담보권에 따라 담보된 채권, 조세·공과금 및 다른 채권에 우선하여 변제되어야 한다.

1. 제52조에 따른 임금의 최종 4개월분
2. 제55조에 따른 퇴직금의 최종 4년분
3. 제94조부터 제102조까지의 규정에 따른 요양비용, 보상 또는 장례비

Ⅱ. 근로시간, 휴식시간 및 승무정원

1. 의 의

근로시간은 임금과 더불어 가장 중요한 근로조건 중 하나로, 근로시간과 관련된 최초의 법적 논의는 장시간 근로로부터 근로자를 보호하는 것에서 시작되었다. 근로시간법은 근로시간 단축의 역사와 함께 발전해왔다. 선원법은 근로시간에 대해 여러 제한 규정을 두고 있는데, 이러한 제한의 주된 이유는 현실적으로 노사간의 힘의 불균형으로 인해 선박소유자와 선원이 합의로 근로시간을 결정하면 장시간 근로가 만연하게 되어 선원의 신체와 건강에 악영향을 미칠 수 있다는 점, 피로의 축적이 재해 발생의 원인이 되어 근로 효율을 저하시킬 수 있다는 점 그리고 선원이 사회적 및 문화적 생활을 누릴 여유와 활력을 빼앗길 수 있다는 점 등을 들 수 있다.[188)]

선원법의 근로시간 규정은 헌법의 인간다운 생활 보장 정신에 따라 선원의 근로시간을 제한하여, 선원의 정신적 및 육체적 피로를 회복하고 건강을 유지하며 재해를 예방하는 것을 목적으로 한다. 또한, 선원이 사회적 및 문화적 활동에 참여할 수 있는 여가를 제공하기 위해 마련되었다. 이에 따라 선원법은 근로시간과 자격 요건뿐만 아니라, 필요한 선원의 정원, 즉 승무정원에 대해서도 규정하고 있다.

이러한 규정의 기준이 되는 것은 국제노동기구의 '선내근로시간 및 정원에 관한 조약(제57호, 1936년 채택)과 국제해사기구의 STCW협약 제11/6규칙, 제11/8규

188) 노동법실무연구회, 「근로기준법 주해 III」 제2판, (서울: 박영사, 2020), 165쪽.

칙, 제111/6규칙 등이다.[189)]

2. 선원의 근로시간 및 휴식시간

1) 선 원

선원(선장포함)의 근로시간은 1일 8시간, 1주간에 40시간으로 한다. 다만, 선박소유자와 선원 간에 합의하여 1주간 16시간을 한도로 근로시간을 연장(이하 "시간외근로"라 한다)할 수 있다(법 제60조 제1항). 이는 육상근로자에게 시행되고 있는 주5일제 근무를 선원법에도 도입하여 선원의 근로조건을 개선하려는 의도로 2005년 3월에 개정된 것이다.

선박소유자는 항해당직근무를 하는 선원에게 1주간에 16시간의 범위에서, 그 밖의 선원에게는 1주간에 4시간의 범위에서 시간외근로를 명할 수 있다. 이는 명령[190)]에 의한 것이므로 당사자 간의 합의를 요하지 아니한다(법 제60조 제2항).

선박소유자는 제1항 및 제2항에도 불구하고 선원에게 임의의 24시간에 10시간 이상의 휴식시간과 임의의 1주간에 77시간 이상의 휴식시간을 주어야 한다. 이 경우 임의의 24시간에 대한 10시간 이상의 휴식시간은 한 차례만 분할할 수 있으며, 분할된 휴식시간 중 하나는 최소 6시간 이상 연속되어야 하고 연속적인 휴식시간 사이의 간격은 14시간을 초과하여서는 아니 된다(법 제60조 제3항). 선박소유자는 선박이 정박 중일 때에는 선원에게 1주간에 1일 이상의 휴일을 주어야 한다(법 제60조 제8항).

2) 실습선원

실습시간은 1일 8시간, 1주간 40시간 이내로 한다. 다만, 항해당직훈련을 목적으로 하는 경우에는 1주간에 16시간 이내에서 연장할 수 있다(법 제61조의2 제1

---

189) 이윤철 외, 135쪽.

190) 항해당직규정에서 선박소유자가 항해당직근무를 수행하는 해원에게 1주간에 16시간을 한도로 근무를 명할 수 있게 한 것은, 항해당직에 종사하는 선원은 해상근로의 특성상 비록 휴일일지라도 근로를 하여야만 해상기업의 상행위활동 또는 영리활동을 성취할 수 있고, 그 결과 임금의 금원을 확보할 수 있기 때문에 선박의 항행은 잠시라도 정지할 수 없는 선박운항의 특수성에 기인한 것이다. 다만, 선박의 특성상 기인하였다고 하면, 이를 선원에게 일방적으로 희생을 강요하기보다는 충분한 보상이 뒤따라야 공평하다 할 수 있다.

항). 선박소유자는 제1항에 따른 실습시간을 제외한 모든 시간을 휴식시간으로 주어야 한다. 이 경우 임의의 24시간 중 한 차례의 휴식시간은 8시간 이상 연속되어야 한다(법 제61조의2 제2항). 선박소유자는 실습선원에게 1주간에 최소 1일 이상의 휴일을 주어야 한다(제3항). 선박소유자는 실습선원에게 인명, 선박 또는 화물의 안전을 도모하거나, 해양오염 또는 해상보안을 확보하거나, 인명 또는 다른 선박을 구조하기 위하여 긴급한 경우 등 부득이한 사유가 있을 때에는 제1항에 따른 실습시간을 초과하는 훈련 또는 작업을 명하거나 제2항에도 불구하고 필요한 훈련 또는 작업을 하게 할 수 있다(제4항).

3. 시간외 근로수당

선박소유자는 시간외근로 또는 휴일근로를 한 선원(보상휴식을 받은 선원은 제외)에게 시간외근로수당으로서 통상임금의 100분의 150에 상당하는 금액을 지급하여야 한다(법 제62조 제1항).

선박소유자는 단체협약, 취업규칙 또는 선원근로계약에서 정하는 바에 따라 선종(船種), 선박의 크기, 항해 구역에 따른 근로의 정도·실적 등을 고려하여 일정액을 시간외 근로수당으로 지급하는 제도(포괄적 임금제)를 마련할 수 있다(법 제62조 제2항).

선박소유자는 해양수산부령으로 정하는 바에 따라 선원의 1일 근로시간, 휴식시간 및 시간외근로를 기록할 서류를 선박에 갖춰 두고 선장에게 근로시간, 휴식시간, 시간외근로 및 그 수당의 지급에 관한 사항을 적도록 하여야 한다. 선원은 선박소유자 또는 선장에게 본인의 기록이 적혀 있는 서류의 사본을 요청할 수 있다(법 제62조 제4항).

선박소유자는 시간외 근로 중 1주간에 4시간의 시간외 근로에 대해서는 시간외 근로수당을 지급하는 것을 갈음하여 유급휴가 일수에 1개월의 승무기간마다 1일을 추가하여 유급휴가를 주어야 한다(법 제62조 제5항).

4. 근로시간 및 휴식시간 기준에 대한 예외

1) 비상시의 예외

선박소유자는 인명, 선박 또는 화물의 안전을 도모하거나, 해양오염 또는 해상보안을 확보하거나, 인명이나 다른 선박을 구조하기 위하여 긴급한 경우 등 부득이한 사유가 있을 때에는 법 제60조의 제1항, 제2항에 따른 근로시간을 초과하여 선원에게 시간외 근로를 명하거나 위 제3항에 따른 휴식시간에도 불구하고 필요한 작업을 하게 할 수 있다(법 제60조 제6항).

선박소유자는 위의 휴식시간 기준에도 불구하고 필요한 작업을 한 선원 또는 휴식시간 중에 작업에 호출되어 정상적인 휴식을 취하지 못한 선원에게 작업시간에 상응한 보상휴식을 주어야 한다(법 제60조 제7항).

2) 단체협약에 의한 예외

법 제60조 제2항, 제3항에도 해양항만관청은 입·출항 빈도, 선원의 업무특성 등을 고려하여 불가피하다고 인정할 경우에는 당직선원이나 단기 항해에 종사하는 선박에 승무하는 선원에 대하여 근로시간의 기준, 휴식시간의 분할과 부여간격에 관한 기준을 달리 정하는 단체협약을 승인할 수 있다. 이 경우 해양항만청장은 해당 단체협약이 해양수산부령[191]에 정하는 휴식시간의 완화에 관한 모든 기준에

---

191) 법 제60조 제4항 후단에서 "해양수산부령으로 정하는 휴식시간의 완화에 관한 기준"이란 다음 각 호의 기준을 모두 충족하는 것을 말한다.
1. 선원에게 임의의 1주간에 70시간 이상의 휴식시간을 줄 것
2. 휴식시간의 완화는 계속하여 2주를 초과하지 아니할 것. 다만, 휴식시간의 완화가 적용되는 기간의 2배에 해당하는 기간이 경과한 후에는 계속하여 휴식시간의 완화를 적용할 수 있다.
3. 선원에게 임의의 24시간에 10시간 이상의 휴식시간을 줄 것
4. 제3호에 따른 휴식시간을 주되, 다음 각 목의 기준에 따를 것
가. 휴식시간의 분할은 두 차례를 초과하지 아니할 것
나. 휴식시간을 두 차례로 분할하는 경우 휴식시간 중 1회는 연속하여 최소한 6시간 이상, 다른 휴식시간은 1시간 이상이어야 하고, 연속되는 휴식시간 사이의 간격은 14시간을 초과하지 아니할 것
5. 제3호 및 제4호에 따른 휴식시간의 완화를 적용하는 기간은 임의의 1주간에 48시간을 초과하지 아니할 것
② 제1항에도 불구하고 제1항 제4호에 따른 휴식시간의 분할에 관한 기준을 적용하기 곤란한 항로를 운항하는 선박에 승무한 선원에 대한 휴식시간의 완화는 다음 각 호의 기준을 모두 충족하여야 한다.
1. 선원에게 제1항 제1호·제3호 및 제5호의 기준에 적합한 휴식시간을 줄 것
2. 제1항 제2호 단서에도 불구하고 휴식시간의 완화가 적용되는 기간의 2배에 해당하는 기간이 경과하지 하지 아니하여도 휴식시간의 완화를 적용할 수 있으나, 휴식시간의 완화의 적용기간은 계속하여 48시간을 초과하지 아니할 것
3. 제1항 제4호에도 불구하고 휴식시간을 최대 세 차례까지 분할할 수 있으나, 다음 각 목의 기준에 적합할 것

적합한 것에 한하여 승인하여야 한다(법 제60조 제4항).

3) 소년선원의 근로시간 등

선박소유자는 18세 미만의 소년선원의 보호를 위하여 해양수산부령으로 정하는 근로시간, 휴식시간 등에 관한 규정을 지켜야 한다(법 제61조).

법 제61조에서 "해양수산부령으로 정하는 근로시간, 휴식시간 등에 관한 규정"이란 다음 각 호를 말한다.

1. 18세 미만인 소년선원의 근로시간은 1일 8시간, 1주간 40시간을 초과하지 아니할 것

2. 18세 미만인 소년선원에 대해서는 다음 각 목의 기준에 따른 휴식시간을 줄 것

가. 1일 1시간 이상의 식사를 위한 휴식시간

나. 매 2시간 연속 근로 후 즉시 15분 이상의 휴식시간

5. 안전운항을 위한 선박소유자의 의무, 승무정원 등

1) 안전운항을 위한 선박소유자의 의무

「선원의 훈련·자격증명 및 당직근무의 기준에 관한 국제협약」을 적용받는 선박소유자는 선박 운항의 안전을 위하여 다음 각 호의 사항을 이행하여야 한다(법 제63조 제1항).

1. 해기(海技) 능력의 향상을 위한 선원의 선상훈련 및 평가계획의 수립·실시

가. 휴식시간을 세 차례로 분할 할 경우 휴식시간 중 1회는 연속하여 4시간 이상, 다른 휴식시간은 각각 1시간 이상일 것

나. 연속되는 휴식시간의 간격은 14시간을 초과하지 아니할 것

4. 법 제69조 제1항에 따른 유급휴가 간격보다 더 짧은 간격으로 유급휴가를 주거나 법 제70조에 따른 유급휴가의 일수에 1일 이상을 더한 날 수 만큼의 유급휴가를 줄 것. 이 경우 유급휴가에 관한 사항은 단체협약으로 정하여야 한다.

③ 제1항 제4호에 따른 휴식시간의 분할에 관한 기준을 적용하기 곤란한 항로는 다음 각 호의 어느 하나에 해당하는 항로를 말한다.

1. 대한민국, 중화인민공화국(중화인민공화국 홍콩특별행정구는 제외한다), 일본국 및 러시아연방공화국(극동지역에 한정한다)의 항구 사이의 항로
2. 그 밖에 선박소유자단체 및 선원단체의 대표자의 의견을 들어 해양수산부장관이 정하여 고시하는 항로

1의2. 해양사고에 대비하기 위한 선상 비상훈련의 실시

2. 항해당직에 관한 상세한 기준의 작성·시행

3. 선박 운항의 안전을 위한 다음의 사항

① 선원에게 선박 안에서의 임무 및 선박의 특성을 숙지하도록 교육을 실시할 것

② 선장에게 선박 안에서 필요한 근무지침서를 제공할 것

③ 선장에게 해상인명안전 및 해양환경보호와 관련된 국내외의 규정등 자료를 제공할 것

④ 선원을 교체할 때에는 업무의 인계·인수에 소요되는 충분한 시간을 선원에게 줄 것

법 제63조 제1항 제1호에 따른 선상훈련·평가계획의 수립 및 제2호에 따른 항해당직 기준의 작성에 필요한 사항은 다음의 시행규칙 별표 4 및 5와 같다.

■ 선원법 시행규칙 [별표 4]

선내교육훈련 및 평가계획의 수립기준(제40조의2 제1항 관련)

구분			주기	대상자
선내숙지훈련			수시	모든 선원
해상인명 안전훈련	소화훈련		매월 (여객선은 10일, 국제항해여객선은 7일)	모든 선원
	단정훈련	퇴선훈련	매월 (여객선은 10일, 국제항해여객선은 7일)	모든 선원
		구명정 강하	3개월	모든 선원
		진수훈련	1년	모든 선원
해난사고 대응훈련	선체손상 대처훈련 (충돌 및 좌초, 추진기관 고장, 악천후대비 등)		3개월 (국제안전관리규약에서 달리 정하는 경우에는 해당 규약에서 정하는 바에 따름)	모든 선원
	인명사고시 행동요령	해상추락	6개월 (국제안전관리규약에서 달리 정하는 경우에는 해당 규약에서 정하는 바에 따름)	모든 선원
		밀폐공간 진입 및 구조 훈련	2개월 (국제안전관리규약에서 달리 정하는 경우에는 해당 규약에서 정하는 바에 따름)	밀폐구역의 진입 또는 구조 임무를 담당한 선원

	비상조타훈련	3개월	모든 선원
기름유출 대처훈련		매월 (국제안전관리규약에서 달리 정하는 경우에는 해당 규약에서 정하는 바에 따름)	모든 선원
선박보안 숙지교육		선상직무 수행전 및 필요시	국제항해에 종사하는 선박의 모든 선원
밀폐구역 진입 선내교육		2개월	국제항해에 종사하는 선박의 모든 선원

2) 자격요건을 갖춘 선원의 승무

(1) 대통령령으로 정하는 선박[192]의 선박소유자는 해양수산부령으로 정하는 자격요건을 갖춘 선원(시행규칙 제41조 참조)을 갑판부나 기관부의 항해당직 부원으로 승무시켜야 한다.

(2) 총톤수 500톤 이상으로 1일 항해시간이 16시간 이상인 선박의 선박소유자는 제1항의 자격요건을 갖춘 선원 3명 이상을 갑판부의 항해당직 부원으로 승무시켜야 한다.

(3) 대통령령으로 정하는 위험화물적재선박[산적액체화물(散積液體貨物)을 수송하기 위하여 사용되는 선박만 해당한다][193]의 선박소유자는 다음의 각 호의 구분에 따른 자격요건을 갖춘 선원을 승무시켜야 한다.

① 법 제64조 제3항에서 "해양수산부령으로 정하는 자격요건을 갖춘 선원"이란 다음 각 호의 구분에 따른 요건을 갖춘 선원을 말한다.

1. 유조선 또는 케미칼탱커에 선장, 1등항해사, 기관장, 1등기관사, 운항장으로 승무하려는 사람은 다음 각 목의 모든 기준을 충족할 것

가. 별표 5의5에 따른 탱커기초 교육과정을 이수했을 것

나. 「선박직원법 시행규칙」 별표 1에 따른 보수교육과정 중 유조선 또는 케미컬탱커 직무교육과정을 이수하였을 것

---

192) 총톤수 500톤 이상 또는 주기관 추진력 750킬로와트 이상의 선박을 말한다. 다만, 평수구역을 항행구역으로 하는 선박, 항만예선(曳船) 및 수면비행선박은 제외한다.

193) 통 등에 넣지 아니한 석유류 액체화학물질 또는 액화가스를 그대로 싣는 데 전용되는 선박을 말한다. 다만, 평수구역을 항행구역으로 하는 선박을 제외한다.

다. 유조선 또는 케미칼탱커에서 3개월(3회 이상의 하역작업 경력이 있는 경우에는 1개월) 이상 승무한 경력이 있을 것

2. 유조선 또는 케미칼탱커에 항해사(1등항해사는 제외한다), 기관사(1등기관사는 제외한다), 운항사, 갑판부 및 기관부 부원 또는 운항당직 부원으로 승무하려는 사람은 다음 각 목의 어느 하나에 해당하는 기준을 충족할 것

가. 별표 5의5에 따른 탱커기초 교육과정을 이수했을 것

나. 유조선 또는 케미칼탱커에서 3개월 이상 승무한 경력이 있고, 「한국해양수산연수원법」에 따른 한국해양수산연수원(이하 "한국해양수산연수원"이라 한다)의 원장(이하 "한국해양수산연수원장"이라 한다)이 실시하는 해기(海技)능력평가에 합격하였을 것

3. 액화가스탱커에 선장, 1등항해사, 기관장, 1등기관사, 운항장으로 승무하려는 사람은 다음 각 목의 모든 기준을 충족할 것

가. 별표 5의5에 따른 탱커기초 교육과정을 이수했을 것

나. 「선박직원법 시행규칙」 별표 1에 따른 보수교육과정 중 액화가스탱커 직무교육과정을 이수하였을 것

다. 액화가스탱커에서 3개월(3회 이상의 하역작업 경력이 있는 경우에는 1개월) 이상 승무한 경력이 있을 것

4. 액화가스탱커에 항해사(1등항해사는 제외한다), 기관사(1등기관사는 제외한다), 운항사, 갑판부 및 기관부 부원 또는 운항당직 부원으로 승무하려는 사람은 다음 각 목의 어느 하나에 해당하는 기준을 충족할 것

가. 별표 5의5에 따른 탱커기초 교육과정을 이수했을 것

나. 액화가스탱커에서 3개월 이상 승무한 경력이 있고, 한국해양수산연수원장이 실시하는 해기능력평가에 합격하였을 것

② 제1항에도 불구하고 법 제64조 제3항에 따른 위험화물적재선박 중 항해선이 아닌 선박에 승무하는 선장, 1등항해사, 기관장, 1등기관사, 운항장 또는 운항

사는 다음 각 호에 따른 기준을 충족하여야 한다.

1. 유조선 또는 케미칼탱커: 제1항 제1호 각 목의 어느 하나에 해당하는 기준을 충족할 것

2. 액화가스탱커: 제1항 제3호 각 목의 어느 하나에 해당하는 기준을 충족할 것

③ 지방해양항만관청은 제1항 각 호의 어느 하나에 해당하는 선원으로부터 별지 제18호의2서식에 따라 유조선, 케미칼탱커 또는 액화가스탱커의 승무자격증의 발급을 신청받은 경우에는 별지 제16호서식에 따라 그의 선원수첩에 해당 자격이 있음을 증명하여 주고, 해당 승무자격증을 발급(정보통신망을 통한 발급을 포함한다)하여야 한다.

④ 제3항에 따른 유조선, 케미칼탱커 또는 액화가스탱커의 승무자격의 유효기간은 「선원의 훈련·자격증명 및 당직근무의 기준에 관한 국제협약」(이하 "선원당직국제협약"이라 한다)에 따라 각각 5년으로 한다. 다만, 부원의 승무자격의 유효기간은 따로 없는 것으로 한다.

⑤ 제4항에 따른 승무자격의 유효기간 만료일 이후 승무자격의 효력을 계속 유지시키려는 사람 또는 제4항에 따른 승무자격의 유효기간이 지나서 승무자격의 효력이 상실된 후 승무자격을 되살리려는 사람은 다음 각 호의 어느 하나에 해당하는 요건을 갖춰야 한다.

1. 승무자격 유효기간 만료일 또는 승선일 전 5년 이내에 같은 종류의 위험화물적재선박에 3개월 이상 승무한 경력이 있을 것

2. 승무자격 유효기간 만료일 또는 승선일 전에 별표 5의5에 따른 탱커기초교육과정(제1항 각 호에 따라 승무자격을 갖추기 위하여 이수한 교육과정은 제외한다)을 이수했을 것

(4) 대통령령으로 정하는 선박[194]의 선박소유자는 해양수산부령으로 정하는

194) 「선박안전법」 제2조 제2호에 따른 선박시설 중 구명정·구명뗏목·구조정 또는 고속구조정을 비치하여야 하는 선박을 말한다.

(시행규칙 제43조 참조) 구명정 조종사 자격증을 가진 선원을 승무시켜야 한다(법 제64조 제4항).

(5) 대통령령으로 정하는 선박[195]의 소유자는 여객안전관리선원(여객선 상급교육 과정을 이수한 여객의 안전관리 선원)을 승무시켜야 한다(법제64조 제5항).

① 법 제64조 제5항에서 "해양수산부령으로 정하는 여객의 안전관리에 필요한 자격요건을 갖춘 선원"이란 별표 5의5에 따른 여객선 상급교육 과정을 이수한 선원을 말한다.

② 법 제21조 제4항에 따른 여객선에는 제1항에 따른 선원(이하 "여객안전관리선원"이라 한다)을 다음 각 호의 구분에 따라 승무시켜야 한다.

1. 여객 정원이 100명 이상 500명 이하인 경우: 1명 이상
2. 여객 정원이 500명 초과 1천 명 이하인 경우: 2명 이상
3. 여객 정원이 1천 명 초과 1천 500명 이하인 경우: 3명 이상
4. 여객 정원이 1천 500명을 초과하는 경우: 4명 이상

③ 선장은 여객안전관리선원을 여객선의 객실 갑판에 배치하고, 다음 각 호의 업무에 종사하도록 하여야 한다.

1. 비상시 여객에 대한 구명조끼 등 구명기구의 지급 및 착용 안내
2. 비상시 여객의 집합장소 안내
3. 여객의 구명정등 탑승 보조
4. 비상시 여객의 탈출로 정비 및 관리
5. 그 밖에 선장이 지시하는 비상시 여객지원 업무

195) 「선박안전법」 제2조 제10호에 따른 여객선을 말한다. 다만, 평수구역만을 항해구역으로 하는 선박과 「유선 및 도선 사업법」 제2조 제1호 또는 제2호에 따른 유선사업 또는 도선사업을 위하여 사용되는 선박은 제외한다.

■ 선원법 시행규칙 [별표 5] <개정 2021. 6. 30.>

항해당직 기준의 작성방법(제40조의2 제2항 관련)

1. 총칙

가. 당직을 담당하는 해기사 또는 부원에게는 연속되는 24시간 중 최소 10시간의 휴식시간이 부여되어야 한다.

나. 휴식시간은 2회로 나눌 수 있으며, 그 중 1회의 휴식은 최소 6시간 이상 계속되어야 한다.

다. 당직계획표는 선내의 잘 보이는 곳에 게시하여야 한다.

2. 갑판부의 항해당직

가. 항해당직 해기사는 국제해상충돌방지규칙에 따라 적절한 경계를 하여야 한다.

나. 항해당직 해기사는 당직임무외의 다른 임무를 수행하여서는 아니된다.

다. 항해당직 해기사와 조타자의 임무는 분리되어야 하며, 기상상태·시정 등의 요소가 충분히 고려된 경우에는 해기사 단독으로 경계를 할 수 있다.

라. 선장은 적절한 경계를 위하여 모든 관련사항을 고려하여야 한다.

마. 당직인계시 당직을 인계하는 해기사는 당직을 인수하는 해기사가 당직임무를 유효하게 수행할 수 있다고 판단될 경우 당직을 인계하여야 한다.

바. 당직을 인수할 해기사는 선박의 위치·항로 및 속력 등을 확인하여야 한다.

사. 교대시각에 선박의 조정 또는 피험조치가 진행 중일 경우에는 그 조치가 완료될 때까지 교대가 연기되어야 한다.

아. 항해당직 해기사는 어떠한 상황에서도 선교를 떠나지 말아야 하며, 선위 및 속력 등을 충분히 점검하여야 한다.

자. 항해당직 해기사는 필요시 타·기관 및 음향신호장치를 사용하여야 한다.

차. 항해당직 해기사는 상황이 허락하는 경우 선내 항해장치의 작동시험을 자주 실시하고 이에 대한 기록을 유지하여야 한다.

카. 항해당직 해기사는 한 당직에 적어도 한 번의 자동조타장치의 수동작동, 자기컴퍼스와 자이로컴퍼스의 오차측정을 하여야 하며, 기타 항해등·신호등·항해장치 및 무선통신장치를 규칙적으로 점검하여야 한다.

타. 항해당직 해기사는 시정제한, 선박폭주 수역의 항해, 물표의 탐지 및 플로팅 등을 위하여 레이더를 사용하여야 한다.

파. 항해당직 해기사는 시정제한, 기타 의심이 가는 경우에는 선장에게 보고하여야 한다.

하. 연안 및 선박폭주 수역에서는 최신정보에 의하여 소개정된 가장 큰 축척의 해도를 사용하여야 한다.

거. 선장 및 항해당직 해기사는 도선사의 승선시 도선사와 긴밀히 협조하되, 도선사의 승선으로 선장 및 항해당직 해기사 임무와 의무가 면제되는 것이 아님을 고려하여 선박의 이동에 관하여 계속 점검하여야 하며, 도선사의 조치 등에 의심이 갈 경우 도선사의 명확한 설명을 구하는 등 필요한 조치를 취하여야 한다.

너. 선장은 필요시 정박 중에도 항해당직을 계속 유지시켜야 하며 선위의 확인 및 선내순시 등의 필요한 조치를 취하여야 한다.

3. 기관부의 항해당직

가. 기관당직이란 당직을 구성하는 자가 기관구역에 있는 지의 여부를 불문하고 기관구역에 대하여 책임을 지는 당직을 말한다.

나. 기관당직 해기사는 안전하고 효율적인 작동과 유지에 대한 일차적인 책임을 진다.
다. 당직을 인계할 경우에는 당직을 인수하는 해기사가 당직임무를 유효하게 수행할 수 있다고 판단될 경우 당직을 인계하여야 한다.
라. 당직을 인수할 자는 선박의 여러 시스템의 작동 등 필요사항을 확인하여야 한다.
마. 기관당직 해기사는 기관실에 기관장이 있다고 하더라도 기관장과 책임을 맡겠다는 통지가 서로 이해될 때까지 기관구역의 운전에 대한 책임을 진다.
바. 기관구역이 유인상태인 경우 기관당직 해기사는 항상 추진장치를 조정시킬 준비를 하여야 한다.
사. 기관실이 정기적으로 무인상태인 경우에 기관당직 해기사는 즉시 호출을 받을 수 있어야 하며, 호출시 즉시 기관실로 가야 한다.
아. 모든 선교의 지시사항은 즉시 이행되어야 하며, 특별한 경우를 제외하고는 주기관의 회전방향 또는 속도의 변화는 기록되어야 한다.
자. 기관당직 해기사는 당직 중 수행하는 수리작업에 관하여 통지하여야 한다.
차. 기관실을 운전준비 중인 상태로 둔 경우, 기관당직 해기사는 조선 중에 사용할 수 있는 모든 기계와 장치를 즉시 이용할 수 있는 준비상태로 두어야 한다.
카. 당직임무가 끝나기 전에 기관당직 해기사는 주기관 및 보조기계와 관련하여 당직 중 발생한 모든 사건을 적절히 기록하여야 한다.
타. 제한된 시정 등의 여러 가지 조건에서 기관당직 해기사는 선교의 명령이행 등 필요조치를 취할 수 있게 준비하여야 한다.

4. 무선통신의 항해당직
가. 무선통신 당직근무자는 국제통신연합(ITU)의 「전파규칙」과 국제해사기구(IMO)의 「해상에있어서의인명의안전을위한국제협약」의 규정에 따라 적절한 무선통신당직이 유지되도록 하여야 한다.
나. 무선통신에 대하여 책임을 지도록 지정된 무선통신사는 무선기록을 유지하여야 하며 조난 · 긴급 및 안전통신, 무선통신서비스와 관련된 중대한 사건, 적어도 하루 1회의 선박위치, 전원을 포함한 무선통신설비의 상태에 관한 사항을 기록하여야 한다.

5. 항해계획의 확인과 준비
가. 선장은 항해시작 전에 계획된 침로와 청수 등의 필요한 물품을 미리 확보하여야 한다.
나. 선장은 예정항해에 필요한 해도 등의 최신정보를 확보하여야 한다.

3) 승무정원

(1) 선박소유자는 제60조(근로 및 휴식시간), 제64조(자격을 갖춘 선원의 승무) 및 제76조(선내급식)를 지킬 수 있도록 필요한 승무정원(乘務定員)을 정하여 해양항만관청의 인정을 받아야 한다(법 제65조 제1항).

(2) 선박제원, 항해시간 변경 등으로 인하여 제1항에 따라 인정받은 승무정원에 변동이 발생한 경우 선박소유자는 지체 없이 승무정원을 다시 정하여 해양항만관청의 인정을 받아야 한다(법 제65조 제2항). 해양항만관청은 제1항에 따라 선박의

승무정원을 인정할 때에는 해양수산부령으로 정하는 바에 따라 승무정원 증서를 발급하여야 한다(법 제65조 제3항).

(3) 선박소유자는 운항 중인 선박에는 항상 승무정원 증서에 적힌 수의 선원을 승무시켜야 하며, 결원이 생기면 지체 없이 인원을 채워야 한다. 다만, 해당 선박이 외국 항에 있는 등 지체 없이 인원을 채우는 것이 곤란하다고 인정되어 해양수산부장관의 허가를 받은 경우에는 그러하지 아니하다(법 제65조 제4항).

(4) 승무정원의 세부기준: 세부기준은 해양수산부장관이 고시한「선원업무처리지침」[196] 제11장에 규정되어 있다.

4) 선원의 자격요건 등에 대한 특례

선박의 설비가 해양수산부령으로 정하는 기준[197]에 맞는 경우 그 선박에 적용할 선원의 자격요건 및 정원에 관한 사항은 제64조(자격을 갖춘 선원의 승무)와 제65조(승무정원)에도 불구하고 해양수산부령으로 정하는 바에 따른다.

5) 여객선선장에 대한 적성심사 기준

여객선선장은 해양수산부령으로 정하는(시행규칙 제45조의2 참조) 적성심사 기준에 적합한 사람이어야 한다. 여객선 소유자는 적성심사기준을 충족하지 못한 사람을 선장으로 승무시켜서는 아니 된다. 적성심사기준의 충족확인절차 등에 필요한 사항은 해양수산부령으로 정한다.

6) 예비원

(1) 예비원의 정원

예비원이란 선박에서 근무하는 선원으로서 현재 승무 중이 아닌 선원을 말한다(법 제2조 제7호). 선박소유자는 그가 고용하고 있는 총승선 선원 수의 10퍼센트 이상의 예비원을 확보하여야 한다(법 제67조 제1항 본문). 다만, 항해선이 아닌 선박

---

196) 선원업무처리지침 제1조(목적) 이 지침은「선원법」및「선박직원법」과 그 하위법령의 시행에 필요한 세부기준을 정하여 선원행정의 효율적 수행을 도모함을 목적으로 한다.

197) 1. 항해사가 기관실의 기관을 원격조정할 수 있는 설비를 갖춘 선박, 2. 선박의 항해·정박 등을 위한 자동설비를 갖춘 선박, 3. 압항부선: 기선과 결합되어 밀려서 추진되는 선박, 4. 해저조망부선: 잠수하여 해저를 조망할 수 있는 시설을 설치한 선박으로서 스스로 항행할 수 없는 선박.

의 경우에는 선박의 종류·용도 등을 고려하여 대통령령으로 다르게 정할 수 있다. 즉, 항해선이 아닌 선박의 선박소유자가 예비원을 총승선 선원 수의 10퍼센트 이상 확보하지 아니할 수 있는 경우는 다음 각 호의 어느 하나에 해당하는 경우이다.

가. 선박소유자가 보유하고 있는 선박이 3척 이하인 경우. 다만, 선박소유자가 보유하고 있는 선박이 다음 각 목의 어느 하나에 해당하는 선박인 경우에는 제외한다.

가) 위험화물적재선박

나) 「해운법」 제3조 제1호, 제3호, 제5호 또는 제6호에 따른 해상여객운송사업에 종사하는 선박

나. 지방해양항만관청의 승인을 얻어 승선할 선박을 특정하여 선원근로계약을 체결한 선원의 경우

다. 평수구역만을 항해구역으로 하는 선박의 경우

(2) 공동예비원제: 위 가.의 단서에도 불구하고 가.의 각 목의 어느 하나에 해당하는 선박의 선박소유자가 해양수산부장관이 정하는 바에 따라 같은 종류의 선박을 3척 이하 보유한 다른 선박소유자와 공동으로 해당 선박소유자와 다른 선박소유자가 고용하고 있는 총승선 선원 수의 10퍼센트 이상 예비원을 확보한 경우에는 해당 선박소유자가 고용하고 있는 총승선 선원 수의 10퍼센트 미만으로 예비원을 확보할 수 있다. 이 경우 선박소유자가 공동으로 확보한 예비원에 대하여 지방해양항만관청의 확인을 받아야 한다(시행령 제21조의2 제2항).

(3) 휴직한 선원 및 정직중인 선원에 대하여는 예비원의 확보의무 및 임금의 지급의무에 관한 법 제67조를 적용하지 아니한다.

(4) 선박소유자는 유급휴가자 등 대통령령으로 정하는 사람[198] 외의 예비원에게 통상임금의 70퍼센트를 임금으로 지급하여야 한다.

6. 특정선박에 대한 적용제외

1) 다음 각 호의 어느 하나에 해당하는 선박(「선박의 입항 및 출항 등에 관한 법률」 제24조에 따른 예선은 제외한다)에 대해서는 근로시간과 승무기준에 관한 규정을

198) 1. 유급휴가자, 2. 선박소유자의 귀책사유로 인하여 하선한 자, 3. 법 제116조 또는 다른 법령에 따라 의무적으로 교육·훈련을 받는 자, 4. 기타 단체협약 또는 취업규칙으로 정한 자.

적용하지 아니한다(법 제68조 제1항).

가. 범선으로서 항해선이 아닌 것

나. 어획물 운반선을 제외한 어선

다. 총톤수 500톤 미만의 선박으로서 항해선이 아닌 것

라. 그 밖에 해양수산부령으로 정하는 선박

2) 해양수산부장관은 필요하다고 인정하면 위 1)의 어느 하나에 해당하는 선박에 대하여 적용할 선원의 근로시간 및 승무정원에 관한 기준을 따로 정할 수 있다. 이에 대해서는 선원업무처리지침에 세부적인 기준이 규정되어 있다.

7. 소년선원을 위한 특별규정

선박소유자는 18세 미만의 소년선원 보호를 위하여 해양수산부령으로 정하는 바에 따라 유급휴가를 주어야 한다.

이 규정은 해사노동협약「지침 나 제2.4조」의 취지를 도입하기 위하여 마련된 것이나 해양수산부령이 아직 마련되어 있지 않다. 우리나라 선박에도 소년선원이 존재하고 있는 점을 감안하여 이러한 입법 불비는 보완되어야 할 것이다.

Ⅲ. 유급휴가

1. 의 의

노동력의 소모가 극심한 선원에게 통상임금을 지급하면서 휴가를 부여함으로써 선원을 해상노동으로부터 해방시키고 정신적·육체적 휴양을 취하게 함으로써 노동력을 유지·배양하고 인간다운 생활을 확보하기 위한 취지에서 인정하는 제도이다.

그러므로 유급휴가 중인 선원은 실질적인 심신의 휴양을 취함으로써 건강한 승선생활로 되돌아갈 수 있도록 하여야 할 것이며, 아울러 유급휴가를 통하여 가정을 이루어 나가고 유지할 수 있도록 노력하여야 할 것이다.

휴가는 선원의 권리이므로 휴가로 정해진 날에 휴가 사용을 근거로 불이익하게 취급하는 것은 금지되어 있으며, 근로관계 존속을 전제로 하므로 휴가 종료 후에는 복직이 당연히 예정되어 있다.[199]

199) 노동법실무연구회,「근로기준법 주해 III」제2판, (서울: 박영사, 2020), 322쪽.

휴게는 근로시간 도중에 주어지고, 휴식은 근로시간 종료 후에 주어지는 반면, 휴가는 원칙적으로 1일 이상의 기간 동안 부여된다. 휴일은 아예 근로 의무가 없는 날인 것과 달리, 휴가는 근로일을 유지하면서 구체적인 근로 의무만 면제하는 것이다. 휴직은 선박소유자가 선원을 복무시키기 어려운 사정이 있을 때 시행되며, 출근 일수나 재직 기간에 포함되지 않기 때문에 선원의 권리로서 출근 일수 및 재직 기간에 포함되는 휴가와 구별된다.[200)]

2. 법적 성질

유급휴가의 법적 성질에 관하여는 청구권설, 형성권설, 시기지정권설 등이 있다.

1) 청구권[201)]설

선박소유자가 유급휴가를 부여하는 의무가 있는 반사로서 선원이 유급휴가 청구권을 취득한다. 선원은 시기와 일수를 지정하고 선박소유자의 승낙을 필요로 한다.

2) 형성권[202)]설

선원의 청구가 있으면 선주는 특별한 사유가 없는 한 반드시 휴가를 주어야

200) 권창영, 646쪽.

201) 청구권: 청구권은 어느 권리를 기초로 하여서만 있을 수 있기 때문에, 청구권은 어느 권리와 밀접하게 결부되어 있다. 기초가 되는 권리로서는 채권(債權)과 물권(物權) 또는 신분권이 있다. 매매계약이 맺어지면 이것을 기초로 하여 매도대금청구권이나 이행청구권이 생기는 경우가 채권의 예이다. 물권의 내용의 실현을 방해하는 사실이 생겼을 때 그 방해를 배제하는 청구권(물권적 청구권)이 생기는 것이 물권의 예이고, 부양청구권이나 친권(親權)에 의한 유아인도청구권 따위가 신분권에 관한 예이다. 청구권은 지배권(支配權)과는 다르다. 청구권은 상대편에 대하여 일정한 행위를 요구하는 권리임에 반하여, 지배권은 그 물건에 대하여 직접 지배하는 것을 내용으로 한다. 그러므로 청구권을 상대권이라 하면, 지배권은 절대권이라 할 수 있다.

202) 권리자가 일방적으로 법률관계를 변동시킬 수 있는 가능성을 가진다는 의미에서 가능권(可能權)이라고도 한다. 형성권은 권리를 작용(효력)의 면에서 분류한 경우의 일종이며, 지배권·청구권·항변권과 대비된다. 형성권에는 권리자의 의사표시만으로써 권리변동의 효과가 발생하는 것과 법원의 판결에 의하여 비로소 효과가 발생하는 것이 있다. 전자의 예로는 법률행위의 동의권(민법 제5·제10조)·취소권(제140조)·추인권(제139조)·계약해제·해지권(제543조)·상계권(제492조), 매매의 일방예약 완결권(제564조)·약혼해제권(제805조)·상속포기권(제1041조) 등이 있고, 후자의 예로는 채권자취소권(제406조)·친생부인권(제846조)·재판상이혼권(제840조)·입양취소권(제884조)·재판상 파양권(제905조) 등이 있다.

한다. 선원의 유급휴가 청구만으로 법적 효력이 발생한다(통설).

3) 시기지정권설

유급휴가와 시기지정권을 구별하고 유급휴가는 선원근로계약 성립 시에 당연히 발생하며, 그 권리는 추상적인 것으로 선원이 시기를 지정함으로써 구체화한다. 선원이 시기를 지정하는 것을 시기지정권이라 한다.

3. 적용범위

다음 각 호의 어느 하나에 해당하는 선박에 대하여는 유급휴가에 관한 규정을 적용하지 아니한다.

1) 어선(어획물 운반선과 원양어선 등은 제외한다)

2) 범선으로서 항해선이 아닌 것

3) 가족만 승무하여 운항하는 선박으로서 항해선이 아닌 것

4. 유급휴가의 청구요건과 부여시기

1) 청구요건

선박소유자(어선의 선박소유자는 제외)는 선원이 8개월간 계속하여 승무하면 유급휴가를 청구할 수 있으며, 수리 중이거나 계류 중인 선박에 승무하는 것과 같은 선박소유자의 다른 선박에 옮겨 타기 위하여 여행하는 기간 또는 산전·산후의 여성선원이 「근로기준법」 제74조에 따른 보호휴가로 휴업한 기간은 계속하여 승무한 기간으로 본다. 다만, 선박이 항해 중일 때에는 항해를 마칠 때까지 유급휴가를 연기할 수 있다.

그러나 8개월간 계속 승무하지 못한 경우에도 이미 승무한 기간에 대하여 유급휴가를 부여하여야 한다(2011년 개정 선원법에 의하여 선원의 유책사유의 경우에도 유급휴가를 부여하도록 제도가 개선).

2) 유급휴가의 부여시기와 방법

가. 시기: 선박소유자가 유급휴가를 주어야 할 시기는 유급휴가 요건이 갖추어진 때부터 4개월 이내이다. 다만, 선박이 항해 중일 때에는 항해를 마칠 때까지

유급휴가를 연기할 수 있다. 여기서 4개월 이내에 휴가를 주어야 한다는 것은 4개월 이내에 유급휴가가 종료하여야 한다는 의미이고 4개월 이내에 휴가가 시작되어야 한다는 것은 아니다(법 제69조 제1항). 제1항의 경우 선원이 같은 선박소유자의 다른 선박에 옮겨 타기 위하여 여행하는 기간은 계속하여 승무한 기간으로 본다(제2항).

나. 유급휴가의 부여방법: 유급휴가를 줄 시기와 항구에 대하여는 선박소유자와 선원의 협의에 따르며, 유급휴가는 단체협약에서 정하는 바에 따라 기간을 나누어 줄 수 있다. 그러므로 선박소유자는 정당한 사유가 없는 한 유급휴가의 시기, 항구 또는 분할 여부 등에 대한 선원의 요구를 들어주어야 한다.

5. 유급휴가의 일수

1) 일수 계산

선원이 부여받을 유급휴가 일수는 승무기간 1개월에 대하여 6일(실질적으로는 7일로 확대)로 하며(연해구역선 또는 15일 이내마다 국내에 기항하는 선박은 5일(실질적으로는 6일로 확대)), 근속연수가 2년째 되는 해부터는 매년 1일씩 가산한다.

산전·산후의 여성이 출산휴가로 휴업한 기간(근로기준법 제74조 참조)에 대한 유급휴가 일수는 1개월에 12분의 15일로 하되, 1일 미만의 단수는 1일로 계산한다.

유급휴가 일수를 계산할 때 1개월 미만의 승무기간에 대하여는 비율로 계산하되, 1일 미만은 1일로 계산한다.

2) 사용일수 계산

선원이 실제 사용한 유급휴가 일수의 계산은 선원이 유급휴가를 목적으로 하선하고 자국에 도착한 날(통상적으로 송환에 걸리는 기간이 도래하는 날을 말한다)의 다음 날부터 계산하여 승선일(외국에서 승선하는 경우에는 출국일을 말한다) 전날까지의 일수로 한다.

또한 관공서의 공휴일 또는 근로자의 날, 선원이 선원법 제116조 또는 다른 법령(예컨대, 선박직원법, 해양환경관리법)에 따라 받은 교육훈련 기간, 선박소유자가 인정하는 포상 또는 보상 성격의 휴가기간, 기상악화·천재지변 또는 사변으로 인한 정박기간, 정박 중 선장의 허가를 받아 일시 상륙한 기간은 유급휴가 사용일수에 포함하지 아니한다(법 제71조).

이와 관련하여 해양수산부는 유급휴가급 지급일수 산출지침을 다음과 같이 마련하여 운영하고 있다.

유급휴가급 지급일수 = A + {(52+4+12+1)÷365×A}(소수점 이하는 버림)

여기서 52일은 일요일수, 4는 국경일수, 12는 기타 공휴일수, 1은 근로자의 날을 뜻한다. 예컨대, 해운회사에 10년 근속한 선원이 외항상선에 1년 계속하여 승무한 경우 유급휴가급 지급일수는 다음과 같다.

1. 12개월 × 7일 = 84일
2. 10년 근속 가산일 = 10－1 = 9일
3. A = 84일 + 9일 = 93일
4. 93 + {(52+4+12+1)÷365×93} = 110.58

그러나 위의 산출지침에서 선원이 법정교육을 받는 기간이 포함되지 않았으므로 이 지침은 수정되어야 할 것이다.

6. 유급휴가급

선박소유자는 유급휴가 중인 선원에게 통상임금을 유급휴가급으로 지급하여야 하며, 휴가를 사용하지 않은 경우에도 사용하지 아니한 유급휴가 일수에 대하여 통상임금에 상당하는 금액을 임금 외에 따로 지급한다.

1984년 개정 전의 선원법에서는 선박소유자는 유급휴가를 현실적으로 부여할 의무가 있었으며, 그 일수를 줄이거나 유급휴가를 금전으로 보상하는 것은 위법으로 해석되었다. 그러나 현행법에서는 사용하지 아니한 유급휴가일수에 대한 환가처분을 명문으로 인정하고 있다.

여기서 유급휴가일수에 대한 환가처분을 무한정 인정하는 이 규정은 유급휴가의 입법취지를 몰각시킬 우려가 있을 뿐만 아니라 해사노동협약「기준 가 제2.4조 제3항」의 취지에도 반하므로 개선이 필요하다고 할 것이다.

유급휴가일수의 미사용에 대한 금전보상은 선박소유자가 충분한 예비원을 확보하지 않고 금전보상으로 대체하고자 할 수 있다. 선원이 휴가를 사용함으로써 승선 시에 재충전이 되어 건강한 승선생활을 할 수 있으므로 이는 사고 예방의 효과가 있다고 할 수 있다.

7. 어선원의 유급휴가에 대한 특례

원양어선, 대형선망어선 및 대형저인망어선(어획물 운반선은 제외한다.)의 선박소유자는 어선원이 같은 사업체에 속하는 어선에서 1년 이상 계속 승무한 경우에는 유급휴가를 주어야 한다.

어선원이 고의나 중대한 과실 없이 어선에서의 승무를 중지한 경우, 그 중지한 기간이 30일을 초과하지 아니할 때에는 계속하여 승무한 것으로 본다.

어선원의 유급휴가의 일수는 계속 승무한 1년에 대하여 20일로 하고, 1년을 초과하여 계속 승무한 매 1월마다 1일의 유급휴가를 가산한다.

제5절 선내급식과 안전 및 보건

Ⅰ. 선내급식

1. 의 의

1) 의무의 내용

선박소유자는 승무 중인 선원을 위하여 적당한 양과 질의 식료품과 물을 선박에 공급하고, 조리와 급식에 필요한 설비를 갖추어 선내급식을 하여야 한다. 이 경우 승무 중인 선원의 다양한 문화와 종교적 배경을 고려하여야 한다(법 제76조 제1항).

선박소유자는 적당한 양과 질의 선내급식을 위하여 선박마다 선장과 조리책임자를 포함하여 5인 이상의 위원으로 구성하는 급식위원회를 두어 선원의 식생활을 관리하게 하여야 한다. 다만, 외국 영토에 기항하지 아니하는 선박 또는 새우트롤 어선은 그러하지 아니하다(시행규칙 제47조 제1항). 선박소유자는 동법 제1항에 따른 선내급식을 위하여 대통령령으로 정하는 자격을 갖춘 선박조리사(이하 "선박조리사"라 한다)를 선박에 승무시켜야 한다. 다만, 대통령령으로 정하는 선박에 대하여는 이를 면제하거나 선박조리사를 갈음하여 선상 조리와 급식에 관한 지식과 경험을 가진 사람을 승무하게 할 수 있다.

선박소유자가 선원에게 선내급식을 행하도록 규정한 것은, 고립된 선박에서 생활하면서 근로를 제공해야 하는 해양노동의 특성상 선원의 건강유지를 위하여 선박소유자에게 의무를 부과한 것이고, 이는 오래전부터 내려오는 관습이었다.[203]

2) 법적 성질

선내급식 의무는 선박소유자가 선원에게 제공하는 중요한 급부 중 하나이고,[204] 선원의 노동력제공에 대한 보상이므로, 선내급식에 관한 규정은 식료품에 대한 기본 방침을 규정한 것이다. 선내급식은 선박소유자가 무상으로 선원에게 제공하여야 하는 것이므로, 선장에게 선내 급식비를 지급한 경우에도 임금에 해당하지 아니한다.[205]

선내급식 의무는 선원근로계약상의 의무가 아니라 공법적 의무로 보인다. 이는 해상노동의 특수성에 근거하여 선박소유자에게 특별히 요구되는 의무이다. 그러므로 쟁의행위 중인 선원에게도 급식의무는 면제되지 아니한다.

2. 선박조리사

1) 선박소유자는 선내급식을 위하여 대통령령으로 정하는 자격을 갖춘 선박조리사[206]를 선박에 승무시켜야 한다. 다만, 대통령령으로 정하는 선박[207]에 대해

---

203) 권창영, 657쪽.

204) ArbG Lübeck, Beschluss vom 14.4.1986 －1c Ga 10/86－.

205) 소득세법 시행령 제12조 제2호는 '선원법에 의하여 받은 식료'를 소득세법 제12조 제3호 (자)목에서 규정한 '대통령령으로 정하는 실비변상적 성질의 급여'라고 규정하고 있으나, 식료는 임금이 아니므로 위 규정은 부당하다고 권창영은 주장하고 있다.

206) ① 법 제76조 제2항 본문에서 "대통령령으로 정하는 자격을 갖춘 선박조리사"란 18세 이상인 사람으로서 다음 각 호의 어느 하나에 해당하는 사람을 말한다.
1. 해양수산부령으로 정하는 선박조리사교육을 이수하고 해양수산부장관이 실시하는 자격시험(이하 "선박조리사 자격시험"이라 한다)에 합격한 사람
2. 다음 각 목의 어느 하나에 해당하는 사람
가. 「국가기술자격법」에 따른 조리기능사 이상의 자격증을 취득하고, 선박에서 3년 이상 조리업무에 종사한 경력이 있는 사람으로서 해양수산부령으로 정하는 선박조리사교육을 이수한 사람
나. 선박에서 6년 이상 조리업무에 종사한 경력이 있고, 해양수산부령으로 정하는 선박조리사교육을 이수한 사람
3. 「2006 해사노동협약」에 따라 외국정부로부터 선박에서의 조리와 급식에 관한 자격을 취득한 사람
② 선박조리사 자격시험은 필기시험으로 실시한다.
③ 선박조리사 자격시험의 시험과목은 다음 각 호와 같다.

서는 이를 면제하거나 선박조리사를 갈음하여 선상 조리와 급식에 관한 지식과 경험을 가진 사람을 승무하게 할 수 있다.

2) 해양수산부장관은 대통령령으로 정하는 바[208]에 따라 선박조리사의 자격을 위한 교육과 시험을 실시한다.

3. 선내 급식비

선박소유자는 해양수산부장관의 승인을 받아 식료품 공급을 갈음하여 선내급식을 위한 식료품의 구입비용(이하 "선내 급식비"라 한다)을 선장에게 지급하고, 선장에게 선내급식을 관리하게 할 수 있다. 이 경우 선장은 선원 모두에게 차별 없이 선내급식이 이루어지도록 하여야 한다(법 제77조 제1항). 선박소유자는 선내 급식비를 지급할 때에는 선원 1인당 1일 기준액을 밝혀야 하며(동법 제2항), 선내 급식비는 선내급식을 위한 식료품 구입과 운반을 위한 비용 외의 용도로 지출해서는 아니 된다(동법 제3항). 해양수산부장관은 정책자문위원회의 자문을 거쳐서 선내 급식비의 최저기준액을 정할 수 있다. 이 경우 선박소유자는 최저기준액 이상의 선내급식비를 지급하여야 한다(동법 제4항).

선내급식비 기준을 정하는 것만으로 선박소유자가 적당한 양과 질의 식료품과 물을 선박에 공급하고, 선원의 다양한 문화와 종교적 배경을 고려하는지 여부를 확보할 수는 없으므로 해양수산부장관이 고시하는 선박급식기준을 제정할 필요가 있을 것이다. 이를 바탕으로 선내급식과 관련한 영양관리, 식료품관리, 조리법, 식단 등에 관한 도서를 제작하여 보급하는 사업도 추진할 필요가 있다.

---

1. 집단급식 및 위생관리
2. 식중독 예방 및 관리

④ 선박조리사 자격시험의 응시절차, 합격기준 및 그 밖에 선박조리사 자격시험에 관하여 필요한 사항은 해양수산부령으로 정한다.

207) 1. 항해선이 아닌 선박, 2. 법 제65조 제1항에 따른 승무정원이 10명 미만인 선박, 3. 어선.

208) 제22조(선박조리사의 자격 등) ② 선박조리사 자격시험은 필기시험으로 실시한다.

③ 선박조리사 자격시험의 시험과목은 다음 각 호와 같다.

1. 집단급식 및 위생관리
2. 식중독 예방 및 관리

④ 선박조리사 자격시험의 응시절차, 합격기준 및 그 밖에 선박조리사 자격시험에 관하여 필요한 사항은 해양수산부령으로 정한다.

Ⅱ. 안전 및 보건

1. 선내 안전·보건 등을 위한 국가의 책임과 의무

해양수산부장관은 승무 중인 선원의 건강을 보호하고 안전하고 위생적인 환경에서 생활, 근로 및 훈련을 할 수 있도록 다음 각 호의 사항을 성실히 이행할 책임과 의무를 진다(법 제78조 제1항).

1. 선내 안전·보건정책의 수립·집행·조정 및 통제
2. 선내 안전·보건 및 사고예방 기준의 작성
3. 선내 안전·보건의 증진을 위한 국내 지침의 개발과 보급
4. 선내 재해에 관한 조사 및 그 통계의 유지·관리
5. 선내 안전·보건을 위한 기술의 연구·개발 및 그 시설의 설치·운영
6. 선내 안전·보건 의식을 북돋우기 위한 홍보·교육 및 무재해운동 등 안전문화 추진
7. 그 밖에 선원의 안전 및 건강의 보호·증진

해양수산부장관은 제1항 각 호의 사항을 효율적으로 수행하기 위하여 필요한 경우 선박소유자 단체 및 선원 단체의 대표자와 협의하여야 한다(법 제78조 제2항). 해양수산부장관은 선내 안전·보건과 선내 사고예방을 위한 활동이 통일적으로 이루어지고 증진될 수 있도록 국제노동기구 등 관계 국제기구 및 그 회원국과의 협력을 모색하여야 한다(법 제78조 제3항).

2. 선내 안전·보건 및 사고예방 기준

선내 안전·보건 및 사고예방 기준(이하 "선내안전보건기준"이라 한다)에는 다음 각 호의 사항이 포함되어야 한다.

1. 선원의 안전·건강 관련 교육훈련 및 위험성 평가 정책
2. 선원의 직무상 사고·상해 및 질병(이하 "직무상 사고 등"이라 한다)의 예방 조치
3. 선원의 안전과 건강 보호를 증진시키기 위한 선내 프로그램
4. 선내 안전저해요인의 검사·보고와 시정
5. 선내 직무상 사고 등의 조사 및 보고
6. 선장과 선내 안전·건강담당자의 직무

7. 선내안전위원회의 설치 및 운영

8. 그 밖에 해양수산부령으로 정하는 사항[209]

한편, 선내안전보건기준의 구체적인 사항은 해양수산부장관이 정하여 고시한다(법 제79조 제2항).[210]

해양수산부장관은 선박소유자 단체 및 선원 단체의 대표자와 협의하여 선내안전보건기준을 정기적으로 검토하여야 하며, 필요한 경우 검토 결과를 고려하여 선내안전보건기준을 개정할 수 있다.

3. 직무상 사고 등의 조사

(1) 해양수산부장관은 법 제82조 제4항에 따라 직무상 사고 등의 발생 사실을 보고받은 경우에는 그 사실과 원인을 조사하여야 한다.

(2) 해양수산부장관은 직무상 사고 등을 예방하기 위하여 위 (1)에 따라 조사한 직무상 사고 등에 관한 통계를 유지 · 관리하여야 하고, 그 통계를 분석하여 자료집을 발간할 수 있다.

(3) 위 (1)에 따른 조사의 절차 및 내용이나 조사 결과의 조치 등에 필요한 사항은 해양수산부령으로 정한다.

선원근로감독관 직무규칙 제9조에는 선원근로감독관으로 하여금 다음에 해당하는 재해가 발생한 때에는 즉시 이를 소속기관의 장에게 보고하도록 규정하고 있다. 지방해양항만청장이 이러한 보고를 받은 때에는 지체 없이 이를 해양수산부장관에게 보고하여야 한다.

가. 해양사고 등으로 인하여 선원이 사망 또는 실종된 때

나. 해양사고 등으로 인하여 3월 이상의 치료를 요하는 부상을 입은 선원이 5

---

209) 1. 선내 시설 및 장비의 주기적인 점검 · 관리, 2. 소년선원과 여성선원의 보호, 3. 위험작업 또는 유해물질에 노출되는 작업에 대한 안전 및 방호, 4. 법 제125조에 따른 선원근로감독관이 해양항만관청의 명에 따라 수행하는 선내 안전 · 보건 및 사고예방 점검과 안전 진단 등에 관한 사항, 5. 그 밖에 선내 안전 · 보건 및 사고예방과 관련하여 해양수산부장관이 필요하다고 인정하는 사항.

210) 해양수산부장관이 고시하여야 할 사항을 아직 고시하지 않아 선내안전보건과 관련한 법제가 미비한 실정이다. 이는 선박에서의 선원재해율은 육상 대비 약 7.4배로 매우 높은 점을 고려할 때 시급히 선내안전 · 보건 및 사고예방 기준을 제정 · 고시하여야 할 것이다. 이에 대한 자세한 내용은 전영우, "船內 安全, 保健 및 事故豫防 基準에 관한 硏究", 「해사법연구」 제22권 제3호, 한국해사법학회(2010. 11.)을 참조.

명 이상 발생한 때

그러나 현재와 같은 규정만으로는 법률에서 규정하는 바를 그 취지대로 이행하기에는 부족한 점이 많다고 할 것이다. 예컨대, 직무상 재해의 조사절차, 조사결과의 조치, 통계자료의 작성 등 세부적 내용이 결여되어 있다. 따라서 선내안전보건 및 사고예방의 중요성에 상응하는 법제를 정비할 필요가 있다고 본다.[211)]

4. 선박소유자 등의 의무

1) 선박소유자는 선원에게 보호장구나 방호장치 등을 제공하여야 하며, 방호장치가 없는 기계의 사용을 금지하여야 한다(법 제82조 제1항).

2) 선박소유자는 해양수산부령으로 정하는 바[212)][213)]에 따라 위험한 선내 작

---

211) 이에 대한 자세한 내용은 전영우, "船內 安全, 保健 및 事故豫防 基準에 관한 研究", 「해사법연구」 제22권 제3호, 한국해사법학회(2010. 11.), 115－117쪽을 참조.

212) 선원의 안전 및 위생에 관한 규칙 제3조(위험한 선내작업등) ① 법 제82조 제2항에 따른 위험한 선내작업이란 다음 각호의 작업을 말한다.
1. 양묘기 · 권양기를 조작하는 작업
2. 하역용장비를 조작하는 작업
3. 바닥에서 2미터 이상인 장소에서 보조장비를 사용하여 하는 작업
4. 몸의 중심을 선체밖으로 내놓고 하는 작업
5. 산소결핍의 우려가 있는 장소에서 하는 작업
6. 인체에 유해한 가스를 검지하는 작업
7. 위험화물의 상태를 점검하는 작업
8. 감전의 우려가 있는 전기공사작업
9. 금속의 용접 · 절단 또는 가열작업
② 선박소유자는 법 제82조 제2항에 따라 다음 각 호의 어느 하나에 해당하는 자가 아니면 위험한 선내작업에 종사시킬 수 없다.
1. 제1항 각호의 규정에 의한 작업에 6월 이상 근무한 경력이 있는 자 또는 당해 작업을 할 수 있는 자로서 국가에서 인정한 해당자격증을 소지한 자
2. 선원법시행규칙 별표 2의 규정에 의한 당직부원교육과정을 수료한 자
3. 선박직원법 제4조의 규정에 의하여 해기사면허를 받은 자

213) 제4조(안전담당자의 선임) ① 선박소유자는 법 제82조 제2항에 따라 선내작업으로 인한 위험을 방지하고 기타 이 규칙에서 정하는 사항을 이행하기 위하여 선박에 기관장 또는 2년 이상 승선근무한 경험이 있는 기관사중에서 안전담당자 1인을 선임하여야 한다. 다만, 선원이 10인 이하인 선박의 경우에는 선장을 안전담당자로 할 수 있다.
② 위험물선박운송및저장규칙 제2조 제1호의 규정에 의한 위험물을 상시 운송하는 선박에는 제1항의 규정에 의한 안전담당자외에 1등 항해사를 위험물안전담당자로 선임하여야 한다. 다만, 선원이 10인 이하인 선박의 경우에는 위험물안전담당자를 선임하지 아니할 수 있다.

업에는 일정한 경험이나 기능을 가진 선원을 종사시켜야 한다(동법 제2항).

3) 선박소유자는 감염병, 정신질환, 그 밖의 질병을 가진 사람 중에서 승무가 곤란하다고 해양수산부령으로 정하는 선원을 승무시켜서는 아니 된다. 이와 관련하여 해양수산부령으로 정하는 선원에 대한 규정이 결여되어 있으나 그 해석상 시행규칙 제53조에 따른 건강진단결과 "승선부적합"이라는 판정을 받은 사람을 뜻한다고 이해된다.[214]

4) 선박소유자는 선원의 직무상 사고 등이 발생하였을 때에는 즉시 해양항만관청에 보고하여야 한다(동법 제82조 제4항).

5) 선박소유자는 선내 작업 시의 위험 방지, 의약품의 비치와 선내위생의 유지 및 이에 관한 교육의 시행 등에 관하여 해양수산부령으로 정하는 사항을 지켜야 한다. 여기서 해양수산부령으로 정하는 사항이란 「선원의안전및위생에관한규칙」에서 규정하는 선박소유자에게 요구되는 의무를 말한다.

6) 선장은 특별한 사유가 없으면 선박이 기항하고 있는 항구에서 선원이 의료기관에서 부상이나 질병의 치료를 받기를 요구하는 경우 거절해서는 아니 된다.

7) 「해운법」 제3조에 따른 해상여객운송사업에 종사하는 선박의 선박소유자는 선박에 승선하는 선원에게 제복을 제공하여야 한다. 이 경우 제복의 제공시기, 복제 등에 관하여는 해양수산부령(선원법 시행규칙 별표5의3 참조)으로 정한다.

5. 선원의 의무 등

1) 선원은 선내 작업 시의 위험 방지와 선내 위생의 유지에 관하여 다음 사항을 지켜야 한다.

(1) 법 제78조 제1항 제2호에 따른 선내 안전 · 보건 및 사고예방 기준을 숙지하고 준수할 것

(2) 선내 위험 장소임을 알리거나 선원의 접근이 금지 · 제한되는 장소임을 알리는 표지에 표시된 지시에 따를 것

(3) 화물창 안에서의 작업, 용접작업, 도료작업, 무거운 물건을 취급하는 작업, 전기를 사용하는 작업, 어로작업, 높은 곳에서의 작업, 선체 외부작업 및 얼음을 제거하는 작업 등 위험한 작업을 하는 경우 안전벨트, 안전그물망 및 구명의

---

214) 전영우, 「국내해사법규」, (부산: 동원문화사, 2018), 109쪽.

등의 보호기구나 장비를 사용할 것

(4) 거주환경의 청결유지 등 개인의 위생 관리를 철저히 할 것

2) 선원은 방호시설이 없거나 제대로 작동하지 아니하는 기계의 사용을 거부할 수 있다. 이러한 사용거부권은 선원법이 인정하는 특별한 규정으로서 해사노동협약 「지침 나 제4.3.2조 제2항」의 규정을 이행하기 위하여 도입된 것이다(동법 제83조).

6. 의사 등의 승무

1) 의사의 승무

선박에는 의사를 승무시켜야 한다. 다만, 해양수산부령으로 정하는 바에 따라 해양항만관청의 승인을 받은 경우에는 예외로 한다. (i) 3일 이상의 국제항해에 종사하는 선박으로서 최대 승선인원이 100명 이상인 선박(어선은 제외한다), (ii) 총톤수 5천톤 이상의 어선으로서 승선인원이 200인 이상의 모선식(母船式) 어업에 종사하는 어선(법 제84조).

2) 의료관리자

의사를 승무시키지 아니할 수 있는 선박 중 다음 각 호의 어느 하나에 해당하는 선박의 선박소유자는 선박에 의료관리자를 두어야 한다. 다만, 해양수산부령으로 정하는 경우에는 그러하지 아니하다(법 제85조). (i) 「선박안전법」 제8조 제3항에 따라 정해진 원양구역을 항해구역으로 하는 총톤수 5천톤 이상의 선박, (ii) 총톤수 300톤 이상의 어선(다만, 평수구역·연해구역 또는 근해구역을 항행구역으로 하는 어선을 제외).

의료관리자는 해양수산부령으로 정하는 바[215]에 따라 선박 내의 의료관리에

215) 시행규칙 제52조(의료관리자의 업무) ① 법 제85조 제4항에 따른 의료관리자의 업무는 다음 각호와 같다.

1. 선원의 건강관리 및 보건지도
2. 선내의 작업환경위생 및 거주환경위생의 유지
3. 식료 및 용수의 위생유지
4. 의료기구, 의약품, 그 밖의 위생용품 및 의료서적 등의 비치·보관 및 관리
5. 선내의료관리에 관한 기록의 작성 및 관리
6. 선내환자의 의료관리에 관한 사항

② 제1항 제4호에 따른 의료기구, 의약품 등의 비치·보관 및 관리는 의료관계 법령과 국제노동기구

필요한 업무에 종사하여야 한다(법 제85조 제4항). 의료관리자는 의료관리자 자격증을 가진 선원[216](18세 미만인 사람은 제외한다) 중에서 선임하여야 한다. 다만, 부득이한 사유로 해양항만관청의 승인을 받은 경우에는 그러하지 아니하다(동법 제85조 제2항).

의료관리자 자격증은 해양수산부령으로 정하는 바(시행규칙 제50조 참조)에 따라 해양수산부장관이 실시하는 시험에 합격하거나 시험에 합격한 사람과 같은 수준 이상의 지식과 경험을 가졌다고 해양수산부장관이 인정하는 사람에게 해양수산부장관이 발급한다.

3) 응급처치 담당자

의사나 의료관리자를 승무시키지 아니할 수 있는 선박 중 다음 각 호의 어느 하나에 해당하는 선박의 선박소유자는 선박에 응급처치를 담당하는 선원(이하 "응급처치 담당자"라 한다)을 두어야 한다(동법 제86조). (i) 연해구역 이상을 항해구역으로 하는 선박(어선은 제외한다), (ii) 여객정원이 13명 이상인 여객선. 또한 선박소유자는 응급처치 담당자를 해양수산부령으로 정하는 응급처치에 관한 교육을 이수한 선원 중에서 선임하여야 한다.

7. 건강진단 등

1) 의료적합성을 갖춘 선원을 승무시킬 의무

선박소유자는 「의료법」에 따른 병원급 이상의 의료기관 또는 해양수산부령으로 정하는 기준에 맞는 의원의 의사가 승무에 적당하다는 것을 증명한 건강진단서를 가진 사람만을 선원으로 승무시켜야 한다(법 제87조).

2) 건강검진의료기관

건강검진의료기관의 요건은 다음과 같다.

의 「선내의료함 내용물에 관한 권고」에 따른다. 이 경우 의약품 등의 비치에 관한 세부기준은 보건복지부장관과의 협의를 거쳐 해양수산부장관이 정하여 고시한다.

③ 선장 및 의료관리자는 별지 제25호 서식에 따른 표준의료보고서에 따라 선내환자의 의료관리에 관한 사항 등을 기록·관리 하여야 한다. 이 경우 작성된 내용은 비밀을 유지하여야 한다.

216) 우리나라의 경우, 선박에서 관습적으로 의료관리자는 3항사가 담당하는 경우가 대부분인데, 원격의료 등 의사의 권고에 따라 업무를 수행하기 위해서는 1항사 이상의 시니어 사관이 담당하는 것이 실질적인 선원 의료를 담당하기에 적합하다는 의견이 지배적이다.

(1) 연근해어선에 승무하는 선원의 경우: 「의료법」에 따른 의원급 이상의 의료기관

(2) 그 밖의 선원의 경우: 「국민건강보험법 시행령」 제25조 제4항에 따른 건강검진기관(해당 건강검진기관과 동등하다고 해양수산부장관이 지정 · 고시하는 의료기관을 포함한다)

선원의 건강검진을 실시하고자 하는 의원은 위의 기준에 적합한 의료기관임을 확인할 수 있는 증빙서류를 첨부하여 관할 지방해양항만관청에 신고하여야 하며, 신고를 수리한 지방해양항만관청은 이를 다른 지방해양항만관청에 통보(해양수산부장관이 정하여 고시하는 정보통신망을 이용한 통보를 포함한다)하여야 한다.

3) 건강진단의 내용

평수구역 · 연해구역 또는 근해구역을 항행구역으로 하는 선박에 승무하려는 사람은 다음 각호의 검사항목이 포함된 일반건강진단을 받아야 한다.

(1) 감각기, 순환기, 호흡기 및 신경계 기타 기관의 임상의학적 검사

(2) 시력 · 색각(「선박직원법」 제2조 제3호에 따른 선박직원 및 갑판부당직 부원만 해당한다) 및 청력의 검사

(3) 운동기능검사

(4) 신장 · 체중 · 흉위 · 흉위차 · 폐활량 · 혈압 · 혈당(당뇨)검사 · 간장검사(SGOT · SGPT) 및 비형간염항원검사

(5) 엑스선검사 · 적혈구침강속도검사 · 객담검사 및 결핵에 관한 엑스선흉부검사

(6) 매독반응검사

(7) 소변 및 대변 검사

(8) 정신질환 및 감염병검사

위 (4) 내지 (7)의 규정에 의한 검사 중 건강진단을 행하는 의사가 필요 없다고 인정하는 것은 그 검사를 받지 아니할 수 있다. 다만, 혈압검사 · 혈당(당뇨)검사 · 간장검사(SGOT · SGPT) · 비형간염항원검사 · 엑스선검사 및 소변검사는 그러하지 아니하다.

「선박안전법 시행규칙」 제15조 제1항 제4호에 따른 원양구역을 항행구역으로 하는 선박에 승무하려는 사람은 일반건강진단 외에 다음 각 호의 검사항목이 포함

된 특수건강진단을 받아야 한다.

① CBC(빈혈)검사

② 소변검사(특별검사)

③ 매독반응특별검사

일반건강진단과 특수건강진단의 판정기준은 별표 5의4에 의한다.

■ 선원법 시행규칙 [별표 5의4] <개정 2022. 12. 2.>

선원건강진단 판정기준표(제53조 제4항 관련)

가. 일반건강진단의 합격판정 기준

검사항목		판정기준
(1) 시력	갑판부 선박직원 및 당직부원	만국시력표로부터 5미터의 거리에서 두 눈의 교정시력이 각각 0.5 이상일 것
	기관부 선박직원 및 당직부원	만국시력표로부터 5미터의 거리에서 두 눈의 시력을 통합한 교정시력이 0.4 이상일 것
	통신사	만국시력표로부터 5미터의 거리에서 두 눈의 교정시력이 각각 0.4 이상일 것.
(2) 체격		심한 신체의 박약, 심한 흉곽발육의 불량 그 밖에 선박내의 노동을 감당하지 못한다고 인정되지 않을 것
(3) 질병		「감염병의 예방 및 관리에 관한 법률」 제2조 제1호에 따른 감염병, 「정신건강증진 및 정신질환자 복지서비스 지원에 관한 법률」에 따른 정신질환, 폐, 늑막, 심장 또는 신장의 질환을 앓고 있지 않을 것
(4) 청력		선장 및 갑판부 선원에 있어서는 두 귀 모두, 그 밖의 해원에 있어서는 한 귀 이상이 5미터 이상의 거리에서 속삭임을 청취할 수 있을 것. 다만, 선원으로서의 종사경력에 비추어 관련 직무의 수행이 가능하다고 인정되는 사람은 제외한다.
(5) 색각		선장, 기관사, 통신사, 갑판부 당직자 및 운항 당직자는 적색, 청색, 황색, 녹색의 구분이 가능할 것(색각 안경 등 교정기구 사용 가능)
(6) 운동기능		모든 관절의 움직임이 자유롭고 손가락·손·팔뚝 또는 신체 각 부위의 부분적 또는 전체적인 결손이 없을 것. 다만, 장애의 정도가 경증이거나 보조기를 착용한 경우에 직무 수행이 가능하다고 인정되는 사람은 제외한다.
(7) 병후쇠약		병후의 쇠약에 따라 일정기간내의 승선이 부적당하다고 인정되지 않을 것
(8) 혈당		공복시 125 mg/dl 이하일 것
(9) 간장		
– SGOT		50 IU/L 이하일 것
– SGPT		45 IU/L이하일 것

※ 비고 (1) 검진의사는 정상기준치 및 질병의 경중 등을 종합적으로 고려하여 판정한다. (2) 위 표의 검사항목 중 시력과 관련하여 두 눈 중 최소한 한쪽 눈의 경우에는 안구질병이 진행되지 않아야 한다.

나. 특수건강진단의 합격판정기준

검사항목	정상기준치	판정기준
1. CBC(빈혈)		검진의사는 정상기준치 및 질병의 경중 등을 종합적으로 고려하여 판정한다.
– RBC	4.2~6.3	
– Hb	남자 12.0 이상, 여자 10.0 이상	
– Hct	36.0~52.0	
– MCV	79.0~96.0	
– MCH	26.0~33.0	
– MCHC	32.0~37.0	
– WBC	4.0~10.0	
2. RPR(VDRL) (매독검사)		
3. 소변검사		

4) 건강진단의 유효기간

일반건강진단의 유효기간은 1년(색각검사에 대하여는 6년)으로 하고, 특수건강진단의 유효기간은 2년(만 18세 미만인 사람은 1년)으로 하되, 항해 중 건강진단의 유효기간이 만료된 때에는 그 항해가 종료될 때(어선 외의 선박에 승선한 선원에 대한 건강진단의 유효기간이 항해 중 만료되고 건강진단의 유효기간 만료 후 항해가 종료될 때까지 3개월 이상이 소요되는 경우에는 건강진단의 유효기간 만료 후 3개월)까지로 한다(동법 시행규칙 제54조).

5) 건강진단비용

건강진단의 검진비용은「국민건강보험법 시행령」제25조 제7항에 따라 정한 기준에 따르며, 건강진단의 검진비용은 선박소유자가 부담한다(동법 시행규칙 제55조).

6) 건강진단서 발급

건강진단서의 발급은 별지 제23호의2서식(이 서식은 STCW협약과 해사노동협약을 충족시키기 위하여 최근 개정되었다)에 의한다. 다만, 의료기관은 건강진단서의 발급과 동시에 정보통신망을 이용하여 송부하여야 한다(동법 시행규칙 제54조의2).

■ 선원법 시행규칙 [별지 제23호의2서식] <개정 2016.1.13.>

건 강 진 단 서
CERTIFICATE OF MEDICAL EXAMINATION

신청인 (Applicants)	성 명(Name)		성 별(Sex)	
	생 년 월 일 (Date of Birth)		국 적 (Nationality)	
건강진단실시결과(Results)	신 장(Height)	cm	혈 압(Blood Pressure)	
	체 중(Weight)	kg	혈 액 형(Blood Type)	
	청 력(Hearing)	좌LT : 우RT :	시 력(Visual acuity)	좌LT : 우RT :
	색 각(Colour Vision)		흉 위(Circumference of Chest)	cm
	혈액/조혈계 (Blood disorders)		감염병(Infections)	
	정 신 계 (Mental disorders)		피 부 질 환 (Skin disorders)	
	순 환 계 (Cardiovascular system)		신 경 계 (Nervous system)	
	생 식 및 비 뇨 계 (Genito-urinary conditions)		소 화 계 (Digestive system)	
	당뇨(Diabetes)		간장(Liver)	
	호흡계 및 흉부X선검사 (Respiratory disorders & Chest-X Ray)			
	특수건강진단에 한함 (Special Examination Only)	빈 혈(Anemia)		
		소변 및 매독(Urine and Syphilis)		

공인된 전문의의 선언 (Declaration of the recognized medical practioner)	검사 시 피검사자 신분 확인 여부(Confirmation that identification documents were checked at the point of examination)	[ ]예(Yes)[ ]아니오(No)
	청력 충족 여부(Hearing meets the standards in the section A-1/9?)	[ ]예(Yes)[ ]아니오(No)
	보조기 미착용시 청력 충족 여부(Unaided Hearing satisfactory?)	[ ]예(Yes)[ ]아니오(No)
	시력 충족 여부(Visual acuity meets the standards in the section A-1/9?)	[ ]예(Yes)[ ]아니오(No)
	색각 충족 여부(Colour Vision meets the standards in the section A-1/9?)	[ ]예(Yes)[ ]아니오(No)
	최근 색각검사일(Date of last colour vision test) 년 월 일	
	경계업무 적합성(Fit for lookout duties)	[ ]예(Yes)[ ]아니오(No)
	건강에 제한이나 제약사항이 있는가?(Any limitations or restrictions on fitness?)	[ ]예(Yes)[ ]아니오(No)
	제한이나 제약사항 기술(If "Yes", specify limitations or restrictions)	
	선원이 승선이후 승무가 부적합하게 되거나 타인의 건강을 위해할 가능성이 있는 증상이 있는가?(Is the seafarer suffering from any medical condition likely to be aggravated by service at sea or to render the seafarer unfit for such service or to endanger the health of other persons on board?)	[ ]예(Yes)[ ]아니오(No)
	건강진단 실시일(Date of Exam)	년 월 일
	유효기간만료일(Date of Expiry)	년 월 일

선원의 서명 (Seafarer's signature)		검사 의사명 및 서명 (Name and Signature of Examine)	

본인은 이 진단서의 내용과 STCW 협약 A-I/9조 제6항에 따라 진단서 내용에 대하여 재검토를 받을 권리가 있다는 설명을 들었습니다.(I have been informed the content of the certificate and of the right to review in accordance with paragraph 6 of section A-I/9 of the STCW Code)

「선원법 시행규칙」 제54조의2에 따라 STCW 협약과 해사노동협약의 관계 기준을 충족하였기에 이 건강진단서를 발급합니다.(It is issued, under the article 54-2 of the enforcement ordinance of the Seafarers' Act, to meet the requirements of both the 1978 STCW Convention as amended and the Maritime Labour Convention, 2006.)

발급일(Date of Issue) : 년 월 일

발급 의료기관명(Official name of issuing Authority) 직인(Stamp)

(전화번호)

210mm×297mm(백상지 80g/㎡)

8. 무선 등에 의한 의료조언 등

1) 해양수산부장관은 대한민국 주변을 항해 중인 선박(외국국적 선박을 포함한다)의 선장이 부상을 당하거나 질병에 걸린 선원(이하 "상병선원"이라 한다)에 대한 의료조언을 요청할 경우에는 무선 또는 위성통신으로 의료조언을 무료로 제공하여야 한다(동법 제88조 제1항).

2) 해양수산부장관은 제1항에 따른 의료조언을 제공하기 위하여 「응급의료에 관한 법률」 제27조에 따라 응급의료정보센터를 설치 · 운영하는 보건복지부장관에게 협조를 요청하여야 하고, 보건복지부장관은 특별한 사유가 없으면 협조하여야 한다(동법 제88조 제2항).

3) 해양수산부장관은 국내 항에 입항한 선박의 외국인 상병선원이 진료받기를 요청할 때에는 필요한 조치를 하여야 한다(동법 제89조).

제6절 소년선원과 여성선원

Ⅰ. 소년선원

헌법 제32조 제5항은 연소자의 근로는 특별한 보호를 받는다고 규정하고 있고, 근로기준법 제5장에 여성과 소년에 대한 별도의 규정을 두고 있다. 선원법 제9장은 이를 구체화하고 있다. 연소자인 청소년들은 성장 단계에 있으므로 성인에 비해 육체적 · 정신적으로 약하고 교육을 받을 기회가 보장되어야 한다.[217] 따라서, 선원법은 연소자 근로를 규율하며, 연소선원의 건강 유지, 건전한 성장 보장, 그리고 인격 함양을 위해 연소자의 노동을 제한하는 방식으로 이들을 보호하고 있다.

1. 미성년자의 능력

1) 미성년자가 선원이 되려면 법정대리인의 동의를 받아야 한다(법 제90조 제1항).

2) 법정대리인의 동의를 받은 미성년자는 선원근로계약에 관하여 성년자와

---

217) 노동법실무연구회, 「근로기준법 주해 III」 제2판, (서울: 박영사, 2020), 361쪽.

같은 능력을 가진다(법 제90조 제2항).

근로기준법상 친권자나 후견인은 미성년자의 근로계약을 대리할 수 없고 미성년자가 직접 근로계약을 체결하여야 하나(동법 제67조), 선원법은 법정대리인이 선원근로계약을 체결하는 등의 행위를 금지하지는 않는다. 이는 선원법상 승선공인제도를 두고 있어 승선공인심사 중 필요한 경우 지방해양수산청에서 이를 시정할 수 있는 점과 선원이 승선 중 근로계약의 갱신 등의 조치를 요하는 경우가 있는 점을 고려한 것이다.

미성년자는 독자적으로 임금을 청구할 수 있다(근로기준법 제68조). 과거에 친권자나 후견인 등 법정대리인이 근로계약을 대리하여 체결함과 아울러 미성년자의 임금을 대리 수령함으로써 미성년자를 혹사하려는 봉건적 폐단을 방지하려는 데 입법 취지가 있다.[218)]

선원법 제52조 제1항은 선원에게 직접 임금을 지급하여야 한다는 임금 직접 지급의 원칙을 규정하고 있으므로 선박소유자가 임금을 미성년자에게 직접 지급하지 않으면 선원법 제52조 위반이 되어 3년 이하의 징역 또는 3천만원 이하의 벌금에 처한다(법 제168조 제1항 1호).

2. 소년선원의 사용제한

1) 선박소유자는 16세 미만인 사람을 선원으로 사용하지 못한다. 다만, 그 가족만 승무하는 선박의 경우에는 그러하지 아니하다(법 제91조 제1항). 이 단서 규정은 어선의 경우에 가족선이 존재하고 이 경우에 예외를 인정하기 위한 것이다.

선박소유자가 16세 미만인 자와 체결한 근로계약은 그 가족만 승무하는 선박이 아닌 한 무효이다. 하지만 무효인 선원근로계약에 따라 실제로 제공한 근로의 대가인 임금청구권은 그대로 가진다.[219)] 그러나 명문규정상 다른 선종에도 이것이 금지되지 아니한다. 이는 해사노동협약의 최저연령요건에 적합하지 않으므로 어선에 한하여 이러한 예외를 인정하도록 규정의 개정이 필요하다고 본다.

2) 선박소유자는 18세 미만의 선원을 해양수산부령으로 정하는[220)] 위험한 선

218) 노동법실무연구회, 「근로기준법 주해 III」 제2판, (서울: 박영사, 2020), 381쪽.

219) 권창영, 714쪽.

220) 선원의 안전 및 위생에 관한 규칙 제8조(작업제한) ① 법 제91조 제3항에 따라 18세 미만의 선원에

내 작업과 위생상 해로운 작업에 종사시켜서는 아니 된다.

3) 선박소유자는 18세 미만인 사람을 선원으로 사용하려면 해양수산부령으로 정하는 바[221)]에 따라 해양항만관청의 승인을 받아야 한다.

3. 야간작업의 금지

1) 선박소유자는 18세 미만의 선원을 자정부터 오전 5시까지를 포함하는 최소 9시간 동안은 작업에 종사시키지 못한다. 다만, 가벼운 일로서 그 선원의 동의와 해양수산부장관의 승인을 받은 경우에는 그러하지 아니하다(법 제92조 제1항).

2) 비상시의 작업에 종사시키는 경우나 가족만 승무하는 선박에 대해서는 위 1) 본문을 적용하지 아니한다.

Ⅱ. 여성선원

1. 여성선원의 사용제한

1) 의 의

헌법 제32조 제4항은 여자의 근로는 특별한 보호를 받는다고 규정하고 있고, 선원법 제9장은 이를 구체화하고 있다. 최근의 기술혁신, 산업구조의 고도화, 직장환경의 개선, 교육수준의 향상, 출산율 저하, 여성취업에 대한 의식의 전환, 보육시설의 확대 등 여성이 경제활동을 하는 데 용이하게 할 수 있도록 환경이 개선되

게 시켜서는 아니되는 작업은 다음의 작업으로 한다.
1. 부식성물질, 독물 또는 유해성물질을 제거하기 위한 화물창 또는 탱크안의 청소작업
2. 유해성의 도료 또는 용제를 사용하는 작업
3. 직접 햇빛을 받으며 장시간하는 작업
4. 추운 장소에서 장시간하는 작업
5. 냉동고 안에서 장시간하는 작업
6. 수중에서 선체 또는 추진기를 검사·수리하는 작업
7. 선체의 전부 또는 상당부분이 물에 잠긴 상태에서 탱크 또는 보일러의 내부에서 행하는 수리작업
8. 먼지 또는 분말이 발생하는 장소에서 장시간하는 작업
9. 30킬로그램 이상의 물건을 다루는 작업
10. 알파선·베타선·중성자선 기타 유해한 방사선에 노출될 우려가 있는 작업

221) 제56조(연소선원의 사용승인) 선박소유자가 법 제91조 제2항에 따라 연소선원의 사용승인을 받으려는 경우에는 해당 선원의 승선공인신청서에 해당선원이 18세에 달하는 연월일을 빨간색글씨로 기재하여 지방해양항만관청에 제출하여야 한다.

고 있다.[222)] 여성근로자 일반에 대한 합리적 이유 없는 특별 보호는 점차 완화 및 폐지되는 한편 남녀의 생물학적 차이에서 비롯되는 모성보호는 더욱 강화되는 추세에 있다.[223)]

2) 여성선원의 사용제한

선박소유자는 여성선원을 해양수산부령으로 정하는[224)] 임신·출산에 해롭거나 위험한 작업에 종사시켜서는 아니 된다(법 제91조 4항).

3) 임신 중인 여성선원의 사용제한

선박소유자는 임신 중인 여성선원을 선내 작업에 종사시켜서는 아니 된다. 다만, 다음 각 호의 어느 하나에 해당하는 경우에는 그러하지 아니하다(법 제91조 제5항).

① 가장 가까운 국내의 항에 2시간 이내에 입항할 수 있는 항해에 대하여 임신 중인 여성선원이 선내 작업을 신청하고, 임신이나 출산에 해롭거나 위험하지 아니하다고 의사가 인정한 경우, ② 임신 중인 사실을 항해 중 알게 된 경우로서 해당 선박의 안전을 위하여 필요한 작업에 종사하는 경우

4) 산후 1년이 지나지 아니한 여성선원의 사용제한

선박소유자는 산후 1년이 지나지 아니한 여성선원을 해양수산부령으로 정하는[225)] 위험한 선내 작업과 위생상 해로운 작업에 종사시켜서는 아니 된다(법 제91조 제6항).

5) 예 외

가족만 승무하는 선박의 경우에는 위와 같은 사용제한 규정을 적용하지 아니

---

222) 권창영, 717쪽.

223) 김엘림, 여성노동보호법의 법리와 개정방향, 노동법에서 권리와 책임(김형배 교수 회갑기념논문집), 박영사, 1994, 84－109쪽.

224) 선원의 안전 및 위생에 관한 규칙 제8조(작업제한) ② 선박소유자는 법 제91조 제4항에 따라 여성선원을 제1항 제1호·제2호·제9호·제10호 및 제3조 제1항 제6호의 작업에 종사시켜서는 아니 된다.

225) 선원의 안전 및 위생에 관한 규칙 제8조(작업제한) ④ 선박소유자는 법 제91조 제6항에 따라 산후 1년이 지나지 아니한 여성선원을 제1항 각 호의작업, 제3조 제1호·제2호·제4호부터 제6호까지 및 제9호의 작업에 종사시켜서는 아니 된다.

한다.

6) 생리휴식

선박소유자는 여성선원에게 월 1일의 생리휴식을 주어야 한다(법 제93조). 생리휴식은 생리 중인 여성선원의 신체적 및 정신적 건강을 보호하기 위한 것이므로 생리휴식은 사실상 생리 현상이 있는지 여부에 따라 부여하여야 한다. 고령, 폐경, 자궁제거 등으로 생리가 없거나 또는 임신으로 인하여 생리가 중단된 경우 등 생리현상이 없는 여성선원에게는 생리휴식을 부여하지 않아도 무방하다. 생리기간 해당 여부 및 생리유무에 관한 증명책임에 관하여는, 기본적으로 여성선원 본인의 증명을 기대할 수 없으나, 이를 엄격하게 해석하면 제도의 취지가 상실될 우려가 있다.[226] 생리휴가는 월차휴가와 같이 적치하여 사용하거나 분할하여 사용할 수 없고, 그 달이 지나면 소멸한다. 생리휴식을 부여하는 대신 근로수당으로 대신할 것을 당사자 간에 미리 약정하거나 선박소유자가 일방적으로 생리휴식 근로수당을 지급하는 것은 허용되지 않는다. 다만, 항해당직자의 경우 3명이 하루에 8시간씩 당직을 서는데 생리휴식을 취할 경우 누가 당직을 대신 할 수 있을지가 불분명하다. 생리휴식은 유급이라고 규정이 없는 이상, 무급으로 해석하여야 한다.[227]

제7절 재해보상

Ⅰ. 재해보상의 의의와 보상제도

선원은 직무와 관련하여 부상·질병·사망 등 직업상 위험에 상시 노출되어 있다. 선원 개인의 부주의도 있지만 선박 또는 구조적 결함으로 인하여 재해를 당하는 경우가 흔하다. 기술발전에도 불구하고 새로운 직업병은 계속 증가하고 있고, 선박의 대형화와 기계화, 자동화 및 바다 한가운데라는 점 등이 선원의 생명과 신체에 미치는 치명도가 더욱 커지고 있다.

---

226) 김유성, 「노동법 I」, (파주: 법문사, 2005), 366쪽; 대법원 2021. 4. 8. 선고 2021도1500 판결.
227) 노동법실무연구회, 「근로기준법 주해 III」 제2판, (서울: 박영사, 2020), 399쪽.

재해는 선원의 책임과 무관하게 노동생활의 영역에 내재되어 있는 본질적 직업위험이나 선원과 가족에게 치명적인 생활위험이기 때문에 그에 따른 적절한 보호가 이루어져야 한다.[228)]

산업재해가 발생할 경우, 근로자가 민법상 손해배상제도에 따른 손해배상을 받기는 사실상 곤란하다. 왜냐하면, 손해배상을 청구하기 위해서는 사용자 측의 재해에 대한 고의·과실이 있음을 재해를 입은 근로자가 입증하여야 하기 때문이다. 이러한 민법상 손해배상제도 – 이른바 과실책임원칙(fault liability principle) – 에 따른 한계를 극복하기 위하여 무과실책임원칙(non-fault liability principle)의 재해보상제도가 도입된 것이다.

재해보상은 근로자가 재해를 입는 경우에 사용자의 고의·과실 유무에 관계없이 사용자가 신속하게 필요한 비용을 부담하거나 일정액을 보상하는 것을 말하며, 근로자와 그 가족의 생계를 보호하기 위한 노동법 특유의 제도이다. 이 제도는 민법의 손해배상제도와 양립하는 제도이며, 따라서 재해보상에 의하여 보상을 받은 후에도 손해배상을 청구하여 그 차액을 배상받을 수도 있다.

선원의 재해보상제도는 근로기준법이나 산업재해보상보험법보다는 보상범위가 넓고 보상의 종류도 더 많다. 또한 해외취업선의 경우는 보상의 종류나 보상의 요건은 우리 선원법의 그것과 동일하나, 금액은 해양수산부장관이 따로 정하도록 하고 있다(해외취업선원 재해보상에 관한 규정 참조).

Ⅱ. 선원재해보상의 내용

1. 요양보상

선원이 부상 또는 질병에 걸렸을 때는 선박소유자가 자신의 비용으로 요양을 시키거나 필요한 비용을 지급하는데, 이것을 요양보상이라고 한다(법 제94조 제1항). 요양보상은 부상 또는 질병의 원인과 직무와의 관련성에 따라 직무상·직무외로 구분하고 그 보상의 기간을 다음과 같이 달리한다.

---

228) 김유성, 「노동법 I」, (파주: 법문사, 2005), 220쪽.

1) 직무상 부상 또는 질병

그 부상 또는 질병이 치유될 때까지의 전 기간에 대하여 진찰, 약제 또는 치료재료, 의지 및 그 밖의 보철구 지급, 수술 및 그 밖의 치료, 병원, 진료소 및 그 밖에 치료에 필요한 자택 외의 장소에 수용(식사 제공을 포함한다), 간병(看病), 이송, 통원치료에 필요한 교통비 등에 소요되는 비용을 선박소유자가 부담한다(법 제95조).

2) 직무 외 부상 또는 질병

선원이 승무 중(기항지에서의 상륙 간, 승선 및 하선에 수반되는 여행기간을 포함)에 직무 외로 부상 또는 질병에 걸렸을 때는, 3월의 범위 안에서 위의 비용을 다음 아래와 같이 부담한다(법 제94조 제2항).

① 선원이「국민건강보험법」에 따른 요양급여의 대상이 되는 부상을 당하거나 질병에 걸린 경우에는 같은 법 제44조에 따라 요양을 받는 선원의 본인 부담액에 해당하는 비용을 지급하여야 하고, 같은 법에 따른 요양급여의 대상이 되지 아니하는 부상을 당하거나 질병에 걸린 경우에는 그 선원의 요양에 필요한 비용을 지급하여야 한다. ② 국제항해에 종사하는 선박에 승무하는 선원이 부상이나 질병에 걸려서 승무 중 치료받는 경우에는 위 ①에도 불구하고 그 선원의 요양에 필요한 비용을 지급하여야 한다. 국제항해에 종사하는 선박에 승무하는 선원이 부상이나 질병에 걸려서 승무 중 치료받는 경우에는 그 선원의 요양에 필요한 비용을 지급하여야 한다.

선박소유자는 제2항에도 불구하고 선원의 고의에 의한 부상이나 질병에 대하여는 선원노동위원회의 인정을 받아 제2항에 따라 부담하는 비용을 부담하지 아니할 수 있다(법 제94조 제3항).

2. 상병보상

선원이 요양 중인 때의 생계비로서, 역시 직무상·직무 외로 구분하여 각각 다음과 같이 지급한다.

1) 직무상 부상 또는 질병

선원에게 4개월의 범위에서 그 부상이나 질병이 치유될 때까지 매월 1회 통상임금에 상당하는 금액의 상병보상(傷病補償)을 하여야 하며, 4개월이 지나도 치유되지 아니하는 경우에는 치유될 때까지 매월 1회 통상임금의 100분의 70에 상당하는 금액의 상병보상을 하여야 한다(법 제96조 제1항).

2) 직무 외 부상 또는 질병

동법 제94조 제2항에 따라 요양 중인 선원에게 요양기간(3개월을 한도) 중 매월 1회 통상임금의 70%의 상병보상을 지급해야 한다(동법 제96조 제2항).

3) 상병보상의 지급액

상병보상 금액이 선원 최저임금보다 적으면 선원 최저임금을 상병보상의 지급액으로 한다(동법 제96조 제3항).

3. 장해보상

선원의 직무상 부상 또는 질병이 치유된 후에도 신체에 장해가 남는 경우에는, 선박소유자는 「산업재해보상보험법」에서 정하는 장해의 등급에 따라 정해진 일수에 자신의 승선평균임금을 곱한 장해보상을 지급한다(법 제97조).

4. 일시보상

선박소유자는 제94조 제1항(요양보상) 및 제96조 제1항(상병보상) 중인 선원에게 선원이 2년이 지나도 그 부상 또는 질병이 치유되지 아니하는 경우에는 「산업재해보상보험법」에 의한 제1급의 장해보상에 상당하는 금액을 선원에게 일시에 지급함으로써 요양보상·상병보상 또는 장해보상 규정에 의한 보상책임을 면할 수 있다.

산업재해보상보험법 [별표 2]

장해급여표(제57조 제2항 관련)

(평균임금기준)

장해등급	장해보상연금	장해보상일시금
제1급	329일분	1,474일분
제2급	291일분	1,309일분
제3급	257일분	1,155일분

제4급	224일분	1,012일분
제5급	193일분	869일분
제6급	164일분	737일분
제7급	138일분	616일분
제8급		495일분
제9급		385일분
제10급		297일분
제11급		220일분
제12급		154일분
제13급		99일분
제14급		55일분

5. 유족보상

1) 의 의

선원이 직무상 또는 직무 외의 원인으로 사망한 경우, 선원법은 대통령령으로 정하는[229] 유족 또는 기타 선원의 수입에 의하여 생활하는 자를 보호하기 위하여 각각 다음과 같은 일정한 금액의 보상을 지급하도록 규정하고 있다. 다만, 직무상 사망(직무상 부상 또는 질병으로 인한 요양 중의 사망을 포함한다)은 예비원 기간 중의 직무 관련 사망을 포함하나, 직무외 사망은 선원이 승무 중이거나 요양 중인 때의 사망에 한한다.

2) 면 책

다만, 사망 원인이 선원의 고의에 의한 경우로서 선박소유자가 선원노동위원회의 인정을 받은 경우에는 선박소유자는 면책이 된다.

229) 1. 선원의 사망당시 그에 의하여 부양되고 있던 배우자(사실상 혼인관계에 있던 자를 포함한다. 이하 같다)·자녀·부모·손 및 조부모, 2. 선원의 사망당시 그에 의하여 부양되고 있지 아니한 배우자·자녀·부모·손 및 조부모, 3. 선원의 사망당시 그에 의하여 부양되고 있던 형제자매, 4. 선원의 사망당시 그에 의하여 부양되고 있지 아니한 형제자매, 5. 선원의 사망당시 그에 의하여 부양되고 있던 배우자의 부모, 형제자매의 자녀 및 부모의 형제자매, 6. 선원의 사망당시 그에 의하여 부양되고 있지 아니한 배우자의 부모, 형제자매의 자녀 및 부모의 형제자매.

3) 내 용

(1) 직무상 사망

승선평균임금의 1300일분에 상당하는 금액으로 한다.

(2) 승무 중 직무 외 사망(요양 중의 사망을 포함한다)

승선평균임금의 1000일분에 상당하는 금액으로 한다.

4) 유족의 순위 등

(1) 유족보상(장제비를 포함)을 받을 순위는 유족의 범위 순서에 의하고, 같은 호에 규정된 자 사이에 있어서는 그 기재된 순서에 의하되, 시행령 제29조 제1항 제1호 및 제2호의 경우 배우자, 자녀 및 부모는 같은 순위로 하며, 부모에 있어서는 양부모를 선순위로 실부모를 후순위로 하고, 조부모에 있어서는 양부모의 부모를 선순위로 실부모의 부모를 후순위로, 부모의 양부모를 선순위로 부모의 실부모를 후순위로 한다(동법 시행령 제30조 제1항).

(2) 선원이 유언 또는 선박소유자에게 대한 통보로서 동법 시행령 제29조 각 호의 1에 해당하는 자를 지정한 경우에는 그 순위에 따른다.

(3) 태아는 제29조 제1호 및 제2호를 적용함에 있어서는 이미 출생한 것으로 한다.

(4) 유족보상을 받을 수 있는 같은 순위의 자가 2인 이상 있는 경우에는 유족보상은 그 지급받을 사람의 수에 의하여 등분하여 지급한다.

(5) 유족보상을 받을 수 있었던 자가 사망한 경우에는 유족보상을 받을 권리를 상실하고 같은 순위의 자가 있는 경우에는 같은 순위의 자가, 같은 순위의 자가 없는 경우에는 다음 순위의 자가 이를 승계한다.

(6) 행방불명보상을 받을 수 있는 피부양자의 범위 및 순위에 관하여는 유족보상의 관련 규정을 준용한다.

6. 장례비

선원이 사망한 경우 승선평균임금의 120일분에 상당하는 금액을 장례비로 지급한다(근로기준법과는 달리 이유 불문하고 지급한다, 동법 제100조 제1항).

장례비를 지급하여야 할 유족이 없는 경우에는 실제로 장례를 한 자에게 장례비를 지급하여야 한다(동법 제100조 제2항).

7. 행방불명보상

선원이 해상에서 행방불명된 경우, 대통령령이 정한 피부양자에게 1개월분의 통상임금과 승선평균임금의 3개월분에 상당하는 행방불명보상을 지급한다(동법 제101조 제1항). 행방불명기간이 1개월을 경과하면 추가로 위의 유족보상과 장례비가 지급된다(동법 제101조 제2항).

8. 소지품 유실보상

선박소유자는 선원이 승선 중에 해양사고로 인하여 소지품을 잃어버린 경우, 통상임금의 2개월분의 범위에서 잃어버린 소지품의 가액에 상당하는 금액을 보상하여야 한다(동법 제102조).

Ⅲ. 재해보상과 다른 급여와의 관계

1. 중복보상 금지

선원법의 규정에 의하여 재해보상을 받을 권리가 있는 자가 그 재해보상을 받을 수 있는 동일한 사유로 인하여 민법, 그 밖의 법령에 의하여 이 법에 의한 재해보상에 상당하는 급여를 받은 경우에는 선박소유자는 그 가액의 범위 안에서 이 법에 의한 재해보상의 책임을 면한다(동법 제103조).

2. 선원의 권리침해 금지

선박소유자는 재해보상을 하는 경우 선원의 직무상 부상 또는 질병으로 인하여 「민법」이나 그 밖의 법령에 따라 선원이 가지는 권리 또는 이익을 침해해서는 아니 된다(동법 제103조 제2항). 이는 해사노동협약 제4.2조의 관련 규정을 충족하기 위하여 도입한 것이나 벌칙 규정이 없어 실효성이 떨어진다고 생각된다.

Ⅳ. 보험가입 등

1. 재해보상보험 등의 가입 등

1) 선박소유자는 해당 선박에 승무하는 모든 선원에 대하여 재해보상을 완전히 이행할 수 있도록 대통령령으로 정하는[230] 보험 또는 공제에 가입하여야 한다(동법 제106조 제1항).

2) 선박소유자는 재해보상보험 등에 가입할 경우 보험가입 금액은 승선평균임금 이상으로 하여야 한다.

3) 재해보상보험 등에 가입하는 선박소유자는 선원이 재해보상보험 등을 운영하는 사업자에게 보험금을 직접 청구할 수 있도록 선원을 피보험자로 지정하여야 한다(동법 제106조 제3항). 그런데 이 규정은 선원을 피보험자로 지정하도록 규정하고 있어, 선박소유자를 피보험자로 하는 선주상호보험 등의 특성과 조화되지 않으므로 문구를 "재해보상보험 등에 가입하는 선박소유자는 선원이 재해보상보험 등을 운영하는 사업자에 대하여 보험금을 직접 청구할 수 있도록 계약을 체결하여야 한다."로 개정할 필요가 있다.[231]

4) 재해보험사업자등은 선원·유족 또는 지정대리인이 재해보상을 청구하는 경우에는「민법」제469조에도 불구하고 선박소유자를 대신하여 재해보상금이 확정된 날부터 10일 내에 재해보상을 하여야 한다.

5) 재해보상의 청구를 받은 보험 또는 공제를 운영하는 사업자는 지체 없이 재해보상금을 산정하여야 한다.

---

230) 1. 선주상호보험조합이 운영하는 손해보험, 2.「보험업법」제2조 제6호 및 제8호에 따른 보험회사 및 외국보험회사가 선원의 재해보상을 목적으로 운영하는 같은 법 제2조 제1호 나목에 따른 손해보험, 3. 선박소유자 단체가 선원의 재해보상을 목적으로「한국해운조합법」제6조,「수산업협동조합법」제60조 또는「원양산업발전법」제28조에 따른 정관에 따라 소속 업체 등으로부터 부담금을 징수하여 운영하는 공제, 4.「민법」제32조에 따라 주무관청의 허가를 받아 설립된 사단법인이 선원의 재해보상을 목적으로 같은 법 제40조에 따른 정관에 따라 소속 업체 등으로부터 부담금을 징수하여 운영하는 공제.

231) 자세한 내용에 대해서는 전영우, 앞의 "선원 유기 및 재해보상을 위한 재정보증제도의 국내수용에 관한 연구",「해사법연구」26권 2호, 한국해사법학회, 257쪽 이하 참조.

2. 재해보상보험 등의 해지 제한 등

1) 재해보험사업자등은 법률 또는 보험계약에 따라 재해보상보험 등의 계약기간이 끝나기 전에 보험계약을 해지하려는 경우에는 해양수산부장관에게 재해보상보험 등의 해지예정일의 30일 전까지 계약이 해지된다는 사실을 통지하지 아니하면 해당 재해보상보험 등을 해지할 수 없다(동법 제106조의2).

2) 재해보험사업자등은 선박소유자가 다음 각 호의 어느 하나에 해당하면 그 사실을 해양수산부령으로 정하는 기간 내에 해양수산부장관에게 알려야 한다(동법 제106조의2 제2항).

(1) 자기와 재해보상보험 등의 계약을 체결한 경우

(2) 자기와 재해보상보험 등의 계약을 체결한 후 계약기간이 끝나기 전에 제1항의 사전통지절차를 거친 후 그 계약을 해지한 경우

(3) 자기와 재해보상보험 등의 계약을 체결한 자가 그 계약기간이 끝난 후 자기와 다시 계약을 체결하지 아니한 경우

3) 해양수산부장관은 제1항 및 제2항에 따른 통지를 받으면 그 사실을 지체없이 해당 재해보상보험 등의 피보험자인 선원에게 알려야 한다.

시행규칙 [별표 1의2] 유기구제보험 등 및 재해보상보험 등의
계약 체결 사실 등의 통지(제19조의3 관련)

1. 유기구제보험 등

구 분	통지 시기
가. 법 제42조의4 제2항 제1호에 따른 유기구제보험 등 계약의 체결 사실	계약의 효력발생일부터 14일 이내
나. 법 제42조의4 제2항 제2호에 따른 유기구제보험 등 계약의 해지 사실	계약의 효력소멸일부터 7일 이내
다. 법 제42조의4 제2항 제3호에 따른 유기구제보험 등 계약의 미체결 사실	
1) 매월 1일부터 10일까지의 기간에 유기구제보험 등의 계약이 끝난 경우	같은 달 30일까지
2) 매월 11일부터 20일까지의 기간에 유기구제보험 등의 계약이 끝난 경우	다음 달 10일까지
3) 매월 21일부터 말일까지의 기간에 유기구제보험 등의 계약이 끝난 경우	다음 달 20일까지

2. 재해보상보험 등

구 분	통지 시기
가. 법 제106조의2 제2항 제1호에 따른 재해보상보험 등 계약의 체결 사실	계약의 효력발생일부터 14일 이내
나. 법 제106조의2 제2항 제2호에 따른 재해보상보험 등 계약의 해지 사실	계약의 효력소멸일부터 7일 이내
다. 법 제106조의2 제2항 제3호에 따른 재해보상보험 등 계약의 미체결 사실	
1) 매월 1일부터 10일까지의 기간에 재해보상보험 등의 계약이 끝난 경우	같은 달 30일까지
2) 매월 11일부터 20일까지의 기간에 재해보상보험 등의 계약이 끝난 경우	다음 달 10일까지
3) 매월 21일부터 말일까지의 기간에 재해보상보험 등의 계약이 끝난 경우	다음 달 20일까지

제8절 구제신청과 심사·중재 등

Ⅰ. 해양항만관청의 심사·조정

재해보상과 관련하여 "고의 등"의 인정 여부, 직무상 사망, 부상 또는 질병의 여부 등에 대한 선원과 선박소유자 사이의 다툼을 해결하기 위하여, 선원법은 다음과 같은 행정적 절차를 마련하고 있다.

선원의 직무상 부상·질병 또는 사망의 인정, 요양의 방법, 재해보상금액의 결정 및 그 밖에 재해보상에 관하여 이의가 있는 자는 해양항만관청에 심사나 조정을 청구할 수 있다(동법 제104조 제1항). 여기서 "심사"란 당사자 사이의 다툼이 있는 문제점을 조사하여 사실에 대한 판단을 내림으로써 분쟁의 해결을 용이하게 하는 것을 말한다. 예컨대, 선박소유자와 선원 사이에 다툼이 있는 경우 재해 발생 당시의 사정을 조사하여 사실을 객관적인 입장에서 명백히 가려 주는 것을 말한다. "조정"이란 이해관계를 달리하는 행위나 사실을 객관적인 입장에서 타당한 발견을 하는 것을 말한다.

해양항만관청은 제1항에 따른 심사 또는 조정의 청구를 받으면 1개월 이내에 심사나 조정을 하여야 한다(동법 제104조 제2항). 해양항만관청은 제1항에 따른 심사 또는 조정의 청구가 없어도 필요하다고 인정하면 직권으로 심사 또는 조정을 할 수 있다(동법 제104조 제3항). 해양항만관청이 제2항 및 제3항에 따라 심사나 조정을 할 경우에는 선장이나 그 밖의 이해관계인의 의견을 들어야 한다(동조 제4항). 해양항만관청은 제2항 및 제3항에 따라 심사나 조정을 할 경우 필요하다고 인정하면 의사에게 진단이나 검안(檢案)을 시킬 수 있다(동조 제5항). 제1항에 따른 심사나 조정의 청구는 시효의 중단에 관하여 재판상의 청구로 본다(동조 제6항).

Ⅱ. 선원노동위원회의 심사와 중재

1. 재해보상에 대한 심사와 중재

해양항만관청이 심사 또는 조정의 청구를 받은 후 1개월 이내의 기간에 심사나 조정을 하지 아니하거나 심사나 조정의 결과에 이의가 있는 자는 선원노동위원회에 심사나 중재를 청구할 수 있다(동법 제105조 제1항). “중재”란 다툼이 있는 문제점을 해결하도록 중재하여 화해시키는 것을 말한다. 예컨대 요양의 범위에 관하여 선원은 입원치료를 원하고 선박소유자는 통원요양을 주장하여 다툼이 있는 경우에 그 분쟁을 해결하기 위하여 양자 사이를 중재하여 화해하도록 하는 것이다. 선원노동위원회는 제1항에 따라 심사나 중재의 청구를 받으면 1개월 이내에 심사나 중재를 하여야 한다(동법 제105조 제2항).

2. 정당한 사유 없는 해고에 대한 구제신청

선박소유자가 정당한 사유 없이 선원을 해고하거나, 휴직 · 정직 · 감봉 기타 징벌을 한 때, 당해 선원은 선원노동위원회에 그 구제를 신청할 수 있다. 선원노동위원회는 각 지방해양항만청 내에 설치되어 있다. 신청을 받은 선원노동위원회는 당사자를 불러 사실을 조사하고 필요한 경우 중재 또는 명령을 내린다.

제9절 복지와 직업안정 및 교육훈련

Ⅰ. 선원복지와 직업안정

1. 선원정책기본계획의 수립 등

해양수산부장관은 선원정책의 효율적·체계적 추진을 위하여 동법 제107조 제5항에 따른 선원정책위원회의 심의를 거쳐 5년마다 선원정책에 관한 기본계획(이하 "선원정책기본계획"이라 한다)을 수립·시행하여야 한다(동법 제107조).

선원정책기본계획에는 다음 각 호의 사항이 포함되어야 한다(동법 제107조 제2항).

1) 선원복지에 관한 사항

(1) 선원복지 수요의 측정과 전망

(2) 선원복지시설에 대한 장기·단기 공급대책

(3) 인력·조직과 재정 등 선원복지자원의 조달, 관리 및 지원

(4) 선원의 직업안정 및 직업재활

(5) 복지와 관련된 통계의 수집과 정리

(6) 선원복지시설 설치 항구의 선정

(7) 선내 식품영양의 향상

(8) 선원복지와 사회복지서비스 및 보건의료서비스의 연계

(9) 선원의 건강증진에 관한 사항

(10) 그 밖에 해양수산부장관이 선원 복지를 위하여 필요하다고 인정하는 사항

2) 선원인력 수급에 관한 사항

(1) 선원인력의 수요 전망 및 양성

(2) 선원의 구직·구인 및 직업소개 기관의 운영

(3) 외국인 선원의 고용

(4) 그 밖에 해양수산부장관이 선원인력의 수급관리에 필요하다고 인정하는 사항

3) 선원인력의 교육훈련에 관한 사항

(1) 선원 교육훈련의 중장기 목표

(2) 선원 교육훈련의 장기 · 중기 · 단기 추진계획

(3) 선원 교육훈련 기관 및 운영방식

(4) 선원의 노동권 및 인권 보호에 관한 교육에 관한 사항(교육기관의 운영, 인력의 양성 및 관련 프로그램의 연구 · 개발 지원 등을 포함한다)

(5) 그 밖에 해양수산부장관이 선원의 교육훈련을 위하여 필요하다고 인정하는 사항

선원에 관한 다음 각 호의 사항을 심의하기 위하여 해양수산부에 선원정책위원회를 둔다(법 제107조 제5항).

1. 선원정책기본계획의 수립 · 변경에 관한 사항
2. 선원정책의 성과평가 및 개선에 관한 사항
3. 국제기구 등으로부터 요청된 선원정책에 관한 사항
4. 그 밖에 선원복지 · 선원인력의 수급 및 교육훈련에 관한 사항으로서 해양수산부장관이 필요하다고 인정하는 사항

선원정책위원회는 위원장 1명을 포함한 20명 이내의 위원으로 구성하되, 위원장은 해양수산부장관이 된다. 이 경우 위원 중 3분의 1 이상은 선원 관련 단체의 대표자나 전문가로 한다(동법 제107조 제6항). 그 밖에 선원정책위원회의 구성 · 운영 등에 필요한 사항은 대통령령으로 정한다(동조 제7항).

2. 선원의 직업안정업무

해양수산부장관은 필요한 선원인력을 확보하고 선원의 직업안정을 도모하기 위하여 다음 각 호의 업무를 수행한다(동법 제108조 제1항).

가. 선원의 효과적인 취업 알선 · 모집 및 지원에 관한 업무

나. 선원인력 수요 · 공급의 실태 파악을 위한 선원의 등록과 실업 대책에 관한 업무

다. 소득 증대 등 선원의 처우개선에 관한 업무

라. 선원관리사업에 대한 지도·감독에 관한 업무

마. 선원의 적성검사에 관한 업무

해양수산부장관은 국제노동기구 등 관련 국제기구·단체 및 그 회원국과의 협력과 관련된 업무로서 해양수산부령으로 정하는 업무를 수행한다(동법 제108조 제2항).

3. 선원의 구직 및 구인등록

선박에 승무하려는 사람은 해양수산부장관이 정하는 바에 따라 한국선원복지고용센터 또는 구직·구인 관계 기관으로서 대통령령으로 정하는 기관(이하 "구직·구인등록기관"이라 한다)에 구직등록을 하여야 한다(동법 제109조 제1항). 선원을 고용하려는 자는 구직·구인등록기관에 해양수산부장관이 정하는 바에 따라 구인등록을 하여야 한다(동법 제109조 제2항). 구직·구인등록기관은 선원의 직업소개사업을 할 때에는 선박소유자 단체나 선원관리사업을 운영하는 자의 단체에 협조를 요청할 수 있다(동법 제109조 제3항).

4. 선원공급사업의 금지

구직·구인등록기관, 선원관리사업자, 해양수산부령으로 정하는[232] 해양수산관련 단체 또는 기관 외에는 선원의 직업소개사업을 할 수 없다(동법 제110조).

5. 금품 등의 수령 금지

선원을 고용하려는 자, 선원의 직업소개·모집·채용·관리에 종사하는 자 또는 그 밖에 선원의 노무·인사 관리업무에 종사하는 자는 어떠한 명목으로든 선원 또는 선원이 되려는 사람으로부터 그 직업소개·모집·채용 등과 관련하여 금품이나 그 밖의 이익을 받아서는 아니 된다(동법 제111조).

---

232) 1. 「수산업협동조합법」에 따른 수산업협동조합중앙회, 2. 「한국해운조합법」에 따른 한국해운조합, 3. 선원의 직업소개에 관련된 기관 또는 단체로서 제39조의5에 따른 정책자문위원회의 자문을 거쳐 해양수산부장관이 지정하는 단체 또는 기관.

6. 선원관리사업

(1) 해양수산부장관은 선원관리사업제도를 수립 또는 변경하려면 관련 선박소유자 단체 및 선원 단체와 협의하여야 한다(동법 제112조 제1항).

(2) 「해운법」 제33조에 따라 선박관리업을 등록한 자가 아니면 선원의 인력관리업무를 수탁(受託)하여 대행하는 사업(이하 "선원관리사업"이라 한다)을 하지 못한다(동법 제112조 제2항).

(3) 선원관리사업을 운영하는 자(이하 "선원관리사업자"라 한다)는 선박소유자의 인력관리업무 담당자로서 수탁한 업무를 성실하게 수행하여야 하며, 수탁한 업무 중 대통령령으로 정하는 업무[233]에 관하여는 이 법을 적용할 때 선박소유자로 본다(동법 제112조 제3항).

(4) 선원관리사업자는 선원관리업무를 위탁받거나 그 내용에 변경이 있을 때에는 해양항만관청에 신고하여야 한다(동법 제112조 제4항).

(5) 선원관리사업자는 수탁한 업무의 내용을 선원근로계약을 체결하기 전에 승무하려는 선원에게 알려주어야 한다(동법 제112조 제6항).

(6) 선원관리사업자는 선박소유자(외국인을 포함한다)로부터 선원의 인력관리업무를 수탁한 경우에는 다음 각 호의 사항을 그 업무에 포함시켜야 한다(동법 제112조 제7항). (i) 근로조건에 관한 사항, (ii) 재해보상에 관한 사항

(7) 「국민건강보험법」, 「국민연금법」 및 「고용보험법」에 따른 보험료 또는 부담금의 의무에 관하여는 선원관리사업자를 사용자로 본다(동법 제112조 제8항).

7. 국제협약의 준수 등

(1) 구직·구인등록기관, 선원관리사업자 또는 해양수산부장관의 허가를 받아 공적 업무를 수행하는 해양수산 관련 단체나 기관은 선원의 노동권을 보호하고 증

---

233) 1. 법 제2조 제9호에 따른 선원근로계약서의 작성 및 신고, 2. 법 제44조에 따른 선원명부의 작성·비치 및 공인신청, 3. 법 제45조 제3항에 따른 승선·하선 공인의 신청, 4. 법 제51조에 따른 승무경력증명서의 발급, 5. 법 제58조에 따른 임금대장의 비치와 임금 계산의 기초가 되는 사항의 기재, 6. 법 제87조에 따른 건강진단에 관한 사항, 7. 법 제109조 제2항에 따른 구인등록, 8. 법 제117조 제2항에 따른 교육훈련에 필요한 경비의 부담, 9. 법 제155조에 따른 수수료의 납부, 10. 제17조 제2항에 따른 선원급여명세서의 제공.

진하는 방식으로 선원의 직업소개사업을 운영하여야 하고, 선원의 직업소개와 관련하여 이 법,「해운법」및 해사노동협약으로 정하는 사항을 준수하여야 한다(동법 제113조 제1항).

(2) 선박소유자는 해사노동협약이 적용되지 아니하는 국가의 선원직업소개소를 통하여 선원을 고용하려는 경우에는 해양수산부령으로 정하는 바[234]에 따라 해사노동협약의 기준을 충족하는지를 확인한 후 해사노동협약의 기준을 충족하는 선원직업소개소로부터 소개받은 선원을 고용하여야 한다(동법 제113조 제2항).

8. 불만 제기와 조사

해양수산부장관은 구직·구인등록기관, 선원관리사업자, 해양수산부령으로 정하는 해양수산 관련 단체 또는 기관의 직업소개 활동과 관련하여 선원으로부터 불만이 제기되면 이를 즉시 조사하여야 하고 필요한 경우에는 해당 선박소유자와 선원대표를 조사에 참여시킬 수 있다(동법 제114조).

9. 선원인력수급관리[235]

(1) 해양수산부장관은 선원의 자질향상 및 선원인력 수급(需給)의 균형을 도모할 수 있도록 선원인력 수급관리에 관한 제도(이하 "선원인력수급관리제도"라 한다)를 마련할 수 있다.

(2) 해양수산부장관은 선원인력의 수급이 균형을 잃어 수급의 조정(調整)이 불가피하다고 인정하는 경우에는 선원정책위원회의 심의를 거쳐 선원인력 공급의 우선순위를 정하는 등 필요한 조치를 할 수 있다.

(3) 선원인력수급관리제도를 시행하기 위하여 필요한 사항은 대통령령으로 정한다.

---

234) 관련 시행규칙이 마련되어 있지 않다. 국제노동기구의 해사노동협약의 이행을 위한 기국의 지침서에 따르면, 선급의 감사보고서, 선주의 점검표에 따른 점검, 기국의 확인 등의 방법에 따라 확인한 서류를 선내에 갖추어 두어야 한다.

235) 동법 제115조.

Ⅱ. 선원의 교육훈련[236)]

1. 선원의 교육훈련

선원과 선원이 되려는 사람은 다음의 해양수산부장관이 시행[237)]하는 교육훈련을 받아야 한다. 해양수산부장관은 제1항에 따른 교육훈련을 이수하지 아니한 선원에 대하여는 특별한 사유가 없으면 승무를 제한하여야 한다(동법 제116조 제1항, 제2항). 선원, 선원이 되려는 사람, 선박소유자 및 선원관리사업자의 사업장에서 선원과 관련된 노무·인사 업무를 담당하는 자는 선원의 노동권 및 인권 보호에 관한 교육을 받아야 한다(동법 제116조 제3항). 제3항에 따른 교육의 내용, 시기 및 절차 등 그 밖에 필요한 사항은 해양수산부령으로 정한다.

2. 선원의 교육훈련 위탁

(1) 해양수산부장관은 교육훈련 업무를 「한국해양수산연수원법」에 따라 설립된 한국해양수산연수원이나 그 밖의 선원교육기관에 위탁할 수 있다(법 제117조). 이 경우 장관은 연수원장과 위탁계약을 체결하여야 한다.

(2) 선원을 고용하고 있는 선박소유자 또는 교육훈련을 받는 사람은 대통령령으로 정하는 바[238)]에 따라 교육훈련에 필요한 경비를 부담한다. 다만, 선박 승선을 위한 기초안전교육 및 상급안전교육에 관하여는 그 경비의 일부를 감면받을 수 있다(법 제117조 제2항).

(3) 제1항에 따라 해양수산부장관으로부터 교육훈련 업무를 위탁받은 자의 감독에 필요한 사항은 대통령령령으로 정한다.

---

236) 동법 제116조.

237) (i) 선원의 교육훈련은 기초안전교육·상급안전교육·여객선교육·당직부원교육·유능부원교육·전자기관부원교육·탱커기초교육·탱커보수교육·의료관리자교육·고속선교육·선박조리사교육 및 선박보안교육으로 구분한다. (ii) 위의 규정에 의한 교육과정별 교육대상자·교육내용 및 교육기간 그 밖에 필요한 사항은 시행규칙 별표 2와 같다. (iii) 선원(외국인 선원을 포함한다)이 「선원의 훈련·자격증명 및 당직근무의 기준에 관한 국제협약」에서 정하는 교육훈련을 받은 경우 그 교육과정이 위 나의 규정에 의한 교육과정과 동등이상의 수준이라고 해양수산부장관이 인정하는 경우에는 위 가의 규정에 의한 교육·훈련을 이수한 것으로 본다.

238) 1. 피교육자가 선박소유자에게 고용되어 있는 경우: 선박소유자, 2. 피교육자가 선박소유자에게 고용되어 있지 아니한 경우: 피교육자.

■ 선원법 시행규칙 [별표 5의5] <개정 2023. 7. 14.>

교육과정별 교육대상자 · 교육내용 및 교육기간

(제57조 제1항 관련)

교육과정		교육대상자	교육내용	교육기간	유효기간
기초안전 교육		1. 여객선 또는 연해구역 이상을 항행구역으로 하는 상선에 승무하고자 하는 사람. 다만, 선박의 안전 또는 오염방지 임무를 담당하지 아니하고 비상배치표상 비상 시 여객보조업무를 담당하지 아니하는 사람으로서 비고란 제10호에 따른 선상훈련을 받은 자는 제외한다. 2. 어선의 선박직원, 원양어선의 갑판장 또는 조기장으로 승무하고자 하는 사람 3. 국가가 소유하고 있는 선박에 승무하려는 사람	친숙훈련, 개인의 안전 및 사회적 책임, 개인의 생존기술, 방화 및 소화, 기초응급처치, 해난방지에 관한 사항	4.5일(재교육의 경우에는 2일)	5년
		연해구역 이상을 항행구역으로 하는 어선(20톤 이상 25톤 미만 어선을 제외한다)의 부원으로 승무하고자 하는 사람(원양어선의 갑판장 또는 조기장으로 승무하고자 하는 사람을 제외한다)	친숙훈련, 개인의 안전 및 사회적 책임, 개인의 생존기술, 방화 및 소화, 기초응급처치, 해난방지에 관한 사항	2일(재교육의 경우에는 1일)	5년
상급 안전 교육	구명정 조종사 교육	1. 구명정, 구명뗏목 또는 구조정이 탑재되어 있는 선박(어선을 제외한다)에서 선장 · 항해사 · 기관장 · 기관사 · 운항장 · 운항사 또는 구명정 조종사로 승무하고자 하는 사람 2. 여객선의 선박직원 또는 구명정 조종사로 승무하고자 하는 사람	선원당직국제협약의 구명정 조종사에 관한 교육내용	3일(재교육의 경우에는 0.5일)	5년
	상급 소화 교육	여객선 선박직원 및 5급항해사, 5급기관사, 4급운항사 이상의 해기사면허 소지자로서 연해구역 이상을 항행구역으로 하는 상선의 선박직원으로 승무하고자 하는 자	선원당직국제협약의 상급 소화에 관한 교육내용	3일 (재교육의 경우에는 1일)	5년
	응급 처치	1. 5급항해사, 5급기관사, 4급운항사 이상의 해기사면허 소지자로서 연	선원당직국제협약의 응급처치담당자에 관한 교육내용	3일(재교육의 경우에	5년

	담당자 교육	해구역 이상 을 항행구역으로 하는 상선의 선박직원으로 승무하고자 하는 사람 2. 응급처치담당자로 승무하고자 하는 사람		는 0.5일)	
	고속구조정 조종사 교육	구명정 조종사 교육 이수자로서 고속구조정이 탑재된 선박에서 고속구조정 조종사로 승무하고자 하는 자	선원당직국제협약의 고속구조정 조종사에 관한 교육내용	1일	5년
여객선 교육	여객선 기초 교육	여객선에 부원으로 승무하고자 하는 사람(선박의 안전 또는 오염방지 임무를 담당하지 아니하고 비상배치표상 비상 시 여객보조업무를 담당하지 아니하는 사람으로서 비고란 제10호에 따른 선상훈련을 받은 사람은 제외한다)	선원당직국제협약의 교육내용(친숙훈련, 여객선 안전훈련 및 군중관리)	2일(재교육의 경우에는 1일)	5년
	여객선 상급 교육	여객선에 선박직원으로 승무하고자 하는 사람 또는 여객의 안전관리 업무를 담당하기 위하여 승무하려는 사람	선원당직국제협약의 교육내용(여객선의 특성, 군중관리, 여객과 화물의 안전, 선박의 복원성, 위기관리 및 인간행동의 특수성)	4일(재교육의 경우에는 2일)	5년
당직부원 교육		2월 이상 갑판부 또는 기관부에 승무한 자로서 항해당직부원이 되고자 하는 자(기초안전교육 이수자에 한한다)	항해당직 요령 및 정박당직 요령	5일	없음
		3년 이상 갑판부 또는 기관부의 부원으로 승무한 경력이 있는 자로서 자동화선박의 운항당직부원이 되고자 하는 자	선박의 운항, 기관의 운전 및 운항당직 요령	1월 이상	없음
유능부원 교육		1. 갑판부의 항해당직 부원으로 12개월 이상 승무한 사람으로서 갑판유능부원이 되려는 사람 2. 기관부의 항해당직 부원으로 6개월 이상 승무한 사람으로서 기관유능부원이 되려는 사람	선원당직국제협약에 따른 유능부원에 관한 교육내용(당직일반, 화물취급, 해양오염방지, 기기보수 등)	5일	없음
		운항당직부원으로 12개월 이상 승무한 사람으로서 운항유능부원이 되려는 사람		15일 이상	없음
탱커기초교육		유조선 또는 케미칼탱커에 선장, 항해사, 기관사, 운항사 또는 갑판부·기관부의 부원 또는 자동화선박의 부원으로 승무하려는 사람	유조선 및 케미컬탱커의 화물특성·독성·위험·인명보호 및 오염방지 등	3일	없음
		액화가스탱커에 선장, 항해사, 기관	액화가스탱커의 화물특성·	3일	없음

		사, 운항사 또는 갑판부·기관부의 부원 또는 자동화선박의 부원으로 승무하려는 사람	독성·위험·인명보호및 오염방지 등		
가스연료추진선박 기초교육		가스연료추진선박 국제기준이 적용되는 선박에 항해사, 통신장, 갑판부·기관부의 부원 또는 자동화선박의 부원으로 승무하려는 사람 또는 해당 선박에 선장, 기관장, 기관사, 전자기관사, 운항장, 운항사로 승무하기 위해 「선박직원법 시행규칙」 별표 1에 따른 가스연료추진선박 직무교육을 이수하려는 사람으로서, 기초 가스연료추진선박 승무자격증을 취득하려는 사람	선원당직국제협약에 따른 가스연료추진선박에 관한 교육내용(위험방지, 비상대응 등)	2일	없음
선 박 조리사 교 육		영 제22조 제1항 제1호 또는 제2호에 따라 선박조리사가 되려는 사람	○ 집단급식 및 위생관리 ○ 식중독 예방 및 관리 ○ 그 밖에 선박조리사의 자질 향상 및 식품위생과 관련하여 필요한 사항	「국가기술자격법」에 따른 조리기능사 이상의 자격증을 취득한 사람 또는 선박에서 3년 이상 조리업무에 종사한 경력이 있는 사람: 1일	없음
				그 밖의 사람: 3일	
의료 관리자 교육	자격취득교육	의료관리자 자격시험에 합격한 자와 동등한 자격을 취득하고자 하는 자	선원당직국제협약에서 규정한 의료관리자 교육내용	5일	없음
	보수 교육	의료관리자자격증 취득 또는 보수교육을 이수한 날부터 5년이 경과하여 의료관리자 자격을 유지하려는 사람	선원당직국제협약에서 규정한 의료관리자 교육내용	2일	5년
고속선교육		국제항해에 종사하는 고속선에 승무하고자 하는 선원	1. 탈출설비, 배수설비, 구명설비 및 소방설비의 조작에 관한 사항 2. 여객의 소집 및 유도, 구명동의 착용의 지원, 기타 비상시에 있어서의 여객의 안전확보에 관한 사항 3. 선박의 복원성을 확보하기 위해 필요한 사항	2일	없음

		국제항해에 종사하는 고속선에 승무하고자 하는 선장 및 갑판부 직원	1. 선박의 특성 및 항행상의 조건에 따른 조선방법에 관한 사항 2. 조타시설, 기타 선박의 항행을 위해 필요한 설비(기관을 제외한다)의 조작에 관한 사항	1일 (재교육의 경우에는 0.5일)	2년
		국제항해에 종사하는 고속선에 승무하고자 하는 기관부 직원	기관의 조작에 관한 사항	1일 (재교육의 경우에는 0.5일)	2년
선박보안교육	선박보안 상급교육	「국제항해선박 및 항만시설의 보안에 관한 법률」 제8조에 따라 선박보안책임자로 지정받으려는 사람	선박보안계획, 선박보안 등급, 선박보안장비 및 시설, 선박보안점검 및 평가, 선박보안위험 및 대응에 관한 사항	2일	없음
	선박보안중급교육	「국제항해선박 및 항만시설의 보안에 관한 법률」 제8조에 따른 선박보안책임자를 보조하려는 사람	선박보안계획, 선박보안점검, 선박보안장비 및 시설, 선박보안 위험 및 대응에 관한 사항	1일	없음
	선박보안기초교육	국제항해에 종사하는 선박에 승무하려는 사람	선박보안장비, 선박보안 위험 및 대응에 관한 사항	0.5일	없음

비고

1. 「선박직원법」 제2조 제4호의3에 따른 지정교육기관에서 이수한 교육과목에 대하여는 해당 과목을 면제할 수 있다.
2. 연해구역 이상을 항행구역으로 하는 선박으로서 국제항행에 종사하지 아니하는 선박에 대하여는 다음 각 목의 규정을 적용한다.
   가. 상급안전교육을 이수한 경우에는 기초안전교육을 면제한다.
   나. 1997년 12월 15일부터 5년 이내에 1년 이상의 승무경력이 있는 부원은 기초안전교육의 교육기간을 3일로 할 수 있다.
   다. 상급안전교육과정 중 구명정 조종사 교육·상급소화교육 및 응급처치담당자교육을 통합하여 교육을 실시할 경우 교육기간을 5일(재교육의 경우는 2일)로 할 수 있다.
3. 삭제 <2015.1.6.>
4. 1월 이상의 승무경력이 있는 자 또는 1999년 6월 24일 이전에 신규교육을 이수한 자가 어선의 부원(원양어선의 갑판장 및 조기장을 제외한다)으로 승무하고자 하는 경우에는 기초안전교육을 면제한다.
5. 기초안전재교육대상자가 상급안전재교육을 받는 경우 기초안전교육의 재교육을 면제한다.
6. 유사한 과목이 중복되는 경우 지정교육기관의 장은 해양수산부장관의 승인을 얻어 중복된 과목에 대해서는 해당교육과목의 이수를 면제할 수 있다.

7. 삭제 <2012.5.18>
8. 기초안전교육을 이수한 연해구역 이상을 항행구역으로 하는 어선의 부원(원양어선의 갑판장, 조기장을 제외한다)이 여객선 또는 연해구역 이상을 항행구역으로 하는 상선 및 어선의 선박직원(원양어선의 갑판장, 조기장을 포함한다)으로 승무하고자 하는 경우에 기초안전교육기간은 2일로 한다.
9. 고속선이라 함은 최대속력이 3.7×▽ 0.1667 이상인 선박으로서 해양수산부장관이 정하여 고시하는 선박을 말한다. 이 경우 ▽는 계획 흘수선에 있어서의 배수용적(㎥)을 말한다.
10. 기초안전교육, 선박보안기초교육 및 여객선교육 대상에서 제외되는 자의 선상훈련 내용 및 실시 방법 등은 다음 각 목에 따른다.
    가. 선상훈련은 선원당직국제협약에 따른 친숙훈련 내용을 포함하여야 한다.
    나. 선상훈련은 선박승선 시부터 1주일 내에 실시하여야 한다.
    다. 선상훈련은 선장 또는 상급안전교육 등을 이수한 선박직원 등이 시켜야 한다.
11. 삭제 <2012.5.18.>
12. 탱커기초교육 중 유조선 및 케미칼탱커와 액화가스탱커 기초교육을 통합하여 교육을 실시할 경우 교육기간을 5일로 할 수 있다.

제10절 취업규칙

Ⅰ. 의 의

선원법 제12장은 취업규칙에 관하여 규정하고 있다. 취업규칙이란 선원에 대한 근로조건과 복무규율에 관한 기준을 집단적이고 통일적으로 설정하기 위하여 선박소유자가 일방적으로 작성한 준칙으로 그 명칭은 다양하다.[239]

취업규칙이란 사업장에서 근로자가 취업상 지켜야 할 규율이라든가 임금, 근로시간, 휴식시간 등의 근로조건에 관한 구체적인 세목을 정한 규칙을 총칭하는 것을 말한다. 사용자가 다수의 개별적 근로관계의 처리상의 편의를 위하여 근로계약의 내용이 되는 사항과 복무규정 및 직장질서에 관한 사항을 일방적으로 정한 것이다.

근로계약의 내용이 되는 근로조건은 원래 개별 근로자와 사용자의 자유로운 합의로 결정되어야 하지만, 사용자의 우월한 지위와 기업 규모의 확대로 인한 개

239) 대법원 1992. 2. 28. 선고 91다30828 판결.

별 근로자와의 계약 체결의 번거로움을 피하기 위해, 사용자 측에서는 일률적으로 적용되는 근로조건을 정한 취업규칙을 제정하고 이를 근로자와의 계약에 포함시키는 것이다.[240]

선원근로계약 역시 선박소유자와 선원이 개별적으로 체결해야 하지만, 다수의 선원과 각각 계약 내용을 협의하는 것은 실질적으로 번거롭기 때문에, 일반적으로 선박소유자는 공통된 근로조건을 취업규칙에 미리 정해 두고, 선원근로계약을 체결할 때 그 조건이 취업규칙을 따른다고 명시하는 것이 관례다. 그러나 취업규칙은 경제적으로 우월한 위치에 있는 선박소유자가 일방적으로 정하는 규칙이므로, 선원은 이러한 일방적으로 결정된 근로조건에 명시적 또는 묵시적으로 동의하지 않을 권리가 있다. 따라서 경제적으로 약자인 선원을 보호하기 위해 선원법은 관할 관청이 취업규칙의 내용과 작성 절차에 개입하도록 규정하고 있다.

Ⅱ. 법적 성질

선박소유자가 작성한 취업규칙이 선원에게 법적으로 구속력을 가지는 이유에 대해 법규설과 계약설 간의 논쟁이 존재한다. 취업규칙의 법적 성질에 대한 이 대립은 취업규칙의 불이익한 변경 시 중요한 문제, 즉 '선박소유자가 일방적으로 취업규칙을 불리하게 변경할 경우 이에 동의하지 않은 선원에게도 구속력이 있는가'라는 불이익 변경의 구속력 문제를 중심으로 논의되어 왔다.[241]

1) 법규설

법규설은 취업규칙이 선원 근로 계약 당사자 간의 합의 없이도 독립적으로 법적 효력을 발휘한다는 현실에 주목하여, 취업규칙 자체를 선박소유자와 선원을 법적으로 구속하는 규범으로 간주하는 견해이다.[242]

240) 전영우, 앞의 책, 143쪽.

241) 권창영, 354쪽.

242) 권창영, 355쪽.

2) 계약설

계약설은 취업규칙 그 자체가 사실상 존재에 불과하고 선원근로계약 당사자의 합의를 매개로 선원근로계약의 내용이 됨으로써 법적 구속력을 갖는다고 보는 견해이다. 이는 선박소유자가 일방적으로 작성한 취업규칙 그 자체의 법적 규범성을 인정하는 것은 근대적인 계약 개념 및 법 개념과 모순된다는 기본적 발상에서 출발하여, 근로조건은 노사의 자유의사에 기초한 선원근로계약을 통하여 결정되어야 한다고 본다.[243)]

3) 판 례

취업규칙은 선박소유자가 기업경영권에 터를 잡아 사업장에서 선원의 복무규율이나 근로조건의 기준을 획일적·통일적으로 정립하기 위하여 작성하는 것으로서, 이는 선원법이 종속적 노동관계의 현실에 입각하여 실질적으로 불평등한 선원의 입장을 보호 및 강화하여 그들의 기본적 생활을 보호 및 향상시키려는 목적의 일환으로 그 작성을 강제하고 이에 법규범성을 부여한 것이다.[244)]

취업규칙은 노사 간의 집단적 법률관계를 규정하는 법규범의 성격을 지니므로, 명확한 증거가 없는 한 그 문언의 객관적 의미를 무시하는 해석이나 사실인정은 신중하고 엄격하여야 한다.[245)] 또한 취업규칙은 선박소유자 및 선원 등 관계 당사자들에게 보편타당하고 합리적인 해석을 하여야 하고, 이때에는 선원들의 공통적인 의사도 일반적인 해석 기준의 하나가 된다.[246)]

Ⅲ. 취업규칙의 작성, 신고의무 및 작성절차

1. 작성 및 신고의무

1) 포함할 사항

선박소유자는 다음 각 호의 사항이 포함된 취업규칙을 작성하여 해양항만관청에 신고하여야 한다. 취업규칙을 변경한 경우에도 또한 같다(법 제119조).

243) 권창영, 355쪽.

244) 대법원 1995. 7. 11. 선고 93다16168 판결; 대법원 2007. 10. 11. 선고 2007두11566 판결.

245) 대법원 2003. 3. 14. 선고 2002다69631 판결.

246) 대법원 1999. 5. 12. 선고 97다5015 전원합의체 판결.

가. 임금의 결정 · 계산 · 지급 방법, 마감 및 지급시기와 승급에 관한 사항

나. 근로시간, 휴일, 선내 복무 및 승무정원에 관한 사항

다. 유급휴가 부여의 조건, 승선 · 하선 교대 및 여비에 관한 사항

라. 선내 급식과 선원의 후생 · 안전 · 의료 및 보건에 관한 사항

마. 퇴직에 관한 사항

바. 실업수당, 퇴직금, 재해보상, 재해보상보험 가입 등에 관한 사항

사. 인사관리, 상벌 및 징계에 관한 사항

아. 교육훈련에 관한 사항

자. 단체협약이 있는 경우 단체협약의 내용 중 선원의 근로조건에 해당되는 사항

차. 산전 · 산후 휴가, 육아휴직 등 여성선원의 모성 보호 및 직장과 가정생활의 양립 지원에 관한 사항

2) 신고 시 제출서류

가. 취업규칙 2부 또는 취업규칙의 전자문서 파일(정보통신망을 이용하는 경우에 한한다)을 작성하여 지방해양항만관청에 제출하여야 한다. 다만, 자동화선박의 취업규칙에는 선박의 정박 중 선박설비의 점검 · 정비 및 하역 등의 작업에 대한 육상지원체제와 자동화선박의 승무자격이 있는 운항사의 확보에 관한 사항이 명시되어야 한다.

나. 「노동조합 및 노동관계조정법」 제31조에 따른 단체협약(단체협약이 제출되어 있는 경우는 제외한다)의 내용을 적은 서류를 함께 제출하여야 한다.

3) 제재규정의 제한

지방해양항만관청은 제출된 취업규칙의 내용이 법령 또는 단체협약에 위반되는지의 여부를 확인하여야 한다.

4) 신고 기간

신고 기간에 대한 구체적인 규정은 없지만, 선원법의 입법 취지와 취업규칙에 포함되어야 할 사항 등을 고려할 때, 취업규칙 작성 신고의무자인 선박소유자는

선원을 고용할 때 지체 없이 취업규칙을 작성해야 하며, 선원의 의견을 듣는 데 필요한 충분한 시간이 지난 후에는 지체 없이 이를 신고해야 한다.[247] 취업규칙 신고의무가 생긴 때부터 1년 6개월 이상이 지난 후에 한 신고는 적법한 신고라 볼 수 없다.[248]

2. 취업규칙의 작성 절차

1) 의견청취

취업규칙을 작성하거나 변경하려는 선박소유자는 그 취업규칙이 적용되는 선박소유자가 사용하는 선원의 과반수로써 조직되는 노동조합이 있는 경우에는 그 노동조합의 의견을 들어야 하며, 선원의 과반수로써 조직되는 노동조합이 없는 경우에는 선원 과반수의 의견을 들어야 한다. 다만, 취업규칙을 선원에게 불리하게 변경하는 경우에는 그 동의를 받아야 한다(법 제120조 제1항).

과반수 조합은 「노동조합 및 노동관계조정법」에서 언급된 노동조합으로, 반드시 해당 취업규칙이 적용되는 선박소유자가 고용한 선원만으로 구성된 노동조합(기업별 노동조합)일 필요는 없다. 따라서 초기업별 노동조합, 예를 들어 지역별 노동조합이나 산업별 노동조합이라도, 해당 취업규칙이 적용되는 선박소유자가 고용한 선원의 과반수가 가입되어 있다면, 이는 과반수 조합에 해당한다.[249] 그 취업규칙이 적용되는 선박소유자가 사용하는 선원들이 2개 이상의 노동조합에 가입한 경우, 어느 한 노동조합이 선원의 과반수로 조직된 경우라면 그 노동조합으로부터 동의를 받으면 되고, 각 노동조합 모두가 선원의 과반수로 조직되어 있지 아니한 경우에는 각 노동조합 모두 동의의 주체가 될 수 없으며, 이 경우에는 선원 과반수로 동의가 필요하다.[250] 선원 과반수로 조직된 노동조합이란 기존 취업규칙의 적용을 받고 있던 선원 중 조합원 자격 유무를 불문한 전체 선원의 과반수로 조직된 노동조합을 의미하고, 종전 취업규칙의 적용을 받던 선원 중 조합원 자격을 가진 선원의 과반수로 조직된 노동조합을 의미하는 것은 아니다.[251]

247) 권창영, 360쪽.
248) 대법원 1976. 4. 27. 선고 76도146 판결.
249) 김유성, 노동법 I, 앞의 책, 209쪽.
250) 노동법실무연구회, 「근로기준법 주해 III」 제2판, (서울: 박영사, 2020), 758쪽.
251) 대법원 2009. 11. 12. 선고 2009다49377 판결.

2) 불이익변경의 개념 및 금지

취업규칙의 불이익변경이란 선박소유자가 종전의 취업규칙을 개정하거나 새로운 취업규칙을 신설하여 근로조건이나 복무규율에 관한 선원의 기득권·기득이익을 박탈하고 선원에게 저하된 근로조건이나 강화된 복무규율을 일방적으로 부과하는 것을 말한다.[252)]

취업규칙의 불이익변경이 문제되기 위해서는 취업규칙 규정을 개정 또는 신설하는 변경 행위, 즉 선박소유자가 선원법 제119조 제1항에 규정되어 있는 사항에 관하여 기재를 변경하는 행위를 하여야 한다.[253)]

3) 의견서 첨부 신고의무

취업규칙을 신고할 때에는 제1항에 따른 의견 또는 동의의 내용을 적은 서류를 붙여야 한다(법 제120조 제2항).

4) 취업규칙 제재 규정의 제한

취업규칙에서 선원에 대하여 감급(減給)의 제재를 정할 경우에 그 감액은 1회의 금액이 승선평균임금의 1일분의 2분의 1을, 총액이 1임금지급기의 임금 총액의 10분의 1을 초과하지 못한다(법 제121조).

Ⅳ. 취업규칙의 감독 및 효력

1. 취업규칙의 감독

해양항만관청은 법령이나 단체협약을 위반한 취업규칙에 대하여는 그 변경을 명할 수 있다.

이 규정은 법원의 우선순위로서 선원법, 단체협약, 취업규칙을 명시하고 있다(동법 제121조). 단체협약에 대하여 취업규칙에 우선적 효력이 부여되는 것은 그것이 법률이 규정하는 근로조건에 위반하지 않는 범위 안에서 노동조합과 선박소유자(선박소유자 단체) 사이에 근로조건의 기준 그 밖의 관련 사항에 관하여 합의한

252) 대법원 1993. 1. 26. 선고 92다49324 판결.
253) 대법원 2001. 1. 19. 선고 2000다30516 판결.

협정문이기 때문이다.

법령 및 단체협약에 위반된 취업규칙은 무효로 해석되지만 이를 그대로 방치하면 우월적 지위를 가진 선박소유자에 의하여 그대로 적용될 위험성이 있어, 지방해양수산청장에게 법령 및 단체협약에 위반된 취업규칙의 변경명령권을 부여하여 그 위험성을 미리 제거하는 행정적 감독 조치를 취하게 하였다.[254]

2. 취업규칙의 효력

취업규칙에서 정한 기준에 미치지 못하는 근로조건을 정한 선원근로계약은 그 부분만 무효로 한다. 이 경우 그 무효 부분은 취업규칙에서 정한 기준에 따른다(법 제122조).

이는 선원근로계약에 대한 취업규칙의 우선적 효력을 명시적으로 인정한 것이며 선원근로계약에 있어 최저기준으로서의 기능을 한다는 의미이다. 그러므로 계약상 근로조건이 취업규칙에서 정한 기준보다 상회하는 것은 허용됨을 뜻하기도 한다. 그러나 하회하는 경우에는 이른바 일부무효의 법리가 적용되어, 하회하는 부분은 무효가 되고 그 부분에 대하여는 취업규칙상의 기준에 따라야 한다.

제11절 감 독

선원법은 행정상 선원의 보호와 구제를 위하여 감독규정을 두고 있다. 선원법상 강행규정이 선박소유자, 선장 및 해원의 3당사자에 의하여 올바로 준수되도록 그 시행을 감독하는 감독기관으로서 해양수산부장관, 선원근로감독관 및 선원노동위원회가 있다.

그리고 선원법은 STCW협약과 해사노동협약상의 관계 규정을 수용하여 외국선박의 감독에 관한 규정과 선원의 신고제도와 선박소유자의 보고제도를 두고 있다.

254) 권창영, 372쪽.

Ⅰ. 선원의 근로기준 등에 대한 검사, 행정처분 및 신고

1. 검 사

해양수산부장관은 선원의 근로기준 및 생활기준이 이 법이나 관계 법령에서 정하는 기준에 맞는지를 확인하기 위하여 3년마다 선박과 그 밖의 사업장에 대하여 검사를 하여야 한다. 다만, 해양수산부장관은 제136조 제1항에 따라 해사노동적합증서 등을 선내에 갖추어 둔 선박에 대하여는 검사를 면제할 수 있다(법 제123조 제1항).

「어선법」에 따른 어선에 대하여는 대통령령으로 정하는 바에 따라 제1항에 따른 검사주기를 늘릴 수 있다(법 제123조 제2항).

2. 행정처분

해양수산부장관은 선박소유자나 선원이 이 법, 「근로기준법」(제5조 제1항에 따라 선원의 근로관계에 관하여 적용하는 부분만 해당한다. 이하 같다) 또는 이 법에 따른 명령을 위반하였을 때에는 그 선박소유자나 선원에 대하여 시정에 필요한 조치를 명할 수 있다(동법 제124조 제1항). 해양수산부장관은 선박소유자나 선원이 제1항에 따른 명령에 따르지 아니하는 경우로서 항해를 계속하는 것이 해당 선박과 승선자에게 현저한 위험을 불러일으킬 우려가 있는 경우 그 선박의 항해 정지를 명하거나 항해를 정지시킬 수 있다. 이 경우 선박이 항해 중일 때에는 해양수산부장관은 그 선박이 입항하여야 할 항구를 지정하여야 한다(동법 제124조 제2항). 해양수산부장관은 제2항에 따라 처분을 한 선박에 대하여 그 처분을 계속할 필요가 없다고 인정하면 지체 없이 그 처분을 취소하여야 한다(동법 제124조 제3항).

해양수산부장관은 구명정 조종사 또는 의료관리자가 그 자격증을 다른 사람에게 대여한 경우 그 자격을 취소할 수 있다고 규정하고 있다(동법 제124조 제4항).

3. 감독기관 등에 대한 신고 등

선원은 선박소유자나 선장이 이 법, 「근로기준법」 또는 이 법에 따른 명령을 위반한 사실이 있다고 판단하는 경우에는 선박소유자나 선장에게 그 불만을 제기하거나, 대통령령으로 정하는 바[255]에 따라 해양항만관청, 선원근로감독관 또는

---

255) 시행령 제49조(감독기관에 대한 신고) 법 제129조 제1항에 따라 신고를 하는 선원은 선박소유자 또

선원노동위원회에 그 사실을 신고할 수 있다(법 제129조 제1항). 선박소유자는 선원이 제1항에 따라 불만을 제기하거나 신고한 것을 이유로 그 선원과의 선원근로계약을 해지하거나 불리한 처우를 하여서는 아니 된다(법 제129조 제2항). 제1항에 따라 신고된 사항에 대한 처리 절차는 아래 그림과 같다.

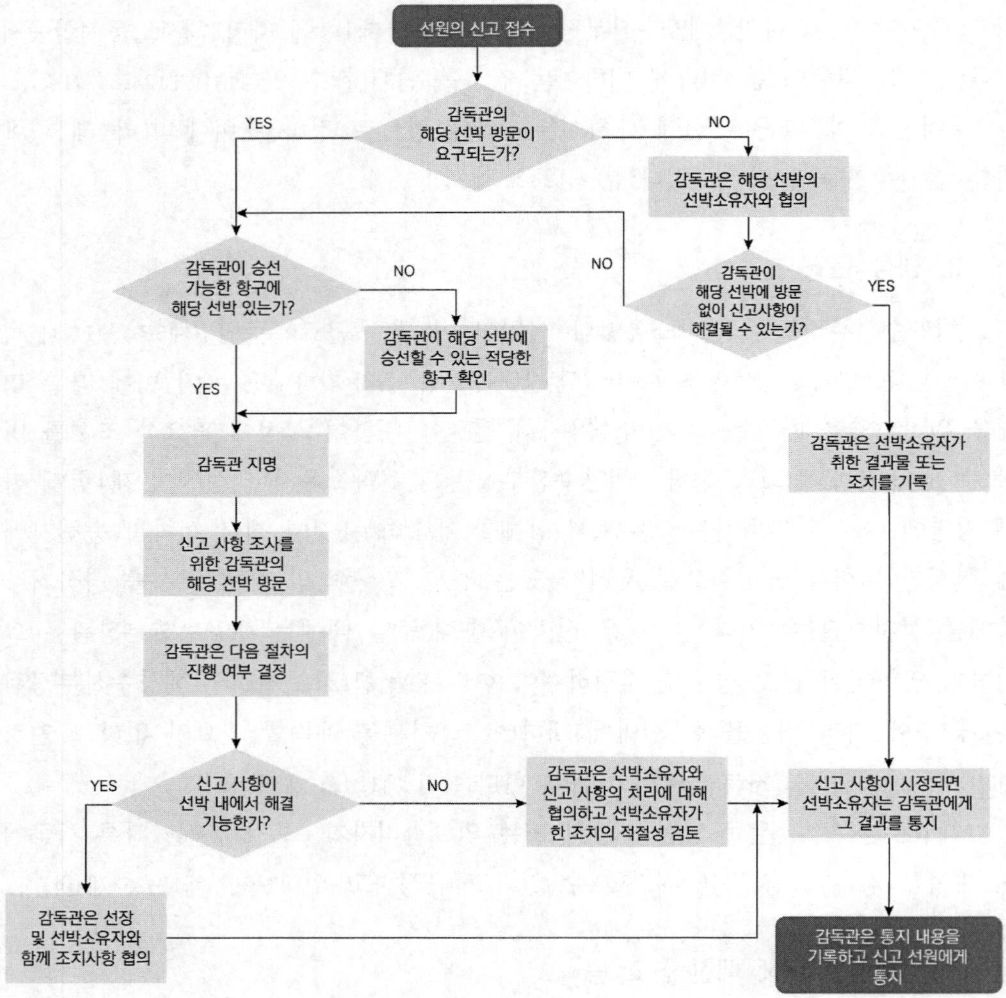

〈그림 14〉 선원의 신고 사항에 대한 처리 절차

는 선장이 법·「근로기준법」이나 법에 의하여 발하는 명령에 위반한 사실을 증명하는 서류나 기타 자료를 제출하여야 한다.

선박소유자는 제1항에 따라 제기되는 선원의 불만 사항을 처리하기 위하여 일정한 사항[256)]을 포함한 선내 불만 처리 절차를 마련하여 선박 내의 보기 쉬운 곳에 게시하여야 한다(법 제129조 제4항). 외국인 선원이 승선하는 선박의 선박소유자는 제4항에 따른 선내 불만 처리 절차를 승선하는 모든 외국인 선원의 국적국 언어 또는 영어로 작성하여 함께 게시하여야 한다(법 제129조 제5항).

4. 선원실습 운영 지도 및 점검 등

해양수산부장관은 동법 제61조의2에 따른 실습시간 및 휴식시간 준수 등과 「선박직원법」 제21조의2에 따른 현장승선실습 계약의 체결 등 선원실습 운영에 대하여 선박소유자에게 필요한 경우 보고 또는 자료의 제출을 하게 하거나 관계 공무원으로 하여금 현장조사를 실시하게 하는 등의 지도·점검을 할 수 있다(법 제129조의2 제1항). 해양수산부장관은 제1항에 따른 현장조사를 하는 경우에 현장조사를 받는 자에게 미리 조사 일시, 조사 내용 등 필요한 사항을 알려야 한다. 다만, 긴급하거나 미리 알릴 경우 그 목적을 달성할 수 없다고 인정되는 경우에는 그러하지 아니하다(제2항). 제1항 및 제2항에 따라 현장조사를 하는 사람은 그 권한을 표시하는 증표를 지니고 이를 관계인에게 내보여야 한다(제3항).

5. 해양항만관청의 주선

해양항만관청은 선박소유자와 선원 간에 생긴 근로관계에 관한 분쟁(「노동조합 및 노동관계조정법」 제2조 제5호에 따른 노동쟁의는 제외한다)의 해결을 주선할 수 있다(법 제130조).

6. 외국에서의 행정관청의 업무

이 법에 따라 해양항만관청이 수행할 사무는 외국에서는 대통령령으로 정하는 바[257)]에 따라 대한민국 영사가 수행한다(법 제131조).

---

256) 동법 제129조 제4항 1. 선원의 선내 불만 제기 방법, 2. 선내 불만 처리절차도, 3. 선내고충처리 담당자, 4. 제3호에 따른 선내고충처리 담당자의 임무와 권한에 관한 사항, 5. 해양항만관청, 선원노동위원회 등 선원의 근로·인권 관련 기관의 담당자 연락처.

257) 제49조의3(외국에서의 행정관청의 업무) ① 법 제131조에 따라 대한민국 영사(이하 이 조에서 "영사"라 한다)가 외국에서 수행하는 해양항만관청의 사무는 다음 각 호와 같다.

Ⅱ. 선원근로감독관 등

1. 선원근로감독관

1) 의 의

선원의 근로기준 및 생활기준이 선원법이나 관계 법령에서 정하는 기준에 맞는지를 확인하기 위한 검사와 선원의 근로감독을 위하여 해양수산부에 선원근로감독관을 두고(법 제125조 제1항), 선원근로감독관의 자격·임면 및 직무 등에 필요한 사항은 대통령령으로 정한다(동조 제2항).

선원법이 규율하는 부분은 선원의 생계·생명·건강 이외에도 항해의 안전 등 공공의 이익과도 직결되는데, 선원법 위반에 대한 사후적 형사처벌이나 민사적 구제만으로는 실효를 거두기 어려울 때가 많다. 그러므로 선원법의 준수 여부를 사전에 점검하고 신속한 조치를 취할 수 있는 행정감독 제도가 필요하다.[258] 선원법은 전문 행정기관의 효율적인 감독을 위해 해양수산부에 선원근로감독관을 두고, 이들에게 선박 및 사업장 출입, 검사, 장부나 서류 제출 명령 등 다양한 행정적 권한을 부여한다. 또한, 형사절차와 관련된 선원법 위반 범죄의 수사는 일반 경찰이 아닌 선원근로감독관이 담당하도록 한다.[259]

2) 선원근로감독관의 임면 및 관할

선원근로감독관의 자격·임면 및 직무 등에 관하여 필요한 사항은 선원근로감독 규정으로 정하고 있다(법 제125조). 감독관은 해양수산부장관 또는 지방해양항

---

1. 법 제21조에 따른 선장의 선박 운항에 관한 보고 접수
2. 법 제44조 제3항에 따른 선원의 선원명부에 대한 공인
3. 법 제82조 제4항에 따른 선박소유자의 보고 접수
4. 법 제129조 제1항에 따른 선원의 불만신고 접수

② 영사는 제1항에 따른 사무를 수행하는 경우 해양수산부령으로 정하는 바에 따라 관계 행정기관의 장에게 그 사무 수행 사실을 통보하여야 한다.

③ 제2항에 따른 통보를 받은 관계 행정기관의 장은 필요한 조치를 할 수 있다. 이 경우 관계 행정기관의 장은 해양수산부령으로 정하는 바에 따라 필요한 조치를 한 결과를 영사에게 통보하여야 한다.

④ 영사는 필요하다고 인정하면 제3항에 따라 관계 행정기관의 장이 통보한 사항을 관계 선원, 선박의 선장이나 해당 외국의 관계 기관에 알릴 수 있다.

258) 노동법실무연구회, 「근로기준법 주해 III」 제2판, (서울: 박영사, 2020), 934쪽.

259) 권창영, 1023쪽.

만청장이 그 소속공무원으로서 다음 각 호의 1에 해당하는 자 중에서 임명한다(선원근로감독관규정 제2조). (i) 5급 이상의 공무원 또는 고위공무원단에 속하는 일반직 공무원으로 6월 이상 해양수산부와 그 소속기관에서 근무한 자, (ii) 행정직 · 선박직 또는 수산직의 6급 또는 7급 공무원으로 2년 이상 해양수산관서(해양수산부 · 지방해양항만청 및 해양사무소를 말한다. 이하 같다)에서 근무한 자, (iii) 행정직 · 선박직 또는 수산직의 6급 또는 7급 공무원으로 1년 이상 해양수산관서에서 선원에 관한 업무를 담당한 경력이 있는 자, (iv) 해양수산관서에서 선원에 관한 업무를 2년 이상 담당한 경력이 있는 행정직 · 선박직 또는 수산직의 6급 또는 7급 공무원, (v) 해양수산관서에서 5년 이상 근무한 행정직 · 선박직 또는 수산직의 6급 또는 7급 공무원.

해양수산부에서 배치된 감독관(본부감독관)은 전국의 선박소유자 및 선원에 대하여 직무를 수행한다(선원근로감독관 직무규칙 제3조 제1항).

3) 선원근로감독관의 권한

(1) 출석요구, 제출 명령, 출입 · 검사 · 질문 등

선원근로감독관은 이 법에 따른 선원근로감독을 위하여 선박소유자, 선원 또는 그 밖의 관계인에게 출석을 요구하거나 장부나 서류의 제출을 명할 수 있으며, 선박이나 그 밖의 사업장을 출입하여 검사하거나 질문할 수 있다(법 제126조 제1항).

(2) 검사계획 통지

제1항에 따라 출입 · 검사를 하는 경우에는 검사 개시 7일 전까지 검사 일시, 검사 이유 및 검사 내용 등에 대한 검사계획을 조사대상자에게 알려야 한다. 다만, 긴급히 검사하여야 하거나 사전에 통지하면 증거인멸 등으로 검사 목적을 달성할 수 없다고 인정하는 경우에는 그러하지 아니할 수 있다(법 제126조 제2항).

(3) 증표 소지와 제시 등

제1항에 따라 출입 · 검사를 하는 선원근로감독관은 그 권한을 표시하는 증표를 지니고 이를 관계인에게 보여주어야 하며, 출입 시 성명 · 출입 시간 · 출입 목적 등이 표시된 문서를 관계인에게 내주어야 한다(법 제126조 제3항).

(4) 선원 진찰의 위촉

선원근로감독관은 승무를 금지하여야 할 질병에 걸렸다고 인정하는 선원의 진찰을 의사에게 위촉할 수 있다(법 제126조 제4항). 제4항에 따라 위촉받은 의사는 해양수산부장관의 진찰명령서를 선원에게 보여주어야 한다(동조 제5항).

4) 사법경찰권

선원근로감독관은 「사법경찰관리의 직무를 수행할 자와 그 직무범위에 관한 법률」에서 정하는 바에 따라 사법경찰관의 직무를 수행한다(법 제127조 제1항). 이 법, 「근로기준법」 및 그 밖의 선원근로관계 법령에 따른 서류의 제출, 심문이나 신문(訊問) 등 수사는 오로지 검사(檢事)와 선원근로감독관이 수행한다. 다만, 선원근로감독관의 직무에 관한 범죄의 수사에 대하여는 그러하지 아니하다(동조 제2항).

선원근로감독관의 직무유기, 직권남용, 수뢰 등 형법상 범죄에 대한 수사권은 원래 일반 사법경찰관이 가지고 있으므로, 이 조항에 말하는 '선원근로감독관이 직무에 관한 범죄'는 노동관계법령 위반 범죄 중 선원근로감독관이 직무에 관하여 저지른 것만을 의미한다.[260)]

5) 비밀유지 의무 등

선원근로감독관이거나 선원근로감독관이었던 사람은 직무상 알게 된 비밀을 누설하여서는 아니 된다(법 제128조 제1항). 선원근로감독관은 직무를 공정하고 독립적으로 수행하여야 한다(동조 제2항). 선원근로감독관은 선원근로감독과 관련하여 직접적 또는 간접적인 이해관계가 있는 업무를 수행하여서는 아니 된다(동조 제3항).

Ⅲ. 외국선박에 대한 점검

1. 점검 내용과 점검 방법

해양수산부장관은 소속 공무원에게 국내 항(정박지를 포함)에 있는 외국선박에 대하여 다음 각 호의 사항을 점검하게 할 수 있다(법 제132조 제1항). (i) 기국에서 발급한 승무정원증명서와 그 증명서에 따른 선원의 승선 여부, (ii) 선원당직국제

260) 노동법실무연구회, 「근로기준법 주해 III」 제2판, (서울: 박영사, 2020), 946쪽.

협약의 항해당직 기준에 따른 항해당직의 시행 여부, (iii) 선원당직국제협약에 따른 유효한 선원자격증명서나 그 면제증명서의 소지 여부, (iv) 해사노동협약에 따른 해사노동적합증서 및 해사노동적합선언서의 소지 여부, (v) 해사노동협약에 따른 선원의 근로기준 및 생활기준의 준수 여부.

해양수산부장관은 제1항에 따라 점검을 할 경우 소속 공무원으로 하여금 그 선박에 출입하여 장부 · 서류 및 그 밖의 물건을 점검하고, 해당 선원에게 질문하거나 선원의 근로기준 및 생활기준 등에 대하여 직접 확인하게 할 수 있다(동조 제2항).

STCW협약과 관계되는 제1항의 "(i)부터 (iii)"까지의 규정에 해당하는 사항에 대한 점검은 「선박안전법」 제68조[261]에 따른다.

2. 해사노동협약 관련 사항 관련 외국선박의 점검 절차 등[262]

해사노동협약과 관련되는 제132조 제1항 제4호 및 제5호에 따른 외국선박의 점검 절차는 다음 각 호와 같다.

---

261) 선박안전법 제68조(항만국통제) ① 해양수산부장관은 외국선박의 구조 · 설비 · 화물운송방법 및 선원의 선박운항지식 등이 대통령령으로 정하는 선박안전에 관한 국제협약에 적합한지 여부를 확인하고 그에 필요한 조치(이하 "항만국통제"라 한다)를 할 수 있다. ② 해양수산부장관은 제1항의 규정에 따른 항만국통제를 하는 경우 소속 공무원으로 하여금 대한민국의 항만에 입항하거나 입항예정인 외국선박에 직접 승선하여 행하게 할 수 있다. 이 경우 해당 선박의 항해가 부당하게 지체되지 아니하도록 하여야 한다. ③ 해양수산부장관은 제1항에 따른 항만국통제의 결과 외국선박의 구조 · 설비 · 화물운송방법 및 선원의 선박운항지식 등이 제1항에 따른 국제협약의 기준에 미달되는 것으로 인정되는 때에는 해당선박에 대하여 수리 등 필요한 시정조치를 명할 수 있다. ④ 해양수산부장관은 제1항에 따른 항만국통제 결과 선박의 구조 · 설비 · 화물운송방법 및 선원의 선박운항지식 등과 관련된 결함으로 인하여 해당 선박 및 승선자에게 현저한 위험을 초래할 우려가 있다고 판단되는 때에는 출항정지를 명할 수 있다. ⑤ 외국선박의 소유자는 제3항 및 제4항에 따른 시정조치명령 또는 출항정지명령에 불복하는 경우에는 해당명령을 받은 날부터 90일 이내에 그 불복사유를 기재하여 해양수산부장관에게 이의신청을 할 수 있다. ⑥ 제5항의 규정에 따라 이의신청을 받은 해양수산부장관은 소속 공무원으로 하여금 해당 시정조치명령 또는 출항정지명령의 위법 · 부당 여부를 직접 조사하게 하고 그 결과를 신청인에게 60일 이내에 통보하여야 한다. 다만, 부득이한 사정이 있는 때에는 30일 이내의 범위에서 통보시한을 연장할 수 있다. ⑦ 시정조치명령 또는 출항정지명령에 대하여 불복하는 자는 제5항 및 제6항의 규정에 따른 이의신청의 절차를 거치지 아니하고는 행정소송을 제기할 수 없다. 다만, 「행정소송법」 제18조 제2항 및 제3항의 규정에 해당되는 경우에는 그러하지 아니하다. ⑧ 제3항부터 제7항까지의 규정에 따른 외국선박에 대한 조치 및 이의신청 등에 관하여 필요한 사항은 대통령령으로 정한다.

262) 우리 선원법 제133조 제1항에는 "상세점검을 시행할 수 있는 경우"에 대한 절차규정이 결여되어 있다. 이는 입법과정에서 상세점검을 "시행하여야 하는 경우"와 "시행할 수 있는 경우"에 대한 차이점

제1항 제1호 기본항목의 점검은 (i) 해사노동협약에 따른 해사노동적합증서와 해사노동적합선언서의 적절성과 유효성 확인, (ii) 선원의 근로기준 및 생활기준이 해사노동협약의 기준에 맞는지 여부, (iii) 선박이 해사노동협약의 준수를 회피할 목적으로 국적을 변경하였는지 여부, (iv) 선원의 불만 신고가 있었는지 여부.

기본항목에 따른 점검 결과, 다음 각 목의 어느 하나에 해당하는 경우 상세점검을 시행해야 하고 이 경우 담당 공무원은 선장에게 상세점검을 한다는 사실을 알려야 한다. (i) 선원의 안전, 건강이나 보안에 명백히 위해를 끼칠 수 있는 사실이 발견된 경우, (ii) 점검결과 해사노동협약의 기준을 현저하게 위반하였다고 믿을 만한 근거가 있는 경우(법 제133조 제1항 제2호).

제1항 제2호에 따른 상세점검 범위는 해사노동적합선언서의 내용과 같다. 다만, 선원의 불만사항이 신고되었을 때의 점검범위는 해당 신고사항으로 한정한다(동조 제2항).

해양수산부장관은 제1항 제2호에 따른 상세점검 결과, 선원의 근로기준 및 생활기준이 해사노동협약의 기준에 맞지 아니한 것으로 밝혀진 경우에는 기국에 통보하는 등 대통령령[263]으로 정하는 조치를 하여야 한다.

해양수산부장관은 외국선박에 대한 상세점검 결과를 기록한 상세점검보고서를 작성·관리하여야 하고, 필요한 경우 상세점검 보고서의 사본에 해당 외국선박의 기국 정부가 보낸 모든 문서를 첨부하여 국제노동기구 사무총장에게 통보할 수 있다.

을 간과하였기 때문으로 사료된다. 그러므로 선원법 제133조 제1항은 적절히 보완될 필요가 있다. 자세한 내용에 대해서는 전영우, “2006년 해사노동협약상 항만국통제제도에 관한 연구”. 「해사법연구」 제28권 제2호, 한국해사법학회(2016. 7.), 252쪽 이하를 참조.

263) 1. 다음 각 목의 사항을 선장에게 문서로 통보
가. 상세점검 결과
나. 상세점검 결과 선원의 근로기준 및 생활기준과 관련하여 시정이 필요한 사항 및 시정조치를 하여야 하는 기한
2. 다음 각 목의 사항을 대한민국 국민인 선원 및 선박소유자 단체에 문서로 통보
가. 상세점검 결과
나. 법 제133조 제1항 제1호 라목에 따른 선원의 불만 신고
3. 다음 각 목의 외국정부 등에 해당 외국선박의 「2006 해사노동협약」 위반사실 등을 통보(해양수산부장관이 필요하다고 판단하는 경우에 한정한다)
가. 해당 외국선박의 기국(旗國) 정부 또는 대한민국 주재 기국 영사
나. 해당 외국선박의 다음 기항지 국가의 정부

제1항 제2호에 따른 상세점검 결과, 그 선박이 다음 각 호의 어느 하나에 해당할 경우에는 그 선박의 출항정지를 명하거나 출항을 정지시킬 수 있다. (i) 선원의 안전, 건강 및 보안에 명백히 위해가 되는 경우, (ii) 해사노동협약의 기준을 현저하게 위반하거나 반복적으로 위반하는 경우

해양수산부장관은 출항정지 명령 또는 출항정지 조치의 원인이 된 사항이 시정되었거나 신속하게 시정될 것으로 인정되는 경우 지체 없이 해당 외국선박의 출항정지 명령 또는 출항정지 조치의 해제 여부를 결정하여야 한다(법 제133조 제5항). 해양수산부장관은 제4항에 따른 처분을 한 경우에 출항정지 명령 또는 출항정지 조치를 한 사실을 해당 외국선박의 기국 정부 또는 대한민국 주재 기국 영사에게 통보하여야 한다. 또한 이 경우, 해당 기국 정부 대표의 출석을 요구하거나 기한을 정하여 해당 기국 정부의 회신을 요청할 수 있다.

제4항에 따른 처분에 불복하는 자의 이의신청과 그 처리 절차에 관하여는 「선박안전법」 제68조 제5항부터 제7항까지의 규정을 준용한다(동조 제6항).

외국선박의 선원 불만 처리 절차에 따라,[264] 해양수산부장관은 국내 항에 정박 중이거나 계류 중인 외국선박이 해사노동협약의 기준을 위반하였다는 신고를 선원 등으로부터 받은 경우 외국선박에 대한 점검을 시작하는 등 다음의 조치를 하여야 한다(법 제134조). (i) 선내 불만 처리절차의 이행 지시, (ii) 점검의 실시 및 점검 결과에 따른 시정조치의 이행이다. 해양수산부장관은 신고를 한 선원 등의 신원이 알려지지 아니하도록 필요한 조치를 하여야 한다(동조 후단).

---

264) 우리 선원법은 외국인 선원의 불만 처리 절차와 관련하여 불만 사항의 처리 절차를 해사노동협약에 합치하도록 2개로 구별하여 규정하고 있지 않다. 또한 항만국통제검사 절차에 따라 처리할지 여부의 결정, 기국에 대한 조언 및 시정조치계획 요구, 미해결된 불만 사항 보고서와 정기적 통계의 ILO 보고 등에 대하여 관련 규정이 미비하다. 해사노동협약을 충족시키기 위해서는 외국인 선원불만 처리 절차에 관한 규정의 전반적인 정비가 필요하다. 자세한 내용에 대해서는 전영우, 앞의 "2006년 해사노동협약상 항만국통제제도에 관한 연구", 「해사법연구」 제28권 제2호, 한국해사법학회(2016), 261－265쪽 참조.

제12절 노동적합증서와 해사노동적합선언서

Ⅰ. 해사노동적합증서의 의의

"해사노동적합증서(Maritmie Labour Certificate: MLC)"란 선원의 근로기준 및 생활 기준에 대한 검사 결과 이 법과 「2006 해사노동협약」에 따른 인증기준에 적합하다는 것을 증명하는 문서를 말하며, "해사노동적합선언서(Declaration of Maritime Labour Compliance: DMLC)"란 해사노동협약을 이행하는 국내기준을 수록하고 그 기준을 준수하기 위하여 선박소유자가 채택한 조치사항이 이 법과 해사노동협약의 인증기준에 적합하다는 것을 승인하는 문서를 말한다(법 제2조 제21호 및 제22호).

MLC가 도입된 것은 해당 선박이 선박소유자가 해사노동협약의 해당 요건을 준수하고 있다는 것을 검사하고 인증하였다는 증빙문서로서의 기능을 하고, 이는 항만국통제(Port State Cotrol: PSC)에서 이른바 추정적 증거(prima facie evidence)로서 인정되게 함으로써(해사노동협약 규정 제5.2.1조 제2항) 선박소유자에게 효율적으로 PSC에 대응할 수 있도록 하려는 의도로 도입된 것이다.[265)]

DMLC는 기국이 해사노동협약을 이행한 핵심 규정을 요약 · 정리한 제1부와 이에 지속적으로 충족시키기 위하여 선박소유자가 조치한 내용과 제도를 수록한 제2부로 구성된다. 이는 MLC에 첨부되어 발급되며 아울러 영어번역문을 포함하여야 한다. 따라서 항만국통제관(PSCOs)은 다양한 기국의 선원근로 및 생활조건의 요건에 대한 사전 학습을 할 필요가 없이 바로 제2부의 내용과 제도가 제1부의 기준을 충족하는지 여부를 확인할 수 있게 된다. DMLC는 이러한 의도로써 도입된 것이다.

---

265) 해사노동협약 규정 제5.2.1조 제2항은 항만국통제의 관점에서 해사노동적합증서와 해사노동적합선언서의 특별한 지위를 부여하고 있다. 즉, 항만국이 외국선박에 대한 검사를 하기로 선택한 경우, 유효한 MLC와 DMLC를 갖춘 선박은 선원의 권리를 포함하여 협약상의 요건을 충족한다는 "추정적 증거(prima facie evidence)"로 인정하여야 한다는 것이다. 여기서 추정적 증거란 법률용어로서, 반증이 없는 한 사실(fact)로 인정될 수 있는 충분한 증거라는 의미이다. 그러나 결정적 증거는 아니며 반증이 없는 한 진실로 추정되는 어떤 것으로 간략하게 설명될 수도 있다.

Ⅱ. 적용범위 및 선내비치

1. 적용범위

다음 각 호의 어느 하나에 해당하는 선박(어선은 제외한다)에 대하여 이 장의 규정을 적용한다(법 제135조). (i) 총톤수 500톤 이상의 국제항해에 종사하는 항해선, (ii) 총톤수 500톤 이상의 항해선으로서 다른 나라 안의 항 사이를 항해하는 선박, (iii) (i), (ii)에 해당하는 선박 외의 선박소유자가 요청하는 선박.

2. 해사노동적합증서 등의 선내 비치 등

제135조에 해당하는 선박의 선박소유자는 발급받은 해사노동적합증서 및 해양수산부령으로 정하는 절차에 따라 승인받은 해사노동적합선언서를 선내에 갖추어 두어야 하며, 그 사본 각 1부를 선내의 잘 보이는 곳에 게시하여야 한다(법 제136조 제1항). 제1항에 따른 해사노동적합선언서의 형식과 내용은 해양수산부령[266]으로 정한다.

---

266) 제58조의2(해사노동적합선언서의 내용 및 형식) ① 법 제136조 제2항에 따라 해사노동적합선언서의 내용에 포함되어야 할 사항은 다음 각 호와 같다.
1. 선원의 최소연령
2. 건강진단서
3. 선원의 자격
4. 선원근로계약
5. 인증받은 선원직업소개소의 이용
6. 근로 또는 휴식 시간
7. 선박에 대한 승무기준
8. 거주설비
9. 선내 오락시설
10. 식량 및 조달
11. 건강, 안전 및 사고방지
12. 선내 의료관리
13. 선내불만처리절차
14. 임금의 지급
15. 송환 및 유기구제에 대한 재정보증
16. 선박소유자의 책임에 대한 재정보증
② 법 제136조 제2항에 따른 해사노동적합선언서의 형식은 별지 제26호서식 및 별지 제27호서식에 따른다.

Ⅲ. 해사노동적합증서와 인증검사

1. 인증검사의 종류

제135조에 해당하는 선박의 선박소유자는 해사노동적합증서를 발급받으려는 경우에는 다음 각 호의 구분에 따른 인증검사를 받아야 한다(법 제137조 제1항). (i) 최초인증검사: 이 법과 해사노동협약의 기준을 충족하는지 확인하기 위한 최초 검사, (ii) 갱신인증검사: 해사노동적합증서의 유효기간이 끝났을 때에 하는 검사, (iii) 중간인증검사: 최초인증검사와 갱신인증검사 사이 또는 갱신인증검사와 갱신인증검사 사이에 해사노동적합증서의 유효기간 기산일부터 2년 6개월이 되는 날의 전후 6개월 이내에 하는 검사, (iv) 선원의 근로기준 및 생활기준 등 인증검사의 구체적인 기준은 대통령령으로 정한다.[267] (v) 선박소유자는 1항의 (i) 최초인증검사를 받기 전에 신조선의 인도, 선박의 국적 변경, 선박소유자의 변경으로 선박을 항해에 사용하려는 경우에는 임시인증검사를 받아야 한다(동조 제3항).

해양수산부장관은 선박 거주설비의 주요 개조나 선박에서 노동분쟁이 발생하는 등 해양수산부령으로 정하는 사유[268]가 있을 경우에는 특별인증검사(additional inspection)를 시행할 수 있다(동조 제4항).

제1항, 제3항 및 제4항에 따른 인증검사의 내용, 절차 및 검사방법 등은 다음과 같다. (i) 인증검사를 받으려는 선박소유자는 별지 제30호서식의 인증검사 신청서를 지방해양수산청장에게 제출하여야 한다. (ii) 지방해양수산청장은 위 가에 따

---

267) 제50조의2(인증검사 기준) ① 법 제137조 제2항에 따른 인증검사의 기준은 다음 각 호와 같다.
1. 선원의 근로기준에 관한 기준
2. 선원의 거주설비에 관한 기준
3. 선원의 복지후생에 관한 기준
4. 선원의 선내안전에 관한 기준
5. 선원의 건강 및 급식에 관한 기준
6. 그 밖에 선원의 노동과 관련되는 관계법령 및 국제협약에 비추어 해양수산부장관이 필요하다고 인정하는 기준

② 제1항에 따른 인증검사 기준의 세부적 내용 등에 관하여 필요한 사항은 해양수산부장관이 정하여 고시한다.

268) 1. 선박 거주설비의 주요 개조, 2. 선원의 근로조건 및 생활조건 등과 관련된 선박에서의 노동분쟁의 발생, 3. 선원의 근로기준 및 생활기준에 관한 위반행위에 따라 선원의 사망 또는 중대한 사고가 있는 경우.

른 인증검사의 신청을 받은 경우 해사노동인증검사관 또는 인증검사 대행기관으로 하여금 위 "제1항 (iv)" 및 다음 각 호에 따른 내용이 선원관계 법령 및「2006 해사노동협약」에 적합한지 여부를 검사하게 하여야 한다. 다만, 임시인증검사 및 특별인증검사의 경우에는 해당 검사에 따른 사유와 관련 있는 내용만 해당한다.

가) 선원의 휴가에 관한 권리

나) 선원의 송환 권리

다)「2006 해사노동협약」사본 비치

라) 선박소유자의 선원에 대한 재해보상 책임 의무

마) 선원에 대한 사회보장제도의 제공

(iii) 지방해양수산청장 또는 인증검사 대행기관은 위 나)에 따른 인증검사를 위하여 필요하다고 인정하는 경우에는 관계 행정기관, 공공기관 또는 법인·단체 등에 대하여 관련 서류 및 의견의 제출이나 그 밖의 필요한 협력을 요청할 수 있다. (iv) 인증검사 대행기관이 인증검사를 실시한 경우에는 인증검사 종료 후 지체 없이 그 결과를 지방해양수산청장에게 보고하여야 한다.

위의 적용범위에 해당하는 선박의 선박소유자는 해당 인증검사에 합격하지 아니한 선박을 항해에 사용하여서는 아니 된다. 다만, 선박의 시운전 등 해양수산부령으로 정하는 경우[269)]에는 그러하지 아니하다.

2. 해사노동적합증서의 발급 등

해양수산부장관은 최초인증검사나 갱신인증검사에 합격한 선박에 대하여 해양수산부령으로 정하는 바[270)]에 따라 해사노동적합증서를 발급하고, 그 발급사실을 발급대장에 기재하며 이를 공개하여야 한다(법 제138조 제1항).

외국선박의 경우에는 제1항에도 불구하고 기국 정부나 그 정부가 지정한 대행기관에서 이 법의 기준과 같거나 그 이상의 기준에 따라 최초인증검사나 갱신인증검사를 받고 해사노동적합증서를 발급받아 유효한 증서를 선내에 갖추어 둔 경

269) 1.「선박안전법」제8조부터 제12조까지의 규정에 따라 선박의 검사를 받거나, 같은 법 제18조 제1항에 따른 선박의 형식승인을 받기 위하여 시운전(試運轉)을 하는 경우, 2. 천재지변 등으로 인하여 인증검사를 받을 수 없다고 인정되는 경우.

270) 제58조의5(해사노동적합증서의 발급 등) ① 법 제138조 제1항에 따른 최초인증검사 및 갱신인증검사에 대한 해사노동적합증서는 별지 제28호 서식에 따른다.

우 그 해사노동적합증서는 이 법에 따라 발급한 증서로 본다(법 제138조 제2항). 이 규정은 국적취득조건부나용선의 경우 기국법과 우리 선원법이 동시에 적용되므로 2개의 해사노동적합증서를 갖추어야 하는 문제를 해결하기 위하여 도입된 것이다.

해양수산부장관은 중간인증검사나 특별인증검사에 합격한 선박에 대하여 위 (1)에 따라 발급된 해사노동적합증서에 해양수산부령으로 정하는 바[271]에 따라 그 검사 결과를 표시하여야 한다(동조 제3항). 해양수산부장관은 임시인증검사에 합격한 선박에 대하여 해양수산부령으로 정하는 바[272]에 따라 임시해사노동적합증서를 발급하여야 한다(제4항). 제1항에 따라 발급된 해사노동적합증서의 유효기간은 5년의 범위에서 대통령령으로 정한다.[273] 다만, 제4항에 따라 발급된 임시해사노동적합증서의 유효기간은 6개월을 넘을 수 없다(제5항).

제5항에 따른 유효기간의 계산방법 등에 관하여 필요한 사항은 해양수산부령으로 정한다(제6항).[274][275] 선박소유자가 중간인증검사에 합격하지 못한 경우에는 합격할 때까지 제1항에 따라 발급된 해사노동적합증서의 효력은 정지된다(제7항).

---

271) 제58조의5(해사노동적합증서의 발급 등) ② 법 제138조 제3항에 따라 해사노동적합증서에 중간인증검사 및 특별인증검사의 검사결과를 표시하는 경우에는 다음 각 호의 사항을 표시하여야 한다.
1. 검사의 종류, 2. 검사일시, 3. 검사항목, 4. 검사담당기관, 5. 검사담당자의 성명 및 직위

272) 시행규칙 제58조의5(해사노동적합증서의 발급 등) ③ 법 제138조 제4항에 따른 임시해사노동적합증서는 별지 제29호서식에 따른다.

273) 시행령 제50조의3(해사노동적합증서 등의 유효기간) ① 법 제138조 제5항에 따른 해사노동적합증서의 유효기간은 5년으로 하고, 임시해사노동적합증서의 유효기간은 6개월로 한다.

274) 시행령 제50조의3(해사노동적합증서 등의 유효기간) ② 제1항에 따른 해사노동적합증서 및 임시해사노동적합증서의 유효기간의 기산은 다음 각 호의 구분에 따른다.
1. 해사노동적합증서
가. 최초인증검사를 받은 경우: 해사노동적합증서를 발급한 날
나. 갱신인증검사를 받은 경우: 해사노동적합증서 유효기간의 만료일의 다음 날. 다만, 갱신인증검사 기간 이전에 받은 경우에는 해당 인증검사를 받은 날부터 기산한다.
2. 임시해사노동적합증서: 임시해사노동적합증서를 발급한 날

275) 시행규칙 제58조의5(해사노동적합증서의 발급 등) ④ 법 제138조 제6항에 따른 유효기간의 계산은 영 제50조의3 제2항에 따른다.
⑤ 선박소유자는 해사노동적합증서(임시해사노동적합증서를 포함한다. 이하 이 항에서 같다) 또는 해사노동적합선언서를 분실하였거나 헐어 사용하지 못하게 된 경우에는 별지 제31호서식의 해사노동적합증서(해사노동적합선언서) 재발급 신청서에 다음 각 호의 서류를 첨부하여 지방해양수산청장이나 인증검사 대행기관의 장에게 재발급을 신청하여야 한다.
1. 재발급에 관한 사유서
2. 해사노동적합증서 또는 해사노동적합선언서의 원본(헐어 사용하지 못하게 된 경우만 해당한다)

해양수산부장관은 해사노동적합증서를 발급받은 선박이 특별인증검사를 통하여 기준을 충족하지 못한 사실이 발견된 경우에는 선박소유자에게 기간을 정하여 필요한 시정조치를 명할 수 있으며, 이에 따르지 아니한 경우에는 해사노동적합증서를 되돌려 주도록 명할 수 있다(제8항).

Ⅳ. 해사노동인증검사관과 인증검사의 대행 등

1. 해사노동인증검사관

1) 해사노동인증검사관의 업무와 임명

해양수산부장관은 자격을 갖춘 소속 공무원 중에서 다음 각 호의 업무를 수행할 해사노동인증검사관(이하 "인증검사관"이라 한다)을 임명할 수 있다(법 제139조).

가. 외국선박에 대한 점검 등의 업무

나. 해사노동적합선언서의 승인에 관한 업무

다. 인증검사, 임시인증검사 및 특별인증검사에 관한 업무

라. 해사노동적합증서의 발급 등에 관한 업무

2) 해사노동인증검사관의 자격

다음 각 호의 어느 하나에 해당하는 자격을 말한다(시행규칙 제58조의6).

가. 대학 또는 해양수산계 전문대학(「고등교육법」 제2조 제1호 및 제4호에 따른 대학 또는 전문대학을 말한다)에서 항해 또는 기관 관련 학과를 졸업하고 국제항해 선박에 2년 이상 승무한 경력이 있는 경우

나. 법 제125조에 따른 선원근로감독관으로 근무한 경력 또는 해운·선박안전 관련 분야에서 3년 이상 공무원으로 근무한 경력이 있는 경우

다. 「고등교육법」 제2조에 따른 학교의 전임강사 이상의 직위에서 3년 이상 근무한 경력(선원관리·선원근로 또는 선박안전 분야만 해당한다)이 있는 경우

라. 「선박안전법」 제76조 및 제77조에 따른 선박검사관 또는 선박검사원으로서 같은 법 제45조 및 제60조 제2항에 따른 선박안전기술공단 또는 선급법인에서 5년 이상 근무한 경력이 있는 경우

마. 「해운법」 제2조 제1호에 따른 해운업 관련 사업장에서 선원관리·선원근

로 또는 선박안전 관련 업무에 10년 이상 종사한 경력이 있는 경우

3) 교 육

해양수산부장관은 해사노동인증검사관에 대하여 연 1회 이상 「2006 해사노동협약」 관련 교육을 실시하여야 한다(동법 시행규칙 제58조의6 제2항).

해사노동인증검사관의 신분증은 별지 제31호의2 서식과 같다(동규칙 제58조의6 제3항). 해양수산부장관은 위 제3항에 따른 해사노동인증검사관의 신분증을 발급하면 그 발급 내역을 기록·관리하여야 한다(동규칙 제4항). 해사노동인증검사관이 업무를 수행하기 위하여 선박에 승선하는 경우에는 선장 등 관계인에게 신분증을 제시하고 그 뜻을 알려야 한다(동규칙 제5항).

2. 인증검사업무 등의 대행

해양수산부장관이 필요하다고 인정하는 경우에는 제139조 제2호부터 제4호까지의 규정에 따른 업무를 해양수산부장관이 지정하는 기관에서 대행하게 할 수 있다. 이 경우 해양수산부장관은 지정된 "인증검사 대행기관"과 다음 각 호의 사항이 포함된 협정을 체결하여야 한다(법 제140조 제1항). (i) 대행업무의 범위에 관한 사항, (ii) 대행기간 및 그 연장에 관한 사항, (iii) 협정의 변경 및 해지에 관한 사항, (iv) 국제해사기구에서 지정하는 사항, (v) 그 밖에 대행업무의 효율적 수행을 위하여 해양수산부장관이 필요하다고 인정하는 사항.

인증검사 대행기관의 지정기준, 인증검사업무에 종사할 수 있는 사람의 자격 등에 필요한 사항은 해양수산부령으로 정한다(동법 제140조 제2항).

제1항에 따라 인증검사 대행기관에서 인증검사 등을 받으려는 자는 해당 인증검사 대행기관이 정하는 수수료를 내야 한다(제3항). 인증검사 대행기관은 제3항에 따른 수수료를 정할 때에는 해양수산부장관의 승인을 받아야 한다. 승인받은 수수료를 변경할 때에도 또한 같다(제4항). 인증검사 대행기관은 인증검사 대행업무에 관하여 해양수산부령으로 정하는 바에 따라 해양수산부장관에게 보고하여야 한다(제5항). 해양수산부장관은 인증검사 대행기관이 다음 각 호의 어느 하나에 해당하는 경우에는 그 지정을 취소하거나 6개월 이내의 기간을 정하여 그 업무를 정지할 수 있다. 다만, 아래 (i) 및 (vi)에 해당하는 경우에는 그 지정을 취소하여야

한다. (i) 거짓이나 그 밖의 부정한 방법으로 지정을 받은 경우, (ii) 인증검사 대행기관의 지정기준을 충족하지 못하게 된 경우, (iii) 인증검사에 관한 업무를 수행할 능력이 없다고 인정된 경우, (iv) 제4항을 위반하여 수수료의 승인 또는 변경승인을 받지 아니하고 수수료를 징수한 경우, (v) 제5항을 위반하여 인증검사 대행업무에 관한 보고를 하지 아니한 경우, (vi) 업무정지처분을 받고 업무정지처분 기간중에 인증검사 대행업무를 계속한 경우.

제6항에 따른 업무정지 등 처분절차 등에 관하여는 해양수산부령으로 정한다. 해양수산부장관은 제6항에 따라 인증검사 대행기관의 지정을 취소하려는 경우에는 청문을 실시하여야 한다(동법 제140조 제7항, 제8항).

V. 이의 신청

1. 이의신청 기한

인증검사에 불복하는 자는 검사 결과를 통지받은 날부터 30일 이내에 그 사유를 적어 해양수산부장관에게 이의신청을 할 수 있다(법 제141조 제1항).

2. 이의신청의 절차 등

이의신청을 하려는 자는 별지 제34호 서식의 이의신청서에 그 사유서를 첨부하여 해양수산부장관에게 제출하여야 한다(동법 제2항).

3. 해양수산부장관의 조치

해양수산부장관은 제1항에 따른 이의신청이 이유있다고 인정하는 경우에는 지방해양수산청장 또는 인증검사 대행기관으로 하여금 2주 이내에 재검사를 하게 하여야 한다(동법 제3항).

제13절 보칙 및 벌칙

Ⅰ. 보 칙[276)]

1. 서류의 선박 내 게시 등

(1) 대통령령으로 정하는 선박소유자[277)]는 대통령령으로 정하는 바[278)]에 따라 다음 각 호의 서류를 선박 내의 보기 쉬운 곳에 게시하여야 한다(법 제151조).

가. 단체협약 및 취업규칙을 적은 서류

나. 송환 절차, 유기구제보험 등의 가입 여부, 유기 구제비용의 청구 · 지급 절차 및 그 밖에 해양수산부령으로 정하는 사항[279)]이 포함된 서류

---

276) 가. 보칙 규정의 의의

법령의 총칙과 실체 규정에 규정하기에는 적합하지 않은 절차적 · 기술적 · 보충적인 사항에 대한 규정을 '보칙 규정'이라 한다. 일반적으로 보칙에서 정하는 내용으로는 수수료, 출입검사와 질문, 보고, 청문, 권한의 위임 · 위탁, 행정쟁송, 손실보상, 손해배상, 유사 명칭의 사용금지, 벌칙 적용 시의 공무원 의제 등이 있다. 이러한 보칙 규정은 법령을 장으로 구분하여 규정하는 경우에는 실체 규정과 벌칙 규정 사이에 보칙이라는 제목으로 장을 만들어 규정하고, 장의 구분이 없는 비교적 간단한 법령에서는 실체 규정과 벌칙 규정과의 사이에 규정한다.

나. 규정 시 유의 사항

1) 어떤 사항이 보칙에 규정되려면 실체 규정에 대한 절차적 사항이나 보충적 사항의 성격을 띠고 있어야 한다. 그 자체가 정책의 핵심수단 가운데 하나가 되는 경우에는 보칙에 규정하는 것이 부적절하고 실체 규정에 두어야 한다.

2) 보칙의 내용을 어떤 순서로 규정해야 할 것인지에 관해서 일반적인 원칙이 있는 것은 아니지만, 보칙 내용의 중요도, 실체 규정의 조문 순서 등을 고려하여 순서를 정하도록 한다. 다만, 청문, 권한의 위임 · 위탁, 벌칙 적용 시의 공무원 의제 규정은 보칙의 맨 끝에 위의 순서대로 두는 것이 일반적이다.

3) 여러 개의 장에 걸쳐서 공통적으로 규정되는 사항은 각각의 장에서 규정하는 것보다는 보칙 장(章)에 두는 것이 입법경제상 효과적이다.

277) 1. 법 제151조 제1항 제1호 · 제3호 · 제4호 및 같은 조 제2항 제1호 · 제2호의 서류: 모든 선박의 선박소유자, 2. 법 제151조 제1항 제2호의 서류: 국제항해에 종사하는 선박의 선박소유자, 3. 법 제151조 제2항 제3호의 서류: 국제항해에 종사하는 선박(「어선법」에 따른 어선은 제외한다)의 선박소유자.

278) 시행령 제50조의7(서류의 선박 내 게시 등) ② 제1항에 따른 선박소유자는 법 제151조 제1항 각 호의 서류를 한글과 영문으로 작성하여 선원이 이용하는 선박 내 사무실, 식당 또는 휴게실 중 한 곳에 게시하여야 한다. 다만, 국제항해에 종사하지 아니하는 선박의 선박소유자는 영문으로 작성된 서류는 게시하지 아니할 수 있다.

279) 시행규칙 제58조의11(선박 내 게시 서류의 범위) ① 법 제151조 제1항 제2호에서 "해양수산부령으

다. 제56조에 따른 임금채권보장보험 등의 가입 여부, 체불임금의 청구·지급 절차 및 그 밖에 해양수산부령으로 정하는 사항[280]이 포함된 서류

라. 재해보상보험 등의 가입 여부, 보험금의 청구·지급 절차 및 그 밖에 해양수산부령으로 정하는 사항[281]이 포함된 서류

(2) 대통령령으로 정하는 선박소유자는 다음 각 호의 서류를 선박 내에 갖추어 두어야 한다.

가. 이 법 및 이 법에 따른 명령을 적은 서류

로 정하는 사항"이란 다음 각 호의 사항을 말한다.

1. 선박의 명칭
2. 선박의 선적항(船籍港)
3. 선박의 호출부호
4. 국제해사기구에서 부여한 선박식별번호(IMO번호)
5. 선박소유자의 성명(법인인 경우에는 법인의 명칭 및 대표자의 성명을 말한다)
6. 법 제42조의2 제1항에 따른 보험 또는 공제(이하 "유기구제보험 등"이라 한다)를 운영하는 사업자(이하 "유기구제보험사업자등"이라 한다)의 상호명, 주소(법인의 경우에는 주된 사무소의 소재지를 말한다) 및 연락처
7. 유기구제보험 등의 유효기간
8. 유기구제보험 등이 법 제42조의2에 따른 유기구제보험 등의 청구와 지급에 관한 사항을 충족하고 있다는 유기구제보험사업자등의 확인

280) 시행규칙 제58조의11(선박 내 게시 서류의 범위) ② 법 제151조 제1항 제3호에서 "해양수산부령으로 정하는 사항"이란 다음 각 호의 사항을 말한다.

1. 제1항 제1호부터 제5호까지의 사항
2. 법 제56조 제1항에 따른 보험, 공제 또는 기금(이하 "임금채권보장보험 등"이라 한다)을 운영하는 보험업자, 공제업자 또는 기금운영자(이하 "임금채권보장보험사업자등"이라 한다)의 상호명, 주소(법인의 경우에는 주된 사무소의 소재지를 말한다) 및 연락처
3. 임금채권보장보험 등의 유효기간
4. 임금채권보장보험 등이 법 제56조에 따른 임금채권보장보험 등의 청구와 지급에 관한 사항을 충족하고 있다는 임금채권보장보험사업자등의 확인

281) 시행규칙 제58조의11(선박 내 게시 서류의 범위) ③ 법 제151조 제1항 제4호에서 "해양수산부령으로 정하는 사항"이란 다음 각 호의 사항을 말한다.

1. 제1항 제1호부터 제5호까지의 사항
2. 법 제106조 제1항에 따른 보험 또는 공제(이하 "재해보상보험 등"이라 한다)를 운영하는 사업자(이하 "재해보험사업자등"이라 한다)의 상호명, 주소(법인의 경우에는 주된 사무소의 소재지를 말한다) 및 연락처
3. 재해보상보험 등의 유효기간
4. 재해보상보험 등이 법 제106조에 따른 재해보상보험 등의 청구와 지급에 관한 사항을 충족하고 있다는 재해보험사업자등의 확인

나. 제43조 제1항에 따른 선원근로계약서 사본 1부

다. 해양수산부장관이 정하는 바에 따라 한글과 영문으로 작성된 선원의 근로기준 및 생활기준에 관한 내용이 포함된 서류

2. 양도 또는 압류의 금지

실업수당, 퇴직금, 송환비용, 송환수당, 유기 구제비용 또는 재해보상을 받을 권리는 양도하거나 압류할 수 없다(법 제152조). 이것은 고용관계가 소멸하거나 상병 등 재난을 당했을 때에 가급적 선원의 생활을 보장하려는 사회정책적 성격을 가진 규정이다.

3. 서류 보존

선박소유자는 선원명부, 선원근로계약서, 취업규칙, 임금대장 및 재해보상 등에 관한 서류를 작성한 날부터 3년간 보존하여야 한다(법 제153조).

4. 외국정부에 대한 협조

해양수산부장관은 외국정부가 다음 각 호의 어느 하나에 해당하는 사유로 대한민국의 선박소유자나 선원과 소송절차를 진행하는 경우에는 선원당직국제협약에서 정하는 바에 따라 협조하여야 한다(법 제154조).

(1) 선박소유자나 선장이 선원당직국제협약에서 요구하는 자격증명서를 지니지 아니한 선원을 승무시킨 경우

(2) 선원당직국제협약에 따라 적합한 선원자격증명서를 지닌 사람이 수행하여야 할 임무를 선원자격증명서를 지니지 아니한 사람이 수행하도록 해당 선장이 허용한 경우

(3) 선원당직국제협약에 따른 적합한 선원자격증명서를 지니지 아니한 사람이 그 선원자격증명서를 지닌 사람이 수행하여야 할 임무를 수행하기 위하여 거짓이나 부정한 방법으로 승무한 경우

5. 수수료[282)]

(1) 이 법에 따른 증서의 발급, 공인, 인증검사 등을 신청하거나 제76조 제2항·제85조 제3항에 따른 선박조리사 및 의료관리자 시험에 응시하려는 자는 해양수산부령으로 정하는 수수료를 내야 한다.

(2) 제1항에도 불구하고 제44조에 따라 선박소유자가 인터넷으로 승선·하선 공인을 받은 경우에는 수수료를 면제할 수 있다.

6. 시효의 특례

선원의 선박소유자에 대한 채권(재해보상청구권을 포함한다)은 3년간 행사하지 아니하면 시효로 소멸한다(법 제156조).

7. 권한의 위임·위탁

(1) 이 법에 따른 해양수산부장관의 권한은 그 일부를 대통령령으로 정하는 바에 따라 그 소속 기관의 장에게 위임하거나 한국해양수산연수원, 센터 또는 대통령령으로 정하는 기관에 위탁할 수 있다(법 제158조).

(2) 제1항에 따라 업무를 위탁받은 법인은 해양수산부령으로 정하는 바에 따라 위탁받은 업무와 관련된 수수료를 징수할 수 있다.

8. 민원사무의 전산처리 등

이 법에 따른 민원사무의 전산처리 등에 관하여는 「항만법」 제89조[283)]를 준용[284)]한다(법 제159조).

---

282) 법 제155조.

283) 제89조(항만물류통합정보체계의 구축·운영) ① 해양수산부장관은 항만이용 및 항만물류와 관련된 정보관리와 민원사무 처리 등을 위하여 필요하면 항만물류통합정보체계를 구축·운영할 수 있다. ② 항만물류통합정보체계의 구축·운영 및 이용 등에 필요한 사항은 대통령령으로 정한다.

284) 이상태, 「물권법」, 법원사, 2009에서 준용(準用)은 법적 개념으로 필요한 경우 그 한도에서 변경을 가하여 적용한다는 것을 말한다. 준용을 하는 이유는 법전을 간소화하고 같은 내용 반복을 피하기 위해서이다. 단점으로는 한 조문을 이해하기 위해서 다른 조문을 참조해야 해석이 가능하다는 것이 있다.

Ⅱ. 벌 칙

선원법의 규정의 법적 성질은 강행규범에 해당하므로, 이를 위반한 경우 그 위반자에 대하여 대부분 범죄행위를 벌하는 근대형법의 원칙에 따르고 있다. 다만, 선박소유자, 선원관리업자, 재정보증자 등의 사업자에 대한 경우에는 이 원칙에 대한 예외를 인정하고 범죄행위자 이외에 선박소유자를 벌하는 양벌규정을 두고 있다. 선원법상 양벌규정은 "법인의 대표자나 법인 또는 개인의 대리인, 사용인, 그 밖의 종업원이 그 법인 또는 개인의 업무에 관하여 제167조부터 제170조까지, 제172조, 제173조, 제174조 제1호 · 제2호, 제175조 또는 제177조의 어느 하나에 해당하는 위반행위를 하면 그 행위자를 벌하는 외에 그 법인 또는 개인에게도 해당 조문의 벌금형을 과(科)한다. 다만, 법인 또는 개인이 그 위반행위를 방지하기 위하여 해당 업무에 관하여 상당한 주의와 감독을 게을리하지 아니한 경우에는 그러하지 아니하다(법 제178조)."로 규정한다. 이와 같은 양벌규정은 다른 행정법에도 널리 규정되어 있다.

아울러 임금체불 등의 경우와 같이 이른바 반의사불벌죄[285)]에 해당하는 벌칙도 있다.

또한 벌칙에 관한 내용 중 선장에게 적용할 규정은 선장의 직무를 대행하는 사람에게도 적용한다.

그 밖에 2014년 세월호 사고 이후 사고방지를 위하여 선장과 해원에 대한 벌칙규정이 상당히 강화되었는데, 이는 벌칙의 강화로 의도하는 목적이 달성되지 않는 점, 국제해사기구에서는 선박운항과 관련하여 선원에 대한 벌칙규정을 폐지해 나가야 한다는 결의서를 채택하였다는 점에서 제도개선이 필요하다고 본다. 강화된 대표적인 벌칙은 다음과 같다.

---

285) 반의사불벌죄란 국가기관이 수사와 공판을 독자적으로 진행할 수 있지만 피해자가 처벌을 원하지 않는다는 명시적인 의사표시를 하는 경우에는 그 의사에 반하여 형사소추를 할 수 없도록 한 범죄를 말한다. 흔히 '□□죄는 피해자의 명시한 의사에 반하여 공소를 제기할 수 없다'는 형태로 규정된다. 반의사불벌죄는 처벌을 원하는 피해자의 의사표시 없이도 공소할 수 있다는 점에서 고소 · 고발이 있어야만 공소를 제기할 수 있는 친고죄(親告罪)와 구별된다.

제161조(벌칙) 제11조를 위반한 사람은 다음 각 호의 구분에 따라 처벌한다.
1. 인명을 구조하는 데 필요한 조치를 다하지 아니하였거나 필요한 조치를 다하지 아니하고 선박을 떠나 사람을 사망에 이르게 한 선장: 무기 또는 3년 이상의 징역
2. 인명을 구조하는 데 필요한 조치를 다하지 아니하였거나 필요한 조치를 다하지 아니하고 선박을 떠나 사람을 사망에 이르게 한 해원: 3년 이상의 징역
3. 인명을 구조하는 데 필요한 조치를 다하지 아니하였거나 필요한 조치를 다하지 아니하고 선박을 떠나 사람을 상해에 이르게 한 선원: 1년 이상 5년 이하의 징역
4. 선박 및 화물을 구조하는 데 필요한 조치를 다하지 아니하여 선박 또는 화물에 손상을 입힌 선원: 1년 이하의 징역 또는 1천만원 이하의 벌금

제162조(벌칙) 제12조 본문을 위반한 사람은 다음 각 호의 구분에 따라 처벌한다.
1. 인명을 구조하는 데 필요한 조치를 다하지 아니하여 사람을 사망에 이르게 한 선장: 무기 또는 3년 이상의 징역
2. 인명을 구조하는 데 필요한 조치를 다하지 아니하여 사람을 상해에 이르게 한 선장: 1년 이상 5년 이하의 징역
3. 선박을 구조하는 데 필요한 조치를 다하지 아니한 선장: 1년 이하의 징역 또는 1천만원 이하의 벌금

제6장 해사안전기본법

제1절 총 칙

2011년 6월 15일 기존 「해상교통안전법」을 「해사안전법(법률 제10801호, 2011. 6. 15., 전부개정, 시행 2011. 12. 16.)」으로 제명을 변경하였으며, 이때 국제해사기구(IMO)의 회원국 감사제도에서 요구하고 있는 해사안전정책의 수립 · 시행 · 평가 및 환류체계를 확립함으로써 해사안전정책의 실효성을 높이고자 해사안전기본에 관한 규정을 제정하였다.

이후 해사안전관리에 관한 기본법인 「해사안전법」의 기본법적 지위를 명확하게 하기 위해 「해사안전법」을 전부개정하여 「해사안전기본법(법률 제19572호, 2023. 7. 25., 전부개정, 시행 2024. 1. 26.)」으로 제명을 변경하고, 해상교통관리시책, 해사안전관리 전문인력 양성, 해사안전산업 진흥 관련 조항 등을 신설하는 한편, 종전 「해사안전법」에 포함되어 있는 해사안전관리를 위한 각종 규제사항 및 국제협약에 따른 사항에 대해서는 별도의 법률을 제정하는 등 현행 제도의 운영상 나타난 일부 미비점을 개선 · 보완하였다.[1)]

1) 종전 「해사안전법」에 포함되어 있던 수역 안전관리, 해상교통 안전관리, 선박 · 사업장의 안전관리 및 선박의 항법 등 선박의 안전운항을 위한 안전관리체계에 관한 사항을 별도의 「해상교통안전법」으로 제정하였다.

Ⅰ. 목적(법 제1조)

이 법은 해사안전 정책과 제도에 관한 기본적 사항을 규정함으로써 해양사고의 방지 및 원활한 교통을 확보하고 국민의 생명·신체 및 재산의 보호에 이바지함을 목적으로 한다.

Ⅱ. 기본이념(법 제2조)

이 법은 해양에서 선박의 항행 및 운항과 관련하여 발생할 수 있는 모든 위험과 장애로부터 국민의 생명·신체 및 재산을 보호하는 것이 국가 및 지방자치단체의 책무임을 확인하고, 해양의 이용이나 보존에 관한 시책을 수립하는 경우 해사안전을 우선적으로 고려하여 안전하고 지속가능한 해양이용을 도모하는 것을 기본이념으로 한다.

Ⅲ. 용어의 정의(법 제3조)

제3조(정의) 이 법에서 사용하는 용어의 뜻은 다음과 같다.

1. "해사안전관리"란 선원·선박소유자 등 인적 요인, 선박·화물 등 물적 요인, 해상교통체계·교통시설 등 환경적 요인, 국제협약·안전제도 등 제도적 요인을 종합적·체계적으로 관리함으로써 선박의 운용과 관련된 모든 일에서 발생할 수 있는 사고로부터 사람의 생명·신체 및 재산의 안전을 확보하기 위한 모든 활동을 말한다.
2. "선박"이란 물에서 항행수단으로 사용하거나 사용할 수 있는 모든 종류의 배로 수상항공기(물 위에서 이동할 수 있는 항공기를 말한다)와 수면비행선박(표면효과 작용을 이용하여 수면 가까이 비행하는 선박을 말한다)을 포함한다.
3. "해양시설"이란 자원의 탐사·개발, 해양과학조사, 선박의 계류(繫留)·수리·하역, 해상주거·관광·레저 등의 목적으로 해저(海底)에 고착된 교량·터널·케이블·인공섬·시설물이거나 해상부유 구조물(선박은 제외한다)인 것을 말한다.
4. "해사안전산업"이란 「해양사고의 조사 및 심판에 관한 법률」 제2조에 따른 해양사고로부터 사람의 생명·신체·재산을 보호하기 위한 기술·장비·시설·제품 등을 개발·생산·유통하거나 관련 서비스를 제공하는 산업을 말한다.
5. "해상교통망"이란 선박의 운항상 안전을 확보하고 원활한 운항흐름을 위하여 해양수산부장관이 영해 및 내수에 설정하는 각종 항로, 각종 수역 등의 해양공간과 이에 설치

되는 해양교통시설의 결합체를 말한다.
6. "해사 사이버안전"이란 사이버공격으로부터 선박운항시스템을 보호함으로써 선박운항 시스템과 정보의 기밀성·무결성·가용성 등 안전성을 유지하는 상태를 말한다.

Ⅳ. 국가 등의 책무(법 제4조)

1. 국가 및 지방자치단체

국가 및 지방자치단체는 다음 사항을 하여야 한다.

① 해사안전을 확보하고 해양에서의 국민의 생명·신체 및 재산을 보호하기 위하여 필요한 시책을 수립·시행하여야 한다.

② 해양사고를 예방하고 해상교통환경의 변화에 대응할 수 있도록 해양시설의 관리, 해상교통망의 구축 및 관리, 해상교통 관련 신기술의 개발·기반조성 지원, 해사 사이버안전 관리 등을 위하여 필요한 시책을 수립·시행하여야 한다.

③ 해사안전과 관련된 분야에 종사하는 자의 안전을 확보하고 복지수준을 향상시키기 위하여 필요한 시책을 수립·시행하여야 한다.

④ 국민의 안전한 해양이용을 촉진하기 위하여 국민에 대한 해사안전 지식·정보의 제공, 해사안전 교육 및 해사안전 문화의 홍보를 실시하도록 노력하여야 한다.

2. 국 가

국가는 외국 및 국제기구 등과 해사안전에 관한 기술협력, 정보교환, 공동 조사·연구를 위한 기구설치 등 효율적인 국제협력을 추진하기 위하여 노력하여야 하며, 해사안전 관련 산업의 진흥 및 국제화에 필요한 지원을 하여야 한다.

Ⅴ. 국민 등의 책무(법 제5조)[2)]

1. 국민의 책무

모든 국민은 국가와 지방자치단체가 수립·시행하는 해사안전정책의 원활한

2) 종전 선박·해양시설 소유자의 책무에 관한 조항을 국민의 책무 조항으로 확대하여 모든 국민이 해사안전정책의 원활한 추진을 위하여 적극적으로 협력할 책무를 신설하였다(법 개정이유 참조).

추진을 위하여 적극적으로 협력하여야 한다.

2. 선박 · 해양시설 소유자의 책무

선박 · 해양시설 소유자는 국가의 해사안전에 관한 시책에 협력하여 자기가 소유 · 관리하거나 운영하는 선박 · 해양시설로부터 해양사고 등이 발생하지 아니하도록 종사자에 대한 교육 · 훈련 등을 실시하고 제반 안전규정을 준수하여야 한다.

Ⅵ. 다른 법률과의 관계(법 제6조)

국가는 해사안전관리에 관한 다른 법률을 제정하거나 개정하는 경우에는 이 법의 목적과 기본이념에 맞도록 하여야 한다.

제2절 국가해사안전기본계획의 수립 등

Ⅰ. 국가해사안전기본계획(법 제7조)

1. 국가해사안전기본계획 수립

해양수산부장관은 해사안전 증진을 위한 국가해사안전기본계획(이하 "기본계획"이라 한다)을 5년 단위로 수립하여야 한다.[3] 다만, 기본계획 중 항행환경개선에 관한 계획은 10년 단위로 수립할 수 있다.

2. 관계 행정기관과의 협의 및 협력 요청

해양수산부장관은 기본계획을 수립하거나 대통령령으로 정하는 중요한 사항을 변경하려는 경우에는 관계 행정기관의 장과 협의하여야 한다.

해양수산부장관은 기본계획을 수립하거나 변경하기 위하여 필요하다고 인정하는 경우에는 관계 중앙행정기관의 장, 특별시장 · 광역시장 · 특별자치시장 · 도지사 · 특별자치도지사(이하 "시 · 도지사"라 한다), 시장 · 군수 · 구청장(자치구의 구청장을

3) 기본계획의 수립 및 시행에 필요한 사항은 대통령령으로 정한다.

말한다. 이하 같다), 「공공기관의 운영에 관한 법률」 제4조에 따른 공공기관의 장(이하 "공공기관의 장"이라 한다), 해사안전과 관련된 기관·단체의 장 또는 개인에 대하여 관련 자료의 제출, 의견의 진술 또는 그 밖에 필요한 협력을 요청할 수 있다. 이 경우 요청을 받은 자는 특별한 사유가 없으면 이에 따라야 한다.

Ⅱ. 해사안전시행계획의 수립·시행(법 제8조)

1. 해사안전시행계획의 수립·시행

해양수산부장관은 기본계획을 시행하기 위하여 매년 해사안전시행계획(이하 "시행계획"이라 한다)을 수립·시행하여야 한다.[4)]

2. 기관별 해사안전시행계획의 작성·제출

해양수산부장관은 시행계획을 수립하려는 경우에는 시행계획의 수립지침을 작성하여 관계 중앙행정기관의 장, 시·도지사, 시장·군수·구청장, 공공기관의 장에게 통보하여야 하며, 이에 따라 통보를 받은 관계 중앙행정기관의 장, 시·도지사, 시장·군수·구청장 및 공공기관의 장은 기관별 해사안전시행계획을 작성하여 해양수산부장관에게 제출하여야 한다.

Ⅲ. 해사안전실태조사(법 제9조)

해양수산부장관은 기본계획과 시행계획을 효율적으로 수립·시행하기 위하여 5년마다 해사안전관리에 관한 각종 실태를 조사하여야 하며,[5)] 실태조사의 결과를 기본계획과 시행계획에 반영하여야 한다.

해양수산부장관은 실태조사를 위하여 관계 기관·법인·단체·시설의 장에게 자료의 제출 또는 의견의 진술을 요청할 수 있다. 이 경우 요청을 받은 자는 정당한 사유가 없으면 이에 협조하여야 한다.

---

4) 시행계획에 포함할 내용과 수립 절차·방법 등에 필요한 사항은 대통령령으로 정한다.
5) 실태조사의 내용 및 방법, 그 밖에 필요한 사항은 해양수산부령으로 정한다.

Ⅳ. 기본계획 및 시행계획의 국회 제출 등(법 제10조)

해양수산부장관은 기본계획 및 시행계획을 수립하거나 변경한 때에는 관계 중앙행정기관의 장 및 시·도지사에게 통보하고 지체 없이 국회 소관 상임위원회에 제출하여야 하며, 기본계획 및 시행계획을 수립하거나 변경한 때에는 대통령령으로 정하는 바에 따라 공표하여야 한다.

제3절 해상교통관리시책 등

Ⅰ. 해상교통관리시책 등(법 제11조)

해양수산부장관은 선박교통환경 변화에 대비하여 해상에서 선박의 안전한 통항흐름이 이루어질 수 있도록 해상교통관리에 필요한 시책을 강구하여야 하고, 해상교통관리시책을 이행하기 위하여 주기적으로 연안해역 등에 대한 교통영향을 평가하고 그 결과를 공표하여야 하며, 선박의 항행안전을 위하여 필요한 경우에는 각종 해상교통시설을 설치·관리하여야 한다.[6)]

Ⅱ. 선박 및 해양시설의 안전성 확보(법 제12조)

해양수산부장관은 선박의 안전성을 확보하기 위하여 선박의 구조·설비 및 시설 등에 관한 기술기준을 개선하고 지속적으로 발전시키기 위한 시책을 마련하여야 하고, 선박의 교통상 장애를 제거하기 위하여 해양시설에 대한 안전관리를 하여야 한다.[7)]

---

6) 해상교통관리시책의 수립·추진 및 이행 등에 관한 사항은 따로 법률로 정한다.

7) 선박의 안전성 및 해양시설에 대한 안전관리에 관하여는 따로 법률로 정한다.

Ⅲ. 해사안전관리 전문인력의 양성(법 제13조)

1. 해사안전관리 전문인력의 양성

해양수산부장관은 해사안전관리를 효과적으로 할 수 있는 전문인력을 양성하기 위하여 다음 각 호의 시책을 수립·추진하여야 한다.

① 해사안전관리 분야별 전문인력 양성

② 해사안전관리 업무종사자의 역량 강화를 위한 교육·연수

③ 해사안전관리 업무종사자에 대한 교육프로그램 및 교재 개발·보급

④ 신기술 접목 선박 등의 안전관리에 필요한 전문인력 양성

⑤ 그 밖에 해사안전관리 전문인력의 양성을 위하여 필요하다고 인정되는 사업

2. 해사안전관리 전문인력 양성기관 지정 및 취소

해양수산부장관은 전문인력을 양성하기 위하여 해사안전관리와 관련한 대학·연구소·기관 또는 단체를 전문인력 양성기관으로 지정할 수 있고, 지정된 전문인력 양성기관에 대하여 교육 및 훈련에 필요한 비용의 전부 또는 일부를 지원할 수 있다.

해양수산부장관은 지정된 전문인력 양성기관이 다음 각 호의 어느 하나에 해당하는 경우 그 지정을 취소할 수 있다.

① 거짓 또는 부정한 방법으로 지정을 받은 경우

② 정당한 사유 없이 지정받은 업무를 수행하지 아니한 경우

③ 업무수행능력이 현저히 부족하다고 인정되는 경우

전문인력 양성기관의 지정 및 지정취소의 기준·절차와 지원 범위, 그 밖에 필요한 사항은 대통령령으로 정한다.

Ⅳ. 해양교통안전정보관리체계의 구축 등(법 제14조)

1. 해양교통안전정보관리체계의 구축·운영

해양수산부장관은 해양사고 원인정보 등 해양수산부령으로 정하는 해양교통

안전정보(이하 "해양교통안전정보"라 한다)를 통합적으로 유지·관리하기 위하여 해양교통안전정보관리체계(이하 이 조에서 "해양교통안전정보관리체계"라 한다)를 구축·운영할 수 있다.[8]

2. 관계 행정기관 등과의 협력 요청 및 정보 공유

해양수산부장관은 해양교통안전정보를 보유하고 있는 중앙행정기관의 장, 시·도지사, 시장·군수·구청장, 공공기관의 장, 해사안전과 관련된 기관·단체의 장 또는 개인에게 해양교통안전정보관리체계의 구축·운영에 필요한 정보의 제공 및 그 밖에 필요한 협력을 요청할 수 있다. 이 경우 요청을 받은 자는 특별한 사유가 없으면 그 요청에 따라야 한다.

해양수산부장관은 해사안전정책에 효과적으로 활용할 수 있도록 관계 중앙행정기관, 지방자치단체, 「공공기관의 운영에 관한 법률」 제4조에 따른 공공기관 및 관련 기관·단체와 해양교통안전정보를 공유할 수 있다.

3. 기타 상세사항

해양교통안전정보관리체계의 구축·운영 및 해양교통안전정보의 공유 절차·방법 등에 필요한 사항은 대통령령으로 정한다.

Ⅴ. 선박안전도정보의 공표(법 제15조)

해양수산부장관은 선박을 이용하는 국민의 안전을 도모하기 위하여 다음 각 호에서 정하는 선박의 해양사고 발생 건수, 관계 법령이나 국제협약에서 정한 선박의 안전에 관한 기준의 준수 여부 및 그 선박의 소유자·운항자 또는 안전관리대행자 등에 대한 정보를 공표할 수 있다.[9] 다만, 대통령령으로 정하는 중대한 해

---

8) 해양수산부장관은 법 제14조 제1항에 따른 해양교통안전정보관리체계를 통해 관리되는 해양교통안전정보의 정확도 검증 등을 위하여 표본조사를 할 수 있다(시행령 제6조).

9) 공표 대상 정보의 범위는 다음 각 호와 같다(시행규칙 제6조 제1항).
1. 해당 선박의 명세(선박명, 총톤수, 선박번호, 국제해사기구번호)
2. 해당 선박의 해양사고 발생건수 및 사고개요
3. 해당 선박의 안전기준 준수 여부 및 위반 실적

양사고가 발생한 선박[10]에 대하여는 사고개요, 해당 선박의 명세 및 소유자 등 해양수산부령으로 정하는 정보를 공표하여야 한다.

① 「해운법」 제3조에 따른 해상여객운송사업에 종사하는 선박으로서 해양수산부령으로 정하는 선박

② 「해운법」 제23조에 따른 해상화물운송사업에 종사하는 선박으로서 해양수산부령으로 정하는 선박

③ 대한민국의 항만에 기항(寄港)하는 외국선박으로서 해양수산부령으로 정하는 선박

④ 그 밖에 국제해사기구 등 해사안전과 관련된 국제기구의 요청 등에 따라 해당 선박의 안전도에 대한 정보를 제공할 필요가 있다고 해양수산부장관이 인정하는 선박

Ⅵ. 안전투자의 공시(법 제16조)

「해운법」 제2조 제2호 및 제3호에 따른 해상여객운송사업과 해상화물운송사업을 하는 자 중 해양수산부령으로 정하는 자는 해사안전의 증진을 위하여 선박시설 유지보수 등 해양수산부장관이 인정한 해사안전과 관련한 지출 또는 투자(이하 "안전투자"라 한다)의 세부내역을 매년 공시하여야 하며, 안전투자의 범위 및 항목과 공시 기준, 절차 등 안전투자의 공시에 필요한 사항은 해양수산부령으로 정한다.

---

4. 선박소유자, 선박운항자 및 안전관리대행업자의 성명 또는 상호

10) "대통령령으로 정하는 중대한 해양사고가 발생한 선박"이란 선박의 구조·설비 또는 운용과 관련하여 다음 각 호의 어느 하나에 해당하는 해양사고가 발생한 선박을 말한다(시행령 제7조).
1. 사람이 사망하거나 실종된 사고
2. 선박이 충돌·좌초·전복(顚覆)·침몰 등으로 멸실되거나 감항능력(堪航能力)을 상실하여 선박에 대한 수난구호 또는 예인(曳引)작업이 이루어진 사고
3. 다음 각 목의 어느 하나에 해당하는 유출 사고
가. 「유류오염손해배상 보장법」 제2조 제5호에 따른 유류가 30킬로리터 이상 유출된 사고
나. 「해상교통안전법」 제11조 제1항 제1호에 따라 해양수산부령으로 정하는 기름(가목에 따른 유류는 제외한다)이 100킬로리터 이상 유출된 사고

제4절 국제협력 및 해사안전산업의 진흥

Ⅰ. 국제협력의 증진(법 제17조)

해양수산부장관은 해사안전분야의 발전을 위하여 각종 해사안전 동향 조사 및 정책 개발, 인력·기술의 교류 등에 관하여 국제해사기구를 비롯한 국제기구, 외국정부 및 기관과의 협력사업을 추진할 수 있으며, 국제해사기구가 추진하는 해사안전에 관한 새로운 규제 등에 선제적으로 대응하기 위하여 융복합 연구개발 기반을 마련하고 이에 필요한 각종 지원을 적극적으로 추진하여야 한다.

Ⅱ. 해사안전산업의 진흥시책(법 제18조)

해양수산부장관은 해사안전의 증진을 위하여 해사안전산업을 진흥하기 위한 시책을 마련하여 추진하여야 하며, 해양수산부장관은 새롭게 등장하는 해사안전 분야의 신산업 발전을 효과적으로 지원하기 위하여 관련 조사, 기술개발, 기반시설 구축 등 각종 지원사업을 실시할 수 있다.

해양수산부장관은 해사안전산업의 진흥을 위하여 금융지원 등 필요한 지원을 할 수 있다.

Ⅲ. 해사안전산업 관련 실증시설 설치 및 시범지구 조성 등(법 제19조)

해양수산부장관은 해사안전산업의 경쟁력 강화를 위하여 해사안전에 필요한 신기술이 반영된 선박, 시설 및 설비에 대한 실증기반을 마련하여야 하며, 각종 해사안전산업 분야의 실증사업을 위하여 실증시설 설치 및 시범지구 조성 등을 추진할 수 있다.

Ⅳ. 국제해사기구의 국제협약 이행 기본계획 등(법 제20조)

1. 국제해사기구의 회원국 감사 계획 수립 등

해양수산부장관은 국제해사기구의 국제협약을 이행하기 위한 계획(이하 "이행계획"이라 한다)을 7년마다 수립하여야 하며, 이행계획을 시행하기 위하여 매년 점검계획(이하 "점검계획"이라 한다)을 수립하여야 한다.[11]

1) 회원국 감사의 대상 국제협약등

해양수산부장관은 이행계획을 수립할 때 다음 각 호의 국제협약과 관련 규정(이하 "국제협약등"이라 한다)에 따른 협약 당사국으로서의 국가의 의무 및 책임을 고려해야 한다.

① 「해상에서의 인명 안전을 위한 국제협약」

② 「선박으로부터의 오염방지를 위한 국제협약」

③ 「선원의 훈련, 자격증명 및 당직근무의 기준에 관한 국제협약」

④ 「국제 만재흘수선 협약」

⑤ 「선박톤수 측정에 관한 국제협약」

⑥ 「국제해상충돌예방규칙 협약」

⑦ 제1호부터 제6호까지의 국제협약의 이행과 관련된 국제해사기구의 규정

2) 이행계획 포함내용

이행계획에는 다음 각 호의 사항이 포함되어야 한다.

① 국제협약등에 따른 협약 당사국으로서의 국가 의무 및 책임의 이행을 보장하기 위한 기본방향 및 전략에 관한 사항

② 국제협약등의 이행에 대한 점검 및 평가에 관한 사항

③ 국제협약등에 따라 국가의 업무를 대행할 수 있는 기관에 대한 관리 및 해당 기관과의 협조체계 구축에 관한 사항

---

11) 국제해사기구에서 회원국 감사(IMSAS)를 7년 단위로 시행함에 따라 해양수산부는 '국제해사기구의 국제협약을 이행하기 위한 계획(회원국 감사 대응계획)을 7년마다 수립하고 있고, 회원국 감사 대응계획을 시행하기 위하여 매년 점검계획을 수립하고 있다.

④ 그 밖에 해양수산부장관이 국제협약등을 이행하기 위하여 필요하다고 인정하는 사항

3) 점검계획 포함내용

점검계획에는 다음 각 호의 사항에 대한 점검 내용이 포함되어야 한다.

① 국제협약등의 국내법 반영현황 및 계획 등

② 국제협약등의 이행과 관련된 인력의 자격, 선발 방법과 권한 및 관련 조직 등

③ 국제협약등의 이행과 관련된 기록의 관리 및 유지 등

④ 국제협약등의 이행과 관련된 교육·훈련 등

⑤ 그 밖에 이행계획의 시행을 위하여 필요한 사항

해양수산부장관은 점검계획에 따라 점검한 결과 이행계획을 시행하기 위하여 위 각 호의 사항에 대한 보완 등이 필요하다고 인정되는 경우에는 관계 행정기관의 장, 공공기관의 장 및 그 밖의 관계인에게 보완 등에 필요한 적정한 기간을 정하여 보완 등의 필요한 조치를 요청할 수 있다.

2. 관계기관 등의 협력 요청

해양수산부장관은 이행계획 및 점검계획을 수립하거나 변경하기 위하여 필요하다고 인정하는 경우에는 관계 중앙행정기관의 장, 시·도지사, 시장·군수·구청장, 공공기관의 장, 그 밖의 관계인에게 관련 자료의 제출, 의견의 진술 또는 그 밖에 필요한 협력을 요청할 수 있다. 이 경우 요청을 받은 자는 특별한 사유가 없으면 요청에 따라야 한다.

제5절 해양안전교육 및 문화 진흥

Ⅰ. 해양안전교육·문화 진흥을 위한 시책의 추진(법 제21조)

해양수산부장관은 국민의 해양안전에 관한 의식을 높이고 해양안전문화를 진흥하기 위하여 다음 각 호의 사업을 적극적으로 추진하여야 한다.

① 해양안전교육 및 해양안전체험활동 사업
② 해양안전 의식을 높이기 위한 캠페인 및 홍보 사업
③ 해양안전행동요령 등 해양안전에 관한 지침의 개발·보급 사업
④ 해양안전문화 우수사례의 발굴 및 확산 사업
⑤ 그 밖에 해양안전문화의 진흥에 필요한 사업

Ⅱ. 해양안전교육의 활성화(법 제22조)

해양수산부장관은 국민이 해양안전에 관한 지식을 갖추어 해양사고의 발생을 예방하고 대비할 수 있도록 해양안전교육을 하여야 하며, 해양안전교육의 활성화를 위하여 다음 각 호의 사업을 추진할 수 있다.

① 해양안전교육 프로그램 및 자료 개발
② 체험형 해양안전교육사업의 실시
③ 해양안전교육 전문강사에 대한 교육·훈련
④ 해양안전교육에 대한 인식 및 수요조사
⑤ 그 밖에 해양안전교육의 활성화에 필요한 사항

Ⅲ. 해양안전헌장(법 제23조)

1. 해양안전헌장의 제정·고시

해양수산부장관은 국민의 해양안전에 관한 의식을 고취하고 해양사고를 예방하기 위하여 해양안전에 관한 사항과 해사안전관리 등 해양안전과 관련된 업무에 종사하는 자가 준수하여야 할 사항 등을 규정한 해양안전헌장을 제정·고시할 수 있다.

2. 관계 행정기관 등의 해양안전헌장 홍보 등

해양안전과 관련된 행정기관 등은 해양안전헌장을 관계 시설이나 선박 등에 게시하는 등 해양안전헌장의 내용을 관계자에게 널리 알리고 이를 실천할 수 있도록 필요한 조치를 하여야 한다.

Ⅳ. 해양안전의 날 등(법 제24조)

해양수산부장관은 대통령령으로 정하는 바에 따라 국민의 해양안전에 관한 의식을 고취하기 위하여 해양안전의 날을 정하고 필요한 행사 등을 할 수 있다.

Ⅴ. 포상(법 제25조)

해양수산부장관은 해양안전에 기여한 공로가 현저한 기관, 법인, 단체 및 개인을 선정하여 포상할 수 있으며, 포상의 기준, 방법 및 그 밖에 필요한 사항은 해양수산부령으로 정한다.

제6절 보 칙

Ⅰ. 조사 및 검사(법 제26조)

해양수산부장관은 해사안전을 위하여 필요하다고 인정하면 해사안전 관련 기관·법인 및 단체의 업무에 관한 사항을 보고하게 하거나 자료의 제출을 명할 수 있으며, 소속 공무원으로 하여금 조사하게 하거나 서류를 검사하게 할 수 있으며, 조사 및 검사를 하는 공무원 등은 그 권한을 표시하는 증표를 지니고 이를 관계인에게 보여 주어야 한다.

Ⅱ. 청문(법 제27조)

해양수산부장관은 법 제13조 제4항에 따라 전문인력 양성기관의 지정을 취소하려면 청문을 하여야 한다.

Ⅲ. 권한 등의 위임 · 위탁(법 제28조)

이 법에 따른 해양수산부장관의 권한은 대통령령으로 정하는 바에 따라 그 일부를 그 소속 기관의 장 또는 지방자치단체의 장에게 위임할 수 있다.

해양수산부장관은 이 법에 따른 업무의 일부를 대통령령으로 정하는 바에 따라 해사안전과 관련된 전문기관에 위탁할 수 있다.

Ⅳ. 비밀유지(법 제29조)

법 제28조 제2항에 따라 전문기관에 위탁된 업무에 종사하거나 종사하였던 사람은 그 직무상 알게 된 비밀을 타인에게 누설하거나 직무상 목적 외에 사용하여서는 아니 된다. 다만, 해사안전을 위하여 해양수산부장관이 필요하다고 인정하면 그러하지 아니하다.

Ⅴ. 벌칙 적용에서 공무원 의제(법 제30조)

법 제28조 제2항에 따라 위탁받은 업무에 종사하는 전문기관의 임직원은 「형법」 제129조부터 제132조까지를 적용할 때에는 공무원으로 본다.

제7절 벌 칙

Ⅰ. 벌칙(법 제31조)

법 제29조를 위반하여 업무수행 과정에서 알게 된 비밀을 누설하거나 직무상 목적 외에 사용한 자는 3년 이하의 징역 또는 3천만 원 이하의 벌금에 처한다.

Ⅱ. 양벌규정(법 제32조)

법인의 대표자나 법인 또는 개인의 대리인, 사용인, 그 밖의 종업원이 그 법인 또는 개인의 업무에 관하여 법 제31조에 해당하는 위반행위를 하면 그 행위자를 벌하는 외에 그 법인 또는 개인에게도 해당 조문의 벌금형을 과한다. 다만, 법인 또는 개인이 그 위반행위를 방지하기 위하여 해당 업무에 관하여 상당한 주의와 감독을 게을리하지 아니한 경우에는 그러하지 아니하다.

Ⅲ. 과태료(법 제33조)

(1) 법 제16조 제1항에 따른 공시를 하지 아니하거나 거짓으로 공시한 자에게는 300만 원 이하의 과태료를 부과한다.

(2) 다음 각 호의 어느 하나에 해당하는 자에게는 200만 원 이하의 과태료를 부과한다.

① 법 제26조 제1항에 따른 보고 또는 자료의 제출을 거부하거나 거짓으로 한 자

② 법 제26조 제1항에 따른 조사 또는 검사를 거부·방해하거나 기피한 자

(3) 과태료는 대통령령으로 정하는 바에 따라 해양수산부장관이 부과·징수한다.

제7장 해상교통안전법

제1절 총 칙

「해상교통안전법」은 국제해상충돌예방규칙협약(COLREG 72), 해상에서의 인명안전에 관한 협약(SOLAS) 제9장 선박의 안전운항을 위한 관리와 관련된 국제안전관리규약(ISM Code), 난파물제거협약 등의 강행력을 확보하기 위하여 제정되었고, 또한 우리나라의 영해 및 내수에서 안전한 해상교통로 확보를 위하여 교통안전특정해역 및 유조선통항금지해역 등 수역의 안전관리를 위해 특별히 규정하고 있다.

Ⅰ. 목 적

이 법은 수역 안전관리, 해상교통 안전관리, 선박·사업장의 안전관리 및 선박의 항법 등 선박의 안전운항을 위한 안전관리체계에 관한 사항을 규정함으로써 선박항행과 관련된 모든 위험과 장해를 제거하고 해사안전 증진과 선박의 원활한 교통에 이바지함을 목적으로 한다.

Ⅱ. 용어의 정의

해상교통안전법에서는 국제해상충돌예방규칙협약, 국제안전관리규약 및 난파물제거협약과 관련된 용어뿐만 아니라 법의 목적과 관련된 규정의 시행을 위해 필요한 용어를 정의하고 있다.

1. 국제해양충돌예방규칙협약과 관련된 용어

법 제2조(정의) 이 법에서 사용하는 용어의 뜻은 다음과 같다.

2. "선박"이란 「해사안전기본법」 제3조 제2호에 따른 선박을 말한다.
7. "동력선"(動力船)이란 기관을 사용하여 추진(推進)하는 선박을 말한다. 다만, 돛을 설치한 선박이라도 주로 기관을 사용하여 추진하는 경우에는 동력선으로 본다.
8. "범선"(帆船)이란 돛을 사용하여 추진하는 선박을 말한다. 다만, 기관을 설치한 선박이라도 주로 돛을 사용하여 추진하는 경우에는 범선으로 본다.
9. "어로에 종사하고 있는 선박"이란 그물, 낚싯줄, 트롤망, 그 밖에 조종성능을 제한하는 어구(漁具)를 사용하여 어로(漁撈) 작업을 하고 있는 선박을 말한다.
10. "조종불능선"(操縱不能船)이란 선박의 조종성능을 제한하는 고장이나 그 밖의 사유로 조종을 할 수 없게 되어 다른 선박의 진로를 피할 수 없는 선박을 말한다.
11. "조종제한선"(操縱制限船)이란 다음 각 목의 작업과 그 밖에 선박의 조종성능을 제한하는 작업에 종사하고 있어 다른 선박의 진로를 피할 수 없는 선박을 말한다.
    가. 항로표지, 해저전선 또는 해저파이프라인의 부설 · 보수 · 인양 작업
    나. 준설(浚渫) · 측량 또는 수중 작업
    다. 항행 중 보급, 사람 또는 화물의 이송 작업
    라. 항공기의 발착(發着)작업
    마. 기뢰(機雷)제거작업
    바. 진로에서 벗어날 수 있는 능력에 제한을 많이 받는 예인(曳引)작업
12. "흘수제약선"(吃水制約船)이란 가항(可航)수역의 수심 및 폭과 선박의 흘수와의 관계에 비추어 볼 때 그 진로에서 벗어날 수 있는 능력이 매우 제한되어 있는 동력선을 말한다.
16. "통항로"(通航路)란 선박의 항행안전을 확보하기 위하여 한쪽 방향으로만 항행할 수 있도록 되어 있는 일정한 범위의 수역을 말한다.
17. "제한된 시계"란 안개 · 연기 · 눈 · 비 · 모래바람 및 그 밖에 이와 비슷한 사유로 시계(視界)가 제한되어 있는 상태를 말한다.
19. "항행 중"이란 선박이 다음 각 목의 어느 하나에 해당하지 아니하는 상태를 말한다.
    가. 정박(碇泊)
    나. 항만의 안벽(岸壁) 등 계류시설에 매어 놓은 상태[계선부표(繫船浮標)나 정박하고 있는 선박에 매어 놓은 경우를 포함한다]
    다. 얹혀 있는 상태
20. "길이"란 선체에 고정된 돌출물을 포함하여 선수(船首)의 끝단부터 선미(船尾)의 끝단 사이의 최대 수평거리를 말한다.
21. "폭"이란 선박 길이의 횡방향 외판의 외면으로부터 반대쪽 외판의 외면 사이의 최대 수평거리를 말한다.
22. "통항분리제도"란 선박의 충돌을 방지하기 위하여 통항로를 설정하거나 그 밖의 적절한 방법으로 한쪽 방향으로만 항행할 수 있도록 항로를 분리하는 제도를 말한다.

23. "분리선"(分離線) 또는 "분리대"(分離帶)란 서로 다른 방향으로 진행하는 통항로를 나누는 선 또는 일정한 폭의 수역을 말한다.
24. "연안통항대"(沿岸通航帶)란 통항분리수역의 육지 쪽 경계선과 해안 사이의 수역을 말한다.
25. "예인선열"(曳引船列)이란 선박이 다른 선박을 끌거나 밀어 항행할 때의 선단(船團) 전체를 말한다.
26. "대수속력"(對水速力)이란 선박의 물에 대한 속력으로서 자기 선박 또는 다른 선박의 추진장치의 작용이나 그로 인한 선박의 타력(惰力)에 의하여 생기는 것을 말한다.

법 제2조 제2호에 따른 선박이란 「해사안전기본법」 제3조 제2호에 따른 선박을 말하며, 이는 물에서 항행수단으로 사용하거나 사용할 수 있는 모든 종류의 배(물 위에서 이동할 수 있는 수상항공기와 수면비행선박을 포함한다)를 말한다.

2. 기타 용어

법 제2조(정의) 이 법에서 사용하는 용어의 뜻은 다음과 같다.
1. "해사안전관리"란 「해사안전기본법」 제3조 제1호에 따른 안전관리를 말한다.
3. "대한민국선박"이란 「선박법」 제2조 각 호에 따른 선박을 말한다.
4. "위험화물운반선"이란 선체의 한 부분인 화물창(貨物倉)이나 선체에 고정된 탱크 등에 해양수산부령으로 정하는 위험물을 싣고 운반하는 선박을 말한다.
5. "거대선"(巨大船)이란 길이 200미터 이상의 선박을 말한다.
6. "고속여객선"이란 시속 15노트 이상으로 항행하는 여객선을 말한다.
13. "해양시설"이란 「해사안전기본법」 제3조 제3호에 따른 시설을 말한다.
14. "해상교통안전진단"이란 해상교통안전에 영향을 미치는 다음 각 목의 사업(이하 "안전진단대상사업"이라 한다)으로 발생할 수 있는 항행안전 위험 요인을 전문적으로 조사·측정하고 평가하는 것을 말한다.
   가. 항로 또는 정박지의 지정·고시 또는 변경
   나. 선박의 통항을 금지하거나 제한하는 수역(水域)의 설정 또는 변경
   다. 수역에 설치되는 교량·터널·케이블 등 시설물의 건설·부설 또는 보수
   라. 항만 또는 부두의 개발·재개발
   마. 그 밖에 해상교통안전에 영향을 미치는 사업으로서 대통령령으로 정하는 사업
15. "항행장애물"(航行障碍物)이란 선박으로부터 떨어진 물건, 침몰·좌초된 선박 또는 이로부터 유실(遺失)된 물건 등 해양수산부령으로 정하는 것으로서 선박항행에 장애가 되는 물건을 말한다.
18. "항로지정제도"란 선박이 통항하는 항로, 속력 및 그 밖에 선박 운항에 관한 사항을 지정하는 제도를 말한다.

1. “해사안전관리”란 「해사안전기본법」 제3조 제1호에 따른 안전관리를 말하며, 이는 선원·선박소유자 등 인적 요인, 선박·화물 등 물적 요인, 항행보조시설·안전제도 등 환경적 요인을 종합적·체계적으로 관리함으로써 선박의 운용과 관련된 모든 일에서 발생할 수 있는 사고로부터 사람의 생명·신체 및 재산의 안전을 확보하기 위한 모든 활동을 말한다. 이 용어는 「해사안전기본법」상 국가해사안전기본계획 수립 등과 관련하여 규정하고 있으며, 해사안전 우수사업자의 지정, 지도감독 및 개선명령(제59조~제61조), 선박안전관리사(제64조) 등과 관련되어 있다.

3. “대한민국선박”이란 「선박법」 제2조 각 호에 따른 선박[1]을 말하며, 이 법의 적용과 관련하여 정의하고 있다.

6. “위험화물운반선”, 7. “거대선”(巨大船) 및 8. “고속여객선”은 제2장 수역안전관리, 제2절 교통안전특정해역 등의 설정 및 관리(제7조~제8조)와 관련하여 정의하고 있다.

13. “해양시설”이란 「해사안전기본법」 제3조 제3호에 따른 시설을 말하며, 이는 자원의 탐사·개발, 해양과학조사, 선박의 계류(繫留)·수리·하역, 해상주거·관광·레저 등의 목적으로 해저(海底)에 고착된 교량·터널·케이블·인공섬·시설물이거나 해상부유 구조물로서 선박이 아닌 것을 말한다. 이 용어는 제2장 수역 안전관리, 제1절 해양시설의 보호수역 설정 및 관리(제5조~제6조)와 관련하여 정의하고 있다.

14. “해상교통안전진단”은 제3장 해상교통 안전관리, 제1절 해상교통안전진단(제13조~제23조)과 관련하여 정의하고 있다.

15. “항행장애물”(航行障碍物)은 난파물제거협약의 난파물을 말하며, 제3장 해상교통 안전관리, 제2절 항행장애물의 처리(제24조~제29조)와 관련하여 정의하고 있다.

18. “항로지정제도”는 제3장 해상교통 안전관리, 제3절 항해 안전관리 중 항

---

1) 「선박법」 제2조(한국선박) 다음 각 호의 선박을 대한민국 선박(이하 “한국선박”이라 한다)으로 한다.
1. 국유 또는 공유의 선박
2. 대한민국 국민이 소유하는 선박
3. 대한민국의 법률에 따라 설립된 상사법인(商事法人)이 소유하는 선박
4. 대한민국에 주된 사무소를 둔 제3호 외의 법인으로서 그 대표자(공동대표인 경우에는 그 전원)가 대한민국 국민인 경우에 그 법인이 소유하는 선박

로의 지정(제30조)와 관련하여 정의하고 있다.

Ⅲ. 적용 수역 및 대상(제3조)

이 법이 적용되는 지리적 범위와 대상에 관하여 대한민국 선박은 영해 내외를 불문하고 공해와 그 공해에 접속된 가항수역에 있는 모든 선박에게 적용되며, 외국선박에 대해서는 우리나라의 주권이나 주권적 권리가 미치는 가항수역에 있는 선박에 대하여 적용한다.

1. 적용 수역

1) 영해 및 내수

영해 이내의 수역인 영해 및 내수(해상항행선박이 항행을 계속할 수 없는 하천·호수·늪 등은 제외한다. 이하 같다)에서는 우리나라의 주권이 미치는 영역이기 때문에 대한민국선박과 외국선박 모두 이 법을 적용한다.

다만 외국선박 중 '대한민국의 항(港)과 항 사이만을 항행하는 선박'과 '국적의 취득을 조건으로 하여 선체용선(船體傭船)으로 차용한 선박'에 대하여는 IMO에서 채택한 국제안전관리규약(ISM CODE)을 입법한 '선박의 안전관리체제'와 관련한 규정(제46조부터 제52조)을 적용할 때 이 법의 일부를 적용한다.

2) 공 해

영해 및 내수를 제외한 해역 즉 공해에서는 기국주의에 의해 대한민국 선박에만 적용한다.

3) 배타적 경제수역 또는 대륙붕

항행장애물을 발생시킨 선박은 대한민국선박과 외국선박 모두 영해 및 내수뿐만 아니라 배타적 경제수역에서 이 법을 적용한다. 여기서 '배타적 경제수역'이란 「영해 및 접속수역법」 제2조에 따른 기선으로부터 그 바깥쪽 200해리까지의 선까지 이르는 수역 중 대한민국의 영해를 제외한 수역을 말한다.

해양시설에 대하여는 영해 및 내수뿐만 아니라 배타적 경제수역 또는 대륙붕에서 이 법을 적용한다. 이어도, 신안 가거초 및 옹진 소청도의 해양과학기지가 이에 해당한다.

2. 적용 대상

1) 적용 선박 및 해양시설

이 법 제2조 제2호 및 제13호에서 정의하고 있는 선박 및 해양시설에 적용한다.

2) 적용 대상자

이 법은 선박의 소유자 및 선장과 해양시설의 소유자에게 적용한다. 여기서 선박소유자에 관한 규정은 선박을 공유하는 경우로서 선박관리인을 임명하였을 때에는 그 선박관리인에게 적용하고, 선박을 임차(賃借)하였을 때에는 그 선박임차인에게 적용한다.

선장에 관한 규정은 선장을 대신하여 그 직무를 수행하는 자에게도 적용한다. 즉 선장뿐만 아니라 항해당직을 수행하고 있는 항해사와 선박의 권한을 위임받아 선박을 도선하고 있는 도선사에게도 이 법이 적용된다고 할 것이다.

또한 해양시설의 소유자에 관한 규정은 해양시설을 임대차한 경우에는 그 임차인에게 적용한다.

제2절 수역 안전관리

우리나라는 수역에 따라 ① 해양시설 보호수역, ② 교통안전특정해역, ③ 유조선통항금지해역, ④ 시운전금지해역, ⑤ 항로의 지정 등과 같은 수역 안전관리 제도를 운영하고 있다.

Ⅰ. 해양시설의 보호수역 설정 및 관리

이어도, 신안 가거초 및 옹진 소청도의 해양과학기지는 우리나라의 배타적 경제수역(EEZ)에 설치된 해양시설이다.

1. 보호수역의 설정 및 입역허가(제5조)

1) 해양수산부장관은 해양시설 부근 해역에서 선박의 안전항행과 해양시설의 보호를 위한 수역(이하 "보호수역"이라 한다)을 설정할 수 있다.

2) 누구든지 보호수역에 입역(入域)하기 위하여는 해양수산부장관의 허가를 받아야 하며, 해양수산부장관은 해양시설의 안전 확보에 지장이 없다고 인정하거나 공익상 필요하다고 인정하는 경우 보호수역의 입역을 허가할 수 있다.

3) 해양수산부장관은 제2항에 따른 입역허가에 필요한 조건을 붙일 수 있다.

4) 해양수산부장관은 제2항에 따른 입역허가에 관하여 필요하면 관계 행정기관의 장과 협의하여야 한다.

5) 보호수역의 범위는 대통령령으로 정하고,[2] 보호수역 입역허가 등에 필요한 사항은 해양수산부령으로 정한다.

보호수역의 범위는 UN해양법협약에 따라 500미터를 넘을 수 없으며, 이 법에서도 해역의 선박교통량 및 국제적인 기준을 고려하여 정하도록 하고 있으므로 500미터를 넘을 수 없다. [그림 15]는 2003년도 항행통보 제28호에 공시된 이어도 해양과학기지(당시 종합해양과학기지)의 안전수역(Safety Zones, 반경 500m)을 나타내고 있다.

유럽 북해 등의 해상 석유시추시설의 경우에도 500미터 이내로 선박이 접근하지 못하도록 안전수역(Safety zone)을 설정하고 있다.

---

2) 해상교통안전법 시행령 제5조(보호수역의 고시 등) ① 해양수산부장관은 법 제5조 제1항에 따라 보호수역을 설정하는 경우에는 해당 보호수역의 위치 및 범위를 고시하고 해도(海圖)에 표시하여야 한다. 보호수역을 변경하거나 폐지하는 경우에도 또한 같다.

② 법 제5조 제5항에 따른 보호수역의 범위는 법 제3조 제1항 제4호에 따른 해양시설 부근 해역의 선박교통량 및 「해양법에 관한 국제연합 협약」에 따른 국제적인 기준을 고려하여 정한다.

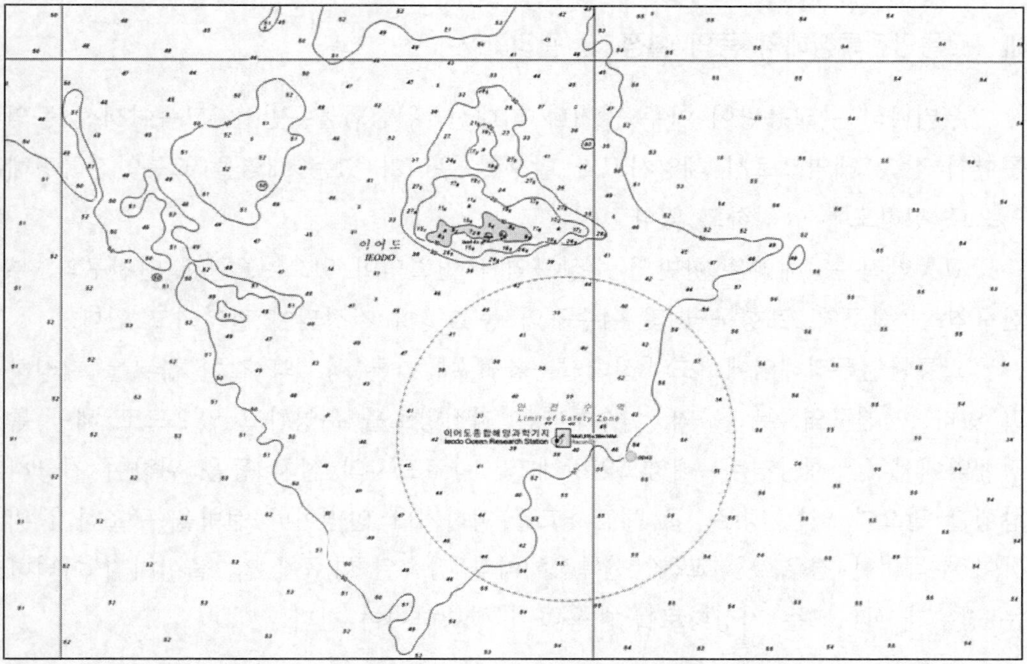

[그림 15] 이어도 해양과학기지의 안전수역(보호수역) 설정
(출처: 국립해양조사원)

2. 보호수역의 입역(제6조)

해양수산부장관은 해양시설 부근 해역에서 선박의 안전항행과 해양시설의 보호를 위한 수역을 설정하고, 위임규정에 따라 지방해양수산청장은 입역하려는 선박에 대해 허가할 수 있도록 하고 있다.

다만, 다음 각 호의 어느 하나에 해당하면 해양수산부장관의 허가를 받지 아니하고 보호수역에 입역할 수 있다.

① 선박의 고장이나 그 밖의 사유로 선박 조종이 불가능한 경우

② 해양사고를 피하기 위하여 부득이한 사유가 있는 경우

③ 인명을 구조하거나 또는 급박한 위험이 있는 선박을 구조하는 경우

④ 관계 행정기관의 장이 해상에서 안전 확보를 위한 업무를 하는 경우

⑤ 해양시설을 운영하거나 관리하는 기관이 그 해양시설의 보호수역에 들어가려고 하는 경우

Ⅱ. 교통안전특정해역 등의 설정 및 관리

우리나라는 교통량이 아주 많거나 거대선, 위험화물운반선, 고속여객선 등의 통항이 잦은 해역으로서 해양사고가 발생할 우려가 있는 해역을 교통안전특정해역으로 정하도록 규정하고 있다.3)

교통안전특정해역은 항만의 수상구역과 연결되어 있으며, 현재 인천구역, 부산구역, 울산구역, 포항구역 및 여수구역 등 5곳이 지정되어 관리되고 있다.

교통안전특정해역에서도 「선박입출항법」에 따른 항로와 같이 항로를 지정하고 있다. 인천구역, 부산구역, 여수구역은 지정항로를 운영하고 있으므로 해당 특정해역에서 ① 해양경비·해양오염방제 및 항로표지의 설치 등을 위하여 긴급히 항행할 필요가 있는 경우, ② 해양사고를 피하거나 인명이나 선박을 구조하기 위하여 부득이한 경우, ③ 교통안전특정해역과 접속된 항구에 입·출항하지 아니하는 경우가 아니고는 지정항로를 이용하여 항행하여야 한다.

[표 4] 교통안전특정해역 현황

구역	길이 (해리)	폭 (해리)	지정항로 폭 (km)	속력제한 (Knots)
인천구역	동수도: 19, 서수도: 22	1	1.2~1.8	–
부산구역	12	6	0.5~1.4	10
여수구역	18	1~4	0.7~2.2	14 (위험물 운반선: 12)
울산구역	12	11	–	–
포항구역	35	24	–	–

3) 「해상교통안전법」 제7조(교통안전특정해역의 설정 등) ① 해양수산부장관은 다음 각 호의 어느 하나에 해당하는 해역으로서 대형 해양사고가 발생할 우려가 있는 해역(이하 "교통안전특정해역"이라 한다)을 설정할 수 있다.
1. 해상교통량이 아주 많은 해역
2. 거대선, 위험화물운반선, 고속여객선 등의 통항이 잦은 해역
② 해양수산부장관은 관계 행정기관의 장의 의견을 들어 해양수산부령으로 정하는 바에 따라 교통안전특정해역 안에서의 항로지정제도를 시행할 수 있다.
③ 교통안전특정해역의 범위는 대통령령으로 정한다.

교통안전특정해역의 부산항 출입항로는 대수속력 10노트, 광양항 출입항로는 대수속력 14노트(위험화물운반선은 12노트) 이하로 통항하여야 한다.[4] 인천항 출입항로, 부산항 출입항로 및 광양만 출입항로는 일반적인 항법은 물론 별도 지정된 항법을 준수하여야 한다.

교통안전특정해역에서 해양경찰서장은 거대선, 위험화물운반선, 고속여객선, 그 밖에 해양수산부령으로 정하는 선박이 교통안전특정해역을 항행하려는 경우 항행안전을 확보하기 위하여 필요하다고 인정하면 선장이나 선박소유자에게 다음 6개 사항을 명할 수 있다.[5]

① 통항시각의 변경

② 항로의 변경

③ 제한된 시계의 경우 선박의 항행 제한

④ 속력의 제한

⑤ 안내선의 사용

⑥ 그 밖에 해양수산부령으로 정하는 사항

또한 교통안전특정해역에서는 항로지정제도에 따르는 선박의 통항에 지장을 주는 어로작업, 어망·어구설치 또는 양식어업을 하여서는 아니 되며[6], 허가받지 않은 해저전선·해저파이프라인의 부설, 준설, 측량 등 선박의 항행에 지장을 줄 우려가 있는 공사 또는 작업을 하여서는 아니 된다.[7]

---

4) 해상교통안전법 시행규칙 [별표 3].

5) 「해상교통안전법」 제8조(거대선 등의 항행안전확보 조치).

6) 「해상교통안전법」 제9조(어업의 제한 등) ① 교통안전특정해역에서 어로 작업에 종사하는 선박은 항로지정제도에 따라 그 교통안전특정해역을 항행하는 다른 선박의 통항에 지장을 주어서는 아니 된다.
② 교통안전특정해역에서는 어망 또는 그 밖에 선박의 통항에 영향을 주는 어구 등을 설치하거나 양식업을 하여서는 아니 된다.
③ 교통안전특정해역으로 정하여지기 전에 그 해역에서 면허를 받은 어업권·양식업권을 행사하는 경우에는 해당 어업면허 또는 양식업 면허의 유효기간이 끝나는 날까지 제2항을 적용하지 아니한다.
④ 특별자치도지사·시장·군수·구청장(자치구의 구청장을 말한다)이 교통안전특정해역에서 어업면허, 양식업 면허, 어업허가 또는 양식업 허가(면허 또는 허가의 유효기간 연장을 포함한다)를 하려는 경우에는 미리 해양경찰청장과 협의하여야 한다.

7) 「해상교통안전법」 제10조(공사 또는 작업) ① 교통안전특정해역에서 해저전선이나 해저파이프라인의 부설, 준설, 측량, 침몰선 인양작업 또는 그 밖에 선박의 항행에 지장을 줄 우려가 있는 공사나 작업을 하려는 자는 해양경찰청장의 허가를 받아야 한다. 다만, 관계 법령에 따라 국가가 시행하는 항로표지 설치, 수로 측량 등 해사안전에 관한 업무의 경우에는 그러하지 아니하다.

교통안전특정해역은 위험물운반선의 출입이 잦거나 해상 교통량이 폭주하는 해역이며, 무역항의 수상구역과 연결되어 있는 특별관리해역으로서 대형 해양사고를 예방하는 중요한 역할을 담당해 오고 있다. 따라서 이 해역에 대한 일부 규제는 과잉되다 할 수 없으며, 비례의 원칙에 어긋나지 않는 타당한 것으로 본다.

해상교통안전법 시행규칙 [별표 4]

교통안전특정해역 지정항로에서의 항법(제6조 제1항 제3호 관련)

항로명	항법
인천항 출입항로	1. 선박이 인천항에 입항할 때에는 별표 2에 따른 인천항 출입항로의 입항항로(제1항로, 동수도항로)로 항행해야 하고, 출항할 때에는 출항항로(제2항로, 서수도항로)로 항행해야 한다. 2. 제1호에도 불구하고 길이 30미터 미만의 선박 또는 범선은 입항항로 및 출항항로의 바깥해역을 이용하여 출항하거나 입항할 수 있으며, 덕적도 서북쪽 해역에서 인천항으로 항행하는 선박은 출항항로의 바깥해역을 안전하게 항행할 수 있는 경우에는 출항항로의 바깥해역을 항행할 수 있으나 입항항로 또는 출항항로를 따라 항행하는 다른 선박의 안전한 통항을 방해해서는 안 된다. 3. 제2호에 따라 덕적도 서북쪽 해역에서 인천항으로 항행하려는 선박은 낮에는 제1대표기 밑에 엔(N)기를 게양해야 하며, 밤에는 음향신호, 발광신호 또는 무선전화 등을 이용하여 항로를 정상적으로 항행하고 있는 다른 선박이 해당 선박을 충분히 식별할 수 있도록 적절한 조치를 취해야 한다.
부산항 출입항로	1. 선박이 부산항에 입항할 때에는 별표 2에 따른 부산항 출입항로의 입항항로로 항행해야 하고, 출항할 때에는 출항항로로 항행해야 한다. 2. 제1호에도 불구하고 길이 20미터 미만의 선박 또는 범선은 부산항 출입항로의 바깥해역을 이용하여 입항하거나 출항할 수 있으나, 입항항로 또는 출항항로를 따라 항행하는 다른 선박의 안전한 통항을 방해해서는 안 된다.

---

② 해양경찰청장은 제1항에 따른 허가를 하면 그 사실을 해양수산부장관에게 보고하여야 하며, 해양수산부장관은 이를 고시하여야 한다.

③ 해양경찰청장은 제1항에 따라 공사 또는 작업의 허가를 받은 자가 다음 각 호의 어느 하나에 해당하면 그 허가를 취소하거나 6개월의 범위에서 공사나 작업의 전부 또는 일부의 정지를 명할 수 있다. 다만, 제1호 또는 제4호에 해당하는 경우에는 그 허가를 취소하여야 한다.

1. 거짓이나 그 밖의 부정한 방법으로 제1항에 따른 허가를 받은 경우
2. 공사나 작업이 부진하여 이를 계속할 능력이 없다고 인정되는 경우
3. 제1항에 따라 허가를 할 때 붙인 허가조건 또는 허가사항을 위반한 경우
4. 정지명령을 위반하여 정지기간 중에 공사 또는 작업을 계속한 경우

④ 제1항에 따라 허가를 받은 자는 해당 허가기간이 끝나거나 허가가 취소되었을 때에는 해당 구조물을 제거하고 원래 상태로 복구하여야 한다.

⑤ 제1항에 따른 공사나 작업의 허가, 제3항에 따른 행정처분의 세부기준과 절차, 그 밖에 필요한 사항은 해양수산부령으로 정한다.

광양만 출입항로	1. 선박이 별표 2에 따른 광양만 출입항로를 항행할 때에는 입항선박은 입항항로로 항행해야 하고, 출항선박은 출항항로로 항행해야 한다. 2. 제1호에도 불구하고 길이 20미터 미만의 선박 또는 범선은 광양만 출입항로의 바깥해역을 이용하여 입항하거나 출항할 수 있으나, 입항항로 또는 출항항로를 따라 항행하는 다른 선박의 안전한 통항을 방해해서는 안 된다. 3. 흘수제약선은 깊은수심항로가 설정된 수역에서는 그 항로를 따라 항행해야 하고, 항로 안에서 다른 선박과 마주칠 우려가 있는 경우에는 깊은수심항로의 오른편으로 항행해야 한다. 다만, 흘수제약을 받지 않는 선박은 급박한 위험을 피하기 위한 경우를 제외하고는 깊은수심항로를 항행해서는 안 된다. 4. 제1호에 따라 항로지정방식에 따라 항행하는 선박이 서로 충돌 할 위험이 있을 경우에는 흘수제약을 받지 않는 선박이 흘수제약선의 진로를 피해야 한다. 5. 주의해역에서 항행하는 모든 선박은 충돌을 회피하기 위한 최상의 조종 준비상태를 유지해야 하고, 통상적인 통항흐름에 따라 항행해야 한다.

비고: 위 표에서 정한 항법 외의 사항에 대해서는 법 제75조에 따른 통항분리수역에서의 항법에 따른다. 이 경우 법 제75조 제4항 및 제10항에 따른 선박에는 길이 30미터 미만의 선박을 포함한다.

Ⅲ. 유조선통항금지해역 등의 설정 및 관리

1. 유조선의 통항제한

우리나라의 남해안과 서해안은 섬이 많은 다도해 지형으로서 유류오염사고가 발생하면 피해가 막대해진다. 이에 따라 정부는 유조선의 안전운항을 확보하고 해양사고로 인한 해양오염 피해를 저감하기 위하여 일정 규모 이상의 기름이나 유해액체물질을 싣고 다니는 선박이 항행하여서는 아니 되는 해역을 '유조선통항금지해역'으로 지정하게 되었다.

유조선 통항금지해역은 영해 안쪽이며, 서해안 태안반도 옹도에서 동해항 앞 해상을 잇는 약 472마일의 선 안의 해역이다.

1997년 12월 17일 일부 개정된 「해상교통안전법」에 '유조선 안전항로'라는 명칭으로 도입되었다.[8] 2002년 12월 26일 일부개정된 법에서 유조선안전항로를 유조선통항금지해역으로 명칭을 변경하였다.

유조선이 유조선통항금지해역을 항행할 수 있는 예외적인 경우는 ① 기상상황의 악화로 선박의 안전에 현저한 위험이 발생할 우려가 있는 경우, ② 인명이나 선박을 구조하여야 하는 경우, ③ 응급환자가 생긴 경우, ④ 항만을 입항·출항하

8) 「해상교통안전법(법률 제5469호, 1997. 12. 17. 일부개정, 1998. 6. 18. 시행)」.

는 경우이다.

이와 같이 예외적인 경우 유조선은 출입해역의 기상 및 수심, 그 밖의 해상상황 등 항행여건을 충분히 헤아려 유조선통항금지해역의 바깥쪽 해역에서부터 항구까지의 거리가 가장 가까운 항로를 이용하여 입출항하여야 한다.

2. 시운전금지해역의 설정

시운전 선박은 선회(旋回) · 지그재그 · 전속전진 · 후진 · 급정지 · 비상조타 등을 실시하기 때문에 다른 선박의 안전한 항해를 저해할 우려가 매우 크다. 정부는 시운전 선박에 의한 충돌 등 해양사고 예방을 위하여 2018년 10월 18일부터 시행된 「해사안전법(현행 해상교통안전법)」 일부개정법률에 따라 해상 교통량이 많은 연안에 시운전금지해역을 설정하고 길이 100미터 이상 시운전 선박의 조종성능 시험을 제한하고 있다.[9)]

시운전금지해역은 연안 교통량의 약 90%가 집중되는 통항밀집 해역에 설정되었다.[10)]

---

9) 해상교통안전법 제12조(시운전금지해역의 설정) ① 누구든지 충돌 등 해양사고를 방지하기 위하여 시운전(조선소 등에서 선박을 건조 · 개조 · 수리 후 인도 전까지 또는 건조 · 개조 · 수리 중 시험운전하는 것을 말한다. 이하 이 조 및 제114제7호에서 같다)을 금지한 해역(이하 "시운전금지해역"이라 한다)에서 길이 100미터 이상의 선박에 대하여 해양수산부령으로 정하는 시운전을 하여서는 아니 된다.
② 제1항에 따른 시운전금지해역의 범위는 대통령령으로 정한다.

10) 해상교통안전법 시행규칙 제11조(시운전금지해역에서 금지되는 시운전) 법 제12조 제1항에서 "해양수산부령으로 정하는 시운전"이란 다음 각 호의 시운전을 말한다.
1. 선박의 선회권(旋回圈) 등 선회 성능을 확인하기 위한 시운전
2. 선박의 침로(針路)를 좌 · 우로 바꿔 지그재그로 항해하는 등 선박의 운항 성능을 확인하기 위한 시운전
3. 전속력 또는 후진(後進)으로 항해하거나 급정지하는 등 선박의 기관 성능을 확인하기 위한 시운전
4. 비상조타 기능 등 선박의 조타 성능을 확인하기 위한 시운전
5. 그 밖에 선박의 침로나 속력의 급격한 변경 등으로 인하여 다른 선박의 항행안전을 저해할 우려가 있는 시운전

제3절 해상교통 안전관리

Ⅰ. 해상교통안전진단

해양의 개발과 함께 선박의 통항에 지장을 주는 해양시설이나 수역이 증가하고 있다. 2009년 5월 27일 일부 개정된 「해상교통안전법」에서 해상교통안전진단 제도를 도입하였으며, 해양개발 및 선박의 안전한 통항로 확보를 병행하기 위하여 해상 구조물 설치나 수역 지정 이전에 해상교통 안전진단을 실시하도록 제도화하였다.

1. 해상교통안전진단사업의 범위

해양수산부장관은 안전진단대상사업을 하려는 자(국가기관의 장 또는 지방자치단체의 장인 경우는 제외한다. 이하 "사업자"라 한다)에게 해양수산부령으로 정하는 안전진단기준에 따른 해상교통안전진단을 실시하도록 하여야 한다.

안전진단 대상사업의 구체적인 범위는 「해상교통안전법 시행령」 [별표 4]에 명시되어 있으며, 사업의 구분에 따라 세부 진단사업의 범위를 상세히 규정하고 있다.

이는 해상교통에 영향을 미치는 사업이라는 포괄적 정의를 구체화하여 누구나 진단대상사업의 범위를 예측 가능하도록 세부적으로 정의한 것으로 이해할 수 있다.

○ 첫째, 대상선박의 길이를 통한 선박 규모의 제한이다. 즉, 진단대상사업의 범위를 길이 100미터 이상의 선박이 통항하는 수역으로 한정하는 것이다. 또한, 길이 200미터 이상의 거대선과 거대선 이외의 선박이 이용하는 경우로 구분하고 있다.

○ 둘째, 대상선박이 통항하는 해역의 특성을 고려하는 것이다. 즉, 길이 100미터 이상의 선박이 1일 평균 4회 이상 통항하는 수역의 개념을 도입하여 해상교통에 미치는 영향이 중대한 사업을 진단대상사업의 범위로 정하였으나 해당 해역의 수심이 4미터 미만인 경우는 진단대상사업의 범위에서 제외시키고 있다.

해상교통안전법 시행령 [별표 4]

안전진단대상사업의 범위(제8조 제1항 관련)

구분	안전진단대상사업의 범위
1. 항로 또는 정박지의 지정·고시 또는 변경	가. 길이 100미터 이상의 선박이 통항하는 수역에 다음의 어느 하나에 해당하는 항로를 지정·고시하려는 경우 1) 법 제30조 제1항에 따른 항로 2) 「선박의 입항 및 출항 등에 관한 법률」 제10조에 따른 항로 3) 「항만법」 제2조 제5호 가목1)에 따른 항로 나. 가목에 따른 항로를 다음의 구분에 따른 범위 이상으로 변경하려는 경우 1) 거대선이 이용하는 항로: 항로의 길이, 중심선의 교각(交角) 또는 폭을 10퍼센트 이상 변경하려는 경우 2) 그 밖의 항로: 항로의 길이, 중심선의 교각 또는 폭을 20퍼센트 이상 변경하려는 경우 다. 길이 100미터 이상의 선박이 통항하는 수역에 다음의 어느 하나에 해당하는 정박구역 또는 정박지를 지정·고시하려는 경우 1) 「선박의 입항 및 출항 등에 관한 법률」 제5조에 따른 정박구역 또는 정박지 2) 「항만법」 제2조 제5호 가목1)에 따른 정박지 라. 다목에 따른 정박지(정박구역을 포함한다. 이하 이 표에서 같다)를 다음의 구분에 따른 범위 이상으로 변경하려는 경우 1) 거대선이 이용하는 정박지: 정박지의 면적을 10퍼센트 이상 변경하려는 경우 2) 그 밖의 정박지: 정박지의 면적을 20퍼센트 이상 변경하려는 경우
2. 선박의 통항을 금지하거나 제한하는 수역의 설정 또는 변경	가. 길이 100미터 이상의 선박이 통항하는 수역에 다음의 어느 하나에 해당하는 구역 등을 설정·지정하는 사업을 실시하려는 경우. 다만, 해당 수역의 해도에 표시된 수심이 4미터 미만인 경우는 제외한다. 1) 「광업법」 제3조 제3호의3에 따른 채굴권을 설정하여 광물을 채취하려는 경우 2) 「골재채취법」 제21조의2 또는 제34조에 따라 골재채취 예정지 또는 골재채취단지를 지정하거나 같은 법 제22조에 따른 골재채취 허가를 받아 골재를 채취하려는 경우 나. 가목에 해당하는 구역 등의 면적을 10퍼센트 이상 확장하려는 경우
3. 수역에 설치되는 교량·터널·케이블 등 시설물의 건설·부설 또는 보수	가. 길이 100미터 이상의 선박이 통항하는 수역에 「도로법」 등에 따른 교량을 건설하거나 터널(수심이 변경되거나 해상공사가 이루어지는 경우로 한정한다)을 부설하려는 경우. 다만, 해당 수역의 수심이 4미터 미만인 경우는 제외한다. 나. 가목에 해당하는 교량[교각(膠角)을 포함한다]이나 터널의 위치, 교량의 수면상 높이 또는 터널의 수면 아래 깊이를 변경하려는 보수 다. 이 법, 「선박의 입항 및 출항 등에 관한 법률」 또는 「항만법」에 따라 지정·고시된 항로 또는 정박지를 횡단하는 해월(海越)케이블을 설치하려는 경우. 다만, 해당 수역의 수심이 4미터 미만인 경우는 제외한다.

	라. 다목에 해당하는 해월케이블의 위치 또는 수면상 높이 또는 터널의 수면 아래 깊이를 변경하려는 보수 마. 그 밖에 다음의 어느 하나에 해당하는 시설물[교량, 교각, 터널, 해월케이블, 선박 계류시설, 방파제 · 파제제(波除堤) · 방조제, 「마리나항만의 조성 및 관리 등에 관한 법률」 제2조 제1호에 따른 마리나항만에 설치되는 시설물 및 「어촌 · 어항법」 제2조 제3호 가목에 따른 국가어항에 설치되는 시설물은 제외한다]을 설치하는 사업으로서 공유수면의 점용 · 사용 또는 공유수면 매립 수역의 길이가 200미터 이상이거나 면적이 2만제곱미터 이상인 경우. 다만, 해당 수역의 수심이 4미터 미만인 경우는 제외한다. 1) 「공유수면 관리 및 매립에 관한 법률」 제8조에 따른 공유수면 점용 · 사용의 허가를 받아야 하는 시설물을 설치하는 사업 2) 「공유수면 관리 및 매립에 관한 법률」 제10조에 따른 공유수면의 점용 · 사용 협의 또는 승인을 받아야 하는 시설물을 설치하는 사업 3) 「공유수면 관리 및 매립에 관한 법률」 제28조에 따른 공유수면 매립면허를 받아야 하는 시설물을 설치하는 사업 4) 「공유수면 관리 및 매립에 관한 법률」 제35조에 따른 공유수면 매립의 협의 또는 승인을 받아야 하는 시설물을 설치하는 사업 바. 마목에 해당하는 시설물의 점용 · 사용 수역 면적 또는 매립 수역 면적을 10퍼센트 이상 확장하려는 경우
4. 항만 또는 부두의 개발 · 재개발	가. 「항만법」 제3조 제1항에 따른 무역항 또는 연안항을 새로 지정하려는 경우 나. 「항만법」 제3조 제1항 제1호에 따른 무역항의 항만구역 또는 무역항의 항만구역으로부터 10킬로미터 이내의 수역에 다음의 어느 하나에 해당하는 항만을 지정하려는 경우 1) 「마리나항만의 조성 및 관리 등에 관한 법률」 제2조 제1호에 따른 마리나항만 2) 「어촌 · 어항법」 제2조 제3호 가목에 따른 국가어항 다. 길이 100미터 이상의 선박이 이용하는 계류시설의 건설 라. 다목에 해당하는 계류시설의 변경 1) 거대선이 이용하는 계류시설: 해당 계류시설의 길이 또는 접안능력을 10퍼센트 이상 연장하거나 상향하려는 경우 2) 그 밖의 계류시설: 해당 계류시설의 길이 또는 접안능력을 20퍼센트 이상 연장하거나 상향하려는 경우 마. 이 표에 따라 안전진단대상사업의 범위에 포함되는 항로, 정박지, 계류시설로부터 해당 항로, 정박지, 계류시설을 이용하는 최대 선박의 길이의 3배 안의 수역에 방파제 · 파제제 · 방조제를 건설하려는 경우. 다만, 사업을 하려는 수역의 해도에 표시된 수심이 4미터 미만인 경우는 제외한다. 바. 마목에 해당하는 방파제 · 파제제 · 방조제의 길이 또는 면적을 10퍼센트 이상 확장하려는 경우
5. 그 밖에 해상교통안전에 영향을 미치는 사업	가. 최고 속력이 60노트 이상인 선박을 투입하여 「해운법」 제2조 제2호에 따른 해상여객운송사업을 하려는 경우 나. 최고 속력이 60노트 이상인 선박을 투입하여 「해운법」 제2조 제3호에 따른 해상화물운송사업을 하려는 경우

비고

1. "길이 100미터 이상의 선박이 통항하는 수역"이란 길이 100미터 이상의 선박이 1일 평균 4회 이상 통항하는 수역을 말한다. 이 경우 선박의 통항량이나 규모를 알 수 없는 경우에는 「기상법 시행령」 제8조 제2항에 따른 폭풍해일주의보·태풍주의보·풍랑주의보 또는 폭풍해일경보·태풍경보·풍랑경보의 기상특보가 발효되지 않은 12일 이상의 기간(최근 1년 이내의 계절별로 3일 이상을 합산한 기간을 말한다)에 「선박안전법」 제30조에 따른 선박위치발신장치의 위치정보를 사용한 교통조사를 실시하여 길이 100미터 이상의 선박이 1일 평균 4회 이상 통항하는 것으로 확인되면 길이 100미터 이상의 선박이 통항하는 수역으로 본다.
2. 제1호에도 불구하고 위 표 제3호 가목 또는 나목에 따라 교량의 건설, 위치 변경 또는 수면상 높이를 변경하려는 경우에 길이 100미터 이상의 선박이 통항하는 수역인지 여부는 「항만법」 제5조에 따른 항만기본계획, 「항만 재개발 및 주변지역 발전에 관한 법률」 제5조에 따른 항만재개발기본계획 또는 「신항만건설 촉진법」 제3조에 따른 신항만건설기본계획에 따라 길이 100미터 이상의 선박이 대상수역을 통항할 가능성을 고려하여 판단한다.
3. 다른 법령에 따라 허가·인가 등을 받은 것으로 의제(擬制)되는 사업이 위 표에 따른 안전진단대상사업의 범위에 포함되는 경우에는 안전진단대상사업으로 본다.

2. 해상교통안전진단의 기준

해상교통안전진단 기준에 포함되어야 하는 진단항목 및 내용은 사업별로 다음 표와 같다.

해상교통안전법 시행규칙 [별표 6]

해상교통안전진단기준(제12조 제1항 관련)

구분	안전진단기준
1. 공통사항	가. 안전진단대상사업이 시행되는 수역의 물리적·사회적 특성에 대한 충분한 검토 나. 안전진단대상사업이 선박통항에 미치는 영향의 최소화 다. 안전진단대상사업자와 해상 이용자의 의견 대립의 최소화 라. 안전여유(Safety Margin)에 대한 충분한 고려 마. 안전진단대상사업에 따른 잠재적 위험요인의 최소화 바. 충분한 통항안전대책 수립 사. 적정한 항로표지 설치 아. 안전진단대상사업이 시행되는 수역 또는 안전진단대상사업의 시행으로 인한 영향이 예상되는 인근 수역에서의 장래 개발계획의 반영
2. 항로 또는 정박지의 지정·고시 또는 변경 및 선박의 통항을 금지하거나 제한하는 수역의 설정 또는 변경	가. 선박의 조종성능(선회성·정지거리)에 대한 충분한 고려 나. 현재 해상교통 및 항만개발계획 등을 고려한 장래 교통흐름의 추정 다. 인근 항만 출입항 선박의 안전한 통항에 대한 고려

3. 수역에 설치되는 교량·터널·케이블 등 시설물의 건설·부설 또는 보수	가. 다른 시설과 최대한 거리를 두고 설치 나. 항로횡단교량은 항로와 수직으로 설치하고, 교량의 앞뒤로 충분한 직선거리 확보 다. 시설물 건설·부설에 따른 공사단계별 충분한 안전대책 마련
4. 항만 또는 부두의 개발·재개발	가. 선박의 조종성능(선회성·정지거리)에 대한 충분한 고려 나. 항만의 지형·자연특성에 대한 충분한 고려 다. 장래 교통량 예측 결과의 반영

비고: 위 표에 따른 해상교통안전진단기준의 적용에 필요한 세부 기준 및 방법 등에 관하여 필요한 사항은 해양수산부장관이 정하여 고시한다.

해상교통 안전진단은 객관적·정량적 평가기법과 주관적·정성적 평가기법을 함께 활용하도록 구성되어 있다.

「해상교통안전법」에서 정하고 있는 안전진단대상사업이 다양하므로 안전진단서 작성 시 안전진단 항목에 해상교통 현황조사, 해상교통 현황측정, 해상교통시스템 적정성평가 및 해상교통 안전대책 수립 등이 포함되도록 규정하고 있다(「해상교통안전법 시행규칙」 [별표 7]).

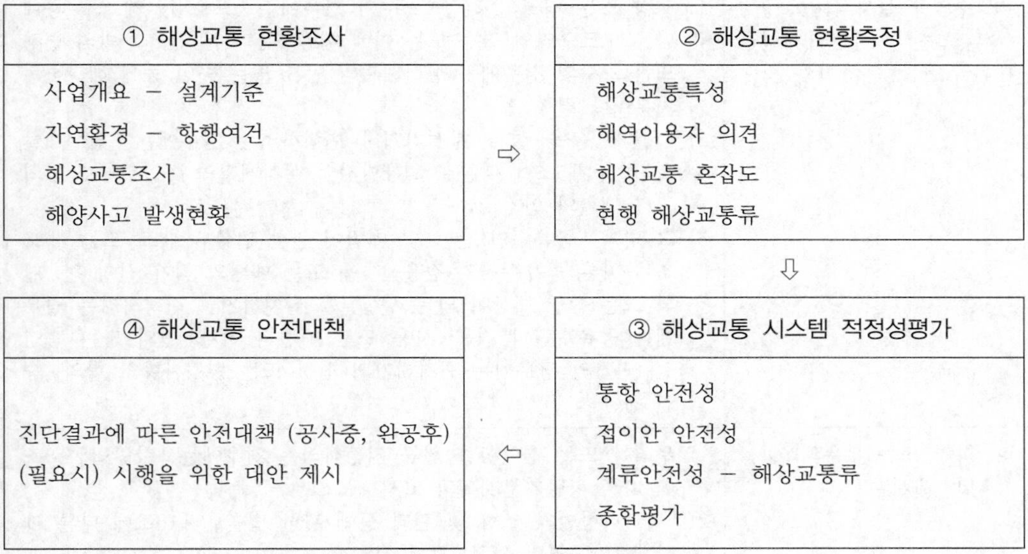

〈그림 16〉 안전진단 항목별 내용

3. 해상교통안전진단의 시기

일반적으로 해상교통안전진단의 수행시기가 빠르면 빠를수록 안전성을 확보하고 비용도 줄일 수 있다.

「해상교통안전법 시행규칙」 제12조(사업자의 안전진단서 작성 및 제출 등)에서 안전진단서 제출시기를 정의하고 있는데, 기본적으로 각종 인허가 등을 받기 전에 수행하도록 하고 있다.

해상교통안전법 시행규칙 [별표 8]

안전진단서의 제출시기(제12조 제3항 관련)

구 분	안전진단서 제출시기
가. 항로 또는 정박지의 지정·고시 또는 변경	항로나 정박지의 지정·고시 또는 변경 전
나. 선박의 통항을 금지하거나 제한하는 수역의 설정 또는 변경	1) 「광업법」 제42조에 따른 채굴계획의 인가 전, 변경의 경우에는 채굴계획 변경에 대한 인가 전 2) 「골재채취법」 제21조의2에 따른 골재채취 예정지의 지정 전, 같은 법 제34조에 따른 골재채취단지의 지정 전 또는 같은 법 제22조에 따른 골재채취 허가 전, 변경의 경우에는 변경사항의 지정 전 또는 골재채취 허가의 변경 승인 전
다. 수역에 설치되는 교량·터널·케이블 등 시설물의 건설·부설 또는 보수	1) 교량 또는 터널의 건설·보수의 경우에는 「도로법」 제25조 등에 따른 도로구역의 결정 또는 이에 해당하는 처분 전, 그 밖의 변경 또는 보수의 경우에는 실시계획의 인가 또는 승인 등에 해당하는 처분이나 결정 전 2) 해월케이블을 설치·부설하거나 변경하려는 경우에는 「전원개발촉진법」 제5조에 따른 전원개발사업 실시계획의 승인 등 그 밖의 공사 계획의 인가 전 3) 그 밖에 「공유수면 관리 및 매립에 관한 법률」 제8조 또는 제28조에 따른 공유수면의 점용·사용 또는 매립의 허가 신청 전, 협의 또는 승인 대상이 되는 시설물을 설치하거나 변경하려는 경우에는 공유수면의 점용·사용 또는 매립의 허가·협의 또는 승인 전, 변경의 경우에는 변경허가의 신청 또는 변경사항의 협의·승인 전
라. 항만 또는 부두의 개발·재개발	1) 무역항 또는 연안항을 신규 지정하려는 경우에는 「항만법」제8조에 따른 항만기본계획의 고시 전 2) 「마리나항만의 조성 및 관리 등에 관한 법률」 제10조에 따른 마리나항만구역의 지정·고시 전 3) 「어촌·어항법」 제17조에 따른 국가어항의 지정·고시 전 4) 길이 100미터 이상의 선박이 이용하는 계류시설의 건설 또는 변경의 경우에는 다음의 구분에 따른 시기 가) 「항만법」 제10조에 따른 항만개발사업실시계획의 수립·공고 전(관리청이 아닌 자가 항만개발사업을 실시하는 경우에는

	항만개발사업실시계획 승인 전) 나) 항만개발사업실시계획의 수립·공고 또는 승인을 받지 않고 「공유수면 관리 및 매립에 관한 법률」 제8조 또는 제28조 등에 따른 공유수면의 점용·사용 또는 매립의 허가 신청, 협의 또는 승인 대상이 되는 경우에는 허가, 협의 또는 승인 전 다) 계류시설에 대한 증축·개축 없이 접안능력을 상향하려는 경우 시설능력의 변경 지정 전 5) 방파제·파제제 및 방조제의 건설 또는 변경의 경우에는 다음의 구분에 따른 시기 가) 「항만법」 제10조에 따른 항만개발사업실시계획의 수립·공고 전(관리청이 아닌 자가 항만개발사업을 하는 경우에는 항만개발사업실시계획 승인 전) 나) 항만개발사업실시계획의 수립·공고 또는 승인을 받지 않고 「공유수면 관리 및 매립에 관한 법률」 제8조 또는 제28조 등에 따른 공유수면의 점용·사용 또는 매립의 허가 신청, 협의 또는 승인 대상이 되는 경우에는 허가, 협의 또는 승인 전
마. 그 밖의 사업	최고 속력이 시속 60노트 이상인 선박을 투입하여 해상운송사업을 하려는 경우에는 「해운법」 제4조에 따른 해상여객운송사업 면허 전 또는 같은 법 제24조에 따른 해상화물운송사업 등록 전

비고

1. 하나의 사업이 둘 이상의 대상사업의 범위에 해당되는 경우 안전진단서의 제출시기는 가장 먼저 도래하는 시기로 한다.
2. 다른 법령에 따라 허가·협의·승인 등이 의제되는 사업의 경우에는 의제처리되기 전까지 안전진단서를 제출해야 한다.

4. 해양교통안전진단의 업무절차

1) 해상교통안전진단(법 제13조)

해상교통진단대상사업을 하려는 자(사업자)와 관련된 업무절차는 아래와 같다.

① 사업자는 기술 및 인력을 갖추고 해양수산부장관에게 등록한 안전진단대행업자에게 해상교통안전진단을 의뢰하고,

② 사업자는 안전진단대행업자로부터 해상교통안전진단의 결과(이하 "안전진단서"라 한다)를 제출받아 허가등의 권한을 가진 행정기관(이하 "처분기관"이라 한다)의 장에게 제출하여야 하며,

③ 안전진단서를 제출받은 처분기관은 허가등을 하기 전에 사업자로부터 이를 제출받은 날부터 10일 이내에 해양수산부장관에게 제출하여야 한다.

④ 해양수산부장관은 처분기관으로부터 안전진단서를 제출받은 날부터 45일 이내에 안전진단서를 검토한 후 해양수산부령으로 정하는 바에 따라 그 의견(이하 "검토의견"이라 한다)을 처분기관에 통보하여야 한다.[11] 이 경우 안전진단서의 서류를 보완하거나 관계 기관과의 협의에 걸리는 기간은 통보기간에 산입하지 아니한다.

⑤ 처분기관은 해양수산부장관으로부터 검토의견을 통보받은 날부터 10일 이내에 이를 사업자에게 통보하여야 한다.

「해상교통안전법」에서는 구체적인 진단 업무절차 등 안전진단기준을 하위 규정에 위임하고 있으므로 안전진단의 세부 업무절차는 「해상교통안전법 시행규칙」과 「해상교통안전진단시행지침」[12]에 명시되어 있다.

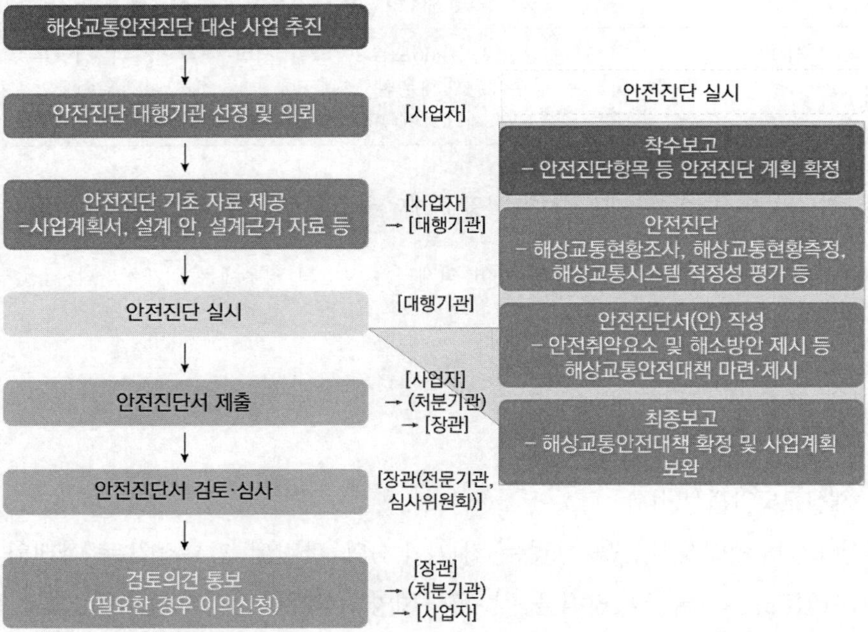

〈그림 17〉 해상교통안전진단 업무절차

11) 해양수산부장관은 안전진단서 검토를 위하여 해상교통안전 관련 분야의 전문가 또는 대통령령으로 정하는 해상교통안전진단 전문기관(이하 "해상교통안전진단 전문기관"이라 한다)의 의견을 들을 수 있다(해상교통안전법).

12) 「해상교통안전진단시행지침(해양수산부고시 제2024-52호, 시행 2024. 5. 9.)」.

2) 검토의견에 대한 이의신청(법 제15조)

① 검토의견에 이의가 있는 사업자는 처분기관을 경유하여 해양수산부장관에게 이의신청을 할 수 있다. 이 경우 사업자는 검토의견을 통보받은 날부터 30일 이내에 처분기관에 이의신청서를 제출하여야 한다. 다만, 천재지변 등 부득이한 사정이 있을 때에는 그 기간을 제출기간에 산입하지 아니한다.

② 해양수산부장관은 제1항에 따른 이의신청 내용의 타당성을 검토하여 그 결과(이하 "검토결과"라 한다)를 해양수산부령으로 정하는 바에 따라 20일 이내에 처분기관을 거쳐 이의신청을 한 자에게 통보하여야 한다. 다만, 천재지변 등 부득이한 사정이 있을 때에는 10일의 범위에서 통보기간을 연장할 수 있다.

3) 처분기관의 허가 등(법 제16조)

① 처분기관은 이의신청이 없는 검토의견 또는 검토결과를 반영하여 허가등을 하여야 하며, 허가등을 하였을 때에는 해양수산부장관에게 통보하여야 한다.

② 처분기관은 이의신청이 없는 검토의견 또는 검토결과대로 사업자가 사업을 시행하는지를 확인하여 그 결과를 대통령령으로 정하는 바에 따라 해양수산부장관에게 제출하여야 하며, 이를 위하여 사업자에게 이행에 관련된 자료의 제출을 요구하거나 현장조사를 실시할 수 있다. 해양수산부장관은 처분기관이 정당한 사유 없이 사업자가 사업을 시행하는지 확인을 하지 아니하거나 현저히 지연할 때에는 사업자가 검토의견 또는 검토결과대로 사업을 시행하는지를 직접 확인할 수 있다.

③ 처분기관은 사업자가 이의신청이 없는 검토의견 또는 검토결과대로 이행하지 아니한 사실이 확인된 경우에는 서면으로 이행 시한을 명시하여 이행할 것을 명하여야 하며, 만약 사업자가 명령을 이행하지 아니하여 해상교통안전에 중대한 영향을 미칠 것으로 판단될 경우에는 그 사업의 전부 또는 일부에 대하여 사업중지명령을 하여야 한다. 해양수산부장관은 필요할 경우 처분기관이 사업자에 대하여 위의 이행명령이나 사업중지명령을 할 것을 요청할 수 있다.

④ 해양수산부장관은 처분기관이 해상교통안전진단의 절차를 거치지 아니하고 허가등을 하였을 때에는 그 허가등의 취소, 사업의 중지, 인공구조물의 철거, 운영정지 및 원상회복 등 필요한 조치를 취할 것을 그 처분기관에 요청할 수 있다.

⑤ 해양수산부장관으로부터 요청을 받은 처분기관 또는 사업자는 특별한 사

유가 없으면 그 요청에 따라야 한다.

Ⅱ. 항행장애물의 처리

국제해사기구(IMO)는 영해 밖의 배타적 경제수역(EEZ)에서 발생한 난파물이 적절히 처리되지 않아 선박의 안전항해에 지장을 초래하고 있는 점에 관심을 갖고 연안국에게 그러한 난파물이 적절히 처리될 수 있도록 개입할 권리를 부여하고 난파물의 선주가 난파물 제거비용을 보증하는 국제적인 기준을 마련하고자 난파물 제거협약의 제정을 추진하게 되었다.

IMO는 2007년 5월 18일 케냐 나이로비에서「난파물 제거에 관한 2007년 나이로비 국제협약(Nairobi International Convention on the Removal of Wrecks, 2007)」을 채택하였다. 이 협약의 공법적 내용을「해상교통안전법」에 수용하였으며, 협약에서 정의하고 있는 난파물(Wreck) 및 위태(Hazard)는[13]「해상교통안전법」에서 각각 항행장애물 및 위험성으로 규정하고 있다.

이에「해상교통안전법」제3조(적용범위)를 개정하여 배타적경제수역에서 발생한 난파물의 처리를 위한 법적 근거를 마련하였다.[14]

1. 용어의 정의

항행장애물은 앞서 제3조에서 설명한 바와 같이 선박으로부터 떨어진 물건,

---

13) 난파물제거협약 제1조(정의) 4. "난파물"이라 함은 해양사고 중 다음에 해당되는 경우를 의미한다.
(a) 침몰 또는 좌초된 선박; 또는
(b) 침몰 또는 좌초된 선박 내에 있거나 있었던 모든 물체를 포함한 당해 선박의 어떠한 일부분; 또는
(c) 선박으로부터 해양에 멸실되고 해양에서 좌초, 침몰 또는 표류하는 모든 물체, 또는
(d) 위험에 처한 선박 또는 일체의 재산을 지원하기 위한 효과적인 조치가 더 이상 주어지지 않는 경우로서 침몰 또는 좌초하고 있거나 침몰 또는 좌초가 합리적으로 예상되는 선박
5. "위태"이라 함은 다음 경우의 상태나 위협을 의미한다.
(a) 항해에 위험이나 장애를 야기하는 경우; 또는
(b) 해양환경에 매우 해로운 결과를 일으키거나 1개국 이상 국가의 해안선 및 관련 이익에 손해를 발생시키는 것이 합리적으로 예상될 경우

14)「해상교통안전법」제3조(적용범위) 제1항 3. 대한민국의 배타적경제수역에서 항행장애물을 발생시킨 선박

침몰·좌초된 선박 또는 이로부터 유실(遺失)된 물건 등 해양수산부령으로 정하는 것[15]으로서 선박항행에 장애가 되는 물건을 말한다.

'난파물제거협약'에서 "난파물(wreck)"이란 선박에서 해양사고가 선행되어 발생하여야 하며, 그러한 선박 또는 그 선박과 연계된 어떠한 재산이 위험에 처한 상태에 놓여 있음에도 불구하고 어떠한 선박 또는 재산을 지원하기 위한 행위 또는 활동이 더 이상 수행되지 않는 결과 선박이 (1) 침몰 또는 좌초된 선박, (2) 침몰 또는 좌초된 선박 내에 있거나 있었던 모든 물체를 포함한 당해 선박의 어떠한 일부분, (3) 선박으로부터 해양에 멸실되고 해양에서 좌초, 침몰 또는 표류하는 모든 물체, (4) 위험에 처한 선박 또는 일체의 재산을 지원하기 위한 효과적인 조치가 더 이상 주어지지 않는 경우로서 침몰 또는 좌초하고 있거나 침몰 또는 좌초가 합리적으로 예상되는 선박 중 하나에 해당될 때 비로소 난파물이 된다고 규정하고 있다.

선박이 해양사고를 당할 경우 선박소유자 및 선장은 선박을 구난하기[16] 위하여 최선을 다할 것이고 자신들을 대신하여 선박의 구난작업을 수행하도록 구난업자 또는 기타의 자와 계약을 체결할 것이다.

이러한 상황에서 선박의 구난작업은 '선박구난협약(International Convention on Salvage, SALVAGE 1989)'이 우선적으로 적용될 것이다. 그러나 선박소유자 및 선장이 '선박구난협약' 제19조에[17] 의거하여 구난작업을 수행하고 있는 구난업자 또는 기타의 자에게 위험에 처한 선박에 대한 구난작업의 금지를 명시적이고 합리적으

15) 「해상교통안전법 시행규칙」 제3조(항행장애물) 법 제2조 제15호에서 "선박으로부터 떨어진 물건, 침몰·좌초된 선박 또는 이로부터 유실(遺失)된 물건 등 해양수산부령으로 정하는 것"이란 다음 각 호의 어느 하나에 해당하는 것을 말한다.
1. 선박으로부터 수역에 떨어진 물건
2. 침몰·좌초된 선박 또는 침몰·좌초되고 있는 선박
3. 침몰·좌초가 임박한 선박 또는 침몰·좌초가 충분히 예견되는 선박
4. 제2호 및 제3호의 선박에 있는 물건
5. 침몰·좌초된 선박으로부터 분리된 선박의 일부분

16) 구조(Rescue)는 조난에 처한 사람을 구출하여 응급조치 또는 그 밖의 필요한 것을 제공하고 안전한 장소로 인도하기 위한 활동을 말하며, 구난(Salvage)은 위험에 처한 선박이나 재산을 구하려는 활동을 말한다.

17) 선박구난협약(SALVAGE 89) 제19조(구난작업의 금지) 선주, 선장 또는 선박에 선적된 화물의 소유자가 위험에 처한 화물에 대해 명백하고 합당한 금지를 한 경우에도 불구하고 구조작업을 진행한 경우에는 이 협약에 따라 보상금을 지급하지 않는다.

로 요청할 경우 '선박구난협약'에 의한 구난작업은 더 이상 진행되지 않게 되며, 이때부터 해당 선박 등은 난파물에 해당된다는 것이다.[18)]

또한 '난파물제거협약'에서 항행장애물은 '위험성'이 있을 경우에 제거하는 것이므로 앞서 기술한 바와 같이 '위험성'에 대하여 정의하고 있다. 그러나 「해상교통안전법」에서는 별도로 정의하고 있지 않으며, 위험성의 결정과 관련하여 '항행장애물이 선박의 항행안전이나 해양환경에 중대한 영향을 끼치는지를 고려하여 항행장애물의 위험성을 결정하도록 규정하고 있다.

2. 항행장애물의 보고 등(법 제24조)

해양사고로 아래의 항행장애물을 발생시킨 선박의 선장, 선박소유자 또는 선박운항자(이하 "항행장애물제거책임자"라 한다)는 해양수산부령으로 정하는 바에 따라 해양수산부장관에게 지체 없이 그 항행장애물의 위치와 제26조에 따른 위험성 등을 보고하여야 한다.

① 떠다니거나 침몰하여 다른 선박의 안전운항 및 해상교통질서에 지장을 주는 항행장애물

② 「항만법」 제2조 제1호에 따른 항만의 수역, 「어촌·어항법」 제2조 제3호에 따른 어항의 수역, 「하천법」 제2조 제1호에 따른 하천의 수역(이하 "수역등"이라 한다)에 있는 시설 및 다른 선박 등과 접촉할 위험이 있는 항행장애물

그리고 법에 따라 항행장애물제거책임자가 보고하여야 하는 사항에는 시행규칙 제23조에서 정한 다음 사항이 포함되어야 한다.

① 선박의 명세에 관한 사항

② 선박소유자 및 선박운항자의 성명(명칭) 및 주소에 관한 사항

③ 항행장애물의 위치에 관한 사항

④ 항행장애물의 크기·형태 및 구조에 관한 사항

⑤ 항행장애물의 상태 및 손상의 형태에 관한 사항

⑥ 선박에 선적된 화물의 양과 성질에 관한 사항(항행장애물이 선박인 경우만 해당한다)

---

18) 정대율, "難破物除去協約案에 대한 硏究", 「한국해양대학교대학원 법학석사학위논문」, 한국해양대학교(2005. 7), 53－54쪽.

⑦ 선박에 선적된 연료유 및 윤활유를 포함한 기름의 종류와 양에 관한 사항 (항행장애물이 선박인 경우만 해당한다)

해양수산부장관은 항행장애물에 대한 보고를 받으면, 항행장애물 주변을 항행하는 선박과 인접 국가의 정부에 항행장애물의 위치와 내용 등을 알려야 한다.

또한 대한민국선박이 외국의 배타적경제수역에서 항행장애물을 발생시켰을 경우 항행장애물제거책임자는 그 해역을 관할하는 외국 정부에 지체 없이 보고하여야 한다.

3. 항행장애물의 표시 등(법 제25조)

항행장애물제거책임자는 항행장애물이 다른 선박의 항행안전을 저해할 우려가 있는 경우에는 지체 없이 항행장애물에 위험성을 나타내는 표시를 하거나 다른 선박에게 알리기 위한 조치를 하여야 한다. 다만, 항행장애물 중 침몰·좌초된 선박에 대하여는「항로표지법」제14조에 따라 조치하여야 한다. 항로표지법상 항행장애물에 표시하여야 하는 항로표지는 신위험물표지로서 <그림 18>과 같다.[19)]

해양수산부장관은 항행장애물제거책임자가 항행장애물에 위험성을 나타내는 표시나 조치를 하지 아니하는 경우 항행장애물제거책임자에게 그 표시나 조치를 하도록 명할 수 있고, 항행장애물제거책임자가 이 명령을 이행하지 아니하거나 시급히 표시하지 아니하면 선박의 항행안전에 위해(危害)를 미칠 우려가 큰 경우 해양수산부장관은 직접 항행장애물에 표시할 수 있다.

19)「항로표지의 기능 및 규격에 관한 기준」제15조.

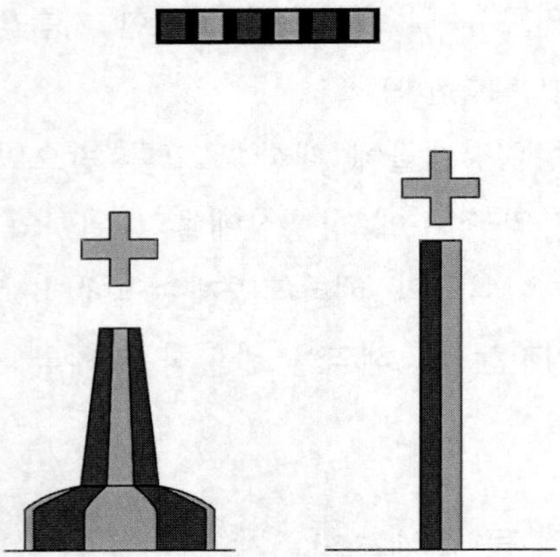

〈그림 18〉 신위험물표지의 형상

4. 항행장애물의 위험성 결정(법 제26조)

해양수산부장관은 항행장애물이 선박의 항행안전이나 해양환경에 중대한 영향을 끼치는지를 고려하여 항행장애물의 위험성을 결정하여야 한다. 항행장애물의 위험성을 결정할 때에는 시행규칙 제24조에 따라 다음 12가지 사항을 고려하여야 한다.

① 항행장애물의 크기 · 형태 및 구조

② 항행장애물의 상태 및 손상의 형태

③ 항행장애물에 선적된 화물의 성질 · 양과 연료유 및 윤활유를 포함한 기름의 종류 · 양

④ 침몰된 항행장애물의 경우에는 그 침몰된 상태(음파 및 자기적 측정 결과 등에 따른 상태를 포함한다)

⑤ 해당 수역의 수심 및 해저의 지형

⑥ 해당 수역의 조차 · 조류 · 해류 및 기상 등 수로조사 결과

⑦ 해당 수역의 주변 해양시설과의 근접도

⑧ 선박의 국제항해에 이용되는 통항대(通航帶) 또는 설정된 통항로와 근접도

⑨ 선박 통항의 밀도 및 빈도

⑩ 선박 통항의 방법

⑪ 항만시설의 안전성

⑫ 국제해사기구에서 지정한 특별민감해역 또는 「1982년 해양법에 관한 국제연합협약」 제211조 제6항에 따른 특별규제조치가 적용되는 수역

5. 항행장애물 제거(법 제27조)

항행장애물제거책임자는 항행장애물을 제거하여야 한다. 만약 항행장애물제거책임자가 항행장애물을 제거하지 아니하면 해양수산부장관이 그 항행장애물제거책임자에게 항행장애물을 제거하도록 명할 수 있으며, 항행장애물제거책임자가 명령을 이행하지 아니하거나 항행장애물이 제26조에 따라 위험성이 있다고 결정된 경우 해양수산부장관이 직접 항행장애물을 제거할 수 있다.

6. 항행장애물의 표시 · 제거에 따른 비용징수 및 조치(법 제28조 및 제29조)

해양수산부장관은 항행장애물의 표시 · 제거에 드는 비용의 징수에 대비하여 필요한 경우에는 선박소유자에게 비용 지불을 보증하는 서류의 제출을 요구할 수 있다.

항행장애물의 표시 · 제거에 쓰인 비용은 항행장애물제거책임자의 부담으로 하되, 항행장애물제거책임자를 알 수 없는 경우에는 대통령령으로[20] 정하는 바에 따라 그 항행장애물 또는 항행장애물을 발생시킨 선박을 처분하여 비용에 충당할 수 있다.

해양수산부장관은 항행장애물의 표시 · 제거 명령 또는 처리비용에 대한 재정보증의 요구에 응하지 아니하는 선박에 대하여는 국내항의 입항 · 출항을 거부하거

---

20) 해상교통안전법 시행령 제13조(비용징수) ① 해양수산부장관은 법 제28조 제2항에 따라 항행장애물 또는 항행장애물을 발생시킨 선박을 처분하려는 경우에는 공매(公賣)로 처분한다. 다만, 항행장애물 또는 항행장애물을 발생시킨 선박의 가액(價額)이 공매비용에 미치지 못할 우려가 있는 경우에는 공매 외의 방법으로 처분할 수 있다.
② 해양수산부장관은 제1항 본문에 따라 항행장애물 또는 항행장애물을 발생시킨 선박을 공매하려는 경우에는 다음 각 호의 사항을 해양수산부의 게시판 또는 인터넷 홈페이지에 7일 동안 공고해야 한다.
1. 공매할 물건의 명칭 및 내용
2. 공매의 장소 및 일시
3. 입찰보증금을 받는 경우에는 그 금액
③ 해양수산부장관은 제1항 및 제2항에 따른 공매로 취득한 금액 중에서 해당 물건의 표시 · 제거와 공매 등에 든 비용을 제외하고 남은 금액이 있는 경우에는 「공탁법」에 따라 공탁해야 한다.

나 국내계류시설의 사용을 허가하지 아니할 수 있다.

Ⅲ. 항해 안전관리

안전한 항해를 지원하기 위하여 항로지정 및 보호, 특정선박에 대한 조치, 선박교통관제, 선박위치정보 보호, 음주운항금지, 교통단속과 해양사고보고 등에 관해 규정하고 있다.

1. 항로의 지정 등(법 제30조)

선박의 항로지정(Ships' Routeing)은 해상인명안전협약(SOLAS) 제5장 제10규칙에 근거를 두고 있다.

해양수산부장관은 선박이 통항하는 수역의 지형·조류, 그 밖에 자연적 조건 또는 선박 교통량 등으로 해양사고가 일어날 우려가 있다고 인정하면 관계 행정기관의 장의 의견을 들어 그 수역의 범위, 선박의 항로 및 속력 등 선박의 항행안전에 필요한 사항을 해양수산부령으로 정하는 바에 따라 고시할 수 있다.

또한 해양수산부장관은 태풍 등 악천후를 피하려는 선박이나 해양사고 등으로 자유롭게 조종되지 아니하는 선박을 위한 수역 등을 지정·운영할 수 있다.

지방해양수산청장은 선박의 항행안전에 필요한 사항으로 ① 선박의 항로·속력 또는 항법, ② 선박의 교통량, ③ 수역의 범위, ④ 기상여건, ⑤ 그 밖에 해상교통 및 선박의 항행안전을 위하여 해양수산부장관이 필요하다고 인정하는 사항을 고려하여 고시할 수 있다. 고시한 수역 안을 통항하는 선박은 해당 고시에 따른 항로·항법 및 속력 등을 따라야 한다.

이 규정에 따라 지방해양수산청장이 고시한 항로는 26개소이며, 17개 고시에 따라 항로·항법 등이 지정되어 있다.

2. 외국선박의 통항 및 안전조치

유엔해양법협약에서 정하는 바에 따라 외국선박의 무허가 내수 통항을 금지하고, 위험화물운반선·핵추진선박 등의 영해 내 통항 시 안전조치 준수의무 등을 규정할 필요가 있다.

이에 외국선박이 대한민국의 내수를 항행하는 경우에는 허가를 받도록 하고, 위험물운반선 등이 영해를 통과할 경우에는 특별예방조치를 준수하도록 함으로써 외국선박의 무단 정박 등이 방지됨으로써 내수에서 선박의 통항이 원활해지고, 위험선박에 대한 통제가 효율적으로 이루어질 것으로 기대된다.[21)]

1) 외국선박의 무허가 내수통항 금지(법 제31조)

외국선박은 해양수산부장관의 허가를 받지 아니하고는 대한민국의 내수에서 통항할 수 없도록 규정하고 있다.

그럼에도 불구하고 외국선박은 「영해 및 접속수역법」 제2조 제2항에 따른 직선기선에 따라 내수에 포함된 해역에서는 정박 · 정류(停留) · 계류 또는 배회(徘徊)함이 없이 계속적이고 신속하게 통항할 수 있다. 즉 유엔해양법협약에 따라 무해통항권을 인정하고 있다. 다만, 다음의 경우에는 허가 없이 내수를 통항할 수 있다.

① 불가항력이나 조난으로 인하여 필요한 경우

② 위험하거나 조난상태에 있는 인명 · 선박 · 항공기를 구조하기 위한 경우

③ 그 밖에 대한민국 항만에의 입항 등 해양수산부령으로 정하는 경우[22)]

2) 특정선박에 대한 안전조치(법 제32조)

대한민국의 영해 또는 내수를 통항하는 외국선박 중 핵추진선박과 핵물질 등 위험화물운반선에 대하여 SOLAS협약 등 관련 국제협약에서 정하는 문서를 휴대하거나 SOLAS협약에서 정한 안전조치를 준수하도록 규정하였다.

또한 해양수산부장관은 이 특정선박에 의한 해양오염 방지, 경감 및 통제를 위하여 필요하면 통항로를 지정하는 등 안전조치를 명할 수 있다.

3. 항로 등의 보전(법 제33조)

누구든지 항로에서 ① 선박의 방치 또는 ② 어망 등 어구의 설치나 투기 행위를 하여서는 아니 된다. 해양경찰서장은 이를 위반한 자에게 방치된 선박의 이

21) 「해사안전법(법률 제10801호, 2011. 6. 15., 전부개정)」의 개정이유.

22) '해양수산부령으로 정하는 경우'라 함은 ①「선박의 입항 및 출항 등에 관한 법률」 제4조에 따른 허가를 받거나 신고를 하고 무역항의 수상구역 등에 출입하기 위하여 대기하는 경우와 ②「선박법」 제6조 단서에 따라 불개항장에서의 기항 허가를 받고 대기하는 경우를 말한다(시행규칙 제28조).

동 · 인양 또는 어망 등 어구의 제거를 명할 수 있다.

누구든지 「항만법」 제2조 제1호에 따른 항만의 수역 또는 「어촌 · 어항법」 제2조 제3호에 따른 어항의 수역 중 해상안전 및 해상교통 여건 등을 고려하여 해양경찰서장이 정하여 고시하는 수역에서는 해상교통의 안전에 장애가 되는 스킨다이빙, 스쿠버다이빙, 윈드서핑 등 다음의 행위를 하여서는 아니 된다.

① 「수상레저안전법」 제2조 제1호에 따른 수상레저활동

② 「수중레저활동의 안전 및 활성화 등에 관한 법률」 제2조 제2호에 따른 수중레저활동

③ 「마리나항만의 조성 및 관리 등에 관한 법률」 제2조 제3호에 따른 마리나선박을 이용한 유람, 스포츠 또는 여가 행위

④ 「유선 및 도선 사업법」 제2조 제1호에 따른 유선사업에 사용되는 선박을 이용한 고기잡이, 관광 또는 그 밖의 유락 행위

다만, 해상교통안전에 장애가 되지 아니한다고 인정되어 해양경찰서장의 허가를 받은 경우와 「체육시설의 설치 · 이용에 관한 법률」 제20조에 따라 신고한 체육시설업과 관련된 해상에서 행위를 하는 경우에는 그러하지 아니하다. 또한 선박 및 레저기구가 항만 및 어항의 수역 중 해양경찰서장이 정하여 고시하는 수역을 통과하기 위하여 침로(針路)나 속력의 급격한 변경 등이 없이 다른 선박의 항행안전을 저해하지 않고 항행하는 경우는 제외한다.

해양경찰서장은 허가하였으나, ① 항로나 정박지 등 해상교통 여건이 달라진 경우와 ② 허가 조건을 위반한 경우에는 그 허가를 취소하거나 해상교통안전에 장애가 되지 아니하도록 시정할 것을 명할 수 있고, ③ 거짓이나 그 밖의 부정한 방법으로 허가를 받은 경우에는 그 허가를 취소하여야 한다.

4. 수역등 및 항로의 안전 확보(법 제34조)

항만 및 항로의 교통장애는 국가경제에 막대한 손실을 초래하게 되므로 항만 및 항로에서의 교통안전을 확보하기 위하여 선박을 이용하여 항만이나 항로의 기능을 저해하는 항만이나 항로를 점거 또는 차단하는 행위를 금지하고 있다.

따라서 누구든지 수역등[23] 또는 수역등의 밖으로부터 10킬로미터 이내의 수

23) '수역등'이라 함은 「항만법」 제2조 제1호에 따른 항만의 수역, 「어촌 · 어항법」 제2조 제3호에 따른

역에서 선박 등을 이용하여 수역등이나 항로를 점거하거나 차단하는 행위를 함으로써 선박 통항을 방해하여서는 아니 된다.

해양경찰서장은 이를 위반하여 선박 통항을 방해한 자 또는 방해할 우려가 있는 자에게 일정한 시간 내에 스스로 해산할 것을 요청하고, 이에 따르지 아니하면 해산을 명할 수 있다. 해산명령을 받은 자는 지체 없이 물러가야 한다.

5. 선박위치정보의 공개 제한 등(법 제35조)

국제항해선박의 필수탑재장비인 항적기록장치(VDR)는 흔히 블랙박스로 불리며 장치에 기록된 정보는 정부의 해양사고 조사관이 보유하도록 국제해사기구에서 결의하였다.

어선·컨테이너선 등의 위치정보는 선박소유자의 영업비밀과 같이 취급되고 있으므로 해당 정보를 보호할 필요성이 있다. 따라서 전자적 수단으로 선박의 항적 등을 기록한 정보를 보유한 자는 승선원 구조, 해양사고 원인조사 등의 경우를 제외하고는 공개할 수 없도록 하였다. 또한 선박위치정보의 무분별한 공개를 금지함으로써 해양사고의 증거 유출 또는 훼손이 방지되고 선박 영업활동의 비밀이 보장될 수 있을 것이다.[24]

항해자료기록장치 등 해양수산부령으로 정하는 전자적 수단으로 선박의 항적(航跡) 등을 기록한 정보를 보유한 자는 다음 각 호의 경우를 제외하고는 선박위치정보를 공개하여서는 아니 된다.

① 선박위치정보의 보유권자가 그 보유 목적에 따라 사용하려는 경우

②「해양사고의 조사 및 심판에 관한 법률」제16조에 따른 조사관 등이 해양사고의 원인을 조사하기 위하여 요청하는 경우

③「재난 및 안전관리 기본법」제3조 제7호에 따른 긴급구조기관이 급박한 위험에 처한 선박 또는 승선자를 구조하기 위하여 요청하는 경우

④ 중앙행정기관의 장 또는 공공기관의 장이 항만시설의 보안, 여객선의 안전운항 관리,「통합방위법」제2조 제4호에 따른 통합방위작전의 수행 또는 관세의 부과·징수 등에 관한 소관 업무를 수행하기 위하여 요청하는 경우

어항의 수역,「하천법」제2조 제1호에 따른 하천의 수역을 말한다(법 제24조 제1항 제2호).

24)「해사안전법(법률 제10801호, 2011. 6. 15., 전부개정)」의 개정이유.

⑤ 선박소유자의 동의를 받은 경우

⑥ 6개월 이상의 기간이 지난 선박위치정보로서 해양수산부령으로 정하는 경우

직무상 선박위치정보를 알게 된 선박소유자, 선장 및 해원(海員) 등은 선박위치정보를 누설·변조·훼손하여서는 아니 된다.

6. 선박 출항통제(법 36조)

해양수산부장관은 해상에 대하여 기상특보가 발표되거나 제한된 시계 등으로 선박의 안전운항에 지장을 줄 우려가 있다고 판단할 경우에는 선박소유자나 선장에게 선박의 출항통제를 명할 수 있다. 출항통제의 기준·방법 및 절차 등에 필요한 사항은 다음과 같다.

해상교통안전법 시행규칙 제33조 및 [별표 10]

선박출항통제의 기준 및 절차(시행규칙 제31조 관련)

1. 국제항해에 종사하지 않는 여객선 및 여객용 수면비행선박

가. 적용선박: 「해운법」 제2조 제1호의2에 따른 여객선 중 국제항해에 종사하지 않는 여객선 및 여객용 수면비행선박(이하 "내항여객선"이라 한다)

나. 출항통제권자: 해양경찰서장

다. 기상상태별 출항통제선박 및 통제절차

기상상태	출항통제선박	통제절차
풍랑·폭풍해일주의보	1) 「선박안전법 시행령」 제2조 제1항 제3호 가목에 따른 평수(平水)구역(이하 "평수구역"이라 한다) 밖을 운항하는 내항여객선. 다만, 「기상법 시행령」 제9조에 따른 해상예보의 구역 중 앞바다(이하 이 표에서 "앞바다"라고 한다)에서 운항하는 내항여객선과 총톤수 2,000톤 이상 내항여객선에 대해서는 운항항로의 해상상태가 「해운법」 제21조에 따른 운항관리규정의 출항정지조건·운항정지조건(이하 "출항정지조건등"이라 한다)에 해당하지 않는 내항여객선에 한정하여 출항을 허용할 수 있다.	가) 「해운법」 제22조 제2항에 따른 운항관리자(이하 이 표에서 "운항관리자"라 한다)는 풍랑·폭풍해일주의보 발효 시 기상상황을 종합분석(다음 기항지 도착예정시간 내에 출항정지조건등에 해당하는 기상특보·예보의 발표 여부를 포함해야 한다)할 것 나) 운항관리자는 해당 내항여객선의 출항정지조건등을 확인하고 선장의 의견을 들을 것 다) 운항관리자는 앞바다에서 운항하는 내항여객선 및 총톤수 2,000톤 이상 내항여객선에 대하여 종합분석된 해상상태가 출항정지조건등에는 해당하지 않아 출항을 허용하려는 경우에는 출항통제권자에게 보고할 것

			라) 출항통제권자는 해상상태 및 운항관리자의 보고 등을 고려하여 해당 내항여객선의 출항 여부를 결정할 것
		2) 평수구역 안에서 운항하는 내항여객선. 다만, 운항항로의 해상상태가 해당 내항여객선의 출항정지조건등에 해당하여 안전운항에 위험이 있다고 판단될 경우에만 운항을 통제할 수 있다.	가) 운항관리자는 평수구역 안에서 운항하는 내항여객선이 출항통제선박에 해당된다고 판단되는 경우에는 출항통제권자에게 보고할 것 나) 출항통제권자는 해상상태 및 운항관리자의 보고 등을 고려하여 해당 내항여객선의 출항 여부를 결정할 것
풍랑 · 폭풍해일경보, 태풍주의보 · 경보		모든 내항여객선	출항통제권자는 해당 기상특보가 발효되면 해당 내항여객선의 출항을 통제해야 한다.
시계제한시	시정 1킬로미터 이내	모든 내항여객선(여객용 수면비행선박은 제외한다)	출항통제권자는 시계제한 시 해당 내항여객선의 출항을 통제해야 한다.
	시정 11킬로미터 이내	여객용 수면비행선박	

비고

1. 기상특보의 발표 기준은 「기상법 시행령」 제8조에 따른다.
2. "여객용 수면비행선박"이란 「해운법」 제3조 제1호 또는 제2호의 내항 정기여객운송사업 또는 내항 부정기 여객운송사업에 종사하는 「선박법」 제1조의2 제1항 제1호에 따른 수면비행선박을 말한다.
3. "총톤수"란 「선박법」 제3조 제1항 제2호에 따른 총톤수로서 선박국적증서 또는 선적증서에 기재된 톤수를 말한다.

2. 내항여객선 외의 선박

가. 적용선박: 내항여객선을 제외한 선박. 다만, 다음의 어느 하나에 해당하는 선박에 대해서는 적용하지 않는다.

1) 「수상레저안전법」에 따른 수상레저기구
2) 「낚시 관리 및 육성법」에 따른 낚시어선
3) 「유선 및 도선 사업법」에 따른 유선 및 도선
4) 「어선안전조업법」에 따른 어선

나. 출항통제권자: 지방해양수산청장

다. 기상상태별 출항통제선박 및 통제절차는 아래 표와 같다.

기상상태	출항통제선박	통제절차
풍랑 · 폭풍해일주의보	1) 평수구역 밖을 운항하는 선박 중 총톤수 250톤 미만으로서 길이 35미터 미만의 국제항해에 종사하지 않는 선박	출항통제권자는 해당 기상특보가 발효되거나 시계제한 시 출항신고 선

		2) 국제항해에 종사하는 예부선 결합선박 3) 수면비행선박(여객용 수면비행선박은 제외한다)	박의 총톤수·길이·항행구역 등을 확인하여 통제대상 여부를 판단한 후 해당 선박의 출항을 통제해야 한다.
풍랑·폭풍해일경보		1) 총톤수 1,000톤 미만으로서 길이 63미터 미만의 국제항해에 종사하지 않는 선박 2) 국제항해에 종사하는 예부선 결합선박	
태풍주의보 및 경보		1) 총톤수 7,000톤 미만의 국제항해에 종사하지 않는 선박 2) 국제항해에 종사하는 예부선 결합선박	
시계 제한 시	시정 0.5킬로미터 이내	1) 화물을 적재한 유조선·가스운반선 또는 화학제품운반선[향도선(嚮導船)을 활용하는 경우는 제외한다] 2) 레이더 및 초단파 무선전화(VHF) 통신설비를 갖추지 않은 선박	
	시정 11킬로미터 이내	수면비행선박(여객용 수면비행선박은 제외한다)	

비고

1. 출항통제권자는 선박의 안전운항 확보, 항만의 효율적 운영 또는 재난·안전관리 등을 위하여 필요하다고 인정하는 경우에는 출항통제를 완화하거나 적용하지 않을 수 있다.
2. "총톤수" 및 "길이"란 선박국적증서 또는 선적증서에 기재된 톤수 및 길이를 말한다. 이 경우 예부선 결합선박[추진기관이 설치되어 있는 선박에 결합하여 운항하는 압항부선(押航艀船)은 제외한다]은 예선톤수만을 말한다.

7. 순찰 및 정선(법 제37조 및 제38조)

해양경찰서장은 선박 통항의 안전과 질서를 유지하기 위하여 소속 경찰공무원에게 수역등·항로 또는 보호수역을 순찰하게 하여야 한다(법 제37조).

해양경찰서장은 이 법 또는 이 법에 따른 명령을 위반하였거나 위반한 혐의가 있는 사람이 승선하고 있는 선박에 대하여 정선(停船)하거나 회항(回航)할 것을 명할 수 있다. 정선명령이나 회항명령은 음성·음향·수기(手旗)·발광(發光)·기류(旗旒) 신호·무선통신 등의 방법으로 그 선박에서 항해당직을 수행하고 있는 사람에게 알려야 한다(법 제38조).

8. 음주 및 약물복용상태에서 조타기 조작 금지 등

1) 술에 취한 상태에서의 조타기 조작 금지(법 제39조)

해상을 통한 수출입물동량과 여객선 및 유선·도선의 운항이 증가함에 따라 해상교통사고가 급증하고 있는 바, 이러한 해상교통사고는 대형의 인명사고와 해양오염으로 이어질 수 있다. 특히 술에 취한 상태에서 해상교통사고의 방지를 위하여 선박을 조종하는 선원의 술에 취한 상태에서 운항을 금지하고 있다.

따라서 혈중 알코올농도 0.03퍼센트 이상으로 술에 취한 상태에 있는 사람은 운항을 하기 위하여 「선박직원법」 제2조 제1호에 따른 선박[총톤수 5톤 미만의 선박과 같은 호 나목 및 다목에 해당하는 외국선박 및 시운전선박(국내 조선소에서 건조 또는 개조하여 진수 후 인도 전까지 시운전하는 선박을 말한다)을 포함한다. 이하 이 조 및 제40조에서 같다]의 조타기(操舵機)를 조작하거나 조작할 것을 지시하는 행위 또는 「도선법」 제2조 제1호에 따른 도선(이하 "도선"이라 한다)을 하여서는 아니 된다.

해양경찰청 소속 경찰공무원은 다음 각 호의 어느 하나에 해당하는 경우에는 운항을 하기 위하여 조타기를 조작하거나 조작할 것을 지시하는 사람(이하 "운항자"라 한다) 또는 도선을 하는 사람(이하 "도선사"라 한다)이 술에 취하였는지 측정할 수 있으며, 해당 운항자 또는 도선사는 해양경찰청 소속 경찰공무원의 측정 요구에 따라야 한다. 다만, 해양사고가 발생한 경우에는 반드시 술에 취하였는지를 측정하여야 한다.

① 다른 선박의 안전운항을 해치거나 해칠 우려가 있는 등 해상교통의 안전과 위험방지를 위하여 필요하다고 인정되는 경우

② 술에 취한 상태에서 조타기를 조작하거나 조작할 것을 지시하였거나 도선을 하였다고 인정할 만한 충분한 이유가 있는 경우

③ 해양사고가 발생한 경우

술에 취하였는지를 측정한 결과에 불복하는 사람에 대하여는 해당 운항자 또는 도선사의 동의를 받아 혈액채취 등의 방법으로 다시 측정할 수 있다.

[표 5] 술에 취한 상태에서의 조타기 조작시 벌칙

선박분류	혈중알콜농도	벌 칙
총톤수 5톤 이상	0.2% 이상	2년 이상 5년 이하의 징역이나 2천만원 이상 3천만원 이하의 벌금
	0.08% 이상 0.2% 미만	1년 이상 2년 이하의 징역이나 1천만원 이상 2천만원 이하의 벌금
	0.03% 이상 0.08% 미만	1년 이하의 징역이나 1천만원 이하의 벌금

	2회 이상 술에 취한 상태 운항	2년 이상 5년 이하의 징역이나 2천만원 이상 3천만원 이하의 벌금
	음주측정요구 1회 거부	3년 이하의 징역이나 3천만원 이하의 벌금
	음주측정요구 2회 이상 거부	2년 이상 5년 이하의 징역이나 2천만원 이상 3천만원 이하의 벌금
총톤수 5톤 미만[25]	0.03% 이상	500만원 이하의 벌금

2) 약물복용 등의 상태에서 조타기 조작 등 금지(법 제40조)

해상교통의 안전을 위하여 약물·환각물질의 영향으로 인하여 정상적으로 선박의 조타기를 조작하거나 조작할 것을 지시하는 행위 등을 하지 못할 우려가 있는 상태에서 조타기를 조작하거나 조작할 것을 지시하는 행위 등을 금지하고, 이를 위반할 경우 해기사면허를 취소·정지할 수 있고, 3년 이하의 징역 또는 3천만원 이하의 벌금에 처하도록 하고 있다.[26]

따라서 약물(「마약류 관리에 관한 법률」 제2조 제1호에 따른 마약류를 말한다. 이하 같다)·환각물질(「화학물질관리법」 제22조 제1항에 따른 환각물질을 말한다. 이하 같다)의 영향으로 인하여 정상적으로 다음 각 호의 행위를 하지 못할 우려가 있는 상태에서는 해당 행위를 하여서는 아니 된다.

①「선박직원법」 제2조 제1호에 따른 선박의 조타기를 조작하거나 조작할 것을 지시하는 행위

②「선박직원법」 제2조 제1호에 따른 선박의 도선

3) 위험방지를 위한 조치(법 제41조)

해양경찰서장은 운항자 또는 도선사가 술에 취한 상태와 약물복용 등의 상태에서 조타기 조작 금지 규정을 위반한 경우에는 그 운항자 또는 도선사가 정상적으로 조타기를 조작하거나 조작할 것을 지시할 수 있는 상태가 될 때까지 조타기

25) 총톤수 5톤 미만의 선박 중에서 다음 선박은 제외한다.
1. 여객 정원이 13명 이상인 선박
2.「낚시 관리 및 육성법」 제25조에 따라 낚시어선업을 하기 위하여 신고된 어선
3.「유선 및 도선사업법」 제3조에 따라 영업구역을 바다로 하여 면허를 받거나 신고된 유선·도선
4. 수면비행선박

26)「해사안전법」(법률 제11197호, 2012. 1. 17., 일부개정) 개정이유.

조작 또는 조작 지시를 하지 못하게 명령하거나 도선을 하지 못하게 명령하는 등 필요한 조치를 취할 수 있다.

4) 해기사면허의 취소 · 정지 요청 (법 제42조)

해양경찰청장은 「선박직원법」 제4조에 따른 해기사면허를 받은 자가 다음 각 호의 어느 하나에 해당하는 경우 해양수산부장관에게 해당 해기사면허를 취소하거나 1년의 범위에서 해기사면허의 효력을 정지할 것을 요청할 수 있다.

① 제39조 제1항을 위반하여 술에 취한 상태에서 운항을 하기 위하여 조타기를 조작하거나 그 조작을 지시한 경우

② 제39조 제2항 제2호를 위반하여 술에 취한 상태에서 조타기를 조작하거나 조작할 것을 지시하였다고 인정할 만한 상당한 이유가 있음에도 불구하고 해양경찰청 소속 경찰공무원의 측정 요구에 따르지 아니한 경우

③ 제40조를 위반하여 약물 · 환각물질의 영향으로 인하여 정상적으로 조타기를 조작하거나 그 조작을 지시하지 못할 우려가 있는 상태에서 조타기를 조작하거나 그 조작을 지시한 경우

9. 해양사고가 발생한 경우의 조치(법 제43조)

해양사고의 발생 후 대응조치와 관련된 법률은 대표적으로 「해상교통안전법」, 「선박입출항법」, 「해양환경관리법」이 있다. 사고와 관련된 선장이나 선박소유자에게는 사고를 신고하고 처리하는 역할과, 사고 신고를 접수한 국가기관의 역할이 함께 규정되어 있다.

1) 선장 또는 선박소유자의 조치 및 해양사고 발생 신고

선장이나 선박소유자는 해양사고가 일어나 선박이 위험하게 되거나 다른 선박의 항행안전에 위험을 줄 우려가 있는 경우에는 위험을 방지하기 위하여 신속하게 필요한 조치를 취하고, 해양사고의 발생 사실과 조치 사실을 지체 없이 해양경찰서장이나 지방해양수산청장에게 신고하여야 한다(법 제43조 제1항).

지방해양수산청장은 해양사고의 신고를 받으면 지체 없이 그 사실을 해양경찰서장에게 통보하여야 한다.

2) 선장 또는 선박소유자의 해양사고 신고 절차(시행규칙 제36조)

선장 또는 선박소유자는 법 제43조 제1항에 따른 해양사고가 발생한 경우에는 ① 해양사고의 발생일시 및 발생장소, ② 선박의 명세, ③ 사고개요 및 피해상황, ④ 조치사항, ⑤ 그 밖에 해양사고의 처리 및 항행안전을 위하여 해양수산부장관이 필요하다고 인정하는 사항을 관할 해양경찰서장 또는 지방해양수산청장에게 신고하여야 한다. 다만, 외국에서 발생한 해양사고의 경우에는 선적항 소재지의 관할관청에 신고하여야 한다.

선장 또는 선박소유자는 해양사고를 신고한 후에 해당 해양사고에 대하여 추가로 조치한 사항이 있는 경우에는 지체 없이 관할관청에 알려야 한다.

3) 해양경찰서장의 조치

해양경찰서장은 선장이나 선박소유자가 신고한 조치 사실을 적절한 수단을 사용하여 확인하고, 조치를 취하지 아니하였거나 취한 조치가 적당하지 아니하다고 인정하는 경우에는 그 선박의 선장이나 선박소유자에게 해양사고를 신속하게 수습하고 해상교통의 안전을 확보하기 위하여 필요한 조치를 하도록 명하여야 한다.

또한 해양경찰서장은 해양사고가 일어나 선박이 위험하게 되거나 다른 선박의 항행안전에 위험을 줄 우려가 있는 경우 필요하면 구역을 정하여 다른 선박에 대하여 선박의 이동·항행 제한 또는 조업중지를 명할 수 있다.

10. 항행보조시설의 설치 및 관리(법 제44조)

해양수산부장관은 선박의 항행안전에 필요한 항로표지·신호·조명 등 항행보조시설을 설치하고 관리·운영하여야 한다.

해양경찰청장, 지방자치단체의 장 또는 운항자는 ① 선박교통량이 아주 많은 수역, ② 항행상 위험한 수역에 「항로표지법」 제2조 제1호에 따른 항로표지를 설치할 필요가 있다고 인정하면 해양수산부장관에게 그 설치를 요청할 수 있다.

제4절 선박 및 사업장의 안전관리

국제해사기구에서 선박의 안전관리를 위하여 육상의 사업장에도 일정한 안전관리체제를 갖추도록 한 국제안전관리규약(ISM Code)을 채택함에 따라 그 내용을 국내법에 수용하였다. 이에 「해상교통안전법」의 목적에 '이 법은 선박·사업장의 안전관리 등 선박의 안전운항을 위한 안전관리체제에 관한 사항을 규정함으로써' 라는 문구가 포함되어 있다.

해상에 대한 육상의 지원을 원활하기 위한 목적에 따라 이 법 제45조(선장의 권한 등)에서 '누구든지 선박의 안전을 위한 선장의 전문적인 판단을 방해하거나 간섭하여서는 아니 된다.'라는 규정을 두고 있다.

Ⅰ. 선박의 안전관리체제(법 제45조~제54조)

1. 선장의 권한 등(법 제45조)

누구든지 선박의 안전을 위한 선장의 전문적인 판단을 방해하거나 간섭하여서는 아니 된다.

선장은 선박의 안전관리를 위하여 제47조에 따라 선임된 회사의 안전관리책임자에게 선박과 그 시설의 정비·수리, 선박운항일정의 변경 등을 요구할 수 있고, 그 요구를 받은 안전관리책임자는 타당성 여부를 검토하여 그 결과를 10일 이내에 선박소유자에게 알려야 하고,[27] 요구를 통보받은 선박소유자는 해당 요구에 따른 필요한 조치를 하여야 하며, 해양수산부장관은 선박소유자가 필요한 조치를 하지 아니할 경우 공중의 안전에 위해를 끼칠 수 있어 긴급한 조치가 필요하다고 판단하면 선박소유자에게 필요한 조치를 하도록 명할 수 있다.

2. 선박의 안전관리체계 수립(법 제46조)

해양수산부장관은 선박을 운항하는 선박소유자가 그 선박과 사업장에 대하여

27) 다만, 안전관리책임자가 선임되지 아니하거나 선박소유자가 안전관리책임자로 선임된 경우에는 선장이 선박소유자에게 직접 요구할 수 있다.

해양수산부령으로 정하는 바에 따라 선박의 안전운항 등을 위한 관리체제(이하 "안전관리체제"라 한다)를 수립하고 시행하는 데 필요한 시책을 강구하여야 한다.

1) 대상선박

해저자원을 채취·탐사 또는 발굴하는 작업에 종사하는 이동식 해상구조물을 포함하여 다음 선박을 운항하는 선박소유자는 안전관리체제를 수립하고 시행하여야 한다.

다만, 「해운법」 제21조에 따른 운항관리규정을 작성하여 해양수산부장관으로부터 심사를 받고 시행하는 경우에는 안전관리체제를 수립하여 시행하는 것으로 본다.

① 「해운법」 제3조에 따른 해상여객운송사업에 종사하는 선박

② 「해운법」 제23조에 따른 해상화물운송사업에 종사하는 선박으로서 총톤수 500톤 이상의 선박(기선(機船)과 밀착된 상태로 결합된 부선(艀船)을 포함한다)

③ 국제항해에 종사하는 총톤수 500톤 이상의 어획물운반선과 이동식 해상구조물

④ 수면비행선박

⑤ 그 밖에 대통령령으로[28] 정하는 선박으로서 국제항해에 종사하는 총톤수 500톤 이상의 준설선(浚渫船) 등이 포함된다.

---

28) 해상교통안전법 시행령 제17조(안전관리체제를 수립·시행해야 하는 선박) 법 제46조 제2항 제5호에서 "대통령령으로 정하는 선박"이란 다음 각 호의 어느 하나에 해당하는 선박을 말한다.
1. 「해운법」 제23조에 따른 해상화물운송사업에 종사하는 선박으로서 총톤수 100톤 이상 500톤 미만의 유류·가스류 및 화학제품류를 운송하는 선박(기선과 밀착된 상태로 결합된 부선을 포함한다)
2. 「선박안전법 시행령」 제2조 제1항 제3호 가목 본문에 따른 평수(平水)구역 밖을 운항하는 선박으로서 다음 각 목의 어느 하나에 해당하는 부선이나 구조물을 끌거나 미는 선박
가. 총톤수가 2천톤 이상이거나 길이가 100미터 이상인 부선
나. 길이가 100미터 이상인 구조물
다. 밀리거나 끌리는 각각의 부선의 총톤수의 합이 2천톤 이상인 2척 이상의 부선
라. 밀리거나 끌리는 각각의 구조물의 길이의 합이 100미터 이상인 2개 이상의 구조물
마. 밀리거나 끌리는 부선이나 구조물의 길이의 합이 100미터 이상인 부선과 구조물
3. 국제항해에 종사하는 총톤수 500톤 이상의 준설선(浚渫船)

2) 안전관리체제의 내용

안전관리체제에는 다음 각 호의 사항이 포함되어야 한다. 다만, 제2항 제5호에 따른 선박의 안전관리체제에는 해양수산부령으로 정하는 바에 따라 그 일부를 포함시키지 아니할 수 있다.

① 해상에서의 안전과 환경 보호에 관한 기본방침
② 선박소유자의 책임과 권한에 관한 사항
③ 안전관리책임자와 안전관리자의 임무에 관한 사항
④ 선장의 책임과 권한에 관한 사항
⑤ 인력의 배치와 운영에 관한 사항
⑥ 선박의 안전관리체제 수립에 관한 사항
⑦ 선박충돌사고 등 발생 시 비상대책의 수립에 관한 사항
⑧ 사고, 위험 상황 및 안전관리체제의 결함에 관한 보고와 분석에 관한 사항
⑨ 선박의 정비에 관한 사항
⑩ 안전관리체제와 관련된 지침서 등 문서 및 자료 관리에 관한 사항
⑪ 안전관리체제에 대한 선박소유자의 확인·검토 및 평가에 관한 사항

3) 안전관리대행업자의 위탁

선박소유자는 제53조에 따라 안전관리대행업을 등록한 자에게 이를 위탁할 수 있다. 이 경우 선박소유자는 그 사실을 10일 이내에 해양수산부장관에게 알려야 한다.

3. 안전관리책임자 선임과 안전관리책임자의 업무

1) 선박소유자의 안전관리책임자 선임

선박소유자(안전관리체제의 수립·시행을 위탁한 경우에는 위탁받은 자를 말한다)는 선박 및 사업장의 안전관리 업무를 수행하게 하기 위하여 선박안전관리사 자격을 가진 사람 중에서 안전관리책임자와 안전관리자를 선임하여야 한다. 선박소유자는 인증심사를 받은 안전관리체제를 유지하기 위하여 필요한 조치를 하여야 하며, 안전관리책임자·안전관리자 및 안전관리체제의 수립·시행을 위탁받은 자가 안전관

리 업무를 성실하게 수행할 수 있도록 지원 및 지도·감독하여야 하며, 해양수산부장관은 선박소유자가 이러한 의무를 이행하지 아니한 경우 그 의무를 이행하도록 명할 수 있다.

안전관리책임자 및 안전관리자의 자격과 선임기준, 선임·변경선임에 대한 신고의 절차 및 방법 등 그 밖에 필요한 사항은 해양수산부령으로 정한다.

2) 안전관리책임자의 업무

안전관리책임자는 선박의 안전관리에 관한 업무를 선박소유자와 직접 협의할 수 있는 권한을 가진 자로서, 다음 각 호의 업무를 수행한다.

① 안전관리체제의 시행 및 개선

② 선원에 대한 안전교육 실시 및 이에 대한 사후점검

③ 안전관리체제의 유효성 검토 및 부적합사항의 분석

④ 선박에 보급되는 장치, 부품 등의 적격품 여부 확인

⑤ 선박의 안전운항 및 해양오염방지를 위한 필요자원 및 육상지원의 적절한 제공 여부 확인 및 보장

⑥ 선박에 대한 안전정보·기술정보 등의 제공

⑦ 그 밖에 대통령령으로 정하는 업무

안전관리자는 안전관리책임자를 보좌하며, 안전관리책임자의 지휘를 받아 위 안전관리책임자의 업무를 수행한다.

안전관리책임자 및 안전관리자는 위의 업무를 성실하게 수행하여야 하며, 해양수산부장관은 업무를 게을리하거나 업무를 성실하게 수행하지 아니하는 자에 대하여 그 업무를 이행하도록 명하였음에도 이행명령을 준수하지 아니하는 때에는 선박소유자에게 안전관리책임자 및 안전관리자의 변경선임을 요구할 수 있으며, 요구를 받은 선박소유자는 특별한 사정이 없으면 이에 따라야 한다.

안전관리책임자와 안전관리자는 다음의 선박안전에 관한 교육을 의무적으로 받아야 한다.

교육시기는 신규교육은 선임된 날부터 6개월 이내, 정기교육은 2년마다 받아야 한다.

안전관리책임자는 업무수행 중 수립된 안전관리체제에 위반되는 것을 발견한

때에는 지체 없이 선박소유자에게 시정 등의 조치를 요구하여야 하고,[29] 조치 요구를 받은 선박소유자는 지체 없이 이에 따라야 하며, 이러한 요구를 이유로 안전관리책임자의 해임, 보수(報酬) 지급의 거부 및 제46조 제4항에 따라 안전관리체제의 수립·시행을 위탁받은 자에 대한 계약해지 등 불이익한 처우를 하여서는 아니 된다.

4. 인증심사

선박소유자는 안전관리체제를 수립·시행하여야 하는 선박이나 사업장에 대하여 다음 각 호의 구분에 따라 해양수산부장관으로부터 안전관리체제에 대한 인증심사를 받아야 한다.

1) 인증심사의 종류

① 최초인증심사: 안전관리체제의 수립·시행에 관한 사항을 확인하기 위하여 처음으로 하는 심사

② 갱신인증심사: 선박안전관리증서 또는 안전관리적합증서의 유효기간이 끝난 때에 하는 심사

③ 중간인증심사: 최초인증심사와 갱신인증심사 사이 또는 갱신인증심사와 갱신인증심사 사이에 해양수산부령으로 정하는 시기에 행하는 심사

④ 임시인증심사: 최초인증심사를 받기 전에 임시로 선박을 운항하기 위하여 다음 각 목의 어느 하나에 대하여 하는 심사

가. 새로운 종류의 선박을 추가하거나 신설한 사업장

나. 개조 등으로 선종이 변경되거나 신규로 도입한 선박

⑤ 수시인증심사: 제1호부터 제4호까지의 인증심사 외에 선박의 해양사고 및 외국항에서의 항행정지 예방 등을 위하여 해양수산부령으로 정하는 경우에 사업장 또는 선박에 대하여 하는 심사

---

29) 안전관리책임자는 선박소유자가 시정 등의 조치 요구에 따르지 아니하면 해양수산부장관과 안전관리체제의 수립·시행을 위탁받은 자에게 그 사실을 지체 없이 알려야 한다.

2) 인증심사 불합격 선박의 항행금지

선박소유자는 인증심사에 합격하지 아니한 선박을 항행에 사용하여서는 아니 된다. 다만, 천재지변 등으로 인하여 인증심사를 받을 수 없다고 인정되는 등 해양수산부령으로 정하는 다음의 경우에는 그러하지 아니하다.

① 「선박안전법」 제8조부터 제12조까지의 규정에 따른 선박의 검사를 받기 위하여 해당 항만 또는 인근해역에서 시운전을 하는 경우(수면비행선박은 제외한다)

② 「선박안전법」 제18조 제1항에 따른 선박의 형식승인을 얻기 위하여 해당 항만 또는 인근해역에서 시운전을 하는 경우(수면비행선박은 제외한다)

③ 국제항해에 종사하지 않는 선박의 수리를 위하여 국제항해를 왕복하는 경우. 이 경우 왕복 횟수는 1회로 한정한다.

④ 외국에서 선박을 구입하여 국내(국내항으로 입항 전 수리·검사 등을 위하여 외국항으로 항해하는 경우를 포함한다)로 국제항해를 하는 경우

⑤ 그 밖에 천재지변 등 해양수산부장관이 정하여 고시하는 불가피한 사유로 인증심사를 받을 수 없는 경우

5. 선박안전관리증서 등의 발급 등

1) 증서의 발급 및 비치

해양수산부장관은 최초인증심사나 갱신인증심사에 합격하면 그 선박에 대하여는 선박안전관리증서를 내주고, 그 사업장에 대하여는 안전관리적합증서를 내주어야 한다. 또한 임시인증심사에 합격하면 그 선박에 대하여는 임시선박안전관리증서를 내주고, 그 사업장에 대하여는 임시안전관리적합증서를 내주어야 한다.

선박소유자는 그 선박에는 선박안전관리증서나 임시선박안전관리증서의 원본과 안전관리적합증서나 임시안전관리적합증서의 사본을 갖추어 두어야 하며, 그 사업장에는 안전관리적합증서나 임시안전관리적합증서의 원본을 갖추어 두어야 한다.

2) 증서의 유효기간

선박안전관리증서와 안전관리적합증서의 유효기간은 각각 5년이고, 임시안전관리적합증서의 유효기간은 1년, 임시선박안전관리증서의 유효기간은 6개월이다.

선박안전관리증서는 5개월의 범위에서, 임시선박안전관리증서는 6개월의 범위에서 해양수산부령으로 정하는 바에 따라 각각 한 차례만 유효기간을 연장할 수 있다.

3) 증서의 유효기간 기산 방법

선박안전관리증서 및 안전관리적합증서의 유효기간 기산은 다음 각 호의 구분에 따른다. 다만, 임시선박안전관리증서 및 임시안전관리적합증서의 경우에는 해당 인증심사의 완료일로 한다.

① 최초인증심사를 받은 경우: 해당 인증심사의 완료일

② 유효기간 만료일 전 3개월 이내에 갱신인증심사를 받은 경우: 유효기간 만료일의 다음날

③ 유효기간 만료일 3개월 전에 갱신인증심사를 받은 경우: 해당 인증심사의 완료일

4) 증서의 효력 정지

해양수산부장관은 선박소유자가 중간인증심사 또는 수시인증심사에 합격하지 못하면 그 인증심사에 합격할 때까지 해당 선박안전관리증서 또는 안전관리적합증서의 효력을 정지하여야 한다.

안전관리적합증서의 효력이 정지된 경우에는 해당 사업장에 속한 모든 선박의 선박안전관리증서의 효력도 정지된다.

5) 이의신청

인증심사에 관하여 이의가 있는 자는 이의신청 여부와 관계없이 「행정심판법」에 따른 행정심판청구 또는 「행정소송법」에 따른 행정소송을 제기할 수 있다.

인증심사에 불복하는 자는 심사결과를 통지받은 날부터 30일 이내에 그 사유를 적어 해양수산부장관이 정하는 바에 따라 이의신청을 할 수 있다.

Ⅱ. 선박 점검 및 사업장 안전관리

선박의 안전관리 상태를 현장에서 직접 확인하기 위한 제도로는 외국선박에 대한 항만국통제제도와 국적선박에 대한 선박점검 제도가 대표적이며, 안전관리를 독려하기 위하여 선박 안전도정보를 공표하거나 개선명령 등의 규정을 두고 있다.

1. 항만국통제 등

항만국통제(PSC: Port State Control)는 선박이 기항하는 국가인 항만국(Port State)에서 자국의 관할권 내로 입항하는 외국적 선박에 대하여 해당 선박이 국제협약의 기준에 따른 시설과 운항능력을 확보하고 있는지를 점검함으로써 선원 및 선박의 안전과 해양환경 보호를 목적으로 하는 제도이다.

1997년 12월 17일 일부개정된 「선박안전법」에서 처음으로 항만국통제에 관한 근거가 신설됨에 따라 해사법규에서 항만국통제라는 용어가 일반적으로 사용되기 시작했다. 「해사안전법」에 있는 '외국선박 통제' 또한 항만국통제와 같은 용어이다. 항만국통제는 통제를 시행하는 주체를 기준으로, 외국선박통제는 통제대상을 기준으로 하고 있으며 다른 용어지만 같은 뜻이다.

「선박안전법」 제68조에서 항만국통제를 '외국선박의 구조 · 설비 · 화물운송방법 및 선원의 선박운항지식 등이 대통령령으로 정하는 선박안전에 관한 국제협약에 적합한지 여부를 확인하고 그에 필요한 조치'를 하는 것으로 정의하고 있다.[30]

30) 선박안전법 제68조(항만국통제) ① 해양수산부장관은 외국선박의 구조 · 설비 · 화물운송방법 및 선원의 선박운항지식 등이 대통령령으로 정하는 선박안전에 관한 국제협약에 적합한지 여부를 확인하고 그에 필요한 조치(이하 "항만국통제"라 한다)를 할 수 있다.

② 해양수산부장관은 제1항의 규정에 따른 항만국통제를 하는 경우 소속 공무원으로 하여금 대한민국의 항만에 입항하거나 입항예정인 외국선박에 직접 승선하여 행하게 할 수 있다. 이 경우 당해 선박의 항해가 부당하게 지체되지 아니하도록 하여야 한다.

③ 해양수산부장관은 제1항에 따른 항만국통제의 결과 외국선박의 구조 · 설비 · 화물운송방법 및 선원의 선박운항지식 등이 제1항에 따른 국제협약의 기준에 미달되는 것으로 인정되는 때에는 해당선박에 대하여 수리 등 필요한 시정조치를 명할 수 있다.

④ 해양수산부장관은 제1항에 따른 항만국통제 결과 선박의 구조 · 설비 · 화물운송방법 및 선원의 선박운항지식 등과 관련된 결함으로 인하여 해당 선박 및 승선자에게 현저한 위험을 초래할 우려가 있다고 판단되는 때에는 출항정지를 명할 수 있다.

⑤ 외국선박의 소유자는 제3항 및 제4항에 따른 시정조치명령 또는 출항정지명령에 불복하는 경우에는 해당명령을 받은 날부터 90일 이내에 그 불복사유를 기재하여 해양수산부장관에게 이의신청을 할

점검기준이 되는 선박안전에 관한 국제협약은「선박안전법」시행령 제16조에서 ① 해상에서의 인명안전을 위한 국제협약, ② 만재흘수선에 관한 국제협약, ③ 국제 해상충돌 예방규칙 협약, ④ 선박톤수 측정에 관한 국제협약, ⑤ 상선의 최저기준에 관한 국제협약, ⑥ 선박으로부터의 오염방지를 위한 국제협약, ⑦선원의 훈련·자격증명 및 당직근무에 관한 국제협약으로 정하고 있다.[31)]

1) **항만국통제**(법 제57조)

해양수산부장관은 대한민국의 영해에 있는 외국선박 중 대한민국의 항만에 입항하였거나 입항할 예정인 선박에 대하여 선박의 안전관리체제, 선박의 구조·시설, 선원의 선박운항지식 등이 대통령령으로 정하는 해사안전에 관한 국제협약의 기준에 맞는지를 확인(이하 "항만국통제"라 한다)할 수 있고, 항만국통제 결과 위 국제협약의 기준에 미치지 못하는 경우로서, 해당 선박의 크기·종류·상태 및 항행기간을 고려할 때 항행을 계속하는 것이 인명이나 재산에 위험을 불러일으키거

수 있다.

⑥ 제5항의 규정에 따라 이의신청을 받은 해양수산부장관은 소속 공무원으로 하여금 해당 시정조치명령 또는 출항정지명령의 위법·부당 여부를 직접 조사하게 하고 그 결과를 신청인에게 60일 이내에 통보하여야 한다. 다만, 부득이한 사정이 있는 때에는 30일 이내의 범위에서 통보시한을 연장할 수 있다.

⑦ 시정조치명령 또는 출항정지명령에 대하여 불복이 있는 자는 제5항 및 제6항의 규정에 따른 이의신청의 절차를 거치지 아니하고는 행정소송을 제기할 수 없다. 다만,「행정소송법」제18조 제2항 및 제3항의 규정에 해당되는 경우에는 그러하지 아니하다.

⑧ 제3항부터 제7항까지의 규정에 따른 외국선박에 대한 조치 및 이의신청 등에 관하여 필요한 사항은 대통령령으로 정한다.

31) 선박안전법 시행령 제16조(항만국통제의 시행) ① 법 제68조 제1항에서 "대통령령으로 정하는 선박안전에 관한 국제협약"이란 다음 각 호의 협약을 말한다.

1.「해상에서의 인명안전을 위한 국제협약」
2.「만재흘수선에 관한 국제협약」
3.「국제 해상충돌 예방규칙 협약」
4.「선박톤수 측정에 관한 국제협약」
5.「상선의 최저기준에 관한 국제협약」
6.「선박으로부터의 오염방지를 위한 국제협약」
7.「선원의 훈련·자격증명 및 당직근무에 관한 국제협약」

② 제1항 제5호의「상선의 최저기준에 관한 국제협약」을 적용할 때 1994년 3 월31일 이전에 용골(선박 바닥 중앙의 길이 방향 지지대를 말한다)이 거치된 선박에 대하여는 같은 협약의 적용으로 인하여 선박의 구조 또는 거주설비의 변경이 초래되지 않는 범위에서 항만국통제를 실시한다.

나 해양환경 보전에 장해를 미칠 우려가 있다고 인정되는 경우에는 그 선박에 대하여 항행정지(Detention)를 명하는 등 필요한 조치를 할 수 있다.

해양수산부장관은 항행정지 명령에 따른 위험과 장해가 없어졌다고 인정할 때에는 지체 없이 해당 선박에 대한 조치를 해제하여야 한다.

2) 외국의 항만국통제 등(법 제58조)

해양수산부장관은 대한민국선박이 외국 정부의 항만국통제에 따라 항행정지 처분을 받은 경우에는 그 선박의 사업장에 대하여 안전관리체제의 적합성 여부를 점검하거나 그 선박이 국내항에 입항할 경우 해양수산부령으로 정하는 바에 따라 관련되는 선박의 안전관리체제, 선박의 구조·시설, 선원의 선박운항지식 등에 대하여 점검을 할 수 있다. 다만, 외국 정부에서 확인을 요청하는 경우 등 필요한 경우에는 외국에서 점검을 할 수 있다.

해양수산부장관은 외국 정부의 항만국통제에 따른 항행정지를 예방하기 위한 조치가 필요하다고 인정하는 경우 해양수산부령으로 정하는 바에 따라 관련되는 선박에 대하여 제1항에 따른 점검(이하 "특별점검"이라 한다)을 할 수 있으며, 특별점검의 결과 선박의 안전 확보를 위하여 필요하다고 인정하면 그 선박의 소유자 또는 해당 사업장에 대하여 해양수산부령으로[32] 정하는 바에 따라 시정·보완 또는 항행정지를 명할 수 있다.

2. 해사안전 우수사업자의 지정 등(법 제59조)

해양수산부장관은 다음 각 호의 어느 하나에 해당하는 자 중 해사안전의 수준 향상과 해양사고 감소에 기여한 자로서 해양수산부령으로 정하는 기준에 적합한 자를 해사안전 우수사업자로 지정할 수 있다.

① 「해운법」 제4조 제1항에 따라 해상여객운송사업의 면허를 받은 자
② 「해운법」 제24조 제1항에 따라 내항 화물운송사업의 등록을 한 자

---

32) 해상교통안전법 시행규칙 제58조(선박 점검 등) ① 지방해양수산청장은 법 제58조 제1항 및 제2항에 따라 점검하려는 경우에는 그 점검대상, 점검시기 및 점검방법 등을 선박소유자에게 알려야 한다. ② 지방해양수산청장은 법 제58조 제3항에 따른 시정·보완 또는 항행정지를 명하는 경우에는 별지 제29호서식의 점검보고서를 발급해야 한다. 이 경우 해당 서류에는 법 제62조 제1항에 따른 이의신청에 대한 안내문이 포함되어야 한다.

③ 「해운법」 제24조 제2항에 따라 외항화물운송사업의 등록을 한 자

④ 그 밖에 해사안전관리 또는 해상운송과 관련된 사업으로서 해양수산부장관이 정하여 고시하는 사업을 영위하는 자

3. 지도 · 감독(법 제60조)

해양수산부장관은 해양사고가 발생할 우려가 있거나 해사안전관리의 적정한 시행 여부를 확인하기 위하여 필요한 경우 등 해양수산부령으로 정하는 경우에는 해사안전감독관으로 하여금 정기 또는 수시로 다음 각 호의 조치를 하게 할 수 있다. 다만, 「수상레저안전법」에 따른 수상레저기구와 선착장 등 수상레저시설, 「유선 및 도선 사업법」에 따른 유 · 도선, 유 · 도선장에 대해서는 그러하지 아니하다.

① 선장, 선박소유자, 안전진단대행업자, 안전관리대행업자, 그 밖의 관계인에게 출석 또는 진술을 하게 하는 것

② 선박이나 사업장에 출입하여 관계 서류를 검사하게 하거나 선박이나 사업장의 해사안전관리 상태를 확인 · 조사 또는 점검하게 하는 것

③ 선장, 선박소유자, 안전진단대행업자, 안전관리대행업자, 그 밖의 관계인에게 관계 서류를 제출하게 하거나 그 밖에 해사안전관리에 관한 업무를 보고하게 하는 것

지도 · 감독 업무를 수행하기 위하여 해양수산부에 해사안전감독관을 둔다. 다만, 제109조 제1항에 따라 해양수산부장관의 지도 · 감독 권한의 일부를 위임하는 경우에는 그 권한을 위임받은 기관의 장이 소속된 기관에 해사안전감독관을 둔다.

해사안전감독관은 지도 · 감독 실시일 7일 전까지 지도 · 감독의 목적, 내용, 날짜 및 시간 등을 서면으로 해당 지도 · 감독의 대상이 되는 자에게 알려야 한다. 다만, 긴급한 경우 또는 사전에 지도 · 감독의 실시를 알리면 증거 인멸 등으로 해당 지도 · 감독의 목적을 달성할 수 없다고 인정되는 경우에는 그러하지 아니할 수 있다.

해사안전감독관은 그 권한을 표시하는 증표를 지니고 이를 관계인에게 내보여야 하며, 그 결과를 서면으로 해당 지도 · 감독의 대상이 되는 자에게 알려야 한다.

4. 개선명령(법 제61조)

해양수산부장관은 지도·감독 결과 필요하다고 인정하거나 해양사고의 발생 빈도와 경중 등을 고려하여 필요하다고 인정할 때에는 그 선박의 선장, 선박소유자, 안전관리대행업자, 그 밖의 관계인에게 다음 각 호의 조치를 명할 수 있다.

① 선박 시설의 보완이나 대체

② 소속 직원의 근무시간 등 근무 환경의 개선

③ 소속 임직원에 대한 교육·훈련의 실시

④ 그 밖에 해사안전관리에 관한 업무의 개선

해양수산부장관은 위의 '선박 시설의 보완이나 대체' 조치를 명할 경우에는 선박 시설을 보완하거나 대체하는 것을 마칠 때까지 해당 선박의 항행정지를 함께 명할 수 있다.

5. 항행정지명령 등에 대한 이의신청(법 제62조)

법 제57조 제2항에 따른 항행정지명령 또는 법 제58조 제3항에 따른 시정·보완 명령, 항행정지명령에 불복하는 선박소유자는 명령을 받은 날부터 90일 이내에 그 불복 사유를 적어 해양수산부장관에게 이의신청을 할 수 있다.

이의신청을 받은 해양수산부장관은 이의신청에 대하여 검토한 결과를 60일 이내에 신청인에게 통보하여야 한다. 다만, 부득이한 사정이 있을 때에는 30일 이내의 범위에서 통보시한을 연장할 수 있다.

Ⅲ. 선박안전관리사

1. 선박안전관리사 자격제도의 관리·운영 등(법 제64조)

해양수산부장관은 해사안전 및 선박·사업장 안전관리를 효과적이고 전문적으로 하기 위하여 선박안전관리사 자격제도를 관리·운영하며, 선박안전관리사는 다음 각 호의 업무를 수행한다.

① 안전관리체제의 수립·시행 및 개선·지도

② 선박에 대한 안전관리 점검·개선 및 지도·조언

③ 선박과 사업장 종사자의 안전을 위한 교육 및 점검
④ 선박과 사업장의 작업환경 점검 및 개선
⑤. 해양사고 예방 및 재발방지에 관한 지도·조언
⑥ 여객관리 및 화물관리에 관한 업무
⑦ 선박안전·보안기술의 연구개발 및 해상교통안전진단에 관한 참여·조언
⑧ 그 밖에 해사안전관리 및 보안관리에 필요한 업무

선박안전관리사가 되려는 자는 시행령 [별표 7]에서 규정하고 있는 등급별 자격시험 응시자격을 갖추고 해양수산부장관이 실시하는 자격시험에 합격하여야 한다.

■ 해상교통안전법 시행령 [별표 7]

선박안전관리사 등급별 자격시험 응시자격(제23조 제2항 관련)

선박안전관리사 등급	자격시험 응시자격
1급	다음 각 호의 어느 하나에 해당하는 사람 1. 2급 선박안전관리사 자격을 취득한 후 선박안전 관련 직무분야에서 4년 이상 실무에 종사한 사람 2. 「선박직원법」 제4조 제2항에 따른 2급 항해사, 2급 기관사 또는 2급 운항사 이상의 면허를 받은 후 선박안전 관련 직무분야에서 5년 이상 실무에 종사한 사람
2급	다음 각 호의 어느 하나에 해당하는 사람 1. 3급 선박안전관리사 자격을 취득한 후 선박안전 관련 직무분야에서 2년 이상 실무에 종사한 사람 2. 「선박직원법」 제4조 제2항에 따른 3급 항해사, 3급 기관사 또는 3급 운항사 이상의 면허를 받은 후 선박안전 관련 직무분야에서 3년 이상 실무에 종사한 사람
3급	제한 없음

비고

1. "선박안전 관련 직무분야"란 선박운항, 선박검사, 선박안전·보안관리, 조선, 해양수산행정에 관한 업무분야를 말한다.
2. 실무에 종사한 경력에는 승선경력이 포함되며, 승선경력을 산정하는 경우에는 유급휴가기간을 포함한다.
3. 항해사, 기관사 또는 운항사에는 「선박직원법」 제10조의2 제2항에 따라 동일한 직종·등급으로 인정된 승무자격증을 발급받은 사람을 포함한다.
4. 항해사 면허 중 한정면허는 「선박직원법 시행령」 제4조 제1항 제1호에 따른 상선면허만 해당한다.

다만, 「국가기술자격법」 또는 다른 법률에 따른 선박 안전관리와 관련된 자격의 보유자 등 다음 각 호의 사람에 대해서는 자격시험의 일부를 면제할 수 있다.

① 「선박직원법」 제4조 제2항 제1호에 따른 3급 이상의 항해사(한정면허는 같은 법 시행령 제4조 제1항 제1호에 따른 상선면허만 해당한다) 또는 같은 법 제4조 제2항 제2호에 따른 3급 이상의 기관사

② 「선박직원법」 제10조의2 제2항에 따라 제1호의 자격과 동일한 직종·등급으로 인정된 승무자격증을 발급받은 사람

③ 「국가기술자격법」에 따른 산업안전기사

④ 「산업안전보건법」 제142조 제1항에 따른 산업안전지도사

선박안전관리사는 다른 사람에게 자격증을 대여하거나 그 명의를 사용하게 하여서는 아니 된다. 이 법에 따른 선박안전관리사가 아니면 선박안전관리사 또는 이와 유사한 명칭을 사용하지 못한다.

선박안전관리사의 등급, 자격시험의 과목, 합격기준 및 자격증의 발급 등 그 밖에 자격시험에 필요한 사항은 대통령령으로 정한다.

2. 부정행위자에 대한 제재(법 제65조)

해양수산부장관은 부정한 방법으로 선박안전관리사 자격시험에 응시한 사람 또는 선박안전관리사 자격시험에서 부정행위를 한 사람에 대하여는 그 시험을 중지하게 하거나 무효로 하고, 그 처분이 있은 날부터 2년간 선박안전관리사 자격시험 응시자격을 정지한다.

3. 결격사유(법 제66조)

다음 각 호의 어느 하나에 해당하는 자는 선박안전관리사가 될 수 없다.

① 피성년후견인

② 이 법, 「해운법」, 「선박안전법」, 「선박직원법」, 「선원법」 또는 「국제항해선박 및 항만시설의 보안에 관한 법률」을 위반하여 금고 이상의 형을 선고받고 그 집행이 끝나거나 집행을 받지 아니하기로 확정된 후 3년이 지나지 아니한 자

③ 제2호에 따른 죄를 범하여 금고 이상의 형의 집행유예를 선고받고 그 유예기간 중에 있는 자

④ 제67조 제1항에 따라 자격이 취소된 날부터 3년이 지나지 아니한 자

4. 자격의 취소 · 정지(법 제67조)

해양수산부장관은 선박안전관리사가 다음 각 호의 어느 하나에 해당하는 경우에는 그 자격을 취소하거나 3년 이내의 기간을 정하여 그 자격의 정지를 명할 수 있다. 다만, 제1호부터 제3호까지의 어느 하나에 해당하면 그 자격을 취소하여야 한다.

① 거짓이나 그 밖의 부정한 방법으로 선박안전관리사 자격을 취득한 경우

② 제64조 제4항을 위반하여 다른 사람에게 자격증을 대여하거나 그 명의를 사용하게 한 경우

③ 제66조의 결격사유에 해당하게 된 경우

④ 자격정지 기간 중에 업무를 수행한 경우

⑤ 자격정지 처분을 3회 이상 받았거나, 정지 기간 종료 후 2년 이내에 다시 자격정지 처분에 해당하는 행위를 한 경우

선박안전관리사 자격의 취소 또는 정지 처분에 관한 세부 기준은 그 처분의 사유와 위반의 정도 등을 고려하여 해양수산부령으로 정한다.

5. 선박안전관리사 고용 선박소유자에 대한 우선지원(법 제68조)

해양수산부장관은 선박안전관리사를 고용한 선박소유자 등 이 법에 따른 사업자에 대하여 다른 사업자에 우선하여 자금 등을 지원할 수 있다. 다만, 제47조 제1항에 따른 의무를 이행하기 위하여 선박안전관리사를 고용한 경우는 제외한다.

제5절 보칙 및 벌칙

Ⅰ. 선박안전관리사협회의 설립(법 제105조)

안전관리책임자 등 선박안전관리 종사자는 선박안전관리 업무의 개선 · 발전과 선박안전관리사의 권익증진 및 자질향상을 위하여 선박안전관리사협회(이하 “협

회"라 한다)를 설립할 수 있다. 협회는 법인으로 하며, 협회는 대통령령으로 정하는 바에 따라 정관을 작성하여 해양수산부장관의 인가를 받아 그 주된 사무소의 소재지에서 설립등기를 함으로써 성립한다.

협회에 관하여 이 법에 규정된 것을 제외하고는 「민법」의 사단법인에 관한 규정을 준용한다.

Ⅱ. 행정대집행의 적용 특례(법 제106조)

해양수산부장관은 제25조 제2항 및 제27조 제2항에 따른 항행장애물의 표시·제거 명령을 신속하게 시행하여야 할 긴급한 필요가 있으나 「행정대집행법」 제3조 제1항 및 제2항에 따른 절차에 따르면 그 목적을 달성하기가 곤란한 경우에는 해당 절차를 거치지 아니하고 필요한 조치를 할 수 있다. 대집행으로 제거된 선박 등의 보관 및 처리에 필요한 사항은 대통령령으로 정한다.

Ⅲ. 비밀유지(법 제107조)

다음 각 호의 어느 하나에 해당하는 업무에 종사하거나 종사하였던 사람은 그 직무상 알게 된 비밀을 타인에게 누설하거나 직무상 목적 외에 사용하여서는 아니 된다. 다만, 해사안전을 위하여 해양수산부장관이 필요하다고 인정하면 그러하지 아니하다.

① 제50조 제1항에 따른 인증심사의 대행 업무

② 제109조 제3항에 따라 전문기관 또는 단체에 위탁된 업무

Ⅳ. 청문(법 제108조)

해양수산부장관이나 해양경찰청장은 다음 각 호의 어느 하나에 해당하는 처분을 하려면 청문을 하여야 한다.

① 제10조 제3항에 따른 공사 또는 작업 허가의 취소

② 제22조 제1항에 따른 안전진단대행업자 등록의 취소

③ 제50조 제6항에 따른 정부대행기관 지정의 취소

④ 제56조 제1항에 따른 안전관리대행업 등록의 취소

⑤ 제59조 제5항에 따른 해사안전 우수사업자 지정의 취소 또는 지정 효력의 정지

⑥ 제67조 제1항에 따른 선박안전관리사 자격의 취소

Ⅴ. 권한 등의 위임 · 위탁(법 제109조)

이 법에 따른 해양수산부장관 또는 해양경찰청장의 권한은 대통령령으로 정하는 바에 따라 그 일부를 그 소속 기관의 장 또는 지방자치단체의 장에게 위임할 수 있고, 이 법에 따른 해양수산부장관의 권한은 대통령령으로 정하는 바에 따라 그 일부를 해양경찰청장 또는 그 소속 기관의 장에게 위임할 수 있다.

또한 해양수산부장관은 이 법에 따른 업무의 일부를 대통령령으로 정하는 바에 따라 관련 전문기관 또는 단체에 위탁할 수 있다.

Ⅵ. 벌칙 적용에서 공무원 의제(법 제110조)

제50조 제1항에 따라 해양수산부장관의 업무를 대행하는 정부대행기관 및 제109조 제3항에 따라 위탁받은 업무에 종사하는 전문기관 또는 단체의 임직원은 「형법」 제129조부터 제132조까지를 적용할 때에는 공무원으로 본다.

제8장 선박안전법

제1절 총 칙

Ⅰ. 목적과 의의

1. 목 적

이 법은 선박의 감항성(堪航性)[1] 유지 및 안전운항에 필요한 사항을 규정함으로써 국민의 생명과 재산을 보호함을 목적으로 한다. 선박의 감항성 유지 및 안전운항에 필요한 사항을 규정함으로써 국민의 생명과 재산을 보호할 목적으로 제정된 법이 선박안전법이다. 여기서 언급하고 있는 감항성은 상법 제794조의 감항능력과 다른 개념으로 해석할 수 있을 것이다. 상법의 감항능력의 요건은 선체능력, 운항능력 및 감화능력으로 구분하고 있으나, 선박안전법은 법의 목적에 따라 주로 감항성 유지에 필요한 시설에 관하여 규정하고 있는 점을 감안할 때 이 법에서의 감항성은 운항능력 및 감화능력은 포함하지 않는 것으로 해석될 수 있을 것이다.[2]

선박안전법 제1조(목적)는 "이 법은 선박의 감항성(堪航性) 유지 및 안전운항에 필요한 사항을 규정함으로써 국민의 생명과 재산을 보호함을 목적으로 한다."로

---

1) 감항성(堪航性, Sea Worthiness)은 해상운송에 있어서, 선박이 통상의 위험을 견디고 안전한 항해를 하기 위하여 필요한 인적·물적 준비를 갖춘 상태로서 통상 선체능력, 감하능력(堪荷能力), 인적 감항력(人的 堪航力)으로 구분할 수 있다.
선체능력(船體能力)이라 함은 선박이 복원성(Stability)과 종강도(Longitudinal strength)를 갖추고 기관(機關)·조타장치(操舵裝置)·배수설비(排水設備) 등의 설비를 적정하게 갖추어 통상의 위험을 견디고, 안전한 항해를 할 수 있는 선박의 물적 능력(物的 能力)을 말한다.

2) 박영선, 「선박안전법해설」(서울: 한국해사문제연구소, 2008), 23쪽.

규정하여 이 법의 기본목적을 규정하고 있다. 선박은 육지와 멀리 떨어져 바다 한 가운데 고립된 상태로 운항하기 때문에 선박에서 안전상의 문제가 발생하였을 때 육지로부터 지원받는 것이 원활하지 않다. 거대한 자연인 바다에서 한 척의 선박은 모든 문제를 스스로 해결해야 하는 항해능력을 갖추어야 하고 이와 같이 선박이 해상 고유의 위험을 극복하고 안전하게 항해할 수 있는 능력을 확보해야 하고 이러한 능력을 감항성(seaworthiness)이라 정의하고 있다. 선박안전법이 안전운항에 필요한 사항을 규정함으로써 포괄적인 개념을 채택하여 선박의 안전운항에 관한 사항을 이 법에 규정하고 있고, 국제협약인 '해상인명안전협약'의 하드웨어적인 내용을 선박안전법에 수용함으로써 국제협약과 국내법이 연동하고 있다.

2. 법령 체계

선박안전법은 선박의 감항성 확보를 통한 국민의 생명과 재산을 보호하기 위하여 선박소유자, 선원 등 이해관련자에게 많은 규제를 가하고 있다. 국민의 권리와 의무를 규제하기 위해서는 국민으로부터 입법권이 부여된 의회에서 모든 내용을 제정해야 하는 것이 원칙이다. 선박안전법은 법률, 시행령, 시행규칙과 행정규칙을 포함한 규정을 총칭한다. 현대국가에서 의회입법원칙의 예외로서 행정권이 일반적·추상적 규율을 제정하는 작용 또는 그에 의하여 제정된 규범으로서의 명령[3]인 행정입법(특히, 위임입법)이 중추적인 역할을 수행하고 있음은 부인할 수 없는 사실이고, 위임입법의 증가와 동시에 행정실무에서는 행정규칙의 비중이 점차 증가하고 있다. 즉 모든 법질서에서는 법률, 법규명령, 행정규칙이라는 규율의 세 단계로 구분되는데, 법률은 수요의 적은 부분만을 충족할 뿐이고, 숫자상으로 법규범의 두 번째 층으로서 법규명령이 법보다 많고, 세 번째 층인 고시, 훈령, 예규 등인 행정규칙이 양적[4]으로 가장 많은 부분을 차지하고 있다. 선박안전법의 법규범체계를 <표 6>에서 살펴보면 의원입법인 법률 1건과 행정입법으로 대통령령인 선박안전법시행령 1건, 해양수산부령인 시행규칙 4건으로 구성되어 있다. 행정규칙에는 선박안전법 시행규칙에 따르는 50개가 존재한다. 권력분립을 바탕으로

3) 김남진·김연태, 「행정법(I)」 제17판 (서울: 법문사, 2013), 151쪽.

4) http://www.law.go.kr(국가법령정보센터)를 검색한 결과(2017. 09. 14. 검색), 법률과 법규명령을 합한 숫자는 4,936건이고 행정규칙의 숫자는 14,575건이다. 해양수산부가 소관인 법령의 숫자는 341건이고, 행정규칙은 1,018건으로 행정규칙의 숫자가 법령의 거의 3배에 이르고 있다.

하는 법치국가에서는 법규범을 제정하는 입법권이 원칙적으로 국민의 대표기관인 의회에 속한다. 하지만 현대에 와서는 행정기능의 확대, 전문화·기술화 등의 변화는 행정입법을 필수불가결의 것으로 만들었으며 헌법에 명문으로 인정하는 국가가 증가하기 시작하였다. 우리의 헌법(제75조, 제76조, 제95조, 제114조 제6항)도 그중의 하나이다.5)

〈표 6〉 선박안전법 법 규범 체계도

순번	구분	법령 및 행정규칙
1	법률	선박안전법
2	시행령	선박안전법 시행령
3	시행규칙	선박안전법 시행규칙
		선박의 검사등에 관한수수료 규칙
		위험물 선박운송 및 저장규칙
		특수화물 선박운송규칙
4	행정규칙	강선의구조기준 [고시제2021－15호, 2021. 1. 21., 일부개정]
5		강화검사등에관한기준 [고시제2021－16호, 2021. 1. 21., 일부개정]
6		강화플라스틱(FRP)선의구조기준 [고시제2020－107호, 2020. 7. 31., 일부개정]
7		고속기관등의정비점검확인을위한지침 [예규제88호, 2018. 1. 12., 일부개정]
8		고속선기준 [고시제2020－58호, 2020. 5. 14., 일부개정]
9		고체화물개별운송요건 [고시제2020－226호, 2020. 12. 22., 일부개정]
10		공기부양정의구조및설비등에관한기준 [고시제2021－43호, 2021. 2. 23., 일부개정]
11		극지해역운항선박기준 [고시제2020－139호, 2020. 9. 3., 일부개정]
12		목선의구조기준 [고시제2020－141호, 2020. 9. 4., 일부개정]
13		방사성물질운송선박의안전기준 [고시제2020－108호, 2020. 7. 31., 일부개정]
14		범선의구조및설비등에관한기준 [고시제2020－120호, 2020. 7. 31., 일부개정]
15		부선의구조및설비등에관한기준 [고시제2020－109호, 2020. 7. 31., 일부개정]
16		부유식해상구조물의구조및설비등에관한기준 [고시제2020－111호, 2020. 7. 31., 일부개정]
17		산적액체위험물운송선박의시설등에관한기준 [고시제2020－238호, 2020. 12. 28., 일부개정]
18		새로운형식의선박시설에대한잠정기준마련에관한규정 [예규제112호, 2020. 7. 22., 제정]
19		선박전자증서발급에관한고시 [고시제2020－179호, 2020. 11. 4., 제정]
20		선박구명설비기준 [고시제2020－241호, 2020. 12. 29., 일부개정]
21		선박구획기준 [고시제2020－61호, 2020. 5. 14., 일부개정]

5) 김남진·김연태, 앞의 책, 152쪽.

22		선박기관기준 [고시제2020－243호, 2020. 12. 29., 일부개정]
23		선박만재흘수선기준 [고시제2015－85호, 2015. 7. 7., 일부개정]
24		선박방화구조기준 [고시제2020－63호, 2020. 5. 14., 일부개정]
25		선박복원성기준 [고시제2020－8호, 2020. 1. 20., 일부개정]
26		선박설비기준 [고시제2020－240호, 2020. 12. 29., 일부개정]
27		선박소방설비기준 [고시제2020－218호, 2020. 12. 15., 일부개정]
28		선박안전법적용을받는특수한구조로되어있는선박의종류에대한고시 [고시제2016－213호, 2016. 12. 28., 일부개정]
29		선박용물건의형식승인시험및검정에관한기준 [고시제2020－242호, 2020. 12. 29., 일부개정]
30		선박위치발신장치의설치기준및운영등에관한규정 [고시제2021－2호, 2021. 1. 7., 일부개정]
31		선박의훈증소독을위한소독약품의안전한사용을위한고시 [고시제2020－230호, 2020. 12. 24., 제정]
32		선박전기설비기준 [고시제2020－65호, 2020. 5. 14., 일부개정]
33		소형선박의구조및설비기준 [고시제2020－110호, 2020. 7. 31., 일부개정]
34		수면비행선박기준 [고시제2019－99호, 2019. 7. 4., 일부개정]
35		알루미늄선의구조기준 [고시제2020－142호, 2020. 9. 4., 일부개정]
36		예비검사의대상및기준 [고시제2019－136호, 2019. 8. 13., 일부개정]
37		외국적시운전선박에대한임시항해검사지침 [예규제2016－75호, 2016. 8. 11., 일부개정]
38		원자력선기준 [고시제2020－112호, 2020. 7. 31., 일부개정]
39		위험물선박운송기준 [고시제2020－194호, 2020. 11. 25., 일부개정]
40		위험물검사원선임인가및교육등에관한기준 [고시제2020－114호, 2020. 7. 31., 일부개정]
41		위험물컨테이너등의점검에관한요령 [고시제2020－145호, 2020. 9. 4., 일부개정]
42		잠수선기준 [고시제2020－113호, 2020. 7. 31., 일부개정]
43		저인화점연료추진선박기준 [고시제2020－94호, 2020. 7. 8., 전부개정]
44		전기추진선박기준 [고시제2020－71호, 2020. 5. 21., 제정]
45 46		지정사업장의설비및확인대상선박용물건등에관한기준 [고시제2020－115호, 2020. 7. 31., 일부개정]
47		카페리선박의구조및설비등에관한기준 [고시제2020－116호, 2020. 7. 31., 일부개정]
48		컨테이너안전점검기준 [고시제2020－117호, 2020. 7. 31., 일부개정]
		컨테이너형식승인시험및검정기준 [고시제2020－118호, 2020. 7. 31., 일부개정]
49		컨테이너화물의총중량검증등에관한기준 [고시제2020－119호, 2020. 7. 31., 일부개정]
50		플레저보트검사기준 [고시제2017－94호, 2017. 6. 16., 일부개정]
51		항만국통제및기국통제실시요령 [훈령제523호, 2020. 3. 25., 전부개정]

52		해양수산부관공선대체건조에관한기준 [훈령제500호, 2019. 10. 23., 제정]
53		화물적재고박등에관한기준 [고시제2018-5호, 2018. 1. 12., 일부개정]

Ⅱ. 적용범위

1. 한국선박

선박안전법은 원칙적으로 모든 한국선박(정부 및 국민소유 선박)에 적용된다(법 제3조). 그러나 시설에 관하여는 적용이 제외되는 경우의 선박도 있다. 또한, 선박안전법은 속지법임과 동시에 속인법[6]의 성격을 갖고 있어 한국선박인 한 외국에 있어서도 이를 준수하여야 한다.

2. 외국선박

외국선박으로서 다음 각 호의 선박에 대하여는 대통령령으로 정하는 바에 따라 이 법의 전부 또는 일부를 적용한다. 다만, 제68조는 모든 외국선박에 대하여 이를 적용한다(법 제3조 제2항). (i) 「해운법」 제3조 제1호 및 제2호의 규정에 따른 내항정기여객운송사업 또는 내항부정기여객운송사업에 사용되는 선박, (ii) 「해운법」 제23조 제1호의 규정에 따른 내항화물운송사업에 사용되는 선박, (iii) 국적취득조건부선체용선.

3. 특별한 경우

상기 한국선박 및 외국선박의의 규정에 불구하고 다음 각 호의 선박에 대하여는 대통령령이 정하는 바에 따라 이 법의 전부 또는 일부를 적용하지 아니하거나 이를 완화하여 적용할 수 있다(법 제3조 3항). (i) 대한민국 정부와 외국 정부가

---

6) 속인주의와 속지주의: 형법의 장소적 적용범위를 어떻게 정하느냐 하는 원칙에 관한 입장에 따라 붙여진 명칭이다. 자국의 영토주권이 미치는 범위의 영역에서 범하여진 죄에 대하여는 범인이 어느 나라의 국민인가에 관계없이 이들에게 모두 그곳의 형법을 적용하는 것이 속지주의이다(형법 제2조). 이에 대하여 자국민의 범죄라면 국외에서 범해진 경우에도 자국의 형법을 적용한다는 것이 속인주의이다(제3조). 나아가서 자국의 중요한 법익을 범한 죄에 대하여는 그 법익을 보호하기 위하여 외국에서 외국인이 범한 경우에까지 자국형법의 적용을 인정하는 일이 있는데 이것을 보호주의라고 한다(제5조).

이 법의 적용범위에 관하여 협정을 체결한 경우의 해당선박, (ii) 조난자의 구조 등 해양수산부령이 정하는 긴급한 사정이 발생하는 경우의 해당선박, (iii) 새로운 특징 또는 형태의 선박을 개발할 목적으로 건조한 선박을 임시로 항해에 사용하고자 하는 경우의 해당선박,[7] (iv) 외국에 선박매각 등을 위하여 예외적으로 단 한 번의 국제항해를 하는 선박.

4. 적용제외

다음의 선박에는 적용하지 아니한다.

(i) 군함 및 경찰용선박

(ii) 노, 상앗대, 페달 등을 이용하여 인력만으로 운전하는 선박

(iii) 「어선법」 제2조 제1호에 따른 어선

(iv) 그 밖에 다음의 선박

가. 법 제8조 제2항에 따른 선박검사증서를 발급받은 자가 일정 기간 동안 운항하지 아니할 목적으로 그 증서를 해양수산부장관에게 반납한 후 해당 선박을 계류한 경우 그 선박

나. 「수상레저안전법」 제37조에 따른 안전검사를 받은 수상레저기구

다. 2007년 11월 4일 전에 건조된 선박 중 다음 각 목의 어느 하나에 해당하는 선박

가) 추진기관 또는 범장(帆檣)이 설치되지 아니한 선박으로서 평수(平水)구역[호소·하천 및 항내의 수역(「항만법」에 따른 항만구역이 지정된 항만의 경우 항만구역과 「어촌·어항법」에 따른 어항구역이 지정된 어항의 경우 어항구역을 말한다)과 해양수산부령으로 정하는 수역을 말한다. 이하 같다] 안에서만 운항하는 선박. 다만, 여객운송에 사용되

---

7) 선박안전법 제3조 제3항 제3호는 새로운 특징 또는 형태의 선박에 대하여 개발을 목적으로 임시로 항해에 사용하고자 하는 경우에 선박안전법을 적용 제외하고 있다. 자율운항선박 및 친환경선박 등 신기술을 이용한 선박들이 출현하고 있다. 이러한 선박에 전통적인 형태의 선박 안전기준을 그대로 적용한다면 새로운 특징 및 형태의 선박을 개발하는 것이 현실적으로 벽에 부딪힐 수밖에 없고 이는 신기술 발전에 저해가 될 것이다. SOLAS협약 부속서 제1장 제4규칙(b)에 따르면 연구목적을 위하여 주관 청(Administration)은 전혀 새로운 특징의 선박에 대하여 선박의 구조(제2−1장 및 2−2장), 구명설비(제3장) 및 무선통신(제4장)에 관한 규정을 면제할 수 있도록 허용하고 있다. SOLAS협약을 국내법으로 수용한 선박안전법은 이러한 선박에 대하여 선박안전법 시행령 제4조 제1항 제3호에 선박안전법의 전부를 적용하지 아니한다고 규정하고 있다.

는 선박 등 해양수산부령으로 정하는 선박은 제외한다.

① 13명 이상의 여객운송에 사용되는 선박

② 기름 또는 폐기물 산적운송 선박

③ 법 제41조에 따른 위험물을 산적하여 운송하는 선박

④ 압항부선

⑤ 잠수선 등 특수한 구조 선박(해양수산부장관 고시 선박)

나) 추진기관 또는 범장이 설치되지 아니한 선박으로서 연해구역(영해기점으로부터 20해리 이내의 수역과 해양수산부령으로 정하는 수역을 말한다. 이하 같다)을 운항하는 선박 중 여객이나 화물의 운송에 사용되지 아니하는 선박. 다만, 추진기관이 설치되어 있는 선박에 결합하여 운항하는 압항부선(押航艀船) 또는 잠수선 등 특수한 구조로 되어 있는 선박으로서 해양수산부장관이 정하여 고시하는 선박은 제외한다.

5. 국제협약과의 관계

국제항해에 취항하는 선박의 감항성 및 인명의 안전과 관련하여 국제적으로 발효된 국제협약의 안전기준과 이 법의 규정내용이 다른 때에는 해당국제협약의 효력을 우선한다. 다만, 이 법의 규정내용이 국제협약의 안전기준보다 강화된 기준을 포함하는 때에는 그러하지 아니하다(법 제5조).

6. 동등물의 인정

1) 의 의

선박안전법 제4조에 선박에 설치된 선박시설이나 선박용물건이 이 법에 따라 설치하여야 하는 선박시설의 기준과 동등하거나 그 이상의 성능이 있다고 인정되는 경우에는 이 법의 기준에 따른 선박시설이나 선박용물건을 설치한 것으로 본다고 규정되어 있다. 즉, 선박안전법에서 인정하는 선박시설이나 선박용물건은 아니지만 이와 동등 이상의 성능이 있다고 인정되는 동등물이 있을 경우 해양수산부장관은 해당 선박시설이나 선박용물건을 대신하여 이 동등물의 설치를 인정할 수 있도록 하고 있다.

2) 목 적

동등물의 활용을 인정하는 것은 선박안전법 제3조 제3항 제3호에서와 같이 새로운 기술의 발전을 활성화하고자 하는 목적이 있다. SOLAS협약 부속서 제1장 제5규칙에서 동등물을 인정하는 경우 주관청은 동등물의 상세한 내용 및 동등물이 동일한 성능을 가지고 있다는 상세한 내용이 포함된 시험보고서와 함께 IMO에 송부하도록 하고 있다. IMO는 그 내용을 다른 체약 당사국(Contracting Governments)이 알 수 있도록 회람하도록 되어 있다.

제2절 용어의 정의

Ⅰ. 선 박

1. 선박의 사전적 정의

조지 라자라토스(George Lazaratos)의 "오랫동안 입법가들이나 법률가들은 상식적으로 선박을 이해하는 데 만족하였다."라는 평가에서도 알 수 있듯이, 선박에 대한 일반적인 구조와 용도는 누구나 보편타당하게 이해할 수 있는 수준으로 선박에 대한 일반적인 정의가 필요하지 않았다.[8)]

Black's Law Dictionary에서는 Ship이란 "항해에 사용되는 모든 종류의 배(vessel)"라고 정의하고 있으며,[9)] Vessel이란 "수상에서 항해되어지는 선박(Ship)으로, Ship의 사전적 의미보다 포괄적인 개념"이라고 정의하였다.[10)] 또한 Bill

---

8) 박경현, "선박의 정의와 법적성질", 「해양한국」 제245권, 한국해사문제연구소(1994), 82쪽; 김진권·진호현, "해양플랜트의 선박성에 관한 법적고찰", 「해사법연구」 제28권 제1호, 한국해사법학회(2016. 3), 127쪽.

9) "A vessel of any kind employed in navigation. In a more restricted and more technical sense, a three-masted vessel navigated with sails. The term "ship" or "shipping," when used in tills Code, includes steam-boats, sailing vessels, canal-boats, barges, and every structure adapted to be navigated from place to place for the transportation of merchandise or persons"; Black's Law Dictionary Free Online Legal Dictionary 2nd Ed, (http://thelawdictionary.org/ship-n, 검색일자: 2016년 9월 22일)

10) "A ship, brig, sloop, or other craft used in navigation. The word is more comprehensive than "ship." The word "vessel" includes every description of water-craft or other artificial

Tetley는 Ship과 Vessel의 법적 정의에 따라 국제해사협약의 적용범위가 다르다고 하였다.[11] 하지만 해운산업에서의 Ship과 Vessel의 용어를 혼용하여 사용하고 있으며, 실제 국제해사협약 상의 적용범위의 구분은 Ship과 Vessel에 따른 사전적 의미가 아닌 선박의 용도 및 목적에 따라 달라지므로 구분의 실익이 없다. 무엇보다 기술의 발달과 해운산업의 성장으로 인해 새로운 개념의 선박들이 등장하고 있으므로 선박의 본질적 의미는 변하지 않지만, 선박의 범주는 확대되어야 할 것이다.

2. 사회통념상 선박의 의미

통상 해사법에서 말하는 선박이라 함은 사회통념상의 선박을 말하는데, 여기서 사회통념상의 선박이란 추진능력에 상관없이 수밀부유능력을 가지고 있는 배를 말한다. 즉, 사회통념상 수상에서 사람과 재화를 실어 나를 수 있는 일정한 해상구조물을 말하는 것이다.[12]

사회통념상의 선박은 조선공학적 또는 항해학적 정의와 반드시 일치하는 것은 아니므로 사회통념상 수상 또는 수중에서 해양활동이라는 일정한 기능을 수행할 수 있는 능력을 가진 해상구조물이라고 보는 것이 타당하다.[13] 이러한 사회통념적 선박의 의미를 종합해 보면 부유성 및 수밀성, 다른 물건을 실어 나를 수 있는 적재성, 수면을 항해할 수 있는 이동성을 적절히 갖추었다면 사회통념상의 선박으로 볼 수 있을 것이다.[14] 이 경우 어떤 구조물이 선박인지 아닌지의 여부는 사회통념상 개인이 판단할 뿐 구체적인 사건에서는 법원이 해석을 통하여 결정된다.

---

contrivances used, or capable of being used, as a means of transportation on water", Black's Law Dictionary Free Online Legal Dictionary 2nd Ed, (http://thelawdictionary.org/vessel, 검색일자: 2016년 9월 22일); 앞의 논문, 128쪽.

11) Bill Tetley, International Maritime and Admiralty Law, 1st ed, (Canada: Éditions Yvon Blais, 2002), p.35; Van Hooydonk, Ibid, p.406.

12) 이윤철 · 김진권 · 홍성화, 「신해사법규」(부산: 다솜출판사, 2014), 28쪽; 임동철, "선박의 정의에 관한 약간의 고찰", 「해사법연구」 제18권 제2호, 한국해사법학회(1996), 21쪽; 김진권 · 진호현, 앞의 논문, 128쪽.

13) 박용섭, 「해상법」(서울: 형설출판사, 1998), 60쪽.

14) 김진권 · 진호현, 앞의 논문, 129쪽.

3. 상법상의 선박

제740조(선박의 의의) 이 법에서 "선박"이란 상행위나 그 밖의 영리를 목적으로 항해에 사용하는 선박을 말한다고 규정하고 있으나, 명확하게 선박의 정의를 규정하고 있지 않다. 선박을 명확하게 규정하지 않음으로써 허베이 스피리트호 유류오염사고 시에 부선이 선박성에 대한 판결이 있었다. 자력항해능력이 없이 끌리거나 밀려서 운항되는 부선에 의한 선박충돌이 선박소유자 책임제한의 대상이 되려면 선박성이 인정되어야 하는데 비록 이끌려 운항되는 부선도 선박이라고 판시하였다.

대법원 판례[15]에 의하면 구 상법(2007. 8. 3. 법률 제8581호로 개정되기 전의 것) 제740조는 선박이라 함은 상행위 기타 영리를 목적으로 항해에 사용하는 선박을 이른다고 규정하고 있는데, 구 선박법(2007. 8. 3. 법률 제8621호로 개정되기 전의 것) 제1조의2는 자력항해능력이 없어 다른 선박에 의하여 끌리거나 밀려서 항행되는 부선도 선박이라고 규정하고 있고, 제29조는 상법 제5편 팽상에 관한 규정은 상행위를 목적으로 하지 아니하더라도 항행용으로 사용되는 선박(단 국유 또는 공유의 선박은 제외)에 관하여는 이를 준용한다고 규정하고 있다. 따라서 다른 선박에 의하여 끌리거나 밀려서 항행되는 국유 또는 공유가 아닌 부선은 상행위 기타 영리를 목적으로 항행하는지 여부에 상관없이 구 상법 제5편에 규정된 선박소유자 책임제한의 대상이 되는 선박에 해당한다고 판시하였다.

4. 기타 해사법규상 선박의 정의

1) 선박법

선박법에서 "선박"이란 수상 또는 수중에서 항행용으로 사용하거나 사용할 수 있는 배 종류를 말하며 그 구분은 다음 각 호와 같다.

1. 기선: 기관(機關)을 사용하여 추진하는 선박[선체(船體) 밖에 기관을 붙인 선박으로서 그 기관을 선체로부터 분리할 수 있는 선박 및 기관과 돛을 모두 사용하는 경우로서 주로 기관을 사용하는 선박을 포함한다]과 수면비행선박(표면효과 작용을 이용하여 수면에 근접하여 비행하는 선박을 말한다)

2. 범선: 돛을 사용하여 추진하는 선박(기관과 돛을 모두 사용하는 경우로서 주로

15) 대법원 2012. 4. 17. 선고 2010마222 판결 참조.

돛을 사용하는 것을 포함한다)

3. 부선: 자력항행능력(自力航行能力)이 없어 다른 선박에 의하여 끌리거나 밀려서 항행되는 선박

선박법에서의 선박은 수중에서 항행용으로 사용되거나 사용할 수 있는 배를 말하여 자항능력과 관계없이 기선, 범선, 부선으로 분류하고 있다. 사회통념상의 선박은 부유성, 수밀성, 적재성, 이동성을 갖추어야 하며 이를 선박법상 선박은 수중에서 항해용으로 사용되기 위해서는 부유성 · 수밀성 · 이동성을 갖추어야 할 것이지만, 적재성은 갖추지 않아도 되는 것으로 해석할 수 있다.

2) 해사안전기본법

해사안전법은 선박의 안전운항을 위한 안전관리체계를 확립하여 선박항행과 관련된 모든 위험과 장해를 제거함으로써 해사안전(海事安全) 증진과 선박의 원활한 교통에 이바지함을 목적으로 하고 있으며, 이 법 제3조 제2호에서 "선박"이란 물에서 항행수단으로 사용하거나 사용할 수 있는 모든 종류의 배로 수상항공기(물 위에서 이동할 수 있는 항공기를 말한다)와 수면비행선(표면효과작용을 이용하여 수면 가까이 비행하는 선박을 말한다)을 포함한다라고 규정하고 있다. "수상항공기"란 물 위에서 이동할 수 있는 항공기라고 정의하며, "수면비행선박"이란 표면효과 작용을 이용하여 수면 가까이 비행하는 선박이라고 규정하고 있다. 해사안전기본법상의 선박에 대한 정의는 선박법은 '수상 및 수중'이라고 정의되어 있는 것이 해사안전기본법은 '물에서'라고 정의하고 있다. 선박법과 다르게 물에서라고 정의함으로써 물속은 제외된 것으로 해석되기도 한다. 물에서 항행수단으로 사용되기 위해서는 부유성 · 수밀성 · 이동성을 가져야 하는 것은 당연하다. 역시 적재성에 대하여는 별도로 정의하고 있지 않다.

3) 해양환경관리법

"선박"이라 함은 수상(水上) 또는 수중(水中)에서 항해용으로 사용하거나 사용될 수 있는 것(선외기를 장착한 것을 포함한다) 및 해양수산부령이 정하는 고정식 · 부유식 시추선 및 플랫폼을 말한다고 규정하고 있으며, 해양수산부령인 '선박에서의 오염방지에 관한 규칙' 제7조(고정식 · 부유식 시추선 및 플랫폼), 법 제2조 제16호에서

"해양수산부령이 정하는 고정식 · 부유식 시추선 및 플랫폼"이란 「해저광물자원 개발법」 제2조 제2호에 따른 해저광업을 위한 고정식 · 부유식 시추선 및 플랫폼(이하 "시추선 및 플랫폼"이라 한다)을 말한다고 규정하여 선박에 대한 정의를 수상 또는 수중에서 항해용이라고 하여 부유성 · 수밀성은 갖추고 있고, 이동성은 고정식 시추선 및 플랫폼은 갖추고 있지 않음을 알 수 있다.

4) 선박직원법

"선박"이란 「선박안전법」 제2조 제1호에 따른 선박과 「어선법」 제2조 제1호에 따른 어선을 말한다고 규정하고 있으며, 총톤수 5톤 미만의 선박은 선박에서 제외하고 있으며, 다만, 총톤수 5톤 미만의 선박이라 하더라도, 여객 정원이 13명 이상인 선박, 「낚시 관리 및 육성법」 제25조에 따라 낚시어선업을 하기 위하여 신고된 어선, 「유선 및 도선사업법」 제3조에 따라 영업 구역을 바다로 하여 면허를 받거나 신고된 유선 · 도선, 수면비행선박은 선박의 범주에 포함되고 있다.

5) 해양사고의 조사 및 심판에 관한 법률

"선박"이란 수상 또는 수중을 항행하거나 항행할 수 있는 구조물로서 대통령령으로 정하는 것을 말한다고 규정하였고, 대통령령은 ① 동력선(기관을 사용하여 추진하는 선박을 말하며, 선체의 외부에 추진기관을 붙이거나 분리할 수 있는 선박을 포함한다), ② 무동력선(범선과 부선을 포함한다), ③ 수면비행선박(표면효과 작용을 이용하여 수면에 근접하여 비행하는 선박을 말한다), ④ 수상에서 이동할 수 있는 항공기를 규정하고 있다.

다만, 다른 선박과 관련 없이 단독으로 해양사고를 일으킨 군용 선박 및 경찰용선박, 그 상호 간에 해양사고를 일으킨 군용 선박 및 경찰용 선박, 그 밖에 해양수산부장관이 정하여 고시하는 수상레저기구는 선박의 범위에서 제외하고 있다.

이 법에 따른 선박은 부유성 · 수밀성을 가지고 있고, 이동성은 일부는 자력에 의해 가능하거나 자력추진능력이 없는 선박도 포함됨을 알 수 있다.

6) 선박안전법

선박안전법에서 선박은 "선박이라 함은 수상 또는 수중에서 항해용으로 사용하거나 사용될 수 있는 것(선외기를 장착한 것을 포함한다)과 이동식 시추선 · 수상호텔 등 해양수산부령으로 정하는 부유식 해상구조물을 말한다(법 제2조 1호).”라고 규정하고 있고, 대통령령에 부유식 해상구조물에 대한 정의를 규정하고 있다.

대통령령은 ① 이동식 시추선: 액체상태 또는 가스상태의 탄화수소, 유황이나 소금과 같은 해저 자원을 채취 또는 탐사하는 작업에 종사할 수 있는 해상구조물(항구적으로 해상에 고정된 것은 제외한다), ② 수상호텔, 수상식당 및 수상공연장 등으로서 소속 직원 외에 13명 이상을 수용할 수 있는 해상구조물(항구적으로 해상에 고정된 것은 제외한다), ③ 다음 각 목에 해당하는 기름 또는 폐기물 등을 산적하여 저장하는 해상구조물

가. 「해양환경관리법」 제2조에 따른 기름

나. 「폐기물관리법」 제2조에 따른 폐기물

다. 「하수도법」 제2조에 따른 하수, 분뇨 및 하수도 · 공공하수도 · 하수처리구역의 유지 · 관리와 관련하여 발생되는 준설물질 및 오니(汚泥)류

라. 「물환경보전법」 제2조 제4호에 따른 폐수

마. 「가축분뇨의 관리 및 이용에 관한 법률」 제2조에 따른 가축분뇨

바. 선박 및 해양시설에서 사람의 일상적인 활동에 따라 발생하는 분뇨

④ 법 제41조에 따른 위험물을 산적하여 저장하는 해상구조물로 규정하고 있다.

선박안전법에서는 항해장소가 수상이나 수중을 가리지 않고 항해용으로 사용될 수 있는 것은 모두 선박에 포함하고 있다. 수상에서 운항되는 WIG선, 고속정, 일반선박은 물론 수중에서 운항되는 잠수함, 해저조망부선 등의 선박도 포함된다. 또한 모터보트와 같이 추진 기관을 선체에 뒷부분에 붙였다 떼었다 할 수 있는 선외기를 장착한 선박도 선박검사대상으로 포함시키기 위해 비록 정박 중에 추진기가 없는 선박일지라도 선박에 포함시켰다. ’수상레저안전법‘[16]등의 법률에서도 선외기를 장착한 선박도 법 적용 대상에 포함시키고 있다.

석유시추선, 수상호텔, 수상공연장, 수상음식점 등 부유식 수상구조물이 선박안전법에 따른 선박의 개념에 포함되어 있다.

이러한 구조물들이 선박안전법에 포함됨으로써 복원성의 확보, 최대승선인원

16) 수상레저안전법 제2조 제3호 ‘수상레저기구’를 대통령령으로 정하도록 하고 있고, 대통령령 제2조 수상레저기구에 모터보트를 포함시키고 있다.

의 제한 등 최소한의 안전이 확보될 뿐만아니라 검사를 마치고 교부되는 선박검사증서에서 선박의 총톤수 등 선박의 기본적인 명세가 기재되기 때문에 관할관청의 허가업무에 상당한 도움이 되고 있다.[17]

7) 소 결

선박에 대한 정의는 법의 목적에 따라 적용 범위가 상이한 것을 알 수 있다. 관할하고 있는 주관청이 동일함에도 선박이라는 용어가 다른 것은 법 적용에 있어서 한계를 정하고 있다고 할 수 있다. 하지만 일반인이 상식적인 수준에서 선박이라는 용어가 법마다 다르다는 것은 혼란을 가중할 수 있다는 것을 고려하여 최대한 법적 용어에 대한 통일을 하는 것이 적절할 것으로 생각한다. 해사법규는 하나의 법에 용어의 정의를 정하고 나머지 법들은 그대로 준용하는 방법을 택하는 것이 가장 효율적이고 통일성을 갖춘다고 판단된다. 다만, 일부 별도로 정해야 하는 경우에만 예외를 규정하면 충분할 것이다.

Ⅱ. 선박시설

선박안전법은 "선박시설"이라 함은 선체 · 기관 · 돛대 · 배수설비 등 선박에 설치되어 있거나 설치될 각종 설비로서 해양수산부령으로 정하는 것을 말한다라고 규정(법 제2조 2호)하고 있으며, 해양수산부령으로 정하는 선박시설은 ① 선체, ② 기관, ③ 돛대, ④ 배수설비, ⑤ 조타(操舵)설비, ⑥ 계선(繫船)설비: 배를 항구 등에 매어 두기 위한 설비, ⑦ 양묘(揚錨)설비: 닻을 감아올리기 위한 설비, ⑧ 구명설비, ⑨ 소방설비, ⑩ 거주설비, ⑪ 위생설비, ⑫ 항해설비, ⑬ 적부(積付)설비: 위험물이나 그 밖의 산적화물을 실은 선박과 운송물의 안전을 위하여 운송물을 계획적으로 선박 내에 배치하기 위한 설비, ⑭ 하역이나 그 밖의 작업설비, ⑮ 전기설비, ⑯ 원자력설비, ⑰ 컨테이너설비, ⑱ 승강설비, ⑲ 냉동 · 냉장 및 수산물처리가공설비, ⑳ 19의2. 「항만법 시행령」 제42조에 따른 항만건설장비[18](이하 "항만

17) 박영선, 앞의 책, 74쪽.

18) 1. 기중기, 2. 준설기, 3. 항타기(杭打機: 해머나 동력을 사용하여 말뚝을 박는 기계), 4. 지반개량기를 규정하고 있다.

건설장비"라 한다), ㉑ 선박의 종류·기능에 따라 설치되는 특수한 설비로서 해양수산부장관이 인정하는 설비.

위에서 보는 바와 같이 선박시설이란 선박에 고정되어 설치되는 주요 시설물을 가리키고 있다. 선박시설은 선박용물건과 달리 대부분 소량으로 생산되어 특정한 선박에 설치되므로 이 법 제7조의 규정에 따라 선박의 건조 중 건조검사를 받아야 한다. 선박시설은 법 제26조에 의거하여 해양수산부장관이 정하여 고시하는 선박시설기준에 적합하여야 한다.[19)]

Ⅲ. 선박용 물건

선박안전법은 "선박용물건"이라 함은 선박시설에 설치·비치되는 물건으로서 해양수산부장관이 정하여 고시하는 것을 말한다고 규정하고 있으며(법 제2조 3호), 해양수산부장관이 고시하는 '선박용물건의 형식승인 시험 및 검정에 관한 기준'에 해양수산부장관의 형식승인을 받을 수 있는 품목을 정하였다.

선박용물건은 하나의 시설이라기보다는 선박에 부속되는 물건을 뜻하기 때문에 선박에 설치되기 전에 제조·수입되는 경우가 대부분이고, 검사의 경우도 선박에 설치되기 전에 시행되는 경우가 많다.

Ⅳ. 기 관

선박안전법은 "기관"이라 함은 원동기·동력전달장치·보일러·압력용기·보조기관 등의 설비 및 이들의 제어장치로 구성되는 것(법 제5조 4호)으로, 통상적으로 선박의 기관실에 있는 각종 기기를 말하며, 기관사들에 의하여 운영되며 주기관의 경우 10만 마력 이상의 엔진도 장착되고 있다.

---

19) 법 제26조에 근거를 둔 기준이 되는 고시가 26개에 이르고 있다. 어느 정도 중요한 내용의 대강을 정하고 이 법에 근거하여 하위법령에 위임하는 것이 법의 일반적인 원칙임에도 불구하고 하나의 법 조문에 26개의 고시를 둔다는 것은 근거가 빈약해 보인다. 대법원 판례에 의하면 고시는 행정규제기본법에 따른 법률에 위임근거가 있다면 법규성이 있다고 판시하고 있지만 하나의 조문에 26개의 고시에 대한 위임을 두는 것이 과연 적합한가에 대하여 필자는 의문을 가지고 있으며, 개정해야 된다고 생각한다.

선박의 기관실은 주추진기관인 주기관(Main Engine)[20]과 여러가지 보조기계(Auxiliary Machinery)로 구성되어 있으며, 주기관은 연료를 연소하는 형태에 따라 내연기관인 디젤엔진(Diesel Engine)과 보일러와 같은 외연기관을 이용한 증기터빈 엔진(Steam Turbine Engine)으로 분류된다. 보조기계는 주기관을 제외한 선내 모든 기기를 지칭하지만 통상적으로 선박에서는 발전기관(Generator Engine) 및 송배전 시설과 보일러(Boiler)를 제외한 기기를 통칭한다. 보조기계는 디젤선용 보조기계 및 터빈선용 보조기계와 기관실용 보조기계 및 기관실외 보조기계로 분류하고 있다.

Ⅴ. 선외기

선박안전법은 "선외기(船外機)(법 제2조 제5호)"라 함은 선박의 선체 외부에 붙일 수 있는 추진기관으로서 선박의 선체로부터 간단한 조작에 의하여 쉽게 떼어낼 수 있는 것을 말하며, 일반적으로 선박의 추진은 선박의 기관실에 추진을 할 수 있는 주기관이 있으며 주기관에 생산한 힘을 축계를 이용하여 프로펠러에 전달하는 방식이 많다.[21]

선박에 고정적으로 설치되어 있지 않고 선외에 탈부착이 가능하도록 설치되는 추진 장치이며(엔진과 추진기 일체형이 대부분), 주로 소형 모터보트에 설치하여 원동기, 추진축, 프로펠러 등을 일체형으로 하여 선체외부에 간단하게 장착할 수 있는 추진기관을 선외기라 한다.[22]

---

20) 선박의 주기관(Main Engine)은 선박의 추진을 위하여 사용되는 장치를 말한다. 주기관은 연료를 연소하여 발생하는 열에너지를 추진에 필요한 기계적 에너지로 바꾸는 방법에 따라 내연기관과 외연기관으로 분류된다.

21) 전효중 · 김정렬 · 조권회 · 이돈출, 「축계장치와 프로펠러」, (부산: 대진출판사, 2003), 174－175쪽에 따르면, 프로펠러의 종류는 분사 프로펠러(jet propeller), 외차 프로펠러(paddle wheel propeller), 스크류 프로펠러(screw propeller), 수직형 프로펠러로 크게 분류하고 있다. 분사 프로펠러는 물 분사 원동기에 의한 분사추진, 펌프에 의한 분사추진이 있으며, 외차 프로펠러는 고정 날개형과 가동 날개형이 있다. 스크류는 고정형과 가변형이 있다. 특히 분사 프로펠러는 대형의 원심펌프를 갖추어 해수를 흡입하고 이것을 분사구로부터 바다속으로 분사하면 그의 반동의 추진한다.

22) 해양수산부, 해양수산용어사전.

Ⅵ. 감항성

선박안전법은 "감항성"이라 함은 선박이 자체의 안정성을 확보하기 위하여 갖추어야 하는 능력으로서 일정한 기상이나 항해조건에서 안전하게 항해할 수 있는 성능을 말한다라고 규정(법 제2조 6호)하고 있다.

상법 제793조는 감항능력 주의의무를 규정하고 있는데, 운송인은 자기 또는 선원이나 그 밖의 선박 사용인이 발항 당시 다음의 사항에 관하여 주의를 해태하지 아니하였음을 증명하지 아니하면 운송물의 멸실 · 훼손 또는 연착으로 인한 손해를 배상할 책임이 있다고 감항능력을 규정하고 있다. 구체적으로 제1호에 '선박이 안전하게 항해를 할 수 있게 할 것'이라는 선체능력을, 제2호에 '필요한 선원의 승선, 선박의장(艤裝)과 필요품의 보급'이라는 인적감항능력, 제3호에 '선창 · 냉장실, 그 밖에 운송물을 적재할 선박의 부분을 운송물의 수령 · 운송과 보존을 위하여 적합한 상태에 둘 것'이라는 감하능력을 규정하고 있다. 선체능력은 선박이 복원성과 종강도를 갖추고 기관, 조타장치 및 배수설비 등의 설비를 적정하게 갖추어 통상의 위험을 견디고, 안전한 항해를 할 수 있는 물적 능력을 말한다.

상법은 감항능력의 요건으로서 각 호의 구분에 따라 선체능력, 인적감항능력, 감하능력으로 구분하고 있으나,[23] 선박안전법에 의한 감항성은 법의 목적에 적합하도록 감항성 유지에 필요한 시설에 국한하다 보니 인적감항능력 및 감하능력은 포함하지 않은 것으로 해석하는 것이 적절할 것이다.[24]

선박이 지속적으로 감항성을 유지하기 위하여 주기적인 선박검사를 통하여 가능하다. 선박안전법에서는 선박검사를 위한 사항이 상세하게 규정되어 있으며, 이러한 고도의 전문성이 요구되는 검사는 선박검사관 또는 정부대행검사기관의

23) 상법 제794조(감항능력 주의의무) 운송인은 자기 또는 선원이나 그 밖의 선박사용인이 발항 당시 다음의 사항에 관하여 주의를 해태하지 아니하였음을 증명하지 아니하면 운송물의 멸실 · 훼손 또는 연착으로 인한 손해를 배상할 책임이 있다.
1. 선박이 안전하게 항해를 할 수 있게 할 것
2. 필요한 선원의 승선, 선박의장(艤裝)과 필요품의 보급
3. 선창 · 냉장실, 그 밖에 운송물을 적재할 선박의 부분을 운송물의 수령 · 운송과 보존을 위하여 적합한 상태에 둘 것

24) 박영선, "선박감항성 유지 · 안전운항 사항 규정위해 선박안전강화, 법조문 44개서 92개로 증가", 「해양한국」 2005권 9호, 한국해사문제연구소(2005. 9), 93쪽.

선박검사원에 의해서 수행된다.

Ⅶ. 만재흘수선

선박안전법은 "만재흘수선(滿載吃水線)"이라 함은 선박이 안전하게 항해할 수 있는 적재한도(積載限度)의 흘수선으로서 여객이나 화물을 승선하거나 싣고 안전하게 항해할 수 있는 최대한도를 나타내는 선을 말한다라고 규정하고 있다(법 제2조 7호).

선박이 바다에서 악천후를 조우하였을 경우, 선박은 종방향과 횡방향으로 동요한다. 한쪽 방향으로 기울어진 선박이 중심을 잡고 다시 바로 서기 위하여는 충분한 복원력이 있어야 한다. 선박의 복원력 확보에 가장 중요한 요소는 여객이나 화물을 적재하고도 물에 잠기지 아니한 건현이 충분해야 한다는 것이다. 선박이라는 특성상 선박소유자는 과도한 화물을 싣기를 원하고 이는 영업이익과 직결되기 때문에 유혹을 받을 수밖에 없다.[25)]

선박의 과적을 방지하고자 시도한 것은 기원전 4세기경의 로오드 해법(Lex. Rhodia)에 규정되어 있다고 한다.[26)] 계속되는 해양사고에 따른 영국선박의 감항성을 확보하기 위하여 플림솔(Samuel Plimsoll)의 강력한 주장에 의하여 영국 상선법에 만재흘수선을 표시하도록 법제화하였다.

플림솔이 창안한 만재흘수선은 진화를 계속하여 영국에서뿐만 아니라 국제표준이 되었다. 화물 과적의 결과가 해난사고의 중요한 원인이 된다는 사실이 국제적인 공감대를 얻게 되어 1930년 런던에서 30여 개국이 참가하여 개최된 국제 만재흘수선 회의에서 국제조약으로 체결되었다. 1966년에는 국제만재흘수선협약(International Load Line Convention)이라는 이름으로 국제협약이 채택되어 지금 전세계에서 국제표준으로 자리잡게 되었다. 이 국제표준을 창시하여 수많은 생명을 구하는데 혁혁한 공을 세운 새뮤얼 플림솔을 기리고자 오늘날에도 선박의 최대적재허용선, 즉 만재흘수선(load line mark)을 플림솔 마크(Plimsoll Mark)라고 부른다.

---

25) 박영선, 앞의 책, 78쪽.

26) The History of Safety at Sea. 박영선, 앞의 책, 78쪽 재인용.

Ⅷ. 복원성

"복원성"이라 함은 수면에 평형상태로 떠 있는 선박이 파도·바람 등 외력에 의하여 기울어졌을 때 원래의 평형상태로 되돌아오려는 성질을 말한다고 선박안전법에 정의(법 제2조 8호)하고 있다. 선박이 항해 중일 때 매우 중요한 요소 중의 하나는 종횡으로 선박이 동요하다 원래의 위치로 돌아올 수 있는 능력이다. 이러한 능력이 충분하지 않으면 바로 전복되거나 침몰될 수 있기 때문에 이 법에서는 선박의 안전확보를 위하여 복원성에 관한 여러 가지 규정을 두고 있다.

이 법 제28조에 복원성을 유지할 의무에 대하여 규정하고 있고, 해양수산부장관이 정하는 고시인 '선박복원성기준'을 규정하여 엄격하게 관리하고 있다. 선박복원성(船舶復原性, ship stability)은 선박이 외력으로 인하여 어떠한 방향으로 기울어지려고 할 때, 이에 대항하여 더 이상 기울어지지 않거나 원위치로 회복하려는 성질을 말한다. 이 복원성을 나타내는 물리량을 복원력(復元力) 또는 복원 모멘트(restoring moment)라고 한다. 기울어지는 방향에 따라 종방향, 횡방향으로 나누어 생각할 수 있는데, 선박이 종방향으로 기울어지는 경우는 드물기에 보통 횡방향 복원성을 주로 다룬다.[27)]

Ⅸ. 여 객

일반적으로 여객이란 운송 또는 관광을 목적으로 선박에 승선한 사람을 말하고 있다. 여객은 선원과 달리 선박에 익숙하지 않기 때문에 위급한 상황이 발생할 경우 선원과 달리 대응능력이 떨어지기 때문에 대형사고의 빌미가 될 수 있다. 여객을 13인 이상 운송할 경우 여객선으로 분류되는데, 이러한 여객선의 경우 화물선에 비해 구획설비, 복원성 요건 및 구명설비 등을 더 많이 갖추도록 하고 있다.

여객을 어떻게 정의하느냐에 따라 일반 화물선이 여객선을 분류될 수도 있고 그에 따라 선박의 각종 설비규정이 달라지기 때문에 여객에 대한 정의 규정은 명확해야 한다.

선박안전법은 "여객"이라 함은 선박에 승선하는 자로서 선원, 1세 미만의 유

27) 공길영·이윤석·정창현, 「화물운송론」, (부산: 다솜출판사), 2014, 98쪽.

아, 세관공무원 등 일시적으로 승선한 자로서 해양수산부령[28]으로 정하는 자를 제외하고 있다(법 제2조 9호).

Ⅹ. 여객선

선박안전법 제2조 제10호에 여객선이라함은 13인 이상[29]의 여객을 운송할 수 있는 선박이라고 규정하고 있으며, 즉 선박이 여객선인지 여부를 판별하는 것은 몇 명의 여객을 운송할 수 있는가 하는 것이다. 이 법에서는 13인 이상을 기준으로 제시하고 있으며 상선에서 13인 이상을 태울 경우 여객선으로 간주되어 선박의 복원성기준을 비롯한 안전기준이 대폭 강화되기 때문에 화물선으로 건조된

28) 법 제2조 제9호 다목에서 "해양수산부령이 정하는 자"란 선박의 항해기간 동안 일시적으로 승선하는 자로서 다음 각 호의 어느 하나에 해당하는 자를 말한다.
1. 선원과 동승하여 생활하는 선원의 가족
2. 선박소유자(선박관리인 및 선박임차인을 포함한다) 및 선박정비, 화물관리, 안전관리 등 해당 선박과 관련된 업무에 종사하는 선박회사의 소속 직원과 해당 선박의 수리작업 등을 위한 작업원
3. 시험·조사·지도·단속·점검·실습에 관한 업무에 사용되는 선박에 해당 업무를 수행하기 위하여 승선하는 사람
4. 도선사, 운항관리자, 세관공무원, 검역공무원, 선박검사관, 선박검사원 등으로서 선원업무가 아닌 업무를 하는 자
5. 제3조 제2호에 따른 수상호텔, 수상식당 및 수상공연장 등의 소속 직원과 이를 이용하는 자
8. 국가·지방자치단체 또는 「공공기관의 운영에 관한 법률」 제2조 제1항에 따른 공공기관의 선박을 이용하여 「항만법」에 따른 항만을 견학하는 자
9. 다음 각 호의 어느 하나에 해당하는 차량의 화물관리인(해양수산부장관이 고시하는 안전교육을 받은 운전자를 포함한다)
가. 「축산법」 제2조 제1호에 따른 가축을 운송하는 차량
나. 「동물보호법」 제2조 제1호에 따른 동물을 운송하는 차량
다. 산소공급장치를 가동하여 살아 있는 수산물을 운송하는 차량
라. 「위험물 선박운송 및 저장규칙」에 따른 화약류, 인화성 액체류 또는 가연성 물질류 등 폭발이나 화재의 위험성이 높은 위험물을 운송하는 차량
10. 해당 선박의 출항지를 관할하는 지방해양수산청장(지방해양수산청장 소속 해양수산사무소의 장을 포함한다. 이하 같다)이 인정하는 공익 목적의 행사에 참여하기 위해 제3호에 따른 선박에 승선하는 사람

29) 박영선의 앞의 책에 따르면, 우리나라의 여객 정원 계산 시 12세 미만의 어린이는 0.5인으로 계산되므로 12.5인의 여객을 운송하는 선박은 국내법상 여객선이 아니다. 반면 국제협약에 의하면 국제협약에 의하면 이는 여객선이 되는 문제가 발생한다. 따라서 국제협약과 국내기준은 0.5인의 차이가 발생하고 있는 바, 협약기준의 통일적인 적용을 위하여 국내기준도 '12인 초과'로 바꾸는 것이 바람직하다고 말하고 있다.

선박이 13인 이상의 여객을 승선시켜 여객선으로 운항하는 것은 상당한 비용을 추가로 투입하여야 하므로 불가하다고 판단하는 것이 적절하다.

여객에 포함되지 않는 사람으로서 선원, 임시승선자는 별개로 구분된다. 여객선 운항 및 영업과 관련해서는 해운법상 해상여객운송사업에 따른다.

SOLAS협약에서 여객선에 대한 정의는 제1장 제2규칙 f항에서 12인을 초과하는 여객을 운송하는 선박이다.

우리나라는 12인을 초과하지 않으면 여객실의 안전설비, 정원산정 등에 대한 규정이 제대로 적용되지 아니하고 있다. 영국의 경우 3명 이상의 여객을 운송하는 선박에 대하여 각종 안전요건을 적용하고 있고, 여객증서를 교부하는 점을 참고할 필요가 있다. 더불어 우리나라에서는 여객선 항로가 없는 경우 불법적으로 어선이 많이 이용되고 있는 현실을 감안하여 적절한 대체수단이 없다면 어선에 안전설비를 설치하도록 최소한도의 여객정원을 부여하는 양성화정책도 검토할 만하다.[30)]

XI. 기 타

1. 소형선박

소형선박이라 함은 법 제27조 제1항 제2호의 규정에 따른 측정방법으로 측정된 선박길이가 12미터 미만인 선박(법 제2조 11호)을 말한다. 우리나라에서는 소관 법령에 따라 소형선박의 의미를 다르게 적용하고 있다. 선박법 제1조의2 제3조 제2항에서는 총톤수 20톤 미만인 기선 및 범선, 총톤수 100톤 미만인 부선을 소형선박으로 정의하며, 선박직원법 제2조 제5항에서는 총톤수 25톤 미만의 선박을 소형선박으로 정의하고 있다.[31)] 선박안전법에서는 선박길이 12미터 미만의 소형의 선박에 대하여는 만재흘수선 표시, 복원성 유지에 대한 의무를 면제하는 한편, 형식승인, 예비검사 등 간이검사를 활용할 수 있도록 허용하고 있다.

---

30) 박영선, 앞의 책, 84쪽.

31) 박민정 · 김대원 · 박영수 · 박상원 · 강길보, “소형선박 사고 저감 방안을 위한 기초연구: 사고, 검사 및 교통 현황 분석을 중심으로”, 「한국해양경찰학회보」 제10권 제3호, 한국해양경찰학회(2020), 93쪽.

2. 부 선

선박안전법 제2조 제12호에 "부선(艀船)"이란 원동기·동력전달장치 등 추진기관이나 돛대가 설치되지 아니한 선박으로서 다른 선박에 의하여 끌리거나 밀려서 항해하는 선박[32]이라 규정하고 있다.[33]

예선과 부선을 결합하여 운항할 경우 해기사의 승무기준은 예선의 크기에 따라 산정되므로 해기사의 승무자격이 낮고 승무정원이 적기 때문에 운항비가 저렴하다는 장점을 가지고 있다. 예선과 부선은 결합과 분리가 자유로워서 활용도가 높기도 하지만, 결합 운항시에 연결상태가 불완전하여 선박조종에 어려움이 있으며 운항속도가 느리다는 단점이 있다. 특히 예삭(tug line)을 이용하여 예인을 할 경우 예선과 부선의 거리가 멀어 선박조종에 공간이 필요하며, 외력과 선박 상호간의 작용 때문에 선수방향이 일치하지 않는 등 해양사고를 일으키기 쉽다.[34][35] 이와 같은 단점을 극복하기 위하여 예인선으로 뒤에서 밀어서 운항하는 방식으로 조종성능이 많이 향상되었다.

3. 예인선

선박안전법 제2조 제13호에 "예인선(曳引船)"이라 함은 다른 선박을 끌거나 밀어서 이동시키는 선박이라 규정하고 있다. 예인선(tug boat)은 그 크기가 작아도 큰 출력의 엔진을 설치함으로써 다른 선박을 끌거나 밀어 이동시킬 수 있는 능력을 가진 선박을 말한다. 항만을 입출항하는 선박의 이접안을 위하여 선박을 끌어당기거나 밀어서 이동시키는 역할을 한다. 예인선은 사회통념상의 선박[36]의 개념

---

32) 박영선, 앞의 책에서 "다른 선박에 의하여 끌리거나 밀려서 항해하는 선박"을 부선으로 보고 있는데 문리적으로 해석하면 항해하지 아니하는 정박 중의 부선이나 일시적으로 좌초된 부선은 이 법의 규정에 의한 부선이 아니라고 해석할 수도 있다고 하면서 법적 안정성에 대한 우려를 표시하고 있다. 필자는 부선이 충분히 항해하거나 항해할 수 있는 선박이라는 의미를 내포하였다고 확대해석하는 것이 적절하다고 판단한다.

33) 2007년 12월 7일 충청남도 태안군 소원면에서 예인 중이던 크레인선 삼성 1호가 지나가던 유조선 허베이 스피리트호와 충돌하여 원유를 유출시켜 기름오염사고가 발생하였었는데, 이 사고를 유발한 삼성 1호(1만 2000톤급)가 부선이다.

34) 삼성 1호의 경우도 부선과 예선이 tug line으로 연결되어 운항하다가 허베이스피리트호와 충돌하였다.

35) 박영선, 앞의 책, 85쪽.

36) 김진권·진호현, "해양플랜트의 선박성에 관한 법적고찰", 「해사법연구」 제28권 제1호, 한국해사법학

중 부양성과 이동성은 가지고 있으나 적재성을 가지고 있지 않다.

4. 컨테이너

선박안전 제2조 제14호에 "컨테이너"라 함은 선박에 의한 화물의 운송에 반복적으로 사용되고, 기계를 사용한 하역 및 겹침방식의 적재(積載)가 가능하며, 선박 또는 다른 컨테이너에 고정시키는 장구가 붙어있는 것으로서 밑 부분이 직사각형인 기구를 말한다.

1950년대 컨테이너의 등장은 해운산업에 있어서 화물운송의 혁명을 가져왔다. 컨테이너가 등장하기 전까지는 화물의 선적과 양하를 위하여 장기간 항구에 접안한 상태로 있어야 했지만 표준화된 컨테이너의 등장은 선박의 항구 정박기간을 현격하게 줄여주었기 때문이다.[37)]

IMO는 '안전한 컨테이너에 관한 국제협약(CSC 협약)'을 채택하여 컨테이너의 시험일자 및 강도요건을 정하여 형식승인을 받도록 하고 있다. 국제운송에 사용되는 컨테이너는 20피트와 40피트가 있다.

5. 산적화물선

선박안전법 제2조 제15호에서 "산적화물선(散積貨物船)"이라 함은 곡물·광물 등 건화물(乾貨物)을 산적하여 운송하는 선박이라고 규정하고 있다.[38)]

산적 화물선(Bulk Carrier)은 곡물 혹은 철광석, 석탄, 유황, 보크사이트, 석회석 등의 화물을 포장하지 않고 화물창에 적재하여 운송하는 선박을 말한다. 운송하는 화물의 종류에 따라 곡물을 전용으로 운송하는 곡물 운반선(Grain Carrier), 석탄을 전용으로 운반하는 석탄 운반선(Coal Carrier), 광석을 전용으로 운반하는 광석 운반선(Ore Carrier) 등으로 분류할 수 있다.

회(2016. 3), 127쪽에서 사회통념적 선박의 의미를 종합해 보면 부유성 및 수밀성, 다른 물건을 실어 나를 수 있는 적재성, 수면을 항해할 수 있는 이동성을 적절히 갖추었다면 사회통념상의 선박으로 볼 수 있을 것이다.

37) 박영선, 앞의 책, 86쪽.

38) 산적화물선이라 함은 산적화물을 싣는 선박으로서 액체산적화물을 싣는 유조선, 케미칼운송선도 포함되는 개념이지만 선박안전법에서는 산적화물선은 곡물과 광물 등 건화물(dry bulk)을 산적하여 운송하는 선박에 한정하고 있다.

곡물운반선은 쌀 · 보리 · 콩 · 옥수수 등의 곡물을 화물창에 산적하여 운송하는 선박으로서 선박 특성상 선체가 동요하면 기울어지는 쪽으로 화물도 쏠려 선체가 전복될 위험이 있으므로 선박의 전복을 방지하기 위하여 특수한 설계가 되어 있다.[39)]

광석운반선은 철광석, 보크사이트광, 석회석 등을 운반하는 선박을 지칭하는 것으로서 가장 많이 운송되는 화물은 제철원료인 철광석이다. 일반적으로 편도화물을 운송하는 경우가 많으므로 공선으로 귀항하는 때를 대비하여 적당한 양의 물을 적재하기에 충분한 밸러스트 구조를 가지고 있다.

보통의 선형은 선미 기관실형으로, 화물창은 배의 중심선을 따라서 구획 설치되어 있고, 선측은 밸러스트 탱크로 둘러싸여 있다. 운송경비를 절약하기 위하여 대체로 선박이 대형인 반면 대부분 하역 장비가 없는 것이 특징이다.[40)]

산적화물에 적재된 건화물인 곡물, 석탄 등일지라도 이 화물은 선박이 좌우로 경사될 경우 화물창 내에서 마치 액체처럼 흘러 이동하는 경우가 많으며, 화물의 성질에 따라 화물창에 산소를 흡수하여 산소의 부족으로 이를 취급하는 선원이 질식하는 경우가 많아서 운송에 각별한 주의가 요구된다. 철광석 및 고철과 같이 비중이 무거운 화물은 선박에 부분적으로 국부하중에 의한 전단력 때문에 선박이 변형되거나 부식이 급속히 진행되는 경향이 있다. 따라서 선박안전법에서는 산적화물선의 화물운송 및 선박관리에 여러 가지 안전요건을 부가하고 있다.[41)]

6. 하역장치

선박안전법 제2조 제16호에서 "하역장치"라 함은 화물(해당 선박에서 사용되는 연료 · 식량 · 기관 · 선박용품 및 작업용 자재를 포함한다)을 올리거나 내리는데 사용되는 기계적인 장치로서 선체의 구조 등에 항구적으로 붙어있는 것으로 규정하고 있다. 산적화물선, 컨테이너선 등의 전용선[42)]을 제외한 선박에 적양하기 위한 하역장치를 설치하고 있다. 대부분의 선박에 많이 설치되어 있는 것은 크레인과 데릭이고 이것들은 선박에 선박용 시설로서 장착되어 있다.

---

39) 이상일 외, 「선박기기」, (부산: 다솜출판사, 2012), 8쪽.

40) 위의 책, 8쪽.

41) 박영선, 앞의 책, 89쪽.

42) 전용선의 하역장치는 식료품, 기부속과 같은 선용품을 선적하기 위한 소형 하역장치만 설치되고 화물하역은 육상의 전용 하역장치(컨테이너의 경우 겐츄리 크레인 등)를 사용하는 것이 일반적이다.

하역장치는 선원이나 여객의 안전과 직접적인 관련이 없으므로 SOLAS협약 등 안전관련 국제협약에서 별도의 규정을 두고 있지 않으며, 작업의 안전과 관련하여 국제노동기구(ILO)의 협약에서 규정하고 있다.[43)]

7. 하역장구

선박안전법 제2조 제17호에서 "하역장구"라 함은 하역장치의 부속품이나 하역장치에 붙여서 사용하는 물품이라고 규정하고 있다. 하역장치는 선체에 주기관과 같이 항구적으로 설치되어 있지만 하역장구는 하역에 사용되는 버킷(bucket), 슬링(sling), 턴버클(turn buckle), 밧줄(rope), 마대자루 등을 말한다. 이러한 하역장구들도 안전하중을 초과하여 사용하게 되면 하역작업 중 화물의 낙하 등으로 인한 안전사고의 위험이 있으므로 취급에 주의해야 한다.[44)]

8. 국적취득조건부 선체용선

동법 제2조 제18호에서는 선체용선 기간 만료 및 총 선체용선료 완불 후 대한민국 국적을 취득하는 매선 조건부 선체용선으로 규정하고 있다. 상법 제848조 제2항에 국적취득조건부 선체용선은 일정기간 용선자가 선박을 선박소유자로부터 임대하여 사용하고 임대기간이 종료되는 시점에, 그 선박을 소유자에게 반납하는 것이 아니라, 자신이 그 선박의 소유권을 취득하고 소유자가 되어 한국 선적을 취득하게 되는 선체용선을 말한다.[45)]

---

43) 박영선, 앞의 책, 89쪽.

44) 위의 책, 90쪽.

45) 국적취득조건부 선체용선은 BBCHP(Bareboat Charter with Hire Purchase)를 번역한 용어이다. 민사법상의 용어로는 소유권 유보부 매매로 볼 수 있다. 2007년 상법개정으로 나용선이라는 법률용어는 선체용선으로 변경되었다. 그렇지만, 선박안전법등 단행법에는 여전히 나용선이라는 단어를 사용하고 있어서 혼재되어있다. 본 논문에서는 단행법에서 달리 사용하는 경우를 제외하고, 상법의 용어인 선체용선으로 통일하여 사용한다(김인현, "국적취득조건부 선체용선", 「한국해사법학회지」 제39권 제1호, 한국해법학회(2017), 8쪽).

제3절 선박검사

Ⅰ. 개 요

선박안전법은 1961년 12월 30일에 법률 제919호로 공포와 동시에 시행되었다. 법 제정 당시 법은 제1조에서 "이 법은 선박으로 하여금 감항성을 보지(保持)하고 인명과 재화의 안전 보장에 필요한 시설을 하게 함으로써 해상에 있어서의 제 위험을 방지함을 목적으로 한다."라고 규정함과 동시에, 제17조, 제18조에서는 만재흘수선의 표시를 은폐·변경 또는 말소한 자와 선박검사증서 또는 특수선 검사증서를 소지하지 아니하고 선박을 항행에 사용하거나 또는 그들 증서에 기재된 조건에 위반하여 선박을 사용한 선박소유자 또는 선장에 대하여는 50만원 이하의 벌금에 처한다고 규정하고 있어 간접적으로 선박검사를 받고 만재흘수선을 표시한 다음 선박검사증서 등을 소지하지 아니하면 선박을 항행에 사용하지 못하게 규제하였다. 이들 규정은 이 법의 근본정신을 규정한 것으로서, 선박이 해상에서 통상 발생할 것이라고 예상되는 위험에 감내하여 안전하게 항행할 수 있기 위하여 필요한 시설은 물론, 선박이 예측하기 어려운 뜻밖의 긴급한 위난에 조우한 경우에 인명의 안전을 유지하기 위하여 필요한 시설을 하게 함으로써 인명과 재화의 안전을 확보할 것을 목적으로 한 것이다.[46] 수차례의 개정을 거쳐 2007년 1월 3일 제정된 선박안전법의 제1조에서, "이 법은 선박의 감항성 유지 및 안전운항에 필요한 사항을 규정함으로써 국민의 생명과 재산을 보호함을 목적으로 한다"라고 규정하고 있다.

선박의 안전확보를 위한 선박검사는 법정 선박검사와 임의검사인 선급검사로 분류된다. 법정선박검사는 선박의 안전에 대한 검사를 국가가 공익적인 목적으로 시행하는 것으로 정부검사라 한다. 화주와 보험회사들은 선박의 안전성을 확인한 다음 이 선박을 이용하게 되는데 이러한 수요에 따라 공단이나 선급협회라는 검사기관이 만들어져 운용되고 있고 이러한 목적으로 행해지는 검사를 임의검사라 한다.

법정 선박검사는 국가공권력에 의하여 처음부터 인명의 안전과 선박의 감항성 유지를 목적으로 수행되는 것이지만 선급검사는 해상보험의 담보대상(擔保對象)

46) 한국선급·선박검사기술협회, 「선박행정의 변천사(2003)」, 251쪽.

으로서 당해 선박에 관한 정확한 정보를 얻는 데 있다.

우리나라는 법정검사를 시행하기 위해서는 많은 정부공무원인 선박검사관을 필요로 하지만 선급검사와 중복되는 경우가 많기 때문에 경제목적상 우리나라에서는 선급에 입급된 선박은 선급의 선박검사원이 정부대행검사를 시행하고, 입급되지 않은 선박은 한국해양교통안전공단의 선박검사원에 의한 정부대행검사를 하고 있다.[47)]

선급선과 비선급선의 검사를 비교·분석해보면 아래 표와 같다.

구분	선급선(일반선박 및 어선)	비선급선	
		일반선박	어선
검사기관	선급법인(민간기술단체)	한국해양교통안전공단	
설립근거	민법(사단법인)	한국해양교통안전공단법(재단법인)	
검사성격	○ 선주의 임의 선택 ○ 법정검사로 인정 ○ 국제적 공인	법정강제	
운영	○ 선급수수료(민간요율)	법정수수료	○ 법정수수료 ○ 국고보조
효과	○ 선박의 안전 확보 ○ 해상보험 특혜(저보험률) ○ 선가, 운임 및 집화유리	선박의 안전 확보	

Ⅱ. 선박검사제도의 법적 근거

선박의 감항성과 인명의 안전을 보전하기 위하여 개개 선박의 구조와 설비가 일정한 기술상의 기준에 적합한지 여부에 대하여 정기 또는 임시로 행하는 검사를 통하여 점검할 필요가 있다. 그러므로 선박안전법[48)]은 법에서 규정하고 있는 선박

47) 선박안전법 제60조(검사등 업무의 대행) ① 해양수산부장관은 다음 각 호에 해당하는 건조검사·선박검사 및 도면의 승인 등에 관한 업무를 공단에게 대행하게 할 수 있다. 이 경우 해양수산부장관은 대통령령이 정하는 바에 따라 협정을 체결하여야 한다. ② 해양수산부 장관은 선박보험의 가입·유지를 위하여 선박의 등록 및 감항성에 관한 평가의 업무를 하는 법인으로서 해양수산부장관이 지정하여 고시하는 법인에 해당 선급법인이 관리하는 명부에 등록하였거나 등록하고자 하는 선박에 한하여 제1항 각 호의 검사등 업무를 대행하게 할 수 있다. 이 경우 해양수산부장관은 대통령령이 정하는 바에 따라 협정을 체결하여야 한다.

48) 선박안전법 제7조(건조검사), 제8조(정기검사), 제9조(중간검사), 제10조(임시검사), 제11조(임시항해

의 시설에 대하여 일정한 검사, 즉 정기검사, 중간검사, 임시검사, 임시항행검사 및 특별검사에 합격하지 아니한 선박을 항행에 사용하지 못하도록 하고 있다.[49]

다만 선박의 검사를 받거나 선박의 형식승인을 얻기 위하여 당해 항만 또는 인근해역에서 시운전을 하는 경우, 천재지변 등으로 인하여 선박의 검사를 받을 수 없다고 인정되는 경우 등 예외적인 상황에 대해서는 선박검사를 받지 아니하고 항행할 수 있도록 허용하고 있다.[50]

Ⅲ. 선박검사의 종류

1. 법정검사

법정검사는 선박안전법에서 정하는 검사로서 정부대행검사와 국토해양부의 공무원이 직접 시행하는 특별검사를 모두 일컫는다. 원래 선박검사는 인명안전 및 선박의 감항성 확보라는 측면에서 국가사무로서의 성격을 가지는 것이지만 행정기관은 법령에 정하는 바에 따라 그 소관사무 중 조사·검사·검정·관리업무 등 국민의 권리·의무와 직접 관계되지 아니하는 사무를 민간기관에 위탁할 수 있다.[51]

정부대행검사는 한국해양교통안전공단법에 의해 설립된 한국해양교통안전공단과 선급에 관한 업무를 수행하는 한국선급, 프랑스 선급에게 위탁하여 시행하게 하는 법정검사로서 선박안전법상의 검사[52]를 말한다. 선박안전법 제12조의 국제협약검사의 경우 기국의 안전관리업무에 대해서는 전문지식을 갖춘 검사원이나 대행검사기관(Recognized Organization: RO)에게 대행시킬 수 있다는 근거규정을 두고 있다.[53]

이와 같은 이유로 해양수산부장관은 선박안전법 제60조 1항, 2항에 근거하여

검사), 제12조(국제협약검사), 제13조(도면의 승인), 제17조(선박검사증서 등 미소지 선박의 항해금지), 제71조(특별검사)에 검사에 대한 법적 근거가 있다.

49) 이윤철·김진권, 「신해사법규」, (부산: 다솜출판사, 2007), 297쪽.

50) 선박안전법 시행규칙 제16조.

51) 행정권한의위임및위탁에관한규정(대통령령) 제11조, 행정기관은 법령에 정하는 바에 따라 그 소관사무 중 조사·검사·검정·관리업무 등 국민의 권리·의무와 직접 관계되지 아니하는 사무를 민간에 위탁할 수 있다; 선박안전법 제60조.

52) 선박안전법 제7조 내지 제17조 참조.

53) SOLAS 협약 제1장 제6규칙 (a)항, 73/78 MARPOL 협약 8부속서 I 제6규칙 3.1항 등.

각종검사를 위탁하고 있다. 선박소유자가 수검해야 할 정부대행검사는 아래와 같다.

1) 건조검사

(1) 의 의

선박안전법 제7조에 ① 선박을 건조하고자 하는 자는 선박에 설치되는 선박시설에 대하여 해양수산부령[54]으로 정하는 바에 따라 해양수산부장관의 검사(이하 "건조검사"라 한다)를 받아야 한다.

② 해양수산부장관은 건조검사에 합격한 선박에 대하여 해양수산부령으로 정하는 사항과 검사기록을 기재한 건조검사증서를 교부하여야 한다.

③ 제1항의 규정에 따른 건조검사에 합격한 선박시설에 대하여는 제8조 제1항의 규정에 따른 정기검사 중 선박을 최초로 항해에 사용하는 때 실시하는 검사는 이를 합격한 것으로 본다.

④ 해양수산부장관은 외국에서 수입되는 선박 등 제1항의 규정에 따른 건조검사를 받지 아니하는 선박에 대하여 건조검사에 준하는 검사로서 해양수산부령으로 정하는 검사(이하 "별도건조검사"라 한다)[55]를 받게 할 수 있다. 이 경우 제2항

---

54) ① 법 제7조 제1항에 따라 건조검사를 받으려는 자는 별지 제2호서식의 건조검사신청서에 다음 각 호의 서류를 첨부하여 선박의 건조를 시작하기 전에 해양수산부장관에게 제출하여야 한다. 다만, 제2호부터 제4호까지의 서류는 해당되는 경우에만 첨부하여야 한다.

1. 법 제13조 제1항에 따라 승인받은 도면[도면승인을 한 대행검사기관(「한국해양교통안전공단법」에 따라 설립된 한국해양교통안전공단 또는 법 제60조 제2항에 따른 선급법인으로 한정한다. 이하 같다)에 건조검사를 신청하는 경우에는 생략한다]
2. 법 제18조 제10항에 따른 선박용물건 또는 소형선박의 검정증서
3. 법 제20조 제4항 단서에 따른 선박용물건 또는 소형선박의 확인서(법 제20조 제4항 본문에 따른 지정사업장에서 자체 발행한 합격증서를 포함한다. 이하 같다)
4. 법 제22조 제3항에 따른 선박용물건 또는 소형선박의 예비검사증서

② 법 제7조 제1항에 따른 건조검사는 제4조 제1호·제2호·제4호부터 제7호까지 및 제15호의 선박시설과 만재흘수선(滿載吃水線)에 대하여 건조에 착수한 때부터 검사하여야 한다.

③ 법 제7조 제2항에서 "해양수산부령으로 정하는 사항"이란 다음 각 호의 사항을 말한다.

1. 선박검사관의 성명(대행검사기관이 대행하는 경우 선박검사원의 성명을 말한다. 이하 같다)
2. 검사완료일 및 검사장소
3. 다음 검사 기준일 및 검사종류

④ 법 제7조 제2항에 따른 건조검사증서는 별지 제3호서식과 같다.

55) 시행규칙 제11조(별도건조검사) ① 법 제7조 제4항에 따라 별도건조검사를 받으려는 자는 별지 제2호서식의 건조검사신청서에 별도건조검사를 받기 위하여 승인받은 도면(도면승인을 한 대행검사기관

및 제3항의 규정은 별도건조검사에 합격한 선박에 대하여 이를 준용한다.

(2) 건조검사의 특징 및 목적

선박을 건조하고자 하는 자는 선박에 설치되는 선박시설에 대하여 해양수산부령이 정하는 바에 따라 해양수산부장관의 검사를 받아야 한다라고 선박안전법 제7조에 규정되어 있다. 건조검사는 선박의 건조에 착수한 때로부터 완성에 이르는 사이에 그의 공정에 따라 행하는 검사이다. 선박이 완성된 뒤에는 검사가 곤란하고 또 오랜 시간이 필요하기 때문에 제조공정에 따라 설계, 재료, 구조 제작에 대하여 상세하게 내구력을 검사한다.[56] 특히 선박은 거대한 복합구조물이기 때문에 많은 숫자의 물건을 조립하여 완성한다. 선박이 완성되고 나서 검사를 할 경우 작은 부분의 재료와 용접 작업등의 안정성을 확인하는 것이 곤란하다. 건조단계부터 검사를 하지 않을 경우 완성된 선박에 대하여 건조과정의 잘못을 이유로 검사를 불합격시키는 것이 쉽지 않다. 건조검사를 받아야 하는 사항은 선체, 기관, 배수설비, 조타설비, 계선설비, 양묘설비, 전기설비 및 만재흘수선에 관한 사항이다(시행규칙 제10조 제2항).

중복검사로 인한 시간과 노력의 낭비를 막기위해서 법 제7조 제2항의 건조검사증서의 제시로 제1회의 정기검사에 합격한 것으로 하고 있다.

육상에 불법 건축물의 경우 행정관청의 상당한 노력이 수반되어야 함은 물론이고, 그럼에도 많은 문제에 봉착하여 철거하지 못하고 흉물로 남는 경우가 자주 발생하는 바와 같이 선박의 경우도 기준에 맞도록 건조하지 못하면 등록을 못하는 경우가 발생한다. 특히 선박소유자가 외국에서 선박을 도입하였는데, 기준에 맞지 않을 경우 경제적 손해를 입는 문제도 발생하였다. 이러한 문제를 해결하기 위해 불법선박을 방치할 수 없어 양성화 기간을 운영한 바도 있지만 완전한 해결을 하지는 못했다.[57] 선박안전법 제7조 제4항은 위와 같은 문제를 해결할 목적으로 건

에 신청하는 경우에는 생략한다)을 첨부하여 해양수산부장관에게 제출하여야 한다.

② 별도건조검사는 제10조 제2항에 따른 선박시설과 만재흘수선에 대하여 별표 1에서 정한 사항을 검사하여야 한다.

③ 법 제7조 제4항 후단에 따른 별도건조검사증서는 별지 제3호서식과 같다.

56) 이윤철 · 김진권, 앞의 책, 302쪽.

57) 박영선, 앞의 책, 107－108쪽.

조검사를 받지 아니한 선박의 존재를 공식적으로 인정하고 이러한 선박은 간이검사로 별도의 건조검사를 받도록 하고 있다. 항해구역의 제한으로 선박안전법의 적용을 받지 아니하는 선박이 이 법의 적용을 받고자 할 경우도 별도의 건조검사를 받을 수 있도록 하고 있다(시행령 제2조 제3항). 별도검사는 선박의 감항성 확보를 위한 최소한의 검사로서 시행규칙에 규정되어 있다. 별도검사는 간이검사를 하게 됨으로써 건조검사를 받은 선박에 비하여 감항성이 충분하다고 보는 것이 어렵다고 판단하게 되고 해양수산부장관은 이들 선박에 대하여 선박의 크기·구조·용도 등을 고려하여 항해구역을 제한하여 지정할수 있도록 규정하고 있다(시행규칙 제16조 제3항).[58]

항해구역을 제한당하는 선박소유자 입장에서 부당함을 주장할 수 있으므로 시행규칙규정을 명확화해야 할 것이고, 별도검사가 예외적으로 이루어져야 함에도 불구하고 남용하는 사례가 발생하면 이는 건조검사 목적 자체를 부정할 수 있으므로 별도검사에 대하여는 엄격하게 적용하여야 할 것이다.

2) 정기검사

(1) 의 의

정기검사는 선박안전법 제8조에서 규정하고 있으며, 선박의 시설과 만재흘수선 및 무선설비에 대하여 행하는 정밀한 검사로서 ① 선박을 최초로 항행에 사용하기 전과 ② 선박검사증서의 유효기간이 만료되기 전에 받아야 한다.[59]

선박안전법 제8조에 정기검사는 다음과 같이 규정하고 있다. ① 선박소유자는 선박을 최초로 항해에 사용하는 때 또는 제16조의 규정에 따른 선박검사증서의 유효기간이 만료된 때에는 선박시설과 만재흘수선에 대하여 해양수산부령으로 정하는 바에 따라 해양수산부장관의 검사(이하 "정기검사"라 한다)를 받아야 한다. 다만, 제29조의 규정에 따른 무선설비 및 제30조의 규정에 따른 선박위치발신장치에 대하여는 「전파법」의 규정에 따라 검사를 받았는지 여부를 확인하는 것으로 갈음한다.

② 해양수산부장관은 제1항의 규정에 따른 정기검사에 합격한 선박에 대하여 항해구역·최대승선인원 및 만재흘수선의 위치를 각각 지정하여 해양수산부령으로

---

58) 박영선, 앞의 책, 108쪽.

59) 선박안전법 제8조 제1항.

정하는 사항과 검사기록을 기재한 선박검사증서를 교부하여야 한다.

③ 제2항의 규정에 따른 항해구역의 종류와 예외적으로 허용되거나 제한되는 항해구역, 최대승선인원의 산정기준 등에 관하여 필요한 사항은 해양수산부령으로 정한다.

(2) 정기검사의 특징 및 목적

정기검사란 선박의 구조, 설비 등 선박 전반에 걸쳐 행하는 정밀한 검사를 말하며, 선박을 입거시켜 선체바닥이 손상된 곳이 없는지 살펴보고, 복원성 시험을 통하여 충분한 복원성을 확보하고 있는지 확인하게 된다.[60] 또한 기관은 전면 분해하여 정비 및 작동 여부를 확인하게 된다. 추가로 무선설비, 방화설비, 화재안전장치 및 설비, 구명설비, 선박용 항해설비, 항해용 책자, 도선사용 승하선 장치 등 기타 설비에 대하여 법에 정한 요건에 부합하는지 확인하게 된다.

가. 선박검사증서의 교부

이 법 제8조 제1항에 따르면 정기검사는 최초로 항해하고자 할 때 또는 선박검사증서 유효기간이 만료된 때에는 선박시설과 만재흘수선에 대하여 검사를 받도록 되어 있고, 선박안전법 시행규칙 별지 제4호 서식에 따른 선박검사 신청서를 제출하도록 하고 있다(시행규칙 제12조 제1항). 정기검사에 합격한 경우 항해구역과 최대승선인원 및 만재흘수선의 위치를 지정하여 선박검사증서를 교부하도록 하고 있다. 선박검사증서는 선박길이 12미터 미만(별지 5호 서식)과 12미터 이상(별지 6호 서식)으로 분류하여 교부하며, 여객선과 위험물산적운송선은 선박길이 12미터 이상의 선박과 같은 서식을 사용한다(시행규칙 제13조 제1항). 선박검사증서에는 대한민국 정부의 권한으로 발행한다는 내용이 포함되어야 하며, 이 경우 정부대행검사기관이 발행하는 경우에는 대한민국 정부의 권한을 위임받아 발행한다는 사실을 나타내도록 규정하고 있다(시행규칙 제13조 제2항).

선박검사증서에는 선박검사증서의 서식 등(시행규칙 제13조), 만재흘수선의 지정 등(시행규칙 제14조), 항해구역의 종류(시행규칙 제15조), 항해구역의 지정(시행규칙 제16조), 항해구역 외의 예외적 항해(시행규칙 제17조), 최대승선인원의 산정 등(시행규칙 제18조), 검사신청 서식(시행규칙 제87조) 등을 정하고 있다.

60) 박영선, 앞의 책, 109쪽.

[별지 제5호서식]

(앞쪽)

제 호
Certificate No:

선 박 검 사 증 서
SHIP SURVEY CERTIFICATE

①선 명 Name of Ship		②선박번호 Official Number	
③선 질 Ship's Material		④총톤수 Gross Tonnage	톤 tons
⑤용 도 Type of ship			
⑥추진기관 Main Engine	기관 [kW] [PS] 기관 [kW] [PS] Type Output		대 Number of Units
⑦선박길이 Ship's Length	미터 m	⑧무선설비 Radio Equipment	
⑨항해구역 Navigation Area			
⑩최대승선인원 Max. Number of Allowable Persons on board	명(여객: 명, 선원: 명, 임시승선자: 명) Total p(Passenger: p, Crew: p, Special Personnel: p)		
⑪항해와 관련한 조건 Conditions for Navigation			
⑫유효기간 Validity	년 월 일부터 년 월 일까지 This certificate is valid from . . . until . . .		

「선박안전법」 제8조 제2항 및 같은 법 시행규칙 제13조 제1항 제1호에 따라 대한민국 정부의 권한으로 이 증서를 발급합니다.

This certificate is issued in accordance with Article 8.2 of the Ship Safety Act and Article 13.1.1 of the Enforcement Decree of the Ship Safety Act under the authority of the government of the Republic of Korea.

년 월 일
Y M D

해양수산부장관 ⓘ

Minister of Oceans and Fisheries

(한국해양교통안전공단이사장)

(President of Korea Maritime Transportation Safety Authority)

(선 급 법 인 의 장)

(President of Classification Society)

210㎜ × 297㎜[보존용지(1종) 220g/㎡]

(뒤 쪽)

검 사 기 록 Survey Records						
다 음 검 사 Next Survey			검사완료일 Date of Survey	검사장소 Place of Survey	선박검사관 (검사원)의 성명 Name of Surveyor	검사기관(인) Survey Organization
검사기준일 Anniversary Date	검사종류 Kind of Survey	검 사 사 항 Survey Items				
비 고 Remarks						

[별지 제6호서식]

(앞 쪽)

제 호
Certificate No.:

선 박 검 사 증 서
SHIP SURVEY CERTIFICATE

①선 명 Name of Ship		②선 박 번 호 Official Number	
③선 질 Ship's Material		④총 톤 수 Gross Tonnage	톤 tons
⑤용 도 Type of Ship			
⑥추 진 기 관 Main Engine	기관 [kW] [PS] 대 기관 [kW] [PS] Type Output Number of Units.		
⑦선 박 길 이 Ship's Length	미터 m	⑧무 선 설 비 Radio Equipment	
⑨항 해 구 역 Navigation Area			
⑩최대승선인원 Max. Number of Allowable Persons on board	명(여객: 명, 선원: 명, 임시승선자: 명) Total p(Passenger: p, Crew: p, Special Personnel: p)		
⑪ 항해와 관련한 조건 Conditions for Navigation			
⑫유 효 기 간 Validity	년 월 일부터 년 월 일까지 This certificate is valid from . . . until . . .		

「선박안전법」 제8조 제2항과 같은 법 시행규칙 제13조 제1항 제2호에 따라 대한민국 정부의 권한으로 이 증서를 발급합니다.

This certificate is issued in accordance with Article 8.2 of the Ship Safety Act and Article 13.1.2 of the Enforcement Decree of the Ship Safety Act under the authority of the government of the Republic of Korea.

년 월 일
Y M D

해양수산부장관 [인]
Minister of Oceans and Fisheries
(한국해양교통안전공단이사장)
(President of Korea Maritime Transportation Safety Authority)
(선 급 법 인 의 장)
(President of Classification Society)

210㎜ × 297㎜[보존용지(1종) 220g/㎡]

(뒤 쪽)

<table>
<tr>
<td rowspan="9">⑬만재흡수선의 위치

Load Line</td>
<td rowspan="2">갑판선의 상면의 위치:
선박 길이의 중앙에 있어서 …………
갑판의 선측 상면의 연장과 외판의 외면과의 교점으로부터 ………………방향으로 밀리미터
The upper edge of the deck line from which these freeboards are measured is mm from the top of the deck at side</td>
<td rowspan="4">⑭구획만재흡수선의 위치

Subdivision Load Line</td>
<td>화물탑재장소중 여객실로 충당하는 장소
To apply when the spaces in which passengers are carried include the following alternative space</td>
<td>좌란의 여객탑재상태에 대응하는 구획만재흡수선의 위치
Freeboard</td>
<td>좌란의 구획만재흡수선의 기호
Marks of Sub-division Load Lines assigned and marked on the ship's side amidships</td>
</tr>
<tr>
<td></td>
<td>갑판선 상면의 하방으로 밀리미터
mm below upper edge of deck line</td>
<td>P_1</td>
</tr>
<tr>
<td rowspan="2">만재흘수를 표시하는 수평선[하기만재흘수선(S)·해수만재흘수선 또는 만재흘수선]의 상면의 위치:
갑판선의 상면으로부터 하방으로 밀리미터
Summer Load Line(S): mm below from the upper edge of deck line</td>
<td></td>
<td>갑판선 상면의 하방으로 밀리미터
mm below upper edge of deck line</td>
<td>P_2</td>
</tr>
<tr>
<td></td>
<td>갑판선 상면의 하방으로 밀리미터
mm below upper edge of deck line</td>
<td>P_3</td>
</tr>
<tr>
<td>동기만재흘수선(W)의 위치:
S의 하방으로 밀리미터
Winter Load Line(W): mm below Summer Load Line</td>
<td rowspan="5">⑮목재만재흘수선의 위치

Timber Load Line</td>
<td colspan="3">하기목재만재흘수선(LS)의 위치:
S의 상방으로 밀리미터
Timber Summer Load Line(LS): mm above Summer Load Line</td>
</tr>
<tr>
<td>동기북대서양만재흘수선(WNA)의 위치:
S의 하방으로 밀리미터
Winter North Atlantic Load Line(WNA): mm below Summer Load Line</td>
<td colspan="3">동기목재만재흘수선(LW)의 위치:
LS의 하방으로 밀리미터
Timber Winter Load Line(LW): mm below LS</td>
</tr>
<tr>
<td>열대만재흘수선(T)의 위치:
S의 상방으로 밀리미터
Tropical Load Line(T): mm above Summer Load Line</td>
<td colspan="3">동기북대서양목재만재흘수선(LWNA)의 위치:
LS의 하방으로 밀리미터
Timber Winter North Atlantic Load Line(LWNA): mm below LS</td>
</tr>
<tr>
<td rowspan="2">위의 각 만재흘수에 대응하는 담수만재흘수선의 위치:
각 만재흘수선 상방으로 밀리미터
Allowance for fresh water for all freeboards other than timber: mm</td>
<td colspan="3">열대목재만재흘수선(LT)의 위치:
LS의 상방으로 밀리미터
Timber Tropical Load Line(LT): mm above LS</td>
</tr>
<tr>
<td colspan="3">위의 각 목재만재흘수에 대응하는 담수목재만재흘수선의 위치:
각 목재 만재흘수선의 상방으로 밀리미터
Allowance for fresh water for timber freeboards: mm</td>
</tr>
</table>

<table>
<tr>
<td colspan="4">「선박안전법 시행령」 제6조에 따른 선박검사증서 유효기간 연장
Endorsement to extend the Validity of the Certificate</td>
</tr>
<tr>
<td>연장된 유효기간
Extended Date of Validity</td>
<td>년 월 일까지
This certificate is valid until . . .</td>
<td>검사기관(인)
Survey Organization</td>
<td></td>
</tr>
</table>

검 사 기 록 Survey Records						
다 음 검 사 Next Survey			검사 완료일 Date of Survey	검사 장소 Place of Survey	선박검사관 (검사원)의 성명 Name of Surveyor	검사기관(인) Survey Organization
검사기준일 Anniversary Date	검사종류 Kind of Survey	검 사 사 항 Survey Items				
비 고 Remarks						

나. 만재흘수선

만재흘수선의 지정은 국제항해 및 근해구역 이상의 항해구역을 항해하는 선박에 표시하는 만재흘수선의 종류별로 적용되는 대역 또는 구역, 계절기간 또는 기간 및 이에 대응하는 건현(乾舷)은 별표 2에 따른 적용을 한다. 이 경우 대역 또는 구역별로 적용되는 해면 및 계절기간은 별표 3과 같다. 갑판에 목재를 실어 나르는 선박은 위의 별표를 준용한다. 국제항해를 하지 아니하는 선박길이 12미터 이상의 선박에 표시하는 만재흘수선의 종류별로 적용되는 구역 및 건현은 다음과 같다.

구분	적용되는 구역	건현
해수 만재흘수선	해면	해수 건현
담수 만재흘수선	비중 1.000인 수면	담수 건현

■ 선박안전법 시행규칙 [별표 2]

만재흘수선의 종류별로 적용되는 대역 또는 구역, 계절기간 또는 기간 및 이에 대응하는 건현

(제14조 제1항 제1호 관련)

만재흘수선의 종류	적용되는 대역 또는 구역	적용되는 계절기간 또는 기 간	건현
하기 만재흘수선	하기대역	연중	하기 건현
	북대서양동기계절대역 I	하기	

	북대서양동기계절대역Ⅱ 북대서양동기계절구역 북태평양동기계절구역 남부동기계절대역 계절열대구역 및 선박길이가 100미터 이하인 선박에 적용되는 동기계절구역		
동기 만재흘수선	북대서양동기계절대역Ⅱ(서경 15도의 자오선과 서경 50도의 자오선에 의하여 둘러싸인 해면은 제외한다), 북대서양동기계절구역, 북태평양동기계절대역, 남부동기계절대역 및 선박길이가 100미터 이하인 선박에 적용하는 동기계절구역	동기	동기 건현
동기 북대서양 만재흘수선	북대서양동기계절대역Ⅰ 및 북대서양 동기계절대역Ⅱ(서경 15도의 자오선과 서경 50도의 자오선에 의하여 둘러싸인 해면으로 한정한다)	동기	동기 북대서양건현
열대 만재흘수선	열대대역	연중	열대 건현
	계절열대구역	열대	
하기담수 만재흘수선	하기 만재흘수선란에 적혀 있는 대역 또는 구역에서 비중이 1.000인 수면	하기 만재흘수선란에 따른 기간	하기담수건현
열대담수 만재흘수선	열대 만재흘수선란에 적혀 있는 대역 또는 구역에서 비중이 1.000인 수면	열대 만재흘수선란에 따른 기간	열대담수건현

■ 선박안전법 시행규칙 [별표 3]

대역 또는 구역별로 적용되는 해면 및 계절기간(제14조 제1항 제1호 관련)

대역 또는 구역의 명칭	해면	계절기간
1. 북대서양 동기계절대역Ⅰ	그린란드의 해안으로부터 북위 45도까지의 서경 50도의 자오선, 거기에서 서경 15도까지의 북위 45도의 위도선, 거기에서 북위 60도까지의 서경 15도의 자오선, 거기에서 그리니치자오선까지의 북위 60도의 위도선 및 거기에서 북쪽으로 그리니치자오선에 따라 둘러싸인 해면	동기 10월 16일부터 4월 15일까지 하기 4월 16일부터 10월 15일까지
2. 북대서양동기계절대역Ⅱ	미합중국 해안으로부터 북위 40도까지의 서경 68도30분의 자오선, 거기에서 북위 36도 서경 73도의 점까지의 항정선, 거기에서 서경 25도까지의 북위 36도의 위도선 및 거기부터 토리나나갑까지의 항정선에 따라 둘러싸인 해면, 북대서양 동기계절대역Ⅰ, 북대서양 동기계절구역 및 스카케라크해협의 스코를 통하는 위도선에 의하여 한정되는 발틱해를 제외한 해면	동기 11월 1일부터 3월 31일까지 하기 4월 1일부터 10월 31일까지
3. 북대서양 동기계절 구역	미합중국 해안으로부터 북위 40도까지의 서경 68도30분의 자오선, 거기에서 캐나다 해안과 서경 61도의 자오선과의 교점 중 최남단까지의 항정선 및 캐나다와 미합중국의 동안에 따라 둘러싸인 해면	1. 선박길이 100미터를 넘는 선박 동기 12월 16일부터 2월 15일까지 하기 2월 16일부터 12월 15일까지

		2. 선박길이 100미터 이하의 선박 동기 11월 1일부터 3월 31일까지 하기 4월 1일부터 10월 31일까지
4. 북태평양 동기계절대역	러시아 동안에서 사할린의 서안까지의 북위 50도의 위도선, 거기에 쿠릴리온 최남단까지의 사할린의 서안, 거기에서 홋카이도 와카나이까지의 항정선, 거기에서 동경 145도까지의 홋카이도의 동안 및 남안, 거기에서 북위 35도까지의 동경 145도의 자오선, 거기에서 서경 150도까지 북위 35도의 위도선 및 거기에서 알래스카 돌섬의 최남단까지의 항정선을 남쪽 한계로 하는 해면	동기 10월 16일부터 4월 15일까지 하기 4월 16일부터 10월 15일까지
5. 남부동기 계절대역	미대륙 동안의 트레스 푼타스갑에서 남위 34도, 서경 50도의 점까지 항정선, 거기에서 동경 35도까지의 남위 34도의 위도선, 거기에서 남위 36도, 동경 20도의 점까지의 항정선, 그리고 남위 34도, 동경 30도의 점까지의 항정선, 거기에서 남위 35도30분, 동경 118도의 점까지의 항정선, 거기에서 타스마니아 북서안의 그림갑까지의 항정선, 거기에서 타스마니아 북안 및 동안을 따라 브루니도의 남단까지, 스튜어트도의 블랙록포인트까지의 항정선, 거기에서 남위 47도, 동경 170도의 점까지의 항정선 및 거기에서 남위 33도, 서경 170도의 점까지 항정선 및 거기에서 미주대륙 서안의 남위 33도의 위도선으로 둘러싸인 해면	동기 4월 16일부터 10월 15일까지 하기 10월 16일부터 4월 15일까지
6. 열대대역	가. 미대륙 동안으로부터 서경 60도까지의 북위 13도의 위도선, 거기에서 북위 10도 서경 58도의 점까지의 항정선, 거기에서 서경 20도까지의 북위 10도의 위도선, 거기에서 북위 30도까지의 서경 20도의 자오선 및 거기에서 아프리카 서안까지의 북위 30도의 위도선, 아프리카 동안으로부터 동경 70도까지의 북위 8도의 위도선, 거기에서 북위 13도까지의 동경 70도의 자오선, 거기에서 인도 서안까지의 북위 13도의 위도선, 거기에서 인도 남안을 돌아 인도 동안의 북위 10도30분까지, 거기에서 북위 9도 동경 82도의 점까지의 항정선, 거기에서 북위 8도까지의 동경 82도의 자오선, 거기에서 말레이시아 서안까지의 북위 8도의 위도선, 거기에서 북위 10도의 베트남 동안까지의 아세아대륙의 동남 해안, 거기에서 동경 145도까지의 북위 10도의 위도선, 거기에서 북위 13도까지의 동경 145도의 자오선 및 거기에서 미대륙 서안까지의 북위 13도의 위도선을 북쪽 한계로 하고, 브라질 산토스항으로부터 서경 40도의 자오선과 남회귀선과의 교점까지의 항정선, 거기에서 아프리카 서안까지의 남회귀선과 아프리카의 동안으로부터 마다가스카르 서안까지의 남위 20도의 위도선, 거기에서 동경 50도까지의 마다가스카르 서안 및 북안, 거기에서 남위 10도까지의 동경 50도의 자오선, 거기에서 동경 98도까지의 남위 10도의 위도선, 거기에서 호주의 포트다윈까지 항정선, 거기에서 동쪽으로 웨셀갑까지의 호주 및 웨셀섬의 해안, 거기에서 요크갑의 서측까지의 남위 11도의 위도선, 요크갑의 동측에서 서경 150도까지의 남위 11도의 위도선, 거기에서 남위 26도 서경 75도의 점까지의 항정선, 거기에서 남위 32도47분, 서경 72도의 점까지의 항정선 및 거기에서 남미주 서안까지의 남위 32도47분의 위도선을 남쪽 한계로 하	

는 해면	
	나. 포트 사이드부터 동경 45도의 자오선까지의 수에즈운하, 홍해 및 아덴만	
	다. 동경 59도의 자오선까지의 페르시아만	
	라. 호주 동안의 그레이트베리아리프까지의 남위 22도의 위도선, 거기에서 남위 11도까지의 그레이트배리어리프에 따라 둘러 싸인 해면. 이 구역의 북방 한계는 열대대역의 남방 한계로 한다.	
7. 계절열대 구역	가. 다음 선에 따라 둘러싸인 북대서양. 북은 유카탄의 카토체갑으로부터 쿠바의 산안토니오갑까지의 항정선, 거기에서 북위 20도까지의 쿠바의 북안 및 거기서 서경 20도까지의 북위 20도의 위도선 서는 미대륙의 해안 남 및 동은 열대대역의 북쪽 한계	열대 11월 1일부터 7월 15일까지 하기 7월 16일부터 10월 31일까지
	나. 다음 선에 따라 둘러싸인 아라비아해 서는 아프리카의 해안, 아덴만의 동경 45도의 자오선, 남아라비아의 해안 및 오만만의 동경 59도의 자오선 북 및 동은 파키스탄 및 인도의 해안 남은 열대대역의 북쪽 한계	열대 9월 1일부터 5월 31일까지 하기 6월 1일부터 8월 31일까지
	다. 열대대역의 북쪽 한계 이북의 벵갈만	열대 12월 1일부터 4월 30일까지 하기 5월 1일부터 11월 30일까지
	라. 다음 선에 따라 둘러싸인 남인도양 북 및 서는 열대대역의 남쪽한계 및 마다가스카르의 동안 남은 남위 20도의 위도선 동은 남위 20도 동경 50도의 점에서 남위 15도 동경 51도30분의 점까지의 항정선 및 거기에서 남위 10도까지의 동경 51도 30분의 자오선	열대 4월 1일부터 11월 30일까지 하기 12월 1일부터 3월 31일까지
	마. 다음 선에 따라 둘러싸인 남인도양 북은 열대대역의 남쪽 한계 동은 호주의 해안 남은 동경 51도30분에서 동경 114도까지의 남위 15도의 위도선 및 거기에서 호주의 해안까지의 동경 114도의 자오선 서는 동경 51도30분의 자오선	열대 5월 1일부터 11월 30일까지 하기 12월 1일부터 4월 30일까지
	바. 다음 선에 따라 둘러싸인 지나해 서 및 북은 북위 10도부터 홍콩까지의 베트남 및 중국의 해안 동은 홍콩으로부터 수알항(루손섬)까지의 항정선과 북위 10도까지의 루손, 사마르 및 레이테 제도의 서안 남은 북위 10도의 위도선	
	사. 다음 선에 따라 둘러싸인 북태평양 북은 북위 25도의 위도선 서는 동경 160도의 자오선 남은 북위 13도의 위도선 동은 서경 130도의 자오선	열대 1월21일부터 4월30일까지 하기 5월 1일부터 1월20일까지
	아. 다음 선에 따라 둘러싸인 북태평양 북 및 동은 미대륙의 서안 서는 미대륙 해안에서 북위 33도까지의 서경 123도의 자오선 및 북위 33도 서경 123도의 점에서 북위 13도 서경 105도의 점까지의 항정선	열대 4월 1일부터 10월31일까지 하기 11월 1일부터

	남은 북위 13도의 위도선	3월 31일까지
	자. 남위 11도 이남의 카펜테리아만	열대 3월 1일부터 6월 30일까지 11월 1일부터 11월 30일까지
	차. 다음 선에 따라 둘러싸인 남태평양 북 및 동은 열대대역의 남쪽 한계 남은 호주의 동안에서 동경 154도에 이르는 남위 24도의 위도선, 거기에서 남회귀선까지의 동경 154도의 자오선 및 거기에서 서경 150도까지의 남회귀선, 거기에서 남위 20도까지의 서경 150도의 자오선 및 거기에서 열대대역의 남쪽 한계와의 교점까지의 남위 20도의 위도선 서는 열대대역에 포함된 그레이트배리어리프 내측의 구역의 한계선 및 호주의 동안	하기 7월 1일부터 10월 31일까지 12월 1일부터 2월 28(29)일까지 열대 4월 1일부터 11월 30일까지 하기 12월 1일부터 3월 31일까지 열대 4월 1일부터 11월 30일까지 하기 12월 1일부터 3월 31일까지
8. 선박길이가 100미터 이하인 선박에 적용되는 동기계절구역	가. 다음의 선에 의하여 둘러 싸인 해면 북 및 서는 미합중국의 동안 동은 미합중국 해안으로부터 북위 40도까지의 서경 68도30분의 자오선 및 거기에서 북위 36도 서경 73도의 점까지의 항정선 남은 북위 36도의 위도선	동기 11월 1일부터 3월 31일까지 하기 4월 1일부터 10월 31일까지
	나. 스카게락 해협의 스카우를 통하는 위도선에 따라 둘러싸인 발틱해	동기 11월 1일부터 3월 31일까지 하기 4월 1일부터 10월 31일까지
	다. 북위 44도 이북의 흑해	동기 12월 1일부터 2월 28(29)일까지 하기 3월 1일부터 11월 30일까지
	라. 다음 선에 따라 둘러싸인 지중해 북 및 서는 프랑스 및 스페인의 해안 및 스페인의 해안으로부터 북위 40도까지의 동경 3도의 자오선 남은 동경 3도에서 사르디니아 서안까지의 북위 40도의 위도선 동은 북위 40도부터 동경 9도까지의 사르디니아 서안 및 북안, 거기에서 코르시카 남안까지의 동경 9도의 자오선, 거기에서 동경 9도까지의 코르시카의 서안 및 북안, 거기에서 사시에갑까지의 항정선	동기 12월 16일부터 3월 15일까지 하기 3월 16일부터 12월 15일까지
	마. 북위 50도의 위도선과 한국 동안의 북위 38도의 점으로부터 홋카이도 서안의 북위 43도12분의 점까지의 항정선에 따라 둘러싸인 동해	동기 12월 1일부터 2월 28(29)일까지 하기 3월 1일부터 11월 30일까지
9. 하기대역	제1호부터 제8호까지에 따른 해면(선박 길이가 100미터를 넘는 선박은 제1호부터 제7호까지에 따른 해면은 제외한다)이 아닌 해면	

비 고:
1. 셔틀랜드 제도는 북대서양 동기계절대역I 과 북대서양 동기계절대역II와의 한계선상에 있는 것으로 본다.
2. 호치민, 아덴 및 버베라는 열대대역과 계절열대구역과의 한계선상에 있는 것으로 본다.
3. 발파라이소 및 산토스는 열대대역과 하기대역과의 한계선상에 있는 것으로 본다.
4. 홍콩 및 수알은 계절열대구역과 하기대역과의 한계선상에 있는 것으로 본다.
5. 대역 또는 구역의 한계선상에 있는 항은 각각의 경우에 따라 선박이 해당 항을 도착할 때까지 항해한 대역이나 구역 또는 해당 항을 출항한 후 항해하려는 대역 또는 구역에 있는 것으로 본다.

만재흘수선의 표시는 선박길이의 중앙 양쪽 가장자리의 외판에 용접 등 항구적인 방법으로 하고, 외판과 구별되는 한 가지 색으로 하도록 규정하고 있다(시행규칙 제14조 제2항).

만재흘수선의 위치는 건현갑판을 기준으로 하기건현을 구한 뒤 여기에 항해구역에 따라 일부 더하거나 빼어 동기북대서양, 동기, 열대 및 담수건현 등을 구하게 된다.[61] 수밀성이 좋은 유조선과 같은 선박은 작은 건현을 인정하므로 동일규모의 선박일 경우 유조선은 일반화물선보다 더 깊이 잠길 수 있다.

또한 만재흘수선은 선박이 항해하는 수역에 따라 크게 해수만재흘수선과 담수만재흘수선으로 나눌 수 있다(시행규칙 제14조 제1항 제3호).

선박이 항해하는 바다의 위치 및 계절에 따라 해상조건이 변하므로 만재흘수선이 다르게 된다. 위도가 높은 지역과 계절에 따라 파도와 바람의 세기가 다르므로 더 많은 복원성을 요구하게 된다. 이에 따라 '국제만재흘수선협약'에서는[62] 세계의 바다를 크게 동기계절구역(winter season area), 하기대역(summer zone), 열대대역(tropical zone), 계절열대구역(seasonal tropical area)의 4개 구역으로 분류한다. 동기계절수역과 계절열대수역은 여름과 겨울의 날씨 차이가 크기 때문에 연중 날짜를 정하여 각각 다른 기준을 적용하고 있다.[63]

다. 항해구역

선박안전법 제8조 제2항에 정기검사에 합격한 선박에 대하여 항해구역, 최대승선인원 및 만재흘수선의 위치를 각각 지정하여 선박검사증서를 교부하도록 규정하고 있다. 제2항에 따른 항해구역의 종류와 예외적으로 허용되거나 제한되는 항해구역, 최대승선인원의 산정기준 등에 필요한 사항은 해양수산부령으로 정하도

61) 박영선, 위의 책, 114쪽.
62) International Convention on Load Lines, 1969 협약.
63) 박영선, 위의 책, 115쪽.

록 되어 있고, 항해구역의 종류(시행규칙 제15조), 항해구역의 지정(시행규칙 제16조), 항해구역 외의 예외적 항해(시행규칙 제17조)에 규정하고 있다.

선박안전법 시행규칙 제15조에 항해구역의 분류는 평수구역, 연해구역, 근해구역, 원양구역으로 분류하고 있다.

① 평수구역

평수구역은 호수, 하천 및 항내의 수역으로 외해의 파랑으로부터 안전하고, 바람이 약하기 때문에 외해의 영향을 거의 받지 않는 구역이다. 항만과 어항은 자연적으로 또는 인공적인 방파제의 설치에 따라 연중 항만 내의 정온도가 유지되기 때문에 안전하다.[64] 항만구역으로서 방파제 외부의 경우는 외해의 영향을 받기는 하지만 항만의 각종 지원을 충분히 활용 가능하고 비상시에 안전하게 보호받을 수 있다. 일부 해양수산부령으로 평수구역의 범위를 정하고 있다(시행규칙 제15조 제2항 별표 4).

■ 선박안전법 시행규칙 [별표 4]

평수구역의 범위(제15조 제2항 관련)

구분	범위
제1구	평안북도 철산군 수운도 등대부터 진방위 295도로 그은 선과 그 등대부터 어영도, 대화도, 정주군의 외순도를 지나 평안남도 안주군 태향산에 이르는 선 안
제2구	평안남도 용강군 연대봉으로부터 황해도 송화군 자매도 및 흑암을 지나 냉정말에 이르는 선 안
제3구	황해도 장연군 장산곶으로부터 월내도, 옹진군 마합도, 기린도 및 순위도를 지나 등산곶에 이르는 선 안
제4구	황해도 옹진군 독순항으로부터 인천광역시 옹진군 대연평도 북부 서단을 연결한 선, 대연평도 남단에서부터 서만도 북서단과 대초지도 남서단을 지나 덕적도 북단을 연결한 선과 덕적도 남서 끝단에서 문갑도 서단을 연결한 선 및 문갑도 남단에서 장안서 등대를 지나 충청남도 태안군 학암포를 연결하는 선 안
제5구	충청남도 태안군 몽산리 남단에서 외도 서단을 지나 보령시 삽시도 남서단과 죽도 서단을 연결한 선 안
제6구	충청남도 서천군 동백정갑으로부터 전라북도 군산시 방축도(방축도) 동단을 지나 관리도(관지도) 북단을 연결한 선과 관리도 남단으로부터 부안군 수성단을 연결한 선 안

64) 박영선, 앞의 책, 116쪽.

제7구, 제8구	전라남도 영광군 불갑천구부터 신안군 재원도 북단, 재원도 서단, 자은도 서단, 비금도 고서리 서단, 비금도 내월리 서단, 신도 남단 및 하태도 남단을 지나 전라남도 진도군 가사도 서단에 이르는 선, 가사도 남단에서부터 옥도 북단, 주도 북단, 관사도 서단, 소마도 서단을 지나 대마도 서북단을 연결하는 선, 대마도 남단에서 관매도 서단을 잇는 선, 관매도 동단에서 죽항도 동단을 지나 진도 남단의 서망 끝단에 이르는 선, 전라남도 진도군 접도 남단에서 무저도 남단을 지나 금호도 남단에 이르는 선, 금호도 남단에서 어룡도 서단, 넙도 남서단을 지나 전라남도 완도군 보길도 서단에 이르는 선, 완도군 보길도 동단에서 소안도 서단을 연결하는 선, 소안도 북단에서 대모도 남단을 지나 청산도 서단을 연결하는 선, 청산도 북단에서 생일도 남단, 섭도 남단, 시산도 남단을 지나 고흥군 망지각에 이르는 선 안
제9구	전라남도 고흥군 외나로도 서단에서 진방위 330도로 고흥군 포두면 남성리 해안선에 이르는 선, 외나로도 동부 북단에서 여수시 금오도 서부 북단을 연결한 선, 금오도 동부 북단에서 돌산도 남단 거마각에 이르는 선, 돌산도 동부 중앙 방죽포에서 경상남도 남해군 남해도 응봉산 남단에 이르는 선, 남해도 장항말부터 통영시 하도 남단, 추도 서단 및 두미도 서단을 지나 욕지도 서부 북단에 이르는 선, 욕지도 동단에서 연화도 북단, 외부지도 남단을 지나 비진도 남단을 거쳐 거제도 망산각에 이르는 선, 거제도 북부 노장산 동단으로부터 북위 34도58.9분 동경 128도49.9분, 부산광역시 영도구 생도 남단, 북위 35도11.2분 동경 129도14.5분을 지나 기장군 대변리 동남단에 이르는 선 안
제10구	울산광역시 범월갑 방파제 내측(북위 35도25.9분 동경 129도22.3분)으로부터 북위 35도28.8분 동경 129도27.2분을 지나 미포항 북방파제 끝단(북위 35도31.6분 동경 129도27.2분)에 이르는 선 안
제11구	경상북도 포항시 술미부터 여남갑에 이르는 선 안
제12구	강원도 통천군 학룡단으로부터 함경남도 덕원군 여도를 지나 영흥군 호도 대강곶(남각)에 이르는 선 안
제13구	함경남도 정평군 광포강구부터 함흥시 외양도단에 이르는 선 안
제14구	함경남도 북청군 봉수대지부터 마양도를 지나 송도갑에 이르는 선 안
제15구	함경북도 성진군 송오리단으로부터 유진단에 이르는 선 안
제16구	함경북도 청진시 고말산단으로부터 진방위 263도로 그은 선 안
제17구	함경북도 나진시 송목단으로부터 대초도를 지나 이어단에 이르는 선 안
제18구	함경북도 나진시 곽단으로부터 적도를 지나 오포단에 이르는 선 안

② 연해구역

연해구역은 육지와 많이 가까운 구역으로서 선박에서 비상상황이 발생할 경우 육지로 피난하거나, 육지로부터 도움을 받을 수 있는 구역을 말한다. 이 구역을 항해할 수 있는 선박은 근해나 원양을 항해하는 선박과 비교하면 안전설비의 설치에 대한 규정이 완화 적용된다.65)

65) SOLAS협약은 가장 가까운 육지로부터 20마일을 넘지 아니하는 항로를 항해하는 선박에 대하여 구명설비의 설치에 관한 규정을 완화하여 적용할 수 있도록 허용하고 있다(부속서 제3장 제2규칙 제1항).

■ 선박안전법 시행규칙 [별표 5]

연해구역의 범위(제15조 제3항 관련)

구분	범위
1	평안북도 용천군 압록강구부터 마안도를 지나 황해도 장연군 장산곶에 이르는 선 안
2	황해도 옹진군 등산곶으로부터 충청남도 서산군 서격렬비도 및 전라남도 신안군 홍도, 소흑산도를 지나 북위 33도30.2분 동경 125도49.9분을 잇는 선과 북위 33도30.2분 동경 127도19.9분, 북위 33도30.2분 동경 129도4.9분을 연결하는 선 및 북위 34도35.2분 동경 130도34.9분과 북위 35도14.1분 동경 129도44.4분을 연결하는 선 안
3	강원도 강릉시 사천진리 사천진단으로부터 북위 37도51.2분 동경 130도54.9분, 북위 37도31분 동경 132도7.9분, 북위 37도0.2분 동경 132도19.9분, 북위 36도14.2분 동경 129도59.9분의 각 점을 연결하는 선 안
4	강원도 고성군 수원단으로부터 함경북도 성진군 유진단에 이르는 선 안
5	북위 33도30.2분 동경 129도4.9분으로부터 일본국 규슈·시코쿠·혼슈·홋카이도의 각 해안으로부터 20마일 이내의 선을 연결하고 북위 34도35.2분 동경 130도34.9분에 이르는 선 안

선박안전법 시행령 제2조 제1항 제3호 나목 1)·2) 외의 부분 본문에서 "해양수산부령으로 정하는 수역"이란 위의 별표 5의 수역을 말한다.

우리나라와 일본의 사이에는 대마도 등이 있어 가장 가까운 육지로부터의 거리가 계속 20마일 미만이므로 연해구역을 항해할 수 있는 선박은 그 구역을 벗어나지 않고도 일본의 혼슈까지 항해할 수 있다. 또한, 우리나라의 동해안에서 울릉도 및 독도까지의 해역도 연해구역에 포함되고 있는데, 실제 이 해역은 육지와 거리도 멀고 풍랑이 거센 곳으로서 종래에는 근해구역에 포함되어 있던 지역이다. 그럼에도 불구하고 1970년 10월 8일 시행령 개정 시 연해구역에 포함된 것은 국내항해라는 점이 정치적으로 고려된 것으로 판단된다.[66]

EU는 국내항해 여객선을 A급(Class A: 육지로부터 20마일 이상 항해), B급(Class B: 20마일 이내 항해), C급(Class C: 피난항으로부터 15마일 이내 또는 육지로부터 5마일 이내로서 파고가 2.5미터를 초과할 확률이 10% 이내인 수역을 연중 또는 해당 기간 동안만 항해) 및 D급(Class D: 피난항으로부터 6마일 이내 또는 육지로부터 3마일 이내로서 파고가 1.5미터를 초과할 확률이 10% 이내인 수역을 연중 또는 해당 기간만 항해)로 나누고 있다.[67] EU 회

66) 박영선, 위의 책, 120쪽. 박영선은 안전은 정치적으로 타협할 성질이 아닌 바, 이 해역을 운항하는 선박의 안전기준 책정을 위하여 기상상태에 대한 과학적인 조사가 요구된다고 주장하고 있다.

67) EC Directive 98/18, Article 4.1.

원국은 관할권 내에서 여객선의 운항해역 및 운항기간을 지정하고 이를 통보할 의무가 있다.[68] EU의 분류법은 선박의 안전확보에 우선적으로 배려한 것을 판단할 수 있다.

③ 근해구역

선박안전법 시행규칙 제15조 제3항에 따르면 동쪽은 동경 175도, 서쪽은 동경 94도, 남쪽은 남위 11도 및 북쪽은 북위 63도의 선으로 둘러싸인 수역을 규정하고 있다. 이 구역은 일본이 정한 구역으로서 일본도 현재 동일하게 사용하고 있다. 그 범위를 자세히 보면 해방전 일본이 주장하던 소위 대동아공영권의 구역과 거의 일치하고 있다.[69] 이 구역은 일본의 입장으로 분류한 것으로 우리나라 입장에서는 실익이 있다고 볼 수 없다. 또한 선박의 안전과 관련하여 근해구역과 원양구역을 굳이 구분할 실익도 없다. 특히 연해구역을 벗어나 외국에 이르는 항해는 SOLAS협약에 의한 국제항해의 범위에 모두 포함되므로[70] 향후 근해구역과 원양구역을 통합하는 것이 바람직하다고 주장하고 있다.[71]

④ 원양구역

선박안전법 시행규칙 제15조 제5항에 따르면 원양구역은 모든 수역을 말하고 있다. 즉 평수구역, 연해구역, 근해구역을 포함한 모든 해역을 말한다. 따라서 미국의 오대호나 유럽의 내륙운하의 항해여건은 우리나라의 평수구역과 유사함에도 원양구역에 포함하고 있다.

항해구역의 지정은 선박안전법 제8조 제3항에 따라 항해구역을 지정하는 경우에는 선박소유자의 요청, 선박의 구조 및 선박시설기준 등을 고려하여 지정하여야 한다. 또한 외국의 동일 국가 내의 항구 사이 또는 외국의 호소(湖沼: 호수와 늪) · 하천 및 항내의 수역에서만 항해하는 선박의 항해구역은 제15조에 준하여 평수구역 · 연해구역 또는 근해구역으로 정할 수 있다고 규정하고 있다. 선박안전법 제7조 제4항에 따라 별도건조검사를 받은 선박에 대하여는 해당 선박의 크기 · 구조 · 용도 등을 고려하여 항해구역을 제한하여 지정하도록 정하고 있다.

---

68) EC Directive 98/18, Article 4.2.

69) 박영선, 앞의 책, 121쪽.

70) SOLAS협약 부속서 제1장 제2규칙 (d)에서 "국제항해"라 함은 협약이 적용되는 한 국가에서 그 국가의 외부에 있는 항구에 이르는 항해 또는 그 반대의 항해를 말한다.

71) 박영선, 앞의 책, 121쪽.

⑤ 항해구역 외의 예외적 항해

선박안전법 시행규칙 제17조에 따르면, 선박안전법 제8조 제3항에 따라 다음 각 호의 어느 하나에 해당하는 경우에는 지정된 항해구역 외의 구역을 항해할 수 있다. 항해구역 외의 구역의 항해를 위하여 선박소유자는 선박안전법 제10조 제1항 제2호의 규정에 따라 임시검사를 받아야 하며, 임시검사에 합격한 선박에 대하여는 임시변경증이 교부된다.

1. 법 제3조 제3항 제4호에 따라 외국에 선박매각 등을 하기 위하여 예외적으로 단 한 번의 국제항해를 하는 경우

2. 선박을 수리하거나 검사를 받기 위하여 수리할 장소 또는 검사를 받을 장소까지 항해하는 경우

3. 항해구역 밖에 있는 선박을 그 해당 항해구역 안으로 항해시키는 경우

4. 항해구역의 변경을 위하여 변경하려는 항해구역으로 선박을 항해시키는 경우

5. 접적지역(대연평도, 소연평도, 대청도, 소청도 및 백령도 부근 해역을 말한다)을 항해하는 선박으로서 해당 선박의 항해구역 중 일부가 군사목적상 항해금지구역으로 설정되어 있어 그 구역을 우회하기 위하여 일시적으로 항해구역 외의 구역을 항해하는 경우

6. 그 밖에 제1호부터 제4호까지와 비슷한 사유로서 선박이 임시로 항해할 필요가 있다고 인정되는 경우

⑥ 최대승선인원의 산정

선박의 최대승선인원의 산정은 선원 및 여객이 승선한 후 만재흘수선을 초과하지 않는 범위 내에서 여객실, 선원실의 수용범위 내에서 산정한다.

최대승선인원의 계산 시 사람의 몸무게는 선박의 규모에 비하여 매우 작기 때문에 별로 중요하지 않고, 여객실이나 선원실 등 사람을 수용할 수 있는 시설을 제대로 갖추는 것이 중요하다.

선박안전법 시행규칙 제18조에 최대승선인원 산정에 대하여 규정하고 있다. 선박안전법 시행규칙 제1항에 따르면 선박안전법 제8조 제3항에 따른 최대승선인원은 여객, 선원 및 임시승선자별로 다음 각 호의 기준에 따라 산정한다.

1. 승선인원에 산입되지 않는 사람

가. 선내 관람과 관련하여 승선하는 사람, 하역·수리작업·해상공사 등을 위한 작업원 또는 선원 교대자 등으로서 해당 선박의 정박 중에만 승선하는 자

나. 선박의 입항, 출항 및 정박 중에 관련 업무를 수행하기 위하여 승선하는 도선사, 운항관리자, 세관공무원, 검역공무원, 선박검사관 및 선박검사원 등

다. 1세 미만인 유아

2. 여객실, 선원실, 그 밖의 최대승선인원을 산정하는 장소에 화물을 실은 경우에는 그 화물이 차지하는 장소에 상응하는 인원수를 제외하고 산정

3. 국제항해에 종사하지 아니하는 선박의 경우 1세 이상 12세 미만인 자는 2명을 1명으로 산정

선박안전법 제18조 제2항에 제1항에도 불구하고 선박소유자가 요청하는 경우에는 산정된 인원수의 범위에서 최대승선인원의 수를 제한하여 지정할 수 있다. 여객선의 경우 비성수기에는 여객이 줄어드는데 최대승선인원에 대한 여객보험을 계속 유지할 필요가 없기 때문에 이와 같이 최대승선인원을 줄이는 경우의 임시검사는 늘리는 검사에 비하여 간단하게 진행된다.[72)]

동법 시행규칙 제18조 제3항에 따르면 동법 제8조 제3항에 따른 최대승선인원의 산정기준은 별표 6과 같다.

■ 선박안전법 시행규칙 [별표 6]

최대승선인원의 산정기준(제18조 제3항 관련)

1. 여객실 여객정원은 다음의 방법으로 산정한다.

가. 침대 1개에 대한 수용 인원은 1명[더블베드(길이 2.0미터 이상, 너비 1.3미터 이상인 것을 말한다)의 경우는 2명]으로 한다.

나. 좌석의 수용 인원은 그 면적을 다음 표의 구분에 따른 단위면적으로 나눈 수로 한다.

항해구역	항해예정시간	단위면적(제곱미터)	
		통로를 설비하는 여객실	통로를 설비하지 아니하는 여객실
근해 및 원양	–	0.85	1.00
연해 및 평수	24시간 이상	0.85	1.00
	6시간 이상 24시간 미만	0.75	0.85

72) 박영선, 앞의 책, 126쪽.

	1.5시간 이상 6시간 미만	0.45	0.55
	1.5시간 미만	0.30	0.35

비고

1. "항해예정시간"이란 출발항에서 최종 도착항에 이르는 기항지의 정박시간을 포함한 총소요시간을 말한다. 이하 같다.

2. 단위면적은 3등여객정원 산정 시의 단위면적이며, 2등여객정원은 3등여객정원 산정시 단위면적의 5할을, 1등여객정원은 2등여객정원 산정시 단위면적의 5할을 각각 더한 단위면적으로 나눈 수를 그 인원수로 한다.

3. 여객실의 높이가 2.0미터 미만인 경우에는 그 높이에 비례한 체감률을 적용하여 그 인원을 줄여야 한다.

4. 특등실 및 1등실(침대를 갖춘 경우로 한정한다)은 1실에 대하여 침대2대(더블침대를 갖춘 경우에는 1대)를 초과하여 비치하여서는 아니 되며, 특등실은 1실에 대하여 부속휴게실과 화장실을 갖추어야 한다.

5. 칸막이가 있는 좌석은 좌석 구분마다 칸막이의 안 쪽을 측정한 면적에 따라 좌석의 수용수를 산정한다.

다. 의자석의 수용 인원은 그 정면너비를 다음 표에 따른 단위너비로 나눈 수로 하며 그 의자는 균등하게 설치되어야 한다.

항해예정시간	단위너비(센티미터)
6시간 이상 24시간 미만	50
1.5시간 이상 6시간 미만	45
1.5시간 미만	40

비고

1. 정면너비(b)는 그림 1과 같이 측정한다.

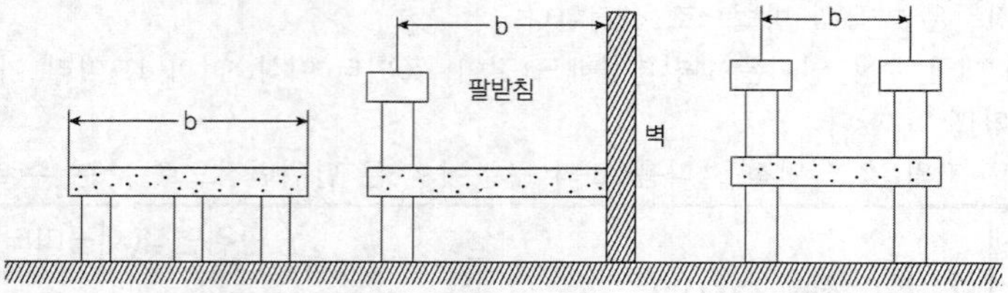

그림 1

2. 굴절 또는 굴곡된 긴 의자는 그림 2와 같이 걸터앉는 부분과 등판 중 적은 둘레의 치수를 정면너비로 한다.

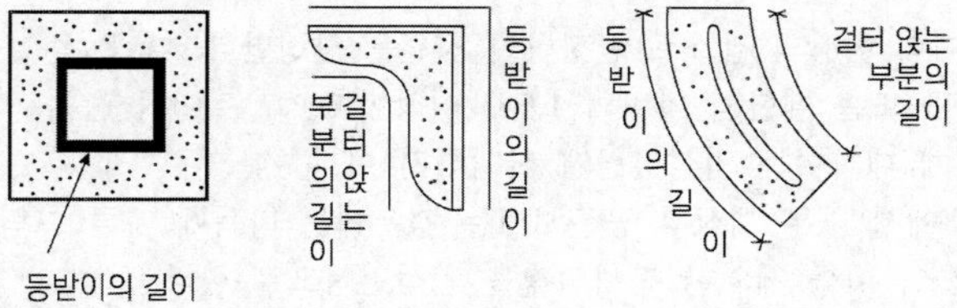

그림 2

라. 의자석과 좌석이 공존하는 경우에 여객정원은 다음 어느 하나의 방법으로 산정한다.

1) 의자석과 좌석이 그림 3과 같이 공존하고 또한 의자의 앞에 통로가 없는 경우에는 의자의 전면 30센티미터의 범위를 제외한 좌석면적에 대하여 정원을 산정한다. 이 경우 통로는 의자의 전면으로부터 3.7미터 이내에 있도록 배치되어야 한다.

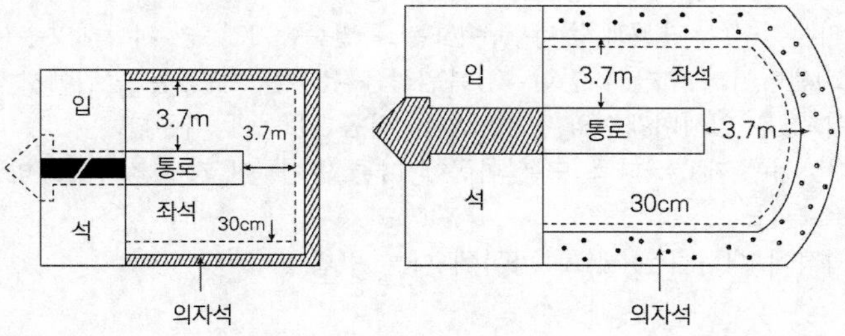

그림 3

2) 의자석과 좌석이 그림 4와 같이 공존하고 또한 의자 앞에 통로를 설치하여 그 통로의 너비가 60센티미터 이상인 경우에는 의자석과 좌석에 대하여 각각 정원을 산정할 수 있다.

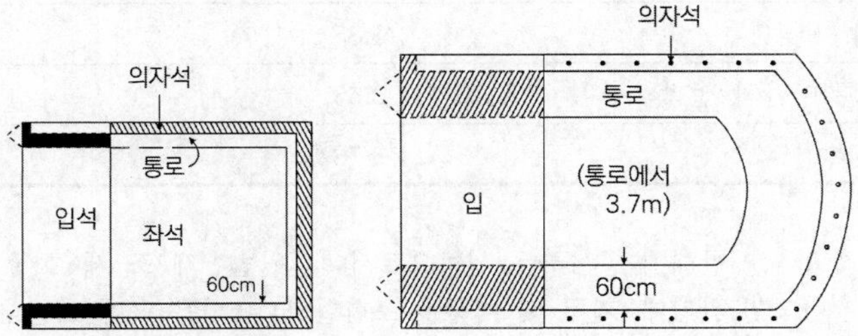

그림 4

마. 입석의 수용 인원은 그 면적을 다음 표의 구분에 따른 단위면적으로 나눈 수로 한다.

항해예정시간	단위면적(제곱미터)
1.5시간 이상 3시간 미만	0.35
1.5시간 미만	0.30

비고
1. 입석은 높이 1.8미터 이상의 장소로 한정하여 정원을 산정한다. 다만, 출입구 내측 및 계단 하부의 공간(너비가 출입구 또는 계단의 너비의 1.5배 이상이고, 그 길이가 출입구 또는 계단의 너비 이상으로 설치한 공간)에 대하여는 입석정원에 산입하지 아니한다.
2. 입석을 동일 실내에서 다른 객석과 공존시키는 경우에는 라목에 따른 그림 3 및 그림 4의 사선 부분을 가상통로로 하여 이를 제외한 잔여면적을 입석면적으로 한다.

바. 전시, 사변 그 밖에 이에 준하는 비상사태에 처하여 국가안전보장상 필요한 경우의 여객정원은 20센티미터 이상의 건현 및 복원성을 유지할 수 있는 범위에서 항해예정시간에 구애됨이 없이 여객을 수용할 수 있는 장소의 면적(제곱미터)을 단위면적 0.3으로 나눈 수를 그 인원으로 한다.
사. 여객정원의 산정에 있어서 그 면적 또는 너비를 단위면적 또는 단위너비로 나누어 인원수를 산정하는 경우에는 정수를 택하고 소수점 이하는 버린다.
2. 연해구역 이하를 항해구역으로 하는 선박으로서 항해예정시간이 3시간 미만인 항로에 취항하는 선박에 대하여는 피서객이나 귀성객 등이 폭주하는 특별수송기간 중 지방해양수산청장이 인정하는 경우로 한정하여 20센티미터 이상의 건현 및 복원성을 유지할 수 있는 범위에서 임시로 여객을 증원시킬 수 있다. 이 경우 임시여객수의 산정방법은 다음 각 목에 따른다.
가. 개방장소에 대하여는 제1호 다목 또는 마목에 따른 방법. 이 경우 같은 호 마목 비고 2. 중 "실내"는 "개방장소"로 본다.
나. 여객실내의 입석에 대하여는 제1호 마목에 따른 방법

3. 연해구역을 항해구역으로 하는 선박으로서 총톤수 200톤 이상인 선박 및 근해구역 이상을 항해구역으로 하는 선박의 선원실의 정원은 그 바닥의 면적을 다음 표의 구분에 따른 단위면적으로 나누어 얻은 최대정수로 한다.

구분(총톤수)	단위면적(제곱미터)
800톤 미만의 선박	1.85
800톤 이상 3,000톤 미만의 선박	2.35
3,000톤 이상의 선박	2.78

4. 제3호에도 불구하고 국제항해에 종사하는 선박으로서 「선원법」 제2조 제6호에 따른 부원이 사용하는 선박의 선원실 바닥면적(침대, 가구 및 비품을 포함한다)은 다음 표에 따른다. 다만, 개인용 욕실 및 화장실 면적은 제외한다.

<table>
<tr><th rowspan="3">구분(총톤수)</th><th colspan="6">단위면적(제곱미터)</th></tr>
<tr><th colspan="2">여객선·특수목적선 외의 선박</th><th colspan="4">여객선 및 특수목적선</th></tr>
<tr><th>1인용</th><th>2인용</th><th>1인용</th><th>2인용</th><th>3인용</th><th>4인용</th></tr>
<tr><td>3,000톤 미만</td><td>4.5</td><td>7.0</td><td>4.5</td><td rowspan="2">7.5</td><td rowspan="2">11.5</td><td rowspan="2">14.5</td></tr>
<tr><td>3,000톤 이상</td><td>5.5</td><td>–</td><td>5.5</td></tr>
</table>

10,000톤 미만						
10,000톤 이상	7.0	–	7.0			

비고
1. 「선원법」 제2조 제6호에 따른 부원이 사용하는 선원실의 1실당 최대허용인원은 여객선은 4명, 여객선이 아닌 총톤수 3,000톤 이상인 선박은 1명을 초과하여서는 아니 된다.
2. 특수목적선의 침실은 4명을 초과하여 수용할 수 있으며 바닥면적은 1인당 3.6 제곱미터 이상이어야 한다.
3. 총톤수 3,000톤 미만의 선박, 여객선 및 특수목적선에 1인용 침실을 설치하기 위해서는 바닥면적을 축소할 수 있다.
4. 총톤수 200톤 미만의 선박에 대하여는 비고 1호부터 비고 3호까지를 적용하지 아니할 수 있다.
5. 침실에 추가하여 개인용 거실 또는 휴게실이 설치되는 경우 해당 면적은 3.0제곱미터 이상이어야 한다.

4의2. 제3호에도 불구하고 국제항해에 종사하는 선박으로서 「선원법」 제2조 제3호 및 제5호에 따른 선장 및 직원용 선원실의 바닥면적(개인용 거실 또는 휴게실이 없는 경우만 해당한다)은 다음 표에 따른다.

구분(총톤수)	단위면적(제곱미터)		
	여객선·특수목적선 외의 선박	여객선 및 특수목적선	
	선박 직원용	운항급 직원용	관리급 직원용
3,000톤 미만	7.5	7.5	8.5
3,000톤 이상 10,000톤 미만	8.5		
10,000톤 이상	10.0		

비고
1. 선장 및 관리급 직원에 대하여는 침실에 추가하여 개인용 거실 또는 휴게실이 마련되어야 한다. 다만 총톤수 3,000톤 미만의 선박에는 이를 면제할 수 있다.
2. 총톤수 200톤 미만의 선박에 대하여는 비고 1호를 적용하지 아니할 수 있다.
3. 개인용 거실 또는 휴게실이 있는 경우 그 면적은 3.0제곱미터 이상이어야 하며, 선원실의 바닥면적을 5.5제곱미터까지 할 수 있다.

5. 제3호 및 제4호에 따른 선박이 아닌 선박에 대한 선원실의 정원은 다음 각 목의 합으로 한다.
가. 침대 수(선원이 선내에 숙박하지 않고 항해소요시간이 24시간 미만인 구역을 항해구역으로 하는 선박의 경우에는 의자석 수를 포함한다)
나. 침대 외의 좌석의 면적을 다음 표의 구분에 따른 단위면적으로 나누어 얻은 최대정수

선박의 구분	단위면적(제곱미터)
연해구역 중 항해소요시간이 12시간 이상인 구역을 항해구역으로 하는 선박	1.10
연해구역 중 항해소요시간이 12시간 미만인 구역을 항해구역으로 하는 선박	0.55

평수구역을 항해구역으로 하는 선박	0.45

6. 선원실은 남성용과 여성용으로 분리되어야 한다.
7. 임시승선자에 대한 정원 산정방법에 관하여는 제1호를 준용한다. 이 경우 “여객”은 “임시승선자”로 본다.
8. 제7호에도 불구하고, 임시승선자 중 선원가족에 대한 정원 산정방법에 관하여는 제3호, 제4호, 제4호의2, 제5호 및 제6호를 준용한다.
9. 제7호에도 불구하고 임시승선자 중 제5조 제9호에 따른 화물관리인에 대한 정원 산정방법에 관하여는 제3호 및 제6호를 준용한다.
10. 제1호부터 제4호까지, 제4호의2, 제5호부터 제9호까지의 규정에도 불구하고 소형선박의 최대승선인원 산정은 다음 각 목에 따른다.
 가. 소형선박의 최대승선인원은 선원실, 여객실 및 임시승선자의 거실 등의 정원을 합한 인원으로 한다.
 나. 삭제
 다. 소형선박의 선원실, 여객실 및 임시승선자의 거실의 정원 산정에 대하여는 제1호부터 제4호까지, 제4호의2, 제5호, 제7호부터 제9호까지의 규정을 준용하며, 정수를 인원으로 한다. 다만, 선박의 구조·규모 및 항해상의 조건, 용도 등을 고려하여 선원실 등이 필요 없다고 해양수산부장관이 인정하는 소형선박은 다음의 어느 하나에 따라 산정한 인원수의 합계로 할 수 있다.
  (1) 의자석의 수용수는 그 정면 너비(단위: 미터)를 0.40으로 나누어서 얻은 최대정수
  (2) 입석의 수용수는 그 면적(단위: 평방미터)을 0.30으로 나누어서 얻은 최대정수

3) 중간검사

중간검사는 정기검사와 정기검사의 중간에 행하는 간이검사로써 제1종 중간검사와 제2종 중간검사가 있다.[73] 제1종 중간검사는 선박의 시설과 만재흘수선 및 무선설비에 대하여 행하는 중간검사를 말하며, 제2종 중간검사는 선체, 기관, 배수설비, 조타, 계선과 양묘의 설비, 항해용구, 위험물 기타 특수화물의 적부설비, 하역 기타 작업설비, 전기설비, 원자력 설비, 컨테이너 설비 및 승강설비와 만재흘수선 및 무선설비에 대하여 행하는 중간검사를 말한다.

4) 임시검사

임시검사는 선박안전법상 선박의 시설에 대하여 개조 또는 수리 할 때와 선박검사증서에 기재된 내용을 변경하고자 할 때 행하는 검사이다.[74]

---

73) 선박안전법 제9조 2항, 시행규칙 제10조.
74) 선박안전법 제10조.

5) 임시항행검사

임시항행검사는 정기검사를 받기 전에 임시로 선박을 항해에 사용코자 하는 때 또는 국내의 조선소에서 건조된 외국선박(국내의 조선소에서 건조된 후 외국에서 등록되었거나 외국에서 등록될 예정인 선박을 말한다)의 시운전을 하고자 하는 경우에는 선박소유자 또는 선박 건조자는 해당 선박에 요구되는 항해능력이 있는지에 대하여 국토해양부령이 정하는 바에 따라 국토해양부장관이 행하는 검사이다.[75]

6) 국제협약검사

선박안전법은 "국제항해에 취항하는 선박의 소유자는 선박의 감항성 및 인명안전과 관련하여 국제적으로 발효된 국제협약에 따른 국토해양부장관의 검사를 받아야 한다."[76]라고 규정하고 있다. 또 국제협약과의 관계에 대해서 "국제항해에 취항하는 선박의 감항성 및 인명의 안전과 관련하여 국제적으로 발효된 국제협약의 안전기준과 이 법의 규정내용이 다른 때에는 해당 국제협약의 효력을 우선한다. 다만, 이 법의 규정 내용이 국제협약의 안전기준보다 강화된 기준을 포함한 때에는 그러하지 아니한다"라고 규정되어 있다.[77] 국제협약검사의 종류로는 최초검사, 정기검사, 중간검사, 연차검사, 임시검사 등이 있다.[78]

7) 특별검사

특별검사는 선박안전과 관련하여 대형 해양사고가 발생한 경우 또는 유사사고가 지속적으로 발생한 경우에는 해양수산부령이 정하는 바에 따라 관련되는 선박의 구조·설비 등에 대하여 행하는 검사를 말한다.[79] 특별검사의 대상선박은 선박의 노후 또는 사고의 발생 등으로 인하여 그 선박의 재료·구조·설비 또는 성능이 선박의 시설규정에 의한 기준에 적합하지 아니하게 된 것으로 인정하여 해양수산부장관이 검사대상으로 공고한 선박이다.[80] 특별검사는 선급법인이나 한국해

75) 선박안전법 제11조.
76) 선박안전법 제12조.
77) 선박안전법 제5조.
78) 선박안전법시행규칙 제20조.
79) 선박안전법 제71조.
80) 선박안전법 시행규칙 제13조.

양교통안전공단에 위탁하여 검사할 수 있는 법률적 근거가 없으며 실질적으로 공무원인 선박검사관이 직접 검사를 행하여야 하며 특별검사의 결과 선박의 안전 확보를 위하여 필요하다고 인정되는 경우에는 선박의 소유자에 대하여 항해정지명령 또는 시정·보완명령을 할 수 있다.[81)]

8) 예비검사

예비검사는 선박의 시설에 설치할 물건 중 국토해양부령이 정하는 물건을 제조·개조·수리·정비 또는 수입하고자 하는 자가 그 선박용 물건을 설치하여야 할 선박이 특정되기 전에 규정에 따라 그 선박용 물건에 대하여 받는 검사이다.[82)]

〈표 7〉 선박검사의 종류

구 분	검사내용	검사시기
건조검사	선박을 건조하는 때 실시하는 검사	건조시
정기검사	최초로 항행에 사용할 때 또는 선박검사증서의 유효기간이 만료된 때 행하는 정밀한 검사 ▸ 선박안전법에 의해 선체 및 기관, 설비 및 속구, 만재흘수선, 무선 설비 등에 관해 실시하는 정밀한 검사입니다. 정기검사의 유효 기간은 5년이며, 이 검사에 합격한 선박에 선박검사증서를 발급한다.	매 5년
중간검사	정기검사와 정기검사의 중간에 행하는 간이한 검사 ▸ 중간검사는 정기검사와 다음 정기검사의 중간에 매 1년 단위로 실시하는 비교적 간단한 검사로, 제1종 중간검사와 제2종 중간검사로 구분한다. 제1종 중간검사는 선체, 무선설비 및 배수설비에 관한 검사이고, 제2종 중간검사는 만재흘수선 및 수밀문 방화벽에 관한 검사가 포함되어 있다.	매 1년 또는 2~3년
임시검사	검사받은 시설에 대하여 개조, 수리 또는 변경하고자 할 때 행하는 검사 ▸ 임시검사는 선박의 요목, 항행구역, 만재흘수선, 무선설비 등의 변경이 있을 경우나, 해운관청이 특별히 필요하다고 인정할 경우에 행하는 검사이다.	개조, 수리 또는 변경시
임시항해 검사	선박검사증서를 받기 전에 선박을 임시로 항행에 사용할 때 행하는 검사 ▸ 정기검사를 받기 전에 임시로 선박을 항해에 사용하고자 할 때 또는 국내의 조선소에서 건조된 외국 선박(국내의 조선소에서 건조된 후 외국에서 등록되었거나 외국에서 등록될 예정인 선박을 의미), 이 검사에 합격한 선	임시항해시

81) 선박안전법 제71조 3항.

82) 선박안전법 제22조 (예비검사) 국토해양부장관이 지정하여 고시하는 선박용 물건 또는 소형선박의 선체를 제조·개조·수리·정비 또는 수입하고자 하는 자는 선박용물건이 선박에 설치되기 전에 국토해양부장관의 검사를 받을 수 있다. 이 경우 예비검사의 절차에 관하여 필요한 사항은 국토해양부령으로 정한다.

	박에는 임시항해검사 증서를 발급한다.	
국제협약 검사	국제항해에 취항하고자 하는 선박에 대하여 국제협약에 따라 행하는 검사 ▸ 검사의 종류는 최초검사, 정기검사, 중간검사, 연차검사, 임시검사가 있다.	정기, 중간검사 시기와 동일

2. 임의검사(선급검사)

선박은 오래 전부터 해상보험의 대상이 되어 왔으며, 기술적으로 매우 복잡한 구조물일 뿐만 아니라 재산가치도 매우 크기 때문에 보험가치의 결정에 있어서 조선은 물론이고, 전기·재료·용접 등에 있어서 고도의 기술적 판단을 필요로 한다. 따라서 보험업무상 많은 전문기술자가 관여하여야 하지만, 각 분야에 있어서 전문기술자를 필요한 수만큼 각 보험회사가 개별적으로 고용하는 것은 경제적으로 큰 부담이 될 수밖에 없다. 그러므로 보험회사로서는 선주의 입장도, 선박건조자의 입장도 아닌 공평한 제3자적 입장에서 선박의 안전성과 우수성 등을 증명해 줄 기관이 필요하게 되었다. 그리하여 보험업자, 선주, 조선업자 등의 합의에 따라 선박검사를 시행하고 그 선박을 평가한 후 등록하여 관계자에게 공표하는 것을 업무로 하는 기술단체인 선급법인을 설립하였다.

따라서 선급법인은 선박의 보험가치평가의 필요에 의하여 선박을 검사하고, 그 세목을 선급법인이 발행하는 선명록에 공표하여 해상보험업자, 하주 등 관계자에게 편의를 제공함을 주된 업무로 한다. 이와 같이 선급제도는 선박과 관련된 거래의 필요에서 생긴 것이기 때문에 당해 선박의 성능, 특히 감항능력을 평가하는 중요한 기준으로서 국제적인 신용의 척도가 된다. 그리하여 용선계약을 체결할 때는 물론이고, 선박매매계약, 해상보험계약 등을 체결하는 경우에도 선급을 표시하도록 하고 있다.[83]

선급검사는 정부대행검사와 다른 목적에서 출발하였으나 시간이 흐를수록 선박의 안전 확보가 중요하게 대두되면서 정부검사와 같은 목적을 가지게 되었다. 선급단체는 전통적으로 선급 부여자와 법정검사의 대행자라는 두 가지의 독립적이고 별개의 업무를 수행하고 있다. 선급을 부여할 목적의 선급검사는 선급규칙

83) 工藤博正, 船舶安全法と船舶検査の制度(東京: 成山堂, 1985), 48面; 강동수, "선박검사 및 정비제도 개선방안", 교통안전공단(1996. 9), 30쪽.

및 규정, 각종 기술지침, 국제선급협회연합회(IACS: international Association of Classification Society)의 통일기준에 따라 시행하고 법정검사와 관련해서는 IMO 문서나 지침뿐만 아니라 국내법상 정해진 기준에 따라 시행된다.[84] 우리나라는 한국선급이 1960년 설립된 후 1964년에 선급규칙으로서 “선급등록 및 구조검사 등에 관련된 규칙집”을 만들었고 이후 몇 차례에 걸친 부분 또는 전면 개정을 거쳐 현재는 1985년에 개정된 “선급 및 강선규칙”을 제작하였다. 1974년 말에 관련된 규칙집을 개정하였고 한국선급의 등록선일기준에 정부가 행하는 검사의 일부를 위임받았다. 이에 따라 1975년부터 한국선급에 정부대행검사소를 설치하고 한국선급의 등록선에 대해서는 법정 선급검사를 실시해 오고 있다. 여러 장소에서의 중복검사로 인한 선박의 불편을 최소로 하기 위해 선급검사를 정부검사로 인정해 주는 것이다. 이와 관련하여 선박안전법은 검사 등의 업무의 대행에 관해서 선박안전기술공단 및 선급에 대행할 수 있도록 규정하고 있다.[85]

Ⅳ. 도면의 승인

1. 도면 승인 절차

법 제7조부터 제10조까지의 규정에 따라 건조검사 · 정기검사 · 중간검사 · 임시검사를 받고자 하는 자는 해당선박의 도면에 대하여 해양수산부령으로 정하는 바에 따라 미리 해양수산부장관의 승인을 얻어야 한다. 승인을 얻은 사항에 대하여 변경하고자 하는 경우에도 또한 같다(법 제13조 제1항). 해양수산부장관은 제1항의 규정에 따라 승인요청을 받은 도면이 제26조부터 제28조까지의 규정에 따른 기준에 적합한 때에는 이를 승인하고 해양수산부령으로 정하는 사항을 해당 도면에 표시하여야 한다.

2. 선박의 건조 및 개조

제1항의 규정에 따라 해양수산부장관의 승인을 얻은 자는 승인을 얻은 도면

84) Edward T. Reilly, “Classification Societies and Port State Control”, Port State Control New Solution or New Problem,(London; IBC Legal Studies and Services Limited. 1993) p.6.
85) 선박안전법 제60조.

과 동일하게 선박을 건조하거나 개조하여야 한다(법 제13조 제3항).

3. 도면의 비치

선박소유자는 제1항의 규정에 따라 승인을 얻은 도면을 해양수산부령으로 정하는 바에 따라 선박에 비치하여야 한다(법 제13조 제4항).

Ⅴ. 검사의 신청 및 준비

1. 검사준비의 근거

건조검사 또는 정기검사·중간검사·임시검사·임시항해검사(이하 "선박검사"라 한다)를 위하여 필요한 준비사항에 대하여는 해당검사별로 해양수산부령으로 정한다(법 제14조 제1항). 제1항에도 불구하고 해양수산부장관은 해당 선박의 구조·시설·크기·용도 또는 항해구역 등을 고려하여 해양수산부령으로 정하는 바에 따라 검사준비·서류제출 등에 대하여 전부 또는 일부를 완화하거나 면제할 수 있다(제2항). 선박소유자는 제1항에 따른 검사의 준비로서 해양수산부령으로 정하는 바에 따라 제4항에 따라 지정된 두께측정업체로부터 선체두께의 측정을 받아야 한다. 다만, 해외수역에서의 장기간 항해·조업 또는 외국에서의 수리 등 부득이한 사유로 인하여 국내에서 선체두께를 측정할 수 없는 경우에는 해양수산부령으로 정하는 바에 따라 제4항에 따라 지정된 두께측정업체 외의 외국의 두께측정업체로부터 측정을 받을 수 있다(제3항). 해양수산부장관은 측정장비, 전문인력 등 대통령령으로 정하는 기준을 갖춘 두께측정업체를 제3항에 따른 선체두께 측정 업무를 수행하는 두께측정업체로 지정할 수 있다(제4항). 해양수산부장관은 제4항에 따라 지정된 두께측정업체(이하 "두께측정지정업체"라 한다)가 다음 각 호의 어느 하나에 해당하는 경우에는 그 지정을 취소하거나 6개월 이내의 기간을 정하여 측정 업무를 정지할 수 있다. 다만, (i)부터 (iii)까지의 어느 하나에 해당하는 경우에는 그 지정을 취소하여야 한다(법 제14조 제5항). (i) 거짓이나 그 밖의 부정한 방법으로 지정을 받은 경우, (ii) 거짓이나 그 밖의 부정한 방법으로 선체두께를 측정한 경우, (iii) 두께측정지정업체가 그 사업을 폐업한 경우, (iv) 제4항에 따른 지정기준에 미달하게 된 경우, (v) 정당한 사유 없이 계속하여 1년 이상 선체두께 측정 업무를 하지 아니한 경우, (vi) 제75조 제1항에 따른 보고 · 자료제출명령을 따르지 아니한 경우.

해양수산부장관은 제4항에 따라 두께측정업체를 지정하거나 제5항에 따라 지정의 취소 또는 측정 업무의 정지를 한 경우에는 이를 고시하여야 한다(제6항). 두께측정지정업체의 지정절차, 두께측정지정업체에 대한 지도 · 감독 및 지정의 취소 또는 측정 업무의 정지에 관한 세부기준 · 절차 등에 관하여 필요한 사항은 해양수산부령으로 정한다(제7항).

2. 검사의 신청자

정기검사, 중간검사, 임시검사, 임시항행검사 또는 특별검사에 있어서는 선박소유자 또는 선박관리인 혹은 선박임차인이 신청한다. 건조검사의 경우는 선박의 제조자가 신청한다.

예비검사의 경우는 선박용 물건을 제조 · 개조 · 수리 또는 정비하고자 하는 자가 신청한다.

3. 선박의 검사 등에의 참여 등

1) 이 법에 따른 선박의 검사 및 검정 · 확인을 받고자 하는 자 또는 그의 대리인은 선박의 검사 등을 하는 현장에 함께 참여하여야 한다.

2) 1)의 규정에 따라 선박의 검사 등에 참여한 자는 검사 및 검정 · 확인에 필요한 협조를 하여야 한다.

3) 해양수산부장관은 1) 및 2)의 규정에 따라 검사 및 검정 · 확인에 참여할 자가 참여하지 아니하거나 검사 및 검정 · 확인에 참여한 자가 필요한 협조를 하지 아니하는 경우에는 해당 검사 및 검정 · 확인을 중지시킬 수 있다.

4. 검사의 준비

1) 선박소유자는 검사의 준비로서 해양수산부령이 정하는 바에 따라 해양수산부장관으로부터 선체두께의 측정을 받아야 한다.

2) 해양수산부장관은 해당선박의 구조 · 시설 · 크기 · 용도 또는 항해구역 등을 고려하여 해양수산부령이 정하는 바에 따라 검사준비 · 서류제출 등에 대하여 전부

또는 일부를 완화하거나 면제할 수 있다.

3) 검사준비의 의무자: 검사신청자는 검사를 받을 사항에 관하여 검사의 준비를 하여야 한다.

4) 검사준비

법 제14조 제1항에 따른 해당 선박의 검사종류별 준비사항은 다음 각 호와 같다.

가) 건조검사 및 별도건조검사 준비사항: 별표 9

■ 선박안전법 시행규칙 [별표 9] <개정 2021. 6. 30.>

건조검사 및 별도건조검사 준비사항(제30조 제1항 제1호 관련)

1. 선체에 관한 준비

가. 선체 내외부의 적당한 장소에 안전한 발판을 설치할 것

나. 재료시험(별도건조검사는 제외한다), 비파괴검사(해양수산부장관이 부득이하다고 인정하는 경우에는 길이 24미터 미만의 선박에 대하여는 생략할 수 있다. 이하 제2호의 비파괴검사의 준비에 관하여 같다), 압력시험 및 하중시험의 준비를 할 것

다. 나목의 압력시험은 수압시험이나 기밀시험의 방법으로 하고, 다음에 따라 확인한다.

1) 압력시험의 범위는 강력갑판 아래의 선체, 선루 또는 상갑판 위의 첫째 갑판실로 하고, 반드시 선박검사관(대행검사기관이 대행하는 경우 선박검사원을 말한다. 이하 같다)이 입회하여야 한다.

2) 물높이나 압력을 확인하고, 물이나 공기가 새지 아니하는지 확인한다.

3) 압력이 걸린 상태에서 부재(部材)가 변형되는지 여부를 확인하고, 변형이 있는 경우에는 수정 후 보강한다.

4) 선체 각 부에 대한 수압시험은 다음의 방법으로 한다.

항 목	수압시험의 기준
이중저	정판부터 공기관 상단까지의 물높이에 따른 압력과 정판부터 격벽갑판까지의 물높이에 따른 압력 중 큰 것에 상당하는 압력
노출된 상갑판 및 선루갑판	호스내 압력이 2 bar [2 kgf/㎠] 이상인 사수에 따른 압력
단격벽에 제2급폐쇄장치를 갖춘 선루 내의 상갑판	
수밀격벽 및 그 계단부	
외판	호스 내 압력이 2 bar [2 kgf/㎠] 이상인 사수에 따른 압력 또는 물높이에 따른 압력. 다만, 이중저·선수창 등을 구성하는 부분의 외판은 그 각 부분의 수압시험의 방법에 따른다.
선수격벽 후방에 있는 묘쇄고	정판까지의 물높이에 따른 압력
국제항해에 취항하는 여객선외의 선박	만재흘수선까지의 물높이에 따른 압력과 선수격벽의 높이의

<table>
<tr><td>의 선수창(물탱크나 유탱크로 사용하는 것은 제외한다)</td><td colspan="2">3분의2까지의 물높이에 따른 압력 중 큰 것에 상당하는 압력. 다만, 그 수선 이상의 부분은 호스 내의 압력이 2 bar [2 kgf/㎠] 이상인 사수에 따른 압력</td></tr>
<tr><td>국제항해에 취항하는 여객선의 선수창 및 내측외판</td><td colspan="2">한계선까지의 압력 정도의 압력</td></tr>
<tr><td rowspan="2">국제항해에 취항하는 여객선의 수밀격벽의 수밀문</td><td>취부 전</td><td>한계선까지의 물높이에 따른 압력에 상당하는 압력</td></tr>
<tr><td>취부 후</td><td>호스 내의 압력이 2 bar [2 kgf/㎠] 이상인 사수에 따른 압력</td></tr>
<tr><td rowspan="2">국제항해에 종사하는 여객선외의 선박의 수밀격벽의 수밀문</td><td>취부 전</td><td>그 수밀격벽이 받을 것으로 예상되는 물높이에 따른 압력에 상당하는 압력</td></tr>
<tr><td>취부 후</td><td>호스 내의 압력이 2 bar [2 kgf/㎠] 이상인 사수에 따른 압력</td></tr>
<tr><td>선미창(물탱크나 유탱크로 사용하는 것은 제외한다) 및 선미관구획실</td><td colspan="2">만재흘수선까지의 물높이에 따른 압력에 상당하는 압력. 다만, 만재흘수선 이상의 부분은 호스 내의 압력이 2 bar [2 kgf/㎠] 이상인 사수에 따른 압력</td></tr>
<tr><td>물탱크나 유탱크로 사용하는 선수창 또는 선미창</td><td colspan="2" rowspan="2">정판부터 다음 위치까지의 물높이에 따른 압력 중 가장 큰 것에 상당하는 압력
1) 넘침관의 상단
2) 만재흘수선
3) 정판 위 2.4미터의 높이
4) 선박 깊이의 상부기점으로부터 정판까지의 수직거리의 3분의 2를 정판부터 상방으로 수직으로 측정한 높이</td></tr>
<tr><td>디프탱크</td></tr>
<tr><td>제1급폐쇄장치의 개구를 설치한 선루 및 저선미루단의 격벽</td><td colspan="2" rowspan="6">호스 내의 압력이 2 bar [2 kgf/㎠] 이상인 사수에 따른 압력</td></tr>
<tr><td>축로</td></tr>
<tr><td>그 밖의 수밀통로</td></tr>
<tr><td>제1급폐쇄장치를 설치한 선루단격벽의 출입구</td></tr>
<tr><td>수밀폐쇄장치를 갖춘 갑판구(창구를 포함한다)</td></tr>
<tr><td>현문, 재화문 및 현창</td></tr>
<tr><td>유조선 및 위험물산적운송선의 화물유탱크</td><td colspan="2">화물유탱크의 정판을 구성하는 갑판(팽창트렁크가 있는 화물유탱크에 있어서는 팽창트렁크의 정판)의 현측에 있어서 상면으로부터 2.4미터까지의 물높이에 따른 압력에 상당하는 압력. 다만, 해당 탱크의 기능이 도달하는 가장 높은 장소에 상당하는 물높이에 따른 압력이상으로 하여야 한다.</td></tr>
<tr><td>펌프실과 겸용하지 아니하는 코퍼댐</td><td colspan="2">정판부터 창구 정부까지의 물높이에 따른 압력에 상당하는 압력</td></tr>
<tr><td>펌프실과 겸용하는 코퍼댐</td><td colspan="2">호스 내의 압력이 2 bar [2 kgf/㎠] 이상인 사수에 따른 압력</td></tr>
<tr><td>활어창</td><td colspan="2">정판까지의 장수에 따른 압력</td></tr>
</table>

복판타	1.5 D 또는 2 d 중 작은 값의 물높이에 따른 압력에 상당하는 압력. 이 경우 D는 선박 깊이, d는 지정된 흘수로 한다.
위험물 외의 가연성 액체를 운송하는 액체화학품산적운송선 및 액화가스물질운송선의 탱크	정판상 2.4＋h(r－1)미터의 물높이에 따른 압력에 상당하는 압력. 이 경우 h는 해당 탱크의 높이, r은 액체의 비중으로 한다. 다만, r＜1인 경우에는 r을 1로 한다.

2. 기관에 관한 준비

재료시험(별도건조검사는 제외한다), 비파괴검사, 용접시공시험, 평형시험, 압력시험, 효력시험, 축기시험, 도기시험 및 육상 시운전의 준비를 할 것

3. 배수설비에 관한 준비

재료시험(별도건조검사는 제외한다), 압력시험 및 효력시험의 준비를 할 것

4. 조타·계선 및 양묘설비에 관한 준비

재료시험(별도건조검사는 제외한다), 압력시험 및 효력시험의 준비를 할 것

5. 전기설비에 관한 준비

재료시험(별도건조검사는 제외한다), 방수시험, 방폭시험, 완성시험, 절연저항시험 및 효력시험의 준비를 할 것

나) 정기검사 준비사항: 별표 10

■ 선박안전법 시행규칙 [별표 10] <개정 2021. 6. 30.>

정기검사 준비사항(제30조 제1항 제2호 관련)

1. 선체에 관한 준비

가. 입거(入渠) 또는 상가(上架)를 할 것. 다만, 다음의 경우에는 그러하지 아니하다.

1) 선박길이 24미터 미만인 목선 및 특수재질선박과 선박길이 12미터 미만인 강선을 받침대 등으로 들어 올려놓은 경우

2) 입거 또는 상가의 시설이 없는 호소·하천·항내의 수역에서만 운항하는 선박길이 24미터 미만인 선박의 선저를 검사할 수 있도록 수면 밖으로 끌어올린 경우

나. 타를 들어 올리거나 빼낼 것

다. 선체에 붙어있는 해초·조개류 등을 깨끗이 떼어낼 것

라. 목선의 선체 외판에 덧붙인 선체보호용 포판의 일부를 떼어낼 것

마. 선체 내부에 있는 화물 및 고형밸러스트를 떼어낼 것

바. 선체 내부의 선체에 고착되지 아니하는 물품을 정리할 것

사. 탱크의 맨홀을 열어 놓고 내용물 및 위험성가스를 배출할 것

아. 화물구획의 내장판의 일부를 떼어낼 것

자. 갑판피복 및 선저 시멘트의 일부를 떼어낼 것

차. 강제선체 주요부의 녹을 떨어내고 두께를 측정할 수 있도록 할 것

카. 선체 내외부의 적당한 장소에 안전한 발판을 설치할 것

타. 재료시험의 준비를 할 것(처음으로 검사를 받는 경우로 한정한다)

파. 비파괴검사의 준비를 할 것(해양수산부장관이 부득이하다고 인정하는 경우에는 선박길이 24미터 미만의 선박에 대하여는 생략할 수 있다. 이하 제2호 아목 및 제7호 라목의 비파괴검사의 준비에

관하여 같다)

하. 압력시험 및 하중시험의 준비를 할 것

거. 수밀문·방화문 등 폐쇄장치 효력시험의 준비를 할 것

너. 유조선·산적화물선 또는 위험물산적운송선의 경우에는 다음의 준비를 추가할 것

1) 화물창, 평형수탱크, 그 밖의 밀폐구역의 위험성가스를 충분히 배출할 것

2) 선박검사 시 부식·변형·균열 등 손상에 따른 결함이 잘 보이도록 물·녹·오물·기름잔류물 등을 제거하고 충분한 조명설비를 준비할 것

3) 밀폐된 구역의 검사 시 안전을 확보할 수 있도록 상갑판에 연락책임자를 배치하고 선박검사관과의 통신장비를 설치할 것

4) 다음의 서류를 선내에 갖추어 두고 선박검사관에게 제시할 것

가) 선체요목서

나) 최종회 검사 시에 실시된 판두께 측정보고서

다) 화물창 및 평형수탱크의 주요 구조도면 및 사용기록

라) 화물창 및 평형수탱크의 도장상태에 관한 검사기록(부식방지용 도료의 종류 및 도장의 일시·방법에 관한 사항이 포함되어야 한다)

마) 불활성가스장치의 사용범위와 탱크세정절차에 관한 서류(유조선으로 한정한다)

바) 화물창, 평형수탱크 및 관장치의 수리기록

2. 기관에 관한 준비

가. 주기관

1) 내연기관

가) 실린더커버를 떼어내고 피스톤 및 실린더라이너를 들어낼 것

나) 실린더커버·피스톤 및 실린더의 냉각부를 검사할 수 있도록 분해할 것

다) 크랭크암의 개폐량을 잴 수 있도록 할 것. 다만, 고속기관에 대하여는 그러하지 아니하다.

라) 크랭크축의 베어링의 상반(上盤) 또는 하반(下盤)과 크로스헤드핀 및 크랭크핀의 베어링을 떼어낸 후 크랭크축을 회전할 수 있도록 하고, 크랭크축과 크랭크암과의 접합부를 검사하기 곤란한 경우에는 크랭크축을 들어올려 놓을 것

마) 배기터빈과급기 및 소기장치의 내부를 검사할 수 있도록 개방하고 작동 부분을 들어낼 것

바) 작동에 직접 관계있는 중요한 밸브를 분해할 것

2) 가스터빈

가) 터빈 및 압축기 차실의 상반을 떼어내고 로터를 들어 올려 놓을 것

나) 연소기 및 열교환기의 내부를 검사할 수 있도록 분해할 것

다) 작동에 직접 관계있는 중요한 밸브를 분해할 것

3) 증기터빈

가) 터빈 차실의 상반을 떼어내고 로터를 들어올려 놓을 것

나) 축, 글랜드, 추력조정베어링, 오일드레인 및 실링관을 검사할 수 있도록 분해할 것

다) 작동에 직접 관계가 있는 중요한 밸브를 분해할 것

나. 추진축계

1) 프로펠러를 빼내고 프로펠러축(선미관축을 포함하며, 워터제트 추진장치의 경우에는 주축을 말한다)을 뽑아낼 것. 다만, 워터제트 추진장치의 경우 다음의 사항을 확인할 수 있도록 준비한 후, 확인결과에 따라 상태가 양호하다고 인정되면 주축을 뽑아내지 않을 수 있다.

가) 커플링 볼트의 상태
나) 주축의 선수축 및 선미측 베어링 상태
다) 임펠러 보스와 주축의 접촉부분의 상태(키 및 스플라인으로 부착한 경우)
라) 임펠러 상태
마) 주축 선수축 밀봉장치의 주요부분
바) 개방된 스러스트 베어링 상태

2) 각 베어링의 상반 또는 커버 및 스러스트패드를 빼내고 각 축을 회전할 수 있도록 할 것
3) 선미관 후단의 경우 축과 지면재의 틈을 잴 수 있도록 할 것
4) 가변 피치프로펠러의 프로펠러 내부의 변절기구 또는 회전 부분을 검사할 수 있도록 분해하고 각 날개를 떼어낼 것
5) 가변 피치프로펠러에 부속된 조정밸브 및 변절유펌프를 검사할 수 있도록 분해할 것
6) 동력전달장치를 분해할 것

다. 보일러 및 압력용기
1) 보일러의 내부 및 화염이 닿는 부분과 압력용기의 내부를 청소한 후 맨홀, 청소구멍 및 검사구멍의 커버를 떼어내고, 부속된 중요한 밸브 및 콕을 분해할 것
2) 보일러의 스모크박스도어를 열어 놓을 것
3) 보온재 등 보일러의 바깥 부분을 떼어내고 판 및 관의 두께를 잴 수 있도록 할 것

라. 보조기관
1) 선박의 추진 및 항해와 관계있는 발전기 또는 선박의 추진과 관계있는 보기(補機)를 구동하는 보조기관은 가목의 준비를 할 것
2) 1) 외의 보조기관으로서 선박의 항해에 관계있는 보기를 구동하는 보조기관은 실린더커버, 크랭크축의 베어링의 상반 또는 하반, 크랭크핀베어링, 그 밖의 주요한 베어링을 떼어낼 것

마. 보기 및 관장치
1) 보기의 내부를 검사할 수 있도록 개방하고 작동 부분을 빼낼 것
2) 연료유탱크, 여과기, 밸브, 콕, 그 밖의 관장치의 내부를 검사할 수 있도록 개방할 것

바. 비품은 적당한 장소에 진열할 것
사. 재료시험, 용접시공시험, 평형시험, 축기시험 및 육상 시운전의 준비를 할 것(처음으로 검사를 받는 경우로 한정한다)
아. 비파괴검사의 준비를 할 것
자. 압력시험, 효력시험 및 도기시험의 준비를 할 것

3. 배수설비에 관한 준비
가. 펌프의 플런저, 피스톤, 임펠러, 그 밖의 작동 부분을 빼내고, 밸브케이싱을 분해할 것
나. 최고 항해흘수선 이하에서 선외로 통하는 밸브 및 콕을 분해할 것
다. 로즈박스 및 머드박스를 분해할 것
라. 압력시험의 준비를 할 것(처음으로 검사를 받는 경우로 한정한다)
마. 효력시험의 준비를 할 것

4. 조타, 계선 및 양묘설비에 관한 준비
가. 닻, 닻쇠사슬 또는 로프와 계선용 로프를 적당한 장소에 진열할 것
나. 재료시험 및 압력시험의 준비를 할 것(처음으로 검사를 받는 경우로 한정한다)
다. 효력시험의 준비를 할 것

5. 구명 및 소방설비에 관한 준비
 가. 떼어내어 검사하여야 하는 것은 떼어내어 적당한 장소에 진열할 것
 나. 재료시험 및 압력시험의 준비를 할 것(처음으로 검사를 받는 경우로 한정한다)
 다. 효력시험 또는 현상검사의 준비를 할 것
6. 항해설비에 관한 준비
 가. 떼어내어 검사하여야 하는 것은 떼어내어 적당한 장소에 진열할 것
 나. 효력시험의 준비를 할 것
7. 위험물이나 그 밖의 산적화물의 적부(積付)설비에 관한 준비
 가. 탱크의 맨홀을 열고, 내용물 및 위험성가스를 배출할 것
 나. 탱크 내외의 적당한 장소에 안전한 발판을 설치할 것
 다. 재료시험, 용접시공시험 및 압력시험의 준비를 할 것(처음으로 검사를 받는 경우에 한정한다)
 라. 비파괴검사의 준비를 할 것
 마. 효력시험의 준비를 할 것
8. 하역이나 그 밖의 작업설비에 관한 준비
 가. 윈치 내부의 주요 부분을 검사할 수 있도록 분해할 것
 나. 하역장치의 하중시험의 준비를 할 것(처음으로 검사를 받는 경우로 한정한다)
 다. 재료시험 및 압력시험의 준비를 할 것(처음으로 검사를 받는 경우로 한정한다)
 라. 효력시험의 준비를 할 것
9. 전기설비에 관한 준비
 가. 재료시험, 방수시험, 방폭시험 및 완성시험의 준비를 할 것(처음으로 검사를 받는 경우로 한정한다)
 나. 절연저항시험 및 효력시험의 준비를 할 것
10. 컨테이너설비에 관한 준비
 가. 재료시험 및 하중시험의 준비를 할 것(처음으로 검사를 받는 경우로 한정한다)
 나. 현상검사의 준비를 할 것
11. 승강설비에 관한 준비
 가. 호이스트(巻上機) 내부의 주요 부분을 검사할 수 있도록 분해할 것
 나. 재료시험 및 하중시험의 준비를 할 것(처음으로 검사를 받는 경우로 한정한다)
 다. 효력시험의 준비를 할 것
12. 복원성시험에 관한 준비(처음으로 검사를 받거나 복원성에 변경이 있는 경우로 한정한다)
 가. 복원성시험의 장소는 바람·파랑·조류 등의 영향이 적은 곳을 택할 것
 나. 복원성시험 실시 중에 예상되는 외력에 따른 영향을 피할 수 있도록 계류 그 밖에 적절한 조치를 취할 것
 다. 선박 완성 시에 탑재할 설비나 그 밖의 물건은 선내의 정위치에 탑재할 것
 라. 선박 완성 시에 탑재하지 아니하는 설비나 그 밖의 물건으로서 복원성시험에 필요하지 아니하는 것은 선내에서 제거할 것
 마. 부득이한 사정으로 다목과 라목에 따르기 곤란한 경우에는 정위치에 탑재하지 아니하였거나 제거하지 못한 물건에 대하여 그 중량 및 탑재위치에 관한 상세한 자료를 작성할 것
 바. 선내의 모든 탱크를 비우거나 채우고, 탱크 외의 물·기름 등을 제거할 것
 사. 부득이한 사정으로 탱크를 비우거나 채우기 곤란한 경우에는 탱크 내 액체의 자유표면에 따른 영향을 정확히 산정하기 위한 자료를 작성할 것

아. 선내의 이동하기 쉬운 탑재물은 복원성시험 실시 중에 이동하지 아니하도록 고정할 것
자. 해당 선박의 계획트림 외에는 가급적 트림을 적게 할 것
차. 해당 선박을 횡경사시키기에 적당한 중량의 것으로서 그 중량이 정확하게 측정된 이동중량물을 선박에 탑재할 것
카. 횡경사각의 측정을 위하여 추를 사용하는 경우에는 가급적 추의 길이를 길게 하고, 그 동요를 적게 하기 위한 시험수조를 준비할 것
타. 동요시험을 하는 경우에는 해당 선박의 횡요각을 가급적 크게 할 수 있는 인원이나 적당한 용구를 준비할 것
13. 거주 및 위생설비에 관한 준비
효력시험 또는 현상검사의 준비를 할 것
14. 만재흘수선 및 무선설비에 관한 준비
효력시험 또는 현상검사의 준비를 할 것
15. 냉동, 냉장 및 수산물처리가공설비에 관한 준비
효력시험 또는 현상검사의 준비를 할 것
16. 해상 시운전의 준비

다) 중간검사 준비사항: 별표 11

■ 선박안전법 시행규칙 [별표 11] <개정 2023. 4. 12.>

중간검사 준비사항(제30조 제1항 제3호 관련)

1. 제1종 중간검사
가. 선체에 관한 준비
별표 10 제1호 가목부터 라목까지, 카목(선체 외부로 한정한다), 거목 및 너목의 준비를 할 것
나. 기관에 관한 준비
1) 주기관
가) 내연기관
(1) 실린더커버를 떼어낼 것
(2) 크랭크암의 개폐량을 잴 수 있도록 할 것. 다만, 고속기관에 대하여는 그러하지 아니하다.
(3) 크랭크축의 베어링의 상반 또는 하반과 크랭크핀베어링을 떼어낸 후 크랭크축을 회전할 수 있도록 하고, 크랭크축과 크랭크암과의 접합부를 검사하기가 곤란한 경우에는 크랭크축을 들어올려 놓을 것
(4) 배기터빈 과급기 및 소기장치의 내부를 검사할 수 있도록 개방할 것
나) 가스터빈 및 증기터빈은 터빈 및 압축기 차실의 상반과 로터베어링의 상반을 떼어낸 후 로터를 회전할 수 있도록 할 것
2) 추진축계
가) 프로펠러를 빼내고 프로펠러축(선미관축을 포함하며, 워터제트 추진장치의 경우에는 주축을 말한다)을 뽑아낼 것. 다만, 워터제트 추진장치의 경우 다음의 사항을 확인할 수 있도록 준비한 후, 확인 결과에 따라 상태가 양호하다고 인정되면 주축을 뽑아내지 않을 수 있다.

(1) 커플링 볼트의 상태
(2) 주축의 선수축 및 선미측 베어링 상태
(3) 임펠러 보스와 주축의 접촉부분 상태(키 및 스플라인으로 부착한 경우)
(4) 임펠러 상태
(5) 주축 선수축 밀봉장치의 주요부분
(6) 개방된 스러스트 베어링 상태

나) 각 축 베어링의 상반 또는 커버 및 스러스트베어링을 떼어내고 각 축을 회전할 수 있도록 할 것

다) 선미관 후단에 있어서 축과 지면재와의 틈을 잴 수 있도록 할 것

라) 가변 피치프로펠러의 프로펠러 내부의 변절기구 또는 회전 부분을 검사할 수 있도록 분해하고, 날개를 한 장 떼어낼 것

마) 감속장치 기어의 톱니를 검사할 수 있도록 분해할 것

3) 보일러

가) 보일러의 내부 및 화염이 닿는 부분과 압력용기의 내부를 청소한 후 맨홀, 청소구멍 및 검사구멍의 커버를 떼어내고, 부속된 중요한 밸브 및 콕을 분해할 것

나) 보일러의 스모크박스도어를 열어 놓을 것

다) 보온재 등 보일러 바깥 부분의 일부를 떼어내고, 판과 관의 두께를 잴 수 있도록 할 것

4) 선박의 추진 및 항해와 관계있는 발전기 또는 선박의 추진과 관계있는 보기를 구동하는 보조기관은 1)의 준비를 할 것

5) 보기 및 관장치

가) 보기의 내부를 검사할 수 있도록 개방하고 작동 부분을 빼낼 것

나) 연료유탱크, 여과기, 밸브, 콕, 그 밖의 관장치의 내부를 검사할 수 있도록 개방할 것. 다만, 경질유(중질유가 아닌 원유 또는 연료유를 말한다)를 사용하는 선박에 대해서는 내부 검사를 위한 개방준비를 면제할 수 있다.

6) 비품은 적당한 장소에 진열할 것

7) 효력시험 및 도기시험의 준비를 할 것

다. 배수설비에 관한 준비

별표 10 제3호의 준비를 할 것

라. 조타, 계선 및 양묘설비에 관한 준비

닻, 닻쇠사슬 또는 로프와 계선용 로프를 적당한 장소에 진열할 것

마. 구명 및 소방설비에 관한 준비

1) 떼어내어 검사하여야 하는 것은 떼어내어 적당한 장소에 진열할 것

2) 효력시험 또는 현상검사의 준비를 할 것

바. 항해설비에 관한 준비

떼어내어 검사하여야 하는 것은 떼어내어 적당한 장소에 진열할 것

사. 위험물의 적부설비 및 하역설비에 관한 준비

효력시험의 준비를 할 것

아. 전기설비에 관한 준비

절연저항시험 및 효력시험의 준비를 할 것

자. 컨테이너설비에 관한 준비

현상검사의 준비를 할 것

차. 승강설비에 관한 준비
효력시험의 준비를 할 것
카. 거주 및 위생설비에 관한 준비
효력시험 또는 현상검사의 준비를 할 것
타. 만재흘수선 및 무선설비에 관한 준비
효력시험 또는 현상검사의 준비를 할 것
파. 냉동, 냉장 및 수산물처리가공설비에 관한 준비
효력시험 또는 현상검사의 준비를 할 것
2. 제2종 중간검사
가. 만재흘수선의 표시를 검사할 수 있도록 안전한 발판을 설치할 것
나. 수밀문·방화문 등 폐쇄장치에 대한 효력시험의 준비를 할 것
다. 기관, 배수설비, 조타설비, 구명 및 소방설비, 항해용구 및 위험물의 적부설비는 효력시험 또는 현상검사의 준비를 할 것
라. 전기설비의 경우에는 절연저항시험 및 효력시험의 준비를 할 것
마. 선령 10년을 넘는 산적화물선의 화물창의 경우에는 별표 10의 제1호 너목 1) 부터 3)까지의 준비를 할 것
바. 거주 및 위생설비에 관한 준비
현상검사의 준비를 할 것
사. 만재흘수선 및 무선설비에 관한 준비
효력시험 또는 현상검사의 준비를 할 것

라) 임시검사 준비사항: 별표 10 중 해당 선박시설(시행규칙 제30조 제1항 4호)

마) 임시항해검사 준비사항: 별표 10 중 장관이 지정하는 사항(시행규칙 제30조 제1항 5호)

Ⅵ. 검사 후 상태유지

1. 선박검사 후 선박의 상태유지

선박소유자는 건조검사 또는 선박검사를 받은 후 해당선박의 구조배치·기관·설비 등의 변경을 하여서는 아니 되며, 선체·기관·설비 등이 정상적으로 작동·운영되도록 상태를 유지하여야 한다(법 제15조 제1항).

선박소유자는 건조검사 또는 선박검사를 받은 후 해당 선박이 감항성을 유지할 수 있도록 선박시설이 정상적으로 작동·운영되는 상태를 유지하여야 한다(제2항). 제1항에도 불구하고 선박소유자는 해양수산부령[86]으로 정하는 복원성 기준을

86) 제32조(선박시설의 변경허가 등) ① 법 제15조 제3항에서 "해양수산부령으로 정하는 복원성 기준"은

충족하는 범위에서 해양수산부장관의 허가를 받아 선박의 길이·너비·깊이·용도의 변경 또는 설비의 개조를 할 수 있다. 제3항에 따른 허가의 대상·절차 등에 필요한 사항은 해양수산부령으로 정한다.

2. 선박검사증서 등 미소지 선박의 항해금지

누구든지 선박검사증서, 임시변경증, 임시항해검사증서, 국제협약검사증서 및 예인선항해검사증서(이하 "선박검사증서 등"이라 한다)를 소지하지 아니하거나 그 효력이 정지된 선박검사증서 등을 비치한 선박을 항해에 사용하여서는 아니 된다(법 제17조 제1항). 누구든지 선박검사증서 등에 기재된 항해와 관련한 조건을 위반하여 선박을 항해에 사용하여서는 아니 된다(제2항). 선박검사증서 등을 발급받은 선박소유자는 그 선박 안에 선박검사증서 등(전자적 형태의 증서를 포함한다)을 갖추어 두어야 한다. 다만, 소형선박의 경우에는 선박검사증서 등을 선박 외의 장소에 갖추어 둘 수 있다(제3항).

별표 15의4와 같다.

② 법 제15조 제3항에 따른 허가의 대상은 별표 15의5와 같다.

③ 법 제15조 제3항에 따른 허가를 받으려는 선박소유자는 별지 제32호서식의 선박구조 등 변경허가 신청서에 다음 각 호의 서류를 첨부하여 지방해양수산청장에게 제출하여야 한다.

1. 변경 또는 개조사항을 표시한 도면(법 제13조 제1항에 따라 승인받은 도면을 말한다)
2. 개조사항을 요약한 서류
3. 다음 각 목의 구분에 따른 서류
   가. 별표 15 제5호 각 목의 어느 하나에 해당하는 경우: 중량 및 중심위치의 변화량을 산출한 계산서 및 법 제28조 제2항에 따라 승인받은 복원성자료(이하 이 조에서 "복원성자료"라 한다)
   나. 그 밖에 복원성 유지 의무 선박의 경우: 변경 또는 개조사항을 표시한 복원성자료

④ 지방해양수산청장은 법 제15조 제3항에 따른 선박구조변경허가의 공정성과 전문성 등을 확보하기 위하여 선박·조선(造船)·운항 분야 전문가 및 해당 기항지 또는 기항 예정지를 관할하는 지방자치단체 장이 지정하는 자 등으로 자문위원회를 구성하여 선박구조변경허가에 관한 자문에 응하게 할 수 있다. 다만, 별표 15의5 제1호, 제2호 및 제7호에 따른 허가의 신청을 받은 경우에는 해당 자문위원회에의 자문을 거쳐 심사를 하여야 한다.

⑤ 지방해양수산청장은 제3항에 따른 허가신청의 내용이 관련 규정에 적합하고 타당하다고 인정되는 경우에는 별지 제33호서식의 선박구조 등 변경허가서를 신청인에게 발급하여야 한다.

제4절 선박용 물건 또는 소형선박의 형식승인 등

선박을 건조하기 위해서는 선박안전법상 많은 선박검사가 진행된다. 선박안전법의 건조검사, 정기검사, 중간검사, 임시검사와 같이 동 검사[87]를 통해 이루어지지 못하는 선박용물건[88]이나 소형선박[89]은 실질적인 검사가 제대로 이루어지기 어렵다. 이러한 경우 대체검사로 선박검사관에 의해 직접 확인되는 검사보다는 다른 검사체제인 형식승인[90] 및 검정,[91] 지정사업장 제도 및 예비검사로 대체되고 있으며, 이 검사에 합격한 경우에는 최초로 시행되는 선박검사는 합격한 것으로 하여 제조업자 및 수입업자의 편의를 제공하고 있다.

특히, 선박용물건은 하나의 선박이라기보다는 선박에 부속되는 물건을 뜻하기 때문에 선박에 설치되기 전에 제조·수입되는 경우가 대부분이고, 검사의 경우도 선박에 설치되기 전에 시행되는 경우가 많다. 형식승인제도는 선급법인 등 민간단체의 자체기술규칙(예, 선급규칙 등)에 근거하여 실시하는 민간 형식승인과 선박안전법 및 해양환경관리법 등의 정부법령(고시 포함)에 근거하여 실시하는 법정 형식승인이 있다. 예를 들어, 선박안전법 제18조(형식승인 및 검정), 제18조의2(형식

87) 선박안전법 제2조는 선박시설과 선박용물건을 구분하고, 선박시설은 선체, 기관, 돛대, 배수설비 등으로서 건조검사, 정기검사, 중간검사, 임시검사, 도면승인 등을 받아야 하고 해당 선박이 선급등록선박인 경우에는 선박시설과 만재흘수선에 관하여 민간 선급검사를 받으면 선박안전법에도 합격한 것으로 간주하고 있다(동법 제73조). 이에 반하여 선박용물건은 선박안전법상 선박시설에 대한 선박의 검사(제2장)가 아닌 제3장에서 별도로 규정되어 형식승인과 검정을 받도록 하고 있다.

88) 선박안전법 제2조 제3항에 '선박용물건'이라 함은 선박시설에 설치·비치되는 물건으로서 해양수산부장관이 정하여 고시하는 것을 말한다.

89) 선박안전법 제2조 제11항에 '소형선박'이라 함은 선박안전법 제27조 제1항 제2호의 규정에 따른 측정방법으로 측정된 길이 12미터 미만인 선박을 말한다.

90) 형식승인은 영어로 Type Approval이라고 하여 쉽게 말하면 제품의 모델을 결정하는 검사로서 신청된 제품의 형상, 구조, 재질, 성분 및 성능이 관련 기준(강제법령 또는 민간기준)에 적합한지 여부를 검사하는 적합성평가방법이다.

91) 선박안전법상 해양수산부장관이 고시하는 선박용물건 또는 소형선박을 제조하거나 수입하는 자는 검정을 받기 위해서는 먼저 그 검정의 전단계로서 해당 장관으로부터 형식에 관한 승인을 얻어야 한다(이상 선박안전법 제18조 제1항). 이처럼 법령으로서 형식승인과 검정을 분리하는 방식은 소방용품 분야에서도 동일하다. 예를 들어, '소방시설 설치·유지 및 안전관리에 관한 법률'의 시행령 제37조에서 규정된 소방용품은 동 법령상 특정 기관으로부터 형식승인을 득한 다음 제품검사를 받은 후 비로소 판매 또는 사용하도록 하고 있다.

승인을 받은 자의 지위 승계), 제19조(형식승인의 취소 등), 제19조의2(선박용물건 등의 성능검사 등), 제20조(지정사업장의 지정), 제21조(지정사업장의 지정취소 등), 제22조(예비검사)는 대표적인 법정 형식승인이다.

Ⅰ. 형식승인 및 검정 등

해양수산부장관이 정하여 고시하는 선박용물건 또는 소형선박을 제조하거나 수입하려는 자가 해당 선박용물건 또는 소형선박에 대하여 제9항 전단에 따라 검정을 받으려는 때에는 미리 해양수산부장관의 형식에 관한 승인(이하 "형식승인"이라 한다)을 받아야 한다(법 제18조 제1항). 제1항에 따른 형식승인을 받으려는 자는 형식승인시험을 거쳐야 한다. 다만, 「산업표준화법」에 따른 검사에 합격한 선박용물건 또는 소형선박을 생산하는 등 해양수산부령으로 정하는 경우에는 형식승인시험을 생략할 수 있다(제2항). 해양수산부장관은 제2항에 따른 형식승인시험을 담당하는 시험기관(이하 "지정시험기관"이라 한다)을 대통령령으로 정하는 바에 따라 지정·고시하여야 한다(제3항).

형식승인을 받은 자가 그 내용을 변경하려는 경우에는 해양수산부장관으로부터 변경승인을 받아야 한다. 이 경우 선박용물건 또는 소형선박의 성능에 영향을 미치는 사항을 변경하는 때에는 해당 변경 부분에 대하여 제2항에 따른 형식승인시험을 거쳐야 한다(제4항). 해양수산부장관은 제1항에 따른 형식승인 및 제4항 후단에 따른 변경승인을 하는 경우 해양수산부령으로 정하는 바에 따라 형식승인증서를 발급하여야 한다. 제5항에 따른 형식승인증서의 유효기간은 그 증서를 발급받은 날부터 5년으로 한다(제6항). 제6항에 따른 유효기간이 만료된 후 형식승인을 계속 유지하려는 자는 유효기간이 만료되기 전 30일까지 해양수산부장관에게 형식승인증서의 갱신을 신청하여야 한다(법 제18조 제7항). 제1항에 따른 형식승인을 받은 자와 제3항에 따른 지정시험기관은 형식승인시험에 합격한 선박용물건을 보관하여야 한다. 이 경우 제4항에 따른 변경승인을 받은 경우에도 또한 같다(제8항).

제1항 및 제4항에 따라 형식승인 또는 변경승인을 받은 자는 해당 선박용물건 또는 소형선박에 대하여 해양수산부장관이 정하여 고시하는 검정기준에 따라 해양수산부장관의 검정을 받아야 한다. 이 경우 검정에 합격한 해당 선박용물건(이

법에서 정한 기준과 동등하거나 그 이상인 기준으로「어선법」제24조 제1항에 따라 해양수산부장관의 형식승인 및 검정에 합격한 선박용물건을 포함한다) 또는 소형선박에 대하여는 건조검사 또는 선박검사 중 최초로 실시하는 검사는 이를 합격한 것으로 본다(제9항). 해양수산부장관은 검정에 합격한 선박용물건 또는 소형선박에 대하여 검정증서를 교부하고, 해당 선박용물건에는 검정에 합격하였음을 나타내는 표시를 하여야 한다(제10항). 제1항부터 제10항까지의 규정에 따른 형식승인의 절차, 형식승인 증서의 갱신절차, 형식승인을 받은 자 및 지정시험기관에 대한 지도·감독, 선박용물건의 보관범위, 검정증서의 서식·교부 등에 관한 사항은 해양수산부령으로 정하고, 제2항에 따른 형식승인시험의 기준은 해양수산부장관이 정하여 고시한다(제11항).

Ⅱ. 형식승인을 받은 자의 지위 승계

다음 각 호의 어느 하나에 해당하는 자는 제18조 제1항에 따른 선박용물건 또는 소형선박의 형식승인을 받은 자의 지위를 승계한다(법 제18조의2 제1항). (i) 사업자가 그 사업을 양도한 경우 그 양수인, (ii) 사업자가 사망한 경우 그 상속인, (iii) 법인인 사업자가 다른 법인과 합병한 경우 합병 후 존속하는 법인이나 합병으로 설립되는 법인.

제1항에 따라 형식승인을 받은 자의 지위를 승계한 자는 지위를 승계한 날부터 1개월 이내에 해양수산부령으로 정하는 바에 따라 해양수산부장관에게 신고하여야 한다(제2항).

Ⅲ. 형식승인의 취소 등

해양수산부장관은 형식승인을 받은 자가 다음 각 호의 어느 하나에 해당하는 때에는 그 형식승인을 취소하거나 6개월 이내의 기간을 정하여 그 효력을 정지시킬 수 있다. 다만, 제1호에 해당하는 때에는 이를 취소하여야 한다(법 제19조 제1항). (i) 거짓이나 그 밖의 부정한 방법으로 형식승인 또는 그 변경승인을 받은 때, (ii) 검정을 받지 아니하거나 거짓이나 그 밖의 부정한 방법으로 검정을 받은 때,

(ii의i) 형식승인의 변경승인을 받지 아니한 때, (iii) 제조 또는 수입한 선박용물건 또는 소형선박이 제26조의 규정에 따른 선박시설기준에 적합하지 아니하게 된 때, (iv) 정당한 사유 없이 2년 이상 계속하여 해당 선박용물건 또는 소형선박을 제조하거나 수입하지 아니한 때, (v) 제75조의 규정에 따른 보고·자료제출명령을 거부한 때.

동법 제1항에 따라 형식승인을 취소하는 경우 제18조 제2항 및 제4항에 따른 형식승인시험의 합격도 취소하여야 한다(법 제19조 제2항). 해양수산부장관은 제18조 제3항의 규정에 따른 지정시험기관이 다음 각 호의 어느 하나에 해당하는 때에는 그 지정을 취소하거나 6개월 이내의 기간을 정하여 그 효력을 정지시킬 수 있다. 다만, 제1호부터 제3호까지의 규정에 해당하는 때에는 이를 취소하여야 한다(제3항).

(i) 거짓이나 그 밖의 부정한 방법으로 지정을 받은 때

(ii) 시험에 관한 업무를 더 이상 수행하지 아니하는 때

(iii) 제18조 제3항의 규정에 따른 지정시험기관의 지정기준에 미달하게 된 때

(iv) 형식승인시험의 오차·실수·누락 등으로 인하여 공신력을 상실하였다고 인정되는 때

(v) 정당한 사유 없이 형식승인시험의 실시를 거부한 때

(vi) 형식승인시험과 관련하여 부정한 행위를 하거나 수수료를 부당하게 받은 때

제1항에 따른 형식승인의 취소·정지, 제2항에 따른 형식승인시험의 합격 취소 및 제3항에 따른 지정시험기관의 취소·정지의 절차 등에 관한 사항은 해양수산부령으로 정한다(제4항).

Ⅳ. 선박용물건 등의 성능검사 등

해양수산부장관은 선박용물건 또는 소형선박의 품질관리를 위하여 필요하다고 인정할 때에는 형식승인 및 검정을 받은 선박용물건 또는 소형선박의 성능을 검사할 수 있다(법 제19조의2 제1항). 해양수산부장관은 제1항에 따른 성능검사 결과 해양수산부령으로 정하는 중대한 결함이 있다고 인정되는 선박용물건 또는 소형선박에 대해서는 그 제조자 및 수입자에게 회수·교환·폐기 또는 판매중지를 명

하고, 형식승인 및 형식승인시험의 합격을 취소할 수 있다(제2항). 해양수산부장관은 제2항에 따라 회수·교환·폐기 또는 판매중지를 명하거나 형식승인을 취소한 때에는 그 사실을 해양수산부 인터넷 홈페이지 등에 공표할 수 있다(제3항). 해양수산부장관은 필요한 경우 제1항에 따른 성능검사를 제18조 제3항에 따른 지정시험기관에 위탁할 수 있다(제4항). 제1항부터 제3항까지에 따른 성능검사, 회수·교환·폐기·판매중지, 형식승인 취소 및 그 사실의 공표 등에 필요한 절차 및 방법은 해양수산부령으로 정한다(제5항).

Ⅴ. 지정사업정의 지정 및 취소

1. 지 정

해양수산부장관이 정하여 고시하는 선박용물건 또는 소형선박을 제조 또는 정비하는 자는 해당사업장에 대하여 해양수산부장관으로부터 지정제조사업장 또는 지정정비사업장(이하 "지정사업장"이라 한다)으로 지정받을 수 있다(법 제20조 제1항). 제1항의 규정에 따라 지정사업장으로 지정받고자 하는 자는 그 시설·설비, 제조·정비의 기준, 자체검사기준 및 인력 등에 대하여 해양수산부령으로 정하는 기준에 따라 해양수산부장관의 승인을 얻어야 한다. 승인을 얻은 사항을 변경하고자 하는 때에도 또한 같다(제2항).

제1항의 규정에 따라 해양수산부장관이 지정한 지정사업장에서 제조 또는 정비하여 제2항의 규정에 따른 자체검사기준에 합격한 선박용물건 또는 소형선박에 대하여는 건조검사 또는 선박검사 중 최초로 실시하는 검사는 이를 합격한 것으로 본다. 다만, 해양수산부장관이 정하여 고시하는 선박용물건 또는 소형선박에 대하여는 해양수산부장관으로부터 직접 확인을 받은 경우에 한정하여 동 검사에 합격한 것으로 본다(법 제20조 제3항). 제3항의 규정에 따라 자체검사기준에 합격한 선박용물건 또는 소형선박에 대하여 지정사업장이 직접 합격증서를 발행하고, 해당 선박용물건에는 자체검사기준에 합격하였음을 나타내는 표시를 하여야 한다. 다만, 제3항 단서의 규정에 따라 해양수산부장관으로부터 직접 확인을 받아야 하는 선박용물건 또는 소형선박에 대하여는 해양수산부장관이 확인서를 교부하고, 해당 선박용물건에는 확인을 나타내는 표시를 하여야 한다(제4항).

해양수산부장관은 제1항의 규정에 따라 지정사업장을 지정한 때에는 제2항의 규정에 따라 승인을 얻은 내용대로 제조·정비 및 운용·관리되고 있는지 지도·감독하여야 한다(제5항). 제1항부터 제5항까지의 규정에 따른 지정사업장의 지정절차, 지정사업장의 적합 여부에 대한 확인절차, 합격증서·확인서의 서식·교부 및 지정사업장에 대한 지도·감독 등에 관하여 필요한 사항은 해양수산부령으로 정한다(제6항).

2. 취 소

해양수산부장관은 지정사업장의 지정을 받은 자가 다음 각 호의 어느 하나에 해당하는 때에는 그 지정을 취소하거나 6개월 이내의 기간을 정하여 그 효력을 정지시킬 수 있다. 다만, 제1호 및 제2호에 해당하는 때에는 이를 취소하여야 한다(법 제21조 제1항).

(i) 거짓이나 그 밖의 부정한 방법으로 지정사업장의 지정을 받은 때

(ii) 제조하거나 정비한 선박용물건 또는 소형선박이 제26조의 규정에 따른 선박시설기준에 적합하지 아니하게 된 때

(iii) 유효기간이 지난 선박용물건을 판매한 때

(iv) 정당한 사유 없이 1년 이상 계속하여 해당 선박용물건 또는 소형선박을 제조하거나 정비하지 아니한 때

(v) 해당 사업장이 제20조 제2항의 규정에 따른 지정기준에 미달하게 된 때

(vi) 부정한 방법으로 제20조 제3항 단서의 규정에 따른 확인을 받은 때

(vii) 제75조의 규정에 따른 보고·자료제출명령을 거부한 때

제1항의 규정에 따라 지정사업장의 지정이 취소된 자는 지정이 취소된 날부터 1년간 지정사업장으로 지정될 수 없다(동법 제21조 제2항). 제1항의 규정에 따른 지정사업장의 지정취소 및 그 절차 등에 관하여 필요한 사항은 해양수산부령으로 정한다(제3항).

제5절 선박시설의 기준 및 안전항해를 위한 조치

Ⅰ. 선박시설의 기준

1. 선박시설 기준 고시

선박시설[92]은 해양수산부장관이 정하여 고시하는 선박시설기준에 적합하여야 한다.

기준명	주요 내용
(1) 선박기관기준	선박의 기관에 관한 일반요건, 원동기, 동력전달장치 및 축계장치, 보일러 및 압력용기, 보기 및 관장치, 기관의 제어, 기관구역 무인화선의 기관 등에 대한 기준을 정한 것이다.
(2) 선박전기설비기준	선박절연, 공급전압, 발전설비 및 변전설비, 축전지, 접지, 전기이용설비, 비상전원 등, 차량구역을 가지는 선박의 전기설비 등에 대한 기준을 정한 것이다.
(3) 선박설비기준	선박안전법의 관계규정에 의한 조타·계선과 양묘설비, 거주설비, 위생설비, 항해용구, 하역 기타작업설비와 해상교통안전법의 관계규정에 의한 등화 및 형상물, 기적·호종 및 징의 기준 등을 정하고 있다.
(4) 선박소방설비기준	선박(어선 포함)에 시설하여야 할 소방설비의 요건, 수량 및 설치방법에 관한 기술적 기준을 정하고 있다.
(5) 선박방화구조기준	선내 화재발생시 화재의 전파속도를 감소시키기 위한 방화구획 등에 대하여 기술적 기준을 정한 것이다.
(6) 선박구명설비기준	이 기준은 선박안전법 제2조 제1항 제6호의 규정에 의한 선박의 구명설비에 관한 기준을 정하고 있다.
(7) 선박구획기준	선체파공 등의 이유로 침수한 경우에도 선박의 복원성을 유지할 수 있도록 하기 위하여 수밀구획에 관한 선체의 구조와 설비의 시설기준을 정하고 있다.
(8) 만재흘수선기준	만재흘수선을 표시하여야 할 선박의 구조와 설비에 관한 시설기준, 만재흘수선의 종류와 표시방법을 정하고 있다.
(9) 선박복원성 기준	이 기준은 선박안전법 제12조의2 제2항의 규정에 의한 선박의 복원성의 기준을 정하고 있다.
(10) 강선구조기준	이 기준은 선박안전법의 관계 규정에 의한 강선의 선체구조등에 관하여 필요한 사항을 규정하고 있다. 철선의 선체에 관한 사용재료의 재질, 강도와 선체 각부재의 구조, 재료, 칫수와 범장, 배수설비 등에 관한 시설기준을 정하고 있다.

92) 제2조 정의규정에 “선박시설”이라 함은 선체·기관·돛대·배수설비 등 선박에 설치되어 있거나 설치될 각종 설비로서 해양수산부령으로 정하는 것을 말한다.

(11) 목선의 선체구조 기준	이 기준은 선박안전법의 관계 규정에 의한 목선의 선체구조 등에 관하여 필요한 사항을 정하고 있다.
(12) 범선의 구조 및 설비등에관한기준	이 기준은 선박안전법의 관계 규정에 의하여 범선의 구조, 시설 및 설비 등에 관하여 필요한 사항을 정하고 있다.
(13) 카훼리선박의구조및설비등에관한기준	이 기준은 선박안전법의 관계 규정에 의하여 갑판에 차량을 적재하여 운송하는 선박의 구조, 시설 및 설비 등에 관한 사항을 정하고 있다.
(14) 고속선기준	이 기준은 선박안전법 제2조 제1항 및 해상에서의인명안전을위한국제협약 제10장 제1규칙에 의하여 고속선의 시설 및 운항 등에 필요한 사항을 정하고 있다.
(15) 소형선박의 구조 및 설비기준	이 기준은 선박안전법 제2조의 규정에 의하여 소형선박의 선체, 기관, 기타 시설의 설비기준을 정하고 있다. 소형선박에 대하여는 선박안전법 제2조의 규정에 의하여 해양수산부장관이 정하여 고시하는 선체, 기관, 기타 시설에 관한 다른 설비기준에 불구하고 이 기준을 적용한다. 다만, 국제항해에 종사하는 소형선박, 추진기관을 설치하지 아니한 소형선박 및 고속선, 잠수선, 범선, 부선등 따로 그 기준을 정하는 특수한 소형선박 등에 대하여는 그러하지 아니하다.
(16) 부선의구조및설비등기준	이 기준은 선박안전법의 관계 규정에 의하여 부선의 선체구조 기타 시설의 설비기준, 만재흘수선기준 및 복원성기준을 정하고 있으며, 동법이 적용되는 부선에 적용한다. 다만, 선박계류용, 저장용등으로 사용하기 위하여 수상에 고정하여 설치하는 부선에 대하여는 적용되지 아니하며, 유조부선, 가스부선 및 케미칼부선에 대하여는 강선구조기준의 탱커기준, 위험물선박운송및저장규칙과 국제가스운송선코드, 위험물선박운송및저장규칙과 국제산적화학물코드가 각각 적용된다.
(17) 잠수선 검사기준	이 기준은 선박안전법 제2조의 규정에 의하여 잠수선의 시설, 구조 및 검사에 관한 사항을 정하고 있으며, 총 30개 조문으로 구성되어 있다.
(18) 자동화선박설비기준	이 기준은 선박직원법시행령의 관계 규정에 의한 선박의 자동화설비(선내에서 작업을 경감하기 위하여 설치된 설비를 말한다)에 관한 기준을 정하고 있다.
(19) 산적액체위험물운송선박의시설등에관한기준	이 기준은 위험물선박운송및저장규칙(이하 "규칙"이라 한다) 제203조의 규정에 의거 산적액체위험물을 운송하는 선박의 구조, 설비, 재료 및 부속품등에 관하여 필요한 사항을 정하고 있다.
(20) 플레저보트 검사기준	이 기준은「선박안전법」제26조에 따라 플레저보트의 검사에 필요한 도면, 구조 및 설비 등에 관한 사항을 정함을 목적으로 한다.
(21) 수면비행선박 기준	이 기준은「선박안전법」제26조에 따른 수면비행선박의 시설 등에 관하여 필요한 사항을 정함을 목적으로 한다.
(22) 알미루미늄선의 구조기준	이 기준은 선박안전법 제26조에 의하여 알루미늄선의 선체구조 등에 관하여 필요한 사항을 규정함을 목적으로 한다.
(23) 원자력선 기준	이 기준은 선박안전법 제26조의 규정에 의한 원자력선의 구조 및 설비에 관하여 필요한 사항을 규정함을 목적으로 한다.

(24) 공기부양정의 구조 및 설비 등에 관한 기준	이 기준은 「선박안전법」 제26조에 따라 공기부양정 중 호버크래프트의 선체 구조 및 설비 등에 관하여 필요한 사항을 규정함을 목적으로 한다.
(25) 극지해역 운항선박 기준	이 고시는 「선박안전법」 제26조 및 「개정된 1974년 해상에서의 인명안전을 위한 국제협약(이하 "국제해상인명안전협약"라 한다)」 제14장, 「해양환경관리법」 제4조 및 「1978년 의정서에 의하여 개정된 선박으로부터의 오염방지를 위한 1973년 국제협약(이하 "국제해양오염방지협약"이라 한다)」의 부속서 Ⅰ 제11장, 부속서 Ⅱ 제10장, 부속서 Ⅲ, 부속서 Ⅳ 제7장, 부속서 Ⅴ 제3장에 따라 극지해역을 운항하는 선박의 안전운항을 보장하고 극지환경을 보호하기 위하여 필요한 선박의 구조, 시설 및 운항요건 등의 사항을 정함을 목적으로 한다.
(26) 부유식 해상구조물의 구조 및 설비 등에 관한 기준	이 기준은 선박안전법 제2조 제1호의 규정에 의한 부유식 해상구조물이 같은 법 제26조, 제27조 및 제28조의 규정에 따라 갖추어야 할 선박시설, 만재흘수선의 표시 및 복원성유지의 기준을 정함을 목적으로 한다.
(27) 가스연료 추진선박기준	이 기준은 「선박안전법」 제26조에 따라 가스를 연료로 사용하는 기관을 설치한 선박의 구조 및 설비에 관하여 필요한 사항을 규정함을 목적으로 한다.

2. 만재흘수선의 표시

다음의 선박에는 해양수산부장관이 고시하는 기준(만재흘수선 기준)에 따라 만재흘수선의 표시를 하여야 한다.[93] 또한 누구든지 만재흘수선을 초과하여 여객 또는 화물을 운송하여서는 아니 된다(법 제27조 제1항).

(i) 국제항해에 취항하는 선박

(ii) 길이 12미터 이상의 선박

(iii) 길이 12미터 미만의 선박으로서 다음 각 목의 1에 해당하는 선박

가. 여객선

나. 위험물을 산적하여 운송하는 선박

93) 해양수산부령에 의하여 만재흘수선의 표시의무가 면제되는 선박은 1. 수중익선, 공기부양선, 수면비행선박 및 부유식 해상구조물(제3조 제1호 및 제2호는 제외한다), 2. 운송업에 종사하지 아니하는 유람 범선(帆船), 3. 국제항해에 종사하지 아니하는 선박으로서 선박길이가 24미터 미만인 예인·해양사고구조·준설 또는 측량에 사용되는 선박, 4. 임시항해검사증서를 발급받은 선박, 5. 시운전을 위하여 항해하는 선박, 6. 만재흘수선을 표시하는 것이 구조상 곤란하거나 적당하지 아니한 선박으로서 해양수산부장관이 인정하는 선박.

3. 복원성의 유지

다음 각 호의 어느 하나에 해당하는 선박소유자는 해양수산부장관이 정하여 고시하는 기준(선박복원성 기준)에 따라 복원성을 유지하여야 한다. 다만, 예인·해양사고구조·준설 또는 측량에 사용되는 선박 등 해양수산부령이 정하는 선박[94]에 대하여는 그러하지 아니하다(법 제28조 제1항). (i) 여객선, (ii) 선박길이가 12미터 이상인 선박

선박소유자는 선박의 복원성과 관련하여 그 적합 여부에 대하여 복원성자료를 제출하여 해양수산부장관의 승인을 얻어야 하며, 승인을 얻은 복원성자료를 당해 선박의 선장에게 제공하여야 한다(제2항). 제2항의 규정에 따른 승인에 있어서 복원성 계산을 위하여 컴퓨터 프로그램을 사용한 때에는 해양수산부장관이 정하여 고시하는 복원성 계산방식(선박복원성기준)에 따라야 한다(제3항). 제2항 및 제3항의 규정에 따른 복원성과 관련된 승인의 기준·절차, 복원성자료 및 복원성 계산용 컴퓨터 프로그램의 작성요령 등에 관하여 필요한 사항은 해양수산부장관이 정하여 고시[95]한다(제4항).

4. 무선설비

다음 각 호의 어느 하나에 해당하는 선박소유자는「해상에서의 인명안전을 위한 국제협약」에 따른 세계 해상조난 및 안전제도의 시행에 필요한 무선설비를 갖추어야 한다. 이 경우 무선설비는「전파법」에 따른 성능과 기준에 적합하여야 한다(법 제29조 제1항). (i) 국제항해에 취항하는 여객선, (ii) 제1호의 선박 외에 국제항해에 취항하는 총톤수 300톤 이상의 선박

제1항 각 호의 규정에 따른 선박 외에 해양수산부령으로 정하는 선박에 대하

94) 1. 국제항해에 종사하지 아니하는 선박으로서 선박길이가 24미터 미만인 다음 각 목의 선박
가. 예인·해양사고구조·준설 또는 측량에 사용되는 선박
나. 부선
2. 여객선이 아니거나 카페리선이 아닌 선박으로서 호소·하천 및 항내의 수역에서만 항해하는 선박
3. 부유식 해상구조물(제3조 제1호 및 제2호는 제외한다)
4. 복원성 시험이 구조상 곤란하거나 적당하지 아니한 선박으로서 해양수산부장관이 인정하는 선박.

95) 선박복원성 기준.

여는 해양수산부령으로 정하는 기준에 따른 무선설비를 갖추어야 한다. 이 경우 무선설비는 「전파법」에 따른 성능과 기준에 적합하여야 한다(제2항). 누구든지 제1항 및 제2항의 규정에 따른 무선설비를 갖추지 아니하고 선박을 항해에 사용하여서는 아니 된다. 다만, 임시항해검사증서를 가지고 1회의 항해에 사용하는 경우 또는 시운전을 하는 경우에는 그러하지 아니하다(제3항).

5. 선박위치 발신장치

선박의 안전운항을 확보하고 해양사고 발생시 신속한 대응을 위하여 해양수산부령이 정하는 선박[96]의 소유자는 해양수산부장관이 정하여 고시(선박위치발신장치의 설치기준 및 운영 등에 관한 규정)하는 선박위치발신장치를 갖추고 이를 작동하여야 한다(법 제30조 제1항). 무선설비가 선박위치발신장치의 기능을 가지고 있는 때에는 선박위치발신장치를 갖춘 것으로 본다(법 제30조 제2항). 선장은 해적 또는 해상강도의 출몰 등으로 인하여 선박의 안전을 위협할 수 있다고 판단되는 경우 선박위치발신장치의 작동을 중단할 수 있다. 이 경우 선장은 그 상황을 항해일지 등에 기재하여야 한다(법 제29조 제3항).

Ⅱ. 안전항해를 위한 조치

1. 선장의 권한

누구든지 선박의 안전을 위한 선장의 전문적인 판단을 방해하거나 간섭하여서는 아니 된다(법 제31조). 전통적으로, 선박은 육지와 격리되어 해상에서의 위험

96) 제73조(선박위치발신장치 설치 대상선박) 법 제30조 제1항에서 "해양수산부령이 정하는 선박"이란 다음 각 호의 선박을 말한다. 다만, 호소·하천에서만 항해하는 선박은 제외한다.
1. 총톤수 2톤 이상의 다음 각 목의 선박
가. 「해운법」에 따른 여객선
나. 「유선 및 도선사업법」에 따른 유선. 다만, 해가 뜨기 30분 전부터 해가 진 후 30분까지 사이에 운항하는 선박으로서 제15조 제1항 제1호에 따른 평수구역만을 항해하는 항해예정시간이 2시간 미만인 선박은 그러하지 아니하다.
2. 여객선이 아닌 선박으로서 국제항해에 취항하는 총톤수 300톤 이상의 선박
3. 여객선이 아닌 선박으로서 국제항해에 취항하지 아니하는 총톤수 500톤 이상의 선박
4. 연해구역 이상을 항해하는 총톤수 50톤 이상의 예선, 유조선 및 위험물산적운송선

에 대응하며 항해했기 때문에 선장은 현장에서 최고 책임자로서 선박 운항에 관련된 거의 모든 권한을 행사해 왔다. 그러나 선박 통신 기술의 발전으로 인해 선장의 권한은 점차 해상에서 육지로 이동하고 있다. 그 결과, 일부 선박 소유자는 선박 운항에 관한 거의 모든 결정을 직접 내리며, 선장은 단순히 현장에서 이를 집행하는 보조자로 전락하는 경우도 있다.

이러한 상황을 고려하여 SOLAS 협약 부속서 제5장 제34－1 규칙에서는 선주, 용선자, 선박회사 등이 선장이 전문적인 판단에 따라 해상에서 인명 안전과 해양 환경 보호에 필요한 결정을 내리는 것을 방해하거나 제한하지 않도록 규정하고 있다. 이러한 SOLAS 협약의 내용을 반영하여 선박안전법 제31조에도 해당 규정이 명시되어 있다. 이 조항을 통해 선장이 선박 운항 중에 다양한 상황에서 전문가로서 자율적으로 판단할 수 있는 재량권을 인정하고 있다.[97]

2. 항행용 간행물의 비치

선박소유자는 해양수산부령[98]으로 정하는 해도(海圖) 및 조석표(潮汐表) 등 항해용 간행물을 해양수산부령[99]으로 정하는 바에 따라 선박에 비치하여야 한다(법 제32조).

3. 조타실의 시야확보 등

선박소유자는 해당 선박의 조타실에 대하여 해양수산부장관이 정하여 고시하는 기준에 따른 충분한 시야를 확보할 수 있도록 필요한 조치를 하여야 한다(법 제33조 제1항).

선박소유자는 해당 선박의 조타실과 조타기(操舵機)가 설치된 장소 사이에 해

97) 박영선, 앞의 책, 233－234쪽,

98) "해양수산부령으로 정하는 해도(海圖) 및 조석표(潮汐表) 등 항해용 간행물"이란 「해양조사와 해양정보 활용에 관한 법률」 제2조 제12호 가목에 따른 해도, 같은 호 나목에 따른 항해서지 중 조석표·등대표·항로지 및 같은 호 다목에 따른 항행통보를 말한다.

99) ① 제74조에 따른 승인된 전자해도를 선박에 비치하는 경우에는 해양수산부장관이 인정하는 백업장치 또는 예비목적의 최신화된 해도를 비치하여야 한다.
② 선박에 비치하는 항해용 간행물은 수로정보에 따른 최신의 것이어야 한다.
③ 항해용 간행물의 요건 등은 법 제26조에 따른 선박시설기준에 적합하여야 한다.
④ 항해용 간행물은 선장이나 선원이 즉시 꺼내어 확인할 수 있는 적당한 장소에 비치하여야 한다.

양수산부장관이 정하여 고시하는 기준에 따라 통신장치를 설치하여야 한다(법 제33조 제2항).

4. 하역설비의 확인 등

하역장치 및 하역장구(이하 "하역설비"라 한다)를 갖춘 선박의 소유자는 해양수산부령으로 정하는 기준에 따라 제한하중·제한각도 및 제한반지름(이하 "제한하중 등"이라 한다)의 사항에 대하여 해양수산부장관의 확인을 받아야 한다(법 제34조 제1항). 해양수산부장관은 제1항의 규정에 따라 제한하중 등의 확인을 한 때에는 해양수산부령으로 정하는 제한하중등확인서를 교부하여야 한다(제2항). 제1항의 규정에 따라 확인을 받은 선박소유자는 해당하역설비에 해양수산부령으로 정하는 바에 따라 확인받은 제한하중 등의 사항을 표시하여야 한다(제3항). 제1항의 규정에 따라 확인을 받은 선박소유자는 확인받은 제한하중 등의 사항을 위반하여 하역설비를 사용하여서는 아니 된다(제4항).

5. 하역설비검사기록의 비치

해양수산부장관은 하역설비에 대하여 정기검사 또는 중간검사를 한 때에는 해양수산부령으로 정하는 바에 따라 하역설비검사기록부를 작성하고 그 내용을 기재하여야 한다(법 제35조). 선박소유자는 제1항의 규정에 따른 하역설비검사기록부 등 하역설비에 대한 검사와 관련된 해양수산부령으로 정하는 서류[100]를 선박에 비치하여야 한다(법 제35조).

6. 화물정보의 제공

화주(貨主)는 화물을 안전하게 싣고 운송하기 위하여 화물을 싣기 전에 그 화물에 관한 정보를 선장에게 제공하여야 한다(법 제36조 제1항). 컨테이너에 실은 화물을 외국으로 운송하려는 화주는 제1항에 따라 화물에 관한 정보를 선장에게 제공하는 경우 해양수산부령으로 정하는 방법에 따라 화물의 총중량에 관한 검증된

100) 법 제35조 제2항에서 "해양수산부령이 정하는 서류"란 다음 각 호와 같다.
1. 제한하중 등확인서
2. 하역설비검사기록부

정보도 함께 제공하여야 한다. 이 경우 선장이 화주에게 요청하는 경우에는 선장 외에 「항만법」 제41조 제1항에 따른 항만시설운영자 또는 임대계약자에게도 화물의 총중량에 관한 검증된 정보를 제공하여야 한다(제2항). 선장은 제1항 또는 제2항에 따라 정보가 제공되지 아니한 경우에는 해당 화물의 적재를 거부할 수 있다(제3항). 제1항에 따라 정보를 제공하여야 하는 화물의 종류 및 그 화물별로 제공하여야 하는 정보의 내용은 해양수산부령으로 정한다(제4항).

7. 유독성가스농도 측정기의 제공 등

선박소유자는 유독성가스를 발생하거나 또는 산소의 결핍을 일으킬 수 있는 화물을 산적(散積)하여 운송하는 경우에는 해양수산부장관이 정하여 고시하는 바에 따른 유독성가스 또는 산소의 농도를 측정할 수 있는 기기(機器) 및 그 사용설명서를 선장에게 제공하여야 한다(법 제37조).

8. 소독약품 사용에 따른 안전조치

선장은 선박의 소독을 위하여 살충제 등 소독약품을 사용하는 경우에는 해양수산부장관이 정하여 고시[101]하는 바에 따라 안전조치를 하여야 한다(법 제38조).

9. 화물의 적재 및 고박방법 등

선박소유자는 화물을 선박에 적재(積載)하거나 고박(固縛)하기 전에 화물의 적재·고박의 방법을 정한 자체의 화물적재고박지침서를 마련하고, 해양수산부령이 정하는 바에 따라 해양수산부장관의 승인을 얻어야 한다(법 제39조 제1항). 선박소유자는 화물과 화물유니트(차량 및 이동식탱크 등과 같이 선박에 부착되어 있지 아니하는 운송용 기구를 말한다) 및 화물유니트 안에 실린 화물을 적재 또는 고박하는 때에는 제1항의 규정에 따라 승인된 화물적재고박지침서에 따라야 한다(법 제39조 제2항). 선박소유자는 차량 등 운반선박(육상교통에 이용되는 차량 등을 적재·운송할 수 있는 갑판이 설치되어 있는 선박을 말한다)에 차량 및 화물 등을 적재하는 경우에는 제1항에 따라 승인된 화물적재고박지침서에 따르되, 해양수산부령이 정하는 바에 따라 필요한 안전조치를 하여야 한다(제3항). 선박소유자는 컨테이너에 화물을 수납·적재

101) 선박의 훈증소독을 위한 소독약품의 안전한 사용을 위한 고시.

하는 경우에는 제1항의 규정에 따라 승인된 화물적재고박지침서에 따르되, 컨테이너형식승인판에 표시된 최대총중량을 초과하여 화물을 수납·적재하여서는 아니 된다(제4항). 제1항 내지 제4항에 따른 화물의 적재·고박방법 등에 관하여 필요한 사항은 해양수산부령으로 정한다(제5항).

10. 산적화물의 운송

선박소유자는 산적화물을 운송하기 전에 당해 선박의 선장에게 선박의 복원성·화물의 성질 및 적재방법에 관한 정보를 제공하여야 한다(제40조 제1항). 산적화물을 운송하고자 하는 선박소유자는 필요한 안전조치를 하여야 한다(제2항). 제1항 및 제2항에 따른 선박의 복원성·화물의 성질 및 적재방법의 내용, 안전조치 등에 관하여 필요한 사항은 해양수산부령으로 정한다(제3항).

11. 위험물의 운송

선박으로 위험물을 적재·운송하거나 저장하고자 하는 자는 항해상의 위험방지 및 인명안전에 적합한 방법에 따라 적재·운송 및 저장하여야 한다(법 제41조 제1항). 제1항에 따라 위험물을 적재·운송하거나 저장하고자 하는 자는 그 방법의 적합 여부에 관하여 해양수산부장관의 검사를 받거나 승인을 얻어야 한다(제2항). 제1항 및 제2항에 따른 위험물의 종류와 그 용기·포장, 적재·운송 및 저장의 방법, 검사 또는 승인 등에 관하여 필요한 사항은 해양수산부령으로 정한다(제3항). 제1항 내지 제3항에도 불구하고 방사성물질을 운송하는 선박과 액체의 위험물을 산적하여 운송하는 선박의 시설기준 등은 해양수산부장관이 정하여 고시[102]한다(제4항).

12. 위험물 안전운송 교육 등

선박으로 운송하는 위험물을 제조·운송·적재하는 등의 업무에 종사하는 자(이하 "위험물취급자"라 한다)는 위험물 안전운송에 관하여 해양수산부장관이 실시하는 교육을 받아야 한다(법 제41조의2 제1항). 해양수산부장관은 위험물취급자에 대한 교육을 효율적으로 수행하기 위하여 위험물 안전운송에 관한 교육을 전문적으로

---

102) 방사성물질 운송선박의 안전기준.

실시하는 교육기관(이하 "위험물 안전운송 전문교육기관"이라 한다)을 지정하여 위험물 취급자에 대한 교육을 실시하게 할 수 있다(제2항). 제2항에 따라 위험물 안전운송 전문교육기관으로 지정받고자 하는 자는 그 시설·설비 및 인력 등 해양수산부령으로 정하는 기준을 갖추어야 한다(제3항). 해양수산부장관은 위험물 안전운송 전문교육기관이 다음 각 호의 어느 하나에 해당하는 때에는 그 지정을 취소하거나 6개월 이내의 기간을 정하여 그 업무의 전부 또는 일부를 정지시킬 수 있다. 다만, 가에 해당하는 때에는 위험물 안전운송 전문교육기관의 지정을 취소하여야 한다(제4항). (i) 거짓이나 그 밖의 부정한 방법으로 위험물 안전운송 전문교육기관의 지정을 받은 경우, (ii) 해당 위험물 안전운송 전문교육기관이 제3항에 따른 지정기준에 미달하게 된 경우.

제4항에 따른 처분의 세부기준은 해양수산부령[103]으로 정한다(제5항). 제1항에 따른 위험물 안전운송에 관한 교육을 받아야 하는 위험물취급자의 구체적인 범위, 교육내용 등에 관하여 필요한 사항은 해양수산부장관이 정하여 고시[104]한다(제6항).

13. 유조선 등에 대한 강화감사

유조선·산적화물선 및 위험물산적운송선(액화가스산적운송선을 제외한다)의 선박소유자는 건조검사 및 선박검사 외에 선체구조를 구성하는 재료의 두께확인 등 해양수산부령이 정하는 사항에 대하여 해양수산부장관의 검사(이하 "강화검사"라 한다)를 받아야 한다. 다만, 국제항해를 하지 아니하는 선박으로서 해양수산부령이 정하는 선박[105]은 그러하지 아니하다(법 제42조 제1항). 해양수산부장관은 강화검사에 합격한 유조선 등에 대하여는 선박검사증서에 그 검사결과를 표기하여야 한다(제2항). 제1항에 따른 강화검사의 방법과 절차는 해양수산부령으로 정한다(제3항).

---

103) 제240조(전문교육기관의 지정의 취소 등) ① 법 제41조의2 제5항에 따른 전문교육기관의 지정 취소 및 업무정지 처분기준은 별표 2와 같다.
② 해양수산부장관은 위반행위의 정도, 횟수 등을 고려하여 별표 2에서 정한 업무정지 기간을 2분의 1의 범위에서 가중 또는 경감할 수 있다. 다만, 가중하는 경우 그 기간은 6개월을 초과할 수 없다.

104) 위험물 선박 운송 기준.

105) 1. 선령 5년 미만의 선박, 2. 제1호 외의 선박 중 총톤수 300톤 미만의 선박.

14. 예인선에 대한 예인항해검사

예인선의 선박소유자가 부선 및 구조물 등을 예인하고자 하는 때에는 해양수산부령이 정하는 바에 따라 해양수산부장관의 검사(이하 "예인선항해검사"라 한다)를 받아야 한다(법 제43조 제1항). 해양수산부장관은 예인선항해검사에 합격한 예인선에 대하여 해양수산부령이 정하는 예인선항해검사증서를 교부하여야 한다(제2항). 예인선의 선박소유자는 제2항에 따른 예인선항해검사증서를 당해 예인선에 비치하여야 한다(제3항). 제15조 제1항의 규정은 제1항의 규정에 따라 예인선항해검사를 받은 예인선에 대하여 이를 준용한다. 이 경우 "건조검사 또는 선박검사"는 "예인선항해검사"로 본다(제4항).

15. 고인화성 연료유 등의 사용제한

누구든지 선박에서는 화재·폭발 방지시설 등 해양수산부장관이 정하여 고시[106]하는 시설을 갖추지 아니하고는 인화점이 섭씨 60도 미만인 연료유·윤활유 등을 사용하여서는 아니 된다(법 제44조).

제6절 검사업무의 대행 등

Ⅰ. 대행제도의 법적 성질

행정기관과 사인 사이에 권한이나 사무의 위탁관계를 '대행'으로 표현되는 경우에 이를 정부조직법상 '민간위탁'으로 해석해야 하는가 아니면 '권한의 대리'로 간단하게 처리해야 하는가가 고민이다. 행정기관이 법령 등에 의하든 임의대리에 의하든 '권한의 대리' 방식을 활용하게 된다면 행정청의 권한을 사인에게 이전하지 아니하고 사인의 전문성을 활용하면서 그 효과를 행정청에게 귀속시킬 수 있다는 장점이 있는 것이 분명하다. 더 나아가 정부조직법상 민간위탁이 허용되는 제한된 범위의 위탁영역(국민의 권리의무와 직접 관계되지 아니하는 사항)뿐만 아니라 민간위탁

106) 선박소방설비기준.

이 허용되지 않는 영역까지도 수권이 가능하게 된다.[107] 그러나 대리관계가 갖는 법률행위의 확장성을 고려할 때 과연 정부의 행정권한에 대해 사인에게 명시적 대리권을 부여하는 것이 타당한가 그리고 그 위험성은 어떻게 해소할 것인가의 문제는 동시에 존재한다.

위에서 서술한 바와 같이 행정권한의 대행 또는 업무의 대행은 위임이나 위탁의 요소도 있고 대리의 요소도 있어서 상당히 혼돈을 일으키는 개념으로 알려져 있다.[108] 대행이라는 단어는 개별법령에서 행정기관 간에도 사용되고 행정기관과 사인 간에도 사용되기 때문이다. 하지만, 아직까지도 행정법 이론상 확고하게 정립되어 있는 개념이 아니기 때문에 개별적으로 구체적으로 판단해야 하는 숙제를 안고 있다.[109] 특히, 선박의 안전과 환경에 관한 사회적·국제적 중요성이 증가한다는 점을 고려할 때 선박안전법상 '업무의 대행'의 법적 성질이 행정기관 간 위임이나 위탁인지, 민간위탁인지, 권한의 대리인지 아니면 제3의 실체인지 명확히 할 필요가 있다.

업무의 대행이 규정된 정부와 사인(私人) 간 법률관계의 특이점은 첫째, 행정기관의 권한의 공백을 채우는 개념(보통 권한의 대행이나 대리)보다는 행정청이 업무의 일부를 효율성과 전문성을 고려하여 사인에게 분배하는 개념에 보다 가깝다. 둘째, 언제든지 행정청이 대행 업무에 개입하거나 대행관계를 해지하고 직접 수행할 수 있는 여지를 법령이나 대행협정문 등에 남겨두고 있기 때문에 권한의 대행과 마찬가지로 '한시성'과 '보충성'을 가진다. 셋째, 대행 업무가 복잡성과 전문성이 강할수록 애초의 한시성과 보충성이 약해지고 권한의 이전과 유사하게 정부의 대행기관에 대한 '의존성'이 높아진다. 넷째, 안전, 환경, 복지 등의 영역에서 정부의 고유한 국가적 책무(안전·환경·복지)가 관련된 경우가 많아 정부조직법 제6조 3항의 제한성(국민의 권리의무 직접 관련성이 없을 것)이 초과되어 실상 국민의 권리나 의무와 관련된 업무가 대행으로 수행되는 경우도 발생하고 있다는 점이다. 그 대표적인 사례가 국가사무로서의 선박검사[110]이다.

107) 박신, 앞의 논문, 377-378쪽.
108) 박신, 위의 논문, 378쪽.
109) 박신, 위의 논문, 378쪽.
110) 선박검사는 여객선의 경우 국민의 생명권이라는 핵심적인 법익보호와 관련되어 국민의 권리의무와의 관련성이 상당히 높다고 볼 수 있다. 또한 화물선이라 하더라도 기업물건의 운송뿐만 아니라 일

Ⅱ. 검사등 업무의 대행 등

1. 검사등 업무의 대행

1) 한국해양교통안전공단

해양수산부장관은 다음 각 호에 해당하는 건조검사·선박검사 및 도면의 승인 등에 관한 업무(이하 "검사등 업무"라 한다)를 「한국해양교통안전공단법」에 따른 한국해양교통안전공단(이하 "공단"이라 한다)에 대행하게 할 수 있다. 이 경우 해양수산부장관은 대통령령으로 정하는 바에 따라 협정을 체결하여야 한다(법제60조 제1항).

가. 건조검사, 건조검사증서의 교부 및 별도건조검사

나. 정기검사 및 선박검사증서의 교부

다. 중간검사

라. 임시검사 및 임시변경증의 교부

마. 임시항해검사 및 임시항해검사증서의 교부

바. 국제협약검사 및 국제협약증서의 교부

사. 도면의 승인 및 승인표시

아. 선박검사증서 및 국제협약증서의 유효기간 연장

자. 선박용물건 또는 소형선박의 검정, 검정증서의 교부 및 합격을 나타내는 표시

차. 선박용물건 또는 소형선박의 확인, 확인서의 교부 및 확인을 나타내는 표시

카. 예비검사, 도면의 승인 및 승인표시, 예비검사증서의 교부 및 합격을 나타내는 표시

타. 복원성자료의 승인

파. 제한하중 등의 확인 및 제한하중등확인서의 교부

하. 하역설비검사기록부의 작성 및 내용기재

거. 화물적재고박지침서의 승인

너. 강화검사

러. 예인선항해검사 및 예인선항해검사증서의 교부

반 시민의 이삿짐이나 물건의 운송도 포함하기 때문에 국민의 재산권과의 관련성을 부인할 수 없다. 더 나아가 선박을 통한 환경오염을 고려할 때 국민의 헌법상 환경적 기본권과도 관련성이 깊다.

2) 선급법인

해양수산부장관은 선박보험의 가입·유지를 위하여 선박의 등록 및 감항성에 관한 평가의 업무[이하 "선급업무(船級業務)"라 한다]를 하는 국내외 법인으로서 해양수산부장관이 정하여 고시하는 기준에 적합한 법인(이하 "선급법인"이라 한다)에 해당선급법인이 관리하는 명부에 등록하였거나 등록하려는 선박(이하 "선급등록선박"이라 한다)에 한정하여 제1항 각 호의 검사등 업무를 대행하게 할 수 있다. 이 경우 해양수산부장관은 대통령령으로 정하는 바에 따라 협정을 체결하여야 한다(법 제60조 제2항).

제1항 각 호 외의 부분 후단 및 제2항 후단의 규정에 따른 협정의 기간은 5년 이내로 하며, 해양수산부령으로 정하는 바에 따라 이를 연장할 수 있다(제3항). 제1항 및 제2항에 따라 공단 및 선급법인이 검사등 업무의 대행을 하는 때에는 대행과 관련된 자체검사규정을 제정하여 해양수산부장관의 승인을 받아야 한다. 승인을 받은 사항을 변경하려는 경우에도 또한 같다(제4항).

2. 대행업무 차질에 따른 조치

해양수산부장관은 공단 및 선급법인이 검사 등 업무의 대행을 함에 있어 차질이 발생하거나 발생할 우려가 있다고 인정되는 때에는 해양수산부장관이 직접 이를 수행하거나 해양수산부장관이 지정하는 자로 하여금 대행하게 할 수 있다(법 제61조).

3. 대행업무에 관한 감독

해양수산부장관은 공단 및 선급법인이 협정에 위반한 때에는 해당업무의 대행을 취소하거나 정지할 수 있다(법 제62조 제1항). 제1항의 규정에 따른 대행의 취소나 정지의 요건에 관하여 필요한 사항은 대통령령[111]으로 정한다(제2항). 제60조 제1항 및 제2항에 따른 검사등 업무의 대행과 관련하여 공단 및 선급법인의 지도·감독 등에 필요한 사항은 해양수산부령으로 정한다(제3항).

---

111) 제11조(대행업무의 취소 등) ① 법 제62조 제2항에 따라 공단 및 선급법인이 별표 1의2에 따른 협정의 내용을 위반하는 경우에는 해당 업무의 대행을 취소하거나 6개월의 범위에서 그 업무를 정지시킬 수 있다. ② 제1항에 따른 행정처분의 기준 및 절차 등에 필요한 사항은 해양수산부령으로 정한다.

4. 컨테이너검정 등의 대행

해양수산부장관은 다음 각 호에 해당하는 업무를 해양수산부장관이 정하여 고시하는 지정기준에 적합한 자로서 해양수산부장관이 정하여 고시하는 대행기관(이하 "컨테이너검정등대행기관"이라 한다)으로 하여금 대행하게 할 수 있다(법 제64조 제1항).

(i) 제23조 제7항에 따른 컨테이너검정

(ii) 제23조 제8항에 따른 컨테이너안전승인판의 확인표시

제1항의 규정에 따른 컨테이너검정등대행기관의 대행 및 대행의 취소 등에 관한 사항은 대통령령으로 정하고, 컨테이너검정등대행기관의 지도·감독 등에 관하여 필요한 사항은 해양수산부령으로 정한다(법 제64조 제2항).

5. 위험물 관련 검사 및 승인의 대행

해양수산부장관은 위험물의 적재·운송 및 저장 등에 관한 검사 및 승인에 대한 업무를 해양수산부장관이 정하여 고시하는 지정기준에 적합한 자로서 해양수산부장관이 정하여 고시하는 대행기관(이하 "위험물검사등대행기관"이라 한다)으로 하여금 대행하게 할 수 있다(법 제65조 제1항). 위험물검사등대행기관의 대행 및 대행의 취소 등에 관한 사항은 대통령령으로 정하고, 위험물검사등대행기관의 지도·감독 등에 관하여 필요한 사항은 해양수산부령으로 정한다(제2항).

6. 외국정부등이 행한 검사의 인정

외국선박의 해당 소속 국가에서 시행 중인 선박안전과 관련되는 법령의 내용이 이 법의 기준과 동등하거나 그 이상에 해당하는 때에는 해당 외국정부 또는 그 외국정부가 지정한 대행기관(이하 "외국정부등"이라 한다)이 행한 해당 외국선박에 대한 검사등 업무는 이 법에 따른 검사등 업무로 본다(법 제66조 제1항). 외국정부등이 검사등 업무를 행하고 교부한 증서는 이 법에 따라 교부한 증서와 동일한 효력을 가진 것으로 본다. 다만, 이 법에 따라 교부한 증서의 효력을 인정하지 아니하는 국가의 외국정부등이 발행한 증서에 대하여는 그러하지 아니하다(제2항).

7. 대행검사기관의 배상책임

국가는 공단, 선급법인, 컨테이너검정등대행기관 및 위험물검사등대행기관(이하 "대행검사기관"이라 한다)이 해당 대행업무를 수행함에 있어 위법하게 타인에게 손해를 입힌 때에는 그 손해를 배상하여야 한다(법 제67조 제1항). 국가는 손해배상에 있어 대행검사기관에 고의 또는 중대한 과실이 있는 경우에는 해당 대행검사기관에 구상할 수 있다(제2항). 대행검사기관에 대한 구상은 대통령령이 정하는 금액[112]을 한도로 한다. 다만, 대행검사기관의 고의 또는 손해발생의 염려가 있음을 인식하면서 무모하게 한 작위 또는 부작위로 인하여 생긴 손해에 대해서는 구상금액 한도를 적용하지 아니한다(제3항).

1) 정부대행검사의 법적 성질

임의검사와 달리 정부가 공단이나 선급협회에게 자신이 수행하여야 하는 법정검사를 위임하여 공단이나 선급협회가 공적인 검사를 행하는 정부대행검사의 경우에는 ① 정부와 공단 또는 선급협회 ② 공단 또는 선급협회와 선주 혹은 제3자 ③ 선주 혹은 제3자와 정부의 삼각관계가 형성된다.

정부대행검사의 잘못으로 손해를 입은 선주 혹은 제3자가 손해배상청구를 하는 경우에 ① 검사원 ② 공단 또는 선급협회 ③ 정부가 각각 피고가 될 수 있다. 공단 또는 선급협회와 선주 혹은 제3자의 경우에는 위에서 논한 일반론이 적용되고, 다만 정부와 공단 또는 선급협회, 정부와 제3자와의 관계는 특별한 논의가 필요하다.

즉, ① 정부가 피고가 되는 경우에는 정부와 공단 또는 선급협회의 관계에 있어서 공단 또는 선급협회는 공무수탁사인(公務受託私人)으로 인정되므로, 국가배상법의 유추적용이 가능할 것으로 본다. 따라서 원고는 국가배상법을 기초로 정부를 상대로 손해배상청구를 제기할 것이다. 이 경우에 민법의 사용자책임과 유사한 책임구조가 되지만, 정부는 공단 또는 선급협회가 고의 혹은 중과실이 있을 경우에

112) 제15조(대행검사기관에 대한 구상) 법 제67조 제3항에서 "대통령령이 정하는 금액"이란 다음 각 호의 구분에 따른 금액을 말한다.
1. 공단: 3억원, 2. 선급법인: 50억원, 3. 컨테이너검정등대행기관: 3억원, 4. 위험물검사등대행기관: 3억원.

만 구상청구를 할 수 있다는 점에서 민법의 사용자책임과 차이가 있다.[113)]

② 공단이나 선급협회 혹은 이들 기관의 소속검사원이 피고가 되는 경우는, 임의검사와 동일하게 민법이 적용될 것이다.

2) 국가배상책임의 요건

국가배상법 제2조는 '국가 또는 지방자치단체는 공무원이 그 직무를 집행함에 당하여 고의 또는 과실로 법령에 위반하여 타인에게 손해를 가하거나, 자동차손해배상보장법의 규정에 의하여 손해배상의 책임이 있는 때에는 그 손해를 배상하여야 한다.'라고 규정하고 있다. 또 동조 '제1항 본문의 경우에 공무원에게 고의 또는 중대한 과실이 있는 때에는 국가 또는 지방자치단체는 그 공무원에게 구상할 수 있다.'라고 규정하여 공무원의 위법한 직무행위로 인한 국가의 배상책임을 명시하고 있다.

동조의 규정에 따라 국가의 배상책임이 성립하기 위해서는 ① 가해행위가 공무원의 행위일 것, ② 그 행위가 직무행위일 것, ③ 그 행위가 직무를 집행함에 당하여 행해졌을 것, ④ 행위가 위법할 것, ⑤ 그 행위가 고의 또는 과실에 기한 것일 것, ⑥ 타인에게 손해가 발생하였을 것이라는 여섯 가지 요건이 충족되어야 한다.[114)]

정부대행검사가 국가배상책임의 요건에 만족하는지의 여부를 아래에서 논하기로 한다.

(1) 공무원

국가가 배상책임을 지게 되는 손해는, 공무원이 그 직무를 집행함에 당하여 타인에게 가한 것이어야 한다. 여기서 국가배상법 제2조의 공무원은 광의로 파악

113) 선박안전법 개정안 제60조 제4항은 이러한 취지의 입법으로 해석된다. 즉, 국가가 국가배상법에 따라서 책임을 부담한 경우에 국가가 다시 구상청구를 선급에 하게 되면, 선급은 검사원의 고의 혹은 중대한 과실이 없는 경우는 책임을 지지 않는다고 규정한다(제60조 제4항 제1항 및 제2항 규정에 의한 공단 또는 선급법인의 검사등 업무의 대행과 관련하여 발생한 손해에 대하여는 해당 공단, 선급법인 또는 소속 검사원의 고의 또는 중대한 과실이 없는 경우 책임을 지지 아니한다. 국가배상법 제2조 제2항과 유사하다).

114) 김동희, 「행정법 I」, (서울: 박영사, 2005), 489쪽.

하여 국가 · 지방공무원뿐만 아니라 널리 공무를 위탁받아 실질적으로 공무에 종사하는 모든 자를 포함한다는 데 학설 및 판례의 입장이 일치한다.[115)]

행정관청의 지위에 있는 자나 보조기관의 지위에 있는 자 및 의결기관을 구성하는 자 모두 공무원에 포함된다. 기관 그 자체도 포함되는지에 대해서는 견해가 나뉘나, 사인의 권리구제를 넓힌다는 의미에서 포함된다고 보는 것이 타당하다. 또한 공무원을 임용한 후 무효사유가 사후에 발견되더라도, 그때까지 위탁받아 한 직무행위에 대해서는 공무원의 행위로 본다.[116)] 판례는 집달관(대법원 1966. 1. 25. 선고 65다2318 판결), 소집중인 향토예비군(대법원 1970. 5. 26. 선고 70다471 판결), 미군부대 카투사(대법원 1961. 12. 28. 선고 4294민상218 판결), 시 청소차 운전수(대법원 1971. 4. 6. 선고 70다2955 판결), 통장(대법원 1971. 4. 6. 선고 70다2955 판결), 교통정리 중이던 교통할아버지(대법원 2001. 1. 5. 선고 98다39060 판결) 등을 공무원에 포함시키고 있다. 판례는 의용소방대원은 공무원에서 제외시키고 있는데[117)] 학설은 의용소방대원도 소방업무에 종사하는 기능적 공무원에 해당하므로 당연히 국가배상법상의 공무원에 해당한다고 본다.[118)]

선박안전과 관련하여 선박검사를 행하는 선박검사관과 선박검사원은 공무원으로 볼 수 있으므로 국가배상요건에 해당한다고 볼 수 있다. 선박검사관은 국토해양부 소속의 공무원이므로 손해가 발생할 경우 국가배상법상의 공무원에 해당

---

115) 대법원 1970. 11. 24. 선고 70다2253 판결; 국가배상법 제2조에서 말하는 공무원은 국가공무원법 또는 지방공무원법에서 말하는 공무원의 신분을 가진 자에 한하지 않고, 널리 공무를 위탁받아 실질적으로 공무에 종사하고 있는 자도 포함한다.
대법원 2001. 1. 5. 선고 98다39060 판결; 피고(서울특별시 강서구)가 '교통할아버지 봉사활동' 계획을 수립한 다음, 관할 동장으로 하여금 '교통할아버지' 봉사원을 선정하게 하여 그들에게 어린이 보호, 교통안내, 거리질서확립 등의 공무를 위탁하여 이를 집행하게 하였다면, 교통할아버지 활동을 하는 범위 내에서는 국가배상법 제2조에 규정된 '공무원'이라고 봄이 상당하다.

116) 장태주, 「행정법개론」, (서울: 현암사, 2007), 545쪽.

117) 대법원 1966. 6. 28. 선고 66다808 판결; 대법원 1978. 7. 11. 선고 78다584 판결.

118) 국가배상법상의 공무원개념은 신분상의 개념이 아니라 기능상의 개념이라는 점 그리고 현행 소방법(1991년 전문개정)이 의용소방대의 설치(제86조), 보수(제88조), 경비(제90조) 등에 관하여 규정하고 있고, 특히 그 직무로서 "의용소방대원이 소방상 필요에 의하여 소집된 때에는 출동하여 소방본부장 또는 소방서장의 소방업무를 보조한다"는 명문의 규정(제87조)을 두고 있음에 비추어 소방대원도 소집 중에 있는 경우에는 당연히 국가배상법상의 공무원에 포함된다고 보아야 할 것이다.(이일세, 국가배상법상의 "공무원이 직무를 집행함에 당하여"에 관한 고찰(상), 사법행정, 1997. 5. 12); 박균성, 「행정법강의」, (서울: 박영사, 2007), 585쪽.

하므로 적용상의 문제가 없다. 그러나 정부대행검사를 행하는 선박관리기술공단이나 선급협회의 선박검사원의 지위가 국가공무원으로 의제할 수 있는지 혹은 사인인지가 문제가 되고 있다.[119] 만약 사인이라면 민법의 규정이 적용될 것이고 국가공무원으로 의제할 수 있다면 국가배상법의 규정이 적용될 것이다. 선박안전법 제82조 벌칙적용에서의 공무원 의제[120]로 보는 것은 선박안전기술공단이나 한국선급의 임직원에게 형법의 뇌물죄 관련법칙(형법상 죄형법정주의를 적용하기 위함)을 적용하는 경우에 한하여 이들 임직원을 공무원으로 의제한다는 의미이고, 위법한 선박검사로 인한 손해는 선박안전법 제67조[121]에 의한 대행검사기관의 배상책임에 관한 규정에 따르면 될 것이다. 선박안전법 제77조 1항에서는 '대행업무를 행하는 공단 및 선급법인은 해당 대행업무를 수행하는 자로서 선박검사원을 둘 수 있으며, 이 경우 선박검사원의 자격은 선박검사관의 자격을 준용한다.'라고 규정하고 있는데, 이 경우 선박검사원을 공무원으로 의제한 것으로 볼 수 있다.

선박검사원이 직무상 의무를 위반하여 시설기준에 미달하는 선박에 대하여 선박검사에 합격시켜 선박검사증서를 발급하고 해당법규에 규정된 조치를 취함이 없이 계속 운항하게 함으로써 사고가 발생한 것이라면 당해 사고와 선박검사원의 직무상 의무위반행위와의 사이에는 상당인과관계가 있다고 인정된다(대법원 1993. 2. 12. 선고 91다43466 판결, 민법 제750조, 국가배상법 제2조 및 선박안전법 제5조 참조).

이 경우 선박검사원이 사인이라면 민법의 규정이 적용될 것이고 국가공무원으로 의제할 수 있다면 국가배상법상의 규정이 적용될 것이다. 그런데 정부대행검사의 경우 공무수탁사인으로 보아 국가배상법이 적용된다고 보고 있다.[122] 따라서

---

119) 1986년 선박안전법 개정 이전까지는 제8조에서 선급법인을 공무원으로 의제한다는 규정이 있었으므로 별다른 문제가 없었다.

120) 선박안전법 제82조 제60조 제1항 · 제2항, 제64조 제1항 또는 제65조 제1항의 규정에 따른 대행검사기관의 임원 및 직원은 '형법' 제129조 내지 제132조의 적용에 있어 공무원으로 본다.

121) 선박안전법 제67조 (대행검사기관의 배상책임) ① 국가는 공단, 선급법인, 컨테이너검정등대행기관 및 위험물검사대행기관(이하 '대행검사기관'이라 한다)이 해당 대행업무를 수행함에 있어 위법하게 타인에게 손해를 입힌 때에는 그 손해를 배상하여야 한다. ② 국가는 제1항의 규정에 따른 손해배상에 있어 대행검사기관에 고의 또는 중대한 과실이 있는 경우에는 해당 대행검사기관에 구상 할 수 있다. ③ 제2항의 규정에 따른 대행검사기관에 대한 구상은 대통령령이 정하는 금액을 한도로 한다.

122) 공단이나 선급협회의 선박검사원이 공무수탁사인의 지위에 있다고 본다면, 공단이나 선급협회의 검사원의 과실은 국가배상법상 공무원의 과실로 인정되어 국토해양부가 국가기관으로서 국가배상법

정부대행검사의 잘못으로 선주가 손해를 입었을 경우에 정부는 국가배상법상의 책임을 부담하면 되고 정부가 국가배상법상의 책임을 지게 되는 경우에라도 공단과 선급협회는 고의 또는 중과실이 아닌 한 국가로부터 구상을 당하지 않을 것이지만, 국가와 공단 또는 선급협회와 맺게 될 양자 간의 "모델협정"이 우선적으로 적용될 것이다.[123)]

정부가 피고가 되는 경우에는 정부와 공단 또는 선급협회의 관계에 있어서 공단 또는 선급협회는 공무수탁사인으로 인정되므로 국가배상법의 유추적용이 가능할 것으로 본다. 원고는 국가배상법을 기초로 정부를 상대로 손해배상청구를 제기할 수 있다. 이 경우에 민법의 사용자책임과 유사한 책임구조가 되지만, 정부는 공단 또는 선급협회가 고의 또는 중과실이 있을 경우에만 구상청구를 할 수 있다는 점에서 연대책임과 차이가 있다.[124)]

결론적으로 선박검사관과 같이 선박검사원을 광의의 공무원으로 볼 수 있으므로 공무원의 위법행위로 인한 손해발생 시 국가배상법의 적용 요건인 공무원에 해당한다고 할 수 있다.

(2) 직무행위의 판단기준

국가배상법 제2조 1항의 '직무행위를 집행함에 당하여'라고 함은, 직무행위 자체는 물론 객관적으로 직무의 범위에 속한다고 판단되는 행위 및 직무와 밀접히

상의 손해배상의 책임을 지고 공무원의 취급을 받는 공단이나 선급협회에 대하여는 구상권을 행사하게 된다. 이러한 공무수탁사인으로는 집달관이나 사설우체국장 등이 있다.

123) 국가배상법 제2조 '배상책임' 제2항에 의하면 '제1항 본문의 경우에 공무원이 고의 또는 중대한 과실이 있는 때에는 국가 또는 지방자치단체는 그 공무원에게 구상할 수 있다.'라고 규정하고 있다. 정부대행검사에 있어서 선급협회의 책임문제가 다루어진 최근의 판례로는 1994년 미 대법원 판결의 선덴서호 사건이 있다. 이 사건에서 선덴서호는 바하마선적이었는데 바하마 정부는 바하마 상선법에서 '정부의 위임을 받은 자는 선의로 법정검사증서를 발행한 경우에는 면책된다(any government appointee is immunized from liability for issuing statutory certificates in good faith).'라는 규정을 두었다. 미국의 법원은 선덴서호의 기국법을 적용하였고 선급협회는 이러한 바하마상법의 규정을 주장하여 면책이 되었다.

124) 선박안전법 제67조 제2항은 이러한 취지의 입법으로 해석된다. 즉, 국가가 국가배상법에 따라서 책임을 부담한 경우에 국가가 다시 선급에 구상청구를 하게 되면, 선급은 검사원의 고의 혹은 중대한 과실이 없는 경우는 책임을 지지 않는다고 규정한다(제67조 2항 국가는 제1항의 규정에 따른 손해배상에 있어 대행검사기관에 고의 또는 중대한 과실이 있는 경우에는 해당대행검사기관에 구상할 수 있다. 국가배상법 제2조 제2항과 유사하다).

관련된 행위를 말한다.

직무행위 자체는 물론 객관적으로 직무의 범위에 속한다고 판단되는 행위 및 직무행위와 밀접한 관련이 있는 행위가 모두 포함된다. 직무행위인지의 여부는 공무원에게 직무집행의 의사가 있는지의 여부와는 관계없이, 객관적으로 직무행위의 외관을 갖추고 있는지의 여부를 기준으로 판단하여야 한다는 것이 통설·판례의 태도이다.[125)]

(3) 선박검사의 직무행위 포함 여부

선박검사의 경우 법정검사와 임의검사의 시행 후 결함을 발견하였을 때 검사증서를 발급하지 않을 수 있다. 만일 검사증서가 없다면 항해가 불가능하므로 출항금지조치[126)]가 내려진다. 선박검사의 행위는 행정청에 의해 국민의 권리·의무의 변동이 발생하므로 행정행위라 볼 수 있다. 이러한 행정행위는 지방해양청이나 정부의 위임을 받은 공단 또는 선급법인의 행위이고 행정청의 구체적인 의사표시에 의해서 검사증서의 발급이 안 되거나 선박출항이 정지되는 등의 법적 효과를 발생하는 행위이다. 또 이는 직접적인 법적 효과를 발생하는 공권력의 행사이고 행정청이 일방적으로 국민에 권리를 부여하거나 의무를 명하고, 또는 권리·의무 관계를 규율·확정하는 행위이다.

선박검사의 경우 가해행위가 공무원의 행위이어야 하는데 정부위탁검사의 경우 선박검사원은 광의의 공무원인 공무수탁사인에 해당한다. 또 검사증서가 없을 경우 항해가 불가능하여 출항금지조치와 같은 효과를 발생하므로 이는 선박에 일반적 금지를 특정한 경우에 해제해주는 법률행위적 행정행위 중 허가에 해당하며,

125) 대법원 1995. 4. 21. 선고 93다14240 판결: 국가배상법 제2조 제1항의 '직무를 집행함에 당하여'라 함은 직접 공무원의 직무집행 행위이거나 그와 밀접한 관계에 있는 행위를 포함하고, 이를 판단함에 있어서는 행위 그 자체의 외관을 객관적으로 관찰하여 공무원의 직무행위로 보여질 때에는 비록 그것이 실질적으로 직무행위가 아니거나 행위자로서는 주관적으로 공무집행의 의사가 없었다고 하더라도 그 행위는 공무원이 '직무를 집행함에 당하여' 행한 것으로 보아야 한다.

126) 선박안전법 제17조(선박검사증서 등 미소지 선박의 항해금지) ① 누구든지 제8조 제2항의 규정에 따른 선박검사증서, 제10조3항의 규정에 따른 임시항해검사증거, 제12조 제2항의 규정에 따른 국제협약검사증서 및 제43조 제2항의 규정에 다른 예인선항해검사증서를 소지하지 아니하거나 그 효력이 정지된 선박검사증서 등을 비치한 선박을 항해에 사용하여서는 아니된다. ② 누구든지 선박검사증서 등에 기재된 항해와 관련한 조건을 위반하여 선박을 항해에 사용하여서는 아니된다.

선박검사를 목적으로 직접 승선하기 때문에 직무행위에 포함된다고 볼 수 있다.[127)]

(4) 직무행위의 고의 · 과실

고의 · 과실을 요건으로 하고 있는 점에서, 국가배상법은 원칙적으로 과실책임주의에 입각하고 있다. 고의는 위법한 작위 또는 부작위행위의 발생 가능성을 인식하고서 그 결과를 의욕하거나 최소한 인용하는 것을 말하고, 과실이란 마땅히 기울여야 할 주의를 태만히 하거나 부주의로 인해 어떠한 위법한 결과가 초래되는 것을 말한다. 선박검사원이 고의 · 과실에 의해 선박검사를 시행하는 경우 해당된다고 할 수 있다.

(5) 위법성

공무원의 가해행위는 '법령에 위반'한 것이어야 한다. 여기서 법령이란 성문법 · 불문법을 불문하고 모든 법규를 의미하며, 법령 위반은 곧 위법성을 의미한다. 공무원의 가해행위가 위법한 것인지는 전체 법질서의 관점에서 판단되어야 하며, 행정법의 일반원리도 당연히 법규에 포함되는 것으로 판단할 수 있다.

선박검사원의 위법한 직무행위에 무엇이 있는지 검토해보기로 하겠다. 선박검사를 할 수 있는 근거는 선박안전법에 따라서 시행하고 있으며, 이를 위반하였을 경우 위법성의 성립요건을 구성할 수 있으나, 고시의 경우 위반하였을 경우 위법성이 성립하는가가 문제가 된다고 하겠다. 선박안전법 제26조(선박시설의 기준)에 '선박시설은 국토해양부장관이 정하여 고시하는 선박시설기준에 적합하여야 한다.' 라고 하여 수권함을 알 수 있다. 비록 고시가 행정규칙일지라도 법령의 수권이 있으므로 법규성이 있다고 볼 수 있고 이를 위반할 경우 위법성이 인정된다고 할 수 있다.

---

127) 유사한 경우로서 항만국통제와 해상교통관제가 있다. 항만국통제의 경우 법률행위적 명령행위로 하명에 해당하며 이는 선박소유자의 권리 · 자유를 제한하는 것으로 손해가 발생하면 가해행위가 공무원에 의한 행위이고 그 행위가 선박을 점검하기 위한 의사를 가지고 직접 승선하여 시정명령 및 항해정지 명령을 처분한 것이므로 직무행위에 해당하며 직무행위의 범위는 광의설을 기준으로 살펴보면 직무행위에 포함된다. 해상교통관제제도의 경우 관제요원은 공무원이고 그 행위가 행정지도로 광의로 직무행위의 범위를 보면 관리작용도 되므로 직무행위의 범위에 포함된다. 관리작용집행함에 당하여 항목을 보면 직접적인 충고 · 조언 등 선박의 통항에 직 · 간접적 영향을 미치므로 해당한다고 볼 수 있다.

(6) 손해의 발생

국가배상책임이 성립하기 위해서는 손해가 발생하여야 하는데 첫째, 타인에게 손해가 발생하였고, 둘째, 가해행위와 손해발생 사이에 상당인과관계가 있다고 인정될 때에만 충족될 수 있다.

선박검사원의 검사에 의해서 손해가 발생하였을 경우 타인인 선박소유자에게 손해를 입혔으며, 검사가 안전하다고 하는 선박검사원의 검사결과에 따라 항해하였으나 사고가 발생하였다면 이는 상당인과관계가 성립한다고 볼 수 있다.

3) 선박검사에 따른 손해배상책임의 법적 성격

선박검사원의 과실이나 부주의 등으로 인하여 사고가 발생하였거나 선박소유자에게 심각한 손해를 입혔을 경우 국가배상책임의 요건에 해당한다. 즉 검사행위는 그 기관원의 자격에서 행동하는 검사원의 행위에 지나지 않으므로, 국가배상법에 의한 국가의 손해배상책임으로 귀결된다. 국가배상법 제2조에 의한 국가 또는 지방자치단체의 배상책임과 공무원의 행위가 고의 또는 중대한 과실이 있는 때에는 당해 공무원에게 구상할 수 있도록 규정하고 있으므로, 결국 선박검사원의 검사행위에 따른 위법한 직무행위는 국가배상책임으로 귀착된다. 다만, 이러한 위법한 행위가 고의 또는 중대한 과실이 있는 때에는 해당 검사원에게 구상권을 청구할 수 있다고 할 것이다. 그러나 선박사고는 대부분 피해액수가 크기 때문에 개인책임의 비중을 높이는 것은 사실상 선박검사의 효과를 떨어뜨리는 결과를 초래하게 되므로 검사원의 책임을 제한하는 것이 바람직하다.

우리나라 현행법의 관련규정을 보면, 헌법 제29조 제1항은 '공무원의 직무상 불법행위로 손해를 받은 국민은 법률이 정하는 바에 의하여 국가 또는 공공단체에 정당한 배상을 청구할 수 있다. 이 경우 공무원 자신의 책임은 면제되지 아니한다'고 규정하고 있다. 이 헌법규정을 실현하기 위하여 제정된 국가배상법 제2조 제1항 본문에서 '국가 또는 지방자치단체는 공무원이 그 직무를 집행함에 당하여 고의 또는 과실로 법령에 위반하여 타인에게 손해를 가하거나, 자동차손해배상보장법의 규정에 의하여 손해배상의 책임이 있는 때에는 이 법에 의하여 손해를 배상하여야 한다.'고 규정하고 있다. 또 제2조 제2항에서 '제1항 본문의 경우에 공무원이 고의 또는 중대한 과실이 있는 때에는 국가 또는 지방자치단체는 그 공무원에

게 구상할 수 있다.'라고 규정하고 있다.[128]

이 경우 공무원의 개인책임의 성질에 관하여는 견해가 갈리고 있는데, 대위책임설, 자기책임설, 절충설 등으로 나눌 수 있다.

(1) 대위책임설

이는 국가배상법상의 '공무원의 과실'이 책임요건으로 되어 있는데 근거한 견해로서 과실을 범한 공무원이 배상책임을 져야 하지만 공무원에게 자력이 없는 경우가 적지 아니하므로 피해자의 구제를 위하여 국가가 공무원을 대신하여 책임을 지는 것으로 본다. 이 학설은 공무원의 직무상 불법행위로 손해를 입은 피해자에 대하여 국가나 지방자치단체가 책임을 지는 것은 변론으로 하고, 그 공무원 개인은 어떠한 경우에도 직접 손해배상책임을 지지 않는다는 입장이다. 국가 등의 배상으로 피해자의 구제는 충분하며, 대위책임은 그 성질상 공무원이 지는 책임을 국가가 대신 인수하여 부담하는 것이므로, 공무원 스스로의 외부적 배상책임은 인정되지 않는다고 보는 것이다.[129]

이 설에 의하면 국가는 자신의 책임이 아닌데도 공무원을 대신하여 피해자에게 배상하였으므로, 국가가 공무원에게 구상할 수 있게 됨은 물론이다. 그러나 국가배상법 제2조는 공무원에게 고의·중과실이 있는 경우에만 구상할 수 있다고 규정하고 있는바, 그것은 공무원의 직무의욕의 저하와 공무수행의 지장을 초래할 염려가 있어 이를 방지하기 위한 정책적 고려에 기한 것이라고 한다.

(2) 자기책임설

이 학설은 2가지로 나누어지는데, 그 하나는 전통적 견해로서 공무원의 직무상 불법행위는 국가기관의 불법행위가 되므로 국가가 직접 자기책임을 진다는 기관이론에 입각한 자기책임설[130]이고, 다른 하나는 행정권이 잘못 행사되어 손해가

128) 우성만, "공무원의 직무상 불법행위에 따른 개인책임", 「판례연구」, 6집, 부산판례연구회(1996), 272쪽.

129) 유지태, 「제7판 행정법신론」, (서울: 박영사, 2003), 347쪽.

130) 위 견해는 국가의 배상책임과 공무원 개인의 책임이 상호 무관함으로 양립될 수 있는 바, 피해자는 선택적 청구권을 갖는 것으로 본다. 김동희 교수는 전통적 견해에도 공무원은 경과실의 경우에도 민사상의 책임을 진다는 '전부긍정설'과 경과실에 양립될 수 있는 제2조 제2항에 의해 공무원의 면책이 인정되어 고의·중과실의 경우에도 민사상 개인에 대한 청구가 인정되는 것으로 보는 '부분긍

초래된 경우에 위법하게 행사될 위험성이 있는 행정권을 국가가 공무원에게 수권하였으므로 일종의 위험책임으로서의 자기책임으로 보는 위험책임설적 자기책임설이다. 이 설에 의하면 공무원의 행위가 적법 · 무과실인 경우에도 국가책임이 인정된다고 볼 것인 바, 국가배상에 관한 이론(위법 · 과실의 문제)으로서는 문제가 있다.

학설의 주된 논거는 국가 등이 지는 배상책임은 국가 스스로의 행위에 대한 책임이므로, 그의 기관인 공무원의 행위라는 형식을 통하여 직접 자기의 책임으로 부담하는 것이라고 보는 견해이다. 첫째로 우리 실정법 규정인 헌법 제29조 제1항, 국가배상법 제2조 등에 대위책임제를 취하고 있는 독일의 그것과 다르다고 하는 점, 둘째로, 구상권의 인정문제는 정책적 측면에서 인정되는 것이므로, 이를 기준으로 배상책임의 성질을 논하는 것이 옳지 않다는 점 등을 논거로 한다.[131]

(3) 절충설

이 설은 국가의 배상책임을 공무원의 위법행위가 경과실에 기한 것인 때에는 자기책임으로, 고의 · 중과실에 기한 것인 때에는 대위책임으로 본다. 이러한 중간설에는 피해자의 선택적 청구권은 인정되지 않는 것으로 본다. 논거로는, 첫째로 공무원의 경과실의 직무행위는 기관행위로서 국가 등에 귀속시킬 수 있으나, 고의나 중과실의 행위는 기관행위로서 볼 수 없다는 점, 둘째로 국가배상법 제2조 제2항 경과실의 경우에 국가의 공무원에 대한 구상권을 인정하지 않고 있다는 점을 제시하고 있다.

(4) 소 결

공무원의 위법한 직무행위로 인하여 발생한 손해에 대해 국가 등이 피해자에 대해 배상책임을 지는 것이 그 가해공무원을 갈음하는 것인가(대위책임), 아니면 자기 행위에 대해 스스로 책임을 지는 것인가(자기책임설)의 문제는 궁극적으로 국가의 배상책임의 본질에서 찾아야 할 것이다. 현실적으로 국가는 공무원을 통해서 활동하므로, 공무원의 가해행위로 인하여 발생한 손해에 대한 책임도 국가가 직접 지는 것으로 보는 자기책임설이 타당한 것으로 보인다.

정설'로 나누어 설명한다. 김동희, 앞의 책, 506쪽.

131) 김남진 · 김연태, 「행정법 I」, (서울: 법문사, 2005), 514쪽.

공무원 자신의 책임에 관한 헌법의 규정(제29조 제1항), 공무원에 대한 구상권 제한에 관한 국가배상법의 규정(제2조 제2항)은 국가의 배상책임의 성질과는 직접적으로 무관하다고 볼 수 있다. 그러므로 국가배상법이 공무원에게 고의나 중과실이 있는 경우에는 국가가 구상할 수 있고, 경과실이 있는 경우에는 구상을 배제하고 있는 것을 근거로 하여 현행의 국가배상법이 절충설을 취하고 있다고 판단하는 것은 속단인 것으로 여겨진다.[132]

판례의 입장은 공무원의 국민에 대한 배상책임을 인정[133]하고 있는 절충설을 취하고 있는바, 그 주된 논거를 살펴보면 다음과 같다.

첫째로, 국가배상법은 민법상 불법행위법에 대한 특별법으로서 국가배상책임은 민사상 손해배상책임과 성질을 달리하지 아니하므로 공무원에게 고의 또는 과실이 있는 경우에 공무원이 배상책임을 지는 것이 일반법 이론상 당연하다는 것이며,[134] 둘째, 고의 · 중과실에 의한 행위는 국가 등의 기관행위로 볼 수 없으므로 대위책임이지만(국가가 대신 배상책임을 지고 해당 공무원에게 구상권을 청구할 수 있다), 경과실에 의한 행위는 기관행위로 볼 수 있으므로 자기책임이라고 한다. 이는 국가배상법 제2조 제2항이 고의 또는 중과실의 경우에만 공무원에 대한 구상권을 인정하고, 경과실의 경우에는 인정하지 않고 있음을 논거로 하고 있다.[135]

즉, 공무원의 경과실로 인한 행위의 경우에는 공무원의 행위는 국가 자신의

132) 김남진 · 김연태, 앞의 책, 514쪽.

133) 대법원 1996. 2. 15. 선고 95다38677 판결: 국가배상법의 입법취지가 국가 등에게 선임 · 감독상의 과실 여부에 불구하고 손해부담책임을 부담시켜 국민의 재산권을 보장하되, 공무원이 직무를 수행함에 있어 경과실로 타인에게 손해를 입힌 경우에는 그 직무 수행상 통상 예기할 수 있는 흠이 있는 것에 불과하므로 이러한 공무원의 행위는 여전히 국가 등의 행위로 보아 그로 인하여 발생한 손해에 대한 배상책임도 전적으로 국가 등에만 귀속시키고 공무원 개인에게 그로 인한 책임을 부담시키지 아니하고, 반면에 공무원의 위법행위가 고의 · 중과실에 기인한 경우에는 비록 그 행위가 그 직무와 관련된 것이라고 하더라도 위와 같은 행위는 그 본질에 있어 기관행위로서의 품격을 상실하여 국가 등에게 그 책임을 귀속시킬 수 없으므로 공무원 개인에게 불법행위로 인한 손해배상책임을 부담시키되, 다만 이러한 경우에도 그 행위의 외관을 객관적으로 관찰하여 공무원의 직무행위로 보일 때에는 피해자인 국민을 두텁게 보호하기 위하여 국가 등이 공무원 개인과 중첩적으로 배상책임을 부담하되, 국가 등이 배상책임을 지는 경우에는 공무원 개인에게 구상할 수 있도록 함으로써 궁극적으로 그 책임이 공무원에게 귀속되도록 하려는 것이라고 봄이 합당하다.

134) 박균성, "공무원 배상책임의 이론과 판례", 「판례월보사」, 제297호, 판례월보(1995), 40쪽.

135) 김진권, "해상교통관제의 법적문제에 대한 소고", 「해사법연구」, 제19권 제1호, 한국해사법학회(2007), 121쪽.

행위로 보아 선택적 청구를 부정하고, 공무원의 고의 또는 중과실로 인한 행위의 경우에는 국가 자신의 행위로 볼 수 없고 공무원 개인의 행위로 보아야 할 것이다.

4) 선박검사에 따른 손해배상책임의 법적 성격

선박검사원은 정부대행기관의 검사원으로서 선박의 안전운항을 유지하고 사고를 미연에 방지하며 해양환경을 보호하는 정부공무원의 역할을 수행하고 있다. 공무원의 책임에 관하여 판례의 입장은 경과실에 의한 행위의 경우에는 선택적 청구를 부정하고, 고의·중과실에 의한 행위의 경우에는 선택적 청구를 긍정하는 견해, 즉 공무원 자신에게 책임을 구상할 수 있다는 입장이다.[136] 즉, 판례의 입장으로 정리하면 선박검사원은 자신의 고의 또는 중과실의 경우에 한하여 개인책임을 부담하며, 직무상 경과실에 의한 경우에는 개인 책임을 부담하지 아니한다고 볼 수 있다.[137]

일반적으로 고의란 일정한 결과가 발생하리라는 것을 알면서 이를 행하는 심리상태를 말하며, 과실이란 일정한 결과가 발생한다는 것을 알고 있어야 함에도 불구하고 부주의로 그것을 알지 못하였음을 의미한다. 과실을 주관적인 심리상태보다는 객관적인 주의의무위반으로 파악하며, 당해 공무원의 주의력이 아니라, 그 직종의 평균적 공무원의 주의력이 과실의 판단기준이 되며, 그에 따라 직종에 따라서는 보다 높은 주의의무가 과해지게 된다. 이 가운데 중과실은 주의의무 위반이 현저한 과실, 중대한 과실, 즉 현저한 부주의, 태만의 경우로서 조금만 주의를 하였다면, 충분히 사고를 막을 수 있었음에도 그 주의조차 태만히 한 정도의 주의의무위반이라 할 수 있다.[138]

---

136) 김진권, 앞의 논문, 122쪽.

137) 항만국통제관과 VTS관제관의 경우도 이에 해당한다고 볼 수 있다.

138) 대법원 1987. 9. 22. 선고 87다카1164 판결. 공무원의 직무집행상의 과실이라 함은 공무원이 그 직무를 수행함에 있어 당해직무를 담당하는 평균인이 보통 갖추어야 할 주의의무를 게을리한 것을 말한다.

대법원 2001. 3. 13. 선고 2000다20731 판결. 어떤 행정처분이 뒤에 항고소송에서 취소되었다고 할지라도 그 자체만으로 그 행정처분이 곧바로 공무원의 고의 또는 과실로 인한 불법행위를 구성한다고 단정할 수는 없다.

대법원 2003. 11. 27. 선고 2001다33789 판결. 법령에 의하여 국가가 그 시행 및 관리를 담당하는 시험에 있어 시험문항의 출제 및 정답결정에 오류가 있어 이로 인하여 합격자 결정이 위법하게 되었다는 것을 이유로 공무원 내지 시험출제에 관여한 시험위원의 고의, 과실로 인한 국가배상책임을 인정하기 위해서는 제반사정을 종합적으로 고려하여 시험 관련 공무원 혹은 시험위원이 객관적

선박검사의 경우에 개별적 상황에 대하여 모든 요소를 종합적으로 고려하여 판단하게 될 것이다. 국가책임으로 귀속될 수 있는 경과실에 대한 판단에 있어 그 경계가 모호하고 불확정적이라 할 수 있다. 법률적 의미로 경과실이라 함은 선량한 관리인이 주의를 기울이지 않음으로써 일어나는 가벼운 과실로 판단기준은 일반인의 평균적 의미의 주의의무를 말한다.

5) 선박안전법의 배상제도의 법적지위

정부대행검사의 경우 공단 및 선급법인 검사원의 불법행위로 인한 선박소유자에게 손해가 발생하였을 시 국가배상법에 의한 배상책임의 요건에 해당됨을 확인하였다. 국가배상법은 동법의 적용범위에 관하여, '국가 또는 지방자치단체의 손해배상의 책임에 관하여는 이 법의 규정에 의한 것을 제외하고는 민법의 규정에 의한다. 다만 민법 이외의 법률에 다른 규정이 있을 때에는 그 규정에 의한다'라고 규정하고 있다.

즉, 이 규정이 의미하는 바는 다음과 같다.

① 국가배상에 관하여 특별법이 있는 경우에는 특별법이 우선적으로 적용된다. ② 국가배상에 관하여 국가배상법 및 특별법에 규정되어 있는 사항 이외에는 민법을 준용한다.

현재 국가배상에 관한 특별법으로는 무과실책임을 인정하고 있는 것으로서 자동차손해배상보장법, 산업재해보상보험법, 원자력손해배상법과 공무원연금법이 있고, 배상책임의 범위 또는 배상액을 감경 내지 정형화하고 있는 것으로서 우편법, 철도법 등이 있다.[139]

선박안전과 관련된 특별법에 국가배상에 관한 사항은 여러 법에 산재되어 있거나 없는 경우가 있으나, 선박검사의 경우에는 선박안전법에 규정되어 있다.

선박의 감항성과 인명의 안전을 위하여 개개의 선박의 구조 · 설비 등이 기준에 적합한지 여부를 점검하는 선박검사 관련한 규정은 선박안전법 제7조(건조검사), 제8조(정기검사), 제9조(중간검사), 제10조(임시검사), 제11조(임시항행검사), 제12

주의의무를 결하여 그 시험의 출제와 정답 및 합격자 결정 등 시험관정처분이 객관적 정당성을 상실하고 이로 인하여 손해의 전보책임을 국가에게 부담시켜야 할 실질적인 이유가 있다고 인정되어야 할 것이다.

139) 김남진 · 김연태, 앞의 책, 491쪽.

조(국제협약검사), 제13조(도면의 승인), 제17조(선박검사증서 등 미소지 선박의 항행금지), 제71조(특별검사) 등이 있다.

위의 검사를 정부대행검사기관인 선박안전기술공단, 선급법인 소속의 선급검사원의 검사 시에 발생한 손해에 대한 배상책임에 관한 규정은 선박안전법 제67조에 규정되어 있다.[140] 여기에서는 국가가 국가배상법에 따라서 책임을 부담한 경우에 국가가 다시 구상권 청구를 할 수 있고, 공무원의 고의 또는 중대한 과실이 없는 경우는 책임을 지지 않는다고 규정하고 있는데, 선박안전법 제67조 2항도 이와 유사한 내용으로 규정되어 있다.[141]

140) 선박안전법 제67조(대행검사기관의 배상책임) ① 국가는 공단, 선급법인, 컨테이너검정 등 대행기관 및 위험물검사등 대행기관(이하 대행검사기관 이라 한다)이 해당 대행업무를 수행함에 있어 위법하게 타인에게 손해를 입힌 때에는 그 손해를 배상하여야 한다. ② 국가는 제1항의 규정에 따른 손해배상에 있어 대행검사기관에 고의 또는 중대한 과실이 있는 경우에는 해당 대행검사기관에 구상 할 수 있다. ③ 제2항의 규정에 따른 대행검사기관에 대한 구상은 대통령령이 정하는 금액을 한도로 한다. 선박안전법시행령 제15조(대행검사기관에대한 구상) 법 제67조 제3항의 규정에서 "대통령령이 정하는 금액"이라 함은 오십억원을 말한다.

141) 참고로 항만국통제와 VTS의 경우는 다음과 같다.

1) 항만국통제: 출항정지처분이 공무원의 위법한 행정행위에 의하여 이루어졌다면 이로 인하여 피해를 입은 자는 누구나 국가에 배상을 청구할 수 있다. 선박소유자의 경우 부당한 출항정지처분으로 인하여 추가로 발생한 수리비, 선급 검사비, 항만시설사용료, 대리점비용, 운송계약중단(off-fire)에 따른 손해 등을 청구할 수 있을 것이다. 물론 선박운항자의 경우도 선박운송의 지연으로 인한 손해를 청구할 수 있다.

국가배상소송의 경우 공무원의 불법행위 입증책임을 국가배상을 주장하는 자가 지게 된다. 그러나 항만국통제관의 업무는 그 내용이 대단히 전문적이고, 행정처분이 정당한 재량권의 행사라고 항변할 경우 이를 반박하기가 쉽지 않다. 따라서 국내외적으로 국가배상소송을 통하여 항만국통제에 대한 손해의 배상을 받은 사례는 없는 것으로 파악되고 있다.

선박안전법 제68조는 항만국통제에 관한 사항을 1항에서 8항까지 기록하고 있으며, 제5항의 경우 90일 이내에 불복사유를 기재하여 이의신청을 하는 사항이 있고, 제6항의 경우 소속 공무원으로 하여금 위법·부당 여부를 직접 조사하게 하는 사항이며, 제7항의 경우 제5, 제6항의 규정에 따른 이의신청절차를 거치지 아니하고는 행정소송을 할 수 없다고 규정하고 있다. 다만 행정소송법 제18조 제2항 및 제3항의 규정에 해당하는 경우에는 그러하지 아니한다. 제69조의 경우 외국의 항만국에 의해 선박의 결함을 지적받은 국내선박에 관한 사항을 기록하고 있다. 제3항의 국토해양부장관은 다음 각 호의 대한민국 선박에 대하여 외국항만에서 출항정지를 예방하기 위하여 조치가 필요하다고 인정되는 경우 국토해양부령이 정하는 바에 따라 관련되는 선박의 구조·설비 등에 대하여 특별점검을 할 수 있다. 1. 선령이 15년을 초과하는 산적화물선·위험물운반선, 2. 그 밖에 국토해양부령이 정하는 선박이라고 규정되어 있으며, 제4항은 국토해양부장관은 특별점검의 결과 선박의 안전 확보를 위하여 필요하다고 인정되는 경우에는 해당선박의 소유자에 대하여 국토해양부령이 정하는 바에 따라 항해정지명령 또는 시정·보완 명령을 할 수 있다고 규정되어 있으며, 이에 따른 손해발생 시 배상에 관한 규정은 없다. 해양환경관리법에서도 배상에 관한 규정은 없으며, 제59조

선박안전에 대한 선박검사원의 불법행위로 인한 국가배상과 연관된 법률은 다양한 것이 있지만, 가장 중요한 것은 선박안전법이고, 이 법은 선박법, 해양환경관리법, 선원법, 선박직원법, 해상교통안전법, 개항질서법 등과 깊은 관계를 맺고 있다. 선박안전법은 상위에 있는 헌법과 국가배상법에도 당연히 깊은 연관을 맺고 있다.

선박의 안전과 해양환경보호를 위한 선박검사의 중요성은 아무리 강조해도 지나치지 않을 것이다. 그러나 선박에 대한 규제의 정도는 집행하는 검사원에 따라 다소의 개인차가 있을 수 있으며, 집행과정에서 개인의 고의 또는 과실이 발생할 수 있다. 선박검사원의 고의·과실에 의한 선박의 부당한 행정행위는 선박의 사고 및 출항지연과 같은 결과로서 선박소유자에게 심각한 경제적 손실을 입힐 수 있다. 특히 선박에 의한 사고가 발생할 시 대형 해양오염피해가 발생하여 연안국에 심각한 재앙을 초래할 수도 있고, 또한 선박운항지연, 출항정지와 같이 선박소유자에게 경제적 손실을 입힐 수 있다.

그런데 공무원의 불법행위로 인한 손해를 국가배상법에 의해서 처리하기보다는 선박안전법에 국가배상관련 규정이 구체적으로 마련되어 있으므로 좀 더 일관성 있고 신속하게 처리할 수 있도록 성립된 해사행정법 체계로 처리할 수 있다.

즉, 선박안전법 제67조에 대행검사기관의 배상책임은 명백하게 국가의 책임임을 명시함으로써 국가배상법을 근거로 하지 않아도 손해에 대한 국가배상의 근

2항에서 '항만국통제의 시행에 필요한 절차는 선박안전법 제68조 내지 제70조의 규정을 준용한다.' 라고 명시되어 있을 뿐이다. 기타 선원법, 선박직원법, 해상교통안전법, 개항질서법 등에서 구체적인 국가배상에 관한 규정은 없다.

2) VTS: 해상교통관제의 경우 비권력적 사실행위로서 행정지도에 해당한다고 볼 수 있다. 이러한 행정지도가 비록 국민에게 지도·권고·조언 등을 하는 행정작용이라 할지라도 국민에게 심리적 압박을 가함으로써 사실상의 강제성을 가지며, 그 구체적 한계가 불명확하고 법적 근거가 없이도 할 수 있다. 이러한 행정지도 다양한 분야에서 행하여지고 있음에도 불구하고 구제가 마땅치 않은 경우가 많다.

해상교통관제를 시행함으로써, 선박소유자에게 손해가 발생하였을 경우 VTS의 근거가 되는 법에는 손해배상에 관한 규정이 없다. 개항질서법 제28조와 해상교통안전법 제57조에는 해상교통관제를 시행하는 법적근거만이 있을 뿐 배상과 관련한 법 규정은 발견할 수 없다. 해상교통관제의 경우 관제요원의 불법행위로 인하여 충돌이 발생하거나, 연안국 주위에 해양오염을 발생시켰을 경우 선박소유자에게 발생하는 손해는 가히 천문학적이라 할 수 있다.

비록 임의적 동의를 바탕으로 하는 행정지도라 할지라도 손해배상에 관한 구체적인 법적 근거가 필요하다 하겠다.

거를 마련할 수 있을 것이다. 다시 말하면 정부대행검사기관의 선박검사에 따른 손해가 선박소유자에게 발생하였을 경우 국가배상법의 특별법적 규정으로서 선박안전법 제67조에 따라 국가가 배상책임을 맡으므로 선박소유자가 구제를 받기가 쉬워졌다. 이와 같은 국가배상제도를 항만국통제나 VTS와 같은 제도에도 규정한다면 국민의 손해를 구제하는 데 한층 발전된 모습을 보일 것이다.

제7절 선박검사증서

Ⅰ. 법적 성격

선박의 항행권을 보증하는 성격을 지니며 증서를 교부받지 않았거나 검사를 받기 위하여 이를 제출 중일 때와 증서의 효력이 정지되어 있으면 특정한 경우를 제외하고는 선박을 항행에 사용하는 것이 금지된다.

Ⅱ. 기 능

선박의 사용상의 조건을 표시하고 있다. 즉, 해운관청은 정기검사에 합격한 선박에 대하여 항행구역, 최대탑재인원, 제한기압, 만재흘수선의 위치를 정하여 선박검사증서를 교부하므로 증서에 기재된 이들 항행상의 조건을 위반하여 선박을 항행에 사용함은 특별한 경우를 제외하고는 금지된다.

Ⅲ. 유효기간 등

1. 선박검사증서 및 국제협약검사증서의 유효기간[142)]

법 제16조 제1항에 따른 선박검사증서의 유효기간은 5년으로 한다(시행령 제5조 제1항). 법 제16조 제1항에 따른 국제협약검사증서의 유효기간은 다음 각 호의 구분에 따른다. 다만, 해당 선박에 대하여 법 제10조 제3항에 따른 임시변경증 또

142) 선박안전법 시행령 제5조.

는 법 제11조 제2항에 따른 임시항해검사증서를 발급받은 경우 그 유효기간은 해당 임시변경증 또는 임시항해검사증서에 기재된 유효기간으로 한다(제2항).

(i) 여객선안전검사증서 · 원자력여객선안전검사증서 및 원자력화물선안전검사증서: 1년

(ii) 그 밖의 국제협약검사증서: 5년

제1항에 따른 선박검사증서의 유효기간은 다음 각 호에 규정된 날부터 기산(起算)한다(제3항).

(i) 최초로 법 제8조에 따른 정기검사(이하 "정기검사"라 한다)를 받은 경우 해당 선박검사증서를 발급받은 날

(ii) 선박검사증서의 유효기간이 끝나기 전 3개월이 되는 날 이후에 정기검사를 받은 경우 종전 선박검사증서의 유효기간 만료일의 다음 날

(iii) 선박검사증서의 유효기간이 끝나기 전 3개월이 되는 날 전에 정기검사를 받은 경우 해당 선박검사증서를 발급받은 날

(iv) 선박검사증서의 유효기간이 끝난 후에 정기검사를 받은 경우 종전 선박검사증서의 유효기간 만료일의 다음 날. 다만, 계선(제2조 제2항에 따라 서류를 제출한 경우로 한정한다) 그 밖에 해양수산부령으로 정하는 사유로 인하여 종전 선박검사증서의 유효기간 만료일의 다음 날부터 계산하는 것이 부당하다고 인정되는 경우 정기검사를 받고 해당 선박검사증서를 발급받은 날부터 계산한다.

제2항에 따른 국제협약검사증서의 유효기간의 기산 방법은 제3항에 따른 선박검사증서의 유효기간 기산 방법을 준용한다. 이 경우 "선박검사증서"는 "국제협약검사증서"로 본다(제4항).

2. 선박검사증서 및 국제협약검사증서의 유효기간 연장

선박안전법 제16조 제2항에 따라 선박검사증서 및 국제협약검사증서의 유효기간을 연장하려는 경우 다음 각 호의 구분에 따른 기간 이내에서 연장할 수 있다. 다만, 제1호에 해당하는 경우에는 그 연장기간 내에 해당 선박이 정기검사 또는 해양수산부령으로 정하는 국제협약검사를 받을 장소에 도착하면 지체 없이 그 정기검사 또는 국제협약검사를 받아야 한다(시행령 제6조 제1항).

(i) 해당 선박이 정기검사 또는 해양수산부령으로 정하는 국제협약검사를 받

기 곤란한 장소에 있는 경우: 3개월 이내

(ii) 해당 선박이 외국에서 정기검사 또는 해양수산부령으로 정하는 국제협약검사를 받았으나 선박검사증서 또는 국제협약검사증서를 선박에 갖추어 둘 수 없는 사유가 발생한 경우: 5개월 이내

(iii) 해당 선박이 짧은 거리의 항해(항해를 시작하는 항구부터 최종 목적지의 항구까지의 항해거리 또는 항해를 시작한 항구로 회항할 때까지의 항해거리가 1천해리를 넘지 아니하는 항해를 말한다)에 사용되는 경우(국제협약검사증서로 한정한다): 1개월

시행령 제6조 제1항에도 불구하고 국제협약검사증서 중 국제방사능핵연료화물운송적합증서의 경우 특별한 사유가 없는 한 그 유효기간은 자동으로 연장된다(제2항). 시행령 제6조 제1항에 따른 유효기간 연장의 신청절차 등 필요한 사항은 해양수산부령으로 정한다(제3항).

제8절 항만국통제

Ⅰ. 의 의

항만국통제에 대해서는 학자들마다 나름대로의 표현으로 정의하고 있기 때문에 표현의 차이는 있지만 그 의미에 있어서는 큰 차이가 없다. 항만국통제는 한마디로 자국의 항만에서 외국적 선박에 대하여 해상안전과 해양환경을 보존하기 위하여 행하는 통제라고 간단히 정의할 수 있다.[143] 즉, 항만국통제는 항만국이 자국의 항구에 기항한 외국선박에 대하여 선박 안전기준, 선원의 자격 및 근로조건, 선원의 운항능력 등 제반 안전문제에 대하여 검사를 시행하여 국제법 및 국내법상의 기준에 미달하는 선박에 대해서는 필요한 집행조치를 취함으로써 인명의 안전, 선박 및 그 화물의 안전 그리고 해양환경의 보호를 확보하고자 하는 제도라고 할 수 있다.[144]

---

143) Z. Oya Özçaylr, *Port State Control*, 2nd Ed.(London: Informa professional, 2004), p.1.

144) Anthony Clake, "*Port State control or sub−standard ships: who is to blame? what is the cure*", Lloyd's Maritime Commercial and Law Quarterly, Part 2(1994. 5), p.202; G.C. Kasoulides, *Port State Control and Jurisdiction: Evolution of the Port State Regime*(Dordrecht: Martinus Nijhoff,

국제해사기구(IMO)에서는 항만국통제는 자국항만에서 선박의 상태와 장비가 국제 규칙의 요건에 적합한지, 선박이 이 규칙에 따라서 선원이 승선하여 운영되고 있는지를 확인하는 검사로 정의하고 있다.145)

유엔해양법협약 제94조 제1항에서는 '모든 국가는 자국기를 게양한 선박에 대하여 행정적·기술적·사회적 사항에 관하여 유효하게 자국의 관할권을 행사하고 통제한다.'146)라고 규정되어 있다. 이와 같이 전통적으로 선박은 기국 영토의 일부로 간주되어 왔고 선박이 외국 항에 입항하였을 때에도 항만국(Port State)으로부터 치외법권지역으로 인식되어 선박이 각종 안전기준에 적합한지 확인하는 책임이 기국에 있음이 인정되었다.

해상안전과 해양오염방지에 관한 국제협약과 의정서는 주로 기국에 의하여 적절하게 적용되고 이행되어야 하며, 항만국은 단지 이러한 국제기준의 효과적인 이행을 위하여 보충적인 역할을 수행하고 있다는 점에 유념하여야 할 것이다.147) 항만국의 이러한 보충적인 역할 자체가 기국의 기본적인 책임을 경감시키는 것은 아니다. 즉, 기국이 여러 가지 이유로 자국 선박의 안전 상태에 대해서 적절한 조치를 취하지 못하는 경우가 있다 하더라도, 기국은 국제협약의 기준이행에 대한 기본적인 책임을 다하여야 한다.

이처럼 국제기준의 이행이 기국에 대해서는 책임의 문제이고 항만국으로서는 권한의 문제라고 해석할 수 있을 것이다.148) 그러나 항만국통제를 보다 대승적으로 해석할 경우, 기준미달선을 제거함으로써 해상안전을 보장하고 해양오염을 방지하려는 항만국과 기국의 협력행위라고 하는 것이 타당하다고 본다.149)

1993), pp.110－111.

145) http://www.imo.org/home.asp(2011년 3월 검색): Port State Control(PSC) is the inspection of foreign ships in national ports to verify that the condition of the ship and its equipment comply with the requirements of international regulations and that the ship is manned and operated in compliance with these rules. Many of IMO's most important technical conventions contain provisions for ships to be inspected when they visit foreign ports to ensure that they meet IMO requirements.

146) United Nations Convention on the Law of the sea. Article 94(Duties of the flag State).

147) E. E. Mitropoulos, "*Current Maritime Safety Issues and the Role of IMO－Recent IMO Activities relating to Maritime Safety*", Maritime Casualty Prevention Seminar(Seoul, 14 Apr. 1995), p.10.

148) *Ibid.*, p.10.

149) 강동수, "기준미달선에 대한 항만국통제제도의 발전과 그 법적 문제에 관한 연구", 「한국해양

우리나라의 선박안전법 제68조 제1항에서는 '국토해양부장관은 외국선박의 구조·시설 및 선원의 선박운항지식 등이 대통령령이 정하는 선박안전에 관한 국제협약에 적합한지 여부를 확인하고 그에 필요한 조치를 할 수 있다.'라고 규정하고 있다.

Ⅱ. 절 차

해양수산부장관은 외국선박의 구조·설비·화물운송방법 및 선원의 선박운항지식 등이 대통령령으로 정하는 선박안전에 관한 국제협약에 적합한지 여부를 확인하고 그에 필요한 조치(이하 "항만국통제"라 한다)를 할 수 있다(제68조 제1항). 해양수산부장관은 제1항의 규정에 따른 항만국통제를 하는 경우 소속 공무원으로 하여금 대한민국의 항만에 입항하거나 입항 예정인 외국선박에 직접 승선하여 행하게 할 수 있다. 이 경우 해당 선박의 항해가 부당하게 지체되지 아니하도록 하여야 한다(제2항). 해양수산부장관은 제1항에 따른 항만국통제의 결과 외국선박의 구조·설비·화물운송방법 및 선원의 선박운항지식 등이 제1항에 따른 국제협약의 기준에 미달되는 것으로 인정되는 때에는 해당선박에 대하여 수리 등 필요한 시정조치를 명할 수 있다(제3항).

해양수산부장관은 제1항에 따른 항만국통제 결과 선박의 구조·설비·화물운송방법 및 선원의 선박운항지식 등과 관련된 결함으로 인하여 해당 선박 및 승선자에게 현저한 위험을 초래할 우려가 있다고 판단되는 때에는 출항정지를 명할 수 있다(제4항). 외국선박의 소유자는 제3항 및 제4항에 따른 시정조치명령 또는 출항정지명령에 불복하는 경우에는 해당명령을 받은 날부터 90일 이내에 그 불복사유를 기재하여 해양수산부장관에게 이의신청을 할 수 있다(제5항). 제5항의 규정에 따라 이의신청을 받은 해양수산부장관은 소속 공무원으로 하여금 해당 시정조치명령 또는 출항정지명령의 위법·부당 여부를 직접 조사하게 하고 그 결과를 신청인에게 60일 이내에 통보하여야 한다. 다만, 부득이한 사정이 있는 때에는 30일 이내의 범위에서 통보시한을 연장할 수 있다(제6항). 시정조치명령 또는 출항정지명령에 대하여 불복하는 자는 제5항 및 제6항의 규정에 따른 이의신청의 절차를

대학교 법학박사학위논문」, 한국해양대학교(1997), 13쪽.

거치지 아니하고는 행정소송을 제기할 수 없다. 다만, 「행정소송법」 제18조 제2항 및 제3항의 규정에 해당되는 경우에는 그러하지 아니하다(제7항). 제3항부터 제7항까지의 규정에 따른 외국선박에 대한 조치 및 이의신청 등에 관하여 필요한 사항은 대통령령으로 정한다(제8항).

Ⅲ. 외국의 항만국통제 등

선박소유자는 외국 항만당국의 항만국통제에 의하여 선박의 결함이 지적되지 아니하도록 관련되는 국제협약 규정을 준수하여야 한다(법 제69조 제1항). 해양수산부장관은 외국 항만당국의 항만국통제에 의하여 출항정지 처분을 받은 대한민국 선박이 국내에 입항할 경우 해양수산부령으로 정하는 바에 따라 관련되는 선박의 구조·설비 등에 대하여 점검(이하 "특별점검"이라 한다)을 할 수 있다. 다만, 외국정부에서 확인을 요청하는 경우 등 필요한 경우에는 외국에서 특별점검을 할 수 있다(제2항).

해양수산부장관은 다음 각 호의 대한민국 선박에 대하여 외국항만에 출항정지를 예방하기 위한 조치가 필요하다고 인정되는 경우 해양수산부령으로 정하는 바에 따라 관련되는 선박의 구조·설비 등에 대하여 특별점검을 할 수 있다(제3항).

(i) 선령이 15년을 초과하는 산적화물선·위험물운반선

(ii) 그 밖에 해양수산부령으로 정하는 선박

해양수산부장관은 제2항 및 제3항의 규정에 따른 특별점검의 결과 선박의 안전확보를 위하여 필요하다고 인정되는 경우에는 해당선박의 소유자에 대하여 해양수산부령으로 정하는 바에 따라 항해정지명령 또는 시정·보완 명령을 할 수 있다(제4항).

Ⅳ. 공 표

해양수산부장관은 외국 항만당국의 항만국통제로 인하여 출항정지명령을 받은 대한민국 선박에 대하여는 대통령령으로 정하는 바에 따라 해당 선박의 선박명·총톤수, 출항정지 사실 등을 공표할 수 있다(법 제70조).

제9절 보칙 및 벌칙

Ⅰ. 보 칙

1. 결함신고에 따른 확인 등

누구든지 선박의 감항성 및 안전설비의 결함을 발견한 때에는 해양수산부령으로 정하는 바에 따라 그 내용을 해양수산부장관에게 신고하여야 한다(법 제74조 제1항). 해양수산부장관은 제1항의 규정에 따라 신고를 받은 때에는 해양수산부령으로 정하는 바에 따라 소속 공무원으로 하여금 지체 없이 그 사실을 확인하게 하여야 한다(제2항).

해양수산부장관은 제2항의 규정에 따른 확인 결과 결함의 내용이 중대하여 해당 선박을 항해에 계속하여 사용하는 것이 해당 선박 및 승선자에게 위험을 초래할 우려가 있다고 인정되는 경우에는 해양수산부령으로 정하는 바에 따라 해당 결함이 시정될 때까지 출항정지를 명할 수 있다(제3항). 누구든지 제1항의 규정에 따라 신고한 자의 인적사항 또는 신고자임을 알 수 있는 사실을 다른 사람에게 알려주거나 공개 또는 보도하여서는 아니 된다(제4항).

2. 선박검사관

1) 직 무[150)]

(i) 건조검사, 정기검사, 중간검사, 임시검사, 임시항해검사, 국제협약검사, 제41조 제2항의 규정에 따른 위험물 적재방법의 적합 여부에 대한 검사, 강화검사, 예인선항해검사, 특별점검, 특별검사 및 제72조 제2항의 규정에 따른 재검사·재검정·재확인에 관한 업무

(ii) 제18조 제9항에 따른 선박용물건 또는 소형선박의 검정, 제20조 제3항 단서에 따른 선박용물건 또는 소형선박의 확인, 제23조 제7항에 따른 컨테이너검정 및 제25조 제3항에 따른 확인에 관한 업무

(iii) 제61조의 규정에 따른 대행업무의 차질에 따른 직접 수행에 관한 업무

150) 법 제76조 1호 내지 6호.

(iv) 제68조의 규정에 따른 항만국통제에 관한 업무

(v) 제74조 제2항의 규정에 따른 결함신고 사실의 확인에 관한 업무

(vi) 제75조 제2항의 규정에 따른 선박 또는 사업장의 출입·조사에 관한 업무

2) 자 격[151)]

법 제76조에 따른 선박검사관(이하 "검사관"이라 한다)은 선체검사관 및 기관검사관으로 구분하며 검사관의 자격은 다음 각 호와 같다.

1. 선체검사관
가. 다음의 요건을 모두 갖춘 사람
1) 「고등교육법」 제2조 제1호에 따른 대학(이하 "대학"이라 한다)에서 항해 관련 학과를 졸업한 사람 또는 법령에 따라 이와 같은 수준 이상의 학력이 있다고 인정되는 사람
2) 3급 항해사(항해사면허가 한정면허인 경우에는 상선에 한정된 면허를 말한다. 이하 이 조에서 같다)의 해기사면허를 취득한 후 관련 분야에서 2년 이상 근무한 경력(승선경력을 산정할 때에는 유급휴가기간을 포함한다. 이하 같다)이 있는 사람
나. 다음의 요건을 모두 갖춘 사람
1) 대학이나 해양·수산 계열의 전문대학(「고등교육법」 제2조 제4호에 따른 전문대학을 말한다. 이하 같다)을 졸업한 사람 또는 법령에 따라 이와 같은 수준 이상의 학력이 있다고 인정되는 사람
2) 2급 항해사 이상의 해기사면허를 취득한 사람
다. 다음의 요건을 모두 갖춘 사람
1) 대학이나 전문대학을 졸업한 사람 또는 법령에 따라 이와 같은 수준 이상의 학력이 있다고 인정되는 사람
2) 다음의 어느 하나에 해당하는 사람
가) 「국가기술자격법 시행규칙」에 따른 조선기술사의 자격을 취득한 사람
나) 「국가기술자격법 시행규칙」에 따른 조선기사의 자격을 취득한 후 관련 분야에서 3년 이상 근무한 경력이 있는 사람
다) 「국가기술자격법 시행규칙」에 따른 조선산업기사의 자격을 취득한 후 관련 분야에서 6년 이상 근무한 경력이 있는 사람
라. 다음의 요건을 모두 갖춘 사람
1) 전문대학을 졸업한 사람 또는 법령에 따라 이와 같은 수준 이상의 학력이 있다고 인정되는 사람
2) 2급 항해사 이상의 해기사면허를 취득한 후 관련 분야에서 3년 이상 근무한 경력이 있

151) 선박안전법 시행규칙 제97조.

는 사람

2. 기관검사관

가. 다음의 요건을 모두 갖춘 사람

1) 대학에서 기관 관련 학과를 졸업한 사람 또는 법령에 따라 이와 같은 수준 이상의 학력이 있다고 인정되는 사람

2) 3급 기관사의 해기사면허를 취득한 후 관련 분야에서 2년 이상 근무한 경력이 있는 사람

나. 다음의 요건을 모두 갖춘 사람

1) 대학이나 해양·수산계열의 전문대학을 졸업한 사람 또는 법령에 따라 이와 같은 수준 이상의 학력이 있다고 인정되는 사람

2) 2급 기관사 이상의 해기사면허를 취득한 사람

다. 다음의 요건을 모두 갖춘 사람

1) 대학이나 전문대학을 졸업한 사람 또는 법령에 따라 이와 같은 수준 이상의 학력이 있다고 인정되는 사람

2) 다음의 어느 하나에 해당하는 사람

가) 「국가기술자격법 시행규칙」에 따른 기계기술사, 산업기계설비기술사 또는 조선기술사의 자격을 취득한 사람

나) 「국가기술자격법 시행규칙」에 따른 일반기계기사의 자격을 취득한 후 관련 분야에서 3년 이상 근무한 경력이 있는 사람

라. 다음의 요건을 모두 갖춘 사람

1) 전문대학을 졸업한 사람 또는 법령에 따라 이와 같은 수준 이상의 학력이 있다고 인정되는 사람

2) 2급 기관사 이상의 해기사면허를 취득한 후 관련 분야에서 3년 이상 근무한 경력이 있는 사람

검사관은 7급 이상의 해양수산부 소속 공무원 중 제1항의 자격을 가진 자 중에서 해양수산부장관이 임명한다(제2항).

제1항에 따른 선체검사관 및 기관검사관의 직무는 다음 각 호와 같다(제3항).

1. 선체검사관: 선박의 선체와 이에 부수되는 선박시설 및 선박용물건의 검사
2. 기관검사관: 선박의 기관과 이에 부수되는 선박시설 및 선박용물건의 검사

제3항에도 불구하고 3년 이상의 검사업무에 종사한 경력이 있는 검사관과 제6항에 따른 항만국통제에 관한 업무를 수행하는 검사관이 선박[여객선 및 특수선(수중익선, 원자력선, 잠수선, 공기부양선, 그 밖에 특수한 구조로 된 선박으로서 해양수산부장관이 정하여 고시하는 선박을 말한다)은 제외한다]을 검사하는 경우에는 선체검사관은 기관검사관의 직무를, 기관검사관은 선체검사관의 직무를 각각 수행할 수 있다.

다만, 검사관이 1년 이상 3년 미만 검사업무에 종사한 경력이 있는 경우에는 소형 선박 및 선박용물건의 경우에 한정하여 이를 적용한다(제4항).

제2항에 따라 임명되어 업무를 하는 검사관은 해양수산부장관이 시행하는 5일 이상의 신규 검사관 교육을 이수하여야 하며, 새로운 전문지식과 기술의 습득을 위하여 2년마다 5일 이상의 재교육을 이수하여야 한다(제5항).

법 제76조 제4호에 따른 항만국통제에 관한 업무를 수행하는 검사관(이하 "항만국통제검사관"이라 한다)은 해양수산부장관이 정하는 기준을 충족하여야 한다(제6항).

3. 선박검사원

1) 자 격

법 제77조 제2항에 따른 선박검사원(이하 "검사원"이라 한다)은 선체검사원, 기관검사원 및 전문검사원으로 구분하며 검사원의 자격기준은 다음 각 호와 같다. 이 경우 관련 국제기구 및 국내외 전문기관 등에서 실무교육을 받은 기간 중 해양수산부장관이 인정하는 기간은 다음 각 호에 따른 관련 분야의 경력 기간으로 산입할 수 있다(시행규칙 제97조의2).

1. 선체검사원
가. 대학의 해양계·수산계·조선 관련 학과를 졸업한 후 또는 법령에 따라 이와 같은 수준의 학력을 갖춘 후 관련 분야에서 2년 이상 근무한 경력이 있는 사람
나. 전문대학의 해양계·수산계·조선 관련 학과를 졸업한 후 또는 법령에 따라 이와 같은 수준의 학력을 갖춘 후 관련 분야에서 4년 이상 근무한 경력이 있는 사람
다. 대학 또는 전문대학의 해양계·수산계·조선 관련 학과를 졸업한 후 또는 법령에 따라 이와 같은 수준의 학력을 갖춘 후 1년 이상의 대행 검사기관의 수습 경력이 있는 사람
라. 선박검사관으로서 경력이 있는 사람
마. 다음의 어느 하나에 해당하는 사람
  1) 3급항해사 이상의 해기사면허를 취득한 후 관련 분야에서 3년 이상 근무한 경력이 있는 사람
  2) 「국가기술자격법 시행규칙」에 따른 조선기술사의 자격을 취득한 사람
  3) 「국가기술자격법 시행규칙」에 따른 조선기사의 자격을 취득한 후 관련 분야에서 3년 이상 근무한 경력이 있는 사람
  4) 「국가기술자격법 시행규칙」에 따른 조선산업기사의 자격을 취득한 후 관련 분야에서 6년 이상 근무한 경력이 있는 사람

2. 기관(機關)검사원
가. 대학의 기관·기계 관련 학과를 졸업한 후 또는 법령에 따라 이와 같은 수준의 학력을 갖춘 후 관련 분야에서 2년 이상 근무한 경력이 있는 사람
나. 전문대학의 기관·기계 관련 학과를 졸업한 후 또는 법령에 따라 이와 같은 수준의 학력을 갖춘 후 관련 분야에서 4년 이상 근무한 경력이 있는 사람
다. 대학 또는 전문대학의 기관·기계 관련 학과를 졸업한 후 또는 법령에 따라 이와 같은 수준의 학력을 갖춘 후 1년 이상의 대행검사기관의 수습 경력이 있는 사람
라. 선박검사관으로서 경력이 있는 사람
마. 다음의 어느 하나에 해당하는 사람
  1) 3급기관사 이상의 해기사면허를 취득한 후 관련 분야에서 3년 이상 근무한 경력이 있는 사람
  2) 「국가기술자격법 시행규칙」에 따른 기계기술사, 산업기계설비기술사 또는 조선기술사의 자격을 취득한 사람
  3) 「국가기술자격법 시행규칙」에 따른 일반기계기사의 자격을 취득한 후 관련 분야에서 3년 이상 근무한 경력이 있는 자
3. 전문검사원
가. 대학 또는 전문대학의 금속, 전기·전자, 통신, 생물, 환경, 화학, 화공, 물리 또는 해양학 관련 학과를 졸업한 후 또는 법령에 따라 이와 같은 수준의 학력을 갖춘 후 다음의 구분에 따른 기간 동안 관련 분야에서 근무한 경력이 있는 사람
  1) 대학의 관련 학과를 졸업하였거나 법령에 따라 이와 같은 수준의 학력을 갖춘 경우: 2년 이상
  2) 전문대학의 관련 학과를 졸업하였거나 법령에 따라 이와 같은 수준의 학력을 갖춘 경우: 4년 이상
나. 대학 또는 전문대학의 금속, 전기·전자, 통신, 생물, 환경, 화학, 화공, 물리 또는 해양학 관련 학과를 졸업한 후 또는 법령에 따라 이와 같은 수준의 학력을 갖춘 후 1년 이상 대행검사기관의 수습 경력이 있는 사람

공단 또는 선급법인은 외국에서 선박검사업무를 시행하기 위하여 필요하다고 인정하는 경우에는 다음 각 호의 어느 하나에 해당하는 사람에게 선박검사업무를 시행하게 할 수 있다.
1. 국제선급연합회의 정회원인 선급 검사원
2. 제1항에 따른 검사원 자격이 있는 사람

공단 및 선급법인은 검사원 중 제1항 또는 제2항의 자격을 가진 사람을 선임한 경우에는 해양수산부장관에게 선임보고를 하여야 한다.
제1항 및 제2항에 따른 선체검사원, 기관검사원 및 전문검사원의 직무는 다음 각 호와 같다.
1. 선체검사원: 선박의 선체와 이에 부수되는 선박시설 및 선박용물건의 검사
2. 기관검사원: 선박의 기관과 이에 부수되는 선박시설 및 선박용물건의 검사

3. 전문검사원: 선박의 금속분야, 전기 · 전자, 통신, 생물, 환경, 화학, 화공, 물리 또는 해양학 분야에 관한 시설, 이와 관련된 선박용물건, 해양오염방지설비 및 선박평형수처리설비의 검사

제4항 제1호 및 제2호에도 불구하고 3년 이상의 검사업무에 종사한 경력이 있는 검사원이 선박[여객선 및 특수선(수중익선, 원자력선, 잠수선, 공기부양선, 그 밖에 특수한 구조로 된 선박으로서 해양수산부장관이 정하여 고시하는 선박을 말한다)은 제외한다]을 검사하는 경우에는 선체검사원은 기관검사원의 직무를, 기관검사원은 선체검사원의 직무를 각각 수행할 수 있다. 다만, 검사원이 1년 이상 3년 미만 검사업무에 종사한 경력이 있는 경우에는 소형선박 및 선박용물건의 경우에 한정하여 이를 적용한다.

제4항 제3호에 불구하고 해양수산부장관의 승인을 얻어 5년 이상 검사업무에 종사한 경력이 있는 전문검사원 중 금속에 관련한 학과를 졸업한 사람은 선체검사원의 직무를, 전기 · 전자 관련 학과를 졸업한 사람은 기관검사원의 직무를 행할 수 있다. 다만, 이 경우 해당 전문검사원은 대행검사기관이 따로 정하는 해당분야의 직무교육을 받아야 한다.

제1항 및 제2항에 따른 검사원은 공단 또는 선급법인이 시행하는 5일 이상의 신규 검사원 교육을 이수하여야 하며, 새로운 전문지식과 기술의 습득을 위하여 대행검사기관이 따로 정하는 해당 분야의 직무보수교육을 받아야 한다.

2) 직무정지

해양수산부장관은 선박검사원이 그 직무를 행하는 경우 이 법 또는 이 법에 따른 명령을 위반한 때에는 공단 또는 선급법인에 대하여 그 해임을 요청하거나 1년 이내의 기간을 정하여 직무를 정지하도록 요청할 수 있다(법 제77조 제3항). 공단 또는 선급법인은 제3항에 따른 해임 또는 직무정지의 요청을 받은 때에는 지체 없이 해당 선박검사원에 대하여 조치를 하고 그 결과를 해양수산부장관에게 보고하여야 한다(제4항).

제9장 해양환경관리법

제1절 총 칙

Ⅰ. 해양환경관리법의 목적 및 법령 체계

1. 제정배경

1973년 11월 2일 채택된 '1973년 선박으로부터의 오염방지를 위한 국제협약'(International Convention for the Prevention of Pollution from Ships, 1973)과 1978년 2월 17일에 동 협약을 수정 · 보완하기 위해 채택된 '1973년 선박으로부터의 오염방지를 위한 국제협약에 관한 1978년 의정서'를 통상 MARPOL 73/78협약으로 칭하고 있다. 이 협약은 1983년 10월 2일 국제적으로 발효되었다.

우리나라는 1977년 12월 31일 상기 국제협약의 내용을 수용한 「해양오염방지법」[1]을 제정 · 시행하였고 23차에 걸쳐 법안 개정을 거치면서 결국 폐지되었다. 이후, 2007년 1월 19일 법률 제8260호로 제정된 「해양환경관리법」이 제정되고 2008년 1월 20일부터 시행되었다. 그러나 「해양오염방지법」은 해양환경 보호에 소극적이며, 사후적 규정이 많아 해양 환경 관리에 효과적이지 못하다는 평가가 많았다. 그러므로 해양으로 유입되는 모든 오염물질에 대한 종합적이고 체계적인 감시 및 관리 수단에 대한 입법 필요성이 대두되었다. 이에 해양환경관리법을 제정하여 해양환경 기존 해양환경 체계를 정비하였으며, 기름, 폐기물, 유해액체물질 등을 오염물질로 통합 규정하고 물질의 종류를 하위법령으로 위임하였다. 해양환

1) 1977년 12월 31일에 제정되었으며, 1978년 7월 1일에 시행되었다. 법률 제3079호.

경관리법은 해양환경 보호에 적극적, 예방적 규정을 두고 있는데, 현재 국제사회는 국제법, 환경법에서 환경오염의 사후적 구제와 함께, 예방적 측면이 있는 사전예방의 원칙(Precautionary Principle)을 중요시하고 있다. 그러므로 우리나라의 해양환경관리법 제정은 국제사회의 흐름과 함께한다고 할 수 있다.

2. 목 적

법 제1조(목적) 이 법은 선박, 해양시설, 해양공간 등 해양오염물질을 발생시키는 발생원을 관리하고, 기름 및 유해액체물질 등 해양오염물질의 배출을 규제하는 등 해양오염을 예방, 개선, 대응, 복원하는 데 필요한 사항을 정함으로써 국민의 건강과 재산을 보호하는 데 이바지함을 목적으로 한다.

본 법은 해양자원의 지속 가능한 이용·개발을 위해 해양환경의 효과적인 보전·관리를 위한 환경정책의 법적 근거를 제공하고, 기름방제사업 및 해양환경사업의 효과적 수행을 통해 해양오염을 방지하고, 깨끗하고 안전한 해양환경 조성을 위해 제정되었다.

해양환경관리법제는 해양환경관리법, 대통령령, 시행규칙 그리고 별도의 시행규칙인 선박에서의 오염방지에 관한 규칙으로 구성된다. 선박관련 해양오염방지 관련 세부내용은 선박에서의 오염방지에 관한 규칙에 규정되어 있다.

3. 법령체계

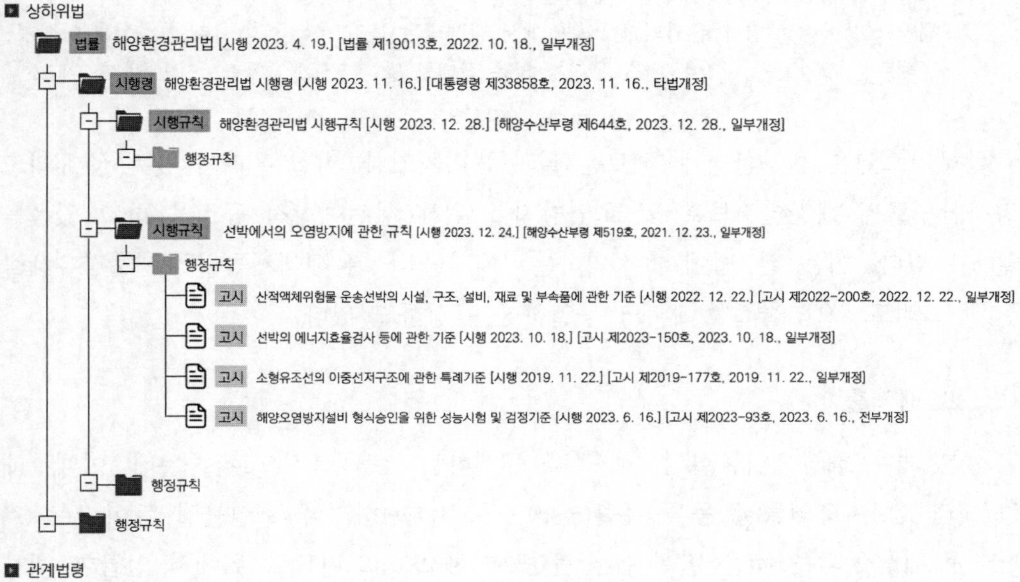

〈그림 18〉 해양관리법의 법령체계도

출처: 국가법령정보센터

Ⅱ. 용어의 정의

본 법 제 2조에서는 제1호 “해양환경”부터 제24호 “선박운항탄소집약도지수”까지 용어를 규정한다.

1. 오 염

제1호와 제2호의 “해양환경”과 “해양오염”이란 해양환경보전 및 활용에 관한 법률 (해양환경보전법)[2]에 따른다.

---

2) 본 법은 해양환경관련 개별법령의 한계를 보완하고 해양환경의 특성에 적합한 정책방향을 재정립하여 해양의 지속가능한 활용과 해양환경의 적극적 보전과의 조화를 위해 제정되었다(법령정보센터, 해양환경 보전 및 활용에 관한 법률의 제정이유).

"해양환경"이란 해양에 서식하는 생물체와 이를 둘러싸고 있는 해양수(海洋水), 해양지(海洋地), 해양대기(海洋大氣) 등 비생물적 환경 및 해양에서의 인간의 행동양식을 포함하는 것으로서 해양의 자연 및 생활상태를 말한다." (해양환경보전법 제2조 제1호).
"해양오염"이란 해양에 유입되거나 해양에서 발생되는 물질 또는 에너지로 인하여 해양환경에 해로운 결과를 미치거나 미칠 우려가 있는 상태를 말한다. (해양환경보전법 제2조 제3호)

해양오염은 해양환경에 '해로운 결과를 미치거나 '미칠 우려가 있는 상태'라고 명시함으로써 해양환경보호 및 오염방지를 위해 사전예방적 규정을 하고 있음을 알 수 있다. 이는 본 법에서 정의하는 "폐기물"[3] "유해액체물질"[4] "포장유해물질"[5] 그리고 "오염물질"[6]에서도 동일하게 규정하고 있다.

2. 배 출

본 법은 해양오염물질의 "배출"을 규제하는 것을 목적으로 하는데, 이때 "배출"이라 함은 오염물질 등을 유출(流出)·투기(投棄)하거나 오염물질 등이 누출(漏出)·용출(溶出)되는 것을 말한다(본 법 제2조 제3호). 그러므로 위에서 언급한 해양환경에 해로운 결과를 미치거나 미칠 우려가 있는 폐기물과 물질의 배출을 규제하며,[7] 본 법에서 언급되는 여러 "지수"의 지표가 된다.[8] 다만, 해양오염의 감경·

3) "폐기물"이라 함은 해양에 배출되는 경우 그 상태로는 쓸 수 없게 되는 물질로서 해양환경에 해로운 결과를 미치거나 미칠 우려가 있는 물질(제5호·제7호 및 제8호에 해당하는 물질을 제외한다)을 말한다(본 법 제2조 제4호).
4) "유해액체물질"이라 함은 해양환경에 해로운 결과를 미치거나 미칠 우려가 있는 액체물질(기름을 제외한다)과 그 물질이 함유된 혼합 액체물질로서 해양수산부령이 정하는 것을 말한다(본 법 제2조 제7호).
5) "포장유해물질"이라 함은 포장된 형태로 선박에 의하여 운송되는 유해물질 중 해양에 배출되는 경우 해양환경에 해로운 결과를 미치거나 미칠 우려가 있는 물질로서 해양수산부령이 정하는 것을 말한다(본 법 제2조 제8호).
6) "오염물질"이라 함은 해양에 유입 또는 해양으로 배출되어 해양환경에 해로운 결과를 미치거나 미칠 우려가 있는 폐기물·기름·유해액체물질 및 포장유해물질을 말한다(본 법 제2조 제11호).
7) "폐기물"(본 법 제2조 제4호), "유해액체물질"(본 법 제2조 제7호), "포장유해물질"(본 법 제2조 제8호), "오염물질"(본 법 제2조 제11호)을 말한다.
8) "선박에너지효율설계지수"란 선박의 건조 또는 개조 단계에서 사전적으로 계산된 선박의 에너지효율을 나타내는 지표로, 선박이 1톤의 화물을 1해리 운송할 때 배출할 것으로 예상되는 이산화탄소량을 제41조의2 제1항에서 해양수산부장관이 정하여 고시하는 방법에 따라 계산한 지표를 말한다(본 법 제2조 제22호).
"선박에너지효율지수"란 현존하는 선박의 운항단계에서 사전적으로 계산된 선박의 에너지효율을 방지 또는 제거를 위한 학술목적의 조사·연구의 실시로 인한 유출·투기 또는 누출·용출은 "배출"에서 제외된다.

3. 물 질

본 법 제 7호에서 "유해액체물질"에서 해양수산부령이 정하는 것은 선박에서의 오염방지에 관한 규칙을 말한다. 본 규칙 제3조에서는 유해액체물질을 다음과 같이 분류한다.

선박에서의 오염방지에 관한 규칙 제3조(유해액체물질의 분류) ① 「해양환경관리법」(이하 "법"이라 한다) 제2조 제7호에서 "해양수산부령이 정하는 것"이란 다음 각 호의 물질을 말한다.

1. X류 물질: 해양에 배출되는 경우 해양자원 또는 인간의 건강에 심각한 위해를 끼치는 것으로서 해양배출을 금지하는 유해액체물질
2. Y류 물질: 해양에 배출되는 경우 해양자원 또는 인간의 건강에 위해를 끼치거나 해양의 쾌적성 또는 해양의 적합한 이용에 위해를 끼치는 것으로서 해양배출을 제한하여야 하는 유해액체물질
3. Z류 물질: 해양에 배출되는 경우 해양자원 또는 인간의 건강에 경미한 위해를 끼치는 것으로서 해양배출을 일부 제한하여야 하는 유해액체물질
4. 기타 물질: 「위험화학품 산적운송선박의 구조 및 설비를 위한 국제코드」 제18장의 오염분류에서 기타 물질로 표시된 물질로서 탱크세정수 배출 작업으로 해양에 배출할 경우 현재는 해양자원, 인간의 건강, 해양의 쾌적성 그 밖에 적법한 이용에 위해가 없다고 간주되어 제1호부터 제3호까지의 규정에 따른 범주에 해당되지 아니하는 것으로 알려진 물질
5. 잠정평가물질: 제1호부터 제4호까지의 규정에 따라 분류되어 있지 아니한 액체물질로서 산적(散積)운송하기 위한 신청이 있는 경우 해양수산부장관이 「산적된 유해액체물질에 의한 오염규제를 위한 규칙」 부록 1에 정하여진 유해액체물질의 분류를 위한 지침에 따라 잠정적으로 제1호부터 제4호까지의 어느 하나에 해당하는 것으로 평가한 물질

② 제1항 각 호에 따른 유해액체물질의 세부 분류기준 및 분류된 유해액체물질의 목록은 별표 1과 같다.

나타내는 지표로, 선박이 1톤의 화물을 1해리 운송할 때 배출할 것으로 예상되는 이산화탄소량을 제41조의5 제1항에서 해양수산부장관이 정하여 고시하는 방법에 따라 계산한 지표를 말한다(본 법 제2조 제23호).

"선박운항탄소집약도지수"란 사후적으로 계산된 선박의 연간 에너지효율을 나타내는 지표로, 선박이 1톤의 화물을 1해리 운송할 때 배출된 이산화탄소량을 제41조의6 제1항에서 해양수산부장관이 정하여 고시하는 방법에 따라 매년 계산한 지표를 말한다(본 법 제2조 제24호).

"포장유해물질"이라 함은 포장된 형태로 선박에 의하여 운송되는 유해물질 중 해양에 배출되는 경우 해양환경에 해로운 결과를 미치거나 미칠 우려가 있는 물질로서 해양수산부령이 정하는 것을 말한다(본 법 제2조 제8호).

선박에서의 오염방지에 관한 규칙 제4조(포장유해물질) 해양수산부령에서 말하는 해로운 결과를 미치거나 미칠 우려가 있는 물질이란 「위험물 선박운송 및 저장규칙」 제2조 제1호에 따른 위험물을 말한다.

위험물 선박운송 및 저장규칙 제2조(정의)

1. "위험물"이란 다음 각 목에서 정하는 것을 말한다.

가. 화약류: 다음에 정하는 폭발성 물질(화학반응으로 주위환경에 손상을 줄 수 있는 온도·압력 및 속도를 가진 가스를 발생시키는 고체 물질, 액체 물질 또는 그 혼합물을 말한다. 이하 같다) 및 폭발성 제품(한 종류이상의 폭발성 물질을 포함한 제품을 말한다. 이하 같다)으로서 해양수산부장관이 고시하는 것

1) 대폭발(발화 시 해당 폭발성 물질 또는 폭발성 제품의 대부분이 동시에 폭발하는 것을 말한다. 이하 같다) 위험성이 있는 폭발성 물질 및 폭발성 제품

2) 대폭발위험성은 없으나 분사(발화 시 해당 폭발성 물질 또는 폭발성 제품이 연소되면서 빠른 속도로 가스를 내뿜는 것을 말한다. 이하 같다) 위험성이 있는 폭발성 물질 및 폭발성 제품

3) 대폭발위험성은 없으나 화재위험성·폭발위험성 또는 분사위험성이 있는 폭발성 물질 및 폭발성 제품: 화재 시 상당한 복사열을 발산하거나 약한 폭발 또는 분사를 하면서 연소되는 폭발성 물질 및 폭발성 제품

4) 대폭발위험성·분사위험성 또는 화재위험성은 적으나 민감한 폭발성 물질 및 폭발성 제품: 운송 중 발화하는 경우 위험성이 적은 폭발성 물질 및 폭발성 제품

5) 대폭발위험성이 있는 매우 둔감한 폭발성 물질: 대폭발위험성은 있으나 매우 둔감하여 통상적인 운송조건에서는 발화하기 어렵고 화재가 나도 폭발하기 어려운 폭발성 물질

6) 대폭발위험성이 없는 극히 둔감한 폭발성 제품: 극히 둔감한 폭발성 물질을 주성분으로 하여 만들어진 것으로서 우발적으로 발화하기 어려운 폭발성 제품

나. 고압가스: 섭씨 50도에서 0.30메가파스칼을 초과하는 증기압을 가진 물질 또는 섭씨 20도 및 압력 0.1013메가파스칼에서 완전히 기체인 물질 중 다음에 정하는 물질로서 해양수산부장관이 고시하는 것

1) 인화성 가스: 섭씨 20도와 압력 0.1013메가파스칼에서 해당 가스가 공기 중에 용적비로 13퍼센트 이하 혼합된 경우에도 발화되는 가스와 공기 중에서 인화될 수 있는 가스 농도의 최대값과 최소값의 차이가 12퍼센트 이상인 가스

2) 비(非) 인화성·비 독성 가스: 인화성 가스 또는 독성 가스가 아닌 가스

3) 독성 가스: 해당 가스를 흰쥐의 입을 통하여 투여한 경우 또는 피부에 24시간 동안 계속하여 접촉시키거나 1시간 동안 계속하여 흡입시킨 경우 그 흰쥐의 2분의 1 이상이 14일 이내에 죽게 되는 독량이 1세제곱미터당 5리터 이하인 가스

다. 인화성 액체류: 다음에 정하는 인화성 액체로서 해양수산부장관이 고시하는 것
1) 저인화점 인화성 액체: 인화점(밀폐용기 시험에 의한 인화점을 말한다. 이하 같다)이 섭씨 영하 18도 미만인 액체
2) 중인화점 인화성 액체: 인화점이 섭씨 영하 18도 이상 섭씨 23도 미만인 액체
3) 고인화점 인화성 액체: 인화점이 섭씨 23도 이상 섭씨 60도 이하인 액체(인화점이 섭씨 35도를 초과하는 액체로서 연소지속성이 없는 경우는 제외한다) 또는 인화점이 섭씨 60도를 초과하는 액체로서 인화점 이상의 온도로 운송되는 액체

라. 가연성 물질류: 다음의 물질로서 해양수산부장관이 고시하는 것
1) 가연성 물질: 화기 등으로 쉽게 점화되거나 연소하기 쉬운 물질, 자체반응 물질과 중합성(重合性) 물질 및 둔감화된 화약류
2) 자연발화성 물질: 자연발열이나 자연발화하기 쉬운 물질
3) 물 반응성 물질: 물과 반응하여 인화성 가스를 발생하는 물질

마. 산화성 물질류: 다음의 물질로서 해양수산부장관이 고시하는 것과 제200조 각 호에서 정하는 것
1) 산화성 물질: 다른 물질을 산화시키는 성질을 가진 물질(유기과산화물은 제외한다)
2) 유기과산화물: 쉽게 활성산소를 방출하여 다른 물질을 산화시키는 성질을 가진 유기물질

바. 독물류: 다음에서 정하는 것
1) 독물: 인체에 독작용을 미치는 물질로서 해양수산부장관이 고시하는 것
2) 병독(病毒)을 옮기기 쉬운 물질: 살아있는 병원체, 살아있는 병원체를 함유하고 있는 물질이나 살아있는 병원체가 붙어있다고 인정되는 것

사. 방사성 물질: 「원자력안전법」 제2조 제5호에 따른 방사성물질(방사성물질에 오염된 것을 포함한다)

아. 부식성(腐蝕性) 물질: 부식성을 가진 물질로서 해양수산부장관이 고시하는 것

자. 유해성 물질: 가목부터 아목까지의 물질 외에 사람에게 해를 끼치거나 다른 물건을 손상시킬 우려가 있는 물질로서 해양수산부장관이 고시하는 것

본 법에서 해양수산부령으로 정하는 "위험물"에는 화학류, 고압가스, 인화성 액체류, 가연성 물질류, 산화성 물질류, 독물류, 방사성 물질, 부식성(腐蝕性) 물질, 유해성 물질이 해당한다(위험물 선박운송 및 저장규칙 제2조 제1호). 위험물 선박운송 및 저장규칙은 MARPOL 73/78 부속서 Ⅲ "포장된 형태로 운송되는 유해물질에 의한 오염방지(Annex Ⅲ Prevention of Pollution by Harmful Substances Carried by Sea in Packed Form)"의 요건을 국내법으로 수용한 것으로 상세한 기술적인 내용은 국제해상위험물규칙(International Maritime Dangerous Goods Code, IMDG CODE)을 따르도록 되어 있다.

이외 본 법에서는 해양환경에 해로운 결과를 미치거나 미칠 우려가 있는 물질이라고 명시한 것 외의 물질에 대해서도 규정한다.

"기름"은 원유 및 석유제품(석유가스를 제외한다)과 이들을 함유하고 있는 액체상태의 유성혼합물(이하 "액상유성혼합물"이라 한다) 및 폐유라고 정의하고 있으며(법 제2조 제5호), 제9호에서는 "유해방오도료"에 대해 정의한다. 방오도료는 선박에 해양생물의 부착을 방지하기 위한 물질이며, 선박에는 필요하지만, 해양생물과 환경에는 치명적일 수 있는 물질이다. 방오를 위한 유기주석 화합물인 트라이뷰틸틴(tributyltin, TBT)의 무분별한 사용은 해양생물의 호르몬 불균형 그리고 암수를 바꾸는(imposex) 현상을 발생시킨다는 보고가 있다.[9] 이에, IMO는 유해방오시스템 규제에 관한 국제협약(International Convention on the Control of Harmful Anti-fouling Systems on Ships, AFS)을 제정하여 2008년 1월부터 TBT의 사용을 전면 금지하였다.

"유해방오도료(有害防汚塗料)"라 함은 생물체의 부착을 제한·방지하기 위하여 선박 또는 해양시설 등에 사용하는 도료(이하 "방오도료"라 한다) 중 유기주석 성분 등 생물체의 파괴작용을 하는 성분이 포함된 것으로서 해양수산부령이 정하는 것을 말한다(해양환경관리법 제2조 제9호).

선박에서의 오염방지에 관한 규칙 제5조(유해방오도료) 법 제2조 제9호에서 "해양수산부령이 정하는 것"이란 생물체에 파괴작용을 하는 성분이 포함된 것으로서 다음 각 호의 어느 하나에 해당하는 도료를 말한다.

1. 「화학물질의 등록 및 평가 등에 관한 법률」 제27조에 따라 환경부장관이 방오도료 용도의 제한물질로 지정·고시한 화학물질을 포함한 도료
2. 「화학물질의 등록 및 평가 등에 관한 법률」 제27조에 따라 환경부장관이 모든 용도의 금지물질로 지정·고시한 화학물질을 포함한 도료
3. 디우론을 포함한 도료
4. 국제해사기구가 유해방오도료로 정한 도료

9) OSPAR Commission, Status and Trend in the Levels of Imposex in Marine Gastropods (TBT in Shellfish), 1-2쪽.

또한 제10호에서는 "잔류성오염물질", 제12호에서는 "오존층파괴물질", 제13호에서는 "대기오염물질", 제14호에서는 "휘발성유기화합물"에 대해 정의한다.

10. "잔류성오염물질(殘留性汚染物質)"이라 함은 해양에 유입되어 생물체에 농축되는 경우 장기간 지속적으로 급성·만성의 독성(毒性) 또는 발암성(發癌性)을 야기하는 화학물질로서 해양수산부령으로 정하는 것을 말한다. (해양환경관리법 제2조 제10호)
12. "오존층파괴물질"이라 함은 「오존층 보호 등을 위한 특정물질의 관리에 관한 법률」 제2조 제1호 가목에 해당하는 물질을 말한다. (해양환경관리법 제2조 제12호)
13. "대기오염물질"이란 오존층파괴물질, 휘발성유기화합물과 「대기환경보전법」 제2조 제1호의 대기오염물질 및 같은 조 제3호의 온실가스 중 이산화탄소를 말한다. (해양환경관리법 제2조 제13호)
15. "휘발성유기화합물"이라 함은 탄화수소류 중 기름 및 유해액체물질로서 「대기환경보전법」 제2조 제10호에 해당하는 물질을 말한다. (해양환경관리법 제2조 제15호)
18. "선저폐수(船底廢水)"라 함은 선박의 밑바닥에 고인 액상유성혼합물을 말한다. (해양환경관리법 제2조 제18호)

4. 시설 및 기관 등

본 법에서는 시설, 기관, 기타 선박관련 용어를 정의한다.

6. "선박평형수(船舶平衡水)"란 「선박평형수 관리법」 제2조 제2호에 따른 선박평형수를 말한다. (해양환경관리법 제2조 제6호)
14. "배출규제해역"이란 선박운항에 따른 대기오염 및 이로 인한 육상과 해상에 미치는 악영향을 방지하기 위하여 선박으로부터 해양수산부령으로 정하는 대기오염물질의 배출을 특별히 규제하는 조치가 필요한 해역으로서 해양수산부령이 정하는 해역을 말한다. (해양환경관리법 제2조 제14호)
16. "선박"이라 함은 수상(水上) 또는 수중(水中)에서 항해용으로 사용하거나 사용될 수 있는 것(선외기를 장착한 것을 포함한다) 및 해양수산부령이 정하는 고정식·부유식 시추선 및 플랫폼을 말한다. (해양환경관리법 제2조 제16호)
17. "해양시설"이라 함은 해역(「항만법」 제2조 제1호의 규정에 따른 항만을 포함한다. 이하 같다)의 안 또는 해역과 육지 사이에 연속하여 설치·배치하거나 투입되는 시설 또는 구조물로서 해양수산부령이 정하는 것을 말한다. (해양환경관리법 제2조 제17호)
19. "항만관리청"이라 함은 「항만법」 제20조의 관리청, 「어촌·어항법」 제35조의 어항관리청 및 「항만공사법」에 따른 항만공사를 말한다. (해양환경관리법 제2조 제19호)
20. "해역관리청"이란 「해양환경 보전 및 활용에 관한 법률」 제2조 제8호에 따른 해역관리

청을 말한다. (해양환경관리법 제2조 제20호)
21. "선박에너지효율"이란 선박이 화물운송과 관련하여 사용한 에너지량을 이산화탄소 발생 비율로 나타낸 것을 말한다. (해양환경관리법 제2조 제21호)

본 법 제2조 제14호 "배출규제해역"에서 말하는 대기오염물질이란 질소산화물과 황산화물을 말한다(선박에서의 오염방지에 관한 규칙 제6조 제1항). 그리고 본 법에서 말하는 해양수산부령이 정하는 해역이란 발틱해역, 북해해역 그리고 국제해사기구가 배출규제해역으로 지정한 해역을 말한다(선박에서의 오염방지에 관한 규칙 제6조 제2항). 이 해역은 MARPOL 부속서 VI에서 규정하는 배출통제지역(Emission Control Area)으로서, 선박에서 발생하는 NOx(질소산화물), SOx(황산화물) 그리고 P.M(Particular Matter: 미립자) 또는 이 세 가지 형태의 배출을 방지, 감소 및 통제하기 위하여 인근 당사국으로부터 IMO에 통보된 지역을 말한다.

선박에서의 오염방지에 관한 규칙 제6조(대기오염물질의 배출규제해역) ① 법 제2조 제14호에서 "해양수산부령으로 정하는 대기오염물질"이란 다음 각 호의 물질을 말한다.
1. 질소산화물
2. 황산화물
② 법 제2조 제14호에서 "해양수산부령이 정하는 해역"이란 다음 각 호의 해역을 말한다.
1. 발틱해역(보스니아만, 핀란드만 및 스카게락해협의 스카우를 지나는 북위 57도 44.8분의 위도선을 경계선으로 하는 발틱해의 입구를 포함한 고유의 발틱해역)
2. 다음 경계 내에 있는 북해해역
가. 북위 62도의 남쪽과 서경 4도의 동쪽 사이
나. 스카게락해협(남쪽 한계는 북위 57도 44.89분의 스카우에서 동쪽으로 그은 위도선)
다. 영국해협과 서경 5도의 동쪽, 북위 48도 30분의 북쪽으로의 영국해협 사이
2의2. 별표 1의2에 따른 북아메리카 해역
2의3. 별표 1의3에 따른 캐리비안 해역
3. 국제해사기구가 배출규제해역으로 지정한 해역

Ⅲ. 적용범위 및 국제협약과의 관계

이 법은 해역·수역·구역 및 선박·해양시설 등에서의 해양환경관리에 대해 적용한다(법 제3조).

해양환경 해양오염과 관련하여 국제적으로 발효된 국제협약과 본 법에서 정하는 내용이 다른 경우에는 국제협약의 효력이 우선한다. 그러나 본 법의 규정이 국제협약의 기준보다 강화된 경우에는 본 법을 따른다(법 제4조).

제2절 해양환경의 보전·관리를 위한 조치

Ⅰ. 해양환경 조사 및 정도관리

국가가 실효성 있는 해양환경 및 해양생태계 보전 대책을 수립하기 위해서는 정확한 환경오염에 대한 분석·측정 결과에 기반해야 한다. 해양환경오염물질의 측정대상은 해수, 해양퇴적물, 해양생물 등 다양하고 분석 항목의 함량이 극소량인 경우가 많으므로 오염 상태를 정확히 측정하는 것은 전문지식을 갖춘 인력과 정밀 측정기술이 결합될 때 가능하다. 따라서 환경오염 내지 환경상태를 정확히 측정, 분석하기 위하여 측정방법의 표준화, 측정기기의 정밀화 등 측정업무를 세밀하게 관리할 수 있는 매뉴얼이 필요하다.[10]

해수 수질·해저퇴적물 및 해양생물 등 해양환경의 상태, 해양오염의 원인 그 밖에 해양수산부장관이 정하여 고시하는 해양환경의 현황 및 변화에 대해 조사할 필요가 있는 사항에 대하여[11] 해양환경측정망을 구성하고 정기적으로 해양환경을 측정하여야 한다(법 제9조 제1항). 또한 해양환경측정망의 구성·운영 등 해양환경 관련 조사 및 평가의 정확성과 통일성 확보를 위해 해양환경공정시험기준을 고시해야 한다(법 제10조).

해양환경에 대한 지식 및 정보를 보급하고, 해양환경 관련 기준 설정, 계획 수립, 평가 등을 위하여 해양환경통합정보망을 구축하는 등 해양환경정보의 통합적 관리체계를 마련해야 하며[12] 해양환경정보망을 구축하고 국민에게 해양환경정보를 제공해야 한다(법 제11조).

---

10) 최철호, “해양환경관리법의 문제점과 개선방안”, 「환경법연구」, 제34권 제3호, 한국환경법학(2012. 1), 149쪽.

11) 해양환경 보전 및 활용에 관한 법률 제18조 제1항.

12) 해양환경 보전 및 활용에 관한 법률 제21조.

해양수산부장관은 해양환경종합조사 등으로 생산된 자료 및 정보 등의 신뢰성 및 활용성을 높이기 위하여 자료 및 정보 등의 취득·처리·관리에 관한 기준을 정하고 기술지도, 능력인증 등 이행에 필요한 조치를 하여야 하며[13] 측정·분석능력의 평가, 관련 교육의 실시 및 측정·분석과 관련된 자료의 검증 등 필요한 조치를 할 수 있다(법 제12조). 그리고 해양환경조사의 기준 및 방법, 취득자료의 처리 및 정보관리 등에 관하여 필요한 정도관리기준(이하 "정도관리기준"이라 한다)을 정하여 고시하여야 하며(법 제12조의2), 정도관리 대상기관은 정도관리기준에 적합한 해양환경조사, 취득자료의 처리 및 정보관리를 하기 위하여 필요한 정도관리계획을 수립하여 해양수산부장관의 승인을 받아야 한다(법 제12조의3). 정도관리 결과가 측정·분석의 기준에 적합하다고 인정되는 측정·분석기관에 대하여 측정·분석능력인증을 할 수 있으며(법 제12조 제1항), 3년마다 정기적인 정도관리를 실시하고 그 결과에 따라 측정·분석능력인증을 갱신하여야 한다(법 제12조 제2항).

Ⅱ. 환경관리해역의 지정

1. 해양환경의 보전·관리

해양수산부장관은 해양환경의 보전·관리를 위하여 필요하다고 인정되는 경우에는 다음 각 호의 구분에 따라 환경보전해역 및 특별관리해역(이하 "환경관리해역"이라 한다)을 지정·관리할 수 있다. 이 경우 관계 중앙행정기관의 장 및 관할 시·도지사 등과 미리 협의하여야 한다(법 제15조 제1항).

환경보전해역: 가막만, 득량만, 완도·도암만, 함평만
해양환경 및 생태계가 양호한 해역 중「해양환경 보전 및 활용에 관한 법률」제13조 제1항에 따른 해양환경기준의 유지를 위하여 지속적인 관리가 필요한 해역으로서 해양수산부장관이 정하여 고시하는 해역(해양오염에 직접 영향을 미치는 육지를 포함한다) (법 제15조 제1항 제1호)

특별관리해역: 부산연안, 울산연안, 광양만, 마산만, 시화호·인천연안
「해양환경 보전 및 활용에 관한 법률」제13조 제1항에 따른 해양환경기준의 유지가 곤란한

13) 해양환경 보전 및 활용에 관한 법률 제22조.

해역 또는 해양환경 및 생태계의 보전에 현저한 장애가 있거나 장애가 발생할 우려가 있는 해역으로서 해양수산부장관이 정하여 고시하는 해역(해양오염에 직접 영향을 미치는 육지를 포함한다) (법 제15조 제1항 제2호)

해양환경관리법 시행령 제9조(환경관리해역의 지정 등) ① 해양수산부장관은 법 제15조에 따라 같은 조 제1항에 따른 환경관리해역(이하 "환경관리해역"이라 한다)을 지정, 해제 또는 변경하려는 경우에는 해당 지역에 거주하는 지역주민 및 해당 해역에서 어업활동을 하는 어업인 등 이해관계자(이하 "지역주민등"이라 한다)의 의견을 미리 들어야 한다.

환경보전해역의 해양환경 상태 및 오염원을 측정·조사한 결과 해양환경기준을 초과하게 되어 국민의 건강이나 생물의 생육에 심각한 피해를 가져올 우려가 있다고 인정되는 경우에는 그 환경보전해역 안에서 해양환경관리법 시행령 제 10조에서 명시하는 시설의 설치 또는 변경 등의 행위를 제한할 수 있다(법 제15조의2 제1항).

2. 환경관리해역기본계획의 수립 등

환경관리해역에 대하여 환경관리해역기본계획을 5년마다 수립하고, 환경관리해역기본계획을 구체화하여 특정 해역의 환경보전을 위한 해역별 관리계획을 수립·시행하여야 한다. 기본계획에는 해양환경의 관측에 관한 사항, 오염원의 조사·연구에 관한 사항, 해양환경 보전 및 개선대책에 관한 사항, 환경관리에 따른 주민지원에 관한 사항, 기타 환경관리해역의 관리에 관하여 필요한 사항을 포함한다. 본 기본계획은 해양수산발전위원회의 심의를 거쳐 확정하고 국회 소관 상임위원회에 제출한다(법 제16조, 제17조). 해역관리청은 오염물질의 유입·확산 또는 퇴적 등으로 인한 해양오염을 방지하고 해양환경을 개선하기 위하여 필요하다고 인정되는 때에는 오염물질 유입·확산방지시설의 설치, 오염물질(폐기물은 제외한다)의 수거 및 처리 등에 대한 해양환경개선조치를 할 수 있다(법 제18조).

Ⅲ. 해양환경개선 부담금

해양배출을 억제하기 위해 부담금이라는 금전적 부담의 부과를 통하여 간접

적으로 국민의 행위를 일정한 정책적 방향으로 유도하기 위한 입법목적에 의하여 도입되었다.14)

법 제19조에서는 해양환경 및 생태계에 현저한 영향을 미치는 사업으로서 폐기물해양배출업자의 폐기물 해양배출행위, 그 밖에 대통령령이 정하는 규모 이상의 오염물질 등을 배출하는 행위에 해당하는 사업, 폐기물을 해양에 배출하는 행위, 폐기물을 고립시키는 방법으로 해양에 배출하는 행위 등 해양환경개선부담금의 부과·징수의 대상에 대해 나열한다. 부담금을 납부기한까지 부담하지 않은 경우 가산금을 부과하고, 강제징수한다(법 제21조). 부담금과 가산금은 수산발전기금으로 납입되어 해양오염방지 및 해양환경의 복원에 관한 사업, 해양환경의 보전·관리에 관한 사업, 친환경적 해양이용사업자 및 연안주민에 대한 지원사업, 해양환경개선조치에 대한 사업, 해양환경 관련 연구개발사업, 해양환경의 조사·연구·홍보 및 교육에 관한 지원사업, 해양오염에 따른 어업인 피해의 지원 등 수산업지원사업, 친환경 선박의 기술개발 및 이용·보급을 위하여 필요한 사업 등을 위해 사용되어야 한다(법 제21조). 결국 해양환경개선부담금은 수산자원 보호를 위한 해양환경개선 등에 필요한 재원 확보에 이용되고 있다.

사실 부담금제도는 여러 형태로 채택되어 시행되고 있으며, 각 개별법률에 근거하여 설치·운영되어 온 각종 부담금의 신설을 억제하고, 그 관리·운용의 공정성과 투명성을 제고하기 위하여 부담금의 설치. 관리 및 운용에 관한 기본적인 사항을 규정하기 위해 부담금관리 기본법이 제정되었다.15) 해양환경개선 부담금 역시 부담금관리 기본법에서 언급하고 있다.

제3절 해양오염방지를 위한 규제

I. 통 칙

선박, 해양시설 또는 해수욕장·하구역 등의 해양공간에서 발생하는 오염물질

14) 박상희, "해양환경관리법상의 해양환경개선부담금", 「해사법연구」, 제21권 제3호, 한국해사법학회 (2009. 11), 87쪽.

15) 2001년 12월 31일에 제정되어 2002년 1월 1일에 시행되었다. 법률 제6589호.

을 해양에 배출하여서는 안 된다. 다만, 다음 각 호의 경우에는 그러하지 아니하다 (법 제22조 제1항).

1. 선박의 항해 및 정박 중 발생하는 폐기물을 배출하고자 하는 경우에는 해양수산부령으로 정하는 해역에서 해양수산부령으로 정하는 처리기준 및 방법에 따라 배출할 것
2. 다음 각 목의 구분에 따라 기름을 배출하는 경우
가. 선박에서 기름을 배출하는 경우에는 해양수산부령이 정하는 해역에서 해양수산부령이 정하는 배출기준 및 방법에 따라 배출할 것
나. 유조선에서 화물유가 섞인 선박평형수, 화물창의 세정수(洗淨水) 및 선저폐수를 배출하는 경우에는 해양수산부령이 정하는 해역에서 해양수산부령이 정하는 배출기준 및 방법에 따라 배출할 것
다. 유조선에서 화물창의 선박평형수를 배출하는 경우에는 해양수산부령이 정하는 세정도(洗淨度)에 적합하게 배출할 것
3. 다음 각 목의 구분에 따라 유해액체물질을 배출하는 경우
가. 유해액체물질을 배출하는 경우에는 해양수산부령이 정하는 해역에서 해양수산부령이 정하는 사전처리 및 배출방법에 따라 배출할 것
나. 해양수산부령이 정하는 유해액체물질의 산적운반(散積運搬)에 이용되는 화물창(선박평형수의 배출을 위한 설비를 포함한다)에서 세정된 선박평형수를 배출하는 경우에는 해양수산부령이 정하는 정화방법에 따라 배출할 것

선박에서의 오염방지에 관한 규칙 제8조(선박에서 발생하는 폐기물의 배출방법 등) 법 제22조 제1항 제1호에 따라 선박의 항해 및 정박 중 발생하는 폐기물을 배출하는 경우에는 다음 각 호의 구분에 따른 요건에 적합하게 배출해야 한다.
1. 분뇨의 경우: 별표 2의 요건
2. 분뇨 외의 폐기물의 경우: 별표 3의 요건

[별표 2] 선박에서의 오염방지에 관한 규칙

선박 안의 일상생활에서 생기는 분뇨의 배출해역별 처리기준 및 방법(제8조 제1호 관련)

1. 제14조에 따라 분뇨오염방지설비를 설치하여야 하는 선박은 다음 각 목의 어느 하나에 해당하는 경우 해양에서 분뇨를 배출할 수 있다.

가. 영해기선으로부터 3해리를 넘는 거리에서 지방해양항만청장이 형식승인한 분뇨마쇄소독장치를 사용하여 마쇄하고 소독한 분뇨를 선박이 4노트 이상의 속력으로 항해하면서 서서히 배출하는 경우. 다만, 국내항해에 종사하는 총톤수 400톤 미만의 선박의 경우에는 영해기선으로부터 3해리

이내의 해역에 배출할 수 있다.

나. 영해기선으로부터 12해리를 넘는 거리에서 마쇄하지 아니하거나 소독하지 아니한 분뇨를 선박이 4노트 이상의 속력으로 항해하면서 서서히 배출하는 경우.

다. 지방해양수산청장이 형식승인한 분뇨처리장치를 설치·운전 중인 선박의 경우

2. 분뇨처리장치를 설치한 선박은 다음 각 목의 해역에서 분뇨를 배출하여서는 아니 된다.

가. 「국토의 계획 및 이용에 관한 법률」 제40조에 따른 수산자원 보호구역

나. 「수산자원관리법」 제46조에 따른 보호수면 및 같은 법 제48조에 따른 수산자원관리수면

3. 분뇨마쇄소독장치 또는 분뇨저장탱크를 설치한 선박은 다음 각 목의 해역에서 분뇨를 배출하여서는 아니 된다.

가. 「국토의 계획 및 이용에 관한 법률」 제40조에 따른 수산자원 보호구역

나. 「수산자원관리법」 제46조에 따른 보호수면 및 같은 법 제48조에 따른 수산자원관리수면

다. 법 제15조에 따른 환경보전해역 및 특별관리해역

라. 「항만법」 제2조 제4호에 따른 항만구역

마. 「어촌·어항법」 제2조 제4호에 따른 어항구역

바. 갑문 안의 수역

4. 제14조에 따른 분뇨오염방지설비 설치 대상선박 외의 선박은 다음 각 목의 경우에는 해양에 분뇨를 배출하여서는 아니 되며, 계류시설, 어장 등으로부터 가능한 한 멀리 떨어진 해역에서 배출하여야 한다.

가. 부두에 접안 시

나. 항만의 안벽(부두 벽) 등 계류시설에 계류 시(계선부표에 계류한 경우도 포함되고, 계류시설에 계류된 선박에 계류한 선박도 포함한다)

5. 국제특별해역에서 배출하려는 경우에는 국제협약에서 정하는 바에 따른다.

6. 시추선 및 플랫폼은 항해 중이 아닌 상태에서 분뇨를 배출할 수 있다.

[별표 3] 선박에서의 오염방지에 관한 규칙

선박 안에서 발생하는 폐기물의 배출해역별 처리기준 및 방법
(제8조 제2호 관련)

1. 선박 안에서 발생하는 폐기물의 처리

가. 다음의 폐기물을 제외하고 모든 폐기물은 해양에 배출할 수 없다.

1) 음식찌꺼기

2) 해양환경에 유해하지 않은 화물잔류물

3) 선박 내 거주구역에서 목욕, 세탁, 설거지 등으로 발생하는 중수(中水)[화장실 오수(汚水) 및 화물구역 오수는 제외한다. 이하 같다]

4) 「수산업법」에 따른 어업활동 중 혼획(混獲)된 수산동식물(폐사된 것을 포함한다. 이하 같다) 또는 어업활동으로 인하여 선박으로 유입된 자연기원물질(진흙, 퇴적물 등 해양에서 비롯된 자연상태 그대로의 물질을 말하며, 어장의 오염된 퇴적물은 제외한다. 이하 같다)

나. 가목에서 배출 가능한 폐기물을 해양에 배출하려는 경우에는 영해기선으로부터 가능한 한 멀리 떨어진 곳에서 항해 중에 버리되, 다음의 해역에 버려야 한다.

1) 음식찌꺼기는 영해기선으로부터 최소한 12해리 이상의 해역. 다만, 분쇄기 또는 연마기를 통하여 25㎜ 이하의 개구(開口)를 가진 스크린을 통과할 수 있도록 분쇄되거나 연마된 음식찌꺼기의 경우 영해기선으로부터 3해리 이상의 해역에 버릴 수 있다.

2) 화물잔류물

가) 부유성 화물잔류물은 영해기선으로부터 최소한 25해리 이상의 해역

나) 가라앉는 화물잔류물은 영해기선으로부터 최소한 12해리 이상의 해역

다) 일반적인 하역방법으로 회수될 수 없는 화물잔류물은 영해기선으로부터 최소한 12해리 이상의 해역. 이 경우 국제협약 부속서 5의 부록 1에서 정하는 기준에 따라 분류된 물질을 포함해서는 안 된다.

라) 화물창을 청소한 세정수는 영해기선으로부터 최소한 12해리 이상의 해역. 다만, 다음의 조건에 만족하는 것으로서 해양환경에 해롭지 아니한 일반 세제를 사용한 경우로 한정한다.

(1) 국제협약 부속서 제3장의 적용을 받는 유해물질이 포함되어 있지 아니할 것

(2) 발암성 또는 돌연변이를 발생시키는 것으로 알려진 물질이 포함되어 있지 아니할 것

3) 해수침수, 부패, 부식 등으로 사용할 수 없게 된 화물은 국제협약이 정하는 바에 따른다.

4) 선박 내 거주구역에서 발생하는 중수는 아래 해역을 제외한 모든 해역에서 배출할 수 있다.

가) 「국토의 계획 및 이용에 관한 법률」 제40조에 따른 수산자원보호구역

나) 「수산자원관리법」 제46조에 따른 보호수면 및 같은 법 제48조에 따른 수산자원관리수면

다) 「농수산물 품질관리법」 제71조에 따른 지정해역 및 같은 법 제73조 제1항에 따른 주변해역

5) 「수산업법」에 따른 어업활동 중 혼획된 수산동식물 또는 어업활동으로 인하여 선박으로 유입된 자연기원물질은 같은 법에 따른 면허 또는 허가를 받아 어업활동을 하는 수면에 배출할 수 있다.

6) 동물사체는 국제해사기구에서 정하는 지침을 고려하여 육지로부터 가능한 한 멀리 떨어진 해역에 배출할 수 있다.

다. 폐기물이 다른 처분요건이나 배출요건의 적용을 받는 다른 배출물과 혼합되어 있는 경우에는 보다 엄격한 폐기물의 처분요건이나 배출요건을 적용한다.

라. 가목 및 나목에도 불구하고, 선박소유자는 항만에 정박 중 가목 및 나목에 따른 폐기물을 법 제37조 제1항 각 호의 어느 하나에 해당하는 자에게 인도하여 처리할 수 있다.

마. 「1974년 해상에서의 인명안전을 위한 국제협약」 제6장 1－1.2규칙에서 정의된 고체산적화물 중 곡물을 제외한 화물은 국제협약 부속서 5의 부록 1에서 정하는 기준에 따라 분류되어야 하며, 화주는 해당 화물이 해양환경에 유해한지 여부를 공표해야 한다.

2. 폐기물의 처분에 관한 특별요건

육지로부터 12해리 이상 떨어진 위치에 있는 고정되거나 부동하는 플랫폼과 이들 플랫폼에 접안되어 있거나 그로부터 500m 이내에 있는 다른 모든 선박에서 음식찌꺼기를 해양에 버릴 때에는 분쇄기 또는 연마기를 통하여 분쇄 또는 연마한 후 버려야 한다. 이 경우 음식찌꺼기는 25㎜ 이하의 개구를 가진 스크린을 통과할 수 있도록 분쇄되거나 연마되어야 한다.

3. 국제특별해역 및 제12조의2에 따른 극지해역 안에서의 폐기물 처분에 관하여는 국제협약 부속서 5에 따른다.

4. 길이 12m 이상의 모든 선박은 제1호 및 제3호에 따른 폐기물의 처리 요건을 승무원과 여객에게 한글과 영문(국제항해를 하는 선박으로 한정한다)으로 작성·고지하는 안내표시판을 잘 보이는 곳에 게시하여야 한다.

5. 총톤수 100톤 이상의 선박과 최대승선인원 15명 이상의 선박은 선원이 실행할 수 있는 폐기물관

리계획서를 비치하고 계획을 수행할 수 있는 책임자를 임명하여야 한다. 이 경우 폐기물관리계획서에는 선상 장비의 사용방법을 포함하여 쓰레기의 수집, 저장, 처리 및 처분의 절차가 포함되어야 한다.
비고
"화물잔류물"이란 목재, 석탄, 곡물 등의 화물을 양하(揚荷)하고 남은 최소한의 잔류물을 말한다.

선박에서의 오염방지에 관한 규칙 제10조(유조선에서 화물유가 섞인 선박평형수, 세정수, 선저폐수 등을 배출하는 방법 등) ① 법 제22조 제1항 제2호 나목에 따라 유조선에서 화물유가 섞인 선박평형수, 화물창의 세정수 및 선저폐수를 배출하는 경우에는 별표 4 제1호의 요건에 적합하게 배출하여야 한다.
② 법 제22조 제1항 제2호 다목에 따라 유조선에서 화물창의 선박평형수를 배출하는 경우에는 별표 4 제2호의 세정도 요건에 적합하게 배출하여야 한다.
③ 선박에서 분리평형수 및 맑은평형수를 배출하는 경우에는 별표 4 제3호의 요건에 적합하게 배출하여야 한다.
④ 선박에서 발생하는 유성혼합물 등은 별표 4 제4호의 요건에 적합하게 저장·처리되어야 한다.

[별표 4] 선박에서의 오염방지에 관한 규칙

화물유가 섞인 선박평형수, 세정수, 선저폐수의 배출기준 등
(제10조 관련)

1. 화물유가 섞인 선박평형수, 세정수, 선저폐수의 배출기준
유조선에서 화물유가 섞인 선박평형수, 화물창의 세정수 및 화물펌프실의 선저폐수를 배출하는 경우에는 다음 각 목의 요건에 적합하게 배출하여야 한다.
가. 항해 중에 배출할 것
나. 기름의 순간배출률이 1해리당 30ℓ 이하일 것
다. 1회의 항해 중(선박평형수를 실은 후 그 배출을 완료할 때까지를 말한다)의 배출총량이 그 전에 실은 화물총량의 3만분의 1(1979년 12월 31일 이전에 인도된 선박으로서 유조선의 경우에는 1만5천분의 1)이하일 것
라. 「영해 및 접속수역법」 제2조에 따른 기선으로부터 50해리 이상 떨어진 곳에서 배출할 것
마. 제15조에 따른 기름오염방지설비의 작동 중에 배출할 것
2. 선박평형수의 세정도
유조선의 화물창으로부터 선박평형수를 배출하는 경우에는 다음 각 목의 요건에 적합하게 배출하여야 한다.
가. 정지 중인 유조선의 화물창으로부터 청명한 날 맑고 평온한 해양에 선박평형수를 배출하는 경우에는 눈으로 볼 수 있는 유막이 해면 또는 인접한 해안선에 생기지 아니하거나 유성찌꺼기(Sludge) 또는 유성혼합물이 수중 또는 인접한 해안선에 생기지 아니하도록 화물창이 세정되어 있을 것
나. 선박평형수용 기름배출감시제어장치 또는 평형수농도감시장치를 통하여 선박평형수를 배출하

는 경우에는 해당 장치로 측정된 배출액의 유분함유량이 0.0015%[15ppm]를 초과하지 아니할 것
3. 분리평형수 및 맑은평형수의 배출방법
가. 분리평형수 및 맑은평형수는 해당 선박의 흘수선 위쪽에서 배출하여야 한다. 다만, 분리평형수 및 맑은평형수의 표면에서 기름이 관찰되지 아니하는 경우에는 흘수선 아래쪽에서 배출할 수 있다.
나. 가목 단서에 따라 흘수선 아래쪽에서 배출하는 경우 항만 및 해양터미널 외의 해역에서는 중력에 따른 배출방법을 사용하여야 한다.
4. 선박 안에서 발생하는 유성혼합물 등의 저장 또는 처리
가. 선박 안에서 발생하는 선저폐수 · 유성찌꺼기 및 유성혼합물은 법 제22조 제1항 제2호에 따라 배출하는 경우를 제외하고는 다음의 구분에 따라 저장하거나 처리하여야 한다.
1) 기관구역의 선저폐수는 선저폐수저장장치에 저장한 후 배출관장치를 통하여 오염물질저장시설 또는 해양오염방제업 · 유창청소업(이하 "저장시설등"이라 한다)의 운영자에게 인도할 것. 다만, 기름여과장치가 설치된 선박의 경우에는 기름여과장치를 통하여 해양에 배출할 수 있다.
2) 유성찌꺼기(Sludge)는 유성찌꺼기탱크에 저장하되, 별표 8의 기술기준에 따른 유성찌꺼기탱크용량의 80%를 초과하는 경우에는 출항 전에 유성찌꺼기 전용펌프(총톤수 150톤 미만의 유조선, 총톤수 400톤 미만의 선박으로서 유조선 외의 선박과 1990년 12월 31일 이전에 건조된 선박의 경우에는 유성찌꺼기전용펌프 외의 펌프를 사용할 수 있다)와 배출관장치를 통하여 저장시설등의 운영자에게 인도할 것. 다만, 소각설비가 설치된 선박의 경우에는 해상에서 유성찌꺼기를 소각하여 처리할 수 있다.
3) 유조선의 화물구역에서 발생하는 유성혼합물은 법 제22조 제1항 제2호 나목에 따라 해양에 배출하는 경우를 제외하고는 선박 안에 저장할 것
나. 기관구역의 선저폐수 또는 유성찌꺼기를 역류방지밸브가 설치된 이송관을 통하여 혼합물탱크로 이송하여 저장하는 유조선의 경우에는 가목을 적용하지 아니한다.
다. 가목3)에 따른 유성혼합물을 해양에 배출하는 경우에는 흘수선 위쪽에서 배출하여야 한다. 다만, 혼합물탱크로부터 배출하지 아니하는 경우로서 다음의 어느 하나에 해당하는 경우에는 흘수선 아래쪽에서 배출할 수 있다.
1) 탱크 안에서 물과 기름이 분리되어 저장되고 배출 전에 유수경계면 검출기로 유수경계면을 조사한 결과 기름에 따른 오염의 위험이 없다고 판단되는 경우로서 중력으로 배출하는 경우
2) 1979년 12월 31일 이전에 인도된 선박으로서 유조선에 지방해양수산청장이 인정하는 파트플로우장치를 설치하고 이를 작동하여 배출하는 경우
라. 제20조에 따라 화물창 또는 연료유탱크에 실은 선박평형수는 제1호 또는 제2호에 적합한 경우 외에는 이를 선박 안에 저장한 후 저장시설등의 운영자에게 인도하여야 한다.

선박에서의 오염방지에 관한 규칙 제11조(유해액체물질의 배출해역, 예비세정 및 배출방법)
법 제22조 제1항 제3호 가목에 따라 유해액체물질을 배출하는 경우에는 별표 5[16]의 요건에 적합하게 배출하여야 한다.

누구든지 해양시설 또는 해수욕장 · 하구역 등 대통령령이 정하는 장소(이하 "해양공간"이라 한다)에서 발생하는 오염물질을 해양에 배출하여서는 아니 된다. 다

16) [별표 5] 선박에서의 오염방지에 관한 규칙.

만, 다음 각 호의 경우에는 그러하지 아니하다(법 제22조 제2항).

1. 해양시설 및 해양공간(이하 "해양시설등"이라 한다)에서 발생하는 폐기물을 해양수산부령이 정하는 해역에서 해양수산부령이 정하는 처리기준 및 방법에 따라 배출하는 경우
2. 해양시설등에서 발생하는 기름 및 유해액체물질을 해양수산부령이 정하는 처리기준 및 방법에 따라 배출하는 경우

다음 각 호의 어느 하나에 해당하는 경우에는 제1항 및 제2항의 규정에 불구하고 선박 또는 해양시설등에서 발생하는 오염물질(폐기물은 제외한다. 이하 이 조에서 같다)을 해양에 배출할 수 있다(법 제22조 제3항).

1. 선박 또는 해양시설등의 안전확보나 인명구조를 위하여 부득이하게 오염물질을 배출하는 경우
2. 선박 또는 해양시설등의 손상 등으로 인하여 부득이하게 오염물질이 배출되는 경우
3. 선박 또는 해양시설등의 오염사고에 있어 해양수산부령이 정하는 방법에 따라 오염피해를 최소화하는 과정에서 부득이하게 오염물질이 배출되는 경우

선박의 소유자가 폐기물을 배출할 때는 승인을 받은 배출률[선박의 흘수(吃水)] 및 속력에 따른 시간당 폐기물 배출량을 준수하여 폐기물을 배출하여야 하며, 폐기물을 배출한 장소, 배출량 등을 그 선박의 기관일지에 기재하여야 한다. 배출률을 승인받아야 하는 폐기물의 종류, 배출률의 승인절차 및 제2항에 따른 기관일지 기재방법 등에 관하여 필요한 사항은 해양수산부령으로 정한다(법 제22조의2).

Ⅱ. 선박에서의 해양오염방지

1. 오염방지설비의 설치

본 법에서는 선박에서의 해양오염방지를 위해 선박 내의 설비에 대해 규정하고 있다.

(1) 폐기물오염방지설비의 설치 등

선박의 소유자는 그 선박 안에서 발생하는 폐기물을 저장 · 처리하기 위한 설

비(이하 "폐기물오염방지설비"라 한다)를 설치하여야 하며, 선박에서의 오염방지에 관한 규칙 제14조가 정하는 기준에 적합하게 유지 · 작동되어야 한다(법 제25조).

선박에서의 오염방지에 관한 규칙 제14조 (분뇨오염방지설비의 대상선박 · 종류 및 설치기준)
① 다음 각 호의 어느 하나에 해당하는 선박의 소유자는 법 제25조 제1항에 따라 그 선박 안에서 발생하는 분뇨를 저장 · 처리하기 위한 설비(이하 "분뇨오염방지설비"라 한다)를 설치하여야 한다. 다만, 「선박안전법 시행규칙」 제4조 제11호 및 「어선법」 제3조 제9호에 따른 위생설비 중 대변용 설비를 설치하지 아니한 선박의 소유자와 대변소를 설치하지 아니한 「수상레저기구의 등록 및 검사에 관한 법률」 제6조에 따라 등록한 수상레저기구(이하 "수상레저기구"라 한다)의 소유자는 그러하지 아니하다.
1. 총톤수 400톤 이상의 선박(선박검사증서 상 최대승선인원이 16인 미만인 부선은 제외한다)
2. 선박검사증서 또는 어선검사증서 상 최대승선인원이 16명 이상인 선박
3. 수상레저기구 안전검사증에 따른 승선정원이 16명 이상인 선박
4. 소속 부대의 장 또는 경찰관서 · 해양경찰관서의 장이 정한 승선인원이 16명 이상인 군함과 경찰용 선박
② 제1항에 따른 분뇨오염방지설비의 설치기준은 다음 각 호와 같다.
1. 다음 각 목의 분뇨오염방지설비 중 어느 하나를 설치할 것
가. 지방해양수산청장이 형식승인한 분뇨처리장치
나. 지방해양수산청장이 형식승인한 분뇨마쇄소독장치
다. 분뇨저장탱크
2. 분뇨를 수용시설로 배출할 수 있도록 외부배출관을 설치할 것. 다만, 다음 각 목의 어느 하나에 해당하는 선박으로서 외부배출관을 사용하지 아니하고 분뇨를 수용시설로 배출할 수 있는 경우에는 외부배출관을 설치하지 아니할 수 있다.
가. 시추선 및 플랫폼
나. 「선박법 시행규칙」 제11조 제1항 제9호에 따른 선박의 길이(어선의 경우에는 「어선법 시행규칙」 제2조 제1호에 따른 배의 길이를 말한다. 이하 같다)가 24미터 미만인 선박
다. 수상레저기구
③ 제1항에 따른 분뇨오염방지설비는 법 제25조 제2항에 따라 별표 6의 기술기준에 적합하게 유지 · 작동되어야 한다.

(2) 기름오염방지설비의 설치 등

기름오염방지를 위한 설비를 해당 선박에 설치하거나 폐유저장을 위한 용기를 비치하여야 하며, 기름오염방지를 위해 선박 소유자는 선박의 충돌 · 좌초 또는 그 밖의 해양사고 발생의 경우 기름 배출 방지가 가능한 선체구조를 갖추어야 한다. 대상이 되는 선박과 설치기준, 선체구조기준에 대해서는 선박에서의 오염방지

에 관한 규칙 제15조에서 정한다(법 제26조).

선박에서의 오염방지에 관한 규칙 제15조(기름오염방지설비 등의 설치기준) ① 법 제26조 제1항에 따라 선박 안에서 발생하는 기름의 배출을 방지하기 위한 설비(이하 "기름오염방지설비"라 한다)와 폐유저장을 위한 용기를 갖추어야 하는 대상선박, 기름오염방지설비와 폐유저장을 위한 용기의 설치·비치기준은 별표 7과 같다.
② 제1항에 따른 기름오염방지설비는 법 제26조 제3항에 따라 별표 8의 기술기준에 적합하게 유지·작동되어야 한다.
③ 선박의 소유자는 법 제26조 제2항에 따라 해양사고가 발생하는 경우 기름의 배출을 방지할 수 있도록 다음 각 호의 구분에 따라 선체구조 등을 갖추어야 한다.
1. 손상복원성 선체구조 등을 갖추어야 할 대상선박 및 시기: 별표 9
2. 이중선체구조 등을 갖추어야 할 대상선박 및 시기: 별표 10
3. 선박 연료유 탱크의 이중선체 구조: 별표 11
4. 선박의 화물창 등의 구조기준: 별표 12
5. 선박의 이중선체구조 등의 기준: 별표 13
6. 복원성기준: 별표 14
④ 제1항 또는 제3항에도 불구하고 군함, 경찰용 선박 및 이를 보조하는 공용선박은 기름오염방지설비와 폐유저장을 위한 용기를 갖추어야 하는 대상 선박 또는 해양사고 시 기름배출방지를 위한 선체구조 등의 설치대상 선박에서 제외한다.

[별표 7] 선박에서의 오염방지에 관한 규칙

기름오염방지설비 설치 및 폐유저장용기 비치기준(제15조 제1항 관련)

1. 기관구역에서의 기름오염방지설비의 설치기준

대상선박	기름오염방지설비
가. 총톤수 50톤 이상 400톤 미만의 유조선	1) 선저폐수저장탱크 또는 기름여과장치 2) 배출관장치
나. 총톤수 100톤 이상 400톤 미만으로서 유조선이 아닌 선박	
다. 총톤수 400톤 이상 1만톤 미만의 선박(마목의 선박 제외)	1) 기름여과장치 2) 유성찌꺼기탱크 3) 배출관장치
라. 총톤수 1만톤 이상의 모든 선박(마목의 선박 제외)	1) 기름여과장치 2) 선저폐수농도경보장치 3) 유성찌꺼기탱크 4) 배출관장치

마. 총톤수 400톤 이상으로서 국제특별해역 안에서만 운항하는 선박	1) 기름여과장치 2) 선저폐수농도경보장치 3) 유성찌꺼기탱크 4) 배출관장치

비고

가. 기관구역이 없는 부선, 합계출력 1,470㎾(2,000PS) 미만의 기관(기관구역 밖에 설치된 기관으로서 연료유계통이 기관구역과 분리된 기관은 합계출력 산정 시 제외한다)이 설치된 부선 또는 조선소에서 플로팅 도크 전용으로 사용되는 부선으로서, 선저폐수를 해양에 배출하기 위한 배출관장치가 설치되어 있지 아니한 것은 위 가목부터 마목까지의 대상선박에 요구되는 장치를 설치하지 아니할 수 있다. 다만, 보조기관(합계출력 130kW 이상의 내연기관으로 한정한다)이 설치된 부선은 누유방지장치를 설치하여야 한다.

나. 총톤수 400톤 이상의 선박으로서 유성찌꺼기를 선박 안에서 소각하고자 하는 선박의 경우에는 소각설비를 설치하여야 한다.

다. 시추선 및 플랫폼에 스킴파일을 설치한 후 분리된 기름성분을 생산된 해저광물과 섞어 처리하는 경우에는 제1호 가목부터 마목까지의 규정에 따른 기름오염방지설비를 설치하지 아니할 수 있다.

라. 위 가목 또는 나목에 따른 선박에 대한 기름오염방지설비는 선박의 기관구역이 좁거나 전원의 부족으로 배출관장치를 포함하여 선저폐수저장탱크 또는 기름여과장치를 설치할 수 없는 경우에는 누유방지장치로 갈음할 수 있다.

마. 위 다목부터 마목까지의 규정에도 불구하고, 다음의 선박이 기관구역에서 발생하는 유성혼합물을 선박에 보유한 후 수용시설에 배출하는 경우에는 유성찌꺼기탱크 및 배출관장치만 설치할 수 있다. 다만, 이러한 사항은 별지 제9호서식의 해양오염방지 검사증서의 항행상의 조건란에 기재되어야 한다.

1) 위 마목에 해당하는 선박

2) 제12조의2에 따른 극지해역에서만 운항하는 선박

3) 왕복 항해시간이 24시간을 초과하지 않는 선박으로서 「선박안전법 시행규칙」 제23조 제1항 제9호 각 목에 따른 고속선 안전증서를 발급받은 선박

4) 「항만법」에 따른 항만구역 및 「어촌·어항법」에 따른 어항구역 내에서만 운항하는 선박

바. 선박 내에서 기름연료 사용이 없어 기름오염 발생 가능성이 없는 선박은 가목부터 마목까지에서 정한 기름오염방지설비를 설치하지 않을 수 있다.

2. 화물구역에서의 기름오염방지설비의 설치기준

구분	대상선박		기름오염방지설비
가. 유성평형수의 배출방지설비	1) 총톤수 150톤 이상의 유조선	가) 근해구역 이상의 항해에만 종사하는 유조선	(1) 기름배출감시제어장치 (2) 평형수배출관장치 (3) 혼합물탱크장치
		나) 국내항해에만 종사하는 유조선	(1) 기름배출감시제어장치 (2) 평형수배출관장치 (3) 혼합물탱크장치
		다) 국제협약의 한 당사국 안에	

		서만 종사하는 유조선	(4) (1) 및 (3)에도 불구하고 화물구역에서 발생하는 유성혼합물을 항해 중 바다에 배출하지 않고 선박에 저장하였다가 육상수용시설에 전량 배출하는 경우에는 평형수배출관장치만 설치할 수 있다.
		라) 아스팔트 또는 물과의 분리가 불가능한 물리적 특성을 가지는 정제유를 운송하는 유조선	
		마) 국제항해를 포함하는 연해구역 안에서만 종사하는 유조선	(1) 기름배출감시제어장치 (2) 평형수배출관장치 (3) 혼합물탱크장치 (4) (1)에도 불구하고 화물구역에서 발생하는 유성혼합물을 항해 중 바다에 배출하지 않고 선박에 저장하였다가 육상수용시설에 전량 배출하는 경우에는 평형수배출관장치 및 혼합물탱크장치만 설치할 수 있다.
		바) 육지로부터 50해리를 넘지 아니하고, 총 항해시간이 72시간 이내로 제한된 국제항해에 운항하는 유조선	
	2) 합계용적 200㎥ 이상의 기름을 실을 수 있는 화물창을 가진 선박		가) 기름배출감시제어장치 나) 평형수배출관장치 다) 혼합물탱크장치 라) 가) 및 다)에도 불구하고 화물창의 합계용적이 1천㎥ 미만인 경우로서 화물창에서 발생하는 유성혼합물을 항해 중 바다에 배출하지 않고 선박에 저장하였다가 육상수용시설에 전량 배출하는 경우에는 평형수배출관장치만 설치할 수 있다.
나. 평형수탱크 및 화물탱크의 세정설비	1) 1982년 6월 1일 후에 인도된 유조선으로서 원유만을 운송하는 재화중량톤수 2만톤 이상의 유조선		가) 분리평형수탱크 나) 화물창원유세정설비 다) 나)에도 불구하고 원유 세정에 적합하지 않은 원유만을 운송하거나 정제유와 함께 원유를 운송하는 유조선이 화물구역에서 발생하는 유성혼합물을 항해 중 바다에 배출하지 않고 선박에 저장하였다가 육상수용시설에 전량 배출하는 경우에는 분리평형수탱크만 설치할 수 있다.
	2) 1982년 6월 1일 후에 인도된 유조선으로서 원유 및 정제유를 운송하는 재화중량톤수 2만톤 이상의 유조선		
	3) 1982년 6월 1일 후에 인도된 유조선으로서 정제유만을 운송하는 재화중량톤수 3만톤 이상의 유조선		분리평형수탱크
	4) 1982년 6월 1일 이전에 인도된 유조선으로서 원유만을 운송하는 재화중량톤수 4만톤 이상의 유조선		화물창원유세정설비 또는 분리평형수탱크
	5) 1982년 6월 1일 이전에 인도된 유조선으로서 정제유만을 운송하는 재화중량톤수 4만톤 이상의 유조선		가) 맑은평형수탱크 나) 평형수농도감시장치 다) 가) 및 나)에도 불구하고 분리평형수탱크를 설치한 경우에는 맑은평형수탱크 및 평형수농도감시장치를 설치하지 않을 수 있다.

6) 1982년 6월 1일 이전에 인도된 유조선으로서 원유와 정제유를 운송하는 재화중량톤수 4만톤 이상의 유조선	분리평형수탱크
7) 1982년 6월 1일 이전에 인도된 유조선으로서 국내항해에만 종사하는 재화중량톤수 4만톤 이상의 유조선	가) 화물창원유세정설비 또는 분리평형수탱크 나) 가)에도 불구하고 화물구역에서 발생하는 유성혼합물을 항해 중 바다에 배출하지 않고 선박에 저장하였다가 육상수용시설에 전량 배출하는 경우에는 화물창원유세정설비 또는 분리평형수탱크를 설치하지 않을 수 있다.

비고

가. 화물창에 평형수를 적재하지 아니하는 특수평형수장치를 가지는 총톤수 150톤 이상의 유조선으로서 화물창세정을 위한 설비 및 세정수의 해양배출을 위한 관장치가 없는 선박은 기름배출감시제어장치, 평형수배출관장치 및 혼합물탱크장치를 설치하지 아니할 수 있다.

나. 재화중량톤수 7만톤 이상의 유조선에 설치하는 혼합물탱크장치는 2개 이상의 혼합물탱크로 구성되어야 한다.

3. 폐유저장용기의 비치기준

가. 기관구역용 폐유저장용기

대상선박	저장용량(단위: ℓ)
1) 총톤수 5톤 이상 10톤 미만의 선박	20
2) 총톤수 10톤 이상 30톤 미만의 선박	60
3) 총톤수 30톤 이상 50톤 미만의 선박	100
4) 총톤수 50톤 이상 100톤 미만으로서 유조선이 아닌 선박	200

비고

가) 폐유저장용기는 2개 이상으로 나누어 비치할 수 있다.

나) 폐유저장용기는 견고한 금속성 재질 또는 플라스틱 재질로서 폐유가 새지 아니하도록 제작되어야 하고, 해당 용기의 표면에는 선명 및 선박번호를 기재하고 그 내용물이 폐유임을 표시하여야 한다.

다) 폐유저장용기 대신에 소형선박용 기름여과장치를 설치할 수 있다.

나. 화물구역용 폐유저장용기

대상선박	저장용량(단위: ℓ)
총톤수 150톤 미만의 유조선	400

(3) 유해액체물질 오염방지설비의 설치 등

유해액체물질을 산적하여 운반하는 선박에는 유해액체물질을 그 선박 안에서 저장·처리할 수 있는 설비 또는 유해액체물질에 의한 해양오염을 방지하기 위한 설비를 설치해야 하며 선박의 충돌·좌초 그 밖의 해양사고가 발생하는 경우 유해액체물질의 배출을 방지하기 위하여 화물의 화물창을 선박에서의 오염방지에 관한 규칙 제16조에서 정하는 기준에 따라 설치·유지하여야 한다. 해당 선박의 소유자는 선박에서의 오염방지에 관한 규칙 제18조 유해액체물질의 배출방법 및 설비에 관한 지침서에서 정하는 기준에 따라 유해액체물질의 배출방법 및 설비에 관한 지침서를 작성하여 해양수산부장관의 검인을 받아 그 선박의 선장에게 제공해야 한다(법 제27조).

(4) 선박평형수 및 기름의 적재제한

해양수산부령이 정하는 유조선의 화물창 및 해양수산부령이 정하는 선박의 연료유탱크에는 선박평형수를 적재하여서는 아니 된다. 다만, 새로이 건조한 선박을 시운전하거나 선박의 안전을 확보하기 위하여 필요한 경우로서 해양수산부령이 정하는 경우에는 그러하지 아니하다.

선박에서의 오염방지에 관한 규칙 제19조(화물창 및 연료유탱크에의 선박평형수 적재 제한)
① 법 제28조 제1항 본문에서 "해양수산부령이 정하는 유조선"이란 분리평형수탱크가 설치된 유조선을 말한다.
② 법 제28조 제1항 본문에서 "해양수산부령이 정하는 선박"이란 1979년 12월 31일 후에 인도된 선박으로서 다음 각 호의 선박을 말한다.
1. 총톤수 150톤 이상의 유조선
2. 총톤수 4천톤 이상의 선박

선박에서의 오염방지에 관한 규칙 제20조(화물창 및 연료유탱크에의 선박평형수 적재 허용)
법 제28조 제1항 단서에서 "해양수산부령이 정하는 경우"란 다음 각 호의 어느 하나에 해당하는 경우를 말한다.
1. 겸용선이 안전하게 하역하기 위하여 필요한 경우
2. 교량, 그 밖의 장애물 밑을 안전하게 통과하기 위하여 필요한 경우
3. 「항만법」 제2조 제1호에 따른 항만 또는 운하에서 안전하게 항해하기 위하여 필요한 경우
4. 비바람이 심한 날씨에 선박이 안전하게 항해하기 위하여 필요한 경우
5. 부유시설 등을 이용하여 정밀검사 또는 두께 계측을 시행하기 위하여 필요한 경우
6. 화물창의 수압시험을 위하여 필요한 경우

해양수산부령이 정하는 선박의 경우 그 선박의 선수(船首)탱크 및 충돌격벽(衝突隔壁)보다 앞쪽에 설치된 탱크에는 기름을 적재하여서는 아니 된다(법 제28조).

선박에서의 오염방지에 관한 규칙 제21조(선수탱크 등에의 기름적재 금지 대상선박) 법 제28조 제2항에서 "해양수산부령이 정하는 선박"이란 총톤수 400톤 이상인 선박으로서 다음 각 호의 어느 하나에 해당하는 선박을 말한다.
1. 1982년 1월 1일 이후에 건조계약이 체결된 것
2. 건조계약이 체결되지 아니한 선박으로서 1982년 7월 1일 이후에 건조된 것

(5) 포장유해물질의 운송

선박을 이용하여 포장유해물질을 운송하려는 자는 해양수산부령이 정하는 바에 따라 포장·표시 및 적재방법 등의 요건에 적합하게 이를 운송하여야 한다(법 제29조).

2. 오염방지를 위한 관리

본 법에서는 선박으로부터의 해양오염 방지를 위해 선박의 선장은 그 선박에서 사용하거나 운반·처리하는 폐기물·기름 및 유해액체물질에 대해 선박오염물질기록부를 선박 내에 비치하고 그 사용량·운반량 및 처리량 등을 기록하도록 하고 있으며, 선박오염물질기록부의 보존기간은 최종기재를 한 날부터 3년으로 하며, 그 기재사항·보존방법 등에 관하여 필요한 사항은 해양수산부령으로 정한다(법 제30조). 이는 전자적 방법으로도 기록이 가능하다(법 제30조의2).

해양환경관리법 제30조 제1항 및 선박에서의 오염방지에 관한 규칙 제23조

종류	정의	대상선박
폐기물기록부	해양수산부령이 정하는 일정 규모 이상의 선박에서 발생하는 폐기물의 총량·처리량 등을 기록하는 장부. 다만, 제72조 제1항의 규정에 따라 해양환경관리업자가 처리대장을 작성·비치하는 경우에는 동 처리대장으로 갈음한다.	1. 총톤수 100톤 이상의 선박(총톤수 400톤 미만의 부선으로서 선박검사증서 상 최대승선인원이 0명인 부선은 제외한다) 2. 선박검사증서 또는 어선검사증서 상 최대승선인원이 15명 이상인 선박(운항속력으로 1시간 이내의 항해에 종사하는 선박은 제외한다)
기름기록부	선박에서 사용하는 기름의 사용량·처리량을 기록하는 장부. 다만, 해양수산부령이 정하는 선박의 경우를 제외하며, 유조선의	1. 총톤수 100톤[군함과 경찰용 선박의 경우에는 경하배수톤수(사람, 화물 등을 적재하지 않은 선박 자체의 톤수) 200톤] 미만의 선박

	경우에는 기름의 사용량·처리량 외에 운반량을 추가로 기록하여야 한다.	2. 선저폐수가 생기지 아니하는 선박
유해액체물질 기록부	선박에서 산적하여 운반하는 유해액체물질의 운반량·처리량을 기록하는 장부	

선박의 소유자는 기름 또는 유해액체물질이 해양에 배출되는 경우에 취하여야 하는 조치사항에 대한 내용을 담은 선박해양오염비상계획서를 작성하여 해양경찰청장의 검인을 받은 후 이를 그 선박에 비치하고, 선박해양오염비상계획서에 따른 조치 등을 이행해야 하며, 선박해양오염비상계획서를 변경·작성하려는 경우 해양경찰청장의 검인을 받은 후 이를 그 선박에 비치해야 한다(법 제31조).

선박에서의 오염방지에 관한 규칙 제25조 선박해양오염비상계획서 비치대상 등

기름의 해양오염비상계획서를 갖추어두어야 하는 선박	가. 총톤수 150톤 이상의 유조선 나. 총톤수 400톤 이상의 유조선 외의 선박(군함, 경찰용 선박 및 국내항해에만 사용하는 부선은 제외한다) 다. 시추선 및 플랫폼
유해액체물질의 해양오염비상계획서를 갖추어두어야 하는 선박	총톤수 150톤 이상의 선박으로서 유해액체물질을 산적하여 운송하는 선박

선박해양오염비상계획서에는 다음 각 호의 사항이 포함되어야 한다.

1. 선박의 방제조직에 관한 사항
2. 유출사고 발생 시 선박의 선장이 취하여야 할 보고의 절차에 관한 사항
3. 유출을 줄이기 위하여 선박의 선원이 취하여야 할 방제조치에 관한 사항
4. 선박의 주요제원과 선체구조도면 및 주요 배관장치의 배치도면
5. 선박의 선원에 대한 방제 교육·훈련에 관한 사항
6. 유출사고 발생 시 그 사실을 통보할 연안 당사국의 기관명칭 및 방제에 필요한 사항
7. 기름유출사고 발생 시 육상에서 제공하는 전산화된 손상복원성 및 잔존강도에 대한 계산프로그램을 이용할 수 있는 방법에 관한 사항(재화중량톤수 5천톤 이상의 유조선에 한한다)

총 톤수 150톤 이상의 유조선, 총 톤수 400톤 이상의 선박(부선 등 선박의 구조상 오염물질 및 대기오염물질을 발생하지 아니하는 선박은 제외)의 소유자는 선박에 승무하는 선원 중에서 선장을 보좌하여 선박으로부터의 오염물질 및 대기오염물질의

배출방지에 관한 업무를 위해 해양환경관리법 시행령 제39조에서 정한 자격을 갖춘 자를 해양오염방지관리인으로 임명해야 한다(법 제32조).

선박에서의 오염방지에 관한 규칙 제27조(해양오염방지관리인 승무대상 선박) 법 제32조 제1항에서 "해양수산부령이 정하는 선박"이란 다음 각 호의 선박을 말한다.

1. 총톤수 150톤 이상인 유조선
2. 총톤수 400톤 이상인 선박[국적취득조건부로 나용선(裸傭船)한 외국선박을 포함한다]. 다만, 부선 등 선박의 구조상 오염물질 및 대기오염물질을 발생하지 아니하는 선박은 제외한다.

해양환경관리법 시행령 제39조(선박 해양오염방지관리인의 자격 · 업무내용 등) ① 법 제32조 제1항 및 제3항에서 "대통령령으로 정하는 자격을 갖춘 사람"이란 각각 별표 5에 따른 선박 해양오염방지관리인 및 그 대리자의 자격을 갖춘 사람을 말한다.

② 법 제32조 제1항 및 제3항에 따른 해양오염방지관리인 및 대리자의 업무내용 및 준수사항은 다음 각 호와 같다.

1. 폐기물기록부와 기름기록부(유해액체물질을 산적하여 운반하는 선박의 경우 유해액체물질기록부를 포함한다)의 기록 및 보관
2. 오염물질 및 대기오염물질을 이송 또는 배출하는 작업의 지휘 · 감독
3. 해양오염방지설비의 정비 및 작동상태의 점검
4. 대기오염방지설비의 정비 및 점검
5. 해양오염방제를 위한 자재 및 약제의 관리
6. 법 제63조 제1항 및 법 제64조 제1항에 따른 오염물질의 배출이 있는 경우 신속한 신고 및 필요한 응급조치
7. 법 제121조에 따른 해양오염 방지 및 방제에 관한 교육 · 훈련의 이수 및 해당 선박의 승무원에 대한 교육의 실시(해양오염방지관리인만 해당한다)
8. 그 밖에 해당 선박으로부터의 오염사고를 방지하는 데 필요한 사항

해양오염방지관리인 및 그 대리자의 자격(제39조 제1항 및 제40조 제1항 관련)

1. 선박 해양오염방지관리인 및 대리자

선박 해양오염방지관리인	대리자
다음 각 목의 요건을 모두 갖출 것 가. 「선박직원법」 제2조 제3호에 따른선박직원(선장 · 통신장 및 통신사는제외한다)일 것 나. 법 제121조 제1호에 따른 교육 · 훈련과정을 이수한 날부터 5년(교육 · 훈련과정을 이수한 날부터 5년이 경과하는 날에 승선 중인 경우에는 6년)이 경과하지 않았을 것	「선박직원법」 제2조 제3호에 따른 선박직원(선장 · 통신장 및 통신사는 제외한다)일 것

해상에서 유조선 간에 기름화물을 이송하려는 선박소유자는 선박 대 선박 기름화물이송계획서를 작성하여 해양수산부장관의 검인을 받은 후 선박에 비치하고, 이송작업 시 이를 준수해야 한다. 또한 해역·수역 안에서 선박 대 선박 기름화물 이송작업을 하려는 선박의 선장은 작업책임자 명단 및 작업계획을 해양수산부장관에게 사전에 보고하도록 하고 있다(법 제32조의2).

Ⅲ. 해양시설에서의 해양오염방지

항만법 제2조 제1호에서 규정하는 해양시설의 소유자는 해양수산부장관 또는 시·도지사에게 그 시설을 신고하고, 중요한 내용의 변경이 있는 경우 변경신고를 해야 한다(법 제33조). 기름 및 유해액체물질을 취급하는 해양시설 중 해양수산부령이 정하는 해양시설의 소유자는 해양시설오염물질기록부를 비치하고 기름 및 유해액체물질의 사용량과 반입·반출에 관한 사항 등을 기록하며, 해당 기록부는 최종기재를 한 날부터 3년간 보존한다(법 제34조).

해양환경관리법 시행규칙 제18조(해양시설오염물질기록부) ① 법 제34조 제1항에서 "해양수산부령이 정하는 해양시설"이란 별표 1 제1호 가목의 시설을 말한다.
② 법 제34조에 따른 해양시설오염물질기록부(이하 "해양시설오염물질기록부"라 한다)에는 다음 각 호의 사항을 적어야 한다.
1. 기름 및 유해액체물질의 사용량과 선적 및 반입에 관한 사항
2. 유성혼합물 또는 유해액체물질 세정수의 처리에 관한 사항
3. 해양시설의 운영과정에서 발생되는 오염물질 처리에 관한 사항

해당 해양시설의 소유자는 기름 및 유해액체물질이 해양에 배출되는 경우에 취하여야 하는 조치사항에 대한 내용이 포함된 해양오염비상계획서를 해양시설에 비치해야 하며, 해양시설오염비상계획서를 검인받은 해양시설의 소유자는 그 해양시설오염비상계획서의 중요한 사항을 변경하려는 경우에는 해양시설오염비상계획서를 변경·작성하여 해양경찰청장의 검인을 받은 후 이를 그 해양시설 또는 해양시설의 소유자의 사무실에 비치하여야 한다(법 제35조).

해양환경관리법 시행규칙 제19조(해양시설오염비상계획서) ① 법 제35조에 따라 해양시설오염비상계획서(이하 "해양시설오염비상계획서"라 한다)를 갖추어야 하는 해양시설은 별표 1 제1호 가목 또는 나목의 시설 중 합계용량 300킬로리터 이상인 시설로 한다.
② 해양시설오염비상계획서에는 다음 각 호의 사항이 포함되어야 한다.
1. 해양시설의 위치, 규모, 소유자(사업장의 명칭 및 대표자를 포함한다) 및 관리자에 대한 정보(군사시설의 경우에는 제외한다)
2. 기름 또는 유해액체물질 유출사고 발생 시 해양시설의 관리자가 하여야 할 신고 및 보고의 절차에 관한 사항
3. 기름 또는 유해액체물질 유출을 줄이기 위하여 해양시설의 종사자가 하여야 할 방제조치에 관한 사항
4. 해양시설의 주요설비, 시설구조도면 및 주요배관장치의 배치도면
5. 해양시설 종사자에 대한 방제교육·훈련에 관한 사항
6. 해양시설 주변해역의 조류, 환경 등 해역특성에 관한 사항
7. 기름 또는 유해액체물질 유출사고 예방 및 점검에 관한 사항
8. 해양오염사고 방제에 필요한 방제조직, 방제장비·자재 현황 및 동원체계
9. 해양시설 오염사고 규모별 방제조치계획

③ 법 제35조 제1항 본문에 따라 해양시설오염비상계획서의 검인을 받으려는 자는 별지 제18호서식의 해양시설오염비상계획서 검인신청서에 해당 해양시설오염비상계획서를 첨부하여 해양경찰서장에게 제출하여야 한다.
④ 법 제35조 제2항에서 "해양수산부령으로 정하는 중요한 사항을 변경하려는 경우"란 다음 각 호의 경우를 말한다.
1. 해양시설의 소유자(사업장의 명칭 및 대표자를 포함한다) 및 관리자에 대한 정보의 변경
2. 해양시설의 위치의 변경
3. 해양시설의 규모의 100분의 30 이상의 증가
4. 해양시설의 주요설비, 시설구조도면 및 주요배관장치의 100분의 10 이상의 변경

⑤ 법 제35조 제2항에 따라 변경검인을 받으려는 자는 별지 제18호서식의 해양시설오염비상계획서 변경검인신청서에 변경된 해양시설오염비상계획서를 첨부하여 변경 사유가 발생한 날부터 30일 이내에 해양경찰서장에게 제출하여야 한다.
⑥ 해양경찰서장은 제3항에 따른 검인신청 또는 제5항에 따른 변경검인신청이 있는 경우 적합하다고 인정하면 해당 해양시설오염비상계획서에 별표 9의 검인표시를 하여 신청인에게 내주어야 한다.

해양시설 해양오염방지관리인을 임명하여 해양시설로부터의 오염물질의 배출방지에 관한 업무를 관리하도록 하고(법 제36조), 해양시설의 안전점검을 실시해야 한다(법 제36조의2).

Ⅳ. 오염물질의 수거 및 처리

선박 및 해양시설의 소유자는 해당 선박 및 해양시설에서 발생하는 오염물질을 오염물질저장시설의 설치·운영자, 유창청소업자 또는 폐기물처리업자에게 수거·처리하도록 하여야 한다(법 제37조).

다음 각 호의 어느 하나에 해당하는 선박 또는 해양시설의 소유자는 해당 선박 또는 해양시설에서 발생하는 물질을 해양수산부령으로 정하는 바에 따라 「폐기물관리법」 제25조 제8항에 따른 폐기물처리업자로 하여금 수거·처리하게 할 수 있다.

1. 육상에 위치한 해양시설(해역과 육지 사이에 연속하여 설치된 해양시설을 포함한다)
2. 조선소에서 건조 중인 선박
3. 조선소에서 건조 완료 후 「선박법」 제8조 제1항 또는 「어선법」 제13조 제1항에 따라 등록하기 전에 시운전하는 선박
4. 총톤수 20톤 미만의 소형선박
5. 조선소 또는 수리조선소에서 수리 중인 선박(항해 중에 발생한 오염물질을 제1항에 따라 모두 수거·처리한 선박에 한정한다)
6. 해체 중인 선박

(법 제37조 제2항)

해역관리청은 선박 또는 해양시설에서 배출되거나 해양에 배출된 오염물질을 저장하기 위한 시설(이하 "오염물질저장시설"이라 한다)을 설치·운영하여야 하며, 해역관리청이 아닌 자로서 오염물질저장시설을 설치·운영하고자 하는 자(이하 "오염물질저장시설 운영자"라 한다)는 대통령령으로 정하는 바에 따라 해역관리청에 신고하여야 한다. 해역관리청은 신고 또는 변경신고를 받은 날부터 해양수산부령으로 정하는 기간 내에 신고 수리 여부를 신고인에게 통지하여야 한다. 해역관리청 및 오염물질저장시설 운영자는 오염물질저장시설에 반입·반출되는 오염물질의 관리대장(전자문서를 포함하며, 이하 "오염물질관리대장"이라 한다)을 작성·관리하여야 하고, 오염물질저장시설 운영자는 오염물질관리대장을 해양경찰청장에게 제출하여야 한다. 이 경우 오염물질관리대장의 기재사항, 보존기간 및 제출절차 등에 관하여 필요한 사항은 해양수산부령으로 정한다(법 제38조).

해양환경관리법 시행령 제40조의3(오염물질저장시설의 설치·운영 신고 등) ① 법 제38조 제2항 전단에 따라 같은 조 제1항에 따른 오염물질저장시설(이하 "오염물질저장시설"이라 한다)의 설치·운영에 관한 신고를 하려는 자는 해양수산부령으로 정하는 설치·운영 신고서에 다음 각 호의 서류를 첨부하여 해역관리청에 제출해야 한다.
1. 오염물질저장시설의 설치명세서와 그 도면
2. 오염물질저장시설의 위치도(설치 예정지가 표시된 축척 2만5천분의 1의 지형도를 말한다)
3. 오염물질저장시설의 운영계획서
② 법 제38조 제2항 후단에 따라 오염물질저장시설의 설치·운영에 관한 변경신고를 하려는 자는 해양수산부령으로 정하는 설치·운영 변경신고서에 다음 각 호의 서류를 첨부하여 해역관리청에 제출해야 한다.
1. 제3항에 따라 발급받은 신고증명서
2. 변경하려는 사항을 확인할 수 있는 서류
③ 해역관리청은 법 제38조 제3항에 따라 오염물질저장시설의 설치·운영에 관한 신고 또는 변경신고를 수리한 경우에는 해양수산부령으로 정하는 신고증명서를 발급해야 한다.

해양환경관리법 시행규칙 제21조의2(오염물질저장시설의 변경신고 사항 등) ① 법 제38조 제2항 후단에서 "해양수산부령으로 정하는 중요한 사항"이란 다음 각 호의 어느 하나에 해당하는 사항을 말한다.
1. 법 제38조 제1항에 따른 오염물질저장시설(이하 "오염물질저장시설"이라 한다) 사업장의 명칭 또는 대표자
2. 오염물질저장시설의 설치 장소
3. 오염물질저장시설의 규모
4. 오염물질저장시설 운영계획서의 내용

해양환경관리법 시행규칙 제22조(오염물질관리대장의 기록 및 보존) ① 법 제38조 제4항에 따른 오염물질관리대장(이하 "오염물질관리대장"이라 한다)에는 다음 각 호의 사항을 적어야 한다.
1. 오염물질의 종류 및 발생현황
2. 오염물질의 자가처리 및 위탁처리 현황
② 오염물질관리대장은 별지 제19호서식과 같다.
③ 오염물질관리대장은 마지막으로 적은 날부터 2년 동안 해당 시설에 보관하여야 한다.
④ 법 제38조 제4항 전단에 따라 같은 조 제2항에 따른 오염물질저장시설 운영자(이하 "오염물질저장시설 운영자"라 한다)는 오염물질관리대장을 매 분기가 끝나는 날부터 15일 이내에 해양경찰서장에게 제출해야 한다. 이 경우 법 제115조 제7항에 따른 전산망을 이용하여 제1항 각 호의 사항을 입력한 경우에는 이를 제출한 것으로 본다.

오염시설저장시설 운영자를 위한 운영방법, 개선명령 등에 대한 내용 역시 신설하였다(법 제38조의2, 제38조의3).

법 제38조의2(오염물질저장시설의 운영 등) ① 오염물질저장시설 운영자는 다음 각 호의 사항을 준수하여야 한다.
1. 제38조 제6항에 따른 오염물질저장시설 설치·운영기준에 따라 적합하게 운영할 것
2. 운영 중인 오염물질저장시설에서 처리가 어렵거나 처리능력을 초과하는 경우에는 오염물질을 처리하거나 그 처리를 수탁받지 아니할 것
3. 그 밖에 오염물질의 적정한 처리를 위하여 해양수산부령으로 정하는 사항을 준수할 것

② 오염물질저장시설 운영자는 다음 각 호의 어느 하나에 해당하는 행위를 하여서는 아니 된다.
1. 오염물질저장시설에 저장되는 오염물질 및 오염수를 해양 또는 「물환경보전법」 제2조 제9호에 따른 공공수역으로 배출하거나 배출할 수 있는 시설을 설치하는 행위
2. 오염물질저장시설의 오염물질 및 오염수를 오수 또는 다른 배출시설에서 배출되는 폐수와 혼합하여 처리하거나 처리할 수 있는 시설을 설치하는 행위

③ 오염물질저장시설 운영자는 오염물질저장시설에서 처리된 오염수를 「물환경보전법」 제2조 제10호에 따른 폐수배출시설, 같은 조 제17호에 따른 공공폐수처리시설 또는 「하수도법」 제2조 제9호에 따른 공공하수처리시설에 유입하여 처리하여야 하고, 이 경우 처리절차 등은 관계 법령에서 정하는 바에 따른다.

제38조의3(시설의 개선명령 등) ① 해역관리청은 오염물질저장시설 운영자가 다음 각 호의 어느 하나에 해당하는 경우에는 그 시설의 개선, 6개월 이내의 운영정지 또는 시설의 폐쇄를 명할 수 있다. 다만, 제1호부터 제4호까지의 어느 하나에 해당하는 경우에는 그 시설의 폐쇄를 명하여야 한다.
1. 제38조 제5항에 따른 결격사유에 해당하는 경우
2. 거짓이나 그 밖의 부정한 방법으로 신고하거나 변경신고를 한 경우
3. 1년에 2회 이상 시설의 운영정지 명령을 받은 경우
4. 시설의 운영정지기간 중에 시설을 운영한 경우
5. 정당한 사유 없이 신고한 사항을 이행하지 아니한 경우
6. 제38조의2에 따른 의무를 위반한 경우
7. 신고 후 1년 이내에 시설을 운영하지 아니하거나 정당한 사유 없이 1년 이상 계속하여 운영실적이 없는 경우
8. 시설의 개선명령을 따르지 아니하거나 거부한 경우

② 제1항에 따른 행정처분의 세부기준은 그 위반행위의 유형과 정도 등을 참작하여 해양수산부령으로 정한다.

Ⅴ. 잔류성 유기오염물질의 조사 등

잔류성오염물질의 오염실태 및 진행상황을 측정·조사해야 하며, 그 결과 해양환경의 관리에 문제가 있다고 인정되는 경우 해당 잔류성오염물질의 사용금지 및 사용제한 요청 등의 조치를 할 수 있다(법 제39조). 누구든지 선박 또는 해양시설등에 유해방오도료 또는 이를 사용한 설비를 사용해서는 아니 되며, 누구든지 선박 또는 해양시설등에 방오도료 또는 이를 사용한 설비를 사용하거나 설치하려고 하는 경우 해양환경관리법 시행규칙 제25조, 선박에서의 오염방지에 관한 규칙 제29조의 기준 및 방법에 따라야 한다(법 제40조).

제4절 해양에서의 대기오염방지를 위한 규제

Ⅰ. 배출방지를 위한 설비·계획 및 보고

선박소유자는 선박에서의 대기오염물질 배출을 방지하거나 감축하기 위해 대기오염방지설비를 설치해야 한다. 설치된 대기오염방지설비는 해양수산부령이 정하는 기준에 적합하게 유지·작동되어야 한다(법 제41조).

선박에서의 오염방지에 관한 규칙 제30조(대기오염방지설비의 설치기준 등) ① 선박의 소유자는 법 제41조 제1항에 따라 선박에 별표 19의 대기오염방지설비를 설치하여야 한다.
② 제1항에 따른 대기오염방지설비는 법 제41조 제2항에 따라 별표 20의 기준에 적합하게 유지·작동되어야 한다.

[별표 19] 선박에서의 오염방지에 관한 규칙

선박의 대기오염방지 관련 설비(제30조 제1항 관련)

1. 오존층파괴물질이 포함된 설비
가. 법 제42조 제1항에 따라 선박소유자는 이미 설치된 설비에서 오존층파괴물질이 배출되지 아니하도록 유지·작동하여야 한다.

나. 법 제42조 제2항에 따라 오존층파괴물질이 포함된 설비는 새로 설치할 수 없다.
2. 디젤기관의 질소산화물 배출 저감을 위한 설비
디젤기관은 별표 20 제1호에 적합한 질소산화물배출방지기관이거나 별표 20 제2호에 적합한 질소산화물배출방지용 배기가스정화장치 또는 이와 유사한 장치를 설치한 디젤기관이어야 한다.
3. 황산화물 배출 저감 설비
황산화물배출규제해역을 항해하는 선박으로서 법 제44조 제2항 본문에 따른 황함유량 기준을 초과하는 연료유를 사용하는 선박은 별표 20 제3호에 적합한 황산화물용 배기가스정화장치 또는 이와 유사한 장치 등을 설치하여야 한다.
4. 휘발성유기화합물 배출 방지 설비
법 제47조 제1항에 따라 지정된 휘발성유기화합물규제항만에서 제37조 제1항에서 규정하는 물질을 싣고자 하는 총톤수 400톤 이상의 선박은 별표 20 제4호에 적합한 유증기수집제어장치를 설치하여야 한다.
5. 선박 안의 소각기
법 제46조 제2항에 따라 선박의 항해 중에 발생하는 물질을 선박 안에서 소각하고자 하는 선박은 다음의 구분에 따라 해당하는 선내소각기를 설치하여야 한다.
가. 일반형 선내소각기 또는 국제해사기구가 정한 기준에 따라 형식승인을 받은 선내소각기
1) 2006년 6월 29일 전에 건조된 선박이 국내항해에 종사하는 경우
2) 2000년 1월 1일 전에 건조된 선박이 국제항해에 종사하는 경우
나. 국제해사기구가 정한 기준에 따라 형식승인을 받은 선내소각기
1) 2006년 6월 29 이후에 건조된 선박이 국내항해에 종사하는 경우
2) 2000년 1월 1일 이후에 건조된 선박이 국제항해에 종사하는 경우

국제항해에 사용되는 총톤수 400톤 이상의 선박 중 선박에서의 오염방지에 관한 규칙 제30조의2에서 정하는 선박의 건조 또는 본 법 제41조의2에서 정하는 개조를 하려는 경우 선박소유자는 최소 출력 이상의 추진기관을 설치하고 선박에너지효율설계지수를 계산하여 그 결과를 해양수산부장관에게 보고해야 한다. 선박소유자는 선박에너지효율설계지수 허용값을 초과하는 선박의 건조 또는 개조를 하여서는 아니 되며, 해양수산부장관은 선박에너지효율설계지수 허용값을 국제해사기구에 제출해야 한다(법 제41조의2).

선박에서의 오염방지에 관한 규칙 제30조의2(선박에너지효율설계지수 계산 대상선박 등) ① 법 제41조의2 제1항 각 호 외의 부분에서 "해양수산부령으로 정하는 선박"이란 별표 20의2에서 정하는 선박을 말한다. 다만, 국제항해에 종사하지 않는 선박으로서 외국에 선박을 매각하거나 외국에서 수리·폐선 등을 하기 위해 예외적으로 국제항해에 사용되는 선박은 제외한다.
② 법 제41조의2 제1항 제1호에서 "해양수산부령으로 정하는 개조"란 다음 각 호의 어느

하나에 해당하는 경우를 말한다.
1. 선박의 수선간장(「선박톤수의 측정에 관한 규칙」 제2조 제8호에 따른 수선간장을 말한다)이 변경되는 경우
2. 선박의 너비 또는 깊이가 변경되는 경우
3. 선박의 지정된 건현(乾舷)이 증가되는 경우. 다만, 입항하려는 항만의 수심이나 재화중량톤수의 제한으로 인해 일시적으로 선박의 지정된 건현이 증가되는 경우는 제외한다.
4. 선박의 추진기관의 합계출력이 5퍼센트 이상 증가되는 경우

③ 법 제41조의2 제1항 제3호에서 "해양수산부령으로 정하는 개조"란 선박을 개조하는 목적이 선박의 사용연한을 실질적으로 연장하기 위한 것이라고 해양수산부장관이 인정하는 경우를 말한다.

④ 법 제41조의2 제1항 제4호에서 "해양수산부령으로 정하는 개조"란 선박에너지효율설계지수의 계산에 관계되는 변수가 변경되어 선박에너지효율설계지수가 변경되는 선박의 개조를 말한다.

[별표 20의2] 선박에서의 오염방지에 관한 규칙

선박에너지효율설계지수 및 선박에너지효율지수 계산 대상선박

(제30조의2 제1항 본문 및 제30조의6 제1항 본문 관련)

1. 선박에너지효율설계지수 계산 대상선박 및 선박에너지효율지수 계산 대상선박은 다음 각 목과 같다. 다만, 아목은 선박에너지효율지수 계산 대상선박에서 제외한다.
   가. 산적화물선(散積貨物船)
   나. 가스운반선
   다. 유조선등
   라. 컨테이너선
   마. 일반화물선[가축운반선(livestock carrier), 부선(barge carrier), 중구조물 운반선(heavy load carrier), 요트운반선(yacht carrier), 핵연료운반선(nuclear carrier)은 제외한다]
   바. 냉동화물운반선
   사. 겸용선
   아. 여객선
   자. 로로화물선(차량운반선)
   차. 로로화물선[로로화물수송유니트(roll－on－roll－off cargo transportation units)운반선]
   카. 로로여객선
   타. 액화천연가스(LNG)운반선
   파. 크루즈여객선
2. 제1호에도 불구하고 가목부터 카목까지의 어느 하나에 해당하는 선박 중에서 비전통추진방식을 가진 선박과 선박의 종류와 관계없이 극지해역 운항선박에 관한 국제규정(Polar Code)에서 정한 범주A 선박(다년생 얼음을 포함하여 최소한 중간정도 두께의 일년생 얼음이 있는 극지해역의 운항을 위해 설계된 선박을 말한다)은 제1호에 따른 계산 대상선박에서 각각 제외한다.

비고

이 별표(별표 20의3, 별표 20의5 및 별표 20의6을 포함한다)에서 사용하는 용어의 뜻은 다음과 같다.

1. “산적화물선(散積貨物船)”이란 「해상에서의 인명안전을 위한 국제협약」(SOLAS) 제12장 제1규칙에 따른 선박으로서 광석운반선을 포함하여 주로 산적상태의 건화물을 운송하는 선박을 말한다. 다만, 겸용선은 제외한다.

2. “가스운반선”이란 액화천연가스(LNG)운반선 외에 액화가스를 산적상태로 운송하는 데 사용하도록 건조되거나 개조된 화물선을 말한다.

3. “유조선등”이란 유조선, 국제협약 부속서 제2장 제1규칙에 따른 위험화학품산적운송선(chemical tanker) 및 유해액체물질산적운반선(NLS tanker)을 말한다.

4. “컨테이너선”이란 화물창과 갑판에 컨테이너를 운송하도록 설계된 선박을 말한다.

5. “일반화물선”이란 다중갑판 또는 단일갑판 선체구조를 가진 선박으로서 주로 일반 화물을 운송할 수 있도록 설계된 선박을 말한다.

6. “냉동화물운반선”이란 화물창 내에 냉장화물을 운송하도록 설계된 선박을 말한다.

7. “여객선”이란 13명 이상의 여객을 운송할 수 있는 선박을 말한다.

8. “로로화물선(차량운반선)”이란 비어 있는 자동차 및 트럭을 운송하도록 설계된 다중갑판 구조를 가진 선박을 말한다.

9. “로로화물선[로로화물수송유니트(roll－on－roll－off cargo transportation units)운반선]”이란 로로화물수송유니트를 운송할 수 있도록 설계된 선박을 말한다.

10. “로로여객선”이란 로로화물구역을 가진 여객선을 말한다.

11. “액화천연가스(LNG)운반선”이란 액화천연가스를 산적상태로 운송하는 데 사용하도록 건조되거나 개조된 화물선을 말한다.

12. “크루즈여객선”이란 화물갑판을 가지지 않는 여객선으로 여객의 숙박 및 운송을 위해 설계된 선박을 말한다.

13. “비전통추진방식”이란 왕복내연기관으로 작동되며 직접 또는 기어 박스를 통해 추진축에 결합하여 추진하는 전통추진방식 외에 디젤 및 전기 추진방식, 터빈 추진방식 및 하이브리드 추진방식을 말한다.

선박에서의 오염방지에 관한 규칙 제30조의3(선박에너지효율설계지수 허용값 등) ① 법 제41조의2 제1항 제4호 및 같은 조 제2항에서 “해양수산부령으로 정하는 선박에너지효율설계지수 허용값”이란 별표 20의3 제1호에 따른 선박에너지효율설계지수 허용값을 말한다.

② 법 제41조의2 제2항에서 “해양수산부령으로 정하는 선박”이란 별표 20의3 제2호에 따른 선박에너지효율설계지수 허용값 적용대상 선박을 말한다.

③ 해양수산부장관은 법 제41조의2 제3항에 따라 같은 조 제1항에 따른 선박에너지효율설계지수와 같은 조 제2항에 따른 선박에너지효율설계지수 허용값을 국제해사기구에서 정하는 방법에 따라 법 제54조의2 제1항에 따른 에너지효율검사를 완료한 날부터 7개월 이내에 국제해사기구에 제출해야 한다.

[별표 20의3] 선박에서의 오염방지에 관한 규칙

선박에너지효율설계지수 허용값 및 적용대상 선박(제30조의3 제1항 및 제2항 관련)

1. 선박에너지효율설계지수 허용값

선박에너지효율설계지수 허용값은 다음 표의 계산식에 따른다. 이 경우 선박이 2가지 이상의 선박의 종류에 해당되는 경우에는 그 중 가장 낮은 선박에너지효율설계지수 허용값을 해당 선박의 허용값으로 한다.

$$\text{선박에너지효율설계지수 허용값} = (1 - \frac{\text{감축계수}}{100}) \times \text{기준선 값}$$

비고

1. 이 별표 제1호의 계산식 중 감축계수는 아래 표에 따른다.

선박 종류	톤수	감축계수			
		0단계	1단계	2단계	3단계
산적화물선	2만톤 이상 (재화중량톤수)	0	10	20	30
	1만톤 이상 2만톤 미만 (재화중량톤수)	적용제외	0~10	0~20	0~30
가스운반선	1만5천톤 이상 (재화중량톤수)	0	10	20	30
	1만톤 이상 1만5천톤 미만 (재화중량톤수)	0	10	20	30
	2천톤 이상 1만톤 미만 (재화중량톤수)	적용제외	0~10	0~20	0~30
유조선등	2만톤 이상 (재화중량톤수)	0	10	20	30
	4천톤 이상 2만톤 미만 (재화중량톤수)	적용제외	0~10	0~20	0~30
컨테이너선	20만톤 이상 (재화중량톤수)	0	10	20	50
	12만톤 이상 20만톤 미만 (재화중량톤수)	0	10	20	45

	8만톤 이상 12만톤 미만 (재화중량톤수)	0	10	20	40
	4만톤 이상 8만톤 미만 (재화중량톤수)	0	10	20	35
	1만5천톤 이상 4만톤 미만 (재화중량톤수)	0	10	20	30
	1만톤 이상 1만5천톤 미만 (재화중량톤수)	적용제외	0～10	0～20	15～30
일반화물선(별표 20의2 제1호 마목에 따른 일반화물선을 말한다. 이하 이 별표에서 같다)	1만5천톤 이상 (재화중량톤수)	0	10	15	30
	3천톤 이상 1만5천톤 미만 (재화중량톤수)	적용제외	0～10	0～15	0～30
냉동화물 운반선	5천톤 이상 (재화중량톤수)	0	10	15	30
	3천톤 이상 5천톤 미만 (재화중량톤수)	적용제외	0～10	0～15	0～30
겸용선	2만톤 이상 (재화중량톤수)	0	10	20	30
	4천톤 이상 2만톤 미만 (재화중량톤수)	적용제외	0～10	0～20	0～30
로로화물선(차량운반선)	1만톤 이상 (재화중량톤수)	적용제외	5	15	30
로로화물선(로로화물 수송유니트 운반선)	2천톤 이상 (재화중량톤수)	적용제외	5	20	30
	1천톤 이상 2천톤 미만 (재화중량톤수)	적용 제외	0～5	0～20	0～30
로로여객선	1천톤 이상 (재화중량톤수)	적용제외	5	20	30
	250톤 이상 1천톤 미만	적용제외	0～5	0～20	0～30

	(재화중량톤수)				
액화천연가스 (LNG)운반선	1만톤 이상 (재화중량톤수)	적용제외	10	20	30
비전통추진 방식을 가진 크루즈여객선	8만5천톤 이상 (국제총톤수)	적용제외	5	20	30
	2만5천톤 이상 8만5천톤 미만 (국제총톤수)	적용제외	0～5	0～20	0～30

2. 비고 제1호의 표에서 "비전통 추진방식"이란 왕복내연기관으로 작동되며 직접 또는 기어 박스를 통해 추진축에 결합하여 추진하는 전통추진방식 외에 디젤 및 전기 추진방식, 터빈 추진방식 및 하이브리드 추진방식을 말한다. 이하 이 별표에서 같다.

3. 비고 제1호에 따른 감축계수는 다음 각 목의 구분과 같이 적용한다.

가. 건조하는 선박에 대한 감축계수

1) 2013년 1월 1일 전에 건조계약이 이루어진 선박(건조계약이 없는 경우에는 2013년 1월 1일 전에 용골이 거치되거나 동등한 건조단계에 착수한 선박)

가) 2015년 7월 1일 전에 인도된 선박: 적용제외

나) 2015년 7월 1일부터 2018년 12월 31일까지 인도된 선박: 0단계

다) 2019년 1월 1일부터 2023년 12월 31일까지 인도된 선박: 1단계

라) 2024년 1월 1일부터 2026년 3월 31일까지 인도된 선박: 2단계

마) 2026년 4월 1일 이후 인도된 선박: 3단계

2) 2013년 1월 1일부터 2014년 12월 31일까지 건조계약이 이루어진 선박(건조계약이 없는 경우에는 2013년 7월 1일부터 2015년 6월 30일까지 용골이 거치되거나 동등한 건조단계에 착수한 선박)

가) 2015년 7월 1일 전에 인도된 선박: 0단계

나) 2015년 7월 1일부터 2018년 12월 31일까지 인도된 선박: 0단계

다) 2019년 1월 1일부터 2023년 12월 31일까지 인도된 선박: 1단계

라) 2024년 1월 1일부터 2026년 3월 31일까지 인도된 선박: 2단계

마) 2026년 4월 1일 이후 인도된 선박: 3단계

3) 2015년 1월 1일부터 2019년 12월 31일까지 건조계약이 이루어진 선박(건조계약이 없는 경우에는 2015년 7월 1일부터 2020년 6월 30일까지 용골이 거치되거나 동등한 건조단계에 착수한 선박)

가) 2015년 7월 1일 전에 인도된 선박: 1단계

나) 2015년 7월 1일부터 2018년 12월 31일까지 인도된 선박: 1단계

다) 2019년 1월 1일부터 2023년 12월 31일까지 인도된 선박: 1단계

라) 2024년 1월 1일부터 2026년 3월 31일까지 인도된 선박: 2단계

마) 2026년 4월 1일 이후 인도된 선박: 3단계

4) 2020년 1월 1일부터 2022년 3월 31일까지 건조계약이 이루어진 선박(건조계약이 없는 경우에는 2020년 7월 1일부터 2022년 9월 30일까지 용골이 거치되거나 동등한 건조단계에 착수한 선박)

가) 2019년 1월 1일부터 2023년 12월 31일까지 인도된 선박: 2단계

나) 2024년 1월 1일부터 2026년 3월 31일까지 인도된 선박: 2단계

다) 2026년 4월 1일 이후 인도된 선박: 3단계

5) 2022년 4월 1일이후 건조계약이 이루어진 선박(건조계약이 없는 경우에는 2022년 10월 1일 이후 용골이 거치되거나 동등한 건조단계에 착수한 선박)은 감축계수 3단계를 적용한다.

나. 비고 제3호 가목에도 불구하고 이 별표 제2호 나목(재화중량톤수 1만5천톤 이상인 선박에 한정한다)·라목·마목·카목 또는 타목의 선박 중 다음의 어느 하나에 해당하는 선박은 다음의 감축계수를 적용한다.

1) 2013년 1월 1일 전에 건조계약이 이루어진 선박(건조계약이 없는 경우에는 2013년 7월 1일 전에 용골이 거치되거나 동등한 건조단계에 착수한 선박)

가) 2015년 7월 1일 전에 인도된 선박: 적용제외

나) 2015년 7월 1일부터 2018년 12월 31일까지 인도된 선박: 0단계

다) 2019년 1월 1일부터 2023년 12월 31일까지 인도된 선박: 1단계

라) 2024년 1월 1일부터 2028년 12월 31일까지 인도된 선박: 2단계

마) 2029년 1월 1일 이후 인도된 선박: 3단계

2) 2013년 1월 1일부터 2014년 12월 31일까지 건조계약이 이루어진 선박(건조계약이 없는 경우에는 2013년 7월 1일부터 2015년 6월 30일까지 용골이 거치되거나 동등한 건조단계에 착수한 선박)

가) 2015년 7월 1일 전에 인도된 선박: 0단계

나) 2015년 7월 1일부터 2018년 12월 31일까지 인도된 선박: 0단계

다) 2019년 1월 1일부터 2023년 12월 31일까지 인도된 선박: 1단계

라) 2024년 1월 1일부터 2028년 12월 31일까지 인도된 선박: 2단계

마) 2029년 1월 1일 이후 인도된 선박: 3단계

3) 2015년 1월 1일부터 2019년 12월 31일까지 건조계약이 이루어진 선박(건조계약이 없는 경우에는 2015년 7월 1일부터 2020년 6월 30일까지 용골이 거치되거나 동등한 건조단계에 착수한 선박)

가) 2015년 7월 1일 전에 인도된 선박: 1단계

나) 2015년 7월 1일부터 2018년 12월 31일까지 인도된 선박: 1단계

다) 2019년 1월 1일부터 2023년 12월 31일까지 인도된 선박: 1단계

라) 2024년 1월 1일부터 2028년 12월 31일까지 인도된 선박: 2단계

마) 2029년 1월 1일 이후 인도된 선박: 3단계

4) 2020년 1월 1일부터 2024년 12월 31일까지 건조계약이 이루어진 선박(건조계약이 없는 경우에는 2020년 7월 1일부터 2025년 6월 30일까지 용골이 거치되거나 동등한 건조단계에 착수한 선박)

가) 2019년 1월 1일부터 2023년 12월 31일까지 인도된 선박: 2단계

나) 2024년 1월 1일부터 2028년 12월 31일까지 인도된 선박: 2단계

다) 2029년 1월 1일 이후 인도된 선박: 3단계

5) 2025년 1월 1일이후 건조계약이 이루어진 선박(건조계약이 없는 경우에는 2025년 7월 1일 이후 용골이 거치되거나 동등한 건조단계에 착수한 선박)은 감축계수 3단계를 적용한다.

다. 법 제41조의2 제1항 제1호부터 제3호까지 어느 하나에 해당하는 개조를 하는 선박에 대한

감축계수는 개조계약이 이루어진 시점(개조계약이 없는 경우에는 개조에 착수한 시점)의 건조하는 선박의 적용단계와 같다.

라. "적용제외"의 경우에는 해당 단계에서는 선박에너지효율설계지수 허용값을 적용받지 않는다.

마. 감축계수가 범위로 주어진 경우에는 선박의 크기에 따라 선형적으로 적용하며, 선박의 크기가 작을수록 낮은 감축계수 값을 적용한다.

바. 법 제41조의2 제1항 제4호에 해당하는 개조를 하려는 선박의 감축계수는 해당 선박이 종전에 적용받았던 단계를 적용한다. 다만, 개조의 범위가 커서 선박에너지효율설계지수를 재계산할 필요가 있다고 해양수산부장관이 인정하는 경우의 감축계수는 비고 제3호 다목을 준용하여 적용한다.

4. 이 별표 제1호의 계산식에서 기준선 값은 다음 표의 계산식에 따른다.

기준선 값 = $a \times b^{-c}$ (a · b 또는 c의 값은 아래 표에 따른다)

<table>
<tr><th>선박의 종류</th><th colspan="2">a</th><th>b</th><th>c</th></tr>
<tr><td rowspan="2">산적화물선</td><td colspan="2" rowspan="2">961.79</td><td>재화중량톤수 ≦ 279,000인 경우: 재화중량톤수</td><td rowspan="2">0.477</td></tr>
<tr><td>재화중량톤수 > 279,000인 경우: 279,000</td></tr>
<tr><td>가스운반선</td><td colspan="2">1,120.00</td><td>재화중량톤수</td><td>0.456</td></tr>
<tr><td>유조선등</td><td colspan="2">1,218.80</td><td>재화중량톤수</td><td>0.488</td></tr>
<tr><td>컨테이너선</td><td colspan="2">174.22</td><td>재화중량톤수</td><td>0.201</td></tr>
<tr><td>일반화물선</td><td colspan="2">107.48</td><td>재화중량톤수</td><td>0.216</td></tr>
<tr><td>냉동화물운반선</td><td colspan="2">227.01</td><td>재화중량톤수</td><td>0.244</td></tr>
<tr><td>겸용선</td><td colspan="2">1,219.00</td><td>재화중량톤수</td><td>0.488</td></tr>
<tr><td rowspan="2">로로화물선
(차량운반선)</td><td>재화중량톤수/국제총톤수 < 0.3</td><td>(재화중량톤수/국제총톤수)−0.7× 780.36</td><td rowspan="2">재화중량톤수</td><td rowspan="2">0.471</td></tr>
<tr><td>재화중량톤수/국제총톤수 ≧ 0.3</td><td>1812.63</td></tr>
<tr><td rowspan="3">로로화물선
(로로화물수송
유니트운반선)</td><td colspan="2">1405.15</td><td>재화중량톤수</td><td rowspan="3">0.498</td></tr>
<tr><td colspan="2" rowspan="2">1686.17*</td><td>재화중량톤수 ≦ 17,000인 경우: 재화중량톤수*</td></tr>
<tr><td>재화중량톤수 > 17,000인 경우: 17,000*</td></tr>
</table>

<table>
<tr><td rowspan="3">로로여객선</td><td>752.16</td><td>재화중량톤수</td><td rowspan="3">0.381</td></tr>
<tr><td rowspan="2">902.59*</td><td>재화중량톤수 ≦
10,000인 경우:
재화중량톤수*</td></tr>
<tr><td>재화중량톤수 >
10,000인 경우:
10,000*</td></tr>
<tr><td>액화천연가스
(LNG)운반선</td><td>2253.7</td><td>재화중량톤수</td><td>0.474</td></tr>
<tr><td>비전통추진 방식을
가진 크루즈여객선</td><td>170.84</td><td>국제총톤수</td><td>0.214</td></tr>
</table>

비고: 위 표에서 *가 표시된 기준선 값은 감축계수 2단계부터 적용한다.

2. 선박에너지효율설계지수 허용값 적용대상 선박
가. 재화중량톤수 1만톤 이상 산적화물선
나. 재화중량톤수 2천톤 이상 가스운반선
다. 재화중량톤수 4천톤 이상 유조선등
라. 재화중량톤수 1만톤 이상 컨테이너선
마. 재화중량톤수 3천톤 이상 일반화물선
바. 재화중량톤수 3천톤 이상 냉동화물운반선
사. 재화중량톤수 4천톤 이상 겸용선
아. 재화중량톤수 1만톤 이상 로로화물선(차량운반선)
자. 재화중량톤수 1천톤 이상 로로화물선(로로화물수송유니트운반선)
차. 재화중량톤수 250톤 이상 로로여객선
카. 재화중량톤수 1만톤 이상 액화천연가스(LNG)운반선
타. 국제총톤수 2만5천톤 이상 비전통 추진방식을 가진 크루즈여객선

국제항해에 사용되는 총톤수 400톤 이상의 선박 중 선박에서의 오염방지에 관한 규칙 제 30조의4에서 정하는 선박의 소유자는 선박에너지효율관리계획서를 작성하여 선박에 비치해야 하는데, 이는 선박에너지효율을 향상시키기 위한 계획의 수립·시행·감시·평가 및 개선 등에 관한 절차 및 방법에 대한 내용을 담고 있어야 한다. 선박에너지효율관리계획서를 비치하여야 하는 선박 중 총톤수 5천톤 이상의 선박의 소유자는 작성한 선박에너지효율관리계획서의 검사를 해양수산부장관에게 요청하고, 해양수산부장관은 선박에너지효율관리계획서를 검사하고, 적합한 경우 선박의 소유자에게 선박에너지효율적합확인서를 발급해야 한다. 선박의 소

유자는 발급받은 선박에너지효율적합확인서를 선박에 비치해야 한다(법 제41조의3).

선박에서의 오염방지에 관한 규칙 제30조의4(선박에너지효율관리계획서의 비치 대상 등) ① 법 제41조의3 제1항에서 "해양수산부령으로 정하는 선박"이란 제48조 제2항 제5호에 따른 국제대기오염방지증서를 발급받은 선박을 말한다. 다만, 다음 각 호의 선박은 제외한다.

1. 시추선 및 플랫폼
2. 추진기관이 없는 선박
3. 국제항해에 종사하지 않는 선박으로서 외국에 선박을 매각하거나 외국에서 수리·폐선 등을 하기 위해 예외적으로 국제항해에 사용되는 선박

② 법 제41조의3 제1항에 따른 선박에너지효율관리계획서(이하 "선박에너지효율관리계획서"라 한다)의 기재사항, 작성방법 및 검사기준은 별표 20의4와 같다.
③ 법 제41조의3 제2항에 따라 선박에너지효율관리계획서의 검사를 요청하려는 자는 별지 제5호의3서식의 선박에너지효율관리계획서 검사 신청서에 선박에너지효율관리계획서를 첨부하여 해당 선박의 선적항을 관할하는 지방해양수산청장에게 제출해야 한다.
④ 지방해양수산청장은 제3항에 따라 제출된 선박에너지효율관리계획서가 제2항에 따른 검사기준에 적합한 경우 별지 제5호의4 서식의 선박에너지효율적합확인서를 발급해야 한다.

선박에너지효율적합확인서를 발급받은 선박의 소유자는 해당 연도에 선박에서 사용한 연료유의 사용량, 선박의 운항거리 및 선박운항탄소집약도지수 등 선박연료유 사용량을 다음 해 3월 31일까지 해양수산부장관에게 보고해야 하며, 해양수산부장관은 선박연료유 사용량등을 검증하고, 적합한 경우 해당 선박의 소유자에게 선박연료유 사용량등 검증확인서를 발급해야 한다. 해당 검증확인서는 선박에 5년 이상 비치해야 하며, 해양수산부장관은 선박연료유 사용량등을 검증한 결과를 국제해사기구에 제출해야 한다(법 제41조의4).

선박에서의 오염방지에 관한 규칙 제30조의5(선박연료유 사용량 등의 보고 등) ① 법 제41조의4 제1항에서 "해양수산부령으로 정하는 사항"이란 다음 각 호의 사항을 말한다.

1. 선박에서 사용한 연료유의 종류와 사용량(단위는 톤으로 한다)
2. 선박의 운항거리와 운항시간
3. 선박운항탄소집약도지수

② 법 제41조의4 제1항 또는 제2항에 따라 이 조 제1항 각 호의 사항(이하 "선박연료유 사용량등"이라 한다)을 보고하고, 법 제41조의4 제3항에 따라 검증을 받으려는 자는 별지 제5호의5서식의 선박연료유 사용량등 보고 및 검증 신청서에 다음 각 호의 서류를 첨부하여 해당 선박의 선적항을 관할하는 지방해양수산청장에게 제출해야 한다.

1. 선박국적증서 사본
2. 선박에너지효율관리계획서 및 선박에너지효율적합확인서 사본
3. 신청 직전의 선박연료유 사용량등 검증확인서 사본(최초로 검증을 신청하는 경우는 제외한다)
4. 선박연료유 사용량등의 보고 대상 기간(이하 "보고기간"이라 한다) 동안의 선박연료유 공급서 사본
5. 보고기간 동안의 선박의 운항거리와 운항시간, 선박연료유의 종류 및 사용량이 기재된 서류 사본
6. 보고기간의 시작일 · 중간일(보고기간의 절반이 되는 날을 말한다) · 종료일의 기관일지 및 선박연료유 사용량을 보정한 경우 해당일의 기관일지 사본

③ 법 제41조의4 제2항에서 "해양수산부령으로 정하는 기간"이란 3개월을 말한다.

④ 지방해양수산청장은 법 제41조의4 제3항에 따른 검증 결과가 적합한 경우 별지 제5호의6서식의 선박연료유 사용량등 검증확인서를 발급해야 한다.

⑤ 제4항에 따른 선박연료유 사용량등 검증확인서(이하 이 조에서 "검증확인서"라 한다)의 유효기간은 검증확인서를 발급한 날부터 그 다음 연도의 5월 31일까지로 한다. 다만, 법 제41조의4 제2항에 해당하는 경우에 대해 발급되는 검증확인서의 유효기간은 검증확인서를 발급한 날부터 그 다음다음 연도의 5월 31일까지로 한다.

⑥ 해양수산부장관은 선박연료유 사용량등에 대한 검증 결과를 국제해사기구에서 정하는 방법에 따라 검증확인서 발급일부터 30일 이내에 국제해사기구에 제출해야 한다.

국제항해에 사용되는 총톤수 400톤 이상의 선박 중 선박에서의 오염방지에 관한 규칙 제30조의6에 해당하는 선박의 소유자는 선박에너지효율지수를 계산하여야 하며, 선박에너지효율지수가 해양수산부령으로 정하는 선박에너지효율지수 허용값을 초과하는 선박의 운항 또는 개조를 해서는 안 된다(법 제41조의5).

선박에서의 오염방지에 관한 규칙 제30조의6(선박에너지효율지수 계산 대상선박 등) ① 법 제41조의5 제1항 각 호 외의 부분 전단에서 "해양수산부령으로 정하는 선박"이란 별표 20의2에서 정하는 선박을 말한다. 다만, 국제항해에 종사하지 않는 선박으로서 외국에 선박을 매각하거나 외국에서 수리 · 폐선 등을 하기 위하여 예외적으로 국제항해에 사용되는 선박은 제외한다.

② 법 제41조의5 제1항 제1호에서 "해양수산부령으로 정하는 개조"란 제30조의2 제2항 각 호의 어느 하나에 해당하는 경우를 말한다.

③ 법 제41조의5 제1항 제3호에서 "해양수산부령으로 정하는 개조"란 선박을 개조하는 목적이 선박의 사용연한을 실질적으로 연장하기 위한 것이라고 해양수산부장관이 인정하는 개조를 말한다.

④ 법 제41조의5 제1항 제4호 및 같은 조 제2항에서 "해양수산부령으로 정하는 선박에너지효율지수 허용값"이란 각각 별표 20의5 제1호에 따른 선박에너지효율지수 허용값을 말한다.
⑤ 법 제41조의5 제1항 제4호에서 "해양수산부령으로 정하는 개조"란 선박의 기관출력, 선박의 속도, 연료 소비량 등의 변경으로 선박에너지효율지수가 실질적으로 변경되는 선박의 개조를 말한다.
⑥ 법 제41조의5 제2항에서 "해양수산부령으로 정하는 선박"이란 별표 20의5 제2호에 따른 선박에너지효율지수 허용값 적용대상 선박을 말한다.

국제항해에 사용되는 총톤수 5천톤 이상의 선박 중 선박에서의 오염방지에 관한 규칙 제30조의7에 해당하는 선박의 소유자는 매년 선박운항탄소집약도지수를 계산하고 계산결과를 해양수산부장관에게 제출해야 하며, 선박운항탄소집약도지수 허용값을 초과하는 경우에는 선박에너지효율관리계획서에 선박운항탄소집약도지수 개선계획을 수립하여 선박에너지효율관리계획서의 검사를 해양수산부장관에게 요청해야 한다(법 제41조의6).

선박소유자가 대기오염 배출 방지를 위해 필요한 보고
(1) 선박에너지효율설계지수
(2) 선박에너지효율관리계획서 / 선박에너지효율적합확인서
(3) 선박연료유 사용량 / 선박연료유사용량 등 검증확인서
(4) 선박운항탄소집약도지수계산결과

Ⅱ. 배출규제

1. 오존층파괴물질의 배출규제

오존층파괴물질을 회수하는 과정에서 누출되는 경우를 제외하고는, 누구든지 선박으로부터 오존층파괴물질을 배출해서는 안 되며, 선박의 소유자는 오존층파괴물질이 포함된 설비를 선박에 설치해서는 안 된다. 국제항해에 사용되는 총톤수 400톤 이상 선박의 소유자는 오존층파괴물질을 포함하고 있는 설비의 목록을 작성·관리해야 하며, 오존층파괴물질을 배출하거나 충전하는 경우 그 오존층파괴물질량 등을 기록한 오존층파괴물질기록부를 작성하여 비치해야 한다(법 제42조).

선박에서의 오염방지에 관한 규칙 제31조의2(오존층파괴물질기록부) ① 법 제42조 제5항에 따른 오존층파괴물질기록부의 기재사항은 다음 각 호와 같다.
1. 선박으로 공급된 오존층파괴물질에 관한 사항
2. 오존층파괴물질이 포함된 설비의 충전에 관한 사항
3. 오존층파괴물질의 대기 배출에 관한 사항
4. 오존층파괴물질의 육상 수용시설로의 이송에 관한 사항
5. 오존층파괴물질이 포함된 설비의 수리나 정비 내역에 관한 사항
② 제1항에 따른 오존층파괴물질기록부는 별지 제5호의9서식과 같다.

2. 질소산화물의 배출규제

질소산화물의 배출규제를 위해 비상용·인명구조용 선박 등 비상사용 목적의 선박 및 군함·해양경찰청함정 등 방위·치안 목적의 공용선박에 설치되는 디젤기관의 경우가 아니라면, 선박의 소유자는 해양수산부령으로 정하는 디젤기관을 질소산화물의 배출허용기준을 초과하여 작동해서는 안 된다.

선박에서의 오염방지에 관한 규칙 제32조(질소산화물의 배출규제) "해양수산부령으로 정하는 디젤기관"이란 선박에 설치되는 출력 130킬로와트를 초과하는 디젤기관(교체·추가·개조된 경우를 포함한다)을 말한다.

그러나 해당 디젤기관에 해양수산부령이 정하는 기준에 적합한 배기가스정화장치 등을 설치하여 제1항 각 호 외의 부분 본문의 규정에 따른 질소산화물의 배출허용기준 이하로 배출량을 감축할 수 있는 경우에는 그 디젤기관을 작동할 수 있다. 디젤기관의 질소산화물 배출허용기준의 적용시기, 적용방법 등에 필요한 사항은 해양수산부령으로 정한다. 그리고 선박의 소유자는 배출규제해역을 진입·진출하는 경우 또는 해당 해역에서 운전상태가 변경되는 경우에는 해당 선박에 설치되어 있는 디젤기관의 운전상태, 선박의 위치 및 일시 등 해양수산부령으로 정하는 사항을 그 선박의 기관일지에 기재하여야 한다(법 제43조).

선박에서의 오염방지에 관한 규칙 제32조(질소산화물의 배출규제) ③ 법 제43조 제4항에서 "디젤기관의 운전상태, 선박의 위치 및 일시 등 해양수산부령으로 정하는 사항"이란 다음 각 호의 사항을 말한다.

1. 디젤기관의 운전 또는 정지 여부
2. 별표 21의2에서 정하는 기준이 적용되는 디젤기관의 질소산화물배출기준 등급
3. 디젤기관의 운전상태가 변경된 일시 및 해당 선박의 위치

3. 연료유의 황함유량 기준

선박의 소유자는 배출규제해역과 그 밖의 해역으로 구분하여 대통령령으로 정하는 황함유량 기준을 초과하는 연료유를 사용해서는 아니 된다. 다만, 다음 경우에 어느 하나에 해당하는 경우에는 그러하지 아니하다.

1) 해양수산부령으로 정하는 기준에 적합한 배기가스정화장치를 설치·가동하여 해양수산부령으로 정하는 황산화물 배출제한 기준량 이하로 황산화물 배출량을 감축하는 경우

2) 이 항 각 호 외의 부분 본문에 따른 황함유량 기준을 충족하는 연료유를 공급받기 위하여 노력하였음에도 불구하고 해당 선박이 운항하는 해역의 인근 항만에서 황함유량 기준을 충족하는 연료유를 공급받을 수 없는 경우로서 해양수산부령으로 정하는 바에 따라 해양수산부장관의 인정을 받은 경우

해양환경관리법 시행령 제42조(연료유의 황함유량 기준) 법 제44조 제1항 각 호 외의 부분 본문에서 "대통령령으로 정하는 황함유량 기준"이란 다음 각 호의 기준을 말한다.
1. 배출규제해역: 0.1퍼센트(무게 퍼센트)
2. 그 밖의 해역
가. 경유: 0.5퍼센트(무게 퍼센트). 다만, 법 제3조 제1항 제1호 및 제2호에 따른 영해 및 배타적 경제수역 안에서만 항해하는 선박의 경우에는 0.05퍼센트(무게 퍼센트)
나. 중유: 0.5퍼센트(무게 퍼센트)

선박의 소유자는 다음의 어느 경우 하나에 해당하는 경우에는 해양수산부령으로 정하는 연료유의 교환 등에 관한 사항을 그 선박의 기관일지에 기재하여야 한다.

1) 배출규제해역을 항해하는 경우

2) 제1항 제1호에 따른 배기가스정화장치가 제대로 가동되지 아니하여 같은 호에 따른 황산화물 배출제한 기준량 이하로 황산화물 배출량을 감축하지 못한 경우

3) 제1항 제2호에 해당하는 경우

선박의 소유자는 제3항의 규정에 따른 기관일지를 해당 연료유를 공급받은 때부터 1년간 그 선박에 보관하여야 한다. 선박의 소유자는 제1항에 따른 연료유 황함유량 기준을 만족하기 위하여 황함유량이 다른 연료유를 다른 탱크에 저장하여 사용하는 선박이 배출규제해역으로 들어가기 전이나 그 해역에서 나오기 전에 조치하여야 할 연료유 전환방법이 적혀있는 절차서(이하 "연료유전환절차서"라 한다)를 선박에 비치하여야 한다. 선박의 소유자는 연료유의 황함유량 점검을 위하여 제115조 제1항에 따른 출입검사를 하는 경우 사용 중인 연료유의 견본을 채취할 수 있는 장소를 지정하거나 설비를 설치하여야 한다. 다만, 특정 기관이 설치된 선박 등 해양수산부령으로 정하는 선박은 그러하지 아니하다. 견본채취의 기준 등에 필요한 사항은 해양수산부령으로 정한다(법 제44조).

선박소유자는 제44조 제1항 각 호의 어느 하나에 해당하는 경우, 그리고 연료유를 화물로서 운송하는 경우를 제외하고는 황함유량 기준을 초과하는 연료유를 선박에 적재해서는 안 된다(법 제44조의2).

4. 연료유의 공급 및 확인

선박에 연료유를 공급하는 선박연료공급업자는 연료유의 품질기준에 미달하거나 본 법 제44조 제1항에 따른 황함유량 기준을 초과하는 연료유를 선박에 공급하여서는 안 된다. 선박연료공급업자는 연료유에 포함된 황성분 등이 기재된 연료유공급서를 작성하여 그 사본을 해당 연료유로부터 채취한 연료유견본과 함께 선박 소유자에게 제공해야 한다. 선박연료공급업자는 연료유공급서를 3년간 그의 주된 사무소에 보관하여야 하고, 선박의 소유자는 연료유공급서의 사본을 3년간 선박에 보관해야 한다. 선박의 소유자는 연료유를 공급받은 날부터 해당 연료유가 소모될 때까지 연료유견본을 보관해야 하며, 연료유가 소모될 때까지의 기간이 1년 미만인 경우에는 본 법 제45조의 제4항의 각 호에서 정하는 바에 따라 보관하여야 한다.

[별표 22] 선박에서의 오염방지에 관한 규칙

연료유공급서의 양식
(선박에서의 오염방지에 관한 규칙 제35조 제4항 관련)

1. 연료유를 공급받는 선박의 IMO 번호 및 선명
2. 항구명
3. 일자, 선박급유업자의 상호명, 주소 및 전화번호
4. 연료유 제품명
5. 연료유의 양(㎥)
6. 15℃에서 연료유의 비중(kg/㎥)(연료유는 ISO3675 또는 ISO12185에 따라 시험될 것)
7. 황함유량(연료유는 ISO8754에 따라 시험될 것)
8. 제공된 연료유가 국제협약 부속서 6 제18.3규칙의 규정에 적합하고 제공된 연료유의 황 함유량이 다음의 제한 값을 초과하지 않음을 선박급유업자 대표가 서명하고 증명하는 서류(선박급유업자 대표는 해당되는 아래 네모 빈칸에 X표로 표기하여 서류를 작성하여야 한다)

   □ 국제협약 부속서 6 제14.1규칙의 제한 값
   □ 국제협약 부속서 6 제14.4규칙의 제한 값
   □ 구매자가 주문한 제한 값 _____% m/m(연료유 구매자의 다음 주문에 따라 선박급유업자 대표가 작성)

   .1 부속서 6 제4규칙에 따른 동등물과 혼합하여 사용되는 연료 또는,
   .2 부속서 6 제3.2규칙에 따라 황산화물 배출 감소와 규제 기술 개발을 위한 연구를 수행하는 선박에 사용되는 연료(면제증서 발급)

[별표 23] 선박에서의 오염방지에 관한 규칙

연료유 견본의 관리 및 증명 절차
(선박에서의 오염방지에 관한 규칙 제35조 제4항 관련)

1. 최초 견본을 추출하는 방법은 다음 각 목의 어느 하나를 선택하여 실시하고 견본 추출장치의 사용은 제조자의 안내서 또는 지침에 따라야 한다.
   가. 수동조작밸브를 갖춘 연속 견본 추출장치(manual valve－setting continuous－drip sampler)
   나. 시간 비례의 자동 견본 추출장치(time－proportional automatic sampler)
   다. 유량 비례의 자동 견본 추출장치(flow－proportional automatic sampler)

2. 견본채취 및 견본보존

연료유를 수급받는 전 과정에 걸쳐 견본 추출장치를 밀봉할 장치 등을 갖추고 있어야 하며, 다음 사항을 확인할 수 있는 것이어야 한다.
   가. 견본 추출장치의 설치 형태
   나. 최초 견본용기(primary sample container) 형식
   다. 견본 추출장치 및 최초 견본용기의 사용 전 청결 및 건조 상태

라. 최초 견본용기로 연료유를 추출 관리하는 방법

마. 연료유 수급 중에 견본이 오손되거나 개봉 흔적을 방지하기 위한 수단. 이 경우 최초 견본 수납용기(primary sample receiving container)는 견본 추출장치에 직접 장착된 것이어야 하고, 연료유 수급의 전 과정에 걸쳐 견본이 오염되거나 변경되지 아니하도록 밀봉하여야 한다.

3. 연료유 견본추출 위치

연료유 견본추출은 선박의 연료유 수급 매니폴드 위치에서 하여야 하고, 연료유 수급 전과정에서 연속적으로 추출한 것이어야 한다.

4. 연료유 견본 관리

가. 견본 보관용기(retained sample container)는 청결하고 건조하게 유지하여야 한다.

나. 연료유 견본은 견본 보관용기에 연료유를 완전히 채우기 전에 흔들어서 균질화되도록 하여야 한다.

다. 연료유 견본은 시험용으로 충분한 양(최소 400㎖ 이상이어야 한다)으로 하고, 용기 안의 주입량은 90% ± 5%까지 채우고 밀봉하여야 한다.

5. 연료유 견본의 봉인

연료유 견본은 수집한 즉시 견본의 변경을 방지하기 위하여 선박의 대표자가 참여하는 상태에서 입회하에 연료유 공급 대표자가 밀봉하여야 하고, 다음 각 목의 정보를 포함한 인식표를 견본 보관용기에 안전하게 부착하여야 한다. 이 경우 자료 활용을 용이하게 하기 위하여 연료유공급서에도 기록할 수 있다.

가. 연료유 견본을 채취한 위치와 방법

나. 연료유 공급개시 일자

다. 연료유를 공급한 선명 또는 연료유를 공급한 시설명

라. 연료유를 공급 받은 선박의 선명 및 IMO 번호

마. 연료유 공급 대표자와 본선 대표자의 성명 및 서명

바. 밀봉 상태의 상세

사. 연료유 등급

6. 연료유 견본 보관

선박소유자는 다음 각 목의 방법으로 연료유 견본을 보관하여야 한다.

가. 채취된 연료유 견본은 거주구역 외의 장소로서 견본으로부터의 증발가스가 선박안의 인원에 노출되지 아니하는 안전한 장소에 보관하여야 하고, 견본 저장장소에 들어갈 때의 주의사항을 교육하여야 한다.

나. 연료유 견본의 보관 장소는 온도가 상승하지 아니하도록 냉각 또는 대기온도로 유지되고 직사광선에 노출되지 아니하는 장소에 보관하여야 한다.

다. 국내항해에 종사하는 선박이나, 국제항해에 종사하는 선박으로서 「선박안전법 시행령」 제2조 제1항 제3호 나목에 따른 연해구역을 항해하는 선박이 법 제45조 제4항에서 정하는 기간 동안 선박에 연료유 견본을 보관하기가 곤란한 경우에는 선박소유자의 주된 사무실에 보관할 수 있다.

7. 연료유 견본의 황함유량 증명 절차: 선박에 공급된 연료유가 법 제44조에 따른 황함유량 기준을 충족하고 있는지를 증명할 때에는 국제협약 부속서 6의 부록 6에 따른 절차에 따라야 한다.

5. 선박 안에서의 소각금지

선박의 항해 및 정박 중에 화물로 운송되는 기름·유해액체물질 및 포장유해물질의 잔류물과 그 물질에 오염된 포장재, 폴리염화비페닐, 해양수산부장관이 정하여 고시하는 기준량 이상의 중금속이 포함된 쓰레기, 할로겐화합물질을 함유하고 있는 정제된 석유제품, 폴리염화비닐, 육상으로부터 이송된 폐기물, 배기가스정화장치의 잔류물을 선박 안에서 소각해서는 안 된다. 선박의 항해 및 정박 중에 발생하는 물질을 선박 안에서 소각하려는 선박의 소유자는 대기오염물질의 배출을 방지하기 위하여 적정한 온도를 유지하는 등 해양수산부령이 정하는 방법으로 선박에 설치된 선박소각설비를 작동해야 한다(법 제46조).

[별표 24] 선박에서의 오염방지에 관한 규칙

선박의 항해 중에 발생하는 물질의 선박 안에서 소각방법
(선박에서의 오염방지에 관한 규칙 제36조 제2항 관련)

1. 선내소각기는 다음 각 목의 조건을 유지하도록 작동하여야 한다.
   가. 출구의 연소가스의 온도 범위: 850℃(일반형 선내소각기는 900℃) 이상 1200℃ 미만
   나. 배출가스의 산소 함유량: 6% 이상 12% 미만
   다. 연소가스의 일산화탄소의 최대 평균치: 200 ㎎/MJ
   라. 수트번호 최대평균: Bacharach 3 또는 Ringelman 1(20% 불투명도) (시동할 때와 동등한 매우 짧은 기간 동안에 한하여 더 높은 수트번호 허용이 가능하다)
   마. 소각재 잔류물 속에 타지 아니하는 성분: 무게기준으로 최대 10%

2. 선내소각기는 작동방법에 대한 훈련을 받은 자가 작동하여야 하고, 소각기의 작동지침서에 따라 소각하여야 한다.

3. 연소출구의 감시는 소각 중에 계속하여야 하고, 최소 허용온도인 850℃ 미만일 때에는 소각물질의 투입을 중지하여야 한다.

6. 휘발성유기화합물의 배출규제

해양수산부장관은 선박으로부터 휘발성유기화합물의 배출을 규제하기 위하여 휘발성유기화합물규제항만을 지정하여 고시할 수 있는데, 지정된 휘발성유기화합

물규제항만에서 휘발성유기화합물을 함유한 기름·유해액체물질 중 해양수산부령이 정하는 물질을 선박에 싣기 위한 시설을 설치하는 해양시설의 소유자는 유증기(油蒸氣) 배출제어장치를 설치하고 작동시켜야 한다. 해양시설의 소유자가 유증기 배출제어장치를 설치하는 때에는 해양수산부령이 정하는 바에 따라 미리 해양수산부장관의 검사를 받아야 한다. 그리고 해양시설의 소유자가 유증기 배출제어장치를 설치하는 때에는 해양수산부령이 정하는 바에 따라 미리 해양수산부장관의 검사를 받아야 한다(법 제47조).

휘발성유기화합물 관리를 위해 원유를 운송하는 유조선의 소유자는 그 유조선에 화물을 싣거나 내리는 중 또는 항해 중에 휘발성유기화합물의 배출을 최소화하기 위하여 필요한 사항을 담고 있는 휘발성유기화합물관리계획서를 작성하여 해양수산부장관의 검인을 받은 후 선박에 비치하고, 이를 준수해야 한다(법 제47조의2).

7. 적용제외

배출방지를 위한 설비(법 제41조, 제42조부터 제47조 및 제47조의2)는 선박 및 해양시설의 안전확보 또는 인명구조를 위하여 부득이하게 대기오염물질이 배출되는 경우, 선박 또는 해양시설의 손상 등으로 인하여 부득이하게 대기오염물질이 배출되는 경우, 해저광물의 탐사 및 발굴작업의 과정에서 해양수산부령이 정하는 대기오염물질이 배출되는 경우, 대기오염방지설비의 예비검사 등을 위하여 해당 설비를 시운전하는 경우에는 적용하지 않는다(법 제48조).

제5절 해양오염방지를 위한 선박의 검사

1. 정기검사

폐기물오염방지설비·기름오염방지설비·유해액체물질오염방지설비 및 대기오염방지설비 등 해양오염방지설비를 설치하거나 화물창을 설치·유지하여야 하는 선박 등 검사대상선박의 소유자가 해양오염방지설비, 선체 및 화물창 등 해양오염방지설비를 선박에 최초로 설치하여 항해에 사용하려는 때 또는 유효기간이 만료한 때에는 정기검사를 받아야 한다. 정기검사에 합격한 선박에는 해양오염방지검사증서를 교부해야 한다(법 제49조).[17)]

선박에서의 오염방지에 관한 규칙 제39조(정기검사) ① 법 제49조 제1항에 따라 해양오염방지설비, 선체 및 화물창(이하 "해양오염방지설비등"이라 한다)의 정기검사(이하 "정기검사"라 한다)를 받으려는 자는 별지 제8호서식의 해양오염방지설비등 검사신청서에 다음 각 호의 구분에 따른 서류를 첨부하여 지방해양수산청장에게 제출하여야 한다.

1. 최초의 정기검사를 받으려는 경우(유조선 및 유해액체물질산적운반선 외의 선박은 가목부터 다목까지 및 자목부터 카목까지의 서류에 한정한다)

가. 해양오염방지설비등의 제조명세서 및 취급설명서

나. 해양오염방지설비등의 구조 및 배치도면

다. 해양오염방지설비등의 검정합격증명서, 기관대기오염방지증서 및 황산화물 배출적합증서의 원본 또는 사본(해당되는 선박에 한정한다)

라. 선박의 구조도면

마. 화물창의 용량에 관한 계산서

바. 분리평형수탱크의 용량에 관한 계산서

사. 선박평형수용 기름배출감시제어장치 중 유량계 및 선속계의 성능시험성적서(유조선의 경우로 한정한다)

아. 화물을 적재할 때의 복원성 및 선박이 손상될 때의 복원성에 관한 자료(1979년 12월 31일 후에 인도된 선박으로서 총톤수 150톤 이상의 유조선과 유해액체물질산적운반선의 경우로 한정한다)

자. 질소산화물배출기록

차. 법 제44조 제1항 제1호 및 이 규칙 제34조 제1항에 따른 기준에 적합한 배기가스정화장치(이하 "황산화물용 배기가스정화장치"라 한다)의 기술 매뉴얼(황산화물용 배기가스정화장치의 증명서, 형식 및 운전 특성 등을 기재한 서류를 말한다. 이하 같다) 및 황산화물용 배기가스정화장치 기록부(황산화물용 배기가스정화장치의 작동 상태 및 유지보수 이력을 기록한 서류를 말한다. 이하 같다)(황산화물용 배기가스정화장치가 설치된 경우로 한정한다)

카. 별표 3 제4호 및 제5호에 따른 폐기물 처리 안내표시판(안내표시판 부착 사진으로 대체할 수 있다) 및 폐기물관리계획서(해당되는 선박의 경우로 한정한다)

2. 제1호 외의 정기검사를 받으려는 경우

가. 해양오염방지검사증서 또는 협약검사증서

나. 제1호 가목부터 다목까지 및 자목부터 카목까지의 서류(해양오염방지설비등의 신설 또는 변경이 있는 경우로 한정한다)

② 제1항에 따른 정기검사는 해양오염방지설비등을 선박에 최초로 설치하여 항해에 사용하

---

17) 해양오염방지검사증서의 유효기간은 5년이다(법 제56조).

려는 경우에는 항해에 사용하기 전에 받아야 하고, 해양오염방지검사증서 등의 유효기간이 만료되는 경우에는 그 유효기간 내에 받아야 한다.

③ 지방해양수산청장은 법 제49조 제2항에 따라 정기검사에 합격한 선박에 대하여 별지 제9호서식의 해양오염방지 검사증서 및 별지 제10호서식의 해양오염방지검사증서 추록을 발급하여야 한다.

④ 지방해양수산청장은 해양오염방지검사증서 등의 유효기간 만료 전에 정기검사를 받은 선박소유자에 대하여 그 기간만료 전에 새로운 증서를 발급할 수 없거나 검사 후 장기간 항해, 조업 등의 사유로 유효기간의 만료 후에 해당 선박에 비치할 수 없다고 인정되는 경우에는 정기검사 당시에 해양오염방지검사증서에 정기검사를 받은 사실을 기재하여 유효기간 만료일부터 5개월의 범위에서 선박에 갖추어두게 할 수 있다.

⑤ 지방해양수산청장은 별표 7에 따라 선박에 설치하여야 하는 해양오염방지설비 중 일부 설비를 갖추지 아니할 수 있도록 한 경우에는 그 내용을 해양오염방지검사증서에 기재하여야 한다.

2. 중간검사

검사대상선박의 소유자는 정기검사와 정기검사의 사이에 중간검사를 받아야 하며, 해양오염방지검사증서에 그 검사결과를 표기하여야 한다(법 제50조).

선박에서의 오염방지에 관한 규칙 제40조(중간검사) ① 법 제50조 제1항에 따라 중간검사를 받고자 하는 자는 별지 제8호서식의 해양오염방지설비등 검사신청서에 다음 각 호의 서류를 첨부하여 지방해양수산청장에게 제출하여야 한다.

1. 해양오염방지검사증서 또는 협약검사증서
2. 제39조 제1항 제1호 가목부터 다목까지 및 자목부터 카목까지의 서류(해양오염방지설비등의 신설 또는 변경이 있는 경우로 한정한다)

② 법 제50조 제3항에 따른 중간검사의 세부종류 및 그 검사사항은 다음 각 호와 같다.

1. 제1종 중간검사: 배관·밸브 및 콕(이하 "배관등"이라 한다)의 위치 확인과 압력시험을 제외한 검사
2. 제2종 중간검사: 작동시험

③ 제2항에 따른 중간검사의 시기는 다음과 같다. 다만, 총톤수 2톤 미만인 선박에 대해서는 중간검사를 생략한다.

구분	종류	검사시기
가. 다음의 어느 하나에 해당하는 선박 1) 총톤수 50톤 미만의 유조선 2) 여객선을 제외한 총톤수 100톤 미만의 유조선 외의 선박	제1종 중간검사	정기검사 후 2번째 검사기준일 전 3개월부터 3번째 검사기준일 후 3개월 까지
나. 가목 외의 선박	제1종 중간검사	정기검사 후 2번째 또는 3번째 검사기준일 전 후 3개월 이내
	제2종 중간검사	검사기준일 전 후 3개월 이내 (다만, 정기검사 또는 제1종 중간검사를 받는 연도는 제외한다)

④ 선박소유자가 제1종 중간검사 또는 제2종 중간검사에 갈음하여 정기검사를 받은 경우에는 해당 제1종 중간검사 또는 제2종 중간검사를 받지 아니할 수 있고, 제2종 중간검사에 갈음하여 제1종 중간검사를 받은 경우에는 해당 제2종 중간검사를 받지 아니할 수 있다.
⑤ 지방해양수산청장은 해외수역(대한민국의 수역 외의 수역을 말한다. 이하 같다)에서의 장기간 항해·조업 등 부득이한 사유로 중간검사를 받을 수 없는 자가 중간검사의 연기를 신청할 경우 중간검사의 시기를 연기할 수 있다. 이 경우 중간검사의 연기신청 및 신청의 처리 등에 관하여는「선박안전법 시행규칙」제20조를 준용한다.
⑥ 지방해양수산청장은 별표 7에 따라 해당선박에 설치하여야 하는 해양오염방지설비 중 일부 설비를 갖추지 아니할 수 있도록 한 경우에는 그 내용을 해양오염방지검사증서에 기재하여야 한다.

3. 임시검사

선박의 소유자는 선박이 해양오염방지설비등의 전부 또는 일부를 교체, 개조 또는 수리하는 경우(다만, 해당 설비의 성능에 영향을 미칠 우려가 없다고 해양수산부장관이 인정하는 경우는 제외), 분리평형수탱크 또는 화물창의 구조, 용량, 배치, 배관 등을 변경, 교체 또는 개조하는 경우에는 법 제51조 제1항에 따른 임시검사를 받아야 한다.

임시검사를 받으려는 자는 별지 제8호서식의 해양오염방지설비등 검사신청서에 1. 해양오염방지검사증서 또는 협약검사증서 2. 제39조 제1항 제1호 가목부터 다목까지, 자목 및 차목의 서류(해양오염방지설비등의 신설 또는 변경이 있는 경우에 한한다)를 첨부하여 지방해양수산청장에게 제출해야 한다. 선박의 소유자는 제1항에 따른 임시검사에 갈음하여 정기검사, 제1종 중간검사 또는 제2종 중간검사를 받은 경우에는 임시검사를 받지 아니할 수 있다. 지방해양수산청장은 별표 7에 따라 해당선박에 설치하여야 하는 해양오염방지설비 중 일부 설비를 갖추지 아니할 수 있도록 한 경우에는 그 내용을 해양오염방지검사증서에 기재하여야 한다(법 제51조).

4. 임시항해검사

검사대상선박의 소유자가 제49조 제2항의 규정에 따른 해양오염방지검사증서를 교부받기 전에 임시로 선박을 항해에 사용하고자 하는 때에는 해당 해양오염방지설비등에 대하여 해양수산부령이 정하는 바에 따라 해양수산부장관의 검사(이하 "임시항해검사"라 한다)를 받아야 한다. 해양수산부장관은 임시항해검사에 합격한 선박에 대하여 해양수산부령이 정하는 임시해양오염방지검사증서를 교부하여야 한다.

선박에서의 오염방지에 관한 규칙 제43조(임시항해검사) ① 다음 각 호의 어느 하나에 해당하는 경우에는 법 제52조 제1항에 따른 임시항해검사를 받아야 한다.
1. 대한민국선박을 외국인 또는 외국정부에 양도할 목적으로 항해에 사용하려는 경우
2. 선박의 개조, 해체, 검사, 검정 또는 톤수 측정을 받을 장소로 항해하려는 경우
② 제1항에 따라 임시항해검사를 받으려는 자는 별지 제16호서식의 임시항해검사 신청서에 제39조 제1항 제1호 나목의 서류를 첨부하여 지방해양수산청장에게 제출하여야 한다.
③ 지방해양수산청장은 법 제52조 제2항에 따라 임시항해검사에 합격한 선박의 소유자에게 별지 제17호서식의 임시해양오염방지 검사증서를 발급하여야 한다.
④ 지방해양수산청장은 별표 7에 따라 선박에 설치하여야 하는 해양오염방지설비 중 일부 설비의 설치를 면제한 경우에는 그 내용을 임시해양오염방지검사증서에 기재하여야 한다.

5. 방오시스템검사

해양수산부령이 정하는 선박의 소유자가 제40조 제2항의 규정에 따라 방오시스템을 선박에 설치하여 항해에 사용하려는 때에는 해양수산부령이 정하는 바에 따라 해양수산부장관의 검사(이하 "방오시스템검사"라 한다)를 받아야 한다. 해양수산부장관은 방오시스템검사에 합격한 선박에 대하여 해양수산부령이 정하는 방오시스템검사증서를 교부하여야 한다(법 제53조).

선박에서의 오염방지에 관한 규칙 제44조(방오시스템검사) ① 법 제53조 제1항에서 "해양수산부장관이 정하는 선박"이란 국제항해에 종사하는 총톤수 400톤 이상의 선박을 말한다.
② 법 제53조 제1항에 따라 방오시스템검사를 받으려는 자는 별지 제18호서식의 방오시스템 검사신청서에 다음 각 호의 서류를 첨부하여 지방해양수산청장에게 제출하여야 한다.
1. 방오시스템 형식승인증서 또는 검정합격증명서
2. 방오시스템의 물질안전보건자료(MSDS: Material Safety Data Sheet) 또는 같은 수준 이상의 자료
3. 방오시스템의 구성성분과 액체화학품분류번호(CAS No.)
③ 지방해양수산청장은 제2항에 따라 방오시스템검사의 검사신청을 받은 때에는 별표 27의 검사방법에 따라 별표 28의 기술기준에 적합한지를 검사하여야 한다.
④ 지방해양수산청장은 법 제53조 제2항에 따라 방오시스템검사에 합격한 선박의 소유자에게 별지 제19호서식의 방오시스템검사증서를 발급하여야 한다.

선박의 소유자가 방오시스템을 변경·교체하고자 하는 때에는 해양수산부령이 정하는 바에 따라 해양수산부장관의 검사(이하 "임시방오시스템검사"라 한다)를 받아야 한다. 해양수산부장관은 임시방오시스템검사에 합격한 선박에 대하여 제2항의 규정에 따른 방오시스템검사증서에 그 검사결과를 표기하여야 한다(법 제53조).

선박에서의 오염방지에 관한 규칙 제45조(임시방오시스템검사) ① 제44조 제1항에 따른 선박의 소유자는 방오시스템이 변경 또는 교체되는 경우(방오도료로 도장된 선체가 수리되는 경우에는 방오도료로 도장된 선체 면적의 25퍼센트 이상이 변경되는 경우로 한정한다)에는 법 제53조 제3항에 따라 임시방오시스템검사를 받아야 한다.
② 제1항에 따라 임시방오시스템검사를 받으려는 자는 별지 제18호서식의 방오시스템 검사신청서에 다음 각 호의 서류를 첨부하여 지방해양수산청장에게 제출하여야 한다.
1. 방오시스템검사증서
2. 방오시스템 형식승인증서 또는 검정합격증명서
3. 방오시스템의 물질안전보건자료 또는 같은 수준 이상의 자료
4. 방오시스템의 구성성분과 액체화학품분류번호
③ 지방해양수산청장은 제1항에 따라 임시방오시스템검사의 검사신청을 받은 때에는 제44조 제3항의 기술기준 및 검사방법에 따라 적합한지 검사하여야 한다.

6. 대기오염방지설비의 예비검사

해양수산부령이 정하는 대기오염방지설비를 제조·개조·수리·정비 또는 수

입하려는 자는 해양수산부령이 정하는 바에 따라 해양수산부장관의 검사(이하 "예비검사"라 한다)를 받을 수 있다. 해양수산부장관은 예비검사에 합격한 대기오염방지설비에 대하여 해양수산부령이 정하는 예비검사증서를 교부하여야 한다. 예비검사에 합격한 대기오염방지설비에 대하여는 해양수산부령이 정하는 바에 따라 제49조 내지 제52조의 규정에 따른 정기검사·중간검사·임시검사 및 임시항해검사의 전부 또는 일부를 생략할 수 있다. 예비검사의 검사사항 등에 관하여 필요한 사항은 해양수산부령으로 정한다.

선박에서의 오염방지에 관한 규칙 제46조(예비검사 등) ① 법 제54조 제1항에서 "해양수산부령이 정하는 대기오염방지설비"란 다음 각 호를 말한다.
1. 법 제43조 제1항 본문에 따른 질소산화물의 배출허용기준에 적합한 디젤기관(이하 "질소산화물배출방지기관"이라 한다)
2. 황산화물용 배기가스정화장치
② 법 제54조 제1항에 따라 예비검사를 받으려는 자는 별지 제20호서식의 예비검사신청서에 다음 각 호의 구분에 따른 서류를 첨부하여 지방해양수산청장에게 제출하여야 한다.
1. 질소산화물배출방지기관의 경우
가. 질소산화물배출방지기관의 명세서
나. 질소산화물배출방지기관의 구조 도면
다. 표본기관(질소산화물배출방지기관의 표본이 되는 기관을 말한다)이 적용되는 질소산화물배출방지기관의 범위 및 선정기준
라. 질소산화물배출 관련 기록부(질소산화물배출에 영향을 미칠 수 있는 기관부품의 설정방법 등 기술적 변수에 대한 기록을 말하며, 그 시험보고서를 포함한다. 이하 같다)
2. 황산화물용 배기가스정화장치의 경우
가. 황산화물용 배기가스정화장치의 명세서
나. 황산화물용 배기가스정화장치의 구조 도면
다. 황산화물용 배기가스정화장치의 작동설명서, 기술 매뉴얼 및 선상 모니터링 매뉴얼(배기가스의 황산화물 배출수치 감지기의 설치 위치, 보수 및 보정 방법 등을 기재한 서류를 말한다)
라. 황산화물 배출 적합 계획서(연료유 연소장치의 목록과 배출기준에 적합하게 해당 장치가 운전됨을 기재한 서류를 말한다)
마. 황산화물용 배기가스정화장치 기록부
③ 지방해양수산청장은 제2항에 따라 검사신청을 받은 때에는 해당 설비가 별표 20 제1호 또는 제3호에 따른 기술기준에 적합한지를 검사하여야 한다.
④ 법 제54조 제2항에서 "해양수산부령이 정하는 예비검사증서"란 다음 각 호의 구분에 따른 증서를 말한다.

1. 질소산화물배출방지기관의 경우: 별지 제21호서식의 기관대기오염방지증서
2. 황산화물용 배기가스정화장치의 경우: 별지 제21호의2서식의 황산화물 배출적합증서

⑤ 지방해양수산청장은 법 제54조 제3항에 따라 예비검사를 받은 대기오염방지설비에 대하여는 법 제49조부터 제52조까지의 규정에 따른 정기검사, 중간검사, 임시검사 또는 임시항해검사를 최초로 실시하는 때에 예비검사와 관련된 사항의 검사를 하지 아니할 수 있다.

⑥ 법 제54조 제4항에 따른 예비검사의 검사사항 등은 다음 각 호의 구분과 같다.

1. 질소산화물배출방지기관의 경우
가. 제2항 제1호에 따른 서류의 사전 검토 및 승인
나. 별표 20 제1호의 기술기준에 따른 시험
2. 황산화물용 배기가스정화장치의 경우
가. 제2항 제2호에 따른 서류의 사전 검토 및 승인
나. 별표 20 제3호의 기술기준에 따른 시험

⑦ 지방해양수산청장은 외국에서 수입되는 질소산화물배출방지기관 또는 황산화물용 배기가스정화장치가 외국정부의 검사를 받은 경우에는 제6항 제1호 나목 또는 같은 항 제2호 나목의 검사사항을 면제할 수 있다. 이 경우 제6항 제1호 나목 또는 같은 항 제2호 나목에 따른 검사사항의 검사를 면제받으려는 자는 제2항 각 호의 서류 외에 다음 각 호의 구분에 따른 서류를 제출하여야 한다.

1. 질소산화물배출방지기관의 경우: 외국정부가 승인 및 발급한 질소산화물배출 관련 기록부 및 검사증서
2. 황산화물용 배기가스정화장치의 경우: 외국정부가 승인 및 발급한 황산화물 배출적합증서

7. 에너지효율검사(법 제54조의2)

① 제41조의2 제1항, 제41조의3 제1항 및 제41조의5 제1항에 따른 선박의 소유자는 해양수산부령으로 정하는 바에 따라 해양수산부장관이 실시하는 선박에너지효율에 관한 검사(이하 "에너지효율검사"라 한다)를 받아야 한다.

② 해양수산부장관은 에너지효율검사에 합격한 선박에 대하여 해양수산부령으로 정하는 에너지효율검사증서를 발급하여야 한다.

③ 에너지효율검사의 검사신청 시기, 검사사항 및 검사방법 등에 필요한 사항은 해양수산부령으로 정한다.

8. 증서의 교부

해양수산부장관은 정기검사 · 중간검사 · 임시검사 · 임시항해검사 및 방오시스템검사, 해양오염방지선박검사에 합격한 선박의 소유자 또는 선장으로부터 그 선

박을 국제항해에 사용하기 위하여 해양오염방지에 관한 국제협약에 따른 협약검사증서의 교부신청이 있는 때에는 협약검사증서를 교부해야 한다. 선박의 소유자 또는 선장이 국제협약의 당사국인 외국의 정부(협약당사국)로부터 직접 협약검사증서를 교부받고자 하는 경우에는 해당 국가에 주재하는 우리나라의 영사를 통하여 신청해야 한다. 협약당사국의 정부로부터 그 국가의 선박에 대하여 협약검사증서의 교부신청이 있는 경우에는 해당 선박에 대하여 해양오염방지선박검사를 행하고, 해당 선박의 소유자 또는 선장에게 협약검사증서를 교부할 수 있다. 이렇게 교부받은 협약검사증서는 해양오염방지검사증서 및 방오시스템검사증서와 같은 효력이 있는 것으로 본다(법 제55조).

방오시스템검사증서, 에너지효율검사증서의 유효기간은 영구적이며, 해양오염방지검사증거, 협약검사증서의 유효기간은 5년이다. 중간검사 또는 임시검사에 불합격한 선박의 해양오염방지검사증서 및 협약검사증서의 유효기간은 해당 검사에 합격할 때까지 그 효력이 정지된다(법 제56조).

해양오염방지선박검사 · 에너지효율검사 또는 선박안전법 규정에 따른 선박검사를 받기 위해 항해하는 경우를 제외하고는 선박의 소유자는 해양오염방지검사증서 · 임시해양오염방지검사증서 · 방오시스템검사증서 또는 에너지효율검사증서를 교부받지 아니한 검사대상선박을 항해에 사용하여서는 안 된다. 선박의 소유자는 협약검사증서를 교부받지 아니한 선박을 국제항해에 사용할 수 없다. 그리고 해양오염방지검사증서 · 임시해양오염방지검사증서 · 방오시스템검사증서 · 에너지효율검사증서 및 협약검사증서, 해양오염방지검사증서에 기재된 조건에 적합하지 아니한 방법으로 그 선박을 항해(국제항해 포함)에 사용할 수 없다. 해양오염방지검사증서 등을 교부받은 선박의 소유자는 그 선박 안에 해양오염방지검사증서 등을 비치해야 한다(법 제57조).

9. 부적합 선박에 대한 조치

해양수산부장관은 해양오염방지설비등, 방오시스템 또는 연료유의 황함유량 등이 설치기준, 기술기준 또는 황함유량 기준 등에 적합하지 아니하다고 인정되는 경우에는 그 선박의 소유자에 대하여 그 해양오염방지설비등, 방오시스템 또는 연료유의 교체 · 개조 · 변경 · 수리 그 밖에 필요한 조치를 명령할 수 있다. 해양오염

우려 없이 개선명령을 이행하기 위하여 수리할 수 있는 항으로 항해하는 경우 등 정당한 사유가 있는 경우가 아니라면, 선박의 소유자가 제1항에 따른 개선명령 중 해양오염방지설비등 및 방오시스템의 중대한 결함으로 인한 교체 등의 명령을 이행하지 아니하고 선박을 계속하여 사용하려고 하거나 사용하면 그 선박에 대하여 항해정지처분을 할 수 있다. 해양수산부장관은 선박에너지효율설계지수의 계산방법 및 허용값, 추진기관의 최소 출력기준에 적합하지 아니하다고 인정되는 경우, 선박운항탄소집약도지수의 계산방법 및 허용값에 적합하지 아니하다고 인정되는 경우, 선박에너지효율관리계획서를 비치하지 아니한 경우에 해당 선박의 소유자에 대하여 수정 · 교체 · 개조 · 비치 등 필요한 조치를 명령할 수 있다(법 제58조).

해양수산부장관은 우리나라의 항만 · 항구 또는 연안에 있는 외국선박에 설치된 해양오염방지설비등과 방오시스템, 외국선박이 사용하는 연료유의 황함유량 또는 선박에너지효율이 해양오염방지에 관한 국제협약에 따른 기술상의 기준 또는 황함유량 기준에 적합하지 아니하다고 인정되는 경우에는 그 선박의 선장에게 해양오염방지설비등과 방오시스템, 연료유 또는 선박에너지효율 관련 설비 등의 교체 · 개조 · 변경 · 수리 · 개선이나 그 밖에 필요한 항만국통제 조치를 명령할 수 있다(법 제59조).

해양오염방지선박검사, 예비검사 및 에너지효율검사를 받은 자가 그 검사결과에 대하여 불복이 있는 때에는 그 결과에 관한 통지를 받은 날부터 90일 이내에 그 사유를 갖추어 해양수산부장관에게 재검사를 신청할 수 있다. 재검사 신청을 받은 해양수산부장관은 소속 공무원으로 하여금 재검사를 하게 하고 그 결과를 신청인에게 60일 이내에 통보하여야 한다(법 제60조).

제6절 해양오염방제를 위한 조치

Ⅰ. 국가긴급방제계획의 수립 · 시행

해양오염의 사전예방 또는 방제에 관한 국가긴급방제계획을 수립 · 시행하여 오염물질이 해양에 배출될 우려가 있거나 배출되는 경우를 대비해야 하며, 국가긴급방제계획은 해양수산발전법 제7조에 따라 해양수산발전위원회의 심의를 거쳐 확정해야 한다(법 제61조).

해양환경관리법 시행규칙 제26조(국가긴급방제계획에 포함되어야 할 오염물질) ① 법 제61조 제1항 전단에서 "해양수산부령으로 정하는 오염물질"이란 다음 각 호의 물질을 말한다.
1. 기름
2. 위험·유해물질 중 해양경찰청장이 정하여 고시하는 물질
② 제1항 제2호에서 "위험·유해물질"이란 유출될 경우 해양자원이나 생명체에 중대한 위해를 미치거나 해양의 쾌적성 또는 적법한 이용에 중대한 장애를 일으키는 물질로서 유해액체물질 및 포장유해물질과 산적(散積)으로 운송되며, 화재·폭발 등의 위험이 있는 물질(액화가스류를 포함한다)을 말한다.

Ⅱ. 방제대책본부 등의 설치

해양오염사고로 인한 긴급방제는 해양경찰청장의 총괄지휘로 이루어지며, 해양경찰청장의 소속으로 방제대책본부를 설치할 수 있다. 이후 해양경찰청장은 방제대책본부의 조치사항 및 결과에 대해 해양수산부장관에게 보고해야 한다(법 제62조).

해양환경관리법 시행규칙 제28조(방제대책본부의 조치사항 등 보고) 법 제62조 제2항에 따라 해양경찰청장이 해양수산부장관에게 보고하는 방제대책본부의 조치사항 및 결과에는 다음 각 호의 사항이 포함되어야 한다.
1. 해양오염사고 발생개요
2. 방제대책본부의 구성 및 운영에 관한 사항
3. 해양오염현황
4. 방제조치 현황 및 조치결과
5. 그 밖에 필요한 사항

방제대책본부의 구성·운영 등에 필요한 사항은 대통령령으로 정한다.

해양환경관리법 시행령 제45조(방제대책본부의 구성·운영 등) ① 법 제62조 제3항에 따른 방제대책본부의 장(이하 이 조에서 "본부장"이라 한다)은 해양경찰청장이 되고, 그 구성원은 해양경찰청 소속 공무원과 관계 기관의 장이 파견한 자로 구성한다.
② 본부장은 관계 기관의 장에게 방제대책본부에 근무할 자의 파견과 방제작업에 필요한 인

력 및 장비 등의 지원을 요청할 수 있다. 이 경우 관계 기관의 장은 정당한 사유가 없으면 그 요청에 따라야 한다.
③ 본부장은 다음 각 호의 업무를 수행한다.
1. 오염사고 분석·평가 및 방제 총괄 지휘
2. 인접 국가 간 방제지원 및 협력
3. 오염물질 유출 및 확산의 방지
4. 방제인력·장비 등 동원범위 결정과 현장 지휘·통제
5. 방제전략의 수립과 방제방법의 결정·시행
6. 제1호부터 제5호까지에서 규정한 사항 외에 방제조치와 관련하여 필요한 사항
④ 본부장은 해양환경 보전과 과학적인 방제를 위한 기술지원 및 자문을 위하여 관계 전문가로 구성된 방제기술지원협의회를 구성·운영할 수 있다.
⑤ 본부장은 오염지역에서 원활한 방제협력과 지원 등을 위하여 해양경찰서장으로 하여금 해당 지역을 관할하는 관계 기관의 소속 공무원, 유관단체·업체의 임직원 및 주민대표 등으로 지역방제대책협의회를 구성·운영하게 할 수 있다.
⑥ 방제대책본부, 방제기술지원협의회 및 지역방제대책협의회의 구성·운영, 수당의 지급, 그 밖에 필요한 사항은 해양경찰청장이 따로 정한다.

Ⅲ. 오염물질이 배출되는 경우의 신고의무

대통령령이 정하는 배출기준을 초과하는 오염물질이 해양에 배출되거나 배출될 우려가 있다고 예상되는 경우 "배출되거나 배출될 우려가 있는 오염물질이 적재된 선박의 선장 또는 해양시설의 관리자(이 경우 해당 선박 또는 해양시설에서 오염물질의 배출원인이 되는 행위를 한 자가 신고하는 경우에는 그러하지 아니하다), 오염물질의 배출원인이 되는 행위를 한 자, 배출된 오염물질을 발견한 자"에 해당하는 자는 지체 없이 해양경찰청장 또는 해양경찰서장에게 이를 신고해야 한다(법 제63조).

해양환경관리법 시행규칙 제29조(해양시설로부터의 오염물질 배출신고) ① 법 제63조에 따라 해양시설로부터의 오염물질 배출을 신고하려는 자는 서면·구술·전화 또는 무선통신 등을 이용하여 신속하게 하여야 하며, 그 신고사항은 다음 각 호와 같다.
1. 해양오염사고의 발생일시·장소 및 원인
2. 배출된 오염물질의 종류, 추정량 및 확산상황과 응급조치상황
3. 사고선박 또는 시설의 명칭, 종류 및 규모
4. 해면상태 및 기상상태
② 해양경찰청장 또는 해양경찰서장 외의 자는 제1항에 따른 신고를 받은 경우에는 지체 없

이 그 내용을 해양경찰청장 또는 해양경찰서장에게 알려야 한다.

선박에서의 오염방지에 관한 규칙 제51조(선박으로부터 오염물질이 배출되는 경우의 신고)
① 법 제63조에 따라 선박으로부터의 오염물질 배출을 신고하는 자는 서면·구술·전화 또는 무선통신 등을 이용하여 신속하게 하여야 하며, 그 신고사항은 다음 각 호와 같다.
1. 해양오염사고의 발생일시·장소 및 원인
2. 배출된 오염물질의 추정량 및 확산상황과 응급조치상황
3. 사고선박 또는 시설의 명칭, 종류 및 규모
4. 해면상태 및 기상상태
② 해양경찰청장 또는 해양경찰서장 외의 자는 제1항에 따른 신고를 받은 경우에는 지체 없이 그 내용을 해당 해역을 관할하는 해양경찰청장 또는 해양경찰서장에게 알려야 한다.

본 법 제63조의 1항에서 말하는 “대통령령이 정하는 배출기준”이란 별표 6의 기준을 말한다(해양환경관리법 시행령 제47조).

[별표 6] 해양환경관리법 시행령

오염물질 배출 시 신고기준(제47조 관련)

종류		양·농도	확산범위
폐기물	수은 및 그 화합물, 폴리염화비페닐, 카드뮴 및 그 화합물, 6가크롬화합물, 유기할로겐화합물	10kg 이상	
	시안화합물, 유기인화합물, 납 및 그 화합물, 비소 및 그 화합물, 구리 및 그 화합물, 크롬 및 그 화합물, 아연 및 그 화합물, 불화물, 페놀류, 트리클로로에틸렌, 테트라클로로에틸렌	100kg 이상	
	유기실리콘 화합물, 폐합성수지, 폐합성고분자 화합물, 폐산, 폐알칼리	200kg 이상	
	동·식물성 고형물, 분뇨, 오니류	200kg 이상	
	그 밖의 폐기물	1,000kg 이상	
기름		배출된 기름 중 유분이 100만분의 1,000 이상이고 유분총량이 100ℓ 이상	배출된 기름이 1만㎡ 이상으로 확산되어 있거나 확산될 우려가 있는 경우
유해액체물질	알라클로르, 알칸, 그 밖에 해양수산부령으로 정하는 X류 물질	10ℓ 이상	

	아세톤 시아노히드린, 아크릴산, 그 밖에 해양수산부령으로 정하는 Y류 물질	100ℓ 이상	
	아세트산, 아세트산 무수물, 그 밖에 해양수산부령으로 정하는 Z류 물질	200ℓ 이상	
	평가는 되었으나 유해액체물질목록에 등록되지 아니한 잠정평가물질	10ℓ 이상	

Ⅳ. 오염물질이 배출된 경우의 방제조치

해양경찰청장은 방제의무자가 자발적으로 방제조치를 행하지 아니하는 때에는 그 자에게 시한을 정하여 방제조치를 하도록 명령할 수 있으며, 방제조치명령에 따르지 아니하는 경우에는 행정대집행을 통해 직접 방제조치를 할 수 있다(법 제64조).

*방제의무자
(1) 배출되거나 배출될 우려가 있는 오염물질이 적재된 선박의 선장 또는 해양시설의 관리자
(2) 오염물질의 배출원인이 되는 행위를 한 자
*방제조치
(1) 오염물질의 배출방지
(2) 배출된 오염물질의 확산방지 및 제거
(3) 배출된 오염물질의 수거 및 처리
*방제조치 협조해야 하는 자
(1) 해당 항만이 배출된 오염물질을 싣는 항만인 경우에는 해당 오염물질을 보내는 자
(2) 해당 항만이 배출된 오염물질을 내리는 항만인 경우에는 해당 오염물질을 받는 자
(3) 오염물질의 배출이 선박의 계류 중에 발생한 경우에는 해당 계류시설의 관리자
(4) 그 밖에 오염물질의 배출원인과 관련되는 행위를 한 자
(본 법 제64조)

Ⅴ. 오염물질이 배출될 우려가 있는 경우의 조치 등

선박의 소유자 또는 선장, 해양시설의 소유자는 선박 또는 해양시설의 좌초·충돌·침몰·화재 등의 사고로 인하여 선박 또는 해양시설로부터 오염물질이 배출될 우려가 있는 경우에는 오염물질의 배출방지를 위한 조치를 해야 한다(법 제65조).

해양환경관리법 시행규칙 제31조(오염물질의 배출방지를 위한 조치) 해양시설의 소유자는 법 제65조 제1항에 따라 오염물질의 배출방지를 위한 다음 각 호의 조치를 취하여야 한다.

1. 파손·화재 등의 사고인 경우에는 오염물질을 다른 선박이나 해양시설로 옮겨 싣는 조치 또는 손상부위의 긴급수리, 침수 또는 배출방지를 위하여 필요한 조치
2. 침몰이 예상되는 경우에는 오염물질의 배출 우려가 있는 모든 부위를 막는 조치
3. 불을 끄는 중에 생긴 오염물질의 경우에는 다른 선박이나 해양시설로 옮겨 싣는 조치 또는 배출방지를 위하여 필요한 조치
4. 제1호부터 제3호까지의 규정에 따른 조치에도 불구하고 오염물질이 배출될 우려가 있는 경우 배출 또는 확산방지를 위하여 필요한 조치

선박에서의 오염방지에 관한 규칙 제52조(선박으로부터 오염물질의 배출방지를 위한 조치) 선박의 소유자 또는 선장은 법 제65조 제1항에 따라 오염물질의 배출방지를 위하여 다음 각 호의 조치를 취하여야 한다.

1. 좌초, 충돌, 파손, 침몰, 화재 등의 사고로 오염물질을 다른 선박이나 해양시설로 옮겨 싣는 조치가 필요하다고 인정되는 경우에 옮겨 싣는 조치
2. 제1호의 사고에 따른 선체 손상부위의 긴급수리, 선체의 예인·인양조치, 침수 또는 배출방지를 위하여 필요한 조치
3. 침몰이 예상되는 경우에는 침몰된 후에 오염물질의 배출 우려가 있는 모든 부위를 막는 조치
4. 화재의 경우에는 진화작업으로 기관실 또는 화물창 등에 고인 폐수 등의 오염물질을 다른 선박이나 해양시설로 옮겨 싣는 조치 또는 배출방지를 위하여 필요한 조치
5. 제1호부터 제4호까지의 규정에 따른 조치에도 불구하고 오염물질이 배출될 우려가 있는 경우 배출감소 또는 확산방지를 위하여 필요한 조치
6. 그 밖에 오염물질의 배출방지를 위하여 필요한 조치

Ⅵ. 자재 및 약제의 비치 등

항만관리청 및 선박·해양시설의 소유자는 오염물질의 방제·방지에 사용되는 자재 및 약제를 보관시설 또는 해당 선박 및 해양시설에 비치·보관해야 한다(법 제66조).

해양환경관리법 시행규칙 제32조(해양시설의 자재·약제 비치기준 등) ① 법 제66조 제1항에 따라 오염물질의 방제·방지를 위한 자재 및 약제(이하 “자재·약제”라 한다)를 갖추어두어야 하는 해양시설은 다음 각 호와 같다.

1. 오염물질을 300킬로리터 이상 저장할 수 있는 시설

2. 총톤수 100톤 이상의 유조선을 계류하기 위한 계류시설
② 법 제66조 제3항에 따라 해양시설 안에 갖추어두어야 하는 자재·약제의 비치기준은 별표 11과 같다. 다만, 유처리제·유흡착재 또는 유겔화제(기름을 굳게 하는 물질)의 경우에는 해당 해양시설에 기준량의 10퍼센트 이상을 갖추어두고, 나머지는 제33조에 따른 보관시설에 보관할 수 있다.
③ 제2항 단서에 따라 보관시설에 유처리제 등을 보관하는 경우에는 그 사실을 증명하는 서류를 해당 해양시설에 갖추어두어야 한다.
④ 법 제67조 제1항에 따라 방제선 또는 방제장비(이하 "방제선등"이라 한다)를 배치·설치하거나 같은 조 제2항에 따라 위탁하여 배치·설치한 경우에는 법 제66조에 따른 자재·약제 등을 갖추어둔 것으로 본다.

해양환경관리법 시행규칙 제33조(보관시설의 자재·약제 비치기준 등) ① 법 제66조 제3항에 따른 보관시설의 범위는 다음 각 호와 같다.
1. 해양시설의 소유자가 해양시설에 갖추어두어야 할 자재·약제를 보관하기 위하여 해당 항만에 설치한 시설(공동으로 설치한 것을 포함한다)
2. 항만관리청이 항만시설, 어항시설의 방제를 위한 자재·약제를 보관하기 위하여「항만법」제3조 제1항에 따른 항만 및「어촌·어항법」제2조 제3호에 따른 어항에 설치한 시설
3. 해양환경공단이 법 제97조에 따른 사업을 위하여 해양오염방제에 필요한 자재·약제를 보관할 목적으로 해당 항만에 설치한 시설
② 법 제66조 제3항에 따라 항만관리청이 보관시설에 갖추어두어야 할 자재·약제의 비치기준은 별표 12와 같으며, 제1항의 보관시설의 시설기준 및 운영기준은 별표 13과 같다.

선박에서의 오염방지에 관한 규칙 제53조(선박에 비치할 자재·약제 비치기준 등) ① 법 제66조 제1항에 따라 오염물질의 방제·방지를 위한 자재 및 약제(이하 "자재·약제"라 한다)를 갖추어두어야 하는 선박은 다음 각 호와 같다.
1. 총톤수 100톤 이상의 유조선
2. 추진기관이 설치된 총톤수 1만톤 이상의 선박(유조선은 제외한다)
② 법 제66조 제3항에 따라 선박 안에 갖추어야 하는 자재·약제의 비치기준은 별표 30과 같다. 다만, 유처리제·유흡착재 또는 유겔화제(기름을 굳게 하는 물질)의 경우에는 해당 선박에 기준량의 10퍼센트 이상을 갖추어두고 나머지는「해양환경관리법 시행규칙」제33조에 따른 보관시설에 보관할 수 있다.
③ 제2항 단서에 따라 보관시설에 유처리제 등을 보관하는 경우에는 그 사실을 증명하는 서류를 해당 선박에 보관하고 있어야 한다.
④ 법 제67조 제1항에 따라 방제선등을 배치·설치하거나 같은 조 제2항에 따라 배치·설치를 위탁한 경우에는 법 제66조에 따른 자재·약제 등을 갖추어둔 것으로 본다.
⑤ 해역관리청 및 선박의 소유자가 법 제66조 제3항에 따라 보관시설에 갖추어두어야 하는 자재·약제의 최소 비치기준에 관하여는「해양환경관리법 시행규칙」별표 12를 준용한다.

[별표 12] 해양환경관리법 시행규칙

항만관리청의 보관시설의 자재 · 약제 비치기준(제33조 제2항 관련)

자재 비치기준 / 설치 항만	해양유류오염확산차단장치(m)	유흡착재(kg)
최고위험도 항만 (광양, 대산, 울산)	1,000	2,000
고위험도 항만 (부산, 인천, 군산)	800	1,000
중위험도 항만 (평택 · 당진, 포항, 태안, 목포, 고현, 마산, 옥포, 제주, 동해 · 묵호, 옥계, 보령, 삼천포, 호산, 장항, 여수, 진해, 완도, 통영, 서귀포, 속초, 장승포, 삼척, 하동)	500	500
저위험도 항만 (경인, 서울, 급유선 입출항 연안항 및 국가어항)	200	200

비고
1. 최고위험도 항만 및 고위험도 항만에서는 해양유류오염확산차단장치 B형과 C형을 혼합하여 비치하여야 한다.
2. 삭제 <2011.9.29>

[별표 13] 해양환경관리법 시행규칙

보관시설의 시설기준 및 운영기준 (제33조 제2항 관련)

1. 보관시설의 시설기준
   가. 보관된 자재 · 약제를 비 · 바람 등으로부터 충분히 보호할 수 있는 구조물이어야 하며 그 바닥은 방수시공된 것일 것
   나. 자재 · 약제가 변질되거나 손상되지 아니하도록 충분한 환기장치와 쥐에 의한 피해예방장치를 갖추고 있을 것
   다. 조명시설 및 소방시설을 갖추고 있을 것
   라. 자재 · 약제를 반출하는데 지장이 없도록 충분한 반출통로가 확보되어 있을 것
   마. 자재 · 약제의 운송을 위한 차량 및 선박을 확보하고 있을 것
2. 보관시설의 운영기준
   가. 보관시설마다 최소한 1명 이상의 관리요원이 지정되어 있고 관리요원과 항상 비상연락을 할 수 있는 체제를 유지할 것
   나. 방제활동을 위한 통신망 확보 등 관할 해역관리청 및 해양경찰서와 긴밀한 협조체제를 유지하고 있을 것
   다. 다음 사항이 기록된 보관시설관리규정을 비치하고 있을 것
      1) 관리책임자 및 관리요원의 비상연락망

2) 자재 · 약제의 관리요령 및 사용방법
3) 보관시설의 정기적인 점검사항
4) 자재 · 약제의 긴급반출 · 이송요령
5) 그 밖의 비상시의 조치사항

비고

인근 항만의 보관시설에서 해당 항만까지 3시간 이내에 방제 자재 · 약제를 동원할 수 있는 경우에는 통합하여 보관시설을 설치 · 운영할 수 있다.

[별표 30] 선박에서의 오염방지에 관한 규칙

선박의 자재 · 약제 비치기준(제53조 제2항 관련)

구분	종류	비치량
1. 총톤수 1만톤 이상의 유조선	해양유류오염확산차단장치 B형 또는 C형	선박길이의 1.5배 또는 200m 중 큰 쪽의 길이
	유처리제 · 유흡착재 또는 유겔화제	다음의 산식에 의한 양 40X + 100Y + 30Z = U
2. 「선박안전법 시행규칙」 제15조에 따른 연해구역안에서만 운항하는 총톤수 1만톤 미만 1천톤 이상의 유조선	해양유류오염확산차단장치 B형 또는 C형	선박길이의 2배 또는 150m 중 큰 쪽의 길이
	유처리제 · 유흡착재 또는 유겔화제	다음의 산식에 의한 양 20X + 50Y + 15Z = U
3. 「선박안전법 시행규칙」 제15조에 따른 근해구역 또는 원양구역을 운항하는 총톤수 1만톤 미만 1천톤 이상의 유조선	해양유류오염확산차단장치 B형 또는 C형	선박길이의 1.5배 또는 100m 중 큰 쪽의 길이
	유처리제 · 유흡착재 또는 유겔화제	다음의 산식에 의한 양 40X + 100Y + 30Z = U
4. 「선박안전법 시행규칙」 제15조에 따른 연해구역안에서만 운항하는 총톤수 1천톤 미만 100톤 이상의 유조선	해양유류오염확산차단장치 A형 또는 B형	선박길이의 2배 또는 100m 중 큰 쪽의 길이
	유처리제 · 유흡착재 또는 유겔화제	다음의 산식에 의한 양 20X + 50Y + 15Z = U
5. 「선박안전법 시행규칙」 제15조에 따른 근해구역 또는 원양구역을 운항하는 총톤수 1천톤 미만 100톤 이상의 유조선	해양유류오염확산차단장치 A형 또는 B형	선박길이의 1.5배 또는 60m 중 큰 쪽의 길이
	유처리제 · 유흡착재 또는 유겔화제	다음의 산식에 의한 양 40X + 100Y + 15Z = U
6. 추진기관이 설치된 총톤수 1만톤 이상의 선박(유조선은 제외한다)	해양유류오염확산차단장치 B형 또는 C형	선박길이의 1.5배의 길이
	유처리제 · 유흡착재 또는 유겔화제	다음의 산식에 의한 양 40X + 100Y + 30Z = W

비고

1. 해양유류오염확산차단장치의 종류는 다음과 같다.

유형	수면위(㎝)	수면아래(㎝)
A형	20 이상 30 미만	30 이상 40 미만
B형	30 이상 60 미만	40 이상 90 미만
C형	60 이상	90 이상

2. X, Y, Z, U 및 W는 각각 다음과 같다.

X: 유처리제의 양(kℓ)

Y: 유흡착재의 양(t)

Z: 유겔화제의 양[액상(kℓ), 분말(t)]

U: 해당 선박의 총톤수에 따라 다음 표에서 정하는 값

총톤수	100 이상 200 미만	200 이상 500 미만	500 이상 1천 미만	1천 이상 5천 미만	5천 이상 1만 미만	1만 이상 5만 미만	5만 이상 10만 미만	10만 이상
U	10	15	20	30	70	100	230	320

W: 해당 선박의 총톤수에 따라 다음 표에서 정하는 값

총톤수	1만 이상 2만 미만	2만 이상 5만 미만	5만 이상 10만 미만	10만 이상 20만 미만	20만 이상
W	30	45	60	80	100

Ⅶ. 방제선등의 배치 등

총톤수 500톤 이상의 유조선, 유조선을 제외한 총톤수 1만톤 이상의 선박, 신고된 해양시설로서 저장용량 1만 킬로리터 이상의 기름저장시설의 소유자는 기름의 해양유출사고에 대비하여 방제선 또는 방제장비를 해양환경관리법 시행규칙 제34조, 선박에서의 오염방지에 관한 규칙 제54조에서 정한 해역 안에 배치 또는 설치해야 한다. 방제선은 공동으로 배치·설치하거나 해양환경공단에게 위탁할 수 있다. 방제선등을 배치 또는 설치하지 아니한 경우에는 선박입출항금지 또는 시설사용정지가 될 수 있다(법 제67조).

해양환경관리법 시행규칙 제34조(방제선등의 배치해역) ① 법 제67조 제1항 제3호에 따른 기름저장시설의 소유자는 해당 시설이 위치한 항만구역에 방제선등을 설치하여야 한다. 다만, 비축용·비상용 기름저장시설의 소유자는 해당 시설에서 기름이 배출되는 경우 3시간 이내에 도달할 수 있는 곳에 배치할 수 있다.

② 법 제67조 제2항에 따라 방제선등을 공동으로 배치·설치한 자와 해양환경공단에 배치·

설치를 위탁한 자는 다음 각 호의 사항이 포함된 증거서류를 해당 기름저장시설의 사업소에 갖추어 두어야 한다.
1. 공동배치를 한 자: 배치한 방제선등의 목록 및 제원
2. 배치·설치를 위탁한 자
가. 위탁자의 성명 또는 상호
나. 수탁자의 성명 또는 상호
다. 수탁기간
라. 위탁자와 수탁자 간의 통신방법

선박에서의 오염방지에 관한 규칙 제54조(방제선등의 배치해역) ① 법 제67조 제1항 제1호 및 제2호에 따른 선박의 소유자가 방제선 또는 방제장비(이하 "방제선등"이라 한다)를 배치하여야 하는 해역은 다음 각 호와 같다. 다만, 다음 각 호의 해역에서 기름이 배출되는 경우 3시간 이내에 도달할 수 있는 곳에 배치할 수 있다.
1. 「해상교통안전법」 제7조에 따른 교통안전 특정해역
2. 「항만법」 제2조 제2호에 따른 무역항 중 다음 각 목의 항만
가. 인천항
나. 평택·당진항
다. 대산항
라. 군산항
마. 목포항
바. 여수항
사. 광양항
아. 마산항
자. 부산항
차. 울산항
카. 포항항
타. 동해·묵호항
파. 제주항
② 법 제67조 제2항에 따라 방제선등을 공동으로 배치·설치한 자와 설치·배치를 위탁한 자는 다음 각 호의 사항이 포함된 증거서류를 해당 선박에 갖추어 두어야 한다.
1. 공동배치를 한 자: 배치한 방제선등의 목록 및 제원
2. 설치·배치를 위탁한 자
가. 위탁자의 성명 또는 상호
나. 수탁자의 성명 또는 상호
다. 수탁기간
라. 위탁자와 수탁자 간의 통신방법

Ⅷ. 행정기관의 방제조치와 비용부담

방제의무자의 방제조치만으로는 오염물질의 대규모 확산을 방지하기가 곤란하거나 긴급방제가 필요하다고 인정하는 경우에 해양경찰청장은 직접 방제조치를 해야 한다. 해안의 자갈·모래 등에 달라붙은 기름에 대하여는 해당 지방자치단체의 장 또는 행정기관의 장이 방제조치를 해야 한다. 천재·지변, 전쟁·사변, 그 밖에 불가항력으로 인한 사유를 제외하고는 방제조치에 소요되는 비용은 선박 또는 해양시설의 소유자가 부담하게 할 수 있다(법 제68조).

Ⅸ. 해양자율방제대

해양경찰청장은 지역의 자율적인 해양오염방제 기능을 강화하기 위하여 어촌계에 소속된 어업인, 지역주민 등으로 해양자율방제대를 구성·운영할 수 있으며, 해양자율방제대 구성원의 역량강화를 위하여 교육·훈련을 실시할 수 있다. 예산의 범위에서 해양자율방제대와 구성원에게 그 활동에 필요한 경비를 지급할 수 있으며 해양자율방제대의 구성원이 해양오염방제 활동 등에 참여 또는 교육·훈련으로 인하여 질병에 걸리거나 부상을 입거나 사망한 때에는 보상금을 지급해야 한다(법 제68조의2).

Ⅹ. 방제분담금

배치의무자는 기름 등의 유출사고에 따른 방제조치 및 배출방지조치 등 해양오염방제조치에 소요되는 방제분담금을 납부해야 한다. 양 환경공단은 방제분담금의 납부의무자가 납부기한까지 방제분담금을 내지 아니하면 그 납부기한의 다음 날부터 납부한 날까지의 기간에 대하여 가산금을 징수하는데, 이 경우 가산금은 체납된 방제분담금의 100분의 3을 초과하지 않는다(법 제69조의2).

해양환경공단은 방제분담금의 산정 등을 위하여 방제분담금의 납부의무자에게 대통령령으로 정하는 바에 따라 선박의 적하(積荷) 목록 및 기름저장시설의 유류 수령량 등과 관련한 자료의 제출을 요구할 수 있는데, 자료제출을 요구받은 자는 특별한 사유가 없으면 요구받은 자료를 제출해야 한다(법 제69조의3).

제7절 해양환경관리업

***환경관리업**
(1) 해양오염방제업: 오염물질의 방제에 필요한 설비 및 장비를 갖추고 해양에 배출되거나 배출될 우려가 있는 오염물질을 방제하는 사업
(2) 유창청소업(油艙清掃業): 선박의 유창을 청소하거나 선박 또는 해양시설(그 해양시설이 기름 및 유해액체물질 저장시설인 경우에 한정한다)에서 발생하는 해양수산부령으로 정하는 오염물질의 수거에 필요한 설비 및 장비를 갖추고 그 오염물질을 수거하는 사업 (본 법 제70조)

해양환경관리업의 등록을 하려는 자는 해양환경관리법 시행령 제56조에서 정하는 해양환경관리업의 기술요원을 보유하여야 하며, 해양환경관리법 시행규칙 제36조에 따라 선박·장비 및 설비 등을 갖추어야 한다. 미성년자, 이 법을 위반하여 징역 이상의 형의 선고를 받고 그 형의 집행이 종료(집행이 종료된 것으로 보는 경우를 포함한다)되거나 집행을 받지 아니하기로 확정된 후 1년이 경과되지 아니한 자, 해양환경관리업의 등록이 취소(제1호에 해당하여 취소된 경우는 제외한다)된 후 1년이 경과되지 아니한 자, 그리고 임원 중에 제1호, 제3호 또는 제4호에 해당하는 자가 있는 법인은 해양환경관리업의 등록을 할 수 없다(법 제71조).

해양환경관리업자는 오염물질의 방제 및 오염물질의 청소·수거 등에 관한 처리실적서를 작성하여 해양경찰청장에게 제출하여야 하며, 그 처리대장을 작성하고 해당 선박 또는 시설에 비치해야 하며, 선박 또는 해양시설등으로부터 오염물질을 수거하는 때에는 해양수산부령으로 정하는 바에 따라 오염물질수거확인증을 작성하고 해당 오염물질의 위탁자에게 이를 교부해야 한다. 해양오염방제업을 등록한 자는 방제의무자 등이 방제조치를 하는 데 적극 협조하여야 하며, 고의로 오염물질 방제업무를 지연하거나 방제의무자 등의 방제조치를 방해해서는 안 된다(법 제72조).

해양환경관리업자(휴·폐업한 경우를 포함한다)가 처리를 위탁받은 폐기물 등 처

리대상이 되는 오염물질을 이 법에 따라 처리하지 아니하고 방치하는 경우에 해양경찰청장은 해양환경관리법 시행규칙 제42조의 위탁폐기물 등의 처리명령에 따라 적정한 처리를 명령할 수 있다(법 제73조).

해양환경관리업자가 그 사업을 양도하거나 사망한 때 또는 법인의 합병이 있는 때에는 그 사업의 양수인·상속인 또는 합병 후 존속하는 법인이나 합병에 의하여 설립되는 법인이 그 권리·의무를 승계하며, 「민사집행법」에 따른 경매, 「채무자 회생 및 파산에 관한 법률」에 따른 환가(換價) 및 「국세징수법」·「관세법」 또는 「지방세징수법」에 따른 압류재산의 매각 그 밖에 이에 준하는 절차에 따라 환경관리업자의 시설·설비의 전부를 인수한 자는 그 권리·의무를 승계한다. 해양환경관리업자의 권리·의무를 승계한 자는 1개월 이내에 해양경찰청장에게 신고해야 한다(법 제74조).

제75조(등록의 취소 등) ① 해양경찰청장은 해양환경관리업자가 다음 각 호의 어느 하나에 해당하는 때에는 그 등록을 취소하거나 6개월 이내의 기간을 정하여 영업정지를 명령할 수 있다. 다만, 제1호부터 제4호까지의 어느 하나에 해당하는 경우에는 등록을 취소하여야 한다.

1. 제71조 각 호의 어느 하나에 해당하는 때. 다만, 법인의 임원 중 제71조 제1호, 제3호 또는 제4호에 해당하는 자가 있는 경우로서 6개월 이내에 그 임원을 바꾸어 임명한 때에는 그러하지 아니하다.
2. 거짓 그 밖의 부정한 방법으로 등록을 하거나 변경등록을 한 경우
3. 1년에 2회 이상 영업정지처분을 받은 경우
4. 영업정지기간 중에 영업을 한 경우
5. 정당한 사유 없이 등록한 사항을 이행하지 아니한 경우
6. 제72조의 규정에 따른 의무를 위반한 경우
7. 제73조의 규정에 따른 명령에 따르지 아니하거나 거부한 경우
8. 등록 후 1년 이내에 영업을 하지 아니하거나 정당한 사유 없이 1년 이상 계속하여 영업실적이 없는 경우

② 제1항의 규정에 따른 행정처분의 세부기준은 그 위반행위의 유형과 정도 등을 참작하여 해양수산부령으로 정한다.

제8절 해양오염영향조사

선박 또는 해양시설에서 대통령령이 정하는 규모 이상의 오염물질이 해양에 배출되는 경우에는 그 선박 또는 해양시설의 소유자는 해양오염영향조사기관을 통하여 해양오염영향조사를 실시하여야 한다. 여기에서 말하는 대통령령이 정하는 규모란 별표 12에 따른 규모를 말한다.

[별표 12] 해양환경관리법 시행령

해양오염영향조사를 실시하여야 하는 경우 (제58조 제1항 관련)

종류		배출량
폐기물	1. 수은 및 그 화합물, 폴리염화비페닐, 카드뮴 및 그 화합물, 6가크롬화합물, 유기할로겐화합물	100kg 이상
	2. 시안화합물, 유기인화합물, 납 및 그 화합물, 비소 및 그 화합물, 구리 및 그 화합물, 크롬 및 그 화합물, 아연 및 그 화합물, 불화물, 페놀류, 트리클로로에틸렌, 테트라클로로에틸렌	10,000kg 이상
	3. 유기실리콘 화합물, 폐합성수지, 폐합성고분자 화합물, 폐산, 폐알칼리	20,000kg 이상
	4. 동식물성고형물, 분뇨, 오니류	20,000kg 이상
	5. 그 밖의 폐기물	30,000kg 이상
기름 중 지속성유(원유 · 연료유 · 중유 · 윤활유)와 폐유		유분총량이 100kℓ 이상
유해액체물질	1. 알라클로르, 알칸, 그 밖에 해양수산부령으로 정하는 X류 물질	10,000ℓ 이상
	2. 아세톤 시아노히드린, 아크릴산, 그 밖에 해양수산부령으로 정하는 Y류 물질	25,000ℓ 이상
	3. 아세트산, 아세트산 무수물, 그 밖에 해양수산부령으로 정하는 Z류 물질	25,000ℓ 이상
	4. 평가는 되었으나 유해액체물질목록에 등록되지 아니한 잠정평가물질	100,000ℓ 이상

조사기관은 대통령령이 정하는 기준에 따라 해양수산부장관이 지정하여 고시한다. 해양오염영향조사를 하여야 하는 자가 정해진 기간 이내에 조사를 이행하지 않거나, 대통령령이 정하는 바에 따라 긴급히 조사를 할 필요가 있다고 인정되는 경우[18]에는 별도의 조사기관을 선정하여 실시하게 해야 한다. 해양오염영향조사를

18) 해양환경관리법 시행령 제58조(해양오염영향조사) ③ 법 제77조 제3항에서 "대통령령이 정하는 기

실시하게 하려는 경우에는 해양수산부령이 정하는 바에 따라 「해양수산발전 기본법」 제7조에 따른 해양수산발전위원회의 심의를 거쳐야 한다(법 제77조).

해양오염영향조사는 오염물질에 의하여 해로운 영향을 받게 되는 자연환경, 생활환경 및 사회 · 경제환경 분야 등에 대하여 실시하여야 하며, 분야별 세부항목은 대통령령[19]으로 정한다(법 제78조).

해양오염영향조사기관은 주민의 의견을 수렴해야 하는데, 해양오염영향에 대한 조사서(이하 "해양오염영향조사서"라 한다)를 작성함에 있어 미리 설명회 또는 공청회를 개최하여 해당 조사 대상지역 안에 거주하는 주민의 의견을 수렴한 후 이를 해양오염영향조사서의 내용에 포함시켜야 한다. 그리고 주민의 의견을 수렴하려는 때에는 해양오염영향조사서의 초안을 작성하여 주민이 미리 확인할 수 있게 하여야 한다(법 제79조).

선박 또는 해양시설에서 대통령령이 정하는 규모 이상의 오염물질이 해양에 배출되는 경우 그리고 긴급히 조사를 할 필요가 있다고 인정되는 경우 해양오염영향조사에 소요되는 비용은 대통령령이 정하는 바에 따라 해양오염사고를 일으킨 선박 또는 해양시설의 소유자가 부담한다. 다만, 천재지변 그 밖의 대통령령이 정하는 사유[20]에 해당하는 경우에는 그러하지 아니하다(법 제80조).

피성년후견인, 해양오염영향조사기관의 지정이 취소(제1호에 해당하여 취소된 경우는 제외한다)된 후 2년이 경과되지 아니한 자, 이 법 또는 「물환경보전법」·「대기환경보전법」을 위반하여 금고 이상의 형의 선고를 받고 그 형의 집행이 종료(집행이 종료된 것으로 보는 경우를 포함한다)되거나 집행을 받지 아니하기로 확정된 후 1년이 경과되지 아니한 자 그리고 대표이사가 제1호, 제3호 또는 제4호에 해당하는

간"이란 사고가 발생한 날부터 3개월을 말하고, "대통령령이 정하는 바에 따라 긴급히 조사를 할 필요가 있다고 인정되는 경우"란 다음 각 호의 어느 하나에 해당하는 경우를 말한다. 1. 해양수산부령으로 정하는 규모 이상의 오염물질이 대량으로 배출된 경우 2. 오염물질의 확산으로 양식시설 등의 대량 피해가 예상되는 경우.

19) 해양환경관리법 시행령 제59조(해양오염영향조사의 분야별 세부항목).

20) 해양환경관리법 시행령 제60조(해양오염영향조사의 비용) ① 해양수산부장관은 법 제80조에 따라 해역이나 오염발생량 등을 고려하여 조사에 필요한 표준비용을 정하여 고시할 수 있다.
② 법 제80조 제1항 단서에서 "그 밖의 대통령령이 정하는 사유에 해당하는 경우"란 다음 각 호의 어느 하나에 해당하는 경우를 말한다.
1. 법 제22조 제3항 제1호 또는 제3호에 해당하는 경우
2. 선박소유자나 해양시설의 설치자가 파산한 경우

법인에 해당하는 자는 해양오염영향조사기관으로 지정될 수 없다(법 제81조). 해양오염영향조사기관이 거짓 그 밖의 부정한 방법으로 지정을 받은 때, 해양환경관리법 시행령 제58조의 규정에서 정한 지정기준에 미달하게 된 때, 조사기관 결격사유에 해당하는 경우, 1년에 2회 이상 업무정지처분을 받은 때, 다른 사람에게 지정기관의 권한을 대여하거나 도급받은 해양오염영향조사를 일괄하여 하도급한 때 그리고 고의 또는 중대한 과실로 해양오염영향조사를 부실하게 행한 때에는 그 지정을 취소하거나 1년 이내의 기간을 정하여 업무정지를 명령할 수 있다. 다만, 제1호부터 제4호까지의 어느 하나에 해당하는 때[21]에는 그 지정을 취소하여야 한다(법 제82조). 지정취소 또는 업무정지의 처분을 받은 해양오염영향조사기관은 그 처분 전에 체결한 해양오염영향조사에 한하여 그 조사를 계속할 수 있으며, 그 업무를 완료하는 때까지 이 법에 따른 해양오염영향조사기관으로 본다(법 제83조). 해양수산부장관은 해양사고로 해양에서 침몰한 선박(이하 이 조에서 "침몰선박"이라 한다)으로 인하여 발생할 수 있는 추가적인 해양오염사고를 예방하기 위하여 침몰선박에 대한 정보의 체계적인 관리, 침몰선박의 해양오염사고 유발 가능성에 대한 위해도(危害度) 평가, 침몰선박에 대한 위해도 저감대책의 실행 조치를 해야 한다. 해양수산부장관은 필요한 경우 해양경찰청 소속 공무원이 업무 수행 중 알게 된 침몰선박에 관한 정보를 해양환경관리법 시행규칙 제47조의5의 규정에 따라 해양경찰청장에게 요청할 수 있다. 침몰선박에 대한 위해도 저감대책의 실행의 조치에 드는 비용은 해양환경관리법 시행령 제60조의2(침몰선박에 대한 위해도 저감대책의 실행 비용 등)에 따라 침몰선박의 소유자가 부담한다. 다만, 그 소유자를 알 수 없는 경우에는 해당 시행령에서 정하는 바에 따라 해당 침몰선박을 처분하여 비용에 충당할 수 있다. 위해도 평가방법, 같은 항 제3호에 따른 위해도 저감대책의 구체적 방법 및 절차, 침몰선박에 대한 위해도 저감대책의 실행에 따른 비용의 산정 방법 및 납부 절차 등에 필요한 사항은 해양수산부령으로 정한다(법 제83조의2).

---

21) 1. 거짓 그 밖의 부정한 방법으로 지정을 받은 때
2. 제77조 제2항의 규정에 따른 지정기준에 미달하게 된 때
3. 제81조 각 호의 어느 하나에 해당하는 때. 다만, 법인의 대표이사가 제81조 제1호, 제3호 또는 제4호에 해당하는 경우로서 6개월 이내에 그 대표이사를 바꾸어 임명한 때에는 그러하지 아니하다.
4. 1년에 2회 이상 업무정지처분을 받은 때

제9절 해역이용협의

본 법의 제9장 해역이용협의와 관련한 내용은 전부 삭제되고[22] 해당 내용은 해양이용영향평가법[23]에서 규정하게 되었다. 본 법에서 규정하던 해역이용협의(제84조), 해역이용영향평가(제85조), 평가대행자의 등록(제86조), 결격사유(제87조), 해역이용사업자 등의 준수사항(제88조), 평가대행자의 등록취소(제89조), 등록취소 또는 업무정지된 평가대행자의 업무계속(제90조), 의견통보(제91조), 이의신청(제92조), 사후관리(제93조), 사업계획 변경에 따른 해역이용협의(제94조), 해양환경영향조사(제95조)의 내용이 삭제되고 해양이용영향평가법으로 이전하였다.

해양이용영향평가법은 해양환경을 보전하고 해양의 지속가능한 이용을 도모하기 위하여 해양을 이용·개발하는 사업에 대한 해양이용의 적정성과 해양환경에 미치는 영향을 사전에 예측·평가하고 이를 관리·감독하는 데 필요한 사항을 규정하기 위해 제정되었다. 해당 법은 해양이용협의 및 해양이용영향평가 등의 정의를 규정하고, 해양이용영향평가 등을 실시함에 있어 국가 등의 책무, 기본원칙 및 적용범위 등을 규정하고(제2조부터 제5조까지) 해양이용영향평가 등의 평가 분야, 평가항목별 보전목표 설정 및 해양공간관리계획과의 관계 등을 규정하고 있다(제6조부터 제8조까지). 해양이용협의 대상과 협의 제외 사업을 세분화하여 규정하고, 해양이용협의서 작성 주체를 사업자로 명확히 하며, 협의 요청 시기 등을 구체적으로 규정하고, 해양이용영향검토기관의 검토의견 청취 등을 규정하는 내용을 담고 있다(제9조부터 제12조까지). 그리고 해양이용영향평가의 대상, 평가서의 작성 및 협의 절차(제13조부터 제20조까지), 협의의견의 통보, 반영 및 이행 감독 등의 절차(제21조부터 제30조까지), 해양이용영향평가서 등의 작성 대행, 평가대행자 선정기관, 해양이용영향평가대행업의 등록, 사업자 및 평가대행자의 준수사항 등을 규정하고 있다(제31조부터 제42조까지).

---

22) 2024년 1월 2일 개정, [시행일: 2025. 1. 3.].

23) 시행 2025년 1월 3일 [법률 제19910호, 2024. 1. 2., 제정].

제10절 해양환경공단

해당 장에는 해양환경의 보전·관리·개선을 위한 사업, 해양오염방제사업, 해양환경·해양오염 관련 기술개발 및 교육훈련을 위한 사업 등을 위한 해양환경공단(이하 "공단"이라 한다)에 대한 내용을 규정한다. 해당 공단은 법인이며, 정관이 정하는 바에 따라 지사·사업소·연구기관·교육기관 등을 둘 수 있다(법 제96조). 본 법에서는 공단의 사업, 정관, 임원 및 임원의 직무, 임원의 결격사유, 이사회, 재원, 출자, 업무의 지도 및 감독을 규정하고 있다.

제97조(사업) ① 공단은 다음 각 호의 사업을 수행한다.
1. 해양환경의 보전·관리에 관한 사업
2. 해양환경개선을 위한 다음 각 목의 사업
가. 오염물질의 수거·처리를 위한 사업
나. 오염물질 저장시설의 설치·운영 및 수탁관리
다. 오염물질의 배출방지를 위한 선박의 인양·예인
라. 해양환경 관련 시험·조사·연구·설계·개발 및 공사감리
3. 해양오염방제에 필요한 다음 각 목의 사업
가. 해양오염방제업무 및 방제선등의 배치·설치(위탁·대행받은 경우를 포함한다)
나. 해양오염방제에 필요한 자재·약제의 비치 및 보관시설의 설치 등(위탁·대행받은 경우를 포함한다)
다. 그 밖에 해양오염방제와 관련한 것으로서 대통령령으로 정하는 사업
4. 제1호 내지 제3호의 사업에 부대되는 사업 중 정관으로 정하는 사업
5. 해양환경 관련 국제협력 및 기술용역사업
6. 해양환경에 대한 교육·훈련 및 홍보
7. 제1호 내지 제6호와 관련하여 국가 또는 지방자치단체로부터 위탁받은 사업
8. 그 밖에 공단의 설립목적을 달성하기 위하여 필요한 사업으로서 대통령령이 정하는 사업
② 공단은 제1항의 규정에 따른 사업을 수행함에 있어 해양환경의 보전·관리를 위하여 필요한 경우에는 대통령령이 정하는 시설을 설치하거나 설치된 시설을 타인에게 양도할 수 있다.
제98조(정관) ① 공단의 정관에는 다음 사항을 기재하여야 한다.
1. 목적
2. 명칭
3. 주된 사무소·지사·사업소 또는 연구기관에 관한 사항
4. 임원의 자격 및 직원에 관한 사항

5. 이사회에 관한 사항
6. 업무 및 그 집행에 관한 사항
7. 재산 및 회계에 관한 사항
8. 정관의 변경 및 공고의 방법에 관한 사항
9. 내부규약·규정의 제정 및 개정에 관한 사항

② 공단의 정관은 해양수산부장관의 인가를 받아야 한다. 공단의 정관을 변경하고자 하는 때에도 또한 같다.

제99조(임원) ① 공단의 임원은 이사장 1인을 포함한 5인 이상 9인 이내의 이사 및 감사 1인으로 한다. 이 경우 이사의 정수는 정관으로 정한다.

② 제1항의 규정에 따른 이사 중 4인은 상임으로, 나머지는 비상임으로 한다.

③ 해양수산부장관은 이사장 및 감사를 임명한다. 이 경우 해양수산부장관은 이사장 또는 감사가 그 직무를 담당하기 곤란하다고 인정되는 때에는 그 임기 중이라도 각각 해임할 수 있다.

④ 이사장은 해양수산부장관의 승인을 얻어 이사를 임명한다. 이 경우 이사장은 이사가 그 직무를 담당하기 곤란하다고 인정되는 때에는 그 임기 중이라도 해임할 수 있다.

⑤ 임원의 임기는 3년으로 하되, 연임할 수 있다.

제100조(임원의 직무) ① 이사장은 공단을 대표하고 그 업무를 총괄한다.

② 이사는 이사장을 보좌하고 정관이 정하는 바에 따라 공단의 업무를 분장하며, 이사장이 불가피한 사유로 인하여 직무를 수행할 수 없는 때에는 정관이 정하는 순위에 따라 그 직무를 대행한다.

③ 감사는 공단의 업무 및 회계를 감사한다.

제101조(임원의 결격사유) ① 다음 각 호의 어느 하나에 해당하는 자는 임원이 될 수 없다.

1. 대한민국 국민이 아닌 자
2. 피성년후견인 및 피한정후견인
3. 파산선고를 받고 복권되지 아니한 자
4. 금고 이상의 형의 선고를 받고 그 집행이 종료(집행이 종료된 것으로 보는 경우를 포함한다)되거나 집행을 받지 아니하기로 확정된 후 2년이 경과되지 아니한 자
5. 금고 이상의 형의 선고유예를 받은 경우에 그 선고유예기간 중에 있는 자
6. 법원의 판결 또는 다른 법률에 따라 자격이 상실 또는 정지된 자

② 임원이 제1항 각 호의 규정에 해당하게 되거나 임명 당시 그에 해당하는 자이었음이 판명된 때에는 당연 퇴직한다.

③ 제2항의 규정에 따라 퇴직한 임원이 퇴직 전에 행한 행위는 그 효력을 잃지 아니한다.

제102조(이사회) ① 공단의 업무에 관한 중요 사항을 의결하기 위하여 공단에 이사회를 둔다.

② 이사회는 이사장과 이사로 구성하고, 이사장은 이사회를 소집하고 그 의장이 된다.

③ 이사회는 재적구성원 과반수의 출석과 출석구성원 과반수의 찬성으로 의결한다.

④ 감사는 이사회에 출석하여 의견을 진술할 수 있다.

⑤ 이사회의 운영에 관하여 필요한 사항은 대통령령으로 정한다.

제103조(재원) 공단의 운영 및 사업에 소요되는 자금은 다음 각 호의 재원으로 조성한다.
1. 방제분담금 및 제69조의2 제1항에 따른 가산금
2. 제97조의 규정에 따른 사업에서 발생하는 수익금
3. 제104조 제3항의 규정에 따른 외부로부터의 차입금
4. 제106조의 규정에 따른 채권의 발행으로 조성되는 자금
5. 제122조 제3항의 규정에 따른 수수료
6. 자산운용수익금
7. 정부로부터의 지원금
8. 관계 법령에 따른 기부금
9. 그 밖에 정관으로 정하는 수입금

제104조(출자 등) ① 공단은 공단의 사업을 효율적으로 수행하기 위하여 필요한 경우에는 이사회의 의결을 거쳐 제97조의 규정에 따른 사업과 관련된 분야에 출자하거나 출연할 수 있다.
② 제1항의 규정에 따른 출자 또는 출연에 필요한 사항은 대통령령으로 정한다.
③ 공단은 제97조의 규정에 따른 사업의 수행을 위여 필요하다고 인정되는 경우에는 자금을 차입(국제기구·외국정부 또는 외국인으로부터의 차입을 포함한다)할 수 있다. 이 경우 해양수산부장관의 승인을 얻어야 한다.

제105조(국·공유재산의 무상대부) 국가 또는 자방자치단체는 공단의 사업을 위하여 필요하다고 인정되는 경우에는 「국유재산법」·「물품관리법」·「지방재정법」 및 「공유재산 및 물품관리법」에 불구하고 공단에 국·공유재산을 5년의 범위에서 무상으로 대부하거나 사용·수익하게 할 수 있다.

제106조(채권의 발행) ① 공단은 이사회의 의결을 거쳐 채권을 발행할 수 있다. 이 경우 해양수산부장관의 승인을 얻어야 한다.
② 해양수산부장관은 제1항의 규정에 따른 채권발행을 승인하는 경우에는 미리 기획재정부장관과 협의하여야 한다.
③ 국가는 공단이 발행하는 채권의 원리금의 상환을 보증할 수 있다.
④ 채권의 소멸시효는 상환일부터 기산하여 원금은 5년, 이자는 2년으로 완성한다.
⑤ 그 밖에 채권발행에 관하여 필요한 사항은 대통령령으로 정한다.

제107조(예산 및 결산 등) ① 공단의 회계연도는 정부의 회계연도에 따른다.
② 공단은 대통령령이 정하는 바에 따라 매 회계연도의 사업운영계획과 예산에 관하여 해양수산부장관의 승인을 얻어야 한다. 승인을 얻은 사항을 변경하고자 하는 때에도 또한 같다.
③ 공단은 매 회계연도 경과 후 3개월 이내에 결산서를 작성하여 해양수산부장관에게 제출하여 승인을 얻어야 한다.

제108조(업무의 지도·감독) ① 해양수산부장관은 공단의 업무를 지도·감독하며, 필요하다고 인정되는 때에는 공단에 대하여 그 사업에 관한 지시 또는 명령을 할 수 있다. 다만, 제97조 제1항 제3호에 따른 사업 중 긴급방제조치에 필요한 업무에 대하여는 해양수산부령으로 정하는 바에 따라 해양경찰청장이 지도·감독할 수 있다.

② 해양수산부장관은 필요하다고 인정하는 때에는 공단에 대하여 그 업무·회계 및 재산에 관한 사항을 보고하게 하거나 소속 공무원으로 하여금 공단의 장부·서류 그 밖의 물건을 검사하게 할 수 있다.

제109조(민법의 준용) 공단에 관하여 이 법에 규정된 사항을 제외하고는 「민법」 중 재단법인에 관한 규정을 준용한다.

제11절 보 칙

Ⅰ. 해양오염방지설비 등의 형식승인(법 제110조)

① 삭제

② 삭제

③ 해양수산부령으로 정하는 해양오염방지설비(유해액체물질오염방지설비를 제외한다), 방오시스템 및 선박소각설비(이하 "형식승인대상설비"라 한다)를 제작·제조하거나 수입하려는 자는 해양수산부령으로 정하는 바에 따라 해양수산부장관의 형식승인을 받아야 하고, 형식승인을 받은 내용을 변경하려는 경우에는 해양수산부장관의 변경승인을 받아야 한다. 다만, 시험·연구 또는 개발을 목적으로 제작·제조하거나 수입하는 형식승인대상설비에 대하여 해양수산부령으로 정하는 바에 따라 해양수산부장관의 확인을 받은 경우에는 그러하지 아니하다.

④ 제66조 제1항에 따라 오염물질의 방제·방지에 사용하는 자재·약제를 제작·제조하거나 수입하려는 자는 해양수산부령으로 정하는 바에 따라 해양경찰청장의 형식승인을 받아야 한다. 다만, 시험·연구 또는 개발을 목적으로 제작·제조하거나 수입하는 오염물질의 방제·방지에 사용하는 자재·약제에 대하여 해양수산부령으로 정하는 바에 따라 해양경찰청장의 확인을 받은 경우에는 그러하지 아니하다.

⑤ 해양수산부령으로 정하는 바에 따라 제3항 및 제4항의 규정에 따른 형식승인을 받고자 하는 자는 미리 해양수산부장관 또는 해양경찰청장으로부터 형식승인대상설비 또는 자재·약제에 대한 성능시험을 받아야 한다.

⑥ 제3항 및 제4항의 규정에 따른 형식승인을 얻은 자가 형식승인대상설비

또는 자재 · 약제를 제작 · 제조하거나 수입한 때에는 해당 물품에 대하여 각각 해양수산부장관 또는 해양경찰청장의 검정을 받아야 한다. 이 경우 검정에 합격한 형식승인대상설비 또는 자재 · 약제에 대하여는 해양오염방지선박검사 중 최초로 실시하는 검사에 합격한 것으로 본다.

⑦ 협약당사국에서 선박에 형식승인대상설비를 설치하거나 자재 · 약제를 비치 · 보관한 자는 해양수산부령으로 정하는 바에 따라 해양수산부장관 또는 해양경찰청장의 인정을 받아야 한다. 이 경우 인정을 받은 물품에 대하여는 제3항부터 제5항까지의 규정에 따른 형식승인 · 성능시험 및 검정을 받은 것으로 본다.

⑧ 제60조는 제6항에 따른 형식승인대상설비 또는 자재 · 약제의 검정에 대한 불복에 대하여 이를 준용한다. 이 경우 제60조 중 "검사"는 "검정"으로, "재검사"는 "재검정"으로 본다.

⑨ 해양수산부장관 또는 해양경찰청장은 제3항 및 제4항의 규정에 따라 형식승인을 받은 자가 다음 각 호의 어느 하나에 해당하는 때에는 해양수산부령으로 정하는 바에 따라 그 승인을 취소하거나 6개월 이내의 기간을 정하여 업무정지를 명할 수 있다. 다만, 제1호에 해당하는 때에는 그 승인을 취소하여야 한다.

1. 거짓 그 밖의 부정한 방법으로 형식승인 또는 변경승인을 얻은 경우
2. 검정을 받지 아니하거나 거짓 그 밖의 부정한 방법으로 검정을 받은 경우

2의2. 변경승인을 받지 아니한 경우

3. 기준에 미달하는 형식승인대상설비 또는 자재 · 약제를 판매한 때
4. 정당한 사유 없이 2년 이상 계속하여 사업실적이 없는 때

⑩ 제9항에 따라 형식승인을 취소하는 경우 제5항에 따른 성능시험의 합격도 취소하여야 한다.

⑪ 해양수산부장관은 형식승인대상설비의 품질관리를 위하여 필요하다고 인정할 때에는 형식승인 및 검정을 받은 형식승인대상설비의 성능을 검사할 수 있다.

⑫ 해양수산부장관은 제11항에 따른 성능검사 결과 해양수산부령으로 정하는 중대한 결함이 있다고 인정되는 형식승인대상설비에 대하여 그 제조자 및 수입자에게 보완 또는 교환을 명하고, 형식승인 및 성능시험의 합격을 취소할 수 있다.

⑬ 해양수산부장관은 제12항에 따라 보완 또는 교환을 명하거나 형식승인을 취소할 때에는 그 사실을 해양수산부 인터넷 홈페이지 등에 공표할 수 있다.

⑭ 제11항부터 제13항까지에 따른 성능검사, 보완·교환 또는 형식승인의 취소 및 그 사실의 공표 등에 필요한 절차 및 방법은 해양수산부령으로 정한다.

Ⅱ. 성능인증(법 제110조의2)

① 제110조 제4항에 따라 형식승인을 받아야 하는 자재·약제를 제외한 오염물질의 방제·방지에 사용하는 자재·약제(이하 "형식승인대상외 자재·약제"라 한다)를 제작·제조하거나 수입하려는 자는 해양수산부령으로 정하는 절차와 방법에 따라 해양경찰청장으로부터 성능인증을 받을 수 있다.

② 제1항의 성능인증을 받으려는 자는 미리 해양경찰청장으로부터 형식승인대상외 자재·약제에 대하여 해양수산부령으로 정하는 바에 따라 성능시험을 받아야 한다.

③ 제1항에 따라 성능인증을 받은 자가 인증받은 형식승인대상외 자재·약제를 제작·제조 및 수입하는 때에는 해양수산부령으로 정하는 바에 따라 해양경찰청장의 검정을 받아야 한다.

④ 해양경찰청장은 제1항에 따라 성능인증을 받은 자가 다음 각 호의 어느 하나에 해당하는 경우에는 해양수산부령으로 정하는 바에 따라 그 인증을 취소할 수 있다.

1. 거짓이나 그 밖의 부정한 방법으로 성능인증을 받은 경우
2. 거짓이나 그 밖의 부정한 방법으로 검정을 받은 경우
3. 정당한 사유 없이 2년 이상 계속하여 사업실적이 없는 경우

Ⅲ. 형식승인 등을 받은 자의 지위 승계(법 제110조의3)

① 다음 각 호의 어느 하나에 해당하는 자는 제110조 제3항 또는 제4항에 따른 형식승인 또는 제110조의2 제1항에 따른 성능인증을 받은 자(이하 이 조에서 "사업자"라 한다)의 지위를 승계한다.

1. 사업자가 그 사업을 양도한 경우 그 양수인
2. 사업자가 사망한 경우 그 상속인

3. 법인인 사업자가 다른 법인과 합병한 경우 합병 후 존속하는 법인이나 합병으로 설립되는 법인

② 제1항에 따라 사업자의 지위를 승계한 자는 지위를 승계한 날부터 1개월 이내에 해양수산부령으로 정하는 바에 따라 해양수산부장관 또는 해양경찰청장에게 신고하여야 한다.

Ⅳ. 선박해체의 신고(법 제111조)

① 선박을 해체하고자 하는 자는 선박의 해체작업과정에서 오염물질이 배출되지 아니하도록 해양수산부령으로 정하는 바에 따라 작업계획을 수립하여 작업개시 7일 전까지 해양경찰청장에게 신고하여야 한다. 다만, 육지에서 선박을 해체하는 등 해양수산부령으로 정하는 방법에 따라 선박을 해체하는 경우에는 그러하지 아니하다.

② 해양경찰청장은 제1항에 따른 신고를 받은 경우 그 내용을 검토하여 이 법에 적합하면 신고를 수리하여야 하며, 제1항에 따라 신고된 작업계획이 미흡하거나 그 계획을 이행하지 아니하는 것으로 인정되는 경우에는 필요한 시정명령을 할 수 있다.

③ 해역관리청은 방치된 선박의 해체 및 이의 원활한 처리를 위하여 해양수산부령이 정하는 시설기준·장비 등을 갖춘 선박처리장을 설치·운영할 수 있다.

Ⅴ. 업무의 대행(법 제112조)

① 해양수산부장관은 다음 각 호의 업무를 「한국해양교통안전공단법」에 따라 설립된 한국해양교통안전공단(이하 "한국해양교통안전공단"이라 한다) 또는 「선박안전법」 제60조 제2항의 규정에 따른 선급법인(이하 "선급법인"이라 한다)에게 대행하게 할 수 있다. 이 경우 해양수산부장관은 대통령령으로 정하는 바에 따라 협정을 체결하여야 한다.

1. 제22조의2에 따른 배출률의 승인

1의2. 제27조 제3항의 규정에 따른 유해액체물질의 배출방법 및 설비에 관한

지침서의 검인

1의3. 제30조의2 제2항 및 제3항에 따른 전자기록부의 검사 및 전자기록부 적합확인서의 발급

1의4. 제32조의2 제1항에 따른 선박 대 선박 기름화물이송계획서의 검인

1의5. 제41조의2 제3항에 따른 선박에너지효율설계지수 및 그 허용값의 국제해사기구 제출

1의6. 제41조의3 제2항 및 제3항에 따른 선박에너지효율관리계획서의 검사 및 선박에너지효율적합확인서의 발급

1의7. 제41조의4 제3항에 따른 선박연료유 사용량등의 검증 및 검증확인서의 발급

1의8. 제41조의4 제5항에 따른 선박연료유 사용량등을 검증한 결과의 국제해사기구 제출

2. 제47조 제3항의 규정에 따른 유증기 배출제어장치의 검사

2의2. 제47조의2 제1항에 따른 휘발성유기화합물관리계획서의 검인

3. 해양오염방지선박검사, 예비검사 및 에너지효율검사. 다만, 대기오염방지설비 중 디젤기관의 질소산화물 배출방지설비에 대한 검사대행자 지정의 경우에는 환경부장관과 미리 협의를 하여야 한다.

4. 제49조 제2항의 규정에 따른 해양오염방지검사증서, 제52조 제2항의 규정에 따른 임시해양오염방지검사증서, 제53조 제2항의 규정에 따른 방오시스템검사증서, 제54조 제2항의 규정에 따른 예비검사증서, 제54조의2 제2항에 따른 에너지효율검사증서 및 제55조 제1항의 규정에 따른 협약검사증서의 교부

5. 제56조 제2항의 규정에 따른 해양오염방지검사증서 및 협약검사증서의 유효기간 연장

② 해양경찰청장은 선박해양오염비상계획서의 검인에 관한 업무를 한국해양교통안전공단 또는 선급법인에게 대행하게 할 수 있다. 이 경우 해양경찰청장은 대통령령이 정하는 바에 따라 협정을 체결하여야 한다.

③ 해양수산부장관 또는 해양경찰청장은 제110조 제4항부터 제7항까지의 규정에 따른 형식승인 · 성능시험 · 검정 및 인정, 제110조의2 제2항 및 제3항에 따른 성능시험 및 검정 등에 관한 업무를 해양수산부령으로 정하는 지정기준에 적합한

자로서 해양수산부장관 또는 해양경찰청장이 정하여 고시하는 대행기관으로 하여금 대행하게 할 수 있다.

④ 제3항의 규정에 따른 업무대행자의 지정요건 및 지도·감독에 관하여 필요한 사항은 해양수산부령으로 정한다.

Ⅵ. 업무대행 등의 취소(법 제113조)

① 해양수산부장관 또는 해양경찰청장은 제112조 제1항 내지 제3항의 규정에 따른 업무대행자가 다음 각 호의 어느 하나에 해당하는 때에는 업무대행의 협정 또는 지정을 취소할 수 있다. 다만, 제1호에 해당하는 경우에는 그 협정 또는 지정을 취소하여야 한다.

1. 거짓 그 밖의 부정한 방법으로 업무대행의 협정이 체결되거나 지정된 때
2. 제112조 제4항의 규정에 따른 지정요건에 미달하게 되는 때(업무대행의 지정의 경우에 한한다)
3. 정당한 사유 없이 3월 이상 대행업무를 수행하지 아니하는 때
4. 대행업무를 수행하는 자가 그 업무와 관련하여 체결된 협정에 위반한 때

② 제1항의 규정에 불구하고 환경부장관은 제112조 제1항 제3호 단서의 규정에 따른 협의를 거쳐 검사대행자로 지정된 자가 제112조 제1항의 규정에 따른 협정을 위반하게 되는 경우에는 그 협정의 취소를 해양수산부장관에게 요청할 수 있다. 이 경우 해양수산부장관은 특별한 사유가 없는 한 이에 따라야 한다.

③ 제1항 및 제2항의 규정에 따른 업무대행의 협정 또는 지정의 취소에 관하여 필요한 사항은 해양수산부령으로 정한다.

Ⅶ. 관계 행정기관의 협조(법 제114조)

① 해역관리청 또는 해양경찰청장은 이 법의 목적을 달성하기 위하여 필요하다고 인정되는 경우에는 관계 행정기관의 장에 대하여 해양환경관리 또는 해양오염방지를 위하여 필요한 자료 및 정보의 제공, 긴급한 해양오염방제를 위한 인력 및 장비의 동원을 각각 요청할 수 있다.

② 공단은 제97조의 규정에 따른 사업을 수행하기 위하여 필요한 때에는 관계 행정기관에 대하여 자료 또는 정보의 열람·복사 등 필요한 협조를 요청할 수 있다.

③ 제1항 및 제2항의 규정에 따라 해역관리청·해양경찰청장 또는 공단으로부터 협조요청을 받은 관계 행정기관의 장은 특별한 사유가 없는 한 이에 협조하여야 한다.

Ⅷ. 출입검사·보고(법 제115조)

① 해양수산부장관은 대통령령으로 정하는 바에 따라 소속 공무원으로 하여금 선박에 출입하여 관계 서류나 시설·장비 및 연료유를 확인·점검하게 할 수 있다.

② 해양수산부장관 또는 시·도지사(제33조에 따른 신고에 관한 경우만 해당한다)는 대통령령으로 정하는 바에 따라 소속 공무원으로 하여금 다음 각 호의 어느 하나에 해당하는 자에게 필요한 자료를 제출하게 하거나 보고하게 할 수 있으며, 그 시설(사업장 및 사무실을 포함한다. 이하 이 조에서 같다)에 출입하여 확인·점검하거나 관계 서류나 시설·장비를 검사하게 할 수 있다.

1. 해양시설의 소유자(제34조부터 제36조까지, 제66조 및 제67조에 따른 업무는 제외한다)
2. 선박급유업자
3. 제47조 제2항에 따라 유증기 배출제어장치를 설치한 해양시설의 소유자
4. 삭제
5. 삭제
6. 제110조 제3항에 따른 형식승인을 받은 자

③ 해양경찰청장은 대통령령으로 정하는 바에 따라 소속 공무원(제116조에 따라 해양환경감시원으로 지정된 공무원만 해당한다. 이하 이 조에서 같다)으로 하여금 다음 각 호의 어느 하나에 해당하는 자에게 필요한 자료를 제출하게 하거나 보고하게 할 수 있으며, 그 시설에 출입하여 확인·점검하거나 관계 서류나 시설·장비를 검사하게 할 수 있다.

1. 해양시설의 소유자(제34조부터 제36조까지, 제66조 및 제67조에 따른 업무만 해당한다)

2. 제70조 제1항 제2호 · 제3호에 따른 해양오염방제업 · 유창청소업을 하는 자

④ 해양경찰청장은 제1항의 규정에 불구하고 선박에서 해양오염과 관련하여 대통령령이 정하는 긴급한 상황이 발생한 경우에는 소속 공무원으로 하여금 그 선박에 출입하여 확인 · 점검하거나 관계 서류나 시설 · 장비를 검사하게 할 수 있다.

⑤ 제1항부터 제4항까지의 규정에 따라 출입검사 등을 하는 공무원은 그 권한을 표시하는 증표를 지니고 이를 관계인에게 내보여야 하며, 출입목적 · 성명 등을 구체적으로 알려야 한다.

⑥ 선박의 소유자 등 관계인은 제1항부터 제4항까지의 규정에 따른 공무원의 출입검사 및 자료제출 · 보고요구 등에 대하여 정당한 사유 없이 이를 거부 · 방해하거나 기피하여서는 아니 된다.

⑦ 해양수산부장관 또는 해양경찰청장은 출입검사 및 보고와 관련하여 해양수산부령으로 정하는 바에 따라 지도점검사항 · 검사예고 및 점검결과회신 등의 업무를 전산망을 구성하여 이용하게 할 수 있다.

Ⅸ. 해양환경감시원(법 제116조)

① 해양수산부장관 또는 해양경찰청장은 제115조 제1항부터 제4항까지의 규정에 따른 직무를 수행하게 하기 위하여 소속 공무원을 해양환경감시원으로 지정할 수 있다.

② 제1항에 따른 해양환경감시원의 임명 · 자격 · 직무 등에 필요한 사항은 대통령령으로 정한다.

Ⅹ. 명예해양환경감시원(법 제116조의2)

① 해양수산부장관 또는 해양경찰청장은 효율적인 해양환경관리를 위한 지도 · 계몽 등을 위하여 해양환경의 보전 · 관리 및 해양오염방지를 위한 활동을 하는 민간단체의 회원 또는 해양환경관리를 위한 활동을 성실하게 수행하고 있는 사

람을 명예해양환경감시원으로 위촉할 수 있다.

② 해양수산부장관 또는 해양경찰청장은 예산의 범위에서 명예해양환경감시원에게 그 활동에 필요한 경비를 지급할 수 있다.

③ 제1항에 따른 명예해양환경감시원의 자격, 위촉방법, 직무범위 및 임무 등에 필요한 사항은 해양수산부령으로 정한다.

XI. 정선 · 검색 · 나포 · 입출항금지(법 제117조)

선박이 이 법의 규정을 위반한 혐의가 있다고 인정되는 경우에는 해역관리청 또는 해양경찰청장은 정선 · 검색 · 나포 · 입출항금지 그 밖에 필요한 명령이나 조치를 할 수 있다.

XII. 비밀누설금지(법 제118조)

① 평가대행자 및 해역이용영향검토기관의 임원이나 직원 또는 그 직에 있었던 자는 해역이용협의서등의 작성 및 해역이용영향검토업무와 관련하여 직무상 알게 된 비밀을 누설하거나 도용하여서는 아니 된다.

② 공단의 임원 또는 직원이나 그 직에 있었던 자는 그 직무상 알게 된 비밀을 누설하거나 도용하여서는 아니 된다.

③ 제112조의 규정에 따라 대행업무를 수행하는 기관 또는 단체의 임원 또는 직원이나 그 직에 있었던 자는 그 직무상 알게 된 비밀을 누설하거나 도용하여서는 아니 된다.

XIII. 비밀누설금지(법 제118조)

① 공단의 임원 또는 직원이나 그 직에 있었던 자는 그 직무상 알게 된 비밀을 누설하거나 도용하여서는 아니 된다.

② 제112조의 규정에 따라 대행업무를 수행하는 기관 또는 단체의 임원 또는 직원이나 그 직에 있었던 자는 그 직무상 알게 된 비밀을 누설하거나 도용하여서

는 아니 된다.

XIV. 국고보조(법 제119조)

① 국가는 지방자치단체가 다음 각 호의 어느 하나에 해당하는 조치를 하는 경우에는 그 비용의 전부 또는 일부를 국고에서 보조할 수 있다.

1. 제18조의 규정에 따른 해양환경개선조치
2. 삭제
3. 제38조 제1항의 규정에 따른 오염물질저장시설의 설치·운영

② 국가는 해양오염방지설비, 오염물질저장시설 그 밖의 해양오염방지에 관한 시설의 설치 또는 개선에 소요되는 비용에 대한 재정적인 지원을 할 수 있다.

③ 국가 또는 지방자치단체는 대통령령이 정하는 바에 따라 해양환경의 보전·관리 및 해양오염방지를 위한 활동을 하는 민간단체를 지원할 수 있다.

XV. 신고포상금(법 제119조의2)

① 해양수산부장관, 해양경찰청장, 시·도지사 또는 시장·군수·구청장은 다음 각 호의 어느 하나에 해당하는 자를 관계 행정기관 또는 수사기관에 신고 또는 고발한 자에 대하여 예산의 범위에서 신고포상금을 지급할 수 있다.

1. 제22조 제1항 및 제2항을 위반하여 선박 또는 해양시설등에서 발생하는 오염물질을 배출한 자
2. 「해양폐기물 및 해양오염퇴적물 관리법」 제7조 제1항을 위반하여 폐기물을 해양에 배출한 자

② 제1항에 따른 신고포상금의 지급의 기준·방법과 절차, 구체적인 지급액 등에 필요한 사항은 대통령령으로 정한다.

XVI. 청문(법 제120조)

해양수산부장관 또는 해양경찰청장은 다음 각 호의 어느 하나에 해당하는 처

분을 하려는 때에는 「행정절차법」이 정하는 바에 따라 청문을 실시하여야 한다.

1. 제13조 제3항의 규정에 따른 측정·분석능력인증의 취소

1의2. 제38조의3 제1항에 따른 시설의 폐쇄

2. 제75조의 규정에 따른 등록의 취소

3. 제82조의 규정에 따른 지정의 취소

4. 제89조의 규정에 따른 등록의 취소

5. 제110조 제9항 및 제12항의 규정에 따른 형식승인의 취소

6. 제110조의2 제4항에 따른 성능인증의 취소

XVII. 해양오염 방지 및 방제 교육·훈련(법 제121조)

해양수산부장관은 대통령령으로 정하는 바에 따라 해양오염 방지 및 방제에 관한 다음 각 호의 교육·훈련과정을 운영할 수 있다.

1. 제32조 제1항에 따른 선박 해양오염방지관리인의 자격 관련 교육·훈련과정

2. 제36조 제1항에 따른 해양시설 해양오염방지관리인의 자격 관련 교육·훈련과정

3. 제70조 제2항에 따른 기술요원의 자격 관련 교육·훈련과정

4. 그 밖에 해양오염 방지 및 방제에 관한 교육·훈련과정으로 해양수산부장관이 필요하다고 인정하는 교육·훈련과정

XVIII. 수수료(법 제122조)

① 이 법에 따른 형식승인·인증·검인·승인(제22조의2에 따른 배출률 승인에 한정한다)·검사·성능시험·검정·인정·검증(제41조의4 제3항에 따른 선박연료유 사용량 등의 검증에 한정한다)·지정(제42조 제3항에 따른 업체 또는 단체의 지정에 한정한다) 및 성능인증을 받으려는 자는 해양수산부령으로 정하는 바에 따라 수수료를 납부하여야 한다.

② 제38조에 따른 오염물질저장시설의 설치·운영자는 오염물질을 수거·처리할 경우 오염물질을 발생시킨 자에게 해양수산부령으로 정하는 바에 따라 수

거·처리 비용을 부담하게 할 수 있다.

③ 공단은 제97조의 규정에 따른 사업을 수행하기 위하여 정관이 정하는 바에 따라 자재·약제의 비치 또는 방제 및 방제선등의 배치·설치에 따른 수수료를 징수할 수 있다.

④ 제112조에 따른 업무대행자가 형식승인·검인·승인(제22조의2에 따른 배출률 승인에 한정한다)·검사·성능시험·검정·인정 및 검증(제41조의4 제3항에 따른 선박연료유 사용량 등의 검증에 한정한다)을 행하는 경우에는 수수료를 징수할 수 있다. 이 경우 해양수산부장관 또는 해양경찰청장으로부터 미리 승인을 받아야 한다.

XIX. 위임 및 위탁(법 제123조)

① 이 법에 따른 해양수산부장관 또는 해양경찰청장의 권한은 대통령령으로 정하는 바에 따라 그 일부를 소속 기관의 장 또는 다른 행정기관·지방자치단체의 장에게 위임하거나 위탁할 수 있다.

②이 법에 따른 시·도지사의 권한은 대통령령이 정하는 바에 따라 그 일부를 시장·군수·구청장에게 위임할 수 있다.

③ 이 법에 따른 해양수산부장관 및 시·도지사의 업무는 대통령령으로 정하는 바에 따라 그 일부를 공단의 이사장에게 위탁할 수 있다.

XX. 벌칙 적용에서의 공무원 의제(법 제124조)

제91조 제2항에 따른 해역이용영향검토기관, 공단의 임·직원, 제112조에 따른 형식승인·검사·성능시험·검정 등과 관련한 업무대행기관의 임원 및 직원은 「형법」 제129조부터 제132조까지의 규정에 따른 벌칙의 적용에서는 공무원으로 본다.

제12절 벌 칙

(1) 다음의 경우에는 5년 이하의 징역 또는 5천만원 이하의 벌금에 처한다(법

제126조).

1. 제22조 제1항 및 제2항의 규정을 위반하여 선박 또는 해양시설로부터 기름·유해액체물질·포장유해물질을 배출한 자

2. 삭제

(2) 다음의 경우에는 3년 이하의 징역 또는 3천만원 이하의 벌금에 처한다(법 제127조).

1. 제22조 제1항 및 제2항의 규정을 위반하여 선박 및 해양시설로부터 폐기물을 배출한 자

2. 과실로 제22조 제1항 및 제2항의 규정을 위반하여 선박 또는 해양시설로부터 기름·유해액체물질·포장유해물질을 배출한 자

3. 제57조 제1항 내지 제3항의 규정을 위반하여 선박을 항해에 사용한 자

4. 제64조 제1항 또는 제3항의 규정에 따른 방제조치를 하지 아니하거나 조치명령을 위반한 자

5. 제65조의 규정에 따른 오염물질의 배출방지를 위한 조치를 하지 아니하거나 조치명령을 위반한 자

(3) 다음에 해당하는 자는 2년 이하의 징역 또는 2천만원의 이하의 벌금에 처한다(법 128조).

1. 과실로 제22조 제1항 및 제2항의 규정을 위반하여 선박 또는 해양시설로부터 폐기물을 배출한 자

2. 제25조 제1항의 규정에 따른 폐기물오염방지설비를 설치하지 아니하고 선박을 항해에 사용한 자

3. 제26조 제1항의 규정에 따른 기름오염방지설비를 설치하지 아니하고 선박을 항해에 사용한 자

4. 제26조 제2항의 규정에 따른 선체구조 등을 설치하지 아니하고 선박을 항해에 사용한 자

5. 제27조 제1항의 규정에 따른 유해액체물질오염방지설비를 설치하지 아니하고 선박을 항해에 사용한 자

6. 제27조 제2항의 규정을 위반하여 선박의 화물창을 설치한 자

6의2. 제38조의3에 따라 시설폐쇄명령을 받고 시설을 운영하거나 시설의 운영정지명령을 받고 운영정지기간 중 시설을 운영한 자

7. 제40조 제1항 및 제2항의 규정을 위반하여 유해방오도료 · 유해방오시스템을 사용하거나 적법한 기준 및 방법에 따른 방오도료 · 방오시스템을 사용 · 설치하지 아니한 자

8. 제67조 제1항의 규정을 위반하여 방제선등을 배치 또는 설치하지 아니한 자

9. 제67조 제3항의 규정에 따른 선박입출항금지명령 또는 시설사용정지명령을 위반한 자

10. 제70조 제1항의 규정에 따른 등록을 하지 아니하고 해양환경관리업을 한 자

11. 제75조의 규정에 따라 등록이 취소된 자가 영업을 하거나 또는 영업정지명령을 받은 자가 영업정지기간 중 영업을 한 자

12. 제77조 제1항의 규정에 따른 해양오염영향조사를 실시하지 아니한 자

13. 제82조 제1항에 따라 지정이 취소된 자가 업무를 하거나 또는 업무정지명령을 받은 자가 업무정지기간 중 업무를 한 자

14. 삭제

15. 삭제

16. 삭제

16의2. 제110조 제3항 단서 및 제4항 단서에 따라 형식승인이 면제된 형식승인대상설비 또는 오염물질의 방제 · 방지에 사용하는 자재 · 약제를 판매한 자

17. 제110조 제9항의 규정에 따라 형식승인 또는 검정이 취소되거나 업무정지명령을 받은 자가 업무정지기간 중 업무를 한 자

17의2. 제110조의2 제1항에 따라 형식승인대상외 자재 · 약제에 대한 성능인증을 받지 아니하거나 성능인증이 취소되었음에도 성능인증을 받은 것으로 표시하여 형식승인대상외 자재 · 약제를 제작 · 제조 및 수입하여 판매한 자

18. 제117조의 규정에 따른 정선 · 검색 · 나포 · 입출항금지 그 밖에 필요한 명령이나 조치를 거부 · 방해 또는 기피한 자

(4) **양벌규정**(법 제130조)

법인의 대표자나 법인 또는 개인의 대리인, 사용인, 그 밖의 종업원이 그 법인 또는 개인의 업무에 관하여 제126조부터 제129조까지의 어느 하나에 해당하는 위반행위를 하면 그 행위자를 벌하는 외에 그 법인 또는 개인에게도 해당 조문의 벌금형을 과(科)한다. 다만, 법인 또는 개인이 그 위반행위를 방지하기 위하여 해당 업무에 관하여 상당한 주의와 감독을 게을리하지 아니한 경우에는 그러하지 아니하다.

(5) **외국인에 대한 벌칙적용의 특례**(법 제131조)

① 외국인에 대하여 제127조 및 제128조의 규정을 적용함에 있어서 고의로 우리나라의 영해 안에서 위반행위를 한 경우를 제외하고는 각 해당 조의 벌금형에 처한다.

② 제1항의 규정에 따른 외국인의 범위에 관하여는 「배타적 경제수역에서의 외국인어업 등에 대한 주권적 권리의 행사에 관한 법률」 제2조의 규정을 적용하고, 외국인에 대한 사법절차에 관하여는 동법 제23조 내지 제25조의 규정을 준용한다.

(6) **과태료**(법 제132조)

① 다음 각 호의 어느 하나에 해당하는 자는 1천만 원 이하의 과태료를 부과한다.

1. 제77조 제1항의 규정에 따른 해양오염영향조사의 결과를 거짓으로 통보한 자
2. 삭제

② 다음 각 호의 어느 하나에 해당하는 자에게는 500만 원 이하의 과태료를 부과한다.

1. 제22조 제2항의 규정을 위반하여 해양공간으로부터 대통령령이 정하는 오염물질을 배출한 자
2. 제33조 제1항을 위반하여 해양시설의 신고 또는 변경신고를 하지 아니한 자

2의2. 제36조의2 제1항에 따른 안전점검을 실시하지 아니한 자

2의3. 제36조의2 제2항에 따른 보고를 하지 아니하거나 거짓으로 보고한 자

2의4. 제36조의2 제3항에 따라 안전점검 결과를 보관하지 아니한 자

3. 제42조 제2항의 규정을 위반하여 오존층파괴물질이 포함된 설비를 선박에 설치한 자

4. 제45조 제2항의 규정을 위반하여 연료유공급서의 사본 및 연료유견본을 제공하지 아니하거나 거짓으로 연료유공급서 사본 및 연료유견본을 제공한 자

5. 제64조 제2항의 규정을 위반하여 방제조치의 협조를 하지 아니한 자

6. 제70조 제3항의 규정에 따른 변경등록을 하지 아니한 자

7. 삭제

8. 제74조 제3항의 규정을 위반하여 해양환경관리업자의 권리·의무 승계에 대한 신고를 하지 아니하거나 거짓으로 신고한 자

9. 삭제

10. 삭제

11. 삭제

12. 삭제

③ 다음 각 호의 어느 하나에 해당하는 자는 200만원 이하의 과태료를 부과한다.

1. 제41조 제2항의 규정을 위반하여 기준에 적합하지 아니하게 대기오염방지설비를 유지·작동한 자

2. 제42조 제3항의 규정을 위반하여 오존층파괴물질이 포함된 설비를 해양수산부장관이 지정·고시하는 업체 또는 단체 외의 자에게 인도한 자

3. 제46조 제1항의 규정을 위반하여 소각이 금지된 물질을 선박 안에서 소각한 자

4. 제46조 제2항 및 제4항의 규정을 위반하여 소각설비를 설치하거나 이를 유지·작동한 자

5. 제46조 제3항의 규정을 위반하여 소각이 금지된 해역에서 주기관·보조기관 또는 보일러를 사용하여 물질을 소각한 자

④ 다음 각 호의 어느 하나에 해당하는 자에게는 100만 원 이하의 과태료를 부과한다.

1. 제22조의2 제1항을 위반하여 배출률의 승인을 받지 아니하거나 승인받은

배출률을 위반하여 폐기물을 배출한 자

1의2. 제22조의2 제2항을 위반하여 폐기물을 배출한 장소, 배출량 등을 그 선박의 기관일지에 기재하지 아니한 자

1의3. 제26조 제1항의 규정에 따른 폐유저장을 위한 용기를 비치하지 아니한 자

2. 제27조 제3항의 규정에 따라 검인받은 유해액체물질의 배출방법 및 설비에 관한 지침서를 제공하지 아니한 자

3. 제30조 및 제34조의 규정에 따른 오염물질기록부를 비치하지 아니하거나 기록·보존하지 아니한 자 또는 거짓으로 기재한 자

3의2. 제30조의2 제4항을 위반하여 전자기록부 적합확인서를 비치하지 아니한 자

4. 제31조 및 제35조의 규정에 따른 검인받은 선박해양오염비상계획서 및 해양시설오염비상계획서를 비치하지 아니하거나 선박해양오염비상계획서 및 해양시설오염비상계획서에 따른 조치 등을 이행하지 아니한 자

5. 제32조 제1항 및 제36조 제1항의 규정에 따른 해양오염방지관리인을 임명하지 아니한 자

6. 제32조 제2항에 따른 해양오염방지관리인의 임명증빙서류를 비치하지 아니한 자

6의2. 제32조 제3항 또는 제36조 제3항에 따른 해양오염방지관리인의 대리자를 지정하지 아니한 자

6의3. 제32조 제4항 또는 제36조 제4항에 따라 오염물질 등을 이송 또는 배출하는 작업을 지휘·감독하게 하지 아니한 자

6의4. 제32조의2 제1항에 따른 검인받은 선박 대 선박 기름화물이송계획서를 비치하지 아니하거나 준수하지 아니한 자

6의5. 제32조의2 제2항에 따른 선박 대 선박 기름화물이송작업에 관하여 기록하지 아니하거나 거짓으로 기록한 자 또는 기록을 보관하지 아니한 자

6의6. 제32조의2 제3항에 따른 작업계획을 보고하지 아니하거나 거짓으로 보고한 자

6의7. 제36조 제2항을 위반하여 해양오염방지관리인의 임명 신고를 하지 아니한 자

6의8. 제41조의3 제1항 또는 제4항을 위반하여 선박에너지효율관리계획서 또는 선박에너지효율적합확인서를 선박에 비치하지 아니한 자

6의9. 제41조의4 제1항 또는 제2항을 위반하여 선박연료유 사용량등을 보고하지 아니하거나 거짓으로 보고한 자

6의10. 제41조의4 제4항을 위반하여 선박연료유 사용량등 검증확인서를 5년 이상 선박에 비치하지 아니한 자

6의11. 제42조 제4항에 따른 오존층파괴물질을 포함하고 있는 설비의 목록을 작성하지 아니하거나 거짓으로 작성한 자 또는 관리하지 아니한 자

6의12. 제42조 제5항에 따른 오존층파괴물질기록부를 작성하지 아니하거나 거짓으로 작성한 자 또는 비치하지 아니한 자

6의13. 제43조 제4항을 위반하여 기관일지를 기재하지 아니한 자

7. 제44조 제3항의 규정을 위반하여 기관일지를 기재하지 아니한 자

8. 제44조 제4항의 규정을 위반하여 기관일지를 1년간 보관하지 아니한 자

8의2. 제44조 제5항에 따른 연료유전환절차서를 비치하지 아니한 자

9. 제45조 제3항의 규정을 위반하여 연료유공급서 또는 그 사본을 3년간 보관하지 아니한 자

10. 제45조 제4항의 규정을 위반하여 연료유견본을 보관하지 아니한 자

11. 제47조 제4항의 규정을 위반하여 유증기 배출제어장치의 작동에 관한 기록을 3년간 보관하지 아니한 자

11의2. 제47조의2 제1항에 따른 검인 받은 휘발성유기화합물관리계획서를 비치하지 아니하거나 준수하지 아니한 자

12. 제57조 제4항의 규정을 위반하여 해양오염방지검사증서 등을 선박에 비치하지 아니한 자

13. 제72조 제1항의 규정을 위반하여 처리실적서를 작성하여 제출하지 아니하거나 처리대장을 작성 · 비치하지 아니한 자

14. 제72조 제2항의 규정을 위반하여 오염물질수거확인증을 작성하지 아니하거나 사실과 다르게 작성한 자

15. 삭제

15의2. 제72조 제4항을 위반하여 고의로 오염물질 방제업무를 지연하거나 방

제의무자 등의 방제조치를 방해한 자

16. 삭제

17. 삭제

17의2. 제76조 제5항 후단을 위반하여 권리 · 의무의 승계신고를 하지 아니한 자

18. 제111조 제2항의 규정에 따른 시정명령을 이행하지 아니한 자

19. 삭제

(7) 과태료의 부과 · 징수(법 제133조)

제132조에 따른 과태료는 대통령령으로 정하는 바에 따라 해양수산부장관, 해양경찰청장 또는 시 · 도지사가 부과 · 징수한다.

제10장 해운법

제1절 총 칙

Ⅰ. 해운법의 목적과 의의

1. 목 적

해운법은 해상운송의 질서를 유지하고 공정한 경쟁이 이루어지도록 하며, 해운업의 건전한 발전과 여객·화물의 원활하고 안전한 운송을 도모함으로써 이용자의 편의를 향상시키고 국민경제의 발전과 공공복리의 증진에 이바지하는 것을 목적으로 하고 있다.

2. 정 의

1) 해운업의 정의

해운업은 해상여객운송사업, 해상화물운송사업, 해운중개업, 해운대리점업, 선박대여업 및 선박관리업을 말하며, 동 법에서 정의하는 "여객선"이란 「선박안전법」 제2조 제10호[1]에 따른 선박으로서 해양수산부령[2]으로 정하는 선박을 말한다.

1) 10. "여객선"이라 함은 13인 이상의 여객을 운송할 수 있는 선박을 말한다.

2) 「해운법」(이하 "법"이라 한다) 제2조 제1호의2에서 "해양수산부령으로 정하는 선박"이란 다음 각 호의 구분에 따른 선박을 말한다.

1. 여객 전용 여객선: 여객만을 운송하는 선박
2. 여객 및 화물 겸용 여객선: 여객 외에 화물을 함께 운송할 수 있는 선박으로서 다음 각 목과 같이 구분되는 선박

가. 일반카페리 여객선: 폐위(閉圍)된 차량구역에 차량을 육상교통 등에 이용되는 상태로 적재·

여기서 여객선이란 "13인 이상의 여객을 운송할 수 있는 선박"을 말하며, 여기서 여객은 선원, 1세 미만의 유아 그리고 세관공무원 등 일시적으로 승선한 자를 제외한 자로서 선박에 승선하는 자를 말한다(선박안전법 제2조 제9호 및 제10호). 선박안전법상 선박의 개념은 "수상(水上) 또는 수중(水中)에서 항해용으로 사용하거나 사용될 수 있는 것(선외기를 장착한 것을 포함한다)과 이동식 시추선, 수상 호텔 등 해양수산부령이 정하는 부유식 해상구조물"을 말한다(제2조 제1호). 이를 종합하면 여객선은 "13인 이상의 여객을 운송할 수 있는 수상 및 수중에서 항해용으로 사용되거나 사용될 수 있는 것과 이동식 시추선 및 수상호텔 등의 부유식 해상구조물"을 말한다. 13인 이상의 여객을 운송할 수 있는 항해용의 어떤 형태의 것이든 여객선이며, 이동식 시추선이나 수상호텔 등 부유식 해상 구조물도 13인 이상의 여객을 운송할 수만 있으면 여객선의 범주에 포함된다.

2) 해상여객운송사업

해상여객운송사업은 해상이나 해상과 접하여 있는 내륙수로(內陸水路)에서 여객선 또는 「선박법」 제1조의2 제1항 제1호에 따른 수면비행선박(이하 "여객선등"이라 한다)으로 사람 또는 사람과 물건을 운송하거나 이에 따르는 업무를 처리하는 사업으로서 「항만운송사업법」 제2조 제4항에 따른 항만운송관련사업 외의 것을 말한다.3)

3) 해상화물운송사업

해상화물운송사업이란 해상이나 해상과 접하여 있는 내륙수로에서 선박[예선(曳船)에 결합된 부선(艀船)을 포함한다. 이하 같다]으로 물건을 운송하거나 이에 수반되

운송할 수 있는 선박으로서 운항속도가 시속 25노트 미만인 선박

나. 쾌속카페리 여객선: 폐위된 차량구역에 차량을 육상교통 등에 이용되는 상태로 적재·운송할 수 있는 선박으로서 운항속도가 시속 25노트 이상인 여객선

다. 차도선(車渡船)형 여객선: 차량을 육상교통 등에 이용되는 상태로 적재·운송할 수 있는 선박으로 차량구역이 폐위되지 아니한 선박

3) 「항만운송사업법」 제2조 ④ 이 법에서 "항만운송관련사업"이란 항만에서 선박에 물품이나 역무(役務)를 제공하는 항만용역업·선용품공급업·선박연료공급업·선박수리업 및 컨테이너수리업을 말하며, 업종별 사업의 내용은 대통령령으로 정한다. 이 경우 선용품공급업은 건조 중인 선박 또는 해상구조물 등에 선용품을 공급하는 경우를 포함한다.

는 업무(용대선을 포함한다)를 처리하는 사업(수산업자가 어장에서 자기의 어획물이나 그 제품을 운송하는 사업은 제외한다)으로서 「항만운송사업법」 제2조 제2항에 따른 항만운송사업 외의 것을 말한다.[4)]

4) 용대선

용대선이란 해상여객운송사업이나 해상화물운송사업을 경영하는 자 사이 또는 해상여객운송사업이나 해상화물운송사업을 경영하는 자와 외국인 사이에 사람 또는 물건을 운송하기 위하여 선박의 전부 또는 일부를 용선(傭船)하거나 대선(貸船)하는 것을 말한다.

5) 해운중개업 및 해운대리점업

해운중개업은 해상화물운송의 중개, 선박의 대여·용대선 또는 매매를 중개하는 사업을 정의하며, 해운대리점업은 해상여객운송사업이나 해상화물운송사업을 경영하는 자(외국인 운송사업자를 포함한다)를 위하여 통상(通常) 그 사업에 속하는 거래를 대리(代理)하는 사업을 말한다.

6) 선박대여업

선박대여업은 해상여객운송사업이나 해상화물운송사업을 경영하는 자 외의 자 본인이 소유하고 있는 선박(소유권을 이전받기로 하고 임차한 선박을 포함한다)을 다른 사람(외국인을 포함한다)에게 대여하는 사업을 말한다.

7) 선박관리업

선박관리업은 「선박관리산업발전법」 제2조 제1호[5)]에 규정된 국내외의 해상

---

4) 「항만운송사업법」 제2조 ② 이 법에서 “항만운송사업”이란 영리를 목적으로 하는지 여부에 관계없이 항만운송을 하는 사업을 말한다.

5) 「선박관리산업발전법」 “선박관리산업”이란 국내외의 해상운송인, 선박대여업을 경영하는 자, 관공선 운항자, 조선소, 해상구조물 운영자, 그 밖의 「선원법」상의 선박소유자(이하 “선박소유자등”이라 한다)로부터 기술적·상업적 선박관리, 해상구조물관리 또는 선박시운전 등의 업무의 전부 또는 일부를 수탁(국외의 선박관리사업자로부터 그 업무의 전부 또는 일부를 수탁하여 행하는 사업을 포함한다)하여 관리활동을 영위하는 것을 업(業)으로 하는 산업을 말한다 “선박관리산업”이란 국내외의 해상운송인, 선박대여업을 경영하는 자, 관공선 운항자, 조선소, 해상구조물 운영자, 그 밖의 「선원법」상

운송인, 선박대여업을 경영하는 자, 관공선 운항자, 조선소, 해상구조물 운영자, 그 밖의 「선원법」상의 선박소유자로부터 기술적·상업적 선박관리, 해상구조물관리 또는 선박시운전 등의 업무의 전부 또는 일부를 수탁(국외의 선박관리사업자로부터 그 업무의 전부 또는 일부를 수탁하여 행하는 사업을 포함한다)하여 관리활동을 영위하는 업(業)을 말한다.

8) 선박현대화지원사업

선박현대화지원사업이란 정부가 선정한 해운업자가 정부의 재정지원 또는 금융지원을 받아 낡은 선박을 대체하거나 새로이 건조하는 것을 말한다.

제2절 해상여객운송사업

Ⅰ. 해상여객운송사업의 종류(법 제3조)

내항 정기 여객운송사업은 국내항[해상이나 해상에 접하여 있는 내륙수로에 있는 장소로서 상시(常時) 선박에 사람이 타고 내리거나 물건을 싣고 내릴 수 있는 장소]을 포함한다. 국내항 사이를 일정한 항로와 일정표에 따라 운항한다는 것을 의미한다. 반면, 내항 부정기 여객운송사업은 국내항과 국내항 사이를 일정한 일정표에 따르지 아니하고 운항한다. 외항 정기 여객운송사업은 국내항과 외국항 사이 또는 외국항과 외국항 사이를 일정한 항로와 일정표에 따라 운항하는 것이며, 외항 부정기 여객운송사업은 국내항과 외국항 사이 또는 외국항과 외국항 사이를 일정한 항로와 일정표에 따르지 아니하고 운항하는 해상여객운송사업이다. 순항(巡航) 여객운송사업은 해당 선박 안에 숙박시설, 식음료시설, 위락시설 등 편의시설을 갖춘 대통령령으로 정하는 규모 이상의 여객선을 이용하여 관광을 목적으로 해상을 순회하여 운항(국내외의 관광지에 기항하는 경우를 포함한다)하는 해상여객운송사업을 의미한다. 복

의 선박소유자(이하 "선박소유자등"이라 한다)로부터 기술적·상업적 선박관리, 해상구조물관리 또는 선박시운전 등의 업무의 전부 또는 일부를 수탁(국외의 선박관리사업자로부터 그 업무의 전부 또는 일부를 수탁하여 행하는 사업을 포함한다)하여 관리활동을 영위하는 것을 업(業)으로 하는 산업을 말한다.

합 해상여객운송사업은 내항여객운송사업 또는 외항여객운송사업이 순항여객운송사업과 함께 수행하는 해상여객운송사업을 의미한다.

Ⅱ. 해상여객운송사업 면허

1. 면허의 신청

해상여객운송사업을 경영하려는 자는 제3조에 따른 사업의 종류별로 항로마다 해양수산부장관의 면허를 받아야 한다. 다만, 제3조 제2호에 따른 내항 부정기 여객운송사업의 경우에는 둘 이상의 항로를 포함하여 면허를 받을 수 있으며, 같은 조 제4호부터 제6호까지의 규정에 따른 외항 부정기 여객운송사업, 순항 여객운송사업 및 복합 해상여객운송사업(제2호 또는 제4호와 제5호의 사업을 함께 수행하는 경우만으로 한정한다)의 경우에는 항로와 관계없이 면허를 받을 수 있다. 해양수산부장관은 제1항에 따라 면허를 할 때 해양수산부령으로 정하는 바에 따라 사업자 공모를 할 수 있다. 면허를 받으려는 자는 해양수산부령으로 정하는 바에 따라 사업계획서를 첨부한 신청서를 해양수산부장관에게 제출하여야 한다. 해양수산부장관은 제1항에 따라 면허를 할 때에는 해양수산부령으로 정하는 기간에 제5조 제1항 제2호 및 제5호에 따른 시설 등을 갖출 것을 조건으로 면허를 하거나 그 밖에 여객에 대한 안전강화 및 편의시설 확보 등을 위하여 해양수산부령으로 정하는 바에 따라 필요한 조건을 붙일 수 있다.

해운법 시행규칙 제2조(해상여객운송사업 면허의 신청 등) ① 법 제4조 제1항에 따라 해상여객운송사업의 면허를 받으려는 자는 별지 제1호서식의 해상여객운송사업 면허신청서(전자문서로 된 신청서를 포함한다. 이하 같다)에 다음 각 호의 서류를 첨부하여 해양수산부장관 또는 지방해양수산청장에게 제출하여야 한다. 다만, 제1호의 서류는 사용할 선박을 확보한 경우로서 외국국적 선박인 경우에만 첨부한다.

1. 선박국적증서(임시선박국적증서를 포함한다) 및 선박검사증서 사본
2. 사업계획서
3. 정관(법인인 경우에만 제출한다)

② 제1항에 따른 신청서 제출 시 해양수산부장관 또는 지방해양수산청장은 「전자정부법」 제36조 제1항에 따른 행정정보의 공동이용을 통하여 다음 각 호의 서류를 확인하여야 한다. 다만, 제1호의 서류에 대하여는 신청인으로부터 확인에 대한 동의를 받고, 신청인이 확인에

동의하지 아니하는 경우에는 해당 서류의 사본을 첨부하도록 하여야 한다.
1. 선박국적증서 및 선박검사증서(사용할 선박을 확보한 경우로서 대한민국국적 선박인 경우만 해당한다)
2. 법인 등기사항증명서(법인인 경우만 해당한다)

③ 제1항 제2호에 따른 사업계획서에는 다음 각 호의 사항을 기재하여야 한다.
1. 항로의 출발지·기항지 및 종착지와 이들 사이의 거리를 표시한 항로도
2. 사용할 선박의 명세(사용할 선박을 확보하지 못한 경우에는 그 확보방법 및 확보기한을 기재하고 그 증명서류를 첨부하여야 한다)
3. 운항횟수 및 출발·도착 시간(내항 정기 여객운송사업과 외항 정기 여객운송사업만 해당된다)
4. 사업에 필요한 시설
5. 사업개시 후 3년간의 사업연도별 예상수지
6. 부대(附帶)사업의 명세(법 제4조의2 제1항에 따라 「관광진흥법」 제3조 제1항 제3호에 따른 관광객 이용시설업의 등록을 의제받으려는 경우만 해당한다)

④ 삭제

⑤ 법 제4조 제4항에 따른 기간은 1년 이내로 한다. 다만, 선박의 건조가 지연되거나 선박계류시설 등 시설의 확보가 불가피한 사유로 지연되는 경우에는 1회에 한하여 1년의 범위에서 연장할 수 있다.

⑥ 해양수산부장관 또는 지방해양수산청장은 법 제4조 제1항에 따라 해상여객운송사업의 면허를 한 경우에는 신청인에게 별지 제2호서식의 해상여객운송사업 면허증을 발급하여야 한다.

2. 보험의 가입

해상여객운송사업자는 여객 등의 피해에 대비하여 해양수산부령으로 정하는 바에 따라 보험 또는 공제에 가입하여야 한다.

3. 면허의 기준 및 외국의 해상여객운송사업자에 대한 특례

해양수산부장관은 해상여객운송사업의 면허를 하려는 때에는 사업계획서가 다음 각 호에 적합한지를 심사하여야 한다.

1. 해당 사업에 사용되는 선박계류시설과 그 밖의 수송시설이 해당 항로에서의 수송수요의 성격과 해당 항로에 알맞을 것

2. 해당 사업을 시작하는 것이 해상교통의 안전에 지장을 줄 우려가 없을 것

3. 해당 사업을 하는데 있어 이용자가 편리하도록 적합한 운항계획을 수립하

고 있을 것

4. 여객선 등의 보유량과 여객선 등의 선령 및 운항능력, 자본금 등이 해양수산부령으로 정하는 기준에 알맞을 것

또한, 외국의 해상여객운송사업자가 국내항과 외국항 사이에서 해상여객운송사업을 경영하려면 해양수산부장관의 승인을 받아야 한다. 승인을 받으려는 자는 해양수산부령으로 정하는 바에 따라 사업계획서를 첨부한 신청서를 해양수산부장관에게 제출하여야 한다. 해양수산부장관은 제1항에 따라 승인을 하려면 제출된 사업계획서에 대하여 다음 각 호의 사항을 심사하여야 한다.

1. 해당 사업에 사용하는 선박 계류시설과 그 밖의 수송시설이 해당 항로의 운항에 알맞은지 여부

2. 제5조 제1항 제3호 및 제4호의 사항에 알맞은지 여부

4. 해상운송사업자의 결격사유

다음 각 호의 어느 하나에 해당하는 자는 해상여객운송사업의 면허를 받을 수 없다.

1. 미성년자 · 피성년후견인 또는 피한정후견인

2. 파산선고를 받은 자로서 복권되지 아니한 자

2의2. 제19조 제2항 제1호의2에 따라 해상여객운송사업면허가 취소된 자

3. 이 법 또는 다음 각 목의 어느 하나에 해당하는 법률(이하 이 조에서 "관계법률"이라 한다)을 위반하여 금고 이상의 실형을 선고받고 그 집행이 끝나거나(집행이 끝난 것으로 보는 경우를 포함한다) 집행이 면제된 날부터 2년이 지나지 아니한 자

가. 「선박법」

나. 「선박안전법」

다. 「선박의 입항 및 출항 등에 관한 법률」

라. 「선박직원법」

마. 「선원법」

바. 「수상에서의 수색 · 구조 등에 관한 법률」

사. 「유선 및 도선 사업법」

아. 「해상교통안전법」

자. 「해양환경관리법」

4. 관계 법률을 위반하여 금고 이상의 형의 집행유예를 선고받고 그 유예기간 중에 있는 자

5. 제19조(제2항 제1호의2는 제외한다)에 따라 해상여객운송사업면허가 취소(제8조 제1호 및 제2호에 해당하여 면허가 취소된 경우는 제외한다)된 후 2년이 지나지 아니한 자

6. 대표자가 제1호, 제2호, 제2호의2, 제3호부터 제5호까지의 규정 중 어느 하나에 해당하게 된 법인

5. 선박의 최소운항 조건

내항 정기 여객운송사업의 면허를 받은 자(이하 "내항정기여객운송사업자"라 한다)는 다음 각 호의 어느 하나에 해당하는 경우를 제외하고는 면허받은 항로에 투입된 선박을 1년 이상 운항하여야 한다. 이 경우 해양수산부령으로 정하는 선박의 장기 휴항 또는 휴업이 있는 경우에는 그 기간을 계산에 넣지 아니한다.

1. 해양수산부령으로 정하는 특별수송기간 등의 시기에 일시적으로 늘리거나 대체 투입한 선박의 수를 줄이는 경우
2. 운항 선박의 검사·수리로 인하여 일시적으로 대체 투입한 선박의 경우
3. 운항 선박의 파손·노후·고장 등으로 선박의 운항이 사실상 곤란한 경우
4. 선박의 성능이나 편의시설 등이 더 양호한 선박으로 대체하는 경우

6. 보조항로의 지정 및 선박건조의 지원

해양수산부장관은 도서주민의 해상교통수단을 확보하기 위하여 필요하다고 인정되면 국가가 운항에 따른 결손금액을 보조하는 항로(이하 "보조항로"라 한다)를 지정하여 내항여객운송사업자 중에서 보조항로를 운항할 사업자(이하 "보조항로사업자"라 한다)를 선정하여 운영하게 할 수 있다. 지정된 보조항로의 운항계획과 운항선박의 관리 등 보조항로의 운영과 관련한 사항은 해양수산부장관이 보조항로사업자와 합의하여 정한다. 해양수산부장관은 보조항로의 운영에 대하여 평가하여 우수 보조항로사업자에 대한 우대조치 등을 할 수 있으며, 이 경우 평가의 방법·절차와 결과의 활용 등에 관한 세부사항은 해양수산부장관이 정하여 고시한다. 또한, 해양수산부장관은 보조항로사업자가 합의사항을 위반하거나 평가 결과 해당

보조항로사업자가 더 이상 보조항로를 운영하기에 알맞지 아니하다고 인정되면 해당 보조항로사업자의 선정을 취소할 수 있다. 해양수산부장관은 보조항로사업자가 운항하는 선박의 수리 등으로 인하여 보조항로의 선박운항이 중단될 것이 우려되면 제33조에도 불구하고 그 보조항로사업자에게 선박대여업의 등록을 하지 아니한 자로부터 여객선을 대여받아 운항하게 할 수 있다.

해양수산부장관은 제1항에 따라 지정된 보조항로의 운영과 관련하여 다음 각 호의 어느 하나에 해당하는 사유가 발생한 때에는 보조항로의 지정을 취소할 수 있다.

1. 해당 도서에 연륙교(連陸橋)가 설치된 경우

2. 수송수요의 증가 등으로 인하여 운항결손액에 대한 보조금 없이 해당 항로의 운항을 할 수 있게 된 경우

3. 수송수요의 뚜렷한 감소 등으로 인하여 보조항로 지정의 필요성이 없게 된 경우

국가는 보조항로를 운항하는 선박에 대하여 선박건조에 소요되는 비용을 지원할 수 있다. 국고지원의 대상이 되는 선박 및 건조된 선박의 운항에 관련된 사업자의 선정 등에 필요한 사항은 대통령령으로 정한다.

해운법 시행령 제11조의2(국고지원대상 선박 등) ① 법 제15조의2 제2항에 따른 국고지원의 대상이 되는 선박 선정기준은 보조항로를 운항하는 선박 중 다음 각 호의 어느 하나에 해당하는 경우로 한다.
1. 선령(船齡)이 15년을 초과하는 선박을 대체하는 경우
2. 선령 15년 이하인 일반여객선을 차도선(車渡船) 또는 취항하고 있는 항로의 특성에 맞는 선박으로 대체하는 경우
3. 기존에 운항되고 있는 선박보다 총톤수 및 최대속력이 각각 10퍼센트 이상 크고 빠른 선박으로 대체하는 경우

② 해양수산부장관은 제1항에 따라 국고지원으로 건조된 선박을 법 제15조에 따라 선정된 보조항로사업자로 하여금 보조항로에 취항하도록 하여야 한다.

7. 면허의 취소

1) 과징금 부과

해양수산부장관은 여객운송사업자가 다음 각 호의 어느 하나에 해당하면 면

허(승인을 포함한다) 또는 제12조 제4항에 따른 인가를 취소하거나 6개월 이내의 기간을 정하여 해당 사업의 전부 또는 일부를 정지할 것을 명하거나 10억원 이하의 과징금을 부과할 수 있다. 다만, 제2호부터 제11호까지, 제15호 및 제17호에 대하여는 1억원 이하의 과징금을 부과할 수 있다.

1. 해양사고가 여객운송사업자의 고의나 중대한 과실에 의하거나 선장의 선임·감독과 관련하여 주의의무를 게을리하여 일어난 경우

2. 여객운송사업자가 해양사고를 당한 여객이나 수하물 또는 소하물에 대하여 정당한 사유 없이 필요한 보호조치를 하지 아니하거나 피해자에 대하여 피해보상을 하지 아니한 경우

3. 제4조 제1항 또는 제6조 제1항에 따라 면허 또는 승인받은 사업의 범위를 벗어나 해상여객운송사업을 경영한 경우

4. 제4조 제4항에 따른 기간 내에 제5조 제1항 제2호 및 제5호에 따른 시설 등을 갖추지 못하거나 그 밖에 면허에 붙인 조건을 위반한 경우

5. 제5조 제1항 제5호에 따른 면허기준에 미달하게 된 경우(미달하게 된 날부터 2개월 이내에 그 기준을 충족한 경우는 제외한다)

6. 제11조의2 제1항을 위반하여 운송약관을 신고(변경신고를 포함한다)하지 아니하거나 신고한 운송약관을 준수하지 아니한 경우

7. 여객운송사업자가 제12조 제4항에 따른 사업계획 변경의 인가를 받은 후 인가 실시일부터 15일 이내에 인가사항을 이행하지 아니한 경우

8. 제13조 제1항 각 호 외의 부분 본문에 따른 사업계획상 운항개시일부터 1개월 이내에 운항을 시작하지 아니한 경우

9. 제17조 제4항을 위반하여 승계신고를 하지 아니한 경우

10. 제7조 제1항, 제11조 제1항, 제12조 제1항·제4항, 제13조 제3항, 제14조, 제16조 제1항, 제18조 제1항·제4항 및 제50조 제1항을 위반한 경우

11. 제21조 제1항에 따른 운항관리규정을 작성·제출하지 아니하거나 거짓이나 그 밖의 부정한 방법으로 작성·제출하는 경우

12. 제21조 제2항에 따른 운항관리규정의 심사를 받지 아니하고 여객선등을 운항한 경우

13. 제21조 제2항 후단에 따른 해양수산부장관의 운항관리규정 변경 요구에

정당한 사유 없이 응하지 아니한 경우

14. 제21조 제3항에 따른 운항관리규정 준수의무를 위반한 경우

15. 제21조 제4항에 따른 정기 또는 수시점검을 거부 · 방해 또는 기피하거나 거짓으로 자료를 제출 또는 답변하는 경우

16. 제21조 제5항에 따른 해양수산부장관의 출항정지, 시정명령 등을 정당한 사유 없이 따르지 아니한 경우

17. 제22조 제2항에 따른 운항관리자의 지도 · 감독을 거부 · 방해 · 기피한 경우

18. 제22조 제5항 단서에 따른 운항관리자의 출항정지 명령을 정당한 사유 없이 따르지 아니한 경우

2) 면허 취소 사유

해양수산부장관은 여객운송사업자가 다음 각 호의 어느 하나에 해당하게 된 경우에는 그 면허(승인을 포함한다)를 취소하여야 한다. 다만, 제4호에 대하여는 내항 정기 여객운송사업자에 한하여 적용한다.

1. 거짓이나 그 밖의 부정한 방법으로 제4조 제1항 또는 제6조 제1항에 따른 해상여객운송사업의 면허 또는 승인을 받은 경우

1의2. 다중의 생명 · 신체에 위험을 야기한 해양사고가 여객운송사업자의 고의나 중대한 과실에 의하거나 선장의 선임 · 감독과 관련하여 주의의무를 게을리하여 일어난 경우

2. 여객운송사업자가 제8조 각 호의 어느 하나에 해당하게 된 경우(법인이 제8조 제6호에 해당하게 된 경우로서 그 사유가 발생한 날부터 90일 이내에 그 대표자를 변경한 경우는 제외한다)

3. 제17조에 따른 해상여객운송사업의 상속인이 제8조 제1호, 제2호, 제2호의 2, 제3호부터 제5호까지의 어느 하나에 해당하는 경우(그 사유가 발생한 날부터 90일 이내에 그 결격사유를 해소하는 경우는 제외한다)

4. 여객운송사업자가 사업을 영위하는 기간 동안 고의 또는 중대한 과실로 연속한 60일을 초과하여 여객선 운항을 중단하는 상황이 2회 발생하거나 연속한 120일을 초과하여 여객선 운항을 중단하는 경우. 다만, 천재지변 등 대통령령으로 정하는 부득이한 경우에는 그러하지 아니한다.

8. 해상여객사업자의 운항관리

1) 운항관리규정의 작성 및 준수(법 제21조)

내항여객운송사업자는 여객선 등의 안전을 확보하기 위하여 해양수산부령으로 정하는 바에 따라 운항관리규정(運航管理規程)을 작성하여 해양수산부장관에게 제출하여야 한다. 운항관리규정을 변경하고자 하거나 운항여건의 변경 등 해양수산부령으로 정하는 사항이 변경되는 경우에도 또한 같다. 해양수산부장관은 운항관리규정을 제출받은 때에는 여객선운항관리규정심사위원회를 구성하여 그 운항관리규정에 대하여 심사를 하여야 하며, 여객선등의 안전을 확보하기 위하여 운항관리규정을 변경할 필요가 있다고 인정되면 그 이유와 변경요지를 명시하여 해당 내항여객운송사업자에게 운항관리규정을 변경할 것을 요구할 수 있다. 이 경우 내항여객운송사업자는 변경 요구받은 사항을 운항관리규정에 반영하여야 한다. 내항여객운송사업자는 정해진 운항관리규정을 준수하여야 한다. 해양수산부장관은 내항여객운송사업자가 운항관리규정을 계속적으로 준수하고 있는지 여부를 정기 또는 수시로 점검하여야 하며, 안전운항에 위험을 초래할 수 있는 사항이 있는 경우 출항 정지, 시정 명령 등을 할 수 있다.

2) 화물운송장 발급

여객운송사업자는 여객선에 선적할 차량과 적재할 화물에 대하여 해양수산부령으로 정하는 바에 따라 차량선적권 및 화물운송장을 발급하여야 한다. 차량선적과 화물 적재의 확인 등에 관하여는 제21조의2 제2항부터 제5항까지를 준용한다.

9. 해상여객사업자의 안전관리

1) 안전관리책임자

내항여객운송사업자는 운항관리규정의 수립·이행 및 여객선의 안전운항 업무를 수행한다. 이 경우 내항여객운송사업자는 해당 업무를 수행하기 위하여 안전관리책임자를 두어야 한다. 내항여객운송사업자는 제1항에 따른 운항관리규정의 수립·이행 및 여객선의 안전운항 업무를 「해상교통안전법」 제53조에 따른 안전관리대행업자(이하 “안전관리대행업자”라 한다)에게 위탁할 수 있다.[6] 이 경우 내항여객운송사업자는 그 사실을 10일 이내에 해양수산부장관에게 알려야 한다. 내항여객운송사업자(제2항에 따라 안전관리대행업자에게 위탁한 경우에는 안전관리대행업자를 말한다)는 제1항에 따른 안전관리책임자가 해양수산부령으로 정하는 바에 따라 여객선 안전관리에 관한 교육을 받도록 하여야 한다. 안전관리책임자의 자격기준·인원 등에 필요한 사항은 대통령령으로 정한다.

해운법 시행령 [별표 1] 안전관리책임자의 자격기준 및 인원(제12조의4 관련)

구분		내항여객운송사업자가 보유한 여객선의 총톤수 합계가 3천톤 이상인 경우	내항여객운송사업자가 보유한 여객선의 총톤수 합계가 500톤 이상 3천톤 미만인 경우	내항여객운송사업자가 보유한 여객선의 총톤수 합계가 500톤 미만인 경우
자격기준	수석안전관리책임자	다음 각 호의 어느 하나에 해당하는 경력이 있는 사람 1. 3급 항해사, 3급 기관사 또는 3급 운항사 이상의 면허를 가지고 선박 또는 해당 사업장에서 선박운항 또는 안전관리와 관련하여 2년 이상 근무한 경력 2. 「해상교통안전법」 제47조 제1항에 따른 안전관리책임자 또는 안전관리자로서 2년 이상 근무한 경력. 다만, 국내에서만 운항하는 선박만을 관리한 경력은 제외한다. 3. 4급 항해사, 4급 기관사 또는 4급 운항사 이상의 면허를 가지고 법 제21조의5에 따른 안전관리책임자로 3년 이상 근무한 경력	다음 각 호의 어느 하나에 해당하는 경력이 있는 사람 1. 4급 항해사, 4급 기관사 또는 4급 운항사 이상의 면허를 가지고 선박 또는 해당 사업장에서 선박운항 또는 안전관리와 관련하여 2년 이상 근무한 경력 2. 「해상교통안전법」 제47조 제1항에 따른 안전관리책임자 또는 안전관리자로 2년 이상 근무한 경력 3. 법 제21조의5에 따른 안전관리책임자로 2년 이상 근무한 경력	5급 항해사, 5급 기관사 또는 5급 운항사 이상의 면허를 가지고 선박 또는 해당 사업장에서 선박운항 또는 안전관리와 관련하여 2년 이상 근무한 경력이 있는 사람

6) 「해상교통안전법」 제53조(안전관리대행업의 등록) ① 선박소유자로부터 안전관리체제의 수립과 시행에 관한 업무를 위탁받아 대행하는 업(이하 “안전관리대행업”이라 한다)을 경영하려는 자는 해양수산부장관에게 등록하여야 한다. 등록한 사항 중 해양수산부령으로 정하는 사항을 변경하려는 경우에도 또한 같다.
② 안전관리대행업의 등록을 하려는 자는 법인으로서 제46조 제2항에 따른 사업장 안전관리체제를 갖추어야 한다.
③ 안전관리대행업의 등록 절차 등에 필요한 사항은 해양수산부령으로 정한다.

	선임 안전 관리 책임자	다음 각 호의 어느 하나에 해당하는 경력이 있는 사람 1. 4급 항해사, 4급 기관사 또는 4급 운항사 이상의 면허를 가지고 선박 또는 해당 사업장에서 선박운항 또는 안전관리와 관련하여 2년 이상 근무한 경력 2. 「해상교통안전법」 제47조 제1항에 따른 안전관리책임자 또는 안전관리자로 2년 이상 근무한 경력 3. 법 제21조의5에 따른 안전관리책임자로 2년 이상 근무한 경력	5급 항해사, 5급 기관사 또는 5급 운항사 이상의 면허를 가지고 선박 또는 해당 사업장에서 선박운항 또는 안전관리와 관련하여 2년 이상 근무한 경력이 있는 사람	
인원	수석 안전 관리 책임자	1명 이상		
	선임 안전 관리 책임자	내항여객운송사업자가 보유한 여객선이 6척 이하인 경우: 3척당 1명 이상 내항여객운송사업자가 보유한 여객선이 7척 이상 12척 이하인 경우: 4척당 1명 이상 내항여객운송사업자가 보유한 여객선이 13척 이상인 경우: 5척당 1명 이상		

비고

1. 위 표의 경력에는 1년 이상의 승선경력을 포함하여야 한다.
2. 수석안전관리책임자는 선임안전관리책임자를 겸임할 수 있다.
3. 위 표의 내항여객운송사업자가 보유한 여객선의 수를 계산할 때에는 예비선은 제외하며, 주된 사업소와 영업소의 여객선은 모두 포함한다.

2) 여객선 안전운항관리(법 제22조)

해양수산부장관은 내항여객선의 안전운항에 관한 시책을 수립하고 시행하여야 한다. 내항여객운송사업자는 「한국해양교통안전공단법」에 따라 설립된 한국해양교통안전공단(이하 "공단"이라 한다)이 해양수산부령으로 정하는 자격을 갖춘 사람 중에서 선임한 선박운항관리자(이하 "운항관리자"라 한다)로부터 안전운항에 필요한 지도·감독을 받아야 한다. 운항관리자의 임면 방법과 절차, 직무범위와 운항관리자에 대한 지도·감독 등에 필요한 사항은 해양수산부령으로 정한다. 운항관리자는 해양수산부령으로 정하는 바에 따라 제21조에 따른 운항관리규정의 준수와 이행의 상태를 확인하고, 그 밖에 제3항에 따른 직무를 다하여야 한다.

해운법 시행규칙 제15조의11(운항관리자의 임면 등) ① 운항관리자는 한국해양교통안전공단의 직원으로 하며, 제15조의10에서 정한 자격을 가진 사람 중에서 한국해양교통안전공단이 선임하여 배치한다.
② 삭제
제15조의12(운항관리자의 직무) ① 법 제22조 제3항에 따른 운항관리자의 직무는 다음 각 호와 같다.
1. 내항여객운송사업자·안전관리책임자 및 선원에 대한 안전관리교육
2. 운항관리규정의 작성에 필요한 자료의 제공과 의견의 제시
3. 선장 등과 출항 전 합동점검의 수행 및 선장이 작성한 점검보고서의 확인
4. 위험물 등을 취급하는 선장의 업무지도
5. 여객선의 입항·출항 보고의 수리
6. 여객선의 승선정원 초과 여부, 화물의 적재한도 초과 여부 및 복원성 등 감항성 유지 여부에 대한 확인
7. 출항 전 기상상황을 선장에게 통보하는 것과 현지 기상상황의 확인
8. 승선하여야 할 승무원의 승선 여부 확인
9. 법 제21조의2 제5항에 따른 승선권 발급내역과 여객명부의 보관 여부 확인
10. 선장의 선내 비상훈련 실시 여부 확인
11. 구명기구·소화설비·해도(海圖)와 그 밖의 항해용구 완비 여부 확인
12. 입항·출항 보고를 받지 아니한 경우의 역호출(逆呼出)에 의한 보고사항 확인
13. 여객선 안전운항에 관한 지도(승선지도를 포함한다) 및 내항여객운송사업자의 운항관리규정 이행 상태의 확인

② 운항관리자는 다음 각 호의 사항에 관한 정보를 입수하여 이를 선장이 언제든지 볼 수 있도록 운항관리센터에 비치해야 한다.
1. 항내 사정
2. 부두시설의 상황
3. 해역별 기상조건 및 해상조건
4. 항행경보 등 항로상황
5. 그 밖에 여객선의 동태 등 여객선 안전운항관리에 필요한 사항

③ 운항관리자는 여객선이 그 도착예정시간을 넘겨도 입항하지 아니하는 등 정상적으로 운항되지 아니한다고 인정되는 경우 지체 없이 사고 유무를 확인·판단하여 지방해양수산청장 및 해양경찰서장에게 각각 보고하여야 한다.
④ 운항관리자는 여객선의 안전을 확보하기 위하여 필요한 경우 내항여객운송사업자에게 해양수산부장관이 정하여 고시하는 출항 전 여객선 안전점검 보고서 등 제1항에 따른 직무와 관련된 자료의 열람·복사·제출 등을 요청하거나 그 밖에 필요한 사항을 확인할 수 있다.
제15조의13(운항관리자에 대한 지도·감독 등) ① 법 제22조 제3항 및 제6항에 따라 지방해양수산청장은 여객선의 안전 확보를 위하여 운항관리자의 직무수행에 관하여 지도·감독하여야 하며, 운항관리자에 대한 지도·감독을 위하여 필요한 경우에는 운항관리자에게 그 직

무수행에 관한 사항의 보고 또는 자료의 제출을 요구하거나 해사안전감독관 등 소속 직원으로 하여금 운항관리자의 사무실 또는 업무장소 등을 출입하여 점검하게 할 수 있다.
② 해양수산부장관은 운항관리비용의 효율적 집행 등을 위하여 한국해양교통안전공단의 운항관리비용의 예산 및 결산에 대하여 감사를 할 수 있다.

운항관리자는 여객선등의 안전운항을 위하여 필요하면 해양수산부령으로 정하는 바에 따라 해양수산부장관에게 다음 각 호의 사항 등을 요청할 수 있다. 다만, 여객선등의 안전확보를 위하여 긴급히 조치하여야 할 사유가 있는 경우에는 내항여객운송사업자 또는 선장에게 출항정지를 명할 수 있으며, 운항관리자는 그 사실을 지체 없이 해양수산부장관에게 보고하여야 한다.

1. 여객선등의 운항 횟수를 늘리는 것
2. 출항의 정지
3. 사업계획에 따른 운항의 변경
4. 내항여객운송사업자의 운항관리규정 위반에 대한 조치 요구

제3절 해상화물운송사업

Ⅰ. 해상화물운송사업의 종류(법 제23조)

해상화물운송사업의 종류는 다음과 같다.

1. 내항 화물운송사업: 국내항과 국내항 사이에서 운항하는 해상화물운송사업

2. 외항 정기 화물운송사업: 국내항과 외국항 사이 또는 외국항과 외국항 사이에서 정하여진 항로에 선박을 취항하게 하여 일정한 일정표에 따라 운항하는 해상화물운송사업

3. 외항 부정기 화물운송사업: 내항 화물운송사업 또는 외항 정기 화물운송사업 이외의 해상화물운송사업

Ⅱ. 해상화물운송사업의 등록 및 특례

1. 사업의 등록

내항 화물운송사업을 경영하려는 자는 해양수산부령으로 정하는 바에 따라 해양수산부장관에게 등록하여야 한다.

해운법 시행규칙 제16조(해상화물운송사업 등록의 신청 등) ① 법 제24조 제1항 또는 제2항에 따라 해상화물운송사업을 등록하려는 자는 별지 제11호서식의 해상화물운송사업 등록신청서(전자문서로 된 신청서를 포함한다)에 다음 각 호의 서류를 첨부하여 해양수산부장관 또는 지방해양수산청장에게 제출해야 한다. 다만, 「선박안전법」 제7조 제1항에 따른 건조검사 또는 같은 조 제4항 전단에 따른 별도건조검사가 진행 중인 선박의 경우에는 제1호의 서류를 최초 운항 전까지 제출할 수 있다.

1. 선박국적증서(임시선박국적증서를 포함한다) 및 선박검사증서 사본(외국 국적 선박인 경우만 해당하며, 「선박안전법 시행령」 제2조 제1항 제3호 가목에 해당하는 선박의 경우는 제외한다)
2. 사업계획서(총톤수 100톤 미만의 선박만으로 내항화물운송사업을 등록하려는 경우에는 제출하지 아니한다)
3. 삭제

② 제1항에 따른 신청서 제출 시 해양수산부장관 또는 지방해양수산청장은 「전자정부법」 제36조 제1항에 따른 행정정보의 공동이용을 통하여 다음 각 호의 서류를 확인해야 한다. 다만, 제1호의 서류에 대하여는 신청인으로부터 확인에 대한 동의를 받고, 신청인이 확인에 동의하지 않는 경우에는 해당 서류의 사본을 첨부하도록 해야 한다.

1. 선박국적증서 및 선박검사증서(대한민국 국적 선박인 경우만 해당하며, 「선박안전법 시행령」 제2조 제1항 제3호 가목에 해당하는 선박의 경우는 제외한다)
2. 법인 등기사항증명서(법인인 경우만 해당한다)

③ 제1항 제2호에 따른 사업계획서에는 다음 각 호의 사항을 기재하여야 한다.

1. 항로의 출발지·기항지 및 종착지와 이들 사이의 거리를 표시한 항로도(외항 정기 화물운송사업만 해당된다)
2. 사용할 선박의 명세
3. 항로별 운항횟수 및 출발·도착 시간(외항 정기 화물운송사업만 해당된다)
4. 삭제
5. 사업에 필요한 시설

④ 해양수산부장관 또는 지방해양수산청장은 제1항에 따른 등록신청을 받은 경우에는 그 등록신청이 다음 각 호의 어느 하나에 해당하는 경우를 제외하고는 등록을 해 주어야 한다.

1. 법 제32조에서 준용하는 법 제8조에 따른 결격사유에 해당하는 경우

2. 별표 3에 따른 해상화물운송사업의 등록기준을 갖추지 못한 경우
3. 그 밖에 법 또는 다른 법령에 따른 제한에 위반되는 경우
⑤ 해양수산부장관 또는 지방해양수산청장은 법 제24조 제1항 또는 제2항에 따른 해상화물운송사업의 등록을 한 경우에는 신청인에게 별지 제12호서식의 해상화물운송사업 등록증을 발급하여야 한다.
⑥ 해양수산부장관 또는 지방해양수산청장은 제5항에 따른 등록증을 발급할 때에는 해양수산부장관이 정하여 고시하는 바에 따라 운항선박명세서를 함께 발급해야 한다.

외항 정기 화물운송사업이나 외항 부정기 화물운송사업(이하 "외항화물운송사업"이라 한다)을 경영하려는 자는 해양수산부령으로 정하는 바에 따라 해양수산부장관에게 등록하여야 한다. 등록을 하려는 자는 해양수산부령으로 정하는 바에 따라 사업계획서를 붙인 신청서를 해양수산부장관에게 제출하여야 한다. 등록한 사항을 변경하려는 경우에는 해양수산부령으로 정하는 바에 따라 해양수산부장관에게 변경신고를 하여야 한다. 해양수산부장관은 변경신고를 받은 날부터 2일 이내에 수리 여부 또는 처리기간의 연장을 통지하여야 한다. 해양수산부장관이 정한 기간 내에 수리 여부 또는 처리기간의 연장을 통지하지 아니하면 그 기간이 끝난 날의 다음 날에 변경신고를 수리한 것으로 본다. 원유, 제철원료, 액화가스, 그 밖에 대통령령으로 정하는 주요 화물(이하 "대량화물"이라 한다)의 화주(貨主)나 대량화물의 화주가 사실상 소유하거나 지배하는 법인이 그 대량화물을 운송하기 위하여 해상화물운송사업의 등록을 신청한 경우 해양수산부장관은 미리 국내 해운산업에 미치는 영향 등에 대하여 관련 업계, 학계, 해운전문가 등으로 구성된 정책자문위원회의 의견을 들어 등록 여부를 결정하여야 한다. 대량화물의 화주가 사실상 소유하거나 지배하는 법인에 대한 기준, 정책자문위원회의 구성·운영에 관한 사항과 그 밖에 필요한 사항은 대통령령으로 정한다.

2. 사업등록의 특례

외항 정기 화물운송사업의 등록을 한 자(이하 "외항정기화물운송사업자"라 한다)는 내항 화물운송사업의 등록을 하지 아니하고 다음 각 호의 화물을 운송할 수 있다.

1) 국내항과 국내항 사이에서 운송하는 빈 컨테이너나 수출입 컨테이너화물(내국인 사이에 거래되는 컨테이너화물은 제외한다)

2) 외국항 간에 운송되는 과정에서 「항만법」 제2조 제4호에 따른 항만구역 중 수상구역으로 동일 수상구역 내의 국내항과 국내항 사이에서 환적의 목적으로 운송되는 컨테이너 화물(다른 국내항을 경유하는 경우는 제외한다)

내항 화물운송사업의 등록을 한 자(이하 "내항화물운송사업자"라 한다)가 일시적으로 국내항과 외국항 사이 또는 외국항과 외국항 사이에서 화물을 운송하려고 하거나 외항 부정기 화물운송사업의 등록을 한 자가 일시적으로 국내항과 국내항 사이에서 화물을 운송하려는 경우에는 해양수산부령으로 정하는 바에 따라 해양수산부장관에게 미리 신고하는 것으로 등록을 갈음할 수 있다.

해운법 시행규칙 제17조(등록 외 사업구역에서의 일시적인 운송신고) ① 내항 화물운송사업 또는 외항 부정기 화물운송사업의 등록을 한 자는 법 제25조 제2항에 따라 등록된 사업구역 외의 구역에서 일시적인 운송을 하려는 경우에는 별지 제13호서식의 등록 외 사업구역에서의 일시적 운송신고서에 사업계획서를 첨부하여 해양수산부장관 또는 지방해양수산청장에게 제출하여야 한다.

② 제1항에 따른 사업계획서에는 사용할 선박, 운송하려는 화물의 종류 및 수량, 운송할 기간 및 구간을 기재하여야 한다.

③ 해양수산부장관 또는 지방해양수산청장은 제1항에 따른 신고를 수리한 경우에는 신고인에게 별지 제14호서식의 등록 외 사업구역에서의 일시적 운송 신고 수리증명서를 발급하여야 한다.

④ 제1항에 따른 신고자가 등록한 사업구역 외의 구역에서 운송할 수 있는 선박별 연간 운송기간은 90일을 초과하지 못한다. 다만, 해양수산부장관이 화물의 원활한 운송 등을 위하여 필요하다고 인정하여 화물의 종류 등을 정하여 고시한 경우에는 90일을 초과할 수 있다.

해양수산부장관은 신고를 받은 날부터 2일 이내에 신고수리 여부를 신고인에게 통지하여야 한다. 해양수산부장관이 정한 기간 내에 신고수리 여부 또는 민원 처리 관련 법령에 따른 처리기간의 연장 여부를 신고인에게 통지하지 아니하면 그 기간이 끝난 날의 다음 날에 신고를 수리한 것으로 본다. 해양수산부장관은 신고를 수리하는(제4항에 따라 신고를 수리하는 것으로 보는 경우를 포함한다) 경우에는 선박별 연간 운송기간 등 해양수산부령으로 정하는 바에 따라 수리증명서를 발급하여야 한다. 외항 부정기 화물운송사업 대상 선박은 「선박법」 제2조에 따른 한국선박 또는 「국제선박등록법」 제3조 제1항 제4호에 따른 선박을 말한다.

3. 사업등록의 취소

해양수산부장관은 내항 화물운송사업을 경영하는 자의 사업 수행실적이 계속하여 2년 이상 없는 경우 그 등록을 취소하여야 한다. 등록이 취소된 후 1년이 지나지 아니한 자는 제24조 제1항에 따른 내항 화물운송사업 등록을 할 수 없다.

Ⅲ. 해상화물운송사업의 등록 및 특례

1. 운임 및 요금의 공표(법 제28조)

외항 정기 화물운송 시장의 공정한 경쟁과 거래를 위하여 다음 각 호의 어느 하나에 해당하는 자는 해양수산부령으로 정하는 바에 따라 운임 및 요금을 정하여 화주 등 이해관계인이 알 수 있도록 각각 공표하여야 한다. 공표한 운임 및 요금을 변경하려는 때에도 또한 같다(법 제28조 제1항).

1. 외항정기화물운송사업자
2. 국내항과 외국항 사이에서 외항 정기 화물운송사업을 경영하는 외국인
3. 외항 정기 여객운송사업을 경영하는 자(제6조에 따른 외국의 해상여객운송사업자를 포함한다)로서 여객 및 화물 겸용 여객선으로 컨테이너 화물을 정기적으로 운송하는 사업자
4. 그 밖에 운임 및 요금의 공표가 특별히 필요하다고 인정되는 자로서 대통령령으로 정하는 자

해양수산부장관은 각 호의 사업자가 다음 각 호에 해당하는 경우에는 운임 및 요금의 공표를 유예하거나 신고로 대체하도록 할 수 있다.

1. 운임 및 요금의 공표가 외항 정기 화물운송 시장의 공정한 경쟁이나 특정 산업 또는 품목의 경쟁력을 저해할 우려가 크다고 해양수산부장관이 인정한 경우
2. 제29조의2 제2항에 따른 계약을 체결하고 그 계약서를 해양수산부장관에게 신고한 경우
3. 그 밖에 해운산업의 경쟁력 제고를 위해 필요한 경우로서 대통령령으로 정하는 경우

해양수산부장관은 운임 및 요금의 공표에 관한 세부적인 사항을 정하여 고시

하여야 한다. 외국인은 해양수산부령으로 정하는 바에 따라 운항계획을 정하여 해양수산부장관에게 신고하여야 한다. 신고한 운항계획을 변경하려는 때에도 또한 같다.

2. 운임 등의 협약(법 제29조)

외항화물운송사업의 등록을 한 자(이하 "외항화물운송사업자"라 한다)는 다른 외항화물운송사업자(외국인 화물운송사업자를 포함한다)와 운임·선박배치, 화물의 적재, 그 밖의 운송조건에 관한 계약이나 공동행위(외항 부정기 화물운송사업을 경영하는 자의 경우에는 운임에 관한 계약이나 공동행위는 제외하며, 이하 "협약"이라 한다)를 할 수 있다. 다만, 협약에 참가하거나 탈퇴하는 것을 부당하게 제한하는 것을 내용으로 하는 협약을 하여서는 아니 된다. 외항화물운송사업자(국내항과 외국항에서 해상화물운송사업을 경영하는 외국인 화물운송사업자를 포함한다)가 해양수산부령으로 정하는 바에 따라 그 내용을 해양수산부장관에게 신고하여야 한다. 협약의 내용을 변경한 때에도 또한 같다. 해양수산부장관은 신고된 협약의 내용이 다음 각 호의 어느 하나에 해당하면 그 협약의 시행 중지, 내용의 변경이나 조정 등 필요한 조치를 명할 수 있다. 다만, 제3호에 해당하는 경우에 대한 조치인 때에는 그 내용을 공정거래위원회에 통보하여야 한다.

1. 공동행위의 단서 또는 국제협약을 위반하는 경우
2. 선박의 배치, 화물적재, 그 밖의 운송조건 등을 부당하게 정하여 해상화물운송질서를 문란하게 하는 경우
3. 부당하게 운임이나 요금을 인상하거나 운항 횟수를 줄여 경쟁을 실질적으로 제한하는 경우

협약을 체결한 외항화물운송사업자와 대통령령으로 정하는 화주단체(貨主團體)는 해양수산부령으로 정하는 바에 따라 운임과 부대비용 등 운송조건에 관하여 서로 정보를 충분히 교환하여야 하며, 제2항에 따른 신고를 하기 전에 운임이나 부대비용 등 운송조건에 관하여 협의를 하여야 한다. 이 경우 당사자들은 정당한 사유 없이 이를 거부하여서는 아니 된다.

3. 화물운송 계약

제28조 제1항 각 호에 해당하는 자와 화주는 화물운송거래를 위한 입찰을 하거나 계약을 체결하는 경우에는 공정하고 투명하게 하여야 한다. 제28조 제1항 각 호에 해당하는 자와 화주가 3개월 이상의 기간을 정한 화물운송계약(이하 "장기운송계약"이라 한다)을 체결하는 경우에는 다음 각 호의 내용을 포함하여야 한다.

1. 운임 및 요금의 우대조건

2. 최소 운송물량의 보장

3. 유류비 등 원재료 가격 상승에 따른 운임 및 요금의 협의

4. 그 밖에 산업통상자원부, 국토교통부, 공정거래위원회 등 관계 중앙행정기관과 협의하여 대통령령으로 정하는 내용

4. 외항화물운송사업의 금지행위

제28조 제1항 각 호[1. 외항정기화물운송사업자, 2. 국내항과 외국항 사이에서 외항 정기 화물운송사업을 경영하는 외국인, 3. 외항 정기 여객운송사업을 경영하는 자(제6조에 따른 외국의 해상여객운송사업자를 포함한다)로서 여객 및 화물 겸용 여객선으로 컨테이너 화물을 정기적으로 운송하는 사업자, 4. 그 밖에 운임 및 요금의 공표가 특별히 필요하다고 인정되는 자로서 대통령령으로 정하는 자]에 해당하는 자는 다음 각 호의 어느 하나에 해당하는 행위를 하여서는 아니 된다.

1. 제28조에 따라 공표하거나 신고한 운임 및 요금보다 더 많이 받거나 덜 받는 행위

2. 제28조에 따라 공표하거나 신고한 운임 및 요금보다 덜 받으려고 이미 받은 운임 및 요금의 일부를 되돌려주는 행위

3. 비상업적인 이유로 특정한 사람이나 지역 또는 운송방법에 관하여 부당하게 우선적 취급을 하거나 불리한 취급을 하는 행위

3의2. 운송계약을 정당한 사유 없이 이행하지 않거나 일방적으로 변경하는 행위

4. 비상업적인 이유로 외국수출업자에 비하여 한국수출업자에게 부당하게 차별적인 운임 또는 요금을 설정하는 행위

5. 비상업적인 이유로 화물운송과정상 발생한 분쟁, 그 밖의 손해배상청구의 조정·해결에 있어서 화주를 부당하게 차별하는 행위

6. 그 밖에 대통령령으로 정하는 비상업적인 이유로 화주를 부당하게 차별하는 행위

제28조 제1항 각 호에 해당하는 자와 운송거래를 위해 입찰을 하거나 계약을 체결한 화주는 다음 각 호의 행위를 하여서는 아니 된다.

1. 제28조에 따라 공표되거나 신고된 운임 및 요금보다 비싸거나 싸게 화물을 운송하게 하는 행위

2. 운송 화물의 품목이나 등급에 관하여 거짓의 운임청구서를 받아 지급한 운임 및 요금의 일부를 되돌려 받는 행위

3. 우월적 지위를 이용하여 부당하게 입찰에 참여하게 하거나 계약을 체결하도록 유인하거나 강제하는 행위

4. 운임 및 요금을 인하하기 위해 고의적으로 재입찰하거나 입찰에 참가한 다른 사업자의 단가 정보를 노출하는 행위

5. 운송계약을 정당한 사유 없이 이행하지 않거나 일방적으로 변경하는 행위

6. 그 밖에 대통령령으로 정하는 비상업적인 이유로 해상화물운송사업자를 부당하게 차별하는 행위

제4절 해운중개업, 해운대리점업, 선박대여업 및 선박관리업

Ⅰ. 사업의 등록 및 취소

1. 사업의 등록

해운중개업, 해운대리점업, 선박대여업 또는 선박관리업(이하 "해운중개업등"이라 한다)을 경영하려는 자는 해양수산부령으로 정하는 바에 따라 해양수산부장관에게 등록하여야 한다. 등록한 사항을 변경하려는 때에도 또한 같다. 해운중개업등을 경영하려는 자는 해양수산부령으로 정하는 시설과 경영 형태를 갖추어야 한다.

■ 해운법 시행규칙 [별표 4] <개정 2012.11.30>

해운중개업등의 등록기준(제23조 관련)

사업의 종류	시설 및 경영형태
해운중개업	「상법」상의 회사일 것
해운대리점업	1. 「상법」상의 회사일 것 2. 다음 각 목의 어느 하나에 해당하는 계약을 체결할 것 가. 해상여객운송사업자(외국인을 포함한다)와의 대리점 계약 나. 해상화물운송사업자(외국인을 포함한다)와의 대리점 계약 다. 다른 해운대리점업자와의 업무 수탁계약
선박대여업	총톤수 20톤(부선은 100톤) 이상의 선박이 1척 이상 있을 것
선박관리업	1. 「상법」상의 회사일 것 2. 선박소유자 또는 선박대여업자 등 선박관리를 위탁하려는 자(외국인을 포함한다)와 선박관리계약을 체결할 것

비고
1. 해운대리점업 또는 선박관리업의 경우 계약 체결 시 그 계약기간은 1년 이상으로 하여야 한다.
2. 한국해운조합이 그 조합원의 이익을 위하여 조합원 소유의 선박을 수탁관리하려는 경우에는 위 선박관리업 등록기준 제1호에도 불구하고 선박관리업을 등록할 수 있다.

해운중개업등(선박대여업은 제외한다. 이하 이 조에서 같다) 등록의 유효기간은 등록일부터 3년으로 하고, 계속하여 해운중개업등을 경영하려면 등록의 유효기간이 끝나기 전에 해양수산부령으로 정하는 바에 따라 그 등록을 갱신하여야 한다. 해양수산부장관은 제1항에 따른 선박관리업의 효율적인 등록·관리 및 선원의 권익 보호 등을 위하여 필요한 사항을 정하여 고시(선박관리업의 등록관리요령, 해양수산부 고시 제2022-128호, 2022. 7. 14.)하여야 한다.

2. 등록의 취소

해양수산부장관은 해운중개업등의 사업을 경영하는 자가 제36조에서 준용되는 제14조(제1호와 제8호의 경우에 한정한다), 제34조, 제34조의2 및 제50조 제1항을 위반한 때에는 등록을 취소하거나 6개월 이내의 기간을 정하여 해당 사업의 정지를 명하거나 1천만원 이하의 과징금을 부과할 수 있다. 등록 취소, 사업정지처분의 세부기준 및 과징금을 부과하는 위반행위의 종류와 정도에 따른 과징금의 금액 등에 관하여 필요한 사항은 대통령령으로 정한다.

제5절 해운산업의 건전한 육성과 이용자의 지원

Ⅰ. 해운산업 발전계획

1. 개 요

해운산업 육성·지원에 대한 종합적인 국가계획으로 해운산업의 발전을 위한 해운정책 추진의 기본방향 제시 해운산업 각 부문별 중점 추진과제를 총망라한 종합계획해양수산분야 최상위 종합계획을 고려하여 해운분야 국가정책을 보다 구체화하는 세부계획을 세우고자 마련하였다. 「해운법」 제37조에 따라 정부는 국내외 환경변화를 고려하여 5년마다 해운산업장기발전계획을 수립해야 하고 장기적인 비전을 제시하는 데 목적이 있다. 포함사항으로는 ① 선박의 수요·공급에 관한 사항, ② 선원의 수요·공급과 복지에 관한 사항, ③ 해운과 관련된 국제협력에 관한 사항, ④ 그 밖에 해운산업의 건전한 발전을 위하여 필요한 사항이며, 특히, 해운여건 변화를 반영하여 매 5년마다 수립하는 중장기계획을 수립한다. 수립된 「해운산업 장기발전계획」의 주요내용은 다음과 같다.

- 제1차 계획(2001~2005): 제주선박등록특구제도('01), 선원복지고용센터 설립('01), 선박투자회사제도('02), 톤세제('03), 남북해운합의서체결('04)
- 제2차 계획(2006~2010): 국가필수선대제도 도입('06)
- 제3차 계획(2011~2015): 크루즈육성법 제정('15), 한국해운보증보험 설립('15)
- 제4차 계획(2016~2020): 해운산업 역량 및 시장 대응력 강화, 해운 신시장 개척 및 시장점유율 제고, 해운분야 신비즈니스 발전 여건 조성, 친환경 안전해운 체계 구축 및 국제 해사규범 선도
- 제5차 계획(2021~2025): 스마트 물류기술 개발 및 확산, 디지털 기반 해운물류 안전 확보, 해운물류 데이터 경제 활성화 전문인력 양성 및 민관협력 추진

2. 해운산업장기발전계획 수립(법 제37조)

정부는 5년마다 해운산업장기발전계획을 수립하여 공고하여야 한다. 해운산업장기발전계획에는 다음 각 호의 사항이 포함되어야 한다.

1. 선박의 수요 · 공급에 관한 사항
2. 선원의 수요 · 공급과 복지에 관한 사항
3. 해운과 관련된 국제협력에 관한 사항
4. 그 밖에 해운산업의 건전한 발전을 위하여 필요한 사항

3. 내항여객선 현대화 계획

해양수산부장관은 내항여객선 현대화를 위한 계획(이하 이 조에서 "내항여객선 현대화계획"이라 한다)을 5년 단위로 수립 · 시행하여야 한다. 해양수산부장관은 내항여객선 현대화계획을 수립하려면 관계 중앙행정기관의 장과 미리 협의하여야 한다. 내항여객선 현대화계획의 수립 · 시행에 필요한 사항은 대통령령으로 정한다.

해운법 시행령 제16조의2(내항여객선 현대화계획) ① 법 제37조의2에 따른 내항여객선 현대화계획(이하 "내항여객선 현대화계획"이라 한다)에는 다음 각 호의 사항이 포함되어야 한다.
1. 내항여객선 현대화계획의 추진목표 및 기본방향
2. 내항여객선 현황 및 전망에 관한 사항
3. 내항여객선 현대화 추진전략 및 기반조성에 관한 사항
4. 부문별 · 연차별 사업계획의 추진 및 시행에 관한 사항
5. 그 밖에 내항여객선의 해사안전에 관한 사항으로서 해양수산부장관이 필요하다고 인정하는 사항

② 해양수산부장관은 내항여객선 현대화계획을 수립 · 시행하거나 변경하기 위하여 필요하다고 인정하는 경우에는 관계 중앙행정기관의 장, 특별시장 · 광역시장 · 도지사 · 특별자치도지사, 시장 · 군수 · 구청장(자치구의 구청장을 말한다), 「공공기관의 운영에 관한 법률」 제4조에 따른 공공기관의 장, 해사안전과 관련된 기관 · 단체 또는 개인에 대하여 관련 자료의 제출, 의견의 진술 또는 그 밖에 필요한 협력을 요청할 수 있다.

③ 해양수산부장관은 내항여객선 현대화계획을 수립하거나 변경한 경우에는 그 내용을 관보에 고시하여야 한다.

4. 지원제도

1) 선박확보를 위한 지원

정부는 해운업의 면허를 받거나 등록을 한 자(이하 "해운업자"라 한다)가 다음 각 호의 어느 하나에 해당하는 사업을 하는 경우 재정적 지원이 필요하다고 인정

되면 대통령령으로 정하는 바에 따라 자금의 일부를 보조 또는 융자하게 하거나 융자를 알선할 수 있다.

1. 국내의 항구 사이를 운항하는 선박의 수입
2. 선박 시설의 개량이나 대체
3. 선박의 보수
4. 선박현대화지원사업에 따른 선박의 건조(建造)

2) 선박현대화지원사업

정부는 선박현대화지원사업에 따른 선박의 건조사업을 효율적으로 지원하기 위하여 매년 필요한 자금을 대통령령으로 정하는 바에 따라 조성할 수 있다. 해양수산부장관은 선박현대화지원사업을 위하여 해운업자를 선정하려면 그 선정 기준을 마련하여야 한다. 이 경우 다음 각 호의 어느 하나에 해당하는 자가 우선적으로 선정될 수 있도록 하여야 한다.

1. 장기화물운송계약을 체결한 자
2. 경제선형(經濟船型) 선박을 건조하려는 자

3) 해운단체의 육성 및 재정지원

(1) 해운단체 육성

정부는 해운업자의 경제적 지위를 향상시키고, 국제적 활동을 촉진하기 위하여 해운단체를 육성하여야 한다.

(2) 재정지원

정부는 해운단체가 행하는 해운에 관한 공제사업과 공동시설의 설치·운영에 대하여 대통령령으로 정하는 바에 따라 보조 또는 융자하게 하거나 융자를 알선할 수 있다. 정부는 「에너지 및 자원사업 특별회계법」 제5조에 따른 에너지 및 자원 관련 사업(석유가격구조개편에 따른 지원사업에 한정한다)을 추진하기 위하여 내항화물운송사업자의 선박에 사용하는 유류에 부과되는 세액의 인상액에 상당하는 금액의 전부 또는 일부(이하 "유류세 보조금" 이라 한다)를 보조할 수 있다.

(3) 보조금 등의 사용 및 지급정지

보조 또는 융자를 받은 자는 그 자금을 보조받거나 융자받은 목적이 아닌 용도로 사용하지 못한다. 해양수산부장관은 거짓이나 부정한 방법으로 보조금 또는 융자금을 받은 해운업자 및 해운단체와 같은 조 제2항에 따라 유류세 보조금을 받은 내항화물운송사업자에 대하여는 보조금, 융자금 및 유류세 보조금을 반환할 것을 명하여야 하며, 이에 따르지 아니하면 국세 체납처분의 예에 따라 보조금, 융자금 및 유류세 보조금을 환수하여야 한다.

5. 선박담보 특례 및 압류선박의 운항에 대한 특례

1) 선박담보의 특례

해운업을 경영하기 위하여 제38조 제1항 제1호 또는 제4호에 따라 선박을 수입[용선(傭船)을 포함한다]하거나 건조하는 자에게는 해당 선박의 소유권 취득에 관한 등기를 하기 전이라도 해당 선박의 소유권을 취득한 후 지체 없이 해당 선박을 담보로 제공할 것을 조건으로 융자할 수 있다.

2) 압류선박의 운항에 대한 특례

압류선박이 제3조 제1호에 따른 내항 정기 여객운송사업의 면허를 받은 항로에서 유일한 여객선인 경우에는 법원은 「민사집행법」 제176조 제2항 후단에도 불구하고 채권자, 최고가매수신고인, 차순위매수신고인 및 매수인의 동의 없이 채무자의 신청에 따라 압류선박의 운항을 허가할 수 있다.

6. 국제협약 등의 이행을 위한 조치

해양수산부장관은 국가 사이의 운송비율을 정하는 국제협약이나 운송에 관한 협약을 이행하기 위하여 필요하다고 인정되면 국제항로별로 선박의 취항을 조정하거나, 해운업자 사이의 운송비율을 결정하거나 그 밖에 이에 관한 협의기구를 설치하는 등 필요한 조치를 할 수 있다.

7. 대항조치

정부는 해운업자가 해상운송과 관련한 외국의 정부기관이나 법인 또는 단체로부터 호혜평등의 원칙에 반하는 다음 각 호의 어느 하나에 해당하는 불이익을 받은 경우에는 그 국가의 선박운항사업자나 그 선박운항사업자의 선박 또는 그 선박운항사업자가 사실상 지배하는 국내 선박운항사업자나 그 국내 선박운항사업자의 선박에 대하여 그에 상응하는 대항조치를 할 수 있다.

1. 부담금 등 금전 부과
2. 선박의 입항금지 또는 입항제한
3. 선박의 화물적재나 짐 나르기(揚荷)의 금지 또는 제한
4. 그 밖에 대통령령으로 정하는 사항

정부는 외국의 선박운항사업자가 대한민국의 해운발전을 해치는 행위를 하거나 교역항로의 질서를 어지럽게 한다고 인정되면 그 선박운항사업자 또는 그 선박운항사업자가 소유하거나 운항하는 선박에 대하여 입항규제 등의 조치를 할 수 있다. 선박운항사업자가 사실상 지배하는 국내 선박운항사업자의 기준 등에 필요한 사항은 대통령령으로 정한다.

해운법 시행령 제21조의4(외국의 선박운항사업자가 사실상 지배하는 국내 선박운항사업자의 기준) ① 법 제46조 제1항에 따른 외국의 선박운항사업자가 사실상 지배하는 국내 선박운항사업자는 다음 각 호의 어느 하나에 해당하는 선박운항사업자로 한다.

1. 외국의 선박운항사업자 및 그와 특별한 관계에 있는 자가 단독으로 또는 합하여 발행주식 총수의 100분의 30 이상을 소유하고 최대주주(최대출자자를 포함한다. 이하 같다)로 있는 국내 선박운항사업자
2. 외국의 여러 선박운항사업자(각 선박운항사업자와 특별한 관계에 있는 자를 포함한다)가 합하여 발행주식 총수의 100분의 30 이상을 소유하고 최대주주로 있는 국내 선박운항사업자
3. 제1호의 국내 선박운항사업자 및 그와 특별한 관계에 있는 자가 단독으로 또는 합하여 발행주식 총수의 100분의 30 이상을 소유하고 최대주주로 있는 국내 선박운항사업자
4. 제2호의 국내 선박운항사업자 및 그와 특별한 관계에 있는 자가 단독으로 또는 합하여 발행주식 총수의 100분의 30 이상을 소유하고 최대주주로 있는 국내 선박운항사업자

② 제1항 각 호에서 "특별한 관계에 있는 자"는 제13조 제3항 각 호의 어느 하나에 해당하는 자로 한다.

제6절 보칙 및 벌칙

Ⅰ. 보 칙

1. 적용제외

다음 각 호의 선박만으로 경영하는 해상여객운송사업과 해상화물운송사업에 대하여는 이 법을 적용하지 아니한다.

1. 총톤수 5톤 미만의 선박
2. 노나 돛만으로 운전하는 선박

2. 응급환자 등의 이송에 대한 특례

제4조 제1항에 따라 해상여객운송사업의 면허를 받은 자 또는 제24조 제1항에 따라 내항 화물운송사업의 등록을 한 자는 해양사고, 재해 및 응급환자 이송 등 긴급한 상황이 발생한 경우에는 대통령령으로 정하는 바에 따라 「선박안전법」 제8조 제2항에 따른 최대승선인원의 범위를 초과하여 여객을 운송할 수 있다.

3. 선박의 매매와 용대선의 제한

해양수산부장관은 선복량(船腹量)을 알맞게 유지하고 해상안전과 항로질서를 유지하기 위하여 필요하다고 인정되면 대한민국 선박을 소유할 수 없는 자와의 선박의 매매[국적취득을 조건으로 하는 선체(船體)만을 빌린 선박(裸傭船)을 매수하는 경우를 포함한다] 또는 용대선을 제한하거나 특정 항로나 특정 구역에 선박을 투입하는 것을 제한하는 조치를 할 수 있다. 해양수산부장관은 제1항에 따른 제한 조치를 하려면 대상 선박의 크기, 종류, 선박의 나이, 항로 또는 구역 등 제한의 내용을 미리 고시하여야 한다. 이 경우 제한 내용의 예외를 인정하려는 때에는 그 요건과 절차 등을 포함하여 고시하여야 한다. 제한 내용의 예외를 인정받으려는 자는 해양수산부령으로 정하는 바에 따라 해양수산부장관의 허가를 받아야 한다. 해양수산부장관은 허가의 신청을 받은 날부터 해양수산부령으로 정하는 기간 내에 허가 여부를 신청인에게 통지하여야 한다. 정한 기간 내에 허가 여부 또는 민원 처리

관련 법령에 따른 처리기간의 연장을 신청인에게 통지하지 아니하면 그 기간(민원 처리 관련 법령에 따라 처리기간이 연장 또는 재연장된 경우에는 해당 처리기간을 말한다)이 끝난 날의 다음 날에 허가를 한 것으로 본다.

Ⅱ. 벌 칙

1. 벌 금

1) 다음 각 호의 어느 하나에 해당하는 자는 2천만 원 이하의 벌금에 처한다.

1. 제4조(제48조의2에 해당하는 자는 제외한다), 제6조 제1항 또는 제24조 제1항·제2항을 위반하여 해상여객운송사업이나 해상화물운송사업을 한 자

2. 제33조 제1항 전단을 위반하여 해운중개업등을 한 자

3. 거짓이나 그 밖의 부정한 방법으로 제41조 제1항 및 제2항에 따른 보조금이나 융자금을 교부받은 자

4. 제41조의2 제1항을 위반하여 보조금 또는 융자금을 목적이 아닌 용도로 사용한 자

4의2. 제47조의6 제3항을 위반하여 거짓의 인증마크를 제작·사용하거나 그 밖의 방법으로 인증기업임을 사칭한 자

5. 제49조에 따른 제한을 위반한 자

2) 다음 각 호의 어느 하나에 해당하는 자는 1년 이하의 징역 또는 1천만 원 이하의 벌금에 처한다.

1. 제4조의3을 위반하여 보험 또는 공제에 가입하지 아니한 자

1의2. 제21조 제1항·같은 조 제2항 후단·같은 조 제3항, 제22조 제2항·제4항을 위반한 자

2. 제14조 제8호(제36조에서 준용하는 경우를 포함한다), 제21조 제5항, 제22조 제5항·제6항 또는 제30조(제2호 및 제3호에 한정한다)에 따른 명령을 위반한 자

3. 제19조 제1항(제32조와 제36조에서 준용하는 경우를 포함한다) 또는 제35조에 따른 사업정지처분을 위반한 자

3의2. 제21조의3 제1호를 위반하여 안전관리종사자의 정당한 직무상 명령을

위반한 자

4. 제22조 제2항을 위반하여 자격을 갖추지 아니한 사람을 운항관리자로 선임하는 데 관여한 자

3) 다음 각 호의 어느 하나에 해당하는 자는 1천만 원 이하의 벌금에 처한다.

1. 제13조 제3항(제32조에서 준용하는 경우를 포함한다), 제14조 제1호(제36조에서 준용하는 경우를 포함한다), 제16조 제1항, 제28조 제7항, 제29조 제5항 또는 제30조(제1호 · 제4호 및 제5호에 한정한다)에 따른 명령을 위반한 자

2. 제31조를 위반한 자

4) 양벌규정

법인의 대표자나 법인 또는 개인의 대리인, 사용인, 그 밖의 종업원이 그 법인 또는 개인의 업무에 관하여 제56조, 제57조 또는 제57조의2의 위반행위를 하면 그 행위자를 벌하는 외에 그 법인 또는 개인에게도 해당 조문의 벌금형을 과(科)한다. 다만, 법인 또는 개인이 그 위반행위를 방지하기 위하여 해당 업무에 관하여 상당한 주의와 감독을 게을리하지 아니한 경우에는 그러하지 아니하다.

5) 과태료

가. 여객운송사업자가 다음 각 호의 어느 하나에 해당하는 때에는 500만원 이하의 과태료를 부과한다.

1. 제11조의3 제2항을 위반하여 선박검사 결과 등을 공개하지 아니하거나 거짓으로 공개한 때

2. 제21조의2 제2항을 위반하여 승선권 기재내용을 확인하지 아니한 때

3. 제21조의2 제3항을 위반하여 승선을 거부하지 아니한 때

4. 제21조의2 제4항을 위반하여 여객의 승선 여부를 확인하지 아니하거나 여객명부를 관리하지 아니한 때

5. 제21조의2 제5항을 위반하여 승선권 발급내역 및 여객명부를 보관하지 아니한 때

6. 제21조의4를 위반하여 차량선적권 및 화물운송장 기재내용의 확인 또는

선적 · 적재 거부를 하지 아니하거나 발급 · 선적 · 적재에 관한 자료를 보관하지 아니한 때

나. 다음 각 호의 어느 하나에 해당하는 자에게는 300만원 이하의 과태료를 부과한다.

1. 제21조의5 제1항을 위반하여 안전관리책임자를 두지 아니한 내항여객운송사업자(제21조의5 제2항에 따라 안전관리대행업자에게 위탁한 경우에는 안전관리대행업자를 말한다)

2. 제21조의5 제3항을 위반하여 안전관리책임자로 하여금 교육을 이수하게 하지 아니한 내항여객운송사업자(제21조의5 제2항에 따라 안전관리대행업자에게 위탁한 경우에는 안전관리대행업자를 말한다)

다. 다음 각 호의 어느 하나에 해당하는 자에게는 100만원 이하의 과태료를 부과한다.

1. 제7조 제1항, 제11조 제1항, 제11조의2 제1항, 제12조 제1항, 제13조 제2항, 제18조, 제24조 제4항, 제26조 제1항, 제28조 제4항 또는 제29조 제2항에 따른 신고를 하지 아니한 자

1의2. 제11조의3 제1항을 위반하여 여객선 이력을 관리하지 아니한 자

1의3. 제21조의2 제1항을 위반하여 승선권을 발급받지 아니하거나 거짓으로 발급받고 승선한 여객

1의4. 제21조의3 제2호부터 제4호까지의 규정에 따른 여객의 금지행위를 위반한 자

1의5. 제21조의4를 위반하여 차량선적권 및 화물운송장을 발급받지 아니하거나 거짓으로 발급받고 선적 · 적재한 자

1의6. 제21조의5 제2항을 위반하여 안전관리대행업자에게 위탁한 사실을 알리지 아니한 자

2. 제25조 제2항에 따른 신고를 하지 아니하고 일시적인 운송을 한 자

3. 제28조 제1항에 따른 운임 및 요금을 공표하지 아니한 자

3의2. 제29조의2 제2항을 위반한 자

3의3. 제33조 제1항 후단에 따른 변경등록을 하지 아니하거나 거짓으로 변경등록을 한 자

3의4. 제47조의3 제2항을 위반하여 인증마크를 계속 사용한 자

4. 제50조 제1항에 따른 보고 또는 자료제출을 하지 아니하거나 거짓으로 보고를 하거나 거짓의 서류를 제출한 자

5. 제50조 제2항에 따른 조사를 거부 또는 방해하거나 기피한 자

라. 제1항부터 제3항까지에 따른 과태료는 대통령령으로 정하는 바에 따라 해양수산부장관이 부과 · 징수한다.

제11장 해양사고의 조사 및 심판에 관한 법률

제1절 총 칙

Ⅰ. 목적(법 제1조)

「해양사고의 조사 및 심판에 관한 법률(이하 '해양사고심판법'이라 한다)」은 해양안전심판원의 심판으로서 해양사고에 대한 조사 및 심판을 통하여 해양사고의 원인을 밝힘으로써 해양안전의 확보에 이바지함을 목적으로 하고 있다.

이 법은 해양사고의 원인을 규명함으로써 궁극적으로는 해양안전의 확보에 이바지하는 데 있으며, 이를 위하여 먼저 해양사고의 원인을 전문가에 의해 과학적이고 철저하게 규명함으로써 그 원인을 제거할 필요가 있는 경우 관계 기관에게 개선을 요청하여 시정하도록 하고, 해양사고가 면허를 소지한 해기사 및 도선사의 고의 또는 과실로 발생한 경우 해당 면허행사 해양사고관련자에 대해서는 징계처분을 하며, 면허를 소지하지 않은 일반 해양사고관련자에 대해서는 시정명령 또는 개선권고를 하거나 징계집행유예제도에 따라 교육을 받도록 함으로써 동일한 해양사고의 재발을 방지하기 위한 역할을 하고 있다. 이러한 해양사고의 조사 및 심판을 위하여 해양수산부장관 소속 하에 해양안전심판원을 두고 있다.

Ⅱ. 용어의 정의(법 제2조)

1. 해양사고 등

1) 해양사고

"해양사고"란 해양 및 내수면(內水面)에서 발생한 다음의 어느 하나에 해당하는 사고를 말한다.

가. 선박의 구조·설비 또는 운용과 관련하여 사람이 사망 또는 실종되거나 부상을 입은 사고

나. 선박의 운용과 관련하여 선박이나 육상시설·해상시설이 손상된 사고

다. 선박이 멸실·유기되거나 행방불명된 사고

라. 선박이 충돌·좌초·전복·침몰되거나 선박을 조종할 수 없게 된 사고

마. 선박의 운용과 관련하여 해양오염 피해가 발생한 사고

2) 준해양사고

"준해양사고"란 선박의 구조·설비 또는 운용과 관련하여 시정 또는 개선되지 아니하면 선박과 사람의 안전 및 해양환경 등에 위해를 끼칠 수 있는 사태로서 해양수산부령으로 정하는 사고를 말한다.

1. 항해 중 운항 부주의로 다른 선박에 근접하여 충돌할 상황이 발생하였으나 가까스로 피한 사태

2. 항로 내에서의 정박 중 다른 선박에 근접하여 충돌할 상황이 발생하였으나 가까스로 피한 사태

3. 입·출항 중 항로를 이탈하거나 예정된 항로를 이탈하여 좌초될 상황이 발생하였으나 가까스로 안전한 수역으로 피한 사태

4. 화물을 싣거나 묶고 고정시킨 상태가 불량한 사유 등으로 선체가 기울어져 뒤집히거나 침몰할 상황이 발생하였으나 가까스로 피한 사태

5. 전기설비의 상태 불량 등으로 화재가 발생할 상황이었으나 가까스로 화재가 나지 아니하도록 조치한 사태

6. 해양오염설비의 조작 부주의 등으로 오염물질이 해양에 배출될 상황이 발생하였으나 가까스로 배출되지 아니하도록 조치한 사태

7. 그 밖에 제1호부터 제6호까지의 사태와 유사한 사태로서 해양수산부장관이 정하여 고시하는 사태

2. 선 박

"선박"이란 다음과 같은 수상 또는 수중을 항행하거나 항행할 수 있는 구조물을 말한다(법 제2조 제2호).

1. 동력선(기관을 사용하여 추진하는 선박을 말하며, 선체의 외부에 추진기관을 붙이거나 분리할 수 있는 선박을 포함한다)
2. 무동력선(범선과 부선을 포함한다)
3. 수면비행선박(표면효과 작용을 이용하여 수면에 근접하여 비행하는 선박을 말한다)
4. 수상에서 이동할 수 있는 항공기

다만, 다른 선박과 관련 없이 단독으로 해양사고를 일으킨 군용 선박 및 경찰용선박, 그 상호 간에 해양사고를 일으킨 군용 선박 및 경찰용선박, 그 밖에 해양수산부장관이 정하여 고시하는 수상레저기구는 제외한다.

여기서 해양수산부 장관이 고시하는 기구란「수상레저안전법 시행령」에서 정하는 기구를 말하며, 다만, 다음 각 호의 기구에 대하여는「해양사고의 조사 및 심판에 관한 법률」을 적용한다.

1. 모터보트
2. 세일링요트(돛과 기관이 설치된 것을 말한다)
3. 호버크래프트
4. 수면비행선박

3. 해양사고관련자

"해양사고관련자"란 해양사고의 원인과 관련된 자로 지정된 자로서 조사관이 심판을 청구하는 경우 그 해양사고 발생의 원인과 관계가 있다고 인정하여 지정된 자를 말한다. 해기사 또는 도선사의 경우에는 면허행사 해양사고관련자로 그리고 해기사 또는 도선사 이외의 자의 경우에는 일반 해양사고관련자라 한다.

4. 원격영상심판

"원격영상심판(遠隔映像審判)"이란 해양사고관련자가 해양수산부령으로 정하는 동영상 및 음성을 동시에 송수신하는 장치가 갖추어진 관할 해양안전심판원 외의 원격지 심판정(審判廷) 또는 이와 같은 장치가 갖추어진 시설로서 관할 해양안전심판원이 지정하는 시설에 출석하여 진행하는 심판을 말한다.

5. 이해관계인

"이해관계인"이란 해양사고의 원인과 직접 관계가 없는 자로서 해양사고의 심판 또는 재결로 인하여 경제적으로 직접적인 영향을 받는 자를 말한다.

Ⅲ. 해양사고의 원인규명(법 제4조)

해양안전심판원의 주된 목적은 해양사고의 원인규명에 있다. 그러므로 심판원의 심판에 있어서는 다음 사항에 관하여 해양사고의 원인을 밝히도록 규정하고 있다.

가. 사람의 고의 또는 과실로 인하여 발생한 것인지 여부

나. 선박승무원의 인원, 자격, 기능, 근로조건 또는 복무에 관한 사유로 발생한 것인지 여부

다. 선박의 선체 또는 기관의 구조·재질·공작이나 선박의 의장(艤裝) 또는 성능에 관한 사유로 발생한 것인지 여부

라. 수로도지(水路圖誌)·항로표지·선박통신·기상통보 또는 구난시설 등의 항해보조시설에 관한 사유로 발생한 것인지 여부

마. 항만이나 수로의 상황에 관한 사유로 발생한 것인지 여부

바. 화물의 특성이나 적재에 관한 사유로 발생한 것인지 여부

심판원은 해양사고의 원인을 밝힐 때 해양사고의 발생에 2명 이상이 관련되어 있는 경우에는 각 관련자에 대하여 원인의 제공 정도를 밝힐 수 있으며, 해양사고의 원인규명을 위하여 필요하다고 인정하면 해양수산부령이 정하는 전문연구기관(한국해양수산연수원, 한국해양수산개발원, 한국해양과학기술원 및 한국해양교통안전공단)

에 자문을 요청할 수 있다.

Ⅳ. 심판의 재결 등

1. 재결(법 제5조)

심판원은 재결(裁决)로써 해양사고의 원인을 밝히고 그 결과를 명백하게 하여야 하고, 해양사고가 해기사나 도선사의 직무상 고의 또는 과실로 발생한 것으로 인정할 때에는 해당자를 징계하여야 하며, 해기사나 도선사 외에 해양사고관련자에게 시정 또는 개선을 권고하거나 명할 수 있다. 다만, 행정기관에 대하여는 시정 또는 개선을 명하는 재결을 할 수 없다(법 제5조 제1항 내지 제3항).

2. 시정 등의 요청(법 제5조의2)

심판원은 심판의 결과 해양사고를 방지하기 위하여 시정하거나 개선할 사항이 있다고 인정할 때에는 해양사고관련자가 아닌 행정기관이나 단체에 대하여 해양사고를 방지하기 위한 시정 또는 개선조치를 요청할 수 있다.

3. 징계의 종류와 감면(법 제6조)

고의 또는 과실이 있는 해기사나 도선사에 대한 징계는 면허의 취소, 업무정지 및 견책으로 하고, 행위의 경중(輕重)에 따라서 심판원이 징계의 종류를 정하며, 징계를 할 때에는 해양사고의 성질이나 상황 또는 그 사람의 경력과 그 밖의 정상을 고려하여 이를 감면할 수 있다. 업무정지 기간은 1개월 이상 1년 이하로 한다.

4. 징계의 집행유예

1) 도입배경

해양안전심판원은 선박의 항법 등 해기지식의 부족으로 인한 반복적인 해양사고를 예방하기 위하여 해양사고관련자에게 징계의 집행을 유예하면서 직무교육을 이수하도록 하는 집행유예제도를 도입하였다. 이는 해양사고에 따른 해기사 또는 도선사에 대한 징계는 자격박탈 등의 효과는 있으나, 유사 해양사고의 재발을 방지하기 위한 예방적 효과는 적어 현행 징계방식의 다양화가 필요하다는 인식을 같이하여 징계 중 업무정지를 하여야 할 경우로서 정상을 고려할 만한 사유가 있는 경우에는 직무교육의 이수를 명하면서 징계의 집행을 유예할 수 있도록 개정하였다.

2) 징계의 집행유예(법 제6조의2)

심판원은 업무정지 중 그 기간이 1개월 이상 3개월 이하의 징계를 재결하는 경우에 선박운항에 관한 직무교육(이하 "직무교육"이라 한다)이 필요하다고 인정할 때에는 그 징계재결과 함께 3개월 이상 9개월 이하의 기간 동안 징계의 집행유예(이하 "집행유예"라 한다)를 재결할 수 있다. 이 경우 해당 징계재결을 받은 사람의 명시한 의사에 반하여서는 아니 된다. 징계의 집행유예의 기준 등에 필요한 사항은 심판원이 정한다.

3) 직무교육의 이수명령(법 제6조의3)

심판원은 징계의 집행을 유예하는 때에는 그 유예기간 내에 직무교육을 이수하도록 명하여야 하며, 직무교육을 이수하도록 명령을 받은 사람은 심판원 또는 대통령령으로 정하는 위탁 교육기관에서 직무교육을 받아야 한다.

교육을 실시하는 심판원 또는 위탁 교육기관은 교육생으로부터 소정의 수강료를 받을 수 있으며, 직무교육의 기간, 내용 등 직무교육 이수에 관하여 필요한 사항은 심판원이 별도로 정한다.

4) 집행유예의 실효(법 제6조의4)

징계의 집행유예 재결을 받은 사람이 ① 집행유예기간 내에 직무교육을 이수하지 아니한 경우, ② 집행유예기간 중에 업무정지 이상의 징계재결을 받아 그 재결이 확정된 경우에는 그 집행유예의 재결은 효력을 잃는다.

5) 집행유예의 효과(법 제6조의5)

징계의 집행유예 재결을 받은 후 그 집행유예의 재결이 실효됨이 없이 집행유예기간이 지난 때에는 징계를 집행한 것으로 본다.

5. 일사부재리(법 제7조)

심판원은 본안에 대한 확정재결이 있는 사건에 대하여는 거듭 심판할 수 없다. 이는 이 법에서 일사부재리의 원칙이 그대로 적용되는 것임을 규정한 것이다.

6. 공소 제기 전 심판원의 의견청취(법 제7조의2)

검사는 해양사고가 발생하여 해양사고관련자에 대하여 공소를 제기하는 경우에는 관할 지방해양안전심판원의 의견을 들을 수 있다.

7. 심판정에서의 용어(법 제7조의3)

심판정에서의 용어는 국어를 사용한다. 국어에 통하지 아니하는 사람의 진술은 통역인으로 하여금 통역하게 하여야 한다.

제2절 해양안전심판원의 조직 및 운영

Ⅰ. 해양안전심판원의 역할 및 기능

해양안전심판은 해양 및 내수면(內水面)에서 선박의 구조·설비 또는 운용과 관련하여 발생한 각종 해양사고에 대하여 조사를 거쳐 심판이라는 준사법적 절차를 통하여 해양사고의 원인을 밝히고, 재결로서 공시함으로써 해양안전의 확보에 이바지함을 목적으로 하고 있는 특별행정심판이다.

해양안전심판원(이하 '심판원'이라 한다)은 해양사고의 조사 및 심판에 관한 업무수행을 위하여 해양수산부장관 소속으로 설치된 특별행정관청이다.[1)]

심판원은 해양사고의 원인을 밝히고 재결(裁決)로써 그 결과를 명백하게 하여야 한다. 그리고 심판원은 해양사고가 해기사·도선사의 직무상 고의 또는 과실로 발생한 것으로 인정할 때에는 재결로써 이들을 징계하고, 해기사·도선사 외에 사람이 해양사고의 원인에 기여했다고 판단된 경우에는 이들에게 개선권고 또는 시정명령

1) 「해양사고의 조사 및 심판에 관한 법률(이하 '해양안전심판법'이라 한다)」 제3조 참조.

을 할 수 있으며, 행정기관이나 단체에 대하여 해양사고를 방지하기 위하여 시정·개선할 사항이 있다고 인정할 때에는 시정조치 또는 개선조치를 요청할 수 있다.

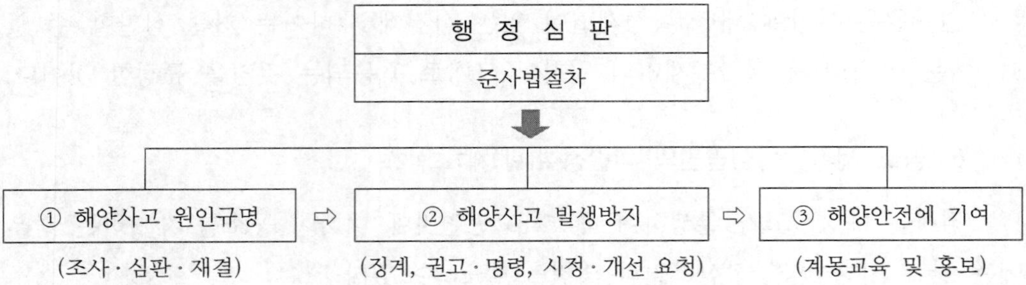

Ⅱ. 해양안전심판원의 조직 및 관할

심판원은 중앙해양안전심판원(이하 '중앙심판원'이라 한다)과 4개소(부산·인천·목포·동해)의 지방해양안전심판원(이하 '지방심판원'이라 한다)이 있다. 중앙심판원은 세종특별자치시에 두고 지방심판원은 부산광역시, 인천광역시, 목포시 및 동해시 등 4개의 주요 항구에 두고 있다. 지방심판원은 제1심을 담당하고, 중앙심판원은 조사관 또는 해양사고관련자가 지방심판원의 재결(제1심)에 불복하여 제2심을 청구할 경우 제2심을 담당한다.

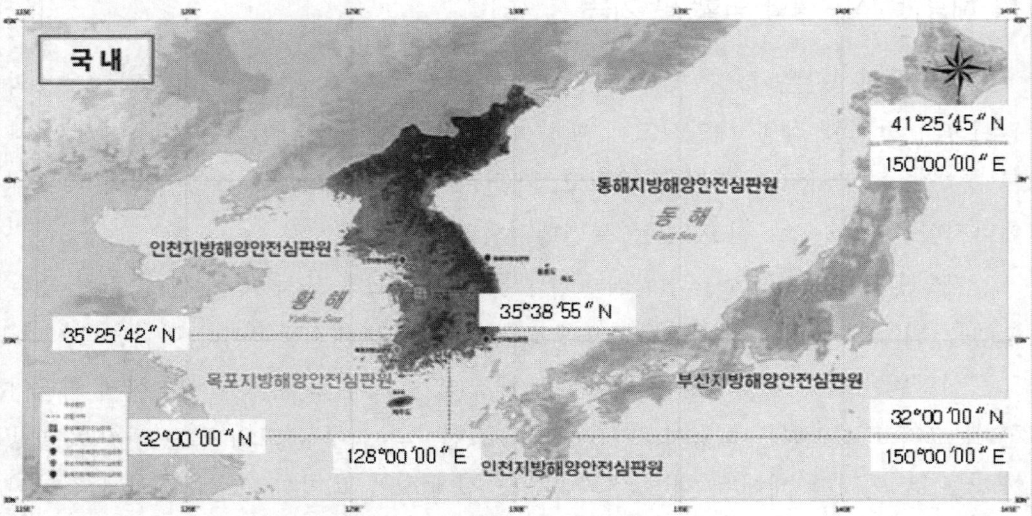

〈그림 19〉 국내 관할해역도
(출처: 중앙해양안전심판원 홈페이지)

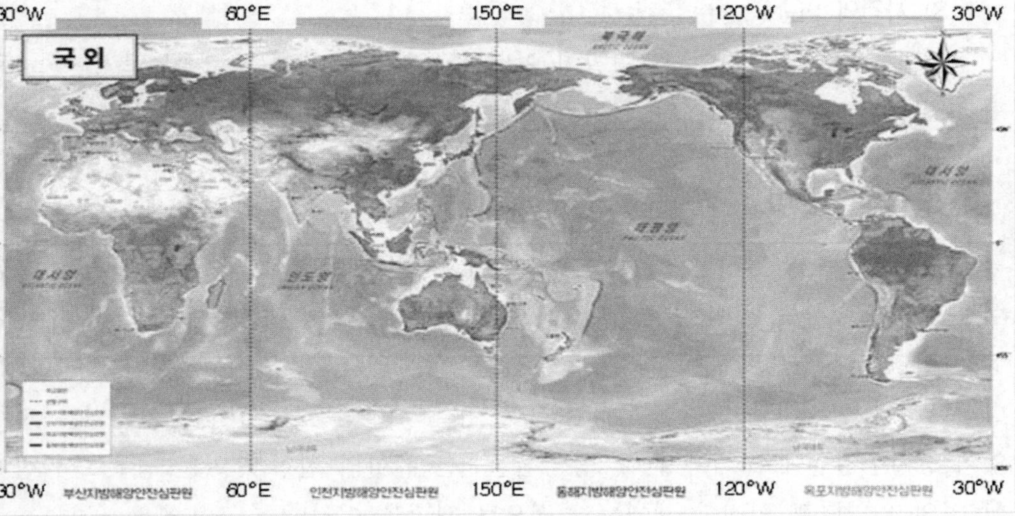

〈그림 20〉 국외 관할해역도
(출처: 중앙해양안전심판원 홈페이지)

1. 심판원의 관할

1) 사고발생장소에 따른 관할

심판에 부칠 사건의 관할권은 해양사고가 발생한 지점을 관할하는 지방심판원에 속한다. 다만, 해양사고 발생 지점이 분명하지 아니하면 그 해양사고와 관련된 선박의 선적항을 관할하는 심판원에 속한다(법 제24조 제1항).

하나의 사건이 2곳 이상의 지방심판원에 계속(係屬)되었을 때에는 최초의 심판청구를 받은 지방심판원에서 심판한다(제2항).

2) 사건의 병합 또는 분리

하나의 선박에 관한 2개 이상의 사건이 2곳 이상의 지방심판원에 계속되었을 때에는 최초의 심판청구를 받은 지방심판원이 심판한다(제3항).

또한 하나의 선박에 관한 2개 이상의 사건을 심판하는 지방심판원은 필요하다고 인정하는 때에는 직권으로 또는 조사관, 해양사고관련자나 심판변론인의 신청에 따라 결정으로 그 심판을 분리하거나 병합할 수 있다(제4항).

3) 사건의 이송

지방심판원은 사건이 그 관할이 아니라고 인정할 때에는 결정으로써 이를 관할 지방심판원에 이송하여야 한다(법 제25조).

2. 관할의 이전

조사관이나 해양사고관련자는 해당 해양사고의 해양사고관련자가 관할 지방심판원에 출석하는 것이 불편하다고 인정되는 경우에는 대통령령으로 정하는 바에 따라 중앙심판원에 관할의 이전을 신청할 수 있다. 이 경우 신청인은 관할 지방심판원에 신청서를 제출할 수 있으며, 이를 제출받은 관할 지방심판원은 지체 없이 중앙심판원에 보내야 한다. 중앙심판원은 관할의 신청이 있는 경우로서 심판상 편의가 있다고 인정할 때에는 결정으로 관할을 이전할 수 있다(법 제26조).

이러한 관할이전의 신청은 심판정에서 해당 사건에 대하여 이미 진술한 경우 또는 심판불필요처분이 올바른지에 대한 심판이 신청된 경우에는 할 수 없다(시행령 제3조 제2항).

Ⅲ. 특별조사부

중앙심판원의 수석조사관은 심판청구를 위한 조사와는 별도로 아래와 같은 사고에 대하여 특별한 조사가 필요하다고 인정하는 경우에는 특별조사부를 구성할 수 있다(법 제18조의3).

① 사람이 사망한 해양사고

② 선박 또는 그 밖의 시설이 본래의 기능을 상실하는 등 피해가 매우 큰 해양사고

③ 기름 등의 유출로 심각한 해양오염을 일으킨 해양사고

④ 위에서 규정한 해양사고 외에 해양사고 조사에 국제협력이 필요한 해양사고 및 준해양사고

Ⅳ. 심급제도

지방심판원은 제1심 조사·심판을 담당하며, 이에 불복하는 해양사고관련자 또는 조사관은 중앙심판원에 제2심을 청구할 수 있다. 그리고 중앙심판원의 재결에 대해 불복하는 경우에는 고등법원[2]에 소송을 제기할 수 있고, 고등법원의 판결에 대한 불복은 대법원에 상고할 수 있다. 즉 총 4번의 판단을 거칠 수 있다.

여기서 지방심판원과 중앙심판원의 재결은 행정처분에 해당하고, 고등법원과 대법원의 소송은 행정처분에 대한 취소소송의 성질을 갖는다. 심판원의 재결은 재판이 아니므로 심판원의 심판절차와 법원의 소송절차 사이에 1심과 2심처럼 심급관계가 있는 것이 아니고, 고등법원이 1심, 대법원이 2심 겸 상고심이 된다. 특허심판과 특허법원의 관계와 유사하다.[3]

제3절 해양안전심판의 관계자

Ⅰ. 조사관

조사관은 해양안전심판의 전 절차로서 해양사고의 조사와 심판의 청구, 심판원의 재결 집행 그리고 대통령령으로 정하는 다음의 사무를 담당한다(법 제17조). 즉 조사관은 해양안전심판에서 형사소송법상 검사의 역할과 유사하다.

① 해양사고 통계의 종합·분석
② 해양사고 사건의 현장검증
③ 해양사고에 대한 국제공조
④ 해양사고 법규자료의 수집에 관한 사항

중앙심판원은 고위공무원 나급의 수석조사관과 조사관(4급)이 조사업무를 수행하고, 지방심판원은 4급의 수석조사관과 5급의 조사관이 조사업무를 수행한다.

2) 중앙심판원의 재결에 대한 소송은 중앙심판원의 소재지를 관할하는 공등법원에 속한다(법 제74조 제1항)고 규정하고 있고, 현재 중앙심판원이 세종특별자치시에 위치하고 있으므로 대전고등법원이 전속관할법원이다.

3) 이정훈, 「해양안전심판 실무」, (서울: 박영사, 2019), 151－152쪽.

지방심판원의 조사관은 해양사고의 접수 및 조사 후 사건 경중을 판단하여 심판을 청구하거나 심판불필요처분 조치를 한다.

해양사고 접수	조사관은 관련기관으로부터 해양사고발생 통보를 받거나 신문, 방송 등을 통하여 해양사고를 인지한 경우 이를 해양사고로 접수
⇩	
해양사고 조사	조사관은 해양사고가 접수되면 해양사고조사를 위하여 현장을 조사하고 증거자료를 수집하며, 해양사고관계인을 출석하게 하여 진술을 청취
⇩	
심판청구 및 심판불필요처분	조사관은 조사의 결과 사건을 심판에 부쳐야 한다고 인정할 때에는 해양사고관련자를 지정하여 지방심판원에 심판을 청구하고, 사건이 경미하거나 사고원인이 간명하여 심판에 부칠 필요가 없다고 인정되면 심판불필요처분 조치

1. 심판불필요처분

조사관은 해양사고의 조사 결과 심판에 붙일 필요가 없다고 인정할 때 그 사건에 대해 심판불필요처분(審判不必要處分)을 한다(법 제34조 제2항). 심판불필요처분의 기준은 사무처리요령 제46조에서 상세히 열거되어 있으며, 그 내용을 정리하면 다음과 같다.

○ 해양사고로 인한 인적 · 물적 피해가 경미한 사건

○ 선박의 기관 등 손상사건 또는 조난사건으로서 자력항행이 불가능하나 그 손상정도가 비교적 경미하고 원인이 간명한 경우

○ 총톤수 25톤 미만인 소형선박에서 발생한 해양사고로서 원인이 간명한 경우

○ 부상사건에서 부상의 정도가 경미한 경우, 사망 · 실종 · 부상사건 중 본인의 잘못으로 사고가 발생한 것이 명확한 경우 또는 사망 · 실종이 된 때의 상황에 대하여 목격자가 없어 선박의 구조, 설비 또는 운용과 관련하여 발생한 것인지가 분명하지 아니한 경우

○ 선박의 경미한 부유물감김사건이나 운항저해의 시간이 24시간 미만인 운항저해사건인 경우

○ 해양사고의 원인이 억류, 나포 또는 전쟁사고 등 비상사변만인 것으로 밝혀진 사건

○ 우리나라 영해에서 발생한 외국선박의 단독사건 또는 외국선박 사이에 발생한 사건으로서 심판의 실익이 없는 것으로 인정되는 경우

○ 해양사고의 원인이 간명하거나 심판의 실익이 없다고 인정되는 경우

○ 해양오염사건에서 「해양환경관리법」상 기름, 유해액체물질, 포장유해액체물질 및 폐기물 등이 「해양환경관리법시행령」[별표 6]의 신고기준 미만으로 배출된 경우

다만, 다음의 경우는 불필요처분을 하지 아니한다.

○ 해양사고관계인의 고의 또는 중대한 과실이 있는 사건

○ 해양사고관계인의 요청 및 해양사고관계인에 대한 징계 또는 시정·개선권고 등이 필요할 때

2. 심판청구

조사관은 사건을 심판에 붙여야 할 것으로 인정할 때에는 일련의 서류 및 증거물 등을 심판청구서에 첨부하여 지방심판원에 심판을 청구한다. 다만, 사건 발생 후 3년이 경과한 해양사고에 대하여는 심판의 청구를 하지 못한다(법 제38조 제1항).

심판청구서에는 사건명, 해양사고관련자의 성명·생년월일·주소·당시의 직명 및 가지고 있는 면허의 종류 등을 기재하고, 해양사고의 개요를 기술한다(시행령 제29조).

○ 해양사고관련자(해기사 또는 도선사): 심판청구사건의 해기사 또는 도선사로서 고의·과실에 의해 해양사고를 발생케 한 자

○ 해양사고관련자(해기사 또는 도선사 이외의 자): 해기사 또는 도선사 이외의 자로서 해양사고의 원인에 관계있는 자. 즉, 관련 선주·해기사 등 자연인, 사법인, 공법인 등(국가, 지방자치단체 포함)이 그 대상이 되며, 이들에게는 시정 또는 개선을 권고하거나 명하게 된다.

○ 단독심판(경미한 사건 등) 및 약식심판 청구 필요시 그 의사표시

○ 비상임심판관 참여 필요시 그 의견

○ 특별조사 활동 사건시의 의견

○ 형사사건 관련 여부

3. 재결의 집행

조사관은 재결이 확정되면 다음과 같이 재결을 집행한다.

○ 지방심판원의 재결(제1심) 후 ① 제2심 청구기간(14일)이 경과한 때, ② 제2심 청구에 대한 중앙심판원의 기각재결 또는 각하결정서의 정본을 송달받은 때, ③ 제2심 청구기간 내에 담당조사관 및 해양사고관련자 전원이 제2심 청구의 포기의사를 서면으로 제출한 때

○ 중앙심판원의 재결(제2심)을 고지한 때

Ⅱ. 심판부

1. 심판부의 구성

중앙심판원은 고위공무원 가급(1급)의 원장이 심판장과 기관장 업무를 수행하고, 고위공무원 나급(2급)의 심판관 4명과 함께 5인 합의체의 심판부를 구성하여 심판을 한다. 그리고 지방심판원은 고위공무원 나급(2급)의 원장이 심판장과 기관장 업무를 수행하고, 4급의 심판관 2명과 함께 3인 합의체의 심판부를 구성하여 심판을 한다[4]. 합의체 심판부는 합의체를 구성하는 심판관(심판장과 비상임심판관을 포함한다)의 과반수의 찬성으로 의결한다.

심판원장과 심판관은 일반직공무원으로서 「국가공무원법」 제26조의5에 따른 임기제공무원으로 하고, 그 임기는 3년으로 하며 연임할 수 있다(법 제13조).

2. 비상임심판관

중앙심판원과 지방심판원은 해양사고의 원인규명이 특히 곤란한 사건에 대하여 각 전문분야[5]의 직무에 필요한 학식과 경험이 있는 사람을 심판에 참여하도록

---

4) 다만, 경미한 사건의 단독심판과 약식심판의 경우에는 1인 심판관이 심판을 한다.

5) 「해양사고심판법 시행령」 제10조에서는 비상임심판관의 자격과 관련하여 다음과 같이 전문분야를 분류하고 있다. 1. 선박의 운항 또는 선박용 기관의 운전, 2. 어로(漁撈) 기술, 3. 조선(造船)·조기(造機)·의장(艤裝), 4. 해사(海事)의 검정 또는 항만 하역, 5. 선박의 구조, 6. 항만의 축조, 7. 기상(氣象)·해상(海象), 8. 선박통신, 9. 해사 관련 법령, 10. 선박 운영, 11. 전자기기, 12. 수로도서지(水路圖書誌) 또는 항로표지, 13. 화물의 특성 또는 적재, 14. 해양오염 방지, 15. 그 밖에 해당 사건과 관

함으로써 전문적인 심판을 구현하기 위하여 비상임심판관제도를 두고 있다(법 제14조). 심판에 참여하는 비상임심판관의 직무와 권한은 심판관과 같다.

비상임심판관이 참여한 심판부는 2인의 비상임심판관을 참여시켜 지방심판원의 경우 5인 합의체, 중앙심판원의 경우 7인 합의체로 심판부를 구성한다.

심판의 개시	· 조사관의 심판청구에 의하여 심판이 개시되며 심판원은 심판부를 구성하고 심판기일을 지정하여 해양사고관련자 · 조사관 등에게 소환장 또는 통지서를 보냄 · 해양사고관련자 · 조사관 등은 관할이전 신청이 가능하며 제1회 심판기일에 대하여 변경요구를 할 수 있음
↓	
증거조사	· 지방심판원은 신청 또는 직권으로 필요한 증거조사를 할 수 있음
↓	
사실심리 및 의견진술	· 심판장은 개정선언에 이어 해양사고관련자에 대한 인정신문 실시 · 조사관은 최초진술을 하고 해양사고관련자에 대한 사실심리가 종료되면 사실을 제시하고 원인판단, 징계, 권고, 명령 및 요청에 관하여 의견진술 · 해양사고관련자, 심판변론인은 조사관의 의견진술에 대하여 변론을 진술할 수 있으며 변론 종결 후라도 결정으로 변론 재개 가능
↓	
재 결	· 심판원은 변론이 끝나면 해양사고 발생의 원인에 대한 판단을 하고 해양사고관련자의 과실에 대한 징계여부와 시정 또는 개선을 권고하거나 명하는 재결을 함 ◇ 행정기관이나 단체에 대하여는 해양사고의 방지를 위한 시정 또는 개선조치 요청 가능 · 재결서 정본은 10일 이내에 조사관 · 해양사고관련자 · 심판변론인에게 송달

3. 특별심판부

중앙심판원장은 다음 각 호의 어느 하나에 해당하는 해양사고 중 그 원인규명에 고도의 전문성이 필요하다고 인정할 때에는 그 사건을 관할하는 지방심판원에 특별심판부를 구성할 수 있다.

○ 10명 이상이 사망하거나 부상당한 해양사고

○ 선박이나 그 밖의 시설의 피해가 현저히 큰 해양사고

○ 기름 등의 유출로 심각한 해양오염을 일으킨 해양사고

련된 특수한 분야.

특별심판부는 해당 해양사고의 원인규명에 전문지식을 가진 심판관 2명과 그 사건을 관할하는 지방심판원장으로 구성하되, 지방심판원장이 심판장이 된다.

중앙심판원은 2007년 발생한 유조선 허베이스피리트호 해양오염사건, 유조선 우이산호 부두접촉사건, 여객선 세월호 전복사건 등에 대하여 특별심판부를 구성하였다.

4. 심판관의 제척 · 기피 · 회피

심판관의 제척 · 기피 · 회피제도는 해양안전심판의 공정성 확보를 위해 심판관 및 비상임심판관이 해당 사건에 관련되어 있을 때 또는 불공평한 심판을 할 우려가 있을 때 심판직무의 집행에서 배제시키는 제도이다.

1) 제 척

심판관(심판장을 포함한다)이나 비상임심판관은 다음 각 호의 어느 하나에 해당하는 경우에는 직무집행에서 제척된다.

○ 해양사고관련자의 친족이거나 친족이었던 경우

○ 해당 사건에 대하여 증언이나 감정을 한 경우

○ 해당 사건에 대하여 해양사고관련자의 심판변론인이나 대리인으로서 심판에 관여한 경우

○ 해당 사건에 대하여 조사관의 직무를 수행한 경우

○ 전심(前審)의 심판에 관여한 경우[6)]

○ 심판 대상이 된 선박의 소유자 · 관리인 또는 임차인인 경우

2) 기 피

'기피'라 함은 위의 제척사유가 있음에도 심판관 · 비상임심판관이 심판에 관여하고 있는 경우 또는 제척사유에 해당하지는 않으나 불공평한 심판을 할 우려가 있는 경우에 조사관 · 해양사고관련자 또는 심판변론인의 신청에 의거하여 해당 심

6) 대법원은 한 해양사고의 제1심 심판절차에서 제1회 및 제2회 심판기일에 심판장으로 관여하였으나, 제3~6회 심판기일에는 관여하지 아니하였고, 이후 해당 해양사고의 제2심 심판절차와 재결에 관여하였더라고 하더라도 이를 두고 '전심(前審)의 심판에 관여한 경우'에 해당한다고 할 수 없다고 판결하였다(대법원 2015. 1. 29. 선고 2013추104 판결).

판관·비상임심판관을 심판의 직무집행에서 제외시키는 것을 말한다.

조사관·해양사고관련자 또는 심판변론인은 기피신청을 할 경우 이유를 분명히 밝힌 서면으로 해당 심판관 또는 비상임심판관이 소속된 심판원에 하여야 한다. 기피신청을 당한 심판관 또는 비상임심판관은 그 신청에 대하여 의견서를 지체 없이 제출하여야 한다. 그리고 심판원은 기피신청이 이유 있다고 인정할 때에는 해당 심판관 또는 비상임심판관에 대한 제척 결정을 하여야 하고, 이때 기피신청을 당한 심판관은 기피신청에 대한 결정에 관여하지 못한다(시행령 제13조~제15조).

3) 회 피

회피는 심판관·비상임심판관이 자신이 제척·기피사유가 있음을 알고 자발적으로 심판의 직무집행에 관여하지 않겠다고 피하는 것이다. 따라서 심판관·비상임심판관은 자신이 제척사유에 해당하거나 불공평한 심판을 할 우려가 있다고 인정하는 경우에는 자발적으로 심판의 직무집행에서 회피하여야 한다(법 제15조 제4항).

Ⅲ. 해양사고관련자

조사관은 해양사고를 조사한 후 사건을 심판에 부쳐야 할 것으로 인정할 때에는 심판원에 심판을 청구하며, 이때 해당 해양사고의 원인과 관계가 있다고 인정되는 자를 해양사고관련자로 지정한다. 즉 "해양사고관련자"란 해양사고와 관련된 자로서 해양사고심판법 제39조에 따라 지정된 자를 말한다(법 제2조 제3호).

해양사고관련자는 면허행사 해양사고관련자와 일반 해양사고관련자로 구분된다.

1. 면허행사 해양사고관련자

조사관은 심판을 청구할 때 해기사[7] 또는 도선사[8]가 당해 면허로서 선박에 승선하여 그 직무를 수행함에 있어서 당연히 기울여야 할 주의를 게을리 하였거나 당연히 하여야 할 일을 하지 아니하여 해양사고가 발생하였다고 인정되는 경우에 한정하고 그 사람을 '면허행사 해양사고관련자'로 지정하여 표시한다.

7) "해기사"라 함은 선박직원법 제2조 제4호의 규정에 의한 해기사를 말한다.

8) "도선사"라 함은 도선법 제2조 제2호의 규정에 의한 도선사를 말한다.

여기서 "직무"라 함은 해기사의 경우에는 「선박직원법」 제2조 제3호에서 규정하는 선박직원 고유의 직무에 한정하지 아니하고 해기사 각자에게 주어진 임무도 포함하며, 도선사의 경우에는 도선사가 「도선법」 제17조의 규정에 의한 도선구[9]에서 선박에 탑승하여 해당 선박을 안전한 수로로 안내하는 것을 말한다.

1) 해기사의 면허행사 해양사고관련자 지정 판단 기준

조사관은 해기사를 면허행사 해양사고관련자로 지정할 경우 다음 각 호의 기준을 고려하여야 한다.

○ 가지고 있는 면허가 사고 당시 종사한 직무내용(갑판, 기관 및 통신관계를 말한다)과 동일 종류의 것일 것. 이때 소형선박조종사의 면허는 갑판 및 기관관계 양방의 직무를 포함하는 것으로 본다.

○ 해기사면허를 소지한 자가 선원법상 공인 또는 고용계약 등에 의거 유효한 면허관련 선박직원으로서 직무를 수행한 경우에 한정하여 면허행사 해양사고관련자로 지정할 것. 다만, 해기사면허를 소지한 자가 선원법상 공인을 받지 않았거나 고용계약상 직무에 대한 사항이 규정되어 있지 않은 상태라도 실제로 선박에 승선하여 선박직원의 업무를 수행한 경우에는 면허행사 해양사고관련자로 지정한다.

○ 신조선의 경우 인도 전에 행하는 시운전 중에 승무한 자가 시운전 주체로서 책임이 있는 경우에는 그 면허와 직무내용에 따라 면허행사 해양사고관련자로 지정할 것

○ 외국선박이 우리나라 영해 내에서 사고가 발생한 경우 외국선박에 승무하는 한국인 해기사는 면허행사 해양사고관련자로 지정할 것[10]

○ 군 또는 경찰용의 함정이나 선박에 승무하는 해군장병 또는 경찰대원은 면

---

9) 그 도선구 밖이라도 실질적으로 도선이 수행된 경우를 포함한다.

10) 화물선 흥아자카르타 · 유조선 에스리더 충돌사건은 2013년 12월 22일 05:39경 광양항 제2항로 안에서 발생하였다. 이 충돌사건에서 양 선박의 선장은 한국인이었으나, 흥아자카르타 및 에스리더는 국적이 각각 파나마 및 싱가포르로 외국선박이었다. 따라서 양 선박의 선장은 이 충돌사건과 관련하여 각각 직무상 과실이 인정되었으나, 일반 해양사고관련자로 지정되어 면허에 대한 징계를 하지 아니하고 시정권고 및 개선권고 재결을 하였다(중앙해심 재결 제2015－005호 참조 바람). 이에 심판원은 2015년 2월 17일 해양안전심판법 사무처리요령을 개정하여 외국선박이 우리나라 영해 내에서 사고가 발생한 경우 외국선박에 승무하는 한국인 해기사에 대하여 면허행사 해양사고관련자로 지정하도록 하였다.

허행사 해양사고관련자로 지정할 수 없다.

2) 도선사의 면허행사 해양사고관련자 지정 판단 기준

조사관은 도선사를 면허행사 해양사고관련자로 지정할 경우 다음 각 호의 기준을 고려하여야 한다.

○ 도선구에서 도선업무에 종사하였을 것

○ 사건발생 후 도선사가 폐업하더라도 도선사 면허를 소지하고 있는 경우에는 면허행사 해양사고관련자로 지정하여야 한다.

2. 일반 해양사고관련자

조사관은 심판을 청구할 때 면허행사 해양사고관련자(해기사 또는 도선사) 이외의 자로서 해양사고의 원인에 관계있는 자에 대하여 시정 또는 개선을 권고하거나 명령할 필요가 있다고 인정되는 경우에는 "일반 해양사고관련자"로 지정·표시한다. 특히 조사관은 일반 해양사고관련자로 지정하고자 하는 자에 대하여는 질문조서를 작성하여야 한다.

조사관은 일반 해양사고관련자로 지정할 경우 다음 각 호의 기준을 고려하여야 한다.

1) 유족의 일반 해양사고관련자 지정

조사관은 해양사고와 관련이 있는 자 또는 사망자의 유족으로서 시정 또는 개선을 권고하거나 명하는 재결을 요구를 할 정도는 아니나 스스로 심판에 참여의사를 표시한 경우에는 일반 해양사고관련자로 지정할 수 있다.[11] 다만, 해양사고의 원인규명에 도움이 되지 않는다고 판단된 경우는 그러하지 아니한다.

2) 자연인의 일반 해양사고관련자 지정

조사관은 자연인을 일반 해양사고관련자로 지정함에 있어서는 다음 사항에

---

11) 예인선 우성호의 피예인부선 101백두호·어선 그린피스호 충돌사건(목포해심 재결 제2015-028호)에서 어선 그린피스호 소유자 및 선장의 유족은 심판 청구 전 스스로 심판에 참여의사를 표시하고 조사관이 이 유족에 대한 질문조서를 작성하였다. 이에 조사관은 심판 청구 시 어선 그린피스호 소유자 및 선장의 유족을 '일반 해양사고관련자'로 지정하였다.

유의하여야 한다.

○ 해기사라도 국적취득부 나용선 이외의 외국선박과 군함, 경찰용 선박에 승무하는 자, 그리고 선박직원의 업무를 수행하지 아니한 자는 일반 해양사고관련자로 지정할 것

○ 법인에 소속된 자연인은 가능한 한 법인을 일반 해양사고관련자로 지정하여야 한다.

○ 미성년자라도 16세 이상인 자로서 선원으로 승무한 자는 일반 해양사고관련자로 지정할 것. 다만, 16세 미만인 자라도「선원법」제91조 제1항 단서의 규정이 적용되는 자[12]에 대하여는 일반 해양사고관련자로 지정할 수 있다.

3) 외국인의 일반 해양사고관련자 지정

조사관은 외국선박의 승무원인 외국인을 일반 해양사고관련자로 지정하고자 할 때에는 다음 사항에 대하여 해당 선박 측의 대리점 또는 변호사를 통하여 별지 제19호서식에 의한 확약서를 제출하게 하여야 한다.

○ 국내에 연락장소를 정하여 조사관 또는 심판원의 통지나 연락 등에 지장이 없게 한다.

○ 심판기일에 꼭 출석하여 심판유지에 지장이 생기지 않게 한다.

또한 외국선박이 영해 밖에서 한국선박과 충돌한 경우에 그 외국선박의 승무원이 일반 해양사고관련자로 지정하여 줄 것을 요청할 때에는 외국인을 일반 해양사고관련자로 지정할 때와 동일한 방법으로 확약서를 제출하게 하고 지정하여야 한다.

4) 사법인의 일반 해양사고관련자 지정

조사관은 사법인을 일반 해양사고관련자로 지정함에 있어서는 다음 사항에 유의하여야 한다.

○ 본사를 지정할 것. 다만, 시정 또는 개선을 권고하거나 명함에 있어서 지사를 지정하는 쪽이 낫다고 생각되는 경우에는 해당 지사가 종된 영업소로서 법인등

---

12) 선원법 제91조(사용제한) ① 선박소유자는 16세 미만인 사람을 선원으로 사용하지 못한다. 다만, 그 가족만 승무하는 선박의 경우에는 그러하지 아니하다.

기 되고 또한 그 지사의 장이 대표권을 가지고 있는 경우에 한하여 해당 지사를 일반 해양사고관련자로 지정하여도 된다.

○ 조사관이 사법인을 일반 해양사고관련자로 지정할 것을 전제로 하여 질문조서를 작성하는 경우에는 될 수 있는 대로 여러 관계자로부터 사정청취를 하고 발생원인의 책임이 법인에 있다고 인정될 때에는 그 법인을 대표하는 자 또는 그 대표자로부터 위임을 받은 자에 대하여 질문조서를 작성할 것. 이때 그 위임장은 별지 제20호서식에 따른다.

○ 사법인을 일반 해양사고관련자로 지정할 때에는 법인등기사항전부증명서(또는 종된 영업소의 법인등기사항전부증명서 및 지배인등기부)외에 필요에 따라 정관, 회사경력서, 사내조직체제 등 알 수 있는 자료를 수집할 것

○ 심판청구서의 "해양사고관련자(해기사 또는 도선사 이외의 자)" 란에는 해당 법인의 본사(또는 지사)의 명칭 및 소재지와 아울러 대표하는 자의 성명을 기재할 것.

○ 법인을 대표하는 자가 심판청구 후에 이동된 때에는 그 사실을 알 수 있는 문서를 수집하여 심판원에 통지할 것

5) 공법인의 일반 해양사고관련자 지정

조사관은 공법인을 일반 해양사고관련자로 지정함에 있어서는 다음 사항에 유의하여야 한다.

○ 관계관청과의 상호 협력체제에 지장이 없도록 미리 협의하여 지정취지를 이해시킬 것

○ 국가 및 지방자치단체를 일반 해양사고관련자로 지정하는 경우에는 해양사고의 원인에 관계가 있고 또한 그 배제 및 개선조치가 가능한 행정기관을 대상으로 하고 그 기관의 장이 대표하는 것으로 할 것

○ 공사 등 특별법인을 일반 해양사고관련자로 지정하는 경우에는 사법인의 경우에 준하여 할 것

○ 관계자에 대한 사정청취 및 관계자료의 수집은 사법인에 준하여 할 것

○ 위 사법인의 일반 해양사고관련자 지정과 관련된 규정 중 제4호 및 제5호의 규정을 준용할 것

Ⅳ. 이해관계인

해양사고심판법에서 “이해관계인”이란 해양사고의 원인과 직접 관계가 없는 자로서 해양사고의 심판 또는 재결로 인하여 경제적으로 직접적인 영향을 받는 자를 말한다(법 제3조의2).

심판원은 해양사고의 원인과 직접 관계가 없으나 재결의 결과에 따라 자신의 경제적인 이익 등에 영향을 받는 이해관계인에게도 심판에 참여할 수 있도록 함으로써 이해관계인의 권익을 보호할 필요가 있다고 보고 2011년 6월 15일 이해관계인의 심판참여 제도(법 제44조의2)를 신설하였다. 이에 이해관계인은 심판장의 허가를 받아 심판에 참여하여 진술함으로써 자신의 권익을 보호할 수 있게 되었다. 그러나 심판장은 이해관계인이 심판원의 소환과 신문에 연속하여 2회 이상 불응하거나 심판의 진행을 방해하는 것으로 인정되는 경우 직권으로 해당 이해관계인에 대한 심판참여 허가를 취소(이해관계인의 지위 박탈)할 수 있도록 함으로써 원활하게 심판이 진행될 수 있도록 하였다.

주로 선박소유자, 피해자[13] 또는 피해자의 유족, 해양사고관련자의 유족 등이 이해관계인으로서 심판 참여를 신청하고 있다.

Ⅴ. 심판변론인

심판변론인은 해양사고관련자나 이해관계인이 해양사고심판법에 따라 심판원에 대하여 하는 신청·청구·진술 등의 대리 또는 대행을 하고, 해양사고와 관련된 기술적 자문을 하는 자를 말한다(법 제29조). 심판변론인은 수임한 직무를 성실하게 수행하여야 하고, 직무상 알게 된 비밀을 누설하여서는 아니 된다.

심판변론인은 해양사고관련자나 이해관계인이 직접 선임하는 ‘사선 심판변론인(법 제27조 제1항)’과 심판원이 직권으로 예선의 범위에서 다음의 해양사고관련자에 대하여 선정하여 주는 ‘국선 심판변론인(법 제30조)’이 있다.

---

13) 컨테이너선 밀라노브리지 부산신항 크레인 접촉사건(부산해심 재결 제2021－038호)에서 밀라노브리지 선박소유자 미다스 라인 에스 에이(Mi－das Line S.A.)와 피해자 부산신항만(주)는 이해관계인으로 지정되어 심판에 참여하였다.

○ 해양사고관련자가 미성년자인 경우

○ 해양사고관련자가 70세 이상인 경우

○ 해양사고관련자가 청각 또는 언어 장애인인 경우

○ 해양사고관련자가 심신장애의 의심이 있는 경우

○ 해양사고관련자가 빈곤 또는 그 밖의 사유로 심판변론인을 선임할 수 없는 경우

제4절 심판과 재결 등

Ⅰ. 심판의 절차상 원칙

해양안전심판은 심판기일에 심판정에서 행하는 심리가 중심이 된다. 해양사고심판법은 심판절차상 원칙으로 공개심판주의, 구술변론주의, 증거심판주의 및 자유심증주의를 규정하고 있다.

1. 공개심판주의

해양사고심판법에서는 '심판의 대심(對審)과 재결은 공개된 심판정에서 한다(법 제41조).'라고 규정함으로써 해양사고관련자에게 공개심판을 받을 권리를 보장하고 있다. 즉 심판은 각 지방심판원과 중앙심판원에 마련된 심판정에서 심판의 당사자인 조사관과 해양사고관련자 양쪽이 출석하여 심리하는 대심(對審)을 원칙으로 하고 있다. 한편 심판원은 해양사고관련자가 교통의 불편 등으로 심판정에 직접 출석하기 어려운 경우에는 예외적으로 원격영상심판을 할 수 있도록 규정함으로써 원격영상심판에 대해서도 해양사고관련자가 심판정에 출석하여 진행하는 심판으로 보도록 명확히 하였다(법 제41조의2).

2. 구술변론주의

해양사고심판법에서는 '심판의 재결은 구술변론을 거쳐야 한다(법 제45조).'라고 규정하고 있다. 구술변론주의란 당사자의 변론 및 증거조사를 구술로 행하는

원칙으로서 서면심리주의에 대립하는 것이다. 다만, 다음 각 호의 어느 하나에 해당하는 경우에는 구술변론을 거치지 아니하고 재결을 할 수 있도록 하였다.

○ 해양사고관련자가 정당한 사유 없이 심판기일에 출석하지 아니한 경우

○ 해양사고관련자가 심판장의 허가를 받고 서면으로 진술한 경우

○ 조사관이 사고 조사를 충분히 실시하여 해양사고관련자의 구술변론이 불필요한 경우 등 심판장이 원인규명을 위한 해양사고관련자의 소환이 불필요하다고 인정하는 경우. 이 경우에는 해양사고관련자의 명시적인 의사에 반하여서는 아니 된다.

○ 약식심판을 행하는 경우

3. 증거심판주의

해양사고심판법에서는 '사실의 인정은 심판기일에 조사한 증거에 의하여야 한다(법 제50조).'라고 하여 증거심판주의와 직접주의를 규정하고 있다.

직접주의는 심판관에게 정확한 심증을 형상하게 하고자 하는 취지에서 요구되는 것이며, 증거조사에서 직접 해양사고관련자에게 변론의 기회를 주어 해양사고관련자를 보호하고자 하는 견지에서도 요청되는 것이다.

심판원은 조사관, 해양사고관련자 또는 심판변론인이 증거조사를 신청한 경우 시행하는 것이 원칙이나, 심판원이 직권으로 필요한 증거조사를 할 수 있다.

특히 심판원은 조사관의 심판 청구 후 제1회 심판기일 전이라도 다음의 방법에 따른 조사만을 할 수 있고, 선박이나 그 밖의 장소를 검사하는 경우에는 심판관 중 1명을 수명심판관으로 지정하여 필요한 사항의 증거조사를 명하며, 미리 그 뜻을 조사관·해양사고관련자 및 심판변론인에게 알려 참관할 기회를 주어야 한다.

○ 선박이나 그 밖의 장소를 검사하는 일

○ 장부·서류 또는 그 밖의 물건을 제출하도록 명하는 일

○ 관공서에 대하여 보고 또는 자료제출을 요구하는 일

수명심판관은 증거조사의 결과를 심판정에서 심판원에 보고하여야 하고, 심판원이 심판정에서 증거로 채택함으로써 비로소 증거자료가 된다.

4. 자유심증주의

해양사고심판법에서는 '증거의 증명력은 심판관의 자유로운 판단에 따른다(법 제51조)'라고 규정하여 형사소송법 제308조 '증거의 증명력은 법관의 자유판단에 의한다(제308조)'는 규정과 같이 자유심증주의를 채택하고 있다. 다만 해양사고심판법에서는 형사소송법과 달리 증거능력에 관한 규정을 두고 있지 않다. 따라서 심판원의 증거는 형사소송법상 증거능력이 요구되지는 않는다.

자유심증주의에 의하여 심판관이 자유롭게 판단할 수 있는 것은 증거의 증명력이다. 자유판단이란 심판관이 증거의 증명력을 판단함에 있어서 미리 정하여져 있는 어떠한 기준이나 법칙에 따르지 않고 자신의 합리적 이성에 의하여 사실의 존재 여부에 관한 판단을 행하는 것을 말한다. 따라서 심판관은 자유롭게 증거를 선택할 수 있고, 모순되는 증거가 있는 경우에는 어느 증거를 믿을 것인지 자유롭게 결정할 수 있으며, 동일 증거의 일부만을 믿거나 다수 증거를 종합하여 증거로 채택한 후 이를 근거로 사실인정을 할 수 있다. 다만 이러한 심판관의 자유재량도 합리성과 객관성이 결여되어서는 아니 되고, 논리칙과 경험칙에 위배되지 않는 범위 안에서 허용되는 것이다.

Ⅱ. 재 결

심판원의 재결은 해양사고심판법에 따라 조사관이 심판을 청구한 사건에 대하여 심판원이 심판절차를 거쳐 해양사고의 원인, 징계 및 권고 등에 관한 판단을 하여 최종적으로 의사표시를 하는 행정행위이다. 심판원의 재결은 본안재결과 형식재결로 구분할 수 있다.

1. 본안재결

해양사고심판법 제5조에서는 원인규명재결, 징계재결 및 권고재결 등의 본안재결에 대해 규정하고 있다.

1) 원인규명재결

심판원의 원인규명재결은 해양사고의 원인을 밝히고 그 결과를 명백하게 하는 것이다(법 제5조 제1항). 해양안전심판은 해양사고를 심판대상으로 하기 때문에 징계재결이나 권고재결이 없을 수는 있지만, 원인규명재결이 없는 경우는 없다.[14)]

심판원은 다음 사항에 관하여 해양사고의 원인을 밝혀야 한다(법 제4조 제1항).

○ 사람의 고의 또는 과실로 인하여 발생한 것인지 여부

○ 선박승무원의 인원, 자격, 기능, 근로조건 또는 복무에 관한 사유로 발생한 것인지 여부

○ 선박의 선체 또는 기관의 구조·재질·공작이나 선박의 의장(艤裝) 또는 성능에 관한 사유로 발생한 것인지 여부

○ 수로도지(水路圖誌)·항로표지·선박통신·기상통보 또는 구난시설 등의 항해보조시설에 관한 사유로 발생한 것인지 여부

○ 항만이나 수로의 상황에 관한 사유로 발생한 것인지 여부

○ 화물의 특성이나 적재에 관한 사유로 발생한 것인지 여부

그리고 심판원은 해양사고의 원인을 밝힐 때 해양사고의 발생에 2명 이상이 관련되어 있는 경우에는 각 관련자에 대하여 원인의 제공 정도를 밝힐 수 있다(법 제4조 제2항). 심판원은 해양사고의 원인에 대하여 통상적으로 주인과 일인으로 구분하여 재결하였고, 이로 인해 충돌사고에서 재결이 확정되더라도 해양사고관련자들 간의 과실비율과 피해액 산정과정에서 분쟁이 발생할 수 있었다. 그리고 해양사고관련자들 간의 과실비율은 법원의 고유권한으로서 민사재판을 통해 가능하다. 그러나 심판원이 재결을 통해 원인의 제공 정도를 밝혀 주는 것은 경제적으로 어려움을 겪고 있는 소형 어선 간의 충돌사고나 단순 충돌사고에서 민사재판을 거치지 아니하고 상호 간 분쟁을 쉽게 합의·조정해 줌으로써 민원해소에 크게 기여할 수 있다고 본다.

중앙심판원은 충돌사고의 원인제공 정도를 산정하기 위한 통일적인 기준을 제시하는 것을 목적으로 「충돌사고 원인제공비율 산정 지침」을 제정하여 시행하고 있으며, 원인비율의 제공은 민원해소뿐만 아니라 민사재판에도 상당히 크게 영향을 미치고 있다고 할 것이다.

14) 이정훈, 앞의 책, 76쪽.

2) 징계재결

심판원의 징계재결은 해양사고가 해기사나 도선사(면허행사 해양사고관련자)의 직무상 고의 또는 과실로 발생한 것으로 인정할 때에 한다(법 제5조 제2항).

징계재결의 처분 대상자는 해기사와 도선사로서 면허를 소지하고 있는 사람이다. 면허란 일반인에게는 허가되지 않는 특수한 행위를 특정한 사람에게만 허가하는 행정처분이고, 면허를 받은 자가 법령을 위반하였을 경우 해당 면허에 대하여 면허의 취소 등 징계를 한다. 해기사 및 도선사도 각각 선박직원법 및 도선법에서 면허의 취소 등에 대하여 다음과 같이 규정하고 있다.

해기사는 선박직원법상 면허의 요건을 갖춘 후 해양수산부장관으로부터 직종과 등급이 표시된 면허를 받은 사람을 말한다(선박직원법 제2조 제4호).

그리고 해양수산부장관은 해기사가 다음 각 호의 어느 하나에 해당할 경우에는 면허를 취소하거나 1년 이내의 기간을 정하여 업무정지를 명하거나 견책(譴責)을 할 수 있다(선박직원법 제9조 제1항).

○ 제14조(해기사의 승무 범위)를 위반하여 승무한 경우

○ 제15조(면허 등의 비치)를 위반하여 선박직원으로 승무할 때에 면허증이나 승무자격증을 제출하지 아니하거나 이를 선박에 갖추어 두지 아니한 경우

○ 제22조(면허 등의 부당사용 금지) 제1항을 위반하여 면허증이나 승무자격증을 다른 사람에게 대여하거나 부당하게 사용한 경우

○ 선박직원으로서 직무를 수행할 때 비행(非行)이 있거나 인명(人命) 또는 재산에 위험을 초래하거나 해양환경보전에 장해가 되는 행위를 한 경우

○ 업무정지처분을 받고 제4항에 따른 기간 내에 면허증을 제출하지 아니한 경우

○ 업무정지기간 중에 선박직원으로 승무한 경우

또한 해양수산부장관은 해기사가 「해사안전법」 제42조 제1호 또는 제2호에 해당하여 해양경찰청장이 요청하는 경우에는 다음 각 호에 따라 처분하여야 한다(선박직원법 제9조 제3항).

○ 혈중알코올농도가 0.03퍼센트 이상 0.08퍼센트 미만인 경우

– 1차 위반: 업무정지 6개월

– 2차 위반 또는 사람을 죽게 하거나 다치게 한 경우: 면허취소

○ 혈중알코올농도가 0.08퍼센트 이상인 경우: 면허취소

○ 측정요구에 따르지 아니한 경우: 면허취소

다만, 해양수산부장관은 해기사가 위와 같은 사유와 관련된 해양사고에 대하여 해양안전심판원이 심판을 시작하였을 때에는 면허에 대한 징계를 하지 아니하고, 심판원의 징계재결에 따르도록 하였다(선박직원법 제9조 제1항 및 제3항 단서규정).

한편 도선사는 도선법상 해양수산부장관으로부터 일정한 도선구에서 도선업무를 할 수 있는 도선사면허를 받은 사람을 말한다(도선법 제2조 제2호).

그리고 해양수산부장관은 도선사가 도선 중 해양사고심판법상 해양사고를 낸 경우[15]에는 면허를 취소하거나 6개월 이내의 기간을 정하여 업무정지를 명할 수 있다(도선법 제9조 제1항). 다만 해양수산부장관은 해당 해양사고가 해양사고심판법에 따른 심판에 계류 중이면 면허에 대한 처분을 할 수 없으나, 이 경우에도 그 해양사고가 중대하여 업무를 계속하게 하는 것이 적당하지 아니하다고 인정할 때에는 해당 도선사에게 4개월 이내의 기간을 정하여 도선업무를 중지하게 할 수 있다(도선법 제9조 제4항).

앞서 기술한 바와 같이 해양수산부장관은 해양사고와 관련이 있는 해기사 및 도선사(면허행사 해양사고관련자)에 대하여 각각 선박직원법 및 도선법에서 면허의 취소 등을 할 수 있도록 규정하고 있고, 다만 해당 해양사고에 대하여 심판원에서 심판을 시작하여 계류 중이면 면허에 대한 징계(처분)를 하지 아니하고 전문성을 갖춘 심판관에 의한 재결 결과에 따라 징계(처분)를 하도록 규정하고 있다. 이에 따라 해양사고심판법에서도 심판원은 해양사고가 면허를 소지하고 있는 해기사 또는 도선사(면허행사 해양사고관련자)의 직무상 고의 또는 과실로 발생한 것으로 인정할 경우에는 행위의 경중(輕重)에 따라서 면허의 취소, 업무정지 및 견책(譴責) 등 3가지 종류의 징계 처분을 할 수 있으며, 업무정지 기간은 1개월 이상 1년 이하로 한다(법 제6조)고 규정하고 있다.

중앙심판원은 심판의 공정성과 신뢰성을 확보하기 위하여 「해양사고관련자 징계량 결정 지침」을 제정하여 시행하고 있으며, 이 지침에서 해기사 또는 도선사(면허행사 해양사고관련자)를 징계할 때에는 해양사고의 원인 행위에 대한 고의 또는 과실의 정도와 해양사고로 인한 피해의 경중에 따라 공정하게 결정하되, 해양사고

15) 다만, 그 해양사고가 불가항력으로 발생한 경우에는 그러하지 아니하다.

의 원인을 규명함으로써 해양안전의 확보에 이바지함을 목적으로 하는 해양사고 심판법의 기본 취지에 어긋나서는 아니 된다고 징계의 원칙을 명시하고 있다.

3) 권고재결

심판원의 권고재결은 해기사 및 도선사 외에 해양사고관련자(일반 해양사고관련자)에게 시정 또는 개선을 권고하거나 명하는 재결을 할 수 있다(법 제5조 제3항). 즉 심판원은 일반 해양사고관련자에게 시정권고, 시정명령, 개선권고 또는 개선명령의 재결을 할 수 있다.

권고서는 권고를 받은 자에게 특정한 개선조치를 제시하여 그 실행을 권고하는 것으로서 중앙수석조사관이 권고서를 관보에 공고하고 필요한 경우 신문에 공고하여 여론과 권고를 받은 자의 양심에 호소하여 개선조치의 실현을 기대하는 것이다(사무처리요령 [별표 5]). 이에 권고를 받은 자는 해양사고의 재발 방지를 위해 개선이나 주의를 촉구하는 내용이므로 심판원의 조사관에게 이행 조치 결과를 보고하지 아니하여도 되고, 이를 이행하지 아니하여도 과태료 처분 등 제재가 없다.

반면에 명령서는 명령을 받는 자에게 특정한 개선조치를 제시하여 그 실행을 명하는 것으로서 중앙수석조사관이 명령서를 관보에 공고하고 필요한 경우 신문에 공고하여 여론과 명령권을 발동하여 개선조치의 실현을 기대하는 것이다(사무처리요령 [별표 6]). 이에 명령을 받은 자는 명령서에 따라 이행하고 그 결과를 심판원의 조사관에게 보고하여야 하며, 이를 이행하지 아니한 경우에는 500만원 이하의 과태료 처분을 받는다.

권고재결은 일반 해양사고관련자에게 시정(개선) 권고(명령)를 하는 것으로서 해양사고관련자의 직무상 고의 또는 과실을 필요로 하지 않는다. 다만, 선박직원법상 해기사 면허가 요구되지 않는 총톤수 5톤 미만 선박의 선장은 일반 해양사고관련자로 지정되며, 이 선장의 행위가 해양사고의 주된 원인으로 판명되었음에도 해기사 면허를 소지하고 있지 않으므로 징계재결을 할 수 없고 권고재결을 하고 있다.

2. 개선요청재결

심판원은 해양사고관련자가 아닌 행정기관이나 단체에 대하여 시정 또는 개선을 명하는 재결을 할 수 없으며, 심판의 결과 해양사고를 방지하기 위하여 시정하거나 개선할 사항이 있다고 인정할 때에는 해양사고를 방지하기 위한 시정 또는 개선조치를 요청할 수 있다(법 제5조의2).

3. 형식재결

심판청구요건의 흠결 등을 이유로 본안에 관한 판단에 들어가지 않을 것을 선언하는 재결로서 기각재결이 그 전형적인 예이다.

1) 기각재결

지방심판원은 다음 각 호의 경우에 심판청구를 기각재결하여야 한다(법 제52조).

○ 사건에 대하여 심판권이 없는 경우

○ 심판의 청구가 법령을 위반하여 제기된 경우

○ 법 제7조(일사부재리)에 따라 심판할 수 없는 경우

중앙심판원은 다음의 경우에 기각재결을 하여야 하다.

○ 제2심의 심판청구의 절차가 법령을 위반한 경우(법 제62조)

○ 지방심판원이 법 제52조 각 호의 어느 하나에 해당하는 사유가 있음에도 불구하고 심판의 청구를 기각하지 아니한 경우

2) 환송재결

환송재결은 형식재결의 특수한 형태이다. 중앙심판원은 지방심판원이 법령을 위반하여 심판청구를 기각한 경우 재결로써 해당 사건을 지방심판원에 환송(還送)하는 것이다(법 제63조).

4. 징계의 집행유예

1) 도입배경

중앙심판원은 2011년 12월 선박의 항법 등 해기지식의 부족으로 인한 반복적인 해양사고를 예방하기 위하여 면허행사 해양사고관련자에게 징계의 집행을 유예하고 대신에 직무교육을 이수하도록 하는 집행유예제도를 도입하였다. 중앙심판원은 해양사고에 따른 해기사에 대한 징계는 자격박탈 등의 효과는 있으나, 유사한 해양사고를 방지하기 위한 예방적 효과는 적어 현행 징계방식에 대한 다양화가

필요하다는 것을 인식하였고, 이에 면허행사 해양사고관련자에 대하여 징계 중 업무정지를 하여야 할 경우로서 정상을 고려할 만한 사유가 있는 경우에는 징계 대신에 안전운항에 필요한 직무교육 이수를 명하면서 징계의 집행을 유예함으로써 해양사고 방지에 실질적인 도움이 될 것을 기대하였다.[16]

2) 징계의 집행유예 대상 및 직무교육

심판원은 면허행사 해양사고관련자에 대한 징계의 집행유예에 대하여 업무정지 중 그 기간이 1개월 이상 3개월 이하의 징계재결에 한하여 3개월 이상 9개월 이하의 기간 동안 징계의 집행유예를 재결할 수 있고, 어떠한 경우에도 해당 징계재결을 받은 사람의 명시적인 의사가 없는 경우에는 할 수 없도록 하였다(법 제6조의2). 징계의 집행유예 재결에 따른 직무교육에 관한 상세사항은 사무처리요령 별표 8의2에서 규정하고 있다.

3) 징계의 집행유예 제외

심판원은 징계의 집행유예를 결정함에 있어서 면허행사 해양사고관련자가 다음 각 호에 해당하는 경우에는 징계의 집행유예에서 제외하는 것을 원칙으로 하고 있고, 특별한 사유가 있을 경우에는 그러하지 아니할 수 있도록 하였다.[17]

○ 최근 3년 이내의 해양사고 징계처분(징계유예 포함)자와 사회적 물의를 일으킨 사고의 해양사고관련자

○ 여객선 및 위험물운송선박의 해양사고관련자

○ 도선사 및 1급부터 4급까지의 해기사

○ 사망자 발생 등 그 결과가 중대한 해양사고관련자

즉 심판원은 최근 3년 이내에 해양사고로 징계처분을 받고 다시 해양사고를 발생시켜 업무정지의 징계재결을 받는 자, 사회적 물의를 일으키거나 사망자가 발생하는 등 중대한 해양사고를 발생시킨 자, 인명사상 또는 해양오염의 발생우려가 높은 여객선 및 위험물운송선박에서 해양사고를 발생시킨 자에 대하여 징계의 집행유예를 제외시켰다. 또한 징계집행유예제도의 도입 취지가 선박의 항법 등 해기

---

16) 해양사고심판법(법률 제10802호, 2011. 6. 15., 시행 2011. 12. 16.) 제정 · 개정이유 참조.

17) 「해양사고관련자 징계량 결정 지침」 제9조.

지식의 부족으로 인한 해양사고의 재발방지에 있는바 이에 해당하지 않는다고 할 수 있는 도선사와 1급부터 4급까지의 해기사[18]에 대해서도 징계의 집행유예를 제외시켰다.

Ⅲ. 결 정

결정은 심판원의 재결 외의 심판으로서 심판이 청구되어 재결되기 전까지의 절차에 관한 것으로 심판원의 직권으로 하는 경우와 이 심판관계인의 신청으로 하는 경우가 있다. 결정은 심판정에서 청구에 따라 할 때에는 심판관계인의 진술을 들어야 하며, 그 밖의 경우에는 심판관계인의 진술을 듣지 아니하고 할 수 있다(시행령 제62조).

다만, 중앙심판원은 지방심판원의 결정에 대한 이의신청에 대하여 결정을 하는 경우(법 제71조)와 원심결정의 집행정지에 대하여 결정을 하는 경우(법 제70조)에는 조사관의 의견을 들어야 한다.

Ⅳ. 불이익변경금지의 원칙

중앙심판원은 제1심 재결에 불복하여 면허행사 해양사고관련자인 해기사나 도선사가 제2심을 청구한 사건과 면허행사 해양사고관련자인 해기사나 도선사를 위하여 제2심을 청구한 사건에 대하여는 제1심에서 면허행사 해양사고관련자에게 재결한 징계보다 무거운 징계를 할 수 없도록 규정하고 있다(법 제65조의2). 이 불이익변경금지의 원칙은 면허행사 해양사고관련자인 해기사나 도선사가 제2심을 청구한 경우 제1심보다 중한 징계를 받을 것을 우려하여 제2심의 청구를 단념하는 것을 방지함으로써 면허행사 해양사고관련자의 제2심 청구권을 보장하려는 정책적 이유에서 도입된 것이다.

18) 선박직원법상 해기사 중 4급 이상의 항해사 및 기관사 등은 국제해사기구(IMO)에서 채택한 STCW협약의 요건에 따라 교육 및 승선훈련 등을 이미 이수하여 국제항해에 종사하는 선박에 승무할 수 있는 상당한 수준의 지식을 갖추었다고 할 것이므로 선박의 항법 등 해기지식의 부족으로 해양사고를 발생시켰다고 볼 수 없어 징계의 집행유예 후 직무교육에 따른 예방효과를 기대할 수 없다고 본 것으로 판단된다.

이 원칙은 면허행사 해양사고관련자만 제2심을 청구한 사건에 적용하고, 조사관만 제2심을 청구한 사건이나 조사관과 면허행사 해양사고관련자가 모두 제2심을 청구한 사건에 대하여는 적용되지 않는다. 또한 2인 이상의 면허행사 해양사고관련자가 충돌사건에서 제2심 청구의 효력은 그 사건과 해양사고관련자 및 이해관계자 등 당사자 모두에게 미치지만(법 제60조), 불이익변경금지의 원칙은 제2심을 청구한 면허행사 해양사고관련자에게만 적용되고, 제2심을 청구하지 않은 면허행사 해양사고관련자에게는 적용되지 않는다는 것을 알아야 한다(대전고등법원 2014. 12. 4. 선고 2014누401 판결).[19]

19) 이정훈, 앞의 책, 140－142쪽.

제12장 도선법

제1절 총 칙

도선서비스는 선박이 대형화되면서 항만이나 수로, 자연조건에 밝은 항해사들을 주축으로 특정지역에서 개별적으로 제공되었다. 그러나 과도한 경쟁으로 도선서비스의 질적 저하와 해양사고의 빈번한 발생으로 국가에서 체계적으로 관리해야 할 필요성을 대두되었다. 이에 자국 영해 안에서 일정지역을 항해하는 선박에 다하여 도선사의 승선을 의무화하였고, 현재는 대부분의 국가에서 강제도선제도를 채택하여 시행하고 있다.

우리나라 도선법은 1961년 12월 6일 법률 제812호로 제정·공포되었으며, 도선(Pilotage)은 이제 항만에서 제공되는 주요한 안전서비스의 하나가 되었으며, 항만에서 선박의 안전한 운항과 항만운영의 효율화를 위해 항만을 출입하는 일정 크기 이상의 선박에게 도선사의 승선을 의무화하고 있다.

Ⅰ. 목적(법 제1조)

이 법은 도선사면허(導船士免許)와 도선구(導船區)에서의 도선에 관한 사항을 규정함으로써 도선구에서 선박 운항의 안전을 도모하고 항만을 효율적으로 운영하는 데에 이바지함을 목적으로 한다. 이 법은 강제도선을 시행하는 주된 목적이 선박의 안전한 운항과 항만의 효율적인 운영에 있다는 것을 규정하고 있다.

Ⅱ. 용어의 정의(법 제2조)

이 법에서 사용하는 용어의 뜻은 다음과 같다.

① "도선"이란 도선구에서 도선사가 선박에 승선하여 그 선박을 안전한 수로로 안내하는 것을 말한다.

② "도선사"란 일정한 도선구에서 도선업무를 할 수 있는 도선사면허를 받은 사람을 말한다.

③ "도선수습생"이란 제15조에 따른 도선수습생 전형시험에 합격한 후 일정한 도선구에 배치되어 도선에 관한 실무수습을 받고 있는 사람을 말한다.

Ⅲ. 적용(법 제3조)

이 법 중 선장에 관한 규정은 선장의 직무를 대행하는 사람에게도 적용한다.

제2절 도선사면허 등

Ⅰ. 도선사면허(법 제4조)

1. 도선사면허

① 도선사가 되려는 사람은 해양수산부장관의 면허를 받아야 한다.

② 도선사면허를 받으려는 사람은 제5조에 따른 도선사면허의 요건 및 등급별 기준을 갖추고, 해양수산부령으로 정하는 바에 따라 해양수산부장관에게 도선사면허를 신청하여야 한다. 도선사면허의 등급을 변경하려는 경우에도 또한 같다.

③ 해양수산부장관은 도선사면허를 하면 해양수산부령으로 정하는 바에 따라 그 사실을 도선사면허 원부(原簿)에 등록하고 도선사면허증을 발급하여야 한다.

④ 도선사는 다음 각 호의 어느 하나에 해당하는 경우에는 해양수산부령으로 정하는 바에 따라 면허증을 재발급받거나 변경사항을 개서(改書)받아야 한다.

가. 면허증을 잃어버린 경우

나. 면허증이 헐어 못쓰게 된 경우

다. 면허증의 기재사항에 변경이 있는 경우

2. 도선사면허의 등급과 등급별 도선 대상 선박(시행령 제1조의2)

도선사면허의 등급은 1급부터 4급으로 구분하고 있고,[1] 도선사면허의 등급에 따라 도선할 수 있는 선박의 종류는 다음과 같다.

① 1급 도선사: 다음 각 목의 구분에 따른 선박

가. 1급 도선사 경력이 1년 이상인 경우: 모든 선박

나. 1급 도선사 경력이 1년 미만인 경우: 총톤수 12만톤 이하인 선박. 다만, 「해상교통안전법」 제2조 제4호에 따른 위험화물운반선(이하 "위험화물운반선"이라 한다)은 총톤수 10만톤 이하인 선박으로 한다.

② 2급 도선사: 총톤수 7만톤 이하인 선박. 다만, 위험화물운반선은 총톤수 6만톤 이하인 선박으로 한다.

③ 3급 도선사: 총톤수 5만톤 이하인 선박. 다만, 위험화물운반선은 총톤수 4만톤 이하인 선박으로 한다.

④ 4급 도선사: 총톤수 3만톤 이하인 선박(「해운법」에 따른 여객선 중 같은 법에 따른 해상여객운송사업에 사용되는 여객선은 제외한다). 다만, 위험화물운반선은 총톤수 2만톤 이하인 선박으로 한다.

1급 도선사 경력이 1년 미만인 도선사 및 2급 이하 도선사는 위의 도선사면허 등급별 도선 대상 선박에도 불구하고 다음 각 호의 어느 하나에 해당하는 경우 모든 선박을 도선할 수 있다.

① 1급 도선사 경력이 1년 이상인 도선사와 함께 도선하는 경우

② 법 제20조 제1항에 따른 도선구(導船區) 외의 도선구에서 도선하는 경우

③ 해양수산부장관이 제18조의2 제1항에 따른 중앙도선운영협의회의 의결을 거쳐 선박 운항의 안전과 도선구의 운영 특성상 1급 도선사 경력이 1년 미만인 도

---

1) 도선사면허는 1종과 2종으로 구분하고, 2종 도선사에 대해서는 다시 도선경력에 따라 도선할 수 있는 선박의 규모를 제한하였다. 그러나 2017년 3월 21일 개정을 통해 도선사면허를 1급부터 4급까지 4등급으로 세분화하고 각 등급에 따라 도선할 수 있는 선박의 규모를 정함으로써, 도선이용자가 도선사의 도선경력을 따로 확인하지 아니하고도 선박의 규모에 따라 적합한 자격을 갖춘 도선사를 선택할 수 있도록 하였다(법률 제14729호, 2017. 3. 21., 개정이유 참조).

선사 및 2급 이하 도선사가 도선하는 것이 부득이하다고 인정하는 경우

Ⅱ. 도선사면허의 요건 등(법 제5조)

해양수산부장관은 다음 각 호의 요건을 모두 갖춘 사람에게 4급 도선사면허를 한다.

1. 승무경력

총톤수 6천톤 이상인 선박의 선장으로 3년 이상 승무한 경력(도선수습생 전형시험일 전 5년 이내에 1년 이상 승무한 경력을 포함하여야 한다)이 있어야 한다.

2. 도선수습생 전형시험 합격 등

제15조에 따른 도선수습생 전형시험에 합격하고 해양수산부령으로 정하는 바에 따라 도선업무를 하려는 도선구에서 도선수습생으로서 실무수습을 하여야 한다.

도선수습생 전형시험은 필기시험과 면접시험으로 구분하여 실시하되, 면접시험은 필기시험에 합격한 사람을 대상으로 실시한다.

필기시험은 논문형으로 실시하는 것을 원칙으로 하되, 단답형을 포함할 수 있으며, 각 과목 만점의 40퍼센트 이상 및 전 과목 총점의 60퍼센트 이상을 받은 사람의 점수에 해당 응시자의 승무경력 가산점을 합산하여 총득점이 높은 순서대로 공고한 선발예정인원의 110퍼센트의 범위에 드는 사람을 필기시험합격자로 결정한다.

면접시험에 응시하려는 사람은 법 제8조 제1항에 따른 최초 신체검사에 합격하였음을 증명하는 서류를 제출하여야 한다.

해양수산부장관은 각 과목 만점의 40퍼센트 이상 및 전 과목 총점의 60퍼센트 이상을 받은 사람 중에서 총득점이 높은 순서대로 제5조 제2항에 따라 공고한 선발예정인원의 범위에서 도선 실무수습자의 수를 고려하여 면접시험 합격자를 결정한다.

필기시험 및 면접시험의 합격자를 결정할 때에 같은 점수를 받은 사람이 2명 이상인 경우에는 승무경력이 많은 사람을 합격자로 한다.

면접시험에 불합격한 사람에 대해서는 다음 회의 시험에서만 필기시험을 면제한다.

3. 도선사 시험 합격

제15조에 따른 도선사 시험에 합격하여야 한다.

도선사 시험은 면접시험과 실기시험으로 구분하여 실시하며, 실기시험은 선박 모의 조종장비를 이용하여 실시할 수 있다.

도선사 시험은 면접시험 및 실기시험의 배점비율이 각각 50%로서 시험과목이 면접시험(항만정보 25% + 도선여건 25%)과 실기시험(선박운용술 50%)으로 구성되어 있다.

해양수산부장관은 각 과목 만점의 40퍼센트 이상 및 전 과목 총점의 60퍼센트 이상 받은 사람 중에서 총득점이 높은 순서대로 도선사 시험합격자를 결정하며, 도선사 시험에 합격하지 못한 사람에 대해서는 3개월 이내의 기간을 정하여 도선 실무수습을 받은 도선구에서 다시 도선 실무수습을 받게 한 후 도선사 시험에 응시하게 할 수 있다.

4. 신체검사 합격

도선사가 되려는 사람은 최초 신체검사에 합격하여야 한다.

또한 도선사는 제4조 제5항에 따라 도선사면허증을 발급받은 날[2)]부터 2년이 지날 때마다 그 2년이 되는 날의 전후 3개월 이내에 정기 신체검사를 받아야 한다. 다만, 법률 제7788호 도선법 일부개정법률 부칙 제2항에 따라 정년이 연장된 도선사 및 제7조 제1항 단서에 따라 정년이 연장된 도선사는 65세가 된 날부터 1년이 지날 때마다 그 1년이 되는 날의 전후 3개월 이내에 정기 신체검사를 받아야 한다.

신체검사의 합격기준과 검사의 방법·절차 등에 관하여 필요한 사항은 해양수산부령으로 정한다.

---

2) 도선사가 제4조 제4항 후단에 따라 도선사면허 등급의 변경을 신청하여 도선사면허를 받은 경우나 제22조 제1항 후단에 따라 도선사면허를 새로 받은 경우에는 해당 도선사가 처음으로 도선사면허증을 발급받은 날을 말한다.

2) 해양수산부장관은 4급 도선사면허를 받은 사람이 다음의 경력기준에 적합한 경우에 상위 등급의 도선사면허를 한다(시행령 제1조의3).

① 1급 도선사: 2급 도선사로 1년 이상의 기간 동안 200회 이상 도선업무에 종사한 사람

② 2급 도선사: 3급 도선사로 1년 이상의 기간 동안 200회 이상 도선업무에 종사한 사람

③ 3급 도선사: 4급 도선사로 1년 이상의 기간 동안 200회 이상 도선업무에 종사한 사람

Ⅲ. 면허증의 대여 금지 등(법 제5조의2)

도선사는 다른 사람에게 그 명의를 사용하게 하거나 그 면허증을 대여해서는 아니 되며, 누구든지 도선사의 자격을 취득하지 아니하고 그 명의를 사용하거나 면허증을 대여받아서는 아니 되며, 명의의 사용이나 면허증의 대여를 알선해서도 아니 된다.

면허증의 대여 금지에 대하여 규정한 이유는 국가자격증에 해당하는 도선사 면허증이 대여·알선 등을 통해 돈벌이 수단으로 악용되는 것을 방지하기 위하여 도선사가 다른 사람에게 그 명의를 사용하게 하거나 다른 사람에게 그 면허증을 대여해 주는 행위, 도선사의 자격을 취득하지 아니하고 그 명의를 사용하거나 면허증을 대여 받는 행위, 이러한 명의 사용이나 면허증 대여를 알선하는 행위를 금지하고, 이를 위반한 경우 도선사면허에 대하여 취소 처분(법 제9조 제1항)을 하고, 1년 이하의 징역 또는 1천만원 이하의 벌금에 처하는 형벌(법 제39조의2)을 부과할 수 있도록 하였다.

Ⅳ. 도선사면허의 결격사유(법 제6조)

다음 각 호의 어느 하나에 해당하는 사람은 도선사가 될 수 없다.

① 대한민국 국민이 아닌 사람

② 피성년후견인 또는 피한정후견인

③ 이 법을 위반하여 징역 이상의 실형(實刑)을 선고받고 그 집행이 끝나거나(집행이 끝난 것으로 보는 경우를 포함한다) 집행을 받지 아니하기로 확정된 후 2년이 지나지 아니한 사람

④ 「선박직원법」 제9조 제1항에 따라 해기사면허가 취소된 사람 또는 선장의 직무 수행과 관련하여 두 번 이상 업무정지처분을 받고 그 정지기간이 끝난 날부터 2년이 지나지 아니한 사람

⑤ 제9조 제1항에 따라 도선사면허가 취소(이 조 제1호 또는 제2호에 해당하여 취소된 경우는 제외한다)된 날부터 2년이 지나지 아니한 사람

도선사의 결격사유로서 "파산선고를 받은 사람으로서 복권되지 아니한 사람"이 포함되어 도선사 자격을 제한하였으나, 이를 삭제함으로써 파산선고자의 경제적 회생을 지원하고 건전한 사회인으로 생활할 수 있도록 하였다.

Ⅴ. 도선사면허의 유효기간 및 갱신(법 제6조의2)

① 도선사면허의 유효기간은 제4조 제5항에 따라 도선사면허증을 발급받은 날[3] 또는 도선사면허의 갱신을 받은 날부터 5년으로 한다.

② 도선사면허를 갱신하지 아니하고 도선사면허의 유효기간이 지나면 그 유효기간이 끝나는 날의 다음 날부터 도선사면허의 효력이 정지된다.

③ 도선사면허를 받은 사람으로서 유효기간 후에도 그 면허의 효력을 유지하려는 사람은 유효기간 만료 전에 도선사면허의 갱신을 받아야 하고, 또한 도선사면허의 효력이 정지된 사람이 도선사면허의 효력을 회복하려는 경우에도 도선사면허의 갱신을 받아야 한다.

④ 도선사면허의 갱신을 받으려는 사람은 시행규칙 별지 제5호의2서식의 도선사면허 갱신 신청서에 다음 각 호의 서류를 첨부하여 관할 지방해양수산청장 또는 시·도지사에게 제출하여야 한다.

가. 신청 당시의 도선사면허증

---

3) 도선사가 제4조 제4항 후단에 따라 도선사면허 등급의 변경을 신청하여 도선사면허를 받은 경우에는 해당 도선사가 처음으로 도선사면허증을 발급받은 날을 말하고, 제22조 제1항 후단에 따라 도선사면허를 새로 받은 경우에는 도선사면허증을 새로 발급받은 날을 말한다.

나. 법 제6조의2 제5항에 따른 교육을 받았음을 증명하는 서류(도선사면허의 갱신을 신청하기 전 2년 이내에 받은 교육에 관한 서류를 말한다)

다. 법 제6조의2 제6항에 따른 보수교육을 받았음을 증명하는 서류(법 제6조의2 제6항에 따라 보수교육을 추가로 받아야 하는 경우만 해당한다)

라. 법 제8조 제2항에 따른 정기 신체검사의 결과에 관한 서류

Ⅵ. 도선사의 면허갱신 및 보수교육

1. 교육내용

① 도선 관련 법규에 관한 교육

② 도선사 안전사고 예방에 관한 교육

③ 해양사고의 분석에 관한 교육

④ 선교(船橋)자원관리에 관한 교육

⑤ 선박운용술 및 항로표지에 관한 교육

⑥ 그 밖에 도선 안전을 위하여 해양수산부장관이 필요하다고 인정하는 교육

2. 교육기간

면허갱신교육의 기간은 21시간 이상으로 하고, 보수교육의 기간은 7시간 이상으로 한다.

3. 보수교육 대상자

보수교육의 대상자는 다음과 같다.

① 도선사면허의 갱신을 신청하기 직전 1년 이상 계속하여 도선업무에 종사하지 아니한 사람

② 법 제6조의2 제3항에 따라 도선사면허의 유효기간이 지나 그 면허의 효력이 정지된 사람

③ 도선사면허의 유효기간 중 해양사고를 내고 「해양사고의 조사 및 심판에 관한 법률」 제5조 제2항에 따라 업무정지 또는 견책의 징계를 받은 사람

⑦ 제5항 및 제6항에 따른 교육 및 보수교육의 내용, 방법, 기간, 그 밖에 필

요한 사항은 해양수산부령으로 정한다.

Ⅶ. 도선사의 정년(법 제7조)

도선사는 65세까지 도선업무를 할 수 있다. 다만, 「비상사태등에 대비하기 위한 해운 및 항만 기능 유지에 관한 법률」 제12조의2 제1항에 따라 지정된 국가필수도선사 경력, 교육훈련 이수 여부 및 신체적 능력 등 해양수산부령으로 정하는 기준을 충족하는 도선사에 대하여는 도선사의 수급 상황을 고려하여 해양수산부령으로 정하는 바에 따라 3년의 범위에서 정년을 연장할 수 있다.

여기서 "해양수산부령으로 정하는 기준을 충족하는 도선사"란 다음 각 호의 기준을 모두 충족하는 도선사를 말한다.

① 「비상사태등에 대비하기 위한 해운 및 항만 기능 유지에 관한 법률」 제12조의2 제1항에 따라 지정된 국가필수도선사로서의 경력이 3년 이상인 도선사(같은 항에 따라 국가필수도선사로 지정되어 있는 도선사로서 법 제7조 제1항 본문에 따른 정년까지 남은 기간이 3년 미만인 도선사를 포함한다)

② 도선 시 승하선 안전 및 체력·건강관리에 관한 교육훈련을 해양수산부장관이 지정·고시하는 교육훈련기관에서 7시간 이상 이수한 도선사. 이 경우 해당 교육훈련은 법 제7조 제1항 본문에 따른 도선사 정년일을 기준으로 최근 2년 이내에 이수한 것으로 한정한다.

③ 「국민체육진흥법」 제16조의2 제2항에 따른 인증기관에서 실시하는 같은 법 시행규칙 제27조의2 제1항 제1호에 따른 체력 인증의 체력 항목 중 3분의 2 이상의 항목(근력을 측정하는 항목이 포함되어야 한다)에서 2등급 이상을 받은 도선사. 이 경우 해당 체력 인증은 법 제7조 제1항 본문에 따른 도선사 정년일을 기준으로 최근 6개월 이내에 받은 것으로 한정한다.

도선사의 정년 또는 연장된 정년에 이른 날이 1월부터 6월 사이에 있으면 6월 30일을, 7월부터 12월 사이에 있으면 12월 31일을 각각 정년이 되는 날로 본다.

Ⅷ. 면허의 취소 등(법 제9조)

1) 면허의 취소 또는 업무정지

해양수산부장관은 도선사가 다음 각 호의 어느 하나에 해당하는 경우에는 면허를 취소하거나 6개월 이내의 기간을 정하여 업무정지를 명할 수 있다.

① 제4조 제3항을 위반하여 면허의 등급별로 도선할 수 있는 선박 외의 선박을 도선한 경우

② 제8조 제2항에 따른 정기 신체검사를 받지 아니한 경우

③ 제8조 제3항에 따른 신체검사 합격기준에 미달하게 된 경우

④ 제18조 제2항을 위반하여 정당한 사유 없이 도선 요청을 거절한 경우

⑤ 제18조의2를 위반하여 차별 도선을 한 경우

⑥ 업무정지기간에 도선을 한 경우

⑦ 「해상교통안전법」 제39조 제1항을 위반하여 술에 취한 상태에서 도선한 경우 또는 같은 조 제2항을 위반하여 해양경찰청 소속 경찰공무원의 음주측정 요구에 따르지 아니한 경우

⑧ 「해상교통안전법」 제40조 제2호를 위반하여 약물·환각물질의 영향으로 인하여 정상적으로 도선을 하지 못할 우려가 있는 상태에서 도선을 한 경우

2) 면허의 취소

해양수산부장관은 도선사가 다음 각 호의 어느 하나에 해당하는 경우에는 면허를 취소하여야 한다.

① 거짓이나 그 밖의 부정한 방법으로 도선사면허를 받은 사실이 밝혀진 경우

② 제5조의2 제1항을 위반하여 다른 사람에게 도선사의 명의를 사용하게 하거나 그 면허증을 대여한 경우

③ 제6조 각 호에 따른 결격사유에 해당하게 된 경우

3) 도선 중 해양사고를 낸 경우

해양수산부장관은 도선사가 도선 중 해양사고(「해양사고의 조사 및 심판에 관한 법률」 제2조 제1호에 따른 해양사고를 말한다)를 낸 경우에는 면허를 취소하거나 6개월

이내의 기간을 정하여 업무정지를 명할 수 있다. 다만, 그 사고가 불가항력으로 발생한 경우에는 그러하지 아니하다.

해양수산부장관은 해양사고가 「해양사고의 조사 및 심판에 관한 법률」에 따른 해양안전심판에 계류 중이면 도선사면허에 대한 처분을 할 수 없다. 이 경우 해양수산부장관은 그 사고가 중대하여 업무를 계속하게 하는 것이 적당하지 아니하다고 인정할 때에는 해당 도선사에게 4개월 이내의 기간을 정하여 도선업무를 중지하게 할 수 있다.

4) 면허 취소 시 청문

해양수산부장관은 도선사면허를 취소하려면 청문을 하여야 하며, 면허취소나 업무정지처분을 한 경우에는 그 처분의 내용을 해당 도선사에게 통지하여야 한다. 이 경우 통지를 받은 도선사는 30일 이내에 해양수산부장관에게 면허증을 반납하여야 한다.

5) 업무정지기간 계산

도선사면허의 업무정지기간은 해양수산부장관이 면허증을 반납받은 날부터 계산한다.

6) 행정처분의 세부기준

도선사면허에 대한 행정처분의 세부기준은 그 위반행위의 종류와 위반의 정도 등을 고려하여 해양수산부령으로 정한다.

■ 도선법 시행규칙 [별표 2] <개정 2024. 2. 5.>

도선사 행정처분의 기준(제11조 제2항 관련)

Ⅰ. 일반기준

1. 위반행위가 둘 이상인 경우로서 그에 해당하는 각각의 처분기준이 다른 경우에는 그 중 무거운 처분기준에 따른다. 다만, 둘 이상의 처분기준이 모두 업무정지인 경우에는 각 처분기준을 합산한 기간을 넘지 않는 범위에서 무거운 처분기준의 2분의 1 범위에서 늘릴 수 있다.

2. 위반행위의 횟수에 따른 행정처분기준은 최근 2년간 같은 위반행위로 행정처분을 받은 경우에 적용한다. 이 경우 기간의 계산은 위반행위에 대하여 행정처분을 받은 날과 그 처분 후 다시 같은 위

반행위를 하여 적발된 날을 기준으로 한다.

3. 제2호에 따라 가중된 행정처분을 하는 경우 가중처분의 적용 차수는 그 위반행위 전 부과처분 차수(제2호에 따른 기간 내에 행정처분이 둘 이상 있었던 경우에는 높은 차수를 말한다)의 다음 차수로 한다.

4. 처분권자는 처분기준이 업무정지에 해당하는 경우에는 위반행위의 동기·내용·횟수 및 위반의 정도 등 다음 각 목에 해당하는 사유를 고려하여 그 처분기간을 2분의 1 범위에서 줄일 수 있다.

가. 위반행위가 고의나 중대한 과실이 아닌 사소한 부주의나 오류로 인한 것으로 인정되는 경우

나. 위반의 내용·정도가 경미하여 이용자 등에게 미치는 피해가 적다고 인정되는 경우

다. 위반 행위자가 처음 해당 위반행위를 한 경우로서, 5년 이상 도선업무를 모범적으로 해온 사실이 인정되는 경우

라. 위반 행위자가 해당 위반행위로 인하여 검사로부터 기소유예처분을 받거나 법원으로부터 선고유예의 판결을 받은 경우

5. 법 제9조 제1항 제8호의 경우로서 「해양사고의 조사 및 심판에 관한 법률」에 따른 심판이 청구된 경우에는 같은 법 제5조 제2항에 따라 해양안전심판원에서 재결로써 같은 법 제6조에서 정한 면허의 취소, 업무정지 또는 견책의 징계를 하고, 같은 법 제79조에 따라 조사관이 그 재결을 집행한다. 이 경우 해양수산부장관은 「해양사고의 조사 및 심판에 관한 법률」에 따른 해양안전심판에 계류 중인 해양사고에 관하여는 법 제9조 제4항에 따라 같은 조 제1항에 따른 처분을 하지 아니하거나 4개월 이내의 기간을 정하여 도선업무를 중지하게 할 수 있다.

6. 3차 위반행위에 따른 행정처분이 업무정지인 경우에 다시 4차 위반행위를 한 경우에는 그 면허를 취소한다.

Ⅱ. 개별기준

위반사항	근거법령	행정처분		
		1차 위반	2차 위반	3차 위반
1. 거짓이나 그 밖의 부정한 방법으로 도선사면허를 받은 사실이 판명된 경우	법 제9조 제1항 제1호	면허취소		
2. 법 제4조 제3항을 위반하여 면허의 등급별로 도선할 수 있는 선박 외의 선박을 도선한 경우	법 제9조 제1항 제2호	업무정지 3개월	업무정지 6개월	면허취소
3. 법 제6조 각 호에 따른 결격사유에 해당하게 된 경우	법 제9조 제1항 제3호	면허취소		
4. 법 제8조 제2항에 따른 정기 신체검사를 받지 않은 경우 및 법 제8조 제3항에 따른 신체검사 합격기준에 미달하게 된 경우	법 제9조 제1항 제4호 및 제5호	업무정지 (신체검사 적합 결과 제출 시까지)		
5. 법 제18조 제2항을 위반하여 정당한 사유 없이 도선 요청을 거절한 경우	법 제9조 제1항 제6호	업무정지 1개월	업무정지 3개월	업무정지 6개월
6. 법 제18조의2를 위반하여 차별 도선을 한 경우	법 제9조 제1항 제7호	업무정지 1개월	업무정지 3개월	업무정지 6개월
7. 업무정지기간에 도선을 한 경우	법 제9조 제1항	업무정지	면허취소	

		제9호	6개월		
8. 「해상교통안전법」 제39조 제1항을 위반하여 술에 취한 상태에서 도선한 경우 또는 같은 조 제2항을 위반하여 해양경찰청 소속 경찰공무원의 음주측정 요구에 따르지 않은 경우	가. 혈중알코올농도가 0.03퍼센트 이상 0.08퍼센트 미만인 경우	법 제9조 제1항 제10호	업무정지 6개월	면허취소	
	나. 혈중알코올농도가 0.08 퍼센트 이상인 경우		면허취소		
	다. 음주측정 요구에 따르지 않은 경우		업무정지 6개월	면허취소	
9. 「해상교통안전법」 제40조 제2호를 위반하여 약물·환각물질의 영향으로 인하여 정상적으로 도선을 하지 못할 우려가 있는 상태에서 도선을 한 경우		법 제9조 제1항 제11호	면허 취소		

Ⅸ. 정보의 제공 등(법 제13조)

선장은 도선사가 도선할 선박에 승선한 경우에는 그 선박의 제원(諸元), 흘수(吃水), 기관(機關)의 상태, 그 밖에 도선에 필요한 자료를 도선사에게 제공하고 설명하여야 한다.

도선사는 도선할 선박의 선장에게 항만의 특성, 도선 시 해당 선박의 이동 경로와 속도, 접안(接岸) 방법, 예선(曳船)의 배치 등을 포함한 도선계획을 제공하고 설명하여야 한다.

Ⅹ. 시험 부정행위자에 대한 조치(법 제16조)

제15조 제1항에 따른 도선수습생 전형시험이나 도선사 시험에서 부정행위를 한 응시자에 대하여는 그 시험의 응시를 중지시키거나 시험을 무효로 하며, 해당 시험의 중지 또는 무효의 처분을 받은 응시자는 그 처분이 있은 날부터 2년간 도선수습생 전형시험이나 도선사 시험을 볼 수 없다.

제3절 도선 및 도선구

Ⅰ. 도선구(법 제17조)

도선구는 군산항, 대산항, 동해항, 마산항, 목포항, 부산항, 여수항, 울산항, 인천항, 제주항, 평택·당진항 및 포항항 등 12개가 있다.

Ⅱ. 도선(법 제18조)

1. 도선 요청

다음 각 호의 어느 하나에 해당하는 선장은 해당 도선구에 입항·출항하기 전에 미리 가능한 통신수단 등으로 도선사에게 도선을 요청하여야 한다.

① 제20조 제1항에 따른 도선구에서 같은 항 각 호의 어느 하나에 해당하는 선박을 운항하는 선장

② 도선사의 승무를 희망하는 선장

도선 요청을 한 선박의 선장은 해양수산부령으로 정하는 승선·하선 구역에서 도선사를 승선·하선시켜야 하며, 도선사는 이에 따라야 한다.

선장은 도선사가 선박에 승선한 경우 정당한 사유가 없으면 그에게 도선을 하게 하여야 한다.

2. 도선 거절 금지

도선사가 도선 요청을 받으면 다음 각 호의 어느 하나에 해당하는 경우 외에는 이를 거절하여서는 아니 된다.

① 다른 법령에 따라 선박의 운항이 제한된 경우

② 천재지변이나 그 밖의 불가항력으로 인하여 도선업무의 수행이 현저히 곤란한 경우

③ 해당 도선업무의 수행이 도선약관(導船約款)에 맞지 아니한 경우

3. 도선 중 선장의 권한

도선사가 선박을 도선하고 있는 경우에도 선장은 그 선박의 안전 운항에 대한 책임을 면제받지 아니하고 그 권한을 침해받지 아니한다.

Ⅲ. 차별 도선 금지(법 제18조의2)

도선사는 도선 요청을 받은 선박의 출입 순서에 따르지 아니하는 차별 도선을 하여서는 아니 된다. 다만, 다음 각 호의 어느 하나에 해당하는 경우에는 그러하지 아니하다.

① 긴급화물수송 등 공익을 위하여 필요하거나 항만을 효율적으로 운용하기 위하여 부득이 출입 순서에 따라 접안 또는 이안(離岸)시키지 못하는 경우

② 태풍 등 천재지변으로 한꺼번에 많은 도선 수요가 발생한 경우

③ 그 밖에 항만의 효율적 운용 및 항내 질서 유지를 위하여 필요한 경우로서 대통령령으로 정하는 다음의 사유에 해당하는 경우

가. 항만시설의 형편에 따라 효율적으로 선박의 위치를 배정하기 위하여 입항·출항 순서를 조정할 필요가 있는 경우

나. 그 밖에 유류의 유출이나 수사에 필요한 경우 등 부득이한 사유가 발생하여 항내 질서 유지를 위하여 필요한 경우

Ⅳ. 도선의 제한(법 제19조)

도선사가 아닌 사람은 선박을 도선하지 못하며, 선장은 도선사가 아닌 사람에게 도선을 하게 하여서는 아니 된다.

Ⅴ. 강제 도선(법 제20조)

다음 각 호의 어느 하나에 해당하는 선박의 선장은 해양수산부령으로 정하는 도선구에서 그 선박을 운항할 때에는 도선사를 승무하게 하여야 한다.

① 대한민국 선박이 아닌 선박으로서 총톤수 500톤 이상인 선박

② 국제항해에 취항하는 대한민국 선박으로서 총톤수 500톤 이상인 선박

③ 국제항해에 취항하지 아니하는 대한민국 선박으로서 총톤수 2천 톤 이상인 선박. 다만, 부선(艀船)인 경우에는 예선에 결합된 부선으로 한정하되, 이 경우의 총톤수는 부선과 예선의 총톤수를 합하여 계산한다.

1. 선장의 강제 도선 면제

해당 선박을 안전하게 운항할 수 있다고 해양수산부장관이 인정하는 경우로서 해양수산부령으로 정하는 대한민국 선박(대한민국 국적을 취득할 것을 조건으로 임차한 선박을 포함한다)의 선장으로서 해양수산부령으로 정하는 횟수 이상 해당 도선구에 입항·출항하는 경우에는 선장이 해당 도선구에서 도선사를 승무시키지 아니할 수 있다. 이 경우 해양수산부장관은 도선구의 특성을 고려하여 도선사를 승무시키지 아니할 수 있는 선장의 입항·출항 횟수와 선박의 범위를 도선구별로 따로 정하여 고시할 수 있다.

① 강제 도선을 면제받을 수 있는 선장 및 선박은 다음 각 호와 같다.[4)]

가. 선장이 강제 도선을 면제받으려는 선박의 총톤수를 기준으로 30퍼센트의 범위에서 크거나 작은 선박에 승선하여 동일한 도선구(동일한 도선구 내에 항로여건 등 입항·출항 환경이 서로 다른 수역이 있는 경우 별표 3의 도선구별 수역을 기준으로 한다)에 입항하거나 출항하여 강제 도선을 받은 횟수가 강제 도선의 면제 신청일부터 소급하여 1년 이내에 4회 이상 또는 3년 이내에 9회 이상(위험물 또는 기름을 산적하여 운송하는 선박은 1년 이내에 8회 이상 또는 3년 이내에 18회 이상)인 해당 선장과 강제 도선을 면제받으려는 해당 선박. 이 경우 강제 도선의 면제대상 선박의 총톤수는 3만톤 미만으로 한다.

나. 위 가호에 따라 강제 도선을 면제받은 선장이 강제 도선을 면제받은 해당

---

4) 다만, 인천항 및 경인항의 갑문을 통과하는 선박과 「위험물 선박운송 및 저장규칙」에 따른 위험물 중 화약류·고압가스·독물·인화성 액체류 또는 방사성물질(이하 "위험물"이라 한다)이나 「해양환경관리법」 제2조 제5호에 따른 기름(이하 "기름"이라 한다)을 실은 총톤수[분리평형수탱크(Segregated Ballast Tank)를 설치한 선박의 경우 분리평형수탱크의 용적톤수를 뺀 총톤수를 말한다] 6천톤 이상의 선박[해당 위험물이나 기름을 산적(散積)하여 운송하는 선박으로 한정한다]은 강제 도선을 받아야 한다.

선박의 총톤수보다 작거나 30퍼센트의 범위에서 큰 선박(이하 "유사선박"이라 한다)에 옮겨 승선하여 강제 도선을 면제받은 동일한 도선구에 입항하거나 출항하는 경우 해당 선장과 해당 유사선박. 이 경우 강제 도선의 면제대상 선박의 총톤수는 3만톤 미만으로 한다.

② 강제 도선을 면제받은 선장이 해당 선박 또는 해당 유사선박에서 하선하여 3개월 이상이 지난 후 다시 그 선박 또는 그 유사선박에 승선하여 해당 도선구에 입항 또는 출항하려는 경우에는 강제 도선을 받아야 한다. 다만, 해당 선박 또는 해당 유사선박으로부터 하선한 기간이 1년 미만인 경우로서 강제 도선 면제 신청일로부터 소급하여 1년 이내에 2회 이상 강제 도선을 받은 경우에는 강제 도선을 면제한다.

③ 강제 도선을 면제받은 선장이 해당 선박 또는 해당 유사선박에 승선하여 출항한 후 1년 이내에 다시 해당 도선구에 입항하지 아니한 경우에는 강제 도선을 받아야 한다. 다만, 강제도선 면제 신청일부터 소급하여 1년 이내에 2회 이상 강제 도선을 받은 경우에는 강제 도선을 면제한다.

2. 시운전 운항관리자의 도선 면제

항해사 자격 등 해양수산부령으로 정하는 승무자격을 갖춘 자가 조선소에서 건조·수리한 선박을 시운전하기 위하여 해양수산부령으로 정하는 횟수 이상 해당 도선구에 입항·출항하는 경우에는 해당 도선구에서 도선사를 승무시키지 아니할 수 있다.

① 조선소에서 건조·수리한 선박을 시운전하는 사람(이하 "시운전 운항관리자"라 한다)이 강제 도선을 면제받기 위해서는 해당 도선구에 입항 또는 출항하여 강제 도선을 받은 횟수가 강제 도선 면제 신청일부터 소급하여 1년 이내에 6회 이상이어야 한다. 또한 강제 도선을 면제받은 시운전 운항관리자가 연속하여 1년 이상 건조·수리한 선박을 시운전하지 아니한 경우에는 강제 도선을 받아야 한다. 다만, 강제 도선 면제 신청일부터 소급하여 1년 이내에 2회 이상 강제 도선을 받은 경우에는 강제 도선을 면제한다.

② 항해사 자격 등 해양수산부령으로 정하는 승무자격은 별표 5와 같다.

■ 도선법 시행규칙 [별표 5] <신설 2009.8.7>

승무자격(제18조 제9항 관련)

1. 조선소에서 근무하는 시운전 운항관리자

시운전 선박	승무 자격
가. 총톤수 3만톤 이상 선박	1) 7년 이상 경력자로서 3급 항해사 이상의 자격 소지자 2) 5년 이상 7년 미만 경력자로서 2급 항해사 이상의 자격 소지자 3) 5년 미만 경력자로서 1급 항해사 자격 소지자
나. 총톤수 6천톤 이상 3만톤 미만 선박	1) 7년 이상 경력자 2) 5년 이상 7년 미만 경력자로서 3급 항해사 이상의 자격 소지자 3) 5년 미만 경력자로서 2급 항해사 이상의 자격 소지자
다. 총톤수 5백톤 이상 6천톤 미만 선박	1) 5년 이상 경력자 2) 5년 미만 경력자로서 3급 항해사 이상의 자격 소지자

2. 조선소와 일시 계약의 방법으로 선박을 시운전하는 시운전 운항관리자

시운전 선박	승무 자격
가. 총톤수 6천톤 이상 선박	1급 항해사
나. 총톤수 3천톤 이상 6천톤 미만 선박	2급 항해사 이상의 자격 소지자
다. 총톤수 1천6백톤 이상 3천톤 미만 선박	3급 항해사 이상의 자격 소지자

Ⅵ. 도선료(법 제21조)

도선사는 해양수산부령으로 정하는 바에 따라 도선료를 정하여 해양수산부장관에게 미리 신고하여야 한다. 도선료를 변경하려는 경우에도 또한 같다.

해양수산부장관은 도선료 신고를 받은 경우 그 내용을 검토하여 이 법에 적합하면 신고를 수리하여야 한다.

도선사는 도선을 한 경우에는 선장이나 선박소유자에게 도선료의 지급을 청구할 수 있으며, 도선료의 지급을 청구받은 선장이나 선박소유자는 지체 없이 도선료를 지급하여야 한다.

도선사는 또한 신고한 도선료를 초과하여 받아서는 아니 된다.

Ⅶ. 도선사의 다른 도선구에의 배치(법 제22조)

해양수산부장관은 도선업무의 수행을 위하여 필요하다고 인정되는 경우에는 도선사 본인의 동의를 받아 그를 다른 도선구에 배치하여 해양수산부령으로 정하는 기간 동안 도선훈련을 받게 한 후 도선업무를 하게 할 수 있다. 이 경우 해양수산부장관은 다른 도선구에 배치되어 도선훈련을 마친 도선사에게 해양수산부령으로 정하는 바에 따라 새로 도선사면허를 하여야 한다.

Ⅷ. 도선수습생 등의 승선(법 제23조)

도선사의 승무를 요청한 선장은 도선사가 도선훈련이나 실무수습을 위하여 제22조 제1항에 따라 도선훈련을 받고 있는 도선사 및 도선수습생 각 1명과 함께 승선하더라도 거부하여서는 아니 된다.

Ⅸ. 도선사의 강제 동행 금지(법 제24조)

선장은 해상에서 해당 선박을 도선한 도선사를 정당한 사유 없이 도선구 밖으로 동행하지 못한다.

Ⅹ. 도선 시의 안전조치

선장은 도선사가 안전하게 승선·하선할 수 있도록 승선·하선 설비를 제공하는 등 필요한 조치를 하여야 한다.

해양수산부장관은 선박의 안전한 입항·출항을 위하여 제34조의2에 따른 도선운영협의회의 의견을 들어 도선안전절차를 도선구별로 정하여 고시할 수 있다.

Ⅺ. 도선기 등(법 제26조)

도선업무에 종사하는 도선선(導船船)에는 도선기(導船旗)로서 「1974년 해상에서의 인명안전을 위한 국제협약」에 따른 국제신호기류(국제신호깃발) 중 에이치 기류(H 깃발)를 달아야 한다.

도선선은 마스트의 꼭대기나 그 부근에 수직으로 백색, 홍색의 전주등을 표시한다. 항행 중에는 추가적으로 현등과 선미등을 표시한다.

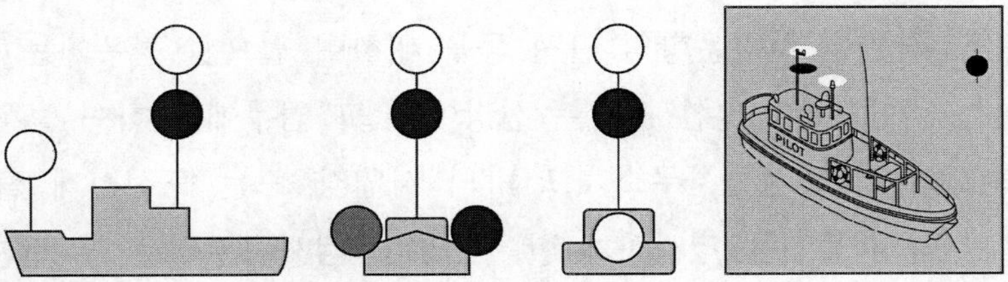

〈그림 21〉 도선선의 등화표시 (정박 중, 정면에서 볼 때, 선미에서 볼 때) / 정박 중 표시

정박 중에는 도선등을 표시한 채 추가적으로 제30조에 따른 정박등을 표시한다. 도선선은, 도선업무에 종사하지 않는 경우, 일반 동력선과 같은 등화와 형상물을 표시한다.

Ⅻ. 도선선 및 도선선료(법 제27조)

도선사는 도선업무를 수행하기 위하여 도선선과 그 밖에 필요한 장비를 갖추어야 한다. 도선선의 장비와 의장(意匠) 및 운영에 관하여 필요한 사항은 해양수산부령으로 정한다. 도선사는 해양수산부령으로 정하는 바에 따라 도선선료를 정하여 해양수산부장관에게 미리 신고하여야 하며, 해양수산부장관은 신고를 받은 경우 그 내용을 검토하여 이 법에 적합하면 신고를 수리하여야 한다. 이를 변경하려는 경우에도 또한 같다.

도선사는 도선을 한 경우에는 도선을 한 선박의 선장이나 선박소유자에게 도선료 외에 해양수산부장관에게 신고한 도선선료를 청구할 수 있다.

도선사는 신고한 도선선료를 초과하여 받아서는 아니 된다.

제4절 보 칙

Ⅰ. 보고 · 검사(법 제29조)

해양수산부장관은 선박운항의 안전 등을 위하여 필요한 경우에는 해양수산부령으로 정하는 바에 따라 도선사 또는 선장에게 그 업무에 관하여 보고하게 하거나 관계 공무원에게 도선사사무소, 그 밖의 사업장 또는 도선선에 출입하여 장부·서류나 그 밖의 물건을 검사하게 할 수 있다. 검사공무원은 그 권한을 표시하는 증표를 지니고 이를 관계인에게 내보여야 하며, 성명·출입시간·출입목적 등을 적은 서면을 관계인에게 내주어야 한다.

Ⅱ. 도선운영협의회의 설치 · 운영(법 제34조의2)

해양수산부장관은 원활한 도선 운영을 위하여 도선사를 대표하는 사람과 이용자를 대표하는 사람이 참여하는 도선운영협의회(이하 "협의회"라 한다)를 설치·운영하게 할 수 있다. 협의회의 구성·기능 및 운영 등에 관하여 필요한 사항은 대통령령으로 정한다.

해양수산부장관은 협의회에서 협의·결정이 이루어지지 아니한 경우에는 이를 조정하거나 다시 협의할 것을 요구할 수 있다.

Ⅲ. 도선약관(법 제36조)

도선사는 해양수산부령으로 정하는 바에 따라 도선료 등에 관한 도선약관을 정하여야 한다. 해양수산부장관은 도선약관이 이용자의 정당한 이익을 침해할 우려가 있다고 인정되는 경우에는 그 변경을 명할 수 있다.

Ⅳ. 권한의 위임 등(법 제37조)

이 법에 따른 해양수산부장관의 권한은 대통령령으로 정하는 바에 따라 그 일부를 그 소속 기관의 장 또는 특별시장 · 광역시장 · 도지사 · 특별자치도지사에게 위임할 수 있다.

이 법에 따른 해양수산부장관의 업무 중 다음 각 호의 업무는 대통령령으로 정하는 바에 따라 도선업무와 관련된 법인 또는 단체에 위탁할 수 있다.

① 제6조의2 제5항에 따른 교육

② 제6조의2 제6항에 따른 보수교육

③ 제15조에 따른 도선수습생 전형시험과 도선사 시험의 실시

Ⅴ. 민원사무의 전산처리 등(법 제37조의2)

이 법에 따른 민원사무의 전산처리 등에 관하여는 「항만법」 제26조를 준용한다.

Ⅵ. 수수료(법 제38조)

다음 각 호의 어느 하나에 해당하는 사람은 해양수산부령으로 정하는 수수료를 내야 한다.

① 도선사면허증의 발급 · 갱신 · 재발급 등을 신청하는 사람

② 도선수습생 전형시험이나 도선사 시험에 응시하는 사람

제13장 선박의 입항 및 출항 등에 관한 법률

제1절 총 칙

「선박입출항법」은 (구) 「개항질서법」과 「항만법」에 분산되어 있는 선박의 입항 및 출항 등에 관한 규정을 통합하여 제정함으로써 국민들에게 법령 이해의 편의를 제공하였다. 또한 이 법은 운항선박의 대형화 및 수상레저활동 증가 등 선박의 입항 및 출항 환경변화에 따른 신규수요를 반영하며, 항만관제 및 선박에 대한 통제를 강화하여 선박의 안전운항 여건 확보 및 안보 위해 요소의 제거를 도모하고, 위험물 운송선박의 부두 이·접안 시 위험물 안전관리자를 현장에 배치하도록 하는 등 효율적이고 안전한 선박의 입항 및 출항을 도모하고자 하였다.[1)]

Ⅰ. 목적(법 제1조)

이 법은 '무역항의 수상구역 등에서 선박의 입항·출항에 대한 지원과 선박운항의 안전 및 질서 유지에 필요한 사항을 규정함을 목적으로 한다.'라고 규정하고 있다.

Ⅱ. 적용 범위

선박입출항법에서 '무역항의 수상구역 등'의 정의는 매우 중요하다. 그 이유는

1) 「선박의 입항 및 출항 등에 관한 법률(법률 제13186호, 2015. 2. 3., 제정)」 제정이유.

이 법은 별도로 적용수역에 대한 범위를 규정하고 있지 아니하고, 이 법의 목적에서 '무역항의 수상구역 등에서 적용한다.'고 규정하였기 때문이다.

'무역항의 수상구역 등'이란 무역항의 수상구역과 「항만법」 제2조 제5호 가목 1)[2)]의 수역시설 중 수상구역 밖의 수역시설로서 해양수산부장관이 지정 · 고시한 것을 말한다고 규정하고 있다. 여기서 '무역항의 수상구역'이란 무역항의 항계 안의 수역을 말하고, '「항만법」 제2조 제5호 가목 1)의 수역시설 중 수상구역 밖의 수역시설'이라 함은 '항로, 정박지, 소형선 정박지, 선회장(旋回場) 등 수역시설(水域施設)'을 말한다.

따라서 이 법의 적용수역은 31개 무역항의 수상구역과 수상구역 밖의 항로, 정박지, 소형선 정박지, 선회장(旋回場) 등 수역시설(水域施設)에 적용한다.

Ⅲ. 용어의 정의

1. "무역항"이란 「항만법」 제2조 제2호에 따른 항만을 말한다.
2. "무역항의 수상구역 등"이란 무역항의 수상구역과 「항만법」 제2조 제5호 가목1)의 수역시설 중 수상구역 밖의 수역시설로서 관리청이 지정 · 고시한 것을 말한다.

2의2. "관리청"이란 무역항의 수상구역 등에서 선박의 입항 및 출항 등에 관한 행정업무를 수행하는 다음 각 목의 구분에 따른 행정관청을 말한다.

가. 「항만법」 제3조 제2항 제1호에 따른 국가관리무역항: 해양수산부장관

나. 「항만법」 제3조 제2항 제2호에 따른 지방관리무역항: 특별시장 · 광역시장 · 도지사 또는 특별자치도지사(이하 "시 · 도지사"라 한다)

3. "선박"이란 「선박법」 제1조의2 제1항에 따른 선박을 말한다.
4. "예선"(曳船)이란 「선박안전법」 제2조 제13호에 따른 예인선(曳引船)(이하 "예인선"이

2) 항만법 제2조(정의)

5. "항만시설"이란 다음 각 목의 어느 하나에 해당하는 시설을 말한다. 이 경우 다음 각 목의 시설이 항만구역 밖에 있는 경우에는 해양수산부장관이 지정 · 고시하는 시설로 한정한다.

가. 기본시설

1) 항로, 정박지, 소형선 정박지, 선회장(旋回場) 등 수역시설(水域施設)
2) 방파제, 방사제(防砂堤), 파제제(波除堤), 방조제, 도류제(導流堤), 갑문, 호안(해안보호둑을 말한다) 등 외곽시설
3) 도로, 교량, 철도, 궤도, 운하 등 임항교통시설(臨港交通施設)
4) 안벽, 소형선 부두, 잔교(棧橋: 선박이 부두에 닿도록 구름다리 형태로 만든 구조물), 부잔교(浮棧橋: 선박을 매어두거나 선박이 부두에 닿도록 물 위에 띄워 만든 구조물), 돌핀(계선말뚝을 말한다), 선착장, 램프(경사식 진출입로를 말한다) 등 계류시설(繫留施設)

라 한다) 중 무역항에 출입하거나 이동하는 선박을 끌어당기거나 밀어서 이안(離岸)·접안(接岸)·계류(繫留)를 보조하는 선박을 말한다.

5. “우선피항선”(優先避航船)이란 주로 무역항의 수상구역에서 운항하는 선박으로서 다른 선박의 진로를 피하여야 하는 다음 각 목의 선박을 말한다.
   가. 「선박법」 제1조의2 제1항 제3호에 따른 부선(艀船)[예인선이 부선을 끌거나 밀고 있는 경우의 예인선 및 부선을 포함하되, 예인선에 결합되어 운항하는 압항부선(押航艀船)은 제외한다]
   나. 주로 노와 삿대로 운전하는 선박
   다. 예선
   라. 「항만운송사업법」 제26조의3 제1항에 따라 항만운송관련사업을 등록한 자가 소유한 선박
   마. 「해양환경관리법」 제70조 제1항에 따라 해양환경관리업을 등록한 자가 소유한 선박 또는 「해양폐기물 및 해양오염퇴적물 관리법」 제19조 제1항에 따라 해양폐기물관리업을 등록한 자가 소유한 선박(폐기물해양배출업으로 등록한 선박은 제외한다)
   바. 가목부터 마목까지의 규정에 해당하지 아니하는 총톤수 20톤 미만의 선박
6. “정박”(碇泊)이란 선박이 해상에서 닻을 바다 밑바닥에 내려놓고 운항을 멈추는 것을 말한다.
7. “정박지”(碇泊地)란 선박이 정박할 수 있는 장소를 말한다.
8. “정류”(停留)란 선박이 해상에서 일시적으로 운항을 멈추는 것을 말한다.
9. “계류”란 선박을 다른 시설에 붙들어 매어 놓는 것을 말한다.
10. “계선”(繫船)이란 선박이 운항을 중지하고 정박하거나 계류하는 것을 말한다.
11. “항로”란 선박의 출입 통로로 이용하기 위하여 제10조에 따라 지정·고시한 수로를 말한다.
12. “위험물”이란 화재·폭발 등의 위험이 있거나 인체 또는 해양환경에 해를 끼치는 물질로서 해양수산부령으로 정하는 것을 말한다. 다만, 선박의 항행 또는 인명의 안전을 유지하기 위하여 해당 선박에서 사용하는 위험물은 제외한다.
13. “위험물취급자”란 제37조 제1항 제1호에 따른 위험물운송선박의 선장 및 위험물을 취급하는 사람을 말한다.

1. 무역항

“무역항”이란 「항만법」 제2조 제2호에 따른 항만을 말한다.

(구)개항질서법에서 ‘“개항”이란 대한민국 또는 외국 국적의 선박이 상시 출입할 수 있는 항(港)을 말한다.’라고 규정하였는데, 그 의미가 「항만법」상 무역항과 동일하다.

즉 「항만법」에서 무역항은 ‘국민경제와 공공의 이해(利害)에 밀접한 관계가 있

고 주로 외항선이 입항·출항하는 항만으로서 제3조 제1항에 따라 지정된 항만으로서 아래와 같이 31개 항이 지정되어 있다.

1. 경인항	2. 인천항	3. 서울항	4. 대산항	5. 평택·당진항	6. 태안항
7. 보령항	8. 장항항	9. 군산항	10. 목포항	11. 완도항	12. 여수항
13. 광양항	14. 하동항	15. 삼천포항	16. 통영항	17. 옥포항	18. 고현항
19. 마산항	20. 장승포항	21. 진해항	22. 부산항	23. 울산항	24. 포항항
25. 동해·묵호항	26. 호산항	27. 삼척항	28. 옥계항	29. 속초항	30. 서귀포항
31. 제주항					

특히, 무역항은 국가관리무역항(14개)과 지방관리무역항(17개)으로 구분하며, 무역항의 수상구역 등에서 선박의 입항 및 출항 등에 관한 행정업무를 수행하는 행정관청으로서 관리청은 국가관리무역항의 경우 해양수산부장관 그리고 지방관리무역항의 경우 특별시장·광역시장·도지사 또는 특별자치도지사(이하 "시·도지사"라 한다)이다.

■ 항만법 시행령 [별표 2]

국가관리무역항과 지방관리무역항의 구분(제3조 제2항 관련)

구분	항만명
1. 국가관리무역항 (14개)	경인항, 인천항, 평택·당진항, 대산항, 장항항, 군산항, 목포항, 여수항, 광양항, 마산항, 부산항, 울산항, 포항항, 동해·묵호항
2. 지방관리무역항 (17개)	서울항, 태안항, 보령항, 완도항, 하동항, 삼천포항, 통영항, 장승포항, 옥포항, 고현항, 진해항, 호산항, 삼척항, 옥계항, 속초항, 제주항, 서귀포항

2. 우선피항선

이 법에서 우선피항선의 정의는 항법상 매우 중요하다. 이에 그 의미를 상세히 살펴보도록 한다.

"우선피항선"(優先避航船)이란 주로 무역항의 수상구역에서 운항하는 선박으로서 다른 선박의 진로를 피하여야 하는 다음 각 목의 선박을 말한다고 규정하고 있다.

1) 부 선

「선박법」 제1조의2 제1항 제3호에 따른 부선(艀船)[예인선이 부선을 끌거나 밀고 있는 경우의 예인선 및 부선을 포함하되, 예인선에 결합되어 운항하는 압항부선(押航艀船)은 제외한다]을 말한다.

(구)개항질서법에서는 '예인선(曳引船)과 부선(예인선에 결합되어 운항하는 압항부선(押航艀船)은 제외한다)'라고 규정하여 예인선을 포함하였으나, 예인선 단독으로 운항할 때를 제외하였다.

부선의 경우 단독으로 운항할 수 있는 능력이 없음에도 우선피항선에 포함한 것은 선박의 진로를 방해하는 장소에 정박하지 말라는 의미일 것이다.

2) 주로 노와 삿대로 운전하는 선박

3) 예 선

예선은 다른 선박을 끌거나 밀어서 이동시키는 선박으로서 「선박안전법」 제2조 제13호에 따른 예인선에 해당한다.

앞서 기술한 바와 같이 예인선은 단독으로 운항할 때에는 우선피항선에 해당하지 않는다.

그러나 이 법에서는 예인선 중 무역항에 출입하거나 이동하는 선박을 끌어당기거나 밀어서 이안(離岸)·접안(接岸)·계류(繫留)를 보조하는 선박을 '예선'으로 정의하였고, 이 예선만이 우선피항선에 해당한다.

4) 항만운송관련사업을 등록한 자가 소유한 선박

「항만운송사업법」상 '항만운송관련사업'이란 항만에서 선박에 물품이나 역무(役務)를 제공하는 항만용역업·선용품공급업·선박연료공급업·선박수리업 및 컨테이너수리업을 말하며, 항만용역업과 관련하여 통선, 줄잡이역무선, 폐기물운반선, 급수선 등이 있고, 선용품공급업과 관련하여 선용품운반선, 선박연료공급업과 관련하여 급유선 등이 있다.

따라서 '「항만운송사업법」 제26조의3 제1항에 따라 항만운송관련사업을 등록한 자가 소유한 선박'이라 함은 통선, 줄잡이역무선, 폐기물운반선, 급수선, 선용품

운반선 및 급유선 등에 종사하는 선박을 말한다고 할 것이다.

5) 해양환경관리업을 등록한 자가 소유한 선박

「해양환경관리법」상 '해양환경관리업'이란 폐기물해양배출업, 해양오염방제업, 유창청소업(油艙淸掃業), 폐기물해양수거업, 퇴적오염물질수거업을 말한다.[3] 따라서 '「해양환경관리법」 제70조 제1항에 따라 해양환경관리업을 등록한 자가 소유한 선박 또는「해양폐기물 및 해양오염퇴적물 관리법」 제19조 제1항에 따라 해양폐기물관리업을 등록한 자가 소유한 선박(폐기물해양배출업으로 등록한 선박은 제외한다)'는 것은 해양오염방제업, 유창청소업(油艙淸掃業), 폐기물해양수거업, 퇴적오염물질수거업에 종사하는 선박을 말한다고 할 것이다.

6) 총톤수 20톤 미만의 선박

위의 1)부터 5)까지에서 말한 선박에 해당하지 아니하는 총톤수 20톤 미만의 선박을 말한다.

따라서 앞서 우선피항선에 해당되는 선박과 별개로 총톤수 20톤 미만의 선박은 모두 우선피항선에 해당한다.

참고로 우선피항선은 '주로 무역항의 수상구역에서 운항하는 선박'이어야 하는데, 무역항의 수상구역 안에 위치한 어항을 출입하는 총톤수 20톤 미만 어선의 경우는 조업차 어항을 출입할 때를 제외하고 대부분 무역항의 수상구역 밖에서 조업을 하기 때문에 '주로 무역항의 수상구역에서 운항한다.'라고 보기는 어려울 것이다. 그럼에도 불구하고, 해양안전심판원에서는 우선피항선의 정의의 배경과 총톤수 20톤 미만의 어선들이 항내 사정에 밝고 조종특성이 양호하며 실제 무역항의 수상구역을 출입하는 선박과 대등한 법적 지위를 갖는다고 할 경우 선박출입항법의 목적에 부합하지 않는다고 보아 '총톤수 20톤 미만의 어선'을 '우선피항선'으로 보고 있는 경향이다.[4]

---

3) 「해양폐기물 및 해양오염퇴적물 관리법」이 2019년 12월 3일 제정되어 2020년 12월 4일 시행 예정이며, 이에 따라 2020년 12월 4일부로 해양환경관리업에서 폐기물해양배출업, 폐기물해양수거업, 퇴적오염물질수거업이 삭제될 예정이다.

4) 우선피항선의 정의는 (구)개항질서법에서 잡종선의 어감이 좋지 않은 것을 개선하고, '잡종선'과 항내 역무선을 포함하여 규정하고자 함에 있다고 할 것이다. 당시 '잡종선'에는 '주로 무역항의 수상구역에

3. 기타 용어의 정의

1) 정박 및 계류

“정박(碇泊)”이란 선박이 해상에서 닻을 바다 밑바닥에 내려놓고 운항을 멈추는 것을 말하고, “계류”란 선박을 다른 시설에 붙들어 매어 놓는 것을 말한다. 즉 「해상교통안전법」상 “항행 중”의 정의에서 규정하고 있는 바와 동일하다. 정박지(碇泊地, Anchorage)에서 닻을 놓고 있는 상태가 ‘정박’이고, 선박이 항만의 안벽(岸壁) 등 계류시설에 (계류줄을 이용하여) 붙들어 매어 놓은 상태가 ‘계류’이다.

2) 정 류

“정류(停留)”란 선박이 해상에서 일시적으로 운항을 멈추는 것을 말한다. 주기관을 이용하여 항행 중 도선사의 승선을 위해 주기관을 정지한 채 대기하는 경우, 부두에 계류하기 위해 접근하던 중 다른 선박의 이안작업이 지연되어 주기관을 정지한 채 일시적으로 운항을 멈추고 대기하는 경우 등이 ‘정류’에 해당할 것이며, 이때 ‘정류 중인 선박’은 항법상 ‘대수속력이 없이 항행 중인 동력선’에 해당한다.

3) 계 선

“계선(繫船)”이란 선박이 운항을 중지하고 정박하거나 계류하는 것을 말한다. 선박소유자가 선박을 더 이상 운항하지 않고 무역항의 수상구역 등에서 정박 또는 계류하고자 하는 것을 ‘계선’이라 하며, 이러한 경우 총톤수 20톤 이상인 선박의 소유자는 관리청에 신고하여야 한다.

Ⅳ. 다른 법률과의 관계(법 제3조)

「선박입출항법」은 무역항의 수상구역 등에서의 선박 입항·출항에 관하여는 다른 법률에 특별한 규정이 있는 경우를 제외하고는 이 법에 따른다. 따라서 해상

서 운항한다’와 같은 전제 조건없이 총톤수 20톤 미만의 선박이 해당하였다. 즉 무역항의 수상구역을 출입하는 대부분의 선박이 좁은 항로를 따라 항행함에 있어 조종에 제약을 받는 반면에, 총톤수 20톤 미만의 선박을 포함한 잡종선과 항내역무선은 조종특성이 양호하고 항만의 사정에 밝기 때문이라고 판단된다. 향후 우선피항선의 정의는 이러한 문제점을 반영하여 개정될 필요성이 있다고 본다.

교통과 관련하여 「선박입출항법」은 무역항의 수상구역 등에서 특별법의 지위를 가지며 다른 법률보다 우선 적용되고, 이 법에서 규정하고 있지 아니한 사항에 대해서는 「해상교통안전법」 및 국제해상충돌예방규칙(COLREG) 등을 보충적으로 적용한다.

제2절 입항·출항 및 정박

I. 출입 신고(법 제4조)

무역항의 수상구역 등에 출입하려는 선박의 선장(이하 이 조에서 "선장"이라 한다)은 대통령령으로 정하는 바에 따라 관리청에 '신고'하여야 한다.[5] 다만, 다음 각 호의 선박은 출입 신고를 하지 아니할 수 있다.

① 총톤수 5톤 미만의 선박

② 해양사고구조에 사용되는 선박

③ 「수상레저안전법」 제2조 제3호에 따른 수상레저기구 중 국내항 간을 운항하는 모터보트 및 동력요트

④ 그 밖에 공공목적이나 항만 운영의 효율성을 위하여 해양수산부령[6]으로 정하는 선박

다만, 전시·사변이나 그에 준하는 국가비상사태 또는 국가안전보장에 필요한 경우에는 선장은 출입허가신청서, 승무원 명부, 승객 명부 등을 관리청장에게 제

---

5) 신고와 허가는 다른 개념이므로 신고와 허가를 구분하여야 한다.

6) 선박입출항법 시행규칙 제4조(신고의 면제) 법 제4조 제1항 제4호에서 "해양수산부령으로 정하는 선박"이란 다음 각 호의 선박을 말한다.

1. 관공선, 군함, 해양경찰함정 등 공공의 목적으로 운영하는 선박
2. 도선선(導船船), 예선(曳船) 등 선박의 출입을 지원하는 선박
3. 「선박직원법 시행령」 제2조 제1호에 따른 연안수역을 항행하는 정기여객선(「해운법」에 따라 내항 정기 여객운송사업에 종사하는 선박을 말한다)으로서 경유항(經由港)에 출입하는 선박
4. 피난을 위하여 긴급히 출항하여야 하는 선박
5. 그 밖에 항만운영을 위하여 지방해양수산청장이나 시·도지사가 필요하다고 인정하여 출입 신고를 면제한 선박

출하고 관리청의 허가를 받아야 한다.

관리청은 출입신고를 받은 경우 그 내용을 검토하여 이 법에 적합하면 신고를 수리하여야 한다.

Ⅱ. 정박지의 사용, 제한 및 방법 등

1. 정박지의 사용(법 제5조)

관리청은 무역항의 수상구역 등에 정박하는 선박의 종류 · 톤수 · 흘수(吃水) 또는 적재물의 종류에 따른 정박구역 또는 정박지를 지정 · 고시할 수 있다.

무역항의 수상구역 등에 정박하려는 선박은 정박구역 또는 정박지에 정박하여야 한다. 그러나 우선피항선은 제외하고 있다.

다만, 다음의 사유가 있는 경우에는 정박구역 또는 정박지가 아닌 곳에 정박할 수 있으며, 이 경우 정박한 선박의 선장은 즉시 그 사실을 관리청장에게 신고하여야 한다.

①「해양사고의 조사 및 심판에 관한 법률」제2조 제1호에 따른 해양사고를 피하기 위한 경우

② 선박의 고장이나 그 밖의 사유로 선박을 조종할 수 없는 경우

③ 인명을 구조하거나 급박한 위험이 있는 선박을 구조하는 경우

④ 해양오염 등의 발생 또는 확산을 방지하기 위한 경우

⑤ 그 밖에 선박의 안전운항을 위하여 지방해양수산청장 또는 시 · 도지사가 필요하다고 인정하는 경우

우선피항선은 다른 선박의 항행에 방해가 될 우려가 있는 장소에 정박하거나 정류하여서는 아니 된다.

2. 정박의 제한 및 방법 등(법 제6조)

선박은 무역항의 수상구역 등에서 다음 장소에는 정박하거나 정류하지 못하며, 무역항별 무역항의 수상구역 등에서의 정박 또는 정류 제한에 관한 구체적인 내용은 관리청이 정하여 고시한다.

① 부두 · 잔교(棧橋) · 안벽(岸壁) · 계선부표 · 돌핀 및 선거(船渠)의 부근 수역

② 하천, 운하 및 그 밖의 좁은 수로와 계류장(繫留場) 입구의 부근 수역

다만 다음의 경우에는 위의 장소에 정박하거나 정류할 수 있다.

①「해양사고의 조사 및 심판에 관한 법률」제2조 제1호에 따른 해양사고를 피하기 위한 경우

② 선박의 고장이나 그 밖의 사유로 선박을 조종할 수 없는 경우

③ 인명을 구조하거나 급박한 위험이 있는 선박을 구조하는 경우

④ 제41조에 따른 허가를 받은 공사 또는 작업에 사용하는 경우

무역항의 수상구역 등에 정박하는 선박은 지체 없이 예비용 닻을 내릴 수 있도록 닻 고정장치를 해제하고, 동력선은 즉시 운항할 수 있도록 기관의 상태를 유지하는 등 안전에 필요한 조치를 하여야 한다.

관리청은 정박하는 선박의 안전을 위하여 필요하다고 인정하는 경우에는 무역항의 수상구역 등에 정박하는 선박에 대하여 정박 장소 또는 방법을 변경할 것을 명할 수 있다.

Ⅲ. 선박의 계선 신고 등(법 제7조)

총톤수 20톤 이상의 선박을 무역항의 수상구역 등에 계선하려는 자는 해양수산부령으로 정한 선박계선 신고서를 관리청에 제출하여야 한다.[7] 관리청은 계선 신고를 받은 경우 그 내용을 검토하여 이 법에 적합하면 신고를 수리하여야 한다.

선박을 계선하려는 자는 관리청이 지정한 장소에 그 선박을 계선하여야 한다. 관리청은 계선 중인 선박의 안전을 위하여 필요하다고 인정하는 경우에는 그 선박의 소유자나 임차인에게 안전 유지에 필요한 인원의 선원을 승선시킬 것을 명할 수 있다.

---

7) 선박입출항법 시행규칙 제7조(선박계선의 신고)

① 법 제7조 제1항에 따라 선박을 계선(繫船)하려는 자는 별지 제4호서식에 따른 선박계선 신고서를 지방해양수산청장 또는 시·도지사에게 제출하여야 한다.

② 제1항에 따른 선박의 계선 신고를 받은 지방해양수산청장 또는 시·도지사는 별지 제4호서식에 따른 선박계선 신고서의 확인란에 날인하여 신고인에게 발급하여야 한다.

Ⅳ. 선박의 이동 및 피항명령

1. 선박의 이동명령(법 제8조)

관리청은 다음 각 호의 경우에는 무역항의 수상구역 등에 있는 선박에 대하여 관리청이 정하는 장소로 이동할 것을 명할 수 있다.

① 무역항을 효율적으로 운영하기 위하여 필요하다고 판단되는 경우

② 전시·사변이나 그에 준하는 국가비상사태 또는 국가안전보장을 위하여 필요하다고 판단되는 경우

2. 선박의 피항명령 등(법 제8조의2)

관리청은 「재난 및 안전관리 기본법」 제3조 제1호 가목에 따른 자연재난이 발생하거나 발생할 우려가 있는 경우 무역항의 수상구역 등에 있는 선박에 대하여 다른 구역으로 피항할 것을 선박소유자 또는 선장에게 명할 수 있다.

관리청은 접안 또는 정박 금지구역의 설정 등 제1항에 따른 피항명령에 필요한 사항을 협의하기 위하여 대통령령으로 정하는 바에 따라 다음 각 호의 자를 포함한 협의체를 구성하여 운영할 수 있다.

① 「해운법」에 따른 해운업자

② 관리청이 필요하다고 인정하는 자

3. 선박대피협의체의 구성 및 운영(시행령 제6조의2)

관리청은 법 제8조의2 제2항에 따른 협의체(이하 "선박대피협의체"라 한다)를 무역항별로 다음 각 호의 사람으로 구성하여 운영할 수 있으며, 선박대피협의체의 구성 및 운영에 필요한 사항에 대하여 선박대피협의체와 협의하여 정한다.

① 「해운법」 제38조 제1항에 따른 해운업자(법인인 경우에는 그 임직원을 말한다)

② 해당 무역항을 관할하는 지방해양경찰청 소속 공무원 중 지방해양경찰청장이 지명하는 공무원

③ 해당 무역항을 관할하는 「항만공사법」에 따른 항만공사의 임직원(항만공사가 설립된 무역항인 경우만 해당한다)

④ 그 밖에 관리청이 법 제8조의2 제1항에 따른 피항명령에 관한 협의를 위

하여 선박대피협의체에 참여할 필요가 있다고 인정하는 중앙행정기관이나 기관·법인·단체의 소속 공무원 또는 임직원

선박대피협의체는 다음 각 호의 사항을 협의한다.

① 접안 또는 정박 금지구역의 설정

② 선박 대피의 개시 및 완료 시점

③ 항만 운영의 중단 및 재개 시점

④ 그 밖에 선박 대피에 필요한 사항

관리청은 다음 각 호의 경우 선박대피협의체의 회의를 소집할 수 있다. 다만, 제1호의 경우에는 선박대피협의체의 회의를 소집해야 한다.

①「재난 및 안전관리 기본법」제3조 제1호 가목에 따른 자연재난이 발생하거나 발생할 우려가 있는 경우

② 관리청이 무역항의 수상구역 등에 있는 선박 및 항만시설의 안전을 위하여 필요하다고 인정하는 경우

Ⅴ. 선박교통의 제한(법 제9조)

관리청은 무역항의 수상구역 등에서 선박교통의 안전을 위하여 필요하다고 인정하는 경우에는 항로 또는 구역을 지정하여 선박교통을 제한하거나 금지할 수 있다.

관리청이 이에 따라 항로 또는 구역을 지정한 경우에는 항로 또는 구역의 위치, 제한·금지 기간을 정하여 공고하여야 한다.

제3절 항로 및 항법

Ⅰ. 항로 지정 및 준수(법 제10조)

관리청은 무역항의 수상구역 등에서 선박교통의 안전을 위하여 필요한 경우에는 무역항과 무역항의 수상구역 밖의 수로를 항로로 지정·고시할 수 있다.

'우선피항선' 외의 선박은 무역항의 수상구역 등에 출입하는 경우 또는 무역항의 수상구역 등을 통과하는 경우에는 지정·고시된 항로를 따라 항행하여야 한다. 다만, 해양사고를 피하기 위한 경우 등 해양수산부령으로[8] 정하는 사유가 있는 경우에는 그러하지 아니하다.[9]

Ⅱ. 항로에서의 정박 등 금지(법 제11조)

선장은 항로에 선박을 정박 또는 정류시키거나 예인되는 선박 또는 부유물을 내버려두어서는 아니 된다. 다만, 다음의 사유에 해당하는 경우는 정박 또는 정류할 수 있으나 아래에 해당하는 경우에는 그 사실을 관리청에 신고하여야 한다.

1.「해양사고의 조사 및 심판에 관한 법률」 제2조 제1호에 따른 해양사고를 피하기 위한 경우

2. 선박의 고장이나 그 밖의 사유로 선박을 조종할 수 없는 경우: 이 경우에는 조종불능선에 해당하는 표시를 해야 한다.

3. 인명을 구조하거나 급박한 위험이 있는 선박을 구조하는 경우

4. 제41조에 따른 허가를 받은 공사 또는 작업에 사용하는 경우

Ⅲ. 항로에서의 항법(법 제12조)

모든 선박은 항로에서 다음의 항법에 따라 항행하여야 한다.

---

8) 선박입출항법 시행규칙 제8조(항로 준수의 예외) 법 제10조 제2항 단서에서 "해양수산부령으로 정하는 사유"란 제6조 제2항 각 호의 어느 하나에 해당하는 경우를 말한다.
제6조(정박지의 지정 신청)
② 법 제5조 제2항 단서에서 "해양수산부령으로 정하는 사유"란 다음 각 호의 경우를 말한다.
1.「해양사고의 조사 및 심판에 관한 법률」 제2조 제1호에 따른 해양사고를 피하기 위한 경우
2. 선박의 고장이나 그 밖의 사유로 선박을 조종할 수 없는 경우
3. 인명을 구조하거나 급박한 위험이 있는 선박을 구조하는 경우
4. 해양오염 등의 발생 또는 확산을 방지하기 위한 경우
5. 그 밖에 선박의 안전운항을 위하여 지방해양수산청장 또는 시·도지사가 필요하다고 인정하는 경우

9) 선박이 항로를 따라 항행할 수 없는 사유는 법 제5조 제2항의 단서규정에서 선박이 정박구역 또는 정박지가 아닌 곳에 정박할 수 있는 사유와 동일하다.

1. 항로항행선박 우선

'항로 밖에서 항로에 들어오거나 항로에서 항로 밖으로 나가는 선박은 항로를 항행하는 다른 선박의 진로를 피하여 항행할 것'.

항로를 항행하고 있는 선박은 일정한 침로와 속력을 유지하고 있는 반면에, 정박지 또는 부두 등 항로 밖에서 항로에 들어오는 선박은 일반적으로 속력을 점차 증가시키고 있을 것이고, 항로에서 항로 밖의 정박지 또는 부두로 향하는 선박은 속력을 점차 낮추게 될 것이다. 그리고 무역항의 수상구역에 지정·고시된 항로는 좁고 대부분 1~2마일 이내로 짧다. 따라서 항로를 항행하는 선박에게 우선권을 주었다.

2. 나란히 항행 금지

'항로에서 다른 선박과 나란히 항행하지 아니할 것'.

무역항의 수상구역에 지정·고시된 항로는 좁기 때문에 2척의 선박이 같은 방향으로 나란히 항행할 경우에는 반대 방향에서 다른 선박이 접근하며 마주칠 때 안전하게 통항하는 데 지장을 줄 수 있다. 따라서 항로에서 나란히 항행하지 못하도록 한 것이다.

3. 우측 항행

'항로에서 다른 선박과 마주칠 우려가 있는 경우에는 오른쪽으로 항행할 것'.

좁은 수로를 항행하는 선박은 다른 선박이 반대 방향에서 접근하는 것과 무관하게 사전 예방 차원에서 가능한 한 수로의 오른쪽을 항행하도록 규정하고 있다.

반면에 무역항의 수상구역에서 지정·고시된 항로를 항행하는 선박은 항로의 폭이 좁기 때문에 당시 사정 및 조건에서 안전하게 항로 안에서만 항행하면 된다. 다만 반대 방향에서 다른 선박이 접근하면서 마주칠 우려가 있을 경우에는 항로의 오른쪽으로 항행함으로써 다른 선박과 좌현 대 좌현으로 통항하도록 규정하고 있다.

4. 원칙적으로 추월 금지

'항로에서 다른 선박을 추월하지 아니할 것. 다만, 추월하려는 선박을 눈으로 볼 수 있고 안전하게 추월할 수 있다고 판단되는 경우에는 「해상교통안전법」 제74조 제5항 및 제78조에 따른 방법으로 추월할 것'.

무역항의 수상구역에 지정·고시된 항로에서 선박은 앞서 기술한 바와 같이 다른 선박과 나란히 항행하지 못하도록 하였다. 따라서 항로에서 다른 선박을 추월할 경우에는 필연적으로 나란히 항행하게 되므로 이를 금지하고 있다.

한편, 항로의 폭이 넓은 인천항의 제1항로에서 여객선이 저속의 예인선열을 전방에 두고 접근하고 있을 때 반대 방향에서 다른 선박이 내려오고 있지 않고, 앞서가는 예인선열이 항로의 오른쪽으로 항행하며 도와준다면 추월할 수 있을 것이다. 그리고 이와 같은 항로 안에서 추월은 당시의 사정 및 조건에 따라 선박의 안전한 운항과 원활한 통항에도 도움이 될 수 있다고 본다.

법에서는 이러한 사정을 고려하여 ① '추월하려는 선박을 눈으로 볼 수 있고 안전하게 추월할 수 있다고 판단되는 경우'와 ② 「해상교통안전법」 제74조 제5항 및 제78조에 따른 방법으로 추월을 허락하고 있다.

5. 위험물운송선박 및 흘수제약선의 진로방해 금지

'항로를 항행하는 제37조 제1항 제1호에 따른 위험물운송선박(제2조 제5호 라목에 따른 선박 중 급유선은 제외한다) 또는 「해상교통안전법」 제2조 제12호에 따른 흘수제약선(吃水制約船)의 진로를 방해하지 아니할 것'.

위험물운송선박은 해양사고가 발생할 경우 화재·폭발 및 해양오염의 위험이 매우 크고, 흘수제약선은 좁은 항로 안에서 수심으로 인해 그 진로에서 벗어날 수 있는 능력이 매우 제한되기 때문에 이 선박들의 진로를 방해하지 않도록 규정하고 있다.

특히 위험물운송선박이란 위험물을 저장·운송하는 선박과 위험물을 하역한 후에도 인화성 물질 또는 폭발성 가스가 남아 있어 화재 또는 폭발의 위험이 있는 선박을 말하므로 급유선도 위험물운송선박에 해당한다.

따라서 급유선은 위험물운송선박과 우선피항선에 해당하지만 무역항의 수상구역 등에서는 위험물운송선박으로서 우선권을 가지지 못하고 우선피항선으로서 다른 선박의 진로를 방해하여서는 아니 된다는 것이다.

6. 범선의 지그재그 항행 금지

'「선박법」 제1조의2 제1항 제2호에 따른 범선은 항로에서 지그재그로 항행하지 아니할 것'.

범선은 단독으로 항행할 경우 일반적으로 지그재그로 항행하며 넓은 수역을 이용하게 됨으로써 항로 항행 중 다른 선박과 충돌의 위험이 높게 될 것이다. 따라서 범선은 무역항의 수상구역에서 항로를 항행할 경우 예선의 지원을 받으며 지그재그로 항해하지 않아야 한다.

7. 항로항법의 추가 고시 가능

관리청은 선박교통의 안전을 위하여 특히 필요하다고 인정하는 경우에는 항로에서의 항법 등에 관한 사항을 정하여 고시할 수 있다. 이 경우 선박은 이에 따라 항행하여야 한다.

Ⅳ. 방파제 부근에서의 항법(법 제13조)

무역항의 수상구역 등에 입항하는 선박이 방파제 입구 등에서 출항하는 선박과 마주칠 우려가 있는 경우에는 방파제 밖에서 출항하는 선박의 진로를 피하여야 한다.

1. 방파제의 입구 및 그 부근

방파제는 무역항 수상구역 안으로 외해의 파도가 진입하는 것을 방지하여 안전 수면도 유지해 주면서 선박과 항만시설 등을 보호하기 위해 설치하지만, 선박의 통항측면에서 보면 장해물에 해당한다. 또한 방파제의 입구는 가능한 한 좁게 설치하고, 외력의 영향을 받으며 무역항을 출입하는 선박의 통항이 집중되므로 충돌의 위험이 높고, 선박의 조선도 어려워 주의하여야 한다.

출항선과 입항선은 방파제 부근에서도 마주칠 우려가 있는 경우 입항선이 출항선의 진로를 피하여야 한다. 이때 방파제 부근이라 함은 방파제 입구로부터 어느 정도의 거리와 위치를 말하는지 정의하고 있지는 않다.

일견으로 방파제를 정박 중인 다른 선박으로 보고, 입항선과 출항선이 각각 안전한 속력으로 항행하며 방파제에 접근하던 중 방파제의 진입이 불가한 상황이 발생한 경우 즉 정박 중인 다른 선박과 충돌의 위험으로 근접 상황이 발생한 경우에, 당시 사정 및 조건 하에서 각 선박이 자선의 조종특성을 고려하여 타와 기관을 사용하여 안전하게 피할 수 있을 정도의 거리로 보는 것이 적절하다고 판단된다. 정리하자면 선박이 당시 사정 및 조건 하에서 안전한 속력으로 방파제에 접근하던 중 피항동작을 취하여 방파제로부터 안전하게 벗어날 수 있을 정도의 거리라고 할 수 있다.

2. 마주칠 우려가 있는 경우

2척의 선박이 마주칠 우려가 있는 경우라 함은 출항선과 입항선이 서로 방파제 입구를 향해 접근 중인 상태에서 방파제 입구 또는 그 부근에서 마주치거나 마주칠 가능성이 있는 경우를 말한다고 할 것이다.

3. 방파제 입구 등에서 항행 방법

방파제 입구 및 그 부근의 특성 때문에 무역항에 출입하는 2척의 선박은 방파제 사이에서 서로 교행하는 것을 피하여야 한다.

그리고 무역항의 방파제를 기준으로 방파제 안의 수역은 방파제 밖의 수역보다 좁기 때문에 출항선의 가항수역이 입항선의 가항수역보다 상대적으로 좁아 조종성능도 더 나쁘다고 할 것이다.

따라서 입항선이 출항선보다 조종성능이 상대적으로 우수하므로 출항선의 진로를 피하라는 것이다.

4. 입항선의 대기

입항선은 당시 사정 및 조건이 허락한다면 가능한 한 출항선의 좌현에 위치한 수역에서 대기하는 것이 좋을 것이다. 출항선은 방파제를 통과하여 벗어난 후 입항선과 마주치는 상태일 경우 우현 변침하여 좌현 대 좌현으로 통과할 수 있을 것이고, 입항선과 횡단하는 상태에 있을 경우에도 유지선이 되어 안전하게 방파제 부근 수역을 벗어날 수 있기 때문이다.

Ⅴ. 부두등 부근에서의 항법(법 제14조)

선박이 무역항의 수상구역 등에서 해안으로 길게 뻗어 나온 육지 부분, 부두, 방파제 등 인공시설물의 튀어나온 부분 또는 정박 중인 선박(이하 "부두등"이라 한다)을 오른쪽 뱃전에 두고 항행할 때에는 부두등에 접근하여 항행하고, 부두등을 왼쪽 뱃전에 두고 항행할 때에는 멀리 떨어져서 항행하여야 한다.

부두 부근에서 항법은 항법의 대원칙인 우측 통항, 즉 다른 선박과 좌현 대 좌현으로 통항하기 위해서이다. 부두 및 정박선을 항로의 한계선으로 보고, 그 부근에서 다른 선박과 충분한 안전거리를 유지하며 통과하고자 함에 있다 할 것이다.

Ⅵ. 예인선 등의 항법(법 제15조)

예인선이 무역항의 수상구역 등에서 다른 선박을 끌고 항행할 때에는 다음의 방법에 따라야 한다.

1. 예인선열의 길이가 200미터 이하일 것

예인선의 선수(船首)로부터 피(被)예인선의 선미(船尾)까지의 길이는 200미터를 초과하지 아니하여야 한다. 다만, 다른 선박의 출입을 보조하는 경우에는 그러하지 아니하다.

그럼에도 불구하고 지방해양수산청장 또는 시·도지사는 해당 무역항의 특수성 등을 고려하여 특히 필요한 경우에는 예인선열의 길이 규정에 따른 항법을 조정할 수 있다. 이 경우 지방해양수산청장 또는 시·도지사는 그 사실을 고시하여야 한다.

예인선열의 길이를 제한하는 이유는 예인선이 피예인선을 선미 예인할 경우 끌려오는 피예인선이 좌·우로 이동하며 넓은 수역을 이용함으로써 다른 선박의 항행에 지장을 주는 것을 방지하기 위함에 있다고 할 것이다.

참고로 COLREG에서 예인선열의 길이는 예인선의 선미에서 피예인선의 선미까지의 길이를 말한다. 따라서 외국항을 출항하여 국내항으로 입항할 경우에는 COLREG의 규정과 선박입출항법 상 예인선열의 길이 산정이 다르므로 이에 주의하여야 한다.

2. 예인선은 피예인선 2척까지 예인 가능

예인선은 한꺼번에 3척 이상의 피예인선을 끌지 아니하여야 한다. 즉 예인선은 무역항의 수상구역 등에서 최대 2척까지 예인할 수 있다.

Ⅶ. 범선의 항법

범선이 무역항의 수상구역 등에서 항행할 때에는 돛을 줄이거나 예인선이 범선을 끌고 가게 하여야 한다.

범선은 앞서 기술한 바와 같이 무역항의 항로 안에서도 지그재그 항행을 금지하고 있으며, 이와 같은 취지에서 무역항의 항로 이외의 수역에서도 돛을 줄이거나 예인선이 끌도록 지원을 받도록 함으로써 다른 선박의 항행에 지장을 주지 않도록 하고자 함에 있다 할 것이다.

Ⅷ. 진로방해의 금지(법 제16조)

1. 우선피항선의 진로방해 금지

우선피항선은 무역항의 수상구역 등이나 무역항의 수상구역 부근에서 다른 선박의 진로를 방해하여서는 아니 된다.

우선피항선은 주로 활동범위가 무역항의 수상구역 등이고, 무역항의 항내 사정에 밝으며, 소형선의 경우 비교적 조종성능이 우수하다. 반면에 화물을 적재하거나 여객을 태우고 무역항에 출입하는 선박들은 우선피항선에 비해 대형선으로서 선박의 통항이 많고 혼잡한 무역항의 좁은 수상구역 등에서 조종이 용이하지 않다.

따라서 무역항의 수상구역 등에서 선박운항의 안전 및 질서 유지를 위해 우선피항선으로 하여금 다른 선박의 진로를 방해하지 못하도록 규정하였다고 본다.

한편으로 우선피항선은 무역항의 수상구역 등에서 지정·고시된 정박구역 또는 정박지에 정박할 의무가 없고, 지정·고시된 항로를 따라 항행할 의무가 없다.

이를 보다 상세히 정리하면,

첫째, 모든 선박은 지정·고시된 정박구역 또는 정박지에 정박하여야 하나, 우선피항선은 이를 준수할 의무가 없다. 다만 우선파항선은 다른 선박의 항행에 방해가 될 우려가 있는 장소에 정박하거나 정류하여서는 아니 된다.

둘째, 모든 선박은 무역항의 수상구역 등에 출입하는 경우 또는 무역항의 수상구역 등을 통과하는 경우 지정·고시된 항로를 따라 항행하여야 하나, 우선피항선은 이를 준수할 의무가 없다.

2. 공사선박 및 경기선박의 진로방해 금지

법 제41조 제1항에 따라 공사 등의 허가를 받은 선박과 법 제42조 제1항에 따라 선박경기 등의 행사를 허가받은 선박은 무역항의 수상구역 등에서 다른 선박의 진로를 방해하여서는 아니 된다.

무역항의 수상구역 등에서 허가를 받고 공사하는 선박과 허가를 받고 경기를 하는 선박은 허가받은 범위 안의 수역에서 작업 및 경기를 하며, 허가받은 수역을 벗어나 작업 및 경기를 함으로써 다른 선박의 진로를 방해하지 말도록 규정하고 있다 할 것이다.

Ⅸ. 속력 등의 제한(법 제17조)

선박이 무역항의 수상구역 등이나 무역항의 수상구역 부근을 항행할 때에는 다른 선박에 위험을 주지 아니할 정도의 속력으로 항행하여야 한다.

해양경찰청장은 선박이 빠른 속도로 항행하여 다른 선박의 안전 운항에 지장을 초래할 우려가 있다고 인정하는 무역항의 수상구역 등에 대하여는 관리청에 선박 항행 최고속력을 지정할 것을 요청할 수 있다. 관리청은 최고속력 지정 요청을 받은 경우 특별한 사유가 없으면 무역항의 수상구역 등에서 선박 항행 최고속력을 지정·고시하여야 한다. 이 경우 선박은 고시된 항행 최고속력의 범위에서 항행하여야 한다.

각 지방해양수산청장은 「선박입출항법」의 규정에 의한 정박지, 항로, 항법 및 속력제한 등과 그 밖의 필요한 사항을 규정하고 있다. 부산항의 경우 「부산항 항법 등에 관한 규칙」을 제정 · 시행하고 있다.

「부산항 항법 등에 관한 규칙」 [별표 4]

구 역	대상선박	최고 항행속력
1. 북내항 (내항 남방파제와 감만등표 ~ 영도대교)	총톤수 500톤 미만 여객선	12노트 이하
	기타 모든 선박	8노트 이하
2. 감천항 (동 · 서 방파제 내측해역)	모든 선박	10노트 이하
3. 다대포항 (해경 정비창 방파제 ~ 낫개 방파제 내측 해역)	모든 선박	7노트 이하
4. 북외항 [내항 남방파제와 감만등표 ~ 두지점 (35－05－22.4N,129－04－30.2E와 35－06－13.4N,129－04－30.2E)을 이은 선내 해역]	1,000톤 이상 선박	7노트 이하
5. 오륙도 및 조도 인근 좁은 수로	모든 선박	8노트 이하
6. 가덕수로(신항출입항로) 주의항로	모든 선박	12노트 이하 (대수속력)

X. 항행 선박 간의 거리(법 제18조)

'무역항의 수상구역 등에서 2척 이상의 선박이 항행할 때에는 서로 충돌을 예방할 수 있는 상당한 거리를 유지하여야 한다.'

무역항의 수상구역 등에 지정 · 고시된 항로는 원칙적으로 2척의 선박이 안전한 거리를 두고 교행할 수 있을 정도의 폭으로 설정되어 있다. 그러나 2척의 선박이 항로의 좁은 수역 안에서 교행할 경우에는 선박 사이의 상호작용과 천수효과(Shallow water effect) 등으로 인한 보침성 저하 등으로 충돌의 위험이 높으므로 이를 예방하기 위함에 있다고 할 것이다.

여기서 '상당한 거리'라 함은 당시 해상 및 기상상태 등을 고려한 사정 및 조건에서 2척의 선박이 안전하게 교행할 수 있는 거리를 말한다고 할 것이다. 따라서 선박들은 필요 시 속력을 낮추거나 예선의 지원을 받는 등의 조치도 요구된다고 할 것이다.

XI. 예선의 사용의무(법 제23조)

관리청은 항만시설을 보호하고 선박의 안전을 확보하기 위하여 관리청이 정하여 고시하는 일정 규모 이상의 선박에 대하여 예선을 사용하도록 하고 있다. 관리청은 예선을 사용하여야 하는 선박이 그 규모에 맞는 예선을 사용하게 하기 위하여 '예선사용기준'을 정하여 고시할 수 있다.

각 지방해양수산청장은 이 규정에 따라 무역항별 예선운영세칙을 제정·시행하고 있다.

제4절 예 선

I. 예선의 사용의무(법 제23조)

관리청은 항만시설을 보호하고 선박의 안전을 확보하기 위하여 관리청이 정하여 고시하는 일정 규모 이상의 선박에 대하여 예선을 사용하도록 하여야 하며, 예선을 사용하여야 하는 선박이 그 규모에 맞는 예선을 사용하게 하기 위하여 예선의 사용기준(이하 "예선사용기준"이라 한다)을 정하여 고시할 수 있다.

II. 예선업의 등록, 등록 제한 및 등록 취소

1. 예선업의 등록 등(법 제24조)

무역항에서 예선업무를 하는 사업(이하 "예선업"이라 한다)을 하려는 자는 관리청에 등록 또는 변경등록을 하여야 하며, 예선업의 등록 또는 변경등록은 무역항별로 하되, 다음 각 호의 기준을 충족하여야 한다.

① 예선은 자기소유예선[자기 명의의 국적취득조건부 나용선(裸傭船) 또는 자기 소유로 약정된 리스예선을 포함한다]으로서 해양수산부령으로 정하는 무역항별 예선보유기준에 따른 마력[이하 "예항력"(曳航力)이라 한다]과 척수가 적합할 것

② 예선추진기형은 전(全)방향추진기형일 것

③ 예선에 소화설비 등 해양수산부령으로 정하는 시설을 갖출 것

④ 예선의 선령(船齡)이 해양수산부령으로 정하는 기준에 적합하되, 등록 또는 변경등록 당시 해당 예선의 선령이 12년 이하일 것. 다만, 관리청이 예선 수요가 적어 사업의 수익성이 낮다고 인정하는 무역항에 등록 또는 변경등록하는 선박의 경우와 해양환경공단이 「해양환경관리법」 제67조에 따라 해양오염방제에 대비·대응하기 위하여 선박을 배치하고자 변경등록하는 경우에는 그러하지 아니하다.

그럼에도 불구하고, 다음 각 호의 어느 하나에 해당하는 경우에는 해양수산부령으로 정하는 무역항별 예선보유 기준에 따라 2개 이상의 무역항에 대하여 하나의 예선업으로 등록하게 할 수 있다.

① 1개의 무역항에 출입하는 선박의 수가 적은 경우

② 2개 이상의 무역항이 인접한 경우

관리청은 예선업무를 안정적으로 수행하기 위하여 필요하다고 인정하는 경우 예선업이 등록된 무역항의 예선이 아닌 다른 무역항에 등록된 예선을 이용하게 할 수 있으며, 이 경우 다른 무역항에 등록된 예선을 이용하기 위한 기준 및 절차 등에 필요한 사항은 해양수산부령으로 정한다.

2. 예선업의 등록 제한(법 제25조)

다음 각 호의 어느 하나에 해당하는 자는 예선업의 등록을 할 수 없으며, 예선업의 권리와 의무를 승계한 자의 경우에도 이를 준용한다.

① 원유, 제철원료, 액화가스류 또는 발전용 석탄의 화주(貨主)

② 「해운법」에 따른 외항 정기 화물운송사업자와 외항 부정기 화물운송사업자

③ 조선사업자

④ 제1호부터 제3호까지의 어느 하나에 해당하는 자가 사실상 소유하거나 지배하는 법인(이하 "관계법인"이라 한다) 및 그와 특수한 관계에 있는 자(이하 "특수관계인"이라 한다)[10]

---

10) 선박입출항법 시행령 제7조(관계법인 및 특수관계인의 범위) ① 법 제25조 제1항 제4호에 따른 관계법인은 다음 각 호의 어느 하나에 해당하는 법인으로 한다.

1. 법 제25조 제1항 제1호부터 제3호까지의 어느 하나에 해당하는 자 또는 같은 항 제4호에 따른 특수관계인(이하 "특수관계인"이라 한다)이 단독으로 또는 합하여 발행주식(출자를 포함한다. 이하 같다) 총수의 100분의 30 이상을 소유하고 있는 법인

⑤ 제26조 제1호 또는 제5호의 사유로 등록이 취소[11]된 후 2년이 지나지 아니한 자

관리청은 안전사고의 방지 및 예선업의 효율적인 운영을 위하여 필요한 경우로서 항만 내 예선의 대기장소가 해양수산부령으로 정하는 기준보다 부족한 경우에는 예선업의 등록을 거부할 수 있다.

3. 예선업의 등록 취소 등(법 제26조)

관리청은 예선업자가 다음 각 호의 어느 하나에 해당하는 경우에는 그 등록을 취소하거나 6개월 이내의 기간을 정하여 사업정지를 명할 수 있다. 다만, 제1호부터 제3호까지의 어느 하나에 해당하는 경우에는 그 등록을 취소하여야 한다.

① 거짓이나 그 밖의 부정한 방법으로 등록 또는 변경등록을 한 경우

② 제24조 제2항에 따른 기준을 충족하지 못하게 된 경우

③ 제25조 제1항 각 호의 어느 하나에 해당하게 된 경우

③의2 제25조의2 제3항에 따른 조건을 위반하는 경우

④ 제29조 제1항 또는 제2항을 위반하여 정당한 사유 없이 예선의 사용 요청을 거절하거나 예항력 검사를 받지 아니한 경우

④의2 제29조의2 제1항의 단서를 위반하여 예선을 공동으로 배정하는 경우

---

2. 제1호에 따른 법인 및 그 특수관계인이 단독으로 또는 합하여 발행주식 총수의 100분의 30 이상을 소유하고 있는 법인
3. 제1호에 따른 법인 및 그 특수관계인과 제2호에 따른 법인이 단독으로 또는 합하여 발행주식 총수의 100분의 30 이상을 소유하고 있는 법인
4. 임원의 임면, 가등기 또는 근저당권 설정등기 등으로 해당 법인의 경영에 대하여 영향력을 행사하고 있다고 인정되는 법인

② 특수관계인은 다음 각 호의 어느 하나에 해당하는 자로 한다.
1. 해당 법인의 발행주식 총수의 100분의 30 이상을 소유하고 있는 자
2. 해당 법인의 대표이사, 이사, 업무를 집행하는 무한책임사원 및 감사
3. 제1호 및 제2호에 해당하는 자의 「민법」 제777조에 따른 친족
4. 제1호 및 제2호에 해당하는 자의 사용인(개인인 경우에는 상업사용인, 고용계약에 따른 피고용인 및 그 개인의 금전이나 재산으로 생계를 유지하는 사람을 말한다)

11) 선박입출항법 제26조(등록의 취소 등)
1. 거짓이나 그 밖의 부정한 방법으로 등록 또는 변경등록을 한 경우
2. ~4. 생략
5. 제49조 제2항에 따른 개선명령을 이행하지 아니한 경우

⑤ 제49조 제2항에 따른 개선명령을 이행하지 아니한 경우

Ⅲ. 예선의 수급조절(법 제25조의2)

해양수산부장관은 예선의 수급조절을 위하여 필요한 경우 다음 각 호의 사항을 반영한 예선 수급계획을 수립할 수 있다. 이 경우 제30조에 따른 예선운영협의회의 의견을 청취하여야 하며, 예선 수급계획을 수립하였으면 이를 관보 및 인터넷 홈페이지 등에 공고하여야 한다.

1. 예선업 경기(景氣)의 동향과 전망
2. 항만별 예선업의 여건 및 운영 실태
3. 항만별·마력별 예선 수급 상황
4. 그 밖에 대통령령으로 정하는 사항으로서 예선 수급계획 수립에 필요한 사항

관리청은 수립된 예선 수급계획에 따라 예선업의 등록 또는 변경등록을 일정 기간 제한하거나 등록 또는 변경등록에 조건을 붙일 수 있다.

그 밖에 예선 수급계획 및 수급조절 절차, 기존예선의 대체 등에 필요한 사항은 대통령령으로 정한다.

Ⅳ. 예선업자에 대한 서비스평가(법 제25조의3)

해양수산부장관은 예선서비스의 향상을 위하여 예선업을 등록한 자(이하 "예선업자"라 한다)에 대하여 대통령령으로 정하는 바에 따라 예선운영의 안전성 및 이용자의 만족도를 평가(이하 "서비스평가"라 한다)할 수 있고, 서비스평가의 결과를 공표할 수 있다.

관리청은 서비스평가 결과가 우수한 예선업자에 대하여 포상하고 우대 조치를 할 수 있으며, 서비스평가 결과가 부진한 예선업자에 대하여 예선의 증선 등에 대한 불이익을 줄 수 있다.

해양수산부장관은 예선업자에 대한 서비스평가의 방법, 우수한 예선업자의 기준, 부진한 예선업자의 기준 등에 대하여 예선운영협의회의 의견을 들어야 하며, 이를 심의하기 위하여 예선서비스평가위원회를 설치·운영할 수 있다.

Ⅴ. 과징금 처분(법 제27조)

관리청은 예선업자가 제26조 제4호에 해당하여 사업을 정지시켜야 하는 경우로서 사업을 정지시키면 예선사용기준에 맞게 사용할 예선이 없는 경우에는 사업정지 처분을 대신하여 1천만원 이하의 과징금을 부과할 수 있으며, 만약 예선업자가 과징금을 납부하지 아니하면 국세 체납처분의 예 또는 「지방행정제재 · 부과금의 징수 등에 관한 법률」에 따라 징수할 수 있다.

과징금을 부과하는 위반행위의 종류 및 위반 정도에 따른 과징금의 금액과 그 밖에 필요한 사항은 다음과 같다.

선박의 입항 및 출항 등에 관한 법률 시행령 [별표 1]

과징금의 부과기준(제8조 관련)

1. 일반기준

가. 위반행위의 횟수에 따른 과징금 부과기준은 최근 1년간 같은 위반행위로 과징금 부과처분을 받은 경우에 적용한다. 이 경우 기간의 계산은 위반행위에 대하여 과징금 부과처분을 받은 날과 그 처분 후 다시 같은 위반행위를 하여 적발된 날을 기준으로 한다.

나. 부과권자는 다음의 어느 하나에 해당하는 경우에는 제2호의 개별기준에 따른 과징금의 2분의 1 범위에서 그 금액을 늘려 부과할 수 있다. 다만, 늘려 부과하는 경우에도 법 제27조 제1항에 따른 과징금의 상한을 넘을 수 없다.

1) 위반의 내용 · 정도가 중대하여 다른 사람에게 미치는 피해가 크다고 인정되는 경우

2) 법 위반상태의 기간이 6개월 이상인 경우

다. 부과권자는 다음의 어느 하나에 해당하는 경우에는 제2호의 개별기준에 따른 과징금의 2분의 1 범위에서 그 금액을 줄여 부과할 수 있다. 다만, 과징금을 체납하고 있는 위반행위자에 대해서는 그렇지 않다.

1) 위반행위가 사소한 부주의나 오류로 인한 것으로 피해가 적다고 인정되는 경우

2) 위반행위자가 법 위반상태를 시정하거나 해소하기 위하여 노력한 사실이 인정되는 경우

라. 부과권자는 고의 또는 중과실이 없는 위반행위자가 「소상공인기본법」 제2조에 따른 소상공인에 해당하고, 과징금을 체납하고 있지 않은 경우에는 다음의 사항을 고려하여 제2호의 개별기준에 따른 과징금의 100분의 70 범위에서 그 금액을 줄여 부과할 수 있다. 다만, 다목에 따른 감경과 중복하여 적용하지 않는다.

1) 위반행위자의 현실적인 부담능력

2) 경제위기 등으로 위반행위자가 속한 시장 · 산업 여건이 현저하게 변동되거나 지속적으로 악화된 상태인지 여부

2. 개별기준

(단위: 만원)

위반행위	근거 법조문	과징금		
		1회 위반	2회 위반	3회 이상 위반
가. 법 제29조 제1항을 위반하여 정당한 사유 없이 예선의 사용 요청을 거절한 경우	법 제27조 제1항	500	750	1,000
나. 법 제29조 제2항을 위반하여 예항력 검사를 받지 않은 경우	법 제27조 제1항	500	750	1,000

Ⅵ. 권리와 의무의 승계(법 제28조)

다음 각 호의 어느 하나에 해당하는 자는 예선업자의 권리와 의무를 승계한다.

① 예선업자가 사망한 경우 그 상속인

② 예선업자가 사업을 양도한 경우 그 양수인

③ 법인인 예선업자가 다른 법인과 합병한 경우 합병 후 존속하는 법인이나 합병으로 설립되는 법인

Ⅶ. 예선업자의 준수사항(법 제29조)

예선업자는 다음 각 호의 경우를 제외하고는 예선의 사용 요청을 거절하여서는 아니 된다.

① 다른 법령에 따라 선박의 운항이 제한된 경우

② 천재지변이나 그 밖의 불가항력적인 사유로 예선업무를 수행하기가 매우 어려운 경우

③ 제30조에 따른 예선운영협의회에서 정하는 정당한 사유가 있는 경우

예선업자는 등록 또는 변경등록한 각 예선이 등록 또는 변경등록 당시의 예항력을 유지할 수 있도록 관리하고, 해양수산부령으로 정하는 바에 따라 예선이 적정한 예항력을 가지고 있는지 확인하기 위하여 해양수산부장관이 실시하는 검사를 받아야 하며, 검사방법은 「예선운영 및 업무처리요령」(해양수산부고시 제2023-81호, 2023. 5. 15. 시행)」에서 정하고 있다.

Ⅷ. 예선의 배정 방법(법 제29조의2)

예선의 사용 요청을 받은 예선업자는 단독으로 예선을 배정하여야 한다. 다만, 예선의 공동 활용 등을 위하여 필요한 경우로서 예선업자가 예선 사용자 등에게 예선 공동 배정의 방법·내용을 미리 공표한 경우에는 예선업자 간 공동으로 예선을 배정할 수 있으며, 예선 공동 배정의 방법·내용, 공표의 방법 및 세부 절차 등에 관한 사항은 해양수산부령으로 정한다.

Ⅸ. 예선운영협의회(법 제30조)

관리청은 예선을 원활하게 운영하기 위하여 예선업을 대표하는 자, 예선 사용자를 대표하는 자 및 해운항만전문가가 참여하는 예선운영협의회를 설치·운영하게 할 수 있으며, 예선운영협의회의 기능·구성 및 운영 등에 필요한 사항은 대통령령으로 정한다.

관리청은 다음 각 호의 어느 하나에 해당하는 경우 조정을 하거나 예선운영협의회에 재협의를 요구할 수 있다.

① 예선운영협의회에서 예선운영 등에 대한 협의가 이루어지지 아니한 경우

② 예선운영협의회의 협의 결과가 예선업의 건전한 발전을 저해하거나 예선 사용자의 권익을 침해한다고 인정되는 경우

Ⅹ. 예선업의 적용 제외(제31조)

조선소에서 건조·수리 또는 시험 운항할 목적으로 선박 등을 이동시키거나 운항을 보조하기 위하여 보유·관리하는 예선에 대하여는 예선업에 관한 이 법의 규정을 적용하지 아니한다.

제5절 위험물의 관리 등

Ⅰ. 위험물의 반입(법 제32조)

위험물을 무역항의 수상구역 등으로 들여오려는 자는 해양수산부령으로 정하는 바에 따라 관리청에 신고하여야 하고, 관리청은 신고 내용을 검토하여 이 법에 적합하면 신고를 수리하여야 한다.

관리청은 위험물 신고를 받았을 때에는 무역항 및 무역항의 수상구역 등의 안전, 오염방지 및 저장능력을 고려하여 해양수산부령으로 정하는 바에 따라 들여올 수 있는 위험물의 종류 및 수량을 제한하거나 안전에 필요한 조치를 할 것을 명할 수 있다.

다음 각 호에 해당하는 자는 위험물 신고를 하려는 자에게 해양수산부령으로 정하는 바에 따라 위험물을 통지하여야 한다.

① 「해운법」 제24조에 따라 해상화물운송사업을 등록한 자

② 「물류정책기본법」 제43조에 따라 국제물류주선업을 등록한 자

③ 「해운법」 제33조에 따라 해운대리점업을 등록한 자

④ 「관세법」 제241조 제1항에 따른 수출·수입 신고 대상 물품의 화주

Ⅱ. 위험물운송선박의 정박 등(법 제33조)

위험물운송선박은 관리청이 지정한 장소가 아닌 곳에 정박하거나 정류하여서는 아니 된다.

Ⅲ. 위험물의 하역(법 제34조)

1. 자체안전관리계획의 수립 및 승인

무역항의 수상구역 등에서 위험물을 하역하려는 자는 대통령령으로 정하는 바에 따라 자체안전관리계획을 수립하여 관리청의 승인을 받아야 하며, 관리청은

무역항의 안전을 위하여 필요하다고 인정할 때에는 자체안전관리계획을 변경할 것을 명할 수 있다.

1) 자체안전관리계획 포함 내용(시행령 제14조)

자체안전관리계획에는 다음 각 호의 사항이 포함되어야 한다.

① 최고경영책임자의 안전 및 환경보호 방침에 관한 사항

② 위험물 취급 안전관리 전담조직의 운영 및 업무에 관한 사항

③ 위험물 안전관리자의 선임(選任) 및 임무에 관한 사항

④ 위험물 하역시설(급유선을 포함한다)의 명칭, 규격, 수량 등의 명세에 관한 사항

⑤ 위험물취급자에 대한 안전교육 및 훈련에 관한 사항

⑥ 소방시설, 안전장비 및 오염방제장비 등 안전시설에 관한 사항

⑦ 위험물 취급 작업기준 및 안전작업 요령에 관한 사항

⑧ 부두 및 선박에 대한 안전점검계획 및 안전점검의 실시에 관한 사항

⑨ 종합적인 비상대응훈련의 내용 및 실시 방법에 관한 사항

⑩ 비상사태 발생 시 지휘체계 및 비상조치계획에 관한 사항

⑪ 불안전 요소 발견 시 보고체계 및 처리 방법에 관한 사항

⑫ 그 밖에 위험물 취급의 안전을 위하여 필요하다고 인정하여 관리청이 고시하는 사항

위험물을 하역하려는 자는 위의 ①호부터 ④호, ⑥호, ⑧호 및 ⑩호의 사항을 변경하려는 경우에도 관리청의 승인을 받아야 한다.

2) 자체안전관리계획의 유효기간 및 갱신 신청(시행령 제14조, 시행규칙 제16조)

자체안전관리계획의 유효기간은 자체안전관리계획의 승인 또는 변경승인을 받은 날부터 5년이다.

자체안전관리계획의 승인, 변경승인 및 유효기간 만료에 따른 갱신은 다음의 시기에 관리청에 신청하여야 하며, 관리청은 검토 후 신청서 접수일부터 15일 이내에 그 결과를 신청인에게 통보하여야 한다.

① 최초 자체안전관리계획의 승인: 위험물 하역 전

② 자체안전관리계획의 변경승인: 변경사유가 발생한 날부터 1개월

③ 자체안전관리계획의 유효기간 만료에 따른 갱신: 유효기간 만료일 3개월 전부터 1개월 전까지

2. 위험물 하역의 제한

관리청은 기상 악화 등 불가피한 사유로 무역항의 수상구역 등에서 위험물을 하역하는 것이 부적당하다고 인정하는 경우에는 자체안전관리계획의 승인을 받은 자에 대하여 그 하역을 금지 또는 중지하게 하거나 무역항의 수상구역 등 외의 장소를 지정하여 하역하게 할 수 있으며, 이러한 경우에는 그 사유 등을 명시한 서면으로 통보하여야 한다. 다만, 긴급한 경우에는 구두(口頭)로 통보할 수 있다.

무역항의 수상구역 등이 아닌 장소로서 '총톤수 1천톤 이상의 위험물 운송선박이 접안할 수 있는 부두시설 및 위험물 하역작업에 필요한 시설을 갖추고, 산적액체위험물을 취급하는 장소'에서 위험물을 하역하려는 자는 무역항의 수상구역 등에 있는 자로 본다.

Ⅳ. 위험물 취급 시의 안전조치 등(법 제35조)

무역항의 수상구역 등에서 위험물취급자[12]는 다음 각 호에 따른 안전에 필요한 조치를 하여야 하며, 관리청은 안전조치를 하지 아니한 위험물취급자에게 시설 · 인원 · 장비 등의 보강 또는 개선을 명할 수 있다.

① 위험물 취급에 관한 안전관리자(이하 "위험물 안전관리자"라 한다)의 확보 및 배치. 다만, 해양수산부령으로 정하는 바에 따라 위험물 안전관리자를 보유한 안전관리 전문업체로 하여금 안전관리 업무를 대행하게 한 경우에는 그러하지 아니하다.

② 해양수산부령으로 정하는 위험물 운송선박[13]의 부두 이안 · 접안 시 위험

---

12) 선박입출항법 제2조(정의)

13. "위험물취급자"란 제37조 제1항 제1호에 따른 위험물운송선박의 선장 및 위험물을 취급하는 사람을 말한다.

13) "해양수산부령으로 정하는 위험물 운송선박"이란 총톤수 1천톤 이상의 산적액체위험물을 운송하는 선박을 말한다.

물 안전관리자의 현장 배치

③ 위험물의 특성에 맞는 소화장비의 비치

④ 위험표지 및 출입통제시설의 설치

⑤ 선박과 육상 간의 통신수단 확보

⑥ 작업자에 대한 안전교육과 그 밖에 해양수산부령으로 정하는 안전에 필요한 조치14)

위험물 안전관리자는 다음의 안전관리에 관한 교육을 받아야 한다.

선박의 입항 및 출항 등에 관한 법률 시행규칙 [별표 4]

위험물 안전관리자의 교육(제19조의2 관련)

1. 산적액체위험물을 관리하는 위험물 안전관리자의 교육

가. 양성교육

1) 교육대상: 제18조 제1항 및 별표 3에 따라 산적액체위험물을 관리하는 위험물 안전관리자의 자격을 갖추려는 사람에 대하여 실시함.

2) 교육과정 (*교육과정에서 '세부 교육내용'을 제외함)

구분		교육시간 (단위: 시간)
1) 교육 과목	가) 위험물 개요	6
	나) 관련 법규	4
	다) 위험물 취급 시 안전관리	22
	라) 현장실습	4
	마) 안전일반	3
2) 평가		1
3) 총계		40

비고: 평가 결과 합격 기준은 총점의 60퍼센트 이상 득점으로 한다.

나. 실무교육

1) 산적액체위험물(선박연료공급선의 산적액체위험물은 제외한다)을 관리하는 위험물 안전관리자에 대한 실무교육

가) 교육시기

(1) 가목에 따른 양성교육을 받은 사람의 경우: 양성교육을 받은 후 매 3년마다 실무교육을 실시함.

(2) 가목에 따른 양성교육을 받지 않고 위험물 안전관리자로 고용된 사람의 경우: 위험물 안전관리자

14) "해양수산부령으로 정하는 안전에 필요한 조치"란 다음 각 호의 조치를 말한다.

1. 지방해양수산청장 또는 시·도지사가 승인한 자체안전관리계획서의 현장 비치

2. 안전점검 사실을 확인할 수 있는 서류의 작성 및 현장 비치

3. 그 밖에 지방해양수산청장 또는 시·도지사가 정하여 고시하는 사항

로 고용된 후 그 업무를 개시하기 전에 최초의 실무교육을 실시하며, 그 후 매 3년마다 실무교육을 실시함.

나) 교육과정

구분		교육시간(단위: 시간)
1) 교육 과목	가) 위험물 개요	3
	나) 관련 법규	4
	다) 위험물 취급 시 안전관리	6
	라) 안전일반	3
2) 총계		16

2) 선박연료공급선의 산적액체위험물을 관리하는 위험물 안전관리자에 대한 실무교육

가) 교육시기

(1) 가목에 따른 양성교육을 받은 사람의 경우: 양성교육을 받은 후 매 3년마다 실무교육을 실시함.
(2) 가목에 따른 양성교육을 받지 않고 위험물 안전관리자로 고용된 사람의 경우: 위험물 안전관리자로 고용된 후 그 업무를 개시하기 전에 최초의 실무교육을 실시하며, 그 후 매 3년마다 실무교육을 실시함.

나) 교육과정

구분		교육시간(단위: 시간)
1) 교육 과목	가) 위험물 개요	1
	나) 관련 법규	2
	다) 선박연료공급 작업 시 안전관리	3
	라) 안전일반	2
2) 총계		8

2. 포장된 위험물을 관리하는 위험물 안전관리자의 교육

가. 교육시기: 위험물 안전관리자로 고용된 후 그 업무를 개시하기 전에 최초의 교육을 실시하며, 그 후 매 3년마다 실시함.

나. 교육과정

구분		교육시간(단위: 시간)
1) 교육 과목	가) 위험물 개요	3
	나) 관련 법규	3
	다) 위험물 취급 시 안전관리	8
	라) 안전일반	2
2) 총계		16

위험물취급자는 위험물 안전관리자를 고용한 때에는 그 해당자에게 안전관리에 관한 교육을 받게 하여야 한다. 이 경우 위험물취급자는 교육에 드는 경비를 부담하여야 한다.

위험물 안전관리자의 자격, 보유기준 및 교육의 실시에 필요한 사항은 다음과 같다.

선박의 입항 및 출항 등에 관한 법률 시행규칙 [별표 3]

위험물 안전관리자의 자격 및 보유기준(제18조 제1항 관련)

구분	위험물 안전관리자의 자격기준	위험물취급자별 안전관리자 보유기준
산적 액체 위험물	1. 「국가기술자격법」에 따른 위험물기능사 이상의 자격을 가진 사람 2. 「국가기술자격법」에 따른 가스기능사 이상의 자격을 가진 사람 3. 「산업안전보건법」 제15조에 따라 선임된 안전관리자 4. 「고등교육법」 제2조 제4호에 따른 전문대학(이하 이 표에서 “전문대학”이라 한다) 또는 이와 같은 수준 이상의 학교에서 화학 또는 화공 관련 학과를 전공하고 졸업한 사람(법령에 따라 이와 같은 수준의 학력이 있다고 인정되는 사람을 포함한다) 5. 「초·중등교육법 시행령」 제90조에 따른 특수목적고등학교 또는 같은 영 제91조에 따른 특성화고등학교에서 화학 또는 화공 관련 학과를 졸업한 후 또는 법령에 따라 이와 같은 수준으로 인정되는 학력을 갖춘 후 3년 이상 산적액체위험물을 취급한 경력이 있는 사람 6. 항해사·기관사 또는 운항사로 총톤수 3천톤 이상의 위험물 산적 운반선에서 다음 각 목의 구분에 따른 기간 동안 승선한 사람. 가. 3급 해기사 면허 소지자: 3년 이상 나. 2급 해기사 면허 소지자: 2년 이상 다. 1급 해기사 면허 소지자: 1년 이상 7. 산적액체위험물을 취급한 경력이 5년 이상인 사람으로서 법 제36조 제1항에 따라	1. 산적액체위험물을 연간 2천만톤 이상 취급하는 사업자: 위험물 안전관리자의 자격기준 제6호에 따른 자격을 갖춘 사람 4명 이상을 포함하여 6명 이상. 다만, 산적액체위험물 중 고압가스를 취급하는 경우에는 위험물 안전관리자의 자격기준 제2호에 따른 자격을 갖춘 사람 1명 이상을 보유하여야 한다. 2. 산적액체위험물을 연간 1천만톤 이상 2천만톤 미만 취급하는 사업자: 위험물 안전관리자의 자격기준 제6호에 따른 자격을 갖춘 사람 2명 이상을 포함하여 4명 이상. 다만, 산적액체위험물 중 고압가스를 취급하는 경우에는 위험물 안전관리자의 자격기준 제2호에 따른 자격을 갖춘 사람 1명 이상을 보유하여야 한다. 3. 산적액체위험물을 연간 50만톤 이상 1천만톤 미만 취급하는 사업자: 2명 이상. 다만, 산적액체위험물 중 고압가스를 취급하는 경우에는 위험물 안전관리자의 자격기준 제2호에 따른 자격을 갖춘 사람 1명 이상을 보유하여야 한다. 4. 산적액체위험물을 연간 50만톤 미만 취급하는 사업자: 1명 이상. 다만, 산적액체위험물 중 고압가스를 취급하는 경우에는 위험물 안전관리자의 자격기준 제2호에 따른 자격을 갖춘 사람 1명 이상을 보유하여야 한다.

	지정된 교육기관에서 별표 4 제1호 가목에 따른 산적액체위험물을 관리하는 위험물 안전관리자의 양성교육을 이수한 사람	
포장된 위험물	1. 「국가기술자격법」에 따른 위험물산업기사 이상의 자격을 가진 사람 2. 「국가기술자격법」에 따른 가스산업기사 이상의 자격을 가진 사람 3. 「산업안전보건법」 제15조에 따라 선임된 안전관리자 4. 전문대학 또는 이와 같은 수준 이상의 학교에서 화학 또는 화공 관련 학과를 전공하고 졸업한 후 또는 법령에 따라 이와 같은 수준의 학력을 갖춘 후 3년 이상 위험물을 취급한 경력이 있는 사람 5. 「초·중등교육법 시행령」 제90조에 따른 특수목적고등학교 또는 같은 영 제91조에 따른 특성화고등학교에서 화학 또는 화공 관련 학과를 졸업한 후 또는 법령에 따라 이와 같은 수준으로 인정되는 학력을 갖춘 후 6년 이상 위험물을 취급한 경력이 있는 사람 6. 3급 이상의 해기사 면허를 가진 사람으로서 총톤수 3천톤 이상의 선박(어선은 제외한다)에서 항해사·기관사 또는 운항사로 3년 이상 승선한 사람	1. 포장된 위험물을 연간 10만톤 이상 취급하는 사업자: 위험물 안전관리자의 자격기준 제2호에 따른 자격을 갖춘 사람 1명 이상을 포함하여 2명 이상 2. 포장된 위험물을 연간 3천톤 이상 10만톤 미만 취급하는 사업자: 1명 이상 3. 포장된 위험물을 연간 3천톤 미만 취급하는 사업자: 1명 이상. 다만, 「국가기술자격법」에 따른 위험물기능사 또는 가스기능사 이상의 자격을 가진 사람 1명 이상을 보유하는 것으로 갈음할 수 있다. 4. 「위험물 선박운송 및 저장규칙」 제3조 제1호 가목부터 다목까지 및 같은 조 제7호에 따른 물질을 취급하는 사업자: 제1호부터 제3호까지에 따른 위험물 안전관리자 외에 해당 분야의 자격을 가진 위험물 안전관리자 1명 이상. 다만, 해당 위험물을 상시 취급을 하지 않는 경우에는 화주가 선임한 안전관리 업무담당자를 배치하는 것으로 갈음할 수 있다.

해양수산부령으로 정하는 위험물을 운송하는 총톤수 5만톤 이상의 선박이 접안하는 돌핀 계류시설의 운영자는 해당 선박이 안전하게 접안하여 하역할 수 있도록 해양수산부령으로 정하는 안전장비를 갖추어야 한다.

Ⅴ. 위험물 관련 자료제출의 요청(법 제35조의2)

관리청은 위험물의 관리를 위하여 필요하다고 인정할 때에는 관계 행정기관의 장에게 위험물 및 위험물을 수입하는 선박의 국내 입항일 등 필요한 자료의 제출을 요청할 수 있다. 이 경우 요청을 받은 관계 행정기관의 장은 특별한 사유가 없으면 그 요청에 따라야 한다. 관리청이 관계 행정기관의 장에게 요청할 수 있는 자료는 다음 각 호와 같다.

① 위험물의 적재(積載) 여부를 확인할 필요가 있는 선박(위험물운송선박)에 대한 다음 각 목의 정보

가. 선박명 또는 선박번호 등 해당 선박의 식별을 위한 정보

나. 해당 선박의 국내 입항일과 입항 항만 등 운항 정보

② 위험물운송선박에 적재된 위험물의 선하증권(船荷證券) 번호 및 품목번호 등 위험물을 식별하기 위한 정보

③ 그 밖에 관리청이 선박에 적재된 위험물로 인한 사고를 예방하기 위하여 필요하다고 인정하는 정보

관계 행정기관의 장은 관리청으로부터 요청받은 자료를 제출하는 경우 「정보통신망 이용촉진 및 정보보호 등에 관한 법률」 제2조 제1항 제1호에 따른 정보통신망 또는 법 제50조 제1항에 따른 항만운영정보시스템(Port-mis)을 이용하여 전자적 파일 형태로 제출해야 한다.

Ⅵ. 교육기관의 지정 및 취소 등(법 제36조)

해양수산부장관은 위험물 안전관리자의 교육을 위하여 교육기관을 지정·고시할 수 있으며, 교육기관의 지정기준 및 교육내용 등 교육기관 지정·운영에 필요한 사항은 해양수산부령으로 정한다.

해양수산부장관은 교육기관의 교육계획 또는 실적 등을 확인·점검할 수 있으며, 확인·점검 결과 필요한 경우에는 시정을 명할 수 있다.

해양수산부장관은 교육기관이 다음 각 호의 어느 하나에 해당하는 경우에는 그 지정을 취소하거나 6개월 이내의 기간을 정하여 업무의 정지를 명할 수 있다. 다만, 제1호의 경우에는 그 지정을 취소하여야 한다.

① 거짓이나 그 밖의 부정한 방법으로 교육기관 지정을 받은 경우

② 교육실적을 거짓으로 보고한 경우

③ 교육기관의 교육계획 또는 실적 등 확인·점검 결과에 따른 해양수산부장관의 시정명령을 이행하지 아니한 경우

④ 교육기관으로 지정받은 날부터 2년 이상 교육 실적이 없는 경우

⑤ 해양수산부장관이 교육기관으로서 업무를 수행하기가 어렵다고 인정하는

경우

Ⅶ. 선박수리의 허가 등(법 제37조)

1. 선박 내 위험구역에서 화기작업 시 허가

선장은 무역항의 수상구역 등에서 다음 각 호의 선박을 불꽃이나 열이 발생하는 용접 등의 방법으로 수리하려는 경우 해양수산부령으로 정하는 바에 따라 관리청의 허가를 받아야 한다. 다만, ②호의 선박은 기관실, 연료탱크, 그 밖에 해양수산부령으로 정하는 선박 내 위험구역에서[15] 수리작업을 하는 경우에만 허가를 받아야 한다.

① 위험물을 저장·운송하는 선박과 위험물을 하역한 후에도 인화성 물질 또는 폭발성 가스가 남아 있어 화재 또는 폭발의 위험이 있는 선박(이하 "위험물운송선박"이라 한다)

② 총톤수 20톤 이상의 선박(위험물운송선박은 제외한다)

관리청은 선박수리의 허가 신청을 받았을 때에는 신청 내용이 다음 각 호의 어느 하나에 해당하는 경우를 제외하고는 허가하여야 한다.

① 화재·폭발 등을 일으킬 우려가 있는 방식으로 수리하려는 경우

② 용접공 등 수리작업을 할 사람의 자격이 부적절한 경우

③ 화재·폭발 등의 사고 예방에 필요한 조치가 미흡한 것으로 판단되는 경우

④ 선박수리로 인하여 인근의 선박 및 항만시설의 안전에 지장을 초래할 우려가 있다고 판단되는 경우

⑤ 수리장소 및 수리시기 등이 항만운영에 지장을 줄 우려가 있다고 판단되는 경우

⑥ 위험물운송선박의 경우 수리하려는 구역에 인화성 물질 또는 폭발성 가스가 없다는 것을 증명하지 못하는 경우

---

15) "해양수산부령으로 정하는 선박 내 위험구역"이란 다음 각 호의 어느 하나에 해당하는 선박 내 구역을 말한다.
1. 윤활유탱크 2. 코퍼댐(cofferdam) 3. 공소(空所) 4. 축전지실 5. 페인트 창고
6. 가연성 액체를 보관하는 창고 7. 폐위(閉圍)된 차량구역

2. 선박 내 위험구역 밖에서 화기작업 시 신고

총톤수 20톤 이상의 선박을 선박 내 위험구역 밖에서 불꽃이나 열이 발생하는 용접 등의 방법으로 수리하려는 경우에 그 선박의 선장은 해양수산부령으로 정하는 바에 따라 관리청에 신고하여야 하며, 관리청은 신고를 받은 경우 그 내용을 검토하여 이 법에 적합하면 신고를 수리하여야 한다.

선박을 수리하려는 자는 그 선박을 관리청이 지정한 장소에 정박하거나 계류하여야 한다.

관리청은 수리 중인 선박의 안전을 위하여 필요하다고 인정하는 경우에는 그 선박의 소유자나 임차인에게 해양수산부령으로 정하는 바에 따라 안전에 필요한 조치를 할 것을 명할 수 있다.

제6절 수로의 보전

Ⅰ. 폐기물의 투기 금지 등(법 제38조)

누구든지 무역항의 수상구역 등이나 무역항의 수상구역 밖 10킬로미터 이내의 수면에 선박의 안전운항을 해칠 우려가 있는 흙·돌·나무·어구(漁具) 등 폐기물을 버려서는 아니 된다.

무역항의 수상구역 등이나 무역항의 수상구역 부근에서 석탄·돌·벽돌 등 흩어지기 쉬운 물건을 하역하는 자는 그 물건이 수면에 떨어지는 것을 방지하기 위하여 대통령령으로[16] 정하는 바에 따라 필요한 조치를 하여야 한다.

관리청은 폐기물을 버리거나 흩어지기 쉬운 물건을 수면에 떨어뜨린 자에게 그 폐기물 또는 물건을 제거할 것을 명할 수 있다.

---

16) 선박입출항법 시행령 제15조(흩어지기 쉬운 물건의 추락 방지 조치) 법 제38조 제2항에 따라 흩어지기 쉬운 물건을 하역하는 자는 덮개를 사용하거나 물건의 추락을 방지하기 위한 시설을 설치하고, 수면에 떨어진 물건이 떠돌아다니거나 흩어지는 것을 방지하기 위한 시설을 설치하여야 한다.

Ⅱ. 해양사고 등이 발생한 경우의 조치(법 제39조)

1. 선장의 조치사항

무역항의 수상구역 등이나 무역항의 수상구역 부근에서 해양사고·화재 등의 재난으로 인하여 다른 선박의 항행이나 무역항의 안전을 해칠 우려가 있는 조난선(遭難船)의 선장은 즉시 「항로표지법」에 따른 항로표지를 설치하는 등 필요한 조치를 하여야 한다.

조난선의 선장이 조치를 할 수 없을 때에는 해양수산부령으로 정하는 '위험예방조치 요청서'를 지방해양수산청장 또는 시·도지사에게 제출에 제출해야 하며 긴급할 때는 구두로 조치해 줄 것을 요청할 수도 있다.

2. 관할청의 조치사항

해양수산부장관이 조난선의 요청으로 필요한 조치를 하였을 때에는 그 선박의 소유자 또는 임차인은 그 조치에 들어간 비용을 해양수산부장관에게 납부하여야 한다. 해양수산부장관은 선박의 소유자 또는 임차인이 조치 비용을 납부하지 아니할 경우 국세 체납처분의 예에 따라 이를 징수할 수 있다.

해양수산부장관이나 관리청의 업무로 규정되어 있는 내용은 권한의 위임·위탁 규정에 따라[17] 실무에서는 지방해양수산청장 또는 시·도지사가 시행하고 있다.

Ⅲ. 장애물의 제거(법 제40조)

1. 관할청의 장애물 제거 명령

관리청은 무역항의 수상구역 등이나 무역항의 수상구역 부근에서 선박의 항행을 방해하거나 방해할 우려가 있는 물건을 발견한 경우에는 그 장애물의 소유자 또는 점유자에게 제거를 명할 수 있다.

---

17) 선박입출항법 시행령 제22조(권한의 위임·위탁) ① 해양수산부장관은 법 제53조 제1항에 따라 「항만법」 제3조 제2항 제1호에 따른 국가관리무역항에 대해서는 다음 각 호의 권한을 지방해양수산청장에게 위임하고, 같은 항 제2호에 따른 지방관리무역항에 대해서는 다음 각 호의 권한을 특별시장·광역시장·도지사 또는 특별자치도지사에게 위임한다.

21. 법 제39조 제2항·제3항에 따른 해양사고 등이 발생한 경우의 조치 및 조치에 들어간 비용 징수

2. 관할청의 행정대집행

관리청은 장애물의 소유자 또는 점유자가 장애물 제거 명령을 이행하지 아니하는 경우에는 「행정대집행법」 제3조 제1항 및 제2항에 따라 대집행(代執行)을 할 수 있다.

3. 관할청의 행정대집행이 곤란한 경우 조치

관리청은 다음 각 호의 어느 하나에 해당하는 경우로서 행정대집행에 따른 절차에 따르면 그 목적을 달성하기 곤란한 경우에는 그 절차를 거치지 아니하고 장애물을 제거하는 등 필요한 조치를 할 수 있다. 다만 이러한 조치는 선박교통의 안전 및 질서유지를 위하여 필요한 최소한도에 그쳐야 한다.

① 장애물의 소유자 또는 점유자를 알 수 없는 경우

② 무역항의 수역시설을 반복적·상습적으로 불법 점용하는 경우

③ 그 밖에 선박의 항행을 방해하거나 방해할 우려가 있어 신속하게 장애물을 제거하여야 할 필요가 있는 경우

장애물을 제거하는 데 들어간 비용은 그 물건의 소유자 또는 점유자가 부담하되, 소유자 또는 점유자를 알 수 없는 경우에는 대통령령으로 정하는 바에 따라 그 물건을 처분하여 비용에 충당한다.

4. 관할청의 제거된 장애물의 보관 및 처리

관리청은 제거된 장애물을 보관 및 처리하여야 한다. 이 경우 전문지식이 필요하거나 그 밖에 특수한 사정이 있어 직접 처리하기에 적당하지 아니하다고 인정할 때에는 「한국자산관리공사 설립 등에 관한 법률」에 따라 설립된 한국자산관리공사에게 장애물의 처리를 대행하도록 할 수 있다.

관리청은 한국자산관리공사가 장애물의 처리를 대행하는 경우에는 「국세징수법」을 준용하여 수수료를 지급할 수 있다.

한국자산관리공사가 장애물의 처리를 대행하는 경우에 한국자산관리공사의 임직원은 「형법」 제129조부터 제132조까지의 규정에 따른 벌칙을 적용할 때에는 공무원으로 본다.

장애물의 보관 및 처리, 장애물 처리의 대행에 필요한 사항은 대통령령으로[18] 정한다.

Ⅳ. 공사 등의 허가(법 제41조)

무역항의 수상구역 등이나 무역항의 수상구역 부근에서 대통령령으로[19] 정하는 공사 또는 작업을 하려는 자는 공사·작업 허가신청서 등을 관리청에 제출하고 허가를 받아야 한다.

관리청장이 공사 또는 작업 허가를 할 때에는 선박교통의 안전과 화물의 보전 및 무역항의 안전에 필요한 조치를 명할 수 있다.

---

18) 선박입출항법 시행령 제17조(공매대행의 의뢰 등) ① 해양수산부장관이 법 제40조 제6항 후단에 따라 제거된 장애물의 처리를「금융회사부실자산 등의 효율적 처리 및 한국자산관리공사의 설립에 관한 법률」제6조에 따라 설립된 한국자산관리공사(이하 "한국자산관리공사"라 한다)로 하여금 대행하게 하는 경우에는 다음 각 호의 사항을 적은 공매대행의뢰서를 한국자산관리공사에 보내야 한다.

1. 장애물의 소유자등의 주소 또는 거소
2. 장애물의 종류·수량·품질 및 소재지
3. 장애물과 관련된 보험료 및 압류 현황
4. 그 밖에 장애물의 공매대행에 필요한 사항

② 해양수산부장관은 제1항에 따라 처리 대행을 의뢰한 경우에는 그 사실을 장애물의 소유자등과 그 장애물에 전세권·질권·저당권이나 그 밖의 권리를 가진 자에게 알려야 한다.

③ 한국자산관리공사는 장애물의 소유자등이 장애물의 제거 및 보관 등에 든 비용을 납부하는 등의 사유가 발생하여 해양수산부장관이 장애물 처리 대행의 중지를 요청하였을 때에는 즉시 장애물의 처리 대행을 중지하여야 한다.

④ 한국자산관리공사는 장애물의 처리 대행을 의뢰받은 날부터 2년이 지나도 처리하지 못하는 경우에는 해양수산부장관에게 그 장애물에 대한 처리 대행 의뢰를 해제하여 줄 것을 요구할 수 있다.

⑤ 제4항에 따라 요구를 받은 해양수산부장관은 특별한 사정이 있는 경우를 제외하고는 처리 대행 의뢰를 해제하여야 한다.

19) 선박입출항법 시행령 제18조(공사 등의 허가 범위) 법 제41조 제1항에서 "대통령령으로 정하는 공사 또는 작업"이란 다음 각 호의 어느 하나에 해당하는 공사 또는 작업을 말한다. 다만,「항만법」이나「공유수면 관리 및 매립에 관한 법률」에 따라 해양수산부장관의 허가나 면허를 받은 공사 또는 작업은 제외한다.

1. 사람이나 장비를 수중(水中)에 투입하는 공사 또는 작업
2. 「항만법」 제2조 제5호에 따른 항만시설 외의 시설물 또는 인공구조물을 신축·개축하거나 변경·제거하는 공사 또는 작업
3. 그 밖에 무역항의 안전을 위하여 해양수산부령으로 정하는 공사 또는 작업

Ⅴ. 선박경기 등 행사의 허가(법 제42조)

무역항의 수상구역 등에서 선박경기 등 대통령령으로[20] 정하는 행사를 하려는 자는 해양수산부령으로 정하는 바에 따라 행사 허가신청서에 행사계획서 등을 관리청에 제출하고 허가를 받아야 한다.

관리청은 선박경기 등 행사의 허가 신청을 받았을 때에는 다음 각 호의 어느 하나에 해당하는 경우를 제외하고는 허가하여야 한다.

① 행사로 인하여 선박의 충돌·좌초·침몰 등 안전사고가 생길 우려가 있다고 판단되는 경우

② 행사의 장소와 시간 등이 항만운영에 지장을 줄 우려가 있는 경우

③ 다른 선박의 출입 등 항행에 방해가 될 우려가 있다고 판단되는 경우

④ 다른 선박이 화물을 싣고 내리거나 보존하는 데에 지장을 줄 우려가 있다고 판단되는 경우

관리청은 선박경기 등 행사의 허가를 하였을 때에는 해양경찰청장에게 그 사실을 통보하여야 한다.

Ⅵ. 부유물에 대한 허가(법 제43조)

무역항의 수상구역 등에서 목재 등 선박교통의 안전에 장애가 되는 부유물에 대하여 다음 각 호의 어느 하나에 해당하는 행위를 하려는 자는 해양수산부령으로 정하는 바에 따라 부유 등 허가신청서 등을 제출하고 관리청의 허가를 받아야 한다.

① 부유물을 수상(水上)에 띄워 놓으려는 자

② 부유물을 선박 등 다른 시설에 붙들어 매거나 운반하려는 자

---

20) 선박입출항법 시행령 제19조(선박경기 등 행사) 법 제42조 제1항에서 "선박경기 등 대통령령으로 정하는 행사"란 다음 각 호의 어느 하나에 해당하는 행사를 말한다.

1. 요트, 모터보트 등을 이용한 선박경기
2. 해양폐기물 수거 등 해양환경 정화활동
3. 해상퍼레이드 등 축제 행사
4. 선박을 이용한 불꽃놀이 행사
5. 그 밖에 선박교통의 안전에 지장을 줄 우려가 있는 행사

관리청은 부유물에 대한 허가를 할 때에는 선박교통의 안전에 필요한 조치를 명할 수 있다.

Ⅶ. 어로의 제한(법 제44조)

누구든지 무역항의 수상구역 등에서 선박교통에 방해가 될 우려가 있는 장소 또는 항로에서는 어로(漁撈)와 어구 등의 설치를 하여서는 아니 된다.

무역항의 수상구역 등에서 어로행위는 항로에서 금지되고, 항로 이외의 수역 중 선박교통에 방해가 될 우려가 있는 장소에서 금지하고 있다. 여기서 어로행위는 COLREG 및 「해사안전법」에서 규정하고 있는 '어로에 종사하고 있는 선박'과 달리 그물 등 어구로 인해 조종성능의 제한을 받는지 여부를 묻지 아니하며, 낚시를 포함하여 모든 어선의 어로행위를 말한다.

제7절 불빛 및 신호와 보칙

Ⅰ. 불빛의 제한(법 제45조)

누구든지 무역항의 수상구역 등이나 무역항의 수상구역 부근에서 선박교통에 방해가 될 우려가 있는 강력한 불빛을 사용하여서는 아니 된다. 관리청은 선박교통에 방해가 될 우려가 있는 불빛을 사용하고 있는 자에게 그 빛을 줄이거나 가리개를 씌우도록 명할 수 있다.

Ⅱ. 기적 등의 제한(법 제46조)

선박은 무역항의 수상구역 등에서 특별한 사유 없이 기적(汽笛)이나 사이렌을 울려서는 아니 된다. 그러나 선박에 화재가 발생한 경우에는 기적(汽笛)이나 사이렌을 갖추고 있으면 기적이나 사이렌으로 장음 5회(▬▬▬▬▬)를 울려야 하고, 적당한 간격을 두고 반복하여야 한다.

Ⅲ. 보 칙

1. 출항의 중지(법 제47조)

관리청은 선박이 이 법 또는 이 법에 따른 명령을 위반한 경우에는 그 선박의 출항을 중지시킬 수 있다.

2. 검사 · 확인 등(법 제48조)

관리청은 다음 각 호의 경우 그 선박의 소유자 · 선장이나 그 밖의 관계인에게 출석 또는 진술을 하게 하거나 관계 서류의 제출 또는 보고를 요구할 수 있으며, 관계 공무원으로 하여금 그 선박이나 사무실 · 사업장, 그 밖에 필요한 장소에 출입하여 장부 · 서류 또는 그 밖의 물건을 검사하거나 확인하게 할 수 있다.

① 제4조, 제5조 제2항 · 제3항, 제6조 제1항 · 제4항, 제7조, 제10조 제2항, 제11조, 제23조, 제32조, 제33조, 제34조 제1항부터 제3항까지, 제35조, 제37조, 제40조 제1항, 제41조, 제42조 제1항, 제43조, 제44조 중 어느 하나를 위반한 자가 있다고 인정되는 경우

② 제24조 제1항에 따른 예선업의 등록 사항을 이행하고 있는지 확인할 필요가 있는 경우

③ 적정예선 척수 산정 및 예선업계의 경영여건 파악을 위하여 필요한 경우

관계 공무원의 자격, 직무 범위 및 그 밖에 필요한 사항은 대통령령으로 정하며, 선박에 출입하여 관계 서류 등을 검사 · 확인하는 공무원은 그 권한을 표시하는 증표를 지니고 관계인에게 보여주어야 한다.

3. 개선명령(법 제49조)

관리청은 제48조 제1항에 따른 검사 또는 확인 결과 무역항의 수상구역 등에서 선박의 안전 및 질서 유지를 위하여 필요하다고 인정하는 경우에는 그 선박의 소유자 · 선장이나 그 밖의 관계인에게 다음 각 호의 사항에 관하여 개선명령을 할 수 있다.

① 시설의 보강 및 대체(代替)

② 공사 또는 작업의 중지

③ 인원의 보강

④ 장애물의 제거

⑤ 선박의 이동

⑥ 선박 척수의 제한

⑦ 그 밖에 해양수산부령으로 정하는 사항

관리청은 예선업자 등이 다른 예선업자의 사업이나 다른 예선 사용자의 예선 사용을 부당하게 방해하는 등 대통령령으로 정하는 사유로 인하여 예선업의 건전한 발전을 저해하거나 예선 사용자의 권익을 침해한 사실이 있다고 인정되는 경우에는 해당 예선업자 등에 대하여 사업 내용의 변경 또는 예선운영 방법 등에 관하여 개선명령을 할 수 있다.

4. 항만운영정보시스템의 사용 등(법 제50조)

해양수산부장관은 이 법에 따른 입항·출항 선박의 정보관리 및 민원사무의 처리 등을 위하여 항만운영정보시스템을 구축·운영할 수 있으며, 항만운영정보시스템의 원활한 운영을 위하여 해양수산부령으로 정하는 바에 따라 항만운영정보시스템과 사용자의 전자문서를 중계하는 망사업자(이하 "중계망사업자"라 한다)를 지정할 수 있다.

지정을 받은 중계망사업자는 다음 각 호의 사업을 수행하며, 해양수산부장관은 사업에 관하여 중계망사업자를 지도·감독할 수 있다.

① 전자문서 중계망시설의 운영과 중개사업

② 전자문서 중계망시설과 다른 정보시스템 간의 연계사업

③ 선박 입항과 출항 정보관리 및 민원사무 처리 표준화에 관한 사업

④ 그 밖에 선박 입항과 출항 정보관리 및 민원사무의 처리를 위하여 대통령령으로 정하는 사업

해양수산부장관은 지정을 받은 중계망사업자가 거짓이나 그 밖의 부정한 방법으로 지정을 받은 경우에는 그 지정을 취소하여야 하며, 중계망사업자가 해양수산부장관의 지도·감독을 위반한 경우에는 그 지정을 취소하거나 6개월 이내의 기간을 정하여 그 사업의 전부 또는 일부의 정지를 명할 수 있다.

5. 수수료(법 제51조)

다음 각 호의 어느 하나에 해당하는 자는 해양수산부령으로 정하는 바에 따라 수수료를 납부하여야 한다.

① 제24조 제1항에 따른 예선업의 등록을 하려는 자

② 제41조 제1항에 따른 공사 등의 허가를 받으려는 자

6. 청문(법 제52조)

해양수산부장관 또는 시 · 도지사는 다음 각 호의 어느 하나에 해당하는 처분을 하려는 경우에는 청문을 하여야 한다.

① 제26조에 따른 예선업 등록의 취소

② 제36조 제4항에 따른 지정교육기관 지정의 취소

③ 제50조 제4항에 따른 중계망사업자 지정의 취소

7. 권한의 위임 · 위탁(법 제53조)

이 법에 따른 해양수산부장관의 권한 또는 해양경찰청장의 권한은 대통령령으로 정하는 바에 따라 그 일부를 그 소속기관의 장, 시 · 도지사에게 위임할 수 있다. 특히, 해양수산부장관은 국가관리무역항에 대한 권한을 지방해양수산청장에게 위임한다.

이 법에 따른 관리청의 권한은 대통령령으로 정하는 바에 따라 그 일부를 해양경찰청장에게 위임 또는 위탁할 수 있다.

관리청은 「항만공사법」 제4조 제4항에 따른 항만공사 관할 무역항에 대하여 제4조 제2항에 따른 출입 신고의 수리 권한을 「항만공사법」에 따른 항만공사에 위탁한다.

제 3 편

수산 및 어업관련 법규

제1장 어선법

제1절 총 칙

Ⅰ. 어선법의 목적과 의의

1. 목적 및 정의

1) 목 적

어선법은 어선의 건조·등록·설비·검사·거래 및 조사·연구에 관한 사항을 규정하여 어선의 효율적인 관리와 안전성을 확보하고, 어선의 성능 향상을 도모함으로써 어업생산력의 증진과 수산업의 발전에 이바지함을 목적으로 한다.

2) 정 의

어선법에서 정의하는 "어선"이란 다음 어느 하나에 해당하는 선박을 말한다.

1. 어업(「양식산업발전법」에 따른 양식업을 포함한다.), 어획물운반업 또는 수산물가공업(이하 "수산업"이라 한다)에 종사하는 선박
2. 수산업에 관한 시험·조사·지도·단속 또는 교습에 종사하는 선박
3. 제8조 제1항에 따른 건조허가를 받아 건조 중이거나 건조한 선박
4. 제13조 제1항에 따라 어선의 등록을 한 선박

어선법에서의 "개조"란 다음 어느 하나에 해당하는 것을 말한다.

1. 어선의 길이·너비·깊이(이하 "주요치수"라 한다)를 변경하는 것
2. 어선의 추진기관을 새로 설치하거나 추진기관의 종류 또는 출력을 변경하

는 것

3. 어선의 용도를 변경하거나 어업의 종류를 변경할 목적으로 어선의 구조나 설비를 변경하는 것

만재흘수선(滿載吃水線)"이란 「선박안전법」 제2조 제7호에 따른 만재흘수선을 말하며, "복원성"이란 「선박안전법」 제2조 제8호에 따른 복원성을 말한다.

Ⅱ. 어선의 설비규정

1. 어선의 설비

1) 설 비

어선은 해양수산부장관이 정하여 고시하는 기준에 따라 다음과 같은 설비의 전부 또는 일부를 갖추어야 한다.

1. 선체
2. 기관
3. 배수설비
4. 돛대
5. 조타 · 계선 · 양묘설비
6. 전기설비
7. 어로 · 하역설비
8. 구명 · 소방설비
9. 거주 · 위생설비
10. 냉동 · 냉장 및 수산물처리가공설비
11. 항해설비
12. 그 밖에 해양수산부령으로 정하는 설비

2) 복원성 승인 및 유지

다음 어느 하나에 해당하는 어선의 소유자는 어선이 해양수산부장관이 정하여 고시하는 복원성 기준에 적합한지에 대하여 해양수산부령으로 정하는 바에 따라 복원성 승인을 받아야 한다.

1. 배의 길이가 24미터 이상인 어선

2. 「낚시 관리 및 육성법」 제2조 제7호에 따른 낚시어선으로서 어선검사증서에 기재된 최대승선인원이 13명 이상인 어선[1)]

해양수산부장관은 복원성을 승인을 하는 경우 복원성 계산을 위하여 컴퓨터 프로그램을 사용할 때에는 해양수산부장관이 정하여 고시하는 복원성 계산방식에 따라야 한다. 복원성 승인을 받은 어선의 소유자는 복원성 기준에 따라 복원성을 유지하여야 한다. 어선의 소유자는 복원성에 관한 자료를 해당 어선의 선장에게 제공하여야 한다. 복원성에 관한 자료를 제공받은 선장은 해당 자료를 어선 안에 비치하여야 한다.

2. 어선의 만재흘수선 표시 및 무선설비 규정

1) 만재흘수선의 표시

길이 24미터 이상의 어선의 소유자는 해양수산부장관이 정하여 고시하는 기준[어선복원성 및 만재흘수선 기준 해양수산부고시 제2019-86호]에 따라 만재흘수선의 표시를 하여야 한다. 다만, 제21조 제1항 제5호에 따른 임시항행검사를 받고 항행하는 어선 등 해양수산부령으로 정하는 어선은 만재흘수선의 표시를 생략할 수 있다. 누구든지 표시된 만재흘수선을 초과하여 사람, 어획물 또는 화물 등을 승선시키거나 싣고 항행하여서는 아니 된다.

2) 무선설비 및 어선위치발신장치

(1) 무선설비

어선의 소유자는 해양수산부장관이 정하여 고시하는 기준에 따라 「전파법」에 따른 무선설비를 어선에 갖추어야 한다. 다만, 국제항해에 종사하는 총톤수 300톤 이상의 어선으로서 어획물운반업에 종사하는 어선 등 해양수산부령으로 정하는 어선에는 「해상에서의 인명안전을 위한 국제협약」에 따른 세계해상조난 및 안전제도의 시행에 필요한 무선설비를 갖추어야 한다. 이 경우 무선설비는 「전파법」에 따른 성능과 기준에 적합하여야 한다. 무선설비를 갖춘 어선의 소유자는 안전운항

---

1) 「낚시 관리 및 육성법」 제2조 제7호 "낚시어선"이란 「어선법」에 따라 등록된 어선으로서 낚시어선업에 쓰이는 어선을 말한다.

과 해양사고 발생 시 신속한 대응을 위하여 어선을 항행하거나 조업에 사용하는 경우 무선설비를 작동하여야 한다. 어선이 해양수산부령으로 정하는 항행의 목적에 사용되는 경우에는 무선설비를 갖추지 아니하고 항행할 수 있다.

(2) 어선위치발신장치

어선의 안전운항을 확보하기 위하여 어획물운반업 또는 수산물가공업에 종사하는 어선 또는 수산업에 관한 시험·조사·지도·단속 또는 교습에 종사하는 어선(「내수면어업법」에 따른 내수면어업에 종사하는 어선 등 해양수산부령으로 정하는 어선은 제외한다)의 소유자는 해양수산부장관이 정하는 기준[어선설비기준 해양수산부고시 제2024-85호]에 따라 어선의 위치를 자동으로 발신하는 장치(이하 "어선위치발신장치"라 한다)를 갖추고 이를 작동하여야 한다. 다만, 해양경찰청장은 해양사고 발생 시 신속한 대응과 어선 출항·입항 신고 자동화 등을 위하여 필요한 경우 그 기준을 정할 수 있다. 무선설비가 어선위치발신장치의 기능을 가지고 있는 때에는 어선위치발신장치를 갖춘 것으로 본다. 어선의 소유자 또는 선장은 어선위치발신장치가 고장나거나 이를 분실한 경우 지체 없이 그 사실을 해양경찰청장에게 신고한 후 대통령령으로 정하는 기한까지 어선위치발신장치를 정상 작동하기 위한 수리 또는 재설치 등의 조치를 하여야 한다. 국가 또는 지방자치단체는 어선위치발신장치를 설치하는 어선의 소유자에 대하여 예산의 범위에서 그 설치비용의 전부 또는 일부를 지원할 수 있다.

3. 국제협약 규정의 적용

국제협약의 적용을 받는 어선의 경우 그 협약의 규정이 어선법의 규정과 다를 때에는 해당 국제협약의 규정을 적용한다.

제2절 어선의 건조

Ⅰ. 어선 건조 및 개조의 허가, 허가의 취소 등

1. 어선 건조 및 개조의 허가

어선을 건조하거나 개조하려는 자 또는 어선의 건조·개조를 발주하려는 자는 해양수산부령으로 정하는 바에 따라 해양수산부장관이나 특별자치시장·특별자치도지사·시장·군수·구청장(구청장은 자치구의 구청장을 말하며, 이하 "시장·군수·구청장"이라 한다)의 허가(이하 "건조·개조허가"라 한다)를 받아야 한다(총톤수 2톤 미만 어선의 개조 등 해양수산부령으로 정하는 경우는 제외한다). 허가받은 사항을 변경하려는 경우에도 또한 같다.

어선법 시행규칙 제4조(건조·개조 등의 허가구분) 법 제8조 제1항에 따른 어선의 건조·개조 또는 건조발주·개조발주의 허가권자(그 변경허가권자를 포함한다. 이하 이 조에서 같다)는 다음 각 호와 같다.
1. 해양수산부장관
가. 「원양산업발전법」 제2조 제2호에 따른 원양어업에 사용할 어선
나. 「수산업법」 제46조에 따라 해양수산부장관이 시험어업, 연구어업 또는 교습어업에 사용할 어선
다. 「해운법」 제24조 제2항에 따라 등록을 하는 외항화물운송사업에 사용할 수산물운반선
라. 해양수산부장관이 어업에 관한 기술보급·시험·조사 또는 지도·감독에 사용할 어선
마. 「양식산업발전법」 제53조에 따라 해양수산부장관이 시험양식업, 연구양식업 또는 교습양식업에 사용할 어선
2. 특별자치시장·특별자치도지사·시장·군수·구청장(자치구의 구청장을 말한다. 이하 "시장·군수·구청장"이라 한다) 제1호 각 목의 어선을 제외한 어선

제5조(건조·개조등의 허가신청) ①법 제8조 제1항에 따라 어선의 건조·개조 및 건조·개조발주의 허가를 받고자 하는 자는 별지 제1호서식 또는 별지 제2호서식에 의한 허가신청서(전자문서로 된 신청서를 포함한다)를, 다음 각 호의 허가받은 사항의 변경허가를 신청하려는 자는 별지 제3호서식에 의한 변경허가신청서(전자문서로 된 신청서를 포함한다)를 건조·개조 및 건조·개조발주의 허가 또는 동 허가의 변경허가(이하 "건조·개조등의 허가"라 한다)의 허가구분에 따라 해양수산부장관 또는 시장·군수·구청장에게 각각 제출하여야 한다.

1. 어선의 소유자
2. 삭제
3. 선적항
4. 어업의 종류
5. 주요치수
6. 총톤수
7. 추진기관
8. 그 밖의 설비

② 해양수산부장관 또는 시장·군수·구청장은 어선의 건조·개조 또는 건조·개조발주의 허가를 한 때에는 별지 제4호서식 또는 별지 제5호서식에 의한 허가서를, 허가받은 사항의 변경허가를 한 때에는 별지 제6호서식에 의한 변경허가서를 각각 신청인에게 교부하여야 한다.

해양수산부장관이나 시장·군수·구청장은 다음 어느 하나에 해당하는 경우를 제외하고는 어선의 건조 및 개조의 허가를 하여야 한다.

1. 신청인이 하려는 어업에 대하여 「수산업법」 또는 「양식산업발전법」에 따른 수산자원의 증식·보호 등을 위한 어업조정이 필요하다고 인정되는 경우

2. 신청인이 「수산업법」, 「양식산업발전법」, 「원양산업발전법」 및 「내수면어업법」에 따른 면허어업·허가어업 또는 신고어업을 할 수 없다고 인정되는 경우

3. 신청인이 이 법, 「수산업법」, 「양식산업발전법」, 「원양산업발전법」 및 「내수면어업법」을 위반하여 행정처분을 받고 그 효력이 종료되지 아니한 경우

4. 제1호부터 제3호까지의 경우 외에 어선의 효율적 관리를 저해하는 중대한 공익적 사유가 있는 경우로서 해양수산부령으로 정하는 경우

2. 어선 건조 및 개조 허가의 취소

해양수산부장관이나 시장·군수·구청장은 건조·개조허가를 받은 자나 어선의 건조·개조를 발주받아 건조·개조하는 자가 다음 각 호의 어느 하나에 해당하는 경우에는 건조·개조허가를 취소할 수 있다. 다만, 다음에 해당하면 그 허가를 취소하여야 한다.

1. 속임수나 그 밖의 부정한 방법으로 허가를 받은 경우

2. 허가사항을 위반하여 어선을 건조하거나 개조한 경우

제3절 어선의 등록

Ⅰ. 어선의 등기와 등록

1. 어선의 등기와 등록 사항(법 제13조)

어선의 소유자나 해양수산부령으로 정하는 선박의 소유자는 그 어선이나 선박이 주로 입항·출항하는 항구 및 포구(이하 "선적항"이라 한다)를 관할하는 시장·군수·구청장에게 해양수산부령으로 정하는 바에 따라 어선원부에 어선의 등록을 하여야 한다. 이 경우 「선박등기법」 제2조에 해당하는 어선[2]은 선박등기를 한 후에 어선의 등록을 하여야 한다.

어선법 시행규칙 제21조(등록의 신청등) ① 법 제13조 제1항에 따라 어선의 등록을 하려는 자는 별지 제27호서식에 따른 어선등록신청서·어선변경등록신청서 또는 어업변경허가신청서에 다음 각 호의 서류를 첨부하여 제22조 제1항에 따른 선적항을 관할하는 시장·군수·구청장에게 제출하여야 한다. 다만, 어선의 건조허가 또는 건조발주허가를 한 시장·군수·구청장에게 등록을 신청하는 경우에는 제1호에 따른 어선건조허가서 또는 어선건조발주허가서를 첨부하지 아니한다.
1. 어선건조허가서 또는 어선건조발주허가서(제2항에 따른 선박의 경우에는 수산업 또는 수산업에 관한 시험·조사·지도·단속 또는 교습에 종사할 수 있음을 증빙하는 서류)
2. 어선총톤수측정증명서
3. 선박등기부등본(「선박등기법」 제2조에 따른 선박등기 대상인 어선에 한한다)
4. 삭제
5. 삭제
6. 대체되는 어선의 처리에 관한 서류(어선을 대체하기 위하여 건조 또는 건조발주한 경우에 한한다)
7. 삭제

② 법 제13조 제1항 전단에서 "해양수산부령이 정하는 선박"이란 다음 각 호의 어느 하나에 해당하는 선박으로서 어선으로 사용하고자 하는 선박을 말한다.
1. 법 제19조에 따라 어선의 등록이 말소된 선박

---

2) 「선박등기법」 제2조 이 법은 총톤수 20톤 이상의 기선(機船)과 범선(帆船) 및 총톤수 100톤 이상의 부선(艀船)에 대하여 적용한다. 다만, 「선박법」 제26조 제4호 본문에 따른 부선에 대하여는 적용하지 아니한다.

2. 「선박법」 제8조에 따라 등록되어 있는 선박
3. 삭제
4. 외국에서 수입한 선박
③ 시장 · 군수 · 구청장은 어선의 등록을 한 때에는 법 제13조 제3항에 따른 어선규모에 따라 제33조에 따른 선박국적증서 · 선적증서 또는 등록필증(이하 "선박국적증서 등"이라 한다)을 신청인에게 발급함과 동시에 별표 1의2에 따른 어선번호부여방법에 따라 어선번호를 부여하여 어선번호판을 제작하도록 하여야 한다.

시장 · 군수 · 구청장은 등록을 한 어선에 대하여 다음과 같이 구분에 따른 증서 등을 발급하여야 한다.

1. 총톤수 20톤 이상인 어선: 선박국적증서
2. 총톤수 20톤 미만인 어선(총톤수 5톤 미만의 무동력어선은 제외한다): 선적증서
3. 총톤수 5톤 미만인 무동력어선: 등록필증

선적항의 지정과 제한 등에 필요한 사항은 해양수산부령으로 정한다.

어선법 시행규칙 제22조(선적항의 지정등) ① 법 제13조 제4항에 따라 선적항을 정하고자 할 때에는 해당 어선 또는 선박이 항행할 수 있는 수면을 접한 그 소유자의 주소지인 시 · 구(자치구에 한한다. 이하 같다) · 읍 · 면에 소재하는 항 · 포구를 기준으로 하여 정한다. 다만, 다음 각 호의 어느 하나에 해당하는 경우에는 어선 또는 선박의 소유자가 지정하는 항 · 포구를 선적항으로 정할 수 있다.
1. 국내에 주소가 없는 어선의 소유자가 국내에 선적항을 정하는경우
2. 어선의 소유자의 주소지가 어선이 항행할 수 있는 수면을 접한 시 · 구 · 읍 · 면이 아닌 경우
3. 삭제
4. 그 밖의 부득이한 사유로 어선의 소유자의 주소지 외의 항 · 포구를 선적항으로 지정하고자 하는 경우
② 선적항의 명칭은 항 · 포구의 명칭이나 어선 또는 선박이 항행할 수 있는 수면을 접한 시 · 군 · 구 · 읍 · 면의 명칭을 기준으로 하여 정한다.
③ 삭제
④ 시장 · 군수 · 구청장은 제1항에 따라 선적항으로 정하고자 하는 항 · 포구가 다음 각 호의 어느 하나에 해당하는 경우에는 해당 항 · 포구를 선적항으로 정하여서는 아니된다.
1. 지정받고자 하는 선적항이 당해어선 또는 선박이 주로 입 · 출항하는 항 · 포구가 아니라고 인정되는 경우
2. 지정받고자 하는 선적항이 매립 · 간척등 공공개발예정지역으로 고시되어 공사착공기일의 촉박등의 사유로 선적항으로 지정하는 것이 적합하지 아니하다고 인정되는 경우
⑤ 삭제

⑥ 삭제
⑦ 삭제

2. 소형어선 소유권 변동의 효력

총톤수 20톤 미만의 소형어선에 대한 소유권의 득실변경은 등록을 하여야 그 효력이 생긴다.

3. 압류등록

시장·군수·구청장은 「민사집행법」에 따라 법원으로부터 압류등록의 촉탁이 있거나 「국세징수법」 또는 「지방세징수법」에 따라 행정관청으로부터 압류등록의 촉탁이 있는 경우에는 해당 소형어선의 어선원부에 대통령령으로 정하는 바에 따라 압류등록을 하고 선박소유자에게 통지하여야 한다.

Ⅱ. 어선의 선박국적증서의 비치 및 명칭등의 표시

1. 어선의 총톤수 측정

어선의 소유자가 어선 등록을 하려면 해양수산부령으로 정하는 바에 따라 해양수산부장관에게 어선의 총톤수 측정을 신청하여야 한다.

어선법 시행규칙 제12조(총톤수 측정 또는 재측정의 신청) ① 법 제14조 제1항 및 제2항에 따라 어선의 총톤수 측정 또는 재측정(이하 "총톤수의 측정등"이라 한다)을 받으려는 자는 별지 제20호서식에 따른 어선 총톤수 측정·재측정신청서를 해양수산부장관 또는 대한민국 영사(이하 "영사"라 한다)에게 제출해야 한다. 이 경우 측정길이 24미터 이상인 어선의 경우에는 다음 각 호의 도면 또는 서류를 첨부하여야 한다.
1. 일반배치도
2. 선체선도
3. 중앙횡단면도
4. 강재배치도 또는 재료배치도
5. 상부구조도
6. 삭제
7. 그 밖에 해양수산부장관이 총톤수의 측정등에 필요하다고 인정하는 서류

② 해양수산부장관 또는 영사는 필요하다고 인정하는 경우에는 제1항에 따른 서류 외에 조선지 · 조선자 · 진수일 및 선박의 원명을 증명할 수 있는 서류를 제출하게 할 수 있다.
③ 제1항에 따라 총톤수의 측정등을 신청한 자는 해양수산부장관 또는 영사가 이를 측정하는 데 필요한 협조를 하여야 한다.

어선의 소유자는 어선의 수리 또는 개조로 인하여 총톤수가 변경된 경우에는 해양수산부장관에게 총톤수의 재측정을 신청하여야 한다. 어선의 소유자는 외국에서 취득한 어선을 외국에서 항행하거나 조업 목적으로 사용하려는 경우에는 그 외국에 주재하는 대한민국 영사에게 총톤수 측정이나 총톤수 재측정을 신청할 수 있다.

2. 선박국적증서의 비치

어선의 소유자는 어선을 항행하거나 조업 목적으로 사용할 경우에는 제13조 제3항 각 호에 따른 선박국적증서, 선적증서 또는 등록필증(이하 "선박국적증서 등"이라 한다)을 어선에 갖추어 두어야 한다. 다만, 「내수면어업법」 제6조, 제9조, 제11조, 「양식산업발전법」 제10조 제1항 제6호, 제43조 제1항 제1호 또는 제2호에 따라 면허어업 · 허가어업 · 신고어업 또는 양식업에 사용하는 어선 등 해양수산부령으로 정하는 어선의 경우에는 그러하지 아니하다.

3. 어선 명칭등의 표시와 번호판의 부착

어선의 소유자는 선박국적증서 등을 발급받은 경우에는 해양수산부령으로 정하는 바에 따라 지체 없이 그 어선에 어선의 명칭, 선적항, 총톤수 및 흘수(吃水)의 치수 등(이하 "명칭등"이라 한다)을 표시하고 어선번호판을 붙여야 한다. 어선번호판의 제작과 부착 등에 필요한 사항은 해양수산부령으로 정한다. 어선의 소유자는 제1항에 따른 명칭등을 표시하고 어선번호판을 붙인 후가 아니면 그 어선을 항행하거나 조업 목적으로 사용하여서는 아니 된다.

Ⅲ. 어선의 등록사항

1. 등록사항의 변경

어선의 소유자는 제13조 제1항에 따른 등록사항이 변경된 경우에는 해양수산부령으로 정하는 바에 따라 변경등록을 신청하여야 한다.

어선법 시행규칙 제26조(등록사항의 변경신청 등) ① 법 제17조에 따라 어선의 등록사항에 관한 변경등록을 하려는 자나 법 제17조에 따라 어선의 등록사항에 관한 변경등록과 함께 「수산업법 시행규칙」 제56조 제1항에 따라 어업허가사항의 변경허가를 받으려는 자(허가권자가 시장·군수·구청장인 경우만 해당한다)는 그 변경의 사유가 발생한 날부터 30일(상속의 경우에는 상속이 발생한 날이 속하는 달의 말일부터 6개월을 말한다) 이내에 별지 제27호서식에 따른 어선등록신청서·어선변경등록신청서 또는 어업변경허가신청서에 다음 각 호의 서류를 첨부하여 선적항을 관할하는 시장·군수·구청장에게 제출하여야 한다. 다만, 어선의 소유자가 「주민등록법」 제16조 제1항에 따라 전입신고(같은 시·군·구 내에서 전입신고를 한 경우만 해당한다)를 한 경우에는 주소변경에 대한 변경등록의 신청을 한 것으로 본다.
1. 어선검사증서 및 매매·상속 관련 서류 등 변경내용을 증명하는 서류
2. 선박국적증서·선박국적증서영역서·선적증서 또는 등록필증
3. 「수산업법 시행규칙」 제56조 제2항 제1호 및 제3호의 서류(법 제17조에 따라 어선의 등록사항에 관한 변경등록과 함께 「수산업법 시행규칙」 제56조 제1항에 따라 어업허가사항의 변경허가를 받으려는 경우만 해당한다)

② 시장·군수·구청장은 제1항에 따른 변경등록의 신청사항중 선적항을 다른 시장·군수·구청장의 관할구역에 위치한 항·포구로 변경하는 내용이 있는 때에는 제22조 제4항 각 호의 어느 하나에 해당하는 경우를 제외하고는 해당 어선의 어선원부 및 그 부속서류를 변경하고자 하는 선적항을 관할하는 시장·군수·구청장에게 지체 없이 송부하고 그 내용을 신청인에게 통지하여야 한다.

③ 시장·군수·구청장은 제1항에 따른 신청이 있는 때 또는 제2항에 따른 어선원부 등을 송부받은 때에는 어선원부에 변경등록을 한 후 선박국적증서 등을 다시 작성하여 신청인에게 발급하여야 한다. 이 경우 제1항 단서에 따른 변경등록에 따라 선박국적증서 등을 다시 발급하는 경우에는 종전의 선박국적증서 등을 회수하여야 한다.

2. 선박국적증서 재발급 및 반납

1) 선박국적증서 재발급

어선의 소유자는 선박국적증서 등을 잃어버리거나 헐어서 못 쓰게 된 경우에는 14일 이내에 해양수산부령으로 정하는 바에 따라 재발급을 신청하여야 한다.

2) 등록의 말소와 선박국적증서 등의 반납

어선 등기 및 등록에 관한 규정에 따라 등록을 한 어선이 다음 어느 하나에 해당하는 경우 그 어선의 소유자는 30일 이내에 해양수산부령으로 정하는 바에

따라 등록의 말소를 신청하여야 한다.

1. 어선 외의 목적으로 사용하게 된 경우

2. 대한민국의 국적을 상실한 경우

3. 멸실·침몰·해체 또는 노후·파손 등의 사유로 어선으로 사용할 수 없게 된 경우

4. 6개월 이상 행방불명이 된 경우

시장·군수·구청장은 어선의 소유자가 다음 어느 하나에 해당하는 경우에는 30일 이내의 기간을 정하여 등록의 말소를 신청할 것을 최고하여야 하며 그 어선의 소유자가 최고를 받고도 정당한 사유 없이 이행하지 아니하면 직권으로 그 어선의 등록을 말소하여야 한다.

1. 속임수나 그 밖의 부정한 방법으로 등록을 한 경우

2. 어선의 소유자가 제1항에 따른 등록의 말소신청을 기간 내에 하지 아니한 경우

3. 해당 어선으로 영위하는 수산업의 허가·신고·면허 등의 효력이 상실된 후 1년이 지난 경우. 다만, 대통령령으로 정하는 경우에는 그러하지 아니하다.

4. 정당한 사유 없이 제21조 제1항 제1호·제2호 및 제4호(같은 항 제1호에 따른 정기검사 또는 같은 항 제2호에 따른 중간검사를 할 때에 해양수산부장관이 특정한 사항에 대하여 임시검사를 받을 것을 지정한 경우로 한정한다)에 따른 어선의 검사를 받지 아니하고 1년이 지난 경우

등록이 말소된 어선의 소유자는 지체 없이 그 어선에 붙어 있는 어선번호판을 제거하고 14일 이내에 그 어선번호판과 선박국적증서 등을 선적항을 관할하는 시장·군수·구청장에게 반납하여야 한다. 다만, 어선번호판과 선박국적증서 등을 분실 등의 사유로 반납할 수 없을 때에는 14일 이내에 그 사유를 선적항을 관할하는 시장·군수·구청장에게 신고하여야 한다.

제4절 어선의 검사 및 형식승인

Ⅰ. 어선의 검사

1. 검사의 종류(법 제21조)

어선의 소유자는 제3조에 따른 어선의 설비, 제3조의2에 따른 복원성의 승인·유지 및 제4조에 따른 만재흘수선의 표시에 관하여 해양수산부령으로 정하는 바에 따라 다음 각 호의 구분에 따른 해양수산부장관의 검사를 받아야 한다. 다만, 총톤수 5톤 미만의 무동력어선 등 해양수산부령으로 정하는 어선은 그러하지 아니하다.

1. 정기검사

최초로 항행의 목적에 사용하는 때 또는 제28조 제1항에 따른 어선검사증서의 유효기간이 만료된 때 행하는 정밀한 검사

2. 중간검사

정기검사와 다음의 정기검사와의 사이에 행하는 간단한 검사

3. 특별검사

해양수산부령으로 정하는 바에 따라 임시로 특수한 용도에 사용하는 때 행하는 간단한 검사

4. 임시검사

제1호부터 제3호까지의 검사 외에 해양수산부장관이 특히 필요하다고 인정하는 때 행하는 검사

5. 임시항행검사

어선검사증서를 발급받기 전에 어선을 임시로 항행의 목적으로 사용하고자 하는 때 행하는 검사

무선설비 및 어선위치발신장치에 대하여는 「전파법」에서 정하는 바에 따라 검사를 받아야 한다.

어선법 시행규칙 제49조(어선의 검사 면제 등) ① 법 제21조 제1항 각 호 외의 부분 단서에 따라 어선의 검사가 면제되는 어선은 다음 각 호와 같다. 다만, 제46조 제1항에 따른 특별검사의 사유가 발생하여 어선소유자가 특별검사를 신청하거나 제47조 제1항 제6호에 따라 어선검사증서에 적힌 내용을 변경하기 위하여 어선소유자가 임시검사를 신청한 경우에는 해당 검사를 받을 수 있다.
1. 총톤수 5톤 미만의 무동력어선
2. 「내수면어업법」 제6조, 제9조 또는 제11조에 따른 면허어업, 허가어업 또는 신고어업에 사용되는 어선으로 최초의 정기검사를 받은 어선
3. 어선검사증서를 발급받은 자가 일정기간 동안 운항하지 아니할 목적으로 그 증서를 해양수산부장관에게 반납한 후 해당 어선을 계류(이하 "계선"이라 한다)한 어선

② 제1항 제3호에 따른 계선을 하려는 어선소유자는 계선기간 및 계선사유 등을 기재한 별지 제42호서식의 계선사유서에 해당 어선의 어선검사증서를 첨부하여 해양수산부장관에게 제출하여야 한다.
③ 제2항에 따른 계선기간은 2년 이내로 하되, 그 기간이 끝난 경우 1년 단위로 연장할 수 있다.
④ 계선한 어선이 제2항에 따른 계선사유가 없어진 경우에 해당 어선을 항행에 재사용하려는 자는 다음 각 호의 검사를 받아야 한다.
1. 어선검사증서의 유효기간이 끝난 경우: 정기검사
2. 어선검사증서의 유효기간이 끝나지 아니한 경우
가. 중간검사와 정기검사가 겹치는 경우에는 정기검사
나. 제1종 중간검사와 제2종 중간검사가 겹치는 경우에는 제1종 중간검사

2. 건조검사

어선을 건조하는 자는 어선의 선체, 기관, 배수설비, 조타·계선·양묘설비, 전기설비와 만재흘수선에 대하여 각각 어선의 건조를 시작한 때부터 해양수산부장관의 건조검사를 받아야 한다. 다만, 배의 길이 24미터 미만의 목선 등 해양수산부령으로 정하는 어선의 경우에는 그러하지 아니하다. 건조검사에 합격된 부분에 대하여는 제21조 제1항 제1호에 따른 정기검사 중 최초로 실시하는 검사를 할 경우 그 건조검사에서 합격된 부분에 대한 검사를 생략할 수 있다. 설비에 필요한 어선용물건(이하 "어선용품"이라 한다) 중 해양수산부령으로 정하는 어선용품을 제조·개조·수리 또는 정비하거나 수입하려는 자는 해당 어선용품을 설치하여야 할 어선이 결정되기 전에 해양수산부장관의 검사(이하 "예비검사"라 한다)를 받을 수 있

다. 예비검사에 합격한 어선용품 및 「선박안전법」 제22조 제3항에 따른 예비검사에 합격된 선박용물건에 대하여는 제1항에 따른 건조검사 또는 제21조 제1항 각 호에 따른 검사 중 최초로 실시하는 검사를 할 경우 그 예비검사에서 합격된 부분에 대한 검사를 생략할 수 있다. 건조검사 및 제 예비검사에 필요한 사항은 해양수산부령으로 정한다. 해양수산부장관은 외국에서 수입되는 선박 등 건조검사를 받지 아니하는 선박에 대하여 건조검사에 준하는 검사로서 해양수산부령으로 정하는 검사(이하 "별도건조검사"라 한다)를 받게 할 수 있다. 이 경우 별도건조검사에 합격한 선박에 관하여는 제2항부터 제5항까지의 규정을 준용한다.

어선법 시행규칙 제50조(건조검사) ① 법 제22조 제1항에 따라 건조검사를 받으려는 자는 별지 제43호서식의 건조 검사신청서에 다음 각 호의 서류를 첨부하여 어선의 건조를 시작하기 전에 해양수산부장관에게 제출하여야 한다. 다만, 제2호부터 제4호까지의 서류는 해당되는 경우에만 첨부한다.

1. 건조검사 관련 승인도면(도면을 승인한 대행검사기관에 건조검사를 신청하는 경우에는 생략한다)
2. 법 제27조 제1항 제5호에 따른 어선용품의 예비검사증서
3. 법 제27조 제1항 제6호에 따른 어선용품의 검정증서
4. 법 제27조 제1항 제7호에 따른 어선용품의 건조·제조확인증 또는 정비확인증

② 제1항에 따른 건조검사 시 수행하는 선체 압력시험방법은 별표 2와 같다.

제52조(예비검사) ① 법 제22조 제3항에서 "해양수산부령으로 정하는 어선용품"이란 별표 3의 어선용품을 말한다.

② 제1항에 따른 어선용품에 대하여 예비검사를 받으려는 자는 별지 제44호서식의 예비검사신청서에 예비검사 관련 승인도면(제조·개조 또는 수입의 경우에 한정하며, 도면승인을 한 대행검사기관에 예비검사를 신청하는 경우에는 생략한다)을 첨부하여 해양수산부장관에게 제출하여야 한다.

③ 제2항에 따른 예비검사는 해당 어선용품에 대하여 제조·개조·수리 또는 정비를 시작했을 때부터 해양수산부장관이 정하여 고시하는 기준에 따라 해양수산부장관의 검사를 받아야 한다. 이 경우 어선용품 중 팽창식 구명설비의 수리 또는 정비에 따른 예비검사인 경우에는 해양수산부장관의 확인을 받은 곳 또는 「선박안전법 시행규칙」 제54조 제4항에 따라 팽창식구명설비정비시설등확인서를 발급 받은 곳에서 수리 또는 정비를 시작했을 때부터 검사를 받아야 한다.

④ 제3항 후단에 따라 해양수산부장관의 확인을 받으려는 자는 별표 4의 팽창식 구명설비의 수리 또는 정비에 따른 시설 등의 기준에 맞는 시설 등을 갖추고 별지 제45호서식의 팽창식 구명설비 정비시설 등 확인신청서에 다음 각 호의 서류를 첨부하여 해양수산부장관에

게 제출하여야 한다.
1. 시설명세서
2. 별표 4 제2호 가목에 따른 정비기술자의 요건에 적합함을 증명하는 서류
3. 별표 4 제4호에 따른 자체 정비기준
⑤ 해양수산부장관은 제4항에 따른 확인신청을 받은 경우 팽창식 구명설비 정비시설 등이 별표 4의 기준에 적합하다고 인정되면 별지 제46호서식의 팽창식 구명설비 정비시설 등 확인서를 발급하고 이를 고시한다.
⑥ 제3항 후단에 따른 팽창식 구명설비의 수리 또는 정비에 따른 예비검사인 경우에는 예비검사증서의 발급에 갈음하여 정비기록부에 선박검사원이 서명하는 것으로 대신할 수 있다.
⑦ 해양수산부장관은 제3항에 따라 예비검사에 합격한 어선용품에 대하여는 제65조에 따른 예비검사 합격증인을 표시하여야 한다.
제53조(별도건조검사) ① 법 제22조 제6항에 따라 별도건조검사를 받으려는 자는 별지 제43호서식의 별도건조검사신청서에 별도건조검사를 받기 위하여 승인받은 도면(도면을 승인한 대행검사기관에 신청하는 경우에는 생략한다)을 첨부하여 해양수산부장관에게 제출하여야 한다.
② 제1항에 따른 별도건조검사는 법 제22조 제1항에 따른 어선의 설비와 만재흘수선으로 하되, 선체 압력시험방법은 별표 5와 같다.
③ 해양수산부장관은 제1항의 신청이 있는 때에는 해당 설비에 대하여 검사하고, 검사에 합격한 경우에는 별지 제47호서식의 별도건조검사증서를 발급하여야 한다.

3. 어선 검사 후 어선의 상태유지

어선의 소유자는 어선의 검사 또는 건조검사(별도건조검사를 포함한다)를 받은 후 해당 어선의 선체·기관·설비 등을 임의로 변경하거나 설치하여서는 아니 되며, 선체·기관·설비 등이 정상적으로 작동·운영되도록 상태를 유지하여야 한다.

Ⅱ. 형식승인

1. 형식승인 및 검정

해양수산부장관이 정하여 고시하는 어선용품 또는 소형어선을 제조하거나 수입하려는 자는 해양수산부장관의 형식승인 및 검정을 받을 수 있다. 이 경우 형식승인을 받으려는 자는 형식승인시험을 거쳐야 한다. 형식승인을 받은 자가 그 내용을 변경하고자 하는 경우에는 해양수산부장관으로부터 변경승인을 받아야 한다.

이 경우 해당 어선 또는 어선용품의 성능에 영향을 미치는 사항을 변경하는 때에는 해당 변경 부분에 대하여 형식승인시험을 거쳐야 한다. 형식승인시험을 수행하는 시험기관(이하 "형식승인시험기관"이라 한다)은 다음 어느 하나에 해당하는 기관으로 한다.

1. 제24조의3 제1항에 따라 지정 · 고시한 시험기관
2. 「선박안전법」 제18조 제3항에 따라 지정 · 고시한 지정시험기관

형식승인을 받은 자가 그 건조 · 제조 또는 수입한 어선 또는 어선용품으로서 해양수산부장관의 검정에 합격한 어선 또는 어선용품과 「선박안전법」 제18조 제1항 및 제2항에 따라 해양수산부장관의 형식승인을 받고 지정검정기관의 검정에 합격된 선박용물건에 대하여는 제21조 제1항 각 호에 따른 검사 중 최초로 실시하는 검사 또는 제22조 제1항 및 제6항에 따른 검사를 할 경우 그 검정에서 합격된 부분에 대한 검사를 생략할 수 있다. 형식승인 및 검정, 변경승인에 필요한 사항은 해양수산부령으로 정한다.

어선법 시행규칙 제59조(형식승인의 신청 등) ① 법 제24조 제1항에 따라 형식승인을 받으려는 자는 별지 제49호서식의 형식승인(형식승인사항 변경승인)신청서(전자문서로 된 신청서를 포함한다)에 형식승인에 필요한 서류를 첨부하여 해양수산부장관에게 제출하여야 한다.
② 법 제24조 제1항 후단에 따른 형식승인 시험의 기준, 절차 등에 관한 사항은 해양수산부장관이 정하여 고시한다.
③ 해양수산부장관은 제1항에 따른 신청을 받은 때에는 제출한 형식승인에 필요한 관련 서류(전자문서를 포함한다)를 확인하고, 이상이 없는 경우에는 별지 제50호서식의 형식승인증서를 신청인에게 발급하여야 한다.

제59조의2(검정의 신청 등) ① 법 제24조 제1항에 따라 검정을 받으려는 자는 해당 형식승인대상물건에 다음 각 호의 사항을 표시(크기나 모양을 고려하여 표시할 수 없는 경우는 제외한다)하고 별지 제51호서식의 검정신청서를 해양수산부장관에게 제출하여야 한다.
1. 형식승인 품명 · 형식 및 규격(규격이 있는 경우에만 표시한다)
2. 형식승인증서번호와 형식승인일자
3. 제조번호와 제조일자
② 법 제24조 제1항에 따른 검정기준에 관한 사항은 해양수산부장관이 정하여 고시한다.
③ 해양수산부장관은 제1항에 따른 신청을 받은 경우에는 해당 형식승인대상물건이 형식승인을 받은 제조공정, 부품, 자재 및 각 부품의 시험성적서를 확인하여 제조사양서대로 제조되었는지와 제2항에 따른 검정기준에 적합한지 여부를 확인하여야 하며, 이에 합격한 경우에는 해당 형식승인대상물건에 제65조에 따른 검정 합격증인을 표시하여야 한다.

제59조의3(형식승인의 변경 신청 등) ① 법 제24조 제2항에 따라 형식승인을 받은 내용을 변경하려는 경우에는 별지 제49호서식의 형식승인(형식승인사항 변경승인)신청서에 변경내용을 적은 서류(성능에 영향을 미치지 아니하는 경우로 한정한다)를 첨부하여 해양수산부장관에게 제출하여야 한다.
② 해양수산부장관은 제1항에 따른 형식승인사항 변경승인 신청을 받은 때에는 형식승인에 필요한 관련 서류(전자문서를 포함한다)를 확인하고 이상이 없는 경우에는 별지 제53호서식의 형식승인사항 변경승인서를 신청인에게 발급하여야 한다.

2. 형식승인의 취소

해양수산부장관은 형식승인을 받은 자가 다음 어느 하나에 해당하는 경우에는 그 형식승인을 취소하거나 6개월 이내의 기간을 정하여 그 효력을 정지시킬 수 있다. 다만, 제1호부터 제3호까지 중 어느 하나에 해당하는 경우에는 그 형식승인을 취소하여야 한다.

1. 거짓이나 부정한 방법으로 형식승인 또는 그 변경승인을 받은 경우
2. 거짓이나 부정한 방법으로 검정을 받은 경우
3. 제조 또는 수입한 어선용품 또는 소형어선이 제3조에 따른 어선의 설비기준에 적합하지 아니한 경우
4. 정당한 사유 없이 2년 이상 계속하여 해당 어선용품 또는 소형어선을 제조하거나 수입하지 아니한 경우
5. 정당한 사유 없이 제37조 제2항에 따라 준용되는 「선박안전법」 제75조에 따른 보고 또는 자료 제출을 하지 아니한 경우

3. 형식승인시험기관의 지정 및 지정취소

해양수산부장관은 대통령령으로 정하는 지정기준을 갖춘 시험기관을 해양수산부령으로 정하는 바에 따라 형식승인시험기관으로 지정·고시할 수 있다.

어선법 시행령 제4조의2(형식승인시험기관의 지정기준) ① 법 제24조의3 제1항에 따른 형식승인시험기관의 지정기준은 다음 각 호와 같다.
1. 형식승인 대상이 되는 법 제3조 각 호의 설비에 필요한 어선용물건(이하 "어선용품"이라 한다) 또는 소형어선에 대한 법 제24조 제1항 후단 및 제2항 후단에 따른 형식승인시험(이하 "형식승인시험"이라 한다)의 업무를 수행할 수 있는 전담 부서가 있을 것

2. 형식승인시험 대상 어선용품 또는 소형어선을 직접 제조, 수입 또는 판매하거나 제조자에게 해당 제품(제품의 일부를 포함한다)을 납품하는 자가 아닐 것
3. 형식승인시험에 필요한 시설과 장비(「국가표준기본법」 또는 「계량에 관한 법률」에 따라 교정·검정을 받은 기기를 포함한다. 이하 이 조에서 같다) 및 인력을 갖추고 있을 것
4. 형식승인시험의 특정 시험항목에 대하여 국제적으로 인정받으려는 경우 「국가표준기본법」 제23조에 따라 인정받은 시험·검사기관에 해당할 것

② 제1항 제3호에도 불구하고 형식승인시험기관으로 지정받으려는 기관 또는 형식승인시험기관이 다음 각 호의 어느 하나에 해당하는 경우에는 해양수산부령으로 정하는 바에 따라 제1항 제3호의 기준을 갖춘 것으로 본다.

1. 형식승인시험에 필요한 시설 또는 장비의 일부를 임차하는 경우
2. 형식승인시험의 시험항목 일부를 해당 시험에 필요한 시설·장비 및 인력을 갖춘 다른 시험기관에 의뢰하는 경우

해양수산부장관은 형식승인시험기관이 다음 어느 하나에 해당하는 경우에는 그 지정을 취소하거나 6개월 이내의 기간을 정하여 지정의 효력을 정지시킬 수 있다. 다만, 제1호부터 제3호까지 중 어느 하나에 해당하는 경우에는 그 지정을 취소하여야 한다.

1. 거짓이나 부정한 방법으로 지정을 받은 경우
2. 형식승인시험에 관한 업무를 수행하지 아니하게 된 경우
3. 제1항에 따른 형식승인시험기관의 지정기준에 미달하게 된 경우
4. 형식승인시험의 오차·실수·누락 등으로 인하여 공신력을 상실하였다고 인정되는 경우
5. 정당한 사유 없이 형식승인시험의 실시를 거부한 경우
6. 형식승인시험과 관련하여 부정한 행위를 하거나 수수료를 부당하게 받은 경우

4. 지정사업자의 지정 및 취소

1) 지정사업장의 지정

해양수산부장관은 어선 또는 제3조 각 호에 따른 설비를 건조·제조하거나 정비(개조 또는 수리를 포함한다. 이하 같다)하는 사업장 중 해양수산부령으로 정하는 지정기준에 적합한 사업장에 대하여 어선, 어선의 설비 또는 어선용품의 지정건조

사업장 · 지정제조사업장 또는 지정정비사업장(이하 "지정사업장"이라 한다)으로 지정할 수 있다. 지정사업장의 지정을 받으려는 자는 어선, 어선의 설비 또는 어선용품의 건조 · 제조 또는 정비 규정을 작성하여 해양수산부장관의 승인을 받아야 한다. 어선, 어선의 설비 또는 어선용품이 제1항에 따른 지정건조사업장 · 지정제조사업장에서 건조 · 제조되고 건조 · 제조규정에 따라 적합하게 건조 · 제조된 것을 해양수산부령으로 정하는 바에 따라 확인한 경우에는 그 어선, 어선의 설비 또는 어선용품에 관하여는 정기검사, 중간검사, 특별검사, 임시검사, 임시항해검사 중 최초로 실시하는 검사 또는 제22조(건조검사) 제1항 및 제6항에 따른 검사를 할 경우 그 확인된 부분에 대한 검사를 생략할 수 있다. 어선, 어선의 설비 또는 어선용품이 지정정비사업장에서 정비되고 정비규정에 따라 적합하게 정비된 것을 해양수산부령으로 정하는 바에 따라 확인한 경우에는 그 정비를 받은 날부터 6개월 이내에 실시하는 제 정기검사, 중간검사 또는 임시검사를 할 경우 그 확인된 부분에 대한 검사를 생략할 수 있다.

2) 지정사업장의 지정 취소

(1) 지정 취소

해양수산부장관은 지정사업장의 지정을 받은 자가 다음 어느 하나에 해당하는 경우에는 그 지정을 취소하거나 6개월 이내의 기간을 정하여 지정의 효력을 정지시킬 수 있다. 다만, 다음에 해당하는 경우에는 그 지정을 취소하여야 한다.

1. 거짓이나 부정한 방법으로 지정사업장의 지정을 받은 경우

2. 건조 · 제조하거나 정비한 어선, 어선의 설비 또는 어선용품이 제3조에 따른 어선의 설비기준에 적합하지 아니한 경우

3. 제25조 제1항에 따른 지정기준에 미달하게 된 경우

4. 해양수산부장관이 정하여 고시하는 유효기간이 지난 어선의 설비 또는 어선용품을 판매한 경우

5. 정당한 사유 없이 1년 이상 계속하여 해당 어선, 어선의 설비 또는 어선용품을 건조 · 제조하거나 정비하지 아니한 경우

6. 거짓이나 부정한 방법으로 제25조 제3항 또는 제4항에 따른 확인을 받은 경우

7. 제37조 제2항에 따라 준용되는「선박안전법」제75조에 따른 보고 또는 자료 제출을 하지 아니하거나 거짓으로 보고 또는 자료 제출을 한 경우

지정사업장의 지정이 취소된 자는 지정이 취소된 날부터 1년간 지정사업장으로 지정될 수 없다.

(2) 하역설비의 확인

1톤 이상의 어획물 또는 화물 등의 하역에 사용하는 하역설비를 갖춘 총톤수 300톤 이상의 어선의 소유자는 하역설비의 제한하중·제한각도 및 제한반지름(이하 "제한하중 등"이라 한다)에 대하여 해양수산부장관의 확인을 받아야 한다. 해양수산부장관은 하역설비에 대하여 정기검사 또는 중간검사를 한 경우에는 해양수산부령으로 정하는 바에 따라 하역설비검사기록부를 작성하여야 한다. 확인을 받은 어선의 소유자는 확인받은 제한하중 등의 사항을 위반하여 하역설비를 사용하여서는 아니 된다.

Ⅲ. 검사증서의 발급 및 유효기관

1. 검사증서의 발급

해양수산부장관은 다음 각 호의 구분에 따라 검사증서를 발급한다.

1. 제21조 제1항 제1호에 따른 정기검사에 합격된 경우에는 어선검사증서(어선의 종류·명칭·최대승선인원 및 만재흘수선의 표시 위치 등을 기재하여야 한다)

1의2. 제21조 제1항 제2호에 따른 중간검사 또는 같은 항 제4호에 따른 임시검사에 합격된 경우로서 어선검사증서의 기재사항이 변경된 경우에는 변경된 사항이 기재된 어선검사증서

2. 제21조 제1항 제3호에 따른 특별검사에 합격된 경우에는 어선특별검사증서

3. 제21조 제1항 제5호에 따른 임시항행검사에 합격된 경우에는 임시항행검사증서

4. 제22조 제1항에 따른 건조검사에 합격된 경우에는 건조검사증서

5. 제22조 제3항에 따른 예비검사에 합격된 경우에는 예비검사증서

5의2. 제22조 제6항에 따른 별도건조검사에 합격된 경우에는 별도건조검사증서

6. 제24조 제1항에 따른 검정에 합격된 경우에는 검정증서

7. 제25조 제3항 및 제4항에 따라 확인한 경우에는 건조·제조확인증 또는 정비확인증

8. 제26조의2 제1항에 따라 확인한 경우에는 제한하중 등 확인증

해양수산부장관은 검사증서·검정증서, 건조·제조·정비확인증 및 제한하중 등 확인증을 발급하는 때에는 해당 어선 또는 어선용품에 합격표시 또는 증인(證印)을 붙여야 한다.

2. 검사증서의 유효기간

어선검사증서의 유효기간은 5년으로 한다. 유효기간의 기산방법은 해양수산부령으로 정한다.

어선법 시행규칙 제66조(어선검사증서 유효기간 계산방법) 법 제28조 제2항에 따른 어선검사증서 유효기간의 계산방법은 다음 각 호에 따른 날부터 계산한다.

1. 최초로 정기검사를 받은 경우 해당 어선검사증서를 발급받은 날
2. 어선검사증서의 유효기간이 끝나기 전 3개월이 되는 날 이후에 정기검사를 받은 경우 종전 어선검사증서의 유효기간 만료일의 다음 날
3. 어선검사증서의 유효기간이 끝나기 전 3개월이 되는 날 전에 정기검사를 받은 경우 해당 어선검사증서를 발급받은 날
4. 어선검사증서의 유효기간이 끝난 후에 정기검사를 받은 경우 종전 어선검사증서의 유효기간만료일의 다음 날. 다만, 다음 각 목의 사유로 인하여 종전 어선검사증서의 유효기간 만료일의 다음 날부터 계산하는 것이 부당하다고 인정되는 경우에는 정기검사를 받고 해당 어선검사증서를 발급받은 날부터 계산한다.

가. 계선(제49조 제2항에 따라 서류를 제출한 경우로 한정한다)한 경우
나. 1년 이상 어선검사를 받지 아니한 어선을 상속하거나 매수한 경우
다. 어선소유자의 파산 등의 사유로 1년 이상 어선검사를 받지 아니한 경우

어선검사증서의 유효기간은 다음 어느 하나에 해당하는 경우에는 5개월 이내의 범위에서 해양수산부령으로 정하는 바에 따라 이를 연장할 수 있다.

1. 어선검사증서의 유효기간이 만료되는 때에 해당 어선이 검사를 받을 수 있는 장소에 있지 아니한 경우

2. 해당 어선이 외국에서 정기검사를 받은 경우 등 부득이한 경우로서 새로운

어선검사증서를 즉시 교부할 수 없거나 어선에 비치하게 할 수 없는 경우

3. 그 밖에 해양수산부령으로 정하는 경우

어선검사증서는 중간검사 또는 임시검사를 받아야 할 어선이 그 검사에 합격되지 아니한 경우에는 해당 검사에 합격될 때까지 그 효력이 정지된다.

3. 검사증서의 비치

어선의 소유자는 어선을 항행 또는 조업의 목적으로 사용할 경우에는 어선검사증서·어선특별검사증서 또는 임시항행검사증서를 어선에 비치하여야 한다. 다만, 「내수면어업법」 제6조, 제9조, 제11조, 「양식산업발전법」 제10조 제1항 제6호, 제43조 제1항 제1호 또는 제2호에 따라 면허어업·허가어업·신고어업 또는 양식업에 사용하는 어선 등 해양수산부령으로 정하는 어선의 경우에는 그러하지 아니하다.

제5절 어선의 거래

Ⅰ. 어선거래시스템

1. 어선거래시스템의 구축 및 운영

해양수산부장관은 어선 및 어선의 설비(제5조에 따른 무선설비를 포함한다. 이하 "어선설비등"이라 한다)의 거래와 관련하여 어업인의 편의, 거래의 투명성 및 효율성을 증진하기 위하여 어선거래시스템을 구축·운영할 수 있다. 해양수산부장관은 어선거래시스템(이하 "어선거래시스템"이라 한다)을 통하여 어선 및 어선설비등의 매매 또는 임대차와 관련한 정보를 해당 정보를 요청하는 자에게 제공할 수 있다. 이 경우 해양수산부장관은 어선소유자 등 개인의 사생활의 비밀 또는 자유를 침해하는 정보를 제공해서는 아니 되며, 제공하는 정보에 「개인정보 보호법」 제2조 제1호에 따른 개인정보가 포함된 경우에는 같은 조 제3호에 따른 정보주체의 동의를 받아야 한다. 해양수산부장관은 어선거래시스템의 효율적인 운영을 위하여 다음 각 호의 정보에 대한 데이터베이스를 구축·운영할 수 있다.

1. 제13조 제1항에 따른 어선의 등록, 제17조에 따른 어선의 변경등록 및 제19조에 따른 등록의 말소에 관한 정보

2. 제21조에 따른 어선의 검사에 관한 정보

3. 「수산업법」 제7조에 따른 어업의 면허, 같은 법 제40조 및 제43조에 따른 어업의 허가, 같은 법 제48조에 따른 어업의 신고에 관한 정보

4. 그 밖에 어선거래시스템의 효율적인 운영을 위한 정보로서 해양수산부령으로 정하는 정보

2. 어선중개업의 등록

어선 및 어선설비등에 대한 매매 또는 임대차를 중개하는 사업(이하 "어선중개업"이라 한다)을 하려는 자는 다음 요건을 모두 갖추어 해양수산부령으로 정하는 바에 따라 해양수산부장관에게 등록하여야 한다. 등록한 사항을 변경하려는 때에도 또한 같다.

1. 제31조의9 제1항에 따른 보증보험의 가입

2. 해양수산부령으로 정하는 어선 및 어선설비등의 중개에 관한 교육의 이수. 이 경우 어선중개업의 등록을 하려는 자가 법인인 경우에는 그 대표자와 해당 법인에서 어선중개업을 하려는 자가 모두 교육을 이수하여야 한다.

어선법 시행규칙 제69조의5(어선중개업 교육) ① 법 제31조의2 제2호에 따라 어선중개업의 등록을 하려는 자가 이수하여야 하는 교육의 과목, 시간 및 내용은 다음 각 호와 같다.

1. 교육과목(3과목): 어선중개업 제도, 어선중개업 실무, 직업윤리 및 소비자 보호
2. 교육시간: 21시간 이상(등록신청일 전 1년 이내에 받은 교육시간을 말한다)
3. 교육내용: 제1호의 교육과목별로 평가하여 매 과목 40점 이상, 모든 과목 평균 60점 이상 득점하여야 한다. 다만, 평가득점에 미달한 사람에 대해서는 1회에 한하여 다시 평가할 수 있다.

② 법 제31조의7에 따라 어선중개업자는 제1항에 따른 교육을 이수한 후 2년마다 보수 교육을 받아야 한다.

③ 제2항에 따른 보수 교육의 내용 및 시간은 다음 각 호와 같다.

1. 교육내용: 어선중개 관련 법·제도, 어선중개 및 경영 실무, 직업윤리 등
2. 교육시간: 6시간 이상

④ 제1항부터 제3항까지의 규정에 따른 교육을 실시하는 기관, 교육방법 및 교육계획 등 교육에 필요한 사항에 관하여는 해양수산부장관이 정하여 고시한다.

3. 그 밖에 어선중개업의 수행에 필요한 사항으로서 대통령령으로 정하는 요건

3. 어선중개업의 결격사유 및 등록 취소

1) 결격사유

다음 어느 하나에 해당하는 자는 어선중개업 등록을 할 수 없다.

1. 미성년자
2. 피성년후견인 또는 피한정후견인
3. 파산선고를 받고 복권되지 아니한 자
4. 금고 이상의 실형의 선고를 받고 그 집행이 종료(집행이 종료된 것으로 보는 경우를 포함한다)되거나 집행이 면제된 날부터 2년이 지나지 아니한 자
5. 금고 이상의 형의 집행유예를 선고받고 그 유예기간 중에 있는 자
6. 제31조의4에 따라 어선중개업 등록이 취소(이 조 제1호부터 제3호까지의 어느 하나에 해당하여 등록이 취소된 경우는 제외한다)된 날부터 1년이 지나지 아니한 자
7. 대표자가 제1호부터 제5호까지의 어느 하나에 해당하는 법인

2) 등록의 취소

해양수산부장관은 어선중개업의 등록을 한 자(이하 "어선중개업자"라 한다)가 다음 각 호의 어느 하나에 해당하는 경우에는 어선중개업 등록을 취소하거나 6개월 이내의 기간을 정하여 어선중개업의 전부 또는 일부의 정지를 명할 수 있다. 다만, 제1호, 제3호 또는 제7호에 해당하는 경우에는 어선중개업 등록을 취소하여야 한다.

1. 거짓이나 그 밖의 부정한 방법으로 제31조의2에 따른 어선중개업 등록 또는 변경등록을 한 경우
2. 제31조의2 각 호에 따른 어선중개업의 등록요건에 미달된 경우
3. 제31조의3 제1호부터 제5호까지 또는 제7호의 어느 하나에 해당하는 경우. 다만, 법인의 대표자가 제31조의3 제1호부터 제5호까지의 어느 하나에 해당하는 경우에 그 사유가 발생한 날부터 1개월 이내에 다른 사람으로 교체 임명한 경우는 예외로 한다.
4. 제31조의8 제1항을 위반하여 거래계약서를 작성 또는 발급하지 아니하거나 같은 조 제2항을 위반하여 거래계약서 사본을 3년 미만으로 보존하거나 보존

하지 아니한 경우

5. 제31조의8 제1항에 따른 거래계약서에 거래금액, 그 밖의 거래 내용을 거짓으로 기재하거나 서로 다른 둘 이상의 거래계약서를 작성한 경우

6. 제37조의2 제2항에 따른 지도·감독을 기피하거나 방해한 경우

7. 영업정지명령을 위반하여 영업정지기간 중에 영업을 한 경우

행정처분의 세부적인 기준은 그 위반행위의 유형과 위반의 정도 등을 고려하여 해양수산부령으로 정한다.

행정처분기준

1. 일반기준

가. 영업정지처분기간 1개월은 30일로 본다.

나. 위반행위가 둘 이상인 경우로서 그에 해당하는 각각의 처분기준이 다른 경우에는 그 중 무거운 처분기준에 따르며, 둘 이상의 처분기준이 같은 영업정지인 경우에는 무거운 처분기준의 2분의 1까지 늘릴 수 있다. 이 경우 각 처분기준을 합산한 기간을 넘을 수 없다.

다. 처분권자는 고의 또는 중과실이 없는 위반행위자가 「소상공인기본법」 제2조에 따른 소상공인에 해당하고, 제2호의 개별기준에 따른 처분이 영업정지인 경우에는 다음의 사항을 고려하여 그 처분기준의 100분의 70 범위에서 감경할 수 있다. 다만, 나목에 따른 감경과 중복하여 적용하지 않는다.

1) 해당 행정처분으로 위반행위자가 더 이상 영업을 영위하기 어렵다고 객관적으로 인정되는지 여부

2) 경제위기 등으로 위반행위자가 속한 시장·산업 여건이 현저하게 변동되거나 지속적으로 악화된 상태인지 여부

라. 위반행위의 횟수에 따른 행정처분기준은 최근 1년간 같은 위반행위로 행정처분을 받은 경우에 적용한다. 이 경우 기간의 계산은 위반행위에 대하여 최초로 행정처분을 받은 날과 그 처분 후 다시 같은 위반행위를 하여 적발된 날을 기준으로 한다.

마. 라목에 따라 가중된 행정처분을 하는 경우 가중처분의 적용 차수는 그 위반행위 전 부과처분 차수(라목에 따른 기간 내에 행정처분이 둘 이상 있었던 경우에는 높은 차수를 말한다)의 다음 차수로 한다.

2. 개별기준

위반행위	근거 법조문	행정처분기준		
		1차 위반	2차 위반	3차 이상 위반
1. 거짓이나 그 밖의 부정한 방법으로 법 31조의2에 따른 어선중개업 등록 또는 변경등록을 한 경우	법 제31조의4 제1항 제1호	등록취소		
2. 법 제31조의2 각 호에 따른 어선중개업의 등록요건에 미달된 경우	법 제31조의4 제1항 제2호	영업정지 1개월	영업정지 3개월	영업정지 6개월

3. 법 제31조의3 제1호부터 제5호까지 또는 제7호의 어느 하나에 해당하는 경우. 다만, 법인의 대표자가 법 제31조의3 제1호부터 제5호까지의 어느 하나에 해당하는 경우에 그 사유가 발생한 날부터 1개월 이내에 다른 사람으로 교체 임명한 경우는 예외로 한다.	법 제31조의4 제1항 제3호	등록취소		
4. 법 제31조의8 제1항을 위반하여 거래계약서를 작성 또는 발급하지 않거나 같은 조 제2항을 위반하여 거래계약서 사본을 3년 미만으로 보존하거나 보존하지 않은 경우	법 제31조의4 제1항 제4호	영업정지 1개월	영업정지 3개월	영업정지 6개월
5. 법 제31조의8 제1항에 따른 거래계약서에 거래금액, 그 밖의 거래 내용을 거짓으로 기재하거나 서로 다른 둘 이상의 거래계약서를 작성한 경우	법 제31조의4 제1항 제5호	영업정지 1개월	영업정지 3개월	영업정지 6개월
6. 법 제37조의2 제2항에 따른 지도·감독을 기피하거나 방해한 경우	법 제31조의4 제1항 제6호	영업정지 1개월	영업정지 2개월	영업정지 3개월
7. 영업정지명령을 위반하여 영업정지기간 중에 영업을 한 경우	법 제31조의4 제1항 제6호	등록취소		

3) 휴업·폐업등의 신고

어선중개업자는 다음 각 호의 어느 하나에 해당하는 경우에는 해양수산부령으로 정하는 바에 따라 그 사실을 해양수산부장관에게 신고하여야 한다.

1. 어선중개업을 폐업하려는 경우
2. 3개월을 초과하여 휴업하려는 경우
3. 휴업 후 영업을 다시 하려는 경우
4. 휴업기간을 연장하려는 경우

4) 거래계약서 및 보증보험 가입

(1) 거래계약서의 작성

어선중개업자는 어선 및 어선설비 등의 매매 또는 임대차를 중개하는 경우 대통령령으로 정하는 바에 따라 거래계약서를 작성하여 거래당사자에게 발급하여야 한다. 어선중개업자는 거래계약서 사본을 3년간 보존하여야 한다.

(2) 보증보험 가입

어선중개업자는 어선 및 어선설비 등의 매매 또는 임대차를 중개하면서 고의나 과실로 거래당사자에게 재산상의 손해를 발생하게 한 경우 그 손해에 대한 배상책임을 보장하기 위한 보증보험에 가입하여야 한다. 어선중개업자는 어선 및 어선설비등의 매매 또는 임대차를 중개하는 경우 거래당사자에게 손해배상책임의 보장에 관한 다음 사항을 설명하고, 관계 증서의 사본을 발급하거나 관계 증서에 대한 전자문서를 제공하여야 한다.

1. 보장금액
2. 보장기간
3. 보증보험회사 및 그 소재지

제6절 보칙 및 벌칙

Ⅰ. 보 칙

1. 다른 법령의 준용

어선의 항행과 등록에 관하여 「선박법」 제2조, 제5조, 제9조 제2항 · 제3항(대한민국 영사에게 임시선박국적증서의 발급을 신청하는 경우로 한정한다), 제10조(선박국적증서나 가선박국적증서를 갖추어 두지 아니하고는 대한민국국기를 게양할 수 없는 부분으로 한정한다), 제11조(국기 게양 부분으로 한정한다), 제13조, 제26조(국기게양과 표시의 면제로 한정한다), 제28조 및 제29조를 준용한다. 이 경우 "대한민국선박"은 "대한민국어선"으로, "한국선박"은 "한국어선"으로, "선박"은 "어선"으로, "선박취득지"는 "어선취득지"로, "선박관리인"은 "어선관리인"으로, "선박소유자"는 "어선소유자"로 본다. 어선의 검사와 그 밖의 이와 관련된 사항에 관하여는 이 법에서 규정한 것을 제외하고는 「선박안전법」 제6조, 제12조부터 제14조까지, 제17조, 제41조, 제

44조, 제66조, 제69조 및 제73조부터 제75조까지의 규정을 준용한다. 이 경우 "선박"은 "어선"으로 본다. 어선의 총톤수 측정에 관하여 「선박법」 제3조와 법률 제3641호 선박법개정법률 부칙 제3조 제1항을 준용한다. 이 경우 "한국선박"은 "한국어선"으로 본다.

2. 위반행위에 대한 지도 · 단속

해양수산부장관 또는 시장 · 군수 · 구청장은 이 법에 따라 어선의 건조 · 개조 · 등록 · 설비 · 검사 등과 관련하여 필요한 지도 · 단속을 할 수 있다. 이 경우 해양수산부장관 또는 시장 · 군수 · 구청장은 「수산업법」 제69조에 따른 어업감독 공무원에게 그 지도 · 단속 업무를 수행하게 할 수 있다. 해양수산부장관은 어선중개업자에 대하여 해양수산부령으로 정하는 바에 따라 필요한 지도 · 감독을 할 수 있다.

3. 청 문

해양수산부장관이나 시장 · 군수 · 구청장은 다음 어느 하나에 해당하는 처분을 하려면 청문을 하여야 한다.

1. 제10조에 따른 건조 · 개조허가의 취소, 어선의 건조 · 개조의 중지 명령 및 어선 또는 어선설비의 제거 명령

2. 제19조 제2항에 따른 어선등록의 말소

2의2. 제24조의2 제1항에 따른 형식승인의 취소 또는 효력 정지

2의3. 제24조의3 제2항에 따른 형식승인시험기관의 지정 취소 또는 효력 정지

2의4. 제26조 제1항에 따른 지정사업장의 지정 취소 또는 효력 정지

3. 제31조의4에 따른 어선중개업 등록의 취소

4. 제41조 제8항에 따른 대행의 취소 또는 정지

4. 수수료

다음 어느 하나에 해당하는 자는 해양수산부령 또는 특별자치시 · 특별자치도 · 시 · 군 · 자치구의 조례로 정하는 바에 따라 수수료를 내야 한다. 다만, 제40조 제2항에 따라 해양수산부장관의 업무를 위탁받은 기관(이하 이 조에서 "수탁기관"이라 한다)이 위탁받은 업무를 수행하거나 제41조 제1항에 따라 해양수산부장관의 업무

를 대행하는 기관(이하 이 조에서 "대행기관"이라 한다)이 총톤수의 측정·재측정 및 검사 업무를 대행한 경우에는 수탁기관 또는 대행기관에서 정하는 수수료를 그 수탁기관 또는 대행기관에 내야 한다.

1. 제3조의2 제1항에 따른 복원성 승인을 신청하는 자

1의2. 제8조 제1항에 따라 어선의 건조·개조허가 또는 그 변경허가를 신청하는 자

2. 제13조 제1항에 따라 어선의 등록을 신청하는 자

3. 제14조에 따라 어선의 총톤수 측정 또는 재측정을 신청하는 자

4. 제17조에 따라 변경등록을 신청하는 자

5. 제18조에 따라 선박국적증서 등의 재발급을 신청하는 자

6. 제21조에 따라 어선검사를 신청하는 자

7. 제22조 제1항에 따라 건조검사를 신청하는 자

8. 제22조 제3항에 따라 예비검사를 신청하는 자

9. 제22조 제6항에 따라 별도건조검사를 신청하는 자

10. 제24조 제1항 및 제2항에 따라 형식승인 또는 그 변경승인 및 검정을 신청하는 자

11. 제25조 제1항에 따라 지정사업장의 지정을 신청하는 자

11의2. 제25조 제3항 또는 제4항에 따라 어선, 어선의 설비 또는 어선용품의 확인을 신청하는 자

11의3. 제26조의2 제1항에 따른 하역설비의 제한하중 등의 확인을 신청하는 자

12. 제28조 제3항에 따라 어선검사증서 유효기간의 연장을 신청하는 자

13. 제30조 제1항에 따라 재검사 등을 신청하는 자

13의2. 제31조 제2항에 따라 제공되는 정보를 이용하려는 자

13의3. 제31조의2에 따라 어선중개업의 등록 또는 변경등록을 하려는 자

14. 제37조 제2항에 따라 준용하는 「선박안전법」 제12조 제1항·제13조 제1항에 따른 국제협약검사·도면승인을 신청한 자

15. 제41조 제3항에 따른 검사증서·검정증서·확인증 또는 어선총톤수측정증명서 등의 발급을 신청하는 자

수탁기관 또는 대행기관은 제1항 단서에 따라 수수료를 정하는 경우 그 기준

을 정하여 해양수산부장관의 승인을 받아야 한다. 승인받은 사항을 변경하려는 경우에도 또한 같다. 수탁기관 또는 대행기관은 제2항에 따라 수수료를 정한 때에는 그 결정내용 및 산정내역을 인터넷 홈페이지에 공개하여야 한다. 수탁기관 또는 대행기관이 수수료를 징수한 경우 그 수입은 그 수탁기관 또는 대행기관의 수입으로 한다.

5. 권한의 위임

이 법에 따른 해양수산부장관 또는 해양경찰청장의 권한은 그 일부를 대통령령으로 정하는 바에 따라 시장·군수·구청장 또는 소속 기관의 장에게 위임할 수 있다. 해양수산부장관의 업무는 그 일부를 대통령령령으로 정하는 바에 따라「한국해양교통안전공단법」에 따라 설립된 한국해양교통안전공단(이하 "공단"이라 한다)에 위탁할 수 있다.

6. 검사업무 등의 대행

해양수산부장관은 공단 또는「선박안전법」제60조 제2항에 따른 선급법인(이하 "선급법인"이라 한다)으로 하여금 다음 각 호의 업무를 대행하게 할 수 있다. 다만, 선급법인의 경우 제5호 및 제5호의2의 업무는 제외한다.

1. 제3조의2 제1항에 따른 어선의 복원성 승인

1의2. 제14조에 따른 어선의 총톤수 측정·재측정

2. 제21조에 따른 어선의 검사

3. 제22조에 따른 어선의 건조검사, 어선용품의 예비검사 및 별도건조검사

4. 제24조 제1항에 따른 어선 또는 어선용품의 검정

5. 제25조 제1항에 따른 지정사업장의 지정을 위한 조사

5의2. 제25조 제3항 또는 제4항에 따른 어선, 어선의 설비 또는 어선용품의 확인

5의3. 제26조의2에 따른 제한하중 등의 확인 및 하역설비검사기록부의 작성

6. 제28조 제3항에 따른 어선검사증서 유효기간 연장의 승인

7. 제37조 제2항에 따라 준용되는 다음 각 목의 업무

가.「선박안전법」제12조 제1항에 따른 국제협약검사

나. 「선박안전법」 제13조 제1항에 따른 도면승인

다. 「선박안전법」 제41조 제2항에 따른 위험물의 적재·운송·저장 등에 관한 검사·승인

공단이나 선급법인은 제1항에 따라 대행하는 업무의 범위에서 해양수산부장관의 승인을 받아 제27조 제1항 각 호에 따른 검사증서·검정증서·확인증 또는 어선총톤수측정증명서(국제톤수증서, 국제톤수확인서 및 재화중량톤수증서를 포함한다)를 발급할 수 있다. 공단이나 선급법인은 제1항에 따라 대행하는 업무에 대하여 해양수산부령으로 정하는 바에 따라 해양수산부장관에게 보고하여야 한다. 해양수산부장관은 공단이나 선급법인이 보고한 대행업무에 대하여 그 처리내용을 확인하고 이 법 또는 이 법에 따른 명령을 위반한 경우에는 필요한 조치를 하여야 한다. 해양수산부장관은 공단 또는 선급법인이 이 법에 따라 행한 업무에 대하여 지도·감독하고, 필요하다고 인정되는 때에는 공단 또는 선급법인에 대하여 그 사업에 관한 지시 또는 명령을 할 수 있다. 해양수산부장관은 공단 또는 선급법인에 대하여 필요하다고 인정하는 때에는 그 회계 및 재산에 관한 사항을 검사할 수 있다. 해양수산부장관은 공단 또는 선급법인이 제1항에 따라 대행하는 업무를 거짓 또는 부정한 방법으로 수행한 경우에는 대통령령으로 정하는 바에 따라 해당 업무의 대행을 취소하거나 정지할 수 있다.

7. 공단에 대한 경비의 보조

해양수산부장관은 공단에 대하여 어선 또는 어선설비에 관한 기술의 개발·보급, 대행업무 및 위탁업무 등의 수행에 필요한 경비를 예산의 범위에서 보조할 수 있다.

8. 법정대리인의 의무

제14조, 제16조 제1항 및 제17조부터 제19조까지의 규정에서 어선의 소유자가 미성년자 또는 피성년후견인인 경우에는 그 법정대리인이 다음 각 호의 사항을 이행하여야 한다. 다만, 영업에 대하여 성년자와 동일한 능력을 가진 미성년자인 경우에는 그러하지 아니하다.

1. 어선의 총톤수 측정 · 재측정의 신청
2. 어선 명칭등의 표시와 어선번호판의 부착
3. 등록 사항의 변경 신청
4. 선박국적증서 등의 재발급 신청
5. 등록의 말소 신청에 따르는 소유자의 의무

Ⅱ. 벌 칙

1. 벌칙규정

1) 다음 각 호의 어느 하나에 해당하는 자는 3년 이하의 징역 또는 3천만원 이하의 벌금에 처한다.

1. 제8조 제1항을 위반하여 건조 · 개조허가를 받지 아니하고 어선을 건조 · 개조하거나 어선의 건조 · 개조를 발주한 자

2. 제13조 제2항을 위반하여 같은 조 제1항에 따른 등록을 하지 아니한 어선을 어선으로 사용한 자

3. 거짓 또는 부정한 방법으로 제41조 제1항 또는 제3항에 따른 대행업무 또는 발급업무를 한 자

2) 다음 각 호의 어느 하나에 해당하는 자는 1년 이하의 징역 또는 1천만원 이하의 벌금에 처한다.

1. 제3조의2 제1항 또는 제3항을 위반하여 복원성 승인을 받지 아니하거나 복원성을 유지하지 아니하고 어선을 항행에 사용한 자

1의2. 제4조에 따른 만재흘수선의 표시를 하지 아니한 자

2. 제5조 제1항에 따른 무선설비를 갖추지 아니하고 어선을 항행 또는 조업에 사용한 자

3. 제16조에 따른 어선 명칭등의 표시 또는 어선번호판을 은폐 · 변경 또는 제거하고 어선을 항행 또는 조업에 사용한 자

4. 제21조에 따른 어선검사를 받지 아니하고 어선을 항행 또는 조업에 사용한 자

4의2. 제23조를 위반하여 제21조에 따른 어선의 검사 또는 제22조 제1항에 따른 건조검사(별도건조검사를 포함한다)를 받은 후 해당 어선의 선체 · 기관 · 설비 등을 임의로 변경하거나 설치한 자

5. 거짓이나 그 밖의 부정한 방법으로 제24조 제1항 또는 제2항에 따른 형식승인, 그 변경승인 또는 검정을 받은 자

6. 거짓이나 그 밖의 부정한 방법으로 제25조 제1항에 따른 지정사업장의 지정을 받은 자

7. 제27조 제1항 제1호에 따른 어선검사증서에 기재된 최대승선인원을 초과하여 어선을 항행 또는 조업에 사용한 자

7의2. 제27조 제1항 제1호에 따른 어선검사증서에 기재된 만재흘수선의 표시위치 등을 위반한 어선을 항행 또는 조업에 사용한 자

8. 거짓이나 그 밖의 부정한 방법으로 제27조 제1항에 따른 어선검사증서 · 어선특별검사증서 · 임시항행검사증서 · 건조검사증서 · 예비검사증서 · 별도건조검사증서 · 건조확인증 · 제조확인증 · 정비확인증 또는 제한하중 등 확인증을 발급받은 자

9. 제31조의2에 따른 등록 또는 변경등록을 하지 아니하고 어선중개업을 한 자

10. 거짓이나 그 밖의 부정한 방법으로 제31조의2에 따른 어선중개업을 등록하거나 변경등록한 자

3) 다음 각 호의 어느 하나에 해당하는 자는 500만원 이하의 벌금에 처한다.

1. 제10조에 따른 처분이나 명령을 이행하지 아니한 자

2. 제22조 제1항을 위반하여 건조검사를 받지 아니하고 어선을 건조한 자

4) 제42조(법정대리인의 의무)를 위반하여 법정대리인의 의무를 이행하지 아니한 자는 100만 원 이하의 벌금에 처한다.

2. 양벌규정

1) 법인의 대표자, 대리인, 사용인, 그 밖의 종업원이 그 법인의 업무에 관하여 제43조, 제44조, 제46조 및 제47조의 위반행위를 하면 그 행위자를 벌할 뿐만 아니라 그 법인에도 해당 조문의 벌금형을 과한다. 다만, 법인이 그 위반행위를 방

지하기 위하여 해당 업무에 관하여 상당한 주의와 감독을 게을리하지 아니한 때에는 그러하지 아니하다.

2) 개인의 대리인, 사용인, 그 밖의 종업원이 그 개인의 업무에 관하여 제43조, 제44조, 제46조 및 제47조의 위반행위를 하면 그 행위자를 벌할 뿐만 아니라 그 개인에게도 해당 조문의 벌금형을 과한다. 다만, 개인이 그 위반행위를 방지하기 위하여 해당 업무에 관하여 상당한 주의와 감독을 게을리하지 아니한 때에는 그러하지 아니하다.

3. 벌칙의 준용

1) 어선에 대하여 「선박법」 제32조, 제33조 제1항(같은 법 제10조를 위반하여 선박국적증서나 가선박국적증서를 갖추어 두지 아니하고 대한민국 국기를 게양한 경우로 한정한다), 제34조, 제35조 제1항 및 제35조 제2항 제3호·제4호와 「선박안전법」 제83조 제2호(국제협약검사에 관한 부분에 한정한다)·제14호, 제84조 제1항 제5호·제6호·제11호, 제85조 제1호·제2호 및 제5호부터 제8호까지 및 제86조 제3호를 준용한다. 이 경우 "한국선박"은 "한국어선"으로, "선박"은 "어선"으로, "선박원부"는 "어선원부"로, "선박소유자"는 "어선소유자"로, "선박관리인"은 "어선관리인"으로 본다.

2) 이 법(제37조에 따라 준용되는 「선박법」 및 「선박안전법」을 포함한다. 이하 이 조와 제51조에서 같다)과 이 법에 따른 명령을 위반한 어선소유자에게 적용할 벌칙(제49조에 따라 준용되는 「선박법」 및 「선박안전법」의 벌칙 규정을 포함한다. 이하 이 조와 제51조에서 같다)은 다음 각 호에 해당하는 자에게 적용한다.

1. 어선을 공유한 경우로서 어선관리인을 둔 때에는 어선관리인
2. 어선 임차의 경우 어선임차인
3. 선장에게 적용할 벌칙은 선장의 직무를 대행하는 자

4. 벌칙 적용의 예외

1) 어선의 소유자가 국가, 특별시·광역시·특별자치시·도·특별자치도 또는 시·군·자치구인 경우에는 이 법과 이 법에 따른 명령을 위반한 어선의 소유자에

게 적용할 벌칙을 적용하지 아니한다.

2) (벌칙 적용에서의 공무원 의제) 제41조 제1항 및 제3항에 따라 해양수산부장관의 업무를 대행하거나 어선총톤수측정증명서를 발급하는 공단 또는 선급법인의 임직원은 「형법」 제129조부터 제132조까지의 규정에 따른 벌칙을 적용할 때에는 공무원으로 본다.

5. 과태료

1) 다음 각 호의 어느 하나에 해당하는 자에게는 300만 원 이하의 과태료를 부과한다.

1. 제4조 제2항을 위반하여 만재흘수선을 초과하여 사람, 어획물 또는 화물 등을 승선시키거나 싣고 항행한 자
2. 정당한 사유 없이 제5조 제2항을 위반하여 무선설비를 작동하지 아니한 자
3. 정당한 사유 없이 제5조의2 제1항 본문을 위반하여 어선위치발신장치를 작동하지 아니한 자
4. 정당한 사유 없이 제5조의2 제3항을 위반하여 어선위치발신장치의 고장 또는 분실 신고를 하지 아니하거나 고장 또는 분실 신고 후 어선위치발신장치의 수리 또는 재설치 등의 조치를 하지 아니한 자

2) 다음 각 호의 어느 하나에 해당하는 자에게는 100만 원 이하의 과태료를 부과한다.

1. 제3조의2 제4항 또는 제5항을 위반하여 복원성에 관한 자료를 선장에게 제공하지 아니하거나 어선 안에 비치하지 아니한 자
2. 제15조 본문을 위반하여 선박국적증서 등을 어선에 갖추어 두지 아니하고 어선을 항행하거나 조업에 사용한 자
3. 제16조 제1항을 위반하여 어선의 명칭등을 표시하지 아니하거나 어선번호판을 붙이지 아니한 자
4. 제17조에 따른 변경등록을 신청하지 아니한 자
5. 제19조 제1항에 따른 등록의 말소를 신청하지 아니한 자

6. 정당한 사유 없이 제19조 제3항에 따른 어선번호판과 선박국적증서 등을 반납하지 아니하거나 분실 등의 사유를 신고하지 아니한 자

7. 정당한 사유 없이 제21조 제1항에 따른 어선검사를 받지 아니한 자

7의2. 제26조의2 제1항을 위반하여 하역설비의 제한하중 등의 확인을 받지 아니한 자

7의3. 제26조의2 제3항을 위반하여 제한하중 등의 사항을 위반하여 하역설비를 사용한 자

8. 제29조를 위반하여 어선검사증서 · 어선특별검사증서 또는 임시항행검사증서를 어선 안에 갖추지 아니하고 어선을 항행하거나 조업에 사용한 자

9. 제31조의5에 따른 어선중개업의 휴업 · 폐업 · 재개 또는 휴업기간 연장 신고를 하지 아니한 자

10. 정당한 사유 없이 제31조의7에 따른 보수 교육을 받지 아니한 자

11. 제31조의9 제2항을 위반하여 손해배상책임의 보장에 관한 사항을 설명하지 아니하거나 관계 증서의 사본이나 관계 증서에 관한 전자문서를 발급 · 제공하지 아니한 자

3) 제1항 및 제2항에 따른 과태료는 대통령령으로 정하는 바에 따라 다음 각 호의 자가 각각 부과 · 징수한다.

1. 제1항 제1호 · 제2호 및 제2항의 경우: 시장 · 군수 · 구청장

2. 제1항 제3호 · 제4호의 경우: 해양경찰청장

제2장 수산업법

제1절 총 칙

Ⅰ. 수산업법의 목적 및 정의

1. 목 적

수산업에 관한 기본제도를 정함으로써 수산자원 및 수면의 종합적 이용과 지속 가능한 수산업 발전을 도모하고 국민의 삶의 질 향상과 국가경제의 균형 있는 발전에 기여함을 목적으로 한다.

2. 정 의(법 제2조)

수산업법에서 정의하는 용어는 다음과 같다.

> "수산업"이란 「수산업 · 어촌 발전 기본법」 제3조 제1호 각 목에 따른 어업 · 양식업 · 어획물운반업 · 수산물가공업 및 수산물유통업을 말한다.
>
> "어업"이란 수산동식물을 포획 · 채취하는 사업과 염전에서 바닷물을 자연 증발시켜 소금을 생산하는 사업을 말한다.
>
> "양식업"이란 「양식산업발전법」 제2조 제2호에 따라 수산동식물을 양식하는 사업을 말한다.
>
> "어획물운반업"이란 어업현장에서 양륙지(揚陸地)까지 어획물이나 그 제품을 운반하는 사업을 말한다.
>
> "수산물가공업"이란 수산동식물을 직접 원료 또는 재료로 하여 식료 · 사료 · 비료 · 호료(糊料) · 유지(油脂) 또는 가죽을 제조하거나 가공하는 사업을 말한다.

"어장(漁場)"이란 제7조에 따라 면허를 받아 어업을 하는 일정한 수면을 말한다.
"어업권"이란 제7조에 따라 면허를 받아 어업을 경영할 수 있는 권리를 말한다.
"입어(入漁)"란 입어자가 마을어업의 어장에서 수산동식물을 포획·채취하는 것을 말한다.
"입어자(入漁者)"란 제48조에 따라 어업신고를 한 자로서 마을어업권이 설정되기 전부터 해당 수면에서 계속하여 수산동식물을 포획·채취하여 온 사실이 대다수 사람들에게 인정되는 자 중 대통령령으로 정하는 바에 따라 어업권원부(漁業權原簿)에 등록된 자를 말한다.
"어업인"이란 어업자 및 어업종사자를 말하며, 「양식산업발전법」 제2조 제12호의 양식업자와 같은 조 제13호의 양식업종사자를 포함한다.
"어업자"란 어업을 경영하는 자를 말한다.
"어업종사자"란 어업자를 위하여 수산동식물을 포획·채취하는 일에 종사하는 자와 염전에서 바닷물을 자연 증발시켜 소금을 생산하는 일에 종사하는 자를 말한다.
"어획물운반업자"란 어획물운반업을 경영하는 자를 말한다.
"어획물운반업종사자"란 어획물운반업자를 위하여 어업현장에서 양륙지까지 어획물이나 그 제품을 운반하는 일에 종사하는 자를 말한다.
"수산물가공업자"란 수산물가공업을 경영하는 자를 말한다.
"바닷가"란 「해양조사와 해양정보 활용에 관한 법률」 제8조 제1항 제3호에 따른 해안선으로부터 지적공부(地籍公簿)에 등록된 지역까지의 사이를 말한다.
"유어(遊漁)"란 낚시 등을 이용하여 놀이를 목적으로 수산동식물을 포획·채취하는 행위를 말한다.
"어구(漁具)"란 수산동식물을 포획·채취하는 데 직접 사용되는 도구를 말한다.
"부속선"이란 허가받은 어선의 어업활동을 보조하기 위해 허가받은 어선 외에 부가하여 허가받은 운반선, 가공선, 등선(燈船), 어업보조선 등을 말한다.
"부표"란 어업인 또는 양식업자가 어구와 양식시설물 등을 「어장관리법」 제2조 제1호에 따른 어장에 설치할 때 사용하는 어장부표를 말한다.

3. 적용범위

수산업법은 바다, 바닷가의 수면 및 어업을 목적으로 하여 인공적으로 조성된 육상의 해수면에 적용된다.

Ⅱ. 어장이용개발계획 및 어업면허 신청

1. 어장이용개발계획(법 제4조)

시장(특별자치도의 경우에는 특별자치도지사를 말한다. 이하 같다) · 군수 · 구청장(자치구의 구청장을 말한다. 이하 같다)은 관할 수면을 종합적으로 이용 · 개발하기 위한 어장이용개발계획(이하 "개발계획"이라 한다)을 세워야 한다. 시장 · 군수 · 구청장이 개발계획을 세운 때에는 특별시장 · 광역시장 또는 도지사의 승인을 받아야 한다. 시장 · 군수 · 구청장은 개발계획을 세우려면 개발하려는 수면에 대하여 기본조사를 실시하고 사회적 · 경제적 여건을 고려하여 개발계획을 세우되, 해양수산부장관이 정하는 개발계획기본지침에 따라 특별시장 · 광역시장 · 도지사 또는 특별자치도지사(이하 "시 · 도지사"라 한다)가 지역여건과 특성을 고려하여 정한 개발계획세부지침에 따라야 한다.

시장 · 군수 · 구청장은 개발계획을 세우려는 수면이 다른 법령에 따라 어업행위가 제한되거나 금지되고 있는 경우에는 미리 관계 행정기관의 장의 승인을 받거나 협의를 하여야 한다. 개발계획기본지침과 개발계획세부지침의 작성, 개발계획의 수립과 그 절차 등에 필요한 사항은 대통령령으로 정한다.

수산업법 시행령 제2조(어장이용개발계획의 수립) ① 해양수산부장관은 「수산업법」(이하 "법"이라 한다) 제4조 제3항에 따라 같은 조 제1항에 따른 어장이용개발계획(이하 "개발계획"이라 한다) 수립연도의 전년도 12월 31일까지 개발계획기본지침을 작성하여 특별시장 · 광역시장 · 도지사 또는 특별자치도지사(이하 "시 · 도지사"라 한다)에게 통보해야 하고, 시 · 도지사는 개발계획 수립연도의 1월 31일까지 개발계획세부지침을 작성하여 시장 · 군수 · 구청장(자치구의 구청장을 말한다. 이하 같다)에게 통보해야 한다.
② 시장(특별자치도의 경우에는 특별자치도지사를 말한다. 이하 같다) · 군수 · 구청장은 관할 수면(水面)에 대하여 제1항에 따른 개발계획세부지침에 따라 매년 3월 31일까지 그 해 7월 1일부터 다음 해 6월 30일까지의 개발계획을 수립하여 시 · 도지사에게 개발계획의 승인을 신청해야 한다. 다만, 특별자치도지사가 개발계획을 수립한 경우에는 그렇지 않다.
③ 제2항에 따라 승인 신청을 받은 시 · 도지사는 같은 항에 따른 개발계획의 승인 여부를 결정하여 그 결과를 매년 4월 30일까지 시장 · 군수 · 구청장에게 통보하고 해양수산부장관에게 제출해야 하며, 특별자치도지사는 제2항에 따라 수립한 개발계획을 매년 4월 30일까지 해양수산부장관에게 제출해야 한다.
④ 시장 · 군수 · 구청장은 제2항에 따라 개발계획을 수립할 때 그 해 7월 1일부터 다음 해 6

월 30일까지의 기간 중 법 제14조에 따른 어업면허의 유효기간이 끝나는 수면에 대하여 다시 어업면허를 하려는 경우에는 이를 개발계획에 반영해야 한다.
⑤ 관계 행정기관의 장은 법 제4조 제4항에 따라 개발계획을 세우려는 수면에 대하여 시장·군수·구청장의 승인 또는 협의 요청을 받은 경우에는 그 승인 여부 또는 협의 의견을 지체 없이 시장·군수·구청장에게 알려야 한다.
⑥ 법 제4조 제6항 본문에서 “대통령령으로 정하는 경우”란 다음 각 호의 경우를 말한다.
1. 국가나 지방자치단체가 시행하는 지원사업을 위하여 새로운 수면을 추가로 개발하려는 경우
2. 어업분쟁의 해소 또는 어업 조정을 위하여 특히 필요한 경우
⑦ 제2항에 따라 특별자치도지사가 개발계획을 수립하거나 제3항에 따라 시장·군수·구청장이 개발계획의 승인을 받은 경우에는 해당 지방자치단체의 공보에 그 내용을 공고해야 한다. 법 제4조 제6항에 따라 개발계획을 변경한 경우에도 또한 같다.

2. 외국인에 대한 어업의 면허

시·도지사 또는 시장·군수·구청장은 외국인이나 외국법인에 대통령령으로 정하는 어업면허나 어업허가를 하려면 미리 해양수산부장관과 협의하여야 한다. 외국인이나 외국법인이 대한민국 국민 또는 대한민국의 법률에 따라 설립된 법인(설립 중인 법인을 포함한다. 이하 이 조에서 같다)에 제1항에 따른 어업을 경영할 목적으로 투자하는 경우 그 국민 또는 법인에 대한 투자비율이 50퍼센트 이상이거나 의결권이 과반수인 경우에도 해양수산부장관과 협의하여야 한다. 대한민국 국민 또는 대한민국의 법률에 따라 설립된 법인이나 단체에 자국(自國) 내의 수산업에 관한 권리의 취득을 금지하거나 제한하는 국가의 개인 또는 법인이나 단체에 대하여는 대한민국 내의 수산업에 관한 권리의 취득에 대해서도 같거나 비슷한 내용의 금지나 제한을 할 수 있다.

3. 공동신청

2명 이상이 공동으로 이 법에 따른 면허 또는 허가를 받는 때에는 그중 1명을 대표자로 정하여 신청서에 덧붙여 적어야 한다. 대표자를 정하지 아니한 때에는 그 가운데 한 사람을 대표자로 정하여 대통령령으로 정하는 바에 따라 해양수산부장관, 시·도지사, 시장·군수·구청장(이하 “행정관청”이라 한다)에게 신청서 및

구비서류를 제출하여야 한다. 이 경우 대표자를 변경한 때에도 같은 절차를 거쳐야 한다.

제2절 면허어업

Ⅰ. 면 허

1. 면허어업(법 제7조)

다음 어느 하나에 해당하는 어업을 하려는 자는 시장·군수·구청장의 면허를 받아야 한다.

1. 정치망어업(定置網漁業): 일정한 수면을 구획하여 대통령령으로 정하는 어구를 일정한 장소에 설치하여 수산동물을 포획하는 어업

2. 마을어업: 일정한 지역에 거주하는 어업인이 해안에 연접(連接)한 일정 수심 이내의 수면을 구획하여 패류·해조류 또는 정착성(定着性) 수산동물을 관리·조성하여 포획·채취하는 어업

시장·군수·구청장은 제1항에 따른 어업면허를 할 때에는 개발계획의 범위에서 하여야 한다. 어업의 종류와 마을어업 어장의 수심 한계는 대통령령으로 정한다.

수산업법 시행령 제6조(정치망어업 및 어구의 종류) 법 제7조 제1항 제1호에 따른 정치망어업 및 어구의 종류는 다음 각 호와 같다.

1. 대형정치망어업: 10헥타르 이상의 구획된 수면에 낙망류(落網類), 승망류(昇網類), 죽방렴(竹防簾), 그 밖에 해양수산부장관이 정하여 고시하는 정치성(定置性) 어구(이하 이 조에서 "정치성어구"라 한다)를 설치하여 수산동물을 포획하는 어업
2. 중형정치망어업: 5헥타르 이상 10헥타르 미만의 구획된 수면에 정치성어구를 설치하여 수산동물을 포획하는 어업
3. 소형정치망어업: 5헥타르 미만의 구획된 수면에 정치성어구를 설치하여 수산동물을 포획하는 어업

제7조(마을어업 어장의 수심 한계 등) ① 법 제7조 제1항 제2호에 따른 마을어업(이하 "마을어업"이라 한다) 어장의 수심 한계는 1년 중 해수면이 가장 낮은 때의 평균수심 5미터 이내

(강원특별자치도, 경상북도 및 제주특별자치도의 경우에는 7미터 이내)로 한다.
② 시장 · 군수 · 구청장은 마을어업의 면허를 하려면 어업조정 및 지역적 여건을 고려하여 제1항에 따른 어장의 수심 한계 안의 수면을 실측하여 구획해야 한다.
③ 시장 · 군수 · 구청장은 제1항에 따른 어장의 수심 한계 안의 수면이라 하더라도 먼 거리에 위치한 낙도(落島) 또는 무인도와 연접(連接)한 수면에 대해서는 해양수산부령으로 정하는 경우 외에는 마을어업의 면허를 해서는 안 된다.

2. 마을어업 면허

마을어업은 일정한 지역에 거주하는 어업인의 공동이익을 증진하기 위하여 어촌계(漁村契)나 지구별수산업협동조합(이하 "지구별수협"이라 한다)에만 면허한다. 시장 · 군수 · 구청장은 어업인의 공동이익과 일정한 지역의 어업개발을 위하여 필요하다고 인정하면 어촌계, 영어조합법인 또는 지구별수협에 마을어업 외의 어업을 면허할 수 있다.

3. 면허의 결격사유 및 금지

1) 결격사유(법 제9조)

시장 · 군수 · 구청장은 다음 각 호의 어느 하나에 해당하는 자에게 어업면허를 하여서는 아니 된다.

1. 어업을 목적으로 하지 아니하는 법인이나 단체

2. 취득한 어업권의 어장 면적과 신청한 어업권의 어장 면적을 합친 면적이 대통령령으로 정하는 면적 이상이 되는 자

3. 이 법, 「어장관리법」, 「양식산업발전법」, 「어선법」 또는 「수산자원관리법」을 위반하여 금고 이상의 형을 선고받고 그 집행이 끝나거나(집행이 끝난 것으로 보는 경우를 포함한다) 집행을 받지 아니하기로 확정된 후 2년이 지나지 아니한 자

4. 이 법, 「어장관리법」, 「양식산업발전법」, 「어선법」 또는 「수산자원관리법」을 위반하여 금고 이상의 형의 집행유예를 선고받고 그 유예기간 중에 있는 자

5. 이 법, 「어장관리법」, 「양식산업발전법」, 「어선법」 또는 「수산자원관리법」을 위반하여 100만원 이상의 벌금형을 선고받고 그 형이 확정된 후 2년이 지나지 아니한 자

2) 면허의 금지

시장 · 군수 · 구청장은 어업면허를 받으려는 수면이 제33조 제1항 제1호부터 제7호까지의 어느 하나에 해당하면 어업면허를 하지 아니할 수 있다.

> **수산업법 제33조(공익의 필요에 의한 면허어업의 제한 등)** ① 시장 · 군수 · 구청장은 다음 각 호의 어느 하나에 해당하면 면허한 어업을 제한 또는 정지하거나 어선의 계류(繫留) 또는 출항 · 입항을 제한할 수 있다.
> 1. 수산자원의 증식 · 보호를 위하여 필요한 경우
> 2. 군사훈련 또는 주요 군사기지의 보위(保衛)를 위하여 필요한 경우
> 3. 국방을 위하여 필요하다고 인정되어 국방부장관이 요청한 경우
> 4. 선박의 항행 · 정박 · 계류 또는 수저전선(水底電線)의 부설을 위하여 필요한 경우
> 5. 「해양폐기물 및 해양오염퇴적물 관리법」 제7조 제2항에 따른 폐기물의 해양배출로 인하여 배출해역 바닥에서 서식하는 수산동물의 위생관리가 필요한 경우
> 6. 「공익사업을 위한 토지 등의 취득 및 보상에 관한 법률」 제4조의 공익사업을 위하여 필요한 경우
> 7. 「어선안전조업 및 어선원의 안전 · 보건 증진 등에 관한 법률」 제49조 제1항 각 호의 어느 하나에 해당하여 해양수산부장관의 요청을 받은 경우
> 8. 어업권자가 이 법, 「어장관리법」, 「양식산업발전법」 또는 「수산자원관리법」을 위반하거나 이 법, 「어장관리법」, 「양식산업발전법」 또는 「수산자원관리법」에 따른 명령 · 처분이나 그 제한 · 조건을 위반한 경우
> 9. 어업권자가 외국과의 어업에 관한 협정 또는 일반적으로 승인된 국제법규와 외국의 수산에 관한 법령을 위반한 경우
>
> ② 제1항 제1호부터 제6호까지에 따른 어업의 제한 등의 절차에 필요한 사항은 대통령령으로 정한다.
>
> ③ 제1항 제7호부터 제9호까지에 따른 어업의 제한 등의 처분 기준과 절차에 필요한 사항은 해양수산부령으로 정한다.
>
> ④ 제1항 제8호 또는 제9호에 따라 계류처분을 받은 어선의 관리는 제27조 제1항 및 제3항에 따른 지정 또는 승인을 받은 자가 하여야 한다.

시장 · 군수 · 구청장은 제34조 제1호 및 제3호부터 제6호까지(제33조 제1항 제1호부터 제7호까지의 어느 하나에 해당하는 경우는 제외한다) 중 어느 하나에 해당하는 사유로 어업면허가 취소된 자에 대하여는 대통령령으로 정하는 바에 따라 그 면허를 취소한 날부터 2년 이내에 어업면허를 하여서는 아니 된다.

수산업법 제34조(면허어업의 취소) 시장 · 군수 · 구청장은 어업면허를 받은 자가 다음 각 호의 어느 하나에 해당하면 해양수산부령으로 정하는 바에 따라 어업면허를 취소할 수 있다. 다만, 제1호에 해당하는 경우에는 그 면허를 취소하여야 한다.
1. 거짓이나 그 밖의 부정한 방법으로 어업면허를 받은 경우
2. 제9조 제1호에 해당하게 된 경우
3. 어업권자가 제29조 제1항 · 제2항 또는 제30조 제1항을 위반한 경우
4. 어업권자가 제31조를 위반하여 다른 사람에게 그 어업의 경영을 사실상 지배하게 한 경우
5. 어업권자가 제32조를 위반하여 어업권을 임대한 경우
6. 제1호부터 제5호까지의 경우 외에 제33조 제1항 각 호의 어느 하나에 해당하게 된 경우

Ⅱ. 어업권

1. 어업권의 취득과 성질(법 제16조)

어업면허를 받은 자와 어업권을 이전받거나 분할받은 자는 어업권원부에 등록을 함으로써 어업권을 취득한다. 어업권은 물권(物權)으로 하며, 이 법에서 정한 것 외에는 「민법」 중 토지에 관한 규정을 준용한다. 어업권과 이를 목적으로 하는 권리에 관하여는 「민법」 중 질권(質權)에 관한 규정을 적용하지 아니한다. 법인이 아닌 어촌계가 취득한 어업권은 그 어촌계의 총유(總有)로 한다.

2. 어업권의 등록

어업권과 이를 목적으로 하는 권리의 설정 · 보존 · 이전 · 변경 · 소멸 및 처분의 제한, 지분(持分) 또는 입어에 관한 사항은 어업권원부에 등록한다. 등록은 등기를 갈음한다. 등록에 관한 사항은 대통령령 「어업 · 양식업등록령」으로 정한다.

3. 어업권의 경매

어업의 면허를 취소한 경우 그 어업권의 저당권자로 등록된 자는 제35조에 따른 통지를 받은 다음 날부터 계산하기 시작하여 30일 이내에 어업권의 경매를 신청할 수 있다. 경매를 신청한 경우에는 해당 어업권은 면허를 취소한 날부터 경매절차가 끝난 날까지 경매의 목적의 범위에서 존속하는 것으로 본다. 경매에 따

른 경매대금 중 경매비용과 제1항의 저당권자에 대한 채무를 변제하고 남은 금액은 국고에 귀속한다. 경락인이 경매대금을 완납한 때에는 어업면허의 취소는 그 효력이 발생하지 아니한 것으로 본다.

4. 관리선의 사용과 제한

어업권자는 그 어업의 어장관리에 필요한 어선(이하 "관리선"이라 한다)을 사용하려면 시장 · 군수 · 구청장의 지정을 받아야 한다. 이 경우 관리선은 어업권자(제36조에 따른 어업권의 행사자를 포함한다)가 소유한 어선이나 임차한 어선으로 한정한다. 시장 · 군수 · 구청장은 수산자원의 증식 · 보호와 어업조정에 필요한 경우에는 대통령령으로 정하는 바에 따라 어업의 종류와 어장의 면적 또는 수산동식물의 종류에 따라 관리선으로 사용할 수 있는 어선 · 어구에 대하여 제한하거나 금지할 수 있다. 면허받은 어업의 어장에 관리선을 갖추지 못한 어업권자는 제1항에 따라 지정을 받은 어선이나 제40조 제1항부터 제3항까지에 따라 허가를 받은 어업의 어선을 시장 · 군수 · 구청장의 승인을 받아 사용할 수 있다.

관리선의 사용을 지정받은 어업권자는 그 지정받은 어장구역 또는 제3항에 따라 승인을 받은 구역 외의 수면에서 수산동식물을 포획 또는 채취하기 위하여 그 관리선을 사용하여서는 아니 된다. 다만, 관리선에 대하여 제40조에 따른 어업허가를 받은 경우에는 그러하지 아니하다. 관리선의 규모와 수, 기관의 마력(馬力) 및 그 사용의 지정 또는 승인, 그 밖에 관리선의 사용에 필요한 사항은 해양수산부령으로 정한다. 다만, 수산자원의 증식 · 보호와 어업조정을 위하여 필요한 때에는 해양수산부령으로 정하는 범위에서 관리선의 정수(定數) 및 사용기준 등에 관한 사항은 해당 시 · 군 · 구의 조례로 정할 수 있다.

5. 어업권의 포기

어업권을 취득하여 어업을 하는 자가 계속하여 1년 이상 휴업하려면 휴업기간을 정하여 미리 시장 · 군수 · 구청장에게 신고하여야 한다. 다만, 어업을 시작하기 전에는 휴업을 할 수 없으며, 계속하여 2년 이상 휴업을 할 수 없다. 어업권 신고를 한 자가 신고한 휴업기간이 끝나기 전에 어업을 계속하려면 미리 시장 · 군수 · 구청장에게 신고하여야 한다. 어업을 정지한 기간 및 「어장관리법」에 따른 어장휴식 기간은 산입하지 아니한다. 어업권자가 어업권을 포기하려는 경우에는 해양수산부령으로 정하는 바에 따라 시장·군수·구청장에게 신고하여야 한다.

6. 어장관리 및 어장관리규약

1) 어장관리

어촌계가 가지고 있는 어업권은 제37조에 따른 어장관리규약으로 정하는 바에 따라 그 어촌계의 계원이 행사한다. 다만, 마을어업권의 경우에는 계원이 아닌 자도 다음 각 호의 요건을 모두 갖춘 경우에는 마을어업권을 행사할 수 있다.

1. 해당 어촌계가 속해있는 시·군·구에 주소를 두고 있을 것
2. 마을어업권의 행사에 대한 어촌계 총회의 의결이 있을 것
3. 제48조에 따른 어업의 신고를 마쳤을 것

지구별수협이 가지고 있는 어업권은 대통령령으로 정하는 경우 외에는 제37조에 따른 어장관리규약으로 정하는 바에 따라 그 어장에 인접한 지역을 업무구역으로 하는 어촌계의 업무구역에 주소를 두고 있는 그 지구별수협의 조합원이 행사한다. 어업권의 행사방법과 행사의 우선순위, 어촌계별·어촌계원별·조합원별 시설량 또는 구역의 조정(調整), 그 밖에 어장관리에 필요한 사항은 해양수산부령으로 정한다.

수산업법 시행규칙 제32조(어업권 행사의 우선순위) ① 법 제36조 제1항 및 제2항에 따른 어업권 행사의 우선순위는 다음 각 호의 순서에 따른다.
1. 해당 어장에서 어업권을 행사한 실적이 있는 자
2. 다른 어장에서 같은 종류의 어업의 어업권을 행사한 실적이 있는 자
3. 다른 어장에서 다른 종류의 어업의 어업권을 행사한 실적이 있는 자
4. 제1호부터 제3호까지의 규정에 해당하지 않는 자

② 제1항 제1호부터 제3호까지의 규정에 따른 같은 순위자 사이의 우선순위는 어업권의 행사계약을 체결하려는 날을 기준으로 하여 어업권의 행사계약 기간이 만료되는 날까지의 기간이 가장 짧은 자로 한다.

③ 제1항 제4호에 따른 같은 순위자 사이의 우선순위는 다음 각 호의 순서에 따른다.
1. 취득한 어업권이 없는 자
2. 취득한 어업권의 어장 면적이 가장 작은 자

④ 제2항 및 제3항에 따른 같은 순위자 사이의 우선순위는 시장·군수·구청장이 정한다.

⑤ 시장·군수·구청장은 법 제36조 제3항에 따라 관할구역 안의 어촌계 또는 지구별수협이

취득한 어업권의 어장에 대하여 다수의 어업종사자가 참여할 수 있는 기회를 줄 필요가 있다고 인정되면 제1항부터 제4항까지의 규정에도 불구하고 어업 종류별 어장 면적의 범위에서 어업권을 행사하는 자(이하 "행사자"라 한다) 수의 하한선을 정하거나 어업권을 행사한 실적이 있는 자에 대하여 그 행사 횟수 또는 총 행사기간을 제한할 수 있다.

2) 어장관리규약

어업권을 취득한 어촌계와 지구별수협은 해양수산부령으로 정하는 바에 따라 그 어장에 입어하거나 어업권을 행사할 수 있는 자의 자격, 입어방법과 어업권의 행사방법, 어업의 시기, 어업의 방법, 입어료(入漁料)와 행사료(行使料), 그 밖에 어장관리에 필요한 어장관리규약을 정하여야 한다. 시장·군수·구청장은 제1항에 따른 어장관리규약이 이 법, 「어장관리법」, 「양식산업발전법」 또는 「수산자원관리법」을 위반하거나 이 법, 「어장관리법」, 「양식산업발전법」 또는 「수산자원관리법」에 따른 명령·처분 또는 그 제한이나 조건을 위반한 경우에는 어장관리규약의 변경 등 필요한 조치를 명할 수 있다.

7. 어업권의 제한

1) 어업권 행사의 제한

시장·군수·구청장은 제36조 제1항 또는 제2항에도 불구하고 계원이나 조합원의 소득이 균등하게 증대될 수 있도록 대통령령으로 정하는 기준에 해당하는 자에게 어촌계 또는 지구별수협의 어장에 대한 어업권의 행사를 제한하거나 금지할 수 있다.

2) 입어 등의 제한

마을어업의 어업권자는 입어자에게 제37조에 따른 어장관리규약으로 정하는 바에 따라 해당 어장에 입어하는 것을 허용하여야 한다. 어업권자와 입어자는 협의에 따라 수산동식물의 번식·보호 및 어업의 질서유지를 위하여 필요하다고 인정되면 어업에 대하여 제한을 할 수 있다. 마을어업의 면허에 붙인 제한·조건 또는 정지는 입어자의 입어에 붙인 제한·조건 또는 정지로 본다. 시장·군수·구청장은 어업권자나 입어자가 재결을 위반하거나 입어자가 제한·조건 또는 정지를 위반하면 그 면허한 어업을 제한·정지하거나 면허를 취소하거나 입어를 제한·정지 또는 금지할 수 있다.

제3절 허가어업과 신고어업

I. 허가어업

1. 허가어업에 관한 사항

1) 일반사항

총톤수 10톤 이상의 동력어선(動力漁船) 또는 수산자원을 보호하고 어업조정을 하기 위하여 특히 필요하여 대통령령으로 정하는 총톤수 10톤 미만의 동력어선을 사용하는 어업(이하 "근해어업"이라 한다)을 하려는 자는 어선 또는 어구마다 해양수산부장관의 허가를 받아야 한다. 무동력어선, 총톤수 10톤 미만의 동력어선을 사용하는 어업으로서 근해어업 및 총톤수 5톤 미만의 동력어선을 사용하는 어업 외의 어업(이하 "연안어업"이라 한다)을 하려는 자는 어선 또는 어구마다 시·도지사의 허가를 받아야 한다. 일정한 수역을 정하여 어구를 설치하거나 무동력어선, 총톤수 5톤 미만의 동력어선을 사용하는 어업(이하 "구획어업"이라 한다)을 하려는 자는 어선·어구 또는 시설마다 시장·군수·구청장의 허가를 받아야 한다. 다만, 해양수산부령으로 정하는 어업으로 시·도지사가 「수산자원관리법」 제36조 및 제38조에 따라 총허용어획량을 설정·관리하는 경우에는 총톤수 8톤 미만의 동력어선에 대하여 구획어업 허가를 할 수 있다.

허가를 받아야 하는 어업별 어업의 종류와 포획·채취할 수 있는 수산동물의 종류에 관한 사항은 대통령령(수산업법 시행령 제21조)으로 정하며, 다음 각 호의 사항 및 그 밖에 허가와 관련하여 필요한 절차 등은 해양수산부령(수산업법 시행규칙 제36조)으로 정한다.

1. 어업의 종류별 어선의 톤수, 기관의 마력, 어업허가의 제한사유·유예, 양륙항(揚陸港)의 지정, 조업해역의 구분 및 허가 어선의 대체

2. 연안어업과 구획어업에 대한 허가의 정수(定數) 및 그 어업에 사용하는 어선의 부속선, 사용하는 어구의 종류

2) 취 소

수산업법 제34조 제1호 · 제3호 · 제4호 또는 제6호(제33조 제1항 제1호부터 제7호까지의 어느 하나에 해당하는 경우는 제외한다)에 해당하는 사유로 어업의 허가가 취소된 자와 그 어선 또는 어구에 대하여는 해양수산부령으로 정하는 바에 따라 그 허가를 취소한 날부터 2년의 범위에서 어업의 허가를 하여서는 아니 된다. 제34조 제1호 · 제3호 · 제4호 또는 제6호(제33조 제1항 제1호부터 제7호까지의 어느 하나에 해당하는 경우는 제외한다)에 해당하는 사유로 어업의 허가가 취소된 후 다시 어업의 허가를 신청하려는 자 또는 어업의 허가가 취소된 어선 · 어구에 대하여 다시 어업의 허가를 신청하려는 자는 해양수산부령으로 정하는 교육을 받아야 한다.

수산업법 시행규칙 제44조(재어업허가 신청을 위한 교육) ① 법 제40조 제6항에서 "해양수산부령으로 정하는 교육"이란 지방자치단체의 장 또는 해양수산인재개발원의 원장이 실시하는 교육으로서 수산관계법령에 관한 내용이 포함된 교육을 말한다.
② 지방자치단체의 장 또는 해양수산인재개발원의 원장은 제1항에 따른 교육을 이수한 사람에게 해당 교육 이수증을 발급해야 한다.
③ 제1항 및 제2항에서 규정한 사항 외에 교육의 실시 및 운영에 필요한 사항은 해양수산부장관이 정하여 고시한다.

2. 어업허가의 우선순위 및 혼획의 관리

1) 어업허가의 우선순위

제40조 제4항 제2호(연안어업과 구획어업에 대한 허가의 정수(定數) 및 그 어업에 사용하는 어선의 부속선, 사용하는 어구의 종류) 및 제55조 제1항 제3호(근해어업의 허가 정수(定數) 제한 등 근해어업 허가에 대한 제한이나 금지)에 따른 허가의 정수가 있는 어업은 다음 각 호의 어느 하나에 해당하는 자에게 우선하여 허가하여야 한다.

1. 허가의 유효기간이 만료된 어업과 같은 종류의 어업의 허가를 신청하는 자
2. 어업의 허가를 받은 어선 · 어구 또는 시설을 대체하기 위하여 그 어업의 폐업신고와 동시에 같은 종류의 어업의 허가를 신청하는 자
3. 제40조 제4항 제1호에 따른 어업허가의 유예기간이 만료되거나 유예사유가 해소되어 같은 종류의 어업의 허가를 신청하는 자

어업허가의 유효기간에 2회 이상 어업허가가 취소되었던 자는 제1항에 따른 어업허가의 우선순위에서 제외한다.

또한, 다음 어느 하나에 해당하는 자가 어업허가를 신청하지 아니하거나 제2항에 따라 어업허가의 우선순위에서 제외되어 어업허가의 건수가 허가의 정수에 미달하는 경우에는 다음 각 호의 순위에 따라 어업허가를 할 수 있다.

1. 제13조에 따른 수산기술자
2. 「수산업·어촌 공익기능 증진을 위한 직접지불제도 운영에 관한 법률」 제7조에 따라 해양수산부장관이 선정하여 고시한 조건불리지역에서 1년 이상 거주한 자
3. 신청한 어업을 5년 이상 경영하였거나 이에 종사한 자
4. 신청한 어업을 1년 이상 5년 미만 경영하였거나 이에 종사한 자 및 신청한 어업과 다른 종류의 어업을 5년 이상 경영하였거나 이에 종사한 자

같은 순위자 사이의 우선순위는 신청자의 어업경영능력, 수산업 발전에 대한 기여 정도, 수산 관계 법령의 준수 여부 및 지역적 여건 등을 고려하여 행정관청이 정한다. 그 밖에 어업허가의 우선순위에 필요한 사항은 해양수산부령으로 정한다.

2) 혼획의 관리

어업인은 제40조 제4항에 따라 포획·채취할 수 있는 수산동물의 종류가 정하여진 허가를 받은 경우에는 다른 종류의 수산동물을 혼획(混獲)하여서는 아니 된다. 다만, 다음에 대하여 대통령령으로 정하는 기준을 모두 충족하는 경우에는 혼획을 할 수 있다.

1. 혼획이 허용되는 어업의 종류
2. 혼획이 허용되는 수산동물
3. 혼획의 허용 범위

어업인은 위의 부분 이외의 단서에 따라 혼획이 허용되는 수산동물을 허용범위를 넘어서 포획·채취하거나 포획·채취할 것이 예상되는 경우에는 조업을 중단하거나 조업장소를 이동하는 등 적절한 조치를 취하여야 한다. 혼획이 허용되는 어업에 종사하는 어업인은 해양수산부장관이 정하여 고시하는 혼획저감장치를 어구에 부착하고 사용하여야 한다.

어업인은 혼획으로 포획·채취한 어획물을 지정된 매매장소에서 매매 또는

교환하여야 한다. 다만, 다음 어느 하나에 해당하는 경우에는 그러하지 아니하다.

1. 낙도·벽지(僻地) 등 제55조 제1항 제7호에 따라 지정된 매매장소가 없는 경우

2. 혼획으로 포획·채취한 어획물이 대통령령으로 정하는 어획량 이하인 경우

어획물 중 혼획이 허용되는 수산동물의 확인, 혼획 허용 범위의 준수 여부 확인 방법 및 절차 등에 관하여 필요한 사항은 해양수산부령(수산업법 시행규칙 제45조)으로 정한다.

Ⅱ. 한시어업허가

1. 한시어업허가(법 제43조)

시·도지사는 그동안 출현하지 아니하였거나 현저히 적게 출현하였던 수산동물(「수산자원관리법」 제48조에 따른 수산자원관리수면 지정대상 정착성 수산자원은 제외한다. 이하 이 조에서 같다)이 다량 출현하고 이를 포획할 어업이 허가되지 아니한 경우 또는 제3항 제3호에 따른 연구기관의 장이 허가 건수가 과소하다고 인정하는 경우에는 해당 수산동물의 적절한 포획·관리를 위하여 「수산자원관리법」 제11조에 따라 수산자원의 정밀조사·평가를 실시하고 그 결과에 따라 해양수산부장관의 승인을 받아 다음 사항을 정하여 한시적으로 어업(이하 "한시어업"이라 한다)을 허가할 수 있다.

1. 어업의 종류(이 법에서 규정한 어업의 종류에 한정한다)

2. 포획할 수 있는 수산동물의 종류 및 어획가능총량

3. 해역의 범위

4. 조업의 기간(연간 3개월 이내. 다만, 2개월의 범위에서 연장할 수 있다) 및 시기, 척수

5. 「수산자원관리법」 제36조부터 제40조까지의 규정에 따른 척당어획량 할당 및 관리

시·도지사는 한시어업을 허가하는 경우에는 어선 또는 어구에 어업허가를 받은 자에게 겸업(兼業)으로 허가하여야 한다. 또한, 시·도지사는 다음 어느 하나에 해당하는 사유가 있으면 한시어업을 허가하여서는 아니 된다.

1. 어업분쟁이 있거나 어업질서의 유지가 필요한 경우

2. 한시적으로 포획하려는 수산동물과 동일한 품종을 주로 포획대상으로 하는 어업의 활동에 지장이 있는 경우

3. 대통령령으로 정하는 연구기관의 장이 수산자원의 번식·보호에 지장이 있거나 해양생태계에 미치는 영향이 있다고 인정하는 경우

2. 허가어업의 제한

행정관청은 제40조(허가어업) 및 제43조(한시허가어업)에 따라 어업을 허가하는 경우 해양수산부령으로 정한 연근해어업에 공통적으로 적용되는 사항과 어업의 종류 및 어선의 규모별로 조업구역, 어구·어법, 어구의 규모 및 표지부착 등 허가의 제한 또는 조건을 붙여 허가하여야 한다. 행정관청은 제33조 제1항 제1호부터 제6호까지의 규정에 따른 공익의 보호, 어업조정 또는 수산자원의 번식·보호를 위하여 필요하다고 인정되는 경우에는 제1항에서 정한 제한 또는 조건 외에 허가의 제한 또는 조건을 붙일 수 있다.

■ 수산업법 시행규칙 [별표 11]

어업허가의 제한 및 조건(제48조 본문 관련)

1. 근해어업

가. 대형트롤어업

동경 128도 이동수역에서 조업을 해서는 안 된다.

나. 동해구중형트롤어업

동해구중형트롤어업의 허가를 받은 어선을 다른 어선으로 대체하거나 건조 또는 개조할 때, 해당 어선의 선미(船尾) 쪽에 어획물을 끌어올리기 위한 경사로(slip way)를 설치하거나 이와 유사한 시설을 설치해서는 안 된다. 다만, 2001년 7월 30일 이전에 어선의 선미 쪽에 경사로를 설치한 어선은 그렇지 않다.

다. 근해채낚기어업

근해채낚기어업의 허가를 받은 어선이 근해자망어업을 겸업(兼業)으로 허가받은 경우에 근해자망어업은 북위 38도37분·동경135도30분의 교점, 북위 39도 51.75분·동경 134도11.5분의 교점, 북위 38도37분·동경 132도59.8분의 교점, 북위 38도37분·동경132도37분의 교점, 북위 38도00분·동경 132도50분의 교점, 북위 38도00분·동경 135도30분의 교점을 차례대로 연결한 선 안의 해역에서 조업해야 한다.

라. 근해형망어업

1) 일몰 후에는 조업해서는 안 된다.

2) 근해형망어업의 허가를 받은 어선은 마을어업의 어장에서 조업해서는 안 된다. 다만, 근해형망어업의 허가를 받은 어선이 법 제27조 제3항에 따라 관리선으로 사용승인을 받은 어선인 경우에는 해당 마을어업의 어장에서 조업할 수 있다.

마. 잠수기어업

1) 일몰 후에는 조업해서는 안 된다.

2) 잠수기어업의 허가를 받은 어선은 마을어업의 어장에서 조업해서는 안 된다. 다만, 잠수기어업의 허가를 받은 어선이 법 제27조 제3항에 따라 관리선으로 사용승인을 받은 어선인 경우에는 해당 마을어업의 어장에서 조업할 수 있다.

2. 구획어업

가. 실뱀장어안강망어업: 포획된 실뱀장어 외의 수산동물은 방류해야 한다.

나. 패류형망어업: 일몰 후에는 조업해서는 안 된다.

3. 지위승계

제40조(허가어업) 및 제43조(한시허가어업)에 따라 어업허가를 받은 어선·어구 또는 시설물(이하 이 조에서 "어선 등"이라 한다)을 그 어업허가를 받은 자로부터 상속받거나 매입(「민사집행법」에 따른 경매나 그 밖에 이에 준하는 절차에 따라 매입하는 경우를 포함한다) 또는 임차한 자(어업허가를 받은 자가 법인인 경우에는 합병·분할 후 존속하는 법인을 포함한다)는 그 어업허가를 받은 자의 지위를 승계한다(상속의 경우 상속인이 반대의 의사표시를 한 경우와 제27조 제3항 또는 「양식산업발전법」 제41조 제3항에 따라 어업허가를 받은 어선을 임차하여 관리선으로 사용하는 경우는 제외한다). 이 경우 종전에 어업허가를 받은 자의 지위는 그 효력을 잃는다.

어업허가를 받은 자의 지위를 승계한 자는 승계 받은 날부터 30일(상속의 경우에는 60일로 한다) 이내에 해당 허가를 처분한 행정관청에 승계 사실을 해양수산부령으로 정하는 절차에 따라 신고하여야 하며, 해양수산부령으로 정하는 어업허가를 받은 어선 등의 기준 및 어업허가 신청자의 자격을 갖추지 아니한 자는 승계받은 날부터 90일 이내에 그 기준과 자격을 갖추어야 한다.

어업허가를 받은 자의 지위를 승계한 자는 그 어업허가에 부과된 행정처분 또는 부담이나 조건 등도 함께 승계한 것으로 본다. 다만, 어업허가의 지위를 승계한 자가 그 처분이나 위반사실을 알지 못하였음을 증명하는 때에는 그러하지 아니하다.

행정관청은 허업허가 지위승계에 관한 신고를 받았을 때에는 「전자정부법」에 따라 「가족관계의 등록 등에 관한 법률」 제11조 제4항의 전산정보자료를 공동이용(「개인정보 보호법」 제2조 제2호에 따른 처리를 포함한다)할 수 있다.

Ⅲ. 시험어업 및 연구어업 교습어업

1. 시험어업 및 연구어업 · 교습어업에 관한 사항(법 제46조)

새로운 어구 · 어법 또는 어장을 개발하기 위하여 시험어업을 하려는 자는 해양수산부령으로 정하는 바에 따라 시험어업을 신청하여야 한다.

수산업법 시행규칙 제50조(시험어업의 신청) ① 법 제46조 제1항에 따라 시험어업을 신청하려는 자는 별지 제47호서식의 시험어업 신청서에 다음 각 호의 서류를 첨부하여 해양수산부장관 또는 시 · 도지사에게 제출해야 한다.

1. 새로운 어구 또는 어법에 관한 구체적인 설명서(세부설계도와 세부 자재 명세서 등을 포함한다)
2. 국내의 기존 어구 · 어업이나 다른 어구 · 어법 중 가장 유사한 경우와의 차이점에 관한 비교 자료
3. 사업계획서(생산 · 판매계획서와 수입 · 지출 예산서를 포함한다)
4. 시험어업을 하려는 수면의 위치 및 구역도
5. 시험어업을 하려는 수면이 다른 어업권의 어장구역 또는 보호구역과 겹치거나 다른 허가어업의 조업수역과 겹치는 경우에는 그 어업권자나 어업의 허가를 받은 자의 동의서
6. 어선검사증서
7. 다른 사람 소유의 어선을 임차한 경우에는 임차권을 증명할 수 있는 선박등기부등본

② 제1항에 따른 신청서를 제출받은 담당 공무원은 「전자정부법」 제36조 제1항에 따른 행정정보의 공동이용을 통하여 다음 각 호의 서류를 확인해야 한다. 다만, 신청인이 제2호의 서류 확인에 동의하지 않는 경우에는 해당 서류를 첨부하도록 해야 한다.

1. 법인 등기사항증명서
2. 선박국적증서 등

③ 제1항에 따른 신청서를 제출받은 해양수산부장관 또는 시 · 도지사는 신청서 접수일부터 30일 이내에 그 처리계획을 신청인에게 통지해야 한다.

④ 시 · 도지사는 법 제46조 제2항 후단에 따라 해양수산부장관에게 시험어업계획의 승인을 요청하는 경우에는 다음 각 호의 사항이 포함된 서류를 제출해야 한다.

1. 승인받으려는 이유
2. 제1항 제1호부터 제4호까지의 규정에 따른 사항

3. 포획 · 채취물의 종류 및 수량과 그 처리방법
4. 새로운 어구 · 어법 또는 어장의 개발 필요성 등에 관한 국립수산과학원장의 의견
⑤ 제3항에 따라 처리계획을 통지받은 자는 별지 제48호서식의 시험어업실적을 분기별로 작성하여 관리해야 한다.

해양수산부장관, 시 · 도지사는 수산자원의 상태와 어업여건 등을 고려하여 새로운 어구 · 어법 또는 어장을 개발하기 위하여 필요한 때 또는 어업자, 청자 및 시험연구기관 등과 공동으로 시험어업을 할 수 있다. 이 경우 시 · 도지사는 시험어업계획을 세워 해양수산부장관의 승인을 받아야 한다. 해양수산부장관이 지정한 시험연구기관 · 수산기술지도보급기관 · 훈련기관 또는 교육기관에서 연구어업 · 교습어업을 하려는 경우에는 연구어업 · 교습어업을 할 수 있다. 시험어업 및 연구어업 · 교습어업에 필요한 사항은 해양수산부령으로 정한다.

제51조(연구어업 · 교습어업의 실시) 해양수산부장관이 지정한 시험연구기관, 수산기술지도보급기관, 훈련기관 또는 교육기관이 법 제46조 제3항에 따라 연구어업 · 교습어업을 하려는 경우에는 해당 수역을 관할하는 시 · 도지사 또는 시장 · 군수 · 구청장과 다음 각 호의 사항을 미리 협의해야 한다.
1. 연구어업 · 교습어업의 목적
2. 연구어업 · 교습어업을 하려는 수면의 위치와 구역
3. 포획 · 채취물의 종류 및 수량과 그 처리방법
4. 연구어업 · 교습어업을 하려는 기간
5. 새로운 어구 · 어법 또는 어장을 개발하려는 경우 해당 어구 · 어법 또는 어장에 관한 사항

Ⅳ. 어업허가의 유효기간

제40조(어업허가)에 따른 어업허가의 유효기간은 5년으로 한다. 다만, 어업허가의 유효기간 중에 허가받은 어선 · 어구 또는 시설을 다른 어선 · 어구 또는 시설로 대체하거나 제45조(어업허가를 받은 자의 지위 승계)에 따라 어업허가를 받은 자의 지위를 승계한 경우에는 종전 어업허가의 남은 기간으로 한다. 행정관청은 수산자원의 보호 및 어업조정과 그 밖에 공익상 필요한 경우로서 해양수산부령으로 정하는 경우에는 제1항의 유효기간을 단축하거나 5년의 범위에서 연장할 수 있다.

수산업법 시행규칙 제53조(어업허가 유효기간의 단축 및 연장) 법 제47조 제2항에서 "해양수산부령으로 정하는 경우"란 다음 각 호의 구분에 따른 경우를 말한다.
1. 어업허가 유효기간을 단축할 수 있는 경우
가. 어선이나 어구의 임차기간이 5년 미만인 경우
나. 허가받으려는 수면이나 주된 조업수역이 영 제27조 제1항에서 준용되는 영 제16조 제1항에 따라 관계 행정기관의 장이 어업의 제한 또는 정지, 어선의 계류 또는 허가의 취소를 요청한 수면인 경우
다. 허가받으려는 수면이 「어장관리법 시행령」 제7조 제3항에 따라 면허·허가동시갱신을 하는 해역 및 어장으로 고시된 경우
라. 수산자원의 보호, 외국과의 어업협력, 어업조정 및 그 밖에 공익상 필요하다고 해양수산부장관이 인정하는 경우
2. 어업허가 유효기간을 연장할 수 있는 경우
가. 근해어업·연안어업 또는 구획어업에 대한 어업허가 유효기간이 만료되기 전에 같은 시기에 동시에 새로운 어업허가를 받으려는 경우
나. 수산자원의 보호, 외국과의 어업협력, 어업조정 및 그 밖에 공익상 필요하다고 해양수산부장관이 인정하는 경우

Ⅴ. 신고어업

1. 신고어업에 관한 사항(법 제48조)

제7조(면허어업)·제40조(허가어업)·제43조(한시어업허가) 또는 제46조(시험어업 및 연구어업·교습어업)에 따른 어업 외의 어업으로서 대통령령으로 정하는 어업을 하려는 자(신고일을 기준으로 조업장소를 관할하는 시·군·구에 6개월 이상 주소를 둔 자에 한정한다)는 시장·군수·구청장에게 해양수산부령으로 정하는 바에 따라 신고하여야 한다. 시장·군수·구청장은 제1항에 따른 신고를 받은 날부터 해양수산부령으로 정하는 기간 내에 신고수리 여부를 신고인에게 통지하여야 한다. 정한 기간 내에 신고수리 여부 또는 민원 처리 관련 법령에 따른 처리기간의 연장을 신고인에게 통지하지 아니하면 그 기간(민원 처리 관련 법령에 따라 처리기간이 연장 또는 재연장된 경우에는 해당 처리기간을 말한다)이 끝난 날의 다음 날에 신고를 수리한 것으로 본다.

신고의 유효기간은 신고를 수리(제3항에 따라 신고를 수리한 것으로 보는 경우를 포함한다)한 날부터 5년으로 한다. 다만, 공익사업의 시행을 위하여 필요한 경우와 그 밖에 대통령령으로 정하는 경우에는 그 유효기간을 단축할 수 있다.

시장 · 군수 · 구청장은 신고를 수리한 경우(제3항에 따라 신고를 수리한 것으로 보는 경우를 포함한다) 그 신고인에게 어업신고증명서를 내주어야 한다.

어업의 신고를 한 자는 다음 사항을 준수하여야 한다.

1. 신고어업자의 주소지와 조업장소를 관할하는 시장 · 군수 · 구청장의 관할 수역에서 연간 60일 이상 조업을 할 것

2. 다른 법령의 규정에 따라 어업행위를 제한하거나 금지하고 있는 수면에서 그 제한이나 금지를 위반하여 조업하지 아니할 것

3. 수산자원보호나 어업조정 등을 위하여 대통령령으로 정하는 사항과 시장 · 군수 · 구청장이 고시로 정하는 사항을 준수할 것

시장 · 군수 · 구청장은 어업의 신고를 한 자가 제6항에 따른 준수사항을 위반한 경우에는 신고어업을 제한 또는 정지할 수 있다. 신고를 한 자가 다음 어느 하나에 해당할 때에는 어업의 신고는 그 효력을 잃는다. 이 경우 신고의 효력을 잃은 때에는 그 신고를 한 자는 해당 공적장부(公的帳簿)에서 말소된 날부터 1년의 범위에서 신고어업의 종류 및 효력상실사유 등을 고려하여 해양수산부령으로 정하는 기간 동안은 어업의 신고를 할 수 없다.

1. 제6항에 따른 준수사항을 3회 이상 위반한 때
2. 제7항에 따른 신고어업의 제한 · 정지 처분을 2회 이상 위반한 때
3. 제49조 제3항에 따른 신고어업의 폐지신고를 하여야 할 사유가 생긴 때

2. 허가어업과 신고어업의 변경 및 폐업

제40조(허가어업) · 제43조(한시어업허가)에 따라 어업허가를 받은 자가 그 허가받은 사항을 변경하려면 허가관청의 변경허가를 받거나 허가관청에 변경신고를 하여야 한다. 어업의 신고를 한 자가 신고사항을 변경하려면 신고관청에 변경신고를 하여야 한다. 제40조(허가어업) · 제43조(한시어업허가) 또는 제48조(신고어업)에 따라 해당 어업의 허가를 받은 자나 신고를 한 자가 그 어업을 폐업하거나 어업을 할 수 없게 된 경우에는 해당 행정관청에 신고하여야 한다. 변경허가 · 변경신고 및 폐업신고의 사항과 절차, 그 밖에 필요한 사항은 해양수산부령(수산업법 시행규칙 제56조)으로 정한다.

제4절 어획물운반업

I. 등록 및 취소

1. 어획물운반업 등록

어획물운반업을 경영하려는 자는 그 어획물운반업에 사용하려는 어선마다 그의 주소지 또는 해당 어선의 선적항을 관할하는 시장 · 군수 · 구청장에게 등록하여야 한다. 다만, 다음 어느 하나에 해당하는 경우에는 등록하지 아니하여도 된다.

1. 제7조에 따른 어업면허를 받은 자가 포획 · 채취하거나 「양식산업발전법」 제10조에 따른 면허를 받은 자가 양식한 수산동식물을 운반하는 경우

2. 제27조에 따라 지정받은 어선이나 제40조 및 제43조에 따라 어업허가를 받은 어선으로 제48조에 따라 어업의 신고를 한 자가 포획 · 채취하거나 「양식산업발전법」 제10조에 따른 면허를 받은 자가 양식한 수산동식물을 운반하는 경우

어획물운반업자의 자격기준과 어획물운반업의 등록기준은 대통령령으로 정하며, 어획물운반업의 시설기준과 운반할 수 있는 어획물 또는 그 제품의 종류는 해양수산부령으로 정한다.

수산업법 시행령 제28조(어획물운반업의 등록) ① 시장 · 군수 · 구청장은 법 제51조 제1항 각 호 외의 부분 본문에 따른 등록의 신청이 있는 경우에는 다음 각 호의 어느 하나에 해당하는 경우를 제외하고는 등록을 해주어야 한다.

1. 법 제51조 제2항에 따른 어획물운반업자의 자격기준과 어획물운반업의 등록기준 및 어획물운반업의 시설기준에 맞지 않는 경우
2. 신청인과 등록하려는 어선이 법 제51조 제3항에 따른 어획물운반업 등록의 결격사유에 해당하는 경우
3. 신청인과 등록하려는 어선이 법 제54조에 따라 준용되는 법 제40조 제5항(법 제34조 제1호 · 제3호 · 제4호에 해당하는 사유로 취소되는 경우만 해당한다)에 해당하는 경우
4. 그 밖에 법, 이 영 또는 다른 법령에 따른 제한에 위반되는 경우

② 법 제51조 제2항에 따른 어획물운반업자의 자격기준 및 어획물운반업의 등록기준은 별표 4와 같다.

수산업법 시행규칙 제65조(어획물운반업의 시설기준 등) ① 법 제51조 제2항에 따른 어획물

운반업의 시설기준은 다음 각 호의 구분에 따른다.
1. 어획물 중 살아 있는 어류를 운반하는 어선: 산소공급시설과 활어용 수조
2. 제1호 외의 어획물을 운반하는 어선: 냉동·냉장시설 또는 어획물을 저온 상태로 유지할 수 있는 시설

② 법 제51조 제2항에 따라 운반할 수 있는 어획물 또는 그 제품의 종류는 다음 각 호에 해당하는 어업의 종류별로 각각 어획한 어획물과 그 제품으로 한다.
1. 근해어업 중 영 제21조 제1항 제1호부터 제12호까지, 제15호부터 제18호까지 및 제20호에 해당하는 어업
2. 연안어업
3. 구획어업 중 젓새우를 포획하는 해선망어업

시장·군수·구청장은 어획물운반업의 등록이 취소된 자와 해당 어선에 대하여는 해양수산부령으로 정하는 바에 따라 그 등록을 취소한 날부터 1년의 범위에서 어획물운반업의 등록을 하여서는 아니 된다.

2. 어획물운반업의 제한·정지 또는 취소

시장·군수·구청장은 어획물운반업의 등록을 한 자가 다음 어느 하나에 해당하면 그 등록한 어획물운반업을 제한하거나 6개월 이내의 기간을 정하여 영업의 정지를 명하거나 그 등록을 취소할 수 있다.

1. 외국의 어업에 관한 법령 또는 외국과의 어업에 관한 협정을 위반하거나 다음 각 목을 위반하여 포획·채취하거나 양식한 수산동식물 또는 그 제품을 운반한 때

가. 제7조 제1항, 제12조, 제15조 제1항, 제27조 제1항·제4항, 제31조 제1항, 제33조 제1항, 제34조, 제40조 제1항부터 제3항까지, 제44조, 제48조 제1항·제4항·제6항, 제55조, 제63조

나. 제50조 제1항에 따라 준용되는 제15조 제1항, 제31조 제1항, 제33조 제1항 및 제34조 제1호·제3호·제4호·제6호

2. 「관세법」을 위반하여 금고 이상의 형을 선고받고 그 형이 확정된 자에 대하여 관세청장이 어업정지 또는 등록취소를 요청한 경우

3. 제51조를 위반하거나 제54조에 따라 준용되는 제29조 제1항부터 제3항까지, 제30조 제1항·제3항, 제31조, 제33조 제1항 제2호·제3호·제7호, 제34조 제1

호, 제49조 제1항 · 제3항 · 제4항을 위반한 때

4. 제54조에 따라 준용되는 제12조 및 제44조의 제한이나 조건을 위반한 때

5. 제67조 제2항 및 제69조 제1항에 따라 대통령령으로 정하는 조치 또는 명령을 위반한 때

제5절 어업조정

Ⅰ. 어업조정에 관한 명령 및 조업수역등의 조정

1. 어업조정에 관한 명령

행정관청은 어업단속, 위생관리, 유통질서의 유지나 어업조정을 위하여 필요하면 다음 사항을 명할 수 있다.

1. 어획물 및 그 제품의 처리에 관한 제한이나 금지

2. 근해어업에 대한 조업구역의 제한이나 금지

3. 근해어업의 허가 정수(定數) 제한 등 근해어업 허가에 대한 제한이나 금지

4. 어업자 · 어업종사자의 수 또는 자격

5. 외국과의 어업에 관한 협정 또는 일반적으로 승인된 국제법규와 외국의 수산에 관한 법령의 시행에 필요한 제한이나 금지

6. 수산물의 포장 및 용기(容器)의 제한이나 금지

7. 포획 또는 채취한 수산동식물과 그 제품의 양육장소 및 매매장소의 지정 또는 그 지정의 취소

제한 또는 금지사항 등에 필요한 사항은 대통령령으로 정한다.

수산업법 시행령 제29조(위생관리기준의 설정) 해양수산부장관은 법 제55조 제1항에 따른 위생관리를 위하여 필요한 경우에는 수산동식물의 포획 · 채취를 제한하거나 금지할 수 있는 수질, 해저의 밑바닥 퇴적물(저질) 등 어장환경과 수산동식물에 대한 관리기준을 정하여 고시할 수 있다.

제30조(위생관리를 위한 어획물 등 처리의 제한 또는 금지) ① 행정관청은 법 제55조 제1항 제1호에 따라 다음 각 호의 어느 하나에 해당하는 경우에는 어획물 및 그 제품의 처리를 제

한하거나 금지할 수 있다.

1. 「식품위생법」 제4조 제2호 또는 제3호에 해당하는 경우
2. 국립수산과학원장이 해당 수역의 수질이나 수산동식물이 제29조에 따른 관리기준에 맞지 않아 제한 또는 금지가 필요하다고 통보하는 경우

② 행정관청은 제1항에 따른 제한 또는 금지를 하려는 경우에는 그 대상이 되는 어획물 및 그 제품에 대한 종류별 제한·금지 기간 및 수역 등의 내용을 구체적으로 정하여 고시해야 한다.

제31조(근해어업의 조업구역과 허가정수의 제한 등) ① 법 제55조 제1항 제2호 및 제3호에 따른 근해어업의 조업구역 및 허가정수는 별표 5와 같다. 다만, 다음 각 호의 어느 하나에 해당하는 경우에는 별표 5에서 정한 허가정수의 제한을 받지 않는다.

1. 외국(국제기구를 포함한다)과의 어업협정 등에 따라 특정어업이 금지되어 그 특정어업에 종사하던 자를 다른 어업에 종사하게 하기 위하여 어업허가를 하는 경우
2. 외국의 관할 수역(국제기구에서 정하는 수역을 포함한다)에서 조업이 허용되는 경우
3. 다음 각 목의 요건을 모두 갖춘 「군사정전에 관한 협정 체결 이후 납북피해자의 보상 및 지원에 관한 법률」 제2조 제1호에 따른 납북자(이하 "납북자"라 한다)의 가족(같은 법 제6조에 따른 납북피해자보상및지원심의위원회에서 같은 법 제2조 제3호에 따른 납북피해자로 결정된 사람으로서 같은 법 제3조 제1항 각 호의 순위에 따른 선순위자 1명을 말하며, 같은 순위자가 2명 이상인 경우에는 같은 순위자 사이의 합의에 따라 선정한 대표자 1명을 말한다)에게 그 납북자가 허가받았던 근해어업과 같은 종류의 근해어업을 허가하는 경우

가. 납북자가 어선과 함께 납북된 후 귀환하지 못하고 있거나 북한에 거주 중 사망하였을 것
나. 납북자가 허가받은 근해어업이 폐업되었을 것
다. 납북자가 납북된 날부터 5년 이상이 지났을 것

4. 다음 각 목의 요건을 모두 갖춘 「특수임무유공자 예우 및 단체설립에 관한 법률」 제2조 제2호에 따른 특수임무유공자(이하 "특수임무유공자"라 한다)의 가족(같은 법 제6조에 따라 등록된 사람으로서 같은 법 제4조 제1항 각 호의 순위에 따른 선순위자 1명을 말하며, 같은 순위자가 2명 이상인 경우에는 같은 순위자 사이의 합의에 따라 선정한 대표자 1명을 말한다)에게 그 특수임무유공자가 허가받았던 근해어업과 같은 종류의 근해어업을 허가하는 경우

가. 특수임무유공자가 어선을 사용하여 특수임무를 수행하거나 이와 관련된 교육훈련을 받던 중 사망하거나 행방불명이 되었을 것
나. 특수임무유공자가 사용한 어선이 폐선되거나 행방불명된 사실을 관계 중앙행정기관의 장이 확인하였을 것
다. 특수임무유공자가 허가받은 근해어업이 폐업되었을 것
라. 특수임무유공자가 사망하거나 행방불명이 된 날부터 5년 이상이 지났을 것

② 해양수산부장관은 외국(국제기구를 포함한다)과의 어업협정 또는 어업조정(어선감척 등 어업구조조정을 포함한다)을 위하여 필요하거나 어업경영의 안정을 위하여 필요하다고 인정

하는 경우에는 제1항 본문에도 불구하고 근해어업의 허가를 제한할 수 있다.

제32조(어업협정 등의 시행을 위한 제한 또는 금지) ① 해양수산부장관은 법 제55조 제1항 제5호에 따라 외국(국제기구를 포함한다)과의 어업협정 또는 일반적으로 승인된 국제법규와 외국의 수산에 관한 법령의 시행에 필요하다고 인정하는 경우에는 다음 각 호의 제한이나 금지를 할 수 있다.

1. 특정해역에서의 조업의 제한이나 금지
2. 어종별 총어획량과 어획시기의 제한이나 금지
3. 어획물과 그 제품을 운반, 양륙(선박으로부터 수산물 및 화물 등을 육상으로 옮기는 것을 말한다. 이하 같다)하거나 옮겨 싣는 것에 관한 제한이나 금지
4. 외국의 관할 수역(국제기구에서 정하는 수역을 포함한다)에서의 조업에 대한 제한이나 금지
5. 외국(국제기구를 포함한다)과의 어업협정에 따른 조치를 이행하지 않은 어업자에 대한 어업의 제한이나 금지
6. 어업에 관한 민간 차원의 협력에 대한 제한이나 금지
7. 미국 「해양포유류보호법」(Marine Mammal Protection Act) 및 관련 법령에 따라 미국 지역에 수출이 제한되거나 금지되는 수산물에 대한 미국 수출의 제한이나 금지

② 해양수산부장관은 제1항 제7호에 따른 미국 수출 제한 또는 금지 대상 수산물에 해당하지 않음을 증명하는 수출확인증명서를 국립수산물품질관리원장으로 하여금 발급하게 할 수 있다.

③ 제1항 제7호에 따른 수산물의 미국 수출 제한 또는 금지나 제2항에 따른 수출확인증명서의 발급 절차 등에 관하여 필요한 사항은 해양수산부장관이 정하여 고시한다.

제33조(수산물의 포장 및 용기의 제한) ① 해양수산부장관은 법 제55조 제1항 제6호에 따라 유통질서의 유지를 위하여 필요하다고 인정하는 경우에는 수산물의 포장 및 용기의 제조·판매 또는 사용을 제한할 수 있다.

② 해양수산부장관은 제1항에 따라 수산물의 포장 및 용기의 제조·판매 또는 사용을 제한하려는 경우에는 다음 각 호의 사항을 정하여 고시해야 한다.

1. 품목별 포장 및 용기의 규격과 재질
2. 제1호 외의 포장 및 용기 사용의 제한
3. 포장 및 용기의 규격과 재질에 관한 검사
4. 포장 및 용기의 사용 또는 판매의 제한

제34조(양륙장소 또는 매매장소의 지정) ① 시·도지사는 법 제55조 제1항 제7호에 따라 관할 시장·군수·구청장의 신청을 받거나 관할 시장·군수·구청장과의 협의를 거쳐 「수산물 유통의 관리 및 지원에 관한 법률」 제2조 제4호에 따른 수산물산지위판장 중 일부를 포획·채취한 수산동식물과 그 제품의 양륙장소 또는 매매장소로 지정할 수 있다.

② 시·도지사는 제1항에 따라 양륙장소 또는 매매장소를 지정한 경우에는 다음 각 호의 사항을 고시하고, 해양수산부장관에게 통보해야 한다.

1. 양륙장소 또는 매매장소의 명칭 및 관리자

2. 양륙장소 또는 매매장소의 소재지, 규모 및 시설 명세
제35조(양륙장소 또는 매매장소 지정의 취소) ① 시·도지사는 법 제55조 제1항 제7호에 따라 지정된 양륙장소 또는 매매장소가 다음 각 호의 어느 하나에 해당하는 경우에는 관할 시장·군수·구청장의 요청을 받거나 관할 시장·군수·구청장과의 협의를 거쳐 양륙장소 또는 매매장소의 지정을 취소할 수 있다. 다만, 제1호의 경우에는 그 지정을 취소해야 한다.
1. 거짓이나 그 밖의 부정한 방법으로 양륙장소 또는 매매장소의 지정을 받은 경우
2. 1년 이상 계속하여 양륙하거나 매매한 실적이 없는 경우
② 시·도지사는 제1항에 따라 양륙장소 또는 매매장소의 지정을 취소한 경우에는 그 사실을 고시하고, 해양수산부장관에게 통보해야 한다.

2. 조업수역의 조정

해양수산부장관은 광역시·도·특별자치도(이하 "시·도"라 한다) 사이의 어업조정을 하기 위하여 필요하면 대통령령으로 정하는 바에 따라 공동조업수역의 지정 등의 방법으로 조업수역을 조정할 수 있다. 시·도지사는 시·군·자치구 사이의 어업조정을 하기 위하여 필요하면 대통령령으로 정하는 바에 따라 공동조업수역의 지정 등의 방법으로 조업수역을 조정할 수 있다.

해양수산부장관 또는 시·도지사는 지구별·업종별 수산업협동조합, 어촌계, 어업자 등 상호 간의 공동조업수역의 설정이나 상호 조업허용 또는 조업제한사항 등 조업수역 조정의 합의에 대하여 어업을 조정하기 위하여 특히 필요하다고 인정하면 이 법 또는 「수산자원관리법」에 따른 조업수역의 제한이나 조건에도 불구하고 조업수역·조업기간·조업척수(操業隻數) 및 조건 등을 정하여 그 조업을 허용하거나 제한할 수 있다.

Ⅱ. 어선의 선복량 제한 및 장비와 규모 등

1. 어선의 선복량 및 규모등의 제한

1) 어선의 선복량 제한(법 제58조)

해양수산부장관은 수산자원의 지속적인 이용과 어업조정을 위하여 필요하면 제40조에 따라 어업의 허가를 받은 어선에 대하여 선복량(船腹量)을 제한할 수 있다. 선복량을 제한할 때에는 수산자원의 상태, 현재 그 어업을 경영하는 자의 수,

그 밖의 자연적·사회적 조건 등을 고려하여야 하며, 제95조에 따른 중앙수산조정위원회의 심의를 거쳐야 한다. 선복량 제한에 필요한 사항은 대통령령으로 정한다.

■ 수산업법 시행령 [별표 6]

어업허가를 받은 어선에 대한 선복량의 한계(제37조 제1항 관련)

1. 근해어업

어업의 종류	선복량의 한계(총톤수)
가. 외끌이대형저인망어업	60톤 이상 140톤 미만
나. 쌍끌이대형저인망어업	60톤 이상 140톤 미만
다. 동해구외끌이중형저인망어업	20톤 이상 60톤 미만
라. 서남해구외끌이중형저인망어업	20톤 이상 60톤 미만
마. 서남해구쌍끌이중형저인망어업	20톤 이상 60톤 미만
바. 대형트롤어업	60톤 이상 140톤 미만
사. 동해구중형트롤어업	20톤 이상 60톤 미만
아. 대형선망어업	50톤 이상 140톤 미만
자. 소형선망어업	10톤 이상 30톤 미만
차. 근해채낚기어업	10톤 이상 90톤 미만
카. 근해자망어업	10톤 이상 90톤 미만
타. 근해안강망어업	10톤 이상 90톤 미만
파. 근해봉수망어업	10톤 이상 90톤 미만
하. 근해자리돔들망어업	10톤 이상 90톤 미만
거. 근해장어통발어업	10톤 이상 90톤 미만
너. 근해문어단지어업	10톤 이상 90톤 미만
더. 근해통발어업	10톤 이상 90톤 미만
러. 근해연승어업	10톤 이상 90톤 미만
머. 근해형망어업	20톤 미만
버. 기선권현망어업	40톤 미만
서. 잠수기어업	10톤 미만

2. 연안어업

어업의 종류	선복량의 한계(총톤수)
가. 연안개량안강망어업	10톤 미만
나. 연안선망어업	10톤 미만
다. 연안통발어업	10톤 미만
라. 연안조망어업	10톤 미만
마. 연안선인망어업	10톤 미만
바. 연안자망어업	10톤 미만

사. 연안들망어업	10톤 미만
아. 연안복합어업	10톤 미만

3. 구획어업

어업의 종류	선복량의 한계(총톤수)
가. 새우조망어업	5톤 미만
나. 실뱀장어안강망어업	5톤 미만
다. 패류형망어업	5톤(시 · 도지사가 「수산자원관리법」 제36조부터 제38조까지의 규정에 따라 총허용어획량을 설정 · 관리하는 경우에는 8톤) 미만

2) 어구의 규모 등의 제한

해양수산부장관은 수산자원의 지속적인 이용과 어업조정을 위하여 필요하다고 인정하면 제40조에 따라 허가받은 어업의 종류별로 어구의 규모 · 형태 · 재질 · 사용량 및 사용방법, 어구사용의 금지구역 · 금지기간, 그물코의 규격 등(이하 "어구의 규모등"이라 한다)을 제한할 수 있다. 어구의 규모등의 제한에 필요한 사항은 대통령령으로 정한다. 다만, 시 · 도지사는 다음 각 호의 어느 하나에 해당하는 자가 사용하는 어구의 규모등에 대하여는 대통령령으로 정하는 어업 종류별 어구의 규모등의 제한 범위에서 따로 정하여 고시할 수 있다.

1. 「수산자원관리법」 제28조에 따른 어업자협약을 체결하여 같은 법 제30조에 따라 어업자협약 승인을 받은 어업자 또는 어업자단체에 소속된 어업자

2. 「자율관리어업 육성 및 지원에 관한 법률」 제9조 제2항에 따라 등록한 공동체에 소속된 어업인

시 · 도지사가 어구의 규모등을 정하여 고시하려는 경우에는 다음 각 호의 사항에 관하여 국립수산과학원의 의견을 들은 후 시 · 도수산조정위원회의 심의를 거쳐야 한다.

1. 어구의 사용 대상이 되는 수산자원의 번식 · 보호에 지장이 있는지 여부

2. 다른 어업에 미치는 영향

■ 수산업법 시행령 [별표 8]

어업의 종류별 그물코 규격의 제한(제38조 제3항 관련)

1. 근해어업

어업의 종류	주로 포획하는 어종	사용금지 그물코의 규격	비고
가. 외끌이대형저인망어업		33밀리미터 이하	자루그물 부분에는 2중 이상 어망 사용금지
나. 쌍끌이대형저인망어업		54밀리미터 이하	자루그물 부분에는 2중 이상 어망 사용금지
다. 동해구외끌이중형저인망어업, 서남해구외끌이중형저인망어업, 서남해구쌍끌이중형저인망어업		33밀리미터 이하	자루그물 부분에는 2중 이상 어망 사용금지
라. 대형트롤어업		54밀리미터 이하	자루그물 부분에는 2중 이상 어망 사용금지
마. 동해구중형트롤어업		43밀리미터 이하	자루그물 부분에는 2중 이상 어망 사용금지
바. 대형선망어업		30밀리미터 이하	
사. 소형선망어업		30밀리미터 이하	멸치를 포획할 목적으로 세목망을 사용하는 경우에는 사용금지 그물코의 규격을 적용하지 않음.
아. 근해자망어업	삼치	100밀리미터 이하	1) 2중 이상의 자망 중 내망의 그물코의 규격이 40밀리미터 이하는 사용금지 2) 멸치, 젓새우, 곤쟁이를 포획할 목적으로 세목망을 사용하는 경우에는 사용금지 그물코의 규격을 적용하지 않음.
	조기류	50밀리미터 이하	
	대게	240밀리미터 이하	
자. 근해안강망어업		35밀리미터 이하	1) 자루그물 부분에는 2중 이상 어망 사용금지 2) 멸치, 반지, 밴댕이, 뱀장어, 곤쟁이, 까나리, 베도라치, 새우류, 꼴뚜기, 주꾸미를 포획할 목적으로 세목망을 사용하는 경우에는 사용금지 그물코의 규격을 적용하지 않음.
차. 근해장어통발어업		35밀리미터 이하	플라스틱 재질로 제작한 그물코가 없는 통발은 제외함.
카. 근해통발어업	대게	150밀리미터 이하	그물로 제작한 통발 입구 안쪽에 붙이는 깔때기 모양의 그물에는 적용하지 않음.
	붉은 대게	125밀리미터 이하	1) 울산광역시와 경상북도의 경계와 해안선의 교점에서 방위각 107도선 이북의

			동해로 한정함. 2) 그물로 제작한 통발 입구 안쪽에 붙이는 깔때기 모양의 그물에는 적용하지 않음.
	그 밖의 어종	35밀리미터 이하	1) 그물로 제작한 통발 입구안쪽에 붙이는 깔때기 모양의 그물에는 적용하지 않음. 2) 플라스틱 재질을 사용해서 그물형태로 제작한 통발을 포함함.

2. 연안어업

어업의 종류	주로 포획 하는 어종	사용금지 그물코의 규격	비고
가. 연안개량안강망어업		25밀리미터 이하	1) 연안안강망 및 연안낭장망은 제외함. 2) 자루그물 부분에는 2중 이상 어망 사용금지
나. 연안선망어업		15밀리미터 이하	멸치를 포획할 목적으로 세목망을 사용하는 경우에는 사용금지 그물코의 규격을 적용하지 않음.
다. 연안통발어업	붕장어, 낙지, 새우류	22밀리미터 이하	1) 통발 입구에 부착된 깔때기 모양의 그물의 입구 중 가장 작은 것의 둘레 길이가 140밀리미터 이상인 것은 사용금지 2) 그물로 제작한 통발 입구 안쪽에 붙이는 깔때기 모양의 그물에는 적용하지 않음. 3) 플라스틱 재질을 사용해서 그물형태로 제작한 통발을 포함함. 4) 플라스틱 재질로 제작한 그물코가 없는 통발은 적용하지 않음.
	대게	150밀리미터 이하	그물로 제작한 통발 입구 안쪽에 붙이는 깔때기 모양의 그물에는 적용하지 않음.
	붉은 대게	125밀리미터 이하	1) 울산광역시와 경상북도의 경계와 해안선의 교점에서 방위각 107도선 이북의 동해로 한정함. 2) 그물로 제작한 통발 입구 안쪽에 붙이는 깔때기 모양의 그물에는 적용하지 않음.
	그 밖의 어종	35밀리미터 이하	1) 그물로 제작한 통발 입구 안쪽에 붙이는 깔때기 모양의 그물에는 적용하지 않음. 2) 플라스틱 재질을 사용해서 그물형태로 제작한 통발을 포함함.

라. 연안조망어업		25밀리미터 이하	자루그물 부분에는 2중 이상 어망 사용금지
마. 연안선인망어업		15밀리미터 이하	멸치를 포획할 목적으로 세목망을 사용하는 경우에는 사용금지 그물코의 규격을 적용하지 않음.
바. 연안자망어업	삼치	100밀리미터 이하	1) 2중 이상의 자망 중 내망의 그물코의 규격은 40밀리미터 이하 사용금지 2) 멸치, 젓새우, 곤쟁이를 포획할 목적으로 세목망을 사용하는 경우에는 사용금지 그물코의 규격을 적용하지 않음.
	조기류	50밀리미터 이하	
	대게	240밀리미터 이하	

3. 구획어업

어업의 종류	주로 포획하는 어종	사용금지 그물코의 규격	비고
가. 장망류어업(영광군에서 주목망을 사용하는 어업)		25밀리미터 이하	
나. 장망류어업(영광군에서 주목망을 사용하는 어업), 패류형망어업 외의 구획어업		15밀리미터 이하	멸치, 빙어, 보리멸, 문절망둑, 싱어, 반지, 밴댕이, 황강달어, 뱀장어, 갯장어, 붕장어, 젓새우 및 곤쟁이를 포획할 목적으로 세목망을 사용하는 경우에는 사용금지 그물코의 규격을 적용하지 않음.

비고

1. "그물코의 규격"이란 그물코를 잡아당겨서 잰 안쪽 지름의 길이를 말한다.
2. 어업의 특성상 해파리 배출망 및 포유류 혼획저감장치의 부착 또는 설치가 필요한 어업에 대하여 국립수산과학원장이 어구의 그물코 규격과 사용 시기를 정하여 고시하는 경우에는 이 표에 따른 사용금지 그물코의 규격을 적용하지 않는다.

2. 외국의 배타적 경제수역에서의 어업 및 어구·시설물의 철거

대한민국 정부와 어업협정을 체결한 외국의 배타적 경제수역에서 어업을 하려는 자는 그 외국의 해당 행정관청으로부터 어업허가를 받아야 한다. 대한민국 정부와 어업협정을 체결한 외국의 배타적 경제수역에서 어업을 하는 자는 그 외국의 권한 있는 행정관청이 불법어업방지를 위하여 어선의 정선명령 또는 회항명령을 하는 때에는 이에 따라야 한다.

3. 어구 · 시설물의 철거

어업권자나 어업의 허가를 받은 자는 그 어업권 또는 허가의 효력이 소멸되거나 어업시기가 끝나면 해양수산부령으로 정하는 기간 내에 그 어장이나 수면에 설치한 어구 · 시설물을 철거하여야 한다. 다만, 그 어구나 시설물을 철거할 수 없거나 철거할 필요가 없다고 인정될 경우 근해어업은 시 · 도지사가, 면허어업 · 연안어업 · 구획어업은 시장 · 군수 · 구청장이 해당 철거의무자의 신청에 따라 그 의무를 면제할 수 있다.

철거의무자가 의무를 면제받은 경우에는 그 어구 · 시설물과 양식물의 소유권을 포기한 것으로 본다. 철거의무자가 그 철거의무기간이 지났어도 그 어구 · 시설물이나 양식물을 철거하지 아니한 경우에는 행정관청은 「행정대집행법」에서 정하는 바에 따라 그 어구 · 시설물이나 양식물을 철거할 수 있다.

Ⅲ. 감 독

1. 감 독

해양수산부장관은 시 · 도지사 또는 시장 · 군수 · 구청장의 명령과 처분이, 시 · 도지사(특별자치도지사는 제외한다)는 시장 · 군수 · 구청장의 명령과 처분이 이 법 또는 이 법에 따른 명령에 위배된다고 인정되면 기간을 정하여 그 시정을 명하거나 그 전부 또는 일부를 정지하거나 취소하는 등 필요한 조치를 할 수 있다. 행정관청은 수산시책으로서 특히 필요하다고 인정되면 대통령령으로 정하는 바에 따라 어업인 · 어획물운반업자 · 어획물운반업종사자 또는 수산물가공업자에게 필요한 조치를 할 수 있다.

2. 해기사 면허의 취소

행정관청은 어업종사자나 어획물운반업종사자가 이 법이나 「수산자원관리법」 또는 이 법이나 「수산자원관리법」에 따른 명령을 위반한 때에는 관계 행정기관의 장에게 해기사면허의 취소 · 정지 또는 해기사에 대한 견책을 요구할 수 있다.

3. 어업감독 공무원

어업감독 공무원은 어업조정, 안전조업, 불법어업 방지 및 수산물의 유통질서를 확립하기 위하여 필요하다고 인정되면 어장 · 어선 · 사업장 · 사무소 · 창고, 그 밖의 장소에 출입하여 장부 · 서류, 그 밖의 물건을 검사하거나 관계인에게 질문할 수 있으며, 그 밖에 정선(停船)이나 회항(回航)을 명할 수 있다. 행정관청은 어업조정 등을 위하여 필요하면 어업감독 공무원에게 다른 사람의 토지에 들어가서 측량 · 검사하게 할 수 있으며, 부득이한 경우에는 측량 · 검사에 장애가 되는 물건을 옮기게 하거나 제거하게 할 수 있다. 그 직무를 행하는 어업감독 공무원은 그 권한을 표시하는 증표를 지니고 이를 관계인에게 내보여야 한다. 정선명령이나 회항명령, 측량 · 검사, 어업감독 공무원의 증표와 그 자격에 필요한 사항은 대통령령으로 정한다.

수산업법 시행령 제44조(정선명령 또는 회항명령) ① 어업감독 공무원은 법 제69조 제1항에 따라 다음 각 호의 어느 하나에 해당하는 방법으로 정선(停船)이나 회항(回航)을 명할 수 있다.

1. 국제해사기구의 국제신호서에 규정된 신호기 엘(L)의 게양
2. 국제해사기구의 국제신호서에 규정된 사이렌, 뱃고동, 그 밖의 음향신호에 의한 엘(L)의 신호(단음 1회, 장음 1회, 단음 2회를 7초 간격으로 계속하는 신호)
3. 국제해사기구의 국제신호서에 규정된 투광기에 의한 엘(L)의 신호(단광 1회, 장광 1회, 단광 2회를 7초 간격으로 계속하는 신호)
4. 마이크로폰 또는 육성(肉聲)

② 제1항에 따른 어업감독에 사용되는 선박에는 다른 어선이 식별할 수 있는 표지를 붙이거나 깃발을 달아야 한다.

③ 제1항에서 "장음" 또는 "장광"이란 3초 동안 계속 소리를 울리거나 빛을 비추는 것을 말하며, "단음" 또는 "단광"이란 1초 동안 소리를 울리거나 빛을 비추는 것을 말한다.

④ 제2항에 따른 표지 또는 깃발의 종류 · 형태 및 그 설치방법 등에 관하여 필요한 사항은 해양수산부장관이 정하여 고시한다.

제45조(어업감독 공무원의 자격 등) ① 법 제69조 제1항 및 제2항에 따른 어업감독 공무원은 다음 각 호의 사람으로 한다.

1. 수산에 관한 사무를 담당하는 국가공무원으로서 해양수산부장관 또는 시 · 도지사가 지정하는 사람
2. 수산에 관한 사무를 담당하는 지방공무원으로서 시 · 도지사 또는 시장 · 군수 · 구청장이

지정하는 사람
② 제1항에 따른 어업감독 공무원의 증표는 별지 서식에 따른다.

4. 사법경찰권

어업감독 공무원은 이 법 또는 이 법에 따른 명령을 위반하는 행위에 대하여 「사법경찰관리의 직무를 수행할 자와 그 직무범위에 관한 법률」에서 정하는 바에 따라 사법경찰관리의 직무를 행한다.

제6절 어구의 관리

Ⅰ. 어구생산업 및 어구판매업

1. 판매업의 신고

어구를 생산하여 판매하거나 무상으로 유통·공급하는 것(이하 "어구생산업"이라 한다)을 업으로 하려는 자(이하 "어구생산업자"라 한다) 및 어구를 판매하는 것(수입하여 유통·공급하는 것을 포함한다. 이하 "어구판매업"이라 한다)을 업으로 하려는 자(이하 "어구판매업자"라 한다)는 시장·군수·구청장에게 신고하여야 한다. 어구생산업자 및 어구판매업자(이하 "어구생산업자등"이라 한다)는 제1항에 따라 신고한 사항 중 해양수산부령으로 정하는 사항을 변경하거나 그 업을 폐업하였을 때에는 30일 이내에 시장·군수·구청장에게 신고하여야 한다.

시장·군수·구청장은 신고를 받은 날부터 7일 이내에 수리 여부 또는 민원 처리 관련 법령에 따른 처리기간의 연장을 신고인에게 통지하여야 한다. 또한, 정한 기간 내에 신고수리 여부 또는 민원 처리 관련 법령에 따른 처리기간의 연장 여부를 신고인에게 통지하지 아니하면 그 기간(민원 처리 관련 법령에 따라 처리기간이 연장 또는 재연장된 경우에는 해당 처리기간을 말한다)이 끝난 날의 다음 날에 신고를 수리한 것으로 본다. 어구생산업 및 어구판매업(이하 "어구생산업등"이라 한다)의 신고, 변경신고 또는 폐업신고의 절차 등에 관한 사항은 해양수산부령으로 정한다.

수산업법 시행규칙 제76조(어구생산업 및 어구판매업의 신고) ① 법 제71조 제1항에 따라 어구생산업 또는 어구판매업을 신고하려는 자는 별지 제70호서식의 어구생산업·어구판매업 신고서를 해당 사업장을 관할하는 시장·군수·구청장에게 제출해야 한다.
② 제1항에 따른 신고서를 제출받은 담당 공무원은 「전자정부법」 제36조 제1항에 따른 행정정보의 공동이용을 통하여 다음 각 호의 서류를 확인해야 한다. 다만, 신청인이 제2호의 서류 확인에 동의하지 않는 경우에는 해당 서류를 첨부하도록 해야 한다.
1. 법인 등기사항증명서
2. 주민등록표 초본
③ 시장·군수·구청장은 법 제71조 제3항 및 제4항에 따라 어구생산업 또는 어구판매업의 신고를 수리한 경우에는 별지 제71호서식의 어구생산업·어구판매업 신고증을 신청인에게 발급해야 한다.
제77조(어구생산업 및 어구판매업의 변경신고) ① 법 제71조 제2항에서 "해양수산부령으로 정하는 사항"이란 다음 각 호의 사항을 말한다.
1. 법 제71조 제2항에 따른 어구생산업자 또는 어구판매업자(이하 "어구생산업자등"이라 한다)의 성명
2. 사업장의 명칭 또는 전화번호
3. 사업장 소재지
4. 사업의 유형
5. 어구의 명칭 및 어구자재의 품목명, 어구 또는 어구자재의 생산국 및 보관 장소
② 법 제71조 제1항에 따라 신고한 사항을 변경하려는 어구생산업자등은 그 변경사유가 발생한 날부터 30일 이내에 별지 제70호서식의 어구생산업·어구판매업 변경신고서에 다음 각 호의 서류를 첨부하여 해당 사업장을 관할하는 시장·군수·구청장에게 제출해야 한다.
1. 어구생산업·어구판매업 신고증
2. 변경사항을 증명하는 서류
③ 제2항에 따른 변경신고를 받은 시장·군수·구청장은 그 변경사항을 반영하여 어구생산업·어구판매업 신고증을 새로 발급하거나 제2항에 따라 제출된 신고증에 그 변경사항을 적어 발급해야 한다.
제78조(어구생산업 및 어구판매업의 폐업신고) ① 어구생산업자등이 법 제71조 제2항에 따라 그 업을 폐업하였을 때에는 그 사유가 발생한 날부터 30일 이내에 별지 제70호서식의 어구생산업·어구판매업 폐업신고서에 어구생산업·어구판매업 신고증을 첨부하여 해당 사업장을 관할하는 시장·군수·구청장에게 제출해야 한다. 다만, 어구생산업·어구판매업 신고증을 첨부할 수 없는 경우에는 해당 신고서에 그 사유를 적어야 한다.
② 제1항에 따른 폐업신고를 하려는 어구생산업자등이 「부가가치세법」 제8조 제8항에 따른 폐업신고를 같이 하려는 경우에는 제1항에 따른 어구생산업·어구판매업 폐업신고서와 「부가가치세법 시행규칙」 별지 제9호서식의 폐업신고서를 함께 제출해야 한다. 이 경우 시장·군수·구청장은 제출받은 폐업신고서를 지체 없이 관할 세무서장에게 송부해야 한다.
③ 관할 세무서장이 「부가가치세법 시행령」 제13조 제5항에 따라 같은 조 제1항에 따른 폐

업신고서를 제출받아 이를 해당 시장·군수·구청장에게 송부한 경우에는 관할 세무서장이 폐업신고를 받은 때에 제1항에 따른 어구생산업·어구판매업 폐업신고서가 제출된 것으로 본다.

2. 어구생산업자 및 어구판매업자의 의무

어구생산업자등은 생산 또는 판매한 어구의 종류·구매자·수량 등을 해양수산부령으로 정하는 바에 따라 기록(전자화된 기록을 포함한다)하고 이를 3년간 보존하여야 한다. 어구생산업자등은 「수산자원관리법」 제24조[1])를 준수하여야 한다.

3. 어구 판매량 등의 제한

해양수산부장관은 다음 각 호의 어느 하나에 해당하는 경우에는 어구의 판매량과 판매장소·판매방법 등을 제한할 수 있다.

1. 수산자원의 증식·보호를 위하여 필요한 경우
2. 해양오염 방지를 위하여 필요한 경우
3. 어업과 관련한 분쟁의 조정, 안전사고의 예방 등 해양수산부령으로 정하는 경우

어구의 판매량과 판매장소·판매방법 등의 제한 절차에 관하여 필요한 사항은 해양수산부령으로 정한다.

수산업법 시행규칙 제81조(어구 판매량 등의 제한 절차) 해양수산부장관은 법 제74조 제1항에 따라 어구의 판매량과 판매장소 및 판매방법 등을 제한하려는 경우에는 법 제95조에 따른 중앙수산조정위원회(이하 "중앙위원회"라 한다)의 심의를 거쳐 그 제한 내용을 결정해야 한다.

---

1) 수산자원관리법 제24조(특정어구의 소지와 선박의 개조 등의 금지) 누구든지 「수산업법」 제7조·제40조·제43조·제46조 및 제48조에 따라 면허·허가·승인 또는 신고된 어구 외의 어구, 「양식산업발전법」 제10조, 제43조 또는 제53조에 따라 면허 또는 허가된 어구 외의 어구 및 이 법에 따라 사용이 금지된 어구를 제작·수입·보관·운반·진열·판매하거나 실어서는 아니 되며, 이러한 어구를 사용할 목적으로 선박을 개조하거나 시설을 설치하여서는 아니 된다. 다만, 대통령령으로 정하는 어구의 경우에는 그러하지 아니하다.

Ⅱ. 어구실명제 및 수거해역의 지정

1. 어구실명제

대통령령으로 정하는 어업인이 어업활동을 위하여 제3조 각 호의 수면 등 또는「내수면어업법」제3조[2)]에 따른 수면(이하 "수면"이라 한다)에 어구를 설치할 때에는 해당 어구마다 어구의 소유자와 그 밖에 해양수산부령으로 정하는 사항을 어구에 표시하여야 한다.

수산업법 시행령 제46조(어구실명제 실시 의무자) 법 제76조 제1항에서 "대통령령으로 정하는 어업인"이란 다음 각 호의 어업을 경영하는 자를 말한다.
1. 제21조 제1항 제11호·제12호 또는 제17호에 따른 근해자망어업·근해안강망어업 또는 근해통발어업
2. 제22조 제1항 제1호·제3호 또는 제6호에 따른 연안개량안강망어업·연안통발어업 또는 연안자망어업
3. 제23조 제1항 제11호에 따른 실뱀장어안강망어업

어구의 표시 방법 등에 관한 사항은 해양수산부령으로 정한다.

■ 수산업법 시행규칙 [별표 15] <개정 2023. 7. 11.>

어구의 표시 방법(제83조 제2항 관련)

1. 법 제3조 각 호의 수면 등 또는「내수면어업법」제3조에 따른 수면에 어구를 설치할 때에는 해당 어구마다 어구의 위치를 표시하는 부표(浮標)·부자(浮子) 또는 깃대를 설치해야 한다.
2. 제1호에 따라 설치된 부표·부자 또는 깃대에 가로 30센티미터 이상, 세로 20센터미터 이상의 표지를 붙여야 한다.
3. 제2호의 표지에 제83조 제1항 각 호의 사항을 아래 표와 같이 순서대로 알아보기 쉽게 표기해야 한다.

(예시) 어구 소유자의 성명(연락처): ○○○(000－0000－0000) 허가어선의 명칭(어선번호): ○○○호(어선번호) 사용어구의 일련번호: 10－1[사용어구의 총 개수(통수, 틀수 등)－해당 어구의 일련번호]

2) 제3조(이 법을 적용하는 수면) ① 이 법은 공공용 수면에 대하여 적용한다. 다만, 특별한 규정이 있는 경우에는 사유수면에 대하여도 적용한다.
② 공공용 수면과 잇닿아 하나가 된 사유수면에 대하여는 이 법을 적용한다.

2. 어구 수거 해역 및 수거 기간 지정

행정관청은 수산자원의 보호와 해양오염 방지를 위하여 필요하다고 인정하면 제95조에 따른 해당 수산조정위원회의 심의를 거쳐 어구 수거 해역 및 수거 기간을 정할 수 있다. 행정관청은 어구 수거 해역 및 기간을 정한 경우에는 제15조, 제40조, 제43조 및 제46조에 따라 어업허가를 받은 자에게 해양수산부령으로 정하는 바에 따라 그 사실을 알려야 한다. 행정관청은 어구 수거 해역 및 수거 기간을 정한 경우 그 대상 해역에서 어업허가를 받은 자에게 수면에 설치한 어구를 수거하도록 명하거나 제50조에서 준용되는 제33조 제1항 제1호에 따라 어업을 제한할 수 있다.

어구 수거 기간은 1개월을 초과할 수 없다. 다만, 해역 여건 또는 천재지변 등으로 기간의 연장이 필요한 경우 15일 이내의 범위에서 한 차례만 그 기간을 연장할 수 있다. 행정관청은 어구 수거 기간 동안 수거되지 아니한 어구를 제78조 제1항에 따라 수거하여 처리할 수 있다.

규정한 사항 외에 어업 제한 절차, 어구 수거 명령 및 기간 등에 필요한 사항은 대통령령으로 정한다.

수산업법 시행령 제47조(어구 수거 해역 및 수거 기간의 지정 등) ① 행정관청은 법 제77조 제1항에 따라 어구 수거 해역 및 수거 기간을 정할 때에는 다음 각 호의 사항을 고려해야 한다.

1. 지정하려는 수거 해역에서 서식하는 수산동식물 및 수산자원 등의 현황
2. 지정하려는 수거 해역에 설치된 어구가 수산자원 및 생태계에 미치는 영향
3. 지정하려는 수거 해역에서의 어업 및 양식업 등의 운영 실태

② 행정관청은 법 제77조 제3항에 따라 어구 수거 해역에서 어업허가를 받은 자에게 어구 수거를 명하거나 어업을 제한하려는 경우에는 다음 각 호의 사항을 서면으로 알려야 한다.

1. 어구 수거 명령 또는 어업 제한 사유
2. 어구 수거 해역의 범위·면적 및 어구 수거 기간
3. 어업 제한 해역의 범위·면적 및 어업 제한 기간
4. 그 밖에 어구 수거 명령 또는 어업 제한에 필요한 사항

Ⅲ. 폐어구에 관한 사항

1. 폐어구의 직접 수거

행정관청은 수면에 버려진 폐어구 및 유실어구를 수거하여 처리·보관하거나 이와 관련된 조사·측정 활동 등을 할 수 있으며, 이에 필요한 선박 또는 시설을 운영할 수 있다. 행정관청은 제1항에 따른 폐어구 및 유실어구의 수거 업무를「해양폐기물 및 해양오염퇴적물 관리법」제19조 제1항 제2호에 따른 해양폐기물수거업의 등록을 한 자,「어장관리법」제17조에 따른 어장정화·정비업의 등록을 한 자 또는「어선법」제2조에 따른 어선을 소유한 자에게 대행하게 할 수 있다.

행정관청은 폐어구 및 유실어구의 수거·처리 또는 보관에 드는 비용의 전부 또는 일부를 대통령령으로 정하는 바에 따라 폐어구 및 유실어구의 소유자에게 부담하게 할 수 있다. 다만, 천재지변이나 그 밖에 대통령령으로 정하는 사유에 해당하는 경우에는 그러하지 아니하다.

수산업법 시행령 제48조(폐어구 및 유실어구의 수거 등의 비용 부담) ① 행정관청은 법 제78조 제3항 본문에 따라 폐어구 및 유실어구의 소유자에게 다음 각 호의 구분에 따른 비용을 부담하게 할 수 있다.
1. 폐어구의 소유자: 해당 폐어구의 수거·처리 및 보관에 드는 비용의 100분의 100
2. 유실어구의 소유자: 해당 유실어구의 수거·처리 및 보관에 드는 비용의 100분의 50

② 법 제78조 제3항 단서에서 "대통령령으로 정하는 사유에 해당하는 경우"란 다음 각 호의 경우를 말한다.
1. 「재난 및 안전관리 기본법」제3조 제1호에 따른 재난으로 인하여 폐어구 또는 유실어구가 발생한 경우
2. 「해양사고의 조사 및 심판에 관한 법률」제2조 제1호에 따른 해양사고로 인하여 폐어구 또는 유실어구가 발생한 경우
3. 인명 또는 어선의 구조, 해양오염 등의 발생 또는 확산 방지를 위하여 불가피하게 폐어구 또는 유실어구가 발생한 경우
4. 그 밖에 폐어구 또는 유실어구의 발생에 어구 소유자의 책임이 없는 경우

2. 폐어구 집하장의 설치

행정관청은 폐어구 및 유실어구를 수거·처리하기 위한 집하장 및 어구 보관

장소(이하 "집하장등"이라 한다)를 설치 · 운영할 수 있다.시장 · 군수 · 구청장은 집하장등에 반입되거나 반출되는 폐어구 및 유실어구의 관리대장을 작성 · 관리하여야 한다. 집하장등의 세부적인 설치 · 운영 기준과 관리대장의 기재 등에 필요한 사항은 해양수산부령(수산업법 시행규칙 제85조)으로 정한다.

3. 폐어구 수거 · 처리에 관한 사업

행정관청은 대통령령으로 정하는 바에 따라 폐어구 수매사업 등 폐어구의 수거 · 처리에 관한 사업을 하거나 지원할 수 있다.

수산업법 시행령 제49조(폐어구 수거 · 처리 사업 지원 등) ① 행정관청은 법 제80조 제1항에 따라 폐어구의 수거 및 처리를 위하여 다음 각 호의 사업을 실시할 수 있다.
1. 어업인이 수거한 폐어구의 수매
2. 수거한 폐어구의 재활용

② 행정관청은 법 제80조 제1항에 따라 폐어구를 수거 · 처리하는 개인이나 법인 또는 단체에 다음 각 호의 사항에 필요한 경비의 전부 또는 일부를 지원할 수 있다.
1. 폐어구 수거 장비의 개선
2. 폐어구의 보관 및 처리 시설의 개선
3. 그 밖에 행정관청이 폐어구의 수거 및 처리를 활성화하기 위하여 필요하다고 인정하는 사항

시 · 도지사 또는 시장 · 군수 · 구청장은 집하장등이 설치된 해당 지역 주민을 위하여 주변 환경 개선 등 주민지원 사업을 할 수 있다.

4. 어구 · 부표의 회수 촉진

대통령령[3]으로 정하는 어구 · 부표(이하 "어구등"이라 한다)를 생산하거나 수입하는 자는 어구등을 제조 또는 수입하는 경우 어구등의 회수를 촉진하기 위하여 출

---

3) 수산업법 시행령 제49조의2(어구보증금 부과 대상인 어구 · 부표의 범위) 법 제81조 제1항 전단에서 "대통령령으로 정하는 어구 · 부표"란 다음 각 호의 어느 하나에 해당하는 어구 · 부표(이하 "어구등" 이라 한다)를 말한다.
1. 제21조 제1항 제17호에 따른 근해통발어업에 사용되는 통발
2. 제22조 제1항 제3호에 따른 연안통발어업에 사용되는 통발(장어통발은 제외한다)
3. 어장부표 등 해양수산부령으로 정하는 부표

고 또는 수입 가격과는 별도의 금액(이하 "어구보증금"이라 한다)을 제품가격에 포함시켜야 한다. 이 경우 어구보증금은 어구등의 출고 또는 수입 가격 등을 고려하여 해양수산부령으로 정한다.

■ 수산업법 시행규칙 [별표 16] <신설 2024. 1. 24.>

어구보증금(제85조의3 관련)

구분	금액기준
1. 영 별표 2 제2호 더목 부도 더−1 및 같은 표 제3호 다목 부도 다−1에 따른 통발 중 스프링이 설치된 장구형의 통발	1,000원/개
2. 영 별표 2 제2호 더목 부도 더−1 및 같은 표 제3호 다목 부도 다−1에 따른 통발 중 원통형의 통발	2,000원/개
3. 영 별표 2 제2호 더목 부도 더−1 및 같은 표 제3호 다목 부도 다−1에 따른 통발 중 원뿔대형(반구형)의 통발	2,000원/개
4. 영 별표 2 제2호 더목 부도 더−1 및 같은 표 제3호 다목 부도 다−1에 따른 통발 중 사각형의 통발	3,000원/개
5. 영 별표 2 제2호 더목 부도 더−1 및 같은 표 제3호 다목 부도 다−1에 따른 통발 중 원뿔대형(대게류·붉은대게류)의 통발	3,000원/개

어구등을 생산하거나 수입하는 자(이하 "보증금대상사업자"라 한다)는 어구등을 구입하는 자가 지급한 어구보증금을 제83조에 따른 어구보증금관리센터에 이관하여야 하고, 어구보증금관리센터는 반환된 어구등을 확인한 후 어구등을 반환한 자에게 어구보증금을 돌려주어야 한다. 다만, 어구보증금관리센터는 천재지변이나 그 밖의 대통령령으로 정하는 사유로 어구등을 구입한 자가 어구등을 반환할 수 없다고 인정되는 때에는 대통령령으로 정하는 바에 따라 어구보증금을 돌려주어야 한다.

어구보증금관리센터는 보증금대상사업자에게 어구보증금 취급에 드는 비용(이하 "취급수수료"라 한다)을 지급하여야 한다. 이 경우 취급수수료는 물가변동 등 경제적인 여건을 고려하여 해양수산부장관이 정하여 고시(「어구보증금의 이관방법, 취급수수료, 어구등의 반환장소와 방법, 환급문구 표시 등에 관한 고시」)한다.

어구보증금의 환급, 취급수수료의 지급, 관리 등이 원활하게 이루어질 수 있도록 하기 위하여 보증금대상사업자는 어구보증금관리센터에 어구보증금이 포함된 어구등의 판매에 관한 정보를 제공하여야 하며, 어구보증금이 포함된 어구등에 어구보증금 환급 관련 문구를 표시하여야 한다.

5. 어구보증금관리센터

해양수산부장관은 어구보증금의 체계적인 관리를 위하여 어구보증금관리센터를 설치·운영하여야 한다. 어구보증금관리센터는 다음의 사업을 하여야 한다.

1. 제81조 제2항에 따른 어구보증금의 환급·관리
2. 제81조 제3항에 따른 취급수수료의 지급·관리
3. 제82조에 따른 미환급보증금의 관리
4. 그 밖에 어구보증금 제도 운영에 필요하다고 해양수산부장관이 인정하는 사업

어구보증금관리센터의 설치·운영, 그 밖에 필요한 사항은 대통령령으로 정한다.

수산업법 시행규칙 제85조의5(미환급보증금 산출 등) ① 법 제82조 제1항 각 호 외의 부분에 따른 미환급보증금(이하 "미환급보증금"이라 한다)은 별표 17의 어구별 미환급보증금 산출 계산식에 따라 산출한 각 미환급보증금을 더한 금액으로 한다.
② 어구보증금관리센터는 법 제82조 제2항에 따라 미환급보증금의 사용계획 및 실적을 보고하는 경우에는 별지 제73호의4서식의 미환급보증금 사용계획 및 실적 보고서에 다음 각 호의 서류를 첨부하여 매년 3월 31일까지 해양수산부장관에게 제출해야 한다.
1. 전년도의 미환급보증금의 산출 명세에 관한 서류
2. 법 제82조 제1항 각 호의 용도로 사용한 전년도의 비용 명세에 관한 서류
3. 전년도 회계연도의 결산서(「공인회계사법」에 따른 공인회계사 또는 같은 법 제23조에 따른 회계법인의 감사의견서를 포함한다)

③ 해양수산부장관은 제2항에 따라 미환급보증금 사용계획 및 실적 보고서를 제출받은 경우에는 그 내용에 대한 검토 결과를 어구보증금관리센터에 통보해야 한다.
④ 어구보증금관리센터는 제3항에 따라 검토 결과(개선필요사항이 있는 경우만 해당한다)를 통보받은 경우에는 그 통보일부터 60일 이내에 개선계획을 작성하여 해양수산부장관에게 제출해야 한다.

6. 재정적 및 기술적 지원

국가는 예산의 범위에서 어구보증금관리센터에 대하여 어구등의 회수율 제고 등 원활한 어구보증금 제도의 관리·운영에 필요한 재정적·기술적 지원을 할 수

있다. 재정적 · 기술적 지원의 대상 · 절차 및 방법 등에 관한 사항은 대통령령(수산업법 시행령 제49조의4)으로 정한다.

제7절 보상·보조 및 재결

Ⅰ. 보 상

1. 보 상

다음 어느 하나에 해당하는 처분으로 인하여 손실을 입은 자는 그 처분을 행한 행정관청에 보상을 청구할 수 있다.

1. 제33조 제1항 제1호부터 제6호까지 또는 제34조 제6호(제33조 제1항 제1호부터 제6호까지의 규정에 해당하는 경우를 말한다)에 해당하는 사유로 인하여 이 법에 따른 면허 · 허가를 받거나 신고한 어업에 대하여 제한 등의 처분을 받았거나 제14조에 따른 어업면허의 유효기간 연장이 허가되지 아니한 경우. 다만, 제33조 제1항 제1호부터 제3호까지의 규정(제50조 제1항 및 제3항에서 준용하는 경우를 말한다)에 해당하는 사유로 허가를 받거나 신고한 어업이 제한되는 경우는 제외한다.

2. 제69조 제2항에 따른 측량 · 검사에 장애가 되는 물건에 대하여 이전명령이나 제거명령을 받은 경우

보상의 원인이 된 처분으로 이익을 받은 자(이하 이 조에서 "수익자"라 한다)가 있으면 그 처분을 한 행정관청은 수익자에게 그가 받은 이익의 범위에서 보상액의 전부 또는 일부를 부담하게 할 수 있다. 이 경우 수익자가 부담하도록 결정된 금액을 내지 아니하면 국세 강제징수의 예에 따라 징수한다. 수익자는 보상을 청구할 수 있는 자에게 미리 보상을 하지 아니하면 손실에 영향을 미치는 행위나 공사에 착수할 수 없다. 다만, 보상을 청구할 수 있는 자의 동의를 받은 경우에는 그러하지 아니하다. 보상의 기준, 지급방법, 그 밖에 보상에 필요한 사항은 대통령령으로 정한다.

2. 수질오염에 따른 손해배상

다음 어느 하나에 해당하는 사유로 인하여 수질이 오염되어 면허받은 어업에 피해가 발생하면 그 오염발생시설의 경영자는 관계 법령으로 정하는 바에 따라 피해자에게 정당한 배상을 하여야 한다.

1. 산업시설이나 그 밖의 사업장의 건설 또는 조업
2. 선박 또는 해양시설(「해양환경관리법」 제2조 제17호에 따른 해양시설을 말한다)
3. 해저광구의 개발 등

오염발생시설의 경영자가 피해가 발생한 후 그 사업을 양도한 때에는 피해 발생 당시의 시설의 경영자와 시설을 양수(讓受)한 경영자가 연대하여 배상을 하여야 한다.

3. 보상금의 공탁

다음 어느 하나에 해당할 때에는 보상금을 공탁하여야 한다.

1. 보상을 받을 자가 보상금 받기를 거절하거나 기피할 때
2. 보상을 받을 자의 주소나 거소가 분명하지 아니할 때
3. 보상의 목적인 어업권·토지 또는 물건에 관하여 등록하거나 등기한 권리자가 있을 때. 다만, 그 권리자의 동의를 받은 경우에는 공탁하지 아니하여도 된다.

보상금을 공탁한 경우 등록하거나 등기한 권리자 또는 소송 당사자는 공탁한 금액에 대하여 그 권리를 행사할 수 있다.

Ⅱ. 재 결

1. 입어에 관한 재결

입어에 관하여 분쟁이 있거나 협의가 이루어지지 아니하거나 협의를 할 수 없을 때에는 어업권자 또는 입어자는 시·도지사 또는 시장·군수·구청장에게 재결(裁決)을 신청할 수 있다. 시·도지사 또는 시장·군수·구청장은 재결 신청을 받으면 해당 시·도수산조정위원회 또는 시·군·구수산조정위원회의 심의를 거쳐 재결하여야 한다.

2. 어장구역 등에 관한 재결

어장의 구역, 어업권의 범위, 보호구역 또는 어업의 방법에 관하여 분쟁이 있으면 그 관계인은 시·도지사 또는 시장·군수·구청장에게 재결을 신청할 수 있다. 시·도지사 또는 시장·군수·구청장은 재결을 할 때에는 해당 시·도수산조정위원회 또는 시·군·구수산조정위원회의 심의를 거쳐야 한다.

제8절 수산조정위원회

Ⅰ. 수산조정위원회에 관한 사항

1. 수산조정위원회의 설치 및 기능

1) 수산조정위원회의 설치

어업에 관한 조정·보상·재결 또는 양식업 등에 관한 사항을 심의하기 위하여 해양수산부에 중앙수산조정위원회를, 시·도 및 시·군·자치구에 시·도수산조정위원회 및 시·군·구수산조정위원회를 각각 둔다.

2) 수산조정위원회의 기능

중앙수산조정위원회의 기능은 다음과 같다.

1. 어업별 분쟁의 사전·사후 조정
2. 시·도 사이의 어업에 관한 분쟁의 조정
3. 기본계획의 심의
4. 제58조 제1항에 따른 선복량 제한의 심의
5. 수산업의 발전과 어업의 질서유지에 필요한 사항에 관한 건의
6. 해양수산부장관이 회의에 부치는 사항의 자문에 관한 응답
7. 그 밖에 이 법, 「수산자원관리법」, 「어장관리법」, 「양식산업발전법」 및 「연근해어업의 구조개선 및 지원에 관한 법률」에서 정하는 사항의 심의

시 · 도수산조정위원회의 기능은 다음과 같다. 다만, 특별자치도의 경우 시 · 도수산조정위원회가 시 · 군 · 구수산조정위원회의 기능도 수행한다.

1. 어업에 관한 손실보상이나 어업에 관한 분쟁의 심의 · 조정
2. 시 · 군 · 자치구 사이의 어업에 관한 분쟁의 조정
3. 한시어업의 허가에 관한 사항의 심의
4. 시행계획의 심의
5. 제60조 제2항 각 호 외의 부분 단서에 따른 어구의 규모등의 제한에 관한 내용의 심의
6. 수산업의 발전과 어업의 질서유지에 필요한 사항에 관한 건의
7. 시 · 도지사가 회의에 부치는 사항의 자문에 관한 응답
8. 그 밖에 이 법, 「수산자원관리법」, 「어장관리법」, 「양식산업발전법」 및 「연근해어업의 구조개선 및 지원에 관한 법률」에서 정하는 사항의 심의

시 · 군 · 구수산조정위원회의 기능은 다음과 같다.

1. 어업에 관한 손실보상이나 어업에 관한 분쟁의 조정
2. 개발계획의 심의
3. 제7조에 따른 면허어업의 적격성과 우선순위에 관한 사항의 심의
4. 마을어업의 어장관리규약 등 어장관리에 관한 사항의 심의
5. 수산업의 발전과 어업의 질서유지에 필요한 사항에 관한 건의
6. 자원을 보호하고 관리하기 위한 각종 어업규제에 관한 건의
7. 시장 · 군수 · 구청장이 회의에 부치는 사항의 자문에 관한 응답
8. 그 밖에 이 법 또는 「어장관리법」, 「양식산업발전법」에서 정하는 사항의 심의

해양수산부장관 또는 시 · 도지사는 어업조정을 위하여 필요하면 합동수산조정위원회를 개최할 수 있다. 이 경우 합동수산조정위원회의 구성과 운영 등에 필요한 사항은 대통령령으로 정한다. 수산조정위원회는 해당 위원회의 활동에 필요할 경우에는 관계인을 위원회에 출석하게 하거나 자료의 제출을 요구하거나 그 밖에 행정관청으로 하여금 관계 공무원에게 질문을 하게 하거나 조사를 하도록 요청

할 수 있다. 이 경우 그 요청을 받은 행정관청은 특별한 사유가 없으면 이에 따라야 한다.

2. 수산조정위원회의 구성과 운영

수산조정위원회는 어업인의 대표 및 수산에 관한 학식과 경험이 풍부한 자들로 구성한다. 중앙수산조정위원회는 위원장 및 부위원장 각 1명을 포함한 23명 이내의 위원으로 구성한다. 중앙수산조정위원회의 위원장은 해양수산부차관이 되고, 부위원장은 해양수산부의 고위공무원단에 속하는 일반직공무원 중 해양수산부장관이 임명하는 자가 된다. 중앙수산조정위원회의 위원의 선임, 위원의 임기, 그 밖에 필요한 사항은 대통령령으로 정한다.

분쟁의 효율적이고 전문적인 조정을 위하여 중앙수산조정위원회에 어업조정위원회를 둘 수 있다. 이 경우 어업조정위원회의 조정은 중앙수산조정위원회의 조정으로 본다. 시·도수산조정위원회, 시·군·구수산조정위원회 및 제5항에 따른 어업조정위원회의 구성 및 운영, 그 밖에 필요한 사항은 대통령령으로 정한다.

제9절 보칙 및 벌칙

Ⅰ. 보 칙

1. 서류 송달의 공시

행정관청은 주소나 거소가 분명하지 아니하는 등의 사유로 이 법 또는 이 법에 따른 명령·처분 등을 통지하는 데에 필요한 서류를 송달할 수 없을 때에는 대통령령으로 정하는 바에 따라 이를 공고하여야 한다. 행정관청이 제1항에 따라 공고한 경우에는 공고일의 다음 날부터 계산하기 시작하여 30일이 지난 날에 그 서류가 도달한 것으로 본다.

2. 과징금 처분

행정관청은 제33조 제1항 제8호·제9호(제50조에서 준용하는 경우를 포함한다) 및

제52조 제1항 제3호부터 제5호까지의 규정에 해당하는 사유로 면허를 받은 어업 등에 대한 제한이나 정지처분을 하려는 경우 그 제한이나 정지처분을 갈음하여 1억원 이하의 과징금을 부과할 수 있다. 과징금을 부과하는 위반행위의 종류와 정도 등에 따라 부과하는 과징금의 금액, 그 밖에 필요한 사항은 대통령령으로 정한다.

행정관청은 과징금을 납부기한까지 내지 아니하면 국세 강제징수의 예 또는 「지방행정제재 · 부과금의 징수 등에 관한 법률」에 따라 징수한다.

과징금으로 징수한 금액은 징수주체가 사용(보조 또는 융자를 포함한다)하되, 어업지도사업 외의 용도로는 사용할 수 없다. 징수한 과징금의 사용 절차 · 대상, 그 밖에 필요한 사항은 대통령령으로 정한다. 행정관청은 과징금으로 징수한 금액의 운용계획을 세우고 시행하여야 한다.

3. 포 상

해양수산부장관은 이 법 또는 이 법에 따른 명령을 위반하는 행위를 한 자를 그 관계 기관에 통보하거나 체포에 공로가 있는 자, 그 밖에 수산자원의 보호와 어업질서의 확립에 특별히 이바지한 자에 대하여는 대통령령으로 정하는 바에 따라 포상(褒賞)할 수 있다.

4. 권한의 위임과 위탁

해양수산부장관은 이 법에 따른 권한의 일부를 대통령령으로 정하는 바에 따라 소속 기관의 장 또는 시 · 도지사에게, 시 · 도지사는 시장 · 군수 · 구청장에게 각각 위임할 수 있다. 해양수산부장관은 이 법에 따른 권한의 일부를 대통령령으로 정하는 바에 따라 수산업협동조합중앙회장 또는 「수산자원관리법」 제55조의2에 따른 한국수산자원공단의 장 또는 「어촌 · 어항법」 제57조에 따른 한국어촌어항공단의 장에게 위탁할 수 있다.

5. 수수료

이 법에 따른 면허 · 허가 · 승인 · 등록의 신청 또는 그 변경신청이나 신고를 하는 자는 해양수산부령(해양수산부장관에게 신청하는 경우만 해당한다)이나 시 · 도 또는 시 · 군 · 자치구의 조례(시 · 도지사 또는 시장 · 군수 · 구청장에게 신청하는 경우만 해당한다)로 정하는 바에 따라 수수료를 내야 한다.

6. 청 문

행정관청은 다음 각 호의 어느 하나에 해당하는 처분을 하려면 청문을 하여야 한다.

1. 제30조 제2항에 따른 어업권의 취소
2. 제34조(제50조에 따라 준용하는 경우를 포함한다)에 따른 면허어업의 취소
3. 제39조 제4항에 따른 면허의 취소나 입어의 제한 · 정지 또는 금지
4. 제52조에 따른 영업정지 명령 또는 등록의 취소
5. 제55조 제1항 제7호에 따른 지정의 취소
6. 제62조 제6항에 따른 지정의 취소
7. 제73조에 따른 영업정지 명령 또는 영업의 폐쇄

7. 수산데이터베이스의 구축

해양수산부장관은 수산정책의 합리적 결정에 필요한 자료를 확보하기 위하여 업종별 · 수역별 조업상황과 어획실적 및 수산자원 분포현황 등을 조사하여 수산데이터베이스를 구축하고 이를 유지 · 관리하여야 한다. 어업의 허가를 받은 자 및 제51조에 따라 어획물운반업의 등록을 한 자는 제1항에 따른 수산데이터베이스를 구축하기 위하여 해양수산부령으로 정하는 바에 따라 해양수산부장관에게 조업상황 · 어획실적 · 전재량 등을 보고하여야 한다. 해양수산부장관은 제1항에 따른 수산데이터베이스를 구축하기 위하여 필요한 경우에는 관계 중앙행정기관의 장, 지방자치단체의 장, 「수산업협동조합법」에 따른 조합장 및 중앙회장에게 관련 자료의 제출을 요청할 수 있다. 이 경우 자료의 제출을 요청받은 관계 기관의 장은 정당한 사유가 없으면 이에 따라야 한다.

8. 벌칙 적용에서의 공무원 의제

제95조에 따른 수산조정위원회의 위원 중 공무원이 아닌 사람은 이 법에 따른 업무를 수행할 때 「형법」 제127조 및 제129조부터 제132조까지의 규정을 적용할 때에는 공무원으로 본다.

Ⅱ. 벌 칙

1. 벌 칙

1) 다음 각 호의 어느 하나에 해당하는 자는 3년 이하의 징역 또는 3천만원 이하의 벌금에 처한다.

1. 이 법에 따른 어업권을 취득하지 아니하고 어업을 경영한 자

2. 제33조 제1항 제2호 또는 제3호(제50조 제1항에서 준용하는 경우를 포함한다)에 따른 어업의 제한 · 정지 또는 어선의 계류처분을 위반한 자

3. 제40조 제1항부터 제3항까지, 제43조 또는 제51조 제1항에 따른 허가를 받지 아니하거나 등록을 하지 아니하고 수산업을 경영한 자

4. 제63조를 위반하여 수산동식물을 포획하거나 채취한 자

징역과 벌금은 병과(併科)할 수 있다.

2) 다음 각 호의 어느 하나에 해당하는 자는 2년 이하의 징역 또는 2천만원 이하의 벌금에 처한다.

1. 거짓이나 그 밖의 부정한 방법으로 제7조 제1항, 제15조 제1항, 제40조 제1항부터 제3항까지, 제43조 또는 제51조 제1항에 따른 면허 · 허가를 받거나 등록을 한 자

2. 제19조 제1항 · 제3항 또는 제21조를 위반하여 어업권을 이전 · 분할 또는 변경하거나 담보로 제공한 자와 그 어업권을 이전 또는 분할받았거나 담보로 제공받은 자

3. 제27조 제1항(제50조 제2항에서 준용하는 경우를 포함한다)을 위반하여 관리선으로 지정을 받지 아니한 선박을 사용한 자

4. 제27조 제4항(제50조 제2항에서 준용하는 경우를 포함한다)을 위반하여 그 지정을 받았거나 승인을 받은 어장구역이 아닌 수면에서 수산동식물을 포획 · 채취하기 위하여 관리선을 사용한 자

5. 제31조 제1항(제50조 제1항이나 제54조에서 준용하는 경우를 포함한다)을 위반하여 사실상 그 어업의 경영을 지배하고 있는 자와 어업권자 또는 허가를 받은 자로

서 다른 사람에게 사실상 그 어업의 경영을 지배하게 한 자

6. 제32조를 위반하여 어업권을 임대한 자와 임차한 자

7. 제42조 제1항을 위반하여 수산동물을 혼획한 자

8. 제52조 제1항 제1호에 따른 수산동식물 또는 그 제품을 운반한 자

9. 제55조의 어업조정 등에 관한 명령을 위반한 자

3) 다음 각 호의 어느 하나에 해당하는 자는 1년 이하의 징역 또는 1천만원 이하의 벌금에 처한다.

1. 제28조 제2항을 위반하여 보호구역에서 해당 시설물을 훼손하는 행위 또는 어업권의 행사에 방해되는 행위를 한 자

2. 제28조 제4항을 위반하여 보호구역에서 같은 항 각 호의 어업행위를 한 자

3. 제33조 제1항 제1호 · 제4호 · 제6호 · 제8호 · 제9호(제50조에서 준용하는 경우를 포함한다) 또는 제52조 제1항 제2호에 따른 제한 · 정지 또는 어선의 계류처분을 위반한 자

4. 제64조 제1항 및 제2항을 위반하여 어업허가를 받지 아니하고 대통령령으로 정하는 외국의 배타적 경제수역에서 수산동식물을 포획 · 채취하다가 정선명령 또는 회항명령에 따르지 아니하고 국내로 도주한 자

5. 제66조를 위반하여 어선에 표지를 설치하지 아니한 자

6. 제69조 제1항에 따른 장부 · 서류, 그 밖의 물건의 검사에 따르지 아니하거나 어선의 정선명령 또는 회항명령에 따르지 아니한 자

4) 다음 각 호의 어느 하나에 해당하는 자는 1천만원 이하의 벌금에 처한다.

1. 제42조 제3항을 위반하여 혼획저감장치를 부착하지 아니한 어구를 사용한 자

2. 제42조 제4항을 위반하여 혼획으로 포획 · 채취한 어획물을 지정된 매매장소 외에서 매매 또는 교환한 자

3. 제58조에 따른 선복량 제한을 위반한 자

4. 제60조 제1항에 따른 어구의 규모등의 제한을 위반한 자

5. 제76조 제1항을 위반하여 어구에 표시를 하지 아니한 자

2. 몰 수

제106조, 제107조, 제108조 제3호 · 제5호 및 제109조의 경우 범인이 소유하거나 소지하는 어획물 · 제품 · 어선 · 어구 또는 폭발물이나 유독물은 몰수할 수 있다. 다만, 제106조 제1항 제2호에 해당되어 최근 5년 이내에 2회 이상 처벌을 받은 경우에는 어획물 · 어선 · 어구를 몰수하여야 한다. 범인이 소유하거나 소지한 물건의 전부 또는 일부를 몰수할 수 없을 때에는 그 가액을 추징할 수 있다.

3. 양벌규정

법인의 대표자나 법인 또는 개인의 대리인, 사용인, 그 밖의 종업원이 그 법인 또는 개인의 업무에 관하여 제106조부터 제109조까지의 어느 하나에 해당하는 위반행위를 하면 그 행위자를 벌하는 외에 그 법인 또는 개인에게도 해당 조문의 벌금형을 과(科)한다. 다만, 법인 또는 개인이 그 위반행위를 방지하기 위하여 해당 업무에 관하여 상당한 주의와 감독을 게을리하지 아니한 경우에는 그러하지 아니하다.

4. 과태료

1) 다음 각 어느 하나에 해당하는 자에게는 500만원 이하의 과태료를 부과한다.

1. 제30조 제1항(제50조 제1항에서 준용하는 경우를 포함한다) 또는 제2항을 위반하여 그 어업권을 취득하거나 허가를 받은 날부터 일정기간 이내에 어업을 시작하지 아니하거나 어업을 시작한 후 1년이 지났으나 계속하여 해당 어장을 휴업 상태로 둔 자

2. 제45조 제2항에 따라 승계 받은 날부터 30일(상속의 경우에는 60일로 한다) 이내에 신고를 아니하거나 90일 이내에 어업허가 어선의 기준 및 어업허가 신청자의 자격을 갖추지 아니한 자

3. 제49조 제3항(제54조에서 준용하는 경우를 포함한다)에 따른 폐업신고를 하지 아니한 자

4. 제62조 제1항에 따른 지정을 받지 아니하고 유어장을 운영한 자

2) 다음 어느 하나에 해당하는 자에게는 300만원 이하의 과태료를 부과한다.

1. 제81조 제2항을 위반하여 어구보증금을 어구보증금관리센터에 이관하지 아니한 자

2. 제81조 제4항을 위반하여 어구보증금이 포함된 어구등의 판매에 관한 정보를 제공하지 아니하거나 어구보증금의 환급문구를 표시하지 아니한 자

3) 다음 각 호의 어느 하나에 해당하는 자에게는 200만원 이하의 과태료를 부과한다.

1. 제20조에 따른 변경신고를 하지 아니한 자

2. 제29조 제1항 또는 제2항에 따른 신고를 하지 아니하고 휴업을 한 자 또는 어업을 경영한 자

3. 제37조 제1항에 따른 어장관리규약에 따르지 아니하고 어업권을 특정인으로 하여금 행사하게 한 어업권자와 그 어업권을 행사한 자

4. 제37조 제2항에 따른 어장관리규약의 변경 등 시정조치를 위반한 자

5. 제38조에 따른 어업권의 행사의 제한이나 금지를 위반한 자와 그 위반행위를 도운 어업권자

6. 제39조 제1항 또는 제4항을 위반하여 입어를 허용하지 아니하거나 입어의 제한·정지 또는 금지 처분을 위반한 자

7. 제48조 제1항에 따른 신고를 하지 아니하고 신고어업을 경영한 자

8. 제48조 제6항에 따른 준수사항을 이행하지 아니한 신고어업자

9. 제49조 제1항(제54조에서 준용하는 경우를 포함한다)에 따른 변경 허가를 받지 아니하거나 변경신고를 하지 아니한 자. 다만, 「어선법」 제17조에 따른 변경등록사항은 제외한다.

10. 제69조 제1항에 따른 어업감독 공무원의 질문에 대한 답변을 기피하거나 거짓으로 진술한 자

11. 제69조 제2항에 따른 측량·검사와 장애물의 이전·제거를 거부하거나 방해한 자

12. 제71조 제1항을 위반하여 신고하지 아니하고 어구생산업 등을 한 자

13. 제73조 제1항에 따른 폐쇄명령을 위반하여 어구생산업 등을 계속한 자

4) 다음 각 호의 어느 하나에 해당하는 자에게는 100만원 이하의 과태료를 부과한다.

1. 제36조 제3항에 따른 어장관리에 필요한 조치를 위반한 어업권자

2. 제49조 제2항에 따른 변경신고를 하지 아니한 자. 다만, 「어선법」 제17조에 따른 변경등록 사항은 제외한다.

3. 제50조 제1항 또는 제54조에서 준용하는 제29조 제1항 또는 제2항에 따른 신고를 하지 아니하고 휴업을 한 자 또는 어업을 경영한 자

4. 제65조 제1항(같은 조 제4항에서 준용하는 경우를 포함한다)을 위반하여 해양수산부령으로 정하는 기간까지 시설물이나 양식물을 철거하지 아니한 자

5. 제66조를 위반하여 어장에 표지를 설치하지 아니하였거나 어장 및 어선에 설치한 표지를 이전·손괴·변조 또는 은폐한 자

6. 제71조 제2항을 위반하여 변경신고 또는 폐업신고를 하지 아니한 자

7. 제72조 제1항을 위반하여 기록의 작성 또는 보존을 하지 아니하거나 기록을 거짓으로 기재 또는 훼손·제거한 자

8. 제75조 제2항에 따른 자료의 제출 또는 의견의 진술 요청을 거부하거나 방해한 자

9. 제77조 제3항을 위반하여 수면에 설치한 어구의 수거명령에 따르지 아니한 자

10. 제96조 제5항에 따른 질문·조사를 거부·방해·기피하거나 거짓 자료를 제출하거나 거짓으로 진술한 자

11. 제104조 제2항에 따른 보고를 하지 아니하거나 거짓으로 보고한 자

4) 규정에 따른 과태료는 대통령령(수산업법 시행령 제78조)으로 정하는 바에 따라 행정관청이 부과·징수한다.

제3장 배타적 경제수역에서의 외국인어업 등에 대한 주권적 권리의 행사에 관한 법률

Ⅰ. 목적 및 법령체계

법 제1조(목적) 이 법은 「해양법에 관한 국제연합협약」의 관계 규정에 따라 대한민국의 배타적 경제수역에서 이루어지는 외국인의 어업활동에 관한 우리나라의 주권적 권리의 행사 등에 필요한 사항을 규정함으로써 해양생물자원의 적정한 보존·관리 및 이용에 이바지함을 목적으로 한다.

1972년 스톡홀름에서 열린 유엔인간환경회의(UN Conference on the Human Environment)에서는 오염의 모든 형태와 원천(source)으로부터 해양오염을 방지하기 위해 더 적절하고 포괄적인 접근이 필요하다는 주장이 제기되었다. 해양오염의 규제에 관한 현행 법제도를 수락·집행하고, 선박기인 오염과 해양투기에 관한 규제의 실효성을 확보하고, 육상기인 오염을 포함한 모든 해양오염을 적절한 관리 및 통제 하에 두기 위해 해당 회의에 참가한 국가들에게 새로운 국제협약체제에 참가할 것을 요청하면서 해당 협약의 제정이 추진되었다.

1958년 UN의 주도하에 스위스 제네바에서 개최된 제1차 국제해양법회의에서 채택된 4개의 제1차 해양법협약은 부분적이고 제한적인 내용을 갖고 있었으며 1960년에 개최된 제2차 UN 해양법회의에서도 별다른 합의가 도출되지 않은 상태에서 국제사회는 새로운 국제해양법질서의 형성이 필요하다는데 인식을 같이하여 1973년 제3차 UN해양법회의를 개최하였고 1982년까지 10여년에 걸친 논의 끝에

1982년 12월 10일 '해양법에 관한 국제연합협약(United Nations Convention on the Law of the Sea: UN해양법협약, 이하 UNCLOS라 한다)'을 체결하게 된다.[1)] 특히, 제3차 유엔해양법회의(1973－1982년)에 채택된 UNCLOS의 채택은 해앙법 발전에 큰 획을 그은 사건으로 평가된다. 절차적 측면에서도 본 협약은 협약의 해서 UNCLOS는 협약의 해석과 적용의 분쟁에 대한 의무관할을 도입하고, 국제해양법재판소(International Tribunal for the Law of the Sea, ITLOS)를 신설함으로써, 해앙법의 준수와 분쟁해결의 메커니즘을 강화하는 계기를 마련하였다. 그리고 배타적 경제수역 제도는 UNCLOS를 통해 확립되었는데, 기존 영해, 공해의 구도를 탈피하게 되는 계기가 되었다.[2)]

UNCLOS 제5부를 근거로 연안국은 자국의 연안으로부터 200해리의 범위 내의 수산자원 및 광물자원 등의 비생물 자원의 탐사와 개발에 관한 권리를 갖고, 해양오염의 방지, 자원 관리에 대한 의무를 갖는다.

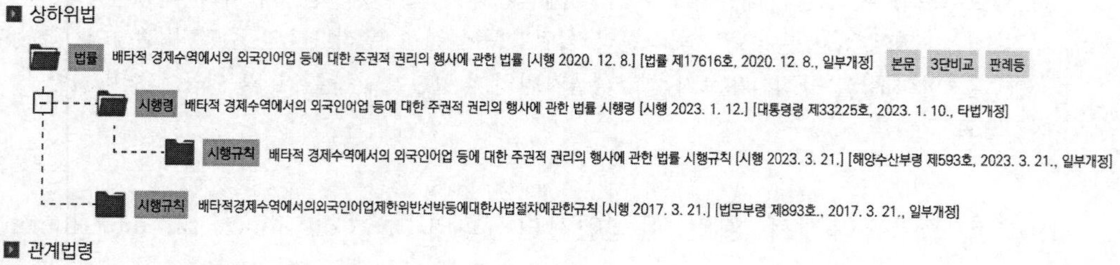

〈그림 22〉 법령체계도

Ⅱ. 정 의

제2조(정의) 이 법에서 사용하는 용어의 뜻은 다음과 같다.

1. "배타적 경제수역"이란 「배타적 경제수역 및 대륙붕에 관한 법률」에 따라 설정된 수역(水域)을 말한다.
2. "외국인"이란 다음 각 목의 어느 하나에 해당하는 자를 말한다.
   가. 대한민국 국적을 가지지 아니한 사람

---

1) 강상인, 행정안전부 국가기록원, 2007 <https://www.archives.go.kr/next/newsearch/listSubjectDescription.do?id=007051&pageFlag=C&sitePage=1-2-2, 접속일: 2024년 7월 3일>

2) 김현정, "유엔 해양법협약 채택 이후 배타적 경제수역 제도의 변화", 「홍익법학」, 홍익대학교 법학연구소(2014), 73쪽.

나. 외국의 법률에 따라 설립된 법인(대한민국의 법률에 따라 설립된 법인으로서 외국에 본점 또는 주된 사무소를 가진 법인이나 그 주식 또는 지분의 2분의 1 이상을 외국인이 소유하고 있는 법인을 포함한다)

3. "어업"이란 수산동식물(水産動植物)을 포획 · 채취하거나 양식하는 사업을 말한다.
4. "어업활동"이란 어업이나 어업에 관련된 탐색 · 집어(集魚), 어획물의 보관 · 저장 · 가공, 어획물 또는 그 제품의 운반, 선박에 필요한 물건의 보급 또는 그 밖에 해양수산부령으로 정하는 어업에 관련된 행위를 말한다.

대한민국의 배타적 경제수역은 협약에 따라 「영해 및 접속수역법」 제2조에 따른 기선(基線)(이하 "기선"이라 한다)으로부터 그 바깥쪽 200해리의 선까지에 이르는 수역 중 대한민국의 영해를 제외한 수역으로 한다(배타적 경제수역 및 대륙붕에 관한 법률 제2조 제1항).

Ⅲ. 적용범위

제3조(적용 범위 등) ① 외국인이 배타적 경제수역에서 어업활동을 하는 경우에는 「수산업법」, 「양식산업발전법」 및 「수산자원관리법」에도 불구하고 이 법을 적용한다.
② 이 법에서 규정하는 사항에 관하여 외국과의 협정에서 따로 정하는 것이 있을 때에는 그 협정에서 정하는 바에 따른다.
③ 배타적 경제수역에서 이루어지는 외국인의 어업활동에 관하여는 「배타적 경제수역 및 대륙붕에 관한 법률」 제5조 제1항에도 불구하고 대통령령으로 정하는 법령의 규정을 적용하지 아니한다.

Ⅳ. 특정금지구역에서의 어업활동 금지

제4조(특정금지구역에서의 어업활동 금지) 외국인은 배타적 경제수역 중 어업자원의 보호 또는 어업조정(漁業調整)을 위하여 대통령령으로 정하는 구역(이하 "특정금지구역"이라 한다)에서 어업활동을 하여서는 아니 된다.

외국인의 어업활동을 금지하는 "특정금지구역"은 배타적 경제수역에서의 외국인어업 등에 대한 주권적 권리의 행사에 관한 법률 시행령 제 2조에서 정하고 있다.[3)]

3) 배타적 경제수역에서의 외국인어업 등에 대한 주권적 권리의 행사에 관한 법률 시행령 [별표]

대한민국의 배타적 경제수역은 협약에 따라 「영해 및 접속수역법」 제2조에 따른 기선(基線)(이하 "기선"이라 한다)으로부터 그 바깥쪽 200해리의 선까지에 이르는 수역 중 대한민국의 영해를 제외한 수역으로 한다(배타적 경제수역 및 대륙붕에 관한 법률 제2조 제1항). 본 법 제4조를 위반하여 어업활동을 한 자는 3억원 이하의 벌금에 처한다(법 제16조의2).

Ⅴ. 허가 및 승인

제5조(어업의 허가 등) ① 외국인은 특정금지구역이 아닌 배타적 경제수역에서 어업활동을

---

1. 대한민국 동해 중 다음의 각 점을 차례로 연결한 선 안의 배타적 경제수역
   가. 북위 38도 37분 01.13초(동경측지계: 북위 38도 36분 51초)와 육안(섬이 아닌 육지의 해안선을 말한다. 이하 이 표에서 같다)과의 교차점
   나. 북위 38도 37분 00.78초(동경측지계: 북위 38도 36분 51초)와 동경 131도 59분 50.76초(동경측지계: 동경 132도 00분)의 교차점
   다. 북위 38도 15분 09.93초(동경측지계: 북위 38도 15분)와 동경 131도 59분 50.78초(동경측지계: 동경 132도 00분)의 교차점
   라. 북위 38도 15분 07.33초(동경측지계: 북위 38도 15분)와 육안과의 교차점
2. 대한민국 서해 중 다음의 각 점을 차례로 연결한 선 안의 배타적 경제수역
   가. 북위 38도 03분 10.44초(동경측지계: 북위 38도 03분)와 육안과의 교차점
   나. 북위 38도 03분 09.80초(동경측지계: 북위 38도 03분)와 동경 123도 59분 53.40초(동경측지계: 동경 124도 00분)의 교차점
   다. 북위 37도 30분 10.04초(동경측지계: 북위 37도 30분)와 동경 123도 59분 53.41초(동경측지계: 동경 124도 00분)의 교차점
   라. 북위 37도 30분 10.04초(동경측지계: 북위 37도 30분)와 동경 124도 29분 53.25초(동경측지계: 동경 124도 30분)의 교차점
   마. 북위 37도 10분 10.18초(동경측지계: 북위 37도 10분)와 동경 124도 29분 53.26초(동경측지계: 동경 124도 30분)의 교차점
   바. 북위 37도 10분 22.83초(동경측지계: 북위 37도 10분)와 육안과의 교차점
3. 국제항행에 이용되는 대한해협을 구성하는 수역의 경우에는 「영해 및 접속수역법」 제2조에 따른 기선(基線)으로부터 어떠한 점을 취할 때에도 해당 기선상의 가장 가까운 점으로부터의 거리가 12해리인 선까지의 수역 중 배타적 경제수역
4. 어업자원의 주된 산란장소 또는 서식장소로서 어업자원의 보호 또는 어업조정(漁業調整)을 위하여 해양수산부령으로 정하는 수역
   가. 북위 38도 36분 51초와 육안과의 교차점
   나. 북위 38도 36분 51초와 동경 132도 00분의 교차점
   다. 북위 38도 15분과 동경 132도 00분의 교차점
   라. 북위 38도 15분과 육안과의 교차점

하려면 선박마다 해양수산부장관의 허가를 받아야 한다.
② 해양수산부장관은 제1항에 따라 허가를 하였을 때에는 해당 외국인에게 허가증을 발급하여야 한다.
③ 제1항에 따라 허가를 받은 외국인은 허가를 받은 선박에 허가 사항을 식별할 수 있도록 표지(標識)를 하여야 하며, 제2항의 허가증을 갖추어 두어야 한다.
④ 제1항부터 제3항까지의 규정에 따른 허가 사항은 대통령령으로 정하고, 허가 절차, 허가증 발급, 표지 방법 및 그 밖에 필요한 사항은 해양수산부령으로 정한다.
제6조(허가기준) ① 해양수산부장관은 제5조 제1항에 따른 허가 신청을 받았을 때에는 다음 각 호의 기준을 모두 충족하는 경우에만 허가할 수 있다.
1. 허가 신청된 어업활동이 국제협약 또는 국가 간의 합의나 그 밖에 이에 준하는 것의 이행에 지장을 주지 아니한다고 인정될 것
2. 허가 신청된 어업활동으로 인하여 해양수산부령으로 정하는 바에 따라 해양수산부장관이 정하는 어획량의 한도를 초과하지 아니한다고 인정될 것
3. 허용 가능한 어업 및 선박 규모의 기준 등 해양수산부령으로 정하는 기준을 충족한다고 인정될 것

② 제1항 제2호에 따른 어획량의 한도를 정할 때에는 수산자원의 동향, 대한민국 어업자의 어획 실태, 외국인의 어업 상황 및 주변 외국 수역에서의 대한민국 어업자의 어업 상황 등을 종합적으로 고려하여야 하며, 「수산자원관리법」 제36조에 따라 설정된 총허용어획량(總許容漁獲量)을 기초로 하여야 한다.
제6조의2(불법 어업활동 혐의 선박에 대한 정선명령) 검사(檢事)나 대통령령으로 정하는 사법경찰관(이하 "사법경찰관"이라 한다)은 배타적 경제수역에서 다음 각 호의 어느 하나에 해당하는 불법 어업활동 혐의가 있는 외국선박에 정선명령(停船命令)을 할 수 있다. 이 경우 그 선박은 명령에 따라야 한다.
1. 이 법, 이 법에 따른 명령 또는 제한이나 조건을 위반한 혐의가 있다고 인정되는 경우
2. 대한민국과 어업에 관한 협정을 체결한 국가의 선박이 그 협정, 그 협정에 따른 명령 또는 제한이나 조건을 위반한 혐의가 있다고 인정되는 경우

제6조의2(불법 어업활동 혐의 선박에 대한 정선명령) 검사(檢事)나 대통령령으로 정하는 사법경찰관(이하 "사법경찰관"이라 한다)은 배타적 경제수역에서 다음 각 호의 어느 하나에 해당하는 불법 어업활동 혐의가 있는 외국선박에 정선명령(停船命令)을 할 수 있다. 이 경우 그 선박은 명령에 따라야 한다.
1. 이 법, 이 법에 따른 명령 또는 제한이나 조건을 위반한 혐의가 있다고 인정되는 경우
2. 대한민국과 어업에 관한 협정을 체결한 국가의 선박이 그 협정, 그 협정에 따른 명령 또는 제한이나 조건을 위반한 혐의가 있다고 인정되는 경우

제7조(입어료) ① 제5조 제2항에 따라 허가증을 발급받은 외국인은 대한민국 정부에 입어료(入漁料)를 내야 한다.
② 제1항에 따른 입어료는 특별한 사유가 있으면 감액(減額)하거나 면제할 수 있다.
③ 제1항과 제2항에 따른 입어료의 금액, 납부 기한·방법, 감액·면제 기준 및 그 밖에 입

어료에 관하여 필요한 사항은 대통령령으로 정한다.

배타적 경제수역에서 어업활동을 하려면 선박마다 해양수산부장관의 허가를 받아야 하며, 허가증을 받아야 하며, 허가증을 받은 외국인은 입어료를 내야 한다. 본 법 제5조 제1항을 위반하여 어업활동을 한 자는 3억원 이하의 벌금에 처한다(법 제16조의2). 또한 제6조의2를 위반하여 정선명령을 따르지 아니한 선박의 소유자 또는 선장은 1억원 이하의 벌금에 처한다(법 제17조의2).

제8조(시험 · 연구 등을 위한 수산동식물 포획 · 채취 등의 승인) ① 배타적 경제수역에서 시험 · 연구, 교육실습 또는 그 밖에 해양수산부령으로 정하는 목적을 위하여 다음 각 호의 어느 하나의 행위를 하려는 외국인은 선박마다 해양수산부령으로 정하는 바에 따라 해양수산부장관의 승인을 받아야 한다.

1. 수산동식물의 포획 · 채취
2. 어업에 관련된 탐색 · 집어
3. 어획물의 보관 · 저장 · 가공
4. 어획물 또는 그 제품의 운반

② 제1항에 따라 승인을 하는 경우 승인증의 발급 및 비치(備置), 승인 사항의 표지에 관하여는 제5조 제2항 및 제3항을 준용한다. 이 경우 "허가"는 "승인"으로, "허가증"은 "승인증"으로, "허가 사항"은 "승인 사항"으로 본다.

③ 제1항과 제2항에 따른 승인 절차, 승인증 발급, 승인 사항, 표지 방법 및 그 밖에 필요한 사항은 해양수산부령으로 정한다.

제9조(수수료) ① 외국인은 제8조 제1항에 따라 승인 신청을 할 때에는 해양수산부령으로 정하는 바에 따라 대한민국 정부에 수수료를 내야 한다.

② 제1항에 따른 수수료는 특별한 사유가 있으면 감액하거나 면제할 수 있다.

③ 제1항과 제2항에 따른 수수료의 금액, 감액 · 면제 기준에 관하여 필요한 사항은 해양수산부령으로 정한다.

제10조(허가 등의 제한 또는 조건) 해양수산부장관은 제5조 제1항에 따른 허가나 제8조 제1항에 따른 승인을 할 때에는 제한이나 조건을 붙일 수 있으며, 그 제한 또는 조건은 변경할 수 있다.

외국인이 배타적 경제수역에서 수산동식물의 포획 · 채취, 어업에 관련된 탐색 · 집어, 어획물의 보관 · 저장 · 가공, 어획물 또는 그 제품의 운반 등을 목적으로 하는 경우에는 선박마다 해양수산부장관의 승인을 받아야 한다.

Ⅵ. 제한 및 취소

제11조(어획물 등을 옮겨 싣는 행위 등 금지) 외국인이나 외국어선의 선장은 배타적 경제수역에서 어획물이나 그 제품을 다른 선박에 옮겨 싣거나 다른 선박으로부터 받아 실어서는 아니 된다. 다만, 해양사고의 발생 등 해양수산부령으로 정하는 경우에는 그러하지 아니하다.

그러나 해양사고가 발생한 경우, 어업활동 허가를 받은 부속선에 옮겨 싣는 경우, 어획물 운반을 목적으로 허가를 받은 선박에 옮겨 싣는 경우에는 다른 선박에 옮겨 싣거나 다른 선박으로부터 받아 실을 수 있다(배타적 경제수역에서의 외국인어업 등에 대한 주권적 권리의 행사에 관한 법률 시행규칙 제19조).

제12조(어획물 등의 직접 양륙 금지) 외국인이나 외국어선의 선장은 배타적 경제수역에서 어획한 어획물이나 그 제품을 대한민국의 항구에 직접 양륙(揚陸)할 수 없다. 다만, 해양사고의 발생 등 해양수산부령으로 정하는 경우에는 그러하지 아니하다.

다만, 해양사고가 발생한 경우, 또는 선박 또는 인명의 안전유지를 위하여 부득이한 경우에는 어획물 또는 그 제품을 대한민국의 항구에 직접 양륙(揚陸)할 수 있다(배타적 경제수역에서의 외국인어업 등에 대한 주권적 권리의 행사에 관한 법률 시행규칙 제20조). 법 제12조를 위반하여 어획물이나 그 제품을 항구에 직접 양륙한 자는 3천만원 이하의 벌금에 처한다(법 제18조).

제13조(허가 및 승인의 취소 등) 해양수산부장관은 제5조 제1항에 따른 허가를 받거나 제8조 제1항에 따른 승인을 받은 외국인이 이 법, 이 법에 따른 명령 또는 제한이나 조건을 위반하였을 때에는 1년의 범위에서 배타적 경제수역에서의 어업활동 또는 시험·연구 등을 위한 수산동식물 포획·채취 등(이하 "어업활동등"이라 한다)의 정지를 명하거나 제5조 제1항에 따른 허가나 제8조 제1항에 따른 승인을 취소할 수 있다.

Ⅶ. 준용 및 보호와 관리

대한민국의 대륙붕 중 배타적 경제수역 외측(外側) 수역에서의 정착성 어종(「해양법에 관한 국제연합협약」 제77조 제4항의 정착성 어종에 속하는 생물을 말한다)에 관련되는 어업활동등에 관해서는 해당 법 제3조부터 제13조까지의 규정을 준용한다(법 제14조). 또한 대한민국은 대한민국의 내수면에서 알을 낳는 하천회귀성 어족자원의 보호·관리를 위하여 배타적 경제수역의 외측 수역에서 「해양법에 관한 국제연합협약」 제66조 제1항에 따라 해당 어족자원에 대한 우선적인 이익과 책임을 가진다(법 제15조).

Ⅷ. 벌칙 및 몰수 또는 추징

어업의 허가(제5조 제1항), 어획물 등을 옮겨 싣는 행위 등 금지(제11조), 허가 및 승인의 취소(제13조) 등을 위반한 자는 2억원 이하의 벌금에 처하며(법 제17조), 제16조의2, 제17조, 제18조 또는 제19조의 죄를 범한 자가 소유하거나 소지하는 어획물 및 그 제품, 선박, 어구(漁具) 또는 그 밖의 어업활동등에 사용한 물건(이하 이 조에서 "어획물등"이라 한다)은 몰수할 수 있다. 다만, 제16조의2의 죄를 범한 자가 자국(自國)으로부터 어업활동에 관한 허가를 받지 아니한 경우에는 어획물등을 몰수한다(법 제21조의 제1항). 그러나 어획물등의 전부 또는 일부를 몰수할 수 없는 경우에는 그 가액(價額)을 추징한다(법 제21조의 제2항).

제23조(위반 선박 등에 대한 사법절차) ① 검사나 사법경찰관은 이 법, 이 법에 따른 명령 또는 제한이나 조건을 위반한 선박 또는 그 선박의 선장이나 그 밖의 위반자에 대하여 정선, 승선, 검색, 나포(拿捕) 등 필요한 조치를 할 수 있다.

② 사법경찰관은 제1항의 조치를 하였을 때에는 그 결과를 검사에게 보고하되, 사정이 급하여 미리 지휘를 받을 수 없는 경우를 제외하고는 검사의 지휘를 받아 제1항의 조치를 하여야 한다.

③ 검사는 제1항의 조치를 하였거나 제2항에 따른 보고를 받았을 때에는 선장이나 그 밖의 위반자에게 지체 없이 다음 각 호의 사항을 고지하여야 한다. 다만, 대통령령으로 정하는 외국인이 하는 어업활동등에 대하여는 그러하지 아니하다.

1. 담보금이나 담보금 제공을 보증하는 서류가 법무부령으로 정하는 바에 따라 검사에게 제출되었을 때에는 선장이나 그 밖의 위반자를 석방하고, 선박을 반환한다는 취지
2. 담보금의 금액

④ 검사는 제3항에 따라 고지된 담보금 또는 그 제공을 보증하는 서류를 받았을 때에는 지체 없이 선장이나 그 밖의 위반자를 석방하고 선박을 반환하여야 한다.

⑤ 제3항 제2호에 따른 담보금의 금액은 대통령령으로 정하는 기준에 따라 검사가 위반 사

항의 내용과 위반횟수, 그 밖의 사정을 고려하여 정한다.

제24조(담보금의 보관·국고귀속 및 반환 등) ① 담보금은 법무부령으로 정하는 바에 따라 검사가 보관한다.

② 담보금은 다음 각 호의 어느 하나에 해당하는 경우에는 대통령령으로 정하는 바에 따라 지정일 다음 날부터 계산하여 1개월이 지난 날에 국고에 귀속된다. 다만, 국고 귀속일 전날까지 선장이나 그 밖의 위반자가 지정일 다음 날부터 계산하여 3개월이 지나기 전의 특정일에 출석하거나 압수물을 제출한다는 취지의 신청을 한 경우에는 그러하지 아니하다.

1. 선장이나 그 밖의 위반자가 검사 또는 법원으로부터 출석을 요구받고도 그 지정일 및 지정 장소에 출석하지 아니하는 경우
2. 선장이나 그 밖의 위반자가 검사 또는 법원으로부터 반환된 압수물의 제출을 요구받고도 그 지정일 및 지정 장소에 제출하지 아니하는 경우

③ 제2항 단서에 따라 국고에 귀속되지 아니한 담보금은 선장이나 그 밖의 위반자가 그가 신청한 특정일에 출석하지 아니하거나 해당 압수물을 제출하지 아니한 경우에는 그 다음 날에 국고에 귀속된다.

④ 검사는 제2항이나 제3항에 따른 국고귀속 사유로 해당 담보금이 국고에 귀속되기 전에 법원에서 선고한 벌금액이 납부된 경우 등 담보금 보관이 필요하지 아니한 사유로서 법무부령으로 정하는 사유가 발생하였을 때에는 법무부령으로 정하는 바에 따라 담보금을 반환하여야 한다.

제4장 어선안전조업 및 어선원의 안전·보건 증진 등에 관한 법률

제1절 총 칙

Ⅰ. 목 적

법 제1조(목적) 이 법은 어선의 안전한 조업(操業)·항행(航行)과 어선원의 안전·보건 증진 및 재해예방을 위하여 필요한 사항을 정함으로써 건전한 어업질서를 확립하고 어선원의 안전·보건을 유지·증진하며, 국민의 생명·신체·재산을 보호함을 목적으로 한다.

「어선안전조업법」은 「어선안전조업 및 어선원의 안전·보건 증진 등에 관한 법률」로 개정하여 2025. 1. 3. 시행하며, 개정 이유는 「선원법」과 「산업안전보건법」에서 규정하고 있는 어선원의 안전·보건 증진 및 재해예방에 관한 사항을 이 법에 일률적으로 규정하여 어선원에 대한 관리·감독 체계를 일원화함으로써 어업재해율을 낮추고 어선원의 안전·보건 증진에 기여하기 위함에 있다([법률 제19908호, 2024. 1. 2., 일부개정] 개정 이유).

Ⅱ. 용어의 정의

법 제2조(정의) 이 법에서 사용하는 용어의 뜻은 다음 각 호와 같다.

1. "어선"이란 「어선법」 제2조 제1호 각 목의 어느 하나에 해당하는 선박을 말한다.

1의2. “어선원”이란 어선에서 근로를 제공하기 위하여 고용된 사람을 말한다.
1의3. “어선원재해”란 어선원이 어로 작업 또는 그 밖의 업무로 인하여 사망 또는 부상하거나 질병에 걸리는 것을 말한다.
1의4. “어선원중대재해”란 어선원재해 중 사망 등 재해 정도가 심하거나 다수의 재해어선원이 발생한 경우로서 해양수산부령으로 정하는 어선원재해를 말한다.
1의5. “어선소유자”란 어선을 사용하여 실질적으로 어업을 경영하는 자를 말한다.
2. “조업”이란 해상에서 어선·어구를 사용하여 수산동식물을 포획·채취하는 행위와 이를 목적으로 어구 등 시설물을 설치하는 행위를 말한다.
3. “조업한계선”이란 조업을 할 수 있는 동해 및 서해의 북쪽한계선으로서 대통령령으로 정하는 선을 말한다.
4. “특정해역”이란 동해 및 서해의 조업한계선 이남(以南)해역 중 어선의 조업과 항행이 제한된 해역으로서 대통령령으로 정하는 범위의 해역을 말한다.
5. “조업자제선”이란 조업자제해역의 동해 및 서해의 북쪽한계선으로서 대통령령으로 정하는 선을 말한다.
6. “조업자제해역”이란 북한 및 러시아 등의 배타적 경제수역(EEZ)과 인접한 동해특정해역의 이동(以東)해역 및 서해특정해역의 이서(以西)해역 중 어선의 조업과 항행이 제한된 해역으로서 대통령령으로 정하는 범위의 해역을 말한다.
7. “일반해역”이란 「원양산업발전법」 제2조 제10호에 따른 해외수역을 제외한 해역 중 특정해역 및 조업자제해역을 제외한 모든 해역을 말한다.
8. “항포구”란 어선이 조업 또는 항행 등을 위하여 출항 또는 입항(이하 “출입항”이라 한다)하는 항구 또는 포구를 말한다.
9. “신고기관”이란 어선의 출입항 신고업무를 담당하는 해양경찰서 소속 파출소, 출장소 및 해양경찰서장이 민간인으로 하여금 출입항 신고업무를 대행하게 하는 대행신고소를 말한다.
10. “교신가입”이란 무선설비가 설치된 어선의 선주가 「전파법」 제19조에 따라 무선국 개설허가를 받고 어선안전조업본부에 가입하는 것을 말한다.

어선원의 안전·보건 증진 및 재해예방에 관한 사항을 어선원, 어선원재해, 어선원중대재해 및 어선소유자에 대한 정의를 추가 정의하였다.

이 법에서 해역은 해외수역, 일반해역, 특정해역 및 조업자제해역으로 구분하고 있다고 할 수 있다. 여기서 “해외수역”이란 동해·서해 및 동중국해와 북위 25도선 이북(以北), 동경 140도선 이서(以西)의 태평양해역을 제외한 해역(「원양산업발전법」 제2조 제10호)을 말한다.

따라서 “일반해역”이란 동해·서해 및 동중국해와 북위 25도선 이북(以北), 동경 140도선 이서(以西)의 태평양해역으로서 특정해역과 조업제한해역을 제외한 수역을 말한다고 할 수 있다.

Ⅲ. 적용범위

> **법 제3조(적용 범위)** 이 법은 대한민국 국민(국내법에 따라 설립된 법인과 국내 어업허가 등을 받은 외국인·외국법인을 포함한다)과 대한민국 정부가 소유하는 모든 어선에 대하여 적용한다. 다만, 어업지도선, 원양어업에 종사하는 어선 등 대통령령으로 정하는 어선에 대하여는 대통령령으로 정하는 바에 따라 이 법의 전부 또는 일부를 적용하지 아니할 수 있다.

1. 적 용

이 법은 대한민국 국민(국내법에 따라 설립된 법인과 국내 어업허가 등을 받은 외국인·외국법인을 포함한다)과 대한민국 정부가 소유하는 모든 어선에 대하여 적용한다

2. 적용 제외

조업에 종사하지 아니하며 어업지도선을 포함한 ① 수산업에 관한 시험·조사·지도·단속 또는 교습에 종사하는 선박과 다른 법령의 적용을 받는 다음의 선박은 이 법의 적용을 받지 않는다.

② 「원양산업발전법」 제2조 제2호에 따른 원양어업에 종사하는 어선

③ 「내수면어업법」 제2조 제5호에 따른 내수면어업에 종사하는 어선

④ 「양식산업발전법」 제10조 제1항 제7호에 따른 내수면양식업에 종사하는 어선

Ⅳ. 다른 법률과의 관계(제4조)

어선의 안전한 조업 및 항행에 관하여는 다른 법률에 특별한 규정이 있는 경우를 제외하고는 이 법에서 정하는 바에 따른다. 다만, 어선원의 안전·보건 증진 및 재해예방에 관하여는 이 법을 우선 적용한다.

「수산업법」 제69조에서 어업감독 공무원은 안전조업을 위하여 필요하다고 인정되면 정선(停船)이나 회항(回航)을 명할 수 있도록 규정하고 있다. 또한 「해상교

통안전법」에서는 안전한 항행을 위해 수역 안전관리, 해상교통 안전관리 및 선박의 항법 등을 규정하고 있다.

「선원의 안전·보건 및 사고예방 기준」은 「선원법」「선원법」 제78조 제1항 제2호, 제79조, 제81조부터 제83조까지, 제91조 및 제92조의 규정에 따라 제정하였고, 이 고시는 어선을 제외한 「선원법」 적용 선박과 해당 선박에 승무(乘務)하는 선원, 그 선박의 선박소유자에게 적용한다.

반면에 어선원의 안전·보건 증진 및 재해예방에 관하여는 이 법에서 별도로 규정하고 있으며, 다른 법령보다 이 법을 우선적으로 적용함을 명시하고 있다.

Ⅴ. 국가와 지방자치단체의 책무(제5조)

국가와 지방자치단체는 이 법의 목적을 달성하기 위하여 다음 각 호의 사항을 성실히 이행할 책무를 진다.

1. 어선의 안전한 조업과 항행에 필요한 정책의 수립 및 집행
2. 어선원재해 예방에 필요한 정책의 수립 및 집행
3. 어선원 안전·보건 및 재해예방 기준의 작성
4. 선내 어선원 거주 생활시설 현대화 및 복지시설 강화
5. 그 밖에 어선원의 안전 및 건강의 보호·증진

Ⅵ. 어선소유자 및 어선원의 의무(제6조)

어선소유자는 국가와 지방자치단체가 정한 어선의 안전한 조업 및 어선원재해 예방 정책에 협조하여야 하며 이 법에 따라 정하는 어선원 안전·보건 및 재해예방 기준을 준수하여야 한다.

그리고 어선원은 국가와 지방자치단체가 정한 어선의 안전을 위한 정책과 어선원의 안전·보건 및 재해예방에 관한 조치에 따라야 한다.

Ⅶ. 어선안전 등에 관한 기본계획의 수립 등(제7조)

해양수산부장관은 관계 행정기관의 장과 협의하여 어선의 안전한 조업·항행과 어선원의 안전·보건 및 재해예방을 위한 어선안전 등에 관한 기본계획(이하 "기본계획"이라 한다)을 5년마다 수립하여야 한다.

기본계획에는 다음 각 호의 사항이 포함되어야 한다.

1. 어선안전조업에 관한 중·장기 정책에 관한 사항
2. 어선사고 및 어선원재해의 발생현황과 원인 분석, 감소 목표
3. 어선안전조업제도와 어선원 안전·보건·재해예방 제도의 개선에 관한 사항
4. 어선사고 및 어선원재해를 예방하기 위한 교육·홍보 등에 관한 사항
5. 어선안전조업 및 어선원재해 예방을 위한 정책 및 기술 등의 연구·개발에 관한 사항
6. 어선안전 및 어선원재해 예방을 위한 연차별 세부 추진계획 및 투자계획
7. 그 밖에 어선의 안전한 조업·항행과 어선원 안전·보건의 유지·증진을 위하여 필요한 사항

제2절 출입항 신고 등

Ⅰ. 출입항 신고(제8조)

1. 항포구 출입항 어선의 신고

항포구에 출입항하려는 어선의 소유자 또는 선장은 신고기관에 신고하여야 한다. 다만, 「수산업법」 제27조 제1항에 따라 관리선 사용지정을 받은 어선 또는 같은 조 제3항에 따라 사용승인을 받은 어선은 다음 각 호의 어느 하나에 해당하는 해역에 출어하는 경우에만 신고한다.

1. 특정해역
2. 조업자제해역
3. 관할 해양경찰서장이 치안유지나 국방을 위하여 필요하다고 인정하여 관

계 기관의 장과 협의를 거쳐 지정한 해역

2. 어선위치발신장치 설치·작동 어선의 출입항신고 면제

「어선법」 제5조의2 제1항 단서에 따라 해양경찰청장이 정하는 어선위치발신장치를 갖추고 이를 정상적으로 작동하여 출입항하는 어선은 제1항에 따른 출입항 신고를 한 것으로 본다.

다만, 어선위치발신장치를 설치한 어선도 다음 각 호의 어느 하나에 해당하는 경우에는 출입항 신고를 해야 한다.

1. 최초로 신고하는 경우
2. 승선원 명부 등 어선출입항신고서의 내용에 변동이 있는 경우
3. 특정해역이나 조업자제해역에 출어하는 경우

3. 출입항신고는 어선출입항신고서를 작성 제출

출입항 신고를 하려는 어선의 소유자 또는 선장은 신고인 인적사항, 승선원 명부 등 해양수산부령으로 정하는 사항을 기재한 어선출입항신고서를 제출하여야 한다.

Ⅱ. 자료의 제공(제8조의2)

제8조에 따른 출입항 신고를 받은 기관은 제44조 제1항에 따른 어선원안전감독관이 그 직무 범위에 해당하는 선박의 신고사항에 대하여 요청을 하는 경우 정당한 사유가 없으면 승선원 명부 등 관련 자료를 제공하여야 한다.

Ⅲ. 항포구의 출입항 제한(제9조)

어선은 신고기관이 설치되지 아니한 항포구에는 출입항하여서는 아니 된다. 다만, 기상 악화에 따른 피항, 기관 고장 등으로 인한 표류, 그 밖의 부득이한 사정이 있는 경우에는 그러하지 아니하며, 어선의 선장은 어선이 항포구에 입항한 경우 입항한 항포구 인근에 있는 신고기관에 신고하여야 한다.

Ⅳ. 출항 등의 제한(제10조)

1. 어선의 출항 및 조업 제한과 안전조치 및 준수사항

신고기관의 장은 해상에 대하여 기상특보가 발효된 때에는 다음의 법 시행규칙 [별표 1]과 같이 어선의 출항 및 조업을 제한할 수 있으며, 어선의 선장은 해상에 대하여 기상예비특보(기상특보를 발표할 것으로 예상될 때 이를 사전에 알리는 것을 말한다) 또는 기상특보가 발표되거나 발효된 때에는 [별표 1]에 따른 어선의 안전조치 및 준수사항에 따라야 한다.

어선안전조업법 시행규칙 [별표 1]

어선의 출항 및 조업 제한의 기준과 안전조치 및 준수사항(제4조 제1항 관련)

구분	출항 및 조업 제한 기준	어선의 안전조치 및 준수사항
1. 태풍주의보 · 태풍경보 · 풍랑경보	모든 어선의 출항 및 조업 제한	가. 조업 또는 항행 중인 어선은 해양수산부 또는 지방자치단체의 어업지도선, 해양경찰관서 함정의 안전해역으로의 이동 및 항 또는 만으로의 대피 명령을 준수할 것 나. 조업 또는 항행 중인 어선(「어선법」 제5조에 따른 무선설비가 설치된 어선으로 한정한다)은 무선설비를 상시 켜고 경보를 청취할 것
2. 풍랑주의보	총톤수 15톤(태풍으로 인한 풍랑주의보 발효 시에는 총톤수 30톤으로 한다) 미만인 어선의 출항 및 조업 제한	
3. 폭풍해일주의보 · 폭풍해일경보	–	가. 조업 또는 항행 중인 어선은 해양수산부 또는 지방자치단체의 어업지도선, 해양경찰관서 함정의 항내 정박선 안전지대로의 대피 명령을 준수할 것 나. 조업 또는 항행 중인 어선(「어선법」 제5조에 따른 무선설비가 설치된 어선으로 한정한다)은 무선설비를 상시 켜고 경보를 청취할 것

비고

1. 신고기관의 장은 기상특보가 발효될 것으로 예상되는 경우에는 기상 상황 및 예상 항로 등을 고려하여 어선의 출항 및 조업을 제한할 수 있다.
2. 해양수산부 또는 지방자치단체의 어업지도선, 해양경찰관서의 함정은 기상예비특보가 발표되거나 기상특보가 발효될 것으로 예상되는 경우에는 기상 상황 및 대피 시간 등을 고려하여 이동 및 대피 명령을 내릴 수 있다.
3. 안전본부는 기상특보가 발효된 경우 기상특보의 내용과 어선의 안전조치 및 준수사항 등을 1시간마다 방송하여 조업 또는 항행 중인 어선이 신속히 대피하도록 해야 하며, 어선의 대피 상황을 4시간마다 해양수산부장관에게 보고하고, 필요 시 해양경찰서, 시 · 군 등 관계 기관에 통보해야 한다.

위 법 시행규칙 [별표 1]의 규정에도 불구하고 11월 1일부터 다음 해 3월 31일까지의 기간에 풍랑주의보가 발효된 경우에는 총톤수 30톤 미만의 어선은 출항 및 조업이 금지된다.

2. 총톤수 15톤 이상 어선의 출항 및 조업

총톤수 15톤 이상의 어선은 다음 각 호의 모두에 해당하는 경우에는 출항 및 조업을 할 수 있다.

① 태풍 외의 사유로 풍랑주의보가 발효되었을 것

②「배타적 경제수역 및 대륙붕에 관한 법률」제2조에 따른 대한민국의 배타적 경제수역까지 실시간 위치확인이 가능한 어선위치발신장치를 갖추고 이를 정상적으로 작동할 것

③ 2척 이상의 어선으로 선단(船團)을 편성하고, 어선 간 최대 거리를 6마일 이내로 유지할 것

④ 관할 안전본부에 사전통지를 할 것

3. 총톤수 5톤 이상 어선의 해역 및 기간에 한정한 출항 및 조업

위의 1.항 및 2.항에도 불구하고 신고기관의 장은 풍랑주의보가 발효된 경우에 법 시행규칙 [별표 2]에 따른 해역 및 기간에 한정하여 어선이 출항하여 조업할 수 있다고 인정되면, 총톤수 5톤 이상 어선의 출항 및 조업을 허용할 수 있다.

■ 어선안전조업법 시행규칙 [별표 2]

풍랑주의보 발효 시 출항 가능 해역 및 기간(제4조 제3항 관련)

해 역	기 간
1. 인천·경기도 연안 인천항, 영종도, 용유도, 덕적도, 이작도, 풍도, 서산군 화곡리를 차례로 연결한 선의 안쪽 해역	3. 1 ~ 12. 31
2. 강원도 연안 해안선으로부터 7마일 이내의 해역	1. 1 ~ 12. 31.
3. 충청남도 연안 천수만	1. 1 ~ 12. 31
4. 전라남도 연안 여자만, 가막만, 광양만	1. 1 ~ 12. 31

5. 경상북도 연안 해안선으로부터 3마일 이내의 해역	1. 1 ~ 12. 31
6. 경상남도 연안 진주만, 고성만, 진해만	1. 1 ~ 12. 31
7. 그 밖의 해역 해상의 기상상황이 출어에 지장이 없다고 인정되는 내만 또는 도서 주위의 해역	1. 1 ~ 12. 31

제3절 특정해역 등에서의 조업 또는 항행 제한

Ⅰ. 조업한계선 또는 조업자제선의 이탈 금지(법 제11조)

어선은 조업한계선 또는 조업자제선을 넘어 조업 또는 항행을 하여서는 아니 된다. 다만, 조업한계선 또는 조업자제선 인근지역의 어선 등 다음의 경우에는 그러하지 아니하다.

① 조업한계선 또는 조업자제선 인근 지역·도서의 어선이 해양수산부령으로 정하는 해역에서 해양수산부령으로 정하는 기간 및 조업 조건을 준수하여 조업 또는 항행하는 경우

②「남북교류협력에 관한 법률」 제20조 제1항에 따라 통일부장관의 승인을 받은 어선 또는 외국정부의 입어 허가를 받아 해당 외국수역으로 출어하는 어선이 해양수산부령으로 정하는 항로를 항행하는 경우

③「어선법」 제13조에 따라 어선의 등록을 할 때 조업한계선 이북에 위치한 항포구를 선적항으로 정한 어선이 해당 항포구를 출항 또는 입항(이하 "출입항"이라 한다)하는 경우

Ⅱ. 출어등록(법 제12조)

1. 출어등록 및 유효기간

특정해역 또는 조업자제해역에서 조업하려는 어선의 소유자 또는 선장은 신고기관에 출어등록을 하여야 한다. 이 경우 출어등록의 유효기간은 등록일로부터 1년이다.

2. 출어등록의 절차 및 방법 등(시행규칙 제6조)

어선의 소유자 또는 선장은 법 제12조에 따라 출어등록을 하려는 경우에는 별지 제2호서식의 출어등록신청서 및 신분증 사본을 관할 해양경찰서 신고기관의 장에게 제출해야 한다.

해양경찰서 신고기관의 장은 출어등록을 한 자에게 출어등록번호를 부여하고, 별지 제3호서식의 출어등록증을 발급해야 하며,[1] 그 내용을 별지 제4호서식의 출어등록대장에 기록·보관하고, 어업관리단 및 안전본부에 통보해야 한다. 출어등록대장은 전자적 처리가 불가능한 특별한 사유가 있는 경우 외에는 전자적 방법으로 기록·관리해야 한다.

Ⅲ. 특정해역에서의 조업 또는 항행의 제한(법 제13조)

1. 고시에 의한 특정해역에서의 조업 또는 항행의 제한

해양수산부장관은 어선의 안전한 조업과 항행을 위하여 필요한 경우 관계 중앙행정기관의 장과 협의를 거쳐 특정해역에서의 어업별 조업구역 및 기간 등을 고시로 정하여 제한할 수 있다.

2. 안전장비 설치

특정해역에서 조업을 하는 자(어선소유자를 포함한다. 이하 같다)는 「어선법」 제3조에 따른 구명설비, 같은 법 제5조에 따른 무선설비와 나침반 및 해도 등 안전장비를 갖춘 어선으로 조업 또는 항행을 하여야 한다.[2]

---

1) 이 경우 출어등록번호는 어획물운반선과 그 외의 어선을 구분하여 부여한다.

2) 다만, 특정해역에 인접한 지역(고성군 아야진항 이북 지역을 말한다)의 어업인이 보유하는 무동력어선은 본문의 안전장비를 갖추지 않고 조업 또는 항행을 할 수 있다.

Ⅳ. 특정해역 외의 해역에서의 조업 또는 항행의 제한(법 제14조)

1. 고시에 의한 특정해역 외의 해역에서의 조업 또는 항행의 제한

해양수산부장관은 어선의 안전한 조업과 항행을 위하여 필요한 경우 관계 중앙행정기관의 장과 협의하여 특정해역 외의 해역에서의 조업 또는 항행을 고시로 정하여 제한할 수 있다.

2. 동해 조업자제해역 출어 어선의 특정해역 이남의 일반해역 항행

다음의 동해 조업자제해역에 출어하는 어선은 특정해역 이남의 일반해역으로 항행하여야 한다.

① 주문진항 이북에 위치한 항포구를 출항하는 어선으로서 동해 조업자제해역에 출어하는 어선은 주문진항 방향으로 남하한 후 특정해역 이남의 일반해역으로 항행해야 한다. 입항하는 경우에도 또한 같다.

② 위 ①항에도 불구하고 다음 각 호의 어느 하나에 해당하여 어선이 입항하는 경우에는 안전본부에 통보하고 특정해역을 항행할 수 있다.

가. 선원의 심각한 부상, 사망 또는 실종 등 인명사고가 발생한 경우

나. 기상특보 발효에 따라 대피하는 경우

다. 어선의 기관 고장으로 긴급한 수리가 필요한 경우

라. 전시·사변 또는 이에 준하는 비상사태나 천재지변이 발생한 경우

Ⅴ. 어선의 선단 편성 조업(법 제15조)

특정해역 또는 조업자제해역에서 조업하려는 어선은 선단을 편성하여 출항하고 조업하여야 한다. 다만, 어선장비의 고장, 인명사고 등 불가피한 경우에는 선단 편성 조업에서 이탈할 수 있다.

무선설비가 없는 어선으로서 「영해 및 접속수역법」 제2조에 따른 영해 내 기선으로부터 12해리 밖의 일반해역에서 조업하려는 어선은 무선설비가 있는 어선과 선단을 편성하여 신고기관에 신고하여야 한다.

어선의 선단 편성 방법 및 선단 조업, 선단 이탈 등에 관하여 필요한 사항은

해양수산부령으로 정한다.

Ⅵ. 일시적인 조업 또는 항행의 제한(법 제16조)

국방부장관 또는 해양경찰청장은 국가안전보장 또는 질서유지를 위하여 필요한 경우 해양수산부장관, 광역시장·도지사·특별자치도지사(이하 "시·도지사"라 한다)와 협의하여 해양수산부장관 또는 시·도지사에게 일정한 해역에서 지정된 기간 동안 조업 또는 항행의 제한을 요청할 수 있다.[3] 다만, 국방부장관 또는 해양경찰청장은 조업 또는 항행을 즉시 제한하지 아니하면 어선의 안전한 조업 또는 항행에 중대한 영향이 있다고 판단하는 경우 조업 또는 항행을 제한할 수 있다. 이 경우 국방부장관 또는 해양경찰청장은 해양수산부장관, 해당 시·도지사 및 관계기관에 즉시 통보하여야 한다.

해양수산부장관 또는 시·도지사는 제1항에 따른 요청을 받은 때에는 해양수산부령이 정하는 바에 따라 일시적으로 조업 또는 항행의 제한을 할 수 있다.

Ⅶ. 서해 접경해역의 통제(법 제17조)

서해 북방한계선과 잇닿아 있는 접경해역 중 대통령령으로 정하는 어장(백령도, 대청도, 소청도, 연평도 및 강화도)에 대한 출입항은 신고기관의 협조를 받아 그 지역 관할 군부대장이 통제할 수 있다.

위의 백령도 등 5개 지역 어장을 관할하는 관계 기관의 장은 어선의 불법조업 및 조업구역 이탈 방지 등 안전조업 지도에 노력하여야 한다.

위의 백령도 등 5개 지역 어장의 출입항 통제 및 안전조업 지도 등의 범위 및 방법 등에 관하여 필요한 사항은 대통령령으로 정한다.

Ⅷ. 조업보호본부의 설치·운영(법 제18조)

해양경찰청장은 특정해역의 조업보호에 관한 다음 각 호의 사무를 처리하기

---

3) 일시적인 조업 및 항행의 제한의 방법 및 절차 등에 관하여 필요한 사항은 대통령령으로 정한다.

위하여 해양경찰관서에 조업보호본부를 설치 · 운영할 수 있으며, 이에 필요한 사항은 대통령령으로 정한다.

① 조업보호를 위한 경비 및 단속
② 어선의 출입항 및 출어등록의 현황 파악과 출어선(出漁船)의 동태 파악
③ 해양사고 구조
④ 조업을 하는 자의 위법행위의 적발 · 처리 및 관계 기관 통보
⑤ 특정해역에 출입하는 어획물운반선의 통제

제4절 어선의 안전한 조업과 항행을 위한 사업 등

Ⅰ. 어선의 안전한 조업과 항행을 위한 사업(법 제19조)

해양수산부장관은 어선의 안전한 조업과 항행을 위하여 다음 각 호의 사업을 수행할 수 있다.

① 조업어선의 위치파악
② 조업정보의 제공
③ 조업한계선 또는 조업자제선의 이탈 · 피랍 방지 등 안전조업 지도
④ 해상통합방위 지원사업
⑤ 한 · 일, 한 · 중 배타적 경제수역(EEZ) 조업어선 관리
⑥ 어업인 안전조업교육
⑦ 어선사고 예방 및 신속구조를 위한 무선설비 시스템 운영
⑧ 어선안전종합관리시스템 운영 · 관리
⑨ 그 밖에 해양수산부장관이 필요하다고 인정하는 사업

해양수산부장관은 제1항의 사업 중 일부를 「수산업협동조합법」에 따라 설립된 수산업협동조합중앙회(이하 "중앙회"라 한다)에 위탁할 수 있고,[4] 중앙회는 위탁사무를 수행하기 위해 어선안전조업본부(이하 "안전본부"라 한다)를 설치 · 운영할 수 있다.

4) 이 경우 해양수산부장관은 중앙회에 필요한 경비를 지원할 수 있다.

Ⅱ. 지도 · 감독(법 제20조)

해양수산부장관은 안전본부의 소관업무에 관하여 지도 · 감독할 수 있고, 필요하다고 인정하는 경우 안전본부의 업무 · 회계 및 재산에 관한 사항을 보고하게 하거나 소속 공무원으로 하여금 안전본부의 장부 · 서류 또는 그 밖의 물건을 검사하게 할 수 있다.

Ⅲ. 어선 교신가입 및 위치통지(법 제21조)

1. 어선의 안전본부에 교신가입

「어선법」 제5조에 따른 무선설비가 설치된 어선의 소유자는 해양수산부령으로 정하는 바에 따라 어선이 주로 출입항하는 항포구를 관할하는 안전본부에 교신가입하여야 한다.

2. 어선의 위치통지 횟수 및 절차 등(법 제21조 제2항, 시행령 제12조)

교신가입한 어선이 출항할 때에는 지정된 시간에 맞추어 안전본부에 다음과 같이 그 위치(위도와 경도)를 통지하여야 한다.

① 다음 각 호의 구분에 따른 안전본부에 해야 한다. 다만, 각 호의 구분에 따른 안전본부와 교신이 불가능한 경우에는 인근 안전본부에 위치통지를 해야 한다.

가. 특정해역에 출어하는 경우: 해당 특정해역을 관할하는 안전본부

나. 제1호 외의 경우: 출항지를 관할하는 안전본부

② 위치통지의 횟수는 다음 각 호의 구분에 따른다. 이 경우 출항시각을 기준으로 매 24시간을 1일로 한다.

가. 특정해역에 출어하는 어선: 1일 3회(매일 최초의 위치통지는 출항시각에 해당하는 시각을 기준으로 6시간이 경과한 이후에 하고, 두 번째 및 세 번째 통지는 직전의 통지와 6시간 이상의 간격을 두어야 한다)

나. 조업자제해역에 출어하는 어선: 1일 2회(매일 최초의 위치통지는 출항시각에 해당하는 시각을 기준으로 8시간이 경과한 이후에 하고, 두 번째 통지는 직전의 통지와 8시간 이상의 간격을 두어야 한다)

다. 일반해역에 출어하는 어선: 1일 1회(매일 위치통지는 출항시각에 해당하는 시각을 기준으로 12시간이 경과한 이후에 해야 한다)

③ 기상특보가 발효된 경우에는 ②항에 따른 통지 외에 다음 각 호의 구분에 따라 추가로 위치통지를 해야 한다. 이 경우 기상특보 발효 당시 조업 또는 항행 중인 어선은 기상특보 발효시각을, 기상특보 발효 이후 출항한 어선은 출항시각을 각각 기준으로 하여 최초로 다음 각 호에 따른 간격이 되었을 때 최초 통지를 해야 한다.

가. 풍랑특보 발효시: 매 12시간 간격(12시간 전후로 30분의 간격은 허용한다)

나. 태풍특보 발효시: 매 4시간 간격(4시간 전후로 30분의 간격은 허용한다)

3. 위치 확인의 방법 등(법 제21조 제3항, 시행령 제13조)

해양수산부장관은, 어선이 지정된 시간까지 위치통지의무를 이행하지 않는 경우, 다음과 같이 조치한다.

① 무선통신을 이용한 방송 및 법 제19조 제1항 제8호에 따른 어선안전종합관리시스템 등을 활용하여 해당 어선의 위치를 확인한다.

② 해양수산부장관이 정하는 시간이 지날 때까지 위치통지를 하지 않은 어선에 대하여 관할 해양경찰서 및 어업관리단 등 수색·구조기관 등에 통보하는 등 필요한 조치를 한다.

Ⅳ. 선장의 의무(법 제22조)

어선의 선장 해양수산부령으로 정하는 방법으로 긴급사태에 관한 경보를 청취하여야 하고, 다음 각 호의 선박 또는 안전본부로부터 위험상황을 전파받거나 대피하도록 통보를 받은 경우에 즉시 이에 따라야 하며, 무선설비가 설치된 어선은 대피상황을 지체 없이 안전본부에 통보하여야 한다.

① 해양수산부 또는 지방자치단체의 어업지도선

② 해양경찰관서 함정

③ 해군함정

Ⅴ. 정선 등(법 제23조)

해양수산부장관, 국방부장관 및 해양경찰청장은 어선이 이 법을 위반하였다고 인정되는 경우에는 정선(停船)·승선조사 등 필요한 명령이나 조치를 할 수 있다.

1. 정선명령을 위한 정선신호

정선명령을 위한 정선신호는 다음 각 호의 구분에 따른 방법으로 한다.

① 주간: 노란색과 검은색 표지를 교차하여 연결한 정선명령신호기를 게양하는 방법 또는 통신·방송을 이용하거나 육성으로 명령하는 방법

② 야간: 기적을 짧게 한 번, 길게 한 번 연이어 울리거나 빛을 짧게 한 번, 길게 한 번 연이어 비추는 방법 또는 통신·방송을 이용하거나 육성으로 명령하는 방법

2. 승선조사

승선조사를 할 때에는 승선조사를 받는 어선의 선장에게 조사자의 소속 및 성명, 승선조사의 목적 및 이유를 알려야 한다.

Ⅵ. 구명조끼 등의 착용(법 제24조)

어선에 승선하는 사람은 기상특보가 발효되거나 승선 인원이 소규모인 경우 등 해양수산부령으로 정하는 경우 안전한 조업과 항행을 위하여 구명조끼 또는 구명의(救命衣)를 착용하여야 한다.

어선의 선장은 어선에 승선하는 사람에게 구명조끼 또는 구명의를 착용하게 하여야 한다.

해양수산부장관은 해양수산부령으로 정하는 사람으로 하여금 어선에 승선하는 사람이 구명조끼 또는 구명의를 착용하였는지를 확인하게 할 수 있다.

Ⅶ. 안전조업교육(법 제25조, 시행규칙 제14조)

어선의 소유자와 선장, 기관장, 통신장 또는 그 직무를 대행하는 자는 조업질

서의 유지 및 안전한 조업을 위하여 필요한 교육(이하 “안전조업교육”이라 한다)을 이수하여야 한다.

1. 안전조업교육별 대상자 및 교육시기

1) 정기교육

(1) 어선의 소유자: 어업허가 또는 어업·양식업 면허를 받은 날부터 6개월 이내 및 직전 교육 이수 후 1년 이내에 이수

(2) 어선의 소유자를 제외한 교육대상자: 선장, 기관장, 통신장 또는 그 직무를 대행하는 자로 승선하여 최초로 출입항 신고를 한 날부터 6개월 이내 및 직전 교육 이수 후 1년 이내에 이수

2) 특별교육: 특정해역에 출어하는 경우 출어하기 전 및 직전 교육 이수 후 1년 이내(1년 이상 특정해역에 출어하는 경우만 해당한다)에 이수

3) 다음 각 호의 어느 하나에 해당하여 안전조업교육을 이수하지 못한 경우, 그 사유가 해소될 때까지의 기간은 위 교육시기의 기간 계산에 산입하지 않는다.

(1) 질병·사고 등의 사유로 교육대상자가 안전조업교육을 받을 수 없다고 인정되는 경우

(2) 천재지변 또는 감염병 확산 등의 사유로 안전조업교육을 실시하지 않는 경우

2. 교육내용 및 교육시간

교육과정	교육내용	교육시간
정기교육	질서유지 및 안전한 조업 등	연 1회(4시간)
특별교육	월선·피랍 대비 안전사항 등	연 1회(2시간)

비고
법 제25조 제1항에 따른 안전조업교육 대상자 외의 선원에게는 어선의 소유자 또는 선장이 그 교육받은 내용을 전달하는 전달교육을 해야 한다.

3. 교육 주관

1) 정기교육: 수산업협동조합중앙회의 회장

2) 특별교육: 조업보호본부의 장

중앙회장은 정기교육을 효율적으로 하기 위해 사전에 시장·군수·구청장(자치구의 구청장을 말한다), 해양안전심판원장, 해양경찰서장, 지방해양수산청장, 지구별 수산업협동조합의 조합장 및 업종별 수산업협동조합의 조합장에게 교육실시에 관한 협조 요청을 할 수 있으며, 관계기관의 장은 이에 협조해야 한다.

4. 안전조업교육 이수증 발급 및 관리

중앙회장과 조업보호본부의 장은 안전조업교육 이수자에게 안전조업교육 이수증을 발급하고, 안전조업교육 이수자 관리대장에 그 내용을 기록·관리해야 하며, 전자적 처리가 불가능한 특별한 사유가 있는 경우 외에는 이를 전자적 방법으로 기록·관리해야 한다.

제5절 어선원의 안전·보건 및 재해예방 관리체계

Ⅰ. 어선원 안전·보건 및 재해예방 기준(第26조)

해양수산부장관은 다음 각 호의 사항이 포함된 어선원 안전·보건 및 재해예방 기준(이하 "어선원안전보건기준"이라 한다)을 작성하여야 하며, 어선원안전보건기준을 작성하거나 변경할 때에는 어선소유자 단체 및 어선원 단체의 대표자와 협의하여야 한다.

① 어선원 안전·보건 확보를 위한 작업 및 위생 기준

② 어선소유자의 안전 및 보건 조치를 위한 기준

③ 어선 안전 위해요소 발굴을 위한 위험성평가 기준

④ 그 밖에 어선원 안전·보건 및 재해예방을 위하여 필요한 사항

어선원안전보건기준의 구체적인 사항은 해양수산부장관이 정하여 고시한다.

Ⅱ. 어선관리감독자(법 제27조)

어선소유자는 어선의 조업과 항행에 관련되는 업무를 담당하고 어선원을 직접 지휘 · 감독하는 직위에 있는 사람(이하 "어선관리감독자"라 한다)에게 어선원의 안전 및 보건에 관한 업무로서 대통령령으로 정하는 업무를 수행하도록 하여야 한다.

Ⅲ. 위험성평가의 실시(법 제28조)

어선소유자는 어선의 선체와 그 부속물 및 기계 · 기구 · 설비(이하 "선체등"이라 한다), 어선원의 작업행동 및 그 밖의 업무로 인한 유해 · 위험 요인을 찾아내어 부상 또는 질병으로 이어질 수 있는 위험성의 크기가 허용 가능한 범위인지를 평가하여야 한다.

어선소유자는 위험성평가의 결과에 따라 이 법과 이 법에 따른 명령에 따른 조치를 하여야 하며, 어선원에 대한 위험 또는 건강장해를 방지하기 위하여 필요한 경우에는 추가적인 조치를 하여야 하고, 위험성평가 시 해양수산부장관이 정하여 고시하는 바에 따라 해당 작업장의 어선원을 참여시켜야 하며, 위험성평가 결과와 조치사항에 대하여 기록하여 보존하여야 한다.

위험성평가의 방법 · 절차 및 시기, 그 밖에 필요한 사항은 해양수산부장관이 정하여 고시한다.

Ⅳ. 어선안전보건표지의 설치 · 부착(법 제29조)

어선소유자는 어선 내 유해하거나 위험한 장소 · 시설 · 물질에 대한 경고, 비상시에 대처하기 위한 지시 · 안내 또는 그 밖에 어선원의 안전 및 보건 의식을 고취하기 위한 사항 등을 그림, 기호 및 글자 등으로 나타낸 표지(이하 "어선안전보건표지"라 한다)를 어선원이 쉽게 알아볼 수 있도록 설치하거나 붙여야 한다. 이 경우 대한민국 국적을 가지지 아니한 외국인어선원을 사용하는 어선소유자는 어선안전보건표지를 해양수산부장관이 정하는 바에 따라 외국인어선원의 모국어로 작성하여야 한다.

어선안전보건표지의 종류, 형태, 색채, 용도 및 설치·부착 장소, 그 밖에 필요한 사항은 해양수산부령으로 정한다.

Ⅴ. 어선원재해 예방 통합정보시스템 구축·운영 등(법 제30조)

해양수산부장관은 어선원재해를 체계적이고 효율적으로 예방하기 위하여 어선원재해 예방 통합정보시스템을 구축·운영할 수 있다.

통합정보시스템의 구축·운영 및 그 밖에 필요한 사항은 대통령령으로 정한다.

Ⅵ. 안전조치(법 제31조)

어선소유자는 다음 각 호의 어느 하나에 해당하는 위험으로 인한 어선원재해를 예방하기 위하여 필요한 조치(이하 "안전조치"라 한다)를 하여야 하며, 안전조치에 필요한 사항은 해양수산부령으로 정한다.

① 어구의 줄감김 또는 실족 등에 의한 해상추락 사고 위험

② 어구, 로프 및 구조물 등에 의한 신체충돌 사고 위험

③ 양망기에 의한 신체끼임 사고 위험

④ 질식 등 잠수작업 사고 위험

⑤ 그 밖에 어선에서 이루어지는 작업에 의한 사고 위험

Ⅶ. 보건조치(법 제32조)

어선소유자는 다음 각 호의 어느 하나에 해당하는 건강장해를 예방하기 위하여 필요한 조치(이하 "보건조치"라 한다)를 하여야 하며, 보건조치에 필요한 사항은 해양수산부령으로 정한다.

① 원재료·가스·분진·산소결핍·병원체 등에 의한 건강장해

② 고온·저온·소음·진동·이상기압 등에 의한 건강장해

③ 단순반복작업 또는 인체에 과도한 부담을 주는 작업에 의한 건강장해

④ 환기·채광·조명·보온·방습·청결 등의 적정기준을 유지하지 아니하여

발생하는 건강장해

Ⅷ. 어선원의 안전조치 및 보건조치 준수(법 제33조)

어선원은 제31조(안전조치) 및 제32조(보건조치)에 따라 어선소유자가 한 조치로서 해양수산부령으로 정하는 조치 사항을 지켜야 한다.

Ⅸ. 어선안전보건개선계획의 수립·시행 명령(법 제34조)

해양수산부장관은 다음 각 호의 어느 하나에 해당하는 어선으로서 어선원재해 예방을 위하여 종합적인 개선조치를 할 필요가 있다고 인정되는 어선소유자에게 해양수산부령으로 정하는 바에 따라 어선의 안전과 어선원의 안전·보건에 관한 개선계획(이하 "어선안전보건개선계획"이라 한다)을 수립하여 시행할 것을 명할 수 있다.

① 어선원재해율이 같은 업종의 톤급별 평균재해율보다 높은 어선

② 어선소유자가 필요한 안전조치 또는 보건조치를 이행하지 아니하여 어선원중대재해가 발생한 어선

③ 대통령령으로 정하는 수 이상의 직업성 질병자가 발생한 어선

어선소유자는 어선안전보건개선계획을 수립할 때에는 제36조에 따른 어선안전보건위원회의 심의를 거쳐야 한다. 다만, 어선안전보건위원회가 설치되어 있지 아니한 어선의 경우에는 승선한 어선원 과반수의 찬성으로 선출된 어선원대표의 의견을 들어야 한다.

Ⅹ. 어선안전보건개선계획서의 제출 등(법 제35조)

법 제34조 제1항에 따라 어선안전보건개선계획의 수립·시행 명령을 받은 어선소유자는 해양수산부령으로 정하는 바에 따라 어선안전보건개선계획서를 작성하여 해양수산부장관에게 제출하여야 한다.

해양수산부장관은 어선소유자로부터 제출받은 어선안전보건개선계획서를 해

양수산부령으로 정하는 바에 따라 심사하여 그 결과를 어선소유자에게 서면으로 알려 주어야 한다. 이 경우 해양수산부장관은 어선원의 안전 및 보건의 유지·증진을 위하여 필요하다고 인정하는 경우 해당 어선안전보건개선계획서의 보완을 명할 수 있다.

어선소유자와 어선원은 어선안전보건개선계획서를 준수하여야 한다.

XI. 어선안전보건위원회(법 제36조)

1. 어선안전보건위원회

어선안전보건위원회는 어선원의 안전 및 보건에 관한 중요 사항을 심의·의결하기 위하여 구성·운영하나, 이 법, 이 법에 따른 명령, 단체협약, 취업규칙에 반하는 내용으로 심의·의결하여서는 아니 된다.

어선안전보건위원회의 구성 대상 어선, 심의·의결 사항 및 구성·운영 등에 필요한 사항은 대통령령으로 정한다.[5)]

2. 어선소유자 및 어선원

어선소유자는 어선안전보건위원회를 구성·운영하여야 하며, 어선안전보건위원회의 위원에게 직무 수행과 관련한 사유로 불리한 처우를 하여서는 아니 된다.

그리고 어선소유자와 어선원은 어선안전보건위원회가 심의·의결한 사항을 성실하게 이행하여야 한다.

XII. 어선소유자 등의 긴급조치(법 제37조)

어선소유자 또는 어선관리감독자는 어선원재해가 발생할 급박한 위험이 있을 때에는 어선원의 작업을 즉시 중지시키고 어선원을 어선에서 대피시키는 등 안전 및 재해예방에 필요한 조치를 하여야 한다.

어선소유자 또는 어선관리감독자는 어선원에게 승무 중 부상 또는 질병이 발

5) 현재 대통령령이 마련되어 있지 않으나, 「선내 안전·보건 및 사고예방 기준」 제17조(선내안전위원회의 업무) 및 제18조(선내안전위원회의 구성 및 운영) 등을 고려하여 마련될 것으로 본다.

생할 경우 즉각적이고 적절한 치료 등 요양조치를 하여야 한다.

XIII. 어선원의 작업중지(법 제38조)

1. 어선원 및 어선관리감독자

어선원은 재해가 발생할 급박한 위험이 있는 경우에는 작업을 중지하고 대피할 수 있으며, 지체 없이 그 사실을 어선관리감독자에게 보고하여야 한다.

어선관리감독자는 어선원의 보고를 받으면 어선원의 안전에 관하여 필요한 조치를 하여야 한다.

2. 어선소유자

어선소유자는 재해가 발생할 급박한 위험이 있다고 어선원이 믿을 만한 합리적인 이유가 있을 때에는 작업을 중지하고 대피한 어선원에 대하여 해고나 그 밖의 불리한 처우를 하여서는 아니 된다.

XIV. 해양수산부장관의 시정조치 등(법 제39조)

1. 해양수산부장관

1) 사용중지 명령 등

해양수산부장관은 어선소유자가 어선의 선체등의 안전에 관하여 해양수산부령으로 정하는 필요한 조치를 하지 아니하여 어선원에게 현저한 유해 · 위험이 초래될 우려가 있다고 판단될 때에는 해당 선체등에 대하여 사용중지 · 대체 · 제거 또는 시설의 개선, 그 밖에 안전 및 보건에 관하여 해양수산부령으로 정하는 필요한 조치(이하 "시정조치"라 한다)를 명할 수 있다.

2) 작업중지 명령 등

해양수산부장관은 어선소유자가 해당 선체등에 대한 시정조치 명령을 이행하지 아니하여 유해 · 위험 상태가 해소 또는 개선되지 아니하거나 어선원에 대한 유해 · 위험이 현저히 높아질 우려가 있는 경우에는 해당 선체등과 관련된 작업의 전부 또는 일부의 중지를 명할 수 있다.

3) 사용중지 또는 작업중지의 해제

해양수산부장관은 어선소유자가 사용중지 명령 또는 작업중지 명령에 따른 시정조치를 완료한 후 어선소유자의 해제 요청에 대하여 시정조치가 완료되었다고 판단될 때에는 사용중지 또는 작업중지를 해제하여야 한다.

2. 어선소유자

시정조치 명령을 받은 어선소유자는 해당 선체등에 대하여 시정조치를 완료할 때까지 시정조치 명령 사항을 어선 내에 어선원이 쉽게 볼 수 있는 장소에 게시하여야 한다.

사용중지 명령 또는 작업중지 명령을 받은 어선소유자는 그 시정조치를 완료한 경우에는 해양수산부장관에게 사용중지 또는 작업중지의 해제를 요청할 수 있다.

XV. 어선원중대재해 발생 시 조치사항

1. 어선소유자의 조치(법 제40조)

어선소유자는 어선원중대재해가 발생한 경우 즉시 해당 작업을 중지시키고 어선원을 작업장소에서 대피시키는 등 안전 및 보건에 관하여 필요한 조치를 하여야 한다.

어선소유자는 어선원중대재해가 발생한 사실을 알게 된 경우에는 해양수산부령으로 정하는 바에 따라 지체 없이 해양수산부장관에게 보고하여야 한다. 다만, 천재지변 등 부득이한 사유가 발생한 경우에는 그 사유가 소멸되면 지체 없이 보고하여야 한다.

2. 해양수산부장관의 조업 또는 항행 중지 조치(법 제41조)

1) 조업 또는 항행 중지 명령

해양수산부장관은 어선원중대재해가 발생한 경우 어선소유자가 법 제37조 제1항에 따른 조치를 하지 아니하여 어선원재해가 다시 발생할 급박한 위험이 있다고 판단되는 경우에는 조업 또는 항행 중지를 명할 수 있다.

해양수산부장관은 화재·폭발 등으로 인하여 어선원중대재해가 발생하여 그 재해가 발생한 어선 주변으로 어선원재해가 확산될 수 있다고 판단되는 등 불가피한 경우에는 해당 어선의 조업 또는 항행을 중지시키고 어선원을 대피시키도록 명할 수 있다.

2) 조업 또는 항행 중지 해제

해양수산부장관은 조업 또는 항행 중지 명령을 받은 어선소유자가 조업 또는 항행 중지의 해제를 요청한 경우에는 해양수산부령으로 정하는 바에 따라 제1항 또는 제2항에 따른 조업 또는 항행 중지를 해제하여야 하며, 조업 또는 항행 중지 해제의 요청 절차 및 방법 등에 필요한 사항은 해양수산부령으로 정한다.

XVI. 어선원중대재해 원인조사 등(법 제42조)

해양수산부장관은 어선원중대재해가 발생한 경우 그 원인 규명 또는 어선원재해 예방대책 수립을 위하여 그 발생 원인을 조사할 수 있으며, 원인조사의 내용 및 절차, 그 밖에 필요한 사항은 해양수산부령으로 정한다.

누구든지 어선원중대재해 발생 현장을 훼손하거나 제1항에 따른 해양수산부장관의 원인조사를 방해하여서는 아니 된다.

XVII. 어선원재해 발생 사실의 은폐 금지 및 보고 등(법 제43조)

어선소유자는 어선원재해가 발생한 경우 그 발생 사실을 은폐하여서는 아니 되며, 해양수산부령으로 정하는 바에 따라 어선원재해의 발생 원인 등을 기록하여 보존하여야 한다.

어선소유자는 해양수산부령으로 정하는 어선원재해에 대하여서는 그 발생 개요·원인 및 재발방지 계획 등을 해양수산부령으로 정하는 바에 따라 해양수산부장관에게 보고하여야 한다.

XⅧ. 어선원안전감독관 등

1. 어선원안전감독관(법 제44조)

어선원의 안전·보건 감독을 위하여 해양수산부에 어선원안전감독관을 두며, 어선원안전감독관의 자격·임면 및 직무 등에 필요한 사항은 대통령령으로 정한다.

2. 어선원안전감독관의 권한(법 제45조)

어선원안전감독관은 이 법에 따른 어선원의 안전·보건 감독을 위하여 어선 소유자, 어선원 또는 그 밖의 관계인에게 출석을 요구하거나 장부나 서류의 제출을 명할 수 있으며, 어선이나 그 밖의 사업장에 출입하여 검사하거나 질문할 수 있다.

어선원안전감독관은 출입·검사를 하는 경우에는 검사 개시 7일 전까지 검사의 일시·목적 및 내용 등의 검사계획을 조사대상자에게 알려야 한다. 다만, 긴급한 경우 또는 사전에 검사의 실시를 통지하면 증거인멸 등으로 검사 목적을 달성할 수 없다고 인정하는 경우에는 그러하지 아니할 수 있다.

출입·검사를 하는 어선원안전감독관은 그 권한을 표시하는 증표를 지니고 이를 관계인에게 내보여야 하고, 출입 시 성명·출입시간·출입목적 등이 표시된 문서를 관계인에게 보여주어야 한다.

3. 비밀유지 의무 등(법 제46조)

어선원안전감독관이거나 어선원안전감독관이었던 사람은 직무상 알게 된 비밀을 누설하여서는 아니 된다.

어선원안전감독관은 직무를 공정하고 독립적으로 수행하여야 하며, 어선원 안전·보건 감독과 관련하여 직접적 또는 간접적인 이해관계가 있는 업무를 수행하여서는 아니 된다.

4. 감독기관에 대한 신고(법 제47조)

어선에서 이 법 또는 이 법에 따른 명령을 위반한 사실이 있으면 어선원은 그 사실을 해양수산부장관 또는 어선원안전감독관에게 신고할 수 있다.

어선소유자는 제1항에 따른 신고를 이유로 해당 어선원에 대하여 해고나 그 밖의 불리한 처우를 하여서는 아니 된다.

제6절 보칙 및 벌칙

Ⅰ. 재정지원(법 제48조)

해양수산부장관 또는 지방자치단체의 장은 어선의 사고 및 인명피해 예방을 위해 필요하다고 인정하는 경우에는 예산의 범위에서 보조금을 교부하거나 자금을 융자할 수 있으며, 지원대상 사업 등 필요한 사항은 대통령령으로 정한다.

Ⅱ. 행정처분(법 제49조)

1. 해양수산부장관의 행정처분 요청

해양수산부장관은 「수산업법」에 따른 어업 또는 「양식산업발전법」에 따른 양식업의 허가나 면허를 받았거나 어업의 신고를 한 자 또는 어획물운반업의 등록을 한 자가 다음 각 호의 어느 하나에 해당하는 경우에는 해당 어업 또는 양식업의 허가, 면허, 신고, 등록(이하 "어업허가등"이라 한다)업무를 관할하는 지방자치단체의 장에게 어업허가등을 취소하거나 3개월 이내의 기간을 정하여 해당 어업허가등을 정지할 것을 요청할 수 있다.

① 법 제8조 제1항 및 제2항에 따른 출입항 신고를 하지 아니하거나 거짓으로 한 경우

② 법 제10조 제1항에 따른 출항 및 조업 제한을 위반하거나 같은 조 제2항에 따른 어선의 안전조치 및 준수사항에 따르지 아니한 경우

③ 법 제11조에 따른 조업한계선 또는 조업자제선의 이탈 금지를 위반한 경우

④ 법 제12조에 따른 출어등록을 하지 아니하고 출어하거나 거짓 또는 그 밖의 부정한 방법으로 출어등록을 한 경우

⑤ 법 제13조에 따른 특정해역에서의 조업 또는 항행의 제한을 위반한 경우

⑥ 법 제14조에 따른 특정해역 외의 해역에서 조업 또는 항행의 제한을 위반한 경우

⑦ 법 제15조를 위반하여 선단을 편성하여 조업하지 아니하거나 정당한 사유 없이 선단에서 이탈한 경우

⑧ 법 제16조에 따른 일시적인 조업 또는 항행의 제한을 위반한 경우

⑨ 법 제17조에 따른 서해 접경해역의 통제에 불응한 경우

⑩ 법 제23조에 따른 정선명령을 위반하거나 승선조사 등 필요한 조치에 따르지 아니한 경우

2. 지방자치단체장의 행정처분 이행

해양수산부장관으로부터 어업허가등의 취소 또는 정지 요청을 받은 지방자치단체의 장은 정당한 사유가 없으면 이에 따라야 한다.

Ⅲ. 위반행위에 대한 지도단속(법 제50조)

해양수산부장관은 이 법에 따른 명령·처분·제한·조건을 위반하여 조업을 하는 자에 대한 지도·단속을 할 수 있다. 이 경우 해양수산부장관은 「수산업법」 제69조에 따른 어업감독 공무원에게 그 지도·단속 업무를 수행하게 할 수 있다.

어업감독 공무원에 관하여는 이 법에서 규정한 것을 제외하고는 「수산업법」의 관련 규정을 준용한다.

Ⅳ. 권한의 위임(법 제51조)

해양수산부장관 또는 해양경찰청장은 이 법에 따른 권한의 일부를 대통령령으로 정하는 바에 따라 그 소속기관의 장 또는 지방자치단체의 장에게 위임할 수 있다.

Ⅴ. 벌 칙

1. 다음 각 호의 어느 하나에 해당하는 자는 7년 이하의 징역 또는 1억원 이하의 벌금에 처하며, 각 호의 죄로 형을 선고받고 그 형이 확정된 후 5년 이내에 다시 제1항의 죄를 저지른 자는 그 죄에 해당하는 형의 2분의 1까지 가중처벌한다(법 제52조).

① 법 제31조 제1항을 위반하여 어선원을 사망에 이르게 한 자

② 법 제32조 제1항을 위반하여 어선원을 사망에 이르게 한 자

2. 다음 각 호의 어느 하나에 해당하는 자는 5년 이하의 징역 또는 5천만원 이하의 벌금에 처한다(법 제53조).

① 법 제31조 제1항을 위반하여 안전조치를 하지 아니한 자

② 법 제32조 제1항을 위반하여 보건조치를 하지 아니한 자

③ 법 제37조 제1항 또는 제2항을 위반하여 작업중지 또는 요양조치 등 필요한 조치를 하지 아니한 자

④ 법 제39조 제3항에 따른 선체등과 관련된 작업중지 명령을 따르지 아니한 자

⑤ 법 제40조 제1항을 위반하여 어선원중대재해 발생 시 필요한 조치를 하지 아니한 자

⑥ 법 제41조 제1항 또는 제2항에 따른 해양수산부장관의 명령을 따르지 아니한 자

⑦ 법 제47조 제2항을 위반하여 어선원에 대하여 해고 또는 그 밖의 불리한 처우를 한 자

3. 법 제39조 제1항에 따른 시정조치 명령을 따르지 아니한 자는 3년 이하의 징역 또는 3천만원 이하의 벌금에 처한다(법 제54조).

4. 다음 각 호의 어느 하나에 해당하는 자는 1년 이하의 징역 또는 1천만원 이하의 벌금에 처한다(법 제55조).

① 법 제11조를 위반하여 조업한계선 또는 조업자제선을 넘어 조업 또는 항행한 자

② 법 제13조를 위반하여 특정해역에서 조업 또는 항행한 자

③ 법 제17조를 위반하여 서해 접경해역의 통제에 불응한 자

④ 법 제23조를 위반하여 정선명령을 위반하거나 승선조사 등 필요한 조치에 따르지 아니한 자

⑤ 법 제42조 제2항을 위반하여 어선원중대재해 발생 현장을 훼손하거나 해양수산부장관의 원인조사를 방해한 자

⑥ 법 제43조 제1항을 위반하여 어선원재해 발생 사실을 은폐한 자 또는 그 발생 사실을 은폐하도록 교사하거나 공모한 자

5. 법 제46조 제1항을 위반하여 직무상 알게 된 비밀을 누설한 자는 1천만원 이하의 벌금에 처한다(법 제56조).

Ⅵ. 양벌규정(법 제57조)

법인의 대표자, 법인 또는 개인의 대리인, 사용인 그 밖의 종업원이 그 법인 또는 개인의 업무에 관하여 법 제52조 제1항 또는 법 제53조부터 제55조까지의 어느 하나에 해당하는 위반행위를 하면 그 행위자를 벌하는 외에 그 법인에게 다음 각 호의 구분에 따른 벌금형을, 그 개인에게는 해당 조문의 벌금을 과(科)한다. 다만, 법인 또는 개인이 그 위반행위를 방지하기 위하여 해당 업무에 관하여 상당한 주의와 감독을 게을리하지 아니한 경우에는 그러하지 아니하다.

① 법 제52조 제1항의 경우: 10억원 이하의 벌금

② 법 제53조부터 제55조까지의 경우: 해당 조문의 벌금형

Ⅶ. 과태료(법 제58조)

1. 법 제40조 제2항을 위반하여 어선원중대재해 발생 사실을 보고하지 아니하거나 거짓으로 보고한 자에게는 3천만원 이하의 과태료를 부과한다.

2. 법 제43조 제3항을 위반하여 어선원재해 발생 원인 등에 대하여 보고를 하지 아니하거나 거짓으로 보고한 자에게는 1천5백만원 이하의 과태료를 부과한다.

3. 법 제34조 제1항에 따른 어선안전보건개선계획 수립·시행 명령을 따르지 아니한 자에게는 1천만원 이하의 과태료를 부과한다.

4. 다음 각 호의 어느 하나에 해당하는 자에게는 5백만원 이하의 과태료를 부

과한다.

① 법 제21조 제1항을 위반하여 안전본부에 교신가입을 하지 아니한 자

② 법 제21조 제2항을 위반하여 안전본부에 위치통지를 하지 아니하거나 허위로 통지한 자

③ 법 제22조 제2항을 위반하여 어업지도선, 함정 또는 안전본부로부터 위험 및 대피신호를 받고 이에 따르지 아니한 자

④ 법 제27조를 위반하여 어선관리감독자로 하여금 어선원의 안전 및 보건에 관한 업무를 수행하도록 하지 아니한 자

⑤ 법 제29조 제1항을 위반하여 어선안전보건표지를 설치 또는 부착하지 아니한 자

⑥ 법 제34조 제2항을 위반하여 어선안전보건개선계획 수립 시 어선안전보건위원회의 심의를 거치지 아니하거나 어선원대표의 의견을 듣지 아니한 자

⑦ 법 제35조 제3항을 위반하여 어선안전보건개선계획서를 준수하지 아니한 자

⑧ 법 제39조 제2항을 위반하여 시정조치 명령 사항을 게시하지 아니한 자

5. 다음 각 호의 어느 하나에 해당하는 자에게는 3백만원 이하의 과태료를 부과한다.

① 법 제9조 제1항 본문을 위반하여 신고기관이 설치되지 아니한 항포구에 출입항한 자

② 법 제9조 제2항을 위반하여 입항한 항포구 인근에 있는 신고기관에 신고를 하지 아니한 자

③ 법 제22조 제1항을 위반하여 긴급사태에 관한 경보를 청취하지 아니한 자

④ 법 제24조 제1항을 위반하여 구명조끼 또는 구명의를 착용하지 아니한 자

⑤ 법 제24조 제2항을 위반하여 구명조끼 또는 구명의를 착용하게 하지 아니한 자

⑥ 법 제25조를 위반하여 안전조업교육을 이수하지 아니한 자

⑦ 법 제33조를 위반하여 해양수산부령으로 정하는 조치 사항을 지키지 아니한 자

6. 법 제45조 제1항에 따른 출석요구에 따르지 아니하거나 어선 또는 그 밖의 사업장 출입을 거부 · 방해 · 기피한 자, 장부나 서류의 제출명령을 따르지 아니

하거나 거짓 장부 또는 서류를 제출한 자 또는 거짓 진술을 한 자에게는 2백만원 이하의 과태료를 부과한다.

7. 위 1.항부터 6.항까지에 따른 과태료는 대통령령으로 정하는 바에 따라 해양수산부장관, 해양경찰청장 또는 시장·군수·구청장이 부과·징수한다.

제5장 수산자원관리법

제1절 총 칙

수산자원관리법은 연근해 어장이 축소되고 수산자원이 계속 줄어들어 수산물의 안정적 생산과 공급이 어려워짐에 따라 수산자원에 대한 과학적 조사·평가를 토대로 종합적인 수산자원관리기본계획 등을 수립하고, 수산자원의 포획·채취금지, 조업척수의 제한, 어구의 사용금지 등 수산자원 보호방안을 체계화하는 하는 한편, 어업인 등이 자율적으로 수산자원을 관리할 수 있도록 하기 위한 어업자협약에 관한 제도, 수산자원의 회복과 조성, 수면의 관리 등 수산자원의 종합적·체계적 관리를 위한 기반을 마련함으로써 어업의 지속적 발전과 어업인의 소득증대에 기여하도록 하려는 목적에서 2009년 4월 22일 법률 제9627호로서 제정되어 2010년 4월 23일 시행되었다. 이 법은 최근 2024년 1월 23일 '누구든지 수산자원의 이식(移植)에 관한 제한·금지 또는 승인 명령을 위반하거나 승인 명령을 받지 아니하고 수산자원을 소지·유통·보관 또는 판매할 수 없도록 규정'하고, 해당 금지 행위 위반에 대한 처벌 근거를 마련하기 위하여 법 제35조 제5항의 신설·시행하였다.

Ⅰ. 목적(법 제1조)

이 법은 수산자원관리를 위한 계획을 수립하고, 수산자원의 보호·회복 및 조성 등에 필요한 사항을 규정하여 수산자원을 효율적으로 관리함으로써 어업의 지속적 발전과 어업인의 소득증대에 기여함을 목적으로 한다.

Ⅱ. 용어의 정의(법 제2조)

제2조(정의) ① 이 법에서 사용하는 용어의 뜻은 다음과 같다.

1. "수산자원"이란 수중에 서식하는 수산동식물로서 국민경제 및 국민생활에 유용한 자원을 말한다.
2. "수산자원관리"란 수산자원의 보호·회복 및 조성 등의 행위를 말한다.
3. "총허용어획량"이란 포획·채취할 수 있는 수산동물의 종별 연간 어획량의 최고한도를 말한다.
4. "수산자원조성"이란 일정한 수역에 어초(魚礁)·해조장(海藻場) 등 수산생물의 번식에 유리한 시설을 설치하거나 수산종자를 풀어놓는 행위 등 인공적으로 수산자원을 풍부하게 만드는 행위를 말한다.
5. "바다목장"이란 일정한 해역에 수산자원조성을 위한 시설을 종합적으로 설치하고 수산종자를 방류하는 등 수산자원을 조성한 후 체계적으로 관리하여 이를 포획·채취하는 장소를 말한다.
6. "바다숲"이란 갯녹음(백화현상) 등으로 해조류가 사라졌거나 사라질 우려가 있는 해역에 연안생태계 복원 및 어업생산성 향상을 위하여 해조류 등 수산종자를 이식하여 복원 및 관리하는 장소를 말한다[해중림(海中林)을 포함한다].

② 이 법에서 따로 정의되지 아니한 용어는 「수산업법」 또는 「양식산업발전법」에서 정하는 바에 따른다.

Ⅲ. 적용범위

이 법은 다음 각 호의 수면 등에 대하여 적용한다.

1. 바다 및 바닷가

「연안관리법」 제2조 제2호에서는 '연안해역'을 정의함에 있어 바닷가와 바다를 다음과 같이 정의하고 있다.

① 바닷가[「해양조사와 해양정보 활용에 관한 법률」 제8조 제1항 제3호에 따른 해안선으로부터 지적공부(地籍公簿)에 등록된 지역까지의 사이를 말한다]

② 바다[「해양조사와 해양정보 활용에 관한 법률」 제8조 제1항 제3호에 따른 해안선으

로부터 영해(領海)의 외측한계(外側限界)까지의 사이를 말한다]

그리고 「해양조사와 해양정보 활용에 관한 법률」 제8조 제1항 제3호에서 '해안선'은 해수면이 약최고고조면(略最高高潮面: 일정기간 조석을 관측하여 산출한 결과 가장 높은 해수면을 말한다. 이하 이 조에서 같다)에 이르렀을 때의 육지와 해수면과의 경계로 표시한다고 규정하고 있다. 해안선은 조륙운동과 조산운동에 따른 융기 또는 침강으로 변경될 수 있고, 연안 침식 또는 퇴적물의 쌓임 등으로도 변할 수 있다. 그리고 해수면은 조석(潮汐)의 차이에 따라 매일 변하고 있다.

따라서 '해안선'이라 함은 일정기간 조석을 관측하여 산출한 결과 가장 높은 해수면, 즉 일반적으로 1년 중 가장 높은 해수면에 이르렀을 때의 육지와 해수면과의 경계를 말하며, '바다와 육지'의 경계는 이 해안선을 기준으로 하고 있다. 즉 '바다'라 함은 해안선을 기준으로 지구에서 육지를 제외한 부분으로서 짠물이 괴어 하나로 이어진 넓고 깊고 큰 공간을 말한다고 할 수 있다.

다만, 「연안관리법」상 '바다'라 함은 해안선으로부터 영해(領海)의 외측한계(外側限界)까지의 사이를 말한다고 정의하고 있는데, 이유는 「연안관리법」이 우리나라의 주권이 미치는 영해까지 적용되기 때문이며, 수산자원관리법도 수산자원관리와 관련하여 영해 이내의 수역에 적용된다고 할 수 있을 것이다.

또한 '바닷가'라 함은 해안선으로부터 지적공부(地籍公簿)에 등록된 지역까지의 사이를 말하는데 해안선을 기준으로 지적공부(地籍公簿)에 등록된 육지 쪽의 영역을 말한다고 할 수 있다.

2. 기타 적용수역

① 어업을 하기 위하여 인공적으로 조성된 육상의 해수면

② 「국토의 계획 및 이용에 관한 법률」 제40조에 따라 수산자원의보호·육성을 위하여 지정된 공유수면이나 그에 인접된 토지(이하 "수산자원보호구역"이라 한다)

③ 「내수면어업법」 제2조 제1호에 따른 내수면(제55조의2 제3항 제4호에 따른 내수면 수산자원조성사업에 한정한다. 이하 같다)

Ⅳ. 바다식목일(법 제3조의2)

바닷속 생태계의 중요성과 황폐화의 심각성을 국민에게 알리고 범국민적인 관심 속에서 바다숲이 조성될 수 있도록 하기 위하여 매년 5월 10일을 바다식목일로 한다.

국가와 지방자치단체는 바다식목일 취지에 적합한 기념행사를 개최할 수 있으며, 바다식목일 기념행사에 필요한 사항은 해양수산부령으로 정한다.[1)]

Ⅴ. 국제협력증진(법 제4조)

해양수산부장관은 수산자원의 관리에 관한 국제규범을 수용하고 국제수산기구 또는 수산자원의 관리에 관한 국제협약에서 요구하는 수산자원 관리조치를 이행하고 이를 위한 국제사회와의 협력을 하여야 한다.

해양수산부장관은 수산자원의 관리에 대한 국제적 공동노력을 위하여 주변국과도 조사·연구·관리·조성 등의 협력사업을 실시할 수 있으며, 이러한 협력사업에 관련 연구기관 및 어업인단체 등을 참여하게 할 수 있다.

국가 또는 지방자치단체는 제1항 및 제2항에 따른 협력사업에 참여하는 관련 연구기관 및 어업인단체 등에 대하여 보조금 교부 등 필요한 지원을 할 수 있으며, 협력사업의 내용, 지원대상기관 및 지원절차와 방법에 필요한 사항은 해양수산부령으로 정한다.

Ⅵ. 수산자원관리기술 연구개발(법 제5조)

해양수산부장관 또는 특별시장·광역시장·특별자치시장·도지사·특별자치도지사(이하 "시·도지사"라 한다)는 수산자원관리와 관련된 기술개발을 촉진하기 위하여 관련 연구기관·지도기관·대학 및 단체 등에 수산자원관리기술의 연구개발을 수행하게 할 수 있으며, 수산자원관리기술의 연구개발을 수행하는 데에 필요한 자

---

1) 바다식목일 기념행사는 매년 5월 10일에 개최하는 것을 원칙으로 한다. 다만, 5월 10일이 주말이나 공휴일인 경우에는 개최시기를 조정할 수 있다.

금을 지원할 수 있다.

Ⅶ. 서류 송달의 공시(법 제6조)

해양수산부장관, 시·도지사, 시장(특별자치시 및 특별자치도의 경우는 특별자치시장 및 특별자치도지사를 말한다. 이하 같다)·군수 또는 자치구의 구청장(이하 "시장·군수·구청장"이라 한다)은 주소나 거소(居所)가 분명하지 아니하는 등의 사유로 이 법 또는 이 법에 따른 명령·처분 등을 통지하는 데 필요한 서류를 송달할 수 없을 때에는 대통령령으로 정하는 바에 따라 이를 공고하여야 한다.

해양수산부장관, 시·도지사, 시장·군수·구청장(이하 "행정관청"이라 한다)이 제1항에 따라 공고한 경우에는 공고일의 다음 날부터 계산하기 시작하여 30일이 지난 날에 그 서류가 도달한 것으로 본다.

제2절 수산자원관리기본계획 등

Ⅰ. 수산자원관리기본계획(법 제7조)

해양수산부장관은 수산자원을 종합적·체계적으로 관리하기 위하여 5년마다 다음 각 호의 사항이 포함된 수산자원관리기본계획(이하 "기본계획"이라 한다)을 세워야 한다.

① 수산자원관리에 관한 정책목표 및 기본방향

② 수산자원의 동향에 관한 사항

③ 과학적인 자원조사 및 평가체제의 구축에 관한 사항

④ 수산자원이 감소 또는 고갈될 위험이 있다고 인정되는 특정 수산자원에 대한 수산자원 회복계획에 관한 사항

⑤ 수산자원별 총허용어획량에 관한 사항

⑥ 수산자원의 서식 및 생태환경 등의 관리에 관한 사항

⑦ 바다목장 및 바다숲의 조성·관리 등에 관한 사항

⑧ 시 · 도지사의 수산자원관리에 관한 사항

⑨ 그 밖에 수산자원관리에 필요하다고 해양수산부장관이 인정하는 사항

해양수산부장관은 기본계획을 세우려면 미리 시 · 도지사의 의견을 듣고 「수산업법」 제95조에 따른 중앙수산조정위원회의 심의를 거쳐야 한다. 기본계획을 변경할 때에도 같은 절차를 거쳐야 하며, 기본계획을 세우거나 변경하면 시 · 도지사에게 통보하고, 그 내용을 공고하여야 하며 이를 지체 없이 국회 소관 상임위원회에 제출하여야 한다.

해양수산부장관은 특정 수산자원의 변화와 그 자원과 관계된 어업자의 경영사항 등을 고려하여 매년 기본계획을 검토하고, 필요하면 이를 변경하여야 한다.

Ⅱ. 수산자원관리시행계획(법 제8조)

해양수산부장관 또는 시 · 도지사는 기본계획을 특성에 맞게 시행하기 위하여 매년 수산자원관리시행계획(이하 "시행계획"이라 한다)을 세우고 이에 필요한 재원을 확보하기 위하여 노력하여야 하며, 시행계획을 세우려면 미리 해양수산부장관은 시 · 도지사의 의견을, 시 · 도지사는 시장 · 군수 · 구청장의 의견을 듣고 「수산업법」 제95조에 따른 중앙수산조정위원회 또는 시 · 도수산조정위원회(이하 "중앙 또는 시 · 도 수산조정위원회"라 한다)의 심의를 거쳐야 한다. 시행계획을 변경할 때에도 같은 절차를 거쳐야 한다.

해양수산부장관 또는 시 · 도지사는 시행계획을 세우거나 변경하면 시 · 도지사나 시장 · 군수 · 구청장에게 통보하고, 그 내용을 공고하여야 하며 이를 지체 없이 국회 소관 상임위원회에 제출하여야 한다. 다만, 시 · 도지사는 그 사실을 해양수산부장관에게 보고하여야 한다.

시행계획에는 다음 각 호의 사항이 포함되어야 한다.

① 대상 수산자원의 관리 목표량 · 목표기간 및 회복 방안

② 수산자원관리에 관한 관계 중앙행정기관 또는 지방자치단체의 역할과 상호 협력에 관한 사항

③ 어업인의 참여에 관한 사항

④ 법 제7조 제1항에 따른 수산자원관리기본계획(이하 "기본계획"이라 한다)과

시행계획의 시행에 따라 어업이 제한되는 어업인에 대한 지원에 관한 사항

⑤ 기본계획의 시행을 위한 인력 및 재원 조달 방안

⑥ 특정 수산자원이 현저하게 감소하여 특별히 보호할 필요가 있거나 특정 해역에서 생태계가 현저히 불균형한 경우 휴어기(休漁期)의 설정에 관한 사항

⑦ 고래 자원에 대한 조사·평가 및 합리적인 보존·이용계획 수립에 관한 사항

⑧ 그 밖에 해양수산부장관 또는 시·도지사가 기본계획의 시행을 위하여 필요하다고 인정하는 사항

Ⅲ. 관계 중앙행정기관의 장 등의 협조(법 제9조)

해양수산부장관 또는 시·도지사는 기본계획과 시행계획을 수립·시행하기 위하여 필요하면 관계 중앙행정기관의 장 및 지방자치단체의 장에게 협조를 요청할 수 있다. 이 경우 협조를 요청받은 관계 중앙행정기관의 장 등은 특별한 사정이 없으면 요청에 따라야 한다.

Ⅳ. 수산자원의 조사·평가(법 제10조)

해양수산부장관 또는 시·도지사는 수산자원의 종합적·체계적 관리를 위하여 수산자원의 조사·평가를 실시할 수 있으며, 해양수산부장관은 시·도지사에 대하여 수산자원의 조사·평가 계획 및 그 결과의 보고를 요구할 수 있다.

수산자원의 조사·평가 내용, 그 밖에 필요한 사항은 대통령령으로 정한다.

Ⅴ. 수산자원의 정밀조사·평가계획의 시행(법 제11조)

해양수산부장관 또는 시·도지사는 다음 각 호에 대한 사항을 수립·시행하기 위하여 수산자원의 정밀조사·평가계획을 세워 시행할 수 있다.

① 법 제7조 제2항 제4호에 따른 수산자원 회복계획

② 법 제36조에 따른 총허용어획량의 설정 및 관리에 관한 시행계획

③ 법 제46조에 따른 보호수면의 지정

④ 법 제48조에 따른 수산자원관리수면의 지정

수산자원의 정밀조사·평가의 방법 및 내용, 그 밖에 필요한 사항은 해양수산부령으로 정한다.

Ⅵ. 어획물 등의 조사(법 제12조)

1. 어획물 등의 조사

해양수산부장관 또는 시·도지사는 법 제10조 및 제11조에 따른 수산자원의 조사나 정밀조사 및 평가를 위하여 필요하면 소속 공무원 또는 법 제58조에 따른 수산자원조사원(이하 "수산자원조사원"이라 한다)에게 수산물유통시장·수산업협동조합 공판장 등 해양수산부령으로 정하는 곳에 출입하여 어획물을 조사하거나 대상 어선을 지정하고 그 어선에 승선하여 포획·채취한 수산자원의 종류와 어획량 등을 조사하게 할 수 있다.

2. 송무원 등의 권한 표시와 어선소유자 등과의 사전 협의

소속 공무원 또는 수산자원조사원이 어획물 등의 조사를 할 때에는 그 권한을 표시하는 증표를 지니고 이를 관계인에게 제시하여야 하고, 관계인은 정당한 사유 없이 이를 거부·방해 또는 회피하여서는 아니 되며, 승선조사 대상으로 지정된 어선의 소유자 또는 어선의 선장은 선내 생활에 대한 안전 확보 및 원활한 조사가 행하여질 수 있도록 협조하여야 한다.

어획물 등의 조사 대상 어선을 지정하거나 승선을 하여 조사를 하려면 미리 해당 어선의 소유자 및 어업인단체와 협의를 하여야 한다.

3. 자료 제출 명령

해양수산부장관 또는 시·도지사는 수산자원의 조사·평가를 위하여 필요하다고 인정되면 「수산업법」 제40조에 따른 근해어업·연안어업·구획어업의 허가를 받은 자, 같은 법 제43조에 따른 한시어업허가를 받은 자, 같은 법 제51조에 따른 어획물운반업 등록을 한 자, 그 밖의 관계자에 대하여 대통령령으로 정하는 어업활동·어획실적에 관한 자료, 수산물의 운반실적 등에 관한 자료를 제출하도록 명할 수 있다.

Ⅶ. 수산자원관리의 정보화(법 제13조)

1. 수산자원종합정보 데이터베이스 구축·운영

해양수산부장관은 수산자원의 체계적 관리를 위하여 법 제10조 및 제11조에 따른 수산자원의 조사나 정밀조사 및 평가 자료를 기초로 수산자원의 생태·서식지·어업현황 등에 대하여 수산자원종합정보 데이터베이스를 구축·운영할 수 있다.

2. 수산자원종합정보 데이터베이스 구축을 위한 조사 실시

해양수산부장관은 시·도지사에게 해양수산부령으로 정하는 바에 따라 수산자원종합정보 데이터베이스 구축에 필요한 조사를 실시하게 할 수 있다. 이 경우 시·도지사는 특별한 사유가 없으면 이에 따라야 한다.

제3절 수산자원의 보호

Ⅰ. 포획·채취 등 제한

1. 포획·채취금지(법 제14조)

해양수산부장관은 수산자원의 번식·보호를 위하여 필요하다고 인정되면 수산자원의 포획·채취 금지 기간·구역·수심·체장·체중 등을 정할 수 있으며, 수산자원의 번식·보호를 위하여 복부 외부에 포란(抱卵)한 암컷 등 특정 어종의 암컷의 포획·채취를 금지할 수 있다.

1) 수중 방란(放卵) 알의 포획·채취 금지

다음 각 호의 경우를 제외하고는 누구든지 수산동물의 번식·보호를 위하여 수중에 방란(放卵)된 알을 포획·채취하여서는 아니 되며, 시·도지사는 관할 수역의 수산자원 보호를 위하여 특히 필요하다고 인정되면 제1항의 수산자원의 포획·

채취 금지기간 등에 관한 규정을 강화하여 정할 수 있다. 이 경우 시 · 도지사는 그 내용을 고시하여야 한다.

① 해양수산부장관 또는 시 · 도지사가 수산자원조성을 목적으로 어망 또는 어구 등에 붙어 있는 알을 채취하는 경우

② 행정관청이 생태계 교란 방지를 위하여 포획 · 채취하는 경우

2) 포획 · 채취금지의 세부내용

① 수산자원의 포획 · 채취가 금지되는 기간 · 구역 및 수심은 시행령 별표 1과 같다.

② 수산자원의 포획 · 채취 금지 체장 또는 체중은 시행령 별표 2와 같다.

③ 포획 · 채취가 금지되는 특정 어종의 암컷은 다음 각 호와 같다.

가. 대게의 암컷과 붉은 대게의 암컷

나. 복부 외부에 알이 붙어 있는 꽃게 및 민꽃게의 암컷

④ 위 제1항 및 제2항에도 불구하고 해양수산부장관은 다음 각 호의 요건을 모두 갖춘 법 제28조에 따른 어업자협약을 체결하여 법 제30조에 따른 승인을 받은 어업자 또는 어업자단체에 대해서는 포획 · 채취가 금지되는 기간 및 체장 · 체중을 일정 기간 달리 적용할 수 있다.

가. 법 제19조에 따른 휴어기와는 별도로 주요 어종의 산란기를 고려한 휴어기를 정할 것

나. 법 제37조 제2항에 따라 배분량을 할당받고 이를 준수하도록 할 것

다. 「수산업법 시행령」 제38조 제3항에 따른 그물코의 규격 제한보다 강화된 기준을 정할 것

라. 주요 어종의 산란장 보호를 위해 조업이 금지되는 구역을 정할 것

마. 해양수산부장관이 정하는 조업실적 보고체계에 따라 조업실적을 보고하도록 할 것

바. 어선안전 및 조업감시를 위한 시스템을 구비 · 운영하도록 할 것

사. 그 밖에 수산자원의 지속적 이용을 위해 해양수산부장관이 정하는 사항을 준수하도록 할 것

⑤ 제1항 및 제2항에도 불구하고 해양수산부장관은 수산자원의 지속적인 이

용을 위해 필요한 경우 다음 각 호의 요건을 모두 갖추어 수산자원을 포획·채취하는 자에 대해 「수산업법」 제95조에 따른 중앙수산조정위원회의 심의를 거쳐 포획·채취가 금지되는 기간 및 체장·체중을 일정 기간 달리 적용할 수 있다.

가. 해양수산부장관이 정하는 수산동물의 종별 연간 어획량의 최고한도를 준수할 것

나. 「어선법」 제5조의2 제1항에 따라 해양수산부장관 또는 해양경찰청장이 정하는 기준에 맞는 어선위치발신장치를 갖추고 이를 정상적으로 작동할 것다.

다. 해양수산부장관이 정하는 조업실적 보고체계에 따라 조업실적을 보고할 것

라. 그 밖에 어선안전 및 조업감시를 위한 시스템의 구비 등 해양수산부장관이 정하는 사항을 준수할 것

⑥ 제4항 및 제5항에 따라 달리 적용되는 금지 기간 및 체장·체중의 내용과 그 적용기간, 달리 적용되는 대상자 선정의 절차·방법, 제4항 각 호 및 제5항 각 호의 요건에 관한 구체적인 내용은 해양수산부장관이 정하여 공고한다.

2. 조업금지구역(법 제15조)

해양수산부장관은 수산자원의 번식·보호를 위하여 필요하면 「수산업법」 제40조에 따른 어업의 종류별로 조업금지구역을 정할 수 있으며, 어업의 종류별 조업금지구역의 지정 등에 필요한 사항은 대통령령으로 정한다.

3. 불법어획물의 방류명령(법 제16조)

「수산업법」 제69조에 따른 어업감독 공무원과 경찰공무원은 이 법 또는 「수산업법」에 따른 명령을 위반하여 포획·채취한 수산자원을 방류함으로써 포획·채취 전의 상태로 회복할 수 있고 수산자원의 번식·보호에 필요하다고 인정하면 그 포획·채취한 수산자원의 방류를 명할 수 있으며, 명령을 받은 자는 지체 없이 이에 따라야 한다.

4. 불법어획물의 판매 등의 금지(법 제17조)

누구든지 이 법 또는 「수산업법」에 따른 명령을 위반하여 포획·채취한 수산자원이나 그 제품을 소지·유통·가공·보관 또는 판매하여서는 아니 된다.

5. 비어업인의 포획 · 채취 · 판매 등의 제한(법 제18조)

1) 비어업인의 포획 · 채취기준(법 제18조 제1항, 시행령 제17조의2)

「수산업법」 제2조 제10호에서 정하는 어업인이 아닌 자(이하 "비어업인"이라 한다)는 수산자원의 보호 등을 위하여 다음 각호의 방법 · 수량 · 어구의 종류 등의 포획 · 채취 기준을 준수하여야 하며, 이를 위반하여 수산자원을 포획 · 채취하여서는 아니 된다.

① 어구 · 방법에 관한 기준: 다음 각 목의 어구나 방법만 사용할 수 있다.

가. 투망

나. 뜰채(쪽지), 반두(쪽대), 손들망

다. 외줄낚시(대낚시 또는 손줄낚시)

라. 가리, 통발

마. 낫대[비료용 해조(海藻)를 채취하는 경우로 한정한다]

바. 집게, 갈고리, 호미, 삽

사. 손

아. 그 밖에 수산자원의 관리에 미치는 영향이 없고 수산자원을 포획 · 채취하기 위한 용도로 만들어진 도구가 아닌 일상적인 도구로서 가로, 세로, 높이의 길이가 각각 1미터(원형 형태인 경우에는 지름 50센티미터를 말한다) 미만인 도구

② 위 제1항 가목, 나목 및 라목부터 바목까지의 규정에 따른 어구를 사용하는 경우: 다음 각 목의 수량 · 방법의 제한에 따라 사용해야 한다.

가. 동일한 종류의 어구를 동시에 1인당 1개를 초과하여 사용하지 않을 것

나. 전기, 압축공기 등 동력을 이용하지 않을 것

다. 어획량을 높이기 위하여 수산자원을 유인하는 집어등(集魚燈)을 사용하지 않을 것. 다만, 야간에 시야 확보를 위하여 휴대용 전등은 사용할 수 있으며, 해당 휴대용 전등의 밝기는 해양수산부장관이 정하여 고시할 수 있다.

라. 외줄낚시(대낚시 또는 손줄낚시)를 사용하는 경우: 「낚시 관리 및 육성법」 제5조, 제8조 및 제40조에 따른 기준에 따라 사용해야 한다.

③ 위 제1항 가목부터 바목까지의 규정에 따른 어구의 형태 및 사용방법은 해양수산부령으로 정한다.

④ 장비에 관한 기준: 「수중레저활동의 안전 및 활성화 등에 관한 법률 시행령」 제4조에 따른 수중레저장비 중 다음 각 목에 해당하는 장비만 사용할 수 있다.

가. 수경

나. 숨대롱

다. 잠수복 및 잠수모

라. 오리발

마. 수중칼

바. 호루라기

⑤ 비어업인은 위의 포획 · 채취기준에 따라 포획 · 채취한 수산자원을 판매하거나 판매할 목적으로 저장 · 운반 또는 진열하여서는 아니 된다.

⑥ 비어업인은 법 제14조를 위반하여 수산자원을 포획 · 채취하여서는 아니 된다.

2) 시 · 도의 포획 · 채취 기준

특별시 · 광역시 · 특별자치시 · 도 · 특별자치도(이하 "시 · 도"라 한다)는, 위의 비어업인의 포획 · 채취기준에도 불구하고, 관할 수역의 수산자원의 보호 등을 위하여 특히 필요하다고 인정되면 대통령령으로 정하는 범위에서 그 시 · 도의 조례로 포획 · 채취 기준을 달리 정할 수 있으며, 다음 각 호의 기준에 따라 해당 시 · 도의 조례로 정하여야 한다.

① 해당 시 · 도의 수면에서 서식하는 수산자원의 특성, 자원량, 수산자원 보호 필요성을 고려할 것

② 어초(魚礁) · 해조장(海藻場) 설치, 수산종자 방류 등 수산자원의 조성에 필요한 사항을 포함할 것

③ 어업을 영위하는 어업인들의 경영 현황, 해양레저 현황 등 지역 경제에 미치는 영향을 고려할 것

또한 시 · 도지사는 제2항에 따라 조례로 포획 · 채취 기준을 정하거나 변경하는 경우 지체 없이 해양수산부장관에게 통보하고, 비어업인이 알 수 있도록 해양수산부령으로 정하는 바에 따라 필요한 조치를 하여야 한다.

6. 휴어기의 설정(법 제19조)

해양수산부장관 또는 시·도지사는 다음 각 호에 해당되면 해역별 또는 어업별로 휴어기를 설정하여 운영할 수 있다.

① 기본계획 및 시행계획에서 휴어기를 설정한 경우

② 법 제10조 및 제11조에 따른 수산자원의 조사나 정밀조사 및 평가를 실시한 결과 특정 수산자원의 관리를 위하여 필요한 경우

휴어기가 설정된 수역에서는 조업이나 해당 어업을 하여서는 아니 되며, 행정관청은 휴어기의 설정으로 인하여 어업의 제한을 받는 어선에 대하여는 그 피해 등을 고려하여 재정적 지원을 할 수 있다. 휴어기의 설정 및 운영을 위한 방법·절차 등에 필요한 사항은 대통령령으로 정한다.

Ⅱ. 어선·어구·어법 등 제한

1. 조업척수의 제한(법 제20조)

해양수산부장관 또는 시·도지사는 특정 수산자원이 현저하게 감소하여 번식·보호의 필요가 인정되면 「수산업법」 제57조에 따른 허가의 정수(定數)에도 불구하고 중앙 또는 시·도 수산조정위원회의 심의를 거쳐 조업척수를 제한할 수 있다.

행정관청은 조업척수 제한으로 인하여 조업을 할 수 없는 어선에 대하여는 감척이나 피해보전 등의 필요한 지원을 할 수 있으며, 조업척수의 제한, 감척 등의 기준 및 방법 등에 필요한 사항은 대통령령으로 정한다.

2. 어선의 사용제한(법 제22조)

어선은 다음 각 호의 행위에 사용되어서는 아니 된다.

① 해당 어선에 사용이 허가된 어업의 방법으로 다른 어업을 하는 어선의 조업활동을 돕는 행위

② 해당 어선에 사용이 허가된 어업의 어획효과를 높이기 위하여 다른 어업의 도움을 받아 조업활동을 하는 행위

③ 다른 어선의 조업활동을 방해하는 행위

3. 2중 이상 자망의 사용금지 등(법 제23조)

수산자원을 포획·채취하기 위하여 2중 이상의 자망(刺網)을 사용하여서는 아니 된다. 다만, 해양수산부장관 또는 시·도지사의 승인을 받거나 대통령령으로 정하는 해역에 대하여 어업의 신고를 하는 경우에는 그러하지 아니하다.

1) 2중 이상 자망의 신고 및 승인 등

해양수산부장관 또는 시·도지사는 2중 이상의 자망어업 신고를 받은 경우 그 내용을 검토하여 이 법에 적합하면 신고를 수리하여야 하며, 2중 이상 자망의 사용승인을 받은 자가 다음 각 호의 사항을 위반한 때에는 그 승인을 취소할 수 있다. 이 경우 승인이 취소된 자에 대하여는 취소한 날부터 1년 이내에 2중 이상 자망의 사용승인을 하여서는 아니 된다.

① 사용 해역, 사용기간 및 시기

② 사용어구의 규모와 그물코의 규격

2중 이상 자망 사용승인 절차에 필요한 사항은 해양수산부령으로 정한다.

4. 특정어구의 소지와 선박의 개조 등의 금지(법 제24조)

누구든지 「수산업법」 제7조·제40조·제43조·제46조 및 제48조에 따라 면허·허가·승인 또는 신고된 어구 외의 어구, 「양식산업발전법」 제10조, 제43조 또는 제53조에 따라 면허 또는 허가된 어구 외의 어구 및 이 법에 따라 사용이 금지된 어구를 제작·수입·보관·운반·진열·판매하거나 실어서는 아니 되며, 이러한 어구를 사용할 목적으로 선박을 개조하거나 시설을 설치하여서는 아니 된다. 다만, 대통령령으로 정하는 어구의 경우에는 그러하지 아니하다.

5. 유해어법의 금지(법 제25조)

누구든지 폭발물·인체급성유해성물질·인체만성유해성물질·생태유해성물질 또는 전류를 사용하여 수산자원을 포획·채취하여서는 아니 된다.

또한 누구든지 수산자원의 양식 또는 어구·어망에 붙어 있는 이물질의 제거를 목적으로 「화학물질관리법」 제2조 제3호에 따른 허가물질, 같은 조 제4호에 따른 제한물질, 같은 조 제5호에 따른 금지물질 및 같은 조 제7호에 따른 유해화학물질을 보관 또는 사용하여서는 아니 된다. 다만, 대통령령으로 정하는 바에 따라 행정관청 또는 주무부처의 장으로부터 사용허가를 받은 때에는 그러하지 아니하며, 사용허가 신청 절차 등에 필요한 사항은 해양수산부령으로 정한다.

6. 금지조항의 적용 제외(법 제26조)

1) 법 제14조·제23조 및 제24조는 다음 각 호의 어느 하나에 해당하는 경우로서 대통령령으로 정하는 바에 따라 관할 시·도지사 또는 시장·군수·구청장의 허가를 받아 수산자원을 포획·채취하는 자에게는 적용하지 아니한다. 이때 허가를 한 시·도지사 또는 시장·군수·구청장은 허가증을 발급하여야 한다.

① 양식업 또는 마을어업의 어장에서 사용되는 수산종자의 포획·채취를 위하여 필요한 경우

② 학술연구·조사 또는 시험을 위하여 필요한 경우

③ 수산자원조성을 목적으로 한 어미고기의 확보와 소하성(溯河性)어류의 회귀량 조사 등을 위하여 필요한 경우

④ 수산자원의 이식을 위하여 필요한 경우

⑤ 위 제2항부터 제4항까지의 용도로 제공하는 수산자원을 포획·채취한 경우

2) 법 제14조·제23조 및 제24조는 「수산업법」 제46조에 따른 시험어업으로 포획·채취하는 경우에는 적용하지 아니한다.

3) 법 제14조 및 제23조는 다음 각 호의 어느 하나에 해당하는 경우에는 적용하지 아니한다.

① 마을어업권자가 시장·군수·구청장의 허가를 받아 수산자원을 포획·채취하는 경우

② 양식업자가 양식어장에서 양식물을 포획·채취하는 경우

③ 「수산업법」 제62조 제1항에 따라 지정을 받은 유어장에서 낚시로 수산동물을 포획하는 경우

4) 허가 및 그 사후관리에 필요한 사항은 해양수산부령으로 정한다.

7. 포획 · 채취 허가취소 등(법 제26조의2)

시 · 도지사 또는 시장 · 군수 · 구청장은 법 제26조 제1항에 따라 수산자원 포획 · 채취 허가를 받은 자가 다음 각 호의 어느 하나에 해당하는 경우에는 그 허가를 취소할 수 있다. 다만, 거짓이나 그 밖의 부정한 방법으로 허가를 받은 경우에는 그 허가를 취소하여야 한다.

① 거짓이나 그 밖의 부정한 방법으로 허가를 받은 경우

② 수산자원의 포획 · 채취 허가조건을 위반한 경우

③ 수산자원을 허가받은 목적 외의 용도로 사용한 경우

허가가 취소된 자는 취소된 날부터 7일 이내에 허가증을 시 · 도지사 또는 시장 · 군수 · 구청장에게 반납하여야 한다.

8. 환경친화적 어구사용(법 제27조)

해양수산부장관 또는 시 · 도지사는 수산자원의 번식 · 보호 및 서식환경의 악화를 방지하기 위하여 환경친화적 어구의 사용을 장려하여야 하고, 대통령령으로 정하는 바에 따라 환경친화적 어구의 개발 및 어구사용의 확대 등에 필요한 조치를 강구하여야 하며, 환경친화적 어구의 장려, 개발 및 사용 확대 등을 위하여 자금을 지원할 수 있다.

Ⅲ. 어업자협약 등

1. 협약의 체결(법 제28조)

1) 어업자협약

어업자 또는 어업자단체는 자발적으로 일정한 수역에서 수산자원의 효율적 관리를 위한 협약(이하 "어업자협약"이라 한다)을 어업자 또는 어업자단체 간의 합의로 체결할 수 있다. 이 경우 어업자협약의 효력은 어업자협약을 체결한 어업자 또는 어업자단체에 소속된 어업자에게만 미친다.

어업자협약에는 다음 각 호의 사항이 포함되어야 한다.

① 대상수역, 대상자원 및 대상어업

② 수산자원의 관리를 위한 조치 및 방법

③ 협약의 유효기간

④ 협약 위반 시 조치사항

⑤ 참가하지 아니한 어업자의 참가를 위한 조치방안

⑥ 그 밖에 해양수산부령으로 정하는 사항

2) 해양수산부장관 등의 재정적 지원 등

해양수산부장관 또는 시·도지사는 어업자 또는 어업자단체 간에 자율적으로 어업자협약을 체결하여 운영할 수 있도록 지도와 재정적 지원 등을 할 수 있다.

2. 어업자협약운영위원회 설립(법 제29조)

어업자가 어업자협약을 체결·관리하기 위하여 필요하면 자율적 기구로서 어업자협약운영위원회를 설립할 수 있다.

어업자협약운영위원회를 설립하려면 협약 체결 어업자 과반수의 동의를 받아 어업자협약운영위원회의 대표자 및 위원을 선임하고, 해양수산부령으로 정하는 바에 따라 시장·군수·구청장에게 신고하여야 한다.

3. 어업자협약 승인(법 제30조)

어업자 또는 어업자단체가 「수산업법」 제40조 제1항의 근해어업에 대하여 어업자협약을 체결하면 해양수산부장관에게, 같은 조 제2항의 연안어업·같은 조 제3항의 구획어업 또는 같은 법 제7조의 면허어업에 대한 어업자협약을 체결하면 관할 시·도지사에게 승인을 받아야 한다. 해양수산부장관 또는 시·도지사는 어업자협약 승인 사항이 준수되지 아니한 때에는 그 승인을 취소할 수 있다.

어업자협약 승인 신청을 받은 해양수산부장관 또는 시·도지사는 다음 각 호의 사항을 검토하여 중앙 또는 시·도 수산조정위원회의 심의를 거쳐야 한다.

① 어업자협약이 수산자원 보호, 어업조정 및 어업질서 유지에 지장이 없을 것

② 어업자협약의 내용이 이 법 또는 「수산업법」과 이 법 또는 「수산업법」에 따른 명령을 위반하지 아니할 것

해양수산부장관 또는 시·도지사가 어업자협약을 승인한 때에는 대통령령으

로 정하는 바에 따라 그 내용을 공고하고, 어업인이 열람할 수 있도록 하여야 하며, 승인 신청에 필요한 사항은 해양수산부령으로 정한다.

4. 어업자협약 변경(법 제31조)

어업자협약의 변경에 관하여는 법 제28조 및 제30조를 준용한다.

5. 어업자협약의 폐지(법 제32조)

어업자협약을 체결한 어업자나 어업자단체의 대표자 또는 어업자협약운영위원회의 대표자는 어업자협약을 폐지하려면 대상 어업자 과반수의 동의를 받아 해양수산부장관 또는 시 · 도지사의 승인을 받아야 한다.

어업자협약 폐지의 승인 및 공고에 관하여는 법 제30조 제3항을 준용하며, 어업자협약의 폐지에 필요한 사항은 해양수산부령으로 정한다.

6. 어업자협약의 준수 및 승계(법 제33조)

1) 어업자협약의 준수

어업자협약을 체결한 어업자 또는 어업자단체 소속 어업자는 어업자협약 대상 수역에서 어업을 하는 경우에는 승인된 어업자협약 내용을 준수하여야 한다.

2) 어업자협약의 승계

어업자협약이 법 제30항 제3항 및 제31조에 따라 공고된 후 어업자협약을 체결한 어업자로부터 해당 어선 · 어구 등을 임차 또는 이전받아 해당 어업허가를 받은 자의 지위를 승계한 자는 종전의 어업자협약 체결자의 지위를 승계한다. 다만, 어업자협약에서 다르게 정하는 경우에는 그에 따른다.

제4절 수산자원의 회복 및 조성

Ⅰ. 수산자원의 회복

1. 수산자원의 회복을 위한 명령(법 제35조)

1) 수산자원의 회복을 위한 제한 또는 금지

행정관청은 해당 수산자원을 적정한 수준으로 회복시키기 위하여 다음 각 호의 사항을 명할 수 있다. 이 경우 그 명령을 고시하여야 한다.

① 수산자원의 번식·보호에 필요한 물체의 투입이나 제거에 관한 제한 또는 금지

② 수산자원에 유해한 물체 또는 물질의 투기나 수질 오염행위의 제한 또는 금지

③ 수산자원의 병해방지를 목적으로 사용하는 약품이나 물질의 제한 또는 금지

④ 치어 및 치패의 수출의 제한 또는 금지

⑤ 수산자원의 이식(移植)에 관한 제한·금지 또는 승인

⑥ 멸종위기에 처한 수산자원의 번식·보호를 위한 제한 또는 금지

행정관청은 위의 수산자원 회복을 위한 제한 또는 금지를 위반한 자에 대하여 원상회복을 위하여 필요한 조치를 명할 수 있다. 다만, 원상회복이 불가능하거나 현저하게 곤란하다고 인정되는 경우는 그러하지 아니한다.

행정관청은 수산자원의 회복을 위한 제한 또는 금지 등에 필요한 사항은 대통령령으로 정한다.

또한 행정관청은 수산자원의 회복을 위한 명령 고시를 하는 경우에는 어업의 제한을 받는 어업자에 대한 지원대책 등을 미리 정하여야 한다.

2) 명령을 위반하여 수산자원의 이식 제한·금지

누구든지 '수산자원의 이식(移植)에 관한 제한·금지 또는 승인' 명령을 위반하거나 승인 명령을 받지 아니하고 수산자원을 소지·유통·보관 또는 판매하여서

는 아니 된다.[2)]

2. 총허용어획량의 설정(법 제36조)

1) 어업의 종류 · 대상어종 · 해역 및 관리 등의 총허용어획량계획

해양수산부장관은 수산자원의 회복 및 보존을 위하여 대상 어종 및 해역을 정하여 총허용어획량을 정할 수 있으며, 총허용어획량의 설정 및 관리에 관한 시행계획(이하 "총허용어획량계획"이라 한다)을 수립하여야 한다. 이 경우 법 제11조에 따른 대상 수산자원의 정밀조사 · 평가 결과, 그 밖의 자연적 · 사회적 여건 등을 고려하여야 한다.

시 · 도지사는 지역의 어업특성에 따라 수산자원의 관리가 필요하면 해양수산부장관이 수립한 수산자원 외의 수산자원에 대하여 총허용어획량계획을 세워 총허용어획량을 설정하고 관리할 수 있다.

어업의 종류 · 대상어종 · 해역 및 관리 등의 총허용어획량계획에 필요한 사항은 대통령령으로 정한다

2) 총허용어획량계획의 수립절차

해양수산부장관 또는 시 · 도지사는 총허용어획량계획을 세우려면 관련 기관 · 단체의 의견수렴 및 중앙 또는 시 · 도 수산조정위원회의 심의를 거쳐야 한다. 다만, 제11조에 따른 수산자원의 정밀조사 · 평가 결과 수산자원이 급격히 감소한 경우 등 해양수산부령으로 정하는 사유에 해당하는 경우에는 중앙 또는 시 · 도 수산조정위원회의 심의를 거치지 아니할 수 있다. 총허용어획량계획의 수립절차 등에 필요한 사항은 해양수산부령으로 정한다.

3. 총허용어획량의 할당(법 제37조)

1) 배분량 결정

해양수산부장관은 법 제36조 제1항 및 제2항에 따른 총허용어획량계획에 대

---

2) 2014. 1. 23. 신설 시행한 규정으로서 누구든지 수산자원의 이식(移植)에 관한 제한 · 금지 또는 승인 명령을 위반하거나 승인 명령을 받지 아니하고 수산자원을 소지 · 유통 · 보관 또는 판매할 수 없도록 규정하고, 해당 금지 행위 위반에 대한 처벌 근거를 마련하였다.

하여, 시·도지사는 법 제36조 제3항에 따른 총허용어획량계획에 대하여 어종별, 어업의 종류별, 조업수역별 및 조업기간별 허용어획량(이하 "배분량"이라 한다)을 결정할 수 있다.

2) 배분량 할당

배분량은 대통령령으로 정하는 기준에 따라 어업자별·어선별로 제한하여 할당할 수 있으며, 배분량의 할당 절차 등에 필요한 사항은 해양수산부령으로 정한다. 이 경우 과거 3년간 총허용어획량 대상 어종의 어획실적이 없는 어업자·어선에 대하여는 배분량의 할당을 제외할 수 있다.

4. 배분량의 관리(법 제38조)

법 제37조에 따라 배분량을 할당받아 수산자원을 포획·채취하는 자는 배분량을 초과하여 어획하여서는 아니 되며, 이를 위반하여 초과한 어획량에 대하여는 해양수산부령으로 정하는 바에 따라 다음 연도의 배분량에서 공제한다. 다만, 법 제44조 제1항에 따른 수산자원조성을 위한 금액을 징수한 경우에는 그러하지 아니한다.

행정관청은 어획량의 합계가 배분량을 초과하거나 초과할 우려가 있다고 인정되면 해당 배분량에 관련되는 수산자원을 포획·채취하는 자에 대하여 6개월 이내의 기간을 정하여 그 포획·채취를 정지하도록 하거나 그 밖에 필요한 조치를 명할 수 있다.

법 제37조에 따라 할당된 배분량에 따라 수산자원을 포획·채취하는 자는 어획량을 해양수산부장관 또는 시·도지사에게 보고하여야 한다.

배분량의 공제, 포획·채취의 정지 및 포획량의 보고 절차 등에 필요한 사항은 해양수산부령으로 정한다.

5. 부수어획량의 관리(법 제39조)

법 제37조 제1항 및 제2항에 따라 배분량을 할당받아 수산자원을 포획·채취하는 자는 할당받은 어종 외의 총허용어획량 대상 어종을 어획(이하 "부수어획"이라 한다)하여서는 아니 된다. 다만, 할당받은 어종을 포획·채취하는 과정에서 부수어획한 경우에는 그러하지 아니하고, 그 어획량을 해양수산부령으로 정하는 기준에 따라 환산하여 할당된 배분량을 어획한 것으로 보며, 환산한 어획량이 할당된 배분량을 초과한 경우에는 법 제38조 제2항을 준용한다.

6. 판매장소의 지정(법 제40조)

해양수산부장관 또는 시·도지사는 법 제7조 제2항 제4호에 따른 수산자원 회복계획에 관한 사항의 시행 및 법 제36조에 따른 총허용어획량계획을 시행하기 위하여 필요하다고 인정되면 수산자원 회복 및 총허용어획량 대상 수산자원의 판매장소를 지정하여 이를 고시할 수 있다.

어업인은 위 판매장소가 지정되는 경우 수산자원 회복계획 및 총허용어획량계획의 대상 어종에 대한 어획물은 판매장소에서 매매 또는 교환하여야 한다. 다만, 낙도·벽지 등 지정된 판매장소가 없는 경우, 소량인 경우 또는 가공업체에 직접 제공하는 경우 등 해양수산부장관이 정하여 고시하는 경우에는 그러하지 아니하다.

Ⅱ. 수산자원조성

1. 수산자원조성사업(법 제41조)

1) 수산자원조성사업

행정관청은 기본계획 및 시행계획에 따라 다음 각 호의 사업을 포함하는 수산자원 조성을 위한 사업(이하 "수산자원조성사업"이라 한다)을 시행할 수 있다.

① 인공어초의 설치사업
② 바다목장의 설치사업
③ 바다숲의 설치사업
④ 수산종자의 방류사업
⑤ 해양환경의 개선사업
⑥ 친환경 수산생물 산란장 조성사업
⑦ 그 밖에 수산자원조성을 위하여 필요한 사업으로서 해양수산부장관이 정하는 사업

행정관청(법 제61조에 따라 수산자원조성사업을 위탁받아 수행하는 기관 · 단체 · 협회 등을 포함한다. 이하 이 조에서 같다)이 법 제1항 제1호부터 제3호까지 및 제6호에 해당하는 수산자원조성사업을 시행할 경우 「공유수면 관리 및 매립에 관한 법률」 제8조에 따른 공유수면의 점용 · 사용허가 및 같은 법 제10조에 따른 협의 또는 승인을 거친 것으로 본다.

2) 사전 · 사후영향조사

행정관청은 수산자원조성사업을 시행하기 전 · 후에 해당 사업이 해양환경에 미치는 영향 및 수산자원조성의 효과 등을 조사 · 평가(이하 "사전 · 사후영향조사"라 한다)하여야 하며, 행정관청이 사전 · 사후영향조사를 거친 경우에는 「해양이용영향평가법」 제9조에 따른 해양이용협의 및 같은 법 제29조에 따른 해양환경영향조사를 거친 것으로 본다.

해양수산부장관은 시 · 도지사와 시장 · 군수 · 구청장에게 사전 · 사후영향조사 결과와 법 제49조 제4항에 따른 수산자원관리수면 관리 · 이용 현황을 보고하도록 할 수 있다.

3) 시정 요구

해양수산부장관은 시 · 도지사가 제48조에 따른 수산자원관리수면을 적정하게 관리하고 있지 아니하다고 판단되면 시정을 요구할 수 있으며, 시정요구를 받은 시 · 도지사는 특별한 사유가 없으면 이에 따라야 한다.

4) 세부사항

수산자원조성사업의 추진방안, 사전 · 사후영향조사의 방법 및 절차 등에 필요한 사항은 해양수산부령으로 정한다.

2. 수산종자의 부화 · 방류 제한(법 제42조)

행정관청은 수산자원조성을 위한 수산종자의 부화 · 방류로 발생하는 생태계 교란 방지 등을 위하여 다음 각 호의 사항을 준수하여야 한다.

① 방류해역에 자연산 치어가 서식하거나 서식하였던 종의 부화 · 방류

② 건강한 수산종자의 부화·방류

③ 자연산 치어가 출현하는 시기에 적정 크기의 수산종자의 방류

④ 그 밖에 대통령령으로 정하는 사항

해양수산부장관은 부화·방류되면 해양생태계에 악영향을 미치는 수산종자를 고시할 수 있으며, 고시된 수산종자를 생산·방류하려는 자는 수산에 관한 사무를 관장하는 대통령령으로 정하는 해양수산부 소속 기관의 장의 승인을 받아야 한다.[3] 다만, 양식용 수산종자생산을 위한 경우에는 제외한다.

3. 방류종자의 인증(법 제42조의2)

해양수산부장관은 수산자원의 유전적 다양성을 확보하기 위하여 방류되는 수산종자에 대한 인증제(이하 "방류종자인증제"라 한다)를 시행하여야 하며, 누구든지 인증을 받지 아니하고 방류종자인증 대상 수산종자를 방류할 수 없다. 다만, 연구·종교 활동 등 해양수산부령으로 정하는 목적으로 방류하는 경우에는 그러하지 아니하다.

방류종자인증 대상 수산종자를 방류하려는 자는 해양수산부장관에게 신청하여야 하며, 방류종자인증제의 운영과 관련하여 다음 각 호의 사항에 대하여는 해양수산부령으로 정한다.

① 인증 대상 수산종자의 품종

② 인증기준 및 인증절차

③ 수수료

④ 인증기관의 업무범위

⑤ 그 밖에 인증에 필요한 사항

해양수산부장관은 방류종자인증제를 시행하기 위하여 대통령령으로 정하는 전문기관에 방류종자인증 업무를 위탁할 수 있다.

4. 소하성어류의 보호와 인공부화·방류(법 제43조)

행정관청은 소하성어류의 통로에 방해가 될 우려가 있다고 인정될 때에는 수

---

3) 승인절차 등에 필요한 사항은 시행규칙 제25조(수산종자의 생산·방류를 위한 승인의 기준 및 절차)에서 상세히 정하고 있다.

면의 일정한 구역에 있는 인공구조물의 설비를 제한 또는 금지할 수 있으며, 인공구조물로서 소하성어류의 통로에 방해가 된다고 인정하면 그 인공구조물의 소유자·점유자 또는 시설자에 대하여 방해를 제거하기 위하여 필요한 공사를 명할 수 있다.

행정관청이 정하는 소하성어류, 그 밖의 수산자원을 인공부화하여 방류하려는 자는 다음 각 호의 사항을 관할 시장·군수·구청장에게 신고하여야 하며, 이외의 부분 본문에 따른 신고를 받은 경우 그 내용을 검토하여 이 법에 적합하면 신고를 수리하여야 한다. 다만, 행정관청,「수산업법」 제46조 제3항에 따른 시험연구기관·수산기술지도보급기관·훈련기관 또는 교육기관에서 방류하는 경우에는 그러하지 아니하다.

① 방류를 실시할 수면

② 방류를 실시할 기간·장소 및 마리수

5. 조성금(법 제44조)

1) 조성금 부과·징수

행정관청은 수산자원조성사업에 필요한 투자재원을 확보하기 위하여 다음 각 호의 어느 하나에 해당하는 자에게 수산자원조성을 위한 금액(이하 "조성금"이라 한다)을 부과·징수할 수 있다.

①「수산업법」 제7조에 따른 어업면허 또는「양식산업발전법」 제10조에 따른 양식업 면허를 받은 자

②「수산업법」 제14조에 따른 어업면허 또는「양식산업발전법」 제17조 제2항에 따른 양식업 면허의 연장허가를 받은 자

③「수산업법」 제40조에 따른 어업허가 또는「양식산업발전법」 제43조에 따른 양식업 허가를 받은 자 또는「수산종자산업육성법」 제21조에 따른 수산종자생산업 허가를 받은 자

④「수산업법」 제43조에 따른 한시어업허가를 받은 자

⑤「수산업법」 제48조에 따른 어업신고를 한 자

⑥ 법 제35조 제2항 단서에 따른 원상회복조치의 명령대상에서 제외된 자

⑦ 법 제38조 제2항에 따른 배분량을 초과하여 어획한 자

⑧ 법 제39조 제3항에 따른 부수어획량을 초과하여 어획한 자

⑨ 법 제52조 제2항 제3호에 따라 대통령령으로 정하는 행위 중 관계 행정기관의 동의 등을 받아 행하는 공유수면의 준설, 준설토를 버리는 장소의 조성, 골재의 채취와 지하자원의 개발을 위한 탐사 및 광물의 채광 행위 허가를 받은 자

⑩ 「공유수면 관리 및 매립에 관한 법률」 제28조에 따른 공유수면의 매립면허를 받은 자(「공유수면 관리 및 매립에 관한 법률」 제28조를 의제하는 법률에 따라 공유수면의 매립면허를 받은 자를 포함한다)[4)]

위 조성금 중 「수산업법」 및 「공유수면 관리 및 매립에 관한 법률」 따라 조성금을 부과할 때에는 그에 따른 면적 또는 어선톤수를 고려하여 정하여야 하며, 법 제38조 제2항 및 법 제39조 제3항에 따라 조성금을 부과할 때에는 초과량 및 부수어획량을 고려하여 정한다. 이 경우 조성금의 부과기준은 대통령령으로 정한다.

조성금의 산정기준 · 감액기준 · 부과절차 및 부과방법에 필요한 사항은 대통령령으로 정한다.

2) 조성금 부과 · 징수 면제

다음 각 호의 어느 하나에 해당하는 자에 대하여는 조성금을 면제한다.

① 「수산업협동조합법」 제13조 · 제15조 또는 제104조에 따른 지구별수산업협동조합 · 어촌계 또는 업종별수산업협동조합으로서 「수산업법」 제7조에 따른 어업면허, 「양식산업발전법」 제10조에 따른 양식업 면허 또는 「수산종자산업육성법」 제21조에 따른 수산종자생산업 허가를 받은 자

② 국가 · 지방자치단체 또는 「공공기관의 운영에 관한 법률」 제4조에 따른 공공기관으로서 「공유수면 관리 및 매립에 관한 법률」에 따른 공유수면매립면허를 받은 자

③ 「수산업법」 제48조에 따라 어업신고를 한 자 중 소량의 수산자원을 포획 · 채취하는 등 대통령령으로 정하는 어업을 신고한 자

④ 「신에너지 및 재생에너지 개발 · 이용 · 보급 촉진법」 제2조에 따른 신 · 재생에너지설비의 설치 및 신 · 재생에너지발전을 위하여 「공유수면 관리 및 매립에

4) 행정관청은 공유수면 매립면허를 받아 조성금의 부과 · 징수의 대상이 된 자가 수산자원조성을 위한 경비를 별도로 지출하였다고 인정하는 때에는 부과할 조성금에서 이를 공제한다.

관한 법률」 제8조에 따른 점용·사용허가를 받거나 「공유수면 관리 및 매립에 관한 법률」 제28조에 따른 매립면허를 받은 자

⑤ 그 밖에 대통령령으로 정하는 바에 따라 어업의 종류별로 일정한 면적 또는 일정한 어선톤수 미만의 면허 또는 허가를 받은 자

3) 조성금의 징수 및 사용

행정관청은 조성금을 납부하여야 할 자가 납부기한 이내에 납부하지 아니하면 해당 조성금을 국세 체납처분의 예 또는 「지방행정제재·부과금의 징수 등에 관한 법률」에 따라 징수한다.

조성금은 수산자원조성사업의 용도 외에는 이를 사용할 수 없다.

6. 수산자원의 점용료·사용료의 사용(법 제45조)

시장·군수·구청장은 다음 각 호의 어느 하나에 해당하는 점용료·사용료 중 100분의 50 이상을 수산자원조성사업에 사용하여야 한다.

①「공유수면 관리 및 매립에 관한 법률」 제8조에 따라 공유수면에서 「골재채취법」 제22조 제1항 제1호에 따라 골재채취의 허가를 받은 자로부터 징수한 공유수면 점용료·사용료

②「광업법」 제15조에 따른 광업권 설정의 허가를 받은 자로부터 징수한 공유수면 점용료·사용료

시장·군수·구청장은 제1항에 따른 수산자원조성사업을 위하여 사용한 내역을 해양수산부장관에게 보고하여야 한다.

제5절 수면 및 수산자원보호구역의 관리

Ⅰ. 보호수면의 지정 및 해제(법 제46조)

해양수산부장관 또는 시·도지사는 수산자원의 산란, 수산종자발생이나 치어의 성장에 필요하다고 인정되는 수면에 대하여 대통령령으로 정하는 바에 따라 보

호수면을 지정할 수 있고, 보호수면을 지정하려면 관계 중앙행정기관의 장과 미리 협의하여야 하며, 지정한 보호수면을 계속 유지할 필요가 없으면 시·도지사 또는 시장·군수·구청장의 신청 또는 직권으로 보호수면의 지정을 해제할 수 있다.

해양수산부장관 또는 시·도지사는 보호수면을 지정하거나 그 지정을 해제한 때에는 지체 없이 이를 공고하여야 한다.

Ⅱ. 보호수면의 관리(법 제47조)

시장·군청·구청장은 관할 구역 안에 있는 보호수면을 그 지정목적의 범위에서 관리하여야 한다.[5] 다만, 보호수면이 둘 이상의 시장·군수·구청장의 관할 구역에 있는 경우에는 다음 각 호에서 정하는 바에 따라 해당 보호수면을 관리할 수 있다.

① 보호수면이 하나의 시·도지사의 관할 구역에 있는 경우: 시·도지사가 해당 보호수면을 관리할 시장·군수·구청장을 지정하거나 직접 관리

② 보호수면이 둘 이상의 시·도지사의 관할 구역에 있는 경우: 해양수산부장관이 해당 보호수면을 관리할 시·도지사를 지정하거나 직접 관리

보호수면(항만구역은 제외한다)에서 매립·준설하거나 유량 또는 수위의 변경을 가져올 우려가 있는 공사를 하려는 자는 해양수산부장관, 관할 시·도지사 또는 관할 시장·군수·구청장의 승인을 받아야 한다.

누구든지 보호수면에서는 수산자원을 포획·채취하여서는 아니 된다.

Ⅲ. 수산자원관리수면의 지정 및 해제(법 제48조)

1. 수산자원관리수면의 지정

시·도지사는 수산자원의 효율적인 관리를 위하여 정착성 수산자원이 대량으로 발생·서식하거나 수산자원조성사업을 하였거나 조성예정인 수면에 대하여 수산자원관리수면으로 지정할 수 있으며, 수산자원관리수면을 지정하려는 수면이 「수산업법」 제40조 제1항에 따른 근해어업의 조업구역이거나 시·도간 경계수면

5) 보호수면의 관리에 필요한 사항은 해양수산부령으로 정한다.

일 경우 해양수산부장관의 승인을 받아야 한다.

2. 수산자원관리수면의 유효기간 및 공고

수산자원관리수면의 지정 유효기간은 5년으로 한다. 다만, 시 · 도지사는 어업행위의 제한 등 대통령령으로 정하는 사유가 있으면 그 유효기간을 단축하거나 3년의 범위에서 연장할 수 있다.

시 · 도지사는 수산자원관리수면을 지정 또는 연장하거나 해제한 때에는 지체 없이 이를 공고하여야 한다.

3. 수산자원관리수면의 해제

시 · 도지사는 수산자원관리수면으로 더 이상 유지할 필요가 없다고 인정되는 경우 및 제49조 제4항에 따라 수산자원관리수면을 관리 · 이용하는 시장 · 군수 · 구청장 및 어업인 등이 해당 자원관리수면을 그 지정 목적에 적합하지 아니하게 관리 · 이용하면 수산자원관리수면의 지정을 해제할 수 있다.

4. 상세사항

수산자원관리수면의 지정 · 해제 및 유효기간의 연장 방법 · 절차 등에 필요한 사항은 대통령령으로 정한다.

Ⅳ. 수산자원관리수면의 관리(법 제49조)

시 · 도지사는 법 제48조에 따라 지정된 수산자원관리수면의 효율적인 관리를 위하여 수산자원관리수면의 관리 · 이용 규정을 정하여야 하며,[6] 수산자원관리수면의 관리 · 이용 규정에 따라 시장 · 군수 · 구청장에게 수산자원관리수면을 관리하게 하거나 어업인 등에게 이용하게 할 수 있다.

해양수산부장관 또는 시 · 도지사는 법 제48조에 따라 지정된 수산자원관리수면을 해양친수공간(海洋親水空間)으로 활용하기 위하여 생태체험장을 지정 · 운영할 수 있다.

---

6) 수산자원관리수면의 관리 · 이용에 관한 세부적인 사항은 해양수산부령으로 정한다.

수산자원관리수면의 관리 · 이용 규정의 내용과 생태체험장의 지정 · 운영에 필요한 사항은 대통령령으로 정한다.

누구든지 수산자원관리수면에서는 수산자원을 포획 · 채취할 수 없다. 다만, 시 · 도지사는 제1항의 수산자원관리수면의 관리 · 이용 규정에 따른 어업의 방법(이 법, 「수산업법」 또는 「양식산업발전법」에 따른 어업 외의 어업의 방법을 포함한다)으로 어업인 등으로 하여금 수산자원을 포획 · 채취하게 할 수 있다.

수산자원관리수면에서 다음 각 호에 해당하는 행위를 하려는 자는 시 · 도지사의 허가를 받아야 한다. 다만, 행정관청이 그 행위를 하려는 경우에는 미리 관할 시 · 도지사와 협의하여야 한다. 또한 시 · 도지사는 수산자원관리수면에서의 행위를 허가 또는 협의하려면 해당 지구별 또는 업종별 수산업협동조합 조합장의 의견을 들어야 한다.

① 매립행위

② 준설행위

③ 인공구조물을 신축 · 증축 또는 개축하는 행위

④ 토석 · 모래 또는 자갈의 채취행위

⑤ 그 밖에 수산자원의 효율적인 관리 · 이용에 유해하다고 인정되는 행위로서 대통령령으로 정하는 행위

Ⅴ. 수산자원관리수면의 지정을 위한 기초조사(법 제50조)

시 · 도지사는 법 제48조에 따른 수산자원관리수면의 지정에 필요한 기초조사를 실시할 수 있으며,[7] 기초조사를 하기 위하여 필요한 경우 소속 공무원에게 다른 사람의 토지 · 어장 등을 출입하여 조사하게 할 수 있다.

다른 사람의 토지 · 어장 등을 출입하는 공무원은 그 권한을 표시하는 증표를 지니고 이를 관계인에게 내보여야 한다.

7) 기초조사의 내용, 방법 등에 필요한 사항은 대통령령으로 정한다.

Ⅵ. 수산자원보호구역의 관리(법 제51조)

수산자원보호구역은 그 구역을 관할하는 특별시장 · 광역시장 · 특별자치시장 · 특별자치도지사 · 시장 또는 군수(이하 "관리관청"이라 한다)가 관리한다.

관리관청은 대통령령으로 정하는 바에 따라 수산자원보호구역의 토지 또는 공유수면의 이용실태를 조사하여야 한다.

수산자원보호구역의 안내표지판 설치 등 그 관리에 필요한 사항은 해양수산부령으로 정한다.

Ⅶ. 수산자원보호구역에서의 행위제한 등(법 제52조)

수산자원보호구역에서의「국토의 계획 및 이용에 관한 법률」제2조 제11호에 따른 도시 · 군계획사업은 대통령령으로 정하는 사업에 한정하여 시행할 수 있다.

1. 허가대상행위의 관리관청 허가

수산자원보호구역에서는「국토의 계획 및 이용에 관한 법률」제57조 및 같은 법 제76조에도 불구하고 제1항에 따른 도시 · 군계획사업에 따른 경우를 제외하고는 다음 각 호의 어느 하나에 해당하는 행위(이하 "허가대상행위"라 한다)에 한정하여 그 구역을 관할하는 관리관청의 허가를 받아 할 수 있다.[8)]

① 수산자원의 보호 또는 조성 등을 위하여 필요한 건축물, 그 밖의 시설 중 대통령령으로 정하는 종류와 규모의 건축물 그 밖의 시설을 건축하는 행위

② 주민의 생활을 영위하는 데 필요한 건축물, 그 밖의 시설을 설치하는 행위로서 대통령령으로 정하는 행위

③「산림자원의 조성 및 관리에 관한 법률」또는「산지관리법」에 따른 조림, 육림, 임도의 설치, 그 밖에 대통령령으로 정하는 행위

관리관청은 다음 각 호의 어느 하나에 해당하는 경우를 제외하고는 허가대상행위에 대하여 허가를 하여야 한다.

① 허가대상행위와 관련된 사업계획, 해당 행위에 따른 기반시설 설치계획,

8) 허가의 기준 · 신청절차 등에 필요한 사항은 대통령령으로 정한다.

환경오염방지계획, 경관 또는 조경 등에 관한 계획이 대통령령으로 정하는 허가기준에 적합하지 아니한 경우

② 수산자원보호구역의 지정목적 달성에 지장이 있는 경우

③ 해당 토지 또는 주변 토지의 합리적인 이용에 지장이 있는 경우

④ 그 밖에 이 법 또는 다른 법령에 따른 제한에 위반되는 경우

관리관청은 허가를 하는 경우 허가기준을 충족하기 위하여 필요하다고 인정하면 기반시설의 설치, 환경오염방지 등의 조치를 할 것을 조건으로 허가할 수 있다. 이 경우 관리관청은 미리 행위허가를 신청한 자의 의견을 들어야 한다.

2. 허가대상행위의 중지 및 원상회복

관리관청은 수산자원보호구역에서 허가를 받지 아니하고 허가대상행위를 하거나 허가받은 내용과 다르게 행위를 하는 자 및 그 건축물이나 토지 등을 양수한 자에 대하여는 그 행위의 중지 및 원상회복을 명할 수 있으며[9], 원상회복의 명령을 받은 자가 원상회복을 하지 아니하는 때에는 「행정대집행법」에 따른 행정대집행에 따라 원상회복을 할 수 있다.

Ⅷ. 토지 등의 매수(법 제53조)

해양수산부장관은 효과적인 수산자원의 보호를 위하여 필요하면 수산자원보호구역 및 그 주변지역의 토지 등을 그 소유자와 협의하여 매수할 수 있으며,[10] 수산자원보호구역의 지정으로 손실을 입는 자가 있으면 대통령령으로 정하는 바에 따라 그 손실을 보상할 수 있다.

---

9) 원상회복명령의 기간·횟수 등은 대통령령으로 정한다.

10) 토지 등의 매수가격은 「공익사업을 위한 토지 등의 취득 및 보상에 관한 법률」에 따라 산정한 가액에 따른다.

제6절 보 칙

Ⅰ. 한국수산자원공단(법 제55조의2)

정부는 수산자원을 보호·육성하고 어장관리 및 기술을 연구·개발·보급하는 등 수산자원관리 사업을 원활히 수행하기 위하여 한국수산자원공단(이하 "공단"이라 한다)을 설립·운영하며, 공단은 법인으로 한다.

1. 공단의 사업

공단은 다음 각 호의 사업을 수행한다. 다만, 취수시설(「수도법」 제3조 제7호 및 제8호에 따른 광역상수도 및 지방상수도의 취수시설을 말한다)로부터 상류로 유하거리(流下距離) 20킬로미터 이내에서 내수면 수산자원조성사업을 하는 경우에는 관계 부처의 장과 협의하여야 한다.

① 인공어초·바다숲·바다목장의 조성과 수산종자의 방류 등 수산자원조성사업

② 수산자원조성사업과 관련되는 기술개발, 대상해역 적지조사, 생태환경조사, 사후관리 및 효과분석 등 기초연구사업

③ 수산자원의 관리를 위한 총허용어획량 조사사업 및 기후 온난화 관련 현장지원사업

④ 수산자원관리를 촉진하기 위하여 국가 또는 지방자치단체가 위탁하거나 대행하게 하는 사업(제3조 제5호에 따른 「내수면어업법」의 내수면 수산자원조성사업을 포함한다)

⑤ 다른 법령에 따라 공단이 수행할 수 있는 사업

⑥ 그 밖에 수산자원관리를 위하여 대통령령으로 정하는 사업

⑦ 위 ①부터 ⑥의 사업에 수반되는 업무로서 정관으로 정하는 사업

2. 공단의 설립 및 운영 자금 재원

공단의 설립과 운영에 드는 자금은 다음 각 호의 재원으로 충당한다.

① 정부의 출연금[11)]
② 정부의 보조금
③ 정부, 지방자치단체 또는 민간의 용역 수행에 따른 수입금
④ 그 밖의 수입금

정부는 공단 설립 및 운영을 위하여 필요하다고 인정한 때에는 「국유재산법」·「물품관리법」·「공유재산 및 물품 관리법」에도 불구하고 국유·공유 재산 및 물품을 공단에 무상으로 양여 또는 대부하거나 사용·수익하게 할 수 있으며, 양여, 대부 또는 사용·수익의 내용·조건 및 절차 등은 대통령령으로 정한다.

Ⅱ. 공단의 임원, 대리인 선임 및 직원 임면

1. 임원(법 제55조의3)

공단에는 임원으로 이사장을 포함한 9명 이내의 이사와 1명의 감사를 둔다. 이 경우 이사장과 이사 1명은 상임으로 하고, 나머지 이사와 감사는 비상임으로 한다.

이사장은 공단을 대표하고, 그 업무를 총괄한다.

2. 대리인 선임(법 제55조의4)

이사장은 정관으로 정하는 바에 따라 직원 중에서 공단의 업무에 관한 재판상 또는 재판 외의 행위를 할 수 있는 권한을 가진 대리인을 선임할 수 있다.

3. 직원의 임면(법 제55조의5)

공단의 직원은 정관으로 정하는 바에 따라 이사장이 임면한다.

Ⅲ. 업무의 지도·감독(법 제55조의6)

해양수산부장관은 법 제55조의2 제3항 각 호에 따른 공단의 사업을 지도·감독하고, 필요하다고 인정하는 경우 공단의 업무·회계 및 재산에 관한 사항을 보

11) 정부 출연금의 교부·관리 및 사용에 필요한 사항은 대통령령으로 정한다.

고하게 하거나 소속 공무원으로 하여금 공단의 장부·서류 또는 그 밖의 물건을 검사하게 할 수 있다.

Ⅳ. 유사명칭의 사용금지(법 제55조의7)

이 법에 따른 공단이 아닌 자는 한국수산자원공단 또는 이와 유사한 명칭을 사용하지 못한다.

Ⅴ. 「민법」의 준용(법 제55조의8)

공단에 관하여는 이 법과 「공공기관의 운영에 관한 법률」에서 정한 것 이외에는 「민법」 중 재단법인에 관한 규정을 준용한다.

Ⅵ. 공무원의 파견(법 제55조의9)

해양수산부장관은 공단의 요청이 있는 경우에는 해양수산부 또는 그 소속 기관의 공무원 중 일부를 공단에 파견근무하게 할 수 있으며, 공무원을 파견한 해양수산부장관은 그 공무원에 대하여 인사상 불리한 조치를 하여서는 아니 된다.

Ⅶ. 지도·감독(법 제56조)

해양수산부장관 또는 시·도지사는 이 법에 따라 지도·단속을 하는 경우에는 「수산업법」 제69조에 따른 어업감독 공무원(이하 "어업감독 공무원"이라 한다)에게 그 업무를 수행하게 할 수 있다.

Ⅷ. 사법경찰권(법 제57조)

어업감독 공무원은 이 법 또는 이 법에 따른 명령에 위반하는 행위에 대하여 「사법경찰관리의 직무를 수행할 자와 그 직무범위에 관한 법률」에서 정하는 바에 따라 사법경찰관리의 직무를 행한다.

Ⅸ. 수산자원조사원의 운용(법 제58조)

해양수산부장관 또는 시·도지사는 수산자원의 관리 및 조사를 위하여 필요하다고 인정되는 경우에는 수산 관련 전문가·종사자, 수산 관련 교육을 이수한 자 등을 수산자원조사원으로 임명할 수 있으며, 수산자원조사원의 자격·직무·수당, 그 밖에 필요한 사항은 대통령령으로 정한다.

Ⅹ. 청문(법 제59조)

행정관청은 그 권한의 구분에 따라 다음 각 호의 어느 하나에 해당하는 처분을 하려면 청문을 실시하여야 한다.

① 법 제23조 제5항에 따른 2중 이상 자망 사용승인 취소

② 법 제30조 제1항 후단에 따른 어업자협약 승인의 취소

③ 법 제38조 제2항(법 제39조 제3항에서 준용하는 경우를 포함한다)에 따른 배분량의 공제

Ⅺ. 권한의 위임(법 제60조)

이 법에 따른 해양수산부장관의 권한은 그 일부를 대통령령으로 정하는 바에 따라 소속 기관의 장 또는 시·도지사에게 위임할 수 있으며, 이 법에 따른 시·도지사의 권한은 그 일부를 대통령령으로 정하는 바에 따라 시장·군수·구청장에게 위임할 수 있다.

Ⅻ. 수산자원의 조성 및 회복을 위한 사업 등의 위탁(법 제61조)

1. 행정관청

행정관청은 수산자원의 조성 및 회복을 위한 사업을 효율적으로 추진하기 위

하여 해당 사업 중 인공어초 설치사업 등 대통령령으로 정하는 사업이나 해당 사업에 따라 설치된 시설 · 장비의 관리에 관한 업무를 공단 또는 해양수산부장관이 지정하는 기관 · 단체 · 협회에 대행하게 하거나 위탁할 수 있다.[12)]

행정관청은 수산자원의 조성 및 회복을 위한 사업이나 시설 · 장비의 관리에 관한 업무를 대행하게 하거나 위탁하는 경우 그 사업비 또는 소요경비의 전부 또는 일부를 지원할 수 있다.

2. 지방관청

지방자치단체는 법 제55조의2 제3항 제4호의 내수면 수산자원조성사업을 공단이 수행할 수 있도록 위탁할 수 있다.

XIII. 준용규정(법 제62조)

해양수산부장관 또는 시 · 도지사의 감독에 관한 사항과 행정관청의 처분에 의하여 손실을 입은 자의 보상에 관하여는 「수산업법」 제67조, 제88조 및 제90조를 준용한다.

행정관청이 수산자원을 조성 · 관리하기 위하여 필요하다고 인정하여 보조금을 교부하거나 자금을 융자하는 경우에 관하여는 「수산업법」 제93조 및 제94조를 준용한다.

XIV. 포상(법 제63조)

해양수산부장관은 이 법 또는 이 법에 따른 명령을 위반하는 행위를 한 자를 관계 기관에 통보하거나 체포하는 데 공로가 있는 자, 그 밖에 수산자원 보호에 특별히 이바지한 자에 대하여는 대통령령으로 정하는 바에 따라 포상할 수 있다.

---

12) 수산자원의 조성 및 회복을 위한 사업의 대행 또는 위탁에 필요한 사항과 해당 사업을 대행하거나 위탁받을 기관 · 단체 또는 협회의 지정 등에 필요한 사항은 해양수산부령으로 정한다.

제7절 벌 칙

Ⅰ. 벌칙(법 제64조~제67조)

(1) 다음 각 호의 어느 하나에 해당하는 자는 2년 이하의 징역 또는 2천만원 이하의 벌금에 처한다.

① 법 제14조를 위반하여 어업을 한 자

② 법 제17조를 위반하여 포획·채취한 수산자원이나 그 제품을 소지·유통·가공·보관 또는 판매한 자

③ 법 제19조 제2항을 위반하여 휴어기가 설정된 수역에서 조업이나 그 해당 어업을 한 자

④ 법 제22조를 위반하여 어선을 사용한 자

⑤ 법 제25조 제1항을 위반하여 폭발물·인체급성유해성물질·인체만성유해성물질·생태유해성물질 또는 전류를 사용하여 수산자원을 포획·채취한 자

⑥ 법 제25조 제2항을 위반하여 유해화학물질을 보관 또는 사용한 자

⑦ 법 제35조 제1항 제5호에 따른 제한·금지 또는 승인 명령을 위반하거나 승인 명령을 받지 아니하고 수산자원을 이식한 자

⑧ 법 제35조 제5항을 위반하여 수산자원을 소지·유통·보관 또는 판매한 자

⑨ 법 제37조 제2항에 따른 배분량을 할당받지 아니하고 포획·채취한 자

⑩ 법 제43조 제1항에 따라 제한 또는 금지된 인공구조물의 설비를 하거나 같은 조 제2항에 따른 공사명령을 이행하지 아니한 자

⑪ 법 제47조 제2항을 위반하여 보호수면에서 공사를 하거나 같은 조 제3항을 위반하여 보호수면에서 수산자원을 포획·채취한 자

⑫ 법 제49조 제5항 본문을 위반하여 수산자원관리수면에서 수산자원을 포획·채취한 자

⑬ 법 제49조 제7항을 위반하여 수산자원관리수면에서 허가를 받지 아니하고 행위를 한 자

⑭ 법 제52조 제2항에 따른 허가대상행위에 대하여 관리관청의 허가를 받지

아니하고 행위를 하거나 허가내용과 다르게 행위를 한 자

(2) 다음 각 호의 어느 하나에 해당하는 자는 1천만원 이하의 벌금에 처한다.

① 법 제15조에 따른 조업금지구역에서 어업을 한 자

② 법 제18조 제1항 · 제2항 또는 제5항을 위반하여 비어업인으로서 수산자원을 포획 · 채취한 자

③ 법 제23조 제3항을 위반하여 2중 이상 자망을 사용하여 수산자원을 포획 · 채취한 자

④ 법 제24조를 위반하여 특정어구를 제작 · 수입 · 보관 · 운반 · 진열 · 판매하거나 싣거나 이를 사용하기 위하여 선박을 개조하거나 시설을 설치한 자

⑤ 법 제35조 제1항 제1호에 따른 수산자원의 번식 · 보호에 필요한 물체의 투입 또는 제거에 관한 제한 또는 금지 명령을 위반한 자

⑥ 법 제35조 제1항 제4호에 따른 치어 및 치패의 수출의 제한 또는 금지 명령을 위반한 자

⑦ 법 제35조 제1항 제6호에 따른 멸종위기에 처한 수산자원의 번식 · 보호를 위한 제한 또는 금지 명령을 위반한 자

⑧ 법 제43조 제3항에 따른 신고를 하지 아니하고 방류한 자

(3) 다음 각 호의 어느 하나에 해당하는 자는 500만원 이하의 벌금에 처한다.

① 법 제35조 제1항 제2호에 따른 수산자원에 유해한 물체 또는 물질의 투기나 수질 오염행위의 제한 또는 금지 명령을 위반한 자

② 법 제35조 제1항 제3호에 따른 수산자원의 병해방지를 목적으로 사용하는 약품이나 물질의 제한 또는 금지 명령을 위반한 자

③ 법 제35조 제2항에 따른 원상회복에 필요한 조치명령을 이행하지 아니한 자

④ 법 제38조 제1항을 위반하여 배분량을 초과하여 어획한 자

⑤ 법 제38조 제3항에 따른 포획 · 채취 정지 등의 명령을 위반한 자

⑥ 법 제49조 제5항 단서를 위반하여 수산자원을 포획 · 채취한 자

(4) 다음 각 호의 어느 하나에 해당하는 자는 300만원 이하의 벌금에 처한다.

① 법 제16조에 따른 불법어획물의 방류명령을 따르지 아니한 자

② 법 제38조 제4항을 위반하여 보고를 하지 아니하거나 거짓으로 보고한 자

③ 법 제40조 제2항을 위반하여 지정된 판매장소가 아닌 곳에서 어획물을 매

매 또는 교환한 자

Ⅱ. 몰수(법 제68조)

법 제64조부터 제67조까지의 규정에 해당하는 경우에는 행위자가 소유 또는 소지하는 어획물 · 제품 · 어선 · 어구 · 폭발물 또는 인체급성유해성물질 · 인체만성유해성물질 · 생태유해성물질은 이를 몰수할 수 있으며, 행위자가 소유 또는 소지한 물건의 전부 또는 일부를 몰수할 수 없을 때에는 그 가액을 추징할 수 있다.

Ⅲ. 양벌규정(법 제69조)

법인의 대표자나 법인 또는 개인의 대리인, 사용인, 그 밖의 종사자가 그 법인 또는 개인의 업무에 관하여 법 제64조부터 제67조까지의 어느 하나에 해당하는 위반행위를 하면 그 행위자를 벌하는 외에 그 법인 또는 개인에게도 해당 조문의 벌금형을 과(科)한다. 다만, 법인 또는 개인이 그 위반행위를 방지하기 위하여 해당 업무에 관하여 상당한 주의와 감독을 게을리하지 아니한 경우에는 그러하지 아니하다.

Ⅳ. 과태료(법 제70조)

(1) 다음 각 호의 어느 하나에 해당하는 자에게는 200만원 이하의 과태료를 부과한다.

① 법 제12조 제1항에 따른 소속 공무원 또는 수산자원조사원의 조사를 거부 · 방해 또는 회피한 자

② 법 제12조 제4항에 따른 자료를 제출하지 아니하거나 거짓 자료를 제출한 자

③ 법 제18조 제4항을 위반하여 포획 · 채취한 수산자원을 판매하거나 판매할 목적으로 저장 · 운반 또는 진열한 자

④ 법 제42조 제3항을 위반하여 승인을 받지 아니하고 수산종자를 생산 · 방류한 자

⑤ 법 제42조의2 제2항을 위반하여 인증을 받지 아니하고 수산종자를 방류한 자

⑥ 법 제55조의7을 위반하여 유사명칭을 사용한 자

(2) 법 제26조의2 제2항을 위반하여 허가증을 반납하지 아니한 자에게는 100만원 이하의 과태료를 부과한다.

(3) 과태료는 대통령령으로 정하는 바에 따라 해양수산부장관, 수산에 관한 사무를 관장하는 기관의 장 또는 시 · 도지사가 부과 · 징수한다.

제6장 어선 출입항신고 관리 규칙

Ⅰ. 목적(제1조)

이 규칙은 「어선안전조업법」에 따른 어선 출입항 신고기관의 설치 및 운영에 필요한 사항을 규정함을 목적으로 하고 있다.

따라서 이 규칙에서 "법"이라 함은 「어선안전조업법」을 말하며, 2025. 1. 3. 부터는 「어선안전조업 및 어선원의 안전·보건 증진 등에 관한 법률」[1]으로 개정된다.

Ⅱ. 용어의 정의(제2조)

제2조(정의) 이 규칙에서 사용하는 용어의 뜻은 다음과 같다.

1. "출입항 신고"란 항포구에 출입항하려는 어선의 소유자 또는 선장이 「어선안전조업법」(이하 "법"이라 한다) 제2조 제9호에 따른 신고기관(이하 "신고기관"이라 한다)에 어선의 출입항 사항을 신고하는 것을 말한다.
2. "입항하지 않는 어선"이란 「어선안전조업법 시행규칙」(이하 "시행규칙"이라 한다) 별지 제1호서식의 어선출입항신고서(이하 "출입항신고서"라 한다)에 기재한 입항예정 일시까지 입항하지 않는 어선을 말한다.
3. "대행신고소"란 민간인으로 하여금 출입항 신고의 접수업무를 대행하게 하는 신고기관

---

1) 「어선안전조업법」을 「어선안전조업 및 어선원의 안전·보건 증진 등에 관한 법률」로 개정한 이유는 「선원법」과 「산업안전보건법」에서 규정하고 있는 어선원의 안전·보건 증진 및 재해예방에 관한 사항을 이 법에 일률적으로 규정하여 어선원에 대한 관리·감독 체계를 일원화함으로써 어업 재해율을 낮추고 어선원의 안전·보건 증진에 기여하기 위함에 있다([법률 제19908호, 2024. 1. 2., 일부개정] 개정 이유).

을 말한다.

4. "어선출입항 종합정보시스템"이란 시행규칙 제2조 제5항에 따라 어선출입항 신고관리 업무를 전자적으로 처리하기 위해 구축한 시스템(http://coss.kcg.go.kr/NMPA)을 말한다.
5. "어선용 선박패스(V-Pass)장치"란 「어선법」 제5조의2 제1항 단서에 따라 어선의 위치를 자동으로 발신하고 출입항 신고를 자동으로 처리할 수 있는 장치를 말한다.
6. "선박패스(V-Pass)시스템"이란 선박패스 장치를 통해 선박의 위치정보를 활용하는 시스템을 말한다.
7. "지능형 해상교통정보서비스 단말기(e-Nav)"란 「지능형 해상교통정보서비스의 제공 및 이용 활성화에 관한 법률」 제18조에 따라 어선에 설치한 장치로서 어선의 위치를 자동으로 발신하고 출입항 신고를 자동으로 처리할 수 있는 장치를 말한다.

Ⅲ. 적용범위(제3조)

어선 출입항 신고관리 등은 다른 법령이나 규칙에 특별한 규정이 있는 경우를 제외하고는 이 규칙에서 정하는 바에 따른다.

Ⅳ. 출입항 신고(제4조)

① 법 제8조 제1항에 따라 항포구에 출입항 하려는 어선의 소유자 또는 선장은 출입항신고서를 작성하여 신고기관에 제출한 후에 신고기관 장의 확인을 받아야 하며, 출항 시에는 출입항신고서를 어선에 보관해야 한다.

여기서 "신고기관"이라 함은 어선의 출입항 신고업무를 담당하는 해양경찰서 소속 파출소, 출장소 및 해양경찰서장이 민간인으로 하여금 출입항 신고업무를 대행하게 하는 대행신고소를 말한다(법 제2조 제9호).

② 신고기관의 장은 출입항신고서를 접수한 때에는 그 사실을 확인하여 어선 출입항 종합정보시스템에 입력하고 신고인에게 교부해야 한다.

③ 신고기관의 장은 시행규칙 제2조 제2항에 따라 전화 또는 정보통신망의 방법으로 출입항신고를 접수한 때에는 지체 없이 그 사실을 어선출입항 종합정보시스템에 입력해야 한다. 다만, 대행신고소에서 접수한 출입항 신고사항은 관할 파출소 및 출장소(이하 "해양경찰서 신고기관"이라 한다)에서 매월 1회 이상(해양경찰서 신고기관이 없는 도서지역은 분기 1회 이상) 입력할 수 있다.

Ⅴ. 입항하지 않는 어선에 대한 조치(제5조)

① 출항지의 신고기관의 장은 입항하지 않는 어선이 발생한 경우에는 그 어선의 소재를 파악하고 소재가 확인되지 않을 때에는 지체 없이 관할 해양경찰서장에게 보고해야 하며, 보고를 받은 해양경찰서장은 해당 어선을 전국에 수배한다. 다만, 5톤 미만의 어선은 인접 시·도까지만 수배할 수 있다.

② 입항하지 않는 어선의 발생통보를 받은 해양경찰서장은 관내 신고기관 및 출동 중인 함정에 어선의 소재를 파악하도록 조치해야 한다. 이 경우 입항하지 않은 어선의 소재가 확인되었을 때에는 출항지 관할 해양경찰서장에게 통보해야 한다.

③ 입항하지 않는 어선이 발생한 경우의 보고 및 수배내용은 다음 각 호와 같다.

1. 출항일시 및 장소
2. 어선제원(선명·톤수·마력수·승선인원) 및 어선의 특징
3. 조업해역 또는 항해구역
4. 입항 예정일시 및 장소

Ⅵ. 선박패스 시스템의 출입항 구역설정(제6조)

해양경찰서장은 관내 항포구에서 어선의 자동출입항 신고처리를 위하여 선박패스(V-Pass) 시스템에 어선 출입항구역을 설정해야 한다.

Ⅶ. 대행신고소 지정(제7조)

해양경찰서장은 법 제2조 제7호에 따른 일반해역("이하 "일반해역"이라 한다)[2]에

---

2) 어선안전조업법 제2조

7. "일반해역"이란 「원양산업발전법」 제2조 제10호에 따른 해외수역을 제외한 해역 중 특정해역 및 조업자제해역을 제외한 모든 해역을 말한다.

4. "특정해역"이란 동해 및 서해의 조업한계선 이남(以南)해역 중 어선의 조업과 항행이 제한된 해역으로서 대통령령으로 정하는 범위의 해역을 말한다.

6. "조업자제해역"이란 북한 및 러시아 등의 배타적 경제수역(EEZ)과 인접한 동해특정해역의 이동

출입항하는 어선의 신고관리 업무를 위하여 다음 각 호의 어느 하나에 해당하는 경우를 제외하고는 해양경찰서 신고기관이 설치되지 않은 항포구에 대행신고소를 지정할 수 있다.

1. 해당 항포구에 출입항 하는 어선이 모두 5톤 미만인 경우

2. 해당 항포구에 출입항 하는 어선 중 5톤 이상 어선이 모두 어선용 선박패스(V-Pass) 장치나 지능형 해상교통정보서비스 단말기(e-Nav) 장치를 갖추고 출입하는 경우

Ⅷ. 대행신고소 설치 절차(제8조)

① 해양경찰서장은 제7조에 따라 대행신고소를 지정 할 때에는 별지 제1호서식의 대행신고서 설치 승인신청서를 작성하여 지방해양경찰청장의 승인을 받아야 한다.

② 지방해양경찰청장은 제1항에 따라 대행신고소의 설치승인을 한 때에는 그 내용을 해양경찰청장에게 보고하고, 각 지방해양경찰청장에게 통보해야 한다.

③ 대행신고소를 폐쇄하는 경우에는 제1항 및 제2항을 준용한다.

Ⅸ. 대행신고소장의 위촉 등(제9조)

① 해양경찰서장은 제7조에 따른 항포구에서 출입항 신고 업무를 대행할 사람(이하 "대행신고소장"이라 한다)을 위촉해야 하며 대행신고소장이 상주하거나 주로 위치하는 사무실 또는 주택을 대행신고소로 한다.

② 대행신고소장은 이장·어촌계장·수협직원·향토예비군의 중대장 또는 소대장, 그 밖에 책임감이 투철한 주민 중에서 본인의 동의를 받아 위촉한다.

③ 관할 해양경찰서장은 제1항에 따라 위촉한 대행신고소장이 다음 각 호의 어느 하나에 해당하는 경우에는 이를 해촉할 수 있다.

1. 제11조에 따른 업무를 위반하거나 부당한 행위를 하였을 경우

(以東)해역 및 서해특정해역의 이서(以西)해역 중 어선의 조업과 항행이 제한된 해역으로서 대통령령으로 정하는 범위의 해역을 말한다.

2. 주민의 신망을 잃고 민원의 대상이 되었을 경우
3. 대행신고소를 폐쇄하는 경우
4. 그 밖의 사유로 직무를 수행하지 못하는 경우

Ⅹ. 대행신고소장의 위촉장 및 신분증 발급(제10조)

① 해양경찰서장은 제9조 제1항 따라 대행신고소장을 위촉할 때에는 별지 제2호서식의 위촉장과 별지 제3호서식의 신분증을 발급해야 한다.

② 해양경찰서장은 대행신고소장 신분증을 발급할 때에는 별지 제4호서식의 신분증 발급 대장에 등록해야 한다.

③ 대행신고소장은 제9조 제3항에 따라 해촉된 경우 발급받은 위촉장 및 신분증을 즉시 관할 해양경찰서장에게 반납해야 한다.

Ⅺ. 대행신고소 출입항 업무(제11조)

① 대행신고소장은 관할 항포구를 근거지로 하는 어선의 현황을 별지 제5호서식의 어선 기본대장에 기록·유지해야 한다.

② 대행신고소장은 관할 항포구에 출입항하는 어선 현황을 별지 제6호서식의 출입항 기록부에 기록한다.

Ⅻ. 대행신고소장의 교육 및 수당 지급(제12조~제13조)

해양경찰서 신고기관의 장은 관할 구역 내 대행신고소장의 출입항 신고 업무를 매월 1회 이상 (해양경찰서 신고기관이 없는 도서지역은 분기 1회 이상) 확인하고 업무처리에 필요한 교육을 해야 한다.

해양경찰서장은 출입항 신고업무의 효율적 수행을 위하여 확보된 예산의 범위에서 대행신고소장에게 수당을 지급할 수 있으며, 대행신고소의 인장·현판 및 사무용품을 지급할 수 있다.

XIII. 신고기관의 인장, 현판 및 서류 비치(제14조~제16조)

① 신고기관의 장은 출입항 신고사무를 처리할 때에는 별표 1의 형식과 규격에 의한 인장을 사용해야 하고, 인장을 관리해야 한다. 인장을 새로 제작하는 경우에는 신고기관의 장의 신청으로 해양경찰서장이 교부한다.

② 대행신고소에 게시하는 현판의 규격 및 게시위치는 별표 2에 따른다.

③ 신고기관의 장은 다음 각 호의 부책을 갖추어 두어야 한다. 다만, 어선출입항 종합정보시스템을 구축하여 운영할 경우에는 이를 갈음한다.

1. 어선기본대장
2. 출입항기록부 및 출입항신고서

XIV. 재검토 기한(제17조)

해양경찰청장은 이 규칙에 대하여 「훈령·예규 등의 발령 및 관리에 관한 규정」에 따라 2021년 1월 1일 기준으로 매 3년이 되는 시점(매 3년째의 12월 31일 까지를 말한다)마다 그 타당성을 검토하여 개선 등의 조치를 해야 한다.

약 력

이상일

한국해양대학교 기관학 공학사
한국해양대학교 기관시스템공학과 공학석사
부경대학교 법학과 법학석사(행정법)
한국해양대학교 해양정책학과 법학박사(해사공법)

(현)한국해양대학교 기관시스템공학부 교수
(현)한국해사법학회 부회장
(현)한국마린엔지니어링 학회 홍보이사
(현)대한상사중재원
(현)해양안전심판원 심판변론인
(현)Macnet 법률위원회 그룹장
(현) 한국해양대학교 선원연구센터 센터장

1급 기관사(상선)
한국해양대학교 실습선 기관장 및 교수
미주리 컬럼비아 대학교 연구교수
현대상선 기관장 및 교육팀 강사
법제처 국민법제관
해기사, 해양경찰, 검수 · 검량 · 감정사 시험출제위원

정대율

한국해양대학교 항해학과 졸업
한국해양대학교대학원 해사법 전공(법학박사)

(현)한국해양수산연수원 특임교수
1급항해사(상선), 심판변론인, 중앙해양안전심판원 비상임심판관
목포 · 동해지방해양안전심판원 원장
중앙해양안전심판원 심판관
인천 · 부산 · 동해 · 목포지방해양안전심판원 심판관
한국해양수산연수원 교수
IMO, ILO 정부자문위원

최정환

영국 엑시터대학교 법과대학 졸업(해사공법/ 법학박사)
영국 스완지대학교 법과대학 졸업(국제해사법/ 법학석사)
한국해양대학교 대학원 해양정책학과 졸업(해사공법/ 법학석사)
한국해양대학교 기관시스템공학부 졸업(공학사)

중국 대련해사대학교 법과대학 성해(兴海) 부교수 (현재)
한진해운 1등기관사 역임
해양산업 통합 클러스터 EU해사산업 연구위원
한국해사법학회 국제이사
Journal of East Asia and International Law 부편집장

단호정

영국 엑서터대학교 법학박사

(현)한국해양대학교 산학연구교수
(현)해양수산부 폐기물관리위원회 실무위원
(현)한국해사법학회, 한국환경법학회, 한국법학회 이사
(前) 한국법제연구원, 한국환경연구원, 식품안전정보원 연구원

해사법규

초판발행 2024년 12월 31일

지은이 이상일 · 정대율 · 최정환 · 단호정
펴낸이 안종만 · 안상준

편 집 장유나
기획/마케팅 박부하
표지디자인 BEN STORY
제 작 고철민 · 김원표

펴낸곳 (주) 博英社
서울특별시 금천구 가산디지털2로 53, 210호(가산동, 한라시그마밸리)
등록 1959. 3. 11. 제300-1959-1호(倫)

전 화 02)733-6771
f a x 02)736-4818
e-mail pys@pybook.co.kr
homepage www.pybook.co.kr
ISBN 979-11-303-2179-0 93350

정 가 55,000원

본 교재는 지자체-대학 협력기반 지역혁신 사업비로 개발되었음.